Schleswig-Holstein
LEXIKON

Schleswig-Holstein
LEXIKON

Herausgegeben von
Klaus-Joachim Lorenzen-Schmidt und Ortwin Pelc

2000

Wachholtz Verlag

Gedruckt mit freundlicher Unterstützung der

Stiftung Schleswig-Holsteinische Landschaft

Provinzial Versicherungen

Redaktion: Olaf Matthes

ISBN 3-529-02441-4

Alle Rechte, auch die des auszugsweisen Nachdrucks,
insbesondere für Vervielfältigung, die Einspeicherung
und Verarbeitung in elektronischen Systemen sowie
die photomechanische Wiedergabe und Übersetzung vorbehalten.

2000

Wachholtz Verlag GmbH Neumünster

Inhalt

Vorwort 7

Verzeichnis der Abkürzungen 9

Hinweise zur Benutzung 11

Lexikon von A bis Z 13

Verzeichnis der Autorinnen und Autoren mit deren Siglen 554

Bildnachweis 558

Vorwort

Die Idee zu einem historisch ausgerichteten landeskundlichen Lexikon für Schleswig-Holstein ist nicht neu. Der Wunsch nach einem solchen Werk, das für die Landesbewohner ebenso wie für die Landfremden, für die Fachleute genauso wie für die Laien in kurzgefaßter und prägnanter Form die wesentlichen Elemente des historischen Werdens des Landes und die heute prägenden Elemente seines Erscheinungsbildes greifbar macht, wurde immer wieder geäußert. Aber lange Zeit hat die Sorge, ein solches Werk nicht einigermaßen zuverlässig zustande bringen zu können, dessen Herstellung verzögert. Für uns war die erfolgreiche Mitarbeit an der von Ulrich Lange herausgegebenen Geschichte unseres Bundeslandes ein Anstoß, gemeinsam mit dem Wachholtz-Verlag dieses Vorhaben in Angriff zu nehmen. Eine Umfrage unter potentiellen Mitarbeitern im Lande und außerhalb des Landes ermutigte uns, qualifizierte Autoren anzusprechen und zu gewinnen sowie eine relativ rasche Fertigstellung des Werkes ins Auge zu fassen. Wir sind erfreut und dankbar, daß sich eine recht große Schar von landeskundigen Fachleuten bewogen gefühlt hat, an dieser großen Aufgabe mitzuwirken. Nur wenige ablehnende Stellungnahmen wurden dem Vorhaben zuteil und nur wenige Institutionen der Landesforschung sahen sich zu unserem Bedauern nicht in der Lage, mitzuwirken. Hingegen war die Bereitschaft zur Mitarbeit in anderen Institutionen – wie der Schleswig-Holsteinischen Landesbibliothek, einzelnen Archiven und Museen – groß. Auch von Seiten der dänischen Kollegen in Südjütland/Nordschleswig erfuhren wir bereitwillige Unterstützung. Besonders hilfsbereit war Prof. Dr. Eckardt Opitz von der Universität der Bundeswehr Hamburg, der uns vielfältiges Bildmaterial ohne große Umstände zur Verfügung stellte. Zu danken haben wir dem Fotografen Reinhard Scheiblich sowie für die Bildrecherche Maren Limbacher und Brigitte Stelter von der Universität der Bundeswehr und Rita Hoitz vom Museum für Hamburgische Geschichte. Unser besonderer Dank gilt den anderen 57 Autoren dieses Lexikons, die zahlreiche Anregungen für die Stichworte gaben, unentgeltlich arbeiteten, unsere redaktionellen Einwendungen – insbesondere die Literaturkürzungen – in Kauf nahmen und ihre Beiträge zügig ablieferten.

Ein solches Werk ist nicht ohne finanzielle Mittel möglich. Wir danken den Volksbanken und Raiffeisenbanken in Schleswig-Holstein, der Stiftung Schleswig-Holsteinische Landschaft und den Provinzial Versicherungen, die sich ohne jede Komplikation auf die Förderung dieses Projektes eingelassen haben. Redaktionelle Arbeiten und Hilfen bei der Bildbeschaffung hätten ohne diese Zuwendungen nicht in der kurzen Zeit geleistet werden können. Dem Verlag gilt unser Dank für die reibungslose und verständnisvolle Zusammenarbeit.

Hamburg, im September 2000

Klaus-Joachim Lorenzen-Schmidt   Ortwin Pelc

Abkürzungen

AfA = Archiv für Agrargeschichte der holsteinischen Elbmarschen
Anf. = Anfang
Bd./Bde. = Band/Bände
Bev. = Bevölkerung
Bf./bf. = Bischof/bischöflich
Bt./Btt. = Bistum/Bistümer
bzw. = beziehungsweise
ca. = circa
cm = Centimenter
dän. = dänisch
DG = Demokratische Geschichte. Jahrbuch zur Arbeiterbewegung und Demokratie in Schleswig-Holstein
d.h. = das heißt
Dithm./dithm. = Dithmarschen/dithmarscher
DK = Dänemark
DM = Deutsche Mark
dt./Dt = deutsch/Deutschland
ebd. = ebenda
Einw. = Einwohner
engl. = englisch
Erzbf. = Erzbischof
frz. = französisch
FSGA = Freiherr vom Stein Gedächtnis-Ausgabe
g = Gramm
gegr. = gegründet
Gem. = Gemeinde
germ. = germanisch
Geschichte SH = Geschichte Schleswig-Holsteins, Bd. 1 ff., Neumünster 1958 ff.
Gf./Gff. = Graf/Grafen
gfl. = gräflich
Gft./Gftt. = Grafschaft/Grafschaften
H. = Hälfte
ha = Hektar
HEI = Kreis Dithmarschen
Hg./hg. = Herausgeber/herausgegeben
Holst/holst.. = Holstein/holsteinisch
Hz./Hzz. = Herzog/Herzöge
hzl. = herzoglich
Hzt./Hztt. = Herzogtum/Herzogtümer
IZ = Kreis Steinburg
Jb. = Jahrbuch
Jh. = Jahrhundert
Kat. = Katalog/Ausstellungskatalog
KBlV = Kieler Blätter zur Volkskunde
kg = Kilogramm
Kg./Kgg. = König/Königin/Könige
kgl. = königlich
Kgr. = Königreich
km = Kilometer
km^2 = Quadratkilometer
Ksp. = Kirchspiel
Kunst-Topographie SH = Kunst-Topographie Schleswig-Holstein, Neumünster 1979

Abkürzungen

lat./Lat. = lateinisch/Lateinisch
Lit. in SH = Horst Joachim Frank, Literatur in Schleswig-Holstein, 2 Bde., Neumünster 1995/1998.
Lit. = Literatur
m = Meter
m² = Quadratmeter
m³ = Kubikmeter
ma. = mittelalterlich
MA = Mittelalter
mhd. = mittelhochdeutsch
Mio. = Millionen
mnd. = mittelniederdeutsch
Mrd. = Milliarden
MTStG = Mitteilungsblatt der Gesellschaft für Tönninger Stadtgeschichte
n.Chr. = nach Christi Geburt
nd. = niederdeutsch
Nl./nl. = Niederlande/Niederländer/niederländisch
Nms. = Neumünster
NN = Normal Null
NS/ns = Nationalsozialismus/nationalsozialistisch
OD = Kreis Storman
Offa = Offa. Berichte und Miteilungen zur Urgeschichte, Frühgeschichte und Mittelalterarchäologie
OH = Kreis Ostholstein
PFGNO = Post- und Fernmeldegeschichte zwischen Nord- und Ostsee
PI = Kreis Pinneberg
PLÖ = Kreis Plön
polit. = politisch
RD = Kreis Rendsburg-Eckernförde
Rtl. = Reichstaler
RZ = Kreis Herzogtum Lauenburg
Schl. = Schleswig (Stadt und Landesteil)
schl. = schleswigsch
SE = Kreis Segeberg
Sh Kirchengeschichte = Schleswig-Holsteinische Kirchengeschichte Bd. 1 ff., Neumünster 1977 ff.
SH = Schleswig-Holstein (Herzogtümer, Provinz oder Bundesland); Schleswig-Holstein. Kultur, Geschichte, Natur (Zeitschrift)
NF = Kreis Nordfriesland
sh = schleswig-holsteinisch
SHBL = Biographisches Lexikon für Schleswig-Holstein und Lübeck, Bd. 1 ff., Neumünster 1970 ff.
SL = Kreis Schleswig-Flensburg
sog. = sogenannt
SSHKG = Schriften des Vereins für Schleswig-Holsteinische Kirchengeschichte
t = Tonne
u.a. = unter anderem
u.s.w. = und so weiter
u.U. = unter Umständen
v.a. = vor allem
v.Chr. = vor Christi Geburt
z.T. = zum Teil
z.Z. = zur Zeit
ZLGA = Zeitschrift des Vereins für Lübeckische Geschichte und Altertumskunde
ZSHG = Zeitschrift der Gesellschaft für Schleswig-Holsteinische Geschichte
1.WK = Erster Weltkrieg
2.WK = Zweiter Weltkrieg

Hinweise zur Benutzung

Das Schleswig-Holstein Lexikon ist streng alphabetisch gegliedert, wobei die Umlaute ä, ö und ü stets vor den Selbstlauten a, o und u eingeordnet sind. Innerhalb eines Artikels wird mit einem Pfeil auf andere Artikel verwiesen. Auf Namen und Begriffe, die keinen eigenen Artikel haben, wird an entsprechender Stelle im Alphabet zwischen den Artikeln verwiesen. Innerhalb eines Artikels wird bei weiterer Nennung des Stichwortes nur der erste Buchstabe verwendet, auch wenn dieses aus mehreren Worten besteht (z.B. »Kieler Sprotten« nur »K.«). Abgekürzte Worte werden nicht gebeugt, die Beugung erschließt sich aus dem Kontext (z.B. heißt »des Königs« immer »des Kg.«). Hinter den Ortsnamen steht in Klammern jeweils mit der amtlichen Abkürzung die Kreiszugehörigkeit.

Die Literaturangaben verweisen den Leser auf die jüngste und zusammenfassende Literatur, sie geben nicht die für die Erstellung des Artikels verwendete Literatur und Quellen wieder, sind so knapp wie möglich gehalten und lassen sich durch das Abkürzungsverzeichnis auflösen. Häufig wird auf die in mehreren Bänden und Teilbänden erschienene »Geschichte Schleswig-Holsteins« verwiesen, die als »Geschichte SH, 1 oder 4/1« usw. abgekürzt ist. In diesem Fall wurde aus Platzgründen auf die genaue Angabe von Autoren, Titeln und Seitenzahlen verzichtet, da dies durch Nachschlagen im entsprechenden Band schnell in Erfahrung zu bringen ist. Allgemeine Personen- und Künstlerlexika (z.B. die Neue Deutsche Biographie) wurden nicht in die Literaturhinweise aufgenommen.

Äbtissin werden die von der Klostergemeinschaft (→Kloster) gewählten Vorsteherinnen von Frauenklöstern genannt. In den Feldklöstern SH war dieser Titel aber nur im Kloster Itzehoe üblich, wo ihn bis heute auch die Vorsteherin des Damenstifts trägt. Den anderen Konventen stand eine Priörin vor, die in Itzehoe neben der Ä. existierte. Da die Frauenklöster in geistlichen Fragen nicht selbständig sein durften, hatte z.B. der →Abt von →Reinfeld das Aufsichtsrecht über die Klöster in Harvestehude und Itzehoe. OP

Ältermann Die Bezeichnung Ä. (lat. oldermannus, nd. olderman) kommt sowohl bei den städtischen Handwerksämtern (→Amt), als auch bei den →Bruderschaften und →Gilden vor. Sie wird für die in regelmäßigem Turnus wechselnden Vorsteher der Körperschaften gebraucht. In den Landgem. der →Elbmarschen ist der in vierjährigem Turnus wechselnde Vorsteher der Landgem. der Ä. Ihm stehen die →Geschworenen zur Seite. LS

Abegg, Waldemar →Regierungspräsident

Abel (geb. 1218, gest. 29.6.1259 bei Husum), der Sohn Kg. Waldemars II. von DK, wurde 1232 Hz. von Jütland und schloß sich nicht zuletzt durch seine Heirat mit der Tochter Gf. Adolfs IV. polit. eng mit →Holst. zusammen. Während des Streits zwischen A. und seinen zwei Brüdern um die Kg.würde in DK wurde der gefangene Erich getötet. A. soll von dem Mord nichts gewußt haben, dennoch stand er im Ruf, ein Brudermörder zu sein. 1250 wurde er zum Kg. von DK gekrönt, bereits zwei Jahre später aber bei einem Zug gegen die →Friesen getötet. Unter A. Herrschaft erhielt Tondern 1243 das Lüb. →Stadtrecht, →Hamburg und →Lübeck wurden 1250 Handelsfreiheiten in DK verbrieft.
Lit.: SHBL 1, 11-12. OP

Abendmusik Der heute für Kirchenkonzerte allgemein verwendete Begriff bezieht sich speziell auf öffentliche Konzerte in der Lübecker Marienkirche, die von der Kaufmannschaft und den Handelsgilden finanziert wurden. Der Ursprung der dortigen, zunächst nur vom Organisten bestrittenen A. reicht weit in das 17. Jh. zurück. Nach Einbau zusätzlicher Emporen (1669) erweiterte Dietrich →Buxtehude den Aufführungsapparat beträchtlich. 1810 setzten die Wirren der → Napoleonischen Kriege und das aufblühende bürgerliche Konzertwesen den traditionellen A. ein Ende.
Lit.: K.J. Snyder, Lübecker A., in: 800 Jahre Musik in Lübeck, hg. vom Senat der Hansestadt Lübeck, Amt für Kultur, 2, Lübeck 1983, 63-70. MKu

Abgabe Als A. werden alle im MA auf dem Grund- und Boden und an Personen haftenden Leistungen gegenüber dem Grundherren und der Kirche bezeichnet. Sie hatte als weltli-

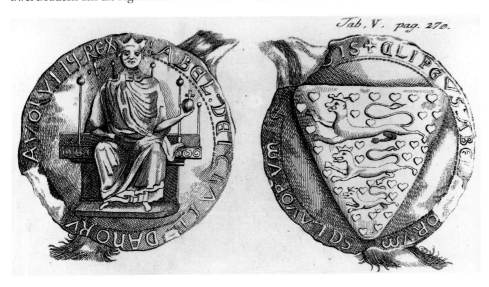

Siegel Hz. Abels, Zeichnnung des 18. Jh.

Abgeteilte Herren

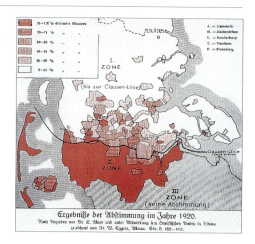

Karte der Abstimmungsergebnisse 1920

che A. ihren Ursprung in der Oberhoheit des Grundherrn über den bewirtschafteten Boden, der als Lehen (Leihe) ausgetan war. Die durchweg naturalen Formen der A. wurden im Verlauf des Spätma. überwiegend vergeldlicht, behielten aber ihre alte Bezeichnung. Die wesentlichen A. waren: Schatz und Zehnter (»schatt und tegen«), Dienst- und Herrengeld (für frühere Fuhr-, Hand- und Spanndienste), Rauchhühner (für Feuerstellen). Viele ma. A. haben sich bis zum Übergang an Preußen und sogar danach erhalten und wurden erst mit der Ablösung der Reallasten in den 1870er Jahren beseitigt. LS

Hz. Hans d.J. (1545-1622), Ölgemälde

Abgeteilte Herren Bezeichnung für jene Zweige des in DK und SH herrschenden Fürstenhauses der →Oldenburger, die im 16. Jh. mit Teilen der Hztt. belehnt, wegen der Weigerung der Stände aber von der gemeinschaftlichen Regierung des ganzen Landes ausgeschlossen waren, deshalb nur ihren jeweiligen Landesteil verwalteten und die sich aus ihm ergebenden Einkünfte bezogen. Die Norburger und Plöner sowie die sich daraus genealogisch entwickelnde Sonderburger Linie, die sich in den →Augustenburger und den Beckschen (später Glücksburger) Zweig der Oldenburger teilte, sind es v.a., die im Zuge der Erbfolgeproblematik im 19. Jh. zu historischer Bedeutung gelangten. EO

Abotriten →Slawen

Abschied 1. Die Beschlüsse, die bei formeller Auflösung einer Versammlung (z.B. des →Landtages) zusammengefaßt wurden, nannte man im Spätma. und in der Frühen Neuzeit A. 2. In einigen Gegenden SH wurde das Altenteil A. genannt. LS

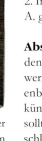

Flensburger Notgeldschein von 1920 mit Abstimmungspropaganda

Abstimmungsgebiet Die Schl. betreffenden Artikel 109-114 des Versailler Vertragswerkes legten am 16.6.1919 fest, daß Nordschl. enbloc und Mittelschl. gem.weise über ihre künftige nationale Zugehörigkeit abstimmen sollten. Eine zunächst vorgesehene dritte südschl. Abstimmungszone war auf Betreiben der dän. Regierung Zahle am 14.6.1919 aus dem Vertragstext gestrichen worden. Am 10.2.1920 stimmte Nordschl. mit 74,9% für DK und 25,1% für Dt., während Mittelschl. am 14.3.1920 mit 80,2 % für Dt. und 19,8% für DK votierte, woraufhin der heutige Grenzverlauf festgestellt wurde.
Lit.: B. Schwensen, I. Adriansen, Von der dt. Niederlage zur Teilung Schl. 1918-1920, Flensburg/Apenrade 1995. BS

Abt wurde im MA der Vorsteher der Männerklöster (→Kloster) verschiedener Ordensrichtungen genannt. Er wurde durch die Klostergemeinschaft gewählt und mußte vom Bf. in seinem Amt bestätigt werden. Der A. hatte weitreichende Befugnisse und Verantwortung in seinem Amt, der A. von →Reinfeld tätigte z.B. im 14. und 15. Jh. die umfangreichen Geschäfte mit dem Lüneburger Salinenbesitz und spielte eine wichtige Rolle im dortigen Prälatenkrieg in der Mitte des 15. Jh. Der erste A. des Lübecker Johannisklosters, →Arnold, wurde durch seine Chronik berühmt. OP

Abzugszehnter auch als Dezimationsgeld bezeichnet, war eine →Steuer in Höhe von 10% des Vermögens, die von einem Bürger bei Verlassen der →Stadt und Aufgabe der Mitgliedschaft im Bürgerverband an die Kämmerei zu leisten war. Der A. sollte ein Entgelt für die seitens der Bürgergem. erbrachten Leistungen sein. In größeren Städten gab es eigens Zehnpfennigsherren im →Rat (lat. domini decem denariorum), die den A. einzogen. LS

Ackerakademie Der Glücksburger Propst Philipp Ernst →Lüders gründete 1762 unter Beteiligung mehrerer adliger und bürgerlicher

Gutsbesitzer eine Vereinigung, die sich »Dän. A.« nannte und der Förderung der heimischen →Landwirtschaft, insbesondere durch Beratung, Versuche, Vertrieb von Schriften und Bereitstellung erstklassigen Saatgutes dienen sollte. Versammlungen fanden nicht den gewünschten Zuspruch, jedoch zahlreiche Schriften erhebliche Verbreitung. Der Wirksamkeit der A. ist wohl auch die rasche Verbreitung des Kartoffelbaus und die Erweiterung des Kleebaus in SH zu verdanken. Eine von Lüders geplante Landwirtschaftsschule kam nicht zustande. Die A. scheint kurz nach Lüders Tod 1786 aufgelöst worden zu sein.

Lit.: P. Vollrath, Landwirtschaftliches Beratungs- und Bildungswesen in SH in der Zeit von 1750 bis 1850, Nms. 1957, 127-156. LS

Adalbero →Christianisierung

Adaldag →Christianisierung

Adam von Bremen →Geschichtsschreibung

Adel war ursprünglich eine Kriegerelite im Dienstverhältnis zu einem Herren und mit besonderen Privilegien ausgestattet. Die Kernfunktion war der Kriegsdienst, normalerweise zu Pferd, das Kernprivileg die Steuerfreiheit. Eine Kriegerelite kann sowohl in Holst. wie in Schl. schon zur Eisenzeit deutlich nachgewiesen werden, aber mit einem eigentlichen A. rechnet man erst seit der Karolingerzeit in Holst. Der frühe sächsische A. umfaßte machtvolle Geschlechter mit bedeutenden Gütern und hohen Ämtern. Spätestens im 12. Jh. entstand in Holst. ein breiter Diensta. von militärischen Gefolgsmännern der Gff., die nach der Eroberung Wagriens von den Gff. mit Gütern im eroberten Land belehnt wurde. Daneben war der A. besonders in den →Elbmarschen und in →Stormarn begütert. Die Erblichkeit der Lehngüter sicherte die Erblichkeit des adligen Status, und der holst. A. wurde schon im 13. Jh. eine recht geschlossene Gruppe, deren Geschlechter seit etwa 1300 feste Familiennamen führten. Sie waren weitgehend die Namen der Stammgüter, typisch in Ostholst. (→Rantzau, von der Wisch) oder in den Elbmarschen (→Brockdorff). In DK (unter Einschluß von Schl.) entstand der A. um 1200, wo der Kriegsdienst auf eine Klasse von sog. herremænd (Heermänner, eigentlich Männer eines Herren) konzentriert wurde. Der Heermann leistete dem Herren qualifizierten Kriegsdienst und war dann von →Steuern befreit. Am Anf. war der Status als Heermann persönlich, und Kgg. wie Bff. und Hzz. konnten »Männer nehmen«. Im Laufe des 13. Jh. änderten sich der Status der Heermänner hin zum Erba. Im 14. Jh. gewann der holst. A. auch bedeutende Güter in Schl. Wichtige holst. Geschlechter trugen Namen nach Gütern im südlichsten Schl. (Sehestedt, Lembek, vermutlich auch →Ahlefeldt). Polit. traten Holst. auch immer mehr als die wichtigsten Ratgeber und Amt-

Wappen sh Adelsfamilien

Adeliges Gut

Familie Rantzau auf Rastorf, Ölgemälde

männer (→Amtmann) der schl. Hzz. hervor. Nach der Union Schl. und Holst. 1375/1386 konnten die holst. Geschlechter die polit. Ämter in beiden Hztt. für sich praktisch monopolisieren. 1459-60 sicherte der holst. A. eine weitere Union von Schl. und Holst., die gleichzeitig auch Union mit DK war. Die A.privilegien erreichten jetzt ihren höchsten Stand. Dem →Landtag, auf dem alle Adligen auftreten konnten, wurde Wahlrecht der Landesfürsten und Steuerbewilligungrecht zugestanden, und dem A. wurde das Monopol auf die wichtigsten Ämter versprochen. Dazu kam dann 1524 in den meisten Fällen Gerichtsherrschaft über die Bauern des A. Polit. und wirtschaftlich wurde das 16. Jh. eine Blütezeit des sh A., obwohl die ursprüngliche militärische Funktion weitgehend verloren ging. Zu Beginn des 16. Jh. sind zwei A.gruppen in SH auszumachen. Der Holst. A. hatte sich zu einer Korporation zusammengeschlossen, so daß man von einer geschlossenen →Ritterschaft sprechen kann. Die Ritterschaft monopolisierte nahezu alle hohen Ämter der Hztt. Daneben gab es noch einen schl. A., der aber an der polit. Macht – und v.a. an der Stellung von Räten (→Rat) und Amtmännern (→Amtmann) – wenig beteiligt war, obwohl einzelne Familien reich waren. Eine Untergruppe hiervon bildeten Großbauern, besonders in →Nordfriesland, die im Spätma. von den Landesherren geadelt wurden. Im Laufe des 16. Jh. wurde der schl. A. aber weitgehend von den Landesherren, Hz. Johann dem Jüngeren und den Rantzaus ausgekauft, und die Ritterschaft war um 1600 fast identisch mit dem A. der Hztt. Im Laufe des 17. Jh. wurde die Position des A. geschwächt. Viele Adlige verloren ihre Güter in den schwierigen wirtschaftlichen Verhältnissen; ihre polit. Macht ging am Ende des Jh. weitgehend verloren. Übrig blieben gewisse rechtliche Privilegien. Auch das Monopol auf den Besitz adliger Güter ging verloren; viele Güter wurden von Bürgerlichen oder Adligen außerhalb der Ritterschaft (den sog. non recepti) übernommen, die immer mehr die gleichen Privilegien wie die Gutsbesitzer aus der Ritterschaft bekamen. Allmählich wurden eine Reihe der non recepti von der Ritterschaft rezipiert. CPR

Adeliges Gut →Gut

Adler, Eduard →Sozialdemokratie

Adler, Jacob Georg Christian (geb. 8.12.1756 Arnis, gest. 22.8.1834 Giekau) war Orientalist und Aufklärungstheologe. Er wurde 1792 →Generalsuperintendent für Schl., 1806 zugleich für H. 1796 versuchte er eine neue Gottesdienstordnung (Agende) in Schl. einzuführen, was aber aufgrund starker Widerstände in der Bev. wegen der vielen Modernisierungen aufgegeben werden mußte (→Agendenstreit). Unter seiner Leitung wurde am 24.8.1814 die Schulreform für die Hztt. eingeführt. HSH

Administrator (Verwalter). Bei der Einziehung der Reichsgft. →Rantzau durch den Hz. von Holst. 1726 blieb die Stellung dieses reichsunmittelbaren Gebietes ungeklärt. So wurde der dort eingesetzte Oberbeamte nicht als →Amtmann bezeichnet, sondern als A. Auch nach der Auflösung des Alten Reiches 1806 blieb es bis 1867 bei dieser Bezeichnung.
Lit.: M.H.T. Rauert, Die Gft. Rantzau, Altona 1840. LS

Adolf →Gottorfer, →Schauenburg

Adolf Friedrich →Gottorfer

Adolf Grafen von Holstein →Schauenburger

Advocatus (→Vogt) Erst mit Eindringen des Römischen Rechtes wird der Gerichtsbeistand (Vor- oder Fürsprech) mit dem lat. Wort A. (später: Advokat) bezeichnet. LS

Agendenstreit Der schl. Generalsuperintendent Jacob Georg Christian →Adler entwarf mit Zustimmung des holst. Generalsuperintendenten Callisen eine für beide Hztt. einheitliche Agende (Gottesdienstordnung), die am 2.12.1796 durch ein kgl. →Reskript zugelassen und 1797 veröffentlicht wurde. In vielen Gem. kam es zu heftigem Widerstand gegen die Einführung der neuen, vom Geist einer milden Aufklärung geprägten Agende. Geschürt wurde der Streit durch eine anonym veröffentlichte Schrift mit dem Titel »Schreiben eines holst. Kirchenvogts«, in der die Agende detailliert kritisiert und ihre Vereinbarkeit mit der Augsburgischen Konfession bestritten wurde. Die Proteste wurden auf dem Lande v.a. von den Bauern und in den Städten von den Handwerkern getragen. Um die Aufregung in den Gem. zu dämpfen, bestimmte eine kgl. Verordnung bereits am 8.12.1797, daß auf die Einführung der Agende dort vorerst verzichtet werden sollte, wo dies nicht mit Zustimmung der Gem. erfolgen könne. Da die Proteste jedoch nicht aufhörten, wurde schließlich am 26.1.1798 in einem weiteren Reskript verfügt, daß jede Gem. bei der bisherigen Form des Gottesdienstes bleiben könne, wenn sie es wünsche, womit der Konflikt entschärft und die Intention Adlers völlig unterlaufen wurde.
Lit.: D. Reichert, Untersuchungen zur Adlerschen Agende von 1798, in: SSHKG 36, 1980, 27-60 und 38, 1982, 7-48. MJT

Agrarreformen Unter den A. versteht man in SH im wesentlichen drei Elemente: Parzellierung der landesherrlichen →Domänen, →Verkoppelung und Aufhebung der →Leibeigenschaft und Beseitigung der →Gutsherrschaft mit Folgen, die weit in das 20. Jh. hineinreichen. Alle Teile der A. haben einen großen Teil des Agrarlandes umgeformt und die Herausbildung einer modernen →Landwirtschaft sowie einer vereinheitlichten bäuerlichen Bev. überhaupt erst ermöglicht. Sie wurden vorangebracht durch aufklärerische (→Aufklärung) und kameralistische (→Kameralistik) Vorstellungen der obersten Landesbehörden und die entsprechende Einsicht eines Teils der adligen und bürgerlichen Gutsbesitzer, wobei die länger anhaltende Krise der Gutswirtschaft sicher zur Akzeptanz beitrug. Die Parzellierung der Domänen, also des bis dahin landesherrlichen Gutsbesitzes, erfolgte durch die 1768 eingesetzte sh Landkommission. Die Verkoppelung stellte im wesentlichen eine Privatisierung zuvor kollektiv genutzter Ländereien in den gutsfreien Dörfern des östlichen →Hügellandes und der →Geest dar; damit einher ging der langwierige Prozeß der Gemeinheitsteilung, also der Privatisierung der Allmenden. Die Aufhebung der Leibeigenschaft und des damit verbundenen →Schollenbandes auf den Gütern berührte die Wurzeln der →Gutswirtschaft alten Stils und führte zu einer Parzellierung eines beträchtlichen Teiles der Guts-

Ahlefeldt

ländereien, die überwiegend in Zeitpacht, nur wenig in Erbpacht an die vormalig leibeigenen Gutsuntertanen vergeben wurden. Schon 1688 hatte Christoph →Rantzau auf Schmoel, Hohenfelde und →Övelgönne die Leibeigenschaft seiner Untertanen aufgehoben, was jedoch vor dem adligen Landgericht keinen Bestand hatte. Die Maßnahmen wurden durch einen ritterschaftlichen Beschluß von 1797 eingeleitet, nach dem binnen acht Jahren die Abschaffung der Leibeigenschaft durchgeführt sein sollte. Erst die kgl. Resolution vom 19.12.1804 schuf die rechtliche Grundlage für die Vollziehung zum 1.1.1805. Damit wurde etwa 1/6 der Bev. der Hztt. das Recht auf Freizügigkeit gegeben. Die relativ schlechte rechtliche und soziale Stellung der mit zahlreichen →Abgaben und Diensten belasteten Zeitpächter wurde erst in preußischer Zeit, zu einem erheblichen Teil erst nach dem 1.WK beseitigt.
Lit.: W. Prange, Die Anfänge der großen Agrarreform in SH bis um 1771, Nms. 1971. LS

Detlev von Ahlefeldt, Ölgemälde

Ahrensbök

Ahlefeldt (Familie) Die A. gehören zu den zehn Geschlechtern, die genannt werden, wenn nach dem sh Uradel, den Originarii, gefragt wird. Sie sind (nicht nur wegen des annähernd gleichen Wappens) seit dem 13. Jh. aufs engste verbunden mit den →Rumohrs. Die A. sind genealogisch seit dem 14. Jh. nahezu lückenlos nachweisbar, und zwar vorwiegend in Holst., konkret im →Westenseer Raum. Die A., die in verschiedenen Linien auch heute noch in SH und DK vertreten sind, haben v.a. im 17. und 18. Jh. bedeutende Persönlichkeiten hervorgebracht. Zu nennen sind u.a. Gottschalk von A. (1475-1541), der letzte katholische Bf. von →Schl.; Detlev von A. (1617-1686), der als →Generalkriegskommissar, →Amtmann sowie Diplomat hervorgetreten ist und kulturhistorisch bedeutende Memoiren hinterlassen hat (1895 von Louis Bobé hg.); der 1665 in den Gff.stand erhobene dän. Großkanzler Friedrich von A. (1623-1686), der 1657 als Kriegskommissar und →Landrat in den Hztt. wirkte, zu großem Wohlstand und Grundbesitz in Schl. gelangte; der kgl. Statthalter in den Hztt. Carl Gf. von A. (1670-1722) und dessen Sohn Friedrich (1702-1773), der zum Stammvater der dän. Familie A.-Laurvig wurde. Bendix von A. (1679-1757), Klosterpropst von →Uetersen und hzl. Landrat, war ein bedeutender Kunstkenner und Mäzen. Er leitete seit 1723 für einige Jahre die Hamburger Oper und ließ den Jersbeker Park (→Jersbek) anlegen.
Lit.: L. Bobé, Slægten Ahlefeldts Historie, 6 Bde., Kopenhagen 1897-1912. EO

Ahlefeldt, Bartram von →Statthalter

Ahlefeldt, Carl von →Statthalter

Ahlefeldt, Friedrich von →Statthalter

Ahlmann (Familie) Die seit dem 16. Jh. in Sonderburg/Sønderborg nachweisbare Schiffer- und Kaufleutefamilie, faßte auch in Holst. Fuß. Ihre wichtigsten Vertreter waren: Wilhelm (1817-1910), der in der →Provisorischen Regierung das →Postwesen leitete und mit die ersten Briefmarken Dt. ausgeben ließ. Er gründete 1852 ein Bankhaus und 1864 die »Kieler →Zeitung«. Sein Sohn Ludwig (1859-1942) führte die Bank fort und war in →Kiel kommunalpolit. aktiv. Dessen Sohn Wilhelm (1895-1944) gehörte als Privatgelehrter zum Widerstand gegen den NS und erschoß sich in Kiel in sicherer Erwartung seiner Verhaftung. Einem anderen Zweig der Familie entstammte Johannes (1851-1939), der 1883 als kaufmännischer Direktor der Carlshütte in →Büdelsdorf tätig wurde und sie zu neuer Blüte führte. Seine Schwiegertochter Katharine (Käte, 1890-1963) führte die A.-Carlshütte 1931-1963; sie gehörte zu den bedeutendsten Unternehmerinnengestalten der Kriegs- und Nachkriegszeit in SH.
Lit.: SHBL 1, 24-29; 9, 13-23. LS

Ahm →Maße

Ahrensbök (OH) Das im 12. Jh. von Westfalen besiedelte Gebiet um A. erhielt um 1328 eine eigene Kirche, in der sich ein im Spätma. berühmtes wundertätiges Marienbildnis befand. In einem Anbau an die Kirche wurde 1397 ein Karthäuserkloster (templum Mariae) gegr., das eine beträchtliche Grundherrschaft entwickelte und 1542 aufgehoben wurde. Aus der Klosterherrschaft (→Kloster) wurde 1565 das →Amt A. gebildet. Es gehörte 1623-1761 zum Hzt. →SH-Sonderburg-Plön, dem das

1593-1601, z.T. aus dem Abbruchmaterial des Klosters erbaute Schloß kurzzeitig (1623-1636) als Residenz diente. Das Dorf A. wurde schon 1593 niedergelegt und in ein Vorwerk verwandelt. 1740 brach man das Schloß ab. Der Ort entstand neu und wurde 1828 zunftberechtigter →Flecken. Er war Sitz der Amtsverwaltung. Das Amt A. umfaßte um 1850 ca. 138km². Die amtsfreien Gem. A. hat gegenwärtig knapp 8.000 Einw.

Lit.: V. Pauls, Die Klostergrundherrschaft A., in: ZSHG 54, 1924, 1-152. LS

Ahrensburg (OD) Als Dorf Woldenhorn wurde A. wahrscheinlich von den →Schauenburgern im späten 13. Jh. gegr. und war zwischen 1327 und etwa 1550 Vogtei des →Klosters →Reinfeld. 1567 erwarb Daniel Gf. →Rantzau das Dorf vom dän. Kg.; seine Nachfolger wandelten es zusammen mit umliegenden Dörfern in ein →Gut mit strenger →Leibeigenschaft um. Als Wohnsitz der Besitzer wurde 1596 das →Schloß A. fertiggestellt, das nach der nahegelegenen ma. →Burg Arnsburg (arx Arnsburga) benannt wurde. 1759 erwarb Heinrich Carl Schimmelmann das Gut und ließ Woldenhorn in barocker Manier neu errichten.1868 erhielt die Siedlung den Namen A., nachdem auch der Bahnhof der →Eisenbahnstrecke Hamburg-Lübeck seit 1865 diesen Namen trug. Seit 1933 ergrub der Hobby-Archäologe Alfred Rust im A.-Stellmoorer Tunneltal Überreste zweier jungpaläolithischer Rentierjägerkulturen, die sog. Hamburger Kultur (ca. 11000 v.Chr.) und die A. Kultur (ca. 9000 v.Chr.). A., das erst 1949 Stadt wurde, ist heute mit gut 29.600 Einw. und ca. 13.000 Arbeitsplätzen die größte Stadt des Kreises. AB

Ahsbahs, Georg →Holsteiner Pferd, →Pferdezucht

AKN Die Eisenbahn-Gesellschaft Altona-Kaltenkirchen-Nms. ist eine Aktiengesellschaft mit den Ländern →Hamburg und SH als Hauptanteilseignern. 1880 beantragte die Firma Nothnagel in →Altona den Bau einer →Eisenbahn über Quickborn und Ulzburg nach →Kaltenkirchen, die 1884 für den Personen- und Güterverkehr (Torf) eröffnet wurde. Streckenverlängerungen erfolgten 1898 nach →Bramstedt, 1916 nach →Nms. Süd und 1953 nach Nms. 1911/12 erhielt die Bahn, deren Gleise zuvor auf Straßen verliefen, einen eigenen Gleiskörper. 1962 und 1965 wurde die Strecke von Altona bis nach Eidelstedt verkürzt, wo nun der Übergang auf die S-Bahn nach Hamburg und →Pinneberg erfolgt.

Ahrensburg

Schloß Ahrensburg

Akzise

Seit 1966 wurde die AKN in den Hamburger Verkehrsverbund einbezogen. 1981 übernahm sie die von der Elmshorn-Barmstedt-Oldesloer Eisenbahn 1896 eingerichtete Strecke zwischen →Elmshorn und →Barmstedt (A3) sowie die 1953 von der Alsternordbahn eröffnete Strecke Ochsenzoll-Ulzburg Süd (A2). Die A. engagiert sich auch im Streckenbereich Westholst. und stellt so ein wichtiges Nahverkehrsmittel für den Südwesten SH dar. OP

Akzise Die A. war eine Verbrauchssteuer, die von Verbrauchs- und Luxusgegenständen erhoben und 1636 durch Christian IV. in der Revidierten Landgerichtsordnung auferlegt wurde. Sie wurde an den Zollstätten (→Zoll) auf Importbier, →Wein, →Salz, Importtuch u.a. Waren erhoben. Es gab zahlreiche Befreiungen von der A.; so war →Glückstadt befreit und die →Kremper- und →Wilstermarsch kauften sich 1649 die Befreiung für 30.000 Rtl. LS

Albersdorf (HEI) Der Hauptort des Amtes A. liegt am Geestrand im Tal der →Giselau und wird zuerst 1281 erwähnt. In der Nähe befinden sich zahlreiche Grabhügel und →Megalithgräber. Die St. Remigius geweihte Feldsteinkirche stammt aus der Zeit um 1230. Hier entstand 1906 die erste dt. →Volkshochschule. Seit 1963 ist A. Bundeswehrgarnison. Der Ort hat heute etwa 3.500 Einw.
Lit.: O. Nottelmann, A. Vom Stahlbad zum Luftkurort, Heide 1985. WK

Albersdorf

Albrecht von Orlamünde (geb. um 1182 Orlamünde, gest. 18.2.1245) Nach der dän. Eroberung Nordelbiens (1201) wurde A. als Enkel Waldemar I. und Parteigänger Waldemar II. in Konkurrenz zu den →Schauenburgern als Gf. mit Holst., →Stormarn, →Wagrien und →Ratzeburg belehnt. A. trieb den Landesausbau etwa durch die Gründung des Klosters →Preetz (1211/18) kräftig voran. Nach der Schlacht von →Bornhöved (1227) und dem Verlust der holst. Gft. wurde er mit Alsen belehnt.
Lit.: U. Lange, Grundlagen der Landesherrschaft der Schauenburger in Holst., in: ZSHG 99, 1974, 76-93. DK

An der Alsterquelle 1910

Alt Lübeck

Allmende →Verkoppelung

Alsen, Gustav Ludwig →Zementindustrie

Alsen, Otto Friedrich →Zementindustrie

Alster Die Quellbäche der A. entwickeln sich am südlichen und südöstlichen Abhang des Kisdorfer Wohlds, die eigentliche Quelle liegt im Hennstedter Moor. Der Fluß nimmt mehrere Nebengewässer auf und durchschneidet im Mittellauf die Hohe →Geest bei Poppenbüttel und Wellingsbüttel. Bereits im Hochma. für die hamburgische Obermühle aufgestaut, entwickelte sich ein ausgedehnter Binnensee, der durch die Anlage der neuen Befestigung Hamburgs 1616-1625 in Binnen- und Außena. (Große A.) getrennt wurde. Der im alten Hamburger Stadtgebiet gelegene Unterlauf bildete den ersten Hafen der Stadt. Nach Anlage der Stadtbefestigung am Neuen Wall/Rödingsmarkt ab 1543 wurde der Hauptabfluß der A. durch den Herrengraben zur →Elbe geleitet, während der alte Unterlauf als Nikolaifleet weiterhin zum Hafen gehörte. Ober- und Untera. waren lange als Schiffahrtswege in Gebrauch, wovon noch heute zahlreiche Schiffschleusen zeugen. 1452/53 wurde am A.-Beste-→Kanal gearbeitet, der die Verbindung zwischen A. und →Beste bzw. →Trave ermöglichen sollte, aber erst 1529 befahren wurde und nach rund 20 Jahren aufgrund technischer Schwierigkeiten seinen Betrieb einstellte. LS

Alster-Beste-Kanal →Kanal

Alt Lübeck (HL) liegt an der Mündung der Schwartau in die →Trave und gab als slawischer Hauptort des Abotritenreiches (→Slawen) dem 7km traveaufwärts gegr. dt. →Lübeck seinen Namen. Umfangreiche archäologische Grabungen seit 1852 lieferten vielfältige neue Erkenntnisse der auch in schriftlichen Quellen erwähnten Siedlung, deren früheste Datierung auf das Jahr 819 zurückgeht und die 1138 zerstört wurde. Vor dem Ringwall, der mehrfach ausgebaut wurde und je ein Tor im Westen und Süden besaß, lagen Handwerker- und Kaufleutesiedlungen. Um 1050 wird in A. ein Kloster erwähnt, im Wall lag eine Steinkirche, eine weitere Kirche in der von Fürst →Heinrich von A. am gegenüberliegenden Traveufer gegr. Kaufleutesiedlung, unter dem A. überregionale Bedeutung als Residenz und Handelsort besaß.

Lit.: M. Gläser, Werner Neugebauer und die A.-Forschung, in: Schutt und Scherben. Lübeck nach dem Krieg, hg. von M. Gläser, D. Mührenberg, Lübeck 1998, 110-125. OP

samten Ostseeraum verschifft wurde. Ein Teilstück der mit Feldsteinen bepflasterten A. ist restauriert.

Lit.: G. Schrecker, Das spätma. Straßennetz in Holst. und Lauenburg, in: ZSHG 61, 1933, 16-109, 63, 1935, 104-161. WA

Altenhof (RD) ist seit Jh. eines der bedeutendsten adligen Güter (→Gut) im Hzt. Schl. Das schloßartige →Herrenhaus, an der Eckernförder Bucht gelegen, entstand 1722-1728 und stellt trotz der nach 1861 und abermals ab 1904 erfolgten Umbauten ein Spiegelbild der Adelskultur des 18. Jh. dar. A. ist seit 1691 im Besitz der Familie von →Reventlow und deren Nachkommen (heute Bethmann Hollweg). A. verfügt über eine reiche Innenausstattung, eine wertvolle Bibliothek und ein bedeutendes Archiv. 1945-1951 war A. Sitz des britischen Gebietskommissars und Zivilgouverneurs. EO

Altenhof

Altenkrempe (OH) Kirchdorf, früher im Gut Hasselburg, heute in der Gem. A. im Amt Neustadt-Land. Im Jh. nach dem ersten Vorstoß der christlichen Mission in das slawische Rückzugsgebiet an der Kremper Au (Crempine) nach 1156 entstand der Ort, der zunächst Krempe hieß und nach der Gründung →Neustadts (Neu-Krempe) den Namen A. annahm. Die 1197 erstmals erwähnte Kirche, eine dreischiffige, spätromanische Gewölbebasilika aus

Altenkrempe

Alte Salzstraße heißt der ca. 70km lange Teil des ma. Handelsweges, der aus dem fränkischen Reich kommend von Lüneburg über Artlenburg, →Mölln (bzw. Boizenburg), →Ratzeburg nach →Lübeck führte. Auf ihm wurde das in Lüneburg gewonnene →Salz transportiert, das von Lübeck aus in den ge-

Ausgrabung in Alt-Lübeck 1986

Die Kirche von Altenkrempe

Backstein, wurde Mittelpunkt eines ausgedehnten Ksp.
Lit.: J.H. Koch, 800 Jahre A., Neustadt 1997. HFR

Altmoräne →Moräne

Altona

Altona (HH) enstand im frühen 16. Jh. als Siedlungserweiterung um einen Krug, der dem Gebiet von Hamburg »all to na« (allzu nahe) lag – nämlich im Territorium der Gft. Holst.-→Pinneberg; der Krug A. wird 1536 erstmals erwähnt. Die kleine Handwerker- und Fischersiedlung auf dem sturmflutgeschützten hohen Ufer der →Elbe machte trotz hamburgischer Proteste eine rasche Entwicklung durch, insbesondere durch die Förderung des Gf. Ernst von →Schauenburg, der auch die Ansiedlung von →Katholiken, Reformierten, Mennoniten (→Minderheiten, religiöse) sowie →Juden in dem 1604 zum →Flecken erhobenen Ort förderte. 1611/1612 entstand das Viertel »Freiheit«, in dem uneingeschränkte Glaubens- und Gewerbefreiheit galt; daran erinnern die Straßennamen Große und Kleine Freiheit. 1640 kam A. mit dem größeren Teil der Gft. Holst.-Pinneberg an den dän. Kg. als Hz. von Holst., der Hamburg den Erwerb des Fleckens anbot, aber damit kein Gehör fand. Kg. Friedrich III. verlieh A. 1664 →Stadtrecht und verband damit Zoll- und Handelsprivilegien. Ein rascher Aufschwung war die Folge: Die Bev. nahm von 3.000 um 1650 auf 12.000 im Jahre 1710 zu. 1713 im Großen →Nordischen Krieg als Rache für den dän. Angriff auf das damals schwedische Stade von schwedischen Truppen unter General Steenbock eingeäschert, wurde es bald wieder aufgebaut; der Oberpräsident Christian Detlev von →Reventlow und der Stadtbaumeister Claus Stallknecht waren hierbei tonangebend. Die folgenden Jahrzehnte waren für A. – auch wegen der dän. Neutralitätspolitik – eine wirtschaftliche und kulturelle Blütezeit. 1738 wurden das Commerzkollegium und das akademische Gymnasium Christianeum gegr., 1768 die holst. Münze (→Münzwesen) hierher verlegt, 1775 das kgl. Fischerei- und Handelsinstitut begründet. Eine Bank entstand 1777. Die Handelsflotte A. übertraf 1806 mit 296 Schiffen die hamburgische (258). Um 1800 hatte die zweitgrößte Stadt der dän. Monarchie etwa 24.000 Einw., von denen knapp 10% Juden waren. Sie schlossen sich 1671 mit den Gem. in Hamburg und →Wandsbek zur Dreigem. zusammen, deren Oberrabinat in A. beheimatet war und die auch starke Ausstrahlung in die jüdischen Gem. Holst. hatte. Frühe →Zeitungen waren der seit 1694 erscheinende »Altonaische Mercurius«, seit 1696 der »Relations-Courier« (1700-1789 als »Reichspostreuter« erschienen) und seit 1773 die »Altonaischen Addreß-Comtoir-Nachrichten«. A. wurde das Zentrum der SH →Aufklärung; hier wurde 1812 auch die SH →Patriotische Gesellschaft gegr. Der Eintritt DK in die →Napoleonischen Kriege beendete mit →Kontinentalsperre und Elbblockade die Blüte der Stadt, die nach 1815 nicht mehr die gleiche wohlwollende staatliche Förderung erhielt. Nach schwierigen Jahren kam es seit 1835 zu einem neuen Aufschwung, der zum Hafenausbau und zur Anlage der A.-Kieler-→Eisenbahn führte; neue Stadtviertel entstanden und die Infrastruktur wurde ausgebaut. 1853 verlor A. die letzten Zollprivilegien, behielt jedoch seinen Freihafen. Da A. inzwischen baulich mit Hamburg verwachsen war, wurde es insgesamt zum Zollausland erklärt. Nun begann der gewerblich-industrielle Aufschwung (→Industrialisierung) des benachbarten Dorfes →Ottensen. Die →Annexion der Hztt. durch →Preußen beendete den Sonderstatus von A., das nun ebenfalls stark industrialisiert wurde und als Stadtkreis eine gewisse Eigenständigkeit erhielt. Die Bev. nahm weiter stark zu: 1867 lebten hier etwa 67.000 Einw., 1885 waren es bereits fast 105.000. 1889 wurde Ottensen eingem., 1890 folgten Bahrenfeld, Othmarschen und →Övelgönne, womit die Bev. auf 143.000 anstieg. Äußerer Ausdruck des Wandels waren große Neubauten: Bahnhof (1895) und Rathaus (1896-1898), die Kirchen (St. Johannis 1868-1872 und St. Petri 1880-1883), das →Museum (1901). In der Weimarer Republik schufen Oberbürgermeister Max Brauer und Bausenator G. Oelsner ein Modell fortschrittlicher Kommunalpolitik in Wohnungsbau, Schul- und Sozialwesen. Die Eingemeindung von Stellingen-Langenfelde, Eidelstedt, Lurup, Osdorf, Groß Flottbek, Klein-Flottbek, Nienstedten, →Blankenese, Sülldorf und Rissen 1927 schuf dann Groß-A. mit einer Bev. von 232.000. →Parks und Gär-

Altonaer Bekenntnis

Altona von der anderen Elbseite gesehen um 1860, Lithographie von Wilhelm Heuer

ten am hohen Elbufer (Elbchaussee) und der neue Volkspark machten A. zu einer Stadt im Grünen. Krisenhafte Entwicklungen am Ende der Weimarer Republik ließen die polit. Polarisierung zunehmen; äußerer Ausdruck der Spannungen war der →Altonaer Blutsonntag 1932, auf den seitens der Kirche mit dem →Altonaer Bekenntnis von 1933 geantwortet wurde. Durch das →Groß-Hamburg-Gesetz kam A. 1937 an Hamburg. Im →Bombenkrieg des 2.WK wurde die historische Struktur des Stadtteils A. weitgehend zerstört, so daß ein vollständiger Wiederaufbau von »Neu-A.« nach 1954-1956 entwickelten Plänen von E. May und W. Hebebrand erfolgen mußte. Nach der Aufteilung Hamburgs in Bezirke bildet A. einen Bezirk mit einer Fläche von 78,3km^2 und einer Bev. von ca. 240.000 Einw.

Lit.: H. Berlage, A. Ein Stadtschicksal, Hamburg 1937. LS

Altonaer Bekenntnis Als Reaktion auf den →Altonaer Blutsonntag vom 17.7.1932 erarbeiteten evangelische Geistliche »Das Wort und Bekenntnis Altonaer Pastoren in der Not und Verwirrung des öffentlichen Lebens«, das am 14.12.1932 im Gem.haus der Osterkirche in →Altona von 21 Männern der Kirche unterschrieben und in einer Druckauflage von fast einer Viertel Mio. verbreitet wurde. Am 11.1.1933 wurde die in fünf Punkte gegliederte Erklärung (»Von der Kirche«, »Von den Grenzen des Menschen«, »Vom Staate«, »Von den Aufgaben des Staates«, »Von den Geboten Gottes«) in der Altonaer Hauptkirche und parallel dazu in der Petri-Kirche verkündet; sie forderte aus theologischer Sicht die Rückbesinnung auf eine polit. Ethik ein. Die Machtergreifung der NS im März 1933 zog für die Unterzeichner massive Repressionen nach sich: →Propst Sieveking und Pastor Asmussen wurden zwangsweise in den Ruhestand versetzt, andere zeitweise ihrer Ämter enthoben oder strafversetzt. Wieder andere distanzierten sich später vom A. und konnten daraufhin erheblichen Einfluß und wichtige geistliche Ämter erlangen. In der Kirchengeschichte wird das A. daher teils als erster Schritt auf dem Weg zur »Bekennenden Kirche«, teils als »unklares Vorspiel« gewertet.

Lit.: R. Günther u.a., Das A., Kiel 1983. KUS

Altonaer Blutsonntag Am 17.7.1932 mündete ein Aufmarsch der SA in Altona in Schießereien mit Kommunisten, Sozialdemokraten und Polizisten, die 18 Todesopfer forderten. Für Reichspräsident Hindenburg war dies der Vorwand, am 20.7.1932 die preußische Landesregierung Braun/Severing (SPD) nach Artikel 48 der Verfassung abzusetzen und Reichskanzler Papen zum Kommissar für →Preußen zu ernennen. Der Staatsstreich bildete eine Etappe der Zerstörung der Weimarer Demokratie.

Lit.: W. Kopitzsch, Polit. Gewalttaten in SH in der Endphase der Weimarer Republik, in: »Wir bauen das Reich«. Aufstieg und erste Herrschaftsjahre des NS in SH, hg. von E. Hoffmann, P. Wulf, Nms. 1983, 19-39. UD

Altonaischer Mercurius →Altona, →Zeitungen

Altsiedelland Im Gegensatz zu den relativ jung (seit ca. 1000) besiedelten →Marschen an der Westküste und dem Unterlauf der →Elbe (seit ca. 1110) wie auch den durch Eroberung slawischen (→Slawen) Siedlungslandes (seit etwa 1140) neu geschaffenen →Kolonisationsgebiet Ostholst. bezeichnet man das auf der →Geest Holst. liegende, nach Norden und Osten durch Ödmarken, Waldungen und Niederungen abgeschirmte sächsische Siedlungsgebiet mit den Gauen →Stormarn, Holst. und →Dithm. als A. LS

Ambronen wird ein germ. Volksstamm genannt, dessen Angehörige eventuell als Bewohner der nordfries. Insel →Amrum den Namen gaben, mit den Kimbern und Teutonen nach Süden zogen und bei Aquae Sextiae 102 v.Chr. von den Römern vernichtet wurden. OP

Amrum

Die Inselbahn auf Amrum 1929

Amrum (NF) Die nordfriesische Insel A. ist 20 km² groß und besteht aus einem Geestkern mit einer z.T. wieder aufgeforsteten Heidezone, dem im Westen ein →Dünengürtel und der bis zu 1km breite Kniepsand vorgelagert sind; im Osten hat die Insel einen nur schmalen →Marschensaum. →Megalithgräber weisen darauf hin, daß A. bereits in frühgeschichtlicher Zeit besiedelt war. Zusammen mit →Sylt und →Föhr gehörte es im Frühma. zu den 13 →Harden der nordfriesischen →Utlande. Seit der Mittes des 14. Jh. stand A. unter Verwaltung des →Stifts in Ripen/Ribe und blieb bis 1864 dän. Enklave. Die Bewohner waren Bauern, Fischer und Schiffer, im 17. und 18. Jh. insbesondere Walfänger. 1890 wurde A. Seebad, im selben Jahr wurde der Fährhafen Wittdün angelegt. Der →Tourismus ist seitdem für die Bewohner der Insel mit den Orten Süddorf, Nebel (St. Clemens, 13. Jh.) und Norddorf die wichtigste Einnahmequelle. OP

Amt 1. Verwaltung: a.) Das A. als landesherrlicher Verwaltungsbezirk, der einem →A.mann unterstellt war, enstand recht uneinheitlich zunächst in Holst., dann auch in Schl. im 15. und 16. Jh. aus den Vogteien (→Vogtei). Es vereinigte in sich rechtliche und fiskalische Verwaltung, indem hier das für den Bezirk zuständige Gericht der ersten Instanz gehalten wurde, aber auch →Steuern und →Abgaben eingehoben bzw. die Dienste eingefordert wurden. Die Verwaltung der landesherrlichen Liegenschaften geschah ebenfalls von hier aus. Landesherrliche Mandate wurden über das A. und die →Ksp.- bzw. →Hardesvögte an die Untertanen weitergegeben. Das A. unterstand als fiskalische Einheit der →Rentekammer, an die es seine Abrechnungen (A.rechnung) jährlich zur Prüfung zu senden hatte und an die die Überschüsse der A.verwaltung flossen. Es ist deshalb nicht verwunderlich, daß bei jeder →Landesteilung die Einheit des A. grundlegend war. Das A. trug sich hinsichtlich der Kosten der Verwaltung (insbesondere Gehälter der Bediensteten und Baulasten) selbst; es sollte Überschüsse einbringen, die einen nicht unwesentlichen Teil der Einnahmeseite des landesherrlichen Finanzhaushaltes ausmachten. Die Ämter unterschieden sich hinsichtlich Größe und Ertrag; auch die Verdienstmöglichkeiten der leitenden Beamten waren unterschiedlich, so daß es für den →Adel des Landes, der bis in das 19. Jh. hinein die Position des A.mannes innehatte, unterschiedlich begehrte A.mannsposten gab. Die Hztt. waren nicht flächendekkend in Ämter geteilt; neben ihnen gab es

Landschaften (→Landschaft), Herrschaften (→Herrschaft), Güter (→Gut), Klöster (→Kloster), Köge (→Koog), →Wildnisse und Städte (→Stadt). Folgende Ämter bestanden in der Mitte des 19. Jh.: Apenrade, →Flensburg, →Gottorf, Hadersleben, →Hütten, →Husum, Lügumkloster, Norburg, Sonderburg und Tondern in Schl.; →Ahrensbök, →Bordesholm, →Cismar, →Kiel, →Kronshagen, →Nms., →Plön, →Reinbek, →Reinfeld, →Rethwisch, →Rendsburg, →Segeberg, →Steinburg, →Traventhal, →Tremsbüttel und →Trittau in Holst.; →Lauenburg, →Ratzeburg, →Schwarzenbek und →Steinhorst in →Lauenburg (→A.bezirk).

Lit.: V. Pauls, Die Holst. Lokalverwaltung im 15. Jh., in: ZSHG 38, 1908, 1-88; 43, 1913, 1-255.

2. Handwerk: Sobald sich in den Städten (→Stadt) eine genügend große Zahl differenzierter Handwerker (→Handwerk) niedergelassen hatte und es in den einzelnen Gewerken Tendenzen zum Überbesatz gab, schlossen sich die Meister eines Handwerkes zu einem A. zusammen. Das A. hatte →Ältermann und zumeist auch Schaffer, die die Morgensprachen (festliche Zusammenkünfte des A.) organisierten. Das A. kümmerte sich um die Qualitätskontrolle der Produktion, ließ die neuen Meister zu und regelte die Ausbildung des Nachwuchses. Überall führte der →Rat durch einzelne Patrone oder Morgensprachsherren eine lose Aufsicht über die Ämter. Insbesondere im 16. Jh. schlossen sich die Ämter gegen Neuzugang ab und beschränkten die Zahl der Meister in der Stadt. Jetzt wurden die Gesellen auf Wanderschaft geschickt und konnten nicht mehr automatisch nach ihrer Junggesellenzeit eine Meisterschaft in ihrer Lehrstadt erwerben. Die Ämter wurden mit Einführung der Gewerbefreiheit 1867 aufgehoben. Sie fanden eine gewisse Fortsetzung in den →Innungen. LS

Amtmann Der dem →Amt vorstehende Oberbeamte wurde sowohl in Holst. wie in Schl. A. genannt. Bis zum Ende der Zugehörigkeit zum dän. Staat war der A. immer adlig und stammte im 15.-18. Jh. stets aus dem Adel SH. In der letzten Phase des dän. Gesamtstaates fanden auch dän. Adlige Verwendung. Der der →Rentekammer unterstehende A. war der Leiter der Amtsverwaltung, auch wenn der →Amtsverwalter ihn in vielerlei Hinsicht entlastete. Er gehörte mit dem →Propsten zum →Konsistorium seines Amtes, war dessen Richter, wobei es verschiedene regionale Besonderheiten gab. Ein Teil der A. wurde 1867 als preußische Landräte der neugebildeten Kreise übernommen. LS

Amtsbezirk Mit der Einführung der Kreisordnung 1888 wurden jeweils mehrere benachbarte Landgem. und Gutsbezirke zu einem A. zusammengefaßt, an dessen Spitze der →Amtsvorsteher stand. In der →Provinz gab es 1908 441 A. LS

Amtsgericht →Gerichtswesen

Amtsschreiber Der A. war der erste Hilfsbeamte des →Amtmannes, der die Schreibarbeiten zu erledigen hatte und insbesondere die Amtsrechnungen führte. Bis zur →Reformation waren die A. zumeist niedere Geistliche der im →Amt liegenden Kirchen. Mit dem Ausbau der frühmodernen Verwaltung wuchs die Bedeutung der A.; ihr Aufgabenbereich wurde umfangreicher und zu Beginn des 17. Jh. fungierten sie als →Amtsverwalter. LS

Amtsverwalter Der mit der Vermehrung der Schriftlichkeit in der Entwicklung des frühmodernen Staates aufgewertete →Amtsschreiber wird seit Beginn des 17. Jh. als A. bezeichnet. Da der →Amtmann aufgrund seiner höfischen Verpflichtungen nicht mehr dauernd an seinem Amtssitz anzutreffen war, wurde der A. dessen Vertreter. In der Regel war er damit auch der Hebungsbeamte des →Amtes und der Aktuar des Gerichts. LS

Amtsvorsteher Nach der Einrichtung der →Amtsbezirke 1888 wurde jeweils einer der zum Bezirk gehörenden →Gem.vorsteher durch den →Landrat mit der Führung des Bezirks beauftragt. Er hatte im wesentlichen Aufgaben der Ordnungspolizei zu erfüllen. LS

Andersen, Stine →Literatur

Andresen, Inge →Literatur

Angeln

Hof Schleggerott in Angeln von 1806/09

Satrup in Angeln

Angeln Die Halbinsel A. wird im Norden von der Flensburger →Förde, im Süden von der →Schlei und im Osten von der →Ostsee begrenzt. Die Landesnatur, eine Jungmoränenlandschaft mit Hügeln und zahlreichen Gewässern, entstand als Rand des Eises in der letzten Kaltzeit (→Eiszeit) bis vor 10000 Jahren. Die zahlreichen Funde und Gräber aus vorgeschichtlicher Zeit zeigen die dichte Besiedlung der Landschaft, die wohl von der Küste her erfolgte. Bereits der römische Historiker Tacitus erwähnt im 1. Jh. n.Chr. die A., erneut werden sie in der Offa-Sage um 400 und bei dem angelsächsischen Chronisten Beda um 725 genannt. Zusammen mit Jüten und →Sachsen (→Angelsachsen) wanderte der Großteil der A. im 5. Jh. nach Britannien aus. Seit der Mitte des 9. Jh. begann dann wieder eine Besiedlung des Landes von Norden unter Führung schwedischer Wikinger. In dieser Besiedlungsphase entstanden bis ins 12. Jh. die Ortsnamen mit den Endungen auf -by, -torp, -toft und -büll. Während des folgenden Siedlungsausbaus wurden die Rodungsdörfer mit den Endungen -rott, -skov, -lund und -holt angelegt. Beeindruckende Bauwerke aus dem 12. und 13. Jh. sind die zahlreichen romanischen Granitquaderkirchen. Verwaltungsmäßig war A. im MA in →Harden unterteilt, in die Husbyharde, die Nieharde, die Struxdorfharde, die Sliesharde und Teile der Uggelharde. Im 18. Jh. kamen die Füsingharde, die Satrupharde, die Mohrkirchharde und die Munkbrarupharde hinzu. Mehrere Harden bildeten seit dem 16. Jh. die Ämter (→Amt); der Norden von A. gehörte zum kgl. Amt →Flensburg, der Süden zum hzl. Amt →Gottorf. Seit dem 14. Jh. wanderten holst. Adelsfamilien nach A. ein und erhielten zunächst als Pfandbesitz im Osten der Landschaft das ehemalige dän. Krongut. Aus diesen Grundherrschaften entstand der →A. Güterdistrikt mit patrimonialer Gerichtsbarkeit des Adels. In diesen großen Gutswirtschaften mit repräsentativen Herrenhäusern (Roest, Rundhof, Gelting) setzte sich im 16. und 17. Jh. die →Leibeigenschaft durch. Wichtige Hauptverkehrswege wie der →Ochsenweg oder die →Schlei verliefen am Rande von A., so daß sich keine größeren Handelsorte bilden konnten. →Kappeln, →Arnis und →Glücksburg, in denen heute der Fremdenverkehr eine nicht unerhebliche Rolle spielt, erhielten erst nach 1870 →Stadtrechte. A. wurde im 20. Jh. nach wie vor von der →Landwirtschaft geprägt, in der die Rinder- und Schweinezucht auch heute noch einen guten Ruf genießt. Vor allem im touristischen Bereich hat sich die Landschaft mit ihrer langen Küste kräftig entwickelt und bildet mit Campingplätzen und Sportboothäfen ein gern aufgesuchtes Ziel für Erholungssuchende. Die Kulturstiftung des Kreises Schleswig-Flensburg unterstützt mit beträchtlichem Aufwand den Rückbau und Erhalt des Dorfes Unewatt zu einem Museumsdorf.

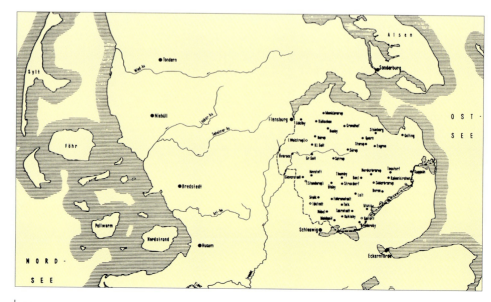

Orte in Angeln

Angelner Güterdistrikt

Lit.: H.J. Kuhlmann, Besiedlung und Ksp.organisation der Landschaft A. im MA, Nms. 1958; B. Hamer, Topographie der Landschaft A., Husum 1994/95. OP

Angelner Güterdistrikt Die Gesamtheit der adligen Güter (→Gut) Schl. wurde 1713 in fünf →Güterdistrikte geteilt, von denen zwei die beiden A. (1. und 2.) waren. Zum 1. A. gehörten 26 Güter im südöstlichen Angeln: Boelschuby, Brunsholm, Buckhagen, Dollrott, Düttebüll, Fahrenstedt, Flarup, Freienwill, Gelting, Grünholz, Lundsgaard, Niesgraugaard, Norgaard, Nübel, Oehe, Oestergaard, Ohrfeld, Priesholz, Roest, Rundhof, Sandbek, Schwensby, Südensee, Toestorf, Unewatt und Weseby. Der 1. A. umfaßte um 1850 insgesamt eine Fläche von ca. 166km². Der 2. A. umfaßte 22 Güter auf dem Sundewitt, wobei einzelne Exklaven auch im Bereich des Amtes Hadersleben und des Amtes Tondern, ja sogar in → Eiderstedt lagen. Folgende Güter gehörten dazu: Ahrentoft, Ballegaard, Beuschau, Boverstedt, Büllsbüll, Fresenhagen, Gaarde, Gram, Grüngrift, Hoyerswurth, Hogelung, Karrharde, Klixböll, Laygaard, Lütjenhorn, Mirebüll, Bübel, Schobüllsgaard, Seegaard, Stoltelund, Toftum und Gft. →Reventlow-Sandberg. Insgesamt gehörten um 1850 ca. 360km² zu diesen Gütern des 2. A. Ihnen zugerechnet wurde auch die Gravensteinschen Güter Aarup, Auenbüllgaard, Fischbek, Gravenstein, Kjeding und Kjelstrup auf dem Sundewitt. Der 1. und 2. A. wurden 1853 aufgelöst und in die Ämter →Gottorf, →Flensburg, Apenrade, Sonderburg, Tondern, →Bredstedt und Hadersleben einverleibt bzw. zur →Kappelner → Harde zusammengefaßt. LS

Angelsachsen Zusammen mit →Sachsen und Jüten wanderte im 5. Jh. ein Teil der im östl. Schl. siedelnden →Angeln nach Britannien ab und verdrängte die keltische Bev. Die Angeln siedelten dort im Ousegebiet und in den nordöstl. Küstenlandschaften und gaben England seinen Namen. Die Stämme, die sieben Kg.reiche bildeten, vermischten sich rasch und wurden bald A. genannt. Als christliche Missionare waren A. im 7. und 8. Jh. im Frankenreich (→Franken, →Christianisierung) tätig. OP

Das Siedlungsgebiet der Angelsachsen in England

Anker →Maße

Annalen →Geschichtsschreibung

Annexion Im allgemeinen wird die völkerrechtswidrige Einverleibung eines Gebiets A. genannt; in SH war es besonders die im →Prager Frieden legitimierte Eingliederung der Hztt. Schl. und Holst. in den preußischen Staat (Annexionsgesetz vom 24.12.1866). Mit dem Besitzergreifungspatent vom 12.1.1867 wurde SH eine preußische →Provinz, der dann am 1.7.1876 auch →Lauenburg als Kreis Hzt. Lauenburg eingegliedert wurde.
Lit.: J. de Vries, Bismarck und das Hzt. Lauenburg. Die Eingliederung Lauenburgs in Preußen 1865-1876, Nms. 1989. MJK

Anschütz-Kaempfe, Hermann (geb. 3.10.1872 Zweibrücken, gest. 6.5.1931 München) Der promovierte Kunsthistoriker und technische Autodidakt fand seine Lebensaufgabe während einer Polarexpedition. Mit dem Phänomen konfrontiert, daß der konventionelle Magnetkompaß in Polnähe versagt, machte er sich an die Konstruktion eines nicht magnetischen Gerätes. 1904 konnte A. erstmals einen sog. Kreiselkompaß patentieren lassen, dessen Funktionsweise er bis 1925 als Kugelkompaß optimierte und ohne den die →Schiffahrt heute nicht mehr denk-

Ansgar

bar ist. Zur industriellen Fertigung gründete er in →Kiel eine eigene Firma (1905), die während der beiden WK stark expandierte. Weitere Erfindungen aus dem Hause A. wie Kursschreiber, Fliegerhorizonte und Wendezeiger verbesserten auch die Navigationsmöglichkeiten in der Luft. A. zog die bedeutendsten Naturwissenschaftler seiner Zeit an die Förde, darunter Albert Einstein und Alexander →Behm, den Erfinder des Echolots. Eine bronzene Gedenktafel im Kieler Stadtzentrum erinnert an den ersten Standort der Firma A., die noch heute zu den weltweit führenden Herstellern von Navigationssystemen zählt.
Lit.: D. Bludau, A. & Co. GmbH 1905-1955, Kiel 1955. SW

Ansgar auf einer Votivtafel von 1457 in der Hamburger Petri-Kirche

Das Ansveruskreuz bei Einhaus

Ansgar (geb. um 801 Pikardie, gest. 3.2.865 Bremen) Nach der Ausbildung im Kloster Corbie wirkte A. seit 823 im sächsischen Corvey, später am Hofe Ludwig des Frommen. 826 ging er mit dem in Ingelheim getauften dän. Kg. Harald Klak nach Skandinavien. 831 wurde →Hamburg unter A. als Missionsbt. für Skandinavien bestimmt (832 zum Erzbt. erhoben). Nach Plünderungen durch die Wikinger 845 wurde Hamburg 847/48 wiederbegründet. 829 u. 852/53 unternahm A. Missionsreisen nach Birka. Bald nach seinem Tod wurde er in Bremen als Heiliger verehrt. A. wird für die Gründung von Kirchen u.a. in →Haithabu und Ripen/Ribe verantwortlich gemacht. Hauptquelle für sein Leben ist die von seinem Schüler und Nachfolger Rimbert verfaßte Lebensbeschreibung.
Lit.: SHBL 1, 45; FSGA 11, Darmstadt 1961, 1-133. DK

Ansveruskreuz 1km nordöstl. des Dorfes Einhaus steht eine 276cm hohe Kalksteinstele des 15. Jh., im Oberteil ein Scheibenkreuz und auf einer Seite ein Kruzifix und ein knieder Mann. Sie erinnert an den Märtyrertod des →Abtes Ansverus und seiner 18 Klosterbrüder, die zur Missionierung der →Polaben (→Christianisierung) um 1044 auf dem späteren St. Georgsberg bei →Ratzeburg ein Benediktinerkloster errichteten, während des Slawenaufstandes aber hier am 15.6.1066 gesteinigt wurden. OP

Anten, Konrad von →Hexe

Antisemitismus bezeichnet jede judenfeindliche Einstellung. War die Begründung für die Judenfeindschaft zunächst christlich-religiös motiviert, so traten in der Frühen Neuzeit wirtschaftliche und soziale Aspekte hinzu, die im 19. und 20 Jh. um rassistische Argumente ergänzt wurden. Diese Entwicklung ist auch in SH zu beobachten. Mit den ersten jüdischen Ansiedlungen in SH Ende des 16. Jh. wurden wirtschaftliche und soziale Benachteiligungen verfügt. Die Niederlassungs-, Berufs- und Beschäftigungsfreiheit der →Juden wurde stark eingeschränkt. Noch die Diskussionen in den →Ständeversammlungen in Schl. und Holst. in den 1830er Jahren um die Gleichberechtigung der Juden sind von wirtschaftlichen Argumenten bestimmt. In der zweiten H. des 19. Jh. traten rassistische Äußerungen hinzu. Als Träger der drohenden und unverstandenen Moderne galt die »jüdische Rasse«. Es bildete sich eine vielfältige, wenn auch mitgliederschwache antisemitische Bewegung in SH. Bei den Reichstagswahlen von 1898 gelang es der antisemitischen Dt.-sozialen Reformpartei in SH ein Mandat zu gewinnen. Obwohl die antisemitische Bewegung seit 1900 an Stärke verlor, herrschte in bürgerlichen und bäuerlichen Kreisen weiterhin latenter A. vor, der nicht an einen größeren jüdischen Bev.teil gebunden war, sondern unabhängig davon bestand. Auch bei der Hinnahme und bei der Mitwirkung an der ns Judenverfolgung hat dieser A. eine Rolle gespielt.

Lit.: Menora und Hakenkreuz. Zur Geschichte der Juden in und aus SH, Lübeck und Altona 1918-1998, hg. von G. Paul, M. Gillis Carlebach, Nms. 1998. PW

Apel, Georg Christian →Musik

Apotheke Die älteste A. Holst. dürfte in →Hamburg bestanden haben, wo bereits 1265 ein apotecarius, also Arzneihändler, erwähnt wurde. 1284 folgten mehrere Erwähnungen in →Lübeck. Neben dem Feilhalten von Heilkräutern etc. wurde hier auch die Herstellung von Medikamenten, Zuckerbäckerei (→Zuckerindustrie) und Konfektbereitung, z.T. auch Weinhandlung (→Wein) betrieben. Die erste A. im Hzt. Schl. findet 1500 Erwähnung: In →Schl. selbst wurde ein A.neubau für eine bereits zuvor exitierende A. aufgeführt. Die Ausbreitung der A. erfolgte in den Städten in der 2. H. des 16. Jh., so in →Itzehoe 1568 und in →Tönning 1598, doch erst das 17. Jh. sah eine Vielzahl von A.privilegierungen durch die Landesherren. 1672 wurde die erste Medizinal- und A.rordnung für den kgl. Anteil der Hztt. erlassen, die mit Änderungen bis 1854 in Geltung blieb und dann durch eine neue Ordnung ersetzt wurde. In →Lauenburg kam es 1738 zur Verkündung einer Medizinalordnung, die 1857 einer Neufassung wich. Hingegen hatte sich Lübeck bereits 1519 eine A.ordnung gegeben. Durch den Übergang an →Preußen fielen die seit Beginn des 17. Jh. vorgeschriebenen Privilegierungen seitens des Landesherren fort und wurden durch ein Konzessionssystem ersetzt. Nur Lübeck hielt bis zum Ende seiner Eigenstaatlichkeit (1937) an der Privilegierung fest (letzte: Holsten-A. und Privilegierte A. 1927). Entsprechend der langsamen Entwicklung der Ärztedichte nahm die Zahl der A. in SH langsam zu. Gab es um 1600 vier, um 1700 36, um 1800 57, so waren es 1866 65 A. 1998 betrug hier die Zahl der A. (darunter ein Teil in Krankenhausa.) fast 2.000.

Lit.: A. Habernoll, Die Entwicklung des A.rechtes und der privilegierten A. in SH, Eutin 1951. LS

Appellationsgericht →Gerichtswesen

Arbeiterbewegung Im Gefolge der →Industrialisierung entstand im 19. Jh. die neue Arbeiterklasse, deren Angehörige in Fabriken, Gewerbebetrieben oder als Landarbeiter arbeiteten. Auch das Agrarland SH gewann Ende des 19. Jh. ein zweites Gesicht mit den Zentren der Industrialisierung, insbesondere in →Altona, →Wandsbek, →Lübeck, →Nms., →Kiel und →Flensburg, wo sich zwischen 1845 und 1910 die Bev. versechsfachte. Die erbärmlichen Lebensbedingungen der Arbeiterfamilien brachten große soziale Probleme mit sich. Seit den 1860er Jahren fingen Arbeiter an, sich selbst zu organisieren: 1864, ein Jahr nach der Gründung des Allgemeinen Dt. Arbeitervereins (ADAV) in Leipzig, entstand die erste Zweigstelle in Altona; →Hamburg und SH bildeten einen gemeinsamen Agitationsbezirk. Bei den Reichstagswahlen 1874 erzielte der ADAV sensationelle zwei Mandate. Der Aufstieg der 1875 in Gotha geeinten →Sozialde-

Reisepaß der NS-Zeit mit Kennzeichnung für Juden

Streikkarte des Maurers B. Pätau von 1908

Arbeiter- und Soldatenrat

Arbeitergesangsverein »Eintracht« in Neumünster

mokratie dokumentierte sich trotz staatlicher Verfolgungsmaßnahmen während der Geltung der Sozialistengesetze (1878-1890) in kontinuierlichen Stimmengewinnen. SH galt um 1900 als rote Hochburg: 1898 hatte die SPD bei der Reichstagswahl mit 39% hier die meisten Stimmen und bedeutend mehr als im Reichsdurchschnitt erzielt. Parallel entstandene Freie Gewerkschaften organisierten 1899 22.000 Arbeiter. Die A. erkämpfte Verbesserungen im Arbeitsleben und Alltag. Zwischen 1899 und 1914 wurden in SH 874 Streiks gezählt. Auch die Arbeiterschaft profitierte vom Wirtschaftswachstum, das in Jahrzehnten leichten Lohnanstieg mit sinkenden Arbeitszeiten und schrittweise verbesserter sozialer Absicherung brachte. Mit Freien Turnerschaften, Arbeitergesangs- und -bildungsvereinen sowie der SH Volks-Zeitung (1877) und nach der Jh.wende mit Konsumvereinen, Vereinsbäckereien, Baugenossenschaften, Arbeiterwohlfahrt, Volksbühnen und Kinderorganisationen bot die A. von der Wiege bis zur Bahre Angebote, Obhut und Organisation und stellte eine Gegengesellschaft zur bürgerlichen dar. Nach der von Kiel ausgehenden →Revolution 1918 (→Matrosenaufstand) und der kurzen Blüte der →Arbeiter- und Soldatenräte erlebte diese Kultur ihren Höhepunkt. 1925 waren in SH 50% aller Erwerbstätigen Arbeiter: Facharbeiter, Ungelernte und Landarbeiter. Phasen von Arbeit wechselten sich mit regelmäßiger Arbeitslosigkeit ab (Arbeitslosenunterstützung ab 1927). Arbeiterfrauen mußten oft mitverdienen und die die Volksschule besuchenden Arbeiterkinder hatten eine Laufstelle. Aufgrund ihrer demokratischen Potentiale und ihrer Immunität gegenüber dem NS wurden die Organisationen der A. 1933 verboten oder übernommen. Sozialdemokraten, Gewerkschafter und v.a. Kom-

Titelseite des »Wahrer Jacob« von 1895

munisten (→Kommunismus) leisteten Widerstand, wurden verfolgt, manche ermordet. 1945 wiederbegründet, unterlagen die Organisationen der A. dem Wandel einer Gesellschaft, die ihre Klassenstruktur verlor und leugnete, und einer Wirtschaft, deren Strukturwandel schließlich das Ende der Fabrik und den Niedergang der Metall- und Werftindustrie brachte. Der Streik der sh Metallarbeiter 1956, der die Lohnfortzahlung im Krankheitsfall für Arbeiter erkämpft hatte, markierte den letzten Höhepunkt der regionalen A. Mit dem aufstiegs- und strukturbedingten Wegfall des Milieus klassenbewußter Arbeiter haben die weiterexistierenden Organisationen der Gegenwart ein neues Gesicht erhalten, das die Ursprünge kaum noch erkennen läßt.

Lit.: DG 3, 1988; R. Paetau, Konfrontation oder Kooperation, A. und bürgerliche Gesellschaft im ländlichen SH und in der Industriestadt Kiel zwischen 1900 und 1925, Nms. 1988. UD

Arbeiter- und Soldatenrat Meuternde Matrosen (→Matrosenaufstand) bildeten in →Kiel am 4.11.1918 den ersten Soldatenrat. Am 5.11.1918 entstand der örtliche Arbeiterrat. Beide revolutionären Räte waren kurz Inhaber der Macht in Kiel und der Provinz, ihre Mitglieder basisangebundene Vertrauensleute aus

SPD und USPD. Zum Vorsitzenden des Soldatenrates ernannte sich am 5.11. der aus Berlin entsandte Gustav Noske (SPD), dessen bremsendes Ordnungsdenken den weiteren Verlauf bestimmte. Örtliche Arbeiterführer wie Gustav Garbe (Gewerkschaftsvorsitzender) und Lothar Popp (USPD-Vorsitzender) traten in die zweite Reihe. In vielen Orten bildeten sich weitere, meist gemeinsame A. Sie verfolgten das Prinzip der Beiordnung und kontrollierten ansonsten lediglich unangetastete Institutionen. Obwohl spontan entstanden, wurden die A. die demokratischen Institutionen der Novemberrevolution, verloren jedoch im Zuge der Kanalisierung der Entwicklung zur parlamentarischen Republik ihre Rolle. Während sich anderswo 1919 die Rätebewegung als direktdemokratische Alternative bildete, galten sh Räte als gemäßigt. Die A. der Provinz, inzwischen bedeutungslos, wurden im Sommer 1919 aufgelöst.

Lit.: D. Dähnhardt, Revolution in Kiel, Nms. 1978. UD

Der Arbeiter- und Soldatenrat von Itzehoe

Arbeitsdienst →Reichsarbeitsdienst

Arbeitserziehungslager Nordmark Als Strafinstitut für ausländische Zwangsarbeitende errichtete die Gestapo im Mai 1944 das A. am Russee in →Kiel. Gedacht als höchstens achtwöchige Maßnahme fungierte das mit bald 2.000 Menschen belegte A. als eigenes KZ der Kieler Gestapo, teilweise auch mit dt. Häftlingen. Bis zur Befreiung im Mai 1945 starben hier fast 600 Insassen gewaltsam.

Lit.: D. Korte, »Erziehung« ins Massengrab. Die Geschichte des A., Kiel 1991. UD

Arbeitskreis für Wirtschafts- und Sozialgeschichte SH →Geschichtsschreibung

Arbeitskreis zur Erforschung des Nationalsozialismus in SH (AKENS) →Geschichtsschreibung

Archäologisches Landesmuseum → Museen

Archive Die Archivlandschaft sowie die Aufgabenbereiche der A. in SH sind durch Vielfalt gekennzeichnet. Die A. können im ganzen als das öffentliche Gedächtnis des Landes bezeichnet werden. Sie nehmen nicht nur in Bezug auf Rechtssicherung und Verwaltungskontinuität Aufgaben wahr, sondern dienen der Forschung, der Kulturpflege und der Bildung. Vom Landesa. in →Schl. über die A. der kreisfreien Städte und der Kreise bis hin zum kleinsten Dorfa. ist das öffentliche A.wesen dicht besetzt. Daneben verwahren Guts- und Kirchena. sowie Stiftungen, Wirtschaftsverbände und private Sammlungen wertvolles A.gut für eine Auseinandersetzung mit der Regionalgeschichte. Mit dem Erlaß des Landesarchivgesetzes am 11.8.1992 erhielten die öffentlichen A. erstmals eine umfassende gesetzliche Grundlage. Das Gesetz definiert die A. als moderne Dienstleistungsunternehmen in einer demokratischer Rechtsordnung. Die sog. Kommunalklausel (§15) trat am 1.1.2000 in Kraft. Historisch betrachtet sind die A. im Lande aus Gründen der Rechts- und Herrschaftssicherung entstanden. Die weltlichen und geistlichen Herren des MA verwahrten ihre in Urkunden niedergelegten Rechtstitel zusammen mit ihren Kleinodien an besonders sicheren Plätzen. Mit der Zunahme der Verwaltungstätigkeit in der Frühen Neuzeit wuchs die Schriftlichkeit ständig an. Die Zunahme der polit. Verantwortlichkeit und Ausweitung der Selbstverwaltung führten zur verstärkten Einrichtung von A. Erst im Zuge der Französischen Revolution jedoch entwickelte sich der Gedanke, daß A. für alle zugänglich sein müssen, um persönliche wie auch historische Verhältnisse belegen und erforschen zu können. Mit der Entstehung der →Provinz SH 1867 wurde das A.wesen neu geordnet. Es entstand 1870 das Provinziala. in →Schl., das nach 1921 als Staatsa. in →Kiel seinen Sitz hatte. Im 2.WK ausgelagert, firmiert es seit 1945 als Landesa. in Schl. Im kommunalen Bereich bestan-

Archiv für Staats- und Kirchengeschichte

den bereits ältere historische A. in den größeren Städten (→Flensburg, Kiel, →Lübeck). Die Archivtradition der ehemaligen Reichsstadt Lübeck reicht zum Beispiel über 700 Jahre zurück. Weitere ältere Bestände im kommunalen Bereich befinden sich z.B. in den Stadta. in →Itzehoe, Schl., →Heide, →Glückstadt, →Mölln und →Lauenburg sowie im Kreisarchiv →Nordfriesland. Begünstigt durch die kulturpolit. Diskussion in den 1980er Jahren und die damit einhergehende Stärkung des Regionalbewußtseins hat es eine weitere Verdichtung der A.landschaft gegeben.

Lit.: Landesarchivgesetz. Vorschriftensammlung mit Begründung und Erläuterungen, hg. vom Städtebund SH, Kiel 1993; A. in SH, bearbeitet von V. Eisermann, H.W. Schwarz, Schl. 1996. WB

Das Waisenhaus in Altona 1820, Lithographie von Johannes Metzger

Archiv für Staats- und Kirchengeschichte
→Geschichtsschreibung

Archsum (NF) Die Geestinsel im östlichen Teil von →Sylt, auf der das Dorf A. liegt, war schon in frühgeschichtlicher Zeit besiedelt, wie Grabhügel und Funde der jüngeren Steinzeit zeigen. Die A.burg, ein Ringwall von rund 80m Durchmesser, stammt aus dem 9./10. Jh. und wurde im 19. Jh. weitgehend eingeebnet. OP

Archsum

Arens, Heinz-Werner →Landtagspräsident

Arlau Der Fluß entspringt nahe Sollbrück, nimmt die aus der Gegend von Löwenstedt und Ostenau kommende Ostenau in der Hattstedtermarsch südlich von Almdorf auf und tritt durch eine Schleuse gesichert durch den Deich des Hattstedter Neuenkooges in die Nordsee. LS

Arlewatt (Gem. Olderup, NF) war im Spätma. ein adliges Gut, das 1627 hzl. wurde und schließlich als Domäne diente, bevor es 1772 parzelliert wurde. Der zu den Wirtschaftsgebäuden der Domäne gehörende Hauberg stammt aus der 1. H. des 18. Jh.

Lit.: A. Panten, Ma. Familien und ihr Grundbesitz in den Goesharden, in: Jb. Nordfriesland 8, 1972, 17-36; 10, 1974, 23-31. LS

Arlewatt

Armenwesen Mit der evangelischen →Kirchenordnung von 1542 wurden die Selbstverwaltungsgremien der Gem., die kirchlichen Organe und der Landesfürst für das A. zuständig. Einige Städte wie →Husum hatten bereits in den 1520er Jahren begonnen, das Betteln durch die Verteilung von Bettelzeichen an die »würdigen« Armen zu kontrollieren, doch Armenkassen mit festen Einkünften durch eine Armensteuer wurden zuerst in →Flensburg 1735 eingeführt. Bis ins 18. Jh. blieben die Armen freilich weitgehend dem Betteln überlassen. Auf dem Lande wurden einheimische Arme reihum im Dorf verpflegt. Landesherrliche Verordnungen sollten zwar bereits im 16. Jh. das Betteln unterbinden, doch bestimmten sie über die Versorgung der Armen lediglich, jedes →Ksp. solle seine Armen selbst versorgen. Da sich in den Städten die Armut ballte, schritten dort Kommunalisierung und Säkularisierung des A. voran, indem der →Rat die Kontrolle an sich zog. Die lokalen Ansätze konnten das Problem insbesondere der mobilen Armut nicht lösen, doch erst im 18. Jh. konnte die Landesherrschaft zentrale Verordnungen durchsetzen. Die Einrichtung einer geordneten Armenfürsorge im ländlichen SH geht zurück auf die »Verordnung wider das herumschweifende herrenlose Gesindel, wie auch wegen gänzlicher Einstellung des Bettelns und damit verknüpfter Versorgung wahrer almosenswürdiger Armen« (1736). Vorher gab es zwar bereits in einigen Orten Legate oder Stiftungen, die den Armen zugute kamen, und es wurde den Armen auch auf Kirchenrechnung gegeben, doch waren diese Ausgaben gering. Zwischen 1736 und 1783 wurden dann überall Armenkassen eingerichtet. Für die Versorgung der Armen war das Ksp. zuständig, die Verwaltung lag in der Hand des Predigers, der Juraten und Achtmänner, die als Armenvorsteher amtierten. Mit Beginn des 19. Jh. begann die Zahl der Bedürftigen überall zu steigen. Dies hing mit dem Bev.wachstum und,

Das Armenstift von 1704 in Gudow

daraus folgend, einer strukturellen Unterbeschäftigung zusammen. Besonders Hungerkrisen, die noch im 19. Jh. wiederholt vorkamen, ließen die Zahl der Unterstützungsempfänger und damit auch die Kosten des Armenwesens drastisch ansteigen. So wurde in den meisten Bezirken die Einführung einer zwangsweise erhobenen Armensteuer nötig. Die bestehenden Gesetze wurden wiederholt ergänzt und 1841 durch eine umfassende Armenordnung ersetzt. Ein besonderes Problem war seit jeher die Zuständigkeit: Welche Gem. war für die Versorgung eines Armen zuständig? In der Regel war der Geburtsort entscheidend oder eine lange Aufenthaltsdauer, die 1829 auf 15 Jahre festgesetzt wurde. Je höher die Zahl der Armen stieg, desto stärker wurde mit den steigenden Kosten auch die Repression. Als einen Weg, »falsche« Arme abzuschrecken, sah man die Errichtung von Armenarbeitsanstalten. Es handelte sich dabei um Armenhäuser, in denen die Armen nach einen strikten Reglement zur Arbeit angehalten werden sollten. Die Bereitschaft, in das Armenhaus zu gehen, wurde zunehmend zum Kriterium für die wirkliche Bedürftigkeit gemacht. Derartige Häuser sind im 19. Jh. in mehr als 1.000 Dörfern in SH eingerichtet worden. In der preußischen Zeit wurde die Gesetzeslage völlig verändert. Das Heimatrecht, das die Unterstützung von Geburtsort oder langem Aufenthalt abhängig machte, wurde aufgehoben. Man gewann seinen Unterstützungswohnsitz jetzt bereits nach zwei Jahren, verlor ihn aber auch durch zweijährige Abwesenheit. Damit wurde die Mobilität erhöht. Viele Mitglieder der Unterschicht wanderten in die Städte ab und wurden Industriearbeiter. Zugleich wurde die Aufsicht über das Armenwesen der Kirche entzogen und den kommunalen Behörden übertragen. Die Einführung der Sozialversicherungen seit den 1880er Jahren linderte die zentralen Ursachen der Verarmung: Erwerbsunfähigkeit durch Alter oder Krankheit, den Verlust des Ernährers. In der Folge ging die Zahl der Unterstützungsempfänger auf dem Lande drastisch zurück. In den Armenhäusern blieben v.a. Pflegefälle zurück. 1924 wurden die Gesamtarmenverbände in Fürsorgeverbände umgewandelt, bis 1951 die Ämter ihre Aufgaben übernahmen.

Lit.: K.D. Sievers, Leben in Armut, Heide 1991; M. Rheinheimer, Armut in Großsolt (Angeln), 1700-1900, in: ZSHG 118, 1993, 21-133; K.D. Sievers, H.-P. Zimmermann, Das disziplinierte Elend, Nms. 1994. MR

Das St. Johannis-Stift in Damp

Arndes, Stephan →Druckerei, →Literatur

Arnis ist eine Stadt in Angeln, die 1667 durch Auswanderer aus →Kappeln, aufgrund einer Auseinandersetzung mit Detlev von →Rumohr auf Roest gegr. wurde. A. erhielt Privilegien durch Hz. Christian Albrecht und entwik-

Arnis

Die Kirche in Arnis

kelte sich zu einer Fischer- und Kauffahrersiedlung, deren Blütezeit von 1750 bis 1864 reichte. 1864 gingen in A. die →Preußen über die Schlei. 1934 erhielt A. Stadtrecht. Heute besitzt A. eine Werft, einen Segelhafen und ist touristisch bedeutsam. 1995 hatte die kleine Stadt 375 Einw.
Lit.: G. Thomsen, Aus der Geschichte der Stadt A., Jb. Angeln 8, 1937, 1-28; W. Luth, Schiffahrt und Häfen von Tondern bis Brunsbüttel, von Hadersleben bis Schl., Flensburg 1971, 67-74. CJ

Arnold von Lübeck (gest. 27.6.1211/14 Lübeck). A. erhielt seine Schulausbildung in Braunschweig. Seit 1177 war er Abt des Johannisklosters in →Lübeck. Er setzte als Geschichtsschreiber mit seiner bis 1209 reichenden Chronik die Slawenchronik des → Helmold von Bosau fort. Interessant sind v.a. die Abschnitte zur Geschichte →Heinrichs des Löwen (u.a. Bericht über dessen Jerusalemreise) und zur Geschichte Lübecks.
Lit.: A. Grabkowsky, Abt A. in: Recht und Alltag im Hanseraum, hg. von S. Urbanski u.a., Lüneburg 1993, 207-231. DK

Ascheberg

Artamanen →Völkische Bewegung

Artikel V Nach A. des Prager Friedens vom 23.8.1866 übertrug →Österreich →Preußen seine Rechte an den Hztt., die Österreich im Wiener Frieden vom 30.10.1864 gewonnen hatte. Damit wurde die Einverleibung der Hztt. in Preußen am 12.1.1867 ermöglicht. Der A. enthielt allerdings den Vorbehalt, »daß die Bevölkerungen der nördlichen Distrikte von Schl., wenn sie durch freie Abstimmung den Wunsch zu erkennen geben, mit DK vereinigt zu werden, an DK abgetreten werden sollen«. Die preußisch-dän. Verhandlungen führten in dieser Frage zu keinem Ergebnis, da man sich weder über das Abstimmungsgebiet noch über Minderheitsgarantien einigen konnte. Die Nordschl.klausel wurde nach Übereinkunft zwischen Österreich und Preußen am 13.4.1878 aufgehoben. Der A. verlor danach seine Bedeutung im polit. Programm der dän. gesinnten Nordschl. Der Volksabstimmungsgedanke setzte sich dann aber nach der dt. Niederlage 1918 durch (→Volksabstimmungen).
Lit.: Geschichte SH, 8/2. HSH

Aschberg Die Bezeichnung der natürlichen Erhebung mit bis zu 97,8m im Naturpark Hüttner Berge (Gem. Ascheffel, RD) leitet sich von Eschenberg (nd. Asch – Ansammlung von Eschen) her. Ein im Juni 1921 abgehaltenes Nordmarksportfest, das in der Tradition der seit 1894 gefeierten Knivsbergfeste stand, begründete die Tradition der A.feste. Neben Aussichtsterrasse und Ausflugslokal findet sich auf dem A. ein 6,5m hohes Denkmal →Bismarcks in Kürassieruniform (von Adolf → Brütt 1901), das bis 1919 auf dem Knivsberg in →Nordschl. gestanden hatte und 1930 auf dem A. wieder aufgestellt worden war.
Lit.: Der Knivsberg. 100 Jahre dt. Versammlungsstätte in Nordschl., Heide 1994. DK

Ascheberg (PLÖ), am Westufer des Plöner Sees gelegen, wird 1190 als Dorf erwähnt; ein Rittersitz bestand im 13. Jh., den Mitte des 15. Jh. die Familie →Rantzau erwarb. Sie führte die →Gutswirtschaft ein, in deren Verlauf das Bauerndorf gelegt und die Bev. leibeigen gemacht wurde. Nach mehreren Besitzerwechseln kehrte es zu den Rantzaus zurück. Hans Gf. zu Rantzau machte den Namen A. bekannt, als er als erster Gutsbesitzer in den Hztt. durch →Agrarreformen seit 1739 die →Leibeigenschaft aufhob und einen Teil des Hoffeldes zu Erbpachtstellen austat. Die Reform war mit gutsherrlichen Belehrungen und Belohnungen für die erfolgreichen Erbpächter verbunden. Die Publikation einer Schrift über die Reform machte Rantzau zu den Protagonisten der →Agrarreformen in den Hztt. Die 35 größeren und 118 kleineren Erbpachtstellen wurden 1871 in Eigentum umgewandelt. A. hat heute fast 2.600 Einw. LS

Askanier Geschlecht, das im 11. Jh. zunächst als Gff. von Ballenstedt Besitz vom Ostharz bis über die Saale erwarb. Albrecht der Bär wurde Markgf. der Nordmark und ab 1140/42 Markgf. von Brandenburg. Sein ältester Sohn, Otto I., begründete die brandenburgische Linie, die im 14. Jh. nach ihrem Aussterben von den Wittelsbachern beerbt wurde. Als →Heinrich der Löwe 1180 die Hztt. Bayern und →Sachsen verlor, ging die Hz.würde Sachsens auf den jüngsten Sohn Albrechts, Bernhard I., über, allerdings ohne die Machtfülle, die sein

Das Wappen des Askaniers Bernhard II. (1436-1463)

Vorgänger innehatte. So fehlten ihm umfangreicher Eigenbesitz und die Herrschaftsrechte über die geistlichen Reichsfürsten. Als Hz. von Sachsen, Engern und Westfalen hielt er dafür aber die Gerichts- und Oberlehenshoheit inne. Sein Tod 1212 führte zur Teilung des Besitzes zwischen dem ältesten Sohn, Heinrich I., der den Hausbesitz erhielt und das Haus Anhalt begründete sowie dem jüngeren Sohn, Albrecht I., an den die sächsische Kurwürde, das Land um Wittenberg, →Lauenburg, Neuhaus und Hadeln fielen. Nach dem Tod des Sohnes von Albrecht I., Johann I., 1285, kam es 1295/96 zur Teilung des Hzt. Sachsen und die askanischen Linien Sachsen-Wittenberg (unter Albrecht II., einem Bruder Johanns I.) und Sachsen-Lauenburg, (regiert von den Söhnen Johanns I.) entstanden als zwei voneinander unabhängige, polit. selbständige hz. Territorien. Das askanische Sachsen-Lauenburg wurde 1303 nochmals in die Linien Ratzeburg-Lauenburg und Bergedorf-Mölln geteilt. Nachdem letztere bereits 1401 ausstarb, vertrat die Ratzeburg-Lauenburger Linie als alleinige das Hz.haus bis zum Erlöschen 1689. Beerbt wurden sie von den Welfen. Die askanische Linie Sachsen-Wittenberg erhielt 1356 die Kurwürde. Nach ihrem Erlöschen 1422 wurde sie von den Wettinern übernommen. CB

Asmis, Walter →Landwirtschaftskammer

Atomkraftwerk Die Verknappung auf dem internationalen Ölmarkt zu Beginn der 1970er Jahre ließ die in den 1950er Jahren geführte Diskussion um die friedliche Nutzung der Atomenergie erneut aufflammen. Angesichts der knapper werdenden Rohölressourcen meinte die Bundesregierung, dem internationalen Trend folgend, auf den Bau von A. in großem Maßstab nicht verzichten zu können. Auch in SH wurden Standorte für A. ermittelt und der Bau der Anlagen in →Brunsbüttel, →Brokdorf und Krümmel (RZ) in Angriff genommen. War der Widerstand der lokalen Bev. im Fall von Brunsbüttel und Krümmel noch gering, so schwoll er 1976 beim Baubeginn des A. in Brokdorf erheblich an. Brokdorf wurde zum Symbol für den massenhaften Widerstand gegen den Einsatz der Atomenergie, da es hier zu Demonstrationen in bis dahin nicht gekanntem Ausmaß kam. Zum Teil sah sich die Polizei zu hartem Vorgehen genötigt, was zu einer bis dahin ebenfalls nicht erlebten Diskussion um die Verhältnismäßigkeit der Mittel führte. Die starre Haltung der CDU-geführten Landesregierung unter den →Ministerpräsidenten G. Stoltenberg und U. Barschel und die Rechtsprechung der angerufenen Gerichte haben dann im Verein mit den Betreibergesellschaften den Bau des A. Brokdorf durchgesetzt. Es ging am 7.10.1986 an das Netz. Diese Auseinandersetzungen (und parallel bei allen anderen Vorhaben dieser Art in der Bundesrepublik Dt.) haben schließlich bis heute zu einem faktischen Baustopp für A. geführt. LS

Demonstration gegen das Atomkraftwerk Brokdorf in Itzehoe am 19.2.1977

Atrebanus →Christianisierung

Aufklärung Als A. wird die gesamteuropäische Entwicklung einer rational bestimmten Sicht auf alle Bereiche der Gesellschaft bezeichnet, die als eigentliches Anliegen die Emanzipation der prinzipiell gleichen Menschen von irrationalen und autoritätsbezogenen Denkweisen hatte. Sie ging davon aus, daß die Vernunft imstande

Aufklärung

sei, die in ihrer Gesamtheit vernünftig angelegte Welt zu erkennen (Vernunftoptimismus) und durch diese Erkenntnis die Vervollkommnung und Verwirklichung eines freiheitlichen, menschenwürdigen und glücklichen Daseins in einer neuen Gesellschaft zu ermöglichen (Fortschrittsoptimismus). Auch in den Hztt. verbreiteten sich diese am Ende des 17. Jh. bereits entwickelten, aber erst im 18. Jh. voll zur Geltung kommenden Ideen. →Hamburg und →Altona als Orte lebhaften geistigen Lebens gaben hierzu weitreichende Anregungen, zumal hier mit den seit Ende des 17. Jh. erscheinenden →Zeitungen wichtige Multiplikationsorgane zur Verfügung standen. Die A. entfaltete sich in den Hztt. in verschiedenen Organisationsformen. Am Anf. standen gelehrte Zirkel und Freundeskreise (→Kiel 1754, Altona 1759), später kamen Sozietäten und Lesegesellschaften hinzu, zu denen wesentliche Impulse von der weit in die Hztt. wirkenden, 1765 gegr. »Hamburgischen Gesellschaft zur Beförderung der Künste und nützlichen Gewerbe«, kurz Patriotische Gesellschaft genannt, ausgingen. Die →Ackerakademie des Glücksburger Propsten →Lüders gehörte in dieses Umfeld. Die 1786 von dem Kieler Professor August Christian Heinrich Niemann vorgenommene Gründung einer →patriotischen Gesellschaft für die Hztt. entfaltete anregende Tätigkeit. Auf Anregung der von Niemann herausgegebenen →Provinzialberichte, dem bedeutendsten Organ der A.bewegung in den Hztt., kam es zur Bildung wohltätiger Gesellschaften, die sich der städtischen Armut annahmen (1782/ 1793 Kiel, 1785 → Plön, 1799 Altona, 1801 →Heide, 1805 →Husum, 1819 → Lauenburg). Parallel entwickelten sich landwirtschaftliche Vereine (1798 →Cismar). Die verbreitetste Organisationsform der A. war die Lesegesellschaft (erste: 1773 Kiel, weitere: Altona, Marne), in der Bücher und Zeitschriften gehalten wurden, die im Rahmen der Gesellschaft gelesen und diskutiert werden konnten. Auch Klubs, also Gesellschaften, die sich der Unterhaltung und Belehrung, dem Vergnügen und Spiel zuwandten, entstanden (1799/1800 »Museum« in Altona, 1800 »Harmonie« in Kiel, 1804 »Harmonie« in →Flensburg). Lesegesellschaften und Klubs verwandt waren literarische Gesellschaften (1807 →Ratzeburg, 1804 →Eutin). Dem Diskurs in den Gesellschaften und zwischen den aufklärerisch denkenden Personen sollte praktisches Handeln zur Verbesserung der Lebensverhältnisse parallel gehen. Dazu war eine genauere Kenntnis des Landes, seiner Verfassungen und Lebenswirklichkeiten nötig – eine Auffassung, die auch die Spitzen des Gesamtstaates teilten (aufgeklärter Absolutismus). So kam es zu der ersten Volkszählung (1769), zu zahlreichen Landesbeschreibungen und zur kartographischen Aufnahme des Hzt. Holst. (→Kartographie). Starke Anstrengungen galten der Verbesserung des allgemeinen Schulwesens (→ Bildungswesen, →Schule) und der Reform der →Gelehrtenschulen. In Kiel entstand für die Lehrerausbildung 1781 das →Lehrerseminar, Tondern/ Tønder folgte 1787. Die Bemühungen wurden erst 1814 durch den Erlaß der Allgemeinen Schulordnung vorerst abgeschlossen. Auch die →Universität wurde vom Geist der A. bestimmt. Das →Armenwesen wurde – ausgehend von hamburgischem Vorbild – reformiert, konnte aber der Pauperisierung breiter Bev.schichten nicht wirksam begegnen. Die erfolgreichsten und beständigsten Sozialreformen der A. waren die →Sparkassen, gedacht als Hilfe zur Selbsthilfe. Auch im →Gesundheitswesen gab es Reformen: So wurden Gebärhäuser für unverehelichte Frauen eingerichtet (1760 Altona), erste Krankenhäuser errichtet (1784 Altona, 1788 Kiel), Hebammenausbildungsanstalten aufgebaut (1805 Kiel). Von großer Tragweite war die Einführung der Pockenschutzimpfung am Ende des 18. Jh. In geistiger Hinsicht stellt die Periode der A. auch den Durchbruch des →Toleranzgedankens gegenüber religiösen →Minderheiten dar. Insbesondere für die →Juden hatte das weitreichende Folgen, indem ihnen der Besuch der → Gelehrtenschulen ermöglicht wurde und sie in die Klubs und Gesellschaften Aufnahme fanden. Allerdings kam die rechtliche Emanzipation der Juden in der Hztt. erst spät (in DK bereits 1814). Hinsichtlich der Ideen der Französischen Revolution, von den zahlreichen Gegnern der A. als Auswuchs ihrer Ideen gebrandmarkt, läßt sich in den Hztt. sagen, daß sie nur geringen Widerhall fanden; vereinzelte Jakobiner traten mit Schriften hervor. Eine deutliche Abfuhr erhielten aufklärerische Impulse, als der →Generalsuperintendent Jakob Georg Christian →Adler (1756-1834) 1797 eine neue Gottesdienstordnung einführen wollte und damit auf den erbitterten Widerstand weiter Bev.kreise stieß (→Agendenstreit). Hingegen war die – auch gegen den Widerstand eines Teils der Gutsbesitzerschicht durchgeführte – Aufhebung der →Leibeigenschaft und des →Schollenbandes (1805) eine bahnbrechende Errungenschaft der A. Schon vorher hatte die →Verkoppelung, die privates Bauernland in den Gem. der →Geest und Teilen des östlichen →Hügellandes schuf, staatliche Förderung erfahren (1766, 1771). Die A. in den Hztt., die schließlich ein beachtliches Modernisierungsprojekt war, darf nicht als allumfassend und unumstritten angesehen werden. Es gab zahlreiche Widerstände in allen gesellschaftlichen Schichten, insbesondere auch in Teilen des noch tonangebenden →Adels, die sich gegen den religiösen Rationalismus wandten und eher pietistische und streng bibelgläubige Positionen vertraten (→Emkendorf). Der Anf. der 1770er Jahre in einem rasenden Sturmlauf durchgeführte Versuch einer radikalen Durchsetzung der Ideen der A. »von oben«, den Johann Friedrich →Struensee (1737-1772) unternahm, scheiterte schließlich nicht an der Kritik seines Lebenswandels, sondern an dem Konservatismus seiner Umgebung.

Lit.: Geschichte SH, hg. von U. Lange, Nms. 1996, 303-329. LS

Augustenburger Die A. sind eine jüngere Linie des dän. Kg.hauses (→Oldenburger), die von Hz. Ernst Günther (1609-1689), Enkel Hz. Hans des Jüngeren und Urenkel Kg. Christian III., begründet wurde. Ernst Günther ließ 1651 das erste Schloß Augustenburg auf Alsen/Als, benannt nach seiner Gemahlin, errichten. Das jetzige Schloß wurde 1764-1766 unter Friedrich Christian I. erbaut. Die A. Hzz. hatten keine fürstlichen Rechte, erhoben sich jedoch über den Adel. Im 17. Jh. wurde der Hz. der unbestreitbar größte Gutsbesitzer in Schl. Die älteren A. spielten polit. kaum eine Rolle, doch 1786 heiratete Hz. Friedrich Christian II. (1765-1814) Prinzessin Louise Augusta von DK. Diese Eheschließung vereinte das kognatische Erbanrecht der Prinzessin auf DK, Norwegen und Schl. mit dem agnatischen Erbanrecht des Hz. auf Holst., womit der Gesamtstaat bewahrt werden konnte, auch wenn die →Oldenburger ausstarben. In der Auffassung Friedrich Christian II. galt das agnatische Erbanrecht auch für Schl. – ein Standpunkt, der ihn und seine beiden Söhne, Hz. Christian August (1798-1869) und Prinz Friedrich von →Noer (1800-1865) in Konflikt mit dem dän. Kg.haus brachte (→Offener Brief). Nach der Teilnahme der Brüder am sh Aufstand 1848-1850 wurden sie des Landes verwiesen und gezwungen, das Thronfolgerecht der jüngeren Glücksburgischen Linie für DK anzuerkennen (→Londoner Protokolle). Ihre Güter mußten sie an den dän. Staat verkaufen. Friedrich (1829-1880) berief sich als Hz. Friedrich VIII. auf den A. Erbanspruch auf Schl. und Holst., wurde jedoch trotz seiner Popularität von →Bismarck ausmanövriert, der 1867 die →Annexion der Hztt. durch →Preußen betrieb. Friedrichs Tochter →Auguste Viktoria (1858-1921) heiratete 1881 Prinz Wilhelm von Preußen, den späteren Kaiser Wilhelm II. Das Geschlecht der A. starb 1931 im Mannesstamm aus. HSH

Hz. Christian August von Augustenburg

Auguste Viktoria (geb. 22.10.1858 Dolzig, gest. 11.4.1921 Haus Doorn) Die Tochter Hz. Friedrich VIII. von SH-Sonderburg-Augustenburg verbrachte einige Jugendjahre in Kiel und Schloß Gravenstein/Gråstein. 1881 heiratete sie Prinz Wilhelm von Preußen, den späteren Kaiser Wilhelm II. Durch diese Eheschließung wurden die →Augustenburger eng an die Hohenzollern gebunden, im Rang erhöht und mit

Kaiserin Auguste Victoria

Außensände

den polit. Folgen der Eingliederung SH in den preußischen Staat versöhnt. A. engagierte sich als Kaiserin v.a. im sozialen Bereich, wo sie eine Reihe von Schirmherrschaften (u.a. »Frauenhilfe«) übernahm.
Lit.: I. Gundermann, A. – Ein Lebensbild der letzten dt. Kaiserin, in: ZSHG 117, 1992, 163-180. OM

Außensände Durch den Transport von Sand aus der tieferen →Nordsee haben sich am Westrand des Wattenmeeres die A. (Jap-, Norderoog- und Süderoogsand) gebildet, die gemeinsam mit den Inseln →Sylt und →Amrum das Wattenmeer begrenzen. Es sind hohe Sandbänke, die bis etwa 1m über mittlerem Hochwasser aufragen und langsam ostwärts wandern. Sie bieten den →Halligen Norderoog, Süderoog und Hooge einen gewissen Schutz vor dem anbrandenden Meer. Auch der Kniepsand im Westen der Insel Amrum war einmal ein A. LS

Auswanderung Nachweislich gingen 1639 die ersten Familien aus →Nordfriesland nach Amerika. 1753 wurde die A. verboten. Seit den 1840er Jahren setzte sie aus Ostholst., den westlichen Marschgebieten und in den 1850er Jahren verstärkt von →Föhr aus ein. Höhepunkte lagen 1872/73 (13.000 Personen) und 1881-1885 (ca. 49.000 Personen). Von 1871-1914 wanderten ca. 140.000 Personen in die USA (90%), nach Brasilien, Argentinien, Australien, Kanada und Afrika aus. Nach 1922 setzte die A. wieder ein (Höhepunkt 1923: 4.333 Personen) und wurde 1937 verboten. Über die A. nach 1945 ist wenig bekannt. Regionale Schwerpunkte der A. nach 1867 waren Norder- und Süderdithm. (→Dithm.), →Nordschl., die Kreise →Husum, →Schl., →Plön, →Segeberg und →Oldenburg. Die Nähe städtischer Ballungszentren wie →Altona, →Kiel, →Flensburg und →Nms. wirkte emigrationsschwächend. Aus sozialen Gründen wanderten →Insten, nachgeborene Bauernsöhne, unselbständige Handwerker, aus polit. Gründen nach 1852 Dt.gesinnte, nach 1867 Dän.gesinnte aus. Wehrpflichtige durften nach 1867 nicht auswandern. Dennoch gingen viele von ihnen heimlich.
Lit.: K.D. Sievers, Stand und Aufgaben der Überseewanderungsforschung in SH, in: Die dt. und skandinavische Amerikaauswanderung im 19. und 20. Jh., hg. von K.D. Sievers, Nms. 1981, 89-110; H. Rößler, »Mit der Auswanderung nach drüben ist hier eine Völkerwanderung entstanden«, Teil I, in: »Es zieht eben einer den Anderen nach«, hg. von H. Rößler, St. Katharinen 1995, 23-94. KDS

Autobahn Kraftfahrzeugstraßen mit kreuzungsfreien und getrennten, mindestens zweispurigen Richtungsfahrbahnen wurden in Dt. ab 1926 gebaut. Die Bezeichnung A. prägten die NS, die den Ausbau des Schnellstraßennetzes

Einschiffung von Auswanderern in Glückstadt, Stich von 1886

Autobahnbau Hamburg-Lübeck in den 1930er Jahren, Foto von H. Mecklenburg

vorantrieben. Als erste Strecke in SH wurde 1937 Hamburg-Lübeck (heute A1) eröffnet. Der 2. WK verhinderte den Bau der Strecken Hamburg-Berlin sowie Hamburg-Kiel (über Bad Segeberg). Erst ab 1972 wurden wieder Autobahnen in SH fertiggestellt: A7 Hamburg-Flensburg-Kolding (1972-78), A 215 Nms.-Kiel (1972); 1978-82: A1 Lübeck-Oldenburg, A24 Hamburg-Berlin, A23 Hamburg-Itzehoe; nach 1990: A23 Itzehoe-Heide, A 210 Kiel-Rendsburg, A21 Bargteheide-Bad Segeberg (-Kiel). Im Bau befindet sich die Ostseeautobahn A 20 Lübeck- Rostock (-Stettin), deren Fortführung in einer Nordwestumgehung Hamburgs mit Elbquerung noch nicht festliegt. 1998 bestanden in SH 447,9km Autobahn.
Lit.: Historischer Atlas SH seit 1945, Nms. 1999, 117-121. WA

Avenarius, Ferdinand (geb. 20.12.1856 Berlin, gest. 22.9.1923 Kampen/Sylt) Der Sohn eines Buchhändlers und Neffe Richard Wagners studierte ab 1877 in Leipzig, ab 1878 in Zürich erst Naturwissenschaften, dann Philosophie, Lit.- und Kunstgeschichte. Mit der von ihm 1887 begründeten Zeitschrift »Der Kunstwart« sowie mit ebenfalls von ihm hg. und in hohen Auflagen verbreiteten Anthologien (»Hausbuch deutscher Lyrik« 1902, »Balladenbuch« 1907, »Das fröhliche Buch« 1909) erlangte er maßgeblichen Einfluß auf das Bildungsbürgertum (1903 Gründung des »Dürerbundes zur Verbreitung zeitgenössischer Kunst«). Seine eigene lit. Produktion blieb epigonal. A. ließ sich 1906 in Kampen nieder; sein Grab liegt auf dem Friedhof in Keitum.
Lit.: A.-Buch. Ein Bild des Mannes aus seinen Gedichten und Aufsätzen, hg. von W. Stapel, München 1916; M. Wedemeyer, A. und die Folgen, in: Künstlerinsel Sylt. Kat. Gottorf/Schleswig 1983, S. 12-16. KUS

Axel-Springer Verlag →Druckerei, →Zeitung

Bäder

Bäder →Tourismus

Backstein Ein aus Lehm oder Ton geformtes, durch Brand gehärtetes Baumaterial, das bereits in der Antike bekannt war. Seit der 2. H. des 12. Jh. wurde es auch in →Lauenburg, Holst., Schl. und DK hergestellt und verarbeitet. Die Produktionstechnik wurde aus Italien übernommen. Im Ostseeraum begann der Kirchenbau in B. (B.romanik) nach 1150 (St. Johannis zu →Oldenburg, St. Marien zu →Segeberg, →Dom zu →Lübeck, Dom zu →Ratzeburg, St. Bendt zu Ringsted, Klosterkirche zu Sorø). Auf der Grabplatte Waldemar I. (1157-1182) wird unter den Großtaten des Kg. vermerkt, er habe das →Danewerk (→Waldemarsmauer) aus gebranntem Stein gebaut. B. wurde in unterschiedlichen Farben und Formaten vermauert. Die Farbe hängt u.a. vom Eisen- oder Kalkgehalt des Lehms ab, der in der Region gegraben wird. In der B.gotik wurden rote Steine bevorzugt, in der Regel im Großformat (Klosterformat) von etwa 28,5x13,5x8,5cm. Neben Normalformatziegeln wurden Glasursteine (braun, grün oder schwarz) sowie Profil- und Ziersteine (für Gewölbe, Portale, Fenstereinfassungen, Friese, Maßwerk, Konsolen, Kapitelle u.a.m.) geformt und in einfachen Feldziegelöfen gebrannt. (→Ziegelei).

Lit.: A. Kamphausen, Die Baudenkmäler der dt. Kolonisation in Ostholst. und die Anfänge der nordeuropäischen B.architektur, Nms. 1938. JB

Bad Bramstedt →Bramstedt

Bad Malente →Malente

Bad Oldesloe →Oldesloe

Bad Segeberg →Segeberg

Badwide →Heinrich von Badwide

Bandreißer Faßreifen wurden vor Aufkommen der Eisenbereifung in der 2. H. des 19. Jh. aus Weidenbändern (→Weide) hergestellt, die die B. verfertigten. Ihr Gewerbe blühte insbe-

sondere in der →Haseldorfer und der →Seestermüher →Marsch und in den →Vierlanden, die sich auf den Altonaer und Hamburger Absatz orientierten. Hier ließen sich die Weiden plantagenmäßig im Vordeichsland anbauen und geregelt ernten. Die Weidenstöcke wurden geschlagen, auf einheitliche Länge gebracht, geschält, gespalten und in nassem Zustand zu Reifen gebogen. Diese gingen dann an die Küpereien. Um 1900 gab es in den Holst. →Elbmarschen 130 Meister mit etwa 400 Gesellen. In den Vierlanden wurde die B. durch die Intensivierung des Gemüsebaus verdrängt. Durch die industrielle Herstellung eiserner Faß-reifen und das nahezu völlige Verschwinden des hölzernen Fasses als Transportgebinde sind die B. im 20. Jh. ausgestorben.

Bandreißer in Haseldorf um 1930, Foto von C. Hentschel

Der Lübecker Dom, ein frühes Beispiel für Backsteinbau

Lit.: H. Vietheer, Die B.ei in der Haseldorfer Marsch, in: Jb. Pinneberg 1968, 108-128. LS

Bankhaft Nach dem Staatsbankrott der dän. Monarchie wurde durch Verordnung vom 5.1.1813 eine Neuordnung des Geldwesens festgelegt. Die Schaffung eines Fonds für die neu gebildete Reichsbank wurde durch eine Zwangsanleihe in Höhe von 6% des Wertes aller Immobilien im Kgr. und in den Hztt. in Silber aufgebracht. Diese Zwangsanleihe wurde als B. bezeichnet und konnte erst in den folgenden Jahrzehnten abgetragen werden. LS

Bankwesen Über lange Zeit wurde der Kredit in SH zwischen Privatpersonen geregelt. Freies Kapital fanden durch Vermittlung von Händlern, später auch durch Zeitungsannoncen, Abnehmer; ebenso geschah die Suche nach Kapital. In den Städten gab es relativ lange das Instrument des Rentenmarktes, bei dem das Gros der Kapitalflüsse stadtintern stattfand (in →Hamburg bis 1900). Große Geldmengen, die insbesondere zwischen Landesherr und →Adel, zwischen Adligen und bürgerlichen Gutsbesitzern oder zwischen Adligen flossen, wurden bis in das 19. Jh. auf dem →Kieler Umschlag umgesetzt. Die stärkere Einbeziehung von →Bauern und Stadtbürgern (→Bürger) in das überregionale Marktgeschehen, dann aber auch der hohe investive Geldbedarf im Zuge der →Industrialisierung machte kurz- und mittelfristige Aufnahmen relativ hoher Kapitalmengen nötig, für die man sich ganz überwiegend hamburgischer merchant bankers (Kaufleute, die nebenher das Bankgeschäft betrieben) bediente. Hamburg (mit seiner 1619 gegr. B.) war ohnehin im 17., 18. und in der 1. H. des 19. Jh. der Bankplatz für Nordeuropa. Lange Zeit war die Gründung von Banken durch die Existenz von →Sparkassen verhindert worden, die durchaus in der Lage waren, auch größere Kredite zu vergeben. Ihnen fehlte jedoch der Wille und die Kapitaldecke, in das große Geschäft einzusteigen; das geschah wesentlich erst nach 1945. 1852 gründete Wilhelm Ahlmann die erste Privatbank SH in →Kiel. Kurz darauf kam es 1856 zur Gründung einer Privatbank in →Lübeck, später (1862) zur Gründung eines Kreditvereins in →Glückstadt, 1868 in →Itzehoe und 1869 in →Nms.; diese Kreditvereine sind im Grunde genommen Kreditgenossenschaften (→Genossenschaft), aus denen später Kreditbanken, noch später die Volksbanken wurden. 1874 wurde die →Flensburger Privatb. AG gegr., der 1875 die Tönninger Darlehnsbank und 1896 die Westholst. Bank in →Heide folgten. Banken wurden im Grunde nur an den wirtschaftlichen Brennpunkten ins Leben gerufen. Das flache Land war für das Bankgeschäft großen Stils uninteressant. Mehrere Banken wurden als Hypothekenbanken gegr., so etwa die 1896 errichtete sh Landschaft, die später zur Landwirtschaftlichen Bank SH wurde und seit 1971 als Bank Companie Nord firmiert. Hamburg blieb der wichtigste B.platz für SH. Fusionen im B. bestimmten angesichts steigenden Bedarfs an Kapital durch die Hochindustrialisierung, nach 1918 aufgrund krisenhafter Wirtschaftsentwicklung das Bild. Neben den Privatb. gab es das Staatsb.wesen. Es hatte in der älteren Zeit allerdings v.a. währungsadministrative Aufgaben und sollte Metall- und Notengeld in Umlauf bringen. Schon Christian VI. hatte eine Privatb. gestiftet, die 1784 in eine kgl. B. umgewandelt wurde, v.a. zum Zweck der Papiergeldemission. 1776/7 wurde in →Altona die Species-Giro- und Leihb. errichtet. Die 1813 errichtete Reichsb. sollte das Geldwesen nach dem Staatsbankrott des dän. Gesamtstaates neu regulieren. LS

Bannmeile Zum Schutz des städtischen Handwerks gegen die allzustarke Zunahme des Landhandwerks (→Handwerk) wurden seit 1686 restriktive Verordnungen gegen die Niederlassung von Handwerkern im Umkreis der Städte erlassen. So sollten in einem Radius von einer Meile (ca. 8km) um die Marschstädte, von zwei Meilen (ca. 16km) um die Geeststädte außer Grobschmieden, Rademachern, Böttchern, Schustern und Schneidern keine Handwerke zugelassen werden. Dieser Radius wurde B. genannt. Allerdings konnte angesichts der zunehmenden Bev. auf dem Lande diese Restriktion nicht rigoros durchgesetzt werden, wurde verschiedentlich gelockert (so 1736 für Zimmerleute und Leineweber), aber insgesamt aufrecht erhalten. Das Landhandwerk unterlag bis weit in das 19. Jh. hinein einer Konzessionspflicht, wo-

Barghaus

mit die Obrigkeit die Übersicht über Landhandwerksansiedlungen behalten sollte. Alle Beschränkungen der Niederlassung von Handwerkern auf dem Lande wurden durch die Einführung der →Gewerbefreiheit 1867 aufgehoben.
Lit.: F. Hähnsen, Die Entwicklung des ländlichen Handwerks in SH, Leipzig 1923; W. Asmus, K.-J. Lorenzen-Schmidt, Zur Entwicklung des Landhandwerks in SH im 18. und 19. Jh., in: Gewerbliche Entwicklung in SH, hg. von J. Brockstedt, Nms. 1989, 45-72. LS

Barghaus →Bauernhaus

Barlach, Ernst (geb. 2.1.1870 Wedel, gest. 24.10.1938 Rostock) studierte 1888-1895 in Hamburg (Gewerbeschule) und Dresden (Kunstakademie). 1901-1904 arbeitete er in Wedel für die Altonaer Töpferwerkstatt Mutz. Seine erste Ausstellung hatte der Bildhauer und Graphiker B. 1904 in Berlin. 1906 schloß sich eine Rußlandreise an, die zur Herausbildung seines künstlerischen Stils wesentlich beitrug. B. wollte darstellen »was der Mensch gelitten hat und leiden kann, seine Größe, seine Angelegenheiten (inklusive Mythos und Zukunftstraum)«, wie er 1911 programmatisch festhielt. Dabei bediente er sich ihm eigener expressiver Formen, die oft blockhaft-reduziert, massig und schwer wirken, jedoch eine ruhig-spannungsvolle Wirkung erzielen. Seit 1910 wohnte B. in Güstrow. In der NS-Zeit zählte er zu den am härtesten betroffenen sog. »entarteten Künstlern«. Der vielseitig begabte B. trat mit einer Reihe von Dramen u.a. Werken auch als Schriftsteller hervor. Ein Großteil seiner Werke befindet sich heute im Hamburger B.-Haus, im Wedeler B.-Museum und in der B.-Gedenkstätte in Güstrow.
Lit.: B. Sämtliche Werke, Leipzig 1998 ff. OM

Bark In der Hochseeschiffahrt gängiger Segelschiffstyp mit drei Masten (die Bezeichnung Dreimastb. ist falsch). Auch Viermastb. und Fünfmastb. existieren. Die ersten beiden Masten sind voll rahgetakelt, am Besanmast (dem hinteren) werden Gaffelsegel gefahren. Aufgrund der Größe dieses Schiffstyps wurden B. nur auf wenigen sh Werften gebaut. Die Bark war in der 2. H. des 19. Jhs. das international meistverbreiteste Hochseefrachtschiff, anfangs aus Holz, später auch aus Eisen gebaut. Gegenüber dem in Größe und Rumpfform vergleichbaren Vollschiff hatte die B. den Vorteil, daß sie mit nur zwei rahgetakelten Masten weniger Besatzung brauchte und damit wirtschaftlicher fuhr.

Bark Olga, erbaut 1892 auf der Werft von Henry Koch in Lübeck

Lit.: H. Szymanski, Dt. Segelschiffe, Berlin 1934. PDC

Barlt (HEI) Das Dorf im Amt Meldorf-Land wird 1140 zuerst erwähnt; es kam hier wohl 1581 zur Errichtung einer eigenen Kirche. Neben der Kirche steht das Geburts- und spätere Wohnhaus des Pastors und völkischen Heimatdichters Gustav →Frenssen (1863-1945). Wahrzeichen ist die Holländer-Windmühle (→Mühle) Ursula. Der Ort hat heute 870 Einw.
Lit.: Rücker, B. Chronik, Marne 1901. WK

Barmstede (Familie) Bedeutende und einflußreiche holst. Familie, deren verschiedene Vertreter einander nicht immer klar zugeordnet werden können. Benannt nach ihrem Hauptsitz, der später in landesherrlichen Besitz gelangenden → Burg →Barmstedt, waren sie in Südwestholst. bis in die →Elbmarschen hinein reich begütert. Heinrich (II.) gründete kurz vor 1240 das Zisterzienserinnenkloster →Uetersen; er und seine Hinterbliebenen dotierten das bei der ebenfalls dem Geschlecht gehörenden Burg angesiedelte Kloster reichlich. Es handelt sich um die einzige niederadlige Klosterstiftung in SH. Möglicherweise war er auch an der Stadtrechtsbewidmung (→Stadtrecht) von →Krempe beteiligt, worauf der Bärenkopf im Kremper Wappen wie auch in dem der B. verweist. Erst spät begaben sich die B. in ein Vasallenverhältnis zum Landesherren, aber auch des Bremer Erzbf., von dem sie →Haseldorf zu Lehen empfingen. Das Geschlecht scheint um 1285 in männlicher Linie ausgestorben zu sein, nachdem seine letzten Vertreter 1257-59 und 1282 in Fehde mit dem Landesherren lagen. LS

Barmstedt (PI) Die heutige Stadt B. geht auf den Kirchort und Burgplatz B. zurück, welch letzterer im 12. und 13. Jh. die namengebende Stammburg der →Barmstedes war. Die Kirche wurde erstmals 1140 erwähnt, gehört somit zu den ältesten Kirchen →Stormarns. B. war in schauenburgischer Zeit (→Pinneberg) Sitz des gleichnamigen Amtes, welches nach dem Übergang an →Gottorf 1649 an den →Statthalter Christian →Rantzau verkauft wurde, der 1650 vom Kaiser die Erhebung des Territoriums zu einer Reichsgft. erlangte. Die ehemalige Burg wurde nun schloßartig ausgebaut (1805 abgebrochen). 1717/18 wurde der romanische Kirchenbau abgerissen und durch einen Barockbau ersetzt. B. selbst entwickelte sich zu einem ländlichen Zentralort; insbesondere starker Handwerksbesatz war hier zu finden. 1737 erhielt B. Fleckensgerechtigkeit (→Flecken). Im 19. Jh. entstand eine Spezialisierung auf die Schuhmacherei, so daß um 1850 über 100 Meister mit Gesellen hier v.a. für den Absatz in die großen Städte und den Export nach Übersee produzierten. Der 1895 zur →Stadt erhobene Ort erhielt 1896 Eisenbahnanschluß durch die Elmshorn-Barmstedt-Oldesloer →Eisenbahn und erlebte danach einen bescheidenen gewerblichen Aufschwung. Heute ist er als Unterzentrum klassifiziert und hat gut 9.200 Einw.
Lit.: H. Dössel, Stadt und Ksp. B., hg. von der Stadt B., Husum 1988. LS

Barschel, Uwe →Atomkraftwerk, →Ministerpräsident

Barschel-Affäre Tiefgreifende Affäre um →Ministerpräsident Uwe Barschel (CDU), als sich 1987 herausstellte, daß seine Staatskanzlei mit illegalen Mitteln gegen Oppositionsführer Björn Engholm (SPD) vorgegangen war. B. nahm sich mutmaßlich das Leben, die SPD gewann 1988 bei vorgezogenen Wahlen die Mehrheit. Zwei Untersuchungsausschüsse unternahmen Aufklärungsarbeit. Eine unwahre Aussage zwang 1993 auch Ministerpräsident Engholm zum Rücktritt.
Lit.: U. Danker, »Ich gebe Ihnen mein Ehrenwort!« Die B. 1987 und ihre Entwicklungen, in: U. Danker, Die Jh.-Story, Bd. 3, Flensburg 1999, 208-227. UD

Bartels, Adolf →Literatur

Bartram, Walter →Ministerpräsident

Baudissin (Familie) gehörte dem Lausitzer Uradel an und wurde im 17. Jh. in SH ansässig. Die B. stellten zunächst meist Offiziere in dän. und sächsischen Diensten und wurden 1741 in den Gf.stand erhoben. Für die sh Kulturgeschichte von Bedeutung sind die Nachkommen Heinrich Christoph B. (1709-1786) in den Linien Knoop und Rantzau: Heinrich Friedrich (1753-1818) und Caroline B. geb. Schim-

Barlt

Barmstedt

Bauer

melmann (1760-1826) auf Knoop als Mitglieder des Emkendorfer Kreises, ihre Enkelin Asta B. verheiratete Heiberg (1817-1904) und deren Bruder Adelbert B. (1820-1871) sowie Carl. B. (1756-1814) auf Rantzau und sein Sohn, der Übersetzer Wolf B. (1789-1878).
Lit.: SHBL 4, 16-33. DL

Bauer Die Masse der Landbewohner, oft undifferenziert als B. bezeichnet, wiesen in der Vergangenheit SH eine sehr große Vielfalt auf. Zunächst ist festzuhalten, daß nicht alle Landbewohner zur Gruppe der B. gehörte. Es gab neben den B., die in den unterschiedlichen Landschaften SH unterschiedliche Bezeichnungen wie →Hufner, →Baumann oder → Bonde v.a. trug, →Adel und →Klerus (als Welt- und Ordensgeistliche), daneben insbesondere seit dem Spätma. eine wachsende Schicht von ländlichen Gewerbetreibenden (→Handwerk). Neben die B. als Betreiber einer landwirtschaftlichen Stelle traten die →Kätner als Nachsiedlerschicht. Aber auch die B. stellten keine undifferenzierte Gruppe dar. Sie waren unterschiedlichen rechtlichen Bedingungen unterworfen und hatten unterschiedliches Eigentumsrecht an dem von ihnen bewirtschafteten Boden. So gab es freie B., die Eigentümer, Besitzer oder Pächter ihrer Höfe waren. Die unterschiedliche rechtliche Stellung mußte nicht immer zu unterschiedlicher sozialer Position führen; so gab es zahlreiche Pächter, die

Bauernpaar auf dem Feld, 1930er Jahre, Foto von Arnold Petersen

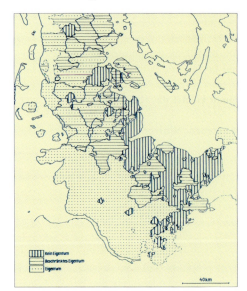

Bäuerliches Besitzrecht in SH um 1730 (Entwurf: Wolfgang Prange)

beachtlichen Reichtum erwirtschaften konnten. Aber es gab mit dem Vordringen der zweiten →Leibeigenschaft seit dem 16. Jh. (→Gut, adliges) auch wieder unfreie B., die durch das →Schollenband an ihre dem Gutsherrn gehörenden Stellen gebunden waren und neben ihrem eigenen Unterhalt die Bewirtschaftung der Gutsländereien sicherzustellen hatten. Unfreie B. hat es höchstwahrscheinlich auch in sächsischer Zeit (vor 1110) gegeben. Während die gutsuntertänigen B. von der Herrschaft gehindert wurden, ihre Stellen zu teilen, da nur volle Stellen die geforderte Arbeitsleistung für das Gut erbringen konnten, sah die Landesherrschaft nicht ganz so streng auf den Erhalt der vollen Stellen. Zwar gab es mehrere Ansätze, die Stellenteilungen zu unterbinden; sie wurden jedoch nicht konsequent durchgesetzt. So kam es bei zunehmender ländlicher Bev. auch zu Erbteilungen von Stellen, zunächst nur Halbierungen, dann auch Viertelungen, Achtelungen bis hin zu $1/64$-Stellen. Da nur die B. Teilhaber der Landgem. und deshalb einzige Zugriffsberechtigte auf ihre Ressourcen waren, bedeutete die Teilung der Stellen für die Teilstelleninhaber, daß sie mit ihrem Anteil ebenfalls Gem.genossen waren, auch wenn sie sich ökonomisch von den Kätnern sonst kaum noch unterschieden. Mit den →Agrarreformen wurden manche Unterschiede zwischen den B. verwischt. In den Gutsgebieten entstand aus den ehemals leibeigenen B. die Schicht der

Pächter, insbesondere der Zeitpächter, die keinen Vererbungsanspruch der von ihnen gepachteten Stelle hatten. Doch erst in preußischer Zeit, im wesentlichen in den 1920er Jahren, kam es zu durchgreifenden Verbesserungen der Lage der Zeitpächter, indem ihre Stellen eigentümlich wurden. Da nun auch die alte Gem.verfassung weggefallen war, wurde die nach der Wirtschaftsgröße der Stelle getroffene Unterscheidung in Groß-, Mittel- und Kleinb. üblich. Die Zahl der B.stellen, die bis etwa 1900 stetig angestiegen war, nahm unter dem Einfluß der →Industrialisierung und krisenhafter Entwicklungen im 20. Jh. erheblich ab. Insbesondere die Kleinb.stellen wurden als landwirtschaftliche Betriebe massiv aufgegeben, während mittel- und großbäuerliche Betriebe sich erhielten. Die Umkehrung der Verhältnisse durch die beabsichtigte Schaffung von Neub.stellen in der NS-Zeit hatte im Gegensatz zu propagandistischer Aufwertung keine nennenswerten Folgen. Nach 1933, insbesondere nach 1945, stabilisierte sich der Bestand an B.stellen aufgrund der starken polit. Stützung und der hohen Nachfrage nach Agrarprodukten. Doch ist seit etwa 1960 eine zunächst durch protektionistische Politik verlangsamte, dann um 1980 voll durchschlagende Reduzierung der B.stellen festzustellen, die eine solche Rasanz entwickelt hat, daß von →Höfesterben gesprochen wird. Konnten die B. im Lande durch ihre Interessenvertretung während des 20. Jh. verschiedentlich Einfluß auf die Landwirtschaftspolitik nehmen (→Landvolkbewegung, Bauernproteste der 1970er Jahre), so stellt die inzwischen stark geschrumpfte Berufsgruppe der B. heute im polit. Gewichtsverhältnis SH keine beachtliche Größe mehr dar. Hinzu kommt, daß die bäuerliche Wirtschaft immer weniger von Seiten der Landesregierung beeinflußt wird, sondern weitestgehend zentralen Steuerungsentscheidungen der EU unterliegt, so daß Proteste im Lande selten den richtigen Adressaten erreichen. LS

Bauernadel →Adel, →Bauer, →Volksadel

Bauernhaus Mit der Bezeichnung B. ist in der Lit. wie auch alltagssprachlich das Haupthaus eines Gehöfts (→Hof) gemeint. Nicht immer wird dabei zwischen Hufner- und Kätnerstellen genügend unterschieden, und die zu einer Hofanlage gehörenden Nebengebäude finden nur selten Berücksichtigung. Zudem wird der Begriff oft auf traditionelle Hausformen bezogen, wie sie in der vorindustriellen Zeit üblich waren, und versperrt mit dieser altertümelnden, häufig romantisierenden Sicht den Blick auf die Entwicklung zum neueren landwirtschaftlichen Wohn- und Wirtschaftsgebäude und zur modernen Betriebsanlage. Gleichwohl ist die Hervorhebung der älteren Bauten nicht unberechtigt, denn die je nach Landschaft unterschiedlichen Wirtschaftsweisen, Herrschafts- und Besitzverhältnisse, Verkehrsverbindungen, Handelswege, oberschichtlichen und städtischen Einflüsse sowie der Wandel der Handwerkstechniken und nicht zuletzt die verschiedenen Bedingungen von Natur und Umwelt führten seit Ende des MA zur Entwicklung mehrerer B.typen, die in Grundriß und Konstruktion stark voneinander abwichen und zahlreiche Varianten aufwiesen. Überreste dieser regionalspezifischen Bauformen sind bis heute zu finden, obwohl es seit dem ausgehenden 19. Jh. mit Rücksicht auf die Erfordernisse einer laufend modernisierten →Landwirtschaft und Betriebsführung, durch den Wandel der Wohnbedürfnisse, die Verwendung industrieller Baumaterialien und -techniken sowie den Einfluß von Bau- und

Bauernpaar in einer Räucherkate bei Kaltenkirchen, Foto von Johannes Hewicker

Bauernhaus

Der rote Haubarg bei Oldensworth

Architekturschulen zu einer gewissen baulichen Angleichung der bäuerlichen Anwesen gekommen ist. Grundtypen des traditionellen B. waren das in Holst. und im südlichen Schl. bis etwa zur Linie →Husum-→Kappeln vorherrschende niederdt. Fachhallenhaus, das Wandständerhaus im mittleren und nördlichen Schl. sowie das in der →Wilstermarsch und in →Eiderstedt verbreitete, auch in →Dithm. vorkommende Gulfhaus. Meistens waren die Gebäude zunächst Fachwerkbauten mit einem Stroh- oder Reetdach. Weitere Gemeinsamkeiten betrafen das Wohnen: In der Regel besaßen die Häuser ein »bestes Zimmer« (→Pesel), das nicht geheizt werden konnte und nur für besondere Anlässe genutzt wurde, und eine Alltagsstube (→Döns), die mit Hilfe eines Hinterladerofens (Bilegger) beheizbar war. Der Ofen wurde durch die Rückwand vom Herd aus bedient, der in dem anschließenden, für hauswirtschaftliche Zwecke genutzten Raum (→Flett) oder, wenn vorhanden, in der Küche stand. Eine weitere Stube wurde häufig als Altenteil eingerichtet. Das niederdt. Fachhallenhaus besaß in seiner in SH seit dem Ende des 15. Jh. nachweisbaren Standardform als typisches Konstruktionsmerkmal ein tragendes Innengerüst mit zwei Reihen frei stehender Ständer in Längsrichtung des Gebäudes. Links und rechts der von einem großen Tor an der Schmalseite des Hauses her weit ins Innere reichenden, befahrbaren Diele befanden sich die Stallungen. Ohne größere bauliche Abtrennung ging die Diele in das Flett über, in dem an der Rückwand zum angrenzenden Wohnteil der Herd mit der offenen Feuerstelle stand, die zum Schutz vor Funkenflug von einem hölzernen Feuerrahmen oder einem gemauerten Schwibbogen überspannt war. Den hinteren Abschluß des Hauses bildete bei diesem sog. Sackdielenhaus der Wohnbereich (Kammerfach) mit Döns, Pesel und gegebenenfalls einer Altenteilerstube. Der über die gesamte Länge des Hauses durchlaufende Dachboden wurde zur Aufbewahrung von Heu und Getreide genutzt. Beim Wandständerhaus wurde die tragende Funktion des Gerüstes nicht von Innen-, sondern von Wandständern oder von den gemauerten Außenwänden übernommen, und im Unterschied zu dem durch die weitgestreckte Diele in Längsrichtung erschlossenen niederdt. Fachhallenhaus handelte es sich dabei um einen queraufgeschlossenen Gebäudetyp. Bis zu drei Dielen – Vordiele, Dreschdiele (Loo), Durchfahrtsdiele – queren das schmale und in die Länge gebaute Haus von Traufseite zu Traufseite, alle Türen und Tore befanden sich im Wohn- wie im Wirtschaftsteil an den

Bauernhof im nördlichen Angeln

Bauernhaus

Längsseiten des Gebäudes. Die Vordiele trennte den Wohn- vom Wirtschaftsbereich, wobei der Wohnteil durch eine Längswand in eine Hauswirtschaftsseite mit Küche und Kellerkammer (Kühl- u. Vorratsraum) und eine Stubenseite mit Döns und Pesel geteilt war. Heu und Getreide wurden auf dem Dachboden und im Bansenraum gelagert, der sich an die Stallungen anschloß. Das Gulfhaus fand seit dem 16. Jh. in der →Wilstermarsch als Barghaus und in Eiderstedt als Hauberg Verbreitung. Zentrum dieses Haustyps war der fast quadratische Gulf (Barg, Vierkant), der von vier starken Ständern gebildet wurde, auf denen die gesamte Last des Daches ruhte. Der Gulf reichte ohne Zwischenböden von der Basis des Hauses bis zum Dachfirst hinauf und diente zur Aufbewahrung der Ernte. Um ihn herum waren Wohnung, Diele und Stallungen angelagert. Bei manchen Gebäuden wurden mehrere Vierkante hintereinander errichtet, so daß sich daraus für diese ohnehin großen Häuser besonders weiträumige Abmessungen ergaben. Als Varianten und Sonderformen des traditionellen B. hat die volkskundliche Hausforschung 18 verschiedene Bauarten in SH gezählt, zum Teil allerdings mit eher geringfügigen Differenzierungen. Besonders variantenreich war das niederdt. Fachhallenhaus, das u.a. als Gebäude mit drei- oder vier Ständerreihen und im südlichen Holst. sowie in →Lauenburg häufiger als Durchfahrts- und Durchgangshaus errichtet wurde. In den beiden letzten Fällen führte die Diele, in voller Breite oder als schmalerer Gang fortgesetzt, der Länge nach und mit einem Tor oder einer Tür an jedem Ende durch das gesamte Haus. Das sonst übliche Kammerfach war hier nicht vorhanden, die entsprechenden Wohnräume wurden seitlich von der Diele eingerichtet. Sonderformen des traditionellen B. bildeten das Uthlandhaus der nordfriesischen Marschgebiete (→ Marsch), Inseln und Halligen (→Hallig), das in Wohnteil und Vordiele dem Wandständerhaus, im Stallteil mit seiner Ständerkonstruktion dem niederdt. Fachhallenhaus ähnelte, und die Drei- und Vierseithöfe entlang der heutigen dt.-dän. →Grenze, die aus Wandständerhäusern und utlandfriesischen Häusern hervorgingen und mit ihren rechtwinkligen Wohn-, Stall- und Scheunenanbauten einen In-

Grundriß eines niederdeutschen Fachhallenhauses

nenhof umschlossen. Auch das Dwerhaus in Teilen Dithm. kann in regionaler Hinsicht als Sonderform bezeichnet werden. Es war mit seiner durch Diele und Stallungen gebildeten Querteilung dem Wandständerhaus verwandt und bildete damit einen auffälligen Kontrast zum sonst in Dithm. verbreiteten niederdt. Fachhallenhaus. Moderne B.typen berücksichtigen grundsätzlich eine striktere bauliche Trennung des Wohnteils vom Wirtschaftsteil. Die Anfänge dieser durch steigende Ansprüche an Wohnkomfort, Hygiene und repräsentative Ausstrahlung sowie durch veränderte Wirtschaftsformen begründeten Aufteilung sind bereits in den Drei- und Vierseithöfen festzustellen, besonders in den Dreiseithofanlagen →Angelns, die dort seit Anf. des 19. Jh. geradezu landschaftsprägend wurden. Mit den sog. gründerzeitlichen Wohn- und Wirtschaftsgebäuden setzte sich dieses Prinzip gegen Ende des 19. Jh. überregional durch. Die Wohnung wurde möglichst in einem separaten Gebäude untergebracht. Blieben Wohn- und Wirtschaftsteil unter einem Dach, sorgte zumindest eine Brandmauer für eine stärkere Abgrenzung. Schon vorher und parallel dazu kam es zu verschiedenen Neuerungen: Bereits seit dem 17. Jh. vollzog sich allmählich der Übergang vom Lehmfachwerk zur Massivmauer, im 19. Jh. setzte sich die Massivbauweise endgültig durch, und seit etwa 1870/80 wurden die Stroh- und Reetdächer zunehmend von harten Bedachungen abgelöst. Hinzu kamen u.a. Veränderungen der Fassadengestaltung, Fenster und Türen. Radikal war der Wandel des Wohnens. Zur Grundausstattung der neuen Häuser gehörten seit dem letzten Drittel des 19. Jh. eigenständige Küchenräume und voneinander getrennte Wohn- und Schlafzimmer, die mit Öfen je nach Bedarf geheizt werden konnten. Alle Öfen und der Küchenherd, von dem der Rauch in den meisten älteren Häusern frei

Bauernhaus

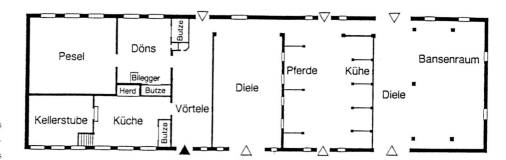

Grundriß eines Wandständerhauses

durchs Haus abzog, erhielten nun einen Schornsteinanschluß, was ein deutlich gesünderes und reinlicheres Wohnen ermöglichte. Die seit Jh. übliche Möblierung mit wandfesten Betten (Alkoven), Bänken und Schränken, einzelnen Tischen und wenigen Stühlen wurde aufgegeben und mit nun industriell hergestellten Möbeln den individuellen Ansprüchen angepaßt. Gleichzeitig wurden die Wirtschaftsgebäude den durch die Industrialisierung veränderten land- und betriebswirtschaftlichen Erfordernissen entsprechend um- oder neugebaut, so daß sie außer kurzen Arbeitswegen und ausreichendem Stauraum für die allgemein wachsenden Erntemengen auch genügend Unterstellmöglichkeiten für die zunehmend in Gebrauch kommenden neuartigen Geräte und Maschinen boten. Die Modernisierungen sind zeitweise stark kritisiert worden, wobei am Anf. des 20. Jh. die →Heimatschutzbewegung und dann in der NS-Zeit staatliche Behörden eine zum Teil aggressive Propaganda für die Erneuerung der älteren Bautraditionen betrieben. Aber die Versuche zur Wiederbelebung etwa des Bauens im Stil des niederdt. Hallenhauses oder des Wohnens und Wirtschaftens »unter einem Dach« hatten nur kurzfristige und lokal begrenzte Bedeutung. Nach dem 2.WK und besonders seit den 1960er Jahren erhielt die bauliche Entwicklung einen weiteren, kräftigen Schub. Die modernen landwirtschaftlichen Betriebsanlagen wurden zu »Agrarfabriken« mit in Leichtbauweise errichteten Hallen zur Vieh- und Lagerhaltung sowie einem dazugehörenden Wohnhaus, das sich von nichtbäuerlichen Einfamilienhäusern kaum unterscheidet. Auffällig ist auch der Wandel des Konzepts für die Wirtschaftsgebäude: Während bis in die ersten Jahrzehnte des 20. Jh hinein der Grundsatz galt, daß die Bauten auf eine möglichst lange Haltbarkeit hin konstruiert wurden, steht heute eine eher kurzfristige, auf Flexibilität achtende Bauweise im Vordergrund, um sich den rasch wechselnden agrarpolit. Vorgaben und landwirtschaftlichen Ansprüchen anpassen zu können. Mißverständnisse haben sich v.a. in Bezug auf das vorindustrielle B. bis heute gehalten. So sollte nicht länger die Rede vom »Einhaus« sein, in dem alles Wohnen und Wirtschaften unter einem Dach geschah, weil seit langem nachgewiesen ist, daß zum B. fast immer Stall, Scheune, Schuppen, Backhaus oder andere Nebengebäude dazu gehörten. Auch die stammesgeschichtlichen Begriffe Sachsen- und Niedersachsenhaus für das niederdt. Fachhallenhaus sind unzutreffend, weil dieser Haustyp nicht nur im Einzugsbereich der Sachsen bzw. Niedersachsen, sondern im gesamten niederdt. Raum anzutreffen war. Mythisch verklärt wurde besonders der Pferdeköpfe darstellende Giebelschmuck. Dabei handelte es sich aber nicht, wie gelegentlich behauptet, um eine altgerm. Sitte, sondern um eine offenbar modische Verzierung, die seit dem 16. Jh. in einzelnen Fällen belegt ist und erst später allgemeine Verbreitung fand. Hinzuweisen ist schließlich noch darauf, daß der bauliche Zustand sehr vieler Gebäude heute besser ist, als er es zu anderen Zeiten war. Viele Darstellungen des alten Dorfes spiegeln uns Idylle und Behaglichkeit vor, Realität waren dagegen oft Ärmlichkeit und Baufälligkeit.

Lit.: K. Bedal, Ländliche Ständerbauten des 15. bis 17. Jh. in Holst. und im südlichen Schl., Nms. 1977; N. Hansen, In jedem Dorf zu finden. Gründerzeithäuser im ländlichen SH, in: Stein auf Stein, hg. von G. Dahms u.a., Rosengarten-Ehestorf 1999, 249-268. NH

Bauerschaft Gesamtheit der Landbesitzer (in der Regel nur der Vollbauern), die Körperschaft der Feldinteressenten. Die Bezeichnung konnte aber auch für die Feldmark verwendet werden und dann das Dorf insgesamt meinen. Regional unterschiedlich treten auch andere Bezeichnungen wie Bauerlag, Dorfschaft oder Nachbarschaft auf. Vorsteher der B. war der Bauervogt (regional auch andere Bezeichnungen). Auf Versammlungen der B. wurden insbesondere Fragen, die sich aus der Feldgemeinschaft ergaben, genossenschaftlich geregelt. MR

Bauer, Sebastian Wilhelm von →Brandtaucher

Bauer-Verlag →Zeitungen

Bauervogt Seit dem Spätma. bis 1867 stand in Holst. und zunehmend auch in Schl. der B. an der Spitze der Dorfgemeinschaft, die in Holst. Bauerschaft (burschop) oder Bauerlag (burlach) hieß. Grundsätzlich hatte der B. ein Doppelgesicht: einerseits war er das unterste Organ der Obrigkeit, andererseits war er Vertreter der →Bauerschaft gegenüber der Obrigkeit. Je nach Herrschaft war seine Stellung jedoch verschieden: auf den adligen Gütern (→Gut) war er nur Vermittler der Befehle des Gutsherrn, in den landesherrlichen Ämtern (→Amt) hingegen war er auch Organ der bäuerlichen Selbstverwaltung. Das Amt des B. war entweder an eine bestimmte →Hufe im →Dorf gekoppelt und damit quasi erblich, oder es ging in einem mehrjährigen Rhythmus unter den Hufnern des Dorfes reihum. Neben seinen mannigfachen Aufgaben als obrigkeitliches Organ, wie Aufrechterhaltung von Ruhe und Ordnung und Bekanntgabe und Durchführung von oben kommender Befehle, hatte der B. als Organ der Bauerschaft v.a. für die Einhaltung der dörflichen Willkür (selbstgegebene Verfassung, Dorfordnung) zu sorgen und, besonders vor den →Agrarreformen des 18. Jh., auf die regelrechte Ausübung der Landwirtschaft zu achten; so legte er die Termine für die gemeinsame Feldbestellung und Ernte fest und gab sie bekannt.
Lit.: H.W. Schwarz, Eine Instruktion für die B. des Amtes Rendsburg aus dem Jahre 1772, in: Rendsburger Jb. 1999, 85-92. HWS

Baut In Teilen der holst. →Elbmarsch wurde die volle Landstelle, die von einem Baumann, wie hier der Mittelbauer bezeichnet wurde, betrieben wurde, als B. bezeichnet. LS

Bauweise →Backstein, →Bauernhaus, →Bürgerhaus, →Kirchenbau

Beck, Rolf →Schleswig-Holsteinisches Musik-Festival

Bede 1. B. war eine, nach 1864 jedoch nicht mehr übliche Bezeichnung für ursprünglich von den Ständen erbetene, dann regelmäßige →Steuern an den Landesherren. Sie wurde meist als Anteil an dem veranschlagten Vermögen erhoben ($1/16$ oder $1/20$) und war nur von den gewöhnlichen Untertanen zu zahlen, nicht hingegen von →Klerus und →Adel.
2. Nd. bed – Bitte, Gebet, Konfirmation, Konfirmationsunterricht, Katechisation. Zumindest seit dem 17. Jh. stand der Begriff auch für Brandgilde (→Gilde).
3. Im Mnd. gelegentlich als Kurzform von gebede – Gebiet verwendet. NH

Beginenkonvent Die B. entstanden im Zuge der Armuts- und Frömmigkeitsbewegung als klosterähnliche Gemeinschaften unverheirateter Frauen und Witwen um 1170 in Flandern und breiteten sich besonders im 13. Jh. auch in Dt. aus. Die Frauen lebten ohne Gelübde in sog. B.höfen und ernährten sich von eigener Arbeit und Stiftungen. Sie boten die Möglichkeit, unverheiratete Töchter aus Bürgerfamilien und ältere Dienstboten zu versorgen. In →Lübeck sind vom Ende des 13. bis zum Beginn des 14. Jh. mindestens fünf B. nachweisbar, in →Plön gab es einen und eine einzelne Begine wird im 13. Jh. in →Kiel erwähnt. Weitere B. sind in SH bisher nicht bekannt. In Form von Armenhäusern bestanden die B. nach der →Reformation fort. OP

Behm, Alexander (geb. 11.11.1880 Sternberg, gest. 22.1.1952 Kiel) Der ausgebildete Physiker begann unter dem Eindruck der Titanic-Katastrophe im Jahre 1912 mit Schallmessuntersuchungen zur Ortung von Hindernissen im Raum. Noch aus demselben Jahr datiert seine erste Patentanmeldung für einen Sonometer und der Umzug nach →Kiel, wo er zunächst in der Firma →Anschütz-Kaempfe an seiner Erfindung weiterarbeitete. Nach dem 1.WK gelingen mit Hilfe des Behm-Lotes, für das sich der Name Echolot durchgesetzt hat, die ersten exakten Tiefseevermessungen in arktischen Gewässern und in der Südsee. Aber auch in der Luftfahrt, der Geologie und der Werkstoffprüfung sowie als Fischlupe zum Aufspüren von Schwarmfischen sollte das Präzisionsinstrument fortan wertvolle Dienste leisten. 1920 machte sich Behm mit einer eigenen Firma selbständig (1970 aufgelöst) und meldete noch gut 100 weitere Patente an. Auch international ausgezeichnet, verlieh ihm die medizinische Fakultät der Kieler Universität 1928 die Ehrendoktorwürde. Die Stadt Kiel hält die Erinnerung an den Erfinder durch eine Bronzetafel an seinem ehemaligen Wohnhaus wach. SW

Bergedorf

Behnhaus →Museen

Beidenfleth (IZ) Der Kirchort wird als der in den fränkischen Reichsannalen genannte Ort Badenfliot identifiziert, in dem 809 Gesandte Kaiser Karl des Großen und des Dän. Kg. Göttrik zu Friedensverhandlungen zusammenkamen. Ein archäologischer Beweis für ein so hohes Alter des Ortes ist bislang nicht erbracht worden. Die St. Nikolaikirche gehört neben der von →Heiligenstedten zu den ältesten Backsteinkirchen des Landes; ihre ältesten Elemente weisen auf 1200 zurück. In wirtschaftlicher Hinsicht unterschied sich der Ort nicht von anderen Kirchorten der →Elbmarschen. Die hier noch heute verkehrende Störfähre (→Fähre) existiert seit dem 16. Jh. LS

Beidenfleth

Beiderstädtisches Gebiet →Bergedorf

Beliebung Freiwillige Vereinbarung oder Statut. Das Wort betont den »ungezwungenen und ungedrungenen« Charakter. In SH konnte es in der Form Brandb. oder Totenb. geradezu die Bedeutung von →Gilde oder Gilderolle annehmen. Es konnte aber auch einen mündlichen Beschluß der Bauernschaft bedeuten und wurde häufig auch für die schriftlich abgefaßten Dorfordnungen verwendet. MR

Das Schloß in Bergedorf im 19. Jh.

Beirat für die Geschichte der Arbeiterbewegung und Demokratie in SH →Geschichtsschreibung

Bellmann, Carl Gottlieb →Schleswig-Holstein-Lied

Belt Im Übergangsgebiet von der →Ostsee zum Kattegatt liegt die sog. B.see, ein flacher buchtenreicher Teil der Ostsee, der durch breite und schmale Meeresstraßen zwischen dem skandinavischen und dem nordmitteleuropäischen Festland und den dän. Inseln geprägt ist. Erstere nennt man B., so den Fehmarn-B. zwischen →Fehmarn und Lolland, während letztere als Sund bezeichnet werden, so der Fehmarn-Sund zwischen der wagrischen Halbinsel (→Wagrien) und Fehmarn (→Oldenburger Graben). LS

Bergedorf Der um 1162 zuerst erwähnte Kirchort B. erhielt 1275 →Stadtrecht. Eine landesherrliche Burg lag in unmittelbarer Nähe. Seit 1370 in lübischem Pfandbesitz, entstand um diese Pfandschaft ein militärischer Konflikt, der 1420 mit der Eroberung B. und der →Vierlande durch →Hamburg und →Lübeck endete. B. blieb bis 1868 in beiderstädtischem Besitz, der jeweils auf vier bzw. sechs Jahre von einem →Ratmann einer der beiden Städte verwaltet wurde, und ging dann gegen Zahlung von 200.000 Talern preußisch Courant an →Lübeck ganz auf →Hamburg über. Die kleine Stadt war lange Zeit ohne besondere wirt-

schaftliche Bedeutung und lebte v.a. vom Umschlag des aus dem →Sachsenwald kommenden Holzes; die Schiffahrt beschäftigte 1855 auf der →Bille und →Elbe 20 Ewer. Erst durch den Eisenbahnanschluß (1842 und 1846) nahm B. einen raschen wirtschaftlichen, durch Industrieansiedlung geprägten Aufschwung, der sich auch in steigender Bev.szahl (1850: 2.800, 1900: 10.500, 1950: 40.000) ausdrückte. Insbesondere die Gründung der Hauni-Werke durch K. A. Körber (1945/6) brachte dann auch den industriellen Durchbruch; weithin bekannt ist die 1981 ins Leben gerufene Körber-Stiftung, die wichtige kulturelle Impulse gibt. Seit 1949 bildet B. einen der sieben Hamburger Bezirke, der Bev. nach der schwächste, jedoch am stärksten wachsende Bezirk, in dem seit den 1960er Jahren Großsiedlungen (z.B. Lohbrügge) enstanden. In B. wurde 1699 der Komponist Johann Adolf Hasse geboren. Hier gab Friedrich Chrysander (1826-1901) die Gesamtausgabe der Werke Händels heraus. LS

Bernstein Als B. wird archäologisch fossiles Harz, unabhängig von seinem geologischen Alter oder Vorkommen, bezeichnet. Bedeutende Vorkommen finden sich an →Nord- und →Ostsee, wobei im archäologischen Fundgut der baltische Bernstein (– Succinit) vorherrscht. In Form vereinzelter Artefakte tritt der B. seit dem Früh-→Neolithikum als Schmuck auf. Seit dem Beginn der →Bronzezeit wird der erste B.handel greifbar, der von →Jütland ausgehend dem Elbweg folgte. Während der →Wikingerzeit ist die B.verarbeitung in →Haithabu belegt. Neben Spielsteinen, Tier- und Menschenfiguren, Äxten, Thorshämmern und Kreuzen finden sich Kettenperlen. Letztere stellen bis heute ein beliebtes Touristensouvenir dar.
Lit.: I. Ulbricht, B.verarbeitung in Haithabu, Nms. 1990, 65-126. RW

Bernstorff (Familie) Die Familie B. ist seit dem 13. Jh. in →Mecklenburg ansässig. Polit. trat sie erst im 17. Jh. mit Andreas Gottlieb B. (1649-1726) in Erscheinung. Er war leitender Minister im Dienst der Welfen und als solcher verantwortlich für den Anschluß des Hzt. Sachsen-Lauenburg an Hannover nach dem Aussterben der lauenburgischen →Askanier 1689. Er erwarb nicht nur Gartow im Lüneburgischen, sondern auch →Wotersen im Hzt. →Lauenburg. Die Nachkommen profilierten sich als Diplomaten und Staatsmänner im dän. Gesamtstaat. Johann Hartwig Ernst B. (1712-1772) und sein Neffe Andreas Peter B. (1735-1797), seit 1767 Gff. von B., zählen zu den bedeutendsten Politikern Europas, die im späten 18. Jh. die Ruhe des Nordens für einige Jahrzehnte herbeiführten. Auch im 19. und 20. Jh. waren Mitglieder der Familie in wichtigen diplomatischen Funktionen oder im Widerstand gegen den NS aktiv, so v.a. Johann Heinrich (1862-1939) und Albrecht (1890-1945) von B. Das Adelsgeschlecht der B. hat heute ca. 200 Angehörige, die neun sog. Häusern zugeordnet werden.
Lit.: W. von B., Die Herren und Gff. von B., Celle 1982; E. Conze, Von dt. Adel, Stuttgart 2000. EO

Beseler (Familie) Glocken- und Geschützgießerfamilie; im 18. und 19. Jh. in →Rendsburg tätig. Aus ihr gingen auch Beamte, Wissenschaftler und Politiker hervor: Cay Hartwig B. (1765-1818), Jurist, seit 1807 Deichinspektor für das Hzt. Schl. mit Sitz in →Husum-Rödemis, sowie dessen Söhne Wilhelm Hartwig B. (1806-1884), Jurist, Präsident der schl. →Ständeversammlung, Mitglied und Präsident der →Provisorischen Regierung (1848), Abgeordneter der Frankfurter Nationalversammlung, Mitglied der Statthalterschaft von SH (bis 1851); Georg B. (1809-1888), Jurist, Prof. an verschiedenen Universitäten (Hg. von U. Lornsen, Die Unionsverfassung DK und SH, Jena 1841), Abgeordneter der Frankfurter Nationalversammlung (Angehöriger der Kaiserdeputation), 1874-1881 Mitglied des Reichstags (nationalliberal), 1882-1887 Vizepräsident des Preußischen Herrenhauses.
Lit.: SHBL 2, 54-57; 8, 36-46. JB

Wilhelm Beseler

Beste Die B. entspringt mit ihrem Hauptarm, der Norderb. bei Itzstedt, fließt an Borstel, Sülfeld und Neritz vorbei und bildet den Hohendammer Mühlenteich. Die Süderb. hat ihre zwei Quellbäche bei Eichede, erhält mehrere kleine Zuflüsse und vereinigt sich bei Blumendorf mit der Norderb., um bei Bad →Oldesloe in die →Trave zu fließen (Alster-B.-→Kanal). LS

Andreas Peter Bernstorff, Lithographie

Bettelorden →Kloster

Bevölkerung Die wichtigste Dimension der B.geschichte eines Gebiets sind die allgemeine Entwicklung der Einw.zahl unter Einschluß ihrer demographischen Gliederung sowie die Verknüpfung der verschiedenen Komponenten der B.entwicklung, die in der Art eines Systems zusammenwirken, das in seiner Ausgestaltung von natürlichen, wirtschaftlichen, kulturellen und auch polit. Faktoren beeinflußt wird. Das Bezugsgebiet SH blieb im vergangenen Jahrtausend zwar nicht konstant, die statistisch relevanten Veränderungen konzentrierten sich aber auf einen kurzen Zeitraum in der ersten H. des 20. Jh. Durch die Abtretung Nordschl. und das →Groß-Hamburg-Gesetz trat eine zweistufige Bev.abnahme ähnlichen Ausmaßes ein (10,2% 1920, 10,7% 1937, bezogen auf die letzte davorliegende Volkszählung), während der Gebietsstand von 1920 an mit annähernd 16.000km² fast gleich blieb. Vor diesem Zeitpunkt ist eine Fläche von rund 19.000km² zugrunde zu legen, unter Ausschluß des lübeckischen Landesteils. Amtliche Einw.zahlen wurden ab 1769 erhoben, zunächst für den kgl. Anteil, ab 1803 für die beiden Hztt. insgesamt und – nach dem napoleonischen Zensus von 1810 – ab 1840 für →Lauenburg. Bis 1735 reicht die kirchliche Statistik der Geborenen und Gestorbenen zurück, auf deren Grundlage sich die B. zurückrechnen läßt. Zuvor ist man auf Ergebnisse von Mikrostudien und auf Schätzungen angewiesen, wobei letztere sich auf fiskalische und militärische Quellen stützen können. Angesichts des Fehlens einer systematischen Auswertung der in Betracht kommenden Quellen ist auf die Annahmen Wegemanns (1917) zurückzugreifen, denen in großem Umfang Analogien zu anderen Teilen Dt. und Europas zugrunde liegen. Sie münden in ein allgemein akzeptiertes Wellenmodell, wonach die Einw.zahl nach dem Aufschwung des frühen MA einen Plafond erreichte (angenommen wird für SH die dreifache Dichte der Merowingerzeit), an den sie in Gunstzeiten heranreichte und von dem sie sich in Krisenzeiten entfernte, in Folge der Pest sogar langfristig. Erst im Zuge der ersten frühneuzeitlichen B.welle erweiterte sich dieser Spielraum, bis schließlich der Zyklus in der zweiten Welle definitiv durchbrochen wurde. Diesen der gesamteuropäischen Entwicklung entsprechenden Verlauf drückt Wegemann in folgenden Einw.zahlen für die Hztt. aus:

Um 600	–	130.000
Um 850	–	230.000
1225	–	420.000
1340	–	420.000
1353	–	270.000
1460	–	350.000
1560	–	420.000
1662	–	472.000
1660	–	420.000
1700	–	400.000
1735	–	524.000
1769	–	553.000

Die nicht mehr von längerfristigen zyklischen Rückschlägen unterbrochene Zunahme der B. verlief im 18. Jh. noch relativ moderat, um dann im 19. Jh. eine den herkömmlichen Rahmen sprengende neue Qualität zu erreichen:

1803	–	631.000
1816	–	697.000
1834	–	800.800
1840	–	839.300
1850	–	925.900
1860	–	1.002.000
1870	–	1.044.200
1880	–	1.125.800
1890	–	1.211.500
1900	–	1.379.900
1910	–	1.610.900

Mit dem 1.WK war diese Dynamik gebrochen, durch die genannten Gebietsverluste betrug die Einw.zahl 1939 wie 1910 1,6 Mio. Wie eine Stufe in der B.entwicklung stellen sich die Folgen des 2.WK dar.

1920	–	1.485.000 (nach Gebietsabtretungen an DK)
1930	–	1.569.000
1939	–	1.589.000
1946	–	2.573.180
1961	–	2.317.441
1971	–	2.543.000
1979	–	2.599.000
1996	–	2.742.300

Die durch Flüchtlinge und Vertriebene bereits 1946 erreichte Zahl von 2,6 Mio. Einw. setzte den bis heute gültigen Rahmen; Ende 1998 betrug die B.zahl 2,766 Mio.

Lit.: G. Wegemann, Die Volkszahl SH seit dem MA, in: ZSHG 47, 1917, 41-67; O. Stollt, Die Verteilung und Entwicklung der B. in SH, Gütersloh 1938. RG

Bibliotheken

Bibliotheken SH besitzt ein gut ausgebautes und differenziert gegliedertes Netz von B., die verschieden organisiert sind und auf eine sehr unterschiedliche Geschichte zurückblicken. Öffentliche und wissenschaftliche B. dienen der Bildung, Information, Unterhaltung sowie der Forschung; sie haben den Auftrag, Information und Lit. zu beschaffen und zu vermitteln. B. ermöglichen dadurch den Bürgern des Landes, sich aus allgemein zugänglichen Quellen ungehindert zu unterrichten. Die Förderung des B.wesens hat in SH Verfassungsrang. Zu den Öffentlichen B. zählen die B.systeme der vier kreisfreien Städte →Kiel, →Lübeck, →Flensburg und →Nms., das seit 1996 im Büchereiverein SH neu organisierte ländliche B.wesen mit insgesamt 159 Stand-, Fahr- und Sonderb., der Büchereizentrale in Flensburg und →Rendsburg und der Landeszentralb. SH in Flensburg sowie die beiden B.systeme der dän. und dt. →Minderheit südlich und nördlich der Grenze. Die wissenschaftlichen B. im Lande spiegeln das vielgestaltige Bild des dt. wissenschaftlichen B.wesens wider und lassen sich in keine stringente Typologie zwingen. Zu den Hochschulb. zählen die B. der Christian-Albrechts-→Universität zu Kiel, die als einzige B. in SH den Typ der Universalb. verkörpert, sowie die beiden zentralen Hochschulb. der Medizinischen Universität zu Lübeck und der Universität Flensburg, die B. der Fachhochschulen in Kiel, →Heide, →Wedel, Altenholz und die B. der Musikhochschule Lübeck und der Muthesius-→Hochschule in Kiel, die allesamt v.a. den spezialisierten Bedarf ihrer Angehörigen decken. Die Universitätsb. Kiel ist die größte B. im Lande. Sie wurde 1665 zusammen mit der Universität gegr. und geht in ihrem ältesten Bestand auf die Büchersammlung des um 1550 aufgelösten Augustiner-Chorherrnstiftes in →Bordesholm zurück. Heute dient die Kieler Universitätsb. sowohl der Versorgung der Universität mit Fachlit. als auch der allgemeinen Lit.versorgung im Lande. Zur Gruppe der Regionalb. lassen sich die SH Landesb. in Kiel, die Eutiner Landesb. und in gewissem Sinn auch die B. der Stadt Lübeck, die einzige wissenschaftliche Stadtb. im Lande, und die Dansk Centralbibliotek for Sydslesvig in Flensburg rechnen. Während die meisten dt. Landesb. auf ehemals fürstliche Büchersammlungen zurückgehen und einen universalen Sammelauftrag besitzen, entstand die SH Landesb. im 19. Jh. aus der B. des SH Provinzialverbandes und wurde erst 1895 der Öffentlichkeit zugänglich gemacht. Sie beschränkt sich auf die Sammlung von landeskundlicher Lit. im weitesten Sinne, d.h. v.a. auf die SH betreffende und im Lande erschienene Lit., die Werke der sh Schriftsteller, die sh Karten und Zeitungen; sie beherbergt entsprechend ausgerichtete Sammlungen von Gegenständen und Bildern, von Nachlässen, Handschriften, von Musikalien, Medaillen, Münzen und Notgeld. Anders als die früheren fürstlichen B., die – wie in Augustenburg, →Plön und →Gottorf (1735-1749 an die Kgl. B. in Kopenhagen) – verstreut oder – wie →Glücksburg – nur eingeschränkt der allgemeinen Benutzung zugänglich sind, hat die Eutiner Landesb. in den letzten Jahren eine neue Blüte erlebt. Sie entstand aus privaten Büchersammlungen, wurde 1837 der Öffentlichkeit übergeben und besitzt ihre Schwerpunkte in der Lit. des 18. Jh. und der Reiselit. Besonders unterschiedlich sind die B., die man als Spezialb. bezeichnen kann. Die größte unter ihnen ist die 1914 gegr. B. des Instituts für Weltwirtschaft, die – als Dt. Zentralb. für Wirtschaftswissenschaften eine der vier zentralen Fachb. in Dt. – Aufgaben der überregionalen Lit.versorgung auf dem Gebiet der Wirtschaftswissenschaft wahrnimmt. Außerdem sind hier die B. des →Nordfriisk Instituut in →Bredstedt mit ihrer Lit. zu →Nordfriesland und zum Nordfriesischen (→Friesisch) sowie die B. des Landesarchiv in Schl. und die anderen Archivb. zu nennen, die zumeist Präsenzb. sind. Ähnliche Aufgaben er-

Die Bibliothek auf Gut Deutsch-Nienhof

Biennium

füllen auch die Museumsb., deren Schwerpunkte sich aus dem spezifischen Sammelauftrag des betreffenden →Museums ergeben. Einige kirchliche B., wie die 1693 gegr. Predigerb. im adeligen →Kloster →Preetz, die Ratzeburger Domb. von 1769 und die von der Landeszentralb. betreuten beiden Flensburger Sammlungen, die Propstei- und die Nikolaib., sowie wenige Schulb. mit erwähnenswerten Altbeständen, wie die der Gymnasien in →Schl., →Husum, →Meldorf, Flensburg und →Ratzeburg, die sich allerdings nicht mehr alle an ihrem angestammten Platz befinden, runden das facettenreiche Bild des sh B.wesens ab.
Lit.: B. in SH. Entwicklungsplan, Rendsburg 1990; A. Müller-Jerina, B. in SH, in: Handbuch der historischen Buchbestände, Bd. 1, Hildesheim u.a. 1996, 23-31. HFR

Werbung der Flensburger Brauerei

Biennium (lat. Zeitraum von zwei Jahren) war die in der Verordnung Christians VII. vom 1.2.1768 festgelegte Verpflichtung für sh Studenten, volle zwei Jahre an der Kieler Christian-Albrechts-→Universität zu studieren, wenn sie nach bestandenem Examen im Lande angestellt werden wollten. Zweck des B. war es, die Frequenz der Universität zu erhöhen und somit ihre Lebensfähigkeit zu sichern. 1867 wurde das B. aufgehoben.
Lit.: T.O. Achelis, Das B. der Christiana Albertina zu Kiel 1768-1867, in: ZSHG 81, 1957, 113-154. MJK

Bier Das Brauen von B. gehörte bis weit in die Frühe Neuzeit hinein zur bäuerlichen Hauswirtschaft. Das hier hergestellte B. war nur von kurzer Haltbarkeit u. stellte, genauso wie die städtischen B., ein trübes, sinkstoffreiches Getränk dar. Es war angesichts der vielerorts schlechten Wasserqualität nicht nur Getränk, sondern auch Nahrungsmittel. In den Städten setzte sich bereits im Spätma. die hansische Art des B.brauens mit Hopfen durch, wodurch lager- und exportfähige B. produziert werden konnten. Während in den großen Städten (→Hamburg, →Lübeck) die Brauerei bereits im 15. Jh. auf eine bestimmte Zahl von Häusern (Brauerben) beschränkt war, deren Eigentümer sich in einem →Amt oder einer Gesellschaft zusammenschlossen, kam es in den Landstädten erst um 1500 zur Herausbildung geschlossener Brauerämter, die Rot-, Braun- und Weißbiere herstellten. Einige Städte hatten spezielle B., wie die Eckernförder Kakebille oder das Ratzeburger Rommeldeus. Export von B. kannten allerdings nur die an der Westküste liegenden Landesstädte; normal war die Versorgung des Umlandes mit B. Teure Importb. waren im 16. und 17. Jh. das Einbekker und Hamburger B. sowie die Braunschweiger Mumme. Trifft man in den frühneuzeitlichen Städten eine beträchtliche Zahl von Brauern in den Städten und auf dem Lande, so ließ das Aufkommen des neuen, bayrischen B. in den 1860er Jahren die hergebrachten B. zur Bedeutungslosigkeit verfallen. Das klare, deshalb auch aus Gläsern zu trinkende B. wurde bevorzugt. Jetzt bildeten sich mit größerem investorischen Aufwand industrielle Brauereien wie die Holsten-Brauerei in Nms. (1879, 1882 nach Altona verlegt). 1881 wurde die Elbschloß-Brauerei in Nienstedten gegr. Auch die 1864 als Aktien-B.-Brauerei in Hamburg in Betrieb gehende Produktion ging nach der Fusion mit der 1897 gegr. und bereits 1903 nach →Altona verlagerten Bavaria-Brauerei nach Altona und nannte sich nun Bavaria-St. Pauli-Brauerei. Zwischen 1917 und 1922 übernahm dieses Unternehmen 16 kleinere Hamburger und Altonaer Brauereien. Die größere Zahl der Industriebrauereien in SH (um 1900 gab es etwa 25 unterschiedlicher Größe) haben dem Konzentrationsprozeß auf dem Biermarkt nur in zwei Fällen widerstehen können: Es überlebte die 1873/1888 gegr. und Anf. der 1920er Jahre fusionierte Flensburger Brauereien AG, die 1999 mit ca. 570.000 hl verkauften B. auf dem 48. Platz der dt. Brauereien rangierte, und die seit 1884 bestehende Marner Brauerei, die beide mit den altertümlichen Bügelverschlußflaschen (Beugelbuddelbeer) wieder größere Marktanteile gewinnen konnten. In den letzten

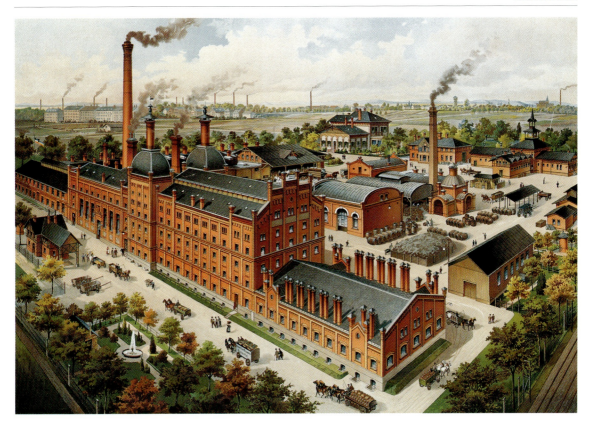

Die Brauerei Mariental in Wandsbek im 19. Jh.

Jahren macht sich auch in SH der Trend zur Erlebnisgastronomie mit Kleinbrauanlagen (z.B. Kieler Brauerei am Markt in →Kiel) bemerkbar und findet sein Publikum. LS

Biernatzki (Familie) Der dt. Zweig der aus Polen stammenden Familie ist seit dem 18. Jh. in →Altona nachweisbar. Zu den bedeutendsten Vertretern der weitverzweigten Familie gehörte Hermann B. (1818-1895), der Rechtsanwalt in Altona war und wichtige topographische Werke vorlegte. Immer noch bedeutend ist seine zusammen mit Johannes Schröder publizierte Topographie von Holst. und →Lauenburg. Karl Leonhard B. (1815-1899) war Pfarrer und Schriftsteller. Er arbeitete mit Theodor →Storm zusammen und betätigte sich in der Armenpflege. Sein Sohn Reinhard B. (1849-1935) war ebenfalls Pfarrer und veröffentlichte bedeutende Arbeiten zur sh und hamburgischen Kunstgeschichte.
Lit.: SHBL 10, 29-50. OM

Biike Das B.brennen (fries. Biike, nd. Bak, Beek – Feuer, Feuerzeichen) wird als Volksfest und Touristenattraktion an mehreren Orten Nordfrieslands am Abend vor dem Petritag (22.2.) mit einem großen Feuer, Punsch- und Schnapsrunden, Fackelzug, Musik, Ansprachen, meistens auch mit einem Grünkohlessen gefeiert. Ursprünglich wohl Signalfeuer für die Versammlung der nach Landesrecht »freien Friesen«, galt es seit dem 17. Jh. als Abschiedsfeuer für die Männer und Jungen, die im Frühjahr auf →Walfang gingen.
Lit.: K.D. Sievers, Feste in SH, Nms. 1984, 16-20. NH

Bildungswesen Mit der →Reformation (→Kirchenordnung 1542) wurde Bildung zunehmend in landesherrliche, später staatliche Aufsicht einbezogen. Bis ins 19. Jh. blieb die →Schule aber eine kirchliche Einrichtung. An den Lateinschulen unterrichteten zukünftige Pastoren. Während am Ende des 16. Jh. neun →Gelehrtenschulen und die 1665 gegr. →Universität in →Kiel die höhere, lat. Bildung repräsentierten, wurde durch das einfache Schulwesen die Vermittlung des Lesens, Rechnens und Schreibens nur rudimentär gesichert. Im Sommer schlossen dörfliche Schulen, und noch bis 1918 gab es die »Dispensation« für die Erntezeit. Reformansätze der →Aufklärung brachten neue Lehrinhalte (Realien) in den Unterricht und mündeten 1814 in die fortschrittliche Allgemeine Schulordnung der Hztt. Sie enthielt die neunjährige Schulpflicht und sicherte das System der Gelehrten- und Bürgerschulen, eingeschränkt auch der Landschulen. Parallel wurde die →Lehrerbildung an Universität und →Lehrerseminaren eingeführt, mit Beginn der preußischen Zeit an →Präparandenanstalten und neuen Seminaren professionalisiert. Ab 1867 ist das auf das mittelständische Bürgertum orientierte Real- und Mittelschulwesen eingeführt worden. Die Schulbauten wurden jetzt zweckmäßig mit Klassenräumen, Lehrerwohnungen und Schulhöfen gestaltet. 1900 besuchten 93% aller Schulkinder Volksschulen, die restlichen verteilten sich auf Real-, Oberreal-, Mittel-, höhere Mädchen-, Gelehrtenschulen und Gymnasien. Auf dem Land dominierten zwei- und einklassige Volksschulen, in denen Lehrkräfte bis zu neun Jahrgänge in einem Raum unterrichteten. Der örtliche Bildungsgrad hing von den pädagogischen wie fachlichen Fähigkeiten der Lehrer ab, die z.T. immer noch Autodidakten waren. Erst in den 1950er und 1960er Jahren kam mit den Dörfergemeinschaftsschulen das Ende der kleinen Dorfschule. Während der Weimarer Republik wurde mit den gemeinsamen ersten vier Volksschuljahren erstmalig der noch theoretische Anspruch auf Durchlässigkeit erhoben und die Schullaufbahn von der Klassenzugehörigkeit der Eltern bestimmt. Aber es gab Raum für innere Schulreformen. So existierten in →Lübeck erste Einheitsschulen. Die Lehrerbildung auch für Volksschullehrer wurde an der Pädagogischen Akademie Kiel verbessert. Der NS-Staat zentralisierte das Schulwesen. Ideologisch besetzbare Fächer wie Geschichte, Sport, Biologie und Rassekunde dominierten, während die Institutionen Schule und Elternhaus mit der »Hitler-Jugend« Konkurrenz im erzieherischen Zugriff auf die Jugend erhielten. Die Nationalpolit. Erziehungsanstalt in →Plön als NS-Eliteanstalt blieb dabei Episode. Nach dem 2.WK wurden auf Drängen der Militärregierung Schulgeldfreiheit, Durchlässigkeit, akademische Lehrerbildung und das verpflichtende Berufsschulwesen umgesetzt. Die sechsjährige gemeinsame Grundschule, als sozialdemokratisches Reformprojekt geschaffen, wurde 1950 von der bürgerlichen Landtagsmehrheit aus der →Landessatzung gestrichen, das dreigliedrige Schulsystem verfestigt. Erst die Bildungsöffnung seit den 1960er Jahren brachte wirkliche Durchlässigkeit. Als vierte Angebotsschulart besteht, seit den 1990ern forciert, die Integrierte Gesamtschule in allen Regionen des Landes. Ein breit gefächertes Fachschulwesen und, seit 1876, das tradierte Schulwesen der dän. Minderheit vervollständigen das pluralistische Angebot im Land.

Lit.: Bibliographie zur sh Schulgeschichte 1542-1945, hg. von J. Biehl u.a. UD

Bille Die B. entspringt nordöstlich von →Trittau bei →Linau, fließt bis →Bergedorf in südwestlicher Richtung, wobei sie mehrere Nebengewässer (Schönbek, Corbek) aufnimmt und an manchen Stellen (→Reinbek) zu Teichen aufgestaut ist. Hier bildet sie die Grenze zwischen →Stormarn und →Lauenburg. Bei Bergedorf tritt sie in die →Marsch und ergießt sich durch die Bill-Brack durch zwei Schleusen in die Dove-→Elbe (Billhafen). Zwischen der Elbe und Bergedorf gab es bis in die 1930er Jahre einen belebten Schiffsverkehr. LS

An der Bille 1880, Aquarell von H. Stuhlmann

Billunger Die B. waren im 10./11. Jh. ein bedeutendes ostsächsisches Adelsgeschlecht. Der genealogische Zusammenhang zwischen den älteren B. (um 800 n.Chr.) und den seit dem 10. Jh. faßbaren jüngeren B. ist nicht gesichert. Kernland der jüngeren B. war ihr durch zahlreiche Gft.rechte erweiterter Besitz an der

→Elbe um Lüneburg (im sog. Bardengau) sowie an der mittleren und oberen Weser. 936 beauftragte Kg. Otto I. Hermann Billung als lokalen Großen mit dem Grenzschutz (→Grenze) der an der unteren Elbe eingerichteten →Mark. Auch wurde Hermann wiederholt mit der Wahrnehmung kgl. Interessen in →Sachsen beauftragt. Um 961 bekam er hzl. Rechte übertragen. Unter seinen Nachfolgern konnten die B. ihre Stellung durch die Teilnahme an den kgl. Slawenzügen und durch eigene Vorstöße gegen die Abotriten (→Slawen) auch östlich bzw. nördlich der Elbe ausbauen. Obwohl der Einfluß der Familie Ende des 11. Jh. in Konkurrenz gegenüber den Erzbf. von Hamburg-Bremen und den salischen Kgg. wieder zurückging, schuf Magnus Billung 1093 durch einen Sieg über die Abotriten die Voraussetzung dafür, daß sich das Land dem südelbischen Einfluß verstärkt öffnen konnte. Mit seinem Tod (1106), starben die B. jedoch im Mannesstamme aus. Die Güter der Familie gelangten an die Welfen bzw. →Askanier, und das sächsische Hzt. fiel an den späteren Kg. und Kaiser Lothar III., der auf den von den B. gelegten Fundamenten aufbauen und den von ihnen eingeschlagenen Weg der Herrschaftsbildung fortsetzen konnte.

Lit.: H.-W. Goetz, Das Hzt. der B. Ein sächsischer Sonderweg?, in: Niedersächsisches Jb. für Landesgeschichte 66, 1994, 167-197. DK

Birk bezeichnet einen aus der Hardeneinteilung (→Harde) ausgegliederten Untergerichtsbezirk, der meist mit einer räumlich geschlossenen →Grundherrschaft zusammenfiel. Der Grundherr ernannte den Vorsitzenden und den Schreiber des B.gerichts. Seit dem späten 18. Jh. verzichteten die B.patrone zunehmend auf ihre Gerichtsrechte, die B. wurden in die umliegenden Ämter (→Amt) eingegliedert. In den Hztt. existierten B. nur im mittleren und im nördlichen Schl. KGr

Bischof Der B. (lat. episcopus) der ma. Diözesen führte die Aufsicht über die in seinem Sprengel (lat. diocesis) befindlichen Kirchen und Weltgeistlichen. Er verwaltete diese mit Hilfe seines →Domkapitels, war der höchste geistliche Richter seines Bt. und hatte die Lehr- und Weihegewalt. Im MA wurden die B. von ihren Domkapiteln gewählt, doch griff der Papst immer stärker in die B.ernennungen ein. Die für SH zuständigen B. waren der Erzb. von Bremen (für Holst. vertreten durch das Domkapitel zu Hamburg) und die B. von Ratzeburg, Lübeck, Schl. und Odense. Mit der →Reformation wurden B. und Domkapitel bis auf die Schl. und Lübecker (→Lübeck, Fürstentum) abgeschafft. Das Schl. Bt. wurde als weltliche Herrschaft bis 1624 beibehalten, um dann bis 1720 mit dem Hzt. Schl. verbunden zu werden. An die Stelle der B. traten in geistlicher Hinsicht seit 1560 die →Superintendenten für die einzelnen Teilherrschaften: so 1560 für den Haderslebener, 1562 für den gottorfischen Anteil. 1636 wurden für den kgl. und hzl. Anteil je ein →Generalsuperintendent eingesetzt. Erst 1922 wurden die Landesb. geschaffen, die für Schl. und Holst. fungierten, während Lauenburg seinen Superintendenten als Landessuperintendent behielt; der Lübecker Landesb. wurde 1934 geschaffen. 1977 kam es mit Bildung der Nordelbischen Kirche zur Bildung von drei Bf.stellen (für Hamburg, Lübeck/Holst. und Schl.). Die Amtszeit ist auf zehn Jahre begrenzt, Wiederwahl ist möglich. Mit der Neubildung des katholischen Erzbt. →Hamburg wurde auch das Bt. für SH und Hamburg geschaffen, dem ein B. vorsteht. LS

Bishorst (PI) Der ehemalige Kirchort wird zuerst 1142 erwähnt, als die Kirche vom Erzbf. von Bremen an →Vicelin übertragen wurde. Der Apostel des Nordens soll hier öfter Zuflucht vor Slaweneinfällen (→Slawen) gesucht haben. Im Spätma. verlagerte sich die →Elbe weiter nach Norden und Osten, so daß die Kirche aufgegeben werden mußte. Sie wird zuletzt 1463 genannt. Heute heißt nur ein einzelner, auf einer Wurt dicht an der Elbe gelegener Hof in der Gem. →Haseldorf B. LS

Bishorst

Bismarck (Familie) Aus der Altmark stammend, 1270 in Stendal erstmals urkundlich erwähnt und seit 1562 u.a. in Schönhausen/Elbe ansässig, traten die B. 1858 in die sh Geschichte ein. Der preußische Gesandte beim Dt. Bund, Otto von B. (1815-1898), unterstützte die damals vom Hzt. →Lauenburg in Frankfurt/M. eingelegte Beschwerde gegen die dän. Gesamtverfassung; ihr wurde stattgegeben.

Blaffert

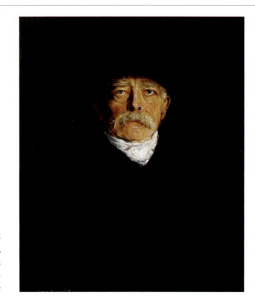

Otto von Bismarck in Friedrichsruh, Ölgemälde von Vilma Lwoss-Parlaghy

Blankenese, Aqurell

Blankensee

Blankenese

Als das Hzt. 1865 an →Preußen kam, wurde in Berlin ein Ministerium für Lauenburg eingerichtet und B. dessen Minister. Nach der Gründung des Dt. Reichs 1871 erhielt B. den Fürstentitel und den →Sachsenwald als Dotation. Von dem darin liegenden →Friedrichsruh aus führte der Reichskanzler mittels Bahn, Post und Telegrafie alljährlich wochenlang die Regierungsgeschäfte. Nach seiner Entlassung 1890, die mit der von ihm abgelehnten Verleihung der Würde eines Hz. von Lauenburg verbunden war, ließ er sich in Friedrichruh ganz nieder, starb dort und wurde dort begraben. Sein ältester Sohn, Fürst Herbert von B. (1849-1904), war sein engster polit. Mitarbeiter und Staatssekretär des Auswärtigen Amtes. Auch die erstgeborenen männlichen Nachkommen, Fürst Otto von B. (1897-1975), Ferdinand von B. (geb. 1930) und Carl-Eduard Gf. von B. (geb. 1961), waren bzw. sind in der Politik tätig und Bewirtschafter ihres forstwirtschaftlichen Großbetriebs.

Lit.: E. Opitz, Die B. in Friedrichsruh, Hamburg 1990. NMW

Blaffert →Münzwesen

Blankenese Das ma. B. gehörte zur Gft. Holst.-→Pinneberg, hierin zur →Vogtei Hatzburg und zum Ksp. Nienstedten. Damals lagen die drei Dörfer B., Mühlenberg und Dockenhuden eng zusammen. Aus ihnen entwickelte sich B. 1640 kam es nach dem Aussterben der →Schauenburger zum kgl. Anteil des Hzt. Holst. Nach dem Niedergang der Fischerei während der →Napoleonischen Kriege entwickelte sich seit 1815 eine bedeutende Handelsflotte, die Mitte des 19. Jh. größer als die →Hamburgs war. Der Wandel vom Fischer- und Seefahrerdorf zum Hamburger Villenvorort vollzog sich seit Ende des 19. Jh. 1927 erfolgte die Eingemeindung nach →Altona, mit dem es 1937 an Hamburg kam (→Groß-Hamburg-Gesetz). Heute ist B. ein Hamburger Stadtteil im Bezirk Altona und hat etwa 13.600 Einw.

Lit.: W. Ehlers, Geschichte und Volkskunde des Kreises Pinneberg, Elmshorn 1922. PDC

Blankensee Im Ratzeburger Zehntregister erstmals 1229 genannt, wurde B. 1300 vom Lübecker Johanniskloster erworben. 1916 erfolgte die Einrichtung eines Militärflugplatzes, der 1945 als Start- und Landeplatz der Luftbrücke nach Berlin diente. Die später ausgebaute Hanseaten-Kaserne fungierte als Durchgangslager für Sowjetzonenflüchtlinge, das zusammen mit dem Lager am B. bis zu 5.000 Menschen faßte. 1995 wurde B. Linienflughafen der Northern Air, Flensburg.

Lit.: M. Müller, St. Jürgen, Lübeck 1998. AG

Blome (Familie) Die B. sind ein dt. Uradelsgeschlecht, das der Familienüberlieferung zufolge mit Diedrich B. (erwähnt 1413) nach Holst. kam. Es gehörte zu den ursprünglichen Mitgliedern der Ritterschaft (originarii, →Adel) und besaß mehrere holst. Güter (→Gut). Die männlichen Mitglieder verschafften sich als Diplomaten und Klosterpröpste Geltung. Unter ihnen lassen sich hervorheben: Hans B. zu Seedorf und Tesdorf (1530-1599), einer der

Blomesche Wildnis

Blomesche Wildnis →Wildnisse

Blume, Friedrich →Musik

Blunck, Hans Friedrich (geb. 3.9.1888 Altona, gest. 25.4.1961 Hamburg) Der Sohn eines Lehrers studierte Jura in →Kiel und Heidelberg. Seit 1925 war er Syndikus der Universität Hamburg, widmete sich jedoch ab 1928 ganz seinem schriftstellerischen Werk: Märchen, Gedichte sowie historische Romane (Trilogie »Die Urvätersaga«, 1925-1928), deren Tendenz ihm 1933 die Position des ersten Präsidenten der NS-Reichsschrifttumskammer eintrug (1935-1945 »Altpräsident«) und ungewöhnlich große Absatzerfolge bescherte (Goethemedaille 1938). Nach 1945 versuchte B. sein kulturpolit. Engagement in der NS-Zeit zu rechtfertigen; seine Autobiographie »Unwegsame Zeiten« (1952) verfälscht jedoch die historischen Tatsachen. Im selben Jahr erhielt B., der seit 1932 in Grebin bei →Plön lebte, die »Lornsenkette« des →SH Heimatbundes.
Lit.: B., Gesammelte Werke, 10 Bde., Hamburg 1937; K.-U. Scholz, Chamäleon oder Die vielen Gesichter des B. in: Dann waren die Sieger da. Studien zur literarischen Kultur in Hamburg 1945-1950, hg. von L. Fischer u.a., Hamburg 1999, 131-167. KUS

Hans Friedrich Blunck

Böhme, Margarete (geb. 8.5.1867 Husum, gest. 23.5.1939 Hamburg) wuchs bei einer Tante auf und besuchte eine Höhere Töchterschule. Angeblich publizierte sie bereits früh

Heinrich Blome 1656, Ölgemälde von Broder Matthiesen

reichsten Gutsbesitzer der Hztt., hzl. und kgl. Rat, →Amtmann über die Ämter Gottorf und Schwabstedt, später über das Amt Hadersleben und Gegner des Statthalters Heinrich →Rantzau; Hinrich B. zu Hagen, Farve und Waterneversdorf (1616-1676), war Amtmann und reicher Gutsbesitzer; Wulf B. zu Hagen, Behrenfleth und Dobersdorf (1651-1735), Amtmann und Verwaltungsreformer; Otto B. (1684-1738), Oberhofmarschall Kg. Friedrich IV. und Mitglied des Kgl. Rates Christian VI. Adolf B. zu Heiligenstedten (1798-1875) gehörte zum rechten Flügel der sh Ritterschaft in der holst. →Ständeversammlung und bekämpfte 1848 das allgemeine Wahlrecht zur sh →Landesversammlung. Er wurde 1851 Präsident der holst. Zivilverwaltung und blieb Gesamtstaatsanhänger mit sh Vorzeichen gegen die Eidergrenzpolitik der dän. Regierungen; Otto B. zu Salzau (1795-1884) war ebenfalls gesamtstaatlich gesinnter Politiker. HSH

Margarete Böhme

spannende und unterhaltsame Fortsetzungsromane in Tages- und Lit.zeitungen unter ihrem Mädchennamen Margarete Feddersen bzw. dem Pseudonym Ormános Sandor; bislang ist dies erst ab 1892 belegt. B. über 40 Romane stellen zumeist psychologisch differenzierte eigenständige Frauencharaktere vor präzise beschriebenen, oft großstädtischen Sozialmilieus dar. Das »Tagebuch einer Verlorenen« (1905) über eine Prostituierte erreichte eine Mio.auflage, wurde in 14 Sprachen übersetzt und zweimal verfilmt. 1925 beendete B. ihre literarische Produktion und zog 1930 nach Hamburg.
Lit.: B., hg. von A. Bammé, München/Wien 1994. KD

Bösch, Andreas →Gottorfer Globus

Bössel, D. →Entbindungs-Lehranstalt

Böttcher, Walther →Landtagspräsident

Bode Die Zeugenliste der bekannten Urkunde →Heinrichs des Löwen, die am 13.9.1148 im Heerlager bei Heinkenborstel nach der Rückkehr vom siegreichen Dithm.feldzug ausgestellt wurde, nennt neben etlichen anderen Würdenträgern den Overb. (signifer) der Holsten und vier holst. legati provincie. Die vier letzteren hatten ihre Wohnsitze in Steenfeld bei →Hademarschen, in Hennstedt bei →Jevenstedt, in Eiderstede bei Brügge und in →Kellinghusen. Die fünf Personen waren die Chefs eines in der Zeit der Slawenkämpfe (→Slawen) entstandenen holst. Verteidigungssystems, das auf einer Gauviertelung beruhte mit dem Overb. als Oberkommandierendem und den vier Legaten als Abschnittskommandeuren für jeweils ein Landesviertel im Westen, Norden, Osten und Südosten. Dem Overb. entsprechend, dessen Titel überliefert ist, hat die Forschung seine vier Unterführer B. genannt, obwohl die Quellen diese Bezeichnung nicht kennen. B. könnte auch der Overb. geheißen haben, als er noch keine Unterführer hatte. Schon bald nach ihrer einzigen urkundlichen Nennung 1148 dürfte es mit der Institution der B. ein Ende gehabt haben, mit dem Ende der Slawengefahr und dem Erstarken der gfl. Landesherrschaft. Für →Dithm. und →Stormarn sind zwar auch Gauviertel nachgewiesen worden, B. sind dort aber nicht überliefert.
Lit.: Geschichte SH, 4/1. HWS

Bodenreform Kriegsbedingte Einbrüche der landwirtschaftlichen Produktion und der durch Flüchtlinge und Vertriebene ausgelöste Bev.anstieg um 70% verursachten nach dem Ende des 2.WK eine massive Ernährungskrise und zugleich erheblichen landwirtschaftlichen Siedlungsbedarf in SH. Wie sich zeigen sollte: kurzatmige antikapitalistische Grundströmungen und einschlägige gesetzliche Rahmensetzungen der britischen →Militärregierung ließen im ersten ernannten →Landtag die Möglichkeit einer gesetzlichen Bodenreform realistisch erscheinen. Ein noch von SPD und CDU gemeinsam getragener Gesetzentwurf zur »Neuordnung der landwirtschaftlichen Besitz- und Wirtschaftsverhältnisse« sollte sicherstellen, daß landwirtschaftlicher Besitz über 125ha vollständig und Flächen zwischen 30 und 125ha zu gestaffelten Anteilen für bäuerliche Siedlungsmaßnahmen zur Verfügung gestellt würden. Rund 210.000ha sollten so für Bauernstellen, Gärtnereien, Handwerk und Kleingärten gewonnen werden. Die Entschädigungs- oder Enteignungsfrage blieb offen. Polit. mächtiger und großflächiger Großgrundbesitz fand sich v.a. im östlichen →Hügelland, im Lauenburgischen (Familie von →Bismarck), eingeschränkt auch bei wohlhabenden Großbauern an an der Westküste und in den →Elbmarschen: V.a. der →Adel und die anderen Agrareliten waren betroffen. Sie organisierten ihre Interessen erfolgreich. Doch nach der ersten Landtagswahl 1947, die eine absolute Mehrheit der SPD ergab, scherte die oppositionelle CDU aus dem Kompromißweg aus. Eine Rahmenverordnung der Militärregierung sah jetzt nur noch 127.000ha für Siedlungsmaßnahmen vor, und von der Landesregierung eingebrachte Vorhaben für ein Gesetz zur Agrarreform noch 1947 zu entschädigende Enteignungen von Grundbesitz oberhalb von 100 bis max. 150ha. Eine Bilanz zeigte, daß allein 66 Eigentümer über 537 Betriebe dieser Größe verfügten. Für die Opposition im Landtag griff Friedrich-Wilhelm Lübke (CDU), ein späterer →Ministerpräsident, die Bodenreform als Weg »zu Kollektivismus und Kolchosenwirtschaft« an. Landwirtschaftsminister Erich Arp (SPD), selbst erfolgreicher Unternehmer, aber offen, anpackend und ohne Berührungsängste gegenüber marxistischen Positionen ein Befürworter

der einschneidenden Bodenreform, wurde von seinen Parteifreunden zum Rücktritt, bald auch zum Parteiaustritt genötigt. Das vom Nachfolger Bruno Diekmann überarbeitete, vom Landtag beschlossene und von der Militärregierung bewilligte Gesetz im August 1948 hätte etwa 100.000ha Nutzfläche für Siedlungsmaßnahmen erbracht: Es trat zwar in Kraft, allerdings folgte nie eine Umsetzung, denn die gesetzlich geregelten Entschädigungszahlungen konnten auch nach ihrer Reduktion im Landeshaushalt nach der Währungsreform vom Juni 1948 nicht mehr aufgebracht werden. Zugleich machte der organisierte Großgrundbesitz das Angebot, freiwillig 30.000ha für Siedlungsmaßnahmen abzutreten. Das Landeskabinett ging – ohne Beteiligung des Parlaments – darauf ein. Bis 1957 wurde die Übergabe umgesetzt, lediglich 8.000 (überwiegend sehr kleine) Neusiedlerstellen konnten damit geschaffen werden. Die Polarisierung zwischen sozialdemokratischer Landesregierung und christdemokratischer Opposition mit der Bauernschaft auf der anderen Seite sowie der Einstellungswandel bei den britischen Besatzungsbehörden hatten die Reform beerdigt. Der polit. begründete Eingriff in die Eigentumsordnung war vollständig gescheitert, der ländliche Großgrundbesitz abgesichert.
Lit.: J. Rosenfeldt, Nicht einer ... viele sollen leben! Landreform in SH 1945-1950, Kiel 1991. UD

Boetticher, Karl Heinrich von →Oberpräsident

Bohl Im Hzt. Schl. →Hufe, volle Hofstelle mit entsprechenden Nutzungsrechten innerhalb der Feldgemeinschaft; auf den →Halligen Warftgenossenschaft. Ein Viertelb. war entsprechend eine Hofstelle, die den vierten Teil eines B. ausmachte und nur ein Viertel Nutzungsrechte besaß. Ein Bohlsmann war ein Vollbauer. B. kann auch eine Gruppe von Stellen bezeichnen, die ihre Parzellen jeweils beisammen liegen hatten. MR

Bohmstedter Richtlinien Nach dem 1.WK und der Abtretung →Nordschl. an DK entbrannte der Kampf um die nationale Orientierung der Bev. in Südschl. Er erfaßte auch die friesische Bewegung (→Friesen) in →Nordfriesland. 1921 schloß sich der Nordfriesische Verein für Heimatkunde und Heimatliebe dem →Schleswig-Holsteiner-Bund (SHB) und damit dem dt. Grenzkampf an. Der daraufhin 1923 gegr. Friesisch-Schl. Verein richtete sich gegen eine Verpreußungspolitik und gegen den Nordfriesischen Verein; sein Ziel war die Anerkennung der Nordfriesen als nationale Minderheit. Der Nordfriesische Verein verabschiedete 1926 die B., in denen die dt. Gesinnung der Nordfriesen betont und dem Gedanken der nationalen Minderheit eine scharfe Absage erteilt wurde. Der Europäische Nationalitätenkongreß lehnte die Aufnahme der Nordfriesen jedoch ab, weil die »erforderlichen kollektiven kulturellen Lebensäußerungen dauernder Art sich bei dieser Gruppe derzeit nicht feststellen ließen«.
Lit.: Kleine Geschichte Nordfrieslands und der Friesen, hg. vom Friesenrat, Bredstedt 1982. LS

Boie, Heinrich Christian (geb. 19.7. 1744 Meldorf, gest. 25.2.1806 Meldorf) Literarische Bedeutung hatte B. v.a. als Hg. des Göttinger »Musenalmanachs« (1770-1775), in dem junge norddt. Lyriker (Göttinger Hain, Matthias →Claudius) ein Forum fanden, und der Zeitschrift »Dt. Museum« (1776-1788), die er zum Teil von →Meldorf aus redigierte, nachdem er 1781 →Landvogt von Süderdithm. geworden war. Boies Briefwechsel mit seiner Verlobten Luise Mejer ist ein hervorragendes Zeugnis der Briefkultur seiner Zeit.
Lit.: Ich war wohl klug, daß ich dich fand. B. Briefwechsel mit Luise Mejer 1777-85, hg. von I. Schreiber, München 1975. DL

Boie, Margarete →Literatur

Boje, Kirsten →Literatur

Bojer Einmastiges kleines Segelschiff von der →Eider und dem Wattenmeer (→Watt) für den küstennahen Transport landwirtschaftlicher Produkte. Der Rumpf ist ca. 12m lang und auf niedrigem Kiel gebaut. Am umlegbaren Mast werden nur ein Gaffelsegel und eine Stagfock gefahren. Die letzten Bojer wurden Ende des 19. Jhs. an der Eider gebaut.
Lit.: H. Szymanski, Dt. Segelschiffe, Berlin 1934. PDC

Bolten, Johann Adrian →Stapelholm

Flakscheinwerfer in Kiel

Bombenkrieg Mit britischen und später auch amerikanischen Bombern kam der 2. WK ab 1940 auch nach SH: v.a. der Rüstungsstandort →Kiel hatte zunehmend zu leiden. Hier verloren bis 1945 im Hagel von 500.000 Brand- und 50.000 Sprengbomben 2.900 Menschen ihr Leben; von 83.000 Wohnungen waren bei Kriegsende 43.000 unbewohnbar. In der Nacht vom 28. zum 29.3.1942 wurde →Lübeck Ziel des ersten Flächenbombardements der Royal Air Force. Nach wenigen Stunden war die historische Altstadt stark zerstört; 312 Menschen starben, fast 4.000 Wohnungen waren unbewohnbar und 5.000 beschädigt. Pastor Stellbrink äußerte in seiner Palmsonntagspredigt, daß »Gott in diesem Feuerhagel mit mächtiger Stimme« gesprochen habe. Daraufhin wurde er verhaftet und später hingerichtet. Lübeck war, abgesehen von einzelnen Industriebetrieben, nur noch einmal, 1944, Ziel im B., wobei 111 Menschen starben. Die relative Schonung der Stadt hing mit der Kriegsgefangenenbetreuung des Roten Kreuzes zusammen, nachdem es Umschlagsort für Post und Pakete wurde. Gezielte weitere Bombenangriffe wurden in der Umgebung und in →Hamburg selbst sowie an Schleusen und Kanalbrücken sowie auf Industriebetriebe durchgeführt.
Lit.: Kriegsschauplatz Kiel. Luftbilder der Stadtzerstörung 1944/45, hg. von J. Jensen, Nms. 1989; H. von der Lippe, »Diese Nacht vergesse ich nie.« Lübeck Palmarum 1942. Eine Stadt im Bombenhagel, Lübeck 1992. UD

Bonn-Kopenhagener Erklärungen Trotz der →Kieler Erklärung von 1949 gab es seitens untergeordneter Stellen zu Beginn der 1950er Jahre noch zahlreiche Schikanen gegenüber der dän.gesinnten Minderheit im Landesteil Schl. →Ministerpräsident F. W. Lübke unterstützte 1951-1954 diese Politik und verhinderte mit der Einführung einer $7^{1}/_{2}$-%-Klausel eine Landtagsvertretung der dän.gesinnten Schl. Im Zusammenhang mit der Aufnahme der Bundesrepublik Dt. in die NATO gab es jedoch dän.-bundesdt. Regierungsverhandlungen mit dem Ziel, die nationalen Gegensätze in der Grenzregion zu mindern. Ergebnis waren zwei parallele und nahezu gleichlautende Erklärungen, die am 29.3.1955 in Bonn unterzeichnet wurden, um anschließend von Bundestag und Folketing angenom-

Ruinen in Kiel

men zu werden; DK wünschte keinen eigentlichen Vertrag. Die B. bekräftigten die Prinzipien der Kieler Erklärung, hoben die Prozentklausel für die Partei der dän. Minderheit, den Südschl. Wählerverband (SSW) bei Landtagswahlen auf und erteilten den dt. Minderheitsschulen in →Nordschl. das Prüfungsrecht. Die B. bahnten den Weg für die heutige friedliche dt.-dän. Koexistenz in der Grenzregion zu DK.
Lit.: M. Höffken, Die »Kieler Erklärung« vom 26. September 1949 und die B. vom 29. März 1955 im Spiegel dt. und dän. Zeitungen, Frankfurt/M. 1994. HSH

Bonsels, Waldemar (geb. 21.2.1880 Ahrensburg, gest. 31.7.1952 Ambach) Der Arztsohn begann 1897 eine intensive Wander- und Reisetätigkeit, die ihn bis 1919 immer wieder in zahlreiche Länder Europas, Afrikas, Asiens, Nord- und Südamerikas führte; anschließend wurde er in Ambach am Starnberger See ansässig. Seine lit. Darstellungen (»Indienfahrt« 1911, der Roman »Menschenwege« 1918, »Notizen eines Vagabunden« 1925) beschreiben eine unbeschwerte, romantische Welt mit einem Hang zur Mythisierung von Natur und Exotik. Neben träumerisch-märchenhaften Tier- und Pflanzengeschichten (sehr erfolgreich und häufig übersetzt »Die Biene Maja und ihre Abenteuer«, 1912) schuf B. später religiöse Weltanschauungsdichtung.
Lit.: F. Adler, B. Sein Weltbild und seine Gestalten, Frankfurt/M. 1925; R.-M. Bonsels, Menschenbild und Menschenwege im Werk von B., Wiesbaden 1988. KD

Bordelum ist ein Kirchdorf in der Landschaft (seit 1785 →Amt) →Bredstedt, heute Gem. im Amt Stollberg. Es wurde vermutet, daß B./Stollberg das alte, angeblich zwischen Friesland und DK gelegene Zentralheiligtum der →Friesen, »Fosetisland«, gewesen sei. Als »B. Rotte« bezeichnet man eine pietistische Gemeinschaft, die im zweiten Drittel des 18. Jh. in Nordfriesland einigen Zulauf hatte. Die »Erweckten« bildeten, getrennt vom Gem.leben der Amtskirche, eigene Konventikel (daher: separatistische Sekte).
Lit.: L. Haustedt, Chronik von B. und den Fürstlich Reußischen Kögen, B. 1899. (Reprint Kiel 1927). JB

Bordesholm (NMS) Vor 1327/28 wurde das Augustiner-Chorherrenstift von →Nms. auf eine Insel (Holm) im See bei dem Dorf Eiderstede verlegt. Außerhalb der Klausur (auf der Insel und an den Zugängen) bildete sich die Siedlung B. Für die Stiftskirche (→Stift) schufen Hans Brüggemann und seine Gehilfen den →B. Altar (1514-21). Nach der Aufhebung des Stifts (1565/66) dienten die Gebäude bis zur Gründung der →Kieler →Universität (1665) als Gelehrtenschule. Die Stiftskirche wurde 1736 Pfarrkirche des neu gebildeten →Ksp. B. Heute ist B. amtsfreie Gem. im →Kreis → Rendsburg-→Eckernförde.
Lit.: E. Völkel, Kloster und Kirche der Augustiner Chorherrn zu B., B.-Brügge 1973; H.H. Hennings, Domus beatae Mariae B. in Holsatia: Monasticon Windeshemense, Teil 2, Brüssel 1977. JB

Bordesholm (Amt) Das →Amt B. ging aus den Besitzungen des säkularisierten Augustiner-Chorherrenstiftes zu B. hervor. Um 1850 hatte das Amt B. ca. 182km². Nach der Einverleibung der Hztt. in Preußen (1867) wurde das Amtsgebiet Bestandteil des →Kreises →Kiel (mit Sitz des →Landrats in B.). Der nach Ausgliederung der Städte Kiel und →Nms. verbliebene Rest dieses Verwaltungsbezirks wurde 1907 in »Kreis B.« umbenannt. Im Zuge der Neugliederung von Landkreisen wurde er im Jahre 1932 aufgelöst; Teile seines Gebiets wurden den Kreisen →Rendsburg, →Segeberg und →Plön zugeordnet.
Lit.: G. Hanssen, Das Amt B. im Hzt. Holst., Kiel 1842; K. Grünewald, J. Paulsen, Die früheren Ämter B., Kiel u.a. 1955. JB

Bordesholmer Altar Der B. wurde in den Jahren 1514-21 als dreiteiliges, 12m hohes und 7m breites Retabel mit zwei Flügeln gefertigt. Er wird der Werkstatt von Hans Brüggemann (1480-nach 1523) zugeschrieben und gilt als herausragendstes Werk gotischer Altarkunst in Norddt. Nach Auflösung des Augustiner Chorherrenstifts in Bordesholm wurde er 1666 auf Veranlassung von Hz. Christian-Albrecht im →Dom zu →Schl. aufgestellt. Der aus Eichenholz geschnitzte Hochaltar zeigt auf 20 Bildflächen mit 400 Figuren Szenen der biblischen Geschichte, denen teilweise Darstellungen aus Albrecht Dürers Holzschnitt

Bordesholm

Waldemar Bonsels

Bordelum

Bordesholmer Marienklage

Der Bordesholmer Altar, Ausschnitt

Die Lembecksburg bei Borgsum

zyklus der »Kleinen Passion« als Vorlage dienten.
Lit.: U. Albrecht u.a., Der B. des Hans Brüggemann, Berlin 1996. MH

Bordesholmer Marienklage Das bedeutendste geistliche Spiel des MA in SH, um 1476 von Johann Reborch, dem späteren Prior des →Stifts →Bordesholm, in nd. Sprache und mit Noten für die gesungenen Partien aufgezeichnet. Es ist mit fünf Figuren in klarer Ordnung um den Tod Jesu am Kreuz herum komponiert und dazu bestimmt, als Teil des Gottesdienstes in der Karwoche bei den Zuschauern Mitleiden mit den seelischen Schmerzen der Muttergottes zu erregen.
Lit.: G. Kühl, Die B., in: Jb. des Vereins für nd. Sprachforschung 24, 1898, 1-75; Lit. in SH 1, 64-73. DL

Bornhöved

Borgdorf

Borgsum

Die Schlacht bei Bornhöved, Miniatur aus der sächsischen Weltchronik um 1300

Borgdorf (RD) In B. liegt auf einem Ufervorsprung an der Westseite des B. Sees eine heute größtenteils abgefahrene Ringwallanlage, deren Durchmesser etwa 80 bis 100m war. Im Inneren der →Burg wurde sächsische und slawische Keramik des 9./10. Jh. gefunden. Die Burg dürfte im Zusammenhang mit den Ringwallanlagen →Kaaksburg, →Hitzhusen, →Willenscharen, →Wittorf und →Einfeld ein Befestigungssystem an der Ostseite des sächsischen Holstengaues gebildet haben. LS

Borgsum (NF) Das Dorf auf der Insel →Föhr wird erstmals 1462 erwähnt. Es erhielt seinen Namen durch die nördl. auf einem Geestsporn gelegene Lembecksburg, einem gut sichtbaren Ringwall mit hohen Erdwällen, dessen Haupttor im Süden lag. Die Siedlungsspuren im Inneren – u.a. Sodenwandhäuser – deuten auf eine Nutzung im 9./10. Jh., vermutlich als Fluchtburg der friesischen Bev. Der Name der Burg geht auf den Ritter Henneke Lembek aus dem 14. Jh. zurück, dieser hatte seinen Sitz aber wohl an einer anderen Stelle in der Gemarkung des Dorfes. OP

Bornhöved (SE) Der Ort im Amt B. wurde wohl von Bf. →Vicelin in der zweiten H. des 12. Jh. als Kirchdorf gegr. (Feldsteinkirche um 1150 geweiht; neuromanischer Turm von 1866). B. war alter Stammesmittelpunkt und Versammlungsort der nordelbischen →Sachsen. Im MA (bis 1480) hielten →Adel, →Prälaten, →Ritterschaft und Städte (→Stadt) hier auf dem Virt/Geviert ihre Versammlungen bzw. →Landtage ab. Nach den Fränkischen Reichsannalen fand 798 eine Schlacht bei Suentana (vermutlich Sventanafeld, in der Gegend von B.) statt. Gegenüber standen sich die mit den →Franken verbündeten Abodriten (→ Slawen) und die sächsischen Nordalbingier (→Nordalbingien), die zuvor fränkische Kg.boten erschlagen hatten. Außerdem fand auf der Ebene

vor B. am 22.7.1227 eine Schlacht zwischen dem Heer des dän. Kg. Waldemar II. und einer Koalition aus norddt. Fürsten und Städten statt. Die vernichtende Niederlage Waldemars beendete die Ansätze zu einer den südlichen Ostseeraum und das Baltikum umfassenden dän. Großreichsbildung und bezeichnet einen Wendepunkt der ma. Geschichte der Region sowie des gesamten Ostseeraumes. Der Ort hat heute etwa 2.700 Einw.
Lit.: Geschichte SH, 4/1. DK

Bosau (OH) Die Anfänge B. reichen bis in die hochma. Missions- und Siedlungsepoche zurück. Ein auf das 8. Jh. datierter →Burgwall war Zentrum eines slawischen Burgbezirks, dessen Funktion im 9. Jh. an →Plön überging. Die →Vicelin-Kirche aus der Mitte des 12. Jh. war 1150-1156 provisorischer Sitz des Bf. von Oldenburg. Unter Pfarrer →Helmold von B., der hier 1167-1172 seine Slawenchronik schrieb, war B. Missionsort in Ostholst. DK

Boßeln Der sportliche Weitwurf einer teilweise bleigefüllten Hartgummi- oder Holzkugel, der Boßel, wird B. genannt. Es gibt zwei Wettkampfarten: Beim »Flüchten« zählt die Weite zwischen Abwurfstelle und erstem Auftreffen der Boßel, beim »Trünneln« wird die Strecke bis zum Ausrollen der Kugel gemessen. Dies ist dann auch der Abwurfpunkt des Mannschaftskollegen. Auf diese Weise ziehen die in Vereinen organisierten Boßlerinnen und Boßler über die schnurgeraden Straßen und Wege der flachen →Marschen Nord- und Ostfrieslands, Oldenburgs und der Niederlande; dort heißt das Spiel Klootschießen. Auch in Irland gehört das »Bowl-Playing« zum Volkssport. 1894 wurde der Verband sh Boßler gegr. Seit 1972 finden alle vier Jahre Europameisterschaften statt. HK

Bote, Hermann →Eulenspiegel, Till

Bothkamp (PLÖ) In den Jahren 1531 bis 1538 erwarb Heinrich →Rantzau umfangreichen Besitz südlich von →Kiel, darunter auch den Hof Bissee der Familie →Pogwisch, und bildete daraus das mit rund 6.000ha größte Einzelgut Holst. Bis 1547 wurde das →Herrenhaus erbaut, das erstmals wohl um 1700 und dann erneut nach 1785 umgebaut und innen spätbarock ausgestaltet wurde. Zwischen 1711 und 1714 wurden das Hamburger Torhaus mit zwei Türmen und das kleinere Kieler Torhaus errichtet. Mit Hilfe der 1869/70 gebauten, heute nicht mehr existierenden →Sternwarte wurden wichtige astronomische Entdeckungen gemacht. Bis 1670 blieb das →Gut im Besitz der Familie Rantzau, gehörte dann u.a. den →Brockdorffs, →Ahlefeldts, →Rumohrs und seit 1812 der Familie von →Bülow. Von 1957 bis 1981 befand sich im Herrenhaus ein Altersheim des Johanniterordens. OP

Bothkamp

Bosau

Die Kirche von Bosau

Gut Bothkamp

Boy-Ed, Ida (geb. 17.4.1852 Bergedorf, gest. 13.5.1928 Travemünde) wuchs als Tochter eines Zeitungsverlegers in einem weltoffenen Haus in →Lübeck auf. 1882 erschien ihr erstes Buch, die Novellensammlung »Der Tropfen«.

Braak, Ivo

Ida Boy-Ed

B. entwickelte eine sehr rege literarische Produktion und publizierte fast 70 psychologisch differenziert geschriebene Romane und Novellensammlungen sowie drei Biografien historischer Frauen; ihr umfangreiches verstreut veröffentlichtes Werk ist nicht gesammelt. Großen Erfolg hatte sie mit dem Roman »Ein kgl. Kaufmann« (1910) aus dem Lübecker Honoratiorenmilieu. B. erfuhr als Schriftellerin in Lübeck nur zögerliche Anerkennung; sie war eine frühe Förderin von Thomas →Mann.
Lit.: B., hg. von P. de Mendelssohn, Lübeck 1975. KD

Braak, Ivo →Literatur

Brack →Brake

Brade, William →Musik

Brahe, Tycho →Wandsbek

Brahms, Johannes →Musik

Die Goldbrakteaten von Geltorf

Brake (oder Brack) ist die tiefe Auskolkung, die bei einem →Deichbruch durch das über den Deichkörper strudelnde Wasser entsteht. In der Regel ist eine B. so tief, daß der neue Deich an ihr vorbeigeführt werden muß. Die B. blieb als offener kleiner Teich erhalten. Erst im 20. Jh. ging man zur Verfüllung der B. mit Erdreich und Bauschutt über. LS

Brakteat (→Münzwesen) 1. Von lat. bractea, sehr dünnes Blech, bracteator, Gold- oder Silbertreiber. Bezeichnung für aus dünnem Silberblech mit nur einem Stempel auf einer elastischen Unterlage von Blei, Pech oder Leder geprägten ma. →Pfennig. Der Name B. (auch Blechmünze, Hohlpfennig) entstammt der Wissenschaftsgeschichte des 17. Jh. Von den Zeitgenossen wurden der B. Pfennig oder Denarius genannt. Die Blütezeit der B. liegt zwischen 1170 und 1230. 2. Goldbrakteaten sind Goldschmiedearbeiten der →Völkerwanderungszeit, die mit einer Öse als Schmuckstücke getragen wurden und v.a. dem 6. und 7. Jh. angehören. Als Vorbilder dienten römische Goldmünzen. Die frühesten Stücke sind geprägt, die späteren mit verschiedenen Punzen getrieben. Als Motive finden sich unterschiedlich kombinierte Menschen- und Tiergestalten, wobei besonders beliebt ein Kopf im Profil über einem vierfüßigen Tier war. Auch in der kleinen Reihe von Fundstücken aus SH ist diese Darstellung häufiger vertreten.
Lit.: E. Nöbbe, Goldb. in SH und Norddt., in: Nordelbingen 8, 1930/31, 48-83; J. Reichstein, Die Schl. Goldb., in: Offa 38, 1981, 231-236. RW

Bramstedt

Bramstedt Im altsächsischen Holstengau entstanden, galt der 1910 als Bad B. zur →Stadt erhobenene →Flecken über Jh. als der zweite Hauptort von →Amt und →Kreis →Segeberg. Ursächlich dafür war der →Ochsenweg, der hier die Bramau-Osterau-Niederung und einen Landweg zwischen →Itzehoe und →Lübeck querte (Zollstelle, →Roland). Das →Goding war im Spätma. Appellationsinstanz für die →Elbmarschen. B. urkundete seit 1448 als Flecken. Nach dem Brand des Segeberger Schlosses (1644) residierte hier neben den Ksp.vögten (→Großksp.) zeitweise auch der →Amtmann (bis 1782). Abgesondert war von ca. 1520-1874 ein →Gut, auf dem schon unter C. G. →Stolberg 1751-55 die Bauernbefreiung weitestgehend abgeschlossen wurde. Die unzureichende Landwirtschaft auf Drittelhufen

und das Kleingewerbe wurden ab 1832 durch das Fuhrwesen auf der neu erbauten Chaussee (→Wegewesen) Kiel-Altona ergänzt, was allerdings zu einer Ablehnung einer parallelen Eisenbahntrasse (→Eisenbahn) führte. Erst 1898 erfolgte der Bahnanschluß (→AKN). Nicht Industrie, sondern die 1931 eröffnete Rheumaheilstätte sollte sich zum wichtigsten Arbeitgeber des Ortes entwickeln. Hinzu kam 1964 das Bundesgrenzschutzkommando Küste. Nachdem die Einw.zahl bereits durch Vertriebene sprunghaft zugenommen hatte, erfolgte besonders in den letzten Jahrzehnten des 20. Jh. ein verstärkter Zuzug in das im weiteren Einzugsbereich →Hamburgs liegende Unterzentrum, das heute gut 11.500 Einw. hat.
Lit.: W. Platte, Geschichte B., Bad B. 1988. RG

Brandenburg-Kulmbach, Friedrich Ernst von →Statthalter

Brandis, Lucas →Druckerei

Brandkasse Seit 1734 begann die Regierung für den kgl. Anteil SH, Einfluß auf die Brandgilden, d.h. die lokalen Versicherungsvereine auf Gegenseitigkeit gegen Brandschäden (→Gilde), zu nehmen, um die bestehenden Satzungen zu verbessern; wo es keine solchen Versicherungen gab, wurden sie initiiert. 1758 kam es zur Errichtung einer B. für die landesherrlichen Patronatskirchen auf dem Lande. 1759 wurden alle bestehenden ländlichen Versicherungen zu einer General-B. vereinigt, die 1769 in eine B. für die Städte und eine für die Landgem. geteilt wurde. In diesen B. wurden nur Gebäude versichert. An der Spitze der einzelnen Bezirke standen Branddirektoren, die einmal die Einhebung der Beiträge, zum anderen die Brand- bzw. Feueraufsicht besorgten. Die Gutsbezirke (→Gut) gehörten nicht zur General-B.; für sie gab es die 1772 errichtete Kielische Brandgilde und die von dem Geheimrat von →Saldern gestiftete allgemeine sh Brandgilde für Gebäude (1760). Für die Versicherung des mobilen Eigentums gegen Brandschäden entstanden zahlreiche lokale und regionale Mobilien-, Vieh-, Korn- u.a. Gilden, die z.T. noch heute Bestand haben. Die General-B. ging 1867 in die Provinzial-B. über, die 1947 zur SH Landesb. wurde; sie besteht noch heute als Provinzial B. Versicherungsanstalt SH.
Lit.: G. Helmer, Die Entstehung der sh Landesb. und die Grundlagen ihrer Entwicklung, Kiel 1949. LS

Brandt, Otto →Geschichtsschreibung

Brandt, Willy (geb. 18.12.1913 Lübeck, gest. 8.10.1992 Unkel) Der vierte Kanzler der Bundesrepublik Dt. erblickte als Ernst Karl Frahm das Licht der Welt. Zunächst war er in seiner Heimatstadt als Journalist tätig, bevor er 1933 vor den NS nach Norwegen emigrierte und dort unter dem Pseudonym W. B. als Korrespondent skandinavischer Zeitungen arbeitete. 1947 ließ er sich in Dt. wieder einbürgern und vertrat seit 1949 (in diesem Jahr erfolgte die offizielle Namensänderung) die SPD im Bundestag. Zwischen 1957 und 1966 war B. regierender Bürgermeister von Berlin, 1964-1987 Vorsitzender der SPD und bis zu seinem Tode Ehrenvorsitzender der Partei. 1969 wurde B. zum Bundeskanzler gewählt und stellte die Weichen für eine neue Ost- und Dt.politik. 1971 erhielt er den Friedensnobelpreis. Die sog. Guillaume-Affäre im Mai 1974 veranlaßte ihn zum Rücktritt als Bundeskanzler. Danach war er Mitglied des Europäischen Parlaments (1979-1983) und Präsident der Sozialistischen Internationale von 1976-1992.
Lit.: C. Stern, B. mit Selbstzeugnissen und Dokumenten, Reinbek 1988. SW

Willy Brandt

Brandtaucher Das erste dt. U-Boot wurde vom bayerischen Unteroffizier Sebastian Wilhelm von Bauer (1822-1875) 1850 konstruiert und in →Rendsburg sowie →Kiel gebaut. Die Erprobungsfahrten des etwa 9m langen sowie mit Muskelkraft betriebenen submarinen Apparates fanden im Kieler →Hafen statt. Der erste ernsthafte Tauchgang endete am 1.2.1851 mit Wassereinbruch und einem Absinken des eisernen Schiffskörpers auf den Fördegrund. Bauer und seine Besatzung konnten sich retten, doch der B. wurde erst im Sommer 1887 wieder an die Wasseroberfläche geholt. Auf verschlungenen Wegen ist das Boot, das feindliche Ziele mittels unterseeisch angebrachter Sprengladungen in Brand stecken sollte, im Militärhistorischen Museum Dresden gelandet.
Lit.: K. Herold, Der Kieler B., Bonn 1993. SW

Bredstedt

Bredstedt

Bredstedt (NF) wird bereits im →Erdbuch Waldemar II. 1231 erwähnt und gehörte zum Ksp. →Breklum, bevor es 1510 eine eigene Kirche (1462 →Kapelle) errichten konnte. Im Spätma. entwickelte sich der Ort zum Mittelpunkt der Nordergoesharde (→Harde) und erhielt 1530 Marktgerechtigkeit. Der →Hafen des Ortes wurde durch →Koogbildung im 17. und 18. Jh. bedeutungslos. Nach der Verselbständigung des →Amtes bzw. der →Landschaft B. wurde B. deren Verwaltungsort. Durch die hier gefeierten Volksfeste der Nordfriesen (→Friesen, →Nordfriesland) erhielt der Ort für die Friesenfrage besondere Bedeutung. 1964 entstand hier das →Nordfriisk Instituut. B. hat heute etwa 4.950 Einw.
Lit.: Streifzüge durch die B. Geschichte, hg. von T. Steensen, B. 1997. LS

Bredstedt (Amt) Die alte Nordergoesharde (→Harde), eine der Geestharden →Nordfrieslands zwischen →Arlau und →Soholmer Au, gehörte bis 1785 zum →Amt →Flensburg und wurde dann als eigener Amtsbezirk (auch als →Landschaft bezeichnet) verselbständigt. Allerdings kam es 1799 unter die Amtmannschaft des Amtes →Husum mit Sitz in Husum. Zum Amt gehörten nicht nur Geestbezirke, sondern auch die westlich davon gewonnenen neuen Köge (→Koog). Mit dem Gebiet des nachmaligen Amtes verbunden wurden 1777 die →Vogtei Langenhorn und der größte Teil der Vogtei Koxbüll; 1785 kamen vom Amt →Schwabstedt die Stiftsvogtei Bordelum, 1796 das →Gut Lindewitt, 1831 das Gut →Arlewatt und 1853 das Gut Mirebüll sowie die oktroyierten Köge (Sophien-Magdalenen-, Desmercieres-, Reußen-, Louisen-Reußen- und Neuer Sterdebüller Koog) hinzu. Der Amtsverwalter hatte seinen Wohnsitz in Bredstedt, wo auch der Landvogt als Gerichtshalter wohnte. Das Amt B. hatte um 1855 eine Größe von 391km² und kam bei Einrichtung der Kreise 1867 zum Kreis Husum. LS

Breitenburg

Breitenburg (IZ) 1526 erwarb Johann →Rantzau vom →Stift →Bordesholm seine am Südufer der →Stör in den Ksp. Breitenberg und →Münsterdorf gelegenen Besitzungen. Früherer Besitz des →Klosters →Reinfeld in dieser Gegend war 1439 vom →Stift →Bordesholm erworben worden. Den Bordesholmer

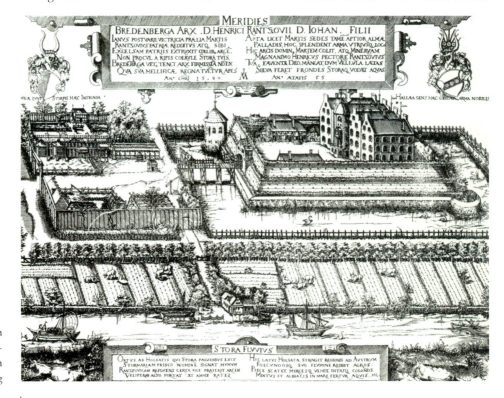

Breitenburg im 16. Jh., Kupferstich von Braun und Hogenberg

Breklum

Wirtschaftshof ließ der adlige Besitzer zu einer →Burganlage ausbauen, die seine Nachkommen – darunter sein Sohn Heinrich – festungsartig erweiterten. Dieser Stützpunkt, der zusammen mit →Krempe, →Glückstadt und der →Steinburg das Steinburger Festungsviereck bildete, wurde im →Kaiserlichen Krieg von Wallensteins Truppen eingenommen und zerstört, die große Bibliothek weggeführt und dem Papst geschenkt. Der Neubau der B. erfolgte in Form eines →Schlosses, von dessen älteren Teilen heute aber nur noch die →Kapelle steht; alles andere ist im 19. Jh. überformt, wenn nicht neu gebaut worden. Die Befestigungen wurden 1688 niedergelegt. Die Herrschaft B., im 16. und 17. Jh. durch Erwerbungen erweitert, war im 18. und 19. Jh. mit über 9.500ha zusammenhängenden Besitzes an beiden Ufern der →Stör das größte →Gut Holst. Abverkäufe reduzierten die Fläche des Gutes bis 1900 auf knapp 3.000ha, wovon als eigene Wirtschaftsfläche knapp 300ha bestellt wurden. Heute ist das Schloß Sitz von Breido Gf. zu →Rantzau, der insbesondere als Pferdezüchter einen guten Namen hat. LS

Gut Breitenburg

Breklum (NF) war der Kirchort der Nordergoesharde (→Harde); von dem →Ksp. sind im 14. Jh. die Ksp. Bordelum und Drelsdorf, im 16. Jh. →Bredstedt abgelegt worden. Die Kirche stellt den stattlichsten spätromanischen →Kirchenbau Schl. dar (Anf. des 13. Jh.). Hier gründete Pastor Christian Jensen (1839-1900) 1876 eine Missionsgesellschaft, die sich seitdem der →Inneren Mission und der christlich-evangelischen Mission im östlichen Indien (seit 1881), in Ostafrika (seit 1912) und China (1921-1950) widmete. 1870 kamen eine Brüderanstalt (zur Ausbildung von Gem.-helfern und Laienpredigern) und 1899/1900 ein Sanatorium für innere Krankheiten und Nervenleiden hinzu. Das Gymnasium (Martineum) hatte nur 1882-1893 Bestand. Im NS war die Missionsanstalt ein Zentrum der Bekennenden Kirche. Zur Mission gehörte auch der kleine Verlag, der aus der 1874 gegr. Druckerei mit Buchhandlung hervorging, und heute noch besteht. LS

Bremen, Erzbistum Das Erzbt. Hamburg-B. umfaßte Gebiete beiderseits der →Elbe im heutigen Niedersachsen und in SH. Dort bildeten nach Norden →Eider und →Levensau, nach Osten der →Limes saxoniae die Bt.grenzen. In Hamburg gründete 831 Ludwig der Fromme ein Erzbt., das aber 845 einem →Wikingereinfall zum Opfer fiel. Unter →Ansgar wurde es deshalb mit dem Bt. B. vereinigt, das 787 von Karl dem Großen gegr. worden war. 864 wurde Hamburg-B. aus dem Metropolitanverband von Köln gelöst und zum Erzbt. erhoben, dem später die Btt. →Lübeck, →Ratzeburg und Schwerin unterstanden. Der erzbf. Titel war zwischen Hamburg und Bremen bis 1224 strittig. In Hamburg verblieb ein →Domkapitel, dessen →Propst die kirchliche Gerichtsbarkeit und Verwaltung in den nordelbischen Bt.teilen leitete. Außerdem waren seitdem drei Hamburger Domherren an der Wahl des Erzbf. beteiligt. Diese geistlichen Kompetenzen erloschen mit Einführung der →Reformation. Die Landesherrschaft der B. Erzbf. blieb zwar auf den niedersächsischen Raum zwischen Elbe und Weser beschränkt, aber über →Dithm. beanspruchte der Erzbf. eine formelle Oberhoheit. Diese wurde von der Bauernrepublik nicht grundsätzlich in Frage gestellt, weil sie sich gegenüber DK und Holst. instrumentalisieren ließ. Zum Erzbt. B. gehörten Mitte des 14. Jh. in Holst., Stormarn und Dithm. 85 Pfarrkirchen.

Breklum

Siegel Erzbischof Adalberts von Hamburg-Bremen (um 1000-1072)

Bremer, Jürgen

Lit.: G. Dehio, Geschichte des Erzbt. Hamburg-Bremen bis zum Ausgang der Mission, Berlin 1877 (Nachdruck Osnabrück 1975); K. Reinecke, Hammburgensis sive Bremensis ecclesia, in: Archiepiscopatus Hammaburgensis sive Bremensis, hg. von S. Weinfurter und O. Engels, Stuttgart 1984, 4-52. EB

Bremer, Jürgen →Provisorische Regierung

Breyholz, Dr. →Landwirtschaftskammer

Brigg International verbreiteter Segelschiffstyp mit zwei voll rahgetakelten Masten. B. waren Frachtsegler, im 18. Jh. entwickelt aus der Brigantine und der Schnau. Bis etwa 1860 war die B. der häufigste dt. Rahseglertyp – weit häufiger als das Vollschiff. Nach 1860 kam die B.takelung allmählich außer Gebrauch, denn die immer größer werdenden Schiffe der Überseefahrt wurden nun besser als →Bark getakelt und für die Küstenfahrt bevorzugte man die wirtschaftlicheren Schoner.
Lit.: H. Szymanski, Dt. Segelschiffe, Berlin 1934. PDC

Brinksitzer Nachsiedler in Holst. und →Lauenburg, die ihre Kleinstellen auf dem Brink, d.h. dem Teil des Gem.landes, der unmittelbar am →Dorf oder im Dorf selbst lag, errichtet hatten. LS

Britische Militärregierung Unmittelbar nach der Kapitulation am 8.5.1945 übernahm die B. mit Sitz in →Kiel die gesetzgebende Gewalt in SH. Unter dem Zivilgouverneur (1946 Regional, 1949 Land Commissioner) steuerte die B. den Neuaufbau demokratischer Strukturen, die Schaffung des →Landes 1946 und agierte ab 1947 als zurückhaltende, Rechte abgebende Aufsichtsverwaltung bis zum Ende der Besatzungszeit am 5.5.1955.
Lit.: K. Jürgensen, Die Briten in SH 1945-1949, Nms. 1989. UD

Brockdorff (Familie) Das holst. Uradelsgeschlecht trug seinen Namen wohl nach dem Kirchort Brokdorf in der →Wilstermarsch. Der älteste bekannte Vertreter war der 1220 genannte Hildelevus de Bruchtorpe. Seit dem 13. Jh. findet man Gutsbesitzer aus der Familie in Schl. und Holst. Mehrere Zweige des Geschlechts wurden nach 1672 in den dän. Gff.stand erhoben, während ein Familienzweig 1706 die Reichsgf.würde erlangte. JT

Brodersby (SL) Die südlich des Dorfs B. in die →Schlei ragende Halbinsel, die früher wohl eine Insel war, wird →Burg genannt; hier ist die schmalste Stelle der Schlei. Hz.

Brodersby

Die Kirche von Brodersby

→Knud Laward soll hier 1120 eine Burg errichtet haben, von der nach Norden noch ein Wall erhalten geblieben ist. Zwischen B. und Geel soll 1250 der Leichnam des ermordeten dän. Kg. Erik Plovpenning (1216-1250) gefunden worden sein, zu dessen Erinnerung ein Kreuz errichtet wurde; danach wird die Stelle Kreuzort genannt. LS

Brokdorf (IZ) Das 1220 zuerst genannte Kirchdorf an der Unterelbe ist möglicherweise der namengebende Ort für das Adelsgeschlecht (→Brockdorff), das aber in den →Elbmarschen im Spätma. keine Rolle mehr spielte. Mit Ausnahme des Kirchortes, in dem sich in geringem Umfang Handwerk und Handel konzentrierte, war und ist B. landwirtschaftlich geprägt. Erst der Bau des →Atomkraftwerkes B. (1976-1986) hat dem Ort eine z.T. uner-wünschte Bekanntschaft durch die massenhaften, z.T. gewalttätigen Protestdemonstrationen mit sehr vielen Teilnehmern verschafft. Heute stellt sich der Ort durch zahlreiche Infrastrukturmaßnahmen (große Sporthalle, Freibad) auf der Basis hoher Gewerbesteuereinnahmen als moderne →Wilstermarsch-Gem. dar.

Lit.: W. Jensen, Das Ksp. B. (1220-1920), Wilster 1920; W. Feldtmann, Das alte B., B. 1992; W. Feldtmann, Das neue B., B. 1997. LS

Brokdorf

Bronzezeit Bereits in Gräbern der späten Steinzeit kommen Objekte aus Bronze vor, die durch die südosteuropäische Aunjetizer-Kultur in den Norden vermittelt wurden. Aber erst ein kontinuierlicher Strom von importierten bronzenen Gegenständen sowie der Beginn der eigenen Metallverarbeitung kennzeichnet den Beginn der eigentlichen B. (ca. 1800 v.Chr.). Waren es vom Süden die kontinentalen Impulse, die auf die Gebiete Nordelbiens einwirkten, so wird von Norden her ein starker Einfluß des Nordischen Kreises faßbar. Mit einem Zentrum auf den dän. Inseln hatte sich eine Kultur herausgebildet, deren Präsenz über die nächsten Jh. SH prägen sollte. Vergleichbar mit den steinzeitlichen →Megalithgräbern sind Grabhügel der älteren und mittleren B. noch heute im Landschaftsbild sichtbar. Oft in mehr oder weniger dichten Gruppen, häufig in exponierter Lage und an Wegtrassen finden sie sich v.a. auf den Nordfriesischen Inseln, im Altmoränengebiet des westlichen Holst., im →Sachsenwald südwestlich von →Hamburg sowie randlich der Jungmoräne in Ostholst. Von den reicher ausgestatteten Bestattungen aus den Grabhügeln mit ihren Beigaben von Kleidung, Waffen und Schmuck – selten enthalten sie Gegenstände des täglichen Gebrauchs – setzen sich die Mehrzahl (ca. 75%) der einfachen, beigabenarmen Erdgräber ab. Hier deutet sich ein differenziertes Sozialgefüge an, das sich auch in Form von wertvollen Importgegenständen und Luxusobjekten niederschlägt. Abgesehen von kleinen lokalen Kupfervorkommen (z. B. auf →Helgoland) mußte das Gros der Bronze importiert werden. Der Transport über weite Distanzen läßt auf einen entwickelten Fernhandel schließen, der mit der Entwicklung einer Verkehrsinfrastruktur einhergeht. Hinweise dafür sind die Funde von Wagen, Rädern und Bohlenwegen. Das typische Haus der B. war ein langrechteckiger, dreischiffiger Pfostenbau. Es läßt sich in der Tendenz die Entwicklung von Einzelgehöften zu größeren Siedlungseinheiten feststellen. Obwohl die →Landwirtschaft die wichtigste Rolle für die Ernährung der Bev. spielte, ist bereits eine handwerkliche Spezialisierung in der Holz- und Bronzeverarbeitung erkennbar. Die mittlere B., etwa seit dem 13. Jh. v.Chr., brachte eine einschneidende Veränderung in der Grabsitte mit sich. Die Leichenverbrennung löste die herkömmlichen Körpergräber ab. Die Ursachen für diesen Um-

Das Atomkraftwerk Brokdorf

Brüche

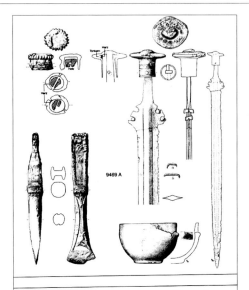

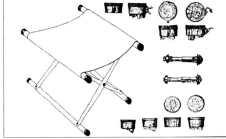

Funde aus dem älterbronzezeitlichen Männergrab von Ottenbüttel

bruch haben ihren Ursprung in der aufkommenden Urnenfelderkultur, die große Umwälzungen für Mitteleuropa mit sich brachte. Obwohl sich die Verhältnisse in SH nur unwesentlich änderten, sind nun doch vermehrt Importe aus dem mitteleuropäischen Raum zu vermerken. Am Ende der B., im 5. Jh. v.Chr., nahmen die lokalen Handwerker auch importierte Formen aus der mitteleuropäischen Hallstattkultur auf.
Lit.: Geschichte SH, hg. von U. Lange, Nms. 1996, 24-29. RW

Brüche Strafgelder, die an die Herrschaft zu entrichten waren, wurden B. (mnd. broke) genannt. LS

Brücken Feste Bauwerke zur Führung des Verkehrs über Gewässer, Geländeeinschnitte oder andere Verkehrswege sind in SH aufgrund der lange Zeit nur geringen Bedeutung des Landverkehrs in der Mehrzahl erst spät entstanden. Bis ins 17./18. Jh. wurden breite Gewässer allgemein mittels →Fähren, schmalere an seichten Stellen auf →Furten überquert. Die historischen B., an denen Brückengeld erhoben wurde, waren zumeist aus Holz. An befestigten Orten waren diese als Zugb., über schiffbare Gewässer zum Durchlass für die Schifffahrt mit einem klappbaren Mittelteil konstruiert, wie die im Jahr 1777 neu errichtete bereits 1442 erstmals erwähnte Störb. von →Heiligenstedten, die heute im Freilichtmuseum Molfsee steht. Erst mit der Zunahme des Landverkehrs seit dem 18. Jh., v.a. mit dem Chaussee- und Eisenbahnbau im 19. Jh. entstanden zahlreiche B. in Backstein, Eisen- und Stahlträgerbauweise oder auch Naturstein, die z.T. als Klapp- oder Drehbrücken auch über schiffbare Flüsse führten (Elbbrücke bei →Lauenburg 1878, Eiderbrücke bei →Friedrichstadt 1886). Mit dem Bau des Nord-Ostsee-→Kanals wurden aufwendige Hochbrücken mit Durchfahrtshöhen von 42m und langen Anfahrtsrampen erforderlich. Bei der 1912 errichteten 2,4km langen Eisenbahnhochb. →Rendsburg haben diese eine Länge von 5,5km. Wichtige Überbrückungen stellen auch die Eisenbahn- und Straßendämme durch das Wattenmeer zu den Inseln →Sylt (→Hindenburgdamm) und →Nordstrand (1935) dar. Der Ausbau der Straßen- und Autobahnen nach dem 2.WK führte zu zahlreichen Um- und Neubauten von Stahlträger- und Stahlbetonbrücken: z.B. die 963m lange kombinierte Straßen-/Eisenbahnb. über den Fehmarnsund von 1962, deren größte Spannweite 248m beträgt; die 1,2km lange Störb. bei Itzehoe (1966); die Rader Hochb. über den Nord-Ostsee-Kanal (1972, 1,4km lang), aber auch zu Tunnelbauwerken (Kanaltunnel Rendsburg, 1,3km lang, 1961). Künftige B.-/Tunnelprojekte sind die

Die Levensauer Hochbrücke um 1896

Elbquerung unterhalb Hamburgs und eine feste Verbindung über den Fehmarnbelt zur dän. Insel Lolland im Zuge der →Vogelfluglinie für Straße und Eisenbahn. WA

Brückenfunktion weist SH seit frühgeschichtlicher Zeit aufgrund seiner Lage als Festlandverbindung zwischen →Jütland und Mitteleuropa für den Nord-Süd-Verkehr zu Lande auf. Durch die geringe Breite von West nach Ost (schmalste Stelle 33km) spielte der Transitverkehr zwischen →Nord- und →Ostsee stets eine wichtige Rolle. Darüber hinaus versteht sich SH als kulturelle Brücke nach Skandinavien. WA

Brüggemann, Hans →Bordesholm, →Bordesholmer Altar

Brütt, Adolf Carl Johannes (geb. 10.5.1855 Husum, gest. 6.11.1939 Bad Berka) machte eine Steinmetzlehre in Kiel, studierte 1875-1878 in Berlin und schuf 1887 sein erstes weithin anerkanntes Werk: Fischer, eine Ertrunkene tragend, das in →Flensburg steht. 1893 schloß er sich der neu gegr. Münchener Sezession an und wurde 1905 an die Weimarer Handwerks-Kunstschule berufen, wo er bis 1910 tätig war. B. in SH wohl bekanntesten Werke stehen in seiner Geburtsstadt: die Storm-Büste im Schloßpark und der Asmussen-Woldsen-Brunnen auf dem Markt. LS

Bruderschaft In den Städten des MA bildeten sich fromme Gesellschaften, die sich zumeist um einen Altar in der Pfarrkirche oder einer →Kapelle scharten und zum Unterhalt des dort tätigen Priesters sowie zur Ausstattung des Altars selbst mit Geräten, Kerzen, Tuch u.a. beitrugen. Memorienstiftungen dienten der Gedächtniskultur der B. Nur in großen Städten waren die B. nach Berufsgruppen differenziert. Sie wurden von einem oder zwei →Ältermännern gelenkt. Jährliche Festmale dienten geselligen Bedürfnissen. Die geistliche Form der B. war der →Kaland. Mit der →Reformation verschwanden auch die B. Ihr Vermögen wurde zumeist dem Kirchenvermögen zugeschlagen.
Lit.: M. Zmyslony, Die B. in Lübeck bis zur Reformation, Kiel 1977; K.-J. Lorenzen-Schmidt, Zur Struktur und Funktion der Wilsteraner Heiligen-Leichnams-B. von 1500 bis 1564, in: KBlV 12, 1980, 69-84. LS

Brundell-Bruce, Charles →CIS

Brunsbüttel (HEI) Der Vorort des mehrere Ksp. im Süden →Dithm. umfassenden Süderstrandes wird 1286 erstmals erwähnt. Er hatte eine wichtige Hafenfunktion. Durch anhaltende Landverluste war man zur Rückverlegung des Friedhofes (1654), schließlich der Kirche und des Ortes (1674), genötigt. Als Folge von Sturmfluten 1717-1721 mußte der Elbdeich erheblich zurückverlegt werden. Erst 1762/

Brunsbüttel

Die Kanalmündung bei Brunsbüttel

Büdelsdorf

63 konnte man durch einen neuen Deich den Bereich der 1717 entstandenen →Brake als B. koog wieder zurückgewinnen. In diesem →Koog wurde 1895 die südliche Schleuse des Nord-Ostsee-→Kanals erbaut, was aufgrund von Gewerbeansiedlungen zu rascher Bev.zunahme führte (1887: 700; 1900: 3.500; 1910: 5.600). 1907 wurde die Gem. selbständig, 1949 erhielt sie →Stadtrecht und wurde 1969 mit dem alten B. vereinigt. In den 1970er Jahren wurde B. zum Standort petrochemischer Industrien; auch ein →Atomkraftwerk (in Betrieb seit 1976) wurde gebaut. Landesinvestitionen führten zur Anlage von zwei neuen Häfen (→Hafen). B. hat heute ca. 14.100 Einw.

Lit.: W. Johnsen, Bauern, Handwerker, Seefahrer, Heide 1961; P. Fischer, Industrieansiedlung in B., in: Jb. Steinburg 32, 1988, 139-146. LS

Büdelsdorf

Büdelsdorf (RD) Die beiden vereinten Dörfer Alt- und Neu-B. gehörten bis 1853 zum →Amt →Rendsburg, danach zum Amt →Hütten und liegen auf der ehemaligen Landesgrenze zwischen den Hzt. Die Ländereien des niedergelegten Vorwerks B., die fast alle auf dem Nordufer der →Eider lagen, gehörten weiterhin zum Amt Rendsburg im Hzt. Holst. Hier wurde 1827 mit Förderung des →Statthalters Carl von Hessen durch den Kaufmann Marcus Hartwig →Holler der erste industrielle Großbetrieb, die Eisenhütte Carlshütte, gegr. Dadurch gewann der Ort ein industriestädtisches Gepräge mit stark steigender Bev.zahl. 1907 arbeiteten auf der Carlshütte etwa 1.000 Menschen. Die Krise der Industrie Ende der 1920er Jahre konnte dank anschließender Rüstungsproduktion aufgefangen werden; 1947 wurde die Demontage abgewehrt. Anf. der 1970er Jahre geriet der Betrieb in Turbulenzen und wurde um 1980 abgewickelt. Geblieben ist das Eisenguß-Museum. B. hat heute gut 10.500 Einw. B., das am 1.1.2000 Stadt wurde, entwickelt sich in den letzten Jahren aufgrund seiner für SH zentralen Lage rasch zu einem Standort für gewerbliche Großbetriebe, die auf neuester technologischer Grundlage produzieren. LS

Bülk Bei B. (Gem. Strande, RD) liegt ein ehemals grabenumgebener Ringwall, von dem unklar ist, in welcher Beziehung er zu dem bereits 1350 erwähnten →Gut B. gehörte. Dieses wurde bei Anlage der Festung Christianpries (→Friedrichsort) vom Kg. aufgekauft und erst nach Schleifung der Festung (1648) wiederhergestellt. 1806 baute man an der Kieler Außenförde nahe B. den ersten Leuchtturm. Am B. Huk wurden jahrzehntelang die Kieler Abwässer bis 1972 ungeklärt in die →Ostsee geleitet. LS

Bülow, Detlev von →Oberpräsident

Bülow, Friedrich Gustav von →Sternwarte

Bünzen (RD) Das Dorf B. war Stammsitz des Adelsgeschlechts Buntzinghe, das 1351 erstmals in Erscheinung trat und in B. eine →Burg besaß, die durch den Flurnamen Borg weiterlebt. Hier wurden 1317 die von einem Kriegszug heimkehrenden Dithm. von Gf. Gerhard III. überrascht und geschlagen. B. gehört heute zur Gem. Aukrug. LS

Bürger 1. Das Mitglied der ma. städtischen Hausbesitzergenossenschaft (→Stadt) war B. Nur männliche Haushaltungsvorstände gehörten in diese Gruppe, die über die Geschicke der Stadt mitbestimmte und durch Leistungen (→Schoß, Wache) das Überleben der städtischen Gem. garantierte. Aus den B. rekrutierte sich der →Rat. Seit sich im Spätma. der Rat immer stärker von der B.gem. distanzierte, kam es

Die Portale der Brücke von Kluvensiek aus der Eisenhütte in Büdelsdorf

Bürgerbewaffnung

zu Konflikten, insbesondere um die Finanzverwaltung. In der 2. H. des 16. Jh. erkämpften sich die B.gem. Mitspracherechte in diesem Bereich und bildeten ein gewähltes Gremium, die oft sog. Achtb. (die Zahl konnte variieren). Die B.schaft konnte in wirtschaftlicher und sozialer Hinsicht stark differenziert sein. Neben den B. gab es in den Städten die Einw. (mnd. inwanere), die kein Mitspracherecht in öffentlichen Angelegenheiten hatten, wohl aber schoßpflichtig waren. 2. Im 18. Jh. kam es durch die Ideen der →Aufklärung zu einem erweiterten B.begriff, bei dem das Element der aktiven Mitwirkung an Staat und Gesellschaft im Vordergrund stand. Der aufgeklärte B. wollte nicht mehr nur der Staatsgewalt unterworfener Untertan sein, sondern der Partner der Staatsgewalt. Das hing u.a. mit der Steigerung der wirtschaftlichen Potenz des B.tums, aber auch mit seinem bildungsmäßigen Vorsprung vor zahlreichen Adligen (→Adel) zusammen. Auch das sh Städtebürgertum, dem das ländliche Bildungsb.tum (Pastoren) zur Seite stand, machte sich neben den gutsbesitzenden Adligen seit dem Ende des 18. Jh. immer stärker bemerkbar und hatte seine ersten polit. Erfolge in der Einrichtung der →Ständeversammlungen. Nun gab es auch eine stärkere Verbindung zwischen Stadtb. und gebildeten Mittel- und Großbauern (→Bauer), wobei beide Gruppen in sozialer Hinsicht getrennt blieben. Erst der Prozeß der →Industrialisierung ließ dann den modernen B. als eigentlichen Träger des Staates in einer weitgehend b.lich bestimmten Gesellschaft, die gleichwohl (und bis 1918 sehr ausgeprägt) eine deutliche Tendenz zur Überhöhung der Stellung des Adels besaß. Das Streben zahlreicher B. nach Adelswürden beweist das – auch wenn solche Erhebungen zwischen 1867 und 1918 in SH extrem selten waren. Daß in dieser Zeit zahlreiche Bauern sich b.lichen Standards annäherten bzw. sie in ländlich-adäquater Form realisierten, sei hier nur zur Charakterisierung des b.lichen Zeitalters angemerkt. LS

Bürgerbewaffnung Die Wach- und Verteidigungspflicht der Bürger der ma. Städte wurde in der Frühen Neuzeit mit der Errichtung des stehenden Heeres immer bedeutungsloser. Seitens der Landesherren wurde aber bei Stadterhebungen des 17. Jh. darauf hingewirkt, daß sich Bürgerwehren bildeten (→Glückstadt 1644, →Altona 1693), die den allgemeinen Wachdienst wahrzunehmen hatten. Im Zuge der sh Erhebung kam es an vielen Stellen des Landes zur Forderung nach einer allgemeinen →Volksbewaffnung. Diese wurde jedoch – u.a.. wegen der Befürchtungen hinsichtlich eines Aufstandes der unruhigen Unterschichten – nicht durchgeführt. Vielmehr kam es zu B. in →Kiel, →Schl., →Rendsburg, →Oldesloe, Altona, u.a. auch, um der drohenden Gefahr von revolutionären Aktionen der Arbeiterbev. vorzubeugen.
Lit.: E. Schwalm, Volksbewaffnung 1848-1850 in SH, Nms. 1961. LS

Bürgereid Wer in einer Stadt des MA Bürger werden wollte, mußte den Nachweis seiner wirtschaftlichen Überlebensfähigkeit durch Vorweisung von Vermögen bzw. Handwerksmeisterschaft erbringen und einen B. ablegen, mit dem er sich als Mitglied der bürgerlichen Schwurgenossenschaft einreihte und zugleich gelobte, dem →Rat gehorsam zu sein sowie seinen Bürgerpflichten (→Steuer- und Verteidigungspflicht) nachzukommen. Damit und mit der Zahlung eines Bürgergeldes wurde die Aufnahme in den Bürgerverband besiegelt; in vielen Städten sind Bürgerbücher oder -listen

Bürgereid des Hökers J. J. Lührs in Altona von 1826

(lat. civilitates) erhalten geblieben und z.T. publiziert (→Oldesloe, →Glückstadt, →Heiligenhafen, →Kiel, →Lübeck, →Oldenburg und →Ratzeburg). Mit dem Übergang an →Preußen fiel der B. fort. LS

Bürgergarde In manchen Städten der Hztt. bildeten sich im 18. Jh. aus der Bürgerwehr heraus exklusive B., die den allgemeinen Wachdienst nicht versahen, sondern vorwiegend gesellschaftliche und repräsentative Funktionen erfüllten, so etwa als Geleit für Mitglieder der landesherrlichen Familie bei Besuchen. In →Flensburg wurde 1743 ein Commercirendes Cavallerie-Parade-Corps gegr., das sich bald Friedrichsgarde nennen durfte; 1800 trat die Christiansgarde hinzu. In →Altona kam es 1742 zur Bildung der Grünen Garde, kurz darauf der Gelben Garde; →Schl. hatte um 1790 eine Grüne Garde. In →Oldesloe wurde 1787 eine B. gegr. Die Lübecker B. enstand als dem Rat unterstellte Miliz 1814. Die Itzehoer Juliengarde wurde erst 1824 als reiner Geselligkeits- und Repräsentationsverein gegr. LS

Bürgerhaus Die Entwicklung des B. in SH wurde von den topographischen Bedingungen der einzelnen Städte (→Stadt) sowie dem hier verfügbaren Baumaterial (Holz, Lehm, Stroh, →Reet, Feldsteine, →Backstein) bestimmt. Von →Hamburg und →Lübeck abgesehen, gab es nördlich der →Elbe in MA und Früher Neuzeit nur vergleichsweise kleine Städte. Die Mehrzahl wurde im 13. Jh. nach einer vorgegebenen Bebauungsstruktur (z.B. mit einem zentralen →Marktplatz und rechtwinkligen Straßenverläufen), angepaßt an vorhandene Flußläufe, Schiffslandeplätze und Vorgängersiedlungen gegr. Sie wuchsen im Rahmen des begrenzten Stadtareals. Neue Städte wie →Friedrichstadt und →Glückstadt wurden in der Frühen Neuzeit planmäßig angelegt. Unter B. wird in erster Linie das bürgerliche Wohnhaus in den Städten verstanden, wie es sich vom Spätma. bis zum Ende des 19. Jh. mit regionalen Besonderheiten ausgeprägt hat. Dabei hatte die soziale und wirtschaftliche Stellung seiner Bewohner beträchtlichen Einfluß auf die Baugestaltung. Unterschiede zwischen dem Haus eines wohlhabenden Kaufmanns in Lübeck und dem eines Handwerkers in einer holst. Kleinstadt sind offensichtlich. Obwohl ständig auch Umnutzungen und bauliche Veränderungen der Häuser stattfanden, können Gemeinsamkeiten in der Anlage und Entwicklung der Grundrisse und in der Gestaltung der Fassaden festgestellt werden. Die Grundform des B. in SH ist ein Hallenhaus auf einem schmalen rechtwinkligen Grundriß, bei dem die kurzen Seiten (Hausbreite zwischen 6 und 10m) dem Grundstück entsprechend zur Straße und zum Hof liegen. Dorthin führten jeweils Ausgänge und von dort erhielt der große Innenraum, die Diele, durch Fenster Licht. Im Gegensatz zu vielen anderen Regionen Dt. wurden die Fenster aufgrund des großen Windanfalls nach außen geöffnet. Ursprünglich war die Diele wohl nicht unterteilt, in der Regel hatte sie aber vorn eine abgeteilte Stube, in oder hinter der sich ein Herd (später Küche) befand und die als Schlafraum für das Besitzerehepaar und dessen kleine Kinder diente. Von der Diele führten Treppen und Leitern auf die Dachböden, die als Lagerräume dienten welche durch Deckenöffnungen und Seilzüge nutzbar waren. Die große Diele hatte vielfältige Funktionen: Handelsraum des Kaufmanns und Werkstatt des Handwerkers, Platz für die Hausarbeit, Verkehrsraum zwischen Straße und Hof und Schlafstätte für die älteren Kinder und das Hauspersonal. Zwischenräume gab es zwischen den Häusern nur, um Regenwasser abzuleiten (»freier Tropfenfall«); auf den Hinterhöfen befanden sich Stallungen, Schuppen und Aborte. Aus dieser Grundform des B. entwickelten sich alle weiteren Hausformen in den Städten. Erweiterungen ergaben sich durch Unterkellerungen, Erker (Utluchten) oder Anbauten von Flügeln (seit dem 16. Jh.) auf den Höfen, wie noch gut in Lübeck und →Flensburg zu beobachten ist. Die Zahl der Räume wurde durch die Unterteilung des Erdgeschosses und der Dachgeschosse, die Anlage von niedrigen Hängekammern (für Bedienstete), auch – seltener – durch Erhöhung der Geschoßzahl vermehrt. Mehrgeschossige Häuser, selten mehr als zwei Geschosse (von Lübeck abgesehen), findet man nur an den Hauptstraßen und Marktplätzen der Städte. An der Längsseite der Diele und an der Straßenfront konnten im Laufe der Zeit niedrige kleine

Bürgerhaus

Das älteste Haus in Segeberg von 1608, Foto von Fromberg um 1910

Räume übereinander für Wohnzwecke und das Kontor geschaffen werden, die über Treppen und Galerien erreichbar waren. Die Fußböden der B. bestanden entweder aus gestampftem Lehm, Rundsteinen oder Ziegeln; nur reiche B. besaßen auf den Dielen Kalksteinplatten. Über die Schmalseite des Hauses spannten sich die Balken, auf denen das Dach auflag. Die übliche Dachdeckung bestand allgemein aus Stroh und Reet, die eine gute Wärmeisolierung hatten aber auch Feueranfälligkeit waren. Die teureren gebrannten Tonpfannen mußten importiert werden. Im Klassizismus wurde für die flachen Dachneigungen mitunter engl. Schiefer verwendet. Die ältesten B. in SH aus dem 16. Jh. sind in der Regel Giebelhäuser. Ein → Kieler Häuserverzeichnis von 1575 nennt neben 192 Giebelhäusern nur acht Quer- und Traufenhäuser. Fachwerk- und Backsteingiebel prägten die Straßen der sh Städte bis ins 19. Jh., auch wenn in Einzelfällen – wie in →Plön Ende des 17. Jh. – ganze Straßenzüge traufständig gebaut wurden. Bis zum Ende des 18. Jh. waren die meisten B. in SH in Fachwerk ausgeführt, in Stein wurden – wohl aus repräsentativen Gründen – nur die Frontgiebel errichtet. Lübeck ist hier – wie in anderen Bereichen des gut erforschten Hausbaus – eine Ausnahme: Nach mehreren Bränden wurde bereits Ende des 13. Jh. die Vorschrift erlassen, Außenwände nur in Stein zu bauen. Die Travestadt erhielt dadurch langfristig ihr unverkennbares Stadtbild. Holz für das Fachwerk war ein preiswerteres und im Land vorhandenes Baumaterial. Die Gefache wurden mit Staken, Weidenruten, Strohwickeln sowie Lehm- und Kalkmörtel verschlossen. Formenreichtum und Schnitzverzierungen (Knaggen) hatten im 16. Jh. ihren Höhepunkt und sind besonders noch an Fachwerkhäusern in →Lauenburg, →Mölln, →Lütjenburg und →Rendsburg erhalten. Die aufwendige Gestaltung von Fensterbrüstungen ist mehr im Süden als im Norden verbreitet. Auch kleinformatige Ziegel wurden, in Mustern angeordnet, zur Ausmauerung der Gefache genutzt. Klimatische Gründe, die größere Anfälligkeit von Fachwerk gegen Wind und Wetter, vielleicht auch der Einfluß holländischer Baumeister, werden dazu geführt haben, daß an der Westküste zuerst der Massivbau eingeführt wurde. Feldsteine wurden nur als Fundamentsteine für die Schwellen der Fachwerkgebäude oder für Kellerwände verwandt. Die Keller besaßen Holzbalkendecken, nur bei reichen Kaufmannshäusern in Flensburg und in Lübeck finden sich gewölbte Keller. Mit dem Backstein, dem gebrannten Ziegel (→Ziegelei), wurden bereits im 12. Jh. Kirchen in SH gebaut. Beispiele für frühen profanen Backsteinbau – außerhalb Lübecks – sind das Rathaus in Mölln (1373) und das Haus Südermarkt in Flensburg (Ende 15. Jh.). Der Giebel der Lübecker Löwen-Apotheke zeigt sogar noch romanische Bauformen. Hohe Treppengiebel beherrschen bis ins 17. Jh. die Fassaden der B. Eine Besonderheit an der Westküste sind die schweren massiven Giebel des 16. Jh. (→Wilster, →Meldorf, →Wöhrden, →Husum), die wohl dahinter liegende Lagerräume schützen sollten. Als einzige Stadt in SH findet sich in dem von Holländern 1621 gegr. Friedrichstadt nur Massivbau. Im Barock fallen v.a. die prächtigen Türen und Portale an den B. auf; zu dieser Zeit werden auch die Innenräume mit Stuck verziert. Geschwungene Barockgiebel sind wegen des fehlenden Natursteins, der z.T. durch Holz ersetzt wurde, relativ selten. Im 18. Jh. verschwand der steile Giebel zugunsten von Walmdächern wie in Mölln, →Segeberg, →Burg/Fehmarn, Meldorf und →Preetz. Mit dem Klassizismus, der im sh B. weite Verbreitung fand, entstanden die ersten Putzbauten und besonders fein gegliederte Fassaden. Dies ist nicht zuletzt – wie bei aller Bautätigkeit – auf wirtschaftliche Blütephasen in der zweiten H. des 18. Jh. zurückzuführen. Das klassizistische B. in den sh Städten ist ein eingeschossiges Traufenhaus, das ab einer gewissen Breite einen übergiebelten Mittelrisalit erhielt und streng symmetrisch gegliedert wurde, so in Flensburg, →Schl., →Eckernförde, →Heiligenhafen, →Neustadt, →Heide, →Rendsburg und →Eutin. Hier zeigen sich bei den örtlichen Baumeistern sicher Einflüsse der Architekten an den Fürstenhöfen. Ein weiterer Bautyp des B. in der Zeit des Barock und Klassizismus ist das freistehende zweigeschossige Walmdachhaus auf quadratischem Grundriß. Seit dem 17., besonders aber im 19. Jh. leisteten sich wohlhabende Bürger Lübecks und Hamburgs Sommerhäuser außerhalb der Stadt. Mit der Zunahme von industriell gefertigten Bauteilen am Ende des 19. Jh. verschwanden regionale Eigenarten des sh B. zugunsten einer Bauweise, die in vielen Städten Dt. anzutreffen war.

Lit.: F. Stender, Das B. in SH, Tübingen 1971; Wege zur Erforschung städtischer Häuser und Höfe, hg. von R. Hammel-Kiesow, Nms. 1993. OP

Bürgermeister Die an der Spitze des Rates stehenden Repräsentanten der Städte (→Stadt) des MA hießen B. (lat. proconsul, burgimagister). Es gab überwiegend zwei einander vertretende und turnusmäßig worthaltende B., in größeren Städten wie →Hamburg und →Lübeck kommt die Vierzahl vor, von denen jeweils zwei als Vertreter fungierten und zwei Worthalter waren. Sie leiteten die Ratssitzungen und repräsentierten die Stadt nach außen, gegenüber dem Landesherrn, dem Hochklerus (→Klerus) und dem →Adel. In der Regel wurde man erst nach einer gewissen Ratsmitgliedschaft vom Rat zum B. gewählt. Mit dem Erstarken der Landesherrschaft im 17. Jh. griff der Hz. auch in die Städte ein und bestellte in einigen Fällen neben den B. Stadtpräsidenten als hzl. Repräsentanten (so in →Glückstadt und →Altona) oder den Oberdirektor (so in →Kiel, →Husum, →Tönning und →Garding); damit nicht zu verwechseln ist der den Titel →Präsident führende B. von →Rendsburg. In preußischer Zeit wurden die B. durch die Stadtvertretung gewählt und waren die Vorsitzenden des →Magistrats. In den Landgem. wurde erst 1935 für die vormaligen Gem.vorsteher die Bezeichnung B. eingeführt und hat sich hier wie in den Städten bis zur Gegenwart erhalten, wobei heute nur die B. der Städte und größeren Landgem. als Beamte besoldet werden, die ganz überwiegende Mehrheit in den Landgem. aber ehrenamtlich tätig ist. Die Reform der Gem.ordnung 1997/1998 hat dem B. eine gestärkte Leitungsfunktion gegeben; der hauptamtliche B. wird jetzt direkt von den wahlberechtigten Einw. der Gem. gewählt. LS

Bürgerschaft Die B. bezeichnet einmal die Gesamtheit der →Bürger einer →Stadt. Durch die Verfassungskämpfe seit dem Spätma. kam es aber in manchen, insbesondere den großen Städten wie →Hamburg und →Lübeck zur Herausbildung der B. als Verfassungsorgan, das der →Rat bei der Verwaltung der Stadt zu berücksichtigen hatte. Die in der Frühen Neuzeit erfolgte Trennung in hausbesitzende (erbgesessene) und hausbesitzlose Bürger, verengte die B. auf die Erstgenannten. In Lübeck bildeten zu Beginn des 19. Jh. die zwölf bürgerlichen Kollegien (sechs Großhändler-, zwei Kleinhändler-, zwei Handwerkerkollegien sowie Schiffer-Gesellschaft und Zirkel-Kompanie) die B. in Hamburg gab es die Erbgesessene B. In den kleinen Städten begnügte man sich mit der Wahl eines bürgerlichen Ausschusses, der als Achtbürger o.ä. bezeichnet wurde. Erst die Verfassungsänderungen von 1848/1875 (Lübeck) und 1860 (Hamburg) schufen neue B., die mit Unterbrechungen Kontinuität bis heute aufweisen. Nach der preußischen →Annexion kam es in den Städten 1869 zur Bildung von repräsentativen, allerdings nach dem Dreiklassenwahlrecht gewählten, Stadtverordnetenversammlungen, die die →Magistrate kontrollierten. LS

Bürgerwehr In vielen ma. und frühneuzeitlichen Städten hatten die →Bürger Wach- und Verteidigungsdienste zu leisten sowie Polizei- und Repräsentativaufgaben (z.B. Ehrengeleite) zu übernehmen. Auch in den Hztt. hatte die B. Tradition. Im späten 18. und frühen 19. Jh. gab es Verbände in →Altona (ein Kavallerie- und ein Infanterie-Korps), in →Rendsburg (ein bürgerliches Artillerie-Korps und ein Brand-Korps) und in →Flensburg (eine Friedrichs- und eine Christiansgarde); außerdem besaß jede Stadt eine nicht organisierte →Bürgerbewaffnung. Im März 1848 wurden, getragen von der nationalen Aufbruchstimmung, nahezu überall, jedoch vorwiegend in den dt. sprachigen Landesteilen, B. gebildet. Der Anstoß ging von →Kiel aus, wo sich 600-800 Mitglieder eintragen ließen. In den Verbänden standen Liberale, Revolutionäre und Konservative nebeneinander: Den einen war vorwiegend an der Durchsetzung demokratischer Forderungen, den anderen an der Bewahrung bestehender gesellschaftlicher Verhältnisse und an der Aufrechterhaltung von Ruhe und Ordnung gelegen. Gemeinsam war allen die dt.-nationale Begeisterung. Die →Statthalterschaft erließ im Juli 1849 ein Gesetz, betreffend die B., das die Aufgaben der Verbände (neu) beschrieb: Schutz der Staatsverfassung, Erhaltung der öffentlichen Ruhe und gesetzlichen Ordnung sowie Mitwirkung bei der Landesverteidigung. Bestimmte Bev. gruppen wurden zum Dienst verpflichtet. Nachdem die Spontanität der Märztage nachgelassen hatte, erfolgte in der Spätphase der Erhebungszeit die Reglementierung.
Lit.: E. Schwalm, Volksbewaffnung 1848-1850 in SH, Nms. 1961. JB

Büsum (HEI) Der Hauptort im Amt B. wird 1140 zuerst erwähnt; die alte Insel Buisen wurde erst 1585-1609 durch einen Damm landfest. Seit dem 19. Jh. entwickelte sich B. zum bedeutendsten Dithm. Fremdenverkehrsort, der seit 1949 Nordseeheilbad ist. Mit dem Bau der →Eisenbahn Heide-B. kam es zu einem Aufschwung der Küstenfischerei (→ Krabben, Plattfisch). Seit 1970 besteht der Flugplatz Heide/B. Der Ort hat heute gut 4.600 Einw.
Lit.: K. Schulte, B. Von der Insel zum Nordseeheilbad, Heide 1989. WK

Büsum

Buchdruck →Druckerei

Buchwald (Familie) Die B. gehören zu den sog. Originarii, dem holst. Uradel; ähnlich wie die →Qualen sind sie möglicherweise dem slawischen →Adel zuzurechnen. Die Familie ist seit dem 13. Jh. im sh-mecklenburgischen Grenzgebiet nachzuweisen. Seit dem 16. Jh. sind die B. auch im Hzt. Schl. ansässig. Sie spielten in der Ritterschaft eine Rolle und waren als Amtmänner und Offiziere tätig. EO

Buddenbrookhaus →Museen

Das Wappen der Familie Buchwald

Bugenhagen, Johannes (geb. 24.6.1485 Wollin, gest. 19.4.1558 Wittenberg) Der Pommer B. (daher sein Beiname Pomeranus) wurde 1523 Pfarrer in Wittenberg und war Beichtvater sowie Freund Martin Luthers. Er übertrug dessen hochdt. Bibelübersetzung ins Nd. Nachdem er sich als Autor der Braunschweigischen Kirchenordnung einen Namen gemacht hatte, übertrugen ihm auch andere weltliche Obrigkeiten die Aufgabe, die neue Ordnung der Kirche auszuarbeiten: 1528/29 weilte er in →Hamburg, um hier die Kirchenordnung zu verfassen; 1531 tat er dasselbe für →Lübeck und 1534/35 für Pommern, um dann im Auftrage des Kg. Christian III. 1537 die Kirchenordnung zu formulieren, die 1542 vom → Landtag für SH angenommen wurde. Später war er in gleicher Aufgabenstellung noch für

Johannes Bugenhagen, Kupferstich

Bund der Heimatvertriebenen und Entrechteten

Braunschweig-Wolfenbüttel (1543) und Hildesheim (1544) tätig. Angebote, als Bf. eines Territoriums tätig zu werden, lehnte B. ab. LS

Bund der Heimatvertriebenen und Entrechteten →Parteien

Das Wappen der 6. Panzergrenadier-Division

Bundesexekution Sie umfaßt alle Zwangsmaßnahmen, die in einem Bundesstaat oder Staatenbund angewendet werden können, um einen Gliedstaat zur Erfüllung vernachlässigter Bundespflichten zu veranlassen; sie ist gegen die betreffende bundeswidrig handelnde Regierung gerichtet. Für den Dt. Bund beschrieben die Art. 31-34 der Wiener Schlußakte vom 15.5.1820 und die Exekutionsordnung vom 3.8.1820 die zulässigen Maßregeln. Der Bund wendete das Mittel der B. u.a. in Holst. und in →Lauenburg an, nachdem die dän. Regierung beide Hztt. aus der gesamtstaatlichen Verfassung (→Verfassungen) ausgeschieden (30.3.1863) und eine dän.-schl. Verfassung eingeführt hatte (18.11.1863). Diese Aussonderungspolitik, die zum Eiderstaat (→Schl. Kriege) führen mußte, war mit den internationalen Verpflichtungen unvereinbar, die DK 1851/52 übernommen hatte. Der Bundestag beschloß die B. (1.10. bzw. 7.12.1863), beauftragte →Österreich, →Preußen, Sachsen und Hannover mit dem Vollzug und wies Sachsen und Hannover an, je einen Zivilkommissar und ein Truppenkontingent zu stellen. Zwischen dem 23. und 31.12.1863 wurden Holst. und Lauenburg kampflos besetzt und in Zwangsverwaltung genommen. Die B. wurde erst nach dem Wiener Frieden aufgehoben (Beschluß vom 5.12.1864).
Lit.: E.R. Huber, Dt. Verfassungsgeschichte seit 1789, Bd. 3, Stuttgart ³1988. JB

Bundeswehr Die geographische Lage SH wies dem Land während der Jahre des Kalten Krieges eine besondere strategische Bedeutung zu: Es galt, sich an der Sicherung der Ostseezugänge zu beteiligen und zugleich, einem Angriff zu Lande zwischen →Ostsee und →Elbe zu begegnen. Deshalb wurden neben der →Marine auch starke Land- und Luftstreitkräfte stationiert. →Kiel wurde wieder (wie seit dem späten 19. Jh.) zentraler Marinestützpunkt, dem mehrere Ostseehäfen zugeordnet wurden. In →Flensburg-Mürwik werden nach wie vor künftige Marineoffiziere ausgebildet. Die 6. Panzergrenadierdivision (Stab in →Nms.) war zuständig für die gemeinsam mit dän. Truppen zu organisierende Verteidigung im Grenzgebiet zwischen SH und →Mecklenburg. Die dort stationierte Panzergrenadierbrigade 16 Hzt. Lauenburg war die stärkste Brigade des Heeres. Die B. war und ist bei der Bev. in SH beliebt. Dazu haben ihre Einsätze bei Sturmfluten oder bei der Schneekatastrophe 1978/79 erheblich beigetragen. SH bildet mit →Hamburg zusammen den Wehrbereich I, dessen Kommandostellen in Kiel liegen. Die nach der Wiedervereinigung erfolgten Truppenreduzierungen brachten erhebliche wirtschaftliche Einschnitte

Bundeswehreinsatz in der Schneekatastrophe 1978

Bungsberg

Blick vom Bungsberg

mit sich, so besonders im Kreis Hzt. →Lauenburg, in dem kein Standort erhalten blieb, nachdem die Brigade 16 aufgelöst wurde.
Lit.: Historischer Atlas SH seit 1945, Nms. 1999, 173-175. EO

Bungsberg (OH) Der B. ist mit 168m die höchste Erhebung in SH. Das Waldgebiet um den B. wurde erst im 13. Jh. von den Mönchen des →Klosters →Cismar für die Besiedlung erschlossen. Ein Aussichtsturm bietet heute einen weiten Blick bis in die Neustädter und die Hohwachter Bucht. OP

Bunsoh (HEI) In der Gem. B. liegt in einem hohen, aufgegrabenen Hügel ein gut erhaltenes Großsteingrab aus der Zeit von 2.500-2.000 v.Chr. mit einer ca. 4m langen Steinkammer aus sechs Trag- und drei Decksteinen, von denen einer als Schalenstein zahlreiche Eintiefungen und daneben eingeritzte Doppelringe, flache Rillen, Radkreuze und Handdarstellungen trägt. Der Hügel war durch einen Grabhügel über einer Beisetzung der älteren → Bronzezeit (1700-1300 v.Chr.) aufgehöht. LS

Burg ist ein bewohnbarer Wehrbau, den eine Person oder eine Gemeinschaft zu ihrem Schutz als ständigen oder zeitweiligen Wohnsitz errichtet. Für ihre Entstehung und Entwicklung sind die rechtlichen und verfassungsgeschichtlichen sowie die polit. Verhältnisse in den einzelnen Regionen und Ländern entscheidend. Abgesehen von vermutlich neolithischen

Bunsoh

Der Grabhügel von Bunsoh

Die Motte Cäcilieninsel bei Linau

81

Burg/Dithm.

Die Apotheke in Burg/Dithm.

Burg/Dithm.

Burg/Fehmarn

Erdwerken (→Büdelsdorf, →Esesfeld), umfaßt der Begriff in SH die frühgeschichtlichen Ringwallb. und ma. Wehranlagen. Zwischen dem 8./9. und 11./12. Jh. sind in den sächsischen, friesischen und slawischen Siedlungsbereichen insgesamt etwa 60 Ringwälle bekannt. Im MA galt die Gleichung: →Adel, B. und Herrschaft. Die B. war administratives und militärisches Herrschaftszentrum. Das Bauprinzip des festen Hauses erscheint in vielfachen Variationen und reicht von der einfachen Turmhügelb. eines kleinen Landadligen (→Futterkamp) bis zum landesherrlichen →Schloß (→Gottorf). Befestigte Höfe eingerechnet, sind im Lande etwa 350 Anlagen bekannt.

Lit.: I. Ericsson, Wehrbauten des MA in Skandinavien und dem Gebiet südlich der Ostsee, in: The Study of medieval Archaeology. Lund Studies in Medieval Archaeology 13, 1993, 219-291. CR

Burg/Dithm. (HEI) Der Hauptort im Amt B.-Süderhastedt liegt am bewaldeten Geesthang zur Burger Au und wird zuerst 1265 erwähnt; seine St. Petrus geweihte Feldsteinkirche stammt wohl aus dem 12. Jh. Im Ort liegt die Ringwallanlage der sächsischen Bökelenburg, die als Fluchtburg und Befestigung nahe der Elbmündung vom 9. bis 11. Jh. genutzt wurde und seit 1817 als Friedhof dient. Der Ort hat heute etwa 4.500 Einw.

Lit.: I. Hurtienne, B. Geschichte – B. Geschichten. Bd. 1, Itzehoe 1994. WK

Burg/Fehmarn (OH), das seinen Namen nach einer →Burg im Westen des Ortes erhielt, war im MA der wichtigste Handels- und Hafenort der Insel →Fehmarn. 1329 wurde er mit →Lübischem Recht bewidmet, geriet dadurch aber in ständigen Konflikt mit den Rechtsnormen Fehmarns, was im 17. Jh. zum Niedergang der →Stadt führte. Erst mit dem Ausbau des Hafens seit 1870 erfolgte wieder ein Aufschwung von Handel und Gewerbe. In der Nikolaikirche aus dem 13. Jh. sind noch Teile der ma. Ausstattung erhalten, vom 1439 erstmals erwähnten, für Pestkranke und Aussätzige errichteten St.Jürgen-Stift besteht noch die →Kapelle. Die Bürgerhäuser in der Breiten Straße geben einen Eindruck von der kleinstädtischen Bebauung im 17. und 18. Jh. B. hat heute knapp 5.000 Einw. OP

Rekonstruktion der Motte Havekost bei Ahrensbök Ende des 14. Jh.

St. Nikolai in Burg/Fehmarn

Burgwerk Als B. wird die Dienstpflicht der zu dem Schutzbezirk einer →Burg gehörenden Bauern zum Erhalt der Anlage bezeichnet. So waren die Bauern der →Kremper- und →Wilstermarsch zum B. bei der Steinburg, insbesondere zum regelmäßigen Offenhalten des Burggrabens, verpflichtet. LS

Burschenschaft ist eine studentische Vereinigung, 1815 in Jena gegr., u.a. mit dem Ziel, die Einigkeit Dt. zu fördern (Urb.). Die 1813 in →Kiel gegr. B. war ihrem Charakter nach eine Landsmannschaft alten Stils. Erst durch die Teilnahme von 25 Kieler Studenten am Wartburgfest im Oktober 1817 wurde die liberale und nationale Zielsetzung allmählich auch von Kieler Burschenschaftlern übernommen (Binzer, U. J. →Lornsen). Die Kieler B. löste sich nach den Karlsbader Beschlüssen von 1819 auf, wurde jedoch unter Bedingungen der Illegalität wiedergegr. (B. Germania, Teutonia).
Lit.: M. Jessen-Klingenberg, Die Kieler Professoren und Studenten und das Wartburgfest vom Oktober 1817, in: ZSHG 112, 1987, 173-214. MJK

Busch, Johann Dietrich →Schnitger, Arp

Buttjolle Kleines Fischereifahrzeug von der Niederelbe, aus Altenwerder, Finkenwerder, →Altona und →Blankenese. Der ca. 5-9m lange Rumpf ist breit und voll auf Kiel gebaut und hat Knickspanten. Vor- und Achtersteven sind gebogen, das Heck spitz zulaufend. Das Vorschiff ist gedeckt. B. waren mit einer Bünn (bewässerter Fischkasten) sowie Seitenschwertern oder Mittelschwert ausgerüstet. An einem hohen, leicht nach vorn geneigten Mast wird ein hohes spitzes Luggersegel gesetzt.
Lit.: H. Szymanski, Dt. Segelschiffe, Berlin 1934. PDC

Buxtehude, Dietrich (geb. ca. 1637 Oldesloe oder Helsingborg, gest. 9.5.1707 Lübeck) Von seinem Vater zum Organisten ausgebildet, wirkte B. zunächst in Helsingborg und Helsingør. 1668 wurde er als Nachfolger von Franz Tunder zum Organisten an der Lübecker Marienkirche gewählt und erhielt damit das zu jener Zeit bedeutendste kirchenmusikalische Amt im Ostseeraum. Die von B. als →Abendmusiken veranstalteten mehrteiligen Oratorienaufführungen fanden überregionale Beachtung. Nicht weniger als 128 Vokalwerke unterschiedlichen Umfangs haben sich vollständig erhalten. Seine rhapsodisch angelegten Instrumentalkompositionen sind dem Stylus phantasticus verpflichtet.
Lit.: H. Wettstein, B. (1637-1707). Bibliographie zu seinem Leben und Werk, München 1989; B. und die europäische Musik seiner Zeit. Bericht über das Lübecker Symposion 1987, hg. von A. Edler, F. Krummacher, Kassel 1990. MKu

Cap Arkona

Cap Arkona 1945 trieben SS-Bewacher überlebende Insassen der KZ- und Tötungslager nach Westen. 10.000 Menschen wurden in →Lübeck auf die Schiffe »C.«, »Thielbeck« und »Athen«, die in der Neustädter Bucht ankerten, eingepfercht. Vieles spricht dafür, daß diese Schiffe zur Versenkung vorgesehen waren. Annehmend, es wären fliehende Nazis, bombardierte die britische Royal Air Force am 3.5.1945 die »Häftlingsflotte«. 8.000 Personen starben; die Kriegsmarine rettete überwiegend SS-Leute und Mannschaften.
Lit.: W. Lange, C. Dokumentation, Neustadt 1988. UD

Carl →Gottorfer

Carl Friedrich →Gottorfer

Carl Peter Ulrich →Gottorfer

Joseph Carlebach und sein Sohn Salomon

Carlebach, Joseph (geb. 30.1.1883 Lübeck, gest. 26.3.1942 bei Riga) studierte nach dem Besuch des Lübecker Katharineums in Berlin Physik, Astronomie, Philosophie und Kunstgeschichte, arbeitete nach dem Oberlehrerexamen 1905 bis 1907 als Lehrer in Jerusalem und wurde 1909 in Heidelberg promoviert. Anschließend widmete er sich dem Talmudstudium am orthodoxen Rabbinerseminar in Berlin, wo er auch das Rabbinerordinariat erwarb. Als Kriegsfreiwilliger wurde er 1915 Feldgeistlicher und Offizier. 1920 trat er die Nachfolge seines Vaters Salomon C. als Rabbiner in Lübeck an. Von 1921 bis 1926 war er Direktor der Talmud-Tora-Realschule in Hamburg, an der er zahlreiche Reformen einführte, zugleich aber deren jüdischen Charakter betonte. Ausgewählte Schüler wurden in der von C. 1921 gegr. rabbinischen Lehranstalt Jeschiwa unterrichtet. 1926 wurde C. als Oberrabbiner der Hochdt. Israeliten-Gem. nach →Altona berufen, 1936 wurde er letzter Oberrabbiner des Dt.-Israelitischen Synagogenverbandes in Hamburg. Seit den 1920er Jahren galt C. durch sein geistliches und erzieherisches Wirken sowie durch seine Schriften als eine der jüdisch-orthodoxen Autoritäten in Dt. und war in der NS-Zeit für die Hamburger Juden als Integrationsfigur Hilfe und Stütze. 1942 wurde er mit seiner Frau und drei seiner neun Kinder beim KZ Jungfernhof in der Nähe von Riga ermordet.
Lit.: M. Gillis-Carlebach, Jüdischer Alltag als humaner Widerstand 1939-1941, Hamburg 1990. OP

Carlshütte →Büdelsdorf, →Holler, Marcus Hartwig

Carstens, Asmus Jakob →Malerei

Chalybäus, Robert →Geschichtsschreibung

Chaussee →Wegewesen

Chemnitz, Matthäus Friedrich (geb. 10.6.1816 Barmstedt, gest. 15.3.1870 Altona) fünftes Kind (von 14) eines evangelischen Pastors, besuchte von 1832 bis 1835 das Christianeum in →Altona. Nach Ablegung der juristischen Staatsprüfung in →Gottorf war er ab 1840 Rechtsanwalt in Schl. und Mitglied der dortigen →Liedertafel (Tenor). Zum →Sängerfest 1844 dichtete er das von Carl Gottlieb Bellmann vertonte →SH-Lied (mit dem ursprünglichen Titel »Wanke nicht, mein Vaterland«). In der Zeit der →Erhebung war C. Beamter bei der →Provisorischen Regierung in →Rendsburg, mußte aber nach deren Scheitern 1851 nach →Hamburg ausweichen, wo er als Journalist für die »Hamburger Nachrichten« tätig war. 1864 kehrte er nach SH zurück, arbeitete zunächst als Amts- und Klostervogt in →Uetersen und ab 1867 als Amtsrichter in Altona. Sein Grab befindet sich auf dem dortigen Friedhof Norderreihe.

Lit.: H. Dössel, C. Dichter des SH-Liedes, Darmstadt 1965. KUS

Chirurg →Gesundheitswesen

Christian →Oldenburger

Christian Albrecht →Gottorf, →Universität

Christian August →Gottorfer

Christianeum →Altona

Christiani, Wilhelm Ernst →Geschichtsschreibung

Christianisierung Erste Versuche zur C. der →Friesen und →Sachsen erfolgten im 8. Jh. durch angelsächsische (→Angelsachsen) Mönche. Sie wurden nach der fränkischen (→Franken) Eroberung Sachsens unter Karl dem Großen verstärkt, der Willehad 780 die Mission zwischen Unterweser und Unterelbe und wohl auch in den sächsischen Gauen →Nordelbingens übertrug. Ein bis nach → Dithm. gereister Missionar namens Atrebanus wurde dort 782 getötet. Die christliche Religion wurde durch die Franken »von oben« verordnet, um durch eine gemeinsame Gottesverehrung die Einheit des fränkischen Reiches zu festigen. Der gegenüber anderen Göttern tolerante Volksglauben der Germanen, der v.a. auf der kultischen Gemeinschaft beruhte, stieß dabei auf den Grundsatz des Christentums, keinen anderen Glauben neben sich zu dulden. Zum Konflikt kam es, wenn sich jemand dem Christentum anschloß und sich damit aus der germ. Gemeinschaft ausschloß. Einfacher war es vielleicht, wenn sich ein Herrscher taufen ließ, z.B. um seine Macht mit christlichen Verbündeten zu sichern. Der Anlage fränkischer Stützpunkte in Nordelbingen folgte die Gründung erster Kirchen: In →Hamburg wurde der Priester Heridag eingesetzt, bald nach 810 gab es eine Kirche in →Meldorf, in →Heiligenstedten und in →Schenefeld; wohl in den 820er Jahren wurde ein kleines →Kloster, die cella Welanao (→Münsterdorf) für kurze Zeit Ausgangspunkt der christlichen Mission unter Ebo von Reims und →Ansgar. Im dän. Handelszentrum →Haithabu verkehrten damals christliche Kaufleute, Missionierungsversuche Ansgars schlugen dort 828 jedoch fehl. Mehr Erfolg hatte er seit 831 als Bf. und seit 834 als Erzbf. von Hamburg, wo er eine Priesterschule für freigekaufte Sklaven betrieb und von wo aus er die Mission in Skandinavien leitete. Erst im 10. Jh. verzeichnete die C. in Nordelbingen unter Erzbf. Adaldag (937-988) und gefördert durch Kg. Otto I. bemerkenswerte Fortschritte. 947 wurden die Btt. →Schl., Ribe/Ripen und Århus gegr. und wohl im folgenden Jahr das Bt. →Oldenburg im Hauptort der →Wagrier zur Missionierung der Slawen; um 1060 erfolgte davon die Abteilung des Bt. →Ratzeburg. Dort wurden wie auch in Oldenburg und →Alt-Lübeck mit Unterstützung des christlichen Abotritenfürsten →Gottschalk (1044-1066) erste →Klöster zur Missionierung

Die Nordwand der Kirche von Schenefeld ist vielleicht der früheste Baurest aus dem Beginn der Christianisierung

Bistümer in Nordelbingen und Dänemark im MA

Christianisierung

Die Legende des Ansverus im Ratzeburger Dom, 1681 übermalt

der →Slawen gegr. Der ständige Konflikt um den Einfluß des Erzbt. Hamburg-→Bremen in DK wurde durch die Gründung des Erzbt. Lund 1104 gelöst, dem nun die dän. Btt. unterstanden. Auch wenn sich skandinavische und slawische Herrscher taufen ließen, nicht zuletzt um sich die Unterstützung der dt. Fürsten zu sichern, was jedoch nicht hieß, daß das Christentum in ihren Ländern allgemein akzeptiert wurde. Insbesondere die einheimischen Priester sahen ihren Einfluß schwinden und so kam es z.B. 983 und erneut 1066 zu Slawenaufständen mit der Zerstörung der christlichen Kirchen, Vertreibung und Ermordung christlicher Priester und Aufgabe der Btt. Die Mönche des Klosters auf dem St. Georgsberg bei Ratzeburg wurden mit ihrem Abt Ansverus (→Ansveruskreuz) 1066 gesteinigt. Unter dem christlichen Abotritenherrscher →Heinrich missionierte der Geistliche →Vizelin in Alt-Lübeck und gründete dann im sächsisch-slawischen Grenzgebiet in →Faldera (Nms.) ein Augustiner-Chorherrenstift. 1134 empfahl er Kg. Lothar III. die strategisch günstige Lage →Segebergs, gründete dort ebenfalls ein →Stift und wurde 1136 von Erzbf. Adalbero mit der Slawenmission bis zur Peene beauftragt. Nach der Unterwerfung der ostholst. Slawen 1138/39 wurde 1149 das Bt. Oldenburg wiedergegr. und Vizelin Bf.; 1154 folgte das Bt. Ratzeburg. 1160 wurde der Bf.sitz von Oldenburg in das aufstrebende Handelszentrum →Lübeck verlegt. Die C. in Ostholst. und →Lauenburg verlief nun gleichzeitig mit der Germanisierung (→Kolonisation). Die seit den 1140er Jahren einwandernden dt. Siedler mußten kirchlich versorgt werden, so wurden Mitte des 12. Jh. Kirchen in →Bosau, →Süsel, →Ratekau, →Eutin, →Plön, Lütjensee und Oldenburg gegr. Weitere Kirchengründungen folgten. Um 1150 war in Altholst. die Kirchenorganisation abgeschlossen, in Ostholst. war dies um 1200 der Fall, in Lauenburg um 1230. In Schl. ist die Entwicklung der Pfarrorganisation nicht so deutlich, in →Angeln entstanden die Kirchen zwischen

1150 und 1250. Eine nicht unerhebliche Rolle bei der Verbreitung des Christentums spielten auch die in dieser Zeit gegr. Klöster, darunter →Reinfeld, →Preetz und →Cismar. Ein Abschluß der Pfarrorganisation – also auch in Rodungsgebieten und eingedeichten Gebieten der Marschen – war in der Mitte des 14. Jh. erreicht. Damit war zumindest organisatorisch die kirchliche Versorgung Nordelbingens gewährleistet. Wieweit das Christentum dadurch in der Bev. bereits verwurzelt war, läßt sich nicht feststellen. Zumindest →Helmold von Bosau beklagte noch im 12. Jh., daß die Nordelbier nur dem Namen nach Christen seien. Traditionen aus der skandinavischen und slawischen Glaubenswelt werden sich bis in die Frühe Neuzeit gehalten haben.
Lit.: Sh Kirchengeschichte, Bd. 1 und 2, Nms. 1977, 1978. OP

Christiansen, Johan Ernst (geb. 10.9.1877 Vejbæk, gest. 26.2.1941 Flensburg) wurde 1893 Journalist bei der dän.gesinnten →Zeitung »Flensborg Avis« in →Flensburg und bekleidete seit 1906 den Chefredakteurposten. Auch nach der dän. Niederlage in der →Volksabstimmung 1920 blieb er in Flensburg und organisierte an führender Stelle die →Dän. Minderheit. Von den NS wurde 1940 seine Ablösung als Chefredakteur von »Flensborg Avis« erzwungen. HSH

Christians-Pflegehaus Das C. war eine auf pietistischem Geist beruhende, im dän. Kgr. einmalige Versorgungs- und Erziehungsanstalt, die 1765 von Friedrich V. für Invaliden, Soldatenwitwen und -kinder in Kopenhagen errichtet und 1785 nach →Ekkernförde in die ehemaligen Fabrikgebäude der Brüder →Otte verlegt wurde. Die Insassen mußten sich strengem militärischem Reglement unterwerfen – wie im Arbeits- und Armenhaus – und durch eigene Tätigkeit z.B. Spinnen, Gartenarbeit und Hausieren zu ihrem Lebensunterhalt beitragen. Das C. galt als gut geführtes und ausgestattetes Armeninstitut.
Lit.: H. Lund, Das C. in Eckernförde, in: Heimat 10, 1900, 108-113, 126-134. KDS

Christianspries →Friedrichsort

Christlich-Demokratische Union →Parteien

Christinenthal hieß ursprünglich Wedeldorf und war im 16. Jh. ein Gut im Besitz der Familie →Krummendiek. Seit 1610 war Wedeldorf als Meierhof mit dem Gut →Drage verbunden. Im 18. Jh. diente es als Sommersitz des auf Drage residierenden Statthalters Markgf. Friedrich Ernst von Brandenburg-Kulmbach, nach dessen Gattin es in C. umbenannt wurde. Der Hof C. ist noch heute vorhanden; die Streusiedlung C. hat heute ca. 60 Einw. HWS

Christinenthal

Chromik, Resi →Literatur

Chronik →Geschichtsschreibung

Chrysander, Friedrich →Bergedorf

Cimbern Der germ. Stamm der C. (lat. Cimbri) war ursprünglich wohl im nördlichen →Jütland beheimatet, verließ jedoch im 2. Jh. v.Chr. seine angestammten Wohnsitze und zog über Böhmen in den Bereich der Ostalpen, wo die C. 113 v.Chr. ein römisches Heer schlugen. Nach weiteren Siegen über die Römer (u.a. 105 v.Chr. bei Orange) drangen die C. gemeinsam mit Teutonen, →Ambronen und Haruden weiter vor, wurden jedoch bei Aix-en-Provence bzw. Vercelli gestoppt. In der Zeit des Humanismus wurden die C. namengebend für die Cimbrische (Jütische) Halbinsel; z.B. in Heinrich Rantzaus (→Rantzau, Familie) Beschreibung der Cimbrischen Halbinsel (16. Jh.) oder Johannes Mollers Cimbria Literata (18. Jh.).
Lit.: Altes Germanien 1, 1995, 202-271, hg. von H.-W. Goetz, K.-W. Welwei. DK

CIS Gemäß Artikel 109 des Versailler Vertragswerkes vom 16.6.1919 ging die allgemeine Verwaltungsbefugnis über das schl. →Abstimmungsgebiet auf eine alliierte Sachverständigenkommission über (Commission Internationale de Surveillance du Plébiscite Slevig, abgekürzt C.). Vom 10.1. bis 15.6.1920 war die C. zuständig für die Versorgung der Bev., die Sicherstellung freier, geheimer und unabhängiger Abstimmungen in den beiden Zonen sowie für die Formulierung eines Grenzziehungs-

Cismar

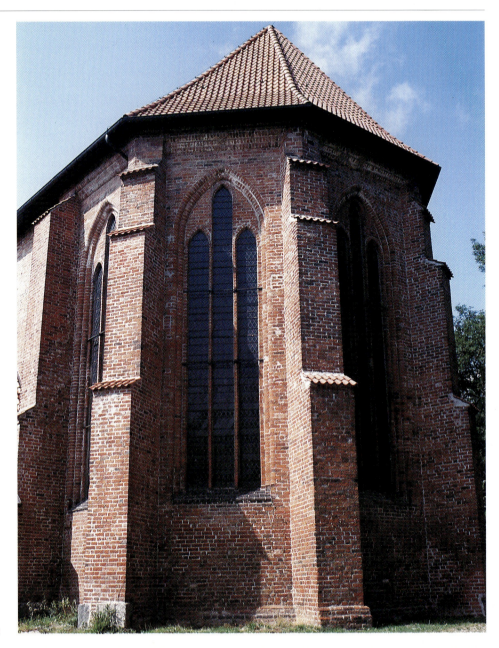

Kloster Cismar

Cismar

vorschlages nach erfolgter Abstimmung. Mitglieder der Kommission waren der Brite Sir Charles Marling (Vorsitzender), der frz. Diplomat und Schriftsteller Paul Claudel, der Fernmeldedirektor Thomas Heftye aus Norwegen und der schwedische Landeshauptmann Oscar von Sydow. Als Sekretär fungierte der Brite Charles Brundell-Bruce. Sitz des C. war das Hotel Flensburger Hof in Flensburg, Norderhofenden 1.

Lit.: B. Schwensen, I. Adriansen, Von der dt. Niederlage zur Teilung Schl. 1918-1920, Flensburg/Apenrade 1995. BS

Cismar 1231 wurde dem 1177 in →Lübeck gegr. Benediktinerkloster (→Kloster) seitens des Erzbf. von Bremen die Verlegung nach C. (Cicimeresthorp, OH) geboten. Erst 1245 erfolgte die Verlegung tatsächlich. Beim Bau des Klosters war man auf eine bald geheiligte

Quelle gestoßen, die dem Kloster seinen Namen gab (cenobyum de fonte s Johannis evangeliste) und die Klosterkirche – neben reichem Reliquienbesitz – zu einem oft besuchten →Wallfahrtsort machte. 1325 besaß das Kloster schon 25 Dörfer, sieben Mühlen und Einkünfte aus mehreren Kirchen. Nach der →Reformation fiel es 1544 an →Gottorf. 1560 wurde es aufgehoben und seine Ländereien zu einem hzl. →Amt gemacht; die Gebäude wurden in ein landesherrliches →Schloß umgewandelt. 1760 wurde die Gem. kirche zur Amtmannswohnung umgebaut; nur der Chor blieb als von Grube betreute →Kapelle erhalten. 1773 wurde das Amt kgl. Es hatte 1855 ein Areal von etwa 82km². 1867 wurde der Ort Sitz der preußischen Kreisverwaltung, bevor diese 1920 nach →Oldenburg verlegt wurde.
Lit.: A.-T. Grabkowsky, Das Kloster C., Nms. 1982. LS

Claudel, Paul →CIS

Claudius, Matthias (geb. 15.8.1740 Reinfeld, gest. 21.1.1815 Hamburg) gab in →Wandsbek 1771-1775 den »Wandsbecker Bothen« heraus, dessen eigene Beiträge er danach als »Asmus sua secum portans«, oder Sämmtliche Werke des Wandsbecker Bothen erscheinen ließ. Die von volksnaher Realistik und von positiver Frömmigkeit bestimmten Betrachtungen gewannen ihm eine breite Leserschaft; seine schlichten, tief empfundenen Lieder (»Abendlied«, »Kriegslied«) und Gedichte (»Der Mensch«) gehören zum bleibenden Bestand dt. Lyrik.
Lit.: Lit. in SH 2, Kap. 12. HJF

Clausen & Bosse →Druckerei

Commerzlast →Gewichte

Constitutio Valdemariana Die C. regelte das bei jedem Dynastie- bzw. Thronwechsel neu sich stellende Problem der staats- bzw. verfassungsrechtlichen Sonderstellung Schl. Als Teil der Wahlhandfeste Kg. Waldemars III. von DK (1326-1329) vom 15.8.1326 ist sie abschriftlich in einer Urkunde aus der Zeit Christian I. überliefert. Die C. legt fest, daß das Hzt. Schl. weder mit dem Kgr. noch mit der Krone DK so vereinigt oder verbunden werden dürfe, daß ein und dieselbe Person über beide herrsche. Diese Regelung ist aus der Zeit heraus zu verstehen: Gf. Gerhard III. von Holst. war als Vormund des unmündigen dän. Kg. daran interessiert, sich von diesem mit dem Hzt. Schl. belehnen zu lassen. Außerdem hatte der mit Besitz und reichen Pfandschaften in Schl. ausgestattete holst. →Adel großes Interesse daran, daß der Zusammenhalt zwischen der zum Reich gehörigen Gft. Holst. und dem Hzt. Schl. erhalten blieb (→Ripener Vertrag). Auch wenn die Bestimmungen der C. in den folgenden Jh. oftmals umgangen bzw. gebrochen werden sollten, wurde die Urkunde unter den →Oldenburgern stets wieder neu bestätigt und spiegelt die korporativen Interessen der Ritterschaft gegenüber dem jeweiligen monarchischen Landesherrn wider. DK

curia → Hof

Curtius Mediziner- und Juristen-Familie, seit dem 18. Jh. in →Lübeck ansässig. Dr. jur. Carl Georg C. (1771 Lübeck-1857 Lübeck), war Schöngeist im Sinne der Aufklärung und Reformer der Lübecker Verfassung nach der frz. Besatzungszeit 1813. Sein Sohn Theodor C. (1811 Lübeck – 1889 Lübeck) förderte die Wirtschafts- und Außenpolitik als Lübeckischer Bürgermeister bis zur Reichsgründung 1871; dessen Bruder Ernst C. (1814 Lübeck – 1896 Berlin) war Erzieher des späteren Kaisers Friedrich III. und Ausgräber des Tempelbezirkes von Olympia.
Lit.: SHBL 10, 66-91. AG

Cypräus, Johann Adolf →Geschichtsschreibung

Matthias Claudius auf einer Briefmarke von 1990

Dänemark

Dänemark (dän: Danmark) ist das nördliche Nachbarland von SH, dessen Geschichte mit der des Bundeslandes eng verbunden ist. Ein dän. Reich formierte sich um 700 und bestand seit der Wikingerzeit aus der jütischen Halbinsel (Nord- und →Südjütland), den großen Inseln Fünen/Fyn mit Langeland, Seeland/Sjælland Lolland und Falster, den ostdän. Provinzen Schonen mit der Insel Bornholm, Halland und Blekinge. 1660 gingen die ostdän. Besitzungen mit Ausnahme Bornholms an →Schweden verloren. Südjütland/Schl. bildete seit etwa 1200 ein Hzt. mit wechselnd engeren und loseren Beziehungen zum Kgr.; es wurde 1864 an →Preußen und →Österreich abgetreten, doch kam der nördliche Teil 1920 zurück an D. (Südjütland, →Nordschl.). Über das Gebiet des eigentlichen Kgr. hinaus gehörten auch andere Regionen zum Herrschaftsbereich des dän. Kg. Am längsten und mit größter Bedeutung waren das Kgr. Norwegen (1380-1814), die nordatlantische Insel Island (1380-1918/1944) und die Gft. (seit 1474 Hzt.) →Holst. 1460-1864, die Färöer-Inseln und Grönland, die jetzt eine Selbstverwaltung innerhalb der Reichsgemeinschaft hatten. 1816-1864 gehörte auch das Hzt. →Lauenburg zu D. Für längere Zeit waren die Ostseeinseln Ösel und Gotland, die Gft. →Oldenburg, Delmenhorst sowie afrikanische, indische und westindische Kolonien unter dän. Herrschaft. Die Ausdehnung der dän. Kg.macht über England in der Wikingerzeit und über Schweden in der Zeit der Kalmarer Union 1397-1523 erwies sich als weniger stabil. Die Wikingerzeit (ca. 800-1050, →Wikinger) war geprägt durch die Einung der Territorien, die Wikingerzüge im nördlichen Europa, den Fernhandel und die Entstehung der ältesten Städte, zunächst Ripen/Ribe und →Haithabu, später u.a. Viborg, Århus, Odense, Ålborg, Roskilde und Lund. Im 10. Jh. faßte das Christentum Wurzeln in D., und gegen Ende der Wikingerzeit war das Land vollständig in den christlichen Kulturkreis integriert. Im Verlauf des MA (ca. 1050-1536) konsolidierten sich Kg.macht und Kirche als dominierende Gesellschaftskräfte mit vorläufigem Höhepunkt in der Großmachtzeit der Waldemare (1157-1241). Früh- und Hochma. sahen eine starke Besiedlungsausweitung mit Urbarmachungen und Stadtgründungen. Der Adel als soziale Klasse entstand. Im Spätma. sorgte die →Pest für einen Bev.rückgang. Die schwindenden Einnahmen der Großgrundbesitzer führten zu einer Aufsplitterung des Großgrundbesitzes und damit zu einer ausgeglichenen Eigentumsstruktur mit vielen mittelgroßen Bauernhöfen, die D. bis in die letzten Jahrzehnte bestimmte. Gleichzeitig nahm die Kg.macht ab. Das Ende des MA wird in D. auf das Jahr 1536 gelegt – dem Jahr des entgültigen Sieges der lutherischen Reformation. Die Periode der früheren Neuzeit (1536-1660) ist durch wirtschaftliches Wachstum gekennzeichnet, jedoch auch durch eine allgemeine Schwächung des Landes durch die Kriege gegen Schweden um die Mitte des 17. Jh. Die Macht war in den Händen des hochadligen Reichsrates konzentriert, doch nahm der Einfluß der Kg.macht, insbesondere auf die Militär- und Außenpolitik, namentlich unter Christian IV. (regierte 1596-1648) zu; die finanzielle Grundlage dazu bildeten gesteigerte Steuereinnahmen und die Einkünfte aus dem Sundzoll. Der Absolutismus (dän. Enevælden) 1660-1848 wurde staatsstreichartig eingeführt und mit dem Kg.gesetz (lex regia) von 1665 legitimiert. Der Zugriff der Zentralmacht auf das Land verstärkte sich graduell durch die Reichsgesetzgebung sowie die Matrikulierung (Erfassung des Landbesitzes zu Steuer- und Militärzwecken) und Reformen der Zentral- und Lokalverwaltung. Dennoch war die absolutistische Staatsform von den Gutseigentümern als Inhaber der Lokalmacht abhängig. Die Außenpolitik ist in den Jahren bis 1720 durch die Kriege mit Schweden bestimmt gewesen, die umfassende Rüstungsmaßnahmen und steigende Steuern auslösten. Bis zu den →Napoleonischen Kriegen setzte nun jedoch eine Friedensperiode ein, die zu starkem wirtschaftlichem Wachstum sowie einer Handels- und Schiffahrtsblüte führte. Für die landwirtschaftliche Entwicklung waren die großen Reformen gegen Ende des 18. Jh. von tiefgreifender Bedeutung: →Verkoppelung, Abschaffung der →Hofdienste, Erwerb von Landstellen durch die Bauern und Aufhebung des →Schollenbandes. Gleichzeitig entstand eine bürgerliche Öffentlichkeit, die geprägt war durch eine sich neu entwickelnde dän. Identität. Die Verwicklung D. in die Napoleonischen Kriege 1801 und 1807-1814 führte zu einer allgemeinen wirtschaftlichen wie sozialen Schwächung und schließlich zum Verlust von Norwegen. Seit 1830 wurden liberale Strömungen einflußreich, die zur Einrichtung der beratenden →Ständeversammlungen 1834-1848 führten. In den 1840er Jahren prägte der nationale Konflikt mit den Bewohnern der Hztt. die dän. Außenpolitik, die 1848 zu einer Eiderpolitik (→Eiderdän.) wurde. Der Durchbruch der Demokratie (1848-1915) wurde durch die Aufgabe des absolutistischen Regierungssystems im März 1848 eingeleitet, als Friedrich VII. unter dem Eindruck der Revolutionen in verschiedenen europäischen Staaten konzessionsbereit gemacht wurde. Das Juni-Grundgesetz von 1849 führte die konstitutionelle Monarchie mit einem Reichstag, bestehend aus zwei Kammern (Folketing und Landsting) ein. Der erste →Schl. Krieg (1848-1850) mit SH führte zu einem militärischen Sieg, ließ aber die Erfüllung der Eiderpolitik nicht zu. Da letztere jedoch mit der Novemberverfassung von 1863 Ziel der dän. Außenpolitik blieb, führte dies zum zweiten Schl. Krieg 1864, der mit dem Verlust von Lauenburg, Holst. und Schl. endete. Im Kielwasser des Krieges gelang es den Gutsbesitzern mit dem revidierten Grundgesetz von 1866, die demokratische Entwicklung zurückzudrehen und ein privilegiertes Wahlrecht zum Landsting durchzusetzen, was zum Verfassungskampf zwischen der gutsbesitzerdominierten »Højre« (Rechten), dem Landsting und der Kg.macht auf der einen und der hofbesitzerdominierten »Venstre« (Linken) mit dem Folketing auf der anderen Seite führte. Die Auseinandersetzungen endeten 1901 mit der Einführung des Parlamentarismus. Der Sieg der Demokratie fand seinen Ausdruck im Grundgesetz von 1915. Die Periode nach 1864 ist darüber hinaus gekennzeichnet durch eine Intensivierung der →Landwirtschaft unter Schaffung einer breiten Genossenschaftsbewegung. Eine bedeutende →Industrialisierung und Urbanisierung setzte seit den 1870er Jahren ein; sie führte jedoch nicht zur Umstrukturierung in eine Industriegesellschaft. Politik und Kultur wurden stark durch die Volksbewegungen geprägt. Die besondere dän. Auffassung des Christentums, wie sie von dem Pastor N. F. S. Grundtvig formuliert wurde, und Volksaufklärungsgedanken legten den Grund für den Zugang eines großen Teils der ländlichen Gesellschaft zur Volkshochschulbewegung. Andere Land- und Stadtbewohner schlossen sich der →Inneren Mission an. Auch die Abstinenzbewegung fand starken Zulauf. Der Einfluß der sozialdemokratischen Arbeiterbewegung auf die Gesellschaft machte sich erheblich bemerkbar, wobei v.a. die Gewerkschaftsbewegung einen tiefgreifenden und mäßigenden Einfluß auf die Arbeitsmarktverhältnisse ausübte. Der Aufbau des Wohlfahrtsstaates im 20. Jh. konnte auch deshalb in D. so rasch voranschreiten, weil das Land im Gegensatz zu anderen Staaten Europas im 20. Jh. von schweren Rückschlägen durch Kriege verschont blieb. D. nahm am 1.WK nicht teil und erreichte die friedliche Wiedervereinigung mit →Nordschl. Im 2.WK war D. vom 9.4.1940 bis zum 5.5.1945 von der Dt. →Wehrmacht besetzt, doch kam es dank der Zusammenarbeitspolitik der Regierung D. 1940-1943 nicht zu den ernsten Folgen wie in anderen besetzten Ländern, auch wenn die wachsende Widerstandsbewegung seit 1943 zu dt. Repressalien, Hinrichtungen und Deportationen führte. Der Versuch, die dän. →Juden 1943 zu deportieren, wurde nur halbherzig in Angriff genommen und durch ihre Massenflucht nach Schweden vereitelt. Kriegshandlungen fanden in D. nach der Besetzung nicht mehr statt. Nach der Befreiung gab D. seine traditionelle Neutralitätspolitik auf und trat 1949 der NATO bei. Seit 1973 ist D. Mitglied der Europäischen Union (EU), wobei sowohl der NATO- wie der EU-Beitritt Skepsis breiter Wählerschichten auslösten. Die Innenpolitik in den Jahrzehnten seit 1930 ist geprägt vom Aufbau eines Wohlfahrtsstaates, der durch zahlreiche polit. Kompromisse zwischen der Sozialdemokratie und wechselnden bürgerlichen Parteien gesichert wurde, wobei sozialdemokratische und bürgerliche Minderheitsregierungen nicht selten waren. Die Entwicklung seit 1960 ist zunächst bestimmt durch den Durchbruch der Industriegesellschaft und seit den 1980er Jahren der Informationsgesellschaft unter Rückzug der Volksbewegungen, was insbesondere der angelsächsisch geprägten mediengetragenen Kultur zugute kommt.

Lit.: S.B. Frandsen, D. – Der kleine Nachbar im Norden, Darmstadt 1994. HSH

Dänischburg (HL) an der →Trave wurde vermutlich nach zwei festen Türmen benannt, die Kg. Waldemar II. von DK und Gf. Adolf

Dänische Bewegung

Dänischburg

IV. 1234 gegen den Lübecker Travehandel (→Lübeck) errichteten. Die Lübecker gruben allerdings ein neues Flußbett und sprengten die gespannten Sperrketten mit Schiffen. OP

Dänische Bewegung Die D. im Hzt. Schl. oder →Südjütland entstand wie andere nationale Bewegungen in Europa in der ersten H. des 19. Jh. Zunächst war es ihr Ziel, die Bedeutung der zurückweichenden dän. Sprache in Schl. zu stärken (→Sprachverhältnisse). 1832 forderte Professor Christian →Paulsen, daß Dän. als Rechts- und Verwaltungssprache in den Gebieten eingeführt werden sollte, in denen die Kirchen- und Schulsprache bereits dän. war, d.h. in →Nordschl. Die polit. Umsetzung dieser Forderung und die Bestrebungen zur Entwicklung eines dän. Kulturbewußtseins der Nordschl. wurden von Professor Christian →Flor geleitet. Wichtige Resultate waren die Gründung der dän. →Zeitungen »Dannevirke« 1838 (Redakteur: P. C. Koch) und »Apenrader Ugeblad« (1839 dt., 1840 dän.; Redakteur: F. Fischer) sowie zahlreiche Ksp.büchereien mit dän. Büchern und die Gründung der →Volkshochschule in Rødding 1844. Das →Sprachreskript vom 14.5.1840 führte die dän. Rechts- und Verwaltungssprache in Nordschl. ein. Nächstes Ziel wurde die Gleichberechtigung der dän. neben der dt. Sprache in der schl. →Ständeversammlung. Zur Beförderung dieser Forderung sprach der Hadersleber Kaufmann Peter Hiort →Lorenzen 1842 im Ständesaal zu →Schl. nur dän., was zu einer erheblichen Verschärfung der nationalen Gegensätze führte, aber ohne das gewünschte Resultat blieb. 1843 wurde das erste Volksfest auf der Skamlingsbanke südlich von Kolding durchgeführt, wo der Bauer Laurids Skau die Sache seiner dän. Standesgenossen vortrug. Im selben Jahr wurde »Den slesvigske Forening« (Die schl. Vereinigung) gegr. Die D. blieb jedoch bis 1848 v.a. auf die Hofbesitzer um Hadersleben/Haderslev begrenzt. Der sh Aufstand im März 1848 und der Erste →Schl. Krieg trieben viele kg.treue aber zaudernde Nordschl. in die Arme der D., die nun breiten Zuspruch aus allen sozialen Klassen in Nordschl. sowie in →Flensburg und dessen Umgebung erfuhr. Wichtigstes Ziel der D. wurde nun eine gemeinschaftliche Verfassung für DK und Schl., die jedoch beim Friedensschluß nach der sh Niederlage nicht realisiert werden konnte. Das Verfassungsproblem führte zum Zweiten Schl. Krieg 1864, den DK verlor. Wie Holst. wurde auch das ganze Schl. 1867 von →Preußen annektiert. →Artikel V des →Prager Friedens von 1866 schrieb jedoch eine →Volksabstimmung über eine Vereinigung mit DK in den nördlichen Distrikten Schl. vor. Daraufhin wurde die Teilung Schl. nach dem Nationalitätenprinzip wichtigstes Ziel der D. und von dem dän.gesinnten Repräsentanten im Norddt. sowie später im Dt. Reichstag, dem Müller Hans Krüger, thematisiert, der gegen die Nichterfüllung des Artikels protestierte. Der Artikel wurde 1878 aufgehoben, so daß sich die D. auf einen langwierigen Nationalitätenkampf einzustellen hatte. Seit Ende der 1880er Jahre war der Redakteur und späteres Reichstagsmitglied Hans Peter →Hanssen in Apenrade/Aabenraa die treibende Kraft bei der Umgestaltung der D. zu einer Volksbewegung nach reichsdän. Vorbild. Er stand auch für einen flexiblen Umgang gegenüber der preußischen Verwaltung, wohingegen Redakteur Jens Jessen in Flensburg an der traditionellen Protestlinie festhielt. Das Rückgrat der D. waren jetzt wie zuvor die Hofbesitzer. Solange in Nordschl. die ländliche Gesellschaft vorherrschte, war es der D. so möglich, dem verschärften Germanisierungsdruck seit den 1880er Jahren standzuhalten. Anders sah es in Flensburg aus, wo die D. aufgrund der starken sozialen Veränderungen durch die →Industrialisierung der Stadt, aber auch aufgrund des überwiegenden dt. Sprachgebrauchs selbst der Dän.gesinnten erhebliche Einbußen hinnehmen mußte. Die dän.gesinnten Soldaten Nordschl. nahmen am 1.WK teil. Nach der dt. Niederlage 1918 wurde der Weg zur Vereinigung Nordschl. mit DK durch eine Volksabstimmung geebnet, wohingegen Mittelschl. bei Dt. verblieb.

Lit.: T. Fink, Geschichte des schl. Grenzlandes, Kopenhagen 1958; Geschichte SH, hg. von U. Lange, Nms. 1996, 427-485. HSH

Dänische Minderheit Die neue Grenzziehung von 1920 hinterließ eine bescheidene dän.gesinnte, aber überwiegend dt.sprachige D. in Mittel- und Südschl. Ihren Schwerpunkt

hatte sie in →Flensburg, wo sie ihre Anhängerschaft v.a. in der Arbeiterbev. fand; auch in den Landgem. südlich entlang der Grenze waren es überwiegend Kleinbauern und Landarbeiter, die ihr nahestanden. Hinzu kamen kleine Kreise in →Tönning und Schl. Die Führung der D. entstammte der bürgerlichen Schicht, so der führende Kopf, der Redakteur Ernst →Christiansen von der dän. Zeitung »Flensborg Avis«. Die D. sammelte sich 1920 polit. und kulturell unter dem Dach von »Den slesvigske Forening« (Die schl. Vereinigung). In Flensburg gab es kommunale dän. Volksschulen und eine private dän. Realschule sowie ein privates dän. Gymnasium, die Duborg-Schule. Erst nach 1926 wurde die Bildung privater dän. →Schulen im übrigen Südschl. zugelassen. Die D. hatte ihre eigene Kirche, die dän. Kirche in Südschl. (Dansk Kirke i Sydslesvig). Nach der Machtübernahme durch den NS 1933 verschärften sich die Bedingungen für die Mitglieder der D., doch blieben die Rahmenbedingungen ihrer Existenz als nationale Minderheit unangetastet. Die Niederlage Dt. 1945 bewirkte einen gewaltigen nationalen Aufschwung der D. Unter dem Eindruck materieller Not und des Zusammenbruchs dt. Werte sowie des Zustroms von Flüchtlingen aus den dt. Ostgebieten fanden tausende ihren Standort in der neudän. Bewegung. In allen Regionen Südschl. wurden dän. Schulen gebildet, und der Zulauf zu der neuen Kulturorganisation Südschl. Verein und der neuen Partei Südschl. Wählerverein war stark. Die D. erhielt Mandate im sh →Landtag. Im Gleichschritt mit der dt. wirtschaftlichen und gesellschaftlichen Wiederherstellung nach der Währungsreform 1948 und der Errichtung der Bundesrepublik 1949 gingen aber viele Anhänger wieder auf die dt. Seite zurück; auch die Ablehnung einer Grenzverschiebung nach Süden seitens der dän. Regierung führte zum Rückgang der D. Nach der dt.-dän. Entspannung, die ihren Ausdruck in den →Bonn-Kopenhagener-Erklärungen fand, haben sich viele Mitglieder der D. mit ihrem Status arrangiert. Im Verhältnis zu der Zeit zwischen den WK ist die D. jetzt wesentlich gestärkt, auch wenn die meisten ihrer Mitglieder nunmehr dt.sprachig sind.
Lit.: R. Hansen u.a., Minderheiten im dt.-dän. Grenzbereich, Kiel 1993. HSH

Dänischer Wohld Die landschaftlich reizvolle Halbinsel des D., urkundlich 1307 als Danica silva und 1325 als Denschewolt erwähnt, erstreckt sich in Nord-Süd Richtung von der Eckernförder Bucht bis zum Nord-Ostsee-→Kanal und in der Ost-West Ausdehnung von der Kieler →Förde bis zur gedachten Linie →Eckernförde-Sehestedt. Die Jungmoränenlandschaft des Pleistozän (vor ca. 1.6 Mio. Jahren) weist mit einer großen Zahl bronzezeitlicher →Megalithgräber (1600-1400 v.Chr.) auf dichte Frühbesiedlung hin. Nach dem Aussterben der Urbev. und dem Auszug der anglischen Kolonialisten ab 450 n.Chr. nach Britannien (→Angelsachsen) blieb die Gegend 700 Jahre nahezu unbewohnt. Der undurchdringliche Urwald firmierte nach den Chronisten Adam von Bremen (11. Jh.) und →Helmold von Bosau (12. Jh.) als Isarnho (altsächs.) bzw. Jarnwith (dän.) – Eisenwald. Ab dem 13. Jh. wurde das Gebiet von Lehnsleuten der holst. Gff. rekultiviert. Zahlreiche Glashütten (z.B. Wulfshagenerhütten) trugen in den folgenden Jh. durch den hohen Holzverbrauch zur steten Verringerung des Waldes bei. Casper →Danckwerths Karte »Vom Dän. Walde« (1652) weist noch knapp die H. des Gebietes als bewaldet aus. Heute gilt der D. mit 17km² Waldfläche als eine der baumreichsten Gegenden SH. Im Kernland der Bauernbefreiung wurde bereits am 15.10.1786 durch den Gf. von Holck auf Eckhof (bei Strande) die →Leibeigenschaft aufgehoben. Besonderheiten im D. sind: Feuerwehrmuseum/Birkenmoor, Eibe in Altenholz-Klausdorf, Alter Eiderkanal von 1777, Nord-Ostseekanal, Olympiahafen Schilksee, Steilküste, Datenzentrale SH in Altenholz.
Lit.: H. Vollmer, Der D., Rendsburg 1986; W. Scharnweber, Reisebilder D., Bremen 1998. MH

Dänisch-Wohlder Güterdistrikt Die Gesamtheit der adligen Güter (→Gut) Schl. wurde 1713 in fünf →Güterdistrikte geteilt, von denen einer der D. war. Zu ihm gehörten 34 Güter im →Dän. Wohld: Alt-Bülk, Altenhof mit Bornstein, Aschau, Augustenhof, Berensbrook mit Rothenstein, Birkenmoor, Borghorst, Dän.-Nienhof, Ekhof, Friedensthal, Groß-Königsförde mit →Gettorf, Grünhorst, Harzhof, Hoffnungsthal, Hohenhain, Hohenlieth mit Hohenholm, Hütten (zweimal), Kal-

Daenell, Ernst

Damp aus der Luft 1991

Damp

F.C. Dahlmann, Lithographie von Hanfstängl

tenhof, Knoop, Lindau mit Neversdorf, Marienthal, Neu-Bülk, Noer mit Grünwald, Rathmansdorf, Rosenkranz, Schirnau, Seekamp, Sehested, Steinrade, Uhlenhorst, Windeby, Warleberg und Wolfshagen. Der D. umfaßte um 1850 insgesamt eine Fläche von etwa 280 km². 1853 wurden der D. und der Schwansener Güterdistrikt zur →Eckernförder→Harde vereinigt, der ein kgl. Kommissar als Oberbeamter vorstand. LS

Daenell, Ernst →Geschichtsschreibung

Dahlmann, Friedrich Christoph (geb. 13.5.1785; gest. 5.12.1860 Bonn) war 1812-1829 Professor für Geschichte in →Kiel, und seit 1815 Mithg. der →Kieler Blätter. D. trat als polit. Historiker für eine freiheitliche Verfassung auf historisch-rechtlicher Grundlage ein. Der Satz aus dem →Ripener Vertrag von 1460 »dat se bliven ewich tosamende ungedelt« wurde von ihm wiederentdeckt und aktualisiert. Schl. gehörte für ihn mit Holst. zum Dt. Bund (Schleswigholsteinismus, Waterloorede von 1815). D. zählte zu den »Göttinger Sieben« (1837) und war 1848-1849 Mitglied der Frankfurter Nationalversammlung.
Lit.: SHBL 4, 46-52. MJK

Damp (RD) Um die Ostseeküste nicht unnötig zu zersiedeln und →Schwansen neue wirtschaftliche Impulse zu geben wurde 1969-1973 auf 65ha ehemals zum →Gut D. gehörenden Landes das Gesundheits- und Ferienzentrum D. 2000 gebaut. Ständig erweitert, umfaßt das heutige Ostseebad D. die Klinik mit rund 400, die Reha-Klinik mit 800 und den Ferienpark mit vielen Attraktionen und 2.600 Betten. Ferner existiert ein Jachthafen mit 400 Liegeplätzen. Getragen wird D. von der auch außerhalb SH tätigen Unternehmensgruppe D.
Lit.: K. Voigt, K. Seemann, Chronik D., D. 1994. NMW

Dampfdreschmaschine →Döschdamper

Danebrog ist die Bezeichnung für die dän. Nationalflagge (weißes Kreuz auf rotem Grund); der Sage nach fiel sie 1219 vor einer Schlacht Waldemar II. von DK gegen die heidnischen Esten vom Himmel, woraufhin die Dän. den Sieg errangen. Der erste gesicherte Nachweis des D. stammt erst aus dem späten 14. Jh., als Waldemar IV. das Kreuz nach einer Pilgerfahrt nach Jerusalem erstmals verwandte. WK

Danebrogorden ist ein dän. Ritterorden, 1671 gestiftet von Christian V. vor dem Hintergrund des Mythos des 1219 vom Himmel herabgefallenen →Danebrogs, der dän. Fahne. Friedrich VI. reformierte den →Orden 1808 und erweiterte den Kreis der Empfänger. Der Orden wurde sowohl →Bürgern des Gesamtstaats als auch Ausländern für verdienstvollen Einsatz auf dem Gebiet der Kunst, der Wissenschaft und in der Wirtschaft verliehen. Ausgeführt ist der Orden als ein weiß emailliertes Kreuz mit roten Kanten, dem Monogramm Christian V. und der Inschrift »Gud og Kongen« (»Gott und der Kg.«). IA

Danewerk Das D. (dän. danæwirchi) war die südliche Grenzbefestigung des dän. Reiches und bestand aus einem mehrphasigen, gestaffelten System von Langwällen zwischen →Schlei und westl. Vorfeld der →Treene. Archäologisch sind acht Neu- und Umbauphasen festgestellt worden. Die Bauaktivitäten erstreckten sich zwischen Ende des 7. bis Ende des 12. Jh. mit zwei Schwerpunkten im 8. Jh. (D. I-V) und 10.-12. Jh. (D. VI-VIII). Die ältere Linie besteht aus dem Krummwall, dem Hauptwall, dem Nordwall und dem Ostwall, die jüngere aus Hauptwall und Verbindungswall. Dazu kommt als kurzfristige Neukonzeption der →Kograben auf eigener Achse vom Ende des 10. Jh. Chronologische Fixpunkte sind der Palisadenwall (D. IV samt Sperrwerk in der Schlei) von 737, der Verbindungswall (D. VI) von 968 und die →Waldemarsmauer (D- VIII) von 1160/80, die als 30m breite und 6m hohe Anlage mit einer Frontverstärkung aus Ziegelsteinen errichtet wurde.
Lit.: H.H. Andersen, Danevirke og Kovirke. Arkeologiske undersøgelser 1861-1993, Århus 1998. CR

Danckwerth, Caspar (geb. um 1605 Oldenswort, gest. 25.1.1672 Husum) Der Historiograph, Arzt und Bürgermeister von →Husum (1641) studierte nach dem Besuch der Husumer Lateinschule (→Gelehrtenschule) in Helmstedt (1620), Jena (1622), Altdorf (1625), Straßburg (1632) und Basel (dort 1633 Doktor der Medizin). Er gab 1652 die mit Karten Johannes →Mejers ausgestattete »Newe Landesbeschreibung der zwey Herzogthümer Schleswich und Holstein« heraus, die einen Meilenstein auf dem Weg zur modernen Topographie und Landesbeschreibung darstellt.
Lit.: SHBL 4, 54-56. DK

Decker →Maße

Dehmel, Richard →Literatur

Deich Die künstlichen, wallartigen Erdaufschüttungen mit befestigten Böschungen zum Schutz v.a. der flachen →Marsch an der Westküste SH gegen Meeres- und Binnenhochwasser, v.a. aber gegen →Sturmfluten, werden als D. bezeichnet. Im Unterschied zu einem Damm

Der Danebrog

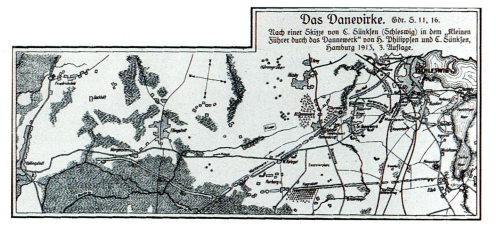

Karte des Danewerks

Deich

Modell eines Stakdeichs im Nissenhaus in Husum

hat ein D. zwei unterschiedlich profilierte Seiten. Die dem Meer zugewandte Außenböschung ist dabei deutlich flacher geneigt als die Innenböschung. Je nach Art der Bedeckung werden D. als Asphaltd., Grasd. oder Pflasterd. klassifiziert; je nach Art des Materials als Kleid., die meist in historischer Zeit erbaut wurden, Sandkernd. (heute meist im Spülverfahren erstellt) oder Inseld., die vorwiegend aus Dünensand ohne weitere Bedeckung errichtet werden. Je nach Art ihrer Lage zur Hauptd.linie unterscheidet man Außend. (Sommerd.), die im D.vorland oder auf dem →Watt liegen, Hauptd. (Landesschutzd., Seed., Winterd.) und Binnend. (Flußd., Mitteld., Schlafd.), die in zweiter und dritter Linie hinter dem Hauptd. im Binnenland liegen. Lebenswichtig für die Küstenbev. sind die Landesschutzd. bzw. Seed. in der ersten D.linie, die gesetzlich zum Schutz gegen die Sturmfluten bestimmt sind. Auf einer Gesamtstrecke von 358km bilden sie an der Westküste eine künstliche Grenze zwischen Land und Meer. Nur an einer einzigen Stelle, bei Schobüll nördlich von →Husum in →Nordfriesland, gibt es eine natürliche Barriere für die See. Hier tritt auf einer Strecke von rund 2km die →Geest, die eiszeitliche Ablagerung, die das Rückgrat SH bildet, bis an die →Nordsee heran. Ansonsten sichern rund 292km Seed. das Festland und 66km die nordfriesischen Inseln →Sylt, →Föhr und →Pellworm. Die →Halligen im nordfriesischen Wattenmeer besitzen keine Seed., sind aber durch insgesamt 36km Sommerd. gegen die täglichen Fluten geschützt. Auch die Ostseeküste wird von 68km Seed. begleitet, wovon 33km das Festland und 35km die Insel →Fehmarn sichern. Das Marschgebiet hinter den Landesschutzd. an der Westküste ist von zahlreichen Binnend. durchzogen. Viele davon begrenzen Flüsse und schützen vor Überschwemmungen nach langanhaltenden Niederschlägen oder gegen das sich in den Flüssen zurückstauende Meerwasser bei starken Westwinden oder Sturmfluten. Viele D. sind ehemalige Seedeiche, die diese Funktion einst nach Gewinnung eines neuen, vorgelagerten →Kooges verloren haben. Heute sollen sie in der zweiten D.linie verhindern, daß bei einem eventuellen Bruch des Hauptd. die Überflutungen zu tief ins Hinterland vordringen. Schlafd. nennt man die ehemaligen Seed. der ältesten Köge. Sie liegen heute so weit im Hinterland, daß sie in der dritten D.linie keine Schutzaufgaben mehr zu erfüllen haben. Der Bau von D. setzte ungefähr im 11. Jh. ein, als ein steigender Meeresspiegel und die damit verbundenen intensiveren Sturmfluten die Menschen zu gezielten Schutzmaßnahmen zwangen. Da für solche Großprojekte die Kräfte des einzelnen bei weitem überfordert waren, wurden die D. zunächst in genossenschaftlicher Organisation auf Ksp. ebene gebaut und nach gewachsenem Recht (→D.recht) verwaltet. Zunächst handelte es sich dabei nur um kleine Überlaufd., deren Kronenhöhe mit rund 1m über NN noch unter der Höhe der damaligen Warftsiedlungen (→Warft) lag. Als Baustoff wurde der Marschboden (Klei) verwendet. Die gesamte D.oberfläche bedeckte man mit Grassoden, um den D.körper widerstandsfähiger gegen Wellen und Hochwasser zu machen. Erst im späten MA ging man an die Aufgabe des Siedlungsschutzes. Unter teilweise enormen technischen Anstrengungen wurde die Höhe der D. mit ca. 4m über NN den Anforderungen angepaßt. Zur Beförderung des Baumaterials war mittlerweile die Tragbahre von der Sturzkarre abgelöst worden. Zugtiere trampelten

Deich

nebenbei die Erde fest und trugen ihrerseits zur Verdichtung des D.körpers bei. Ab dem 16. Jh. trieben die Landesherren – vorwiegend unter dem Aspekt der Landgewinnung – den D.bau voran. Nach einem alten Erfahrungssatz war ein Vorhaben dann wirtschaftlich rentabel, wenn für 100ha zu bedeichender Fläche nicht mehr als 1km D.länge benötigt wurde. Das finanzielle Risiko – es gelang bei weitem nicht jedes D.projekt, mitunter war auch die geplante Linienführung zu gewagt (Bredstedter Werk, Bottschlotter Werk) – gab man oft mit Hilfe eines Oktrois an kapitalkräftige Investoren, darunter viele nl. D.bauunternehmer, weiter. Auf diese Weise entstanden die »oktroyierten Köge«, deren rechtlicher Status fast dem einer selbständigen Republik gleichkam. Man errichtete nun erstmals auch Stackd., deren Fuß durch ein Schutzwerk aus eingerammten Pfählen und senkrechten Holzwänden gesichert war (Bollwerksd.). Bereits im MA war aber bekannt, daß die auflaufenden Wellen an einer flachen Außenböschung weniger zerstörend wirkten. Allerdings fehlten immer noch die technischen Voraussetzungen für diese Art der Befestigung eines Seed. Als Notlösung mußte weiter auf die »Stacks« gebaut werden, deren Haltbarkeit jedoch viel zu wünschen übrig ließ. Ihre enorme Anfälligkeit gegenüber Hochwasser, Eisgang, Fäulnis und Muschelbefall führte häufig zu gefährlichen Schäden und D.brüchen. Selbst in den Nl., wo die D.bautechnik viel weiter entwickelt war, blieben die Stackd. bis in die zweite H. des 18. Jh. unverzichtbare Hilfsmittel zur Sicherung gefährdeter D.strecken. Mit dem Einsatz der Schubkarre leitete 1610 bei der Bedeichung des Sieversflether Kooges in →Eiderstedt der nl. D.bauexperte und Generald.gf. des Hz. von Holst.-→Gottorf Johann Claussen Rollwagen eine neue Ära ein. Die bäuerlichen →Hand- und Spanndienste wurden nach und nach überflüssig, Lohnarbeit setzte ein. Ende des 18. Jh. begann man, die alten Holzd. mit ihrem senkrechten D.fuß durch flacher auslaufende, strohgedeckte D. abzulösen. Die schwierige Strohbeschaffung führte bei wachsenden Lohnkosten für die Bestickung jedoch bald zum Bau von Steind. 1933 leiteten die ns Machthaber ein großes kombiniertes Arbeitsbeschaffungs- und Landgewinnungsprogramm (benannt nach dem NSDAP-→Gauleiter und →Oberpräsidenten Hinrich Lohse und verfaßt von dem Küstenschutz-Ingenieur Dr. Johann M. Lorenzen) ein, das unter größtmöglichem Verzicht auf den Einsatz von Maschinen bis Kriegsbeginn neun Köge mit einer Gesamtfläche von rund 5.300ha hervorbrachte. In den 1950er

Der Norddeich auf Föhr

Jahren endete die Epoche der Landgewinnung im Wattenmeer. Die wenigen noch folgenden Bedeichungen verstanden sich als Küstenschutz- oder Wasserlösungsmaßnahmen und waren stark vom →Naturschutz beeinflußt. Die modernen Landesschutzd. bestehen aus einem Sandkern (Sandkernd.) und einer Kleidecke, von deren Güte und Dicke wiederum die Widerstandsfähigkeit gegen die Wellenwirkung abhängt. Die D.oberfläche wird durch eine Grasnarbe geschützt, durch Schafbeweidung ständig festgetreten und auf Rasendichte gehalten. So finden die natürlichen Feinde der D. – Maulwürfe, Mäuse, Kaninchen – hier keinen Lebensraum. Die Abmessungen eines Landesschutzd. (D.bestick) erfolgen gemäß den Anforderungen des Generalplans D.verstärkung, D.verkürzung und Küstenschutz von 1962. Zur Umsetzung dieses 1977 und 1986 aktualisierten Plans wurden die D. bis auf 20 immer noch ausstehende km erhöht und verstärkt und außerdem mit einer flacheren Böschung versehen. Beide Seiten des D. weisen außerdem einen schwach geneigten, meist mehrere m breiten Randstreifen am Fuß der D.böschung auf, der bisweilen seeseitig (Außenberme) als Abfahrweg für Treibsel und landseitig (Binnenberme) als D.verteidigungsweg ausgebaut ist. Die Bermen haben den Zweck, das D.fundament zu verbreitern und damit die Standfestigkeit des D.körpers zu erhöhen. Zur Verkürzung der Seed.linie konnte u.a. 1973 das →Eidersperrwerk zwischen Vollerwiek in →Eiderstedt und Hundeknöll in →Dithm. fertiggestellt werden. 1974-78 wurde in Dithm. die Meldorfer Bucht bedeicht, 1982 brachte ein weiteres großes Küstenschutzprojekt in dt.-dän. Zusammenarbeit den Rickelsbüller (dt.) und den Margrethenkoog (dän.) hervor und sicherte v.a. die Marschgebiete vor Tondern/Tønder in DK. Während die D. um 1800 eine Breite von rund 40m an ihrer Basis und eine Kronenhöhe von knapp 6m über NN aufwiesen, hat sich die D.basis 1987 bei der bislang letzten großen Küstenschutzmaßnahme, der Bedeichung der Nordstrander Bucht in →Nordfriesland, mehr als verdoppelt (ca. 100m), und die Kronenhöhe wurde auf 8m über NN angehoben. Ein km eines solchen D. kostete damals rund 2 Mio. DM.

Lit.: J. Kramer, Kein D. – Kein Land – Kein Leben. Geschichte des Küstenschutzes an der Nordsee, Leer 1989; J. Kramer, Entwicklung der D.bautechnik an der Nordseeküste, in: Historischer Küstenschutz, Stuttgart 1992, 63-109; H.J. Kühn, A. Panten, Der frühe D.bau in Nordfriesland, Bräist/Bredstedt 1989; H.J. Kühn, Die Anfänge des D.baus in SH, Heide 1992; J. Newig, M. Petersen, Eine Klassifizierung von D. an der Nordseeküste, in: Schriften des Naturwissenschaftlichen Vereins für SH 65, 1995, 67-106. HK

Deich- und Hauptsielverband Aufgrund der Ersten Verordnung über Wasser- und Bodenverbände vom 3.11.1937, die insbesondere die starke Zersplitterung im Entwässerungswesen (→Entwässerung) und die Ungleichheit der Deich- und Entwässerungslasten beseitigen sollte, kam es für jeden →Deichband zur Bildung eines D. Die einzelnen Entwässerungsgenossenschaften wurden zu Sielverbänden. Die Aufrichtung der einzelnen D. zog sich – auch durch kriegsbedingte Hinderungen – bis in die 1950er Jahre hin. Der D. war bis zur Übernahme der Landesschutzdeiche (→Deich) durch das Land zuständig für die Deichunterhaltung und ist es noch heute für die gesamte künstliche Entwässerung in seinem Bezirk. LS

Deichband Die geschlossene, d.h. ununterbrochene Deichlinie (→Deich) um ein zu schützendes Gebiet, wird als D. bezeichnet. Das Allgemeine Deichreglement von 1803 legte für Holst. sechs, für Schl. vier D. fest, die der Aufsicht der seit 1800 bestallten staatlichen Deichinspektoren unterlagen. Die Aufsicht über die Erhaltung und bauliche Verbesserung der Deiche hatten nach wie vor die Oberdeichgf (→Deichgf.). Unter dem Einfluß moderner Sperrwerksanlagen kann man den heutigen Landesschutzdeich an der Westküste des Festlandes als ein D. bezeichnen. LS

Deichediger →Eiderstedt

Deichgenossenschaft Der →Deich ist ursprünglich eine genossenschaftliche (→Genossenschaft) Anlage. Die vom Deich geschützten Landbesitzer bilden die D. Sie unterhält die Deiche und die zu ihnen gehörenden Anlagen. Dafür hat sie auch das Nutzungsrecht der

Deichs- und Vordeichsländereien, der in Holst. sog. Deicherde, die zumeist als Gräsungsfläche Verwendung findet. Da heute die Landesschutzdeiche dem Land gehören, gibt es D. nur noch an Flußdeichen. LS

Deichgraf Der kommunale Aufsichtsführende über den Schutzdeich (→Deich) in den Marschen (→Marsch), der jeweils nur eine temporäre Amtszeit (4-8 Jahre) hatte, führte die Aufsicht über den Deich bzw. die Deiche, wobei ihm Deichgeschworene zur Seite standen. Er leitete alle Deichbauerhaltungsmaßnahmen, konnte die säumigen Unterhaltspflichtigen mit →Brüchen bestrafen und in Notfällen Zwangsmittel anwenden. Allen D. im Rahmen eines →Deichbandes stand der Oberd. vor, zumeist der kgl. Oberbeamte (→Amtmann, →Landvogt, →Landdrost, →Administrator). Nach Einrichtung der Deich- und Hauptsielverbände in den 1930er bis 1950er Jahren wird der Deichaufsichtsführende der einzelnen Verbände Oberd. genannt; die D.en heißen heute Abschnittsleiter. LS

Deichrecht Die Regelung der Rechte und Pflichten der Deichbesitzer bzw. der vom Deichschutz profitierenden Personen erfolgte im D. Bevor das lange Zeit dafür zuständige Spadelandesrecht 1557 erstmals schriftlich fixiert wurde, ist es bereits über Jh. mündlich überliefert worden. Vorbild könnten Rechtssätze gewesen sein, die schon in dem um 1230 geschriebenen Sachsenspiegel formuliert waren. Dort heißt es u.a., daß jedes →Dorf, das durch einen →Deich vor der Flut geschützt wird, seinen Abschnitt samt einem etwa 90m breiten Vorlandstreifen zu pflegen hat. Bricht der Deich, sind alle Bewohner zur Wiederinstandsetzung verpflichtet. Wer sich dieser Pflicht entzieht, verwirkt sein hinter dem Deich liegendes Land. Die bekannteste Bestimmung des Spadelandesrechts ist die Rechtspraxis des Spatenstechens. Wer aus Unvermögen oder aus Mutwillen seinen Deichabschnitt nicht fertigstellen konnte oder nicht pflegen wollte, konnte durch die Gemeinschaft der Deichpflichtigen geächtet werden. Dies geschah durch das deutlich sichtbare Einstechen eines Spatens in das Deichstück des Säumigen durch den Deichrichter, womit der betreffende Interessent sein Land rechtskräftig verloren hatte. Genausogut konnte ein Deichgenosse in eigener Entscheidung den Spaten in sein Land stecken und damit seinen Ausstieg aus der Deichgemeinschaft anzeigen. Die Öffentlichkeit war nun zur Übernahme aufgefordert. Wollte keiner den Spaten ziehen und damit Land und Pflichten des Enteigneten übernehmen, fiel beides dem →Koog zu. Zeigte auch die Koogsgenossenschaft kein Interesse, war der Landesherr schließlich die letzte Instanz, die sich diesem symbolischen Akt mit allen Konsequenzen nicht entziehen konnte. Insgesamt war das D. aber recht uneinheitlich, und die Aufsicht durch die →Deichgf. funktionierte nur mangelhaft. Der entscheidende Durchbruch zu einer zeitgemäßen Deichverfassung gelang erst 1800 mit der Einsetzung staatlich ausgebildeter Aufsichtsbeamten, den Deichinspektoren, und 1803 mit der Verfügung des Allgemeinen Deichreglements. Auf dieser Grundlage entstanden an der sh Nordseeküste und an der Unterelbe zehn Deichbände (→Deichband), an deren Spitze der zuständige Oberbeamte in seiner Funktion als Oberdeichgf. stand. Unter preußischer Verwaltung gingen Küstenschutz und Landgewinnung schließlich ganz in die Zuständigkeit des Staates über. 1882/84 wurden Wasserinspektionen eingerichtet und 1898 das Domänenrent- und Bauamt gegr. 1936 wurde es vom Marschenbauamt abgelöst, das seit 1973 Amt für Land- und Wasserwirtschaft hieß und 1998 in Amt für ländliche Räume umbenannt wurde. Die Verwaltung und Pflege der Deiche oblag weiter den lokalen Wasser- und Boden- bzw. Deich- und Hauptsielverbänden. Am 1.1.1971 gingen die Seedeiche in jeder Hinsicht in die Zuständigkeit des Landes SH über. Damit wurde auch die Kompetenz der Deich- und Hauptsielverbände entscheidend eingeschränkt. Der Deichgf. als Vorsteher des jeweiligen Zweckverbandes ist heutzutage noch bei der Neuplanung von Schutzdeichen anzuhören und an der Deichschau sowie der Gefahrenabwehr zu beteiligen. So ist er beispielsweise bei einer Sturmflut als Deichläufer unterwegs und beobachtet den Seedeich. Seine Hauptzuständigkeit bezieht sich aber auf die zweite Deichlinie und auf die Lösung der Entwässerungsprobleme im Verbandsgebiet.

Dekan

In Ausnahmefällen können ihm auch polizeiliche Aufgaben übertragen werden. Heute ist das D. Bestandteil des Landeswassergesetzes sowie der Deich- und Küstenverordnung des Landes. Seit der Küstenschutz als nationale Aufgabe gesehen wird, trägt das Land SH die Verantwortung, die aufzuwendenden Mittel zu 70% die Bundesrepublik Dt. Die zuständige Landesbehörde ist seit 1998 das Amt für ländliche Räume in →Husum. Die heute stark miteinander konkurrierenden Ansprüche im Küstenraum – →Naturschutz versus Küstenschutz – sollen künftig mit Hilfe eines Beirats Integriertes Küstenschutzmanagement gelenkt werden, der u.a. auch einen neuen Generalplan Küstenschutz aufstellen soll. Mitglieder des Beirats sind Vertreter des sh Landkreistages, des Gem.tages, des Städtetages und Städtebunds, der Wasser- und Bodenverbände, des Marschenverbandes, des Landesnaturschutzverbandes und des Landschaftszweckverbandes Sylt.

Lit.: K. Boysen, Das Nordstrander Landrecht von 1572, Nms. 1967; J. Kramer, Kein Deich – Kein Land – Kein Leben. Geschichte des Küstenschutzes an der Nordsee, Leer 1989; S. Petersen, Dt. Küstenrecht, Baden-Baden 1989; H.J. Kühn, Die Anfänge des Deichbaus in SH, Heide 1992. HK

Dekan (lat. decanus) 1. Der vom Bf. oder →Domkapitel ernannte Priester, der die Aufsicht über die in dem Sprengel tätigen Geistlichen führte, wurde D. genannt; in dieser Funktion war er meist mit Kanonikat und Präbende des Domkapitels ausgestattet. 2. Der erste Priester eines →Kalands oder der Gemeinschaft der →Vikare an einer Kirche wurde ebenfalls als D. (decanus calendae, decanus vicariorum) genannt. 3. In der römisch-katholischen Kirche in SH gibt es sieben D.ate, deren vorstehende Priester Dechanten (von decanus) genannt werden. 4. An der Kieler →Universität nimmt der D. als von seinen Kollegen gewählter Leiter der Fakultät auf bestimmte Zeit die Geschäfte derselben wahr. LS

Dellbrück (HEI) Nahe der Abzweigung der Lübschen Trade von der Landstraße zwischen Meldorf und Albersdorf liegt in der Gem. D. ein erhaltenes Großsteingrab (→Megalithgrab) in einem Findlingsring. Ursprünglich war es von einem Rundhügel bedeckt. Die Kammer ist von zwei Decksteinen abgeschlossen. Nordwestlich des Grabes befinden sich an der Mielenau die Reste der 1403 auf Geheiß der Gff. von Holst. durch Claus von →Ahlefeldt angelegten Marienburg, einer Turmhügelburg, die 1404 von den →Dithm. wieder zerstört wurde. LS

Demarkationslinie 1849 Nach den Waffenstillstandsbedingungen zwischen →Preußen und DK vom 10.7.1849 wurde Schl. bis zum 13.7.1850 von einer dän.-preußisch-engl. Landesverwaltung mit dän. Besatzungstruppen auf Alsen/Als und Ärrö/Ærø, schwedisch-norwegischen in →Nordschl. und preußischen in Südschl. geleitet. Die →Grenze zwischen den beiden letztgenannten Gebieten wurde D. genannt und folgte in etwa der nationalen Gesinnungsgrenze nördlich von Tondern/Tønder und südlich von →Flensburg bis zur Geltinger Bucht. HSH

Demarkationslinie 1945 Die →Grenze zwischen der sowjetischen und britischen Besatzungszone wurde in ihrem nördlichen Verlauf der alten Grenze zwischen der →Provinz SH und dem Land →Mecklenburg angepaßt. Einzelne territoriale Veränderungen waren Gegenstand des →Lyaschenko-Abkommens. Mit der Ziehung der D. und dem unterschiedlichen Staats- und Gesellschaftsaufbau auf beiden Seiten der →Zonengrenze kam es zur Abschneidung der wirtschaftlichen und sozialen Verbindungen. Besonders stark hatten in wirtschaftlicher Hinsicht →Lübeck, aber auch →Ratzeburg, →Mölln und →Lauenburg unter der D. zu leiden, zumal sie im Verlauf der Zeit immer undurchlässiger wurde und seitens der DDR zum fast undurchdringlichen »antifaschistischen Schutzwall« mit nur wenigen Grenzübergängen ausgebaut wurde; Eisenbahnübergänge gab es in Lübeck-Herrnburg und Büchen-Schwanheide, ein Autobahnübergang bei Gudow-Zarrentin ersetzte den Übergang im Verlauf der B5 bei Lauenburg-Horst. Mit den innerdt. Abkommen 1971/72 wurde der →Grenzverkehr erleichtert. Ein spezielles Wirtschaftsförderungsprogramm, die sog. Zonenrandförderung für einen etwa 40km breiten Gebietsstreifen auf der Seite der Bundesrepublik Dt., sollte seit 1971 die Benachteiligungen mildern. Mit dem Fall der befestigten Staatsgrenze West der DDR im Herbst 1989 wurde die Beseitigung der D. eingeleitet. Heute stellt der relativ tiefe Grenzstreifen ein Biotop für zahlreiche Tier- und Pfanzenarten dar, die sich hier nahezu ungestört entwickeln konnten. LS

Demat →Maße

Denghoog →Megalithgrab

Denkmäler sind die zur Erinnerung an Personen und Ereignisse errichteten Werke der Bau- und Bildhauerkunst. Auch Grabmäler gehören demzufolge in die Gruppe der D. Insofern stellen die ältesten D. des Landes die →Runensteine dar. Auch das →Ansveruskreuz (→Einhaus) ist ein Erinnerungsstein. In der Renaissance kam es zur Errichtung vereinzelter D., so etwa der von Heinrich →Rantzau errichtete Obelisk von Nordoe (IZ). Auch das 18. Jh. ist noch nicht denkmalfreudig. Erst im 19. Jh., insbesondere in dessen 2. H., finden sich zahlreiche neue D., die nun ausdrücklich polit. Manifestationen darstellen. Nach dem Ersten →Schl. Krieg wurden manche der Einzel- und Massengräber der Getöteten in Form von D. arrangiert. Eine polit. Demonstration des dän. Sieges bei →Idstedt sollte der sog. Idstedt-Löwe in →Flensburg darstellen, der erst 1862 aufgestellt wurde, um 1864 als Siegesbeute nach Groß-Lichterfelde bei Berlin überführt zu werden, bis er 1945 von den Amerikanern nach Kopenhagen geschafft wurde. Nach der preußischen →Annexion, insbesondere aber nach der Reichsgründung 1871 kam es zur Errichtung sowohl von Kriegsopferd. wie zur Gestaltung von D., die die Reichsgründer (Wilhelm I. und Otto von →Bismarck) darstellten. Einen Aufschwung für die auf die Landesgeschichte bezogenen D. gab es anläßlich des 50. Jahrestages der →Erhebung 1898; jetzt wurden zahlreiche »op ewig ungedeelt«-Steine aufgestellt und →Doppeleichen gepflanzt. Preußen konnte mittlerweile solche Manifestationen geschichtlichen Sonderinteresses zulassen, zumal seine 1850 ganz anders eingeschätzte Rolle mittlerweile in einen Mythos von der »Befreiung vom dän. Joch« 1864 umgedeutet worden war. Neue Herausforderungen stellte der verlorene 1.WK mit seinen vielen Kriegstoten aus nahezu allen Gem. der →Provinz SH. Wenigstens in jedem →Ksp. wurden in den 1920er Jahren D. errichtet; sie haben ganz überwiegend einen trotzig-nationalen, bisweilen religiös verbrämten, selten Trauer bezeugenden Ausdruck. Diesen D. wurden nach der Niederlage im 2.WK die doch zumeist zurückgenom-

Das Siegesdenkmal des 9. Corps in Altona um 1900, Foto G. Koppmann

Denkmal für Kaiser Wilhelm I. in Lübeck

Das Altonaer Kriegerdenkmal von 1880, Lithographie von J.F. Richter

Deportation

Bismarckstein in Bergedorf 1906

meneren Gedenkelemente für die Kriegstoten, Vermißten und manchmal auch Kriegsgefangenen angefügt. Nur sehr wenige Mahnmale entstanden bald nach dem Ende des NS für die Opfer der Diktatur (z.B. in →Itzehoe nach Entwürfen von F. →Höger). In den 1950er Jahren kam es zum Bau zahlreicher D., die an die ehemaligen dt. Ostgebiete erinnern sollten. Auch der Bau der Mauer in Berlin und die Abschottung der dt.-dt. Grenze 1961 führte zur Errichtung zahlreicher D., die unter dem Motto »dreigeteilt – niemals« standen und Berlin als Symbolstadt für die Teilung Dt. herausstellten. Die Auseinandersetzung mit der jüngeren dt. Geschichte hat dann D. zur Erinnerung an die von →Kiel ausgehende Revolution (→Matrosenaufstand) und die Opfer des NS entstehen lassen, wobei es oft – auch wegen der abstrakten Formen und ungewohnten Materialien – zu heftigem Streit um die D. kam (z.B. in Kiel um das Revolutionsdenkmal von H.J. Beuste). Dis bislang letzte Welle von D. breitete sich in SH nach der Wiedervereinigung 1990 aus. Noch heute werden in zahlreichen Landgem. für wichtige kommunale Errungenschaften (Kanalisation, Straßenbau, Entwässerung u.a.m.) D. in Form von Findlingen mit Inschriften aufgestellt.
Lit.: Kunst-Topographie SH, bearbeitet im Landesamt für Denkmalpflege SH, Nms 1974; Istedløven. Et nationalt monument og dets skæbne, Herning 1993. LS

Deportation war während der NS-Zeit die zwangsweise Umsiedlung der jüdischen Bev. sowie der →Sinti und Roma SH in die eroberten Gebiete Polens und der Sowjetunion zum Zweck ihrer Vernichtung. Von den 1933 in SH lebenden über 4.000 jüdischen Mitbürgern waren durch die Entrechtung, Beraubung und andere Verfolgungsmaßnahmen der ns geprägten Gesellschaft bis Mai 1939 nur noch knapp 600 im Lande. Für sie wurde es nach Beginn des 2.WK im September 1939 noch schwerer, ihr Dasein zu fristen, da sie nun noch massiver benachteiligt waren. Sie wurden weitgehend in → Kiel und →Lübeck zusammengefaßt und von dort in Erfüllung der Pläne zur »Endlösung der Judenfrage« Ende 1941 hauptsächlich in das Reichskommissariat Ostland nach Riga transportiert und hier bzw. in den Vernichtungslagern des Ostens getötet. Nur Alte und Gebrechliche blieben zurück; sie wurden bis 1944 über Theresienstadt nach Auschwitz gebracht und dort ermordet.
Lit.: K. Bästlein, Das »Reichskommissariat Ostland« unter sh Verwaltung und die Vernichtung der europäischen Juden, in: 50 Jahre nach den Judenpogromen, Kiel 1989, 65-85. LS

Deputat Nach der Aufhebung der →Leibeigenschaft hatten die Gutsbetriebe (→Gut) zunehmenden Bedarf an Landarbeitern. Sie wurden zumeist nicht gegen Geldlohn, sondern gegen Naturallohn in Form von Wohnrecht, Stellung von Feuerung und Lebensmitteln eingestellt. Diese Naturalien wurden D. (von lat. deputare – zuteilen) genannt. LS

Deputation →Fortwährende D. der Prälaten und Ritterschaft

Detlefsen, Sönnich Friedrich Detlef → Geschichtsschreibung, →Museen

Detmar →Geschichtsschreibung

Deutsch-Dänischer Krieg →Schl. Kriege

Deutschchristentum →Völkische Bewegung

Deutsche Demokratische Partei → Parteien

Deutsche Gesellschaft zur Rettung Schiffbrüchiger (DGzRS) Zahlreiche Unglücksfälle der Schiffahrt an den dt. Küsten veranlaßten am 29.5.1865 die Gründung der D. in →Kiel, die insbesondere bei Seenotfällen im Küstenbereich Hilfe und Rettung der Schiffbrüchigen bewerkstelligen wollte. Treibende Kräfte der Entwicklung waren die Vegesacker A. Bermpohl und C. Kuhlmay. Beiträge der Mitglieder, Spenden von Interessierten und Unterstützung der öffentlichen Hand haben die D. zu einem beträchtlichen Rettungswerk anwachsen lassen, das heute eine Flotte von 60 modernen, leistungsstarken Seenotkreuzern und Rettungsbooten in 53 Stationen mit 185 fest angestellten und etwa 700 freiwilligen Helfern zwischen der Emsmündung und der Pommerschen Bucht unterhält. Der Sitz der D. ist Bremen. Seit 1865 hat die D. etwa 66.000 Menschen aus Seenot gerettet. LS

Deutsche Kanzlei Anf. des 16. Jh. entstanden, war die in Kopenhagen ansässige D. für die Verwaltung des kgl. Anteils der Hztt. Schl. und Holst. zuständig, 1667-1773 auch für die Gft. →Oldenburg und Delmenhorst sowie 1815-1848 für das Hzt. Lauenburg. Gleichzeitig übernahm sie die Korrespondenz v.a. mit dem westlichen und südlichen Ausland, hatte also außenpolit. Funktionen. Den Vorsitz führte der Dt. Kanzler, ab Ende 17. Jh. ein Obersekretär. 1770 wurde ein eigenständiges Departement für auswärtige Angelegenheiten geschaffen, die D. beschränkte sich fortan auf die Verwaltung der ab 1773 wieder vereinigten Hztt. Die D. wurde 1849 aufgehoben, ihre Aufgaben übernahm das dän. Außenministerium. KGr

Die Deutsche Kanzlei in Kopenhagen

Deutsche Minderheit Die D. in →Nordschl./Sønderjylland hat ihre Wurzeln im SHismus der 1840er Jahre. Seit 1848 wurden die überwiegend südjütisch sprechenden dt.gesinnten Nordschl. die Heimdt. (hjemmetyskere) genannt. Sie erfuhr in der Zeit von 1864-1920 massive Stärkung durch die preußische Verwaltung und Einwanderung aus dem Süden. Nach der Abtretung Nordschl. an DK organisierte sich die D. unter Führung von Pastor J. →Schmidt-Wodder als nationale Minderheit mit kommunalen und privaten Schulen, unabhängigen kirchlichen Gem., der Slesvigsk Parti (Schl. Partei) und einer Reihe kultureller Organisationen mit dt. Presse. Bis 1945 machte die D. etwa 15% der Bev. aus, verlangte aber gleichwohl eine Grenzverschiebung, besonders seit 1933. Die Mitglieder, Organisationen und Politik wurden 1933-1945 stark vom NS geprägt. 1940-1945 traten zahlreiche Dt.gesinnte in dt. Dienste. Nach der dt. Niederlage im Mai 1945 kam es im Zuge der Rechtsabrechnung (dän. retsopgørelse) zu zahlreichen Internierungen und Freiheitsstrafen gegen Mitglieder der D. Noch 1945 erklärte die geschwächte D. ihre Loyalität gegenüber dem dän. Staat und erkannte die Grenze von 1920 an; die Neuorganisierung erfolgte auf demokratischer Grundlage im Bund dt. Nordschl. als kultureller Hauptorganisation und die Zeitung »Der Nordschl.« bildete ihr Sprachrohr. Mehrere geschlossene dt. Schulen wurden wieder geöffnet. Wie 1920-1943 hatte die D. 1953-1964 und 1973-1979 einen Folketings-Abgeordneten; seit 1983 gibt es stattdessen ein Sekretariat der D. beim Staatsministerium. Die D. ist im Rat des Amtskreises Südjütland (Sønderjyllands Amtsråd) und in mehreren Gem.räten vertreten. Bei den Amtsratswahlen in den 1990er Jahren erzielte die D. Anteile von 3-4%.
Lit.: R. Hansen u.a., Minderheiten im dt.-dän. Grenzbereich, Kiel 1993. HSH

Deutsch-Nienhof (RD) Das →Gut wird 1472 erstmals erwähnt und ist seit 1776 in Besitz der Familie von →Hedemann-Heespen. Die Dreiflügelanlage war bis 1743 eine Wasserburg und erhielt nach 1837 einen weitläufigen Landschaftspark. Im Inneren beeindrucken die umfangreiche landeskundliche Bibliothek und fünf riesige Kupferstiche von F. Langot aus dem 17. Jh.
Lit.: P. von Hedemann-Heespen, Geschichte der adeligen Güter D. und Pohlsee in Holst., Schl. 1906. OP

Deutsche Partei →Parteien

Deutsche Volkspartei →Parteien

Deutsche Volksunion →Parteien

Deutsch-Nationale Volkspartei →Parteien

Deutschsozialistische Partei →Völkische Bewegung

Deutschvölkische Freiheitspartei →Völkische Bewegung

Deutschvölkischer Schutz- und Trutzbund →Völkische Bewegung

Dewitz, Kurt von →Oberpräsident

Diakon In katholischer Zeit war der D. ein niederer Grad in der Hierarchie der Zulassung zum Priesteramt. Der Archid. war der erste D. an einer Kathedrale; der seiner Aufsicht unterliegende Teil des Sprengels wurde Archidiakonat genannt und zumeist von einem Domherrn (→Domkapitel) verwaltet. Nach der →Reformation wurden die als Helfer des Gem.pastors eingesetzten Geistlichen D. genannt; der größte Teil der D. wurde im 19. Jh. abgeschafft bzw. zu Kompastoren oder zweiten Pastoren umgewidmet. Im 19. Jh. kam es in der evangelischen Kirche zu einer Verstärkung des Laienelements, das eng mit der Entwicklung der →Inneren Mission zusammenhing. D. waren hier in Brüderhäusern ausgebildete und zusammengefaßte Gem.helfer, die eine Stellung zwischen Geistlichen und Gem. einnahmen. Auch der ältere Gedanke des weiblichen D. als Gem.helferin wurde wieder aufgegriffen und erhielt als Diakonisse eine neue Bedeutung. Die Diakonissen sind als Schwesternschaften mit eigener Tracht ausgestattet und werden in Diakonissenhäusern ausgebildet, von denen die Flensburger Diakonissenanstalt (gegr. 1874) für Schl. eine besondere Bedeutung erlangt hat. LS

Dichtung →Literatur

Die Heimat 1890 wurde der Verein D. zur Pflege der Natur- und Landeskunde in SH und →Hamburg gegr. Seit 1891 erscheint eine Monatsschrift gleichen Namens. Die Mitarbeiter rekrutieren sich überwiegend aus Bildungsberufen, v.a. Lehrern. Themen sind historische Biographie, Familienkunde, Geschichte, Kunst- und Lit.geschichte, Volkskunde sowie Naturwissenschaften, die lange Zeit im Sinne eines kulturellen Konservativismus behandelt wurden, neuerdings aber stärker ökologische Zusammenhänge berücksichtigen.
Lit.: J. Christiansen, »D.«, Nms. 1980. KDS

Die Grünen →Parteien

Dieckmann, Bruno →Ministerpräsident

Diels, Otto Paul Hermann (geb. 23.1.1876 Hamburg, gest. 17.3.1954 Kiel) Nach dem Studium der Chemie in Berlin war D. an der dortigen Universität ab 1906 Prof. 1916-1948 leitete er das Chemische Institut an der Kieler Universität, wo er 1925/26 Rektor war. Berühmt wurde D., der über 170 Publikationen vorlegte, durch eine Reihe von Entdeckungen (u.a. 1903 die sog. »D.-Säure« als Spaltprodukt des Cholesterins). Von besonderer Bedeutung wurde die von ihm 1927 entwickelte Selen-Dehydrierung, mit der die richtige Cholesterinformel entwickelt werden konnte.
Lit.: SHBL 1, 126-127. OM

Dienstbote Im Haushalt und der Hauswirtschaft mithelfende familienfremde Personen wurden als D. bezeichnet. Sie unterstanden nach den D.-Ordnungen der patriarchalischen Gewalt des Hausherrn. Im städtischen Haushalt handelte es sich um Diener und Hausknechte, um Köchinnen und Dienstmädchen. Im ländlichen adeligen Haushalt gab es eine große Zahl von D. in unterschiedlichen Funktionen, im bäuerlichen Haushalt Knechte und Jungen, Mägde und Kleinmädchen. LS

Dienstgeld Im Spätma. wurden Dienste gegenüber dem Landesherrn und seinen lokalen Beamten (→Hand- und Spanndienste zu →Burgwerk, landwirtschaftliche Arbeiten, z.T. Fuhren und Laufreisen) durch Geldleistungen abgelöst. Das führte in den kgl. Ämtern (→Amt) zu jährlichen D.zahlungen, die bei den Ämtern zu entrichten waren. LS

Ding und Recht ist die alte Bezeichnung für Gericht, Gerichtstag. Das Gericht trat ursprünglich unter freiem Himmel in einem durch vier Stöcke bezeichneten Friedensbezirk zusammen, später in einem eigenen Dinggebäude oder in einem Wirtshaus. Dem Dinggericht unterstanden die freiwillige Gerichtsbarkeit, die Zivilgerichtsbarkeit und zeitweise auch die Strafgerichtsbarkeit. Es setzte sich in den verschiedenen Rechtsgebieten und je nach Gegenstand aus verschiedenen Personen zusammen. Im Gebiet des →Jyske Lov (Jütisches Recht) urteilten bei schweren Gewalttaten oder bei Grenzsachen meist acht auf Lebenszeit ernannte →Sandmänner; für andere Verfahren konnten zwölf Hardesneffninge (→Neffning) jeweils ernannt werden. Die Urteiler hafteten persönlich für das Urteil. Der →Hardesvogt leitete das Gericht und überwachte den korrekten Ablauf, urteilte aber nicht selbst. Der →Amtmann hatte den Ehrenvorsitz. Auch die Städte, die Geistlichkeit und der →Adel bildeten eigene Gerichte. 1850 bildeten Hardesvogt, Protokollführer und Beisitzer das alleinige Gericht, 1867 wurde das Gerichtswesen nochmals reformiert und es wurden die Amtsgerichte eingeführt. MR

Dingswinde →Hardesvogt, zwei Sandmänner (→Sandmann) und acht Zeugen, die zu Dinghörigen ernannt wurden, beurkundeten im Hzt. Schl. das Ergebnis einer Gerichtsverhandlung in einer D. Auf diese Weise ließen sich auch zivilrechtliche Verträge beurkunden, indem man sie vor Gericht verlesen und darüber eine D. ausfertigen ließ. D. breiteten sich im 15. Jh., also vor der Einführung von Dingprotokollen, immer weiter aus. Seit der zweiten H. des 18. Jh. wurden sie allmählich durch andere Rechtsformen (notarielle Beglaubigung) ersetzt. Ksp. winden wurden als Zeugnis von Ksp.versammlungen von Prediger und Sandmännern angefertigt, Dorfwinden als Zeugnis von Dorfversammlungen (seit 1630 nur noch unter Aufsicht einer Amtsperson). MR

Diözese In vorreformatorischer Zeit gehörte das Gebiet von SH zu sechs D. (bf. Amtsbezirke): Schl. im wesentlichen zur D. →Schl. (→Dom in Schl.), →Fehmarn zur D. →Odense (Dom in Odense), →Dithm. und Holst. zur Erzd. →Bremen (vertreten durch das →Domkapitel in →Hamburg; Dom in Hamburg), →Stormarn teils zur D. Bremen, teils zur D. →Lübeck (Dom in Lübeck), →Lauenburg zur D. →Ratzeburg und das →Ksp. Kirchwerder in den →Vierlanden sowie die übrigen Holst. Elbinseln südlich des alten Elbelaufes zur D. Verden (Dom in Verden). LS

Displaced Persons Von den während der NS-Zeit nach SH verschleppten Zwangsarbeitern und Kriegsgefangenen befanden sich bei Kriegsende 1945 nach groben Schätzungen ca. 300.000 im Land. Sie mußten versorgt, untergebracht und in ihre Heimat zurückgeführt werden, wobei die britischen Besatzungsbehörden seit dem Sommer 1945 und bis 1947 von Mitgliedern der United Nations Relief and Rehabilitation Administration (UNRRA) unterstützt wurden. Hilfsmaßnahmen für die D. wurden erschwert durch die gleichzeitige Not der Bev., die zahlreichen Flüchtlinge sowie Kriminalität und Schwarzmarktaktivitäten. Wurde noch 1945 ein Großteil der sowjetischen D. in ihre Heimat zurückgebracht, so scheiterte die Repatriierung der baltischen und polnischen D., die nicht in ihre nun kommunistisch beherrschten Länder zurückkehren wollten. Es wurde versucht, ihnen die Auswanderung in andere Länder zu ermöglichen. 1950 wurden die D. – noch ca. 11.000 befanden sich in SH – der Verwaltung der dt. Behörden übergeben. 1951 begann mit dem Gesetz über die Rechtsstellung heimatloser Ausländer ihre rechtliche Integration in die bundesrepublikanische Gesellschaft. Die Auflösung der Lager zog sich jedoch noch bis in die frühen 1960er Jahre hin.
Lit.: H. Harding, D. in SH 1945-1953, Frankfurt/M. u.a. 1997. OP

Districtsdeputierter Der D. war der Repräsentant der adligen →Güterdistrikte in Holst. Er wurde von den Gutsbesitzern auf fünf Jahre gewählt und hatte in seinem Distrikt die Landesverordnungen zu veröffentlichen, an den Militärsessionen teilzunehmen und eine gewisse Aufsicht über das Wegewesen zu führen. LS

Dithmarschen Die südwestlichste Landschaft SH, im Westen von der →Nordsee, im Süden von der →Elbe, im Osten vom Nord-Ostsee-→Kanal (1895), im Norden von der →Eider begrenzt wird erstmals im 9. Jh. als Thiatmaresgaho, einer der drei sächsischen Gaue nördlich der Elbe, erwähnt. Mit diesen wurde D. von Karl dem Großen ins fränkische Reich eingegliedert (804). Nach wechselnder Zugehörigkeit (Gff. von Stade bis 1144, DK) wurde es nach der Schlacht bei →Bornhöved (1227) Teil des Erzbt. →Bremen-→Hamburg. Wie andere bäuerliche Nordseeanrainer bildeten auch

Dithmarschen

Die Erstürmung von Heide am 13.6.1559, Kupferstich

die D. genossenschaftliche Organisationsformen. Die Entwicklung hier basiert vermutlich auf der nach 1100 einsetzenden Eindeichung (→Deich) der →Marsch; ihre Besiedlung nach →Entwässerung, Siel- und Schleusenbau (→Schleuse) stärkte die bäuerlich-genossenschaftlichen Strukturen zu Lasten der Vogtei und des lokalen →Adels, der um die Mitte des 13. Jh. das Land verließ, wenn er sich nicht selbst genossenschaftlich organisierte (Geschlecht der Vogdemannen). Die aus den Siedlungsgenossenschaften hervorgegangenen →Geschlechterverbände (slachten) repräsentierten das personale Element der ma. Strukturen, das territoriale die Ksp. Während die Geschlechter das Fehderecht beanspruchten und für Rechtsschutz und zivilrechtliche Fragen zuständig waren, übernahmen die Ksp. konkurrierend die öffentlich-rechtlichen Funktionen (Deich- und Sielangelegenheiten) und seit dem 13. Jh. zunehmend gerichtliche und polit. Entscheidungen. Funktionsträger waren die jährlich gewählten Schlüter und die Geschworenen. Von der auf eine fränkische Taufkapelle (→Kapelle) zurückgehenden Mutterkirche zu →Meldorf,

wo wohl schon zuvor die Gauversammlung tagte, spalteten sich mit der Zeit weitere Ksp. ab; zur Blütezeit der Bauernrepublik (um 1500) bestand die Landschaft D. aus 24 Ksp. Diese führten Siegel und agierten außenpolit. selbständig. Die Blutgerichtsbarkeit lag seit dem späten 13. Jh. bei den fünf herrschaftlichen Vögten (→Vogt), auch zuständig für das Wehrwesen in den fünf Wehrbezirken (→Döfft), bei Wehrpflicht der männlichen Einw. vom 14. Lebensjahr an. Die Vögte führten ebenso den Vorsitz in der Landesversammlung in Meldorf, bis diese nach inneren Unruhen nach →Heide verlegt wurde; der neue Hauptort stand für die Verschiebung der innerd. Gewichte zum ökonomisch stärkeren Norden. Die Kodifizierung des d. →Landrechts erfolgte 1447. Es wurde in dieser Zeit ein neues Kollegium der 48 Ratgeber als Berufungsinstanz über den Ksp. auf Lebenszeit gewählt. Relative Selbständigkeit behielten die Ksp. bis zum Ende der Republik, trotz der Machtverschiebung zu Gunsten der →Achtundvierziger. V.a. beim Rechts- und Finanzwesen erlitten die Geschlechter einen Bedeutungsverlust, so daß die Achtund-

Dithmarschen

vierziger sich zu einer Art Bauernaristokratie mit großen Höfen und Handel mit den beträchtlichen Getreideüberschüssen, besonders in die Nl. sowie nach Hamburg und →Lübeck, den Hauptverbündeten D., entwickelten. Die Sicherung des freien →Handels lag also im steten Interesse D.; Kennzeichen dafür ist das vergebliche Streben nach Aufnahme in die →Hanse. Die →Reformation konnte sich in D. erst durchsetzen (1533), als sie auch in den Hansestädten erfolgt war, ein früherer Versuch durch Heinrich von Zütphen (1524 getötet) mußte scheitern. Militärische Stärke half, den Einfällen holst. Fürsten zu widerstehen (1319, 1404). Tapferkeit und Ausnutzung des Marschgeländes führten 1500 sogar zum Sieg über ein sh Ritterheer unter Führung des dän. Kg. Johann bei →Hemmingstedt. Später fehlten insbesondere klare Kommandostrukturen, so daß 1559 D. durch ein holst. Fürstenheer unter dem Feldherrn Johannes →Rantzau erobert werden konnte. In den Friedensverhandlungen bewahrte D. etliche Privilegien. Die anfängliche Dreiteilung des Landes wich nach Aussterben der Hadersebener Linie einer Zweiteilung (1581), die bis 1970 Bestand hatte. Damals wurde das neue D. Landrecht geschaffen (1567). In der folgenden Friedensperiode, geprägt von wirtschaftlichen Erfolgen, kam es zu weiterem Landesausbau (Eindeichungen, Landfestmachung der Insel →Büsum 1585). Mit Beginn des Dreißigjährigen Krieges erfolgte die Verstrickung in die polit. Aktivitäten der neuen Landesherren: das kgl. Süderd. geriet unter Christian IV. in Schwierigkeiten (→Kaiserlicher Krieg) der in den Krieg eingriff, aber 1626 von Tilly bei Lutter am Barenberge vernichtend geschlagen wurde – im Gegensatz zum hzl. Norderd. (→Gottorf betrieb Neutralitätspolitik). Der Süderteil war bis 1629 schweren Belastungen durch fremde Truppen ausgesetzt. Ab 1643 wurden die Landschaften in die dän.-schwedischen Auseinandersetzungen hineingezogen, besonders im Großen →Nordischen Krieg (1700-1721), mit blutigen Kämpfen zwischen den d. Landesteilen. Gleichzeitig kam es zu schweren →Sturmfluten (Weihnachtsflut 1717, Eisflut 1718, 1720), von denen der Hedwigenkoog (seit 1696) und →Brunsbüttel besonders betroffen wurden. Ab 1773 (→Zarskoje Selo) war D. wieder unter einer Herrschaft vereint. Die gemeinsame Zugehörigkeit zum dän. Gesamtstaat bedeutete nicht die Aufhebung der Trennung in Rechtsprechung, Verwaltung und kirchlicher Organisation. Bis zum Beginn des 19. Jh. folgte eine Zeit der Prosperität. Die Aufteilung der Allmende (meente) schon vor der Mitte des 18. Jh. und die Inangriffnahme der →Verkoppelung führten zum Aufschwung der →Landwirtschaft. Weitere Eindeichungen (Kronprinzenkoog 1787, Karolinenkoog 1800) und das Deichreglement für Süderd. (1789), durch das die Übernahme der Deichlasten durch die Landschaft erfolgte (in Norderd. 1800), sicherten die Küstenlinie. Bedeutende Persönlichkeiten dieser Zeit waren: der Literat Heinrich Christian →Boie (1744-1806), seit 1761 Landvogt von Süderd. und sein Landschreiber Carsten →Niebuhr (1733-1815), ab 1761 als Landvermesser bedeutender Arabienforscher (bis 1767). Aufgrund der profrz. Politik DK kam es 1813/14 zu Kämpfen in SH, die in D. zu Durchzugsschäden und Quartierlasten (bis 1819) führten, aber den Norden stärker als den Süden trafen, insbesondere im Winter 1813/14 (Kosakenwinter). Durch den dän. Staatsbankrott wurde die schwere Krise der Landwirtschaft (1819-1829) verstärkt, dazu kamen die Sturmflut von 1825 und Missernten 1828-1830. Die Verfassungsdiskussion nach 1815 und die Einrichtung von →Ständeversammlungen für Schl. und Holst. interessierten wenig, Empörung erregte jedoch die Aufhebung des Zollprivilegs (→Zoll) 1839. Eine ähnliche Distanz legten die D. gegenüber der →Erhebung 1848 an den Tag; positiv herauszuheben ist hier der Jurist und linksliberale Ständeabgeordnete Hans Reimer Claußen aus Fedderingen, der als Abgeordneter im Paulskirchenparlament die republikanische Sache vertrat und 1852 in die USA emigrierte, wo er später Senator für Iowa wurde. In der Erbfolgefrage 1863 unterstützten beide Teile D. vehement Friedrich von Augustenburg (→Augustenburger), der das Land 1864 bereiste. Die Landschaft Norderd. hatte um 1850 eine Fläche von ca. 585km^2; die Landschaft Süderd. zur selben Zeit eine Fläche von ca. 433km^2. Als Teil der preußischen →Provinz SH verlor D. 1867 die alten polit. Sonderrechte; die Landesteilung blieb erhalten. Es kam zu bedeutenden sozia-

Dithmarschen

len und wirtschaftlichen Veränderungen seit der Jh.mitte. Dazu gehörte der Ausbau der überörtlichen →Straßen, so 1851 von Heide nach Meldorf und Brunsbüttel, später an die Eider. Motor des allgemeinen Fortschritts war auch hier der Bau der →Eisenbahn: 1877 Nms.-Heide, 1878 Itzehoe-Meldorf-Heide; Abzweigungen erschlossen die Ränder. Erst jetzt entwickelten sich nennenswerte Fischerei und der Seebadebetrieb in Büsum. 1869 wurde in →Wesselburen die erste Zuckerfabrik (→Zuckerindustrie) errichtet, die 1878 einen eigenen Bahnanschluss bekam; 1880 folgte die in St. Michaelisdonn. Seit 1892 wurde feldmäßiger Kohlanbau (→Kohl) betrieben, dessen Flächen im 1.WK bis auf 10.000ha ausgeweitet wurden. Ebenso beförderte die Bahn den Absatz von Milchprodukten der seit 1880 (Heide) rasch entstehenden Dampfmeiereien (1890: 38). Weitere Eindeichungen erfolgten (Kaiser-Wilhelm-Koog 1872/73, Auguste-Viktoria-Koog 1899). In industrieller Hinsicht blieb D. unterentwickelt. Die sehr guten landwirtschaftlichen Verhältnisse bis zum 1.WK führten zu zahlreichen Neubauten ländlicher Wohn- und Wirtschaftsgebäude sowie innerhalb der Kleinstädte. Wirtschaftliche Fortschritte wurden auch durch den Bau des Nord-Ostsee-Kanals (bis 1895) erzielt. Seit dem 9.11.1918 gab es auch in D. →Arbeiter- und Soldatenräte. Zu größeren Unruhen kam es im Rahmen der Änderung der polit. Verhältnisse jedoch nicht, denn die alten Eliten etablierten sich rasch wieder. Die vorherrschende Grundstimmung richtete sich gegen die die Republik tragenden Kräfte; sie wurde bis zum Ende der Weimarer Republik polit. zusehends bestimmender. Während der 1920er Jahre verschlechterte sich die Lage der d. Landwirtschaft beständig; aus spontanen Protestveranstaltungen heraus entstand die →Landvolkbewegung; einer ihrer Führer war Claus Heim aus St. Annen. Die Krise des Winters 1927/1928 gipfelte in einer Protestversammlung von 20.000 Landleuten auf dem Heider Marktplatz (28.1.1928). Die antirepublikanische Grundstimmung dokumentierte sich bei den Reichstagswahlen 1928, die der NSDAP (→NS) in D. ein Vielfaches der Stimmen im Reich oder SH einbrachte. Gleichzeitig wuchs die Brutalität der polit. Auseinandersetzungen. Gab es NSDAP-Opfer wie in der sog. Blutnacht von →Wöhrden (7.3.1929), wurde dies propagandistisch ausgeschlachtet; A. Hitlers Anwesenheit bei den Trauerfeierlichkeiten war der Durchbruch für die NSDAP in D. Bei den Reichstagswahlen 1933 erzielte sie 68,6% in Norder- und 63,7% in Süderd. (Reich: 43,9%, SH: 53,2%). Das NS-Regime setzte die Landgewinnungspolitik der Weimarer Republik fort (Neufelderkoog 1924); mit großem propagandistischen Aufwand erfolgte die Eindeichung des Adolf-Hitler-Kooges (1935 mit Notstandsarbeitern). Als Siedler wurden alte Parteigenossen bevorzugt. Die im Koog errichtete Neulandhalle (1936) war NS-Schulungsstätte und Versammlungshaus. Der 2.WK hatte zunächst wenig Auswirkungen auf D., wenn man einmal vom Ausbau der Ölförderung (→Erdöl) bei Hemmingstedt absieht. Zahlreiche Zwangsarbeiter und Kriegsgefangene hielten in Landwirtschaft und Industrie den Betrieb aufrecht (1944: etwa 15.000). Bei Gudendorf wurde 1944 ein Sterbelager für sowjetische Kriegsgefangene errichtet, bis Kriegsende kamen hier etwa 3.000 Menschen ums Leben. D. blieb weitgehend von den Kriegsereignissen verschont, systematisch wurden nur die Erdölwerke in Hemmingstedt und die Kanalanlagen in Brunsbüttel angegriffen. Nach der Kapitulation wurde D. zusammen mit →Eiderstedt zum Internierungsgebiet für über 400.000 Soldaten, hinzu kamen zahlreiche Flüchtlinge und Vertriebene. In der Nachkriegszeit setzten starke Veränderungen ein: Noch 1946 waren knapp über 40% der Erwerbstätigen in der Landwirtschaft beschäftigt, 1996 nur noch 6,7%, aber in Handel, Verkehr und Dienstleistungen über 40%. Entsprechend reduzierte sich die Zahl der bewirtschafteten Höfe (→Höfesterben) von 7.600 (1949) auf 2.500 (1997). Der Ausbau der Raffinerie bei Hemmingstedt setzte nach 1950 ein. Seit Ende der 1960er Jahre begann die Planung des Wirtschaftsraums Brunsbüttel; in dessen Gefolge kam es zum Ausbau der dortigen Häfen zu den größten des Landes, der Errichtung eines →Atomkraftwerks (1976) und der Ansiedlung petrochemischer Industrie. Mit der Zusammenlegung der beiden Kreise 1970 (Sitz der Kreisverwaltung in Heide) wurde die gut 400jährige Landesteilung wieder aufgehoben.

Verbesserungen der Infrastruktur (Straßenbau, Schulen, Klärwerke, Abfallbeseitigung) setzten ein. Nach der schweren →Sturmflut von 1962 wurden die Deichlinien der Meldorfer Bucht verkürzt und ein Speicherbecken zur Entwässerung eingerichtet (Fertigstellung 1978). Eine Werkstatt für Behinderte enstand in Meldorf mit über 500 Beschäftigten; ein Teil davon arbeitet für das heutige SH Landwirtschaftsmuseum (→Museen). Ebenfalls in Meldorf besteht seit 1872 das D. Landesmuseum, aus dem 1937 das Museum für D. Vorgeschichte in Heide hervorging. Die Fachhochschule (→Hochschule) Westküste wurde 1993 gegr. Der Aufschwung des →Tourismus ist als Teil des Strukturwandels der Nachkriegszeit zu sehen; 1950 wurden in Büsum knapp 34.000 Übernachtungen registriert, heute sind es 1,6 Mio. D. bietet heute 25.000 Gästebetten, auch auf Bauernhöfen, an. Die Einrichtung des Nationalparks Wattenmeer (→Watt) (1985) dient sowohl der Förderung des Tourismus als auch dem →Naturschutz, was eine nicht unproblematische Doppelfunktion darstellt.
Lit.: Geschichte D., hg. vom Verein für D. Landeskunde, Heide 2000. WK

Döfft ist eine ma. Bezeichnung für einen Genossenschafts- und Wehrbezirk in Dithm. Es gab die Oster-, Wester-, Mittel-, Meldorfer und Strandmannsd. Dem Wort verwandt ist die Bezeichnung Ducht, die als Bezeichnung eines Gem.viertels in den →Elbmarschen (insbesondere in der →Wilstermarsch) vorkommt. LS

Dönitz, Karl →Reichsregierung Dönitz

Döns Tägliche Wohnstube in →Bauernhaus und →Kate. Das Wort taucht in SH erstmals 1444 für einen beheizbaren Raum in →Schloß →Glambeck/→Fehmarn auf. Neocorus erwähnt 1598 »Dornschen« für →Dithm. Die Entstehung der D. hängt eng mit der Stube als kleinem, in sich geschlossenem, mittels eines von außen bedienten Beilegerofens beheizbarem Raum zusammen, der rauchfrei, sauber und warm war. Zur Wärmeersparnis wurden Betten und Schränke hinter die Wand verlegt. Jeder Hausbewohner erhielt in der D. den ihm zugewiesenen Platz.
Lit.: E. Schlee, Über das Wohnen, in: Kunst in SH, 1958, 9-25. KDS

Döschdamper Der Einsatz der Dampfmaschine in der →Landwirtschaft geschah in Form von Dampflokomobilen, also Dampfmaschinen auf Rädern, die von Pferdegespannen zu ihren jeweiligen Einsatzorten gezogen werden mußten und nd. D. genannt wurden.

Döschdamper

Sie hatten die Funktion reiner Kraftmaschinen, die eine Reihe von Geräten betreiben konnten. In erster Linie waren dies Dreschkästen, Schnitzelwerke und Häcksler. Für einen mobilen Einsatz auf den Feldern waren die D. zu schwer, deshalb wurden sie nur auf den Hofstellen aufgestellt und arbeiteten dann →Hof nach Hof. Zumeist waren die D. im Besitz von Lohnunternehmen, die in jeder Kampagne pro Maschine 12-18 Arbeitskräfte einsetzten (überwiegend →Monarchen, daher auch der Ausdruck Dampermonarchen). Das Aufkommen des Traktors seit den 1920er Jahren verdrängte die D.; sie wurden seit Ende des 1950er Jahre nicht mehr eingesetzt.
Lit.: Menschen. Monarchen. Maschinen. Landarbeiter in Dithm., hg. von N.R. Nissen, Heide 1988. LS

Dobersdorf

Dobersdorf (PLÖ) In der Gem. D. befinden sich zahlreiche gut erhaltene →Megalithgräber und auf der Holzkoppel die Reste eines Burgplatzes. Das →Gut gehörte vom 15. bis 17. Jh. der Familie →Pogwisch und anschließend den adligen Familien →Brockdorff, →Reventlow, →Rantzau und →Blome. 1950 wurde es im Zuge der →Bodenreformen vollständig aufgesiedelt. Das →Herrenhaus auf einer Halbinsel im Dobersdorfer See wurde 1770-1772 von G. Greggenhofer entworfen und gilt als ein Hauptwerk des Rokoko im Land. D. hat heute gut 1.100 Einw. OP

Dom Die Kirche, die in vorreformatorischer Zeit als Sitz eines Erzbf. oder →Bf. diente, wurde Kathedrale oder D. genannt. In SH gab es durch die Existenz von sechs (Erz-) Btt. vier D.kirchen: Die D. in →Hamburg, →Ratzeburg, →Lübeck und →Schl.; →Fehmarn gehörte zur Diözese →Odense, Teile der →Vierlande (südlich des alten Elbelaufes) zur Diözese Verden. Die im Lande erhalten gebliebenen D.kirchen von Schl., Lübeck und Ratzeburg (der Hamburger D. wurde 1804/07 abgebrochen) gehören zu den bedeutendsten sakralen Großbauten SH. Die Bezeichnung der Meldorfer Kirche als D. ist irreführend, da hier nie ein Bf.sitz bestand. Die protestantische Kirche hat auf spezielle Kirchen für die →Generalsuperintendenten verzichtet, sie kennt die Einrichtung der Bf.kirche nicht. Für das 1993 neu errichtete katholische Erzbt. Hamburg dient die St. Marien-Kirche im Hamburger Stadtteil St. Georg als D. LS

Dolega-Koszierowski, Oskar von →Regierungspräsident

Domäne Der Gutsbesitz (→Gut) des Landesherren wurde als D., also als Herrengut (lat. domanium, frz. domaine) bezeichnet. In der Entwicklung des neuzeitlichen Staates kam es zur Übertragung der Bezeichnung auf den staatlichen Landbesitz. Die D. wurden in den Hztt. schon relativ früh (seit Mitte des 18. Jh.) verkauft bzw. parzelliert. LS

Domkapitel Die D. sind als die ältesten geistlichen Gemeinschaften in SH eng mit der Entstehung der Bt. verbunden. In →Schl. ist ein D. für ca. 1175 zu erschließen, aber sicher älter, in →Lübeck seit 1154 nachweisbar. Ihre Verfassung ist mit denen der →Kollegiatstifte vergleichbar, doch hatten die D. zudem das Privileg der Bf.wahl und Mitregierungsrechte in der →Diözese. Als Archidiakone übten die Dompröpste von →Hamburg, Lübeck und Schl. die geistliche Gerichtsbarkeit im Auftrag des Bf. aus. Die Domherren bzw. -kanoniker entstammten seit dem späten MA zumeist dem →Adel oder dem akademisch gebildeten Bürgertum. Das D. in →Ratzeburg befolgte 1154-1504 die Regel der Prämonstratenser (→Stift). Eine Sonderstellung besaß das D. in Hamburg, das an die Tradition des einstigen Bf.sitzes anknüpfte, der nach 845 nach Bremen verlegt worden war. Der Hamburger Dompropst verwaltete bis zur Reformation 1542 den nordelbischen Teil der Diözese Hamburg-→Bremen.
Lit.: Sh Kirchengeschichte 2, Nms. 1978; A. Friederici, Das Lübecker D. im MA 1160-1400, Nms. 1988. EB

Domschule →Schule

Donativ wird die seit dem 17. Jh. fällige außergewöhnliche Steuer bei der Thronbesteigung eines neuen Kg. genannt. LS

Doppeleiche Ausgehend von der letzten Strophe des →SH-Liedes, wo es heißt »Theures Land, du Doppeleiche«, wurde in den

1840er Jahren in zahlreichen Drucken das Bild zweier aus einer Wurzel sprossender Eichenbäume als Symbol für die nahe Zusammengehörigkeit der Hztt. verbreitet. 1848-1850 kam es vereinzelt zur Pflanzung von D. Die meisten heute noch stehenden D. wurden 1898 aus Anlaß des 50. Jahrestages der sh →Erhebung gepflanzt und oft mit Denksteinen ergänzt, auf denen sich das Motto »up ewig ungedeelt« findet. HSH

Dorf Die ländliche Siedlung SH läßt sich unterscheiden nach bäuerlichen und gutsherrlichen Einzelhöfen, nach D. (unterschieden nach Haufen-, Platz- und Reihend.) und der Mischform von Einzelhof und D., der Streusiedlung. In seinem Ostteil (östliches →Hügelland) herrschen (insbesondere in →Schwansen und dem →Dän. Wohld) gutsherrliche Einzelhöfe vor. Die übrigen Teile des südlichen Hügellandes sind von Platzd. geprägt, die ursprünglich in Form des Anger-, Rundanger- und Rundlingsd. auftraten, aber sich nur in seltenen Fällen in dieser Form erhalten haben; vielmehr stellen sie heute v.a. Haufend. dar. Nur auf →Fehmarn hat sich das regelmäßige Platzd., gruppiert um einen viereckigen Platz, erhalten. Im nördlichen Teil des Hügellandes finden sich die durch Aussiedlung und Parzellierung von Gütern und Domänen entwickelten Streusiedlungen; auf der holst. →Geest das Haufend., während diese Form auf der schl. Geest durch spät einsetzende Besiedlung der Sandergeest, aber auch durch Aussiedlung im Zuge der Flurbereinigungen sich nicht so deutlich erhalten hat. Hier existieren auch Einzelhöfe zwischen den D. In der →Marsch gibt es sowohl (bäuerliche) Einzelhöfe wie auch Reihensiedlungen. Einzelhöfe verweisen auf ungeplante Siedlung (z.B. →Eiderstedt), während Reihend. (Marschhufend.) in den im Hochma. planmäßig erschlossenen Marschen vorkommen. Allerdings haben auch moderne Köge (→Koog) wie der Sönke-Nissen-Koog (1925) oder der Friedrich-Wilhelm-Lübke-Koog (1956) eine Einzelhofstruktur. Bis weit in das 19. Jh. hinein war das D. agrarisch geprägt; der Begriffsgehalt von D. ist unzertrennlich mit der Agrarproduktion verbunden. In Absetzung davon wird heute bei nicht mehr oder überwiegend nicht mehr agrarisch geprägten ländlichen Siedlungen von (Land-)Gem. gesprochen, denn im 20. Jh. hat sich mit dem Rückgang der Bedeutung der Agrarwirtschaft ein starker Funktionswandel der ländlichen Siedlung eingestellt: Nach wie vor gibt es die (mehr oder weniger) reine Agrargem. (D.), insbesondere in den städteleeren Gebieten des Nordwestens, aber auch in den entlegenen Teilen der Geest und des Hügellandes, daneben ländliche Industrie- oder Gewerbegem., Fremdenverkehrsgem. (z.B. auf den nordfriesischen Inseln), ländliche Zentralorte und ländliche Wohngem. (etwa im Umkreis der Ballungszentren).
Lit.: R. Stewig, Landeskunde SH, Kiel 1978. LS

Dorfordnung Schriftliche Satzung einer Dorfschaft, meist unter der Bezeichnung →Willkür, Willkürsbrief, Beliebung, Bauerbrief usw. D. wurden v.a. errichtet, um Fragen der Feldgemeinschaft, der Dorfverfassung und der Nothilfe zu regeln, um die es zu Konflikten gekommen war. Übertretungen wurden mit Strafen belegt. D. sind in Holst. seit 1496, in Schl. seit 1520 bekannt; sie verschwanden im 19. Jh. infolge der Verkoppelung. In der →Marsch und in Gebieten strenger →Gutsherrschaft gab es keine D.
Lit.: M. Rheinheimer, Die D. im Hzt. Schl., 2 Bde., Stuttgart 1999. MR

Dorfschaft Meist ist die Gesamtheit der Landbesitzer (oft nur der Vollbauern) oder die Körperschaft der Feldinteressenten gemeint. Die Bezeichnung konnte aber auch für die Feldmark verwendet werden oder im Gegensatz zur →Bauerschaft auch die landlosen Einw. mitumfassen. Regional unterschiedlich treten auch andere Bezeichnungen wie Bauerlag, Bauerschaft oder Nachbarschaft auf. Vorsteher war der Bauervogt (regional auch andere Bezeichnungen). Wo die Gem. wie in den Elbmarschen und einigen schl. Gebieten als →Gilde organisiert war, finden wir für den Vorsteher die Bezeichnung →Ältermann. Auf Versammlungen der D. wurden gemeinsame Angelegenheiten genossenschaftlich, aber meist nach Besitz abgestuft, geregelt. 1867 wurden die D. durch die Landgem.ordnung abgelöst. MR

Dose, Cai →Rellingen

Drachme →Gewichte

Drage (IZ) 1148 erstmals erwähntes Dorf, war D. schon früh im Besitz der →Krummendieks und wurde zum Gut, das aus Streubesitz dieser Adelsfamilie bestand. Im 17. Jh. war D. zeitweilig Residenz der Breitenburger →Rantzaus, denen das Gut aber 1728 nach dem angeblichen Brudermord vom Kg. genommen und 1731 seinem →Statthalter, dem Markgf. Friedrich Ernst von Brandenburg-Kulmbach, geschenkt wurde. Dieser ließ das →Herrenhaus zu einer prächtigen Anlage ausbauen, der er den Namen Friedrichsruhe gab. Der Name setzte sich nicht durch. Nach dem Tod des Statthalters wurde das Haus 1787 abgerissen. Heute ist D. ein weit zerstreutes Dorf mit ca. 260 Einw. HWS

Drainage →Entwässerung

Dreieckshandel Der D. war ein Handelskreislauf: Gewehre, Branntwein und billige Stoffe wurden von Europa nach Afrika gebracht, von dort wurden Sklaven nach Amerika verkauft, auf dem Rückweg Tabak und v.a. Zuckerrohrprodukte (→Rum, →Zuckerindustrie) nach Europa verschifft. Im Handel mit den dän. Inselkolonien in der Karibik dominierten Familien aus Kopenhagen, →Altona und →Flensburg, die dabei beträchtliche Vermögen erwarben. Unter dem Einfluß des Pietismus und der →Aufklärung wurde 1792 ein Gesetz erlassen, das den Sklavenhandel ab 1803 untersagte – das erste Sklavenhandelsverbot Europas.
Lit.: C. Degn, Die Schimmelmanns im atlantischen D., Nms. 1974. KGr

Dreigemeinde →Altona

Dreiling →Münzwesen

Drömmer, Friedrich Peter →Malerei

Drömtsaat →Maße

Drost (lat. dapifer) ist eine neuere sprachliche Form von Truchseß (Truhensasse), also des zu den Hofbediensteten Gehörenden, der für die Fahrhabe des Hofes verantwortlich war. Das D.amt wurde eines der wichtigeren Hofämter der spätma. und frühneuzeitlichen Fürsten. Die Gf. von Holst.-→Pinneberg bezeichneten ihren Statthalter in der Gft. als D. oder Landd. Nach dem Übergang eines Teils der Gft. an das Hzt. Holst. wurde der Oberbeamte Landd. genannt. Der D. Gf. Bendix von →Ahlefeldt ließ 1765-67 sein neues Wohnhaus, die sog. Drostei, an der Pinneberger Dingstätte erbauen (Architekt höchstwahrscheinlich E. G. →Sonnin). LS

Droysen, Johann Gustav →Geschichtsschreibung

Druckerei Die Erfindung des Schriftdrucks mit beweglichen Lettern durch Johannes Gutenberg um 1450 revolutionierte die Buchherstellung. Nach SH kamen Buchdrucker erst etwa 25 Jahre später. Zunächst gab es 1475 eine D. in →Lübeck (Lukas und Matthäus Brandis), der schon 1486 eine in →Schl. (Stefan Arndes) folgte; erst 1491 arbeitete die erste D. in →Hamburg. Sieht man einmal von der Privatd. des Tycho Brahe ab, die dieser bei einem kurzen Aufenthalt auf dem Gut →Wandsbek des Heinrich →Rantzau betrieb (1598), dann erfolgte eine Zunahme von D. erst im 17. Jh.: →Schl. 1612, Wandsbek 1624, →Glückstadt 1636, →Altona 1659, →Ratzeburg 1664, →Kiel 1665 (Universitätsdruckerei), →Husum 1672, →Plön 1673 und →Rendsburg 1680. Auch im 18. Jh. erfolgte nur eine geringe Zunahme von D.: Flensburg 1706, Schiffbek (heute Hamburg) 1711, →Eutin 1741, →Heiligenhafen 1743, →Itzehoe 1772, →Heide 1775 und →Friedrichstadt 1798. Die Phase des eigentlichen Durchbruchs des D.gewerbes war eng mit der Ausbreitung der →Zeitungen verbunden und lag in der Zeit nach 1880. Von den D. wurden zu Anf. im Auftrag von Klerikern und Gelehrten Bücher (Missale, Bibeln, Breviere, Psalter, Chroniken und Geschichtswerke) gedruckt, dann aber auch bald für die Landesherren →Mandate, Edikte und Verordnungen, die weite Verbreitung fanden, und für die Räte der Städte verschiedene Werke. Daneben gab es schöngeistige Lit., Musikwerke, Reisebeschreibungen u.a., bis die ersten Zeitungen im 17. Jh. aufkamen. Im 19. Jh. wurde der Schulbuchdruck ein wichtiger Zweig des D.gewerbes. Auch die private Nachfrage im Akzidenzdruckbereich (Briefpapier, Visitenkar-

ten, Todesbenachrichtigungen, Kranzschleifen, Werbezettel) nahm für die kleinen örtlichen D. zu, während der eigentliche Buchdruck im 20. Jh. nur noch in spezialisierten D. durchgeführt wurde. Ein bedeutender Großbetrieb der Branche wurde nach Anlauf der Taschenbuchproduktion des Reinbeker Rowohlt-Verlages 1950 die Druckerei von Christian Jersau Sohn, seit 1951 Clausen & Bosse in Leck, die heute jährlich ca. 75 Mio. Buchexemplare herstellt. Andere Großd. befinden sich z.B. in Ahrensburg (Axel-Springer-Verlag) und Itzehoe (Gruner und Jahr) sowie Neumünster (Wachholtz-Verlag). Die Umstrukturierung aufgrund technischer Veränderungen (Offsetdruck, Digitaldruck) hat zahlreiche kleine D. ruiniert, einerseits zu einer Konzentration des Druckgewerbes auf wenige leistungsfähige Großd. geführt, andererseits aber auch kleinen Nischenunternehmen wieder Gelegenheit gegeben, sich mit speziellen Angeboten für eine spezielle Nachfrage zu profilieren. Dem kommt entgegen, daß heute die Investitionen bei solchen Betrieben nicht mehr die Höhe haben wie früher.
Lit.: Der Lübecker Buchdruck im 15. und 16. Jh., hg. von G.K. Birkner, Hamburg 1986. LS

Düne Eine D. ist ein Sandberg, der vom Westwind an weitläufigen Sandstränden an der sh Nordseeküste erzeugt wird. Der gepeitschte Sand bleibt zunächst an Hindernissen wie Steinen, Felsen, Grasbüscheln oder Sträuchern hängen und türmt sich im Laufe von Jahrtausenden bis zu 50m Höhe auf. Solche D.ketten

Die Düne auf Helgoland im 19. Jh., Lithographie

findet man auf →Amrum (Kniepsand), vor Sankt Peter-Ording in →Eiderstedt sowie in beeindruckender Vielfalt an der gesamten →Sylter Westküste. In Meeresnähe liegen die etwa 3000 Jahre alten Primär- oder Weißd. mit spärlicher Vegetation (Strandhafer). Landwärts schließen sich daran die mit Sandegge, Silbergras, Moos, Flechten und Kriechweide bewachsenen Graud. an, dahinter folgen die bis zu 8000 Jahre alten Braund. (Bewuchs: Krähenbeere, Besenheide, Rauschbeere). In den feuchten D.tälern wachsen u.a. Glockenheide, Sonnentau und Sumpfbärlapp. Die D. würden sich mit einer Geschwindigkeit von 4-10m im Jahr weiter ostwärts bewegen, würde man sie nicht mit Strandhafer, Blauem Helm oder Binsenquecke bepflanzen und damit festlegen. Das einzige Wanderd.gebiet Dt. befindet sich bei List auf Sylt, wo eine ca. 3km lange D.strecke völlig unbeeinflußt der Natur überlassen wird. D.ketten fanden sich auch an der

Wandedüne bei List auf Sylt

Düneberg

Dusenddüwelswarf

→Elbe, wo heute aufgrund des Abbruchs am holst. Ufer nur noch Reste davon vorhanden sind, z.B. der Bielenberg in der Gem. Kollmar (IZ). Ältere D.reste gibt es hier auch am →Geestrand (zwischen →Elmshorn und →Uetersen). HK

Düneberg →Sprengstoffindustrie

Duburg (FL) Während der Auseinandersetzungen zwischen den Gff. von Holst. und den dän. Kgg. um das Hzt. Schl. ließ Kg. Margarethe 1411 einen alten Adelssitz auf dem Marienberg im Norden →Flensburgs zu einer Festung, der D., ausbauen, die unter ihrem Nachfolger Erich von Pommern weitergebaut wurde und bereits 1412 einem Angriff der Holsten standhielt. Die →Burg diente in den folgenden Jahren repräsentativen Zwekken und beherrschte markant das Flensburger Stadtbild bis sie ab 1719 abgebrochen wurde. OP

Dusenddüwelswarf (HEI) Der Hügel im Marschland bei Dehling, etwa 3km südwestlich von →Hemmingstedt ist seit 1900 Standort des Denkmals für die Schlacht bei Hemmingstedt (15.2.1500). Als Standort für die die Schlacht entscheidende Dithm. Schanze kommt die heutige D. jedoch nicht in Frage. Neocorus gibt zwar eine D. als Ort der Schlacht an, offen bleibt aber die Lage dieser historischen D.
Lit.: W. Lammers, Die Schlacht bei Hemmingstedt, Heide 1953. WK

Dutzend →Maße

Duvenseer Moor (RZ) Noch vor ungefähr 14.000 Jahren war ein Teil SH mit Eis bedeckt, das erst 7.000 Jahre später abgeschmolzen war. Birken und Kiefern kennzeichnen den frühen nacheiszeitlichen Abschnitt, die Hasel tritt am Ende der Periode verstärkt in Erscheinung. Aus dem späten Abschnitt der Vorwärmezeit

Die Duburg auf dem Beyer'schen Epitaph in der Marienkirche von Flensburg 1591

Das Denkmal auf der Dusendüwelswarft

stammt der älteste sicher datierte nacheiszeitliche Wohnplatz. Am D., einem ehemaligen See, fanden sich mehrere ca. 8.000 Jahre alte Wohnplätze. Es handelt sich hier offenbar um sehr kurz – vermutlich wenige Tage – belegte Sammelstationen für Haselnüsse, die an diesem Platz in besonderen Feuerstellen geröstet wurden. Welchen genauen Stellenwert das Sammeln und Zubereiten von Haselnüssen für die Ernährung der mittelsteinzeitlichen Jäger und Sammler hatte, läßt sich nicht genau abschätzen. Eine besondere Bedeutung kommt dem Fundplatz auch überregional zu, weil er neben dem typischen Material von Flintartefakten (→Flint) das älteste Zeugnis für Schifffahrt auf dem Kontinent erbrachte: ein ca. 70cm langes Teil eines Paddelruders.

Lit.: K. Bokelmann, Duvensee, Wohnplatz 9. Ein präborealer Lagerplatz in SH, in: Offa 48, 1991, 75-93. RW

Duwe, Harald →Malerei

Dynamit →Sprengstoffindustrie

Ebo von Reims →Christianisierung

Eckermann, Christian →Schimmelreiter

Eckernförde

Eckernförde (RD) 1197 wird erstmals der Name E. erwähnt, der sich wahrscheinlich wie 1231 Ykernaeburgh auf den Ringwall auf dem Hochufer an der E. Bucht bei der Kirche von Borby bezieht. Auf einem flachen Sandwall zwischen der →Ostsee und dem fischreichen Windebyer →Noor wurde planmäßig – der Stadtgrundriß deutet es an – eine Siedlung angelegt, die durch eine Holzbrücke mit dem Nordufer verbunden war und erst im 19. Jh. eine Landverbindung nach Norden erhielt. Ende des 13. Jh. erhielt der Ort wohl das Schl. →Stadtrecht, das ihm 1543 bestätigt wurde. Den Einfluß von Adelsfamilien aus dem Umland versinnbildlichen die Epitaphien und die Gruft in der nach 1200 gebauten, heute weitgehend aus dem 15. Jh. erhaltenen Nikolaikirche. Der Altar der Kirche von 1640, ein Hauptwerk des nordischen Knorpelbarock, stammt von dem über die Stadt hinaus tätigen Bildschnitzer Hans Gudewert d.J. Vor dem im 16. Jh. erwähnten Kieler Tor stiftete Gosche von →Ahlefeld 1524 den Goschenhof, ein 1879/80 abgebrochenes Hospital und Armenhaus. Zwei Speicher erinnern noch an die wirtschaftliche Blüte der Stadt im 18. Jh., die v.a. durch die Kaufleute- und Reederfamilie →Otte bewirkt wurde. Zu dieser Zeit bestand in E. auch eine →Fayence-Manufaktur (1759- ca. 1780). 1831 wurde E. Seebad. Bei einem Landungsversuch während der sh →Erhebung verloren die Dän. am 5.4.1849 zwei Kriegsschiffe, woran ein Denkmal und ein Grab erinnern. Wichtigster Wirtschaftszweig wurde im 19. Jh. die Fischerei und die Fischverarbeitung. Durch den Bau der →Eisenbahn-Verbindungen Kiel-Flensburg 1880/81 und E.-Kappeln 1887/90 wurde die Stadt regionales Versorgungszentrum und Umschlagplatz für Agrarprodukte. Durch die Einrichtung einer →Torpedo-Versuchsanstalt 1913 wurde E. in die Marinepolitik des Dt. Kaiserreiches einbezogen. Die Marinegarnison 1936/37 und die zahlreichen Flüchtlinge 1945 führten zu einem raschen Bev.anstieg. Die gezielte Enwicklung des Kurbetriebes am Südstrand sowie die Funktion eines Mittelzentrums stellen die heutige wirtschaftliche Grundlage der Stadt in einer touristisch vielfältig genutzten Umgebung dar. Heute hat E. ca. 23.000 Einw.

Der Getreidespeicher von 1930 am Hafen von Eckernförde

Eckernförde um 1598, Kupferstich von Braun und Hogenberg

Lit.: H. Jørgensen u.a., Egernførde bys historie, Flensburg 1980. OP

Eckernförder Harde Justiz- und Verwaltungsbezirk, der durch Patent v. 3.6.1853 aus dem →Dän.wohlder und dem →Schwanser Güterdistrikt gebildet wurde (→Kappelnerharde). Die E. umfaßte 62 Güter mit mehr als 23.000 Einw. →Hardesvogt und Gerichtsschreiber wohnten in →Eckernförde. Der Hardesvogt hatte die Justizverwaltung inne, während der Gerichtsschreiber als Aktuar das → Schuld- und Pfandprotokoll führte; die Gutsbesitzer handhaben die →Polizei und das Hebungswesen. Die Trennung von Justiz und Administration (Gewaltenteilung) erfolgte erst in preußischer Zeit (ab 1867).
Lit.: E.J. Fürsen, Der Hardesvogt im Hzt. Schl., Kiel 1973. JB

Eckersberg, Christoffer →Malerei

Eddelak (HEI) Das Dorf im Amt E.-St. Michaelisdonn geht auf eine sächsische Wurtsiedlung im →Marschland am Rande eines →Dünenausläufers zurück und wird zuerst 1140 erwähnt. Der Kirchenbau erfolgte um 1200. Seit 1980 vollzieht sich zusehends ein Wandel zur Wohnsiedlung; von 52 landwirtschaftlichen Betrieben 1960 verblieben noch 32 im Jahr 1994, die überwiegend Milchvieh halten. Der Ort hat heute etwa 1.460 Einw.
Lit.: Chronik der Gem. E., E. 1994. WK

Eggebek (SL) gehört zu den ältesten Kirchdörfern auf der Schl. →Geest. Die romanische Kirche stammt aus dem Anf. des 13. Jh., eine romanische Taufe aus rotem Kalkstein aus dem 2. Viertel des 13. Jh. Kanzel und Altar wurden im 1. Jahrzehnt des 17. Jh. gefertigt. 1410 wurde auf der E. Heide ein dän. Heer von den Truppen Gf. Adolf VIII. von Holst. unter hohen Verlusten (1.400 Gefallene) geschlagen. LS

Eggerstedt, Otto (geb. 27.8.1886 Kiel, gest. 12.10.1933 Papenburg-Esterwegen) Der aus einer Arbeiterfamilie stammende E. schloß sich früh der →Sozialdemokratie an und wurde nach 1918 zu einem führenden Politiker der SPD in →Kiel, 1921-1933 auch Mitglied des Reichstages. Aufgrund seiner Fähigkeiten wurde er von der preußischen Regierung 1927 in den Staatsdienst (→Polizeipräsidium →Altona-→Wandsbek) übernommen. 1929 wurde er Polizeipräsident in Altona. Hier versäumte er im Juli 1932 bei einer Wahlkampfreise nach außerhalb, für einen geeigneten Stellvertreter zu sorgen, so daß es zu den Ereignissen des →Altonaer Blutsonntags (17.7.1932) kommen konnte, die seitens der NSDAP und KPD weitgehend E. angelastet wurden. Am 21.7.1932 in den einstweiligen Ruhestand versetzt, wurde er am 27.5.1933 bei →Reinfeld verhaftet und in das →Konzentrationslager Papenburg eingeliefert, wo er grausam mißhandelt wurde. Am 12.10.1933 wurde er »auf der Flucht erschossen«, d.h. ermordet.
Lit.: W. Kopitzsch, E., in: DG 3, 1988, 447-449. LS

Ehrenzeichen sind die vom Land SH verliehenen Abzeichen für besondere Verdienste. Das Land verleiht keine →Orden. Jedoch gibt es die Rettungsmedaille (gestiftet 1954), das Brandschutze. (1956), die Freiherr-vom-Stein-Gedenkmedaille (für Kommunalpolitiker), die Sportplakette (1961), die Arbeitsmedaille (für Arbeitsjubilare), die SH-Medaille (1978) und die Ehrennadel des Landes SH (1982). Aus Anlaß der Sturmflutkatastrophe (→Sturmflut) vom 16./17.2.1962 wurde den Helfern die Sturmflutmedaille (1962) verliehen. LS

Eibe Der mutmaßlich älteste Baum des Landes steht im Pastoratsgarten der Gem. Flintbek (RD) und zählt zur Gattung Taxus baccata, einer Nadelholzart der E.gewächse. Aufgrund der Ausmaße – 12m Höhe, 1,14m Stammdurchmesser – wird sein Alter auf bis zu 800 Jahre geschätzt. Das harte, flexible Holz des immergrünen Baumes war im MA als Werkstoff für Bogenwaffen begehrt, die rote Frucht schon früh als giftig bekannt. Heute wird die E., die in vorchristlicher Zeit der germ. Totengöttin Hel geweiht war und um die sich zahlreiche Mythen als Zauberbaum ranken, bevorzugt auf Friedhöfen angepflanzt.
Lit.: E. Bölckow u.a., Bäume und Wälder in Kiel und Umgebung, Kiel 1992. SW

Eddelak

Eggebek

Die Eibe in Flintbek (RD)

Eider

Eider heißt der mit 188km längste Fluß des Landes, zugleich Grenzfluß zwischen Schl. und Holst., bis 1806 auch Nordgrenze des Dt. Reiches. Die E. entspringt östlich von →Bordesholm, nähert sich im Schulensee südl. von →Kiel der →Ostsee bis auf 3km und durchfließt den →Westensee. Bis →Rendsburg wird ihr Lauf größtenteils vom Nord-Ostsee-→Kanal aufgenommen. In Rendsburg ist der alte E.lauf zugeschüttet worden; der weitere Flußlauf über den 3km langen Gieselau-Kanal ist mit dem Nord-Ostsee-Kanal durch eine Schleuse verbunden. In zahlreichen Windungen durchfließt die bei Nordfeld durch eine Schleuse regulierte E. das breite Urstromtal der E.-niederung und mündet unterhalb von →Tönning beim →E.sperrwerk in einem über 5km breiten Trichter in die Nordsee. Wichtigste Nebenfl. sind →Sorge und →Treene. Schon im frühen MA war die E. ein bedeutender Transit-Schiffahrtsweg. 1784 wurde sie durch den für Seeschiffe benutzbaren Kanal mit der Kieler →Förde verbunden. Nach Eröffnung des Nord-Ostsee-Kanals 1895 ging der Verkehr auf der einst befahrensten Binnenwasserstraße in SH ständig zurück. Heute ist die E. v.a. ein Freizeitgewässer. WA

Eiderdänen Seit den 1840er Jahren wurden die Anhänger einer Politik, die – unabhängig von der nationalen Gesinnungslage und dem vorherrschenden Sprachgebrauch – die dt.-dän. Grenze an die →Eider verschieben und somit DK die Herrschaft über ganz Schl. geben wollten, E. genannt. Die Eidergrenzpolitik wurde jedoch von den europäischen Großmächten 1848-50 abgelehnt und führte, als man sie 1863 erneuerte, zum zweiten →Schl. Krieg von 1864, der den Verlust von Schl., Holst. und →Lauenburg an →Österreich und →Preußen brachte. HSH

Eidergaliot Zweimastiger Segelschiffstyp der Küstenschiffahrt von der →Eider mit ca. 16-22m Länge. Gegenüber der Galiot ist der Rumpf völliger mit fast plattem Boden und deutlich breiter mit weniger Tiefgang. Beide Masten sind fast gleich hoch und tragen Gaffelsegel, am Großmast zusätzlich eine Breitfock sowie am Bugspriet und Klüverbaum meist drei Vorsegel.
Lit.: H. Szymanski, Dt. Segelschiffe, Berlin 1934. PDC

Eidergrenze →Grenze

Eiderkanal →Kanal

Eiderschnigge Einmastiger Segelschiffstyp von der →Eider für die Küstenschiffahrt. Schniggen wurden in Nübbel bis 1892 und in →Friedrichstadt bis 1900 gebaut. Die E. ist 14 bis 20m lang, sehr breit und mit geringem Tiefgang für die Fahrt in flachen Gewässern. Das Überwasserschiff ähnelt dem der Kuff mit breitem und rundem Heck. Das Deck hat meist

Die Eider bei Rendsburg um 1847, Lithographie von Wilhelm Heuer

zwei Luken und ein Deckshaus. E. waren ein- oder anderthalbmastig getakelt. Die Masten haben fast immer eine Stenge und führen Gaffelsegel. Außerdem werden drei große Vorsegel gesetzt. Die Segel waren weiß, nicht braun geloht.
Lit.: H. Szymanski, Dt. Segelschiffe, Berlin 1934. PDC

Eidersperrwerk Die Abdämmung von Flußmündungen gilt als wesentliche Maßnahme des →Küstenschutzes. Die technisch mutigste ist das E. Die →Eider mündet unterhalb von →Tönning in die →Nordsee. Eingriffe in ihre Natur, insbesondere die Kanalbauten (→Kanal), die die Wasserscheide zu Kieler →Förde und →Elbe durchbrachen, verlagerten die Tidegrenze, das Einfließen des Flutwassers, immer weiter nach Westen. In →Rendsburg stieg die Flut 1935 auf bis zu 1,8m. Deshalb wurde

die Eider 1936 nördlich von →Friedrichstadt abgedämmt. Die →Entwässerung der landwirtschaftlichen Flächen in der Eiderniederung funktionierte jedoch nicht, und die (westlich verbliebene) Tideeider versandete. Als Folge blieb immer weniger Platz für Flutwasser. Nach der →Sturmflut von 1962 wurde beschlossen, die Eiderabdämmung auf der Linie zwischen Vollerwiek auf →Eiderstedt und Hundeknöll in →Dithm. durchzuführen. 62km Eiderdeiche ersetzten das 1973 eingeweihte, 170 Mio. DM teure Jh.werk: Ein 4,8km langer hochmoderner Deich mit Straßentunnel und Klappbrücke an der Schiffahrtsschleuse. Fünf schwere Sielverschlüsse lassen als Hubtore den Ein- und Ausfluß des Wassers regulieren. Droht eine →Sturmflut, wird das Eidergebiet komplett abgeriegelt. Außerdem läßt sich die Entwässerung der Eiderniederung seither perfekt gestalten.
Lit.: U. Hollmer, Eider und E. Vorgeschichte – Bau – Betrieb, Garding 1992. UD

Eiderstedt gehörte zu den →Landschaften SH, zu den Gebieten also, die einen hohen Grad der Autonomie in der Verwaltung und im Rechtswesen aufweisen. Dabei hat E.bis weit ins 19. Jh. hinein Sonderformen entwickelt, die diese Landschaft von anderen (z.B. →Dithm., →Fehmarn, →Nordstrand, →Stapelholm) unterschieden. Die Geschichte der von den drei Harden (→Harde) E., Everschop und Utholm gebildeten →Landschaft ist in vier Abschnitte zu unterteilen. Im MA unterstanden die zu den friesischen →Utlanden gehörenden Dreilande der lockeren Herrschaft der dän. Kgg. und seit 1435 endgültig der der Hzz. von Schl. Mit der Landesteilung von 1544 wurde E. eine gottorfische Landschaft. Vom frühmodernen Staatswesen, das sich nunmehr entwickelte, wurden auch Verwaltung, Recht und Wirtschaft der Dreilande geprägt. Die landwirtschaftliche Hochkonjunktur gegen Ende des 16. und zu Beginn des 17. Jh. sowie der in dieser Zeit florierende Export von Käse, Getreide und Wolle bescherten den E. Bauern und der landschaftlichen Kasse riesige Einnahmen. E. wurde in dem stets geldbedürftigen →Gottorfer Staat zu einer Kapitalmacht ersten Ranges. In Verhandlungen mit dem Landesherren hatten die E. eine starke Position; sie nutzten diese, um sich Privilegien materieller und mehr noch administrativer sowie rechtlicher Natur zu sichern (z.B. Stallerprivileg von 1591). Mit dem Niedergang des Hzt. Gottorf in den Kriegen des 17. und anfänglichen 18. Jh., der nicht zuletzt die Wirtschaft schwer traf, griffen die landesherrlichen Beamten zunehmend und oft um persönlicher Vorteile willen in die Autonomie der Landschaft ein. 1713 kam die Landschaft mit dem ganzen Hzt. Schl. unter kgl. dän. Herrschaft, die 1864 endete. Der dän. Absolutismus ließ die vielfältigen Formen genossenschaftlicher Autonomie im allgemeinen unbehelligt. Die E. Landschaftsvorsteher haben die ihnen gewährte Freiheit genutzt, um die Einrichtun-

Das Eidersperrwerk

Eiderstedt

St. Anna in Tetenbüll

gen der Selbstverwaltung zu verbessern und Korruption und Amtsmißbrauch zu beseitigen. 1867 wurde E. ein preußischer →Kreis. Die Landesversammlung trat noch, um rein landschaftliche Fragen zu beraten, bis zur Kreisordnung von 1888 unter dem Vorsitz des →Landrats zusammen. Die überlieferten Formen in den Ksp. blieben bis zum Inkrafttreten der Gem.ordnung von 1892 erhalten. Der Kreis wurde 1932 für eine kurze Zeit aufgelöst und blieb danach bis zu seiner Eingliederung in den Kreis →Nordfriesland 1970 bestehen. Schon im hohen MA handelten die drei Harden, die Dreilande, im Innern und nach außen gemeinsam, so 1252, als ihre wehrfähige Mannschaft das Heer Kg. →Abels besiegte und den Kg. tötete. Das Zusammenwachsen der Dreilande fand auch darin seinen Ausdruck, daß 1456 ein →Staller für alle drei Harden eingesetzt wurde. Daß damals schon eine gemeinsame Landesversammlung bestand, zusammengesetzt aus je zwölf →Ratmännern der Harden (Sechsunddreißiger) sowie Lehnsmännern aus den Ksp., ist sehr wahrscheinlich. Auch in der Kirchenorganisation fand die Einheit der Dreilande ihren Niederschlag: Sie bildeten die →Propstei E. Allerdings hat sich E. als Gesamtname für die Dreilande erst allmählich im 17. Jh. durchgesetzt. Das 1613 geschaffene Landschaftswappen mit den drei →Koggen sollte die Einheit der Landschaft auch sinnbildlich verdeutlichen. Alles spricht dafür, daß die polit., rechtliche und kirchliche Vereinigung der drei Harden sowie ihre Einrichtungen der Selbstverwaltung in den nur genossenschaftlich zu bewältigenden Aufgaben im Wasser- und Deichbau (→Deich) ihre Wurzel haben. Die Arbeiten selbst, ihre Organisation und Finanzierung sowie die Unterhaltung von Deichen, Sielen (→Entwässe-

rung) und →Schleusen waren nur in gemeinschaftlicher Anstrengung zu leisten. So heißt es in der Urkunde Christian I. von 1461, in der der Kg. die Rechte und Freiheiten der E. bestätigte: »up dat Se desto flitiger beholden ere Lande vnnd bewahren Se mit Dike und Damme«. Beide, Landschaft und Landesherrschaft, waren an einem guten Funktionieren der Selbstverwaltung interessiert, und daran hat sich bis 1864, bis zum Ende der kgl. Zeit, im Grundsatz nichts geändert. In E. waren die 18 Ksp. die kleinsten polit. Gem.; sie umfaßten nicht, wie in Dithm., Dorfschaften. Der Verfassungsaufbau in E. war zweistufig (Ksp., Landschaft). Der Landschaft inkorporiert waren die Städte →Tönning und →Garding (→Stadtrecht jeweils 1590). In den Ksp. – und damit auch in der Landschaft – standen Mitwirkung und Mitverantwortung in der Selbstverwaltung nur den Interessenten zu, den größeren Grundbesitzern. Für die Interessentenschaft war eine bestimmte, in den einzelnen Ksp. unterschiedliche Größe eigentümlichen Landbesitzes erforderlich. Im 19. Jh. reichten dazu in Ording fünf Demat, in Witzwort mußte man 60 Demat zu eigen haben. Insgesamt waren nicht mehr als 3,3% der Bev. berechtigt, an der Selbstverwaltung aktiv teilzunehmen. Diese wurde in den Ksp. von den Lehnsmännern geleitet. In hzl. und kgl. Zeit hatten sie Verwaltungsaufgaben verschiedener Art zu besorgen, hatten Steuern und Abgaben für die Landschaft und für das Ksp. zu heben, Deiche und Wege zu inspizieren und untere →Polizeigeschäfte zu erledigen; sie leiteten die Interessentenversammlungen; der älteste Lehnsmann vertrat das Ksp. in der Landesversammlung. Diese hat erst zu Beginn des 18. Jh. ihre feste Form erhalten. Von da an setzte sie sich aus den Lehnsmännern der 18 Ksp., zwei Deputierten der Städte, den beiden →Pfennigmeistern und dem Landsekretär zusammen. Beratungsgegenstände waren durchweg Deichangelegenheiten, Finanzen, Abgaben, Wahlen und Präsentationen zu Wahlen. Der dienstälteste Pfennigmeister berief die Versammlung und leitete sie. Getagt wurde im Landschaftlichen Haus in Tönning. Von den beiden Pfennigmeistern war einer für den Osterteil E., einer für den Westerteil (Everschop, Utholm) zuständig. Sie führten die Landschaftsrechnungen, tätigten Kapitalgeschäfte, erhoben landschaftliche und teils auch staatliche Gefälle und vertraten die Landschaft nach außen, etwa bei Verhandlungen mit der →Regierung. Der Landsekretär stand ihnen dabei als Berater in Fragen der Administration und des Rechts zur Seite. 1572 erhielt die Landschaft auf ihr Ansuchen und gegen Bezahlung ein eigenes, in mnd. Sprache verfaßtes →Landrecht, das mit dem Dithm. Recht von 1567 weitgehend übereinstimmte, bis auf die Bestimmungen zum Erbrecht sowie zur Landes- und Gerichtsverfassung. Bis dahin hatte es nur wenige Rechtsaufzeichnungen gegeben, wie die »Krone der rechten Wahrheit« von 1426. 1591 löste eine revidierte hochdt. Fassung die Kodifikation von 1572 ab. In den beiden für Zivil- und Kriminalfälle zuständigen Landgerichten führte der Staller den Vorsitz; Urteilsfinder waren die Ratmänner, je sechs für jedes Gericht. Sie wurden nach Präsentation durch ihre Kollegen vom Staller, ab 1736 vom Oberstaller ernannt, ergänzten sich also praktisch selbst. Als Berufungsgericht fungierte das Vitigericht, das am Vitustage (15. Juni) tagte. Die Ratmänner wirkten auch als Konkurs-, Teilungs- und Vormundschaftsgericht. Für ihre Amtsführung hafteten sie mit ihrem gesamten Vermögen. Die Unterhaltung und den Bau von Deichen organisierten seit dem 17. Jh. der Staller und der →Deichgf. mit den Lehnsmännern und den Deichedigern. Das landesherrliche →Amt des Deichgf. kam aus den Nl. Bei Vakanzen präsentierte die Landesversammlung drei Kandidaten, von denen der Landesherr einen ernannte. Besoldet wurde der Deichgf. von der Landschaft, die auch seine Pflichten und die ihm zustehenden Gebühren festlegte, so daß das Amt de facto zu einem landschaftlichen wurde. Das blieb auch so, als 1800 das Deichwesen neu geordnet und E. dem Dritten Schl. Deichband zugeschrieben wurde. Die Landesherrschaft war seit dem MA durch den Staller vertreten sowie seit dem späten 16. Jh. durch die beiden Landschreiber (Oster-, Westerteil) als Hebungsbeamte, Aktuare und Protokollführer in den Gerichten. In gottorfischer Zeit war der Staller zugleich oberster Verwaltungs- und Justizbeamter, der auch die Polizeigewalt ausübte; zugleich kam ihm eine leitende Funktion in der Deichverwaltung zu. An der landschaftlichen Selbstverwaltung hatte er keinen Anteil. Im Stallerprivileg von 1590, dem »fundamentale privilegium« der Landschaft, versprach Hz. Philipp: es solle kein Adliger, sondern nur ein im Lande Possessionierter fortan zum Staller ernannt werden, die Landschaft solle bei Vakanzen sechs Kandidaten zur Auswahl präsentieren; zwischen dem Fürsten und dem Staller solle es keine Zwischeninstanz geben. Nur die letztgenannte Bestimmung wurde 1736 außer Kraft gesetzt, als der Husumer →Amtmann zum Oberstaller bestellt wurde. Das Amt des Stallers blieb mit verminderten Kompetenzen und Einnahmen erhalten, geriet aber immer mehr in die Abhängigkeit von der Landschaft. Mit dem Ende des →Gesamtstaates 1864 war die Zeit der von den größten Grundbesitzern getragenen Eiderstedter Selbstverwaltung vorbei. Die Landschaft E. hatte um 1850 ca. 232km² Fläche.

Lit.: R. Kuschert, Landesherrschaft und Selbstverwaltung in der Landschaft E. unter den Gottorfern (1544 bis 1713), in: ZSHG 78, 1954, 50-138; M. Jessen-Klingenberg, E. 1713-1864, Nms. 1967. MJK

Eiderstedter Landrecht →Landrecht

Eiderstein →Grenzen

Eidig, Hans (geb. 1804 Klein-Klecken, gest. um 1837 USA) E. war legendärer Volksheld und Wilddieb im wildreichen Raum des →Sachsenwaldes, wohin er 1832 kam. Unterstützt von der Bauernschaft, ging er der Wilddieberei nach. Es gelang der Obrigkeit nicht, ihm das Handwerk zu legen. Bald erschien sein

Hans Eidig, Kreidelithographie von Otto Speckter 1835

Eimer

Bildnis auf Pfeifenköpfen, Tassen und Holzstichen. 1835 wanderte er in die USA aus, wo er vermutlich 1837 starb. Um sein Leben und Wirken entstanden Legenden und Gedichte, die noch heute in alten bäuerlichen Familien erzählt werden. WB

Eimer →Maße

Eindeichung →Koog, →Deich

Einfeld

Einfeld (NMS) Die gut erhaltene E. Schanze ist ein sächsischer Ringwall von ca. 90m Durchmesser und einer Höhe von ca. 4m. Sie diente vermutlich im 9. Jh. als Fluchtburg für die Bev. aus der Umgebung im slawisch-sächsischen Grenzraum. Eine Sperrfunktion gegen slawische Einfälle auf der verkehrsgünstigen Sanderfläche nördlich von →Faldera/→Nms. ist auch nicht auszuschließen. OP

Einhaus →Ansveruskreuz

Einung war ein Schwurverband oder eine Eidgenossenschaft, mit der sich Stadtbürger (→Stadt) des 11./12. Jh. zusammenschlossen, um eigene Interessen gegenüber dem Stadtherren durchzusetzen. Für →Lübeck und →Flensburg wird eine E. als Ausgangspunkt städtischer Autonomie angenommen, in Flensburg vor 1260 in Form der Knutsgilde (→Gilde). Ob es in den Landesstädten SH entsprechende Organisationsformen gab, ist in Ermangelung von Quellen schwer zu sagen. Die durchgängig starke landesherrliche Präsenz auch in den Städten (mit Ausnahme des spätma. →Hamburg) läßt vermuten, daß es eine wirksame E. hier nicht gab. LS

Einverleibung →Annexion.

Einwohner Die minderberechtigten Stadtbewohner nannte man im Spätma. und in der Frühen Neuzeit E. Sie hatten kein Bürgerrecht (→Bürger), mußten aber gleichwohl zu den Lasten der →Stadt beitragen. Die rechtliche Scheidung wurde erst in preußischer Zeit aufgehoben. LS

Einwohnerwehr →Bürgerwehr

Eisenbahn Dieses Verkehrsmittel galt über mehr als ein Jh. lang als Symbol des technischen Fortschritts. Es stellte ein von naturräumlicher Verkehrseignung und natürlichen Antriebskräften unabhängiges, leistungsfähiges Transportsystem dar, das trotz seiner Gebundenheit an den Schienenweg durch die sich ständig verbessernden technischen Möglichkeiten auch an schwierigste Geländeverhältnisse anzupassen war. Die E. konnte große Distanzen schnell überwinden und wurde bald zum preiswerten Reise- und Transportmittel, das allen sozialen Schichten zugänglich war. Rasch stellte die E. auch ihre räumliche Erschließungsfähigkeit unter Beweis: In weniger als 70 Jahren wurde SH von einem dichten Schienenwegenetz überzogen, 1918 lagen nur noch wenige Orte weiter als 5km von einer Bahnstation entfernt. 1844, 19 Jahre nach Einrichtung der ersten E. in England, begann das E.zeitalter in SH mit der Eröffnung der Bahnlinie zwischen →Altona und →Kiel, einer Transitverbindung, die bald weitere Seitenlinien anschloss. 1854 wurde eine weitere Transitbahn zwischen →Flensburg und den Nordseehäfen →Husum und →Tönning in Betrieb genommen. 1867 bestanden in SH 610km E., die elf verschiedenen Privatgesellschaften gehörten. Die Weiterentwicklung zu einem Grundnetz, das aus den Hauptlinien und einer Reihe von Nebenlinien zu deren Verbindung bestand (insgesamt 834 km), vollzog sich bis 1880. 1884 begann die Verstaatlichung der wichtigsten privaten Bahngesellschaften. Bis 1918 wurde dann der Ausbau zu einem die Fläche erschließenden Netz aus vollspurigen Haupt- und Nebenbahnen sowie zu deren Ergänzung von voll- und schmalspurigen Kleinbahnen vollzogen. Der Anteil der wenig leistungsfähigen Kleinbahnstrecken am Gesamtnetz SH (2.530km) betrug mit 934km über 40%. 1932 erreichte das sh Schienennetz mit 2.200km seine größte Ausdehnung, wobei

Eisenbahnunfall bei Glückstadt am 25.10.1857

Eisenbahn

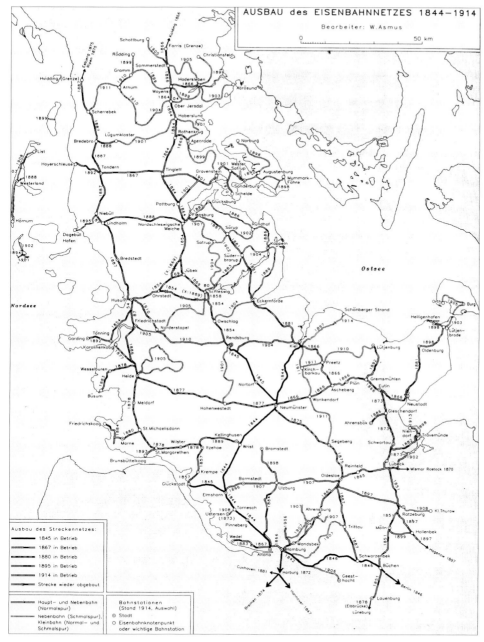

Das Eisenbahnnetz in Schleswig-Holstein 1844-1914 (Karte: W. Asmus)

berücksichtigt werden muß, daß etwa 600 Streckenkm infolge der Abtretung Nordschl. an DK weggefallen waren. In den 1920er Jahren setzte als Folge der wachsenden Konkurrenz des sich schnell entwickelnden Automobils ein Strukturwandel ein, durch den die E. ihre bis dahin unangefochtene Führungsposition als universales Transportmittel nach und nach einbüßte. Ab 1934 kam es deshalb zu ersten Streckenstillegungen – bis 1945 ca. 200km Schienenstrecke. Mit dem Einsetzen der Massenmotorisierung im Straßenverkehr nach dem 2.WK und dem Ausbau des Busnetzes nach 1950 sowie der bis zum Ende der 1980er Jahre uneingeschränkten Förderung des Straßenverkehrs durch die Verkehrspolitik von Bund und Land verringerte sich die Wettbewerbsfähigkeit der E. im Personen- und Gütertransport,

Eisenzeit, vorrömische

Die Eröffnung der Eisenbahnverbindung Altona-Kiel 1845

so daß bis zur Gegenwart nochmals 860km Strecken stillgelegt wurden. Dazu kam auch in SH eine Verringerung der Stationsdichte auf manchen Strecken und die Schließung der meisten Stückgutbahnhöfe. Bis auf die Elektrifizierung einiger wichtiger Bahnstrecken (von →Hamburg nach Kiel/Flensburg und →Itzehoe) und der Verbesserung überregionaler Zugverbindungen wurde zurückhaltend in die E. investiert. Nur im stark verdichteten Großraum Hamburg wurde der Nahverkehr durch Modernisierung und Ausbau von Schnellbahnen (S- und U-Bahn) intensiviert. Nach Regionalisierung und Privatisierung des Bahnbetriebs ab 1993 sind wieder ansteigende Benutzerzahlen zu verzeichnen, wobei ein verdichteter Verkehr im Stundentakt auf den wichtigeren Strecken verwirklicht worden ist. Durch Vernetzung von Regionalbahn und lokalem Busnetz soll der öffentliche Personennahverkehr (ÖPNV) landesweit effektiver gestaltet werden. Neben der Intensivierung des internationalen Verkehrs erhielten die Transitverbindungen nach Nordeuropa zunehmende Bedeutung, die nach dem Verlust der östlichen Fährübergänge (→Fähre) durch die Grenzziehung nach 1945 auf den Weg über SH angewiesen waren. Diese wurden durch die Einrichtung schneller E.fähren, zunächst 1951 von Großenbrode nach Gedser, ab 1962 über die →Vogelfluglinie (Fehmarnsund-Brücke) und Fährverbindung Puttgarden-Rödby sowie den Ausbau fester Landverbindungen (Flensburg-Fredericia-Große Belt-Querung 1998) realisiert, während die meisten West-Ost-Verbindungen eingestellt wurden. Erst nach 1990 mit der dt. Vereinigung wurden die Hauptlinien der E. nach Osten bedarfsgerecht ausgebaut (v.a. Hamburg-Berlin). Das Zukunftsprojekt der Magnetschwebebahn Transrapid zwischen Hamburg und Berlin wurde allerdings wieder aufgegeben.

Lit.: O. Hedrich, Die Entwicklung des sh E.wesens. Kiel/Altona 1915; F.N. Nagel, Die Entwicklung des E.netzes in SH und Hamburg unter besonderer Berücksichtigung der stillgelegten Strecken, Hamburg/Wiesbaden 1981; Atlas zur Verkehrsgeschichte SH im 19. Jh., Nms. 1999; Historischer Atlas SH seit 1945, Nms. 1999. WA

Eisenzeit, vorrömische Im 6. und 5. Jh. v.Chr. erreichten Impulse aus den Hochkulturen des Mittelmeerraumes Norddt. Als Mittler diente die mitteleuropäische Hallstattkultur, deren Ausstrahlung in ihrem randlichen Einflußbereich zur Bildung eines eigenen Formen-

kreises führte: der im nördlichen Niedersachsen, in Holst., Westmecklenburg und der Altmark anzutreffenden Jastorf-Kultur. Nördlich der →Eider bildete sich die Aarre-Gruppe heraus, die deutlich jastorfgeprägt erscheint. Obwohl Eisen bereits zur älteren →Bronzezeit im Norden bekannt war, konnte sich das neue Metall nur zögerlich durchsetzen. Dies änderte sich mit der Ausbeutung heimischer Raseneisenerzvorkommen, die Unabhängigkeit von teuren Importen bedeutete. Eisernes Werkzeug ermöglichte einen wesentlichen technologischen und arbeitsökonomischen Fortschritt. Zudem wirkte sich die neue Technologie auch auf die Siedlungsweise aus, denn die mindere Bodengüte der mittelholst. Sanderflächen (→Geest) wurde durch die dortigen Lagerstätten des Raseneisenerzes ausgeglichen. Teile der sich mit Eisengewinnung beschäftigenden Bev. nahmen die schlechten Böden in Kauf. In Kombination mit der Eisenverhüttung kam es zu einem verstärkten Holzverbrauch, der ein punktuelles Lichten der Waldbestände mit sich brachte. Zwar dehnten sich dadurch die agrarisch genutzten Flächen aus, der extensive Getreideanbau führte aber zu einem Auslaugen der Böden, was eine fortwährende Verlagerung der Siedlungen nötig machte. Wie problematisch die Ernährungssituation besonders im Winter sein konnte, zeigen auch die Befunde der →Moorleichen, an denen sich teilweise schwere Hungersnöte nachweisen ließen. Das typische Haus dieser Zeit war dreischiffig und besaß einen getrennten Wohn- und Stallteil. Neben einzelnen Hallenhäusern sind Gehöftgruppen, teilweise mit Umhegungen, bekannt. Die dazugehörigen Gräberfelder der frühen E. bestehen aus Buckel- und Flachgräbern. Pferdegeschirr und Reitausstattung als Statussymbol in den Gräbern belegen die wichtigste Innovation der Zeit: Die Entdeckung des Pferdes als Reittier. Mit dem Übergang zur jüngeren E. bricht die Belegung vieler Friedhöfe ab. Da auch der Bestattungsritus homogener wird, könnte dies Ausdruck einer Entwicklung zu größeren Stammeseinheiten sein. Die Übernahme der keltischen Fibeltracht zeigt, daß in den letzten Jh. v.Chr. der Einfluß der keltischen Latène-Kultur auch in Norddt. sehr stark war. Dies äußert sich in exklusiven Importstücken, die auf eine soziale Differenzierung schließen lassen. Am Ende der E. wurden Männer und Frauen auf separaten Friedhöfen bestattet. Die an der sh Westküste zu lokalisierenden Stämme der →Cimbern (davon die Bezeichnung Kimbrische Halbinsel, Cimbern) und Teutonen mußten aufgrund von →Sturmfluten auswandern und zogen nach Süden, wo es 101 v.Chr. in Oberitalien zum frühesten historisch belegten germ.-römischen Kontakt kam.
Lit.: Geschichte SH, hg. von U. Lange, Nms. 1996, 30-57. RW

Eiszeit Im Quartär (1 Mio.-10.000 v.Chr.) kam es durch allgemeinen Temperaturrückgang zur äquatorwärtigen Verschiebung der Luftdruck- und Windgürtel der Erde und damit zu einer globalen Verschiebung der Klimagürtel. Das führte zu einer Ausweitung der Eiskappen der Polregionen während der Kaltzeiten (Glazial oder E.) und deren Rückgang in den Zwischene. (Interglazialen). In Europa erreichte das Eis in seinen weitesten Vorstößen von Norden die dt. Mittelgebirge. Durch das Vorschieben und den Rückzug des Eises ergaben sich besondere Bodenformen (→Moräne); abrasierte und transportierte Findlingsblöcke (→Findling) blieben vielerorts zurück. Für SH sind insbesondere die beiden letzten E. (Saalevereisung 240.000-130.000 v.Chr. und Weichselglazial 130.000-10 000 v.Chr.) von Bedeutung, weil sie die Oberflächengestalt des Landes – mit Ausnahme der →Marsch – prägten. Die Auswirkungen der älteren E. sind durch die der letzten E. überformt und abgemildert worden, während die starke Reliefierung des östlichen SH (→Hügelland) weitenteils den Zustand nach dem Eisrückzug abbildet. Seit dem Ende der letzten E. gibt es in SH Anzeichen für periodischen und dauernden Aufenthalt von Menschen (Siedlungsreste von Rentierjägerkulturen v.a. bei →Ahrensburg und Meiendorf). LS

Elbblockade →Kontinentalsperre

Elbe Die E. entspringt aus zahlreichen Quellbächen bei Krkonoe (Riesengebirge) in Tschechien. Verstärkt durch das Wasser zahlreicher Nebenflüsse fließt sie durch das Elbsandsteingebirge auf dt. Gebiet an Dresden und Magdeburg vorbei nach →Hamburg. Nach dem Ham-

Elbe

Novemberabend an der Unterelbe 1916, Ölgemälde von F. Kallmorgen

burger Stromspaltungsgebiet, in dem sich der Fluß in zahlreiche Nebenarme verzweigt, von denen die Norder- und die Süderе. die wichtigsten sind, beginnt der über 100km lange Mündungstrichter des Flusses, an dessen nördlicher Seite nach Ende des hohen Elbufers (→Geest) aus der vorletzten →Eiszeit und den anschließenden Geestgebieten hart westlich → Wedels die →Elbmarschen und die süderdithm. →Marsch liegen. Von holst. Seite erhält die E. hier Zustrom von vier unterschiedlich großen Flüssen: →Wedeler Au, →Pinnau, →Krückau und →Stör. Überdies entwässern mehrere Sielverbände direkt in den Fluß. Die E., die bei Hamburg in ihrem Hauptwasser eine Breite von 500m aufweist, verbreitert sich erheblich, so daß sie in Höhe der Störmündung (Stromkm 678) bereits 3,8km breit ist. Sie bricht in ihrem Unterlauf auf der holst. Seite seit dem Hochma. Anwachsland ab, so daß nicht nur der alte Dünengürtelrand (→Düne) mit Ausnahme weniger erhaltener Reste (Bielenberg), sondern auch erst im Hochma. bedeichtes Land verloren ging (St. Margarethen, →Wewelsfleth, Asflet und Bishorst). Neuere Versuche, Anwachsland landfest zu machen, scheiterten teilweise. Seit dem 18. Jh. halten die – weitgehend erfolgreichen – Maßnahmen zur Haltung der Deichlinie an. Am niedersächsischen Ufer findet hingegen ein steter Anwachs von Marschland statt, so daß Deichlinien erfolgreich vorverlegt werden konnten. Die E., die heute im Zuge der starken Dominanz des Landverkehrs mit Kraftfahrzeugen als hemmende Barriere betrachtet wird, die es an möglichst vielen Stellen effektiv zu überwinden gilt (→Brücken, Tunnel), war in älterer Zeit sicher auch ein trennendes Landschaftselement. Durch die starke Kleinschiffahrt (→Schiffahrt) des 17.-20. Jh. gab es aber zahlreiche Verbindungen über den Fluß hinweg, was sich u.a. in einer nicht unbeträchtlichen Wanderungsbewegung aus den ärmeren Moormarschen südlich des Elbufers in die Elbmarschen und die süderdithm. Marsch zeigt. Heute wird die Verbindung über die Elbe unterhalb Hamburgs im Bereich der E.mündung nur durch die Autofähren (→Fähre) Glückstadt-Wischhafen und Neufeld-Cuxhaven aufrechterhalten.

Lit.: R. Linde, Die Niedere., Bielefeld/Leipzig 1924; Die E. Ein Lebenslauf, Kat. Berlin 1992. LS

Elbe-Lübeck-Kanal →Kanal

Elbe-Trave-Kanal →Kanal

Elbmarschen Die Holst. E. liegen am Nordufer der →Elbe zwischen dem Geestrand (→Geest) bei →Wedel und der ehmaligen Landesgrenze →Holst. zu →Dithm. bei →Brunsbüttel. Sie gliedern sich in vier Teilgebiete, die durch die Flüsse →Pinnau, →Krückau und →Stör voneinander getrennt sind und von Südosten nach Nordwesten →Haseldorfer (35,58km^2), →Seestermüher (42,05km^2), →Kremper- (291,74km^2) und →Wilstermarsch (216,81km^2) genannt werden. Sie stellen ihrer Entstehung nach durchaus kein einheitliches Gebiet dar, da der Bodenaufbau stark variiert. Während die südöstlichen → Marschen hoch liegen und überwiegend kalkreichen schweren Kleiboden aufweisen, wird der Untergrund weiter Teile der Wilstermarsch durch moorige Schichten gebildet. Sie haben sich im Verlauf der Entwässerung seit dem MA stark gesenkt, so daß sich heute die tiefste Landstelle Dt. mit minus 4,00m NN in Hinter-Neuendorf befindet. Hier müssen starke Entwässerungsmaßnahmen dafür sorgen, daß der landwirtschaftliche Betrieb, der seit dem MA diese Landschaft bestimmt, aufrechterhalten werden kann. Mehrere – bis heute überwiegend in Kultur genommene – Hochmoore (→Moor) säumen die drei nordwestlichen Marschen, wovon Ortsnamen wie Vaalermoor, Krempermoor, Schönmoor, Moordiek und Kurzenmoor zeugen. Im Inneren der Krempermarsch liegen die Reste des großen ehemaligen Raamoors, das 1578 in Königs- und Raamoor geteilt wurde. Die flächige Besiedlung des ehemals amphibischen Gebietes, das zahlreiche Seen und Flethe aufwies, und deshalb neben Bedeichung (→Deich) auch umfängliche Maßnahmen der →Entwässerung erforderte, erfolgte in der hochma. Expansionsphase der ländlichen Siedlung. Die hohe Fruchtbarkeit des kultivierten Bodens ließ den Ackerbau besonders einträglich erscheinen und belohnte die großen Anstrengungen der Inwertsetzung. Wurde zunächst die kleine Haseldorfer Marsch im beginnenden 12. Jh. mit Kögen (→Koog) nutzbar gemacht, so folgte schon bald die Wilstermarsch (um 1150), dann rasch Seestermüher und Krempermarsch, wobei in allen Marschen auch →Holländer an dem Siedlungswerk beteiligt waren. Siedlungsformen sind Streusiedlungen oder Marschhufendörfer, wobei die Hofstellen in dem sie umgebenden Hoffeld lagen. In den E. dominierte zunächst der Ackerbau; bereits am Ende des MA war die Wilstermarsch in ihrem Inneren so weit abgesunken, daß permanente Vernässung den Ackerbau erschwerte. Diese Zone wurde seit Mitte des 16. Jh. durch holländische Einwanderer unter Zuhilfenahme von Entwässerungswindmühlen wieder in Kultur genommen, allerdings in eine Weidekultur für Milchkuhhaltung; die gewonnene Milch wurde zu Fettkäse verarbeitet (Wilstermarschkäse). Nur in den Randbereichen der Wilstermarsch, auf den erhöhten Uferwallzonen von Elbe und Stör, wurde weiter Ackerbau betrieben. Die landwirtschaftliche Nutzung der E. ist bis heute dominant geblieben, wobei sich seit Beginn des 20. Jh. die Festlegungen auf traditionelle Agrarproduktionen (Ackerfrüchte, Milch, Gemüse) stark auflösten. Nach wie vor ist Viehhaltung in der Wilstermarsch besonders stark, während sich in der Haseldorfer und Seestermüher Marsch der um 1860 aufgekommene Obstbau hält und in den →Wildnissen vor Glückstadt der Gemüsebau auf kleinen Landstellen dominiert. Aufgrund der schlechten (erst seit der 2. H. des 19. Jh. nachhaltig verbesserten) Wegeverhältnisse, aber auch der relativ dichten Besiedlung und großen Wirtschaftskraft der E. konnten hier die Ksp. kleinteilig geschnitten werden. Mehrere Ksp. bestehen aus nur einer Gem. (z.B. Borsfleth, →Brokdorf, →Wewelsfleth, →Beidenfleth); andere umfassen zwei oder mehrere Gem.; recht groß ist nur das Ksp. →Wilster. Die Kirchen wurden im 16. Jh. Kristallisationspunkte für relativ geschlossene Dorfbildungen auf der Basis von Kleinstellen (→Kate). Die Städte Wilster und →Krempe stellen die im frühen Spätma. privilegierten Mittelpunkt- und Hafenorte der größten E.teile dar. Südlich von →Glückstadt lag die zu Beginn des 15. Jh. untergegangene Stadt →Nygenstad als Hafen. Seine Nachfolge trat das 1615 gegründete →Glückstadt an. →Itzehoe spielte für die nördlichen Teile der E. eine Rolle als Zentralort. Die →Industrialisierung hat v.a. die Städte des Gebietes (Wilster, Krempe, Glückstadt) und seines Ran-

Elbschwanenorden

des (Itzehoe, →Elmshorn, →Uetersen, Wedel) nach der Erschließung durch die →Eisenbahn (1845 bis Glückstadt, 1857 bis Itzehoe, 1878 über Wilster nach Brunsbüttel) erfaßt. Es entstanden aber seit 1867 ländliche Ziegeleien. Industrieansiedlung in der landwirtschaftlichen Fläche erfolgte erstmals mit der Ausweisung des Industriegebietes Brunsbüttel, das 1976/1979-1987 die Gem. Büttel (IZ) verdrängte und der Anlage des →Atomkraftwerks Brokdorf (1976-1986). Insgesamt sind die Spuren einstiger Wohlhabenheit der besitzbäuerlichen Bev. in den E. weniger sichtbar geworden. Zahlreiche Bauernhöfe wurden auch hier aufgegeben (→Höfesterben). Der einstmals beeindruckende Bestand an reetgedeckten Häusern geht laufend zurück.

Lit.: D. Detlefsen, Geschichte der Holst. E., 2 Bde., Glückstadt 1891/92; R. Linde, Die Niederelbe, Bielefeld/Leipzig 1924; R. Podloucky, Der Niederelberaum – Industrie kontra Natur, Stade 1980. LS

Elmshorn

Elbschwanenorden 1658 nach dem Vorbild der »Fruchtbringenden Gesellschaft« durch den →Wedeler Pastor Johann →Rist (Gesellschaftsname »Palatin«) gegr. Sprachgesellschaft, die sich um Verbreitung der dt. Sprache in der →Dichtung (→Lit.) bemühte. Zu ihren über 40 Mitgliedern, darunter 1/3 Geistliche, zählten Georg Greflinger, Redakteur des »Nordischen Mercurius«, und Conrad von Hövelen (Gesellschaftsname »Candorin«), der zugleich Schriftführer des Ordens war. Der E., unter den Zeitgenossen umstritten, erlangte nur geringen Einfluß und löste sich kurz nach dem Tod seines Gründers auf.

Lit.: K.F. Otto, Die Sprachgesellschaften des 17. Jh., Stuttgart 1972. MK

Ellumsyssel Nach dem →Erdbuch Waldemar II. wurde der Mittelteil des Hzt. Schl. als E. (nach dem im Ksp. Lygumkloster belegenen Ort Ellum) genannt. Er enthielt folgende Gebiete: Hvidingharde, Loeharde, Hoyerharde, Riesharde, Schluxharde, Lundtoftharde und Sundewitt und deckte sich weitgehend mit dem späteren →Amt Hadersleben. Dieses Gebiet liegt heute weitgehend im Staatsgebiet von DK. LS

Elmshorn (PI) wird zuerst 1141 erwähnt und gehörte im MA zum Besitz der →Ritter von →Barmstede. Nach deren Aussterben kam E. Anf. des 14. Jh. an die →Schauenburger Gff. Seitdem war es Teil des →Amtes →Barmstedt und gehörte zur Gft. Holst.-→Pinneberg.

Großmühlen am Hafen von Elmshorn um 1940

Die Aufteilung der Gft. nach dem Erlöschen der →Schauenburger 1640 führte zu einer verwaltungsmäßigen Dreiteilung, die die Entwicklung des Ortes behinderte. 1736 wurde der Kirchort zunftberechtigter →Flecken, 1756 kam es zur Vereinigung mit den Flecken Klostersande und Vormstegen in gewerblicher Hinsicht. Im 19. Jh. erfolgte eine rasche wirtschaftliche Entwicklung vom Handwerker-Flecken zur Industriestadt (1870 →Stadtrecht). 1878 wurden Klostersande und Vormstegen eingem., 1894 Wisch und Köhnholz. Lederfabriken, Getreideverarbeitung und -handel, Fleischwarenfabriken und →Werften prägten die Wirtschaft E. in der 1. H. des 20. Jh. Die →Schiffahrt auf der →Krückau spielte seit jeher eine Rolle und wurde in dieser Zeit zum bedeutenden Verkehrsträger. 1844 erhielt E. Anschluß an die →Eisenbahnlinie Altona-Kiel. Mit der Eröffnung der Zweigbahn nach →Glückstadt 1845 wurde E. erster Eisenbahnknotenpunkt in SH. 1896 kam die Nebenbahn nach →Barmstedt hinzu, während bereits 1847/48 die Chaussee nach →Itzehoe, 1854 die nach Barmstedt und 1863 die nach →Uetersen gebaut wurde. 1875 begann der →Hafenausbau, der bis in die 1930er Jahre fortgeführt wurde. 1943 wurde die Innenstadt fast vollständig durch engl. Luftangriffe zerstört. 1945/46 kam es zu einem starkem Zustrom von Flüchtlingen und Vertriebenen. E. war Endpunkt der nordwestlichen Aufbauachse im →Hamburger Umland. Seit den 1960er Jahren ist ein deutlicher Wandel der Wirtschaftsstruktur durch das Verschwinden der Lederindustrie und des Schiffbaus auszumachen. In den frühen 1970er Jahren begann das anhaltende Bev.wachstum, was zu Eingemeindungen am südlichen Stadtrand führte. Durch den Anschluß an die Autobahn Hamburg-Heide 1986 kam es zu erheblichen Gewerbeansiedlungen. Heute hat E. etwa 47.400 Einw.
Lit.: E. Chronik einer Stadt, E. 1970. PDC

Emeis, Walter →Heide

Emkendorf (RD) ist ein →Gut mit Herrenhaus, das 1795 von C. G. Horn frühklassistisch für Fritz und Julia →Reventlow gestaltet wurde. Wertvolle Stukkaturen und Malereien des späten 18. Jh. sind erhalten. Die Restaurierung des Hauses ist weit fortgeschritten. E. war im späten 18. Jh. ein kulturelles Zentrum für SH und wird deshalb gern als Weimar des Nordens bezeichnet. EO

Engelbrechtsche Wildnis →Wildnisse

Enghaus, Christian →Hebbel, Christian Friedrich

Engholm, Björn →Ministerpräsident, →Sozialdemokratie

Enklaven Einige Distrikte im Westen Schl., die nicht zum Hzt., sondern zum Kgr. DK gehörten, wurden 1864 zu Schl. geschlagen. Sie gehörten im MA entweder zum alten nordfriesischen Utland oder zum Bt. und →Domkapitel Ripen/Ribe und nach der →Reformation zum Amt Ripen/Ribe. Es handelt sich dabei u.a. um die Güter Trøjborg und Schackenborg, den südlichen Teil von Röm/Rømø, den nördlichen Teil von →Sylt, den westlichen Teil von →Föhr und ganz →Amrum. HSH

Enrollierung Die Erfassung der seefahrenden männlichen Bev. für Zwecke des →Seeetats (→Marine) nannte man bis 1864 E. (Eintragung in Rollen oder Listen). LS

Entbindungs-Lehranstalt Auf Initiative der Altonaer Ärzte J. G. Nessler und J. F. →Struensee, v.a. aber dank der jahrzehntelangen Bemühungen des Flensburger →Physicus G. D. Bössel wurden 1765 in beiden Städten Hebammenschulen eingerichtet. Zum 1.5.1805 wurden beide Anstalten in dem neueingerichteten Kieler Gebärhaus zusammengelegt, das fortan Hebammen und Medizinstudenten Gelegenheit zur praktischen Ausbildung bot. 1809 konnte die E. unter Leitung ihres ersten Direktors C. R. W. Wiedemann (1770-1840) vom baufälligen Gebäude am Klosterkirchhof in das Reyhersche Stadthaus an der Fleethörn ziehen. Jährlich wurden – in dt.- und dän.sprachigem Unterricht – 20 Hebammenschülerinnen ausgebildet, die in der Anstalt lebten, die Wöchnerinnen betreuten und ebenso wie die Studenten praktische Geburtshilfe erlernten. G. A. Michaelis (1798-1848), Professor der Geburtshilfe und ab 1840 Direktor des Hau-

Das Gut Emkendorf

Emkendorf

ses, unterstützte als erster und einziger zeitgenössischer dt. Kliniker die Semmelweißsche Lehre von der Entstehung des Kindbettfiebers und führte die Chlorwasserwaschung der Hände sowie größtmögliche Hygiene ein. Im Rahmen der universitären Klinik-Neubauten wurde 1862 die neue Gebäranstalt auf dem Kieler Krankenberg eröffnet, deren Eingangsfassade und Portal noch heute erhalten sind.
Lit.: E. Philipp, G. Hoermann, Die Kieler Universitäts-Frauenklinik und Hebammen-Lehranstalt, Stuttgart 1955. MH

Entnazifizierung Die alliierten Siegermächte beabsichtigten 1945 eine breit angelegte Vergangenheitsbewältigung. Neben strafrechtlicher Ahndung (→Internierungslager) und Wiedergutmachung für Opfer sollte eine tiefgreifende polit. Säuberung erfolgen. Die E. in der britischen Zone, zu der SH zählte, war auf Denazification und Reeducation v.a. im öffentlichen Dienst gerichtet. Anhand von Fragebögen wurde ab Sommer 1945 über Entlassung oder Weiterbeschäftigung entschieden. Im Konflikt zwischen Fachleutebedarf und polit. Belastung setzte sich sehr oft das Bedürfnis durch, Verwaltungskräfte zu behalten. Dennoch kam es zunächst zu Entlassungen: $1/4$ der Lehrerschaft, insgesamt ca. 4.000 Landesbedienstete waren betroffen. Zur Jahreswende 1945/46 berief die →Militärregierung dt. E.ausschüsse. Ab Oktober 1946 galt die Kategorisierung in 1. Hauptschuldige, 2. Belastete, 3. Minderbelastete, 4. Mitläufer und 5. Entlastete, wobei dt. Ausschüsse nur für die Kategorien 3-5 zuständig waren. Im Unterschied zur amerikanischen Zone wurde von den Kategorien 1 und 2 kein Gebrauch gemacht; vermutlich erhielt niemand einen Bescheid hauptschuldig oder belastet. Selbst der ehemalige →Gauleiter Hinrich Lohse ging als minderbelastet und schließlich sogar entlastet aus dem Verfahren hervor. 1948 schuf SH ein Gesetz zur E. Insgesamt wurden im Massenverfahren 406.500 Menschen entnazifiziert, nur 2.217 stufte man in Kategorie 3 ein, was Sanktionen wie Geldstrafe, Entlassung und Einschränkung der Pensionsansprüche bedeuten konnte. Die restlichen verteilten sich auf die Kategorien Mitläufer (66.500) und Entlastete (206.000), oder sie wurden als nichtbetroffen (131.600) aus dem Verfahren entlassen. 404.000 Erfaßte (99,4%) gingen als sofort rehabilitiert oder mit geringen Sanktionen versehen aus den Verfahren hervor. Gleichwohl gab es Verbitterung und konfliktreiche Debatten um die E. Die Ursache lag im Verfahren selbst: Weil der Fragebogen Hunderttausenden vorgelegt wurde, weil allein anhand von Zugehörigkeiten zu NS-Organisationen die Schwere der Verwicklung des einzelnen ermittelt werden sollte, weil die Umkehrung der Beweislast Betroffene nötigte, durch möglichst viele »Persilscheine« nachzuweisen, wie anständig sie gehandelt hätten, weil Flüchtlinge und Vertriebene besser täuschen konnten als in Dorf und Stadt Altbekannte, weil klar wurde, daß ein Massenverfahren nicht der individuellen Vergangenheit des einzelnen gerecht werden könne, war das Scheitern offenbar, ergaben sich fatale Solidarisierungen und wurde der Schlußstrich sehr schnell zum Mehrheitsziel, die eingehende Beschäftigung mit dem eigenen Anteil an der Schuld dagegen verdrängt. Der Landtagswahlkampf 1950 stand auch im Zeichen der E. Die bürgerlichen Parteien versprachen ihr sofortiges Ende, die SPD einen schnellen Abschluß. Kurz nach der bürgerlichen Regierungsbildung erließ der →Landtag nach konfliktreichen Debatten das »Gesetz zur Beendigung der E.«. Es rehabilitierte alle belasteten Beamten noch konsequenter, als es die 1950 vom Dt. Bundestag verabschiedeten Richtlinien forderten, und stellte die Kategorien 3 und 4 per Automatismus mit jenen gleich, die von vornherein als entlastet gegolten hatten. Fast alle der 946 noch Betroffenen erhielten damit den Wiedereinstellungs- bzw. verbesserten Versorgungsanspruch. Die E. war sechs Jahre nach Kriegsende gescheitert.
Lit.: U. Danker, Vergangenheits»bewältigung« im frühen Land SH, in: Die Anfangsjahre des Landes SH, hg. von der Landeszentrale für polit. Bildung Kiel 1998, 26-43. UD

Entwässerung ist die neben →Deichbau wichtigste Maßnahme zur Gewinnung von landwirtschaftlichen Nutzflächen im Bereich der Marschen (→Marsch) an der Westküste SH. Nur durch die Abführung des Oberflächenwassers, das in Flachseen gesammelt war und sich in Prielen (→Priel) aufstaute, aber auch durch Abführung des von der →Geest

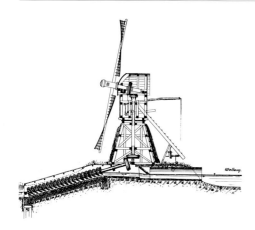

Eine Entwässerungsmühle

nachströmenden Wassers konnte das Land nutzbar gemacht werden. Alle Marschen wiesen zu Beginn der Inwertsetzung zahlreiche natürliche Gewässer auf, deren Existenz sich heute noch in Ortsnamen nachvollziehen läßt. Eine geregelte E. führte das Wasser über ein System von Gräben unterschiedlicher Breite (Grüppe, Scheidegraben, Auftracht, Wettern – die Vorfluter) auf in den Schutzdeich (→Deich) gelegte →Schleusen (Siele). Bei ablaufendem Wasser (Ebbe) in den jenseits des Deiches gelegenen Gewässern strömte das Binnenwasser durch die geöffneten Schleusentore nach außen; bei auflaufendem Wasser (Flut) schlossen sich die Tore selbständig oder unter Einwirkung des Schleusenwärters und verhinderten so das Einströmen von Außenwasser. Diese einfache Form der E. mußte bereits im 16. Jh. in der →Wilstermarsch durch E.windmühlen unterstützt werden, mit denen das Wasser aus gesunkenen, nun tiefliegenden Flächen angehoben werden konnte, damit es das benötigte Gefälle auf die Schleuse hatte. Die E.windmühlen, die im 18. Jh. mit archimedischen Schrauben arbeiteten, wurden zunächst im letzten Drittel des 19. Jh. durch Windräder ersetzt, dann mehr und mehr durch Dampfschöpfwerke – das erste in SH wurde 1883 von der E.genossenschaft Neuenbrook (IZ) in Betrieb genommen. Nach 1918 stellte man auf Dieselmotoren um; im 2.WK erfolgte vielerorts aufgrund von Treibstoffmangel die Umstellung auf Elektroantrieb. Die E. war in den Marschen Genossenschaftsaufgabe der von der jeweiligen Hauptwettern und der dazu gehörigen Schleuse profitierenden Landbesitzer.

Seit Mitte des 20. Jh. wird die Organisation der E. von den Deich- und Hauptsielverbänden wahrgenommen. In anderen Gebieten war die E. das Werk Einzelner. Zu nennen ist hier der Inspektor Tiedemann, der in den Jahren nach 1835 den Meggerkoog zwischen Sorge und Treene mit Dampfkraft trockenlegte und so die bereits seit 1619/20 in Wert gesetzten Landwirtschaftsflächen dauerhaft von Überschwemmungen befreite. Auch im östlichen Hügelland kam es zu E.maßnahmen, v.a. um feuchte Niederungen in Wert zu setzen. Hier wurde zuerst Drainage mit Hilfe von Tonröhren erprobt (Gut Löhndorf 1846), ein Verfahren, das sich nach und nach durchsetzte und heute selbst in den Marschen vielfältig angewandt wird, um die Zerschneidung des Landes durch zahlreiche E.gräben zu mindern und ihre Fläche der landwirtschaftlichen Nutzung zuzuschlagen. Daß das lohnend sein konnte, ersieht man aus der Tatsache, daß in den →Elbmarschen für die E. mit offenen Gräben etwa 1/10 der Gesamtfläche eines →Hofes gerechnet wurde. LS

Epidemie →Gesundheitswesen, →Pest

Erbe In den ma. und frühneuzeitlichen Städten (→Stadt) SH wurde ein Grundstück als E. (lat. hereditas) bezeichnet, weil der Eigentümerwechsel zunächst v.a. auf dem Wege der Erbschaft erfolgte, erst später durch Verkauf oder Verfolgung (meistens wegen rückständiger →Rente). Eigentümerveränderungen wurden zur Sicherung in E.bücher eingetragen wie in →Lübeck (hier heißen sie Oberstadtbücher) und →Kiel; in kleineren Städten erfolgten die Eintragungen in die Stadtbücher als Dokumente öffentlichen Glaubens. Die E.bücher sind die Vorläufer der Grundbücher. LS

Erbhuldigung 1616 gaben die sh Stände ihr seit 1460 ausgeübtes Wahlrecht mit der Zusage, in Zukunft den jeweils ältesten Sohn eines Hz. zum Nachfolger zu wählen, im Grunde auf. Die vorher als Vertrag verstandene Huldigung nahm damit den Charakter einer auf Erbrecht gegr. E. an. Die 1721 in Schl. verlangte E. nach den Bestimmungen der →Lex Regia war immer rechtlich umstritten. Der Anspruch der

→Abgeteilten Herren auf E. wurde von den Ständen abgewiesen. KGr

Erdbuch 1. Um die Steuererfassung nach 1660 zu effektiveren, wurde seitens der Landesherrschaft zunehmend das Instrument des E. angewandt. Hier wurden zu einem bestimmten Zeitpunkt die Einzelgrundbesitzgrößen möglichst genau verzeichnet. Da mit der Erstellung eines E. häufig Steuererhöhungen verbunden waren, versuchten Gebiete, die eine landschaftsähnliche Verfassung hatten (→Landschaft), den Landesherren durch einmalige Geldzuwendungen von seinem Vorhaben abzubringen. 2. Im Rahmen der →Verkoppelung wurden in den betroffenen Dorfschaften Verzeichnisse und Kartierungen der bestehenden Landbesitzverteilung und anschließend Kartierungen und Verzeichnisse der neuen Verteilung (insbesondere der Gemeinheiten) vorgenommen. Die Verzeichnisse, die direkten Bezug auf die Karten nahmen, wurden als E. bezeichnet. LS

Erdbuch Waldemar II. wird das topographisch geordnete Verzeichnis kgl. Besitzungen und Einkünfte im Kgr. DK und in Schl. genannt. Entstanden um 1231, ist der Anlaß der Entstehung des E. umstritten. Das Hauptstück beinhaltet das Verzeichnis Schl. →Syssel (Barwith-Syssel bis friesische →Utlande) sowie ein zusätzliches Verzeichnis der Inseln und ein Register →Fehmarns. Hier finden sich häufig erste schriftliche Erwähnungen einzelner Gebiete und Ortschaften.
Lit.: Kong Valdemars Jordebog, hg. von Svend Aakjer, Bd. 1-3, Kopenhagen 1926-1943; H.G. Wegemann, Zustände SH nach dem Erdbuche Waldemars 1231, in: ZSHG 46, 1916, 53-133. CJ

Erdöl 1856 wurde bei →Hemmingstedt zufällig bitumenhaltige Erde entdeckt und seit 1858 gewerblich abgebaut sowie zu Asphalt, Schmier- und Leuchtöl verarbeitet. Dieses Geschäft konnte aufgrund des billigeren amerikanischen Petroleums nicht gedeihen. 1880 wurde ein Versuch gestartet, Ölkreide abzubauen, der ebenfalls scheiterte. 1919 schließlich begann die Dt. Petroleum AG, die 1925 mit der Dt. Erdöl-AG fusionierte, die Ölkreide bergbaumäßig abzubauen und z.T. zu verschwelen,

Die Erdölraffinerie in Hemmingstedt

um Petroleum zu gewinnen. 1926 wurde das Werk wegen zu geringer Ausbeute geschlossen. Die ns Autarkiepolitik machte dann 1934 eine Wiederbelebung möglich. Bei Bohrungen bis zu 400m Tiefe stieß man auf Öllager, die bis 1937 eine Ausbeute von 2.500t zuließen. Weitere Tiefbohrungen (1938 bis 3.820m) führten zu größeren Fördermengen (1939: 77.000t, 1940: 231.000t), doch konnte diese Menge nicht gehalten werden. Hemmingstedt war damals das drittgrößte Erdölfördergebiet in Dt. Die Raffinierung fand zunächst in Thüringen statt, doch bekam das Feld 1942 eine eigene Raffinerie; eine Pipeline wurde zu Ölbunkern bei Schafstedt am Nord-Ostsee-→Kanal gelegt, um U-Booten Tankmöglichkeiten zu schaffen. Etwa 2.500 Menschen waren auf dem Höhepunkt der Produktion hier tätig. Zehn Bombenangriffe 1944/1945 zerstörten das Werk wiederholt, doch konnte bis Kriegsende produziert werden. 1952 wurde die E.verarbeitung wieder voll aufgenommen; neue E.felder hatte man bei Boostedt (SE) und →Plön, bei →Bramstedt, →Kiel und Hörnerkirchen (PI) gefunden und aufgeschlossen. Doch war die Hemmingstedter Raffineriekapazität so groß, daß nun auch überseeisches E. verarbeitet werden mußte. Der Hafen für das Werk wurde →Brunsbüttel. 1980 war die Verarbeitung von 5,6 Mio.t Rohöl möglich. Der größere Teil davon kam aus Dubai, der kleinere aus dt. Feldern, von denen die in Ostholst. am ergiebigsten waren. Die anderen E.felder wurden in den 1970er Jahren geschlossen. Heute steht die E.verarbeitung in Hemmingstedt angesichts internationaler Konkurrenz unter Druck. Ihre Zukunft ist nicht gesichert.
Lit.: S. Zimmermann, Ludwig Meyn und die Entwicklung der dt. E.industrie bei Heide in Holst., Hamburg 1966; N.R. Nissen, 125 Jahre E. in Dithm., Meldorf 1981. LS

Erdsiek-Rave, Ute →Landtagspräsident

Erfde (SL) ist ein Dorf und Ksp. (neben den beiden anderen Süderstapel und Bergenhusen) in der →Landschaft →Stapelholm, auf der E. Geestinsel gelegen mit einer Kirche (Maria Magdalene) aus dem 13. Jh.
Lit.: G. Sürig, Bargen, Erfde. Einblick in das Leben zweier Dörfer, hg. von der Gem. Erfde, Husum 1999. MJK

Erfde

Erhebung Die sh E. gegen DK 1848-1851 war ein Teilvorgang der europäischen und dt. Revolution. Mit ihr kamen staatsrechtliche, nationale, liberale, demokratische, soziale und militärische Probleme sowie europäische Machtinteressen auf die polit. Tagesordnung. Seit den 1840er Jahren hatte der dt.-dän. Gegensatz im →Gesamtstaat an Schärfe zugenommen. Die dän. Nationalliberalen, die →Eiderdän., erstrebten einen dän. Nationalstaat, dessen Südgrenze die →Eider bilden sollte. Die dt. gesinnten SH wünschten, daß ganz SH einem künftigen dt. Nationalstaat mit der →Königsau als Nordgrenze angeschlossen werden sollte. Beide, Dt. und Dän., beanspruchten das ganze Hzt. Schl., und beide unterbauten ihre Ansprüche mit historisch-rechtlichen Argumenten. Gemeinsam war beiden nationalen und liberalen Bewegungen die Gegnerschaft zum dän. Absolutismus sowie der Wunsch nach einer freiheitlichen Verfassung. Aber der vordringende Nationalismus hatte einer gemeinsamen liberalen Frontstellung längst den Boden entzogen. Am 18.3.1848 forderten die sh Stände und eine Volksversammlung in →Rendsburg u.a. die Aufnahme Schl. in den Dt. Bund, Presse- und Versammlungsfreiheit sowie eine →Volksbewaffnung. Die Forderung führte in Kopenhagen zur Bildung eines konservativ-liberalen Ministeriums auf Grundlage der Eiderpolitik (→Eiderdän.). Dies veranlaßte die führenden Männer der sh Landespartei, am 24.3.1848 eine →Provisorische Regierung (Friedrich Gf. →Reventlow, W. H. →Beseler, Prinz Friedrich von →Noer, Th. Olshausen u.a.) zu bilden. Mit ihrem legitimistisch-liberalen Aufruf »Mitbürger« (Aufrechterhaltung der Rechte des Landes und des angestammten Hz., Anschluß an die Einheits- und Freiheitsbestrebungen Dt.) gewann sie die Mehrheit der konservativen und dt.-national gesinnten SH für sich. Krieg mit DK war die Folge. Gleichwohl hat die Provisorische Regierung mit den vereinten Ständen und der nach allgemeinem und direktem Wahlrecht gewählten Landesversammlung eine Reihe von Reformen eingeführt: Presse-, Meinungs-, Versammlungs- und Vereinigungsfreiheit, Bürgerbewaffnung und allgemeine Wehrpflicht; sozial ungerechte Steuern und Privilegien wurden abgeschafft. Das Staatsgrundgesetz vom 15.9.1848 ist bezeichnet worden als »die demokratischste Verfassung, die man in Europa bis dahin gesehen hatte« (H. P. Clausen). Gleichwohl fehlte der Mehrheit der Liberalen und erst recht den Konservativen weithin das Verständnis für die unruhig gewordenen kleinen Leute in den Gutsdistrikten und an der Westküste. Den Krieg, in dem die SH von Bundestruppen und von →Preußen unterstützt wurden, beendete der am 26.8.1848 auf Druck der Großmächte zustandegekommene Waffenstillstand von →Malmö, in dem der Rücktritt der Provisorischen Regierung (22.10.1848) und die Einsetzung einer konservativen »Gemeinsamen Regierung« festgelegt worden war. Nach Ablauf des Waffenstillstandes brach der Krieg am 3.4.1849 wieder aus; er endete abermals durch Einwirkung der Großmächte mit dem Berliner Waffenstillstand vom 10.7.1849. Die Ende März eingesetzte sh Regierung, die Statthalterschaft (Reventlow, Beseler), blieb auf Holst. beschränkt; Schl. wurde fortan von einer dän.-preußischen Kommission (Landesverwaltung) regiert, mit einem Engländer als Schiedsrichter. Am 2.7.1850 wurde in Berlin ein Friedensvertrag unterzeichnet, ein einfacher Friede, der die Wiederherstellung des Gesamtstaats vorsah. Die Statthalterschaft schätzte die polit. Situation falsch ein, schlug auch sachkundigen Rat in den Wind und riskierte wieder einen Krieg, der mit der Niederlage bei →Idstedt praktisch entschieden war. Preußen arrangierte sich mit →Österreich und die sh Sache wurde dem Frieden geopfert. Beide dt. Großmächte bewirkten die Unterwerfung der Landesversammlung und der Statthalterschaft am 1.2.1851. Im folgenden Jahr wurde SH wieder der Autorität des dän. Kg. unterstellt. Die Großmächte erkannten die Integrität des Gesamtstaats im →Londoner Protokoll vom 8.5.1852 an, ohne sie freilich zu garantieren.

Lit.: A. Scharff, Wesen und Bedeutung der sh E., Nms. 1978; M. Jessen-Klingenberg, Standpunkte zur neueren Geschichte SH, hg. von R. Hansen, J.-P. Leppien, Malente 1998, S. 55-70. MJK

Erichsen, Johann Gottfried →Heidekolonisation

Ernst, Otto (eigentlich Otto Ernst Schmidt, geb. 7.10.1862 Ottensen, gest. 5.3.1926 Groß Flottbek) Der Sohn eines Zigarrenmachers war zunächst Volksschullehrer, begann 1889 Gedichte, Novellen und Essays zu publizieren und erzielte mit Komödien wie »Flachsmann als Erzieher« (1901) einen solchen Erfolg, daß er als freier Schriftsteller leben konnte. Seinen Lebensweg schildert er in der »Asmus-Semper«-Trilogie (1905, 1908, 1916). Die Erzählungen um seine Tochter Senta Regina, genannt »Appelschnut« (1907), sind noch heute lieferbar.
Lit.: E., Gesammelte Werke, 12 Bde., Leipzig 1922-1923; S.R. Möller-Ernst, Appelschnut über Appelschnut und eine Chronik des Otto-Ernst-Hauses, Hamburg 1990. KUS

Ertheneburg (RZ) Am nördlichen Steilhang der →Elbe, 4km von →Lauenburg entfernt, befinden sich zwei Erosionsrinnen, die seit vorgeschichtlicher Zeit den Übergang über den Fluß ermöglichen. Hier gabelte sich im Frühma. die aus dem Süden kommende Handelsstraße nach Westen Richtung →Hamburg und nach Norden Richtung →Alt-Lübeck. Der Übergang wurde eventuell bereits seit der fränkischen (→Franken) Zeit durch die E. geschützt. Der halbkreisförmige Ringwall mit tiefen Gräben hat eine Innenfläche von 65x100m. Im 11. und 12. Jh. diente er als Gff.sitz; mehrfach ist auch ein Aufenthalt des sächsischen Hz. →Heinrich der Löwe in der Burg nachweisbar, der hier Urkunden ausstellen und sogar Münzen prägen ließ. 1181 ließ Hz. Bernhard I. (→Askanier) die Burg z.T. abtragen und aus dem Material elbaufwärts die →Lauenburg errichten. OP

Eschenbach, Christoph →Schleswig-Holsteinisches Musik-Festival

Esesfeld Nach der militärischen Unterwerfung der nordelbischen →Sachsen sicherten die →Franken ihre Herrschaft nördlich der Elbe 810 durch den Bau des Kastells E., das zugleich strategisch günstig am Schnittpunkt der Verkehrswege nach →DK und ins Abotritenland auf einer Geestinsel bei der Oldenburgskuhle nahe →Heiligenstedten westlich von →Itzehoe lag. Die trapezförmige Wallanlage von etwa 1ha Grundfläche war durch ein umfangreiches Grabensystem gesichert und besaß ein Holztor. Ein dän.-abotritischer Angriff gegen den fränkischen Vorposten E. scheiterte 817. Die abgelegene Grenzlage der →Burg führte wohl spätestens in der Mitte des 9. Jh., als →Hamburg an Bedeutung gewann, zu ihrer Aufgabe.
Lit.: H. Willert, Das Kastell E., in: Itzehoe, Geschichte einer Stadt in SH 1, hg. von J. Ibs, Itzehoe 1988, 7-9. OP

Esmarch (Familie) Die weitverzweigte und schon im frühen 15. Jh. in Schl. nachweisbare Familie brachte bis ins 19. Jh. viele Pastoren sowie Beamte hervor. Heinrich Peter E. (1745-1830) war Rektor der Schl. Domschule, Heinrich Christian E. (1702-1769) Kabinettssekretär Kg. Friedrich V. Der berühmteste E. war

Die Ertheneburg

Esesfeld

Erteneburg

Blick von der Ertheneburg auf die Elbe

der an der Kieler Universität wirkende Chirurg und Generalarzt Friedrich E. (1823-1908), der auf dem Gebiet der Kriegschirurgie grundlegende Arbeiten vorlegte. Er führte die »Erste Hilfe« mit Verbandstornister, Beinschiene und Dreieckstuch für die Soldaten im Felde ein. Die von ihm erstmals angewandte »Esmarchsche Blutleere« bei Operationen an Extremitäten wird bis heute praktiziert.
Lit.: SHBL 7, 49-64. OM

Eulenspiegel, Till (geb. Kneitlingen, gest. 1350 Mölln) Über das Leben des E. ist so gut wie nichts bekannt. Sein Ruhm beruht auf der Verwendung seines Namens für Sammlungen von lustigen Schwänken, in denen der bäuerliche Mutterwitz des E. (zumeist auf Wortwitz beruhend) über das städtische → Handwerk triumphiert. Erste Drucke des wahrscheinlich von Hermann Bote kompilierten Volksbuches entstanden 1510/1511, später folgten alemannische Überarbeitungen und Nachdrucke. Die Grabplatte E. wird in →Mölln gezeigt. LS

der Grundherrschaft des →Bf. von →Lübeck, der in E. einen Markt anlegte und ein festes Haus baute – die entscheidende Weichenstellung für die weitere Entwicklung des Ortes. 1257 erhielt er – als einzige Stadt in Holst. vom Bf. – das →Lübische Recht. Neben dem Amtssitz Lübeck wurde E. die eigentliche Residenz des Bf. (1309 Gründung eines →Kollegiatstiftes) und Hauptort des reichsunmittelbar gewordenen →Bt. Lübeck (seit 1586 Fürstbt., 1803-1918 Fürstentum). Das →Schloß, eine dreigeschossige Vierflügelanlage, ist mehrfach umgebaut und erweitert worden und diente als Zufluchtsort bei kriegerischen Auseinandersetzungen, in der Neuzeit als Fürstenhof und Sommerresidenz der Fürstbff. und Fürsten von Lübeck, die seit 1773 gleichzeitig Hzz. und seit 1815 Großhzz. von →Oldenburg waren. Als gegen Ende des 18. Jh. mehrere namhafte Dichter und Gelehrte (→Eutiner Kreis) in E. Wohnung nahmen, blühte E. zu einem Zentrum des geistigen Lebens in Dt. auf. Trotz wirtschaftlichen Aufschwungs im Kaiserreich blieb E. auch nach dem 1.WK zu allererst Verwaltungssitz, und zwar als Hauptstadt des Landesteils Lübeck im Freistaat Oldenburg und nach 1937, als das Gebiet durch das →Groß-Hamburg-Gesetz an →Preußen fiel, als Kreis-

Eutin um 1588, Kupferstich von Braun und Hogenberg

Eulenspiegel-Festspiele in Mölln 1950

Eutin (OH) war unter dem Namen Utin, Uthine Hauptburg des slawischen Gaus gleichen Namens und lag auf der heutigen Fasaneninsel im Eutiner See, bevor sich nach 1143 im Rahmen der dt. Ostkolonisation →Holländer hier ansiedelten. 1156/57 wurde es das Zentrum

Eutin

Das Schloß Eutin, Gartenseite

Eutin

Eutin um 1845, Lithographie von Wilhelm Heuer

stadt des Kreises E., seit 1972 des Kreises Ostholst. und hat heute etwa 17.000 Einw.
Lit.: E.-G. Prühs, Geschichte der Stadt E., E. 1993. HFR

Eutin (Amt) Das lange zum Fürstentum und nachmaligen oldenburgischen Landesteil →Lübeck gehörende →Amt (der ursprüngliche Besitz des →Bf. von Lübeck) machte den ganzen Nordteil dieses Territoriums mit Ausnahme der Stadt →Eutin aus. Es wurde im 19. Jh. durch mehrere Dörfer erweitert. Seine Verwaltung nahm ein →Amtmann wahr, der seinen Sitz in Eutin hatte. Um 1850 hatte E. eine Größe von knapp 200km². 1867 wurde das Amt →Ahrensbök dem Fürstentum einverleibt und fiel hinsichtlich der Verwaltung zum größten Teil an E. 1879 wurden die beiden Ämter aufgelöst; die Befugnisse des Amtes fielen an die →Regierung in Eutin, unter der die 19 Gem. und 106 Dorfschaften des Fürstentums direkt standen. LS

Eutiner Kreis Z.Z. des kunstsinnigen Hz. Peter Friedrich Ludwig (1785-1829) entwickelte sich in der kleinen Residenzstadt →Eutin ein reges Geistesleben, dessen stärkste Persönlichkeit der 1782 an die Lateinschule berufene Rektor Johann Heinrich →Voß war. Seit seiner Studienzeit in Göttingen mit dem späteren Meldorfer Landvogt Heinrich Christian →Boie sowie den gfl. Brüdern Christian und Friedrich Leopold zu →Stolberg verbunden, waren alle den Gedanken der →Aufklärung verpflichtet. Auch wenn sie unterschiedliche Charaktere verkörperten, pflegten sie intensive Kontakte und empfingen viele Gäste in der reizvollen Landstadt, in der F. L. zu Stolberg von 1793 bis 1800 Regierungspräsident des Fürstbt. war. Sein Übertritt zum Katholizismus führte zum Bruch mit Voß, dessen Fortgang nach Jena 1802 dann endgültig zur Auflösung des E. führte. OP

Eutiner Sommerspiele →Musik

Ewer (Ever) Fracht-, Fähr- und Fischereifahrzeug der Niederelberegion, das es in vielen Variationen – je nach Zweck, Fahrtgebiet und Herkunft – gab und das meist 12-18m lang war. Typische Merkmale der in großer Stückzahl gebauten hölzernen E. sind der starke, platte Boden, die Seitenschwerter und das breite, herzförmig geschwungene Spiegelheck. Die kleineren Elb-E. hatten – anders als die in der Nord- und Ostseeschiffahrt eingesetzten Galeassen oder See-Ewer – umlegbare Masten, um beim Anlaufen bestimmter Häfen (→Wilster, →Itzehoe, Buxtehude, Stade) die →Brükken passieren zu können. E. waren getakelt als einmastiger Giekewer mit Gaffelsegeln und zwei bis drei Vorsegeln oder als anderthalbmastige Besane mit hohem gaffelgetakelten Besanmast. Um 1900 wurden E. auch aus Eisen,

Expressionistische Arbeitsgemeinschaft Kiel

Giek-Ewer auf dem Blankeneser Strand um 1890, Aquarell von P. Schwinge

aber mit hölzernem Boden und Deck sowie ganz aus Eisen mit rundem Heck gebaut.
Lit.: H. Szymanski, Dt. Segelschiffe, Berlin 1934. PDC

Expressionistische Arbeitsgemeinschaft Kiel →Malerei

Eybeschütz, Jonathan (geb. 1680/1690 Mähren, gest. 18.9.1764 Altona) Als Rabbiner und Lehrer an der Talmudhochschule in Prag war E. bereits berühmt, bevor er 1741 Oberrabbiner in Metz und schließlich 1750 in → Altona wurde. An dem Vorwurf, er sei Anhänger des angeblichen Messias Sabbatai Zwi, entzündete sich der jahrelange »Amulettenstreit« innerhalb der Gem. und erregte europaweit Aufsehen. E. Werke wurden in der Mehrzahl erst nach seinem Tod veröffentlicht. Durch diese sowie seine Predigten zählt er zu den bedeutendsten geistlichen Persönlichkeiten in der Dreigem. (→Juden) im 18. Jh.
Lit.: P. Freimark, Porträts von Rabbinern, Hamburg 1991, 40. OP

Jonathan Eybeschütz, Kupferstich von Johann Baltzer

Fähnrich →Gilde

Fähre nennt man eine regelmäßige Schiffs- oder Bootsüberfahrt über ein Gewässer zwischen zwei festen geographischen Punkten. Kahn- oder Bootsf. wurden gerudert oder gestakt, über Meeresbuchten und im Wattenmeer auch gesegelt. Sie vermittelten den Personenverkehr, während Wagen- bzw. Prahmf. dem Fuhrwerks- und Wagenverkehr dienten und häufig an einer über das Gewässer verlegten Kette oder einem Seil hin und her gezogen wurden. Im 18./19. Jh. wuchs die Zahl der Fährverbindungen stärker an und führte zu technischen Verbesserungen. Es wurden auch Eisenbahnf. (sog. Trajekte) eingerichtet und unter der Rendsburger

Fähranleger Dagebüll, Lichtdruck

Hochbrücke wurde eine Schwebef. eingehängt, die heute noch in Betrieb ist. Bis auf einige museal betriebene Verbindungen sind Bootsf. heute verschwunden und viele Wagenf. durch feste Querungen (→Brücken, Tunnel) ersetzt. Einen enormen Aufschwung erlebte nach dem 2.WK dagegen die Fährschiffahrt auf Nord- und Ostsee im Zeichen von →Tourismus und Fernverkehr. V.a. wuchs der Verkehr der Eisenbahn- und Autof. in den Ostseeraum, die über die →Vogelfluglinie sowie von →Kiel und →Lübeck-→Travemünde aus fahren.
Lit.: Die Entwicklung des Verkehrs in SH 1750-1918, hg. von W. Asmus, Nms. 1996. WA

Nicolaus Falck

Fabricius, Johann Christian →Kameralistik

Fabricius, Peter →Musik

Fabricius, Johann Christian →Vaccinationsinstitut

Fachhallenhaus →Bauernhaus

Fachhochschule →Hochschule

Fahne →Landesfahne

Fakultät Traditionelle Gliedkörperschaft einer Universität mit eigener vom →Dekan geleiteter Selbstverwaltung und mit dem Recht, akademische Prüfungen durchzuführen: Magisterexamen, Promotion, Habilitation. Die 1665 gegr. Christian-Albrechts-→Universität zu →Kiel hatte vom Anf. bis 1946 die vier klassischen F.: Theologische, Medizinische, Juristische, Philosophische; hinzu kamen Landwirtschaftliche (1946), Naturwissenschaftliche (1963), Wirtschafts- und Sozialwissenschaftliche (1969), Technische (1990) und Erziehungswissenschaftliche F., die bis 2002 aufgelöst wird. MJK

Falck, Niels Nicolaus (geb. 25.11.1784 Emmerleff/Emmerlev, gest. 11.5.1850 Kiel) wurde 1814 außerordentlicher Professor der Rechte in Kiel, 1815 Professor für Dt. und sh Recht. Er gilt als Begründer der sh Rechtsgeschichte, war Mithg. der →Kieler Blätter, 1835/36 Mitglied der schl. und holst. →Ständeversammlungen, darauf bis 1846 nur der Schl. Stände. 1848-1849 war F. Mitglied der Landesversammlung. Er trat für die Eigenständigkeit der Hztt. aufgrund seiner historisch-rechtlichen Überzeugung ein. F. war Mitbegründer der →Gesellschaft für SH-Lauenburgische Geschichte 1833.
Lit.: Geschichte SH, 6. MJK

Faldera Bei →Helmold von Bosau wird das Gebiet um F. als Holst. Grenzstreifen zum Land der →Slawen bezeichnet. Seine Bewohner baten 1127 den Erzbf. von →Bremen um einen Priester. Darauf gründete →Vicelin in F., das auch Wippendorf genannt wird, ein Augustiner-Chorherrenstift, das der Missionierung der Umgegend und der Slawen dienen sollte und dem Ort noch im 12. Jh. den Namen Nigemunster (→Nms.) gab. OP

Falke, Gustav (geb. 11.1.1853 Lübeck, gest. 8.2.1916 Groß Borstel) Der Kaufmannssohn arbeitete nach dem Besuch des Realgymnasiums zunächst als Buchhändler sowie nach einem Musikstudium in →Hamburg lange Zeit als Klavierlehrer. F. veröffentlichte Gedichte, Romane, auch plattdt. Verse, Kinder- und Jugendbücher. Zusammen mit Richard Dehmel und Detlev von →Liliencron formte er das Dichter-Dreigestirn, das Hamburg in der Zeit vor dem 1.WK kulturellen Glanz verlieh, blieb aber an lit. Originalität hinter den beiden anderen zurück. 1912 erschien seine Autobiographie »Die Stadt mit den goldenen Türmen«. Sein Grab befindet sich auf dem Ohlsdorfer Friedhof in Hamburg.
Lit.: Gesammelte Dichtungen, 5 Bde., Hamburg 1912 ; H. Spiero, F. Ein Lebensbild, Braunschweig 1928. KUS

Fallada, Hans →Literatur

Farve (OH) Das →Gut F. westl. von →Oldenburg war vom 15. bis 17. Jh. im Besitz der Familie →Pogwisch und gehörte anschließend wechselnd den Familien →Blome, →Buchwald und →Reventlow. Das vierflügelige →Herrenhaus ist ein Backsteinbau mit einem mächtigen Rundturm, dessen Kern nach 1480 entstand, der 1837 aber im Stil der romantischen Neugotik umgebaut wurde. Die Stuckdecken stammen aus dem frühen 18. Jh., der Reitstall von 1703, die Windmühle von 1828. In einem Grabhügel wurde 1848 ein Silberschatz aus dem 11. Jh. gefunden, der bisher größte Schatzfund in SH. OP

Farve

Fayencen heißen glasierte und bemalte Tonwaren – Eßgeschirr, Leuchter, Vasen –, die als grobe Imitationen des teuren chinesischen Porzellans seit etwa 1600 an mehreren Orten in Europa hergestellt und nach der italienischen Stadt Faenza benannt wurden. Mit Kalk und Kieselsäure angereicherter Ton wurde geformt und gebrannt, das Gefäß anschließend mit einer Glasur, die bemalt wurde, wasserundurchlässig gemacht und erneut gebrannt. An Ton-

Kellinghusener Fayencen

Feddersen, Hans Peter

vorkommen orientiert bestanden unterschiedlich erfolgreiche F.-Manufakturen in Schl. (1755-1814), →Eckernförde (1759-ca. 1780), →Kiel (1758-1787), →Stockelsdorf (1771- ca. 1788), →Rendsburg (1765-1772), → Kellinghusen (1763-1860er) und vermutlich auch in →Altona (um 1730). Die F. lösten im 18. Jh. das Tischgeschirr aus Holz, Ton und Metall ab, fanden überall im dän. Gesamtstaat Verbreitung und wurden nach →Hamburg sowie →Mecklenburg ausgeführt. Trotz der relativ kurzen Existens der sh F.-Manufakturen sind sie ein bemerkenswertes Beispiel für sh Kunsthandwerk und finden sich in zahlreichen Museen des Landes. In Kellinghusen wurden in den letzten Jahrzehnten wieder F. produziert.
Lit.: W.J. Müller, Sh F. des 18. Jh., Heide 1980. OP

Fehmarn

Feddersen, Hans Peter →Malerei

Fehling (Familie) Seit dem 17. Jh. ist die lückenlose Stammfolge der Familie in →Lübeck nachweisbar. Herausragend war Emil Ferdinand F. (1847 Lübeck-1927 Lübeck), dem als Bürgermeister (1917-1920) in Lübeck als einzigem dt. Bundesstaat die Vermeidung eines gewaltsamen Umsturzes 1918 gelang. Er verband die »neuen Männer« mit den alten Elementen des →Rats und arbeitete die neue Lübecker Landesverfassung vom 23.5.1920 aus. Sein Bruder Hermann Wilhelm F. (1842 Lübeck-1907 Lübeck) war Präses der Lübecker Handelskammer und Förderer des Seebades →Travemünde (Ankauf der Seebadeanstalt 1898, Bau der Strandpromenade 1908). Jürgen Carl F. (1885 Lübeck-1968 Berlin), Sohn von Emil Ferdinand F., war ein bekannter Schauspieler.
Lit.: SHBL 6, 85-93. AG

Fehmarn (OH) ist mit einer Fläche von 185km^2 die größte Insel SH. Sie entstand als flache Grundmoränenplatte (höchste Erhebung 27m) in der letzten →Eiszeit bis vor 10.000 Jahren. Die Ostküste bildet ein bis zu 15m hohes →Kliff, die Südküste, die durch den schmalen F.sund (1,2km) vom Festland getrennt ist, besteht aus Haken und Nehrungen, die die Anlage von geschützten Häfen (Orth, Burgstaaken) begünstigten. Im Westen und Norden zeigt sich eine flache Ausgleichsküste, an der Binnenseen durch Strandwälle von der See getrennt werden. Eindeichungen in den 1870er Jahren schützten hier die Küste und führen zur Verlandung der Seen. F. war bereits im →Neolithikum besiedelt, wie etwa 30 Fundplätze von Siedlungen und ca. 60 Steingräber belegen. Seit dem 3. Jh. n.Chr. geht die Funddichte zurück, die Insel wird vom Großteil ihrer Bev. im Zuge der Völkerwanderung verlassen worden sein. F. wird erstmals bei Adam von Bremen um 1075 als Fembre oder Imbria genannt. Der Name geht auf das

In der Kirche von Landkirchen

Fehmarn

slawische fe morze (im Meer) zurück, da die Insel seit dem 7. Jh. zum Siedlungsgebiet der ostholst. →Wagrier gehörte. Aus slawischer Zeit sind zwei nicht exakt datierbare Burgen (Ohlenborgs Huk, →Burg) bekannt, slawische Ortsnamen gibt es aber kaum (Puttgarden). Nach der dt. Eroberung Wagriens 1138/39 war F. zuerst Rückzugsgebiet der →Slawen, wurde dann aber auch von dt. Bauern besiedelt. Die Slawen wurden wohl sehr rasch assimiliert; das →Erdbuch des dän. Kg. Waldemar nennt um 1230 noch die H. (21) der Dörfer slawisch; dies wird sich aber eher auf die Abgaben als auf die Volkszugehörigkeit bezogen haben. Damals gehörte die Insel zum Hzt. Schl., eine Zugehörigkeit, die nach wechselndem Besitz 1636 festgeschrieben wurde und bis 1866 bestand. Bereits im MA bestand eine →Fähre über den 18km breiten F.belt zur dän. Insel Lolland. Über diese Meerenge reisten schon im 12. Jh. Pilger aus Skandinavien, wie eine Peter-Pauls-Kapelle bei Puttgarden zeigt. Im 13. Jh. wurden die Kirchen in Burg, Petersdorf (u.a. hervorragender Altarschrein nach 1390, Kreuzgruppe und Sakramentshaus Ende 15. Jh., Holzkanzel um 1600, Gemälde des 16. und 17. Jh., Holzepitaphien des 17. und 18. Jh.), Landkirchen (u.a. Flügelaltar 2. H. 15. Jh., Altar 1715, Holzkanzel 1727, Sandsteintaufe 1735, Chorgestühl 15. Jh., Logen 18. Jh., Leuchter des 15.-17. Jh., zahlreiche Epitaphien 17. Jh.) und Bannesdorf (spätgotische Wandbilder, Logen des 18. Jh.) gegr. Auf einer Landzunge vor dem Burger Binnensee schützte seit Anf. des 13. Jh. die Burg →Glambeck den Hafen. Bis ins 17. Jh. war sie Sitz der dän. und lübeckischen Amtmänner; von Gf. Adolf VIII. war F. 1435 an →Lübeck verpfändet worden, in dessen Pfandbesitz es bis 1490 blieb. 1420 wurde die Insel durch die Truppen des dän. Kg. Erich zerstört, woran das F. Memorial, eine Inschrifttafel aus Sandstein, an der Kirche von Burg erinnert. Während des Dreißigjährigen Krieges, als F. von den Schweden erobert wurde, fand bei Puttgarden ein schweres Gefecht statt. Das Niobedenkmal an der Nordküste der Insel wurde aus dem Mast des dt. Segelschulschiffes errichtet, das dort 1932 mit 69 Mann sank. Im Gegensatz zum benachbarten Ostholst., wo die Adligen aus ihren →Grundherrschaften Gutswirtschaften (→Gut) bilde-

Burgstaaken um 1900

ten, konnte sich der →Adel auf F. nicht behaupten. Adlige Grundbesitzer verkauften ihren Besitz an die Bauern, welche 1617 vom Landesherrn die Zusicherung erhielten, daß Adlige auf der Insel keinen Grund und Boden erwerben dürften. So entstand auf F. – ähnlich dem sh Westen – ein freies Bauerntum. F. bewahrte als →Landschaft eine weitgehende Eigenständigkeit, die auf die Insellage oder den dithm. Einfluß, der sich in Familiennamen nachweisen läßt, zurückzuführen ist. Das Gerichtswesen und die Verwaltung führten die Repräsentanten der Landschaft F., die → Kämmerer und Richter. Grundlage der Rechtsprechung war das um 1320 entstandene und 1326 bestätigte F. →Landrecht, das 1557 vom neuen Landrecht abgelöst wurde. Die Privilegien und Siegel der Landschaft F. wurden im Landesblock aus dem 14. Jh., einer urtümlichen, in der Kirche von Landkirchen erhaltenen Archivtruhe verwahrt. Die festgefügten Dorfgenossenschaften führten wohl zur auffällig planmäßigen Anlage der Dörfer als rechteckige Platzdörfer, die denen in DK ähnlich sind. F. hat über Jh. konstant rund 40 Dörfer. Die ausgesprochen fruchtbaren Böden der Insel brachten hohe Ernteerträge, so daß F. bereits im 15. Jh. einen regen Getreideexport betrieb. 1597 waren hier 50 Schiffe beheimatet. Ebenfalls im 15. Jh. gründete die Landschaft F.

Fehmarnsundbrücke

An der Nordküste Fehmarns

den eigenen Hafen Lemkenhafen, da sie mit Burg, das seit 1329 →Lübisches Recht besaß, nicht zuletzt aufgrund der unterschiedlichen Rechtsformen in ständigem Streit lag. Dies führte seit dem 17. Jh. zum wirtschaftlichen Niedergang von Burg, aber auch die Gesamtwirtschaft der Insel ging zurück. Erst nach der Eingliederung in →Preußen erfolgte seit 1870 wieder ein Aufschwung. Der Fischfang (→Fischerei) spielte nur im 17. Jh. eine gewisse Rolle, diente darüber hinaus mehr der Eigenversorgung der Insel. Da Industrie und Gewerbe auf F. keine Ansiedlungsmöglichkeiten hatten, also keine neuen Arbeitsmöglichkeiten boten, wanderte der überschüssige Teil der Bev. nach SH ab oder sogar nach Übersee aus. Die wichtige Fährverbindung über den F.sund wurde 1905 zu einer Eisenbahnfähre (→Eisenbahn) ausgebaut. Pläne zu einer Eisenbahnverbindung Hamburg-F.-Kopenhagen gab es bereits in den 1860er Jahren. Diese →Vogelfluglinie wurde immer wieder ins Gespräch gebracht, denn die Zugvögel von und nach Skandinavien nutzten die Insel seit langem als bequemes Zwischenquartier. Bereits der Autobahnbau Hamburg-Lübeck in den 1930 Jahren wurde in Hinblick auf eine solche Verbindung angelegt, 1951 wurde eine Fährverbindung Großenbrode-Gedser eingerichtet und 1963 mit der Fertigstellung der F.sundbrücke die Insel mit dem Festland verbunden. Zugleich wurde der geschützte Fährhafen Puttgarden angelegt mit dem Pendant Rødby auf dän. Seite, deren Verbindung (mit Eisenbahnfähre) sich zum wichtigsten Verkehrsweg nach Skandinavien entwickelte und erst in den letzten Jahren durch die großen Verkehrsprojekte über den Sund und den Belt in DK Konkurrenz bekam. Weiterhin führt durch F., das heute rund 12.600 Einw. hat, ein Teil der Europastraße 4 von Helsinki nach Lissabon.

Lit.: E. Höpner, F., Lübeck 1975. OP

Fehmarnsundbrücke Im Verlauf der →Vogelfluglinie wurde die Insel →Fehmarn 1963 mit dem Festland durch eine elegante Straßen- und Eisenbahnbrücke über den Fehmarnsund verbunden, die 963m lang ist, eine

Durchfahrtshöhe von 23m hat und deren größte Spannweite 248m beträgt. OP

Fehrs, Johann Hinrich (geb. 10.4.1838 Mühlenbarbek, gest. 17.8.1916 Itzehoe) 1865-1903 leitete F. die von seiner Frau in Itzehoe gegr. Mädchenprivatschule. Daneben schrieb er niederdt. Dichtungen, Novellen und den Roman »Maren« (1907), in dem das Dorfleben um 1850 und zwischenmenschliche Beziehungen eindrücklich geschildert werden.
Lit.: SHBL 3, 104-107. OM

Feldgemeinschaft In den Dörfern der →Geest und des Hügellandes herrschte zu Beginn der Neuzeit die F. Die Feldmark des Dorfes war in einige →Gewanne aufgeteilt, auf denen die einzelnen →Hufner schmale Streifen (Schifte) gemäß ihren Anteilen besaßen. Ein Hufner konnte 50 bis 110 solcher Streifen, verteilt auf die verschiedenen Gewanne besitzen. Ihm gehörte dieses Land gemäß seinem Eigentumsrecht als Bonde oder →Lanste (Pächter) fest, und die Bewirtschaftung erfolgte individuell; aber die Gemengelage der Streifen erforderte ein gemeinsames Vorgehen, da es häufig nur möglich war, die einzelnen Landstücke über diejenigen anderer Bauern zu erreichen. Es herrschte daher Flurzwang: Jedes Gewann mußte gemeinsam besät, geerntet und gepflügt werden. Die Weiden waren ungeteilt und wurden gemeinsam genutzt. Es waren dies die abgeernteten Äcker in der Stoppel- oder Nachweide, die im Rahmen der Mehrfelderwirtschaft brachliegenden Felder sowie die unbestellten Allmenden (Außenweiden, →Heide, →Moore, →Wald). Außerhalb der F. standen in Schl. die →Tofte. Konflikte, die sich aus der F. ergaben, wurden durch schriftliche Satzungen (→Dorfordnungen) geregelt. In der →Marsch gab es keine F. Die F. wurde durch die →Verkoppelung aufgehoben.
Lit.: H. Behrend, Die Aufhebung der F., Nms. 1964, 22-44. MR

Feste In SH gibt es nur wenige F. (oder Volksf.), die ein hohes Alter aufweisen, wie etwa die örtlichen Gilde- oder Schützenfeste, Roland- und Ringreitveranstaltungen, die z.T. bis in des 16. Jh. zurückreichen. Zahlreiche andere F. stammen aus der Zeit des nationalen Aufbruchs, wo sie der Inszenierung einer nationalen Identität dienen sollten oder wurden kreiert, nachdem SH preußisch geworden war, um neupreußische oder kaiserdt. Begeisterung zu wecken. Manche der heutigen Volksf. dieser Zeit (→Kieler Woche) waren zunächst höchst exklusive Veranstaltungen, die sich im Laufe der letzten 50 Jahre stark gewandelt haben. Heute werden F. geschaffen, um touristische Zwecke zu erfüllen und die Attraktivität der Veranstaltungsorte bzw. -regionen zu steigern; dazu bedient man sich oft angeblich historischer Kontinuitätslinien. Die Neuschöpfungen sind kaum mehr zu zählen und nur einige konnten sich als stetige Einrichtungen behaupten (z.B. →Kieler Umschlag, Glückstädter Matjeswochen, →Flora-Woche, Heider Marktfrieden, Nordfriesische Lammtage). Eine (unvollständige) Zählung des Jahres 1981 brachte Hinweise auf wenigstens 152 F. in SH.
Lit.: K.D. Sievers, Feste in SH, Nms 1984. LS

Fester (dän. fæster) wurde in Schl. der von der →Grundherrschaft abhängige →Bauer im Gegensatz zum freien Bauern (Bonde) genannt. Dem F. entsprach in Holst. der →Lanste, und dieser Begriff verbreitete sich im Spätma. auch in Schl. LS

Festung Die Entwicklungen auf dem Gebiet der Artillerie im Spätma. machten in der Befestigungstechnik neue Maßnahmen nötig, um den mauerbrechenden und fernwirksamen Geschützen Paroli zu bieten. Das konnten die →Burgen, bei denen ein erschwerter Zugang für Krieger zu Fuß durch Wassergräben oder Höhenlage ausreichend war, nicht leisten. Deshalb wurden geschütztragende F. mit großem Schußfeld entwickelt, die sich im 15.-18. Jh. verbreiteten und im 19. Jh. teilweise erheblich modernisiert wurden. Sie bestanden aus Artilleriestellungen auf vorspringenden Bastionen (Bollwerken) und diese verbindenden Wällen. Der überwiegende Teil der frühneuzeitlichen F. barg Städte in sich; nur wenige reine F.bauten wurden errichtet. In SH wurde in den 1530er Jahren mit dem Bau der F. →Rendsburg und →Krempe begonnen. 1620 kam →Glückstadt hinzu; seit 1644 →Tönning. An der Kieler Förde ließ Christian IV. die reine F. Christianspries (später →Friedrichsort) ab 1631

Johann Hinrich Fehrs um 1870

Feuerschiff

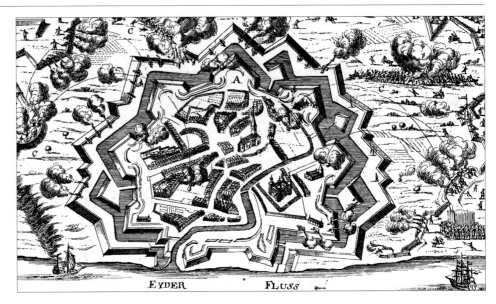

Die von den Dänen belagerte Festung Tönning 1700, Kupferstich

erbauen. →Hamburg erhielt ab 1616 eine der modernsten f.artigen Stadtbefestigungen seiner Zeit; →Lübeck folgte in den 1620er Jahren. Die F. waren Garnisonen und wesentliche Stützpunkte des stehenden Heeres und enthielten Zeughäuser für die Ausrüstung. Da die F. nur mit großem Aufwand zu unterhalten waren, verfielen sie immer wieder und mußten mühsam in Stand gehalten werden; die → Zuchthäuser in Rendsburg und Glückstadt dienten auch der Instandhaltung der Festungswerke durch sog. Karrensträflinge (Sklaven); andere Arbeiten verrichtete das →Militär. Im 19. Jh. verloren die F. ihre militärische Bedeutung. Krempe war schon um 1700 geschleift worden, Tönning folgte nach 1714, Glückstadt und Friedrichsort wurden nach 1814 entfestet; schließlich gab man 1852 die F. Rendsburg auf. Auch Hamburg legte nach 1815 seine F.anlagen nieder; Lübeck folgte erst spät.
Lit.: F. Schröder, Rendsburg als F., Nms. 1939. LS

Feuerschiff →Leuchtfeuer

Feuerstein →Flint

Fewer, Edward →Zementindustrie

Fideikommiß Die Bindung in einem F. war ein besonders beim niederen →Adel verbreitetes Rechtsinstrument zur Wahrung des Familienvermögens, v.a. von als Stammsitz angesehenen Gütern. Veräußerung und finanzielle Belastung von F.vermögen waren rechtlich unwirksam; es konnte auch testamentarisch nicht darüber verfügt werden. Die Rechte und Pflichten des F.besitzers – meist des jeweils ältesten Sohnes – ergaben sich direkt aus den Bestimmungen des F. Seit dem 19. Jh. umstritten, wurde in der Weimarer Reichsverfassung die Aufhebung der existierenden F. festgelegt. KGr

Fideikommißgüter (großhzl. oldenburgische) nennt man die mit adligen Rechten versehenen Besitzungen der ehemals Holst.-Gottorfischen jüngeren Fürstenlinie. Sie lagen östlich des →Amtes →Eutin bis über →Oldenburg hinaus. Dieser Komplex geht auf die Erwerbungen der seit 1586 als Lübecker Bff. fungierenden Mitglieder des Hauses →Gottorf zurück. Man unterschied die älteren F. (Lensahn, Stendorf und Mönchneverstorf) von den jüngeren, die aus den Domänen des Amtes Oldenburg (Kuhhof, Kremsdorf, Vollbrügge, Sebent, Lübberstorf, Sievershagen und Sütel) sowie dem hinzugekauften Gut Koselau bestanden. Nutznießer der F. war der regierende Hz., später Großhz. von →Oldenburg. 1925 stellten die F. mit 13.810ha noch immer den mit Abstand größten Großgrundbesitzkomplex in Holst. dar. LS

Finanzgericht →Gerichtswesen

Findling Mit dem Vordringen der skandinavischen Gletschermassen während der letzten beiden →Eiszeiten (Saale- und Weichsel-Glazial) wurden vielfältig zusammengesetzte Böden, aber auch Gesteinsschutt und gewaltige

Felsblöcke nach SH transportiert. Nach dem Abtauen des Eises blieben die Riesensteine, die den Volksglauben noch im 19. Jh. zu den abenteuerlichsten Deutungsversuchen ihrer Herkunft inspirierten, überall im Lande liegen. Viele dieser sog. F. wurden in steinzeitlichen →Megalithgräbern verbaut, als Fundamente im →Kirchenbau verwendet oder als Gedenksteine (→Denkmal) benutzt. Die größten Exemplare, der Düvelsteen bei Großkönigsförde und der Wandhoff-F. in Kreuzfeld (bei →Malente), bringen ein Gewicht von 200 bzw. 128t auf die Waage.
Lit.: K.-D. Schmidtke, Die Entstehung SH, Nms. 1992. SW

Fischerei Seit vorchristlicher Zeit wurde sowohl Binnen- als auch Seef. zumeist nur zur Eigenversorgung betrieben. In der Binnenf. lag das F.recht seit dem frühen MA bei den Grundherren. Gefischt wurde in Flüssen, künstlichen und natürlichen Seen. Die Intensivierung der Fischzucht erfolgte durch die →Klöster. Nach der →Reformation erfolgte der Übergang der klösterlichen F. auf die Grundbesitzer. Im 19. und 20. Jh. erlebte v.a. die Flußf. durch Umweltzerstörung einen Rückgang. 1999 waren noch 39 Betriebe in der Fluß- und 161 Betriebe in der Binnenf. tätig. 1999 betrug die Gesamtanlandung 7.800dt. Die Seef. in Schl. war seit dem frühen MA frei; in Holst. lag das F.recht beim Landesherrn. Die Entwicklung an der Ost- und Westküste war unterschiedlich. An der Westküste diente die F. nur als Nebenerwerb bzw. als Aufgabe der Hausfrauen. Die Teilnahme an regionalen Großf. ist seit dem 16. Jh. auf →Helgoland, in DK und am arktischen →Walfang nachgewiesen. Vom 16. Jh. bis ca. 1910 existierte die Austernzucht. Eine Steigerung der F. erfolgte durch die Anbindung an das Eisenbahnnetz (→Eisenbahn). Im 19. Jh. begann die intensive Krabbenf. (→Krabben). An der Ostküste wurde die F. v.a. in den Städten hauptberuflich organisiert. Die regionale F. diente zur Versorgung der heimischen Märkte. Die Teilnahme an Großf. wurde v.a. durch →Lübeck, →Flensburg und Sonderburg/Sønderborg im Bohuslen und am Limfjord betrieben. Bedeutende Regionalprodukte waren u.a. →Kieler Sprotten. Nach dem 2.WK kam es zum Absatzrückgang durch geänderte Nahrungsgewohnheiten (Tiefkühlfisch). 1998 erbrachten insgesamt 750 Berufsfischer eine Fangmenge von 29 Mio.t, wobei Krabben- und Muschelfang den Hauptanteil ausmachten.
Lit.: C. Jahnke, »Und ist der Fisch- und Heringsfang das erste beneficium ...« Städtische und freie Marktf. im ma. Ostseeraum, in: ZSHG 122, 1997, 289-321; Fischer-Boote-Netze. Geschichte der F. in SH, hg. von H. Mehl, D. Tillmann, Heide 1999. CJ

Der Düvelsteen bei Großkönigsförde

Krabbenkutter aus Tönning

Fischkutter Im 19. Jh. wurden verschiedene Fahrzeuge, u.a. auch einmastige Smacks, als Cutter bezeichnet. 1878 begann man in Dt. eine Zwischenform aus →Ewer und Smack zu bauen, die Kutterewer genannt wurde. Ab 1883 wurden dann zweimastige für den Fischfang bestimmte Smacks gebaut, die F. hießen. Diese →Fischereifahrzeuge waren etwas kleiner, schärfer und schlanker als ihre engl. Vorbilder gebaut und wie beim Ewer oft mit einer Bünn (bewässerter Fischkasten) versehen. Kurz nach 1900 wurden F. mit Hilfsmotoren ausgerüstet und später auch aus Stahl gebaut.

Fiskal

Hochseef. mit rundem oder spitzem Heck gab es erst nach dem 1.WK.
Lit.: H. Szymanski, Dt. Segelschiffe, Berlin 1934. PDC

Fiskal Der die Interessen des Landesherren bzw. des Staates wahrnehmende Jurist in Prozessen wurde F. genannt. In preußischer Zeit ist er durch den Staatsanwalt ersetzt worden. LS

Flagge →Landesfahne

Flath, Otto →Museen

Flecken Ein gemindertes →Stadtrecht erhielten insbesondere im 18. Jh. einige ländliche Mittelpunktorte, die sich durch stärkeren Gewerbebesatz auszeichneten. Mit der Erhebung zum F. wurde die Ansiedlung von Handwerkern erleichtert, die hier auch Ämter (→Amt 2.) bilden konnten. Seit 1687 genossen die F. auch den Schutz der kleinen →Bannmeile. Die meisten F. erhielten auch ein Marktprivileg (→Markt), so daß einmal oder häufiger jährlich Jahrmärkte zur Versorgung mit Bekleidung, Leder- u. Metallwaren, Holzgeräten und Töpferprodukten (Kram) abgehalten werden konnten; manche dieser Märkte waren mit Vieh- und Pferdemärkten gekoppelt. Anders als die Städte (→Stadt) waren die F. den Oberbeamten der Ämter (→Amt 1.) und Landschaften (→Landschaft) unterworfen. Folgende Orte waren am Ende der dän. Zeit F. (in Klammern: Zeitpunkt der F.erhebung): →Ahrensbök (1829), →Arnis (1667), →Barmstedt (1737), →Bramstedt (vor 1443), →Bredstedt (vor 1510), →Elmshorn mit Vormstegen und Klostersande (1737), →Glücksburg (schon im 18. Jh., 1842), →Heide (16. Jh., 1868), →Kappeln (1357, 1846 erneuert), →Kellinghusen (1740), →Lunden (1529 Stadtrecht, 1559 wieder F.), →Meldorf (1598, zuvor Stadt), →Nms. (Spätma.), →Nortorf (1861), →Pinneberg (1826), →Preetz (17. Jh.), →Reinfeld (1840), Schwartau (1720), →Uetersen (vor 1664), →Wandsbek (1833), →Wedel mit Blankenese und Mühlenberg (1786), →Wesselburen (16. Jh.), →Wyk (1706). Nach der →Annexion durch →Preußen erhielten die meisten F. bald Stadtrecht. In den preußischen Kommunalverfassungen blieb der Status des F. erhalten; ihre Zahl ging jedoch aufgrund der zahlreichen Stadterhebungen zurück, 1933 war nur noch Arnis F. Mit der 1. Durchführungsverordnung zum Gem.verfassungsgesetz von 1933 verschwand die Bezeichnung ganz; es gibt sie in der sh Kommunalverfassung nicht mehr. LS

Flemhude (RD) Kirchdorf, früher im →Gut Quarnbek, heute in der Gem. Quarnbek im →Amt Achterwehr. Die Feldsteinkirche wurde um 1242 am →Eider-Ostsee-Handelsweg flämischer Kaufleute (als Stapelplatz?) auf einer Uferhöhe am F. See errichtet. Nach dessen Absenkung und Verkleinerung, die sich beim Bau des Nord-Ostsee-→Kanals ergab, liegt die Kirche an einem Ringkanal, der das Wasser der oberen Eider bei der Schleuse Strohbrück in den Nord-Ostsee-Kanal leitet.
Lit.: F. Hefte, hg. von der Gem. Quarnbek, 1989 ff. JB

Der Flemhuder See 1822, Stahlstich von F.A. Schmidt

Flensburg

Flensburg (FL) Um 900 wurde das F. Fördenland (→Förde) durch dän. Zuwanderung neu besiedelt, und im frühen 12. Jh. gewann das am östlichen Fördenende gelegene St. Johannis, Keimzelle F., als Handelsplatz an Bedeutung. Ausschlaggebend war die verkehrsgünstige und gut schiffbare Lage im Schnittpunkt damaliger Land- und Wasserwege des Fern- und Regionalhandels. Nur wenig westlich der Siedlung verlief in nord-südlicher Richtung der alte →Heer- oder →Ochsenweg, während ein Ost-West-Verbindungsweg von →Angeln entlang der Fördespitze zu den nordfriesischen Küstensiedlungen führte. Um 1200 entstanden auf dem westlichen Fördenufer weitere Siedlungszellen: 1. die um 1170 unter Kg. Waldemar I. samt Kirche und Nordermarkt planvoll angelegte Fernhändlersiedlung St. Marien, 2. St. Nikolai mit Kirche und Südermarkt, wohl um 1200 angelegt und 3. die nörd-

Flensburg

Flensburg

liche Gertrudengem., aus der später die sog. Ramsharde hervorging. Zudem errichteten bis 1263 zugewanderte Franziskanermönche am Mühlenstrom ein erstes →Kloster. →Rat und Bürgerschaft begrenzten den Einfluß der Knudsgilde und ließen das in »Flensaaburgh« geltende Recht am 29.12.1284 durch Hz. Waldemar IV. als →Stadtrecht bestätigen. Der Einfluß des Rates wurde zunächst durch die starke Stellung des landesherrlichen →Vogtes beschränkt. So zeigten das Siegel und Wappen F. die landesherrliche Turmburg mit dem hzl. Löwenpaar. 1326 in Pfandbesitz der Gff. von Holst. übergegangen, erlangte Margarethe I. 1411 die Stadtherrschaft. Mittels der →Duburg sicherte sie die Fördestadt. Nach 1431 wieder in gfl. Besitz, fiel F. 1490 im Zuge der Landesteilungen dem kgl. Anteil zu. Das Entstehen neuer dt. Ostseeküstenstädte und die Erschließung des gesamten Ostseeraumes durch die →Hanse eröffneten der F. Kaufmannschaft im 14. und 15. Jh. neue Handelsmöglichkeiten. Das Niederdt. fand in der Stadt Verbreitung. Zugleich etablierte sich ein in Gilden und Ämtern (→Amt) differenziertes →Handwerk. Die Rückdrängung der Hanse aus dem dän. Skandinavien unter Kg. Hans nutzten F. Kaufleute zur Besetzung der aufgegebenen Märkte. Die F. Handelsflotte wuchs bis 1600 auf etwa 200 Schiffe, welche die Nord- und Ostsee sowie die Biskaya und das Mittelmeer befuhren. F. wurde zu einer bedeutenden Handelsstadt im skandinavischen Raum. Die Einw.zahl erreichte 6.000. Der Dreißigjährige Krieg (1618-1648), der Polackenkrieg (2. Schwedischer Krieg 1658-1660) und der Große →Nordische Krieg (1700-1721) bedeuteten einen verheerenden Niedergang. Die Stadt wurde mehrfach besetzt und teilweise zerstört. Im Jahre 1680 waren noch 730 Bürger eingeschrieben; die Flotte hatte noch 20 Schiffe. Ein allgemeiner Verfall der Rechtssitten trat hinzu. Einen Neuanf. markierte 1727 das städtische Handelsprivileg für Wein, Branntwein, →Salz und Tabak. Neben der Mittelmeerfahrt wurde ab 1749 die Grönlandfahrt aufgenommen. Ab 1755 folgte der transatlantische Westindienhandel mit den dän. Karibikinseln. Um 1800 hatte F. 10.000 Einw. Der Krieg gegen England, der dän. Staatsbankrott und der Verlust Norwegens ließen bis 1815 279 F. Schiffe verloren und die H. der F. Reedereien in Konkurs gehen. Erst Dampfkraft und industrielle Fertigungsmethoden gaben ab 1830 neue Impulse (→Industrialisierung). Die regionale Infrastruktur wurde ausgebaut. 1854 entstanden ein erster

Flensburg

Das Nordertor in Flensburg

Bahnhof und ein Gaswerk. Nach dem Bürgerkrieg 1848-50 und der Restitution des dän. →Gesamtstaats avancierte F. bis 1864 zum administrativen Zentrum des Hzt. Schl. Infolge der dän. Niederlage 1864 gehörte F. ab 1867 zu →Preußen und ab 1871 auch dem Dt. Reich an. Verwaltungs-, Gerichts- und Militärbauten wuchsen empor. Durch Zuzug und großflächige Eingemeindungen stieg die Einw.zahl von 20.313 Personen 1869 auf 67.724 1914, die ihr Auskommen nach 1900 mehrheitlich in Fabriken oder fabrikähnlichen Betrieben fanden. Der 1.WK kostete etwa 2.000 Flensburger Soldaten das Leben. Während der Novemberrevolution 1918 (→Revolution) kontrollierte ein →Arbeiter- und Soldatenrat für einige Wochen die städtische Verwaltung. Aufgrund von Volksabstimmungen unter alliierter Aufsicht wechselte →Nordschl. 1920 nach DK, während Mittelschl. bei Dt. verblieb. In F. optierten über 75% der Stimmberechtigten für Dt. Die neue dt.-dän. Grenze verläuft seither unmittelbar nördlich der Stadt und teilt die Förde. Während der Weimarer Republik flossen aus nationalpräventiven Gründen öffentliche Gelder für Schiffbau, Infrastruktur und städtische Großbauten. So entstanden bis 1923 der Freihafen, 1927 das Stadion (Kielseng) und der heutige Bahnhof sowie bis 1930 das Dt. Haus. Die von Amerika ausgehende Weltwirtschaftskrise führte 1930 auch in F. zur Schließung zahlreicher Betriebe, darunter die F. Schiffbau-Gesellschaft (→Werften). Die Zahl der Erwerbslosen schnellte bis Ende 1932 auf 8.000 empor. Gleichzeitig erstarkten die radikalen Parteien. Von 1933 bis 1945 fungierten die NS Sievers (bis 1936) und Kracht als F. Oberbürgermeister. Nonkonformität, Protest und Widerstand wurden in der Folgezeit durch Einschüchterung, Verfolgung, Gefängnis- und Lagerhaft sowie →Deportation erstickt. Von großflächigen Zerstörungen verschont geblieben, wurde F. 1944/45 Zielort für 40.000 Ost-→Flüchtlinge. Drei Wochen diente die →Marineschule Mürwik als Sitz der →Reichsregierung Dönitz, die hier am 23.5.1945 von britischen Truppen verhaftet wurde. Terror und Krieg kosteten etwa 250 Verfolgten, 176 Bombenopfern und fast 3.000 F. Soldaten das Leben. Die unter I. C. Möller und C. C. Christiansen neugeordnete Stadtverwaltung stand vor unerhörten Aufgaben. Barackenlager, Schulen und andere Großgebäude dienten als Massenquartiere. Seuchen, Hunger und Kälte forderten in der ersten Nachkriegszeit weitere Opfer. Die neudän. Bewegung gewann in F. vorübergehend polit. die Oberhand. Der Wähleranteil des Südschl. Wählerverbandes (SSW) beträgt heute in F. etwa 25%. Um 1950/51 faßte die Wirtschaft wieder Tritt, so im Schiffbau, im Frachtverkehr, bei der Fördeschiffahrt und im Wohnungsbau. Neben dem Kraftfahrtbundesamt wurden ab 1956 zahlreiche Einrichtungen der neu aufgestellten →Bundeswehr hierher verlegt. 1963 sank die Erwerbslosenquote auf unter 2%. Der Flugplatz Schäferhaus, der Ausbau der E3 als vierspurige Westtangente 1968, der Autobahnanschluß 1978 sowie die jüngst bis F. geführte Elektrifizierung der →Eisenbahn machen F. im Nord-Süd-Verkehr schneller erreichbar. Seit 1990 unterliegt F. einem neuerlichen Strukturwandel. Nahezu sämtliche Garnisonseinheiten wurden abgezogen. Am 29.2.2000 hatte F. 84.542 Einw. Die Förde-Verkaufsschiffahrt wurde eingestellt, ebenso die traditionsreiche Alkoholgetränkeproduktion bei Dethleffsen/Berentzen. Chancen eröffnen die moderne Nachrichtentechnik, grenzübergreifende Fachhochschul- und Universitäts-Ausbildungsgänge, Versandhandel und Electronic-Commerce, Entwicklung und Vertrieb maschinenbaulicher Innovationen, Ausbau der touristischen Infrastruktur und die Etablierung F. als Event-Center der grenzüberschreitenden Euroregion Schl. durch eine neue multifunktionale Veranstaltungsgroßhalle.

Lit.: F. Geschichte einer Grenzstadt, F. 1966; B. Schwensen, F. wie es früher war, Gudensberg-Gleichen 1995. BS

Flensburg (Amt) Als bei F. das landesherrliche Schloß →Duburg entstand, wurden zu seiner Vogtei die umliegenden →Harden gelegt. Daraus entstand das →Amt F. Es umfaßte ursprünglich den ganzen mittleren Teil des Hzt. Schl. und reichte von der →Nordsee bis zur →Ostsee. Nachdem die Nordergoesharde 1689 als →Landschaft →Bredstedt mit einem eigenen →Landvogt an der Spitze eingerichtet und 1785 zum →Amt wurde, erfolgte die endgültige Trennung vom Amt F. Dieses konzentrierte sich nun in Nordangeln und der mittleren Geest. Es bestand aus Wiesharde, Uggelharde, Husbyharde und Nieharde. Der in →Angeln gelegene Teil des glücksburgischen Hzt. wurde 1779 als Munkbraruparde in das Amt F. eingegliedert. Von 1705 bis 1725 war der dän. Großkanzler Ulrich Adolph von Holst., Gf. von Holsteinborg, →Amtmann in F. In dieser Zeit modernisierte der Amtsverwalter Johannes Thomsen (1720-1735), der das Amt weitgehend selbständig führte, die Verwaltung. Um 1850 hatte das Amt ca. 574km^2; 1867 wurde es in den Landkreis F. umgewandelt. MR

Flensburger Tageblatt →Zeitungen

Flett Als F. wird im niederdt. Fachhallenhaus (→Bauernhaus) der sich über die ganze Hausbreite erstreckende und zur Diele hin offene Teil des Hauses bezeichnet, in dem sich die Herdstelle befindet. Die beiden seitlichen Enden des F.s (Luchten) dienen als Eßplatz und, in vielen Fällen mit einer Tür zum Garten und zum Brunnen, als Raum für häusliche Arbeiten. NH

Flint Die in den alten germ. Sprachen bezeugten Wörter silex »harter Stein, Kiesel« und althochdt. flin bezeichnen ein altes Steinwerkzeug. Ein weitreichender Handel mit diesem Rohstoff und eine spezialisierte Geräteherstellung ist für die Steinzeit und die →Bronzezeit nachgewiesen. Die lokale Verwendung ist auch in den nachfolgenden Perioden belegt. Eine besondere Bedeutung hat F. neben der Geräteherstellung von der Steinzeit bis in die Neuzeit für die Erzeugung feuerspendender Funken. Hierauf bezieht sich die moderne Bezeichnung »Feuerstein«. Das Vorkommen von hochwertigem Flint an den Moränensteilküsten (→Moräne) SH (z. B. →Schwansen, →Dän. Wohld, →Fehmarn) deckt sich mit der Streuung von archäologischen F.abfällen, die auf eine großzügige Entrindung der natürlichen F.knollen hindeuten. Die Bedeutung von F. als Rohstoff ist außerordentlich. Eine vorläufige Hochrechnung der Anzahl der auf dem mittelneolithischen Siedlungsplatz Bostholm (Gem. Quern-Neukirchen, SL) insgesamt produzierten F.beile beläuft sich auf 1.000 bis 4.000 Stück.
Lit.: V. Arnold, Ein aus Schlagabfällen rekonstruierbarer F.dolch vom Tegelbarg, Gem. Quern, Kreis SL, in: Offa 38, 1981, 153-160. RW

Flor, Christian (geb. 1.1.1792 Kopenhagen, gest. 31.3.1875 Kopenhagen) der als Professor an der Kieler Universität lehrte, war zwischen 1836 und 1848 der organisatorische und polit. Kopf der →Dän. Bewegung in →Nordschl. Er beteiligte sich u.a. an der Gründung der Zeitungen »Danevirke« und »Apenrader Ugeblad«, den Ksp.büchereien mit dän. →Volkshochschule in Rødding sowie der Organisation der Volksversammlungen auf der Skamlingsbanke. HSH

Flora-Woche ist ein Stadt- und Hafenfest in →Elmshorn, das seit 1972 jeweils im September mehrtägig begangen wird. Veranstalter ist der Verkehrs- und Bürgerverein. Namensgeber ist die »Flora«, eine seit 1817 von Elmshorn aus bereederte →Bark, die mit wechselndem Erfolg auf →Walfang und →Robbenschlag fuhr. Das Logo der F. zeigt dementsprechend einen verniedlichten Wal namens »Flori«. PDC

Flessner, Günter →Landwirtschaftskammer

Flüchtlinge Im Mai 1939 hatte SH fast 1,6 Mio. Einw., 1948 waren es 2,7 Mio., ein Anstieg um 70% – der höchste in Dt. Die Mehrheit stellten F., die vor der Roten Armee geflohen waren. Schließlich kamen Heimatvertriebene aus den ehemaligen dt. Ostgebieten. Je ein Drittel der F. stammte aus Ostpreußen und aus Pommern. Aufgrund des Wohnraumverlu-

Flurzwang

Flüchtlinge in SH nach 1945

Die Kirche von Boldixum auf Föhr

stes und der Ernährungslage in den Städten, kamen 80% der F. auf dem Land unter. 1950 lebten in sechs Kreisen mehr F. als Einheimische. Nach Regelungen mit anderen Bundesländern verließen bis 1960 400.000 F. das Land. Seither ist ein Drittel der Bev. den F. zuzurechnen. Sie waren oft stark ablehnend empfangen worden. Doch galten F. schnell als integriert, was v.a. auf eigene Anpassungsleistungen und das bis 1960 Vollbeschäftigung bringende Wirtschaftswunder zurückzuführen war.

Lit.: Regionalgeschichte heute. Das F.problem in SH nach 1945, hg. von K.H. Pohl, Bielefeld 1997. UD

Flurzwang →Feldgemeinschaft

Föhr

Föhr (NF) Die Grenze zwischen der Geest im Süden und der bis 1492 eingedeichten Marsch im Norden der 82km² großen nordfriesischen Insel ist klar durch die Lage der Dörfer zu erkennen. Die zwei →Harden Osterlandf. und Westerlandf. gehörten im Frühma. zu den 13 Harden der nordfriesischen →Utlande. Westerlandf. stand im MA unter der Verwaltung des Stifts in Ripen/Ribe und blieb bis 1864 dän. Enklave. Die Lembecksburg bei →Borgsum wird eine wikingerzeitliche Fluchtburg gewesen sein. Aus dem 12. und 13. Jh. stammen die drei weithin sichtbaren Kirchen von Boldixum (St. Nikolai), Nieblum (St. Johannis) und bei Süderende (St. Laurentii). Wie noch die kunstvollen Grabsteine auf den Kirchhöfen zeigen, bestimmte die →Schiffahrt das Leben der Inselbewohner, oft auf holländischen Schiffen, im 17. und 18. Jh. v.a. im →Walfang. Der Niedergang der Seefahrt im 19. Jh. führte zur →Auswanderung eines Teils der Bev. nach Nordamerika und zur Intensivierung der bis dahin wenig ertragreichen, genossenschaftlich betriebenen →Landwirtschaft. Bereits 1819 wurde das Nordseebad →Wyk gegr. und damit der Grundstein für den bis heute wichtigen Erwerbszweig →Tourismus gelegt, der sich neben

Der Strand bei Nieblum auf Föhr

dem Heilklima auch auf die Strände und die Idylle der reetgedeckten Friesenhäuser begründet.
Lit.: Das Buch von F., hg. von W. Leistner, J. Tholund, Wyk/Föhr [5]1974. OP

Förde ist die Bezeichnung einer tief einschneidenden oft schmalen Meeresbucht an der Ostseeküste. Das Wort ist aus dem dän. Fjord übernommen. Man findet es im Zusammenhang mit →Kiel (Kieler F.) und →Flensburg (Flensburger F.), während →Eckernförde sich vom Grundwort nd. ford ableitet (– Eichenfurt). Auch die →Schlei ist eine F. LS

Förster →Forstverwaltung

Forstlehrinstitut Auf Anregung von Professor A. →Niemann wurde 1785 in →Kiel ein F. gegr., das seinen Sitz im Kieler →Schloß hatte. Dort wurden in Lehrgängen jeweils 25 Forsteleven ausgebildet. Zum F. gehörte die 1788 ebenfalls von Niemann begründete Forstbaumschule am Düsternbrooker Gehölz bei Kiel. Bis zu seinem Tode 1832 leitete Niemann das Institut, das dann nach Kopenhagen verlegt wurde. LS

Forstverwaltung Die F. geht zurück auf das landesherrliche Interesse am Schutz der Wälder als Jagdreviere. Später wurde sie das Instrument für Waldschutz (→Wald), Aufforstung und geregelte Fostwirtschaft. 1784 wurde mit der Forst- und Jagdverordnung die gesetzliche Grundlage für die F. geschaffen. Der F. war auch die Verwaltung der landesherrlichen Moore (→Moor) übertragen. Die F. erhielt in der 1. H. des 19. Jh. folgenden Aufbau: Es gab in Schl. und Holst. jeweils drei Oberförsterinspektionen, denen 5-6 Hegereiterberitte unterstellt waren. An der Spitze der F. stand der Forst- und Jägermeister; die Distrikte wurde von einem Hegereiter beaufsichtigt, dem 1-3 Holzvögte, daneben Holzwärter und Forstaufseher unterstellt waren. Mit dem Übergang an →Preußen wurden die Forstdistrikte (Hegereiterberitte) in Forstämter (mit Oberförstern, später Forstmeistern) umgewandelt und dem Regierungsforstamt in →Schl. unterstellt, dem ein Oberforstmeister (seit 1936: Landforstmeister) vorstand; dem Forstamt unterstanden die einzelnen Revierförster. 1936 wurde als übergeordnete Stelle das Forst- und Holzwirtschaftsamt in →Hamburg geschaffen, das mit Bildung der Bundesländer aufgelöst wurde. Zunächst kam die F. zum Ministerium für Ernährung, Landwirtschaft und Forsten, 1954 wurde ein Landesforstamt unter Leitung des Oberlandforstmeisters gebildet, dem zehn Forstämter mit insgesamt 53 Revierförstereien und 20 Forstwarteien unterstanden. Die ehemaligen Forsten der Wehrmacht, die an den Bund übergegangen waren, erhielten mit dem Forstamt in →Plön 1957 eine eigene F.; ebenso hatten die Körperschaftsforsten der Hansestadt →Lübeck und des Kreises Hzt. →Lauenburg eigene Forstämter. 1996 ging die Zuständigkeit der F. an das Ministerium für Umwelt, Natur und Forsten über. Heute gibt es in SH noch acht staatliche und zwei Körperschaftsforstämter.
Lit.: W. Hase, Beitrag zur Geschichte der F. in SH, Kiel 1981. LS

Forstwirtschaft Zu einer geregelten F. kam es in SH erst in preußischer Zeit, als man durch planmäßige Aufforstung versuchte, →Heideflächen wirtschaftlich nutzbar zu machen. Staats-, Provinzial-, Kommunal- und Privatforsten entstanden und wurden einer geregelten wirtschaftlichen Nutzung unterworfen. Das Holz wurde v.a. in den industriell wachsenden Städten gebraucht. Nur die Provinzialforsten gingen mit Mischbaumkulturen voran, während die privaten Forsten zumeist aus anspruchslosen, schnell wachsenden Nadelhölzern bestanden. Der 1919 gegr. sh Waldbesitzerverband propagierte diese Nutzung, so daß der Anteil der Laubhölzer an der Gesamtwaldfläche zwischen 1883 und 1981 von 69% auf 44% sank. Heute macht sich ein Umdenken

Blick auf die Kieler Förde, Stahlstich von L. Mertens

Fortwährende Deputation der Prälaten und Ritterschaft

bemerkbar, und bei Aufforstungen werden wieder mehr Laubbaumbestände angelegt. LS

Fortwährende Deputation der Prälaten und Ritterschaft 1775 wurde zur Verwaltung der adligen Klöster (Konvente, →Kloster) die F. gebildet, der jeweils ein Prälat der adeligen Klöster und sechs gutsbesitzende Mitglieder aus der →Ritterschaft angehörten. Die F. führte Aufsicht über den 1841 gebildeten, von einer Direktion verwalteten gemeinschaftlichen Fonds der sh adligen Klöster und Güter, der aus den Zollentschädigungsgeldern für diese Güter und Klöster entstand. LS

Francke, August Hermann (geb. 12./22.3.1663 Lübeck, gest. 8.6.1727 Halle) war einer der Mitbegründer des Pietismus. Nach dem Theologie- und Philosophiestudium in Erfurt und Kiel lehrte F. an der neu gegr. Universität Halle/S. ab 1691 Orientalische Sprachen und ab 1698 Theologie. Prägend wirkte er an den nach ihm benannten F.schen Stiftungen, die er aus der 1695 gegr. Armen-Schule zu einer der wichtigsten dt. Erziehungseinrichtungen mit pädagogischen und sozialen Abteilungen aufbaute. F. engagierte sich auch für die Dän.-Hallesche Mission in Südindien.
Lit.: Vier Thaler und sechzehn Groschen. F., bearbeitet von P. Raabe, Halle/S. 1998. OM

August Hermann Francke, Kupferstich von A. Vind

Franken Der westgerm. Stamm der F. siedelte in den ersten nachchristlichen Jh. am Niederrhein und wurde mit der Gründung und Ausbreitung des F.reiches unter Chlodwig um 500 zum Bindeglied zahlreicher dt. Stämme im Frühma. Seine größte Ausdehnung erhielt das F.reich durch die Eroberungen unter Karl dem Großen, der in langwierigen Feldzügen zwischen 772 und 804 die →Sachsen unterwarf und damit die fränkische Herrschaft bis nach →Nordelbingen ausdehnte. Hier gerieten die F. in den Herrschaftsbereich von Dän. und Abotriten (→Slawen), den die Dän. durch den Bau des →Danewerks absicherten. Die F. errichteten 810 an der Stör die Burg →Esesfeld und bauten →Hamburg als militärischen und Missionsstützpunkt (→Christianisierung) nördlich der Elbe aus. Gegenüber den Slawen wurde der →Limes saxoniae angelegt. Spätestens in der Mitte des 9. Jh. nahm durch die Teilungen des Reiches der fränkische Einfluß in Nordelbingen rasch ab.
Lit.: A. Jenkis, Die Eingliederung Nordalbingiens in das F.reich, in: ZSHG 79, 1955, 81-104. OP

Frantz, Justus →Schleswig-Holsteinisches Musik-Festival

Frauenbewegung Die F. umfaßt alle Initiativen, die Interessen von Frauen organisatorisch zu vertreten und ihre Benachteiligung in Gesellschaft und Politik aufzuheben. Angeregt durch die Forderungen der Revolution von 1848 bildeten sich auch in SH bürgerliche Frauenvereine, die v.a. karitativ tätig waren und die Förderung der Frauenbildung betrieben. Erst in den 1890er Jahren entwickelten sich bei der SPD und den Gewerkschaften Initiativen, die z.B. Frauenwahlrecht und Frauenarbeit thematisierten. Mit der Einführung des aktiven und passiven Frauenwahlrechts 1918 erfolgte bei den Frauen ein Politisierungsschub, der engagierten Frauen einzelne Abgeordnetenmandate in Kommunalparlamenten und im preußischen Landtag brachte. Auch die Gründung von Frauengruppen in der SPD hatte aber nicht zur Folge, daß die propagierte Gleichberechtigung umgesetzt wurde: Die Mandatsträgerinnen erhielten keine Entscheidungsfunktionen, ihnen wurden Ressorts wie Wohlfahrt, Gesundheit und Bildung zugestanden. Auch in den linken Parteien dominierte noch die bürgerliche Rollenzuweisung für die Frauen, die darüber hinaus für ihr polit. Engagement unter Rechtfertigungsdruck standen. Allerdings verbesserten sich die Bildungs- und Ausbildungsmöglichkeiten für Frauen in den 1920er Jahren und zahlreiche neugegr. Frauenvereine setzten sich für – weitgehend unpolit. – Interessen einzelner Frauen(berufs)gruppen ein. Unter den NS wurde eine F. verboten. Aus ihren vielfältigen Funktionen in vormaligen Männerpositionen in der Notsituation der ersten Jahre nach dem 2. WK wurden Frauen in den 1950er Jahren wieder zugunsten ihrer traditionellen Rolle in der Familie verdrängt. In den Kommunal- und Landesparlamenten sowie im Bundestag waren sh Frauen zwar vertreten, ihr Anteil blieb aber gering. Es wurden jedoch zahlreiche Frauenvereinigungen wieder- oder neugegr., um die Probleme der Nachkriegszeit zu lösen oder durch Friedensinitiativen von Frauen dem beginnenden Kalten Krieg entgegenzuwirken (z.B. 1946 Lübecker Frauenausschuß, 1947 Dt. Frauenbund Kiel und Frauenring SH, 1950 Arbeitsgemeinschaft Kieler Frauen). In einigen Ministerien des Landes wurden 1950 Frauenreferate eingerichtet und im selben Jahr der überparteiliche Landesfrauenrat gegr., der die Zusammenarbeit der Frauenorganisationen und eine Verbindung zur Regierungsarbeit ermöglichen sollte. Die neue F. ging seit Ende der 1960er Jahre aus der Studentenbewegung hervor; sie zielte auf eine Bewußtseins- und Verhaltensänderung hinsichtlich des Widerspruchs zwischen der formalrechtlichen Gleichstellung der Frauen und der gesellschaftlichen Realität. Als Teil der Alternativbewegung und ohne feste Organisationsstruktur entstanden seit Anf. der 1970er Jahre autonome Frauengruppen und Bündnisse gegen den §218, Frauenzentren, -beratungsstellen, -buchläden und -teestuben auch in kleineren Städten SH. 1976 wurde das zweite Frauenhaus nach Berlin in →Rendsburg eingerichtet. Als infolgedessen auch Parteien und Gewerkschaften verstärkt für Frauenanliegen eintraten und in der neuen Partei Die Grünen aktiv Fraueninteressen vertreten wurden, fanden Frauenfragen zunehmend Eingang in die Politik; zu Beginn der 1980er Jahre wurden die ersten Gleichstellungsstellen geschaffen und Frauenbeauftragte eingestellt. Seit 1988 gibt es in der →Landesregierung ein Ressort, das sich speziell der Belange des weiblichen Bev.anteils annimmt. Die F. der letzten Jahrzehnte konnte Denkanstöße liefern sowie gesellschaftliche und rechtliche Verbesserungen für Frauen erwirken, die Gleichberechtigung der Frauen ist damit aber noch nicht erreicht.

Lit.: T. Herrmann u.a., »Alle Mann an Deck« – »Und die Frauen in die Kombüse?«. Frauen in der sh Politik 1945-1958, Kiel 1993; »Der Stand der Frauen wahrlich, ist ein harter Stand«. Frauenleben im Spiegel der Landesgeschichte, hg. von E. Imberger, Schl. 1994. OP

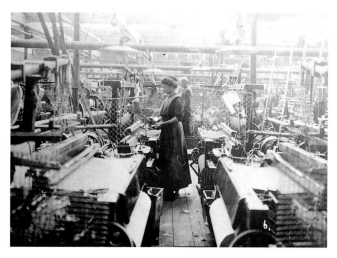

Frauenarbeit in der mechanischen Weberei Elmshorn vor 1914

Fräulein ist die spätma. und frühneuzeitliche Bezeichnung für die adlige unverheiratete Frau. So konnten die adligen Klöster (→Kloster) auch F.klöster genannt werden, denn die Insassinnen waren unverheiratet und wurden entsprechend als F. (später: →Konventualin) bezeichnet. Für die Mitgift der Töchter der Landesherren wurde die F.steuer (frouwekenschatt, Frökenschatt) erhoben. LS

Fräuleinsteuer Die F. ist eine alte außerordentliche →Steuer (→Bede): Die regierenden Hzz. waren berechtigt, bei der Verheiratung einer Tochter von den Ständen finanzielle Unterstützung für die Aussteuer und die Feierlichkeiten zu verlangen. Die relativ kleinen Beträge der F. (ursprünglich 1 Reichsort/Pflug, um 1650 1 Reichstaler/Pflug, →Münzwesen) wurden vom kontributionspflichtigen Land erhoben, waren also an die →Landesmatrikel ge-

Fredeburg

koppelt. Ein Recht der →Abgeteilten Herren auf F. bestritten die Landstände hartnäckig. KGr

Fredeburg

Fredeburg (RZ) In der Nähe von F. finden sich Reste einer 1350/51 von der →Stadt →Lübeck, dem Bf. von Lübeck und dem Hz. von Sachsen-→Lauenburg errichteten Landwehr in Wall-Graben-Form zum Schutz der →Salzstraße. In F. passierte die Straße den Wall; hier wurde ein Wachturm errichtet. Die Landwehr wurde bis 1683 erhalten und verfiel dann. LS

Frei Im Gegensatz zum Unfreien (im Frühma. dem Knecht oder Schalk, dem Sklaven oder Gefangenen) war der Freie das vollberechtigte Mitglied der Landgem. und der sie umgebenden Gesellschaft, der polit. Rechte hatte, sie wahrnehmen konnte und den anderen Freien gegenüber zur Rechtshilfe verpflichtet war. Auch in SH gab es im frühen MA die rechtliche Schichtung: adlig – f. – unf. Im Hochma. gibt es keine Unf. mehr, wohl aber eine Schichtung nach Eigentum. Erst mit dem Aufbau der →Gutsherrschaft im 16. Jh. wurden f. →Bauern durch das Instrument der →Leibeigenschaft wieder unf., was dann unter dem Einfluß der →Aufklärung als menschenunwürdig bekämpft und 1805 abgeschafft wurde. Seitdem gibt es in SH nur noch F., deren Freiheit allerdings aus Strafgründen durch zeitliche oder lebenslängliche Gefängnisstrafen eingeschränkt werden kann. LS

Gustav Frenssen

Freiheit Der Zustand des Freiseins von persönlichen rechtlichen Bindungen an Institutionen und Personen wird F. genannt. Im MA stand der Begriff für den Ort, an dem man frei war von Ansprüchen anderer; so hat er sich auch (später als Immunität bezeichnet) in der Neuzeit erhalten, solange es kein vereinheitlichendes, gleiches Recht für alle Staatsbürger gab. Z.B. sind die Große und Kleine F. in →Altona als religiöse Freistätten 1611/1612 entstanden. Als F. werden auch die speziellen Privilegien einzelner Regionen und →Landschaften bezeichnet (z.B. friesische F.). Erst zu Beginn der Frühen Neuzeit taucht der Begriff als Ausdruck individueller F. auf, insbesondere im Zusammenhang mit der →Reformation, wo die autonome Persönlichkeit von der Herrschaft der Kirche befreit und allein an das Wort Gottes gebunden ist. Die Entbindung von persönlicher Unf., wie sie im 18. Jh. in steigendem Maße als menschenunwürdig betrachtet wurde, führte schließlich zu einer Rezeption der in der frz. Revolution proklamierten F. (neben Gleichheit und Brüderlichkeit der →Bürger), was die Einführung der F. für alle Untertanen brachte; sie hob aber deren soziale Schichtung aufgrund ökonomischer Unterschiede nicht auf. Als Schlagwort spielte F. in den nationalen Auseinandersetzungen des 19. Jh. gerade auf der Seite der an der Loslösung von DK interessierten SH eine große Rolle; nach der →Annexion durch →Preußen wurde gerade in SH die alte F. der →Friesen und der Dithm. mythisch verklärt. Schließlich war F. ein wichtiges Schlagwort während der Ost-West-Auseinandersetzung in der Zeit des Kalten Krieges, als die F. des Westens dem Zwangssystem des Ostens gegenübergestellt wurde. LS

Frenssen, Gustav (geb. 19.10.1863 Barlt, gest. 11.4.1945 Barlt) Der Sohn eines Tischlers machte in →Husum sein Abitur, studierte in Tübingen, Berlin und →Kiel Theologie und wurde 1890 Diakon in Hennstedt, 1892 Pastor in →Hemme. Mit Aufnahme seiner schriftstellerischen Tätigkeit (1896) gelang ihm mit dem Bauernroman »Jörn Uhl« (1901) der Durchbruch. Er gab 1902 den Beruf auf und konnte als freier Schriftsteller existieren. Seine Werke mit starken Bezug zu →Dithm. reflektieren die Wandlungen der Agrargesellschaft seiner Zeit mit einer nostalgischen Tendenz. Als sein Hauptwerk gilt heute »Otto Babendiek« (1926). Seine Altershinwendung zum NS und Antisemitismus haben ihn diskreditiert (Umbenennung von nach ihm benannten Straßen in den 1980er Jahren). LS

Fresenburg

Fresenburg (OD) Am Ostufer der →Trave, 1km westlich vom Zentrum Bad →Oldesloe und 1km südlich vom Gut Alt-F. liegt auf einer Moränenkuppe der F. Wallberg, ein sehr gut erhaltener slawischer Ringwall. Unmittelbar am →Limes saxoniae und nicht weit von der →Nütschauer Schanze gelegen, könnte diese Höhenburg des 8./10. Jh. eine Sperrfunktion

für das slawische Hinterland gehabt haben. Das um 1263 erwähnte F. gehörte im Spätma. den Familien →Pogwisch und →Ahlefeldt. In der Mitte des 16. Jh. siedelte der Gutsherr Bartholomäus von Ahlefeldt aus Flandern und Holland vertriebene Mennoniten (→Minderheiten, religiöse) beim Vorwerk Schadehorn an. Auch der Gründer dieser Glaubensrichtung, Menno Simons, fand 1555 Aufnahme und starb hier am 31.1.1561. Die erhaltene Mennokate und ein Gedenkstein von 1902 erinnern an ihn. Der durch zahlreiche Gewerbetreibende rasch aufstrebende Ort wurde von den Mennoniten Wüstenfelde genannt. Nachdem er 1627 durch kaiserliche Truppen unter Tilly und Wallenstein zerstört worden war, wanderten sie nach →Altona und →Glückstadt ab (→Minderheiten, religiöse).
Lit.: K.W. Struve, Die Burgen in SH, Nms. 1981, 88-90; E.F. Goverts, Das adelige Gut F. und die Mennoniten, in: Z. der Zentralstelle für niedersächsische Familiengeschichte, 1925, Nr. 3-5. OP

Friedensverein Der Verein für dt. Friedensarbeit in der Nordmark wurde 1909 auf Initiative des nordschl. Pastors Johannes Schmidt-Wodder in Apenrade/Aabenraa gegr. Schmidt gab als Vorsitzender auch die Vierteljahrschrift des F. »Stimmen aus Nordschl.« (1910-13) und die Halbmonatschrift »Nordschl.« (1912-14) heraus. Im Gegensatz zum Dt. Verein und der offiziellen Germanisierungspolitik warb der F. für eine begrenzte kulturelle Autonomie der dän. Bev.mehrheit in →Nordschl. Eine national entspannte Atmosphäre sollte das Dt.tum innerlich stärken und die Dän. längerfristig an das Dt. Reich binden. Das Selbstbestimmungsrecht der Völker lehnte Schmidt-Wodder jedoch ab. Im Vorfeld der Volksabstimmungen zog er sich 1919 aus dem F. zurück. Die neue Vereinsführung (1919-20) unter dem Sonderburger Arzt Dr. Johannes Krey fand mit ihrem Konzept, dem dän. Staat loyal zu begegnen, keinen Widerhall. Schmidt-Wodder hingegen bestimmte 1920-39 maßgeblich die Politik der dt. Minderheit. Die vergleichsweise moderate Politik des F. hat auf dän. Seite nachhaltige Anerkennung gefunden.
Lit.: B. Molter, Dt. Stimmen zur Nordschl.frage. Der F., in: Heimatkundliche Arbeitsgemeinschaft für Nordschl., 19, 1969, 5-26; J.-P. Leppien, Martin Rade und die dt.-dän. Beziehungen. Ein Beitrag zur historischen Friedensforschung und zur Problematik des Nationalismus, Nms. 1981. JPL

Die Mennokate in Fresenburg

Friedhof Die christlichen Begräbnisplätze wurden als Kirchhöfe zunächst um die Gotteshäuser angelegt, wo sie sich in vielen ländlichen Orten bis heute befinden. Im späten 18. und frühen 19. Jh. kam es zu einer hygienisch motivierten Welle von Friedhofsverlegungen vor die Tore der Städte (z. B. F. Plöner Straße → Eutin 1786, Alter F. →Flensburg 1813, Mühlenbergf. →Eckernförde 1815, Burgtorf. →Lübeck 1828). V.a. im späten 19. Jh. wurden einzelne F. im Stil von Landschaftsgärten gestaltet (Südf. →Kiel 1869). Vielerorts dokumentieren die Begräbnisplätze regionale Besonderheiten. Inmitten der alten Fischersiedlung auf dem Holm in →Schl. liegt der F. der Holmer Beliebung, einer 1650 gegr. Totengilde. Der Geschlechterf. in →Lunden verweist mit seinen

Der Friedhof auf dem Holm in Schleswig

Friedrich

frühneuzeitlichen Grabmälern und Grüften auf Macht und Reichtum dithm. Bauerngeschlechter. Auf den nordfriesischen Inseln →Amrum und →Föhr dokumentieren die zahlreichen historischen Grabmäler mit reicher Bildsymbolik und ausführlichen Inschriften vom Leben und Arbeiten der inselfriesischen Seefahrer und Walfänger. F. der Namenlosen dienten, wie auf →Sylt, Amrum und Neuwerk, der Bestattung unidentifizierter Strandleichen. Von einer Politik religiöser Toleranz zeugen die Begräbnisplätze der Remonstranten und der Mennoniten (→Minderheiten, religiöse) in →Friedrichstadt ebenso wie der ehemalige reformierte und der jüdische (→Juden) F. in →Glückstadt. In →Hanerau wurde 1805 ein F. der pietistischen Herrnhuter Brüdergemeine angelegt.

Lit.: H.K.L. Schulze: »... darauf man mit Andacht gehen kann« – Historische F. in SH, Heide 1999. NF

Friedrichsruh

Friedrich →Gottorfer, →Oldenburger

Friedrich Prinz von Noer →Erhebung, →Augustenburger, →Noer

Friedrichsgabe →Norderstedt

Friedrichshof (OH) In der Nähe des Forsthauses und des →Hessensteins liegen nordwestlich vom Grundlosen See zwei gut erhaltene →Megalithgräber, von denen eines im ursprünglichen Zustand besteht. Das Langbett hat eine rechteckige Umrandung aus großen Findlingen und darin eine Steinkammer. Ein Deckstein ist seitlich verrückt, die übrigen fehlen. LS

Friedrichsort ist ein Kieler Stadtteil nördlich des Nord-Ostsee-→Kanals. 1631-42 ließ Kg. Christian IV. an der schmalsten Stelle der Kieler Außenförde in der Dorfgemarkung Pries die →Festung Christianspries erbauen. 1648 wurde sie größtenteils niedergelegt und 1663 von Kg. Friedrich III. neu errichtet, jetzt unter dem Namen F. Große militärische Bedeutung erlangte sie nicht. In preußischer Zeit wurde F. als Marinegarnison stark befestigt und durch eine Wohnsiedlung erweitert. Hinzu kamen Rüstungsbetriebe, u.a. die Torpedowerkstatt, aus der die heutige MaK (Ma-

schinenbau Kiel) hervorgegangen ist. 1922 wurde F. in →Kiel eingem. und hat heute 2.400 Einw.

Lit.: N. Detlefsen, Die Kieler Stadtteile nördlich des Kanals, Nms. 1978. HFR

Friedrichskoog →Seehund

Friedrichsruh (RZ) Seine Lage an der Schwarzen Au inmitten des →Sachsenwaldes zog ab etwa 1600 Kleinindustrie und Fremdenverkehr an. Während je zwei Mühlen und Fabriken eingingen, blühte der →Tourismus mit der Inbetriebnahme der →Eisenbahn Hamburg – Berlin 1846 und der Dotation des Sachsenwaldes an Fürst Otto von →Bismarck 1871 auf. Heute locken das Bismarck-Mausoleum und -Museum, die Otto-von-Bismarck-Stiftung, der Garten der Schmetterlinge und Gastronomie zahlreiche Besucher an. NMW

Das Arbeitszimmer Otto von Bismarcks in Friedrichsruh

Friedrichsort

Friedrichsruhe →Drage

Friedrichstadt (NF) wurde 1621 durch den Landesherrn, Hz. Friedrich III. von Holst.-→Gottorf, am Zusammenlauf von →Eider und →Treene gegr., aufgrund eines Oktrois vom 27.9.1619, das neben der Glaubensfreiheit erhebliche wirtschaftliche Privilegien versprach, mit holländischen Glaubensflüchtlingen besiedelt und nach holländischer Art errichtet. Die Garantie der freien Religionsausübung wurde nach Remonstranten, Lutheranern und Mennoniten (1623) auch anderen Religionsgemeinschaften gewährt, so daß F. zu einer kleinen, aber bedeutenden religiösen Freistatt wurde, in der über längere Zeit auch →Katholiken, →Juden und Quäker (→Minderheiten, religiöse) lebten. Handelsbeziehungen mit Frankreich, Algerien, Spanien und Portugal (1623-27) sowie Gesandtschaftsreisen nach Moskau (1633) und Persien (1635) führten letztlich nicht zu dem Ergebnis, F. als gewichtige Handelsstadt am Rande der →Nordsee zu etablieren. Bemerkenswert ist das ungewöhnlich detaillierte →Stadtrecht von 1635. F. blieb von den Kriegen des 18. und 19. Jh. nicht verschont: 1850 wurde nahezu die gesamte Vorstadt durch Beschuß sh Truppen zerstört. 1887 erhielt F. an der Marschbahn Altona-Tondern/Tønder einen Bahnhof; 1905 wurde die Kreisbahn →Schl.-F. eingerichtet, 1916 die Straßenbrücke über die →Eider nach →Dithm. eingeweiht. F. ist touristischer Anziehungspunkt (historischer Baubestand auf 392ha) und hat ca. 2.600 Einw.

Lit.: H. Schmidt, F. Vergangenheit und Gegenwart, Lübeck/Hamburg ⁴1964. MB

Friesen Etwa im 6. Jh. v.Chr. siedelte sich im Marschland im Norden der heutigen Nl. eine Bev. an, die später unter dem Namen F. (lat. Frisii oder Frisiavoni) bekannt wurde. Bei Zerfall des Römischen Reiches, dem sie tributpflichtig waren, erweiterten sie ihr Gebiet nach Süden bis zum Swin an der heutigen belgisch-nl. Grenze und nach Osten bis zur Weser. Diese Gebiete gingen im 8. Jh. teilweise verloren; das Land der F. wurde in das fränkische Reich eingegliedert. Im heutigen Westfriesland (Nl.) und Ostfriesland (Niedersachsen) sind Teile des alten friesischen Siedelgebietes erkennbar, wobei die friesische Sprache nur noch in geringem Umfang lebt. Vom 7. bis 10. Jh. fand eine Einwanderung von F. in das heutige →Nordfriesland statt, wobei zunächst der höher liegende Westrand der →Utlande, wie Nordfriesland damals genannt wurde, besiedelt wurde. Grundlage der Wirtschaft war einerseits →Landwirtschaft, andererseits →Handel, u.a. mit dem hier gewonnenen F.salz (→Salz). Die wechselvolle polit. Geschichte Nordfrieslands endete nach der Zulegung zum Hzt. Schl. 1435 schließlich mit der Einverleibung in das Hzt. Durch das Vordringen der niederdt. Sprache im Spätma. wurde auch die friesische Sprache (→Friesisch) v.a. auf dem Festland zurückgedrängt. Erst Ende des 18. Jh. finden sich lit. Zeugnisse in der Sprache der F., und erst in der 1. H. des 19. Jh. wurde das Bewußtsein friesischer Eigenart wieder stärker betont. Die Ansätze zur Entwicklung einer friesischen Nationalbewegung (Volksfeste der Nordf. in →Bredstedt 1844-1846) wurden aber von der sh Bewegung absorbiert. Die Forderung Harro →Harrings nach einer nordfriesischen Republik 1848 erschien damals als nicht der Zeit entsprechend. Bemühungen zum Erhalt der kulturellen Eigenart der F. kamen zunächst aus der Region selbst. 1879 wurde in Niebüll der erste Nordfriesische Verein gegr. und 1902 kam es zur Bildung des Nordfriesischen Vereins für Heimatkunde und Heimatliebe in Husum-Rödemis. Gegen die Wiederaufnahme der Forderung nach Anerkennung als nationale Minderheit in der Zeit der nationalen Auseinandersetzungen in Südschl. nach 1920 richteten sich die →Bohmstedter Richtlinien der dt.gesinnten Mehrheit der Nordf., während die dän.gesinnten Teile sich dafür

Friedrichstadt

Middelburgwall in Friedrichstadt

Friesenwall

Frauen in Föhrer Tracht, Lithographie von Wilhelm Heuer

aussprachen. Eine Versöhnung beider Positionen ist auch durch die F. kongresse unter Beteiligung der West- und Ostf. (F.rat seit 1930) erst nach dem 2.WK ermöglicht worden. Auf dem 6. F.kongreß 1955 in Aurich wurde ein Friesisches Manifest verkündigt und 1956 in Leer der F.rat neu gegr. Ein Zeichen für die Annäherung der nationalen Positionen bei den F. Nordfrieslands war die Bildung des Nordfriesischen Instituts (→Nordfriisk Instituut) in Bredstedt 1964, das auf nationalpolit. neutraler Grundlage arbeitet. An der Einstellung der beiden nationalpolit. unterschiedlich orientierten Gruppen in Nordfriesland hat sich jedoch im Grundsatz nichts geändert. Seit der Kreisreform von 1970 sind die nordfriesischen Gebiete – mit Ausnahme →Helgolands – zum ersten Mal polit.-administrativ vereint. Die Pflege der friesischen Eigenarten und insbesondere der unterschiedlichen Dialekte wird seitens der friesischen Bewegung mit großem Elan betrieben und seit 1950 (Einrichtung der Nordfriesischen Wörterbuchstelle an der →Universität Kiel, seit 1978 Professur für Friesische Philologie, seit 1988 Professur für Friesisch an der Bildungswissenschaftlichen →Hochschule Flensburg) auch zunehmend von der →Landesregierung unterstützt. Schulunterrichtung in Friesisch ist in Nordfriesland seit mehreren Jahren auf freiwilliger Basis möglich. Gleichwohl nimmt die Zahl der Friesischsprechenden (ca. 10.000) anhaltend ab.

Lit.: Geschichte Nordfrieslands, hg. vom Nordfriisk Instituut, Heide 1995. LS

Friesenwall Angeblich um eine »zweite Invasion« der Alliierten aufzuhalten, befahl Hitler am 28.08.1944 die militärische Befestigung der Westküste von der nl. Grenze bis nach →Jütland. Dieser sog. F. sollte durch »Riegelstellungen« parallel der dt.-dän. Grenze ergänzt werden. Die Anlagen bestanden aus Panzergräben (bis 5m Breite und 4m Tiefe), Geschützstellungen und Schützengräben. Für die umfangreichen Erdarbeiten wurden neben Einheiten der →Wehrmacht und des →Reichsarbeitsdienstes sowie freiwilligen und dienstverpflichteten Helfern aller Altersgruppen zwischen September 1944 und Februar 1945 allein in →Nordfriesland über 16.000 Kriegsgefangene und Zwangsarbeiter sowie 4.000 Häftlinge aus den →Konzentrationslagern Schwesing und Ladelund eingesetzt. Das militärisch bedeutungslose Projekt wurde im Zuge des allgemeinen Zusammenbruchs aufgegeben.
Lit.: G. Hoch, Jugendliche am »F.« 1944, in: Grenzfriedenshefte 1/1995, 37-42. JPL

Bunker des Friesenwalls bei List auf Sylt

Friesisch ist eine selbständige Sprache, die seit karolingischer Zeit deutlich vom nl. und nd. unterschieden werden kann, jedoch seit dem Spätma. stark von den jeweils angrenzenden Verkehrs- bzw. Hochsprachen nd. und nl. beeinflußt wurde. Es ist anzunehmen, daß die eigenständige Sprachentwicklung mit den polit. Bestrebungen nach Unabhängigkeit parallel lief. Enge Verwandtschaft zeigt das F. mit dem Englischen, aber auch altdän. und altschwedische Züge sind nachweisbar. Unterschieden wird das F. in West-, Ost- und Nordf. Das Westf., bis ins 16. Jh. Amtssprache, zeichnet sich v.a. durch seine geringe dialektale Differenzierung aus und konnte normiert werden (Standartfrysk); mehrere Lehrstühle an nl. Universitäten für das F. (Friesistik) belegen die Bedeutung als zweite Landessprache; die nl. Provinz Friesland ist heute faktisch zweisprachig. Das Ostf. ursprünglich von der nl. Provinz Groningen bis zum Land Wursten verbreitet, noch im 15. Jh. Amtssprache, wurde mit der Zeit auch als Volkssprache vom nd. verdrängt und steht heute praktisch vor dem Aussterben. Das Nordf. hatte nie den Status einer Amtssprache besessen, wohl weil es besonders stark in Dialekte und Mundarten aufgesplittert war; seit dem 17. Jh. wich es kontinuierlich dem nd. bzw. dem Hochdt. Das Festland-Nordf. ist heute, abgesehen von der Gegend um Niebüll, kaum noch anzutreffen, was generell auch auf die Inselsprachen von Sylt (Sölring), Helgoland (Halunder) zutrifft. Im Vergleich dazu konnte sich das Fering-Öömrang v.a. auf Föhr besser halten. Heute gibt es noch etwa 10.000 das Nordf. beherrschende Personen. In SH wurden seit dem 20. Jh. verstärkt Bemühungen unternommen, das Nordf. zu erhalten (u.a. freiwilliger Unterricht in Schulen, →Nordfriisk Instituut, Zeitschriften wie »Nordf. Jahrbuch«, »Nordf.«, »Nordf. Sprachpflege«). Seit 1978 existiert an der Kieler →Universität ein Lehrstuhl für F. OM

Friesisches Recht Friesen haben sich an verschiedenen Stellen an der Kolonisierung Holst. beteiligt. Nur aus der Umgegend von →Elmshorn ist um 1368 ein spezielles F. bekannt, also ein Gebiet in dem F. galt; es lag beiderseits der Krückau, wohl in der →Marsch. Ob das F. mit dem →Hollischen Recht identisch ist, muß unbekannt bleiben, weil es in der Überlieferung nicht präzisiert wird.
Lit.: D. Detlefsen, Das F. zu Elmshorn, in: ZSHG 35, 1905, 37-55; O. Mensing, Zum Elmshorner Weistum, in: ZSHG 66, 1938, 311-316. LS

Fron →Hofdienst

Fürstentümer Seit der Mitte des 16. Jh. wurden die in SH bestehenden Hztt. kgl. und gottorfischen Anteils sowie der →Abgeteilten Herren als F. bezeichnet. Darunter wurde auch das Fürstentum →Lübeck begriffen. Der Begriff Hztt. trat nach der Reunion des plönischen und des gottorfischen Anteils (1761 und 1773) an die Stelle der Bezeichnung F. LS

Furt ist eine flache Stelle in einem Bach- oder Flußbett, die sich zur Überquerung auf dem Gewässerboden eignet. F. gab es nicht nur auf der →Geest und im östlichen →Hügelland, wo es festen bzw. sandigen Untergrund gab; auch in den Marschen (→Marsch) wurden sie genutzt (so in →Wilster und →Krempe vor dem Brückenbau; →Brücke). Der Ortsnamensbestandteil F. (nd. ford) findet sich verschiedentlich, so in →Eckernförde, Föhrden, Kg.förde, Lentföhrden, Radesforde und Voorde. Nahezu alle F. sind seit dem MA durch Brücken ersetzt worden. LS

Fuder →Maße

Futterkamp (OH) Auf einer Anhöhe nordwestlich von F. liegen vier gut erhaltene →Megalithgräber und im Nordosten drei ma. Befestigungsanlagen. Die slawische Burg Hochborre (→Wagrier) hatte über den Sehlendorfer See einen günstigen Zugang zur →Ostsee. Der heute stark verschliffene Ringwall von 80m Durchmesser bestand ungewöhnlich lange vom 8. bis zum 12. Jh. und hatte sicher eine wichtige Funktion für diese Region. Im Zuge der dt. Besiedlung wurde um 1200 auf dem Großen Schlichtenberg ein befestigter Adelssitz errichtet, der bis um 1400 existierte. In der zweiten H. des 14. Jh. entstand auf dem benachbarten Kleinen Schlichtenberg ein Adelssitz mit einem 8x7m messenden Turm und einer Brücke. Während die Hochborre im 15. Jh. erneut befestigt wurde, konzentrierten sich in dieser Zeit die Herrschaftsfunktionen auf das Gut F., das in den folgenden Jh. in Besitz der Familien →Rantzau, →Pogwisch, Ratlow, →Reventlow, →Buchwald und Platen war. F. ist ein gutes Beispiel für die komplizierte Siedlungs- und Herrschaftsentwicklung im ostholst. Kolonisationsgebiet.
Lit.: I. Ericsson, Vom slawischen Burgwall zum dt. Gut. Studien zur ma. Siedlungsgenese im Raum F., Holst., Lund 1984. OP

Futterkamp

Fuß →Maße

Gablenz, Ludwig von →Österreich

Galeasse Seit der 2. H. des 19. Jh. an der dt. Ostseeküste aber auch in Skandinavien weit verbreiteter Segelschiffstyp mit 15-27m langem Rumpf. Die G. gleicht in den Formen der →Bark, besitzt ein überhängendes Heck und einen leicht gerundeten Spiegel. G. waren als Anderthalbmaster getakelt mit relativ hohem Besanmast, der oft fast die Höhe des Großmastes erreichte. G. waren auch noch im 20. Jh. in größerer Zahl in Fahrt. Es gab später auch eiserne G., die aber mit dem Schiffstyp der nl. Klipper identisch waren.
Lit.: H. Szymanski, Dt. Segelschiffe, Berlin 1934. PDC

Garbe, Gustav →Arbeiter- und Soldatenrat

Garde Die Große (nicht Schwarze) G. war von Kg. Johann von DK als entscheidende Waffe im Feldzug gegen →Dithm. 1500 gedacht. 1497 hatte er schon mit ihrer Hilfe Schweden zurückgewonnen. Die G. wurde vermutlich von Kaiser Maximilian I. 1486 gegen Gent und Brügge aufgestellt und kämpfte überwiegend unter wechselnden Herren im Bereich der südlichen Nordseeküste. Nach der verlustreichen Niederlage bei →Hemmingstedt trat sie nicht mehr in Erscheinung.
Lit.: W. Lammers, Die Schlacht bei Hemmingstedt, Heide 1953. WK

Garding (NF) bildete sich um die 1109 gegr. Kirche und stellte für lange Zeit den Zentralort Everschops, eines der Teile →Eiderstedts dar. 1466 wurde in der romanischen Kirche G. das Landesthing der Dreilande Eiderstedt, Everschop und Utholm abgehalten und das alte Eiderstedter →Landrecht bestätigt. 1575 zum →Flecken mit Marktrecht erhoben, erhielt der Ort 1590 →Stadtrecht; damit war aber trotz Anlage eines Schifffahrtskanals, der Süderbootfahrt, bis Katingsiel an der →Eider 1612/13 kein nennenswerter Aufschwung verbunden. Auch der Chausseeanschluß 1849 (→Wegewesen) und die Eröffnung der →Eisenbahnstrecke nach →Tönning 1892 blieben ohne nennenswerte Folgen. Hier wurde Theodor →Mommsen geboren. G. hat heute gut 2.700 Einw. LS

St. Christian in Garding

Garding

Garten →Park

Gartenstadt Das Wohnen im Grünen gehört zu den Vorstellungen der urbanen Oberschichten in Europa seit der Antike. Der Begriff Villa ist dem Lat. entlehnt, vermutlich von vicus (Dorf) und bezeichnete ursprünglich das zu einem Landgut gehörende Wohnhaus einer römischen Patrizierfamilie. G. haben ihre wirtschaftliche Basis nicht in der Landwirtschaft, sondern in den in den Handels- und Industriezentren erwirtschafteten Vermögen ihrer Besitzer. Begünstigt durch die neue Mobilität des Industriezeitalters (→Industrialisierung, →Eisenbahn) entstanden auf ehemaligen Ackerland am Rande der urbanen Zentren wie →Hamburg, →Kiel und →Lübeck G. bzw. Villenviertel. Solche Kolonien mit einer aufwendigen gründerzeitlichen Architektur und Gartengestaltung befriedigten das Prestigebedürfnis eines zu Wohlstand und Ansehen gekommenen Großbürgertums. Gute Beispiele sind die im Hamburger Raum entstanden Viertel entlang der Elbe (Elbchaussee, →Blankenese) und – östlich der Großstadt – an der Bille (z.B. Wentorf). Die Vorstellung, auch der durch die industrielle Urbanisierung in verslumten Altstadtbereichen bzw. profitträchtig hochgezogenen Mietskasernen untergebrachten Arbeiterbev. ein Leben in »Licht und Luft« zu ermöglichen, führte 1902 zur Gründung der Dt. G.gesellschaft. Die Vorstellung einer Arbeiterwohnkultur in mit Gärten versehen Einzel- oder Reihenhäusern propagierte in SH Peter Christian Hansen, der schon 1889 den Arbeiterbauverein für Gaarden, Kiel und Umbebung, seit 1901 Arbeiterbauverein Ellerbek, gründete. Er errichtete zwischen 1893 und 1914 943 Wohnungen. Auch Werkswohnungen im

G.-Stil kamen in Kiel hinzu. In Nms. versuchte man ähnliche Wege zu gehen. Die G.-Idee fand in den Jahren zwischen den beiden WK verbreitet Anwendung und wurde auch von den NS (z.B. Elmschenhagen, heute Kiel, ab 1939) aufgenommen.

Lit.: R. Buß, Ein schönes Heim in Sonne und Licht, Nms. 1997; H. Ballerstedt, W. Boehart, Herrschaftliche Zeiten. Zur Geschichte der Villenviertel in Wentorf, Schwarzenbek 2000. WB/LS

Gastarbeiter Der rasante Wiederaufbau der dt. Wirtschaft in den Wirtschaftswunderjahren nach 1950 führte 1957/1958 zur Vollbeschäftigung und nach dem Versiegen der Zuwanderung aus der DDR 1961 zu großem Arbeitskräftemangel, dem durch Import von Arbeitskräften aus den Mittelmeerländern (Spanien, Portugal, Italien, Jugoslawien, Griechenland, später auch Türkei) begegnet wurde. In SH wurden die sog. G. v.a. im Bereich der →Landwirtschaft und in der Industrie eingesetzt. Waren es zunächst nur männliche Arbeitskräfte, so zogen bald auch Familien nach bzw. wurden neu gegr. Es gab z.T. massive Integrationsprobleme, die auf Sprachschwierigkeiten und abweichende Normensysteme zurückzuführen waren und sich in Ghettobildung und Randgruppenexistenz ausdrückten; die Integration geschah kaum oder doch nur sehr langsam. Seit 1973 gibt es einen Anwerbestop für ausländische Arbeitskräfte, doch sind die Folgeprobleme der Zuwanderung der G. noch kaum gelöst. Insbesondere gegenüber der wegen ihrer religiösen Orientierung und ihres abweichenden Lebensstils schwer zu integrierenden türkischen G.bev. bestehen in den Städten teilweise starke Ressentiments. Unter Bedingungen anhaltender Arbeitslosigkeit wird die Akzeptanz ausländischer Arbeitnehmer (wie die G. heute realistischer genannt werden) gerin-

ger; vereinzelt kam es zu ausländerfeindlichen Übergriffen, so etwa zu dem Mordbrand in Mölln (23.11.1992). Andererseits nahm das Selbstbewußtsein der türkischen Religionsgem. zu – Auseinandersetzungen um Minarettbau an Moscheen zeigen heute die Grenzen religiöser und kultureller →Toleranz. LS

Gasteiner Konvention Der Kg. von DK verzichtete im Wiener Frieden (30.10.1864) auf seine Rechte an den Hztt. Schl., Holst. und →Lauenburg zugunsten des Kaisers von →Österreich und des Kg. von →Preußen. Beide Großmächte übten fortan die Regierungsgewalt in Schl., Holst. und Lauenburg gemeinschaftlich durch zwei Regierungskommissare aus (österreichisch-preußisches Kondominium). Das vom Hz. von Augustenburg (→Augustenburger) eingesetzte Ministerium wurde von der öffentlichen Meinung gestützt, es war aber ohne legale Kompetenz. Unterschiedliche Zielvorstellungen bezüglich der Zukunft der Hztt. führten Preußen und Österreich an den Rand des offenen Konflikts. Die G. (14.8.1865) bewirkte eine vorläufige Entspannung. Es wurde vereinbart, die gemeinschaftliche Oberhoheit zwar fortbestehen, sie aber in Schl. nur von Preußen und in Holst. allein von Österreich ausüben zu lassen. Sein Anrecht auf Lauenburg trat Österreich gegen Zahlung von 2,5. Mio. dän. Talern an Preußen ab. Im übrigen wurden Absprachen über die Aufstellung einer dt. Flotte, über →Kiel als Bundeshafen, →Rendsburg als Bundesfestung, über den Bau eines Nord-Ostsee-Kanals (→Kanal) sowie über den Durchgangsverkehr durch Holst. getroffen.

Lit.: E.R. Huber, Dt. Verfassungsgeschichte seit 1789, Bd. 3, Stuttgart ³1988, §§ 34-38. JB

Gau 1. (nd. go) ist die Bezeichnung für die Einteilung des Siedlungsraumes der nordelbischen →Sachsen in Gerichts- und Verwaltungsbezirke. Es gab im Früh- und Hochma. drei G.: der Holsaten, der Stormaren und der Dithm. Die G. waren in Viertel geteilt (→G.viertel); während diesen ein →Bode als Führer des G.aufgebots an Kriegern vorstand, stand an der Spitze des G. der Overbode. Das G.gericht hieß →Goding (G.thing). 2. In der Zeit des NS wurden die Parteibezirke (entspre-

Gartenstadt Elbhochufer mit Kraftwerk in Wedel um 1960

chend den Ländern des Reiches bzw. der preußischen Provinzen) G. genannt; ihnen standen →G.leiter vor. LS

Gauleiter G. der NSDAP waren in der nach dem Führerprinzip aufgebauten Parteihierarchie angesiedelt zwischen dem Führer und den Kreisleitern. Als G. von SH war zwischen 1925 und 1945 Hinrich Lohse (1896-1964) ununterbrochen im Amt, dessen regionaler Parteibezirk als »Mustergau« galt. Versehen mit hohen weiteren Funktionen im NS-Staat (→Oberpräsident) war Lohse 1933 bis 1945 die mächtigste Person in SH.
Lit.: U. Danker, Oberpräsidium und NSDAP-Gauleitung in Personalunion: Hinrich Lohse, in: NS Herrschaftsorganisation(en) in SH, hg. von der Landeszentrale für polit. Bildung, 1996, 23-44. UD

Gauviertel Die drei nordelbischen Sachsengaue →Dithm., Holst. und →Stormarn waren im hohen MA jeweils in vier Landesviertel eingeteilt, die wohl den ältesten →Ksp. entsprachen. Demnach lagen den Landesvierteln in Dithm. die Ksp. →Meldorf, Weddingstedt, Tellingstedt und Süderhastedt zugrunde, in Holst. die Ksp. →Schenefeld, →Jevenstedt, →Nortorf und →Kellinghusen und in Stormarn die Ksp. →Hamburg/Nienstedten, Rellingen/Eppendorf, Borgstedt/Sülfeld und Rahlstedt/Steinbek. Wie alt diese Gauviertelung ist und ob sie wirklich in die vorchristliche Zeit der Völkerwanderung zurückreicht, bleibt ungewiß. In Holst. und Stormarn zumindest scheint diese wohl aus militärischen Notwendigkeiten geborene Quartiereinteilung mit Boden (→ Bode) und Overboden auf die Zeit der Slawenkämpfe (→Slawen) frühestens seit dem 8. Jh., vielleicht erst seit dem 11. Jh. zurückzugehen.
Lit.: Geschichte SH, 4/1. HWS

Gayk, Andreas (geb. 11.10.1893 Kiel-Gaarden, gest. 1.10.1954 Kiel) G. war zunächst Journalist bei SPD-Zeitungen, ab 1919 in →Kiel. Er engagierte sich in der sozialistischen Kinderfreundebewegung, wurde 1927 Träger der Kinderrepublik Seekamp und SPD-Kommunalpolitiker. Von 1945 bis zu seinem Tod war er wichtigster sozialdemokratischer Politiker in SH, u.a. Vorsitzender der Landtagsfraktion und Oberbürgermeister Kiels.

Andreas Gayk

Lit.: G. und seine Zeit, hg. von J. Jensen, K. Rickers, Nms. 1974. UD

Gebietsreform In den 1960er und 1970er Jahren wurden, wie überall in der Bundesrepublik Dt., die kommunalen Verwaltungseinheiten neu organisiert und zentralisiert. Ziel war die Schaffung leistungsfähiger Verwaltungseinheiten. Neben der →Kreisreform, durch die das Land in elf Kreise und vier kreisfreie Städte (→Stadt) gegliedert wurde, reduzierte sich die Zahl der →Gem. von 1.374 auf 1.128. Gleichwohl schloß sich SH dem bundesweiten Trend zu Großgem. nicht an; es kam v.a. zu Zusammenschlüssen von zwei oder drei Gem. auf freiwilliger Basis. Die weitaus meisten der Gem. blieben amtsangehörig (→Amt), nur 101 wurden amtsfrei. Zu einem der wichtigsten, zugleich heftig umstrittenen Beispiele kommunaler Neuordnung wurde 1970 die per Landesgesetz verordnete Bildung der Stadt →Norderstedt aus den Gem. Garstedt und Friedrichsgabe (PI) sowie Harksheide und Glashütte (OD). Die dem Kreis SE zugeschlagene neue Stadt wurde mit seinerzeit 53.000 Einw. zur fünftgrößten Stadt SH.
Lit.: R. Jochimsen u.a., Grundsätze der Landesplanung und der Gebietsreform in SH, Kiel 1969. NF

Geest wird der Mittelrücken SH genannt, der sich in die Hohe G. (Altmoränenreste der Warthe-→Eiszeit) und Niedere oder Vorg. (Sanderflächen der Weichsel-Eiszeit) teilt. Die Bildung der Hohen G. ist prinzipiell mit der des Östlichen →Hügellandes vergleichbar, nur haben hier die Einflüsse der letzten Vereisung erhebliche Modifikationen bewirkt. Insbesondere wurde der einst zusammenhängende Hügellandgürtel durch zahlreiche Schmelzwasserrinnen (noch heute Flüsse) durchschnitten. Durch Anstieg des Meeresspiegels ist es an manchen Stellen des Westrandes der Hohen G. zur Bildung von Steilufern (→Kliff) gekommen. Die Niedere G. verdankt ihre Entstehung der Ablagerung von Schmelzwassersedimenten beim Abschmelzen des Eises gegen Ende der letzten Eiszeit (Sanderflächen). Sie stellt keinen durchgehenden Gürtel dar, sondern endet im südlichen Holst. dort, wo Jungmoränen unmittelbar an Altmoränen heranreichen. Südlich von →Mölln setzt die Niedere G. wieder

Geesthacht

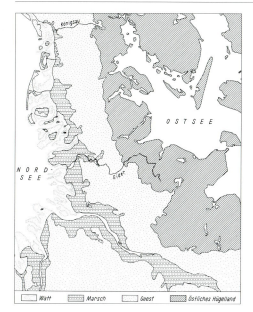

Marsch, Geest und Hügelland in SH

Geesthacht

ein. Während die Hohe G. stark reliefiert ist, stellt sich die Niedere G. als flache Ebene dar. Der Begriff G. kommt von mnd. gest, nd. güst, was unfruchtbar bedeutet. Damit ist der Unterschied der Bodengüte zwischen →Marsch und G. angesprochen. In früherer Zeit wurde SH nur in Marsch und G. geteilt, ohne daß man weitere Unterteilungen vornahm. Dem Marschenbewohner war alles angrenzende Land G.
Lit.: R. Stewig, Landeskunde SH, Kiel 1978. LS

Geesthacht An der Elbe 15km östlich von →Bergedorf gelegen, erlangte die historische Siedlung G. erst mit der →Industrialisierung eine überregionale Bedeutung. 1865 gründete Alfred Nobel die erste Dynamitfabrik der Welt auf dem Krümmel (→Sprengstoffindustrie) und leitete damit einen durchgreifenden Wandel ein. G. galt in den beiden WK als die Pulverkammer Dt. Das Mittelzentrum ist heute ein wichtiger Forschungs- und Energiestandort im norddt. Raum und hat gut 28.200 Einw. WB

Gefängnis Freiheitsentzug gehört zu den ältesten Zwangsmitteln gegen Personen. Eine Inhaftierung wurde nicht nur gegenüber dem Straftäter angewandt, der sich Ermittlungen und Gerichtsverfahren durch Flucht zu entziehen trachtete, sondern auch als Druckmittel bei säumigen Schuldnern. Auch diente es der Sozialdisziplinierung. Die Haftstrafe ist erst eine frühneuzeitliche Erfindung, als man Haft mit Arbeitsleistung der Häftlinge verband (→Zuchthaus); lange Freiheitsentzüge der älteren Zeit hatten zumeist dynastische Hintergründe oder dienten der Erzielung von Lösegeldern. In SH dürften die ältesten G. in →Burgen bestanden haben, denen aber schon bald die Städte (→Stadt) folgten, wo zumeist der →Scharfrichter das G. (Büttelei) unterhielt. Jedenfalls mußte am Sitz des Gerichtes oder in dessen Nähe ein G. vorhanden sein, um die Sicherung der Angeklagten zu gewährleisten. Im 18. Jh. waren die meisten G. der Städte und bei den Amtshäusern (→Amt) in schlechtem Zustand; zahlreiche Steckbriefe bezogen sich auf entwichene Häftlinge. In preußischer Zeit wurden G.anlagen bei jedem Amtsgericht ge-

Plakat der Bergedorf-Geesthachter Kleinbahn

Geibel, Emanuel

Das Spinnhaus in Lübeck (um 1930) war seit 1778 Gefängnis

schaffen, während große G. für die Verbüßung von Haftstrafen bei den Landesgerichten entstanden (→Gerichtswesen). Im Gegensatz zum Zuchthaus war die Haftstrafe im G. nicht mit Arbeitszwang verbunden. Heute heißen die G. Justizvollzugsanstalten (JVA). Es gibt sie in →Flensburg, →Kiel, →Nms., →Lübeck und →Itzehoe; eine Jugendanstalt besteht in Nms., eine Jugendarrestanstalt in →Rendsburg.
Lit.: W. Kröner, Freiheitsstrafe und Strafvollzug in den Hztt. Schl., Holst. und Lauenburg von 1700 bis 1864, Frankfurt/M. u.a. 1988. LS

Emanuel Geibel

Die Lauenburgische Gelehrtenschule in Ratzeburg 1849

Geibel, Emanuel (geb. 17.10.1815 Lübeck, gest. 6.4.1884 Lübeck) Der auf dem Lübecker Katharineum humanistisch erzogene G. wandte sich bereits früh der klassischen Lit. zu. 1833 erfolgte die erste Gedichtveröffentlichung unter Pseudonym. 1835-37 studierte er Theologie und Philologie; anschließend war er bis 1839 Hauslehrer in Athen und kehrte dann nach Lübeck zurück. 1840 kam es zur Publikation der Sammlung »Gedichte«, die später sehr erfolgreich wurde und 1884 die 100. Auflage erlebte. Eine jährliche Gnadenpension (später lebenslanger Ehrensold) des preußischen Kg. ermöglichte G. ab 1842 die Existenz als Dichter. G. schuf zahlreiche populäre und formvollendete Gedichte mit Volksliedcharakter (»Der Mai ist gekommen«), die vielfach vertont wurden. Weitere Bedeutung gewannen seine Übersetzungen aus dem Altgriechischen, Spanischen und Französischen.
Lit.: G., Gesammelte Werke, 8 Bde., Stuttgart 1883; C. Göhler, G. Ein Lebensbild in Selbstzeugnissen und Berichten seiner Freunde, Schellhorn 1992. KD

Geistlichkeit Bf., →Bt., →Dekan, →Diakon, →Domkapitel, →Erzbf., →Generalsuperintendent, →Kaland, →Klerus, →Kloster, →Kollegialstift, →Konvent, →Orden, →Prälat, →Prior, →Probst, →Stift, →Superintendent, →Synode, →Vikar

Geldwesen →Münzwesen

Gelehrtenschule wurden im 18./19. Jh. die Lateinschulen genannt, bevor der Ausdruck Gymnasium allgemeinere Verbreitung fand. Sie waren z.T. aus den für den Priesternachwuchs eingerichteten kirchlichen Schulen (u.a. Domschule) hervorgegangen, z.T. erst in der Frühen Neuzeit gegr. worden, um für das Universitätsstudium vorzubereiten. Es gab G. in →Altona (1721), →Bordesholm, →Eckernförde, →Eutin, →Flensburg (1566), →Friedrichstadt, →Glückstadt, →Husum (1527), →Itzehoe, →Kiel (1350), →Lauenburg, →Lübeck (1531), →Meldorf (1541), →Plön (1704), →Ratzeburg (1845), →Rendsburg (1748), →Schl. (1307/1557) und →Wilster. Die Qualität der Ausbildung war Ende des 18. und Anf. des 19. Jh. extrem unterschiedlich. In preußischer Zeit wurden die G. in das Gymnasialsystem eingebaut, soweit sie den gestiegenen Anforderungen genügten. Einige Gymnasien haben die Bezeichnung G. behalten (→Schule).

Lit.: G.F. Schumacher, Genrebilder aus dem Leben eines siebenzigjährigen Schulmannes, Schl. 1841 (Reprint Flensburg 1983). LS

Gemeinde 1. Die Landg. entstand in SH unter dem Einfluß einmal der sich verknappenden Ressourcen der ländlichen Gesellschaft, die Regelungsbedarf für Zugangsrechte etwa zu Ackerland, Weide, Wald, Wasser, Moor und Heide hatte, dann auch unter Bedingungen der Entwicklung feudaler Herrschaft, die gemeinschaftliches Handeln gegenüber herrschaftlichen Ansprüchen nötig machten. Möglicherweise trug auch die →Christianisierung und damit der Bau und die Unterhaltung von Kirchen zur Bildung von G. bei. So gab es etwa in →Eiderstedt nur →Ksp. als G. In der Bedeichungssituation der →Marschländer konnte unter hochma. Bedingungen eine andere als gemeindlich-genossenschaftliche Vorgehensweise nicht erfolgversprechend sein. Die G. war kein herrschaftsfreier Raum, vielmehr ist der landesherrliche Einfluß vielfältig zu bemerken, insbesondere durch Ernennung des G.vorstehers, der dann Bauervogt genannt wurde. G. waren die G.mitglieder durch Besitz und Vermögen differenziert, wobei allerdings die Rechte in der G. gleich waren und höchstens eine Unterscheidung von Nutzungsrechten nach Besitzgrößen vorgenommen wurde. Die G. bestand in der Regel aus den Haushaltungsvorständen, wobei Frauen (Witwen) durch Vormünder vertreten waren. An der Spitze der G. standen verschieden benannte, aus dem Kreis der G.mitglieder (oft in einem festgelegten Turnus) bestimmte Vorsteher (Ältermann, Gevollmächtigter, Vollmacht, Commünevorsteher u.ä.), denen ebenfalls gewählte Vertreter (Geschworene u.ä.) zur Seite standen. Wo die Herrschaft den G.vorsteher einsetzt, heißt er →Bauervogt und steht auf der Grenze zwischen Selbstverwaltung und Herrschaft. In den Bereichen, in denen Grundherrschaft sehr stark ausgeprägt war oder es zur Entwicklung von →Gutsherrschaft kam, gab es G. nur in rudimentärer Form bzw. gar nicht. Ein einheitliches G.verfassungsrecht hat es in der Zeit vor 1867 nicht gegeben. Erst dann wurde eine einheitliche Landg.verfassung in Kraft gesetzt, in der die Selbstverwaltungskompetenz (G.vertretung, G.versammlung, G.vorsteher, seit 1935: →Bürgermeister) der G. festgeschrieben wurde. Die Landg.ordnung von 1892 blieb bis 1933 in Kraft und wurde zunächst durch das preußische G.verfassungsgesetz, 1935 durch die Dt. G.ordnung ersetzt. Erst 1950 erfolgte die Wiederherstellung der früheren G.verfassung durch die sh G.ordnung, die nach mehreren Änderungen 1995 ihre gegenwärtige Form erhielt. 2. Stadtg. →Stadt. LS

Gemeindevorsteher Durch die Landgem.ordnung von 1867 wurden für alle Landgem. G. geschaffen, die von den stimmberechtigten Gem.mitgliedern zu wählen waren. Nur in den Gutsbezirken hatte bis 1927 der Gutsbesitzer die Funktion des G. Die G. blieben bis 1934 erhalten und wurden dann kurzfristig in Gem.schulten umbenannt, um ab 1935 →Bürgermeister zu heißen. Dabei ist es bis heute geblieben. LS

Gemeinheiten →Verkoppelung

Gemeinschaftliche Regierung →Regierung

Gemeinschaftlicher Anteil Adlige und geistliche Besitzungen in SH, die nicht unter den einzelnen Landesherren, sondern unter deren gemeinsamer →Regierung standen, wurden G. genannt. Bei den →Landesteilungen 1490, 1544 und 1581 wurden im Prinzip nur diejenigen Gebiete der Hztt. geteilt, in denen der Landesherr selbst die unmittelbare Herrschaft ausübte – die →Ämter, →Landschaften und →Städte mit ihren Bewohnern aus →Bauern und →Bürgern. Der →Adel sowie die Geistlichkeit (→Klerus) und ihre Besitzungen dagegen standen unter gemeinsamer Herrschaft der Landesherren. Deswegen wurden die →Güter von Adel und Geistlichkeit G. genannt. Hier übten die Gutsherren selbst die lokale Verwaltung aus. Oberbehörde war die Gemeinschaftliche →Regierung, die von dän. und gottorfischen Zentralbehörden gemeinsam verwaltet und in rechtlicher Hinsicht vom Adligen Landgericht vertreten wurde. Der G. ging im Prinzip in den übrigen Hztt. auf, als sie vereint wurden (1720 in Schl., 1773 in Holst.). Von den Ämtern blieben die Güter jedoch getrennt, und die Lokalverwaltung wurde nach wie vor von den einzelnen Gutsherren ausgeübt. CPR

Generalkriegskommissar G. hatten ihre besondere Bedeutung beim Aufbau stehender Heere im Zeitalter des Absolutismus. In SH gab es kgl. und hzl. Kommissare, die dann, wenn sie die Funktionen von Marsch-, Musterungs- und Zahlkommissaren wahrgenommen hatten und sich überwiegend im Felde bei den Truppen aufhielten, den Titel G. führten. Sie waren ursprünglich Vertreter der Stände und wurden im 17. Jh. zu Beamten des Landesherren mit hohen Gehältern. EO

Generalsuperintendent Die →Reformation machte die Landesherren zu Bff. ihres Landes. Seit dieser Zeit wurden als aufsichtsführende Geistliche in den einzelnen Teilherrschaften Superintendenten (→Superintendent) oder Pröpste (→Propst) eingesetzt. Nur im Gottorfischen Anteil gab es einen Generalpropsten, um die Einheitlichkeit der lutherischen Lehre zu sichern, Pastoren zu ordinieren und das Kirchen- und Schulleben zu kontrollieren. Erst 1636 wurden nach gemeinschaftlicher Verordnung zwei G. (je einer für den kgl. und hzl. Anteil) eingesetzt. Sie blieben bis zur Vereinigung 1784 im Amt. 1792-1806 und seit 1835 gab es für jedes Hzt. einen G.; dazwischen waren beide Stellen wieder vereint. 1924 wurden die G. durch die Landesbischöfe (→Bf.) abgelöst. LS

Genossenschaft Als G. werden verschiedene Arten von Zusammenschlüssen zwischen Personen bezeichnet. 1. Verbreitet ist der Begriff für die Dorfg., in der alle an allen Ressourcen des Dorfes (→Dorf) teilhabenden Stellenbesitzer beteiligt sind. Sie führen, abgestuft nach ihren tatsächlichen Besitzgrößen, gemeinsam die Dorfgeschäfte. In den Marschen (→Marsch) bildeten sich →Deich- und Entwässerungsg. (→Entwässerung), weil die Aufgabenbewältigung für die einzelne Stelle zu groß war. 2. Die neuere G.bewegung geht auf westeuropäische Wurzeln (1830-1840) zurück und stellt eine Antwort auf das Preisdiktat der gewerblichen Unternehmer sowie auf die Kräfte des nationalen und internationalen Marktes dar. Erst spät hat der G.gedanke im städtischen Kleinbürgertum (Kreditg.), in der →Landwirtschaft (Raiffeisenbewegung) und in der →Arbeiterbewegung (Konsum- und Produktionsg.) in SH Fuß gefaßt. Die Bildung von Kreditvereinen seit den 1860er Jahren sollte dem handwerklichen und kleingewerblichen Kreditmangel abhelfen. Daraus erwuchsen schließlich die Volksbanken. Auf landwirtschaftlichem Gebiet ging die Meiereibewegung (seit 1871) voran, der 1884 die Wareng. (erste in Groß-Flintbek) und 1895 die Kreditg. (erste Spar- und Darlehenskasse in Quickborn, dann Landesgenossenschaftsbank von 1895, seit 1972 Raiffeisenbanken) folgte. Später wurden auch Vieh- und Eierverwertung (1929 bzw. 1928), das Fischereiwesen (seit 1911), die Obst- und Gemüseverwertung (1954) g. organisiert. Ein besonderer Zweig ist die g. Elektrizitätsversorgung ländlicher Gem. seit 1906; 1939 gab es 312 solcher G. In der Arbeiterbewegung konnte die Idee der Verbrauchsg. sich erst durchsetzen, als der gewerkschaftliche Organisationsgrad fortgeschritten war. Maßgeblich ist hier die Entwicklung in →Kiel nach 1900, wo aufgrund der großen Zahl von Interessenten ein Ladennetz mit eigener Bäckerei errichtet werden konnte.

Lit.: A. Lüthje, Lebendige Kräfte, Kiel 1974. LS

Georg Ludwig →Gottorfer

Gerhard III. Graf von Holstein →Schauenburg

Gerichtswesen Das ältere G. ist durch eine große Vielfalt nicht nur nach den →Rechtsgebieten, sondern auch innerhalb dieser in der Ausprägung und Formung der Gerichtsverfassung gekennzeichnet. Holst.: Im holst. →Altsiedelland gab es zwei Gerichtstypen: Lotding oder Ding und Recht (das Ksp.gericht) und Goding (das Gaugericht), die beide Zivil- und Strafgerichte waren. Dabei war das Lotding gebotenes (d.h. auf Geheiß des Landesherren oder seines lokalen Stellvertreters zusammengerufenes), das Goding ungebotenes (das heißt sich dreimal im Jahr versammelndes) Gericht; erst die im 15. Jh. neu geschaffenen Godinge in →Nms. und →Bramstedt wurden geboten. Wann der Instanzenzug vom Lot- zum Goding entstand, ist unklar; 1470 liegt dafür der erste Beleg vor. Im Kolonisationsgebiet um →Segeberg entstand ein Grafding an Stelle des älteren Markding, an das sich 1237 auch Bauern aus den Kolonisationsgebieten der →Elbmarschen, die bis 1470 mit →Hollischem Recht begabt waren, wandten. Im Hollischen Recht gab es das Greffding, also das Gf.gericht, das aus einem Schulzen und sieben Schöffen bestand, aber im Auftrage des Gf., unabhängig von seinem →Vogt (→Amtmann) agierte; dieses Gericht ist nur in der Herrschaft →Herzhorn bis 1867 erhalten geblieben. An den holst. Gerichten selbst waren der Landesherr oder sein Vogt nur als Ausrichter und Vollstrecker der Gerichtsentscheidung beteiligt, nicht aber als Urteilsfinder und -verkünder; so blieb es mancherorts bis zur Aufhebung der alten Dinggerichte im 19. Jh. Das Gerichtspersonal bestand aus dem Dingvogt, dem Abfinder als Sprecher der Urteiler (der Holsten) und dem Vorsprech als Parteienvertreter. Die Urteiler waren im MA die gerichtsberechtigten Ksp.eingesessenen, während bei den Godingen wahrscheinlich schon ein Auswahlgremium in dieser Funktion tätig war. Das ma. G. war also in Holst. »ein Kompromiß zwischen der fränkischen Gf.gewalt und dem sächsischen Volksrecht« (W. Carstens). – In Schl. als dem Geltungsbereich des →Jyske Lov (Jütisches Recht) waren die Harden (→Harde) die unteren Gerichtsbezirke; es gab auch besondere Bezirke (→Birk). Hardes- oder Birkvogt, Hausvogt, Amtsschreiber oder Amtmann waren die Organisatoren des Gerichts, d.h. sie bestimmten die zwölf Hardes- oder Stockneffninge (oft als zwölf Bonden bezeichnet), die das Urteil zu finden hatten. Von diesem Urteil konnte noch zwei weitere Male an das Zwölf-Bonden-Gericht appelliert werden. Appellation an den Landesherren war möglich und wurde auf den Landrechtstagen verhandelt, allerdings in zunehmendem Maße nicht mehr vor ihm selbst, sondern vor seinen Räten (→Rat) unter Leitung des →Statthalters. Ähnliches findet sich in →Eiderstedt. Im 16. Jh. wird das G. in Schl. umgestaltet, weil seitens der Herrschaft an der mangelnden Qualität und dem großen personellen Aufwand der Rechtsprechung Anstoß genommen wurde: die zwölf Bonden wurden lebenslang bestimmt, die dreimalige Forderung der zwölf Bonden abgeschafft oder das Urteilergremium ganz durch den Hardesvogt ersetzt. – Die Städte in den Hztt. hatten bis auf →Schl., →Eckernförde, →Flensburg und den nordschl. Städten Apenrade/Aabenraa und Hadersleben/Haderslev →Lübisches Recht und damit jeweils ein Obergericht aus dem Rat und ein Niedergericht, das ursprünglich unter dem Vorsitz des landesherrlichen Stadtvogts stand, aber bald vom Rat okkupiert wurde. Letzteres war in Zivil- und Strafsachen 1. Instanz, von der aus an das Obergericht appelliert werden konnte. Für die Städte mit lübischem Recht bestand die 3. Appellationsinstanz bis 1498 an das lübeckische Obergericht, danach an das →Vierstädtegericht. In den schl. Städten war die Gerichtsorganisation der der Landgem. sehr viel ähnlicher; es gab auch hier →Sandmann und Neffning, die unter Vorsitz des Stadtvogtes Recht sprachen. Adliges Standesgericht waren seit der 2. H. des 15. Jh. →Landtage und Landrechtstage, später das Adlige →Landgericht bei der →Regierung. Hingegen hatten auf den Gütern die Gutsbesitzer die Rechtsprechung ohne Beteiligung der Gutsuntergehörigen; ihnen wurde erst 1805 die Einsetzung von juristisch gebildeten Gerichtshaltern (Justiziaren) vorgeschrieben. Als oberstes Gericht fungierte für Holst. das Reichskammergericht bis 1806. Die Entwicklung des G. in SH ist in der Frühen Neuzeit überall unterschiedlich verlaufen, so daß sich nahezu für jedes Amt und für jeden anderen Distrikt besondere Rechtsgewohnheiten und Gerichtsverfassungen auf der Basis der spätma. Grundlagen und unter dem Einfluß der Rezeption des Römischen Rechtes entwickelten. Teilweise verschwand das Ding und Recht (wie im Amt Segeberg, wo es 1743 durch ein Amtsgericht ersetzt wurde), teilweise wurde es beibehalten (wie im Amt Steinburg). Die Godinge auf dem →Jahrschen Balken und zu Bramstedt wurden 1560 abgeschafft, zugleich als Appellation von den Gerichten der Ämter ein holst. Oberamtsgericht eingerichtet, das 1737 mit der Regierungskanzlei verbunden wurde. 1648 wurde das Obergericht für die Hztt. in Flensburg begründet, das ab 1649 in Glückstadt (→Regierung) als Appellationsinstanz für die erstinstanzlichen Gerichte im kgl. Anteil der

Hztt. diente. 1573 wurde eine Landgerichtsordnung von den drei Landesherren aus dem Hause Oldenburg erlassen, die 1635 in revidierter Form erneuert wurde. Die Gft. →Pinneberg hatte durch verstärkte Rezeption des Römischen Rechtes eine eigene Entwicklung genommen, die noch 1639 zur Publikation einer eigenen Hofgerichtsordnung führte. Das Gericht hieß Landgericht, war aber das alte Ding und Recht mit einem Vogt und acht Achtsleuten, von dem eine Appellation an das Göding (ein Vogt und 26 Urteiler) möglich war. – In →Lauenburg gab es vor 1578 Untergerichte und drei Landrechte (Landdinge) in Ratzeburg, Mölln und im Land Sadelbande; die Untergerichte entsprachen den holst. Gerichten. Als Obergerichte fungierten seit 1578 das →Hofgericht unter Vorsitz des Hofrichters und später auch die Regierung, von denen in der Zeit der Personalunion mit Hannover seit 1747 an das Oberappellationsgericht in Celle appelliert werden konnte. Der Gerichtsaufbau war hier vor 1851 so: Für die landesherrlichen Bauern gab es vier Amtsgerichte, für die Stadtbewohner drei Stadtgerichte und für die ritterschaftlichen Bauern 22 Adlige Gerichte; die Ritterschaft selbst war dem Hofgericht zugeordnet, das auch Appellationsinstanz für die Adligen Gerichte war. Von den Amts- und Stadtgerichten appellierte man an die Regierung, der die Kanzleisässigen direkt zugeordnet waren. Über Hofgericht und Regierung stand das Oberappellationsgericht. – Bis 1834 blieb der Gerichtsaufbau im wesentlichen so, daß das Obergericht für Schl., das 1713 in Gottorf eingerichtet worden war, und das Obergericht für Holst. in Glückstadt (seit 1774 für die wiedervereinigten Teile zusammen) als 2. Instanzen für die Untergerichte in den Hztt. tätig waren. Sie führten nach dem Eingehen des Vierstädtegerichts auch Appellationssachen aus den Städten. Dann mußte für Holst. nach der Bundesakte des Dt. Bundes ein Oberappellationsgericht errichtet werden. Dies kam 1834 für die drei Hztt. nach Kiel. Das Obergericht in Gottorf wurde nach 1851 als Appellationsgericht nach Flensburg verlegt. In geistlichen Angelegenheiten (dazu gehörten zahlreiche Sittendelikte, aber auch die Ehestreitigkeiten) urteilten nach der Reformation überall die Konsistorien (→Konsistorium), denen als Appellationsinstanz die Oberkonsistorien vorgesetzt waren. Am 1.9.1867 wurden die Patrimonialgerichte und alle Unter-, Mittel- und Obergerichte aufgehoben. An ihre Stelle traten die Amts- und Kreisgerichte, wobei als Leitgrößen Bev.zahlen von 10.000 bzw. 150.000 pro Bezirk zugrunde gelegt wurden. Die Kreisgerichte befanden sich in Flensburg, Schl., Kiel, →Itzehoe und →Altona; für das noch nicht inkorporierte Hzt. Lauenburg gab es ein weiteres Kreisgericht in →Ratzeburg. Das Appellationsgericht in Kiel stellte die 3. Instanz dar. Die Reichsjustizreform veränderte 1879 den Gerichtsaufbau, weil nun ein Oberlandesgericht (Kiel) und drei Landgerichte (an Stelle der Kreisgerichte) in Flensburg, Kiel und Altona eingerichtet wurden. Die Zahl der Amtsgerichte wurde seit 1870 reduziert. Dieser Prozeß setzte sich bei gleichbleibendem Gerichtsaufbau in den Jahren nach 1933 und nach 1941 fort. 1937 wurde mit Eingliederung Lübecks das Landgericht Lübeck geschaffen. Heute bestehen in den Landgerichtsbezirken Itzehoe vier, Flensburg fünf, Kiel acht und Lübeck elf Amtsgerichte. SH hat kein eigenes Verfassungsgericht, weil diese Funktion das Bundesverfassungsgericht wahrnimmt, unterhält aber seit 1991 ein eigenes Oberverwaltungsgericht als 2. Instanz für das Verwaltungsgericht. Daneben gibt es vier Sozialgerichte und ein Landessozialgericht, das Finanzgericht sowie das Berufsgericht und den Berufsgerichtshof für die Heilberufe (→Sendgericht).

Lit.: W. Carstens, Die Landesherrschaft der Schauenburger und die Entstehung der landständischen Verfassung in SH, in: ZSHG 55, 1926, 288-401; W. Prange, Der schl. Bauer als Urteiler im Gericht, in: Landgem. und frühmoderner Staat, hg. von U. Lange, Sigmaringen 1988, 45-69; W. Prange, Die Organisation der Rechtspflege im Hzt. Lauenburg bis 1879, in: Geschichtliche Beiträge zur Rechtspflege im Hzt. Lauenburg, hg. von K. Jürgensen, Mölln 1996, 13-26. LS

Gesamtschule →Schule

Gesamtstaat Bezeichnung für die Gesamtheit der Länder der dän. Monarchie seit 1773, als der Tauschvertrag von →Zarskoje Selo mit dem Hause →Gottorf in Kraft trat und die gottorfischen sowie die gemeinsam regierten Anteile in Holst. unter die Herrschaft des dän. Kg. kamen. Dem G. gehörten DK, Norwegen (bis 1814), Island, Grönland, die Faröer-Inseln, fast ganz SH und →Lauenburg (seit 1815) an. Dieser Nationalitätenstaat, in dem die Völker zunächst friedlich zusammenlebten, zerbrach im 19. Jh. am dt.-dän. Gegensatz. Nach dem Ende des von →Preußen und →Österreich gegen DK geführten Krieges 1864 trat der dän. Kg. im Wiener Frieden vom 30. Oktober des Jahres die Hztt. Schl., Holst. und Lauenburg an die beiden dt. Großmächte ab. Der G. hatte damit sein Ende gefunden.

Lit.: A. Scharff, SH in der dt. und nordeuropäischen Geschichte, Stuttgart 1969, 218-235. MJK

Geschichtsschreibung Seit dem MA gibt es eine G. in SH, die sich – entsprechend der Entwicklung von Geschichtsbewußtsein und der Darstellung historischer Ereignisse – zunächst auf eine relativ unkritische Darstellung des vorgefundenen Wissenswerten konzentrierte und dabei oft parteiliche Klitterungen und Legenden mit Tatsachenberichten vermengte. Die Elemente der modernen Geschichtswissenschaft bildeten sich in SH wie auch in Dt. insgesamt erst in der 1. H. des 19. Jh. heraus, auch wenn es zuvor beachtliche Ansätze zu einer objektivierten G. gegeben hat. MA: Das bedeutendste Werk ma. Chronistik, das im Lande enstand, ist die 1167-1177 entstandene Slawenchronik des →Helmold, der als Pfarrer in →Bosau wirkte. Der Abt des Lübecker Johannis-Klosters →Arnold verzeichnete bis 1208 Ereignisse. Spätere Chroniken, die sich mit der Geschichte des Landes befassen, sind ebenfalls in Lübeck entstanden, so die des Franziskanerlektors Detmar nach 1395, während die Chronik des Adam von Bremen von um 1050 die Ereignisse im Lande aus einiger Entfernung schildert. Die spätma. G. des Hamburger Domherrn Albert Krantz umfaßte →Mecklenburg, das alte Sachsen und die Kgr. DK, Schweden und Norwegen; SH kommt nur am Rande vor. Die Chronik des bremischen Priesters (presbyter Bremensis) dürfte um 1448 entstanden sein, die der nordelbischen Sachsen stammt aus der Zeit um 1480. Frühe Neuzeit: Unter den Historikern der Frühen Neuzeit kommt Heinrich →Rantzau für das 16. Jh. größte Bedeutung zu. Er hatte eine umfassende Bildung erhalten und betätigte sich mit vielfältigen Wissenschaften – er war humanistischer Gelehrter, zugleich aber auch Politiker und Staatsmann in höchsten Positionen (→Statthalter der Hztt. 1556-1597). Seine Beschreibung der cimbrischen Halbinsel von 1597 bietet eine für SH recht genaue, aber für Nordjütland eher undetaillierte Beschreibung. In →Nordfriesland entstanden mehrere chronikalische Werke, so aus der Feder von Johannes Petreus (um 1590), Matthias Boetius (um 1620), Peter →Sax (1638 ff.) und Anton Heimreich (1666). Parallel schrieb Johann Adolfi Köster, gen. →Neocorus, verstreute Informationen über →Dithm. auf (um 1600). Auch im Osten Schl. entstanden chronikalische Werke von J. A. Cypräus, N. Heldvader und A. Olearius. Übergreifend gab 1652 Caspar →Danckwerth mit der tätigen Mithilfe des Kartographen Johannes →Mejer seine Neue Landesbeschreibung der Hztt. heraus. Die Errichtung der Kieler →Universität (1665) brachte zunächst keinen Aufschwung der G. in SH, da Geschichte kein eigenes Lehrfach war, sondern entweder im Zusammenhang mit Rhetorik (ab 1667) oder allgemeiner Kirchengeschichte (ab 1696) gelehrt wurde. Immerhin gehörte die allgemeine Geschichte zu den Gegenständen, die behandelt wurden, bis 1733 ein eigener Lehrstuhl für das Fach eingerichtet wurde. Für die Landesgeschichte (damals: vaterländische Geschichte) ragen drei Köpfe heraus: Adam Heinrich Lackmann (1694-1753), der ab 1730 eine »Einleitung zur sh Historie« veröffentlichte, die allerdings nur bis 1634 geführt wurde. Wilhelm Ernst Christiani (1731-1793) lieferte 1775-1784 eine sechsbändige Geschichte des Landes von den Cimbern und Teutonen bis zum Jahr 1588. Dietrich Hermann Hegewisch (1740-1812) setzte das Werk bis 1648 fort (1801/02). Um die Mitte des 18. Jh. hatte E. J. von Westphalen seine »Monumenta inedita« als Quellensammlung vorgelegt; gleichzeitig gab O. H. Moller die »Cimbria literata« seines Vaters heraus. Seit Mitte des 18. Jh. vermehrten zahlreiche Gelehrte aus dem Juristen- und Theologenstand die Kenntnisse der Landesgeschichte durch ihre Publikationen. – 19. Jh. bis 1867: Hegewischs Nachfolger und Schwiegersohn Friedrich Christoph →Dahlmann (1785-1860) profilierte sich v.a. als

Geschichtsschreibung

Georg Waitz

Georg Hanssen

Johann Gustav Droysen

Agitator für den dt. Nationalstaat, erwarb aber seine historiographischen Meriten erst außerhalb SH (er folgte 1829 einem Ruf nach Göttingen). Die G. dieser Zeit stand ganz im Zeichen des Schleswigholsteinismus und der →Nationalen Frage, deren historische Begründung (etwa durch die Herausarbeitung der alten Landesrechte) gesucht wurde. Sie wurde deshalb nach 1850 polit. jedenfalls in Schl. stark unterdrückt. Herausragend war über Jahrzehnte der Kieler Rechtsprofessor Nicolaus →Falck (1784-1850), der in den 1820er Jahren das »Staatsbürgerliche Magazin« mit zahlreichen landesgeschichtlichen Aufsätzen herausgab. Die Gründung der SH-Lauenburgischen Gesellschaft für vaterländische Geschichte 1833 auf Anregung von Andreas Ludwig Jakob Michelsen (1801-1881) sollte für die Landesg. wesentliche Impulse geben. Sie gab die Zeitschrift »Archiv für Staats- und Kirchengeschichte« heraus, die unter der Schriftführung von Georg Waitz 1844 als »Nordalbingische Studien« erschien; 1858-1869 wurden die »Jahrbücher für die Landeskunde der Hztt. SH und Lauenburg« hg., um dann ab 1870 von der »Zeitschrift der Gesellschaft für SH Geschichte (ZSHG)« abgelöst zu werden, die noch heute erscheint. Die kameralistischen und agrarhistorischen Arbeiten von Georg Hanssen (1809-1894) regten die Landesg. erst sehr spät an. Johann Gustav Droysen (1808-1884) kam 1840 an die Universität Kiel, wirkte aber eher als liberaler Anreger einer Reihe jüngerer Historiker (Karl Samwer, Karl Lorentzen, Lorenz von Stein, Theodor →Mommsen) denn als Autor. Hingegen verdiente sich Georg Waitz (1813-1886) als junger Professor erste Sporen auf dem Feld der Landesg. (1842-1850), insbesondere durch die von ihm – in Fortsetzung der Bemühungen von A. L. J. Michelsen – forcierte Quellensammlung und -edition (seit 1839 in der »Urkundensammlung der SH-Lauenburgischen Gesellschaft für vaterländische Geschichte«); aus seiner Feder stammte auch die erste Landesgeschichte (bis 1660) nach Christiani und Hegewisch, der er 1864 eine »Kurze Schleswigholsteinische Landesgeschichte« folgen ließ. Seit 1862 begann die →»Gesellschaft für SH Geschichte« (GSHG) mit der Publikation der »Quellensammlung der GSHG«, von der bis 1913 sieben Bände erschienen. – 1867-1924: Im kaiserzeitlichen →Preußen stand Landesgeschichte eher im Geruch von Partikularismus; so erklärte das preußische Finanzministerium 1881 zum Gesuch um Errichtung einer landesgeschichtlichen Professur, es führe zu weit, »bei den Universitäten für die Pflege der engeren heimatlichen Geschichte und des Lokalpatriotismus besondere Lehrstühle zu unterhalten«. Dennoch wurde seitens der GSHG unverdrossen an der Landesg. weitergearbeitet; die ZSHG erschien seit 1870. Die ersten drei Bände der »Schleswig-Holstein-Lauenburgischen Regesten und Urkunden (SHRU)« gab der Kieler Professor Paul Hasse als Sekretär der GSHG heraus. Hinrich Ewald Hoffs »Schleswig-Holsteinische Heimatgeschichte« (1910-1911) versuchte, neu gewonnene Erkenntnisse der Kulturgeschichte zu integrieren, während Reimer Hansens »Schleswig-Holsteinische Landesgeschichte« (1912) ganz politik- und verfassungsgeschichtlich orientiert blieb. Daß beide sich an den Erwartungen der preußischen Obrigkeit orientierten, ist verständlich. Zahlreiche Lokal- und Regionalgeschichten entstanden, von denen die bedeutendsten die von R. Chalybäus über Dithm. (1888) und von D. S. F. Detlefsen über die Elbmarschen (1891/2) sind. Dem Aufschwung der Landesgeschichte und -kunde folgte 1907 die Errichtung einer außerordentlichen Professur für Landesgeschichte an der Kieler Universität, die dem Hansehistoriker Ernst Daenell übertragen wurde, aber mit seinem Weggang nach Münster 1914 erlosch. Seit 1924: Seit 1920 gab es wieder ein Seminar und einen Lehrauftrag für Landesgeschichte, den Otto Brandt wahrnahm. 1924 wurde – ganz im Zeichen des »Grenzkampfes« – an der Landesuniversität der landesgeschichtliche Lehrstuhl eingerichtet und mit dem Tübinger Kirchenhistoriker Otto Scheel, einem gebürtigen Nordschl., besetzt. Dieser wandte sich neben den eigentlichen landesgeschichtlichen Themen dem Handwörterbuch des Grenz- und Auslandsdt.tums zu, das ein Torso blieb. Hingegen schrieb Otto Brandt eine knappe Geschichte des Landes, die 1925 erschien; das Werk wurde 1928 durch einen Bildatlas (O. Brandt/K. Wölfle) ergänzt. Es hat, hinsichtlich der Lit. durch den Brandt-Schüler Wilhelm

Klüver jeweils auf den neuen Stand gebracht, bis 1981 acht Auflagen erlebt. Ein anderer Versuch, einen Überblick über die Landesgeschichte herzustellen, stammt von Paul von →Hedemann, genannt Heespen, der als Gutsbesitzer auf →Deutsch-Nienhof zahlreiche Beiträge zur Landesgeschichte geliefert hatte und nun die Summe seiner Forschungen unter dem Titel »Die Hztt. SH und die Neuzeit« zu Papier brachte (Kiel 1926). Während Brandt sich einer dem Zeitgeist verhafteten Objektivität zu nähern suchte, stellt Hedemann-Heespens Werk eine konservativ-sh-antipreußische Interpretation dar, die nur zum Teil eine gelungene Durcharbeitung des Stoffes bietet und weitenteils eher den Eindruck eines ausgeschütteten Zettelkastens macht. Als Abspaltung von der GSHG läßt sich der Hg.kreis der kulturgeschichtlichen Zeitschrift »Nordelbingen« (seit 1925) verstehen; leider konnte die Themenbreite nicht durchgehalten werden und insbesondere nach der Übernahme der Zeitschrift durch die GSHG (1935) wurde sie zu einem nahezu rein kunsthistorischen Organ. Mehrere Kreise ließen in den 1920er Jahren Heimatbücher erscheinen (Rendsburg, Pinneberg, Steinburg), in denen die Regionalgeschichte dargestellt wird. Sie stellen zumeist einen Reflex auf die Veränderung der polit. und verfassungsmäßigen Verhältnisse dar, die zumeist negativ beurteilt wurde. Die als sechsbändiges Werk geplante sog. große Landesgeschichte der GSHG, die 1933 von O. Scheel vorgestellt wurde, blieb ein Torso, weil nach 1945 mit den dem NS-Gedankengut eng verflochtenen Lieferungen nicht weitergearbeitet werden konnte. Sie wurde 1958 neu begonnen und ist bis heute nicht abgeschlossen. Insgesamt weist die G. in den Jahren 1933-1945 eine starke Affinität mit dem Gedankengut des NS auf; besonders die Nachwuchshistoriker machten aus ihrer weltanschaulichen Prägung kein Geheimnis, sondern profilierten sich als Gefolgsleute des NS. Die G. mußte sich nach 1945, insbesondere hinsichtlich ihrer Position zur Schl. Frage, also dem Verhältnis zu DK, neu positionieren und alte Feindbilder hinter sich lassen. Es brauchte lange, bis neue Ansätze jenseits der Geschichte der Nationalitätenfrage im Grenzraum gefunden wurden. Seitens des Landesgeschichtlichen Lehrstuhls der Landesuniversität gab es z.T. fleißige Arbeit, aber wenig neue Impulse. Seine Inhaber waren: Alexander Scharff (1952-1972), Christian Degn (1972-1976), Erich Hoffmann (1976-1994), Thomas Riis (seit 1994). Ganz der Zeit vor 1933 verbunden ist die Kurzdarstellung von A. Scharff »SH Geschichte« (²1966) – eine Separatveröffentlichung aus dem »Territorien-Ploetz«. Immerhin hat die GSHG, das lange Zeit dahindümpelnde Urkundenwerk (SHRU) seit 1962 wieder befördert; ohne das Engagement und den enormen Fleiß Wolfgang Pranges hätte es aber kaum seinen heutigen Umfang (seit 1988 vom Landesarchiv SH betreut). Auch das Biographische Lexikon für SH (seit 1970, bisher 11 Bände) geht auf eine Initiative der GSHG zurück und wurde lange Zeit von ihr betrieben, bis die Bearbeitung 1996 an die Landesbibliothek überging. Neue Impulse gingen vom 1978 gebildeten »Arbeitskreis für Wirtschafts- und Sozialgeschichte SH« aus, der von zumeist jüngeren Forschern gegr. wurde und sich modernen Fragestellungen der Landesg. zuwandte. Seine »Studien zur Wirtschafts- und Sozialgeschichte SH« bieten G. nach eher strukturgeschichtlichen Ansätzen, wobei zunächst quantitative Methoden im Vordergrund standen. Immer stärker wurde – den Tendenzen der G. in der Bundesrepublik folgend – die Geschichte der Arbeiterbewegung und, wenig später, des NS bearbeitet (Gründung des »Arbeitskreises zur Erforschung des NS in SH« 1983, des »Beirates für Geschichte der Arbeiterbewegung und Demokratie in SH« 1985). Der allgemeine Wechsel von der polit. und Verfassungsgeschichte hin zur Gesellschafts-, Alltags- und Mentalitätsgeschichte hat heute auch die zuvor eher konservativen Bereiche der G. erreicht. Ein Ausdruck dafür ist die von Ulrich Lange (geb. 1943) herausgegebene »Geschichte SH« (1996), die die neueren historiographischen Ansätze zeigt und erstmals seit O. Brandts Werk wieder eine einbändige ausführliche Landesgeschichte bereitstellt. Gleichwohl ist heute immer noch sehr stark zu merken, daß die Landesgeschichte nicht im Kontext der größeren geschichtsmächtigen Strukturen und Entwicklungen betrachtet wird, sondern als eine im Grunde unvergleichbare Einzelentwicklung mit unvergleichlich kompliziertem Verlauf. Die mit

Geschlechter

Gründung des »Instituts für Zeit- und Regionalgeschichte an der Pädagogischen Hochschule Flensburg« (IZRG) 1992 verbundenen Erwartungen hinsichtlich insbesondere der Erforschung des NS und seiner Vorgeschichte haben sich bisher nicht in vollem Umfang erfüllt; dank des enormen Einsatzes von Uwe Danker, der z.B. das Projekt »Jahrhundert-Story« aus der Taufe hob, wird das IZRG den ihm gestellten Aufgaben mehr und mehr gerecht. Die Zeit seit 1950 ist schließlich die Blütezeit der heimatgeschichtlichen Lit. geworden, was sich einmal in den flächendeckend erscheinenden Kreisheimatjahrbüchern ausdrückt, zum anderen in einer seit etwa 1980 anhaltenden Welle von Ortsgeschichten bis in kleine und kleinste lokale Einheiten. Der Ertrag dieser Forschungen wird oft von der Landesg. gering geachtet, stellt jedoch ein beträchtliches Erkenntnisreservoir dar.

Lit.: P. von Hedemann-Heespen, Die Hztt. SH und die Neuzeit, Kiel 1926, 876-898; V. Pauls, 100 Jahre Gesellschaft für SH Geschichte, Nms. 1933; K. Jordan, Geschichtswissenschaft, in: Geschichte der Christian-Albrechts-Universität Kiel, Bd. 5/2, Kiel 1969; C. Degn, G. in SH. Ausdruck ihrer Zeit, in: ZSHG 109, 1984, 11-34. LS

Geschlechter wurden die Schwurgemeinschaften in →Dithm. genannt, die auf genossenschaftlicher Basis Deichbau (→Deich) und Landgewinnung betrieben. Es handelt sich nicht um Verwandtenverbände, sondern um Gemeinschaften, deren Mitglieder mit ihren Sippen sich gegenseitig Waffenhilfe und Rechtsschutz zusicherten. Die G. schufen so starke Verbände, daß auch die Geestsippen sich in dieser Weise zusammenschlossen. Nach der Entstehung der Gremien der 48er (bzw. der 24er für den Süderstrand) 1447 wurde das Gewicht der G. stark zurückgedrängt; sie wurden angesichts des Ausbaus der Staatlichkeit in Dithm. bedeutungslos. LS

Geschworener Als G. (lat. iuratus) werden verschiedene kommunale Funktionsträger bezeichnet. In den Landgem. der →Elbmarschen sind dem →Ältermann als Gem.vorsteher jeweils vier G. aus den vier Vierteln oder →Duchten der Gem. beigegeben. Sie werden alle vier Jahre ausgetauscht. Auch die Kirchengem. kennen das Amt des G. Die G. sind zumeist Vertreter der einzelnen das Ksp. bildenden Gem. oder Dorfschaften und heißen oft auch Kirchenjuraten. LS

Gesellschaft für Schleswig-Holsteinische Geschichte Am 13.3.1833 wurde die G. als sh-Lauenburgische Gesellschaft für vaterländische Geschichte in →Kiel gegr. Sie ist damit die älteste und bedeutendste Vereinigung zur Erforschung und Vermittlung der Geschichte des Landes. Seit 1870 gibt sie die Zeitschrift der G. heraus, seit 1886 die SH Regesten und Urkunden und seit 1914 die Quellen und Forschungen zur Geschichte SH. Mehrere weitere Schriftenreihen und Einzelveröffentlichungen folgten, außerdem veranstaltet die G. Tagungen, Vorträge und Exkursionen. 1999 hatte sie 1.860 Mitglieder. OP

Gesinde Als G. (oder →Dienstboten) werden gegen Lohn, Kost und Unterbringung im Hause des Dienstherrn auf eine im voraus bestimmte Zeit, ein halbes oder ganzes Jahr, gemietete Arbeitskräfte bezeichnet. Sie kommen sowohl in der agrarischen (als Knechte und Mägde, Jungen und Deerns), wie auch in der städtischen Welt (als Hausknecht, Hausmädchen u.a.) vor. Im Unterschied zu den Handwerksgesellen wurde das G. zur Verrichtung häuslicher und wirtschaftlicher Arbeiten und Dienste herangezogen, wobei der Tätigkeitsbereich nicht eingeschränkt ist.

Der Geschlechterfriedhof in Lunden

sondern auch ohne spezielle Vereinbarung sich auf alle Bereiche der häuslichen Wirtschaft erstreckt. Das G. war in der Regel unverheiratet. Während im städtischen Bereich das G. zumeist auf Jahresdauer gemietet wurde, waren im ländlich-agrarischen Bereich Mieten für die sieben Monate des Sommerhalbjahres (meistens 22.2.-29.09.) oder die fünf Monate des Winterhalbjahres (29.9.-22.2.) üblich. Der G.status war im ländlichen Bereich überwiegend auf das Lebensalter bis 25 Jahren festgelegt. Danach suchten die Dienstboten die Ehe; die männlichen wurden Tagelöhner. War es auf der →Geest lange üblich, daß Bauernkinder als G. auf fremden Höfen dienten, so taten es in der →Marsch Geestbauernkinder, v.a. aber Kätnerkinder. In Städten (→Stadt) und →Flecken konnte der G.status lebenslang sein.

Lit.: S. Göttsch, Beiträge zum G.wesen in SH zwischen 1740 und 1840, Nms. 1978. LS

Gesindeordnung Bereits im 16. Jh. wurde das Verhältnis von Dienstherr und →Gesinde vereinzelt in →Landrechten und durch landesherrliche Verordnungen geregelt, so 1567 in →Dithm. und 1586 für →Fehmarn. Hier kam es 1739 zum Erlaß einer gesamten G., nachdem bereits 1732 eine solche für das Hzt. →Lauenburg publiziert worden war. Am 24.9.1740 wurde die G. für den kgl. Anteil Holst. in Kraft gesetzt. Danach folgten weitere G. als Teile allgemeiner Polizeiordnungen. Die letzte G. stammt vom 15.2.1840.

Lit.: S. Göttsch, Beiträge zum Gesindewesen in SH zwischen 1740 und 1840, Nms. 1978. LS

Gesundheitswesen Nachdem bereits in den ma. Städten vereinzelt Ärzte aufgetreten waren, in denen aber handwerklich gelernte Wundärzte zu sehen sind, und auch die Badestubenbetreiber (Bader) einfache ärztliche Verrichtungen ausübten, kamen erste akademisch gebildete Ärzte seit dem 15. Jh. in →Lübeck und →Hamburg vor. Die medizinische Versorgung der städtischen Bev. war dürftig, die medizinischen Kenntnisse von Ärzten und Wundärzten waren gering. Insbesondere stellten die Hospitäler (→Hospital) keine auf Heilung eingerichteten Krankenhäuser dar, sondern waren eher Siechen- und Altersheime und schirmten die unheilbar Kranken ab. Den Epidemien des MA (→Pest) stand man deshalb hilflos gegenüber, wobei bei der Geschwindkeit der Übertragung die Isolierung meistens zu spät kam. Frühe →Apotheken hielten Medikamente in den Städten bereit. Die ländliche Bev. hatte keine professionelle medizinische Versorgung, sondern war auf Kenntnisse von Heilkundigen, Gliedsetzern und Kräuterweibern angewiesen. Die Situation besserte sich erst langsam im Verlauf der Neuzeit, wobei Fortschritte der medizinischen Kenntnisse, aber auch ein zunehmendes Eingreifen der Obrigkeit, in der 2. H. des 18. Jh. mehr und mehr von den Gedanken der →Aufklärung erfaßt, feststellbar sind. Die erste Medizinalordnung datiert von 1672; in ihr werden nur die akademisch gebildeten Ärzte (medici) zur Behandlung mit innerlich anzuwendenden Medikamenten zugelassen. Es werden aber »Barbierer, Chymisten, Oculisten, Bruchschneider, Quacksalber, Empirici« als weitere Heilberufler genannt. Eine Gebührentaxe der Mediziner war bereits 1619 erlassen worden; die später mehrfach (so 1820) erneuert wurde. In der Ordnung von 1672 sind auch Hebammen für die Städte angeordnet, ihre Ausbildung war bereits in der Kirchenordnung von 1552 vorgeschrieben worden; erst 1765 wurde eine eigene Hebammenordnung erlassen. Die Ordnung von 1672 blieb bis 1746 unverändert in Kraft. 1732 wurde bereits in Holst.-→Gottorf ein Medizinalkollegium als Aufsichtsbehörde für das G. in →Kiel eingesetzt; erst 1804 kam es für die Hzt. zur Errichtung eines solchen Kollegiums in Kiel. Schon um 1730 entstanden die ersten Amtsarztbezirke, denen jeweils ein akademisch ausgebildeter Arzt als Physicus zugeordnet war. Daneben gab es seit Mitte des 18. Jh. auch Amts- oder Distriktschirurgen, denen die Wundversorgung oblag. Chirurgen oder Wundärzte waren handwerklich ausgebildete und organisierte Heilberufler, die seit 1741 für ihre Praxis examiniert, aber erst in der 1. H. des 19. Jh. auch akademisch herangebildet wurden (Dr. med. et chir.). Die Bekämpfung der Quacksalberei und der nicht zugelassenen Heiltätigkeit und des unerlaubten Medikamentenverkaufs nahm seit 1711 stetig zu, war jedoch wohl nicht besonders erfolgreich. Parallel entwickelte sich nun auch seit etwa 1760 ein

Gesundheitswesen

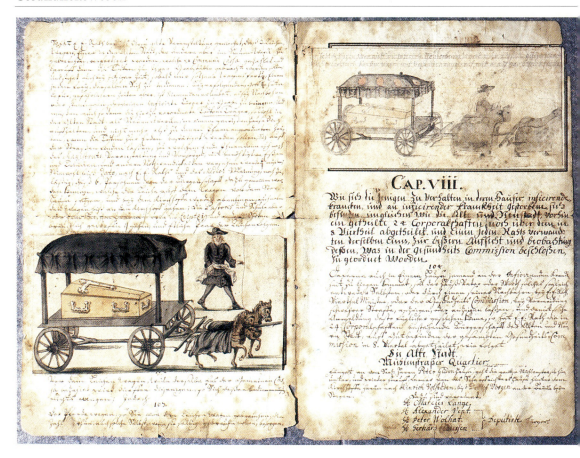

Aus einer Rendsburger Verordnung für die Bestattung von Seuchentoten, 18. Jh

Krankenhauswesen – jedenfalls in den größeren Städten und für körperliche Erkrankungen. Seelischen und geistigen Erkrankungen wurden, sofern sie als gemeingefährlich galten oder als zu Selbstmord anregend angesehen wurden, mit Einsperrung begegnet (→Irrenanstalt, →Zuchthaus). Besonderes Augenmerk der Medizinalpolizei lag auf der Abwehr von Seuchen, von denen zunächst die Pest, dann aber die Pocken (Blattern), später die Ruhr und Cholera als bedrohlichste empfunden wurden. Gegen die Pocken konnte man seit Ende des 18. Jh. mit der Kuhpockenimpfung recht erfolgreich vorgehen, was zu einer Art von Impfzwang in den Hztt. führte (→Vaccinationsinstitut). Gegen die anderen ansteckenden Krankheiten halfen nur Isolierung, Quarantäne und Abschirmung. Sobald von einem Pestfall in auswärtigem Gebiet zu hören war, wurden alle Reisenden und Güter (insbesondere die »giftfangenden«) von dort überwacht und einer Quarantäne unterworfen (allein zwischen 1681 und 1804 kam es zu 71 bezüglichen Bekanntmachungen in den Hztt.). 1805 wurde schließlich eine allgemeine Quarantäneverordnung erlassen. Die Choleraepidemie von 1830-1832 verursachte einen regelrechten Militärkordon an den Grenzen der Hztt., um die Seuche abzuhalten. Malaria war bis Anf. des 20. Jh. in den →Marschen endemisch und wurde erst durch ein ganzes Bündel von geplanten und unbeabsichtigten Maßnahmen beseitigt. Die Krankenhäuser nahmen zu und wurden nun auch stärker reglementiert. 1811 gab das Sanitätskollegium den beiden Krankenhäusern in Kiel, dem Krankenhaus in der Vorstadt und dem Friedrichshospital eine Ordnung. Auch die Medizinische Fakultät der →Universität hatte kleine Kliniken (1802 übernahm sie das 1785 gegr. Klinische Institut zum Besten der Armen; 1805 finden sich die Anfänge der Frauenklinik in Verbindung mit der Hebammenschule). Doch erst in den 1850er Jahren kamen die akademischen Heilanstalten zu erster Entfaltung. Die medizinische Versorgung der Hztt. war spärlich. 1800 gab es 21 Physici, neun Ärzte und zwei Chirurgen; bis 1860 kam es hier zu einer starken Erweiterung.

Heilberufler in den Hztt. 1820-1860			
	1820	1840	1860
Dr. med.	95	205	326
Lic. med.	12	43	39
Arzt	21	24	67
Chirurg	45	61	–
Zahnarzt	2	7	12
Andere	7	5	2

Mit dem Übergang an →Preußen setzte auch eine starke Modernisierung des G. ein. Die Aufsicht führte das Medizinalkollegium, dem 30 Amtsphysici unterstanden. Mit seiner gestiegenen Ärztedichte lag SH über dem Reichsdurchschnitt; es kamen 1876 auf einen Arzt 2.681 Menschen. Auch das Krankenhauswesen nahm einen Aufschwung. Zwar gab es vielerorts kleine Krankenhäuser (1874: 25 öffentliche und zwölf private), doch galten sie als nicht ausreichend und wurden vermehrt bzw. durch Neubauten ersetzt (1896: 69 öffentliche und 32 private). Auch kleine Orte wie →Krempe und →Wilster erhielten jetzt Krankenhäuser. Die Epidemien wurden nun zielstrebiger bekämpft, wozu auch die rasche Entwicklung der medizinischen Forschung beitrug. 1875 wurde der Pockenimpfzwang eingeführt und ließ diese Krankheit bald verschwinden. Es trat nun allerdings die Tuberkulose als Volkskrankheit in Erscheinung und wurde entschieden bekämpft. Andere epidemische Erkrankungen waren Diphterie, Keuchhusten, Scharlach und Masern. Schrecken löste die aus Hamburg übergreifende Choleraepidemie 1892 aus, die auch in →Altona zahlreiche Opfer forderte. Diese Rückschläge haben aber das immer enger werdende Netz der medizinischen Vorsorge und Versorgung nicht zerreißen können. Es entstanden in dieser Zeit einige Sol- und Moorbäder (z.B. →Segeberg 1884) und Nordseeheilbäder (z.B. →Amrum 1890). Auch die Bekämpfung des Alkoholismus wurde tatkräftig von bürgerlicher wie sozialdemokratischer Seite gefördert. Diese Entwicklung setzte sich nach dem 1.WK fort; nun wurde insbesondere die bereits im Kaiserreich als äußerst problematisch empfundene Versorgung der armen Bev. durch sozialpolit. Maßnahmen verbessert, wobei auf die Kinderheilkunde größeres Gewicht gelegt wurde. Die Zahl der praktischen und Zahnärzte nahm zu; die Universitätskliniken wurden ausgebaut und Krankenhausneubauten (Friedrich-Ebert-Krankenhaus →Nms. 1930) errichtet; erste Röntgenreihenuntersuchungen richteten sich gegen die immer noch nicht besiegte Tuberkulose. Diese Entwicklung hielt auch während der NS-Zeit an, da jetzt besonders die einkommensschwachen Schichten durch bessere Versorgung angesprochen werden sollten. Die Zeit nach dem 2.WK hat dann einen starken Bedeutungszuwachs des gesamten G. vor dem Hintergrund der Wohlstandsgesellschaft gesehen. Klinik- und Kurklinikbauten, der Ausbau der ambulanten Krankenpflege und des Rettungs- und Notarztwesens, die enorme Zunahme der im G. tätigen Personen – die Medikalisierung der Gesellschaft machte auch vor SH nicht Halt. Ende 1998 gab es 9.112 Ärzte und 2.147 Zahnärzte im Lande; ca. 17.500 Menschen waren in der Krankenpflege tätig; 107 Krankenhäuser hatten knapp 16.500 Betten, während 86 Vorsorge- und Rehabilitationseinrichtungen weitere fast 12.300 Betten bereitstellten. Heute sterben die meisten Menschen in SH an Kreislaufkrankheiten (ca. 50%) und an Krebs (ca. 25%) – die vielbeschworene Immunschwächekrankheit Aids forderte 1998 nur 25 Tote (0,08%).

Lit.: W. Brandenburger, N.R. Nissen, Barbier und Medicus, Ratzeburg 1964; H. Jenner, Organisation des G. in SH in der 1. H. des 19. Jh., in: ZSHG 107, 1982, 68-110; Geschichte SH, 8/2; Medizin und NS in Lübeck, Lübeck 1982. LS

Getreide gehört seit Beginn der landwirtschaftlichen Tätigkeit von Menschen in SH zu den Hauptprodukten. Waren es zunächst Emmer (Vorform des Weizens), Gerste und Hirse, so kamen später Hafer, schließlich Roggen hinzu. Im Hochma. waren die vier Hauptg.arten, die über Jh. die →Landwirt-

Gettorf

Getreideanbau in ha:					
	1909/1914	1925/30	1937/42	1960/1965	1998
Weizen	49.000	38.000	51.000	87.000	176.000
Roggen	148.000	118.000	110.000	95.000	38.000
Gerste	53.000	38.000	36.000	84.000	82.000
Hafer	215.000	156.000	122.000	74.000	8.000

schaft in SH bestimmten, vorhanden, konnten allerdings nicht überall mit Erfolg angebaut werden: Auf der →Geest gedeiht v.a. Roggen, in der →Marsch Gerste und Weizen, im östlichen →Hügelland Weizen, überall Hafer, wobei die Ertragsmenge, abhängig von der Bodengüte, starke Unterschiede aufweist. Während auf der Geest noch zu Beginn des 19. Jh. selten mehr als das fünffache geerntet wurde, konnte es bei Gerste und Weizen in der Marsch bis zum fünfundzwanzigfachen sein. Seit Beginn der regelmäßigen statistischen Erhebungen (1878) läßt sich feststellen, daß der Anteil des G.baus auf der Ackerfläche sich zwischen 1878 und 1997 von 40 auf 64% gesteigert hat, wobei allerdings der Ackerlandanteil der gesamten landwirtschaftlichen Nutzungsfläche von nahezu 70 auf 57% gesunken ist. Die Zusammensetzung des G.anbaus zeigt eine sehr starke Zunahme bei Weizen, eine weniger starke bei Gerste, starken Rückgang bei Roggen und ein nahezu völliges Verschwinden von Hafer, dessen Anbau v.a. mit der Zugpferdehaltung gekoppelt war. Eine neue Ackerfrucht ist Mais, der hauptsächlich als Silomais in der Schweinemast eine Rolle spielt und 1998 auf 76.000 ha angebaut wurde. LS

Gettorf

Gettorf (RD) ist Hauptort des →Dän. Wohlds zwischen →Kiel und →Eckernförde, an der Bahnlinie Kiel-Flensburg gelegen. Der Ortsname ist älterer dän. Herkunft und wird Anf. des 14. Jh. erstmals erwähnt. Im MA waren die in G. gelegene Kirche und die St. Jürgen-Kapelle vielbesuchte Wallfahrtsstätten. Der Ort gehörte seit dem 16. Jh. zu den Gütern (→Gut) Groß Königsförde und Wulfshagenerhütten und ist seit 1876 selbständige Gem. 1906 hatte Gettorf 1.491 Einw.; ihre Zahl stieg bis 1999/2000 auf etwa 6.000.

Lit.: G. 1876-1976. Von der Gutsdorfschaft zur Mittelpunktgem., hg. von der Gem. G., Ms., G. 1976. PW

Gevollmächtigter Ein von einem kommunalen Verband beauftragter Repräsentant wurde G. genannt. Insbesondere die →Flecken hatten jeweils einen G., der, ähnlich wie in den Städten (→Stadt) der →Rat, den Flecken vertrat. In den landschaftlichen Verbänden (→Landschaft) der →Kremper →Marsch und der →Wilstermarsch führten zwei Großg. die Geschäfte. In →Dithm. wurde diese Funktion →Vollmacht genannt. LS

Gewann Die bei der Urbarmachung von Flächen für die landwirtschaftliche Nutzung auf der →Geest und im östlichen →Hügelland gewonnenen Parzellen werden G. genannt. Sie spielen in der älteren Verfassung der →Landwirtschaft eine große Rolle, weil sie gemeinschaftliches Eigentum der Dorfgenossen darstellen und von diesen bis zu den →Agrarreformen nur gemeinschaftlich (→Feldgemeinschaft) genutzt werden können. LS

Gewerbefreiheit Hatte in der Zeit der Zugehörigkeit der Hztt. zu DK eine restriktive Gewerbepolitik vorgeherrscht, in der nur in den Städten (→Stadt) und den dazu berechtigten →Flecken Gewerbeansiedlung frei war, wobei hier die Schutzrechte der Ämter (→Amt) zu berücksichtigen waren, auf dem Lande (→Bannmeile) in der Regel aber nur gegen Erlegung einer Konzessionsabgabe Gewerbe ausgeübt werden durften, so fielen diese Restriktionen mit der Eingliederung in →Preußen. 1867 wurde die neue Gewerbeordnung vom Norddt. Reichstag verabschiedet und schon am 21.6.1869 trat die allgemeine G. in Kraft. Die G. wurde insbesondere von den Handwerkern mit Skepsis aufgenommen, während sie sonst auf Zustimmung stieß. LS

Gewichte Die G. in SH waren vor der preußischen Annexion vielgestaltig, aber nicht so stark differenziert wie die →Maße. Ausgangspunkt des ma. und frühneuzeitlichen Gewichtssytems war das Pfund (lat. libra, mnd. punt), das allerdings eine gewisse Variationsbreite aufwies (476,5-499,4g). 1 Pfund enthielt 2 Mark-16 Unzen-32 Lot-128 Quentin-512 Pfennig oder Ort. Neben diesem gewöhnlichen Pfund (Markpfund) gab es auch das Pfund Medizinal- oder Apothekengewicht, bei dem es in 16 Unzen-128 Drachmen-384 Skrupel und 7680 Grän geteilt wurde. Größere Einheiten, insbesondere im Warentransport: 14-16 Pfund waren ein Liespfund, 20 Liespfund zu 14 Pfund bildeten ein Schiffspfund (280 Pfund). Die Last, die ursprünglich nach Tonnen (als Hohlmaß) berechnet war, stand für ein Gewicht von 4.500-4.900 Pfund. Von dieser Last ist die Commerzlast abgeleitet, die in →Altona 5.200 hamburgische Pfund (zu 484,46g) wog, während sie im übrigen SH zu 5.200 dän. Pfund (zu 499,43g) gerechnet wurde. Mit dem Übergang an Preußen wurde das metrische System eingeführt, das noch heute Geltung hat.
Lit.: Kleines Lexikon alter sh Gewichte, Maße und Währungseinheiten, bearbeitet von K.-J. Lorenzen-Schmidt, Nms. 1990. LS

Gezeiten oder auch Tiden sind die rhythmischen täglichen Wasserstandsschwankungen der Ozeane und ihrer Randmeere mit einer Periode von ca. 12½ Stunden. Auslöser sind die Gravitations- und Zentrifugalkräfte von Sonne, Mond und Erde. Stehen die drei Himmelskörper in einer Reihe (etwa alle 14 Tage), kommt es zu einer Springtide (erhöhter Tidehub: der Abstand zwischen dem mittleren Tideniedrigwasser und dem Hochwasser wächst und damit auch zu einem höher auflaufenden Hochwasser). In SH wird in der Husumer Bucht ein mittlerer Tidehub von über 3m erreicht. Der Tidehub nimmt generell von der →Elbe als dem Zentrum der Dt. Bucht nach Westen und Norden ab und liegt vor →Sylt bereits unterhalb von 2m. An der sh Ostseeküste beträgt der Tidehub nur noch wenige cm. Der Vorgang des Fallens wird als Ebbe, derjenige des Steigens als Flut bezeichnet.
Lit.: R. Stadelmann, Meer – Deiche – Land, Nms. 1981. JN

Ghetto Ein herrschaftlich vorgegebenes abgegrenztes Wohngebiet für →Juden hat in SH nicht existiert. Wohl haben →Juden, wo sie bereits im 18. Jh. mit mehreren Familien bzw. Haushalten vertreten waren (wie z.B. in →Friedrichstadt, →Glückstadt oder →Altona) räumliche Nähe zueinander und zu ihrer Synagoge gesucht. Es gab aber kein G. Eine besondere Rolle spielt →Moisling bei →Lübeck, in das ab 1816 die seit 1811 in die Stadt gezogenen Juden zurückgesiedelt wurden. LS

Giekau (PLÖ) Im Gebiet der Gem. G. liegt ein gut erhaltenes →Megalithgrab mit einem hohen Erdhügel mitten in einer rechteckigen Umrandung aus Findlingen. Von der Steinkammer sind ein oder zwei Decksteine entfernt worden. Der erhaltene Deckstein trägt ca. 35 ausgetiefte Schälchen. Auf dem östlichen Steilufer des Selenter Sees liegt eine von der von Seekrug nach G. führende Straße durchschnittene Ringwallanlage, die durch slawische Keramik in das 10. Jh. datiert werden kann. Ca. 350m nördlich der Anlage liegen sechs slawische Grabhügel, von denen einer eine Steinumrandung hat. LS

Gieselau Dieser Nebenfluß der →Eider bildet in seinem Mittel- und Unterlauf, zwischen Grünental und der Mündung in nordöstlicher Richtung fließend, die Grenze zwischen →Dithm. und Holst. In MA und Früher Neuzeit war die sumpfige Niederung der Au unwegbar und schützte Dithm. vor Einfällen aus dieser Richtung. Der Unterlauf der G. war schiffbar und wurde durch das Gut →Hanerau über den →Hafen Bokhorst genutzt. Heute ist die G. weitgehend im Bett von Nord-Ostsee-→Kanal und Gieselau-Kanal verschwunden. HWS

Gilde G. gibt es in SH seit dem hohen MA in Form genossenschaftlicher, z.T. an bestimmte Berufe gebundener Vereinigungen zur gegenseitigen Hilfe und zur Pflege der Geselligkeit (→Bruderschaft). Auch das meist jährlich gefeierte, zentrale G. fest wird kurz als G. bezeichnet. Der Zweck der G. bestand in ihrer Funktion als Schutzgemeinschaften, Versicherungsvereine für Notfälle (u.a. bei Knochenbruch, Feuer-, Sturm-, Hagelschäden, Viehseuchen) und Sterbekassen, verlagerte sich jedoch

Giekau

Der Hl. Olaf, Schutzpatron der Bergenfahrer

Glambek

zunehmend auf die geselligen Zusammenkünfte. Heute gibt es rund 700 G. in SH, fast alle sind reine »Lustg.« ohne Versicherungsleistungen. Der älteste Beleg für das Wort G. im dt. Raum stammt aus dem Jahr 779 (Kapitular von Herstal), die älteste noch bestehende G. in SH ist die vermutlich von Geistlichen als →Kaland-Bruderschaft gegr. St. Johannis Toten- und Schützeng. in →Oldenburg von 1192. Zu den berufsspezifischen G. gehörten neben den klerikalen Verbänden die Zusammenschlüsse von Kaufleuten (→Hanse) und Handwerkern (→Amt). Nach dem Vorbild der geistlichen (→Klerus) und patrizischen (→Patriziat) Verbände entstanden seit Ende des MA und in der frühen Neuzeit vermehrt G. überall in SH, die in den Städten vom bürgerlichen Mittelstand und auf dem Land von der bäuerlichen Oberschicht dominiert wurden. Im Gegensatz zu den früheren G. mit ihren weiterreichenden Beziehungen beschränkten sie sich allerdings auf ihr lokales Umfeld, wobei die G.satzung in manchen Dörfern, v.a. in den Geestgebieten, den Charakter einer →Dorfordnung besaß. Da sich die meisten bürgerlichen und bäuerlichen G. streng gegen die Unterschichten abgrenzten, wurden mancherorts eigene Zusammenschlüsse von den sog. kleinen Leuten gegr., z.B. 1625 in Mölln die »Kompanie der Arbeitsleute«, eine Toteng. Im ländlichen Bereich sind ebenfalls bereits für das 17. Jh. Kätnerg. und Knechtsg. bekannt. Begleitet wurde die Verbreitung der G. von zahlreichen obrigkeitlichen Verordnungen und Erlassen, die ihre gesellschaftliche Stellung im Gemeinwesen festlegten und den Aufwand ihrer Veranstaltungen eingrenzen sollten. Neben dem Bedürfnis nach Absicherung in Not und Unglück scheint es zumindest bis ins 19. Jh. hinein für die Popularität und Anziehungskraft der G. eine wichtige Rolle gespielt zu haben, daß die G.mitgliedschaft als persönlicher Ehr- und Prestigegewinn verstanden wurde. Attraktiv waren und sind außerdem die ausgeprägten Brauchformen v.a. des G.festes mit Umzügen durch die Gem., Vogelschießen, Fischstechen und anderen spielerischen Wettkämpfen, Kommersen, Festessen, Tanzabend und G.gericht. Die hier anfallenden Aufgaben werden von Vorstand, Beisitzern (Achtmänner) und anderen Amtsträgern übernommen. An der Spitze steht der →Ältermann oder G.führer Kg., Hauptmann, Kapitän oder Leutnant führen den Umzug an, der Fähnrich trägt die Fahne, die Schaffer sind für die Bewirtung der Gäste zuständig, der G.schreiber führt das Protokoll der Zusammenkünfte. Der von der G.versammlung gewählte Vorstand verwaltet – gelegentlich mit Hilfe eines Ausschusses (»Dreier«, »Zwölfer«) – die Finanzen, überwacht die Einhaltung der G.ordnung und führt den Vorsitz im G.gericht, das über alle Pflichtverletzungen der Mitglieder und über ihre Streitigkeiten untereinander entscheidet. Als Sanktionen werden in der Regel Trink- und Geldstrafen verhängt, in schweren Fällen erfolgt auch der Ausschluß aus der G.

Lit.: K. Köstlin, G. in SH, Göttingen 1976. NH

Glambek

Ruine Glambek

Glambek (OH) hieß die zum Schutz des Hafens von →Burg/Fehmarn auf einer Landzunge zwischen dem Binnensee und der Ostsee im 13. Jh. errichtete →Burg. Bis zu ihrem Abbruch im 17. Jh. wurde sie als Sitz der dän. und lübischen →Amtmänner genutzt. Heute sind noch die erst 1908 ergrabenen Umfassungsmauern aus Feldsteinen und Ziegeln, Turmreste und Brunnen erhalten. OP

Gloy, Alexander →Landwirtschaftskammer

Gloxin, David (geb. 16.3.1597 Burg/Fehmarn, gest. 26.2.1671 Lübeck) Als Sohn des gleichnamigen Bürgermeisters in Burg/Fehmarn, wurde G. ein bedeutender Diplomat und Jurist. Er vertrat u.a. die Hansestädte erfolgreich auf dem Westfälischen Friedenskongreß, legte innenpolit. Unruhen 1665-1669 durch den sog. Kassa- und den Bürgerrezeß

Glücksburg

bei und schuf damit die tragfähige Verfassungsgrundlage Lübecks bis 1848. Sein Bruder Balthasar G. (1601-1654) war ebenfalls Diplomat und Jurist. Er wurde 1642 Geheimer →Rat Hz. Friedrich III.
Lit.: SHBL 6, 1982, 98-105. AG

Glücksburg (SL) 1210 kamen Zisterziensermönche von Guldholm an den Ort rus regis in Nordangeln (→Angeln), um hier ein →Kloster zu gründen. Der Ort erhielt ganz verschiedene Bezeichnungen: Rü, Roy, Ruthe, Rüde, was wohl alles auf die Bezeichnung rus regis-Kg.land zurückgeht. Entsprechend hieß das Kloster Rüde-, Rude-, Ruhe- oder Ryekloster. 1538 wurde es säkularisiert. Bei der Landesteilung 1544 erhielt Hz. Johann der Ältere auch das Gebiet des Klosters; es kam nach seinem Tod an Hz. Johann den Jüngeren (→Augustenburger), der drei neue Schlösser erbauen ließ: G. an Stelle des alten Rüdeklosters, →Ahrensbök an Stelle der Karthause und →Reinfeld an Stelle des Klosters. Die G. wurde 1582-1587 von dem Flensburger Baumeister N. Karies als viereckiger Bau mit vier mächtigen Ecktürmen erbaut, anschließend der Schloßteich aufgestaut. G. wurde in der Folge Residenz des Hzt. G., das alte Dorf Schauby zum →Flecken G. erhoben. Die ältere G. Hz.linie starb 1778 aus. 1825 wurde die jüngere G. Linie Besitzer des Schlosses, das von 1854-1864 als eine der Residenzen des dän. Kg. diente; hier starb 1863 Kg. Friedrich VII. Der Flecken G. erhielt 1900 →Stadtrecht und ist See- und Heilbad. G. hat heute gut 6.300 Einw. LS

Glücksburg

Glückstädter Kanzlei Wegen des wachsenden Verwaltungsaufwandes kam es 1648 in →Flensburg zur Gründung einer Regierungs- und Justizkanzlei für den kgl. Anteil der Hztt., die bereits 1649 nach →Glückstadt verlegt wurde. Unter Vorsitz des kgl. →Statthalters übernahmen ein Kanzler (1648-1664: Dietrich Reinkingk) und mehrere Räte Polizei- und Verwaltungsaufgaben sowie die Aufsicht über die unteren Landesbeamten, für das Hzt. Holst. auch den Schriftverkehr mit Institutionen des Heiligen Römischen Reichs. Kleinere Angele-

Glücksburg 1847, Lithographie von Wilhelm Heuer

Glückstädter Fortuna

Glückstadt

Die Kirche in Glückstadt um 1900

genheiten wurden direkt erledigt, wichtigere Entscheidungen an die →Dt. Kanzlei in Kopenhagen referiert. In Jahren mit gerader Jahreszahl übernahm die G. die Aufgaben der Gemeinschaftlichen →Regierung (→Gemeinschaftlicher Anteil). Sie fungierte als Appellationsinstanz für den kgl. Anteil und fertigte Rechtsgutachten für den Kg. an. Ab 1713 beschränkte sich die Zuständigkeit der G. auf Holst.; in Schl. übernahm ihre Funktion das Gottorfer Obergericht. In der Rechtsprechung lag lange der Arbeitsschwerpunkt der Kanzlei. Mit der Einrichtung einer Provinzialregierung in →Gottorf 1834 gab die G. ihre Verwaltungsaufgaben endgültig ab und fungierte bis zu ihrer Aufhebung 1850 nur noch als Gerichtsinstanz.
Lit.: H. Schmidt, Die G. Regierungs- und Justizkanzlei des kgl. Anteils in den Hztt. Schl. und Holst. 1648-1774, in: ZSHG 48, 1918, 297-381. KGr

Glückstädter Fortuna →Zeitungen

Glückstadt (IZ) Aus macht- und handelsstrategischen Gründen fühlte sich Kg. Christian IV. bewogen, mit der Anlage der →Stadt und →Festung G. an der Mündung des →Rhins einen modernen Nordseehafen (→Hafen) für das Hzt. Holst. zu schaffen. Waren →Krempe, →Wilster und →Itzehoe für größere Schiffe unerreichbar, so verweigerte sich →Hamburg in steigendem Maße den Plänen seines nominellen Stadtherren. Eigenhändig steckte der Kg.-Hz. 1615 den Grundriß der geplanten Anlage ab, deren Realisierung durch die Bedeichung der Wildnis im Westen der →Krempermarsch in gemeinschaftlicher Anstrengung der Untertanen des Gf. von Holst.-→Pinneberg und des Hz. möglich geworden war. Durch weitreichende Privilegien, u.a. auch der freien Religionsausübung für →Juden, Mennoniten und Reformierte (→Minderheiten, religiöse), und durch Einsatz erheblicher Geldmittel brachte Christian IV. seine jüngste Stadtgründung zu einer kurzen Blüte; auch ein →Schloß (die Glücksburg, 1708 wieder abgerissen) ließ er hier am Hafen errichten. Eine Druckerei entstand 1632. Nach dem Tod des Förderers 1648 behielt G. nicht die Förderung durch den Landesherren, auch wenn 1649 die →Regierungskanzlei der Hzz. nach G. gelegt wurde. Die portugiesischen →Juden, die den →Handel maßgeblich gefördert hatten, wanderten ab. Auch die geförderten →Handelscompanien reüssierten nicht. Später wurde G. Garnisonsort für das →Leibregiment Kg.in zu Fuß und blieb es bis 1852. Einen leichten Aufschwung nahm die Stadt im späten 18. Jh., als von hier mehrere Wal- und Robbenfangschiffe (→Robbenschlag, →Walfang) fuhren. Nach der Belagerung und Kapitulation der Festung 1813/14 wurden die Festungsanlagen geschleift und zum Teil in →Parkanlagen umgewandelt. Nach dem Anschluß an die →Eisenbahn 1845 entwickelte sich G. zum Winterhafen für das häufig von winterlichem Eisgang auf der →Elbe betroffene →Altona. Ein Aufschwung des Hafengeschäftes und eine beschränkte →Industrialisierung setzten ein. Mit dem Übergang an →Preußen verlor G. seine Verwaltungsfunktionen. Heute ist G. ein Unterzentrum mit ca. 12.400 Einw., die ganz überwiegend zur Arbeit auspendeln, weil es nur noch zwei größere Industriebetriebe in der Stadt gibt. Durch die städtebauliche Sanierung in den 1980er Jahren hat G. starke Attraktivität für Kurzurlauber gewonnen, die die polygonal-radiale Stadtanlage, den Hafen und holländische Impressionen als pittoresk empfinden.
Lit.: G. im Wandel der Zeiten, hg. von der Stadt G. 3 Bde., G. 1967-1968; H.-R. Möller, G., G. 1994. LS

Goding Gericht, dessen Kompetenz sich über einen →Gau erstreckte (mnd. godinc, lat. conventus publicus, commune placitum) Dreimal jährlich wurden nach →Holsten- bzw. →Sachsenrecht unter Vorsitz des →Overbo

Der Hafen von Glückstadt um 1850, Lithographie von C.W. Arldt

den Vergehen gegen Leib und Leben sowie Eigentumsdelikte verhandelt. Das G. für Holst. tagte im 12. Jh. in →Lockstedt, später auf dem →Jahrschen Balken. Für →Wagrien war seit 1121 ein eigenes G. zuständig. Auch in →Dithm. und in →Stormarn wird es ein G. gegeben haben, doch ist darüber nichts bekannt. Das G. war eine Einrichtung, die im gesamten Geltungsbereich des Sachsenrechts vorkam, südlich der →Elbe allerdings das Ksp.gericht bezeichnete, das in Holst. →Lotding hieß (→Gerichtswesen).
Lit.: W. Laur, Gau, Go und Goding, in: ZSHG 90, 1965, 9-28; Geschichte SH, 4/1. EB

Goldschmidt, Petrus →Hexe

Gorch Fock Die auf der Hamburger Werft Blohm & Voss gebaute Dreimastbark (81,4m Länge, 1.622t Wasserverdrängung, 2.182m² Segelfläche) wurde 1958 als Segelschulschiff der Bundesmarine in Dienst gestellt. Benannt ist das Schiff, das 1933 einen gleichnamigen Vorläufer bei der →Kriegsmarine hatte, nach dem Finkenwerder Schriftsteller Johann Wilhelm Kinau, der seine Erzählungen (u.a. »Seefahrt ist not!«, 1913) unter dem Pseudonym G. verfaßte. Wenn sich der auch bei →Windjammerparaden gern gesehene Großsegler nicht gerade auf einem Ausbildungstörn befindet, liegt er an der Tirpitzmole in seinem Heimathafen →Kiel.

Lit.: G. Koop, Die dt. Segelschulschiffe, Bonn 1989. SW

Gotsch, Friedrich Karl (geb. 3.2.1900 Pries/Kiel, gest. 21.9.1984 Schl.) studierte in Kiel Philosophie und Kunstgeschichte und war 1921-1923 Meisterschüler Oskar Kokoschkas in Dresden. Studienaufenthalte führten ihn nach New York, Frankreich und Italien. Anschließend lebte er als Maler in Berlin und Friedrichsort. Nach dem 2.WK war G. zunächst Lehrer in Hamburg und in der Kieler Kulturpolitik tätig, ehe er sich wieder ganz der Kunst widmete. G., der in fast allen Techniken arbeitete, malte zeitlebens gegenständlich, wobei ein Schwerpunkt seiner Arbeit Landschaft und Mensch in SH war.
Lit.: SHBL 8, 165-168. OM

Gottorf (SL) Die →Burg auf einer Insel in der →Schlei, nach 1161 von einem der Schl. Bff. gebaut, wurde 1268 den Hzz. von Schl. überlassen und gehörte seitdem immer den Landesherren. Seine heute sichtbare Gestalt erhielt das zur Festung ausgebaute →Schloß nach einem Brand 1492 als Sitz des späteren Kg. Friedrich I. (Gotische Halle, Westflügel), nach 1565 unter den ersten Gottorfern, deren Hauptresidenz es war (Ost- und Nordflügel, Kapelle), und um 1700, als von einem groß dimensionierten Umbau nach schwedischen Vorbildern nur der Südflügel ausgeführt wurde.

Gottorf

Die Gorch Fock

Gottorf

Schloß Gottorf im 19. Jh.

Schloß Gottorf

Die Kgg. von DK überführten die Sammlungen und Archivbestände nach 1720 nach Kopenhagen, ließen die Gartenanlagen allmählich verfallen und nutzten das Schloß zunächst als Amtssitz ihres Statthalters in den Hztt. und, nachdem die Festungswerke 1842 geschleift worden waren, seit 1852 als Kaserne, für die auf der vergrößerten Schloßinsel militärische Zweckbauten (Exerzierhalle, Kreuzstall, Reithalle) errichtet wurden; in der preußischen Zeit kamen weitere hinzu. 1948 wurde das Schloß Sitz der historischen Sammlungen des Landes, des Museums für Vor- und Frühgeschichte (heute: Archäologisches Landesmuseum, → Museen), des Museums für Kunst und Kulturgeschichte und (bis 1990) des Landesarchivs. Damit begannen auch Bemühungen um Erhaltung und Wiederherstellung der baulichen Gestalt der landesherrlichen Residenz des 16. und 17. Jh.

Lit.: H.K.L. Schulze, Schloß G. Zur Baugeschichte der hzl. Residenz in Schl., in: G. im Glanz des Barock, Kat. Schl. 1997, Bd. 1, 139-147. DL

Gottorf (Amt) Das →Amt G. entstand aus den um die →Burg G. liegenden Harden (→Harde), die zu ihrer →Vogtei gehörten. Es erstreckte sich südlich des Amtes →Flensburg von →Angeln bis an →Treene und →Sorge; im Spätma. gehörten hierzu auch das Amt →Husum, das Amt →Hütten und die Hohner Harde. Nachdem beide letztere abgetrennt waren, hingegen 1702 die Vogtei Treya und Füsing vom Amt →Schwabstedt, 1713 die Vogtei Bollingstedt und 1771 das →Gut Satrupholm dem Amt angegliedert wurden, hatte es den Umfang, der erst 1853 mit der Abtrennung der Hohnerharde. Hinzu kamen v.a. das Gut Dän.-Lindau, der größte Teil des ehemaligen

Amtes Morkirchen sowie zahlreiche Streubesitzungen, etwa Dörfer des Schl. Domkapitels und des St. Johannisklosters, der Börmer- und Meggerkoog sowie drei Güter des 1. →Angler Güterdistrikts. Das Amt G. zerfiel in acht →Harden (Schlies-, Füsing-, Struxdorf-, Satrup-, Morkirch-, Arens-, Treya-, Kropp- und Meggerdorfharde) und ein Vogtei (Bollingstedt). Es hatte 1853 eine Fläche von etwa 907km². Sitz des →Amtmannes war das Amtshaus vor Gottorf (heute Schl.); →Amtsverwalter, fünf →Hardesvögte, Aktuar und →Hausvogt wohnten in Schl. G. bildete den wesentlichen Teil des 1867 gebildeten Kreis Schl. LS

Gottorfer (Familie) Das Haus der Hzz. von SH-Gottorf war eine Nebenlinie des dän. Kg.hauses der →Oldenburger. Seine Angehörigen waren Nachkommen Hz. Adolfs (1526-1586), eines der jüngeren Halbbrüder Kg. Christian III., der durch die Landesteilung 1544 als Landesherr an der Gemeinschaftlichen →Regierung beteiligt wurde und in den Besitz eines eigenen Territoriums kam, das 1559 durch die Aufteilung →Dithm. unter den damals drei Landesherren und 1581 durch die Teilung des Haderslebener Anteils zwischen den beiden verbliebenen vergrößert wurde. Adolf machte →Gottorf zu seiner Hauptresidenz, ließ die Nebenresidenz in →Kiel ausbauen und weitere Schlösser in →Husum, →Reinbek und →Tönning errichten. Unter den G. gab es keine weiteren Landesteilungen. Es gelang jedoch das ganze 17. Jh. hindurch, die jeweils jüngeren Söhne mit dem Fürstbt. →Lübeck abzufinden, da erst in der vierten Generation nach Hz. Adolf eine eigene Gottorfer Nebenlinie entstand. Auf den ehrgeizigen Adolf, der sich mehrere Jahre lang am →Hof Kaiser Karl V. aufhielt und 1559 die beiden anderen Landesherren zum erfolgreichen Feldzug gegen Dithm. drängte, folgten zunächst seine beiden ältesten Söhne Friedrich II. (1568-1587) und Philipp (1570-1590), die jedoch sehr jung nach jeweils nur kurzer Regierungszeit starben und deshalb in der Landesgeschichte keine bleibenden Spuren hinterließen. Die Regierungszeit des dritten Sohnes Johann Adolf (1575-1616) war friedlich, gekennzeichnet durch inneren Landesausbau (mehrere erfolgreiche Eindeichungen in →Eiderstedt), Pflege von Künsten und Wissenschaft (Gründung der Gottorfer Hofbibliothek) und Neigungen zum Calvinismus (der damals als ein moderner Protestantismus für Politiker verstanden wurde). Johann Adolfs Sohn, Hz. Friedrich III. (1597-1659), kehrte zum Luthertum zurück, setzte aber die Politik des Landesausbaus (u.a. mit der Gründung von →Friedrichstadt 1621) fort und machte mit der Gründung der Kunstkammer, der Anlage des Neuwerk-Gartens (mit dem →Gottorfer Globus), der Förderung der Landesbeschreibung von →Danckwerth und →Mejer sowie der Vorbereitung der Gründung der →Universität Kiel Gottorf zu einem der kulturellen Zentren Nordeuropas, dabei v.a. durch den Hofgelehrten Adam →Olearius (1599-1671) unterstützt. Die Gesandtschaft nach Rußland und Persien (1633-1639), die einen neuen Handelsweg, v.a. für Seide, eröffnen sollte, war wirtschaftlich ein Fehlschlag, erlangte aber Ruhm durch die Reisebeschreibung von Olearius. Durch die Politik Kg. Christian IV. wurden die G. 1627 in den Dreißigjährigen Krieg und damit für fast ein Jh. in die Rivalität zwischen DK und Schweden hineingezogen. Friedrich III. versuchte zunächst ohne Erfolg, neutral zu bleiben und suchte dann Rückhalt bei Schweden. Das brachte ihm als größten Erfolg im Frieden von Roskilde 1658 die Souveränität im Hzt. Schl. ein, d.h. die Befreiung von der Ober-

Herzog Adolf (1526-1586), Ölgemälde von 1586

Herzog Johann Adolf (1575-1616), Reliefbild aus Alabaster

lehnsherrschaft des Kg. von DK. Sie war aber nicht von Dauer, da der G. Staat unter Friedrichs Sohn, Hz. Christian Albrecht (1641-1694), vollends zum Spielball der beiden Rivalen und ihrer wechselnden Koalitionen mit anderen Mächten wurde. So wurde der G. Anteil an Schl. 1675 und 1684 von DK besetzt, während der Hz. nach →Hamburg auswich. Seinem Sohn, Hz. Friedrich IV. (1671-1702), der ebenso kriegerisch war wie sein Schwager Karl XII. von Schweden, brachte der Anfang des Großen →Nordischen Krieges mit dem Frieden von →Traventhal 1700 eine letzte Wiederherstellung der Souveränität. Nach seinem frühen Tod lieferten jedoch die Beamten, die während der Minderjährigkeit Hz. Carl Friedrichs (1700-1739) die Gottorfer Politik bestimmten, Kg. Friedrich IV. die Legitimation dafür, den Gottorfer Anteil an Schl. als verwirktes Lehen 1713 zu besetzen und 1721 mit dem kgl. Anteil zu vereinigen. Jetzt wurde das Kieler Schloß zur Hauptresidenz der G., deren Staat auf Holst. und damit auf etwa ein Drittel der Einkünfte reduziert war. Trotzdem blieb die →Gottorfer Frage eine Gefahr für die »Ruhe des Nordens«, weil die G. bei ihren Bemühungen um die Wiedergewinnung Schl. nach dem Sturz der Großmacht Schweden sogleich Rückhalt bei der neuen Großmacht Rußland fanden und der Sohn Carl Friedrichs aus seiner Ehe mit Anna Petrowna, der ältesten Tochter Peter des Großen, Hz. Carl Peter Ulrich (1728-1762), von seiner Tante, Zarin Elisabeth, 1742 zum russischen Thronfolger ernannt wurde (womit die Hauptlinie der Gottorfer im Zarenhaus der Romanows aufging). Schon als Großfürst unterband er alle Bemühungen russischer Politiker zu einem Ausgleich mit DK, und als er 1762 als Peter III. den Thron bestieg, rüstete er sogleich zum Krieg. Doch machten dann sein Sturz und seine Ermordung den Weg frei für den Tauschvertrag von →Zarskoje Selo (1773), der die »Ruhe des Nordens« sicherte, den G. Staat von der Landkarte verschwinden ließ und auch Holst. wieder ganz in der Hand des Kg. von DK vereinigte. Nutznießer dieses friedlichen Ausgleichs war die G. Nebenlinie der Fürstbff. von Lübeck, deren Stammvater Christian August (1673-1726), der jüngere Bruder Hz. Friedrich IV., war. Ihm waren nacheinander seine drei ältesten Söhne gefolgt: Carl (1706-1727), der früh verstorbene Verlobte der Zarin Elisabeth, Adolf Friedrich (1710-1771), seit 1751 Kg. von Schweden, und Friedrich August (1711-1785), der 1773 Gf. und 1777 Hz. von Oldenburg wurde. Stammvater des damit entstehenden neuen Fürstenhauses wurde jedoch nicht er selbst, sondern der einzige noch lebende Sohn von Christian Augusts jüngstem Sohn Georg Ludwig (1719-1763), Peter Friedrich Ludwig (1755-1829): er wurde 1785 zwar Nachfolger Friedrich Augusts als (letzter) Fürstbf. von Lübeck, regierte das Hzt. Oldenburg bis 1823 aber nur als Administrator für seinen geisteskranken Vetter Wilhelm (1754-1823).

Lit.: Kiel, Eutin, St. Petersburg. Die Verbindung zwischen dem Haus Holst.-Gottorf und dem russischen Zarenhaus im 18. Jh., Kat. Heide 1988; Die G. auf dem Weg zum Zarenthron. Russisch-gottorfische Verbindungen im 18. Jh., Kat. Schl. 1997; D. Lohmeier, Kleiner Staat ganz groß. SH-Gottorf, Heide 1997; Gottorf im Glanz des Barock, Kat. 4 Bde., Schl. 1997. DL

Gottorfer Frage Die G. entstand durch die Überlagerung dän.-schwedischer und gesamteuropäischer Interessengegensätze in der ersten H. des 17. Jh. →Gottorf war aufgrund der zwischen den beiden Staaten existierenden Union von DK in den →Kaiserlichen und 1. →Schwedischen Krieg gezogen worden und hatte dabei erhebliche Kriegsschäden erlitten. Um diese Abhängigkeit zu überwinden, schloß sich Gottorf eng an →Schweden an, Gegner DK im Kampf um die Ostseeherrschaft. Das Bündnis mit Schweden verhalf dem →Gottorfer Hz. 1658 zur Souveränität in seinen schl. Landesteilen, zog ihm aber die Feindschaft DK zu, das 1675-1720 mehrfach versuchte, den widerspenstigen Kleinstaat einzuziehen. Daß Gottorf durch das schwedisch-frz. Bündnis überdies in internationale Konflikte hineingezogen wurde, belastete das Ländchen außerordentlich, sicherte aber gleichzeitig sein Fortbestehen. Die europäischen Großmächte waren an einem Machtgleichgewicht im Ostseeraum interessiert und bestanden in allen Friedensschlüssen auf der fortdauernden Existenz Gottorfs. Nach 1720 durch die Rückgabe Schl. an DK entschärft, wurde die G. erst durch den Vertrag von →Zarskoje Selo 1773 endgültig gelöst. KGr

Gottorfer Globus In der Gartenanlage seines Schlosses Gottorf ließ Hz. Friedrich III. bis 1657 ein Gebäude errichten, das 1664 einen Riesenglobus von 3,11m Durchmesser aufnahm. Der G. war eine Idee des Hz., wurde von dem Gelehrten Adam →Olearius wissenschaftlich entworfen, von dem Limburger Büchsenmacher A. Bösch gebaut und erregte europaweit Aufsehen. Außen stellte er die Weltkugel dar, in seinem Inneren, das betreten werden konnte, befand sich ein Planetarium. 1713 erhielt Zar Peter der Große den G. als Geschenk und ließ ihn nach St. Petersburg bringen. Die gleichzeitig gebaute kleinere Sphaera Copernicana (heute Schloß Frederiksborg/Hillerød) stellte das Universum dar. Beide Objekte verkörpern beeindruckend die Uhrmacher- und Mechanikerkunst sowie das astronomische Wissen ihrer Zeit.
Lit.: F. Lühning, Das Gottorfer Globenpaar, in: Gottorf im Glanz des Barock, Bd. 1, hg. von H. Spielmann, J. Drees, Kat. Schl. 1997, 367-373. OP

Gottorfer Vergleich →Hamburg

Gottschalk (gest. 7.6.1066 Lenzen) entstammte dem Geschlecht der Nakoniden, das seit dem 10. Jh. über die Abotriten (→Slawen) herrschte. Er wurde im Lüneburger Michaeliskloster christlich erzogen, kam dann in dän. Dienste und gewann 1043/44 gegen Konkurrenten die Herrschaft im Abotritenreich. Neben DK – er heiratete die Tochter des dän. Kg. Sven Estridsen – hatte G. enge Kontakte zu den sächsischen Hzz. sowie dem Erzbf. von →Hamburg-→Bremen. G. förderte das Christentum im Slawenland zur Festigung seiner Samtherrschaft (Neugründung der Btt. →Oldenburg, →Ratzeburg und →Mecklenburg; →Christianisierung). Der Widerstand der slawischen Opposition gegen diese Politik führte zu seiner Ermordung.
Lit.: Biographisches Lexikon für Mecklenburg 1, Lübeck 1995, 104-106. OP

Gottschalk Der erste mit Namen bekannte Bauer Holst., lebte um 1189/90 im Dorf Groß- oder Kleinharrie (nordöstlich Nms.), am Rande der damaligen christlichen Welt. Gemeinsam mit seiner Frau und einem Sohn bewirtschaftete er eine kleine Bauernstelle. Während einer schweren Erkrankung hatte er eine Vision, die ihn durch das Jenseits führte und mit vielen, z.T. historisch bekannten Verstorbenen zusammentreffen ließ. Die Visio Godeschalci, die in zwei Fassungen von Geistlichen aufgezeichnet wurde, ist ein seltenes, überregional bedeutendes Zeugnis der religiösen Vorstellungen einfacher Menschen im MA und eine wichtige Quelle für die Geschichte Holst. Eindrucksvoll wird v.a. das enge Mit- und Gegeneinander von Dt. und →Slawen im Grenzgebiet deutlich.
Lit.: Godeschalcus und Visio Godeschalci. Mit dt. Übersetzung hg. von E. Assmann, Nms. 1979; E. Bünz, Neue Forschungen zur Vision des Bauern G. (1189), in: ZSHG, 120, 1995, 77-111. EB

Gouverneur Nachdem →Dithm. 1559 von den sh Landesherren erobert worden war, wurden als hzl. Oberbeamte →Landvögte eingesetzt. Als Aufsicht führender Beamter fungierte für Süderdithm. der →Amtmann von →Steinburg, schon bald nur noch nominell, mit der Bezeichnung G. – Im 17. Jh. wurde der hzl. Repräsentant in der →Stadt und →Festung →Glückstadt als G. bezeichnet. LS

Grän →Gewichte

Graf (lat. comes), ursprünglich der Befehlshaber einer Schar, im Frankenreich der Sachwalter des Kg. in einem eingegrenzten Bezirk, nämlich der Gft.; später Lehnsmann des Kg. mit der Tendenz zur Verselbständigung – insbesondere bei schwindender Kg.macht und Zunahme des Einflusses der Hz. Zunächst ein militärischer Befehlshaber, verbinden sich mit seinen Aufgaben auch solche der Rechtsprechung. In Holst. tritt erst in der Endphase der sächsischen Billungerhzz. um 1100 ein Gf. in Erscheinung, der durch die Übertragung des Hzt. an Lothar von Süpplingenburg 1106 schon bald durch Adolf I. von Schauenburg (1110/1111) ersetzt wird. Damit beginnt die Geschichte der →Schauenburger in Holst. und →Stormarn. Die Gft. Holst. wurde 1474 vom Kaiser zu einem Hzt. erhoben. – Erst im 17. Jh. ent-

Grafenfehde

stand die Reichsgft. →Rantzau, womit Christian Rantzau den Titel Reichsgf. führen konnte. Ein Teil der sh Ritterfamilien wurde nach 1671 in dän. Diensten zu Lehnsgf. erhoben (z.B. →Ahlefeldt, →Brockdorff, →Reventlow). LS

Grafenfehde ist ein verharmlosender Ausdruck für den lübisch-nordeuropäischen Krieg 1533-1536/37. Nach dem Tod Kg. Friedrich I. von DK am 10.4.1533 nahm →Lübeck Einfluß auf die Thronfolgefrage und verbündete sich mit Malmö und Kopenhagen mit dem Ziel der Sicherung der alten Machtstellung durch die Wiedereinsetzung Christian II. Die Kriegsführung erfolgte durch die Gff. Christoph von Oldenburg und Johan von Hoya. Nach anfänglichen Gewinnen wurde Lübeck in der Schlacht am Ochsenberge am 11.6.1535 vernichtend geschlagen. Der Frieden von Hamburg am 14.2.1536 besiegelte den nahezu völligen Machtverlust Lübecks.
Lit.: Geschichte SH, 4/2. CJ

Grafschaft →Holstein, →Rantzau

Grass, Günter →Literatur, →Wewelsflether Gespräche

Gravamen (lat. gravamina) ist eine auf dem →Landtag seitens eines Standes oder mehrere Stände gegenüber dem Landesherren vorgebrachte Beschwerde, die Abstellung verlangte. LS

Greflinger, Georg →Elbschwanenorden

Gregersen, Marquard →Landwirtschaftskammer

Grenze Die historische G. zwischen den Territorien Schl. und Holst. war im wesentlichen eine natürliche G. Sie wurde im Westen, auf dem Mittelrücken und großenteils im östlichen →Hügelland von der →Eider, im übrigen östlichen Hügelland von der →Levensau und zwischen beiden Wasserläufen vom Nordufer des Flemhuder Sees sowie einer durch Wall und Graben markierten künstlichen Landscheide gebildet. Sie war zugleich die Südg. DK und die Nordg. des Alten Reiches wie des Dt. Bundes auf der Jütischen Halbinsel und ist als »Eiderg.« in die moderne Historiographie eingegangen, aber auch zum polit. Schlagwort im dt.-dän. Nationalkonflikt des 19. und 20. Jh. geworden. Sie ist eine der dauerhaftesten G. der europäischen Geschichte. Ihre Anfänge reichen in die Frühzeit der →Sachsen während des Übergangs von der Älteren zur Jüngeren Eisenzeit zurück. Spätestens mit der Eingliederung der nordelbischen Sachsengaue in das Frankenreich durch Karl den Großen 810 und der einvernehmlichen Abgrenzung der fränkischen von der dän. Herrschaft »super fluvium Egidoram« 811 hat sie bleibende Gestalt angenommen. Sie ist mithin weit älter als die Territorien Schl. und Holst., hat als G. des okzidentalen Imperium Romanum vom Karolingerreich bis zum Heiligen Römischen Reich Dt. Nation und schließlich des Dt. Bundes über ein Jahrtausend Bestand gehabt und wirkt bis in die Gegenwart als geographische Scheidelinie zwischen den beiden Landesteilen SH nach. Ihre Bedeutung als polit. Grenze hat sie mit der Abtretung der Hztt. durch den Kg. von DK zu Gunsten des Kaisers von →Österreich und des Kg. von →Preußen im Wiener Frieden 1864 und schließlich mit der Eingliederung Schl. und Holst. als Provinz SH in das Kgr. Preußen 1867 verloren. Als Rechtsg. trat sie erst 1900 mit der Ablösung des seit 1241 im Hzt. Schl. geltenden Jütischen Rechts (→Jyske Lov) außer Kraft. Der Grenzverlauf zwischen DK und dem okzidentalen Reich war nicht – wie in der Neuzeit bei Flüssen allgemein üblich – durch eine Linie, sondern durch das Flußbett markiert. Schl. und Holst. erstreckten sich mit Ausnahme der auf einer Insel zwischen Unter- und Obereider im ersten Viertel des 13. Jh. gegr. holst. Reinoldesburg (→Rendsburg) jeweils bis ans feste Ufer. Der Grund für die unterbliebene Modernisierung und Präzisierung der Grenzziehung in der Mitte oder im Talweg des Stroms dürfte in der gemeinsamen Landesherrschaft über Schl. und Holst. unter den letzten →Schauenburgern der Rendsburger Linie und den →Oldenburgern seit Christian I. liegen, die sich seit 1559 auch über →Dithm. und damit über das gesamte Grenzgebiet an Eider und Levensau erstreckte. Die übrigen G. des Hzt. Schl. wurden ebenfalls im wesentlichen durch natürliche Gegebenheiten bestimmt. Im

Grenze

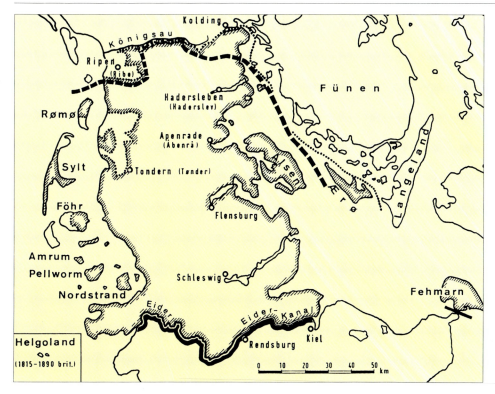

Die Nordgrenze Deutschlands im 19. Jh.

Osten war es einschließlich der Inseln →Fehmarn, Ärrö/Ærø und Alsen/Als durch die →Ostsee, im Norden durch die →Königsoder Schottburger Au sowie eine kurze wasserreiche Strecke bis zur Koldinger →Förde und im Westen mitsamt den vorgelagerten Inseln und →Halligen durch die →Nordsee begrenzt. Ausgenommen waren einige Enklaven von Ripen/Ribe bis Mögeltondern, der Südteil Röms/Rømø, der Norden Sylts, der Westteil →Föhrs und →Amrum, die seit dem Spätma. zu DK gehörten. Holst. reichte im Westen bis an den Grenzsaum zu Dithm., seit dessen Eroberung ebenfalls bis an die Nordsee. Im Süden grenzte es an die →Elbe und im Osten an den →Limes saxoniae, nach dessen Überschreitung durch dt. Siedlung und Herrschaft in →Wagrien und →Polabien an das Hzt. →Lauenburg, das Territorium und den Streubesitz des →Bt. Lübeck und das Gebiet der Reichs- und Hansestadt →Lübeck. Die Süd- und Ostg. Holst. haben vom Hochma. bis ins 19. Jh. durch die Verselbständigung und Ausdehnung →Hamburgs sowie durch wiederholte Gebietsveränderungen des Hzt. Lauenburg, der Stadt und des Bt. Lübeck zahlreiche polit. und rechtliche Korrekturen erfahren. Die stärksten Veränderungen erfuhr die natürliche Westg. des Landes Dithm. und beider Hztt. durch Landverlust und Landgewinn an der Elbmündung, der Nordseeküste und auf den Nordfriesischen Inseln. Dies gilt insbesondere für die säkularen Sturmfluten von 1362, 1634 und 1717 sowie für die großen Eindeichungen (→Deich) und wasserbaulichen Maßnahmen des 19. und 20. Jh. Die natürlichen Veränderungen der Ostseeküste waren dagegen erheblich geringer. Die vielfältigen historischen Binneng. Schl. und Holst. mit ihren zahlreichen Überschneidungen, Durchmischungen, En- und →Exklaven sind zur Hauptsache auf die dynastischen Teilungen und die administrative Organisation der spätma.-frühmodernen Landesherrschaft zurückzuführen. Sie sind polit. größtenteils mit der sukzessiven Überwindung der Landesteilungen im 17. und 18. Jh. und administrativ mit der Modernisierung der Lokalverwaltung nach der Inkorporation der neuerrichteten Provinz SH in das Kgr. Preußen 1867 beseitigt worden. DK Abtretung der Hztt. an Österreich und Preußen 1864 war mit einer umfassenden territorialen Regelung verbunden, die in Nordschl. durch Austausch und strikte Scheidung eine geschlossene G. schuf. 1866/67 kam es auch zwischen Preußen und Oldenburg zu einer vertraglichen Grenzregelung, die dem Großhz. für den Verzicht auf seine Ansprüche an Schl. und Holst. die Arrondierung des Fürstbt. Lübeck mit holst. Gebiet ermöglichte. Das 1865 im Vertrag von Gastein von Preußen erworbene Hzt. Lauenburg wurde 1876 als Kreis in die →Provinz SH eingegliedert. →Artikel V des Prager Friedensvertrags 1866 hatte die Möglichkeit einer plebiszitären Revision der neuen preußisch-dän. G. vorgesehen. Diese Bestimmung war 1878 auf Betreiben Bismarcks in einem bilateralen Vertrag mit Österreich außer Kraft gesetzt worden und konnte erst nach dem 1.WK auf Grund der Regelungen des Versailler Vertrages ausgeführt werden. Die →Volksabstimmung fand 1920 in zwei Zonen statt, die Nordschl. und das nördliche Mittelschl. umfaßten. Die G. zwischen der ersten und der zweiten Zone verlief südlich der Insel Alsen/Als, in der Mitte der Flensburger →Förde, nördlich von Flensburg, südlich von Tondern/Tønder und zwischen den Inseln Röm/Røm und →Sylt. Die Beteiligung der stimmberechtigten Bev. betrug in beiden Zonen gut 90%. In der ersten Zone stimmten am 10.2.1920 75% für DK, in der zweiten am 14.3.1920 80% für Dt. Damit war die neue und bis heute gültige Staatsg. zwischen DK und Dt. bestimmt worden. Sie entsprach in etwa der Scheidelinie zwischen dän. und dt. Kultursprache, wie sie sich seit der Reformation herausgebildet hatte, und damit einer Lösung des dt.-dän. Nationalkonflikts, die gleichermaßen dem ethnischen wie dem plebiszitären Befund im Hzt. Schl. weitgehend entsprach. Sie blieb dennoch in DK wie in Dt. umstritten, da sie auf beiden Seiten nationale Minderheiten zurückgelassen hatte, die die Vereinigung mit dem Mutterland forderten und darin jenseits der G. offene Unterstützung fanden. Den Wendepunkt brachte erst die Überwindung des Nationalstaatsprinzips nach dem 2.WK durch die grundlegende Trennung von nationaler Gesinnung und Staatsangehörigkeit, wie sie in der →Kieler Erklärung der sh Landesregierung unter →Ministerpräsident Bruno Diekmann am 26.9.1949 proklamiert und in den →Bonn-Kopenhagener Erklärungen vom 29.3.1955 von den Regierungen DK und der Bundesrepublik Dt. verbindlich bekräftigt worden ist. Heute sind die Forderungen nach Revision der Grenzziehung verstummt, und der dt.-dän. Grenzraum gilt als eine der wenigen Regionen Europas, in denen der nationale Gegensatz beispielhaft befriedet worden ist. Ein weiteres gewichtiges Thema war die Modernisierung und zeitgemäße Revision der historischen G. SH nach Hamburg und Lübeck. Die 1915 vom Hamburger Senat als wirtschaftliche und polit. Notwendigkeit geforderte »Erweiterung des hamburgischen Staatsgebietes« stieß bei den Provinzialorganen SH und Hannovers wie bei der preußischen Staatsregierung auf Widerspruch und Ablehnung. Auch während der Weimarer Republik blieb Hamburgs Forderung nach Gebietserweiterung weiterhin umstritten. Erst die NS setzten sich über alle Einwände hinweg und schritten auf Initiative des Preußischen Ministerpräsidenten und Beauftragten für den Vierjahresplan Göring mit dem →Groß-Hamburg-Gesetz vom 26.1.1937 zu einer umfassenden Lösung: Altona, Wandsbek und 13 Gem. des holst. Umlandes mußten an Hamburg abgetreten werden. Die Provinz SH erhielt dafür im Gegenzug die Freie und Hansestadt Lübeck, den oldenburgischen Landesteil (ehemaliges Fürstbt.) Lübeck und einige Hamburger, Lübecker und Mecklenburger Enklaven in →Stormarn und Lauenburg. Abgesehen von geringfügigen besatzungsrechtlichen Gebietsänderungen durch Austausch einiger Gem. zwischen der Provinz SH und dem Land Mecklenburg im Jahre 1945 (→Lyaschenko-Abkommen) waren damit die gegenwärtigen Außeng. SH erreicht. Aus dem oldenburgischen Landesteil Lübeck wurde der Landkreis Eutin. Die mit dem Groß-Hamburg-Gesetz verbundene territoriale Binnenveränderung der Provinz wurde vom Land SH zunächst beibehalten und von 1969 bis 1974 durch eine Kommunal- und →Kreisreform abgelöst, die Gem. und Ämter großenteils durch Zusammenlegung neu ordnete, die Landkreise von 17 auf 11 reduzierte und das Gebiet der kreisfreien Städte erweiterte. Dabei wurde erstmals auch keinerlei Rücksicht mehr auf die historische Eiderg. genommen und der neue, die Scheidelinie zwischen beiden Landesteilen überschreitende Landkreis Rendsburg-Eckernförde geschaffen.

Lit.: G. Wegemann, Die Veränderungen der Größe SH seit 1230, in: ZSHG 45, 1915, 248-287; R. Hansen, Dt. Nordg., in: Dt. G. in der Geschichte, hg. von A. Demandt, München ³1993, 94-139; Geschichte SH. Von den Anfängen bis zur Gegenwart, hg. von U. Lange, Nms., 1996. RH

Grenzfriedensbund Der G. wurde am 11.3.1950 vor dem Hintergrund der →Kieler Erklärung gegr. Durch Hilfen für sozial schwache Jugendliche und Familie, durch polit. wie publizistische Initiativen sowie durch Informationsveranstaltungen setzt sich der G. für den dt.-dän. Ausgleich ein. In der Mitgliederzeitschrift, den »Grenzfriedensheften«, informieren dt. wie dän. Autoren seit 1953 vierteljährlich über Geschichte, Politik, Kultur und Wirtschaft der Grenzregion und DK.
Lit.: T. Eysholdt, Im Spannungsfeld von Nation und Europa. Der G. 1950-1990, Flensburg 1990; Grenzfriedenshefte 1/2000. JPL

Grenzfriedenshefte →Grenzfriedensbund

Grenzverkehr, Kleiner Aufgrund zwischenstaatlicher Abkommen bestehen für die Bewohner von Grenzgebieten pass-, ausweis- und zollrechtliche Erleichterungen, z.B. dürfen die dortigen Bewohner Waren in bestimmten Werten für den privaten Gebrauch ein- und ausführen. Im G. mit der DDR war es den Bewohnern Lübecks, Nms. sowie der grenznahen Kreise Ostholst., Plön, Segeberg, Storman und Hzt. →Lauenburg erlaubt, zu Tagesbesuchen in die grenznahen Kreise der DDR zu reisen. Übergangsstellen waren in Flutup, Gudow und →Lauenburg, für den Bahnverkehr Herrnburg und Büchen (→Demarkationslinie 1945, →Zonengrenze). OP

Grenzverein 1946 war als Nachfolger des 1919 gegr. »Wohlfahrts- und Schulvereins für Nordschl.« der »Verein für Erwachsenenbildung und Büchereiwesen« ins Leben gerufen worden, der von Landrat Friedrich Wilhelm Lübke geleitet wurde und 1949 Umbenennung »Dt. G. für Kulturarbeit Landesteil Schl.« erfuhr. Er leitete die Zentrale für das dt. Büchereiwesen, des mit der Zeit zum Jugend- und Kulturzentrum ausgebauten Wallroth-Hauses auf dem Scheersberg in Angeln und der Heimvolkshochschule in Leck sowie die Betreuung des Kreiskulturringes Flensburg-Land; die Grenzakademie Sankelmark gehörte ebenfalls zu den Einrichtungen des Vereins. Der G. stellte eine Reaktion auf den damals wachsenden Einfluß der →dän. Minderheit in Südschl. dar. Aufgrund starker Förderung durch die Landesregierungen seit 1950 konnte er seine Position und sein Angebot erheblich ausbauen, wurde jedoch nach 1958 stark zurückgeschnitten. LS

Gröger, Friedrich Carl (geb. 14.10.1766 Plön, gest. 9.11.1838 Hamburg) wuchs in armen Verhältnissen auf, konnte aber ab 1789 an der Berliner Akademie der Künste Malerei studieren. Ab 1798 lebte er in Lübeck, war aber auch in Hamburg, Kiel und Kopenhagen tätig. 1814 siedelte G. nach Hamburg über;

Friedrich Carl Gröger, Lithographie von Eybe

DDR-Grenzübergang bei Lauenburg vor 1953

Grömitz

hier arbeit**er** erfolgreich und fast ausschließlich Portraitmaler. Seine zahlreichen lithog**ra**phischen Bildnisse wurden geschätzt, un**d** galt als einer der angesehensten Bildn**er** der Zeit.
Lit.: K. Sch**äfer**, G., Jb. des Museums für Kunst- und Kulturgesch**ichte** in Lübeck 2/3, 1915, 30-40. OM

Grömitz

Grömitz (**O**H) kam 1322 und 1323 mit seiner Kirche, d**ie** 1257 erstmals genannt wird, und mit der la**nd**esherrlichen →Burg, die schon für 1287 ers**chl**ossen werden kann, in den Besitz des Klos**ters** →Cismar und wurde nach der →Reform**ation** Teil des →Amtes Cismar. Sein im 15. Jh. m**ehr**fach bezeugter städtischer Charakter verlo**r si**ch in der folgenden Zeit; der Hafen versand**ete**. Erst durch das Badeleben (→Tourismus) **se**it dem 19. Jh. und dann v.a. nach dem 2. **WK** blühte der Ort auf, und G. wurde eines de**r m**eistbesuchten Ostseebäder Dt. Die amtsfr**eie** Gem. G. hat heute 7.500 Einw.
Lit.: E. **Lü**chow, O. Dose-Miekley, G. gestern und heute, **1**999. HFR

Grönla**ndfahrt** →Robbenschlag, →Walfang

Groß Grönau

Groß **Grönau** (RZ) Das 1230 im →Ratzeburger **Z**ehntregister genannte →Dorf besitzt eine K**ir**che aus dem 13. und 14. Jh. 1654 bestimm**te** Hz. Franz Erdmann von Sachsen-→Lauenburg den damals als →Flecken bezeichneten Ort zu seiner Residenz und verlieh ihm **das** Stadtrecht. Er ließ ein Schloß bauen, eine **Mü**nze sowie eine Buchdruckerei einrichten u**nd** siedelte Gewerbetreibende an. Die Residenzzeit des Ortes endete bereits 1677, dennoch **p**rägte ein hoher Handwerkeranteil weite**rh**in den Ort. Von dem Schloß mit seinem →Park ist – außer einer Tapete in der Kirche – nichts mehr erhalten. OP

Großenaspe

Großenaspe (SE) ist ein Kirchdorf, dessen Kirche auf der Grundlage einer bereits ma. →Kapelle (als Filiale der Kirche zu →Nms.) 1770/1772 in Folge der Gründung eines eigenen Ksp. 1763 nach Planungen von J. A. Richter erbaut wurde. Der →Kirchenbau wurde von der russischen Zarin Katharina II. finanziert, die für ihren Sohn Paul die Regentschaft in →Gottorf führte; deshalb heißt sie Katharinenkirche. LS

Groß-Hamburg-Gesetz der Ballungsraum von vier Städten um das Stromspaltungsgebiet der →Elbe mit →Hamburg, →Altona, Harburg und →Wandsbek wurde bereits Ende des 19. Jh. als Vierstädtegebiet, oft auch schon als Groß-Hamburg bezeichnet. Für die wirtschaftliche Entwicklung in dieser Zone bildeten die territorialen Grenzen starke Barrieren, die nicht nur Hamburg betrafen, sondern insbesondere auch die drei anderen, seit 1867 preußischen Städte. →Altona dehnte sich im ersten Drittel des 20. Jh. nach Westen und Norden aus; →Wandsbek wurde 1901 als Stadtkreis verselbständigt; Harburg gemeindete Wilhelmsburg ein. Eine grundlegende Neugestaltung der territorialen Verhältnisse war wenigstens in den 1920er Jahren ständiges polit. Diskussionsthema; die Hamburg-Preußische Hafengemeinschaft von 1928 machte wenigstens im Hafen einen Anf. Erst in der Zeit des NS, als kommunale Willensbildung keine Rolle mehr spielte, wurde 1937 das G. verkündet, nach dem gegen Abgabe einiger hamburgischer Exklaven (insbesondere des Amtes Ritzebüttel, des heutigen Cuxhaven, in SH Geesthacht, Großhansdorf und Schmalenbek) an →Preußen die genannten Städte mit Hamburg vereint wurden. Von den weiteren territorialen Bereinigungen, die unter das G. subsumiert wurden, ist für SH insbesondere der Verlust der territorialen Eigenständigkeit →Lübecks und seine Eingliederung in die preußische →Provinz SH von Bedeutung. Das G. hat im großen und ganzen einen tragfähigen territorialen Zustand herbeigeführt, der nur durch die Bildung eines Nordstaates aufgehoben werden könnte. LS

Groß, Hans →Malerei

Großdeutsche Arbeiterpartei →Völkische Bewegung

Großhundert →Maße

Großsteingrab →Megalithgrab

Großtausend →Maße

Groth, Klaus (geb. 25.4.1819 Heide/Dithm., gest. 1.6.1899 Kiel) G. gilt als Begründer der

Grüne Küstenstraße

Grünhof-Tesperhude

Klaus Groth

neund. Dichtung durch sein Erstlings- und Hauptwerk, den »Quickborn« (1852), der die vormoderne ländliche Lebenswelt in niederdt. Gedichten dithm. Mundart gestaltet. Neben der Lyrik stehen Erzählungen (»Vertelln«) und Versepen (insbesondere »De Heisterkrog«). G. war Anhänger der sh-dt. Bewegung, nach der Reichsgründung der Herrschaft →Preußens, Ehrenbürger →Heides und →Kiels.
Lit.: G., Sämtliche Werke, 8 Bde., Flensburg 1954-65; Jahresgabe der G.-Gesellschaft, 1957 ff.; I. und U. Bichel, G. Eine Bildbiographie, Heide 1994. RH

Grüne Küstenstraße Als europäische Autoroute zur touristischen Erschließung der südlichen Nordseeküste zwischen Flandern und Kap Skagen überquert die G. die →Elbe bei →Glückstadt und verläuft in SH durch die Kreise Steinburg, Dithm. und Nordfriesland auf mehreren z.T. parallelen Bundesstraßen (5, 431, 202, 203). WA

Grünental (RD) Bis weit ins 16. Jh. bildete die schmale Geestbrücke (→Geest) zwischen den sumpfigen Niederungen der →Gieselau im Norden und der →Holstenau im Süden die einzige feste Verbindung zwischen →Dithm. und Holst. Über diesen »Paß von G.« zogen die Holstenheere auf ihren Kriegszügen gegen die Dithm. Hier trafen sich die beiden wichtigen Heer- und Handelsstraßen nach Dithm.: die Lübsche Trade von →Lübeck und →Nms. und der Keller-Landweg von →Itzehoe her. Die

Ende des 19. Jh. durch den Nord-Ostsee-→Kanal durchschnittene Verbindung wurde und wird durch eine Hochbrücke für →Eisenbahn und Straße (→Wegewesen) aufrechterhalten.
Lit.: H.W. Schwarz, Amt und Gut Hanerau von den Anfängen bis 1664, Nms. 1977. HWS

Grünhof-Tesperhude (RZ) Auf der Bundesstraße von →Geesthacht in Richtung →Lauenburg liegt etwa 1km hinter Grünhof eine Gruppe von Grabhügeln der älteren →Bronzezeit. Von besonderer Bedeutung ist hier Hügel Nr. 98, der etwa 30x36m im Durchmesser maß und etwa 2,5m hoch war. Er enthielt vier Gräber, von denen die Gräber II und IV Körperbestattungen in Baumsärgen und Grab III eine Brandbestattung waren. Dagegen enthielt Grab I zwei Baumsärge, die von einer Steinpackung umschlossen waren. Über den Särgen gelang der Nachweis eines Totenhauses, ein Pfostenbau von 4,4x3,8m Größe, das während oder nach der Beisetzungszeremonie abgebrannt worden war. Totenhäuser mit Brandbestattungen sind in der älteren und jüngeren Bronzezeit in der Lüneburger Heide nicht ungewöhnlich. Somit paßt sich auch der Befund aus G. in dieses Bild ein, da der Südteil des Kreises Lauenburg zum direkten Einflußbereich dieser Kulturgruppe gehörte.
Lit.: K. Kersten, Vorgeschichte des Kreises Lauenburg, Nms. 1951, 66-69, 228-229. RW

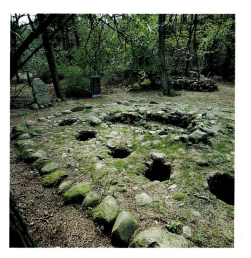

Das Totenhaus in Grünhof-Tesperhude

Grube (OH) ist ein altes Kirchdorf, das bereits 1222 erwähnt wird und aufgrund seiner Lage am ehemaligen G. See als Transitort für →

Grundherrschaft

Grube

Oldenburg im Spätma. zur Stadt wurde (1323 belegt). Eine landesherrliche →Burg lag in unmittelbarer Nähe des Ortes auf einer Halbinsel (im heutigen Paasch-Eyler-Park). Die Kirche (erwähnt 1232) enthält einen bedeutenden Flügelaltar des späten 15. Jh. G. verlor sein →Stadtrecht nach 1446, kam unter adlige Herrschaft und 1460 an das →Kloster →Cismar. Das ältere Pastorat von G., eines der ältesten erhaltenen Bauernhäuser SH (erbaut 1569), wurde in das Freilichtmuseum Molfsee überführt. In diesem Haus schrieb der Pastor Johannes Stricker sein nd. Jedermannspiel »De düdesche Schlömer«, das 1584 in →Lübeck gedruckt wurde. G. hat heute knapp über 1.000 Einw. LS

Grundherrschaft 1. Das Obereigentumsrecht eines Grundherren (normalerweise Landesherr, geistliche Institution oder Adliger) über den Boden, besonders den von →Bauern benutzten Boden wird G. genannt. G. ist auch ein besonderes Gutssystem (→Gut), in dem der ganz überwiegende Teil des Bodens von Bauern bewirtschaftet wurde und der Guts- oder Grundherr seine wesentlichen Einnahmen in Form bäuerlicher →Abgaben erzielte (auch Renteng. genannt). Die Entstehung der Grundherrschaft im ersten Sinne ist umstritten. Einige G. gehen vermutlich auf alten Großmännerbesitz zurück; andere sind enstanden aus Belehnung mit Land durch den Landesfürsten. Das letzere war besonders in Ostholst. verbreitet. Im ausgehenden MA hatten →Adel und Kirche jeweils die G. über etwa ein Drittel der holst., aber nur über 15-20% der schl. Bauern. Andere Bauern waren unter landesherrlicher G., doch war diese in den Marschgebieten (→Marsch) überhaupt wenig verbreitet. Dieses Bild änderte sich nach der →Reformation nicht grundsätzlich, abgesehen vom Übergang des überwiegenden Teils des Kirchenguts an die Landesherrschaft und durch die Güterkäufe der Landersherren und →Abgeteilten Herren. Im Hochma. hatten die Grundherren zum Teil ihren Boden in großen Höfen (→Hof) bewirtschaftet, aber am Ende des MA war fast alles Herrenland in Bauernhöfe aufgeteilt, die für eine feste jährliche →Rente Bauern überlassen waren. Es herrschte also die G. im zweiten Sinne, als Rentengutssystem, auf landesherrlichen, geistlichen und adligen Besitzungen. Im Laufe des 16. Jh. wurden die gutsherrliche Eigenwirtschaft und die →Hofdienste der Bauern im größten Teil der Hztt. erweitert und das Gutssystem dadurch in Richtung →Gutsherrschaft entwickelt. Schon jetzt wurde den Bauern in weiter Entfernung von den Gutshöfen statt dessen aber ein Dienstgeld auferlegt. Etwa 1595-1633 wurden die Dienste für die Mehrzahl der Bauern in den westlichen, mittleren und nördlichsten Landesteilen wieder durch Dienstgeld ersetzt. Die G. wurde dadurch abermals das am weitesten verbreitete Gutssystem in SH, aber nicht das einzige. Daneben stand bis 1805 die Gutsherrschaft. CPR

Gruner und Jahr →Druckerei

Güterdistrikt Die Gesamtmenge der adligen Güter (→Gut) in Schl. und Holst. (um 1855 immerhin 154) wurde 1713 in neun G. aufgeteilt: Augustenburgischer, 1. und 2. →Angler, →Schwansener, →Dän.wohlder, →Kieler, →Preetzer, →Oldenburger und →Itzehoer G. An der Spitze eines jeden G. stand der →Districtsdeputierte. In Schl. kam es nach verschiedenen Veränderungen in Zusammensetzung und Zahl der Güter, insbesondere durch landesherrliche Erwerbungen, zu einer neuen Situation, die 1853 zur Aufhebung der fünf dortigen G. führte. Die einzeln liegenden Güter wurden den sie umgebenden →Harden hinsichtlich ihrer Rechtsverhältnisse einverleibt; die zusammenhängenden Güter bildeten hinfort die →Eckernförder Harde (mit den Gütern des vormaligen Schwansener und Dän.wohlder G.) und die →Kappeler Harde (mit den Gütern Brunsholm, Buckhagen, Dollrott, Düttebüll, Gelting, Bieswraagaard, Oehe mit Hasselberg, Östergaard, Ohrfeld, Priesholt, Roest, Rundtoft, Sandbeck und Töstorff). Die G. haben nach dem Übergang an →Preußen ihre Funktion verloren. LS

Gurlitt, Louis →Malerei

Gut, adliges In den östlichen Regionen SH prägen große landwirtschaftliche Komplexe noch heute den Charakter des Landes, auch wenn die Güter sich nicht mehr ausschließlich im Besitz adliger Familien befinden. Das G. als

Gut, adliges

Wirtschafts- und Sozialsystem entstand im 16. Jh., entwickelte sich im 17. und 18. Jh. und gelangte am Ende des 18. Jh. in eine Krise, die zu seiner Infragestellung und zum Abbau seiner rechtlichen Grundlagen führte. Als agrarische Wirtschaftseinheiten blieben viele Güter trotz einschneidender polit., ökonomischer und technischer Veränderungen weiterhin bestehen. Güter entwickelten sich besonders dort, wo im Zuge der im 12. Jh. einsetzenden Siedlungsbewegung Bauern von sog. Lokatoren Land leiherechtlich zur Bebauung angenommen hatten, somit zu Lansten (Landsassen) geworden waren, die den Grundherren Abgaben zu entrichten oder Dienstleistungen zu erbringen, sich somit in eine persönliche Abhängigkeit begeben hatten. Die Grundherren verpflichteten sich im Gegenzug zum Schutz der Bauern. Die Leistungen waren zunächst so geregelt, daß beide Parteien Vorteile hatten. Im 15. und 16. Jh. kam es wegen demographischer Veränderungen (Seuchen, Wanderung in die Städte) zu Einnahmeverlusten des →Adels. Um diese auszugleichen, erfolgte eine Intensivierung der Eigenproduktion. Das 16. Jh. brachte der →Landwirtschaft insgesamt positive Impulse, die sich im Norden, wo Sonderkulturen wie Wein- und Obstbau nur eine geringe Bedeutung hatten, besonders auf den Getreideanbau und die Viehwirtschaft auswirkten. Sie erfuhren kaum Einbrüche durch Klimaveränderungen, wirkten sich aber auf die Produktionsverhältnisse aus. Aus der →Grundherrschaft entwickelte sich durch Intensivierung der Eigenwirtschaft und die dabei erfolgte Erhöhung der bäuerlichen Arbeitsrente

Torhaus Gut Sierhagen

Gutsherrschaft

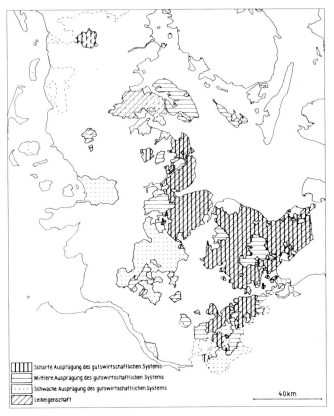

Das gutswirtschaftliche System in SH um 1730 (Entwurf: Wolfgang Prange)

(Inanspruchnahme von Dienstleistungen) die Gutswirtschaft, aus der sich in einzelnen Regionen Ostholst. auch spezifische Formen von →Gutsherrschaft entwickelten. Diese waren v.a. vom Ausmaß der Gerichtsbarkeit abhängig; wo die Gutsbesitzer die Gerichtsbarkeit über ihre Lansten erhielten, entwickelte sich eine Schollenbindung (→Schollenband), die bis zur →Leibeigenschaft reichen konnte. Sie ging einher mit der Tendenz der adligen Grundherren, Hufenland einzuziehen und dem Hofland zuzuschlagen. Während der Kriege des 17. Jh. (→Nordischer Krieg) wurden viele Hufen wüst; die verbliebenen Hufner hatten zusätzliche Hofdienste zu leisten, was ihre wirtschaftliche Lage verschlechterte. Die Konjunktur für Agrarprodukte war günstig, was zur effektiveren Bewirtschaftung durch →Verkoppelung großräumiger Flächen führte. Sie waren v.a. bei der Ochsenmast gefragt, die sich als besonders lukrativ erwies. Seit der Mitte des 17. Jh. wurde die wirtschaftliche Position der G. durch die Verpachtung von Holländereien gestärkt. Da zu der eigentlichen Agrarproduktion noch eine große Zahl von Nebengewerben (Schäfereien, →Ziegeleien, →Mühlen und Handwerker) gehörte, bildeten die G. in sich geschlossene wirtschaftliche Einheiten, in deren Zentrum in der Regel das →Herrenhaus lag. Die Kritik am gutswirtschaftlichen System mit Leibeigenschaft war bereits im 17. Jh. geäußert worden; seit der Mitte des 18. Jh. mehrten sich die Stimmen gegen diese Form der Wirtschaft. Dabei waren es überwiegend ökonomische Gründe, die zur Ablösung der Schollenbindung und zur Verpachtung von Land an Bauern führten. Agrarreformen während des letzten Drittels des 18. Jh. schufen die Voraussetzungen für eine moderne Landwirtschaft. Die Aufhebung der Leibeigenschaft stellte die Agrarproduktion auf eine rationalere Basis. Auch auf den G. wurde Fronarbeit durch Lohnarbeit ersetzt, was aber nicht zum Ende der Güter führte. Im Gegenteil, die Gutswirtschaft wurde kommerzialisiert. Da der adlige Grundbesitz oft die Rechtsform des Fideikommisses (→Fideikommiß) hatte, wurden wichtige Strukturen, aber auch Privilegien im 19. und frühen 20. Jh. beibehalten. Die Auflösung der Fideikommisse durch Art. 155 der Weimarer Verfassung bedeutete für viele G. das Ende. Einige Familien vermochten es aber, den ererbten Grundbesitz nicht nur zu erhalten, sondern auch von den zahlreichen Modernisierungsschüben in der Agrarproduktion so zu profitieren, daß ihre Güter im Wettbewerb der Europäischen Union bestehen können.

Lit.: W. Prange, Die Anfänge der großen Agrarreformen in SH bis um 1771, Nms. 1971; Staatsdienst und Menschlichkeit, hg. von C. Degn, D. Lohmeier, Nms. 1980; Geschichte SH 5; M. North, Die frühneuzeitliche Gutswirtschaft in SH, in: Blätter für dt. Landesgeschichte 126, 1990, 223-242. EO

Gutsherrschaft ist die Bezeichnung für ein Gutssystem (→Gut) mit großen, durch Hofdiensten bewirtschafteten Gutshöfen als Zentrum und großen Machtbefugnissen der Gutsherren gegenüber ihre Hintersassen. Den Begriff G. wird normalerweise nur für Mittel- und Osteuropa in der Epoche etwa 1550 bis 1800/1850 benutzt. Um 1500 waren die adeligen Güter in Ostholst. und Südostschl. weitgehend geographisch geschlossen. Dort erwarben die Gutsherren spätestens 1524 die Gerichtsherrschaft, wodurch die Güter zu eigenen Gerichtsbezirken mit einem vom Gutsherrn ernannten Richter wurden. Dadurch waren wesentliche Voraussetzungen der G. vorhanden. Überall war der Gutsherr in erster Linie ein Rentenempfänger. Das Gutssystem muß deswegen als →Grundherrschaft bezeichnet werden. Etwa seit 1550 fingen die Gutsherren an, ihre Gutshöfe zu vergrößern und neue anzulegen. Viele Bauernhöfe wurden eingezogen (gelegt); für die Mehrzahl der übrigen →Bauern stieg die Dienstbelastung rasch an. Dies geschah ohne Unterschied der G. – sei es Landesherren oder →Adel – obwohl die Entwicklung nicht überall gleich stark war. In den meisten landesherrlichen Ämtern (→Amt) und vielen Adelsgütern in den westlichen Teilen herrschte um 1600 eine Mischform von G. und Grundherrschaft, bei der sowohl bäuerliche Renten als die Eigenwirtschaft der Gutsherren und Hofdienste wichtig waren – eine Form, die auch als schwache oder mittelstarke Gutsherrschaft bezeichnet wird. Etwa 1595-1633 haben die Landesherren in fast allen Ämtern die Dienste durch ein Dienstgeld abgelöst, die Gutshöfe niedergelegt oder ohne Dienste verpachtet. Auf diese Weise wurde so das Gutssystem in eine G. zurückgeführt. Etwa 1600-1661 erfolgte eine ähnliche Entwicklung auf den westlichen Adelsgütern. Im →Amt →Eutin und in einigen anderen Gebieten haben die Gutsherren zwar bis etwa 1660 das Gutssystem weiter in Richtung G. ausgebaut, dann brach diese Entwicklung jedoch ab. Seit dem 18. Jh. existierte hier eine schwache oder mittelstarke G., die aber eher als ein Mischform von Guts- und Grundherrschaft verstanden werden muß. Hier umfaßten die Gutshöfe 15-25% der Fläche, die Dienste waren in unterschiedlicher Weise beschränkt (z.B. auf drei Tage der Woche) und die Gutseinnahmen bestanden aus einer Mischung von Gutswirtschaft und bäuerlichen Abgaben. Auf den Adelsgütern in Ostholst. und Südostschl. wurde die G. voll entwickelt. Hier war die gutsherrliche Eigenwirtschaft schon am Anf. des 17. Jh. die klar dominierende Einnahmequelle der Gutsherren; die Bauern haben vermutlich tägliche Dienste leisten müssen. 1614 wurde die →Leibeigenschaft, die die Bauern des Adels an das Gut band, auf dem sie geboren waren, von den Landesherren anerkannt. Die Leibeigenschaft setzte sich durch, wo der Adel bereits die Gerichtsherrschaft besaß, also vornehmlich auf den Gütern in den östlichen Teilen der beiden Hztt. Die G. wurde hier im Laufe des 17. Jh. weiter verschärft. Im 18. Jh. umfaßten die Gutshöfe, Vorwerke und Meierhöfe typischerweise mehr als die H. der Ackerfläche auf den Adelsgütern in bestimmten Ämtern in Ostholst. und Ostschl. südlich von →Flensburg. Hier hatten die Bauern regelmäßig 1-2 Pferdegespanne und 3-4 Leute täglich zum →Hofdienst zu schicken. Die G. wurde in diesen Gebieten zwischen etwa 1760 und 1805 beseitigt, indem Leibeigenschaft und Hofdienste aufgehoben wurden. Bis 1791 war diese Entwicklung meistens von Parzellierung der Gutshöfe und Umwandlung der Bauern in Erpächter begleitet. Auf Gütern, wo die Reformen erst 1791 oder später erfolgten, wurden die Gutshöfe dagegen aufrechterhalten und die Bauern Zeitpächter. Wo die Leibeigenschaft noch herrschte, wurde sie zum 1.1.1805 per Gesetz aufgehoben. CPR

Gymnasium →Bildungswesen, →Schule

Albert Hänel

Hänel, Albert (geb. 10.6.1833 Leipzig, gest. 12.5.1918 Kiel) Der Kieler Rechtsprofessor H. gehörte zu den führenden Köpfen des sh Liberalismus. Insbesondere seit 1867 wirkte er für die Aussöhnung der sh Liberalen mit der preußischen →Annexion und betrieb ihren Zusammenschluß mit den Gesinnungsgenossen im preußischen Fortschritt 1870. Zwischen 1867 und 1893 sowie 1898 und 1903 gehörte er dem Reichstag für den Wahlkreis Kiel-Rendsburg-Plön und 1867-1888 dem Preußischen Landtag an. HSH

Haale

Haale (RD) In H. soll im MA eine →Burg zur Grenzsicherung gegen →Dithm. gestanden haben, deren Lokalisierung aber unsicher ist. Seit Ende des 16. Jh. war H. ein Vorwerk des →Amtes →Rendsburg mit zugehöriger Ziegelei, das ab 1774 parzelliert wurde. Damals erst entstand das Dorf H., das vorher nur aus einigen Pachtstellen auf Vorwerksland bestanden hatte. Aus H. stammt der Heimatdichter Timm →Kröger. HWS

Hablik, Wenzel (geb. 4.8.1881 Brüx, gest. 23.3.1934 Itzehoe) Der Maler, Kunsthandwerker und Innenarchitekt H. durchlief eine Tischlerausbildung in der väterlichen Werkstatt in Brüx (heute Most), der sich künstlerische Studien in Teplitz, Wien und Prag anschlossen. Besonders beschäftigte er sich mit kristallinen und kosmischen Phänomenen, Leitmotiven seines späteren Werkes. Eine Zufallsbekanntschaft mit dem Holzgroßhändler Richard Biel verschlug ihn nach →Itzehoe, wo er zunächst von Biel Aufträge erhielt und der Meldorfer Weberin Elisabeth Lindemann begegnete (Heirat 1917). Bis zu seinem Tod schuf H. in Itzehoe zahlreiche Gemälde und entwarf neben Gebrauchsgegenständen, Möbeln, Schmuck, Tapeten und Textilien u.a. eine Reihe bizarrer Architektur-Utopien.
Lit.: W. Reschke, H. in Selbstzeugnissen und Beispielen seines Schaffens, Münsterdorf 1981; H., Expressionismus und Utopie, Kat. Florenz 1989. KUS

Hach (Familie) Die Juristenfamilie ist seit dem Anf. des 18. Jh. in Lübeck ansässig. Johann Friedrich H. (1769-1851) war Senator sodann Oberappellationsgerichtsrat. Er legte die Basis zur modernen Lübecker Geschichtsforschung (Gründung des Vereins für Lübeckische Geschichte und Altertumskunde 1821, Edition des Lübischen Rechts). Sein Sohn Friedrich August (1810-1882) war Mitbegründer des sh landwirtschaftlichen Generalvereins, der Vorläufer der späteren Landwirtschaftskammer; dessen Neffen waren: Friedrich Adolph (1832-1896), Reformer der Lübecker Polizeiverwaltung, Ernst Wilhelm (1841-1917), Erforscher der Lübecker Personalgeschichte, und Arnold Heinrich Theodor (1846-1910), der Konservator der Kulturhistorischen Sammlung der Gesellschaft zur Beförderung gemeinnütziger Tätigkeit, dem Vorläufer des heutigen St. Annen-Museums (→Museen).
Lit.: SHBL 10, 142-157. AG

Hademarschen

Hademarschen (RD) Das sehr alte, vielleicht um Christi Geburt entstandene H., war Muttersiedlung für mehrere der umliegenden kleineren Dörfer. H. hat eine große, durch reiche archäologische Funde ausgezeichnete Gemarkung. Ursprünglich zum Sprengel von →Schenefeld gehörig, erhielt es bald nach 1200 eine eigene Kirche (St. Severin). Das Ksp. H. mit zehn Dörfern bildete seit dem 15. Jh. der Bezirk der →Burg →Hanerau und unterstand seit 1525 der Obrigkeit und →Gerichtsbarkeit des →Gutes Hanerau. Auf dem ummauerten Kirchhof, der auch der Verteidigung diente, tagten bis ins 16. Jh. Ksp.gericht und Ksp.versammlung. H. entwickelte sich, verstärkt seit der →Reformation, zu einem typischen holst. Kirchdorf mit →Schule, →Markt, Wirtshäusern und Handwerkern, die neben die bäuerliche Einw.schaft traten und diese bald an Be-

Wenzel Hablik

deutung übertrafen. →Eisenbahnanschluß 1877 und →Kanalbau 1887-1895 trugen wesentlich zum wirtschaftlichen Aufschwung H. bei. 1889 wurde H. Sitz eines →Amtsbezirks, 1950 eines →Amtes. 1938 wurden die Gem. H. (ca. 1.800 Einw.) und Hanerau (ca. 400 Einw.) zur Gem. Hanerau-Hademarschen zusammengeschlossen. Heute ist der Doppelort eine gewerbeorientierte Mittelpunktsgem. mit ca. 3.100 Einw.
Lit.: H.W. Schwarz, Amt und Gut Hanerau von den Anfängen bis 1664, Nms. 1977. HWS

Haderslebener Anteil Bei der Teilung der Hztt. zwischen den Söhnen Kg. Friedrich I. am 9.8.1544 bekam Hz. Hans (Johann) der Ältere (1521-1580) das Schloß Hadersleben/Haderslev mit dem Törninglehn, Tondern/Tønder mit den nordfriesischen Inseln, →Rendsburg und →Fehmarn. Mit der Residenz in Hadersleben (Haderslevhus), die seitdem Hansborg hieß, errichtete er einen kleinen Fürstenstaat. Nach seinem Tod wurde 1581 sein Anteil zwischen Kg. Friedrich II. und Hz. Adolf von Holst.-→Gottorf geteilt. HSH

Haderslebener Artikel Die lutherische Kirchenordnung, die 1528 von Hz. Christian, dem späteren Kg. Christian III., für Hadersleben/Haderslev und das Törninglehn erlassen wurde, wird als H. bezeichnet. Sie waren vermutlich von den beiden dt. Theologen des Hz., Eberhard Weidensee und Johannes Wenth, ausgearbeitet worden. Stark von Luthers Schriften beeinflußt, unterschieden sie sich nicht von anderen Kirchenordnungen, die die lutherische Fürstenkirche bestärkten. JT

Haeberlin, Carl →Museen

Hafen nennt man Schiffsliegeflächen mit angrenzenden Landflächen und Einrichtungen zum Löschen, Laden und Lagern von Gütern. Größere H. weisen einen regelmäßigen Schiffsverkehr auf, einen größeren Verflechtungsbereich (Hinterland), verfügen u.U. über separate H.-becken. Kleine H. mit unregelmäßigem Verkehr werden auch als Lösch- und Ladeplatz bezeichnet. Aufgrund der Bedeutung der →Schiffahrt und der Landesnatur verfügt SH über zahlreiche H. im See- und Binnenverkehr. Günstige Naturhafenlagen sind im Bereich der →Kieler und →Flensburger →Förde sowie der Sunde, Flußmündungen (→Lübeck, →Tönning), Flußlagen im Schnittpunkt mit Handelsstraßen (→Rendsburg, →Itzehoe). Tidehäfen liegen im Einfluß der →Gezeiten; die Zufahrt künstlich angelegter Dockhäfen ist durch →Schleusen reguliert. Küstenlage, Gewässernetz und →Brückenfunktion SH betonten die Bedeutung der H. Der überwiegende Teil der größeren Siedlungen des Landes besaß im Laufe der Geschichte H.funktion. Die meisten hatten aufgrund des wenig leistungsfähigen Landwegenetzes aber nur lokale und regionale Einzugsgebiete und konnten deshalb keine Seehandelsfunktionen aufbauen. Überregionale Verkehrsbeziehungen besaßen im 9. Jh. die Transithandelsplätze zwischen →Nord- und →Ostsee, zunächst Ripen/Ribe, dann →Hamburg und →Haithabu/→Schl. mit dem Westh. Hollingstedt, um 1100 → Oldenburg, dann v.a. →Lübeck, das ab Mitte des 12. Jh. als Tor zur Ostsee im Transithandel eine überragende Rolle errang und zum Haupt der →Hanse aufstieg, bis es im 16. Jh. von Hamburg überflügelt wurde. Außer Lübeck spielte nur noch Flensburg die Rolle einer Seeh.stadt. Im 15./16. Jh. hatten Flensburg und →Husum als Transith. Bedeutung. H.plätze der agrarischen Überschußgebiete an Nord- und Ostseeküste sowie im Unterelbe-Raum errangen im 16.-19. Jh. Bedeutung als Export-H. (z.B. Tönning und Husum für den Viehexport). Die großen Erwartungen, mit denen im 17./18. Jh. →Altona, →Glückstadt und →Friedrichstadt als H.städte gegr. worden waren, erfüllten sich nur z.T. Jedoch nahm die Zahl lokaler H.plätze mit Küsten- und Flußschiffahrt aufgrund der wachsenden regionalen Verkehrsbeziehungen im 18. Jh. stark zu. Der Überseehandel konzentrierte sich immer stärker in den großen Hansestädten außerhalb SH. Das 19.und 20. Jh. schufen neue Standortbedingungen, Spezialisierungen und stärkere Konkurrenzen unter den sh H. →Eisenbahnen und Chausseen (→Wegewesen) traten in Konkurrenz mit der Schiffahrt. Wachsende Schiffsgrößen und Dampfschiffe, die größere Fahrwassertiefen benötigten, ließen immer deutlichere Unterschiede zwischen See- und Binnenh. erkennen. H.städte bildeten Schwerpunkte der →Industrialisierung. Gegenüber regionalen Exportgütern wie Getreide und

Der Kieler Hafen im 19. Jh.

Vieh nahmen Importgüter zu; v.a. Energie- und Baustoffe sowie industrielle Rohstoffe, die spezielle technische Einrichtungen (Kaianlagen, Ladebrücken, Kräne, Speicherbauten) erforderten. Die H. prägten deutliche Spezialfunktionen aus: als Universal- oder Handelsh. sowie als spezialisierte Fährh. (Puttgarden, Dagebüll), Fischereih. (Büsum, Friedrichskoog), Versorgungs-, Schutzh. (Helgoland, Hörnum), →Marineh. (Kiel, Eckernförde, Olpenitz) und Sportbooth. (→Glücksburg, Marina Wentorf). Viele kleine Handelsh. sind in ihrer Bedeutung zurückgefallen oder ganz aufgegeben, ein Teil ist für die Sportschiffahrt umgenutzt oder neu angelegt worden. Bedeutendste H. in SH nach der Umschlagmenge (in Mio. t) sind heute: Lübeck (14), Brunsbüttel (10), Puttgarden (5), Kiel (3,6), Flensburg (0,6), Rendsburg (0,6), →Wedel (0,4), →Husum (0,3), Itzehoe (0,2).

Lit.: Atlas zur Verkehrsgeschichte SH im 19. Jh. hg. von W. Asmus u.a., Nms. 1995; Die Entwicklung des Verkehrs in SH 1750-1918, hg. von W. Asmus, Nms. 1996. WA

Hahn, Lorens de →Strandrecht

Hahnheide Die H. ist ein Waldgebiet bei →Trittau (OD) und bildet den Ostteil der so genannten Stormarner Schweiz; sie gehörte zu dem alten Grenzwald zwischen →Sachsen und →Slawen. Das rund 1.450ha große Areal wurde am 2.3.1938 zum Naturschutzgebiet erklärt und gehört damit zu den ältesten und größten seiner Art in SH. Charakteristisch für die Hahnheide ist ein stark bewegtes landschaftliches Relief mit Tälern und Senken, großflächigen Altbeständen aus Buchen sowie Mischbeständen aus Kiefer, Fichte und Buche.
Lit.: B. Friz, Das Naturschutzgebiet H., in: Naturschutz und Landschaftspflege in Stormarn, Nms. 1991. NF

Haithabu Nach der historischen Überlieferung war H. im 9. und 10. Jh. einer der bedeutendsten Siedlungsplätze im nördlichen Europa. Der Ort liegt am innersten Ende der →Schlei, von der aus das in die →Nordsee entwässernde Flußsystem der →Eider-Treene über eine ca. 15km breite Landbrücke zu erreichen ist. Die Gunst der Verkehrslage wird durch die geopolit. Lage des Platzes im Grenzgebiet zwischen den Wirtschaftsräumen des fränkisch-dt. Reiches, der skandinavischen Länder, der westslawischen Stämme (→Slawen) und der →Friesen verstärkt. Der Identifizierung des Platzes stand lange die Doppelbe-

Der Lübecker Hafen

Haithabu

Wikinger-Museum Haithabu

nennung in den schriftlichen Quellen als H. und →Schl. erschwerend entgegen. Großangelegte Grabungskampagnen (1900-15, 1930-39, 1962-69, 1979/80) haben das Bild der Siedlung ständig verfeinert. Die Besiedlungsdauer reichte vom mittleren 8. bis in das 11. Jh. und verzahnte sich in der Schlußphase mit dem frühen Schl. auf dem Nordufer der Schlei. Die Topographie des insgesamt etwa 50ha großen Areals ist gegliedert in einen ausgedehnten, wo erkennbar dichtbebauten und regelhaft parzellierten Siedlungsbereich, das Hafengelände mit Landungsbrücken und Palisaden und mehrere Gräberfelder mit unterschiedlichen Bestattungsformen, das Ganze halbkreisförmig umgeben von einem 24ha umschließenden Befestigungswall (→Burg) mit Anschluß an das →Danewerk. Die ausschließlich in Holz errichteten Bauten (Gebäude, Wege, Brücken, Zäune) lassen sowohl individuelle Züge als auch auf Planung beruhende Gemeinschaftsleistungen erkennen. Bei denkbar unterschiedlichen Grundrissen und Bautechniken sind die Häuser ausnahmslos als offene Hallen kon-

struiert. Die Kleinfunde lassen sich ganz überwiegend den Bereichen →Handwerk und →Handel zuordnen. In H. sind die meisten im Frühma. bekannten Produktionszweige und -techniken ausgeübt worden, besonders in den Bereichen Feinmetall, Textil und Glas hochspezialisiert; ob für die Selbstversorgung oder den Export, ist oft schwer zu entscheiden. Eine Vielzahl von Importgütern läßt auf Wirtschaftsbeziehungen oder Kontakte zu den Herkunftsgebieten schließen, z.B. Mühlsteine und Keramik aus Eifel und Rheinland, Speckstein, Wetzschiefer und Eisenerz aus Norwegen und Schweden. Zu den Haupthandelspartnern dürften u.a. Dorestad in der Rheinmündung, Birka in Mittelschweden und Wolin in der Odermündung gehört haben. Anhand spezifischer Bestattungssitten ist eine multiethnische Bev. aus Dän., Sachsen, Friesen, Slawen verbürgt. In der Sozialstruktur hebt sich innerhalb der rund 1.500 Einw. von der großen Mehrheit mit etwa 5% eine Oberschicht ab. Alle strukturellen und funktionalen Bewertungskriterien zusammengefaßt, läßt sich H.

Haithabu

Halligen

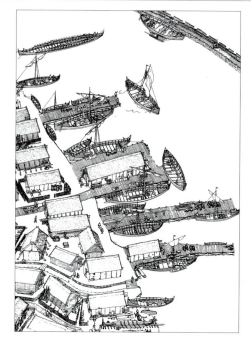

Der Hafen von Haithabu (Entwurf: Kurt Schietzel, Zeichnung: Kühn)

Hamberge

als urbanisiertes System charakterisieren, das für die Herausbildung städtischer (→Stadt) wie herrschaftlicher Strukturen im Norden von weitreichendem Einfluß gewesen ist.
Lit.: C. Radtke, Haiđaby, in: Reallexikon der Germ. Altertumskunde, ²1999, 363-381. CR

Halligen (NF) sind kleine Marschinseln (→Marsch) – weitgehend ohne Deichschutz (→Deich) – im nordfriesischen Wattenmeer (→Watt), die durch die Zerreißung der größeren Inseln in den →Sturmfluten von 1362 und 1634 neben den Hauptinseln →Nordstrand und →Pellworm entstanden sind. Es handelt sich um die H. Nordmarsch-Langeness, Oland, Gröde-Appelland, Habel, Hooge, Hamburger H., Norderoog, Süderoog, Südfall und Nordstrandischmoor. Die →Bauernhäuser auf den bewohnten H. stehen zum Schutz vor Hochfluten auf →Warften, die auch eine Zisterne (Fething) zur Süßwasserversorgung aufnehmen müssen. Sturmfluten haben immer wieder das Leben der H.-Bewohner bedroht. Katastrophal war die Februarflut 1825, als 74 Menschen ertranken und von 339 Häusern 79 vernichtet sowie 233 unbewohnbar wurden. Dennoch wurden die H. nicht aufgegeben. 1854-1862 wurde die Hamburger H. durch einen Damm zur Landgewinnung mit dem Festland verbunden, was 1896 auch mit Oland, 1897-1899 mit Nordmarsch-Langeness und Nordstrandischmoor geschah. Seit 1867 nahmen Befestigungen mit Granit und Basalt zum Schutz der Abbruchkanten zu. LS

Hamberge (OD) entstand auf der Gemarkung des Dorfes Lancowe, das zu den ältesten Gütern des Lübecker Domkapitels gehörte. 1263 wurde dieses →Dorf in die beiden Dörfer Hansfelde und H. geteilt; sie blieben bis 1843 im Besitz des Domkapitels und kamen dann durch Tausch an Holst. Mitte des 17. Jh. gab es hier Mennoniten (→Minderheiten, religiöse), die in der aus der 1. H. des 14. Jh. stammenden Kirche, Begräbnisgottesdienste abhalten durften. Auf einem abgegrenzten Kirchhofteil wurden auch die Lübecker Mennoniten begraben, denen der dortige Rat einen Begräbnisplatz verweigerte. Mitte des 18. Jh. hörten die mennonitischen Aktivitäten in H. auf. 1790-1799 war hier Georg Wilhelm Pfingsten Organist und erprobte seine Unterrichtsmethoden für Taubstumme (→Taubstummenanstalt). H. hat heute knapp 450 Einw. LS

Hamburg (HH) Die Freie und Hansestadt H. bildet heute ein Bundesland der Bundesrepublik Dt. Der Stadtstaat hat eine Fläche von 748km² und 1,7 Mio. Einw. MA: Die →Burg an der Ham-me, also einem Grenzwald, dürfte um 825 in einer Größe von etwa 130x130m auf einem Geestvorsprung in die Niederungen von →Elbe und →Alster unter karolingischer Herrschaft (→Franken) errichtet worden sein. Die hier errichtete Kirche wurde 834 von Kaiser Ludwig dem Frommen zu einem Erzbt.sitz erhoben. Von hier aus wirkte Erzbf. →Ansgar

Hallig Langeneß

Hamburg

Hamburg von der Elbseite um 1832, Aquarell von Peter Suhr

(801-865) als Apostel des Nordens. Nach der Zerstörung durch die →Wikinger 845 wurde das Erzbt. mit dem Bt. Bremen vereinigt und nach dorthin verlegt. Die Siedlung wurde wiederaufgebaut und diente 965 als Verbannungsort für den von Kaiser Otto I. abgesetzten Papst Benedikt V., der hier 966 starb und im wiederaufgebauten →Dom beigesetzt wurde. 983 von den Abotriten (→Slawen) erneut zerstört, erholte sich die Siedlung bald wieder. Die relative Grenzlage der Burg und ihres Suburbiums wurde durch die Kolonisation Ostholst. und →Lauenburgs unter den →Schauenburger Gff. (seit 1111) aufgehoben. Das neu geschaffene Hinterland ließ H. als Fernhandelssitz interessant werden. Die Neue Burg der Gff. auf dem westlichen Alsterufer bildete dann auch die Keimzelle der Stadt, die 1188 durch Privileg Gf. Adolf III. ins Leben gerufen wurde und schon bald kaiserliche Privilegierung erhielt. Anf. des 13. Jh. geriet H. mit Holst. unter dän. Herrschaft, wurde 1215 von Kaiser Otto IV. belagert und eingenommen. Die Aufstauung der Alster am Resendamm (Jungfernstieg) schuf die Bedingungen für das Zusammenwachsen der bf. Alt- und der gfl. Neustadt. 1235 legten Franziskaner hier das Marien-Magdalenen-Kloster, 1236 die Dominikaner das Johannis-Kloster an. Die Kirche der Neustadt war St. Nikolai, die der Altstadt St. Petri, direkt neben dem Mariendom gelegen. Durch Bedeichung der marschigen Grimm- und Cremoninseln wurde das Ksp. St. Katherinen geschaffen. Als letztes altstädtisches Ksp. kam St. Jakobi im Osten hinzu. Das gemeinsame Rathaus wurde 1290 genau im Grenzschnitt der drei Westksp. an der Trostbrücke gebaut. Vor den Mauern der Stadt lag das um 1200 gegr. Leprosenhospital (→Hospital) S. Georgii (heute Stadtteil St. Georg). 1295 wurde das 1246 westlich vor H. gegr. Zisterzienserinnenkloster Jungfrauental nach Harvestehude an der Alster verlegt. Im späten 13. Jh. erlangte H. eine Vermittlungsfunktion als Elb-Nordseehafen (→Hafen) für den Vorort des baltischen Handels →Lübeck. Schon vorher hatte es Stade als ehemals wichtigen Hafenplatz verdrängt. Baltische Waren wurden auf dem Landweg von Lübeck nach H. gebracht und von hier nach Westeuropa verschifft, während umgekehrt Tuche, Weine, Gewürze und Luxusartikel auf den Weg nach Osten gingen. Deshalb entfalteten beide Städte auch eine Schutzpolitik für ihre Landwegeverbindung. H. selbst, das auch oberelbische Waren (insbesondere Getreide und Holz) auf sich ziehen konnte, hatte eine starke Eigenproduktion aufzuweisen. Besonders das weit gerühmte Bier war eine Spezialität. H. beanspruchte seit der 2. H. des 15. Jh. das Stromregal für die Unterelbe und auch das Stapelrecht für die von hier stammenden agrarischen Produkte. H. Kaufleute wollten selbst die Agrargüter der Region gewinnbringend nach Westeuropa verschiffen.

Hamburg

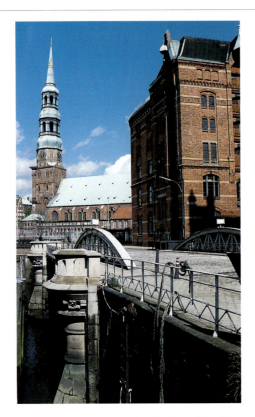

Die Katharinenkirche in Hamburg

Das Betonnungswesen der Stadt auf der Unterelbe ist ein Ausdruck dieser Sicherungspolitik. Am Ende des MA hatte die Stadt etwa 12.000 Einw. – 16 Jh.: Die →Reformation wurde recht rasch nach kurzen Auseinandersetzungen 1529 eingeführt, die Klöster säkularisiert und als Armenanstalten vollständig in städtische Verwaltung genommen. Die Stadt erlebte einen wirtschaftlichen Aufschwung, der auch durch ihr Engagement im Schmalkaldischen Bund (1536-1541) und dessen militärischer Niederlage gegen den Kaiser nicht gebremst werden konnte. 1558 wurde die Börse gegr. 1567 konnten sich die engl. Merchant Adventurers hier niederlassen und lenkten so den gesamten engl. Tuchexport für Europa über H. Nl. Kaufleute und Handwerker (Tuchmacher, Zuckersieder), die wegen der Befreiungskriege aus ihrer Heimat geflohen waren, wurden 1566/1570 und 1585/1589 unter Erweiterung des umwallten Gebietes auf der vor dem Grasbrook liegenden Brookinsel angesiedelt und brachten ihre Wirtschaftsverbindungen bzw. ihre Kenntnisse mit. Die Stadt hatte am Ende des 16. Jh. etwa 40.000 Einw. – 17. Jh.: In den Jahren zwischen 1616 und 1625 ließ H. seine Befestigungsanlagen unter Leitung des nl. Artillerieoffiziers Johan van Valckenburgh grundlegend erneuern – es entstand die heute noch erkennbare Umwallung mit vier Toren, 22 Bastionen und elf Ravelins unter Einbeziehung der weitgehend von Handwerkern und kleinen Gewerbetreibenden besiedelten Neustadt (dem späteren Ksp. St. Michaelis). Durch das Verteidigungswerk wurde die Alster in Binnen- und Außenalster getrennt. H. hatte nun definitiv gegenüber Lübeck die Vorrangstellung gewonnen und konnte seine bereits seit dem 16. Jh. geführte Schaukelpolitik zwischen dem Hz. von Holst. als Landesherren und dem Reich erfolgreich fortsetzen. 1619 wurde die Bank gegr. und machte H. zu einem internationalen Finanzplatz. Auch in kultureller Hinsicht ging es voran; so wurde 1613 das Akademische Gymnasium als Gelehrtenschule gegr., die unter ihrem Rektor Joachim Jungius (1628-1657) eine erste Hochblüte erlebte. Die Fährnisse des Dreißigjährigen Krieges, insbesondere den →Kaiserlichen Krieg umging H. einerseits durch seine moderne und starke Befestigung, zum anderen durch hohe Zahlungen an die kaiserlichen und ligistischen Heere. In wirtschaftlicher Hinsicht war das eine gute Zeit für die Kaufleute der Stadt. Im Westfälischen Frieden erreichte H. die Reichsunmittelbarkeit, die ihm bereits 1618 durch das Reichskammergericht zugestanden, aber vom Hz. von Holst. 1621 im Steinburger Vergleich revidiert worden war. 1662 führte die Admiralität die Konvoischiffahrt ein, indem sie Handelsschiffe auf dem Weg nach Portugal und Spanien zum Schutz gegen die nordafrikanischen Barbaresken mit militärischem Geleitschutz versah. Die Errichtung der Kommerzdeputation 1665 schuf die erste Handelskammer in Dt. Allerdings war das polit. Leben nicht spannungsfrei, wie die Jastram-Snitger-Wirren um 1685 zeigten. 1678 wurde hier hinter dem Gänsemarkt die erste dt. Oper gegr., die unter Reinhard Keiser (1674-1739) ihre erste Blüte hatte. Zu ihrem Ensemble zählte 1703-1705 auch der junge Georg Friedrich Händel. – 18. Jh.: Das 18. Jh. kann für die Stadt als ein insgesamt ruhiges bezeichnet werden; die allgemeinen Handelskonjunkturen wirkten sich auch hier aus, doch blieben sie ohne äußere Bedrohung. Der Beginn des

Jh. sah allerdings schwere Verfassungskämpfe, die die Intervention des Kaisers auf den Plan riefen (Hauptrezeß 1712). In außenpolit. Hinsicht errang die Stadt 1768 (Gottorfer Vergleich) die staatsrechtliche Anerkennung seiner Reichsunmittelbarkeit durch die Hzz. von Holst. In kultureller Hinsicht zog H. als eine der wenigen Großstädte Dt. zahlreiche berühmte Künstler an, sei es im Bereich der Musik, wo Johann Mattheson, Philipp Telemann, Vinzent Lübeck und Carl Philipp Emanuel Bach als städtische Musikdirektoren oder Organisten wirkten, sei es im Bereich der Dichtkunst mit Barthold Hinrich Brockes, Friedrich von Hagedorn, Gotthold Ephraim Lessing und Friedrich Gottlieb Klopstock. Die Stadt hatte um 1800 etwa 130.000 Einw. – 19. Jh. bis 1914: Der Reichsdeputationshauptschluß von 1803 brachte H. in den Besitz der bis dahin exterritorialen Domimmunität, was den Abbruch des ma. Doms zur Folge hatte. Die zurückhaltende Politik H. bei Auflösung des Reiches konnte seine Selbständigkeit gegenüber dem napoleonischen Expansionsdrang nicht schützen: 1806 wurde H. von frz. Truppen besetzt und 1811 als »bonne ville de l'Empire« frz. Stadt. Die Wirtschaft H. litt massiv unter den engl. Blockaden und der →Kontinentalsperre; der Schmuggel über →Tönning und →Helgoland blühte, doch lag H. Handel nahezu völlig darnieder. Erst die Befreiung 1814 brachte Änderungen. Alle frz. Neuerungen wurden zurückgenommen – eine Restaurierung der alten Macht- und Administrationsverhältnisse setzte ein. Die unzeitgemäße Stadtumwallung wurde um 1820 geschleift und in Promenaden und Gartenanlagen umgewandelt. Die Auflösung des spanischen Kolonialreiches in Lateinamerika ermöglichte den Kaufleuten der Stadt dorthin einen gewinnbringenden Handel; aber auch West- und Ostafrika kamen jetzt stärker in das Blickfeld der Handelsinteressen der Stadt. H. erholte sich rasch von den wirtschaftlichen Folgen der napoleonischen Zeit und schwang sich erneut zum Haupthandels- und Bankplatz des europäischen Nordens auf. Zahlreiche Im- und Exportgeschäfte, oft verbunden mit Reedereien, prägten das Bild der Hafenstadt. Die Geldgeschäfte besorgten in erster Linie merchant bankers, also Kaufleute, die das Bankgeschäft nebenher betrieben. Die Gründung der Hamburg-Amerikanischen Paketfahrt-AG (HAPAG) 1847 legte den Grundstein für ein Unternehmen, das 50 Jahre später die größte Reederei der Welt werden sollte. Der wirtschaftliche Aufschwung ging einher

Hamburg, Binnenalster

Hamburg

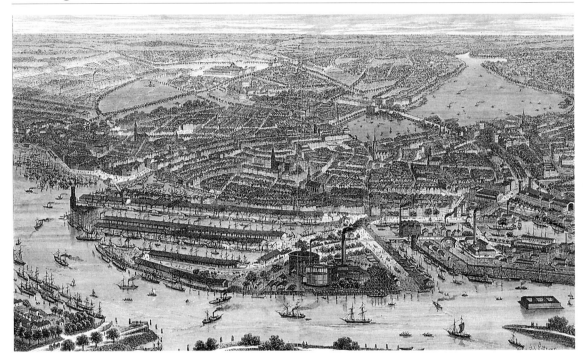

Hamburg aus der Vogelschau um 1880, Stahlstich von A. Eltzner

mit einer Zerstörung der Reste ma. Bausubstanz: Nach Abbruch des Domes 1805/1806 wurden 1829-1837 mehrere Klöster und Kirchen abgebrochen, um Platz für Neubauten zu erhalten. Der Große Brand (5.-8.5.1842) zerstörte dann etwa $1/5$ der Stadt (1.100 Wohnhäuser, 100 Speicher, alte Börse, Rathaus, Bank, Kirchen St. Petri und St. Nikolai). Dank der Finanzkraft der Stadt und auswärtiger Hilfe konnte schon bald mit dem Wiederaufbau begonnen werden, der zahlreiche städtebauliche Akzente (Neuer Wall, Alsterarkaden, Alsterdamm – heute Ballindamm) setzte. Die auch durch die Wirtschaftskrise von 1857 und die Gründerkrise ungebremste Entwicklung des Seehandels zog ein erhebliches Wachstum der Werftindustrie nach sich; zahlreiche Großwerften entstanden im allseitig wachsenden Hafenbereich; das südliche Ufer der Norderelbe (Steinwerder) wurde 1907-1911 durch den ersten Elbtunnel angeschlossen. Die starke wirtschaftliche Expansion führte zu erheblichem Bev.wachstum (u.a. durch Zuwanderung aus SH) und damit zur Einbeziehung der Vorstädte St. Georg und St. Pauli (bis 1833: Hamburger Berg) sowie des ehemaligen Landgebietes in das Wohngebiet der Großstadt. Es entstanden suburbane Siedlungen in Eimsbüttel, Eppendorf, Harvestehude, Barmbek, Hamm und Horn; und es begann der Bau von Villenvierteln im landschaftlich reizvollen südstormarner Raum (→Gartenstadt). Die Wohnverhältnisse in den aus frühneuzeitlicher Bebauung bestehenden und hochgradig verdichteten Gängevierteln hatten Slumcharakter. Hier lebten v.a. die Hafen- und Werftarbeiter, deren Familien der Choleraepidemie von 1892 zum Opfer fielen (8.605 Tote). Die Wirtschaft der Stadt wurde durch die Isolation stark betroffen; auch das →Auswanderungsgeschäft der HAPAG mit seinen Mio. Passagieren in die neue Welt (zwischen 1871 und 1914 wanderten über 124.000 Menschen allein aus SH in die USA aus) stockte. Diese Erfahrung machte mehrere städtebauliche und infrastrukturelle Innovationen möglich. So wurde 1908 das Gängeviertel im Ksp. St. Jakobi beim Bau der Mönckebergstraße (später beim Ausbau der Steinstraße) reduziert. Trinkwasserversorgung und Kanalisation (letztere nach 1842 begonnen) wurden ausgebaut. Um 1900 hatte sich die Bev.zahl auf 700.000 erhöht. Der hohe Arbeiteranteil machte H. zu einer Hochburg der sozialdemokratischen Partei und der sozialistischen Gewerkschaftsbewegung; beides strahlte weit nach SH aus. H. war bereits im

18. Jh. weitgehend auf Lebensmittellieferungen des Umlandes angewiesen; doch in der 2. H. des 19. Jh. gab es eine direkte Ausrichtung auf den Verbrauchsmarkt H. Der Bau der →Eisenbahn ermöglichte auch das Heranbringen verderblicher Frischwaren (Milch, Butter). Gemüse und Obst wurden in den H.-nahen Gebieten für diesen Markt produziert. – 20. Jh.: Der 1.WK brachte aufgrund des Handelsniederganges und des Verlustes von Tonnage einen starken Rückgang der Reederei. Das Ende des Kaiserreiches sah dann auch die demokratische Umgestaltung der Verfassung H. Die Sozialdemokratie nahm nun überwiegend die Regierungpolitik wahr; die Verwaltung wurde trotz chronischen Finanzmangels der öffentlichen Haushalte modernisiert. Die Ablieferung von Handelsschiffen nach dem Versailler Vertrag reduzierte die Flotte der Stadt massiv. Dennoch wurde mit großer Tatkraft am Wiederaufbau gearbeitet. 1919 kam es zur Gründung der Universität aus zahlreichen bereits bestehenden wissenschaftlichen Instituten, insbesondere aber aus dem Kolonialinstitut. Die Übernahme der Regierungsmacht durch die NS 1933 beendete die demokratische Phase der Politik. Sie setzte an ihre Stelle v.a. die massive Unterdrückung der sozialdemokratischen Arbeiterbewegung und ihrer zahlreichen sozialen wie kulturellen Institutionen sowie der Juden. Das Bürgertum H. stand dem NS keineswegs ablehnend gegenüber, sondern stimmte mit seinen wichtigsten Absichten überein. Als richtungsweisend kann sicher das →Groß-Hamburg-Gesetz gelten, mit dem die territoriale Einschnürung H. durch die Einverleibung von →Altona, →Wandsbek und Harburg bei nur geringen territorialen Verlusten (Amt Ritzebüttel, heute Cuxhaven und einige H. Exklaven) beendet wurde. Die städtebaulichen Visionen, nach denen H. auch optisch das Tor zur Welt hätte werden sollen, blieben der Stadt erspart. Die Aufrüstungspolitik des Reiches hat dann – in Verbindung mit der Überwindung der Großen Depression – auch holst. ein erhebliches Wirtschaftswachstum beschert. Die Kehrseite der Medaille war der 2.WK, dessen schlimmste Auswirkungen H. während der »Aktion Gomorrha«, einem elftägigen Dauerbombardement anglo-amerikanischer Verbände (24.7.-3.8.1943), ertragen mußte. Über 55.000 Menschen wurden getötet, 55% der Wohnungen, 60% der Hafenanlagen, 40 Kirchen und zahlreiche öffentliche Gebäude zerstört. Weitere Angriffe folgten bis Kriegsende. H. entging 1945 der totalen Zerstörung durch eine sinnlose Verteidigung aufgrund der mutigen Entscheidung des Kampfgruppenkommandeurs General Armin Woltz, der die Stadt entgegen den Befehlen kampflos an die britischen Truppen übergab. Der Wiederaufbau H. gestaltete sich aufgrund der positiven wirtschaftlichen Entwicklung und großzügiger Wiederaufbauhilfe seitens der USA trotz der Demontagen – insbesondere der Werft- und Hafenanlagen durch die britische Besatzungsmacht – einigermaßen problemlos. Die zahlreichen »Butenhamborger«, die 1943 und danach evakuiert worden waren, kehrten zurück; das Nachkriegswirtschafts- und Bev.wachstum setzte ein. Auch die schwere →Sturmflutkatastrophe vom 16./17.2.1962, die insbesondere im südlichen Stadtteil Wilhelmsburg zahlreiche Todesopfer forderte, hat den Wiederaufbau nicht nachhaltig bremsen können. 1968-1975 entstand der neue Elbtunnel als Teil der westlichen Autobahnumgehung mit drei Röhren und sechs Fahrspuren, der sich allerdings als zu klein ausgelegt erwies und gegenwärtig durch den Bau einer vierten Röhre erweitert wird. Für SH ist H. heute als Wirtschaftsstandort und Arbeitsplatz für viele Menschen aus der Metropolregion von Bedeutung. Die übergreifende Landesplanung (→Raumplanung) hat u.a. mit ihren Aufbauachsen versucht, die Landesgrenzen zu überwinden. H. ist flächenmäßig auf SH angewiesen, um Wohnraum für die in seiner Wirtschaft arbeitenden Menschen zu haben, aber auch auf H. bezogene Wirtschaftsansiedlungen zu ermöglichen. Ein großes Problem stellt die Konkurrenzfähigkeit des Hafens, die mit ständigen Vertiefungen der Elbwasserfahrrinne verbunden ist, dar. Die übergreifende Neuplanung für einen Großflughafen bei Kaltenkirchen als Ersatz für den Flughafen Fuhlsbüttel konnte nicht realisiert werden.

Lit.: H., hg. von W. Jochmann, H.-D. Loose, 2 Bde., H. 1982/1986; H.-Lexikon, hg. von F. Kopitzsch, D. Tilgner, H. 1998. LS

Hamburg, Erzbistum

Die St. Marien-Kirche ist seit 1993 Hamburger Dom

Hamburger Hallig

Hamburg, Erzbistum 831 wurde durch Kaiser Ludwig den Frommen das E. gegr. Er ließ einen Dom in der Hammaburg bauen und darin Ansgar zum Bf. weihen. Papst Gregor IV. bestätigte 831/832 die Gründung. Nach dem Wikingerüberfall 845 wurden die Btt. Hamburg und Bremen 848 vereinigt und Ansgar Bremer Bf. Papst Nikolaus I. bestätigte 864 die Vereinigung und erhob das Bt. zum Erzbt. →Bremen. Am 7.1.1993 wurde in Anknüpfung an die ma. Tradition aus der katholischen Diözese Osnabrück ein E. für Hamburg, SH und →Mecklenburg-Vorpommern gegr. Kathedrale ist die St. Marien-Kirche in Hamburg-St. Georg. Erzbf. wurde der vorherige Bf. von Osnabrück, Ludwig Averkamp. LS

Hamburger Hallig Dieser Überrest eines 1624 von den Hamburger Gebrüdern Amsinck auf der ehemaligen Insel Alt-Nordstrand bedeichten Kooges (→Koog) blieb 1634 nach einer verheerenden →Sturmflut als unbewohnte →Hallig im nordfriesischen Wattenmeer zurück. Bis 1760 in Besitz der Kaufmannsfamilie wurde sie auch als Amsinckland bekannt. 1859-75 gelang durch den Bau eines Dammes eine tideunabhängige, heute befahrbare Verbindung mit dem Festland. Sedimentationsprozesse im Schutz des Dammes verleihen ihr zunehmend den Charakter einer Halbinsel. Seit 1930 steht sie unter Naturschutz.

Lit.: C.J. Reitmann, Die H., Breklum 1983. HK

Hamburger Umland Das H. wird auf sh Seite planungstechnisch als eigenständiger Ordnungs- und Verdichtungsraum betrachtet und umfaßt die Kreise Pinneberg, Segeberg, Storman und Hzt. Lauenburg. Diese vier Umlandkreise wurden in der →Raumplanung zum sog. Planungsraum I zusammengefaßt. Daß dies auch dem eigenen Selbstverständnis entspricht, dokumentiert der 1960 erfolgte Zusammenschluß zur Arbeitsgemeinschaft der Hamburg-Randkreise. Die Gemeinsamkeiten ergeben sich aus den Wechselbeziehungen zur Metropole →Hamburg. Über die bereits seit vielen Jh. bestehenden Handels- und Verkehrsbeziehungen hinaus entstand im Verlauf des 20. Jh. ein besonderer Problemdruck, da das zunehmend als preiswertes Wohngebiet einerseits, als landschaftlich privilegierte Zone andererseits von Hamburgern frequentiert wurde. Spätestens nach dem massiven Zuzug von Bombenflüchtlingen und Vertriebenen war in den 1950er Jahren das Berufspendlertum – zusammen mit der Wohnungsnot und der fehlenden sozialen Infrastruktur – zu einem der drängenden, die kommunalen Haushalte stark belastenden sozialen Probleme des H. geworden. Die nach dem 2.WK einsetzenden Standortverlagerungen Hamburger Unternehmen ins Umland (Industriesuburbanisierung) führten zu einem raschen Strukturwandel. Einstmals ländlich-agrarische Gebiete wurden innerhalb kurzer Zeit überformt durch gewerblich-industrielle Verdichtung, Ausbau des Verkehrsnetzes, Suburbanisierung einzelner Orte und einer Neuordnung verwaltungspolit. Grenzen. Allerdings vollzog sich der Strukturwandel in den einzelnen H. Kreisen in unterschiedlicher Intensität, in den Kreisen Pinneberg und Storman rascher, in den Kreisen Segeberg und Hzt. Lauenburg zögerlicher. Der Industrie folgte jene Bev.suburbanisierung, die nun auch und gerade wohlhabendere Schichten erfaßte und das H. zum Speckgürtel werden ließen. Industrie- wie Bev.suburbanisierung im H. wurden frühzeitig durch regional-planerische Initiativen gelenkt, institutionalisiert v.a. im 1955 eingerichteten Gemeinsamen Landesplanungsrat Hamburg/SH. Die Planung diente in erster Linie dem Ziel, die gewerblich-industrielle und bev.mäßige Verdichtung innerhalb des H. auf die zunächst Entwicklungs-, später Aufbauachsen genannten Räume zu konzentrieren. Die komplementären Achsenzwischenräume hingegen sollten von verdichteter Entwicklung freigehalten wurden und landwirtschaftlichen Zwecken bzw. den Zielen von Naherholung, Landschafts- und →Naturschutz dienen. Die aus den Planungszielen resultierenden finanziellen Fördermaßnahmen beeinflußten entscheidend die Entwicklung einzelner Kommunen. Seit Anf. der 1990er Jahre basiert die Raumplanung auf größeren räumlichen Zusammenhängen (Metropolregion Hamburg), die in SH über die genannten Kreise hinaus den Kreis Steinburg sowie den Wirtschaftsraum →Brunsbüttel umfassen. NF

Hamburg und sein Umland 1825, Stahlstich von F.W. Hanemann

Hamkens, Wilhelm →Landvolkbewegung, →Regierungspräsident

Hand- und Spanndienste Der Grundherr konnte von seinen →Lansten Dienste fordern. Das gilt auch für den Landesherren, der diese Leistung selbst von den freien Bauern zu fordern berechtigt war. Dienste und Abgaben leiteten sich aus der Schutzfunktion ab. H. bestanden in Arbeitsleistungen zum Unterhalt der landesherrlichen Burgen (→Burgwerk), aber auch zur Bestellung der zu den Burgen gehörenden →Vorwerke und zur Bearbeitung landesherrlicher Ländereien (etwa Wälder); auch die Fuhren gehörten zu den H.n. Die Leistungen waren bemessen. Meistens leisteten in der Frühen Neuzeit die Voll- und Halbhufner (→Hufner) die Spanndienste, während die →Kätner die Handdienste erbrachten (→Hofdienst). LS

Handel Der H. SH ist durch die Vermarktung seiner Eigenproduktion, seine →Brückenfunktion zwischen Mitteleuropa und Skandinavien sowie zwischen →Ost- und →Nordsee bestimmt. Früher nennenswerter H. wickelte sich noch in der →Wikingerzeit über die schl. Landenge zwischen →Eider/→Treene und →Schlei ab. Der Ostseehafenplatz →Haithabu und dessen Nachfolgesiedlung →Schl. verdankten diesem H. seine Entstehung. Die H.güter lassen sich aus dem archäologischen Material – abgesehen von rheinischen Steinimporten und skandinavischen Specksteinen und Schiefern – nicht bestimmen, doch bieten Schriftquellen Hin-

Handel

Vignette auf einem Altonaer Frachtschein von 1842

weise auf Sklaven und Pelze (von Osten nach Westen), Tuch, Gläser, Schmuck, Waffen und Wein (in umgekehrter Richtung). Die Transitverbindung in Schl. wurde durch die Verbindung zwischen →Lübeck und →Hamburg, die dieselben Wirtschaftszonen miteinander verband, abgelöst. Die dt. Expansion nach Osten und die feudale Umgestaltung der südlichen Ostseeküstenregion wie auch die gewerbliche Entwicklung Westeuropas ließen den Warenh. beträchtlich anschwellen und sorgten für einen Aufschwung zunächst Lübecks, dann Hamburgs. Die Transitgüter bestanden aus Getreide, Holz, Teer, Fellen, Honig, Bernstein aus östlicher, Tuch, →Wein, →Salz, Glas, Schmuck aus westlicher Richtung. Die Gründung und das Größenwachstum der Städte machte deren Versorgung nötig, so daß sich im 13. Jh. auch H.wege aus dem Lande in die Städte entwickelten. Die Güter waren durchweg agrarischen Ursprungs (Getreide, Vieh, tierische Produkte, Holz), wenn man einmal von dem stark nachgefragten Salz absieht, das allerdings teilweise in bäuerlicher Eigenproduktion (Friesensalz) hergestellt wurde. Aus den Städten als H.zentren erwarben die Landgebiete von ihnen benötigtes Eisen (v.a. aus schwedischer Produktion) und Gebrauchs- wie Luxusgegenstände. Man wird jedoch insbesondere an der städtearmen Westküste den bäuerlichen Eigenh. über See nicht gering schätzen dürfen. Allerdings wurde dieser H. aus den ertragreichen →Marschen an der →Elbe durch Hamburgs Stapelpolitik, das alle Exporteure zunächst auf den Markt der Stadt zwang, stark behindert. Im Spätma. kam dann als eine besondere Form des Transith. der Ochsenh. aus →Jütland, später auch von den dän. Inseln, auf dem →Ochsenweg durch SH nach Mittel- und Westeuropa hinzu. Er erreichte beträchtliche Quantitäten (1485: 13.000, 1501: 28.300, 1546: 34.700, 1565: 47.500 Ochsen). Daneben wurden im 16. und 17. Jh. zahlreiche Ochsenverschiffungen über die Nordsee nach den Nl. durchgeführt. Der Aufschwung der

Ein Frachtwagen bei Ratzeburg um 1845, Lithographie von Wilhelm Heuer

Handel

Gutswirtschaft an der Ostküste steigerte ebenso wie der allgemeine landwirtschaftliche Aufschwung im 16. und 17. Jh. die Getreide-, später auch die Butterexporte aus dem Lande. Käse wurde insbesondere aus →Eiderstedt und der →Wilstermarsch ausgeführt. Wachsender Wohlstand ließ zahlreiche ausländische Fertigprodukte (insbesondere Textilien, Metallgußwaren und Wein) in das Land strömen. Holz wurde in großen Mengen über →Rendsburg exportiert. Da es an Bodenschätzen in SH fast ganz fehlte, kam nur der Segeberger Kalk als Montangut zur Ausfuhr nach Lübeck und Hamburg. Im 18. Jh. spielte der Ochsenh. keine große Rolle mehr. Bedeutend blieben die Agrarexporte, v.a. in Zeiten der kriegerischen Auseinandersetzungen in Europa, währenddessen der neutrale Gesamtstaat ungehindert H. treiben konnte. England war 1750 zu einem Getreideimportland geworden, was die Hztt. ausnutzen konnten. Dem Krieg war auch der Aufschwung des holst. Pferdehandels (→Pferdezucht) im letzten Drittel des 18. Jh. geschuldet, da hier zahlreiche Remonten (Militärpferde) gebraucht wurden. Es gab aber kaum gewerbliche Produkte, die exportiert werden konnten. Hingegen mußten nahezu alle Manufakturwaren und Luxusartikel (Waffen, Textilien, →Wein, Tee, Kaffee, Rum, Zucker, Tabak, Irdenwaren, Chinoiserien), aber auch viele Roh- (alle Metalle) und Halbfertigprodukte (Flachs) für teures Geld importiert werden, was einen Markt nur wegen des gestiegenen Wohlstandes seit etwa 1750 fand. Nach den exportbedingten Getreidepreishaussen zwischen 1790 und 1807 kam es aufgrund von Überproduktion ab 1819 zu einer Absatzkrise auf dem Getreidemarkt, die erst 1829 ihr Ende fand. In der nun beginnenden →Industrialisierung konnten sich die Hztt. als Lebensmittellieferant für das westeuropäische Ausland, aber auch für Dt. profilieren: Alle Getreidsorten, Raps und Kartoffeln, daneben Vieh und Viehprodukte (Butter, Speck, Fleisch, Knochen) stellten in den 1830er und 1840er Jahren die Hauptexporte dar. Auch Branntwein kam in großen Mengen zum Export (v.a. nach Latein- und Südamerika). Importiert wurden um 1840 in der Rangfolge der Mengen: Rohzucker (3,2t), Kaffee (2,8t),

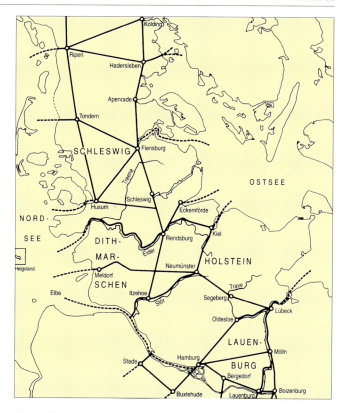

Sirup (1,3t), Rohtabak (1t), raffinierter Zucker (0,5t), Baumwollenwaren (0,5t), Wollwaren (0,14t). Von großer Bedeutung für die Westküste, insbesondere Eiderstedt, wurde der Viehexport von →Tönning nach England der 1846 mit 1.100 Stück Hornvieh begann und 1867 bis auf 54.000 Stück anstieg, um sich dann bei 30-50.000 Stück einzupendeln. 1888 endete dieser H. durch engl. Importverbot. Durch den Aufbau einer eigenen Industrie sahen sich die Hztt. mehr und mehr in der Lage, industrielle Fertigprodukte auszuführen, obwohl sie hinsichtlich der Rohstofflage fast vollständig auf Importe angewiesen waren. Allerdings erschloß der Wegfall der Zollgrenzen und die Hinwendung zum dt. Markt 1867/1871 ein ganz neues Absatzgebiet. Die Erschließung von Ton- und Kalklagerstätten machte die →Zementindustrie, die fast nur für die Ausfuhr arbeitete, lohnend. Darüber hinaus stellten die Textil- und Lederfabriken Ausfuhrwaren her. Auch im Großschiffbau gab es zahlreiche Exportaufträge. In den letzten Jahren

Transitwege in Nordelbingen im 14. und 15. Jahrhundert (Entwurf: Rolf Hammel-Kiesow, Zeichnung: Erwin Raeth)

hat sich der H. in SH wie folgt entwickelt:

Import	1975	1997
Ernährungswirtschaft	20%	15%
Gewerbliche Wirtschaft	80%	85%
Herstellerkontinente:		
Europa	65%	72%
Amerika	10%	10%
Asien	20%	15%
Afrika	4%	2%
Export	1975	1997
Ernährungswirtschaft	18%	10%
Gewerbliche Wirtschaft	87%	90%
Verbraucherkontinente:		
Europa	72%	73%
Amerika	11%	12%
Asien	8%	12%
Afrika	9%	2%

LS

Handelscompagnie H. entstanden im 16.-18. Jh., um den Überseehandel besser und effektiver zu organisieren, v.a. um den benötigten Kapitalbedarf, der zumeist die Möglichkeit einzelner Kaufleute überschritt, zu sichern. Sie wurden durch die Regierungen in Form von Privilegien, oft auch Monopolen für Import und Verkauf bestimmter Handelsgüter (z.B. →Salz, später: Gewürze, Chinoiserien, Tee etc.) unterstützt. Es handelte sich bei diesen H. zunächst um sog. regulated companies, also um eine Art Dachorganisation mit bestimmten Privilegien, derer sich zahlreiche Kaufleute bedienten. Erst mit der Britisch-Ostindischen Kompanie wurde das Modell der joint stock company herausgebildet – einer Aktiengesellschaft, deren eigentlicher Zweck nur das Zusammenführen einer möglichst großen Kapitalmenge war und die unter der straffen Führung einer Direktion arbeitete, die die wesentlichen kaufmännischen Entscheidungen traf. Die Aktionäre waren am Handel nur noch mittelbar beteiligt; sie waren in erster Linie Kapitalgeber, die auf hohe Dividenden hofften. Die dän. Monarchie zeichnete sich durch rasche Übernahme des Kompaniehandel-Modells aus. Auf Christian IV. geht die Gründung der Isländischen H. zurück, die – 1631 erneuert – u.a. eine Niederlassung in →Glückstadt unterhielt. Um 1640 wurde die Nordische und Trontheimsche H. gegr. 1659 privilegierte Friedrich III. die Glückstädtsche Guinea-Compagnie. Das Projekt scheiterte und wurde 1674 in Kopenhagen als Westindisch-Guineische H. neu aufgelegt. Gleichfalls um diese Zeit, nämlich 1670 wurde die Zweite Ostindische H. in Kopenhagen gegr. (eine erste Gründung 1616 war erfolglos). Diese Gesellschaft wurde 1732 in Asiatische Kompanie umbenannt und besteht noch heute. Die H. von 1781 in Glückstadt war auf Dauer nicht erfolgreich.
Lit.: O. Feldbæk, Danske Handelskompagnier 1616-1843, Kopenhagen 1986; K.-J. Lorenzen-Schmidt, Die Kgl. Octroyirte Glückstädtsche Handels-Compagnie 1781-1798, in: Vorträge der Detlefsen-Gesellschaft 2, 1999, 123-140. LS

Handfeste ist ein schriftliches Versprechen eines Fürsten, bestimmte Rechtsgrundsätze und Privilegien während seiner Regierungszeit fortbestehen lassen zu wollen. In DK wurden seit dem 14. Jahrhundert gelegentlich, von 1448 bis 1660 (von der Wahl Christian I. zum Kg. bis zur Einführung des Absolutismus) dagegen regelmäßig bei Thronwechseln H. ausgestellt. Das Ripener Privileg vom 5.3.1460, das Kg. Christian I. als Gegengabe für seine Wahl zum Hz. von Schl. und Gf. von Holst. und →Stormarn ausstellte, war eine nach skandinavischem Vorbild zwischen dem Kandidaten und seinen Räten und den Räten der Lande ausgehandelte H.
Lit.: A. Scharff, Die Wahl von Ripen und das Vorbild des Nordens, in: Dat se bliven ewich tosamende ungedelt, hg. von H. von Rumohr, Nms. 1960. JB

Handwerk Das H. war im MA nahezu ganz auf die Städte (→Stadt) beschränkt. Auf den

Handwerk

Lande gab es v.a. Schmiede, die das Eisenzeug der Hofstellen (Pflugscharen, Beschläge, Werkzeuge) herstellten und unterhielten. Die Arbeitsteilung zwischen Stadt und Land auf diesem Gebiet war allgemein anerkannt und drückte sich auch in den städtischen Privilegien aus. Die Vermittlung der städtischen Produktion auf das Land erfolgte durch die Märkte; allerdings war der ländliche Bedarf an h. Produkten – abgesehen von adligen Haushalten – nur gering, weil der größte Teil der Gebrauchsgüter in Eigenarbeit verfertigt wurde. In den Städten entstanden die H.ämter (→Amt) als Korporationen mit hohem Stellenwert. Die Bandbreite konnte hier beträchtlich sein. Je größer eine Stadt, desto höher die Differenzierung des H. und desto zahlreicher und größer die Ämter. In →Lübeck finden sich im Spätma. etwa 50 H.ämter, daneben einzelne Vertreter von Spezialh., die aufgrund ihrer geringen Zahl keine Amtsgerechtigkeit erlangten. In den kleinen Landesstädten sah es anders aus: →Schl. hatte um 1500 nur drei Ämter (und 1550 nur 5), aber Vertreter von 31 H.; →Rendsburg wies 1500 3, 1600 aber sechs Ämter auf, aber Vertreter von 26 H.; →Krempe hatte 1500 fünf Ämter, aber 17 H.; hingegen hatte →Kiel 1525 22 Ämter und Vertreter von 28 H. In dem Maße, wie die städtischen H. sich schlossen, d.h. die Meisterzahlen begrenzten, aber auch die ländliche Unterschicht (→Bauer, →Kätner) anwuchs, entstand auf dem Lande eine Konkurrenz für die Stadt, die im 17. Jh. stark zur Verarmung von Teilen des Stadth. führte. Insbesondere die holzverarbeitenden und Bekleidungsh. bekamen Konkurrenz. Dem versuchte die Landesherrschaft durch Schutzmaßnahmen, insbesondere durch die Einrichtung von →Bannmeilen entgegenzuwirken, jedoch ohne nennenswerten Erfolg. Das Landh. breitete sich aus und erlebte in Regionen mit wirtschaftlich potenten Landwirten schon im 17. Jh. eine Blüte (insbesondere Tischler- und Bildschnitzerkunst). Der Vermehrung des Landh. führte schließlich zu einem Überbesatz, bei dem seine Vertreter bis auf wenige Ausnahmen gezwungen waren, neben der h. Tätigkeit auch saisonbedingte landwirtschaftliche Tätigkeiten auszuüben (Ausnahmen: Schmied, Zimmermann). Auch Teile des Stadth. waren auf Nebenbeschäftigungen angewiesen (z.B. Ausschank von Alkohol oder kommunale Aufgaben). Die →Industrialisierung mit ihrem stetig wachsenden Angebot an Massenprodukten auch für den haus- und landwirtschaftlichen Sektor drängte zahlreiche H. vom Markt, da von ihnen die Waren nicht in der gleichbleibenden Qualität und sinkenden Preisen geliefert werden konnten. Parallel zum H.sterben in bestimmten Bereichen (Textil- und Lederproduktion und -verarbeitung, Böttcherei) gab es allerdings eine Spätblüte des Landh., seit die Verbesserung der wirtschaftlichen Lage der →Landwirtschaft ab etwa 1840 -

Wanderbuch für den Schneidergesellen J.F. Witt aus Sierhagen 1852

Arbeitsnachweis für den Müllergesellen H.D. Grell aus Lauenburg 1825

einen immer stärkeren Rückgriff auf h. Produkte (insbesondere der Lebensmittelversorgung: Bäcker, Schlachter) ermöglichte. Die Einführung der Gewerbefreiheit 1869 unterstützte dies. Nach krisenhaften Entwicklungen, insbesondere seit etwa 1920, hat sich heute das H. stark gewandelt. H. Produktion gibt es fast gar nicht mehr; das H. konzentriert sich mit Ausnahme des Bauhauptgewerbes auf Dienstleistungen in Form von Wartungen, Reparaturen und Innovationen. Die Frage nach dem Standort spielt nur noch eine untergeordnete Rolle, weil ohnehin hohe Mobilität aller H. gegeben sein muß.

Lit.: F. Hähnsen, Die Entwicklung des ländlichen H. in SH, Leipzig 1923; Gewerbliche Entwicklung in SH von der Mitte des 18. Jh. bis zum Übergang ins Kaiserreich, hg. von J. Brockstedt, Nms. 1989. LS

Hanerau

Hanerau (RD) Die →Burg H. wurde um 1180 von Gf. Adolf III. als Grenzsicherung (→Grenze) und Operationsbasis gegen →Dithm. erbaut und blieb in dieser Funktion eine wichtige Landesfeste bis zum Ende des Dithm. Freistaates 1559. Seit Mitte des 15. Jh. wurde hier ein →Zoll erhoben, der erst 1868 abgelöst wurde. Den Burgbezirk bildete anfangs das Großksp. →Schenefeld, seit dem 15. Jh. nur noch das →Ksp. →Hademarschen. 1525 wurde H. mit seinem Burgbezirk als Lehngut an den →Adel verkauft, nach einem Intermezzo als kgl. →Amt 1613-1664 wurde es 1699 wieder adliges →Gut, im 19. Jh. →Kanzleigut, immer mit der Gerichtsherrschaft (bis 1867) und der Obrigkeit (bis 1889) über das Ksp. Hademarschen. Anf. des 19. Jh. gründete der Gutsbesitzer Johann Wilhelm Mannhardt den Ort H. durch Ansiedlung von württembergischen Arbeitern für die von ihm errichteten, freilich kurzlebigen Textilmanufakturbetriebe. Die aus Gut und Ort bestehende Gemeinde H. (zuletzt ca. 400 Einw.) wurde 1938 mit dem größeren Hademarschen zur Gem. H.-Hademarschen vereinigt.

Lit.: H.W. Schwarz, Amt und Gut H. von den Anfängen bis 1664, Nms. 1977. HWS

Hansapark

Hansapark Der H. in Sierksdorf an der →Ostsee ist mit ca. 460ha und jährlich rund einer Mio. (1998) Besuchern der größte Freizeit- und Familienpark in SH. Er wurde 1973 als Legoland eröffnet, 1977 in Hansaland umbenannt und erhielt den Namen H. 1987. Der als GmbH & Co KG geführte Park beschäftigt während der Öffnungszeit vom April bis Oktober bis zu 750 Mitarbeiter und lockt die Besucher mit Wildwasser- und Achterbahnen, einer Westernstadt, einem Piratenland, einem alten Jahrmarkt, wechselnden Animationen, Shows und Gastronomie. OP

Hanse Die H. hat ihre Wurzeln in der Zeit der →Wikinger und war eine Vereinigung von Fahrtgenossenschaften, der Kaufleute und von Kaufleuten beherrschte Städte angehörten. Ihr Ziel war die Durchsetzung von Handelsinteressen durch Vermittlung des Warenaustausches zwischen den östlichen Rohstoffgebieten und den westlichen gewerblichen Produktionsgebieten. Maßgeblich dafür war ein Netz gemeinschaftlich koordinierter Kaufleutegruppen, das sich einerseits auf die verschiedenen Handelsprivilegien im Ausland (Nowgorod, Schweden, Norwegen, England, Brügge) stützte und sich andererseits auf einem innerh. Präferenzsystem gründete. →Hamburg und v.a. →Lübeck, das als »Haupt der H.« eine herausragende Rolle spielte, waren zwischen dem 13. und 15. Jh. fest in das Handelsgeflecht eingebunden. Gingen die Beziehungen Lübecks zunächst in alle Richtungen, wurden sie mit Ende des 15. Jh. auf den Ostseebereich eingeschränkt. Hamburg orientierte sich verstärkt nach Westen sowie in sein binnenländisches Hinterland an der →Elbe. In SH war nur →Kiel Mitglied der H. (bis 1518), wenngleich seine Bedeutung, v.a. seit Ende des 14. Jh., gering war. Die Kaufleute der anderen sh Städte konnten somit keinen Fernhandel an Orten mit h. Privilegien betreiben. Einen Sonderstatus nahmen die Bauern →Dithm. ein. Sie waren mit Unterstützung Lübecks seit Ausgang des 15. Jh. als sog. Zugewandte (keine eigentlichen Mitglieder der H.) im Handel mit Livland tätig. Ihre eigenen Handelsbeziehungen mit den Nl. standen den Interessen Lübecks konträr gegenüber. Mit der Verlagerung von Handelswegen, Strukturveränderungen in der europäischen Wirtschaftslandschaft sowie der Konsolidierung der dt. Territorialfürstentümer und Kgr. kündigte sich der Niedergang der H. an. Während Lübecks Stern sank, gelang e

Hamburg seit der Wende zum 16. Jh. seine Einfluß ausbauen und über die Elbe Anschluß an den nunmehr europaweiten Handel zu erlangen.
Lit.: R. Hammel-Kiesow, Die Hanse, München 2000. RW

Hansen, Christian Friedrich (geb. 29.2.1756 Kopenhagen, gest. 10.7.1845 Kopenhagen) Nach längeren Studienreisen in Italien und Dt. war der Architekt H. 1783-1804 holst. Landesbaumeister in →Altona; hier errichtete er mehrere Einfamilienhäuser. Seine Hauptwerke finden sich in Kopenhagen (Rathaus, Neubau des Schlosses Christiansborg, Dom u.a.), wo er 1808 Oberbaudirektor des dän. Gesamtstaates wurde. In dieser Funktion entwarf er u.a. das Rathaus von Neustadt/Holst., die Marktkirche in Husum, die Vicelinkirche in →Nms. und die St. Peters-Kirche in →Krempe. Abgesehen von den Frühwerken, die sich am Palladianismus anlehnen, entwarf H. seine Bauten im streng klassizistischen Stil, mit antiken Elementen, wie Säulen, Tempelfronten oder Kassettendecken.
Lit.: H., Kat., hg. von B. Hedinger, München/Berlin 2000. OM

Hansen, Jap Peter →Literatur

Hansen, Peter Christian →Gartenstadt

Hanssen, Georg →Geschichtsschreibung

Hanssen, Hans Peter (geb. 21.2.1862 Nørremølle, gest. 27.5.1936 Apenrade/Aabenraa) Seit den 1880er Jahren war H. führend in der Neuorganisierung der Bewegung der dän. Nordschl. (→Dän. Bewegung) nach modernen dän. Gesellschaftsvorbildern tätig. 1896-1908 gehörte er dem Preußischen Landtag, 1906-1919 dem Dt. Reichstag an. Er forderte 1918 die Lösung der Nordschl.-Frage durch das Selbstbestimmungsrecht der Völker (→Volksabstimmung). Als Minister für Südjütische Angelegenheiten in der dän. Regierung 1919-1920 hielt er an dem Abstimmungsgedanken fest, obwohl es in DK starke Strömungen für eine Grenzziehung südlich →Flensburgs oder am →Danewerk bzw. an der →Eider (→Eiderdän.) gab. 1920 machte er sich zum Fürsprecher für

eine liberale dän. Minderheitenpolitik und leistete in der Folgezeit Widerstand gegen eine Grenzverschiebung und den NS. HSH

Hantelmann, Hans →Schnitger, Arp

Harde Landesherrlicher Verwaltungs- und Gerichtsbezirk im Hzt. Schl. (dän. herred). Die H. scheint nachwikingerzeitlich zu sein und bezeichnete ursprünglich wohl ein Siedlungsgebiet. An der Spitze der H. stand der →H.svogt, ihm stand in der Frühen Neuzeit ein Gerichts- oder H.schreiber zur Seite, der das Gerichts- sowie das →Schuld- und Pfandprotokoll führte und Zwangsversteigerungen durchführte. Mehrere H. bildeten ursprünglich einen →Syssel, später ein →Amt. Nach der Einverleibung in →Preußen wurde 1867 zunächst die Gerichtsbarkeit abgetrennt und die H. in Hardesvogteibezirke umgewandelt. 1888 wurden sie endgültig aufgelöst; an ihre Stelle traten jetzt die kleineren →Amtsbezirke.
Lit.: W. Laur, Syssel und H., in: ZSHG 106, 1981, 46-53. MR

Hardesneffning →Neffning

Hardesvogt Landesherrlicher Unterbeamter in einer →Harde. Die Funktion gab es bereits im MA, wenn sich auch die Bezeichnung erst 1513 nachweisen läßt. Als Vorsitzender des Dinggerichtes war der H. zuständig für Zivil- und freiwillige Gerichtsbarkeit und konnte Urkunden beglaubigen. Zugleich war er untere →Polizeibehörde und vollstreckte die Forderungen aus Gerichtsurteilen. Der H. war außerdem für die Finanzen der Harde und oft auch für die Hebung von hzl. Steuern zuständig. Anfangs wurde das Amt oft von Großbauern ausgeübt, die es quasi erblich innehatten; seit der 2. H. des 17. Jh. wurden Schreiber als H. eingesetzt. Erst im 18. Jh. setzten sich studierte Juristen durch.
Lit.: E.J. Fürsen, Der H. im Hzt. Schl. unter besonderer Berücksichtigung des Zeitraumes von 1721-1867, Kiel 1973. MR

Harms, Claus (geb. 1.2.1778 Fahrstedt, gest. 28.5.1855 Kiel), Müllersohn aus Fahrstedt in Dithm., 1806-1816 Pastor in Lunden, dann bis 1849 als Archidiakon und Propst an St. Nikolai

Christian Friedrich Hansen

Claus Harms

Harring, Harro Paul Kasimir

Haseldorf

Harro Harring

Herrenhaus Haseldorf

in →Kiel tätig. H. kämpfte in Wort und Schrift gegen den Einfluß der →Aufklärung in der Kirche. In seinen am Reformationsjubiläum 1817 veröffentlichten 95 Thesen forderte er eine Rückbesinnung auf die durch die →Reformation vermittelten Glaubensnormen. 1835 lehnte H. einen Ruf als Nachfolger Friedrich Schleiermachers in Berlin ab.
Lit.: Sh Kirchengeschichte 5, 77-124. MJT

Harring, Harro Paul Kasimir (geb. 28.8.1798 Ibenshof/Wobbenbüll, gest. 15.5.1870 St. Hélier/Jersey) Der vielgereiste (Europa, Nord-und Südamerika) Idealist H. hielt seine zahlreichen polit. Abenteuer in einer Reihe von Büchern fest und sparte darin nicht mit beißender Gesellschaftskritik. Bei Ausbruch der →Erhebung von 1848 betrat er nach fast drei Jahrzehnten Abwesenheit wieder sh Boden, wurde im Jahr darauf Redakteur der radikal-demokratischen Rendsburger Zeitung »Das Volk« und setzte sich auch nach der gescheiterten Revolution, die ihm abermals eine langjährige Exil-Odyssee brachte, für eine panskandinavische Republik ein. Geistig verwirrt verübte er schließlich Selbstmord. Für Karl Marx war H. die Inkarnation des Putschisten und Emigrationsagitators.
Lit.: SHBL 5, 111-115. OM

Haseldorf (PI) Der Kirchort H. dürfte bereits im 12. Jh. bestanden haben (Ersterwähnung 1190); der →Kirchenbau ist das bedeutendste spätromanische Backsteinbauwerk der →Elbmarschen aus der Zeit 1225-1250 (Triumphkreuz Anf. 14. Jh.; Taufe von 1445). Der Ort entwickelte sich im Schatten einer →Burg, die 1228 im Besitz des Erzbf. von Bremen war und erst 1376 (zunächst in Pfandherrschaft) an die Gff. von Holst. kam. 1494 erwarb Hans von →Ahlefeldt die Burg und die damit zusammenhängende Vogtei (→H. Marsch). H. verblieb bis 1739 in einer Linie des Geschlechts; es folgten als Besitzer Mitglieder der Familie Schilden, von der es die Familie von →Schoenaich-Carolath erbte. Das 1804 neu erbaute Herrenhaus ist von C. F. →Hansen entworfen worden. Reste der ma. Turmhügelburg sind noch vorhanden.
Lit.: H., redigiert von H. Tumforde, H. 1990. LS

Haseldorfer Marsch In älterer Zeit wurden die gesamten südlichen →Elbmarschen als H. bezeichnet, weil sie alle zur ehemaligen Vogtei →Haseldorf gehörten, die 1494 Hans von →Ahlefeldt vom Hz. von Holst. erwarb und die nach seinem Tod 1500 nach und nach in sechs Güter (→Gut) geteilt wurden: Haseldorf, Ha-

selau, Seestermühe, Neuendorf, Groß- und Klein-Kollmar; später bildete sich das Gut Hetlingen in südlicher Nachbarschaft. Heute wird die südlichste und kleinste der Holst. Elbmarschen als H. bezeichnet; sie liegt zwischen dem Geestrand (→Geest) bei →Wedel und der →Pinnau und hat eine Größe von etwa 35km². LS

Hasse, Johann Adolf →Bergedorf

Hasse, Paul →Geschichtsschreibung

Hassel, Kai-Uwe von →Ministerpräsident

Hasselburg (OH) ist ein 1427 zuerst erwähnte →Gut an der Kremperau, etwa 6km von →Neustadt entfernt. Der heutige Haupthof zeigt die symmetrisch-axialen Merkmale einer Gutshofanlage des 18. Jh. mit →Herrenhaus aus dem Beginn des 18. Jh. (Barockhalle von 1763), Kavalierhäusern von 1707 und Torhaus von 1763. Zum Gut gehörte auch das Kirchdorf →Altenkrempe. LS

Hassendorf (OH) In der Gemarkung von H. liegen die Reste eines slawischen Ringwalles, die sog. Katsburg. Der Verlauf des rundovalen Walles ist trotz jahrzehntelanger Überpflügung in seinem Gesamtverlauf noch gut zu erkennen. LS

Hattstedt (NF) Das nördlich von →Husum liegende Kirchdorf hat eine spätromanische Kirche aus der Zeit kurz nach 1200, in dem sich eine aus dem 2. Viertel des 13. Jh. stammende Taufe befindet. Bemerkenswert auch der spätgotische Altar. Von hier und →Breklum aus wurde die H.ermarsch bedeicht, was zu hohen Deichlasten führte und daher den Wohlstand der Ksp.eingesessenen reduzierte. H. hat heute etwas über 2.100 Einw. LS

Hauberg →Bauernhaus

Hausmann Der volle Genosse der bäuerlichen Gem. wurde in →Dithm. H. genannt. Er entspricht dem →Hufner auf der holst. →Geest oder dem Bohlsmann (→Bohl) bzw. Bonden in Schl. LS

Hausvogt In den Ämtern (→Amt) und den vergleichbaren Verwaltungseinheiten war der H. der Beamte, der für den Wirtschaftsbetrieb des Amtshauses zuständig war. Darüber hinaus führte er die Aufsicht über die landesherrlichen Gebäude, die →Domänen und die landesherrlichen Pachtländereien sowie →Wald und →Moore. Außerdem beaufsichtigte er die von den Untertanen zu leistenden →Hand- und Spanndienste. LS

Hebamme →Gesundheitswesen

Hebammenschule →Entbindungs-Lehranstalt

Hebbel, Christian Friedrich (geb. 18.3.1813 Wesselburen, gest. 13.12.1863 Wien) Der Sohn einer armen Maurerfamilie bereitete sich autodidaktisch auf sein Studium vor (Jura, Geschichte, Lit., Philosophie). Nach finanziell schwierigen und persönlich verworrenen Jahren ließ er sich 1845 in Wien nieder, wo er die Schauspielerin Christina Enghaus heiratete und sich internationale lit. Anerkennung erwarb. H. steht lit.geschichtlich zwischen Idealismus und Realismus. Sein »Pantragismus« thematisiert die Identität von Geschichte und (persönlicher) Tragik – das Wollen des Einzelnen kann nur im Widerspruch zum Weltwillen (Hegels Weltgeist) stehen; das Scheitern des Individuums ist unabwendbar. Seine Dramen behandeln Stoffe aus Mythologie und Geschichte: Von »Judith« (1841) bis »Die Nibelungen« (Trilogie, 1862). Im bürgerlichen Trauerspiel »Maria Magdalena« (1844) stellt H. die starre Welt des dt. Kleinbürgertums dar; die »Erzählungen und Novellen« (1855) weisen einen Hang zum Skurrilen und Grotesken auf. Prosanahe Gedankenlyrik und die selbstanaly-

Torhaus Hasselburg

Hasselburg, Scheune von 1761

Christian Friedrich Hebbel

Hattstedt

Heckel, Erich

tischen Tagebücher (1835-63) runden das Gesamtwerk ab. H. Andenken wird in der alten Wesselburer Ksp.vogtei gewahrt, die als H.-Museum die weltgrößte Spezialbibliothek zum Werk des Dichters besitzt.
Lit.: H. Wütschke, H.-Bibliographie, Berlin 1910 (vollständiges Hebbel Werke-Verzeichnis und Lit. bis 1909); U.H. Gerlach, Hebbel-Bibliographie 1910-1970, Heidelberg 1973. MH

Heckel, Erich →Malerei

Hedemann (Familie) Die Beamtenfamilie hatte mehrere Linien, darunter drei dän. und eine auf Nienhof (→Dt.-Nienhof); letztere (H.-Heespen) blieb in SH ansässig. Die Grundlage für die Bedeutung der Familie legte Erich H. (1567-1636), der nach verschiedenen Stationen am braunschweig-lüneburgischen Hof 1628 zum Kanzler und Geheimen Rat Hz. Friedrich II. von Holst.-→Gottorf ernannt wurde. Ihm gelang es, die Neutralität des Hzt. zu bewahren. Christian Friedrich von H. (1769-1847) erbte von seinem Onkel C. F. Heespen u.a. das Gut Dt.-Nienhof, dessen →Herrenhaus er umbaute und mit einen engl. Garten versah. Auf Nienhof aufgewachsen setzte sich Hartwig H.-Heespen (1882-1960) früh für den →Naturschutz in SH ein. Ihm sind die Erhaltung vieler →Heide- und →Moorflächen zu verdanken. Paul von H.-Heespen (1869-1937) schrieb auf Dt.-Nienhof die »Geschichte der adligen Güter Dt. Niendorf und Pohlsee« (1906), »Geschichte der Familie von H. (1917-1919)« und »Die Hztt. SH und die Neuzeit« (1926); →Geschichtsschreibung.
Lit.: SHBL 3, 137-144. OM

Heerweg, besser Herrenweg, der unter landesherrlichem Schutz stand, wird die seit frühgeschichtlicher Zeit von Handel und Militär benutzte Verkehrslinie von →Jütland über den Mittelrücken und →Rendsburg zur →Elbe genannt. Zielpunkt war zum einen →Itzehoe, von wo mit Schiffen nach Stade übergesetzt wurde. Ein weiterer Zweig führte über →Nms. nach →Hamburg (→Ochsenweg).
Lit.: G. Schrecker, Das spätma. Straßennetz in Holst. und Lauenburg, in: ZSHG 61, 1933, 16-109; 63, 1935, 104-161. WA

Der alte Heerweg bei Kropp

Heftye, Thomas →CIS

Hegewisch, Dietrich Hermann →Geschichtsschreibung

Hegewisch, Franz Hermann →Kieler Blätter

Hegereuter →Forstverwaltung

Heide Die Entstehung der artenarmen Zwergstrauchh. aus H.krautgewächsen (Calluna, Erica), die auf der →Geest in Schl. und Holst. in der Frühen Neuzeit weit verbreitet war, ist im 20. Jh. umstritten gewesen. Während W. Emeis auf das natürliche Vorkommen aufgrund von Podsolisierung und Ortsteinbildung im Gefolge der letzten →Eiszeit und des Aufkommens ozeanischen, niederschlagsreichen Klimas setzte, ging F. Mager davon aus, daß die H. anthropogenen Ursprung hat, also v.a. durch die Reduzierung der einst vorherrschenden Eichen- und Eichenmischwaldvegetation auf der Geest durch den Menschen entstanden ist. Heute ist davon auszugehen, daß H. nur in kleinen Teilen der Geest natürlich vorkommt,

Auf der Heide bei Geesthacht vor 1930, Foto von Richard Linde

Heide

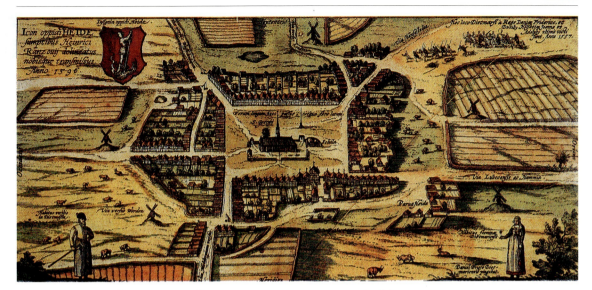

Heide um 1596, Stich von Braun und Hogenberg

im überwiegenden Flächenanteil allerdings aufgrund menschlicher Tätigkeit entstand (→Rodung, →Wald) und auch erhalten wurde (Weidegang sowie H.nutzung durch Brennmaterialgewinnung und Plaggenhau). Wenn heute H. ungenutzt und ohne menschliche Einflüsse liegen bleibt, bilden sich recht bald Baumbestände (zumeist zunächst Birkengehölze); deshalb müssen die wenigen H.naturschutzgebiete auch ständig gepflegt werden, um den H.charakter zu erhalten. In SH gab es bis zu den großen Meliorationen seit 1867 große H.flächen, die z.T. durch Aufbrechen der Ortsteinschicht mit Hilfe von Tiefpflügen sowie Düngung in Weiden verwandelt und z.T. mit schnell wachsenden Nadelbäumen bepflanzt wurden. Als H. werden auch zusammenhängende Waldgebiete bezeichnet, z.B. die Segeberger H., aus der im 16. Jh. viel Holz in die →Marsch geführt wurde. (→Hahnh., →Kolberger H., →Lohh., →Lürschauer H.). LS

Heide (HEI) liegt auf breitem Geestrücken zwischen →Moor und →Marsch. Die Ersterwähnung des Ortes erfolgte, als 1434 acht Ksp. »up der Heyde to Rüsdorp« einen Vertrag mit →Hamburg schlossen. Die Kirche St. Jürgen wurde um 1460 erbaut. H. wurde nach 1447 Zentralort der sog. Bauernrepublik →Dithm., wobei der Platz für die Landesversammlung dauernd abgesteckt wurde. Hier tagte bis 1559 jede Woche der Rat der 48. In der letzten Fehde 1559 kam es zu weitgehender Zerstörung des Ortes, der ab 1581 Sitz des →Landvogtes von Norderdithm. war. Wegen seiner günstigen Lage wurde H. zum Zentrum für Handel und Gewerbe, besonders seit dem Bau der →Eisenbahn (Marschbahn ab 1877). Insbesondere kam es zum Aufschwung der eisen- und holzverarbeitenden Industrie, sowie von Öl- und Getreidemühlen, der Tabakverarbeitung und des Landmaschinenbaus. Bis in die 1960er Jahre bestand der Großviehmarkt. Heute gibt es noch Maschinen- und Apparatebau (elektronische Bauteile, Windkraftanlagen). Seit 1914 war die Stadt Garnisonsort; die Kasernen wurden ab 1946 zum Kreiskrankenhaus umgebaut. Eine Bundeswehr-Garnison besteht seit 1967. Hier ist das 1937 gegr. Museum für Dithm. Vorgeschichte und die 1946 gegr. Dr. Gillmeister-Schule für medizinisch-technische Assistentinnen sowie die Meisterschule für das Kfz-Handwerk. Ab 1867 Hauptort für Norderdithm. wurde H. 1870 mit Stadt

Heide

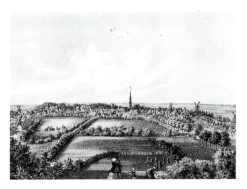

Heide im 19. Jh., Lithographie von Amalie Brunne

recht bewidmet und ist seit 1972 Kreisstadt für den Kreis Dithm. Die Stadt hat heute gut 20.700 Einw. WK

Heidekolonisation Weite Teile des sh Mittelrückens waren durch Raubbau an →Wald im Verlauf von Spätma. und Früher Neuzeit verheidet, d.h. Heidekraut bildete vielerorts die vorherrschende Flora. Diese Situation führte auf Sandböden zur Ausbildung einer wasserundurchlässigen Mineralschicht (Ortstein), die die Ansiedlung anderer Pflanzenarten erschwerte. Die weiten Heiden →Jütlands und SH rückten Mitte des 18. Jh. in das Blickfeld der Obrigkeit. Im Rahmen einer merkantilistischen Politik, zu der auch die Bev.vermehrung gehörte, ging man daran, neue Siedlungsflächen zu gewinnen und für die →Landwirtschaft zu erschließen. Die Flächen sollten nicht nur Landeskindern ein Auskommen bieten, sondern auch Einwanderer anziehen. 1758 begann die H. in Jütland, wofür insbesondere aus Baden und Württemberg Siedler angeworben wurden. 1760 begannen auf Betreiben der →Rentekammer in Kopenhagen Untersuchungen in den Hztt. über die Möglichkeiten der H., mit denen Dr. Johann Gottfried Erichsen beauftragt war. Er ermittelte eine Zahl von 4.000 möglichen Kolonistenstellen. Mit einem kleinen Stab von Mitarbeitern betrieb er in der Folgezeit die H., für die in Oberdt. zunächst 500 Siedlerfamilien angeworben wurden. Für diese wurden 1761 Häuser und Hütten errichtet, das Land zugemessen und Steuerfreijahre bis 1783 zugestanden. Auch Grundausstattungen (Vieh, Geräte) hatten für die Stellen beschafft werden müssen. Z.T. wurden ganz neue Kolonistendörfer gegr., aber auch Ausbauten vorhandener Dörfer vorgenommen bzw. Siedlungen an bestehende Dörfer angelehnt. Die neuen Dörfer erhielten Namen nach Mitgliedern des Kg.hauses (z.B. Friedrichsau, Christiansholm, Julianenebene, Magdalenenheide oder Sophienhamm) oder nach den benachbarten Dörfern (z.B. Neubörm, Neuberend). Gegen den starken Widerstand der ansässigen Bev., die die Heide als Ressource (Weide, Streu, Brennmaterial, Ackerland) nutzte, konnte das Siedlungswerk begonnen werden, kam jedoch schon bald in Schwierigkeiten, weil sich insbesondere die oberdt. Kolonisten durch die Schwere der Urbarmachung der Heide getäuscht sahen. Massenfluchten, v.a. über →Kiel nach Rußland, wo erfolgversprechendere Siedlungsangebote winkten, waren die Folge. Ein Teil der Stellen wurde mit Einheimischen neu besetzt. 1765 kam es zur Entlassung Erichsens. Trotz der mannigfachen Schwierigkeiten hat die H. doch den Grund zur weitestgehenden Inwertsetzung der einstigen Marginalböden geführt.

Lit.: O. Clausen, Chronik der Heide- und Moorkolonisation im Hzt. Schl. (1760-1765), Husum 1981. LS

Heidkaten Dieser Teil der früheren Kaltenkirchener →Heide wurde ab 1938 zum Militärflugplatz →Kaltenkirchen ausgebaut und war dann Standort für den →Reichsarbeitsdienst und die Marine-Kraftfahrausbildungsabteilung 1. 1941-1944 war hier das Erweiterte Krankenrevier Stammlager X A Schl. Zweiglager H. untergebracht, in dem hunderte sowjetische Kriegsgefangene starben. Am 7.4.1944 wurde der Flugplatz durch einen alliierten Bombenangriff zerstört. Heute ist H. Teil eines Standortübungsplatzes der →Bundeswehr. GH

Heidscheffel →Maße

Heiligenhafen (OH) Bald nach 1250 wurde H. im Rahmen der von Gf. Adolf IV. in die Wege geleiteten Städtegründungspolitik planmäßig angelegt und mit dem →Lübischen Recht bewidmet (Bestätigung von 1305). Maßgeblich war der natürliche und geschützte Hafenplatz (→Hafen), der für die Warenausfuhr aus dem Oldenburger Land und für den Schiffstransport zwischen dem holst. Festland und den dän. Inseln genutzt werden konnte. Dieser Aspekt bestimmte die Entwicklung der Stadt auch in den folgenden Jh., wie es die Erlangung mehrerer Handelsprivilegien im 14. und 15. Jh., so des Privilegium Johannes von 1491, das den Bürgern H. das Handelsmonopol im nordöstlichen Wagrien einräumte. Die immer wiederkehrenden Truppenanlandungen in den Kriegen vom 17. bis 19. Jh. belegen zudem die strategische Bedeutung H. Neben der Getreide- und Mehlausfuhr blieben Ackerbau und →Fischerei wichtig, Hier fanden in neuerer Zeit und besonders nach dem 2.WK,

Heiligenhafen

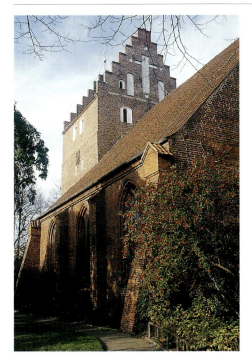

zahlreiche ostdt. Fischer eine neue Heimat. Die 1949 gegr. Genossenschaft wurde 1969 zur Fischvwertung H. Neustadt Erzeugergemeinschaft e.G. H. Im 20. Jh. entwickelte sich der Strand- und Badebetrieb zum Massentourismus (→Tourismus) wie in →Grömitz und →Neustadt. In einem früheren Kasernengelände entstand 1947 ein Landeskrankenhaus, die heutige Fachklinik Heiligenhafen, Klinik für Psychiatrie, Psychotherapie und Rehabilitation mit etwa 400 Betten. Die Stadt hat heute etwa 9.300 Einw.
Lit.: O. Rohkohl, Neue Chronik von H., H. 1989. HFR

Heiligenstedten (IZ) Die Kirche von H. gehört zu den ältesten vier holst. Ksp., den sog. Urksp. neben →Hamburg, →Schenefeld und →Meldorf. Hier legte Erzbf. →Ansgar um 830 Reliquien des Heiligen Maternian nieder. Möglicherweise besteht ein Bezug zwischen dieser frühen Kirchengründung und der zu Zeiten Karl des Großen angelegten →Esesfeldburg westlich von →Itzehoe. Die älteste Kirche lag vermutlich in Oldendorf, während die heutige Kirche aus dem 14. Jh. stammt. Aus adligem Grundbesitz entstand im 15. Jh. das beiderseits der →Stör ausgedehnte →Gut H., das – durch die Güter Herfahrt und Klein-Kampen erweitert – mehrfach die besitzende Familie wechselte; seit 1741 befand es sich im Besitz der Familie von →Blome. 1583 wurde das südlich der Stör liegende →Schloß durch den italienischen Baumeister Francesco de Roncha neu aufgebaut, 1790 durch Nicolas Henri Jardin, 1853 durch Joseph Eduard Mose umgebaut. Das Gut bildete zusammen mit Bahrenfleth, Bekmünde, Bekdorf und der Blomeschen Wildnis (→Wildnisse) 1855 einen größeren Güterkomplex und hörte 1927 als Kommune auf zu bestehen. Da es kaum Hoffeld gab (1905: 224ha), sondern vordem alles Land zu Erbpacht und gegen Kanon ausgetan war, verschwand es. Das Schloß wurde vom Land SH als Jugendheim benutzt, bis es in den 1980er Jahren privat erworben und zu einem Hotel mit Restaurant umgebaut wurde.
Lit.: E. Papke, H., H. 1995. LS

Heim, Claus →Landvolkbewegung

Heimatschutzbewegung Der Dt. Bund für Heimatschutz, 1904 in Dresden gegr., wandte sich gegen »Übergriffe des modernen Lebens« und »Eingriffe in ... die Gebilde der Natur« im Industriezeitalter. Sein Arbeitsfeld lag in der Denkmalpflege, in der Pflege der überlieferten ländlichen und bürgerlichen Bauweise, im →Natur- und Landschaftsschutz sowie auf dem Gebiet der Volkskunst. Der SH Landesverein, gegr. 1908, bemühte sich vornehmlich um die Architektur (Heimatschutzarchitektur), deren schöpferische Phase vor und nach dem 1.WK lag, als junge reformerische Architekten, anknüpfend an die →Backstein-Bauweise der vorindustriellen Zeit (vor und um 1800) ihre Entwürfe verwirklichten. Sie mißbilligten gründerzeitliche (historistische) »Allerweltsbauten« mit Papp- oder Wellblechdächern, kahlen Brandmauern, vorgeklebten Fassaden und aufgesetzten Türmen; sie empfahlen dagegen, den zerrissenen Faden der Überlieferung wiederaufzunehmen. Eine Bauberatungsstelle und jedermann zugängliche Musterentwürfe sollten Anregungen verarbeiten. Es entstanden viel beachtete Land-, Bauern- und Stadthäuser sowie Kommunalbauten (z.B. die Kreishäuser in Ton-

St. Nikolaus in Heiligenhafen

Heiligenstedten

dern/Tønder und →Bordesholm, das Rathaus in →Marne, die Schulen in →Kronshagen und in Bissee). Seit den späten 1920er Jahren machte der NS sich Ziele des Heimatschutzes zu eigen; der langjährige Bundesvorsitzende, Paul Schultze-Naumburg, erlebte eine bemerkenswerte NSDAP-Karriere (Reichstagsabgeordneter seit 1932). Die Verflechtung stimmt nachdenklich, entwertet aber nicht die Impulse, welche die H., namentlich in ihrer Frühzeit, der norddt. Backsteinarchitektur vermittelte.

Lit.: H.-G. Andresen, Bauen in Backstein. SH Heimatschutz-Architektur zwischen Tradition und Reform, Heide 1989. JB

C.H. Heineken, Kupferstich von C.F. Fritsch 1726

Heimreich, Anton (geb. 5.3.1626 Trindermarsch/Alt Nordstrand, gest. 16.9.1685 Nordstrandischmoor) Die »Nordfresische Chronik« (1666) des Pastors H. war, anders als die ältere bäuerliche Chronistik der Westküste, die in →Neocorus gipfelte, für den Druck bestimmt, obgleich sie noch ganz in deren Tradition stand. Sie behandelte trotz ihres umfassenderen Anspruchs v.a. (Alt-)→Nordstrand und →Eiderstedt, da hierfür die besten Vorarbeiten (u.a. von Johannes Petreus und Peter →Sax) vorlagen. H. Ausgabe des Nordstrander →Landrechts (1670) blieb bis 1900 Grundlage der Rechtsprechung.
Lit.: SHBL 4, 86-88. DL

Heineken, Christian Henrich (geb. 6.2.1721 Lübeck, gest. 27.6.1725 Lübeck) Das als Wundersäugling bestaunte Kind beeindruckte seine Zeitgenossen durch außergewöhnliche Geistes- und Gedächtnisgaben. Bereits im Alter von 10 Monaten konnte der Knabe einmal Gehörtes in drei Sprachen fehlerfrei rezitieren. Mit 1½ Jahren kannte er die Bibel auswendig und referierte die Genealogien europäischer Herrschaftshäuser. Das Kind wurde im Stile seiner Zeit als Sensation vorgeführt und im September 1724 sogar zur Audienz an den Hof des dän. Kg. Friedrich IV. geladen. Doch der phänomenale Geist korrespondierte mit einer schwächlichen Gesundheit. Christian litt an Zöliakie (chronischer Durchfall) und starb im 5. Lebensjahr an körperlicher Auszehrung. SW

Heinrich der Löwe (geb. um 1129, gest. 6.8.1195 Braunschweig), Hz. von Sachsen (1142-1180) und von Bayern (1156-1180); Gegenspieler Kaiser Friedrich I. Barbarossa. H. kümmerte sich v.a. um den Ausbau und die Stärkung der welfischen Hausmacht in Sachsen: 1159 gründete er →Lübeck neu, förderte durch Verträge mit Schweden, Gotland und Nowgorod den dt. Ostseehandel (→Ostsee, →Handel). Er unterwarf die Abotriten (→Slawen) östlich der →Elbe und siedelte dort Dt. an. Darüber hinaus setzte er sich für die Wiedererrichtung der Btt. →Oldenburg, →Ratzeburg und →Mecklenburg/Schwerin ein und beanspruchte die Investitur ihrer Bff.
Lit.: J. Ehlers, H., Göttingen 1997. ML

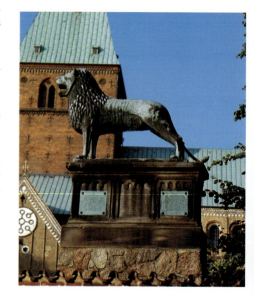

Der Löwe vor dem Ratzeburger Dom

Heinrich von Alt-Lübeck (gest. 1127) Um 1090 kehrte der Abotritenfürst (→Slawen) H. aus dem dän. Exil zurück, wohin er mit seiner Mutter Sigrid, der Tochter des dän. Kg. Sven Estridsen, 1066 nach der Erhebung der heidnischen Opposition unter dem Wagrierfürsten Kruto und nach der Ermordung seines Vaters →Gottschalk geflohen war. Er gewann mit dän. und dt. Hilfe die Herrschaft über das Abotritenreich zurück. Entscheidend war der Sieg in der Schlacht bei Schmilau 1093. H. erkannte die Lehnshoheit des sächsischen Hz. an, wählte →Alt-Lübeck zu seiner Residenz und bemühte sich um eine gute Nachbarschaft mit den Holsten und um die Einhaltung des Landfriedens. Es gelang ihm, seine Macht über die östlich wohnenden Slawen bis zur Oder auszudehnen und eine zentrale, integrierende Fürstenherrschaft aufzurichten, so daß ihn → Helmold von Bosau u.a. den Titel rex slavorum beilegte. In religionspolit. Fragen anders als sein Vater eher zurückhaltend, unterstützte er die christliche Mission. Mit seiner Ermordung und dem gewaltsamen Tod seiner beiden Söhne bald danach endete das Abotritenreich.
Lit.: Geschichte SH, 4/1. HFR

Heinrich von Badwide (gest. um 1164) Im Streit zwischen Staufern und Welfen wurde H., der aus Bodwede bei Uelzen stammte, 1138 statt des vertriebenen →Schauenburgers Adolf II. als Gf. von Holst.-Stormarn eingesetzt. Im folgenden Winter zog er mit einem Heer nach Ostholst. und leitete damit die Unterwerfung der →Wagrier unter die sächsische Herrschaft ein. Dem staufisch-welfischen Ausgleich 1142 folgte auch ein Ende des Streits zwischen H. und Adolf II., H. erhielt als Entschädigung Polabien (→Polaben) als Gft. mit der →Burg → Ratzeburg als Herrschaftssitz. Hier förderte H. seit dem Beginn der 1160er Jahre die Erschließung des Landes, indem er Siedler aus Westfalen rief. Zur →Christianisierung der Gft. überließ er Bf. Evermod die Insel im Ratzeburger See für den →Dombau und 300 Hufen als Ausstattung des neuen Bt. An der Grenze des Ratzeburger Dombezirks erinnert der Heinrichstein an den ersten Gf. von Ratzeburg, mit dessen Enkel das Geschlecht aber schon um 1196 ausstarb.
Lit.: SHBL 11, 25-27. OP

Der Heinrichstein in Ratzeburg

Heinze, Friedrich Adolph →Vaccinationsinstitut

Heise, Hans-Jürgen →Literatur

Heißenbüttel, Helmut →Literatur

Heitmann, Hans →Literatur

Hel →Eibe

Heldvader, Nicolaus →Geschichtsschreibung

Helgoländer Schnigge Hölzernes Fracht- oder Fischereifahrzeug von →Helgoland, teils auf der Insel aber v.a. an der Niederelbe (→ Elbe) gebaut. Sie wurden im Frachtverkehr zum Festland, als Fischtransporter und als Mutterschiffe für zwei Angeljollen beim Schellfischfang eingesetzt. Vor- und Achterschiff waren breit und rund, aber nicht so voll wie bei der →Eiderschnigge. Meist gab es ein Deckshaus. Es wurden Seitenschwerter gefahren. Die H. war meist als Anderthalbmaster getakelt. Nach 1900 entstanden auch einige eiserne Schniggen, die schärfer gebaut waren.
Lit.: H. Szymanski, Dt. Segelschiffe, Berlin 1934. PDC

Helgoland Das aufragende Plateau der Insel verdankt seine Entstehung denselben tektonischen Vorgängen, die auch den Segeberger

Helmold von Bosau

Helgoland um 1860, Lithographie von Wilhelm Heuer

Kalkberg (→Kalk) sowie die Lägerdorfer und Liether Kalkvorkommen (→Roterlehm) an die Erdoberfläche gepreßt haben: Durch Druck tiefliegender Salzstöcke kamen Rotliegendes, Buntsandstein und Zechstein an die Erdoberfläche. Die Insel erscheint 1231 zuerst im →Erdbuch Waldemar II. Die territoriale Zugehörigkeit blieb im MA unklar, wurde aber nach der Landesteilung von 1490 von Hz. Friedrich beansprucht und tatsächlich erreicht. H. bildete eine →Landschaft, der sechs Ratmänner und acht Quartiersmänner vorstanden. 1714 wurde H. vom Kg.-Hz. erobert und dem kgl. Anteil Schl. eingegliedert. 1807 besetzte engl. Militär die Insel, die bis 1890 engl. blieb. In diesem Jahr tauschte das Dt. Reich sie gegen Sansibar ein. Seit 1826 gab es auf H. eine Badeanstalt, die auf Betreiben von Jacob Andresen Siemens eingerichtet wurde. Dies war auch der Anf. des Seebades (→Tourismus) H., das vor dem 1.WK jährlich ca. 30.000 Gäste aufsuchten. Parallel verlief der militärische Ausbau der Insel zum Kriegsflottenstützpunkt. Im 1.WK mußten alle Bewohner H. verlassen, das nun eine Garnison von 3.900 Mann erhielt. Nach den Bestimmungen des Versailler Vertrages wurde die Insel entfestigt. Die Wiederaufrüstung in der NS-Zeit bescherte H. Torpedoboothafen, U-Bootbunker und Militärflugplatz; ein ausgedehntes Stollensystem im Felsen sollte vor Luftangriffen schützen. Im 2.WK wurde H. Ziel mehrerer schwerer Bomberangriffe, die im April 1945 alle Häuser zerstörten. Der Versuch mehrerer verantwortungsbewußter Personen, sich mit den Engländern auf eine kampflose Übergabe zu einigen, führte zur Hinrichtung von acht Männern als Landesverräter in Sahlenburg (Cuxhaven). Nach Kriegsende wurden 2.600 Helgoländer evakuiert und auf 150 Orte des Festlandes verstreut. 1947 versuchten die Engländer mit ca. 7.000t Munition die Insel zu zerstören, was nicht gelang. Nach anhaltenden Protesten wurde H. 1952 wieder freigegeben. Der Wiederaufbau erfolgte rasch in einheitlichem Stil. Bald schon wurde H. wieder beliebtes Reiseziel von der Nordseeküste aus. 1965 wurden hier 40.640 Tagesgäste und 299.145 Übernachtungen gezählt. H. gehörte bis 1922 zum Kreis Süderdithm., bildete von 1922 bis 1932 einen eigenen Kreis und kam dann an den Kreis →Pinneberg.

Lit.: Geschichte Nordfrieslands, hg. vom Nordfriisk Instituut in Zusammenarbeit mit der Stiftung Nordfriesland, Heide 1995. LS

Helmold von Bosau (geb. um 1120 bei Goslar, gest. 1177 Bosau) Der Geistliche und Chronist kam 1134 in das durch →Vicelin gegr.

Augustiner-Chorherrenstift →Segeberg. Nach dessen Rückverlegung nach →Nms. folgte eine Ausbildung in Braunschweig. Zurück in Nms. wurde er 1150 →Diakon und um 1156 Pfarrer in dem durch Vicelin errichteten Missionsort →Bosau. Dort verfaßte er in den folgenden Jahren seine →Slawenchronik, die ein bewegtes Bild der hochma. Mission, Siedlung und Kolonisation zeichnet.
Lit.: SHBL 1, 159-160; Geschichte SH, 4/1. DK

Hemme (HEI) Der Kirchort wird zuerst 1217 erwähnt und gehörte bis um 1350 zum Ksp. →Lunden. An der Kirche befinden sich zahlreiche Gruftplatten und Grabsteine mit Wappen der →Geschlechter, am Gestühl zahlreiche Hausmarken und Wappen von Bauernfamilien (1550-1573). Pastor Samuel Rosenbohm trat 1612 mit einer Gedichtsammlung an die Öffentlichkeit. Sein Amtsnachfolger Gustav →Frenssen (Pastor 1892-1902) schrieb hier seine Romane »Die Sandgräfin«, »Die drei Getreuen« und »Jörn Uhl«. LS

Torhaus Hemmelmark

Hemmingstedt (HEI) Die Gem. im →Amt Heide-Land wird zuerst bei Nennung der St. Marien-Kirche 1323 erwähnt. Der Ort liegt auf einer Geestinsel (→Geest) 8km nördlich von →Meldorf. Etwa 2km südwestlich von H. errichteten ca. 300 Dithm. in der Nacht zum 17.2.1500 eine Schanze, vor der am folgenden Tag das Heer der holst. Fürsten unter dem Kg. von DK zum Halten gebracht und in einer blutigen Schlacht besiegt wurde; die Überflutung des Schlachtfeldes durch die Dithm. trug entscheidend zum Ausmaß der Niederlage bei. 1856 fand man beim Brunnenbau auf der »Hölle« ölhaltigen Sand; weitere Bohrungen durch Ludwig →Meyn blieben erfolglos.

Hemme

Hemmelmark →Gut in der Gem. Barkelsby (RD), am H. Binnensee gelegen. Seit dem späten MA war es in Händen verschiedener adliger Familien, ab 1896 Eigentum des Prinzen Heinrich von Preußen, dann (bis 1953) seiner Witwe, der Prinzessin Irene und zuletzt der Prinzessin Barbara von Preußen. 1903/04 erfolgte der Bau des Torhauses und des jetzigen Herrenhauses im Cottage-Stil. →Megalithgräber und ein Mausoleum (1905) befindet sich in der Feldmark, und eine Turmhügelburg (Motte) im Waldgelände hinter dem Herrenhaus.
Lit.: H. von Rumohr, Schlösser und Herrenhäuser im Hzt. Schl., Frankfurt/M. o.J. JB

Die Kirche von Hemme

Die Schlacht bei Hemmingstedt, Stich von Johannes Gehrts

Hennings, August Adolph Friedrich von

Hemmingstedt

Es kam zur Gründung einer Asphaltgrube und Phosgen-Fabrik für Schmieröl und Lampenpetroleum (Destillation des Ölsandes; →Erdöl). Die Raffinerie ist heute ortsbildbestimmend für H., das gut 3.000 Einw. hat.

Lit.: W. Lammers, Die Schlacht bei H., Heide 1953; S. Zimmermann, Ludwig Meyn und die Entwicklung der dt. Erdölindustrie bei Heide in Holst., Hamburg 1966. WK

Hennings, August Adolph Friedrich von (geb. 19.7.1746 Pinneberg, gest. 17.5.1826 Rantzau/Barmstedt) gehörte als polit. Publizist und Hg. mehrerer Zeitschriften zu den entschiedenen Verfechtern der →Aufklärung in SH. Nach Anstellungen in Behörden in Kopenhagen und im diplomatischen Dienst DK wurde er 1787 →Amtmann der Ämter →Plön und →Ahrensbök und 1807 →Administrator der Gft. →Rantzau.

Lit.: H.W. Ritschl, H., Hamburg 1978. KG

Heridag →Christianisierung

Herrenhaus In SH werden überwiegend Bauten der Landesherren als Schlösser (→Schloß) bezeichnet. Die Wohnhäuser des Adels führen in der Regel auch dann, wenn sie wie Schlösser aussehen, die Bezeichnung H. Als solche sind sie seit dem 16. Jh. gekennzeichnet durch die enge Verbindung mit den Wirtschaftsgebäuden; die architektonische Einheit ist gewollt, sie wurde erst im 19. Jh. z.T. aufgegeben. EO

Das Bethaus der Herrnhuter Brüdergemeinde in Christiansfeld

Hermann, Gottfried →Musik

Herrnhuter Brüdergemeine Die von Nikolaus Ludwig Gf. von Zinzendorf begründete pietistische Gemeinschaft begann seit den 1730er Jahren mit ihrer Missionstätigkeit in SH. Eine Herrnhuterkolonie mit Namen Pilgerruh wurde 1737 bei →Oldesloe gegr. 1740 umfaßte sie bereits 166 Mitglieder. Als Christian VI. von den Brüdern den Treueid auf seine Person forderte, weigerten sie sich aus Gewissensgründen und verließen lieber das Land. So war bereits 1741 das Ende dieser Brüderkolonie gekommen. Zu einer weiteren Gründung einer Herrnhuterkolonie kam es erst 1771 unter der Regierung Johann Friedrich →Struensees, die eine Ansiedlung der als tüchtig geltenden Herrnhuter aus wirtschaftlichen Gründen wünschte. In der Nähe von Hadersleben/Haderslev entstand die mit großzügigen Privilegien ausgestattete Brüdergem. Christiansfeld, die sich bald zu einem florierenden Ort mit einem breiten Spektrum an Handwerkern und fabrikähnlichen Betrieben entwickelte und 1800 schon 712 Personen zählte. Erst als Christiansfeld nach 1864 durch die Grenzziehung von einem Großteil seines Umlandes abgeschlossen war, setzte ein starker Rückgang im Wirtschaftsleben ein. Heute sind die Mitglieder der Brüdergem. eine Minderheit im dän. Christiansfeld.

Lit.: M. Wittern, Geschichte der Brüdergem. in SH, in: SSHKG 2/4, 1908, 271-414; Herrnhuter Samfundet i Christiansfeld, hg. von A.P. Thyssen, Apenrade 1984. MJT

Herzhorn

Herzhorn (IZ) Das Ksp. H. entstand gegen 1470 nach der Aufgabe von →Nigenstad und seiner Kirche. 1390 erhielt die Pinneberger Linie der →Schauenburger neben dem geschlossenen Bereich der Gft. Holst.-→Pinneberg auch das Nigenland als Entschädigung für die Erbteile der Plöner Linie. Schon 1350 gehörten die beiden Dörfer Sommerland und Grönland zu Holst.-Pinneberg. Zusammengefaßt wurde daraus die Herrschaft H., Sommerland und Grönland gebildet. Ein Herrenhof am Obendeich diente als Verwaltungszentrum. Der →Landesschulze übte in H. die Funktion eines →Ksp.vogtes aus. Dieses Gebiet behielt wegen seiner anderen Herrschaft Elemente des durch Christian I. 1470 aufgehobenen →Hollischen Rechtes bis in preußische Zeit. Nach dem Aussterben der Schauenburger der Pinneberger Linie 1640 kam H. an den Hz. von Holst. und wurde nach der Inbesitznahme der Reichsgft. →Rantzau 1726 vom dortigen → Administrator als Intendant der Herrschaft H. mitverwaltet. 1867 kam H. (als Landgem. Sommerland und H.) an den Kreis →Steinburg. Die Gem. haben noch heute ein stark landwirtschaftliches Gepräge.

Lit.: W. Ehlers, H., Glückstadt 1964. LS

Herzog Während der Herrscher über Schl. →Knud Laward (gest. 1131) als »dux Jucie« (H. von →Jütland) bezeichnet wurde, wobei nicht klar ist, ob es sich hierbei um eine einfache Übernahme eines Begriffs aus dem südlichen, sächsischen Raum handelt, wo der H.titel schon länger existierte, war der H. von Sachsen der Lehnsherr über →Nordelbingen bis zur → Eider. →Holst., wie vereinfachend die Sammelbezeichnung für Holst. und →Stormarn (nach 1559 sogar auch für Dithm.) geworden ist, war zu dieser Zeit nur eine Gft. Hingegen blieb ein kleiner Rest des alten Hzt. Sachsen in →Lauenburg erhalten, dessen Fürst den H.titel führte. Holst. wurde erst 1474 bei einer Reise Kg. Christian I. an den Kaiserhof zu einem Hzt. erhoben. Seitdem führten die Landesherren den Titel H. von Schl. und von Holst. Dieser Titel wurde auch bei den Landesteilungen weitergegeben und blieb nach der Einverleibung durch →Preußen (nun beim preußischen Kg.) bis 1918 erhalten. 1865 hatte dieser auch die lauenburgische H.würde erworben. Die im Zuge des Vertrages von →Zarskoje Selo 1773 an Holst.-→Gottorf gekommenen Gftt. →Oldenburg und Delmenhorst, die mit dem Fürstbt. →Lübeck verbunden waren, wurden 1774 zum Hzt. erhoben; 1815 erfolgte die Rangerhöhung zum Großhzt., so daß es jetzt auch ein großhzl. Territorium in SH gab. LS

Herzogtümer Der Plural H. bezeichnet in der modernen Quellensprache und landesgeschichtlichen Terminologie die in Personal- und Realunion verbundenen Territorien Schl. und Holst., ab 1815 Schl., Holst. und →Lauenburg. Das kleine Hzt. Lauenburg ging aus der Auflösung der sächsischen Herrschaft →Heinrich des Löwen hervor. Nach dem Aussterben des regierenden askanischen Fürstenhauses (→ Askanier) 1689 wurde es von den Welfen in Besitz genommen. Auf dem Wiener Kongreß 1815 gelangte es als symbolische Kompensation für die Revision des Kieler Friedens von 1814 unter die Herrschaft des Kg. von DK. 1434 hatte es zu Gunsten des Bf. von Lübeck (→Lübeck, Bt.) die formale Lehnsherrschaft über die Gft. Holst.-→Stormarn verloren. Diese hatte sich unter der Rendsburger Linie des →Schauenburger Gff.hauses zu einem bedeutenden Territorium entwickelt und wurde nach deren Erlöschen (1459) unter dem ersten →Oldenburger Landesherrn 1474 von Kaiser Friedrich III. zum Hzt. und unmittelbaren Reichslehen erhoben. Das Hzt. Schl. entstand als Teil des Kgr. DK und wurde dauerhaft von seiner Rechtsordnung geprägt. Es entwickelte sich während des 13. Jh. aus einer Sekundogenitur des Kg.hauses zum Lehen der dän. Krone und Territorium unter eigener Landesherrschaft. Nach dem Aussterben des aus der kgl. Dynastie hervorgegangenen Hz. hauses (1375) erstritten die Schauenburger Gff. aus der Rendsburger Linie in langwierigen Auseinandersetzungen die erbliche Belehnung mit dem Hzt. und verbanden es in Personalunion mit der Gft. Holst.-Stormarn. 1460 wurde der erste dän. Kg. aus dem Oldenburger Gff.haus, Christian I., durch das Votum der entscheidenden Gruppierung des in Schl. ansässigen Großadels (→Adel) der holst. Ritterschaft zum gemeinsamen Landesherrn gewählt. Die aus Anlaß dieser Wahl von Christian I. ausgestellten Privilegien, der →Ripener Vertrag vom 5.3.1460 und die →Tapfere Verbesserung vom 4.4.1460, legten den Grund für die institutionelle Realunion beider Lande, seit 1474 H. Neben dem schon unter den letzten Schauenburgern entstandenen gemeinsamen →Rat bildete sich seit 1462 unter den ersten Oldenburgern der gemeinsame →Landtag. Mit der →Reformation erhielten beide H. eine gemeinsame →Kirchenordnung (1542), nach der →Landesteilung unter den Söhnen Friedrich I. (1544) auch eine Gemeinschaftliche →Regierung für die gemeinsamen Angelegenheiten (1564), die in jährlichem Turnus unter den drei, seit 1581 zwei Landesherrn wechselte, und

Hessen, Carl von

eine gemeinsame Landgerichtsordnung (1573/1636). Die institutionelle Realunion beider H. wurde während der Landesteilung durch den Ausbau zweier Zentralverwaltungen, v.a. aber durch den wachsenden und seit dem Dreißigjährigen Krieg unüberbrückbaren polit. Gegensatz zwischen dem Kgr. DK und dem →Gottorfer Kleinstaat (→Gottorf) überlagert und weitgehend paralysiert. Erst die Inkorporation der gottorfischen Landesteile Schl. (1716/20) und Holst. (1773) führte in den H. zu einer homogenen landesherrlichen Verwaltung, die jedoch polit. und juristisch durch die Landesgrenze an →Eider und →Levensau maßgeblich determiniert blieb. Holst. war ein Lehen und Territorium des Heiligen Römischen Reiches Dt. Nation und als solches Teil des →Niedersächsischen Kreises; 1815-1864 war es neben Lauenburg Mitglied des Dt. Bundes und in beiderlei Hinsicht vollständig in die Reichs- und Bundesverfassung integriert. Im Hzt. Schl. galt bis 1900 das Jütische Recht (→Jyske Lov), in Holst. dagegen →Holstenrecht in der Tradition des alten Gewohnheitsrechtes und Sachsenspiegels. Die Eidergrenze schied die institutionelle Union der H. mithin in unterschiedliche Rechts- und Verfassungsordnungen. H. blieben Schl. und Holst. auch, nachdem sie 1867 eine →Provinz des Kgr. →Preußen geworden waren, bis ans Ende des Kaiserreichs 1918. Das Hzt. Lauenburg hatte Preußen schon 1865 erworben. Es wurde 1876 ein →Kreis der Provinz SH. Die Bezeichnung Hzt. ist bis auf den heutigen Tag Bestandteil seines Namens geblieben.

Lit.: Geschichte SH, 4-6; L. Rerup, Slesvig og Holsten efter 1830, Kopenhagen 1982; R. Hansen, Das Alte Reich und DK, in: Prague Papers on History of International Relations 2, 1998, 45-58. RH

Carl von Hessen, Ölgemälde

Hessen, Carl von (geb. 19.12.1744 Kassel, gest. 19.8.1836) Landgf. C. war 1774-1836 Statthalter in SH. Er repräsentierte somit die Hztt. in der Übergangszeit vom 18. zum 19. Jh., und als Schwiegersohn des dän. Kg. war er in besonderer Weise den Prinzipien des Ancien Régime verpflichtet. Dennoch wandte er sich der Industrialisierung des Landes zu (→Büdelsdorf). Gleichzeitig erwies er sich als Anhänger der Freimaurerei und der Alchemie, war aber auch als Vorsitzender einer Bibelgesellschaft aktiv. Er verkehrte im Kreis der →Emkendorfer Pietisten, unterstützte aber auch umstrittene Gestalten wie den Gf. de St. Germain. EO

Hessenstein (PLÖ) wird eine ehemalige Herrschaft genannt, zu der die Güter Panker, Hohenfelde, Schmoel und Klamp gehörten. Sie sind heute noch im Besitz der Familie von Hessen, nach der sie seit 1751 ihren Namen trägt. Die Herrschaft war um 1900 5.600ha, 1925 noch 4.400ha groß. Auf einer Anhöhe ließ Landgf. Friedrich von Hessen 1839-41 einen 17m hohen Aussichtsturm errichten, von dem aus man bei gutem Wetter bis zu den dän. Inseln sehen kann. LS

Der Aussichtsturm Hessenstein

Heumann, J. P. →Wotersen

Hexe Im Gegensatz zu dem Bild des Zauberers/der Zauberin entstand im christlichen Europa in der katholischen Theologie ab dem Spätma. die Vorstellung der H. als destruktiver Bündnispartnerin des Teufels, die nur aufgrund dieser inneren Beziehung zum Satan Schaden an Menschen, Vieh und Pflanzen verursachen konnte. Die protestantische Theologie übernahm diese H.lehre, die in SH von den Pastoren Samuel Meiger aus →Nortorf 1587 und Petrus Goldschmidt aus Sterup 1698/1704 in geschriebener Form vertreten wurde.

Ein H.begriff mit der Vorstellung des H.sabbats als zentralem Element konnte aber kaum Fuß fassen. Seit Übernahme der kaiserlichen Halsgerichtsordnung Karl V. von 1532 mit dem Prinzip von Zauberei als Offizialdelikt, der Legalität des Einsatzes von Folter und der Verbrennung als Strafe in Holst., →Lübeck und →Lauenburg wie auch der Aufnahme des H.deliktes im dem für das Hzt. Schl. größtenteils geltenden →Jyske Lov seit dem 15. Jh. waren neue rechtliche Regelungen für eine Verfolgung von vermeintlichen H. vorhanden. Insgesamt wurden von 1530 bis 1735 nachweislich 785 Menschen – 91% Frauen und 9% Männer – wegen Hexerei angeklagt und 530 hingerichtet. SH war damit keine prozeßarme Region, gehörte aber auch nicht zur Kernzone der H.verfolgung. Hier fanden auch keine Massenprozesse statt, obwohl auf →Fehmarn in mehreren Prozeßwellen fast 80 Menschen hingerichtet wurden. Theoretisch skeptisch gegenüber der H.verfolgung trat der Jurist Konrad van Anten aus →Lübeck 1591 auf, praktisch v.a. der Pastor Johann Christoph Linekogel aus Giekau 1686.

Lit.: H.prozesse, hg. von C. Degn u.a., Nms. 1983; R. Schulte, H.meister, Frankfurt/M. u.a. 2000, 195-242. RS

Heydebreck, Claus Joachim von →Landtagspräsident

Heyde-Sawade-Affäre Ausgelöst von einer Posse kam 1959 eine Affäre ans Tageslicht, die internationale Aufmerksamkeit erregte: Der weltweit mit Haftbefehl gesuchte psychiatrische Obergutachter des NS-Behindertenmordprogramms, Professor Werner Heyde, lebte kaum getarnt unter dem Namen Dr. Fritz Sawade als Arzt und Gutachter in →Flensburg. Getragen und gedeckt von einem Netz aus ärztlichen Kollegen, Kieler Universitätsprofessoren, Strafverfolgern, Ministerialbeamten und der Spitze der Landessozialgerichtsbarkeit hat H. 1950-1959 ca. 7.000 ärztliche Gutachten für Behörden und Gerichte verfaßt. Die Mitwisser, unter ihnen der Präsident des Landessozialgerichts Buresch, Flensburgs Klinikchef Delfs, Gerichtsobergutachter Glatzel, die Professoren Creutzfeld und Hallermann, bildeten, abgesehen von einem halbherzigen Vorstoß Creutzfelds 1954, ein Kartell des Schweigens. Insgesamt 46 in den Komplott Verstrickte, darunter 18 voll Informierte, listete der Parlamentarische Untersuchungsausschuß 1961 auf. H., bei auffälligen Fahndungspannen geflohen, dann nach freiwilliger Stellung in Haft, nahm sich 1964 vor Prozeßbeginn das Leben. Seine Mitwisser gingen straflos aus.

Lit.: K.-D. Godau-Schüttke, Die H. Wie Mediziner und Juristen den NS-Euthanasieprofessor Werner Heyde deckten und straflos blieben, Baden-Baden 1998. UD

Himpten →Maße

Hindemith, Paul →Musik

Hindenburgdamm Am 1.6.1927 eröffnete Reichspräsident von Hindenburg den 10,8km langen Eisenbahndamm (→Eisenbahn), der →Sylt mit dem Festland verbindet, nachdem die Fährverbindung (→Fähre) zwischen Hoyerschleuse und der Insel 1920 an DK gefallen war. Über den H. verkehren außer regionalen und überregionalen Zügen mehrmals stündlich Autozüge. Eine Straße über den H. wird von den Syltern abgelehnt.

Lit.: H. Bock, Die Marschbahn von Altona nach Westerland, Heide 1989. WA

Hintersasse ist eigentlich der hinter einem Herren sitzender, also ein von einem Grundherren abhängiger Bauer. Der H. kann persönlich frei und nur wirtschaftlich und dinglich verpflichtet sein, aber auch als Halb- oder Unfreier in einer persönlichen Abhängigkeit stehen (→Leibeigenschaft). LS

Hirschfeld, Christian Cay Laurenz (geb. 16.2.1742 Nüchel, gest. 20.2.1792 Kiel) war kgl. dän. Justizrat und Professor der Philosophie und Schönen Künste an der Christian-Albrechts-Universität. Als früher Theoretiker der Gartenkunst war er bestrebt, einen ästhetischen und gestalterischen Ausgleich zwischen dem symmetrischen frz. →Park und dem frei angelegten engl. Landschaftsgarten zu schaffen. H. gründete 1785 die kgl. dän. Fruchtbaumschule mit über 80.000 Baum-

Hitzhusen

»Das Landleben« von C.C.L. Hirschfeld von 1767

schößlingen im Düsternbrooker Gehölz bei →Kiel. Im Zuge der →Aufklärung war die Gartenkunst für H. Ausdruck eines gewandelten Verhältnis zwischen Mensch und Natur. In der Auseinandersetzung mit den natürlichen Gegebenheiten und verschiedenen Gesichtspunkten der Gartennutzung war sie ihm »Philosophie über die mannigfaltigen Gegenstände der Natur ... innere, wahre Aufheiterung der Seele, Bereicherung der Phantasie, Verfeinerung der Gefühle.«

Lit.: H., Theorie der Gartenkunst, 5 Bde., Kiel 1779-1785. MH

Hitzhusen

Hitzhusen (SE) Südlich der Straße zwischen →Itzehoe und Bad →Bramstedt liegt 1km westlich von H. am Ufer der Bramau der Rest eines sächsischen Ringwalles von 70m Durchmesser aus dem 9./10. Jh. Wahrscheinlich handelt es sich um eine der Grenzburgen des Holstengaues gegen die →Slawen. Der größte Teil H. unterstand im 16.-19. Jh. dem →Gut Bramstedt, zwei Hufen der Herrschaft →Breitenburg. H. hat heute etwas über 1.100 Einw. RG

Höfesterben Während zwischen dem Hochma. und der Mitte des 20. Jh. die Zahl der Landstellen (Höfe) auch unter dem Einfluß der →Industrialisierung zunahm und um 1949 einen Höhepunkt erreicht hatte, kam es im Zuge des Strukturwandels seit 1950 zu einem Rückgang, der sich seit 1960 stark beschleunigte. Seitens der landwirtschaftlichen Interessenverbände wurde diese Entwicklung als H. bezeichnet. Selbst gegenwärtig ist ein Ende dieses Prozesses nicht abzusehen. Mit ihm verbunden ist eine starke Ausdehnung der Betriebsfläche (durch Landkauf oder -pacht) der überlebenden landwirtschaftlichen Betriebe, andererseits eine zunehmende Betriebsflächenstillegung im ländlichen Raum.

Landwirtschaftliche Betriebe über 2ha in SH	
Jahr	Zahl
1882	60.717
1895	61.340
1907	61.941 (nach der Abtretung 48.933)
1925	51.043
1933	53.164
1939	54.253
1949	54.317
1960	49.432
1974	31.938
1981	29.462
1994	ca. 25 000
1998	ca. 20 000

LS

Höger, Fritz (eigentlich Johann Friedrich, geb. 2.6.1877 Bekenreihe, gest. 21.6.1949 Bad Segeberg) Der Architekt H. erlernte das väterliche Handwerk eines Maurers und Zimmermanns, besuchte 1897-1901 die Baugewerbeschule in →Hamburg und machte sich dort 1907 als Architekt selbständig. Nach noch relativ konventionellen Kontorgebäuden in der Mönckebergstraße entwarf er mit dem schiffsförmigen Chilehaus, dem Anzeiger-Hochhaus in Hannover und anderen Bauten (Kirche am Hohenzollernplatz Berlin, Rathaus Wilhelmshaven) ausdrucksstarke Bauformen, die er mit fast manieristisch anmutenden, komplizierten Klinkerkleidern überzog

Seine Hoffnungen, zum Stararchitekten der NS-Zeit aufzusteigen (Parteieintritt 1933) erfüllten sich nicht. 1946 lieferte er einen seiner letzten Entwürfe zu einem Mahnmal für die Opfer des NS in →Itzehoe.
Lit.: P. Bucciarelli, H., Berlin 1992. KUS

Höriger Hörige im engen Sinne sind unfreie Bauern, die durch die Übernahme von Landstücken einer →Grundherrschaft in Abhängigkeit eines Grundherrn stehen und diesem zu verschiedenen Abgaben und Diensten verpflichtet sind. Die Hörigkeit unterscheidet sich durch die Schollenbindung der Hörigen (dingliche Gebundenheit) von der persönlichen Abhängigkeit gegenüber einem Grundherren (→ Leibeigenschaft). Hörigkeit wird aber auch allgemein als Sammelbegriff für verschiedene Formen der bäuerlichen Abhängigkeit gebraucht. ML

Hövelen, Conrad von →Elbschwanenorden

Hochschule Neben der →Universität entstand erst 1926 die Pädagogische Akademie für Volksschullehrer in →Kiel, die nach dem 2. WK als Pädagogische H. Kiel fortbestand und 1994 ihre Eigenständigkeit beendete, als sie erziehungswissenschaftliche Fakultät in der Universität wurde. Alle anderen H. des Landes sind erst nach 1945 entstanden, auch wenn sie auf ältere Wurzeln zurückgehen. Die Medizinische H. in →Lübeck ist seit 1973 eine selbständige wissenschaftliche Einrichtung, die aus der 1964 als Fakultät der Universität gegr. Medizinischen Akademie hervorging. 1985 wurde sie Medizinische Universität. Sie gliedert sich in zwei Fakultäten mit 22 Kliniken und 24 Instituten und beschäftigt mehr als 800 Wissenschaftler; hier sind etwa 1.600 Studenten eingeschrieben. 1973 entstand auch die Fachh. Lübeck, die ihre Ursprünge in drei älteren Institutionen hat: der 1808 gegr. →Navigationsschule (später: Staatliche Fachh. Lübeck für Technik und Seefahrt), der Baugewerbeschule (später: Staatliche Ingenieurschule für Bauwesen Lübeck) und der 1961 gegr. Staatlichen Ingenieurschule Lübeck. Hier studieren über 3.200 Studenten in den Studiengängen Physikalische Technik, Technische Chemie, Technisches Gesundheitswesen, Architektur, Bauingenieurwesen, Elektrotechnik, Maschinenbau und Wirtschaftsingenieurwesen. Ebenfalls 1973 wurde die Musikh. Lübeck ins Leben gerufen; sie geht auf Vorläufer seit 1911 zurück, die 1933 zur Gründung des Lübecker Staatskonservatoriums und der H. für Musik führten (1938: Landesmusikschule SH). 1950 war sie Musikakademie und Orgelschule und erreichte 1969 den Status einer Fachh. 1946 wurde die Pädagogische H. →Flensburg gegr., die 1967 den Status einer wissenschaftlichen H. und 1973 das Promotionsrecht erhielt. 1994 erfolgte ihre Umstrukturierung zur Bildungswissenschaftlichen H. Flensburg-Universität, an der etwa 1.800 Studenten eingeschrieben sind. Weitere Fachh. bestehen in Flensburg (Elektrotechnik, Maschinenbau, Mathematik, Schiffsbetrieb, Verfahrenstechnik, Betriebswirtschaft, Technikübersetzen und Wirtschaftsinformatik), →Kiel (Architektur, Bauingenieurwesen, Elektrotechnik, Landwirtschaft, Automatisierungstechnik und Produktionsinformatik, Maschinenbau, Vertriebs- und Einkaufsingenieurwesen, Schiffbau und Meerestechnik, Feinwerktechnik und Mechatronik, Sozialwesen, Betriebswirtschaft) und →Heide (Fachh. Westküste: Betriebwirtschaft, Elektrotechnik, Maschinenbau). In Kiel besteht die 1907 gegr. Muthesius-H. als Fachh. für Kunst und Gestaltung mit den Studiengängen Architektur, Kommunikationsdesign, Industriedesign und Freie Kunst. In privater Trägerschaft befinden sich die Fachh. →Wedel, die Nordakademie in →Elmshorn und die H. für Berufstätige (Fernfachh.) in →Rendsburg in denen Studiengänge für Physikalische Technik, technische Informatik, Wirtschaftsinformatik, Wirtschaftsingenieurwesen, Betriebswirtschaft und Sozialwirtschaft angeboten werden. LS

Hodorf (IZ) Am Ostufer der →Stör wurde im Gebiet der Gem. H. 1935-1937 eine eisenzeitliche Flachsiedlung aus der Zeit des 1.-3. Jh. n.Chr. mit mehreren übereinander gelagerten Hausgrundrissen gefunden, aus denen Wohn- und Stallteile rekonstruierbar waren. Zahlreiche Funde, darunter römische Münzen und Gefäßscherben (terra sigillata) beweisen die frühe Besiedlung der →Elbmarschen ohne Deichschutz (→Deich).
Lit.: W. Haarnagel, Die frühgeschichtlichen Siedlungen in den sh Elb- und Störmarschen, insbesondere die Siedlung H., in: Offa 2, 1937, 31-78. LS

Fritz Höger

Hoevermann, Otto →Oberpräsident

Hof (lat. curia) kann in mehreren Bedeutungen auftreten. 1. Der Begriff bezeichnet seit dem Spätma. zunächst den Bauernhof, also das Ensemble der für die bäuerliche Wirtschaft nötigen Gebäude (Wohnwirtschaftsgebäude, Scheune, Stall, Mühle etc.) sowie die dazu gehörigen Ländereien. 2. Spezieller dient der Terminus für die Bezeichnung des Herrenh., also des →Adelsh., der zumeist durch eine Reihe größer dimensionierter Gebäude gekennzeichnet ist. Die Bezeichnung erscheint im späten Hochma. und wird nicht nur auf niederadlige Wohnsitze angewendet, sondern auch auf die stark befestigten landesherrlichen und Hochkleriker-Wohnsitze, für die auch die Begriffe →Burg und →Schloß angewendet werden. Selbst der Kg.h. leitet seine Bezeichnung von der einstigen landwirtschaftlichen Anlage ab. Beim Hochadel wurde dann das Wort auch für die den Landesherren, →Kg. und →Bf. umgebenden Personen verwendet; dafür kam im 16. Jh. nach burgundisch-spanischem Vorbild die Bezeichnung H.staat auf. In diesem Zusammenhang entstand auch das →H.gericht. 3. In den Städten (→Stadt) wird der Adelsh. und der H. der Domherren mit der Bezeichnung belegt. Es dürfte sich zumeist um Gebäudekomplexe gehandelt haben, die tatsächlich einen Hof (als freie Fläche) umschlossen, also größer dimensioniert waren als das →Bürgerhaus. Hierher rührt auch der Begriff Gerichtsh. (→Gerichtswesen). LS

Hofdienst Die unbezahlte Arbeit, die abhängige →Bauern ihren Gutsherren (→Gut) leisteten, nennt man H. (auch Fron, dän. hoveri). Die H. umfaßten in erster Linie Feldarbeiten, aber auch Fuhren, Einzäunungs-, Garten-, Drescharbeiten u.a. Im ausgehenden MA waren die H. meistens ungemessen, aber von geringem Umfang. Im Laufe des 16. und 17. Jh. stiegen sie für viele schl. und holst. Bauern kräftig an. Auf Gütern in den östlichen Teilen der Hztt. im 18. Jh. mußte jeder Bauernhof normalerweise ein bis zwei Pferdegespanne und drei bis vier Menschen sechs Tage in der Woche zum H. stellen. In anderen Teilen der Hztt. wurden die H. dagegen ganz oder teilweise im Laufe des 16. und 17. Jh. aufgehoben und durch ein Dienstgeld ersetzt. Zwischen 1770 und 1810 wurde der größere Teil der verblieben H. ganz oder hauptsächlich in Geldpacht umgewandelt, aber auf einer Reihe von Gütern blieben Fronverpflichtungen bis nach 1864 bestehen (→Hand- und Spanndienst). CPR

Hoff, Hinrich Ewald →Geschichtsschreibung

Hoffmann, Erich →Geschichtsschreibung

Hofgang → Hofdienst

Hofgericht Im Zusammenschluß zwischen →Ständen und Landesherren etabliertes Landes-Obergericht als höchste territoriale Spruchinstanz. Die für den Betrieb notwendigen H.ordnungen wurden in den Hztt. Schl. und Holst. 1573, im Hzt. Sachsen-Lauenburg 1578 eingeführt. Als Folge der Erziehung des H. konnte fortan an das Reichskammergericht als oberste reichsgerichtliche Instanz appelliert werden. Auf diese Weise beeinflußten die reichsgerichtlich praktizierten Grundsätze des Römischen Rechts langfristig die obergerichtliche Rechtsprechung und förderten die Rezeption des Römischen Rechts in den Reichsterritorien.
Lit.: W. Prange, Die Organisation der Rechtspflege im Hzt. Lauenburg bis 1879, in: Geschichtliche Beiträge zur Rechtspflege im Hzt. Lauenburg, hg. von K. Jürgensen, Mölln 1996, 13-26. JH

Hofmann, Kurt →Musik

Hohenlockstedt →Lockstedter Lager

Hohenwestedt (RD), ursprünglich Westede, später Westedt, ist dem Ortsnamen nach in den ersten Jh. n.Chr. entstanden. Schon im 12. Jh. wurde die Kirche (St. Peter und Paul) gegr. H. gehört damit zu den vermutlich sechs alten Großksp. des Holstengaus; schon früh war es Teil des Bezirks der Rendsburger →Burg. Die zum →Amt →Rendsburg gehörige Ksp.vogtei H. des 15.-19. Jh. deckte sich nicht mit dem großen geistlichen Ksp., das auch Teile anderer Herrschaften umfaßte. Im Kirchdorf H. selbst gab es neben der →Gerichtsbarkeit des Amtes Rendsburg diejenigen des →Klosters →Itzehoe und des Gutes →Drage

Verkehrsgünstig an der Kreuzung zweier bedeutender Überlandwege gelegen, entwickelte sich H. seit der Kirchgründung schnell zu einem wichtigen ländlichen Zentrum mit Jahrmarkt (→Markt), Gasthäusern, Handwerkern und seit der →Reformation auch einer →Schule. Zu den guten Wegeverbindungen kam im 19.-20. Jh. die →Eisenbahn und brachte weiteren Aufschwung: 1877 die »Westbahn« Nms.-Heide und 1901 die Kreisbahn Rendsburg-H., die 1916 nach →Schenefeld verlängert wurde. 1938 wurden die Nachbardörfer Glüsing und Vaasbüttel eingemeindet. Heute ist H. ein städtisch geprägter Mittelpunktsort mit vielen Dienstleistungsbetrieben und ca. 5.000 Einw.

Lit.: F. Glade, H., H. 1994. HWS

Holländer Die →Kolonisation der Holst. →Elbmarschen erfolgte teilweise unter Hinzuziehung von H. (Nl.). Sie brachten aus ihrer Heimat die Kenntnisse relativ großflächiger Bedeichung und →Entwässerung mit. Bei ihrer Ansiedlung im 12. und 13. Jh. wurde ihnen die Beibehaltung ihres gewohnten Rechtes (→Hollisches Recht) gewährt. Neben holstenrechtlich geprägten Dorfschaften finden sich also auch hollischrechtliche. Vor 1470 gehörten zu diesen Gem. wenigstens das Ksp. →Wilster, Wewelsfleth und →Beidenfleth, das Ksp. →Krempe und Süderau sowie →Herzhorn, Sommerland und Grönland. Das Sonderrecht wurde 1470 durch Christian I. aufgehoben. Auch an der Kolonisation Ostholst. hatten H. insbesondere in der Gegend um →Eutin Anteil. Zu einer zweiten Welle der Zuwanderung von H. kam es in der zweiten H. des 16. Jh. unter den Vorzeichen des nl. Unabhängigkeitskrieges. Erneut waren die →Marschregionen bevorzugtes Ansiedlungsgebiet. So wurden →Eiderstedt und die Elbmarschen Ziele nl. Einwanderer. Die beiden Gründungsstädte →Glückstadt und →Friedrichstadt tragen noch heute teilweise nl. Charakter. Auf die H. dürfte der Aufschwung der Milchwirtschaft und damit der Fettkäseproduktion in Eiderstedt und der →Wilstermarsch zurückgehen. Auch die Barghaus-Tradition (→Bauernhaus) beider Regionen geht auf die H. zurück. Die Großmachtzeit der Nl. hat dann insbesondere ihren Kultureinfluß auf die sh Küstenregion (Interieurs, →Malerei) geltend gemacht. Eine kleinteilige Einwanderung von H. fanden bei der Sicherung der Insel →Nordstrand 1652 und der Besiedlung des Kronprinzenkooges statt, der 1788 fertiggestellt von nl. Unternehmern gekauft und dann an Bauern aus ihrer Heimat vergeben wurde. Daher stammen die hiesigen Barghäuser. In allen Fällen hat sich eine relativ rasche Assimilation der Zugewanderten an die einheimische Bev. ergeben, so daß neben baulichen Resten außer einigen Orts- und Familiennamen sowie Fachausdrücken kaum deutlich sichtbare Spuren speziell holländischer Siedlung erhalten geblieben sind (→Meierei). LS

Holler, Marcus Hartwig (geb. 22.9.1796 Rendsburg, gest. 1.6.1858 Büdelsdorf) Nach einer Ausbildung zum Kaufmann übernahm H. 1817 das väterliche Holz- und Baugeschäft in →Rendsburg. Schon früh war er auf die zukünftige Bedeutung des Eisens aufmerksam geworden und gründete eine Eisenhütte. 1827 erhielt er durch Friedrich VII. das Privileg zur Herstellung von Eisen; es folgte der schnelle Auf- und Ausbau der Carlshütte in →Büdelsdorf. Hergestellt wurden Produkte für die Landwirtschaft, das Bauwesen, das Gewerbe und den Haushalt.

Marcus Hartwig Holler

Lit.: P. Wulf, H. und die Anfänge der Carlshütte, in: Frühindustrialisierung in SH, anderen norddt. Ländern und DK, hg. von J. Brockstedt, Nms. 1983, 227-275. PW

Hollisches Recht Das von den holländischen Siedlern der →Elbmarschen des 12. und 13. Jh. mitgebrachte und hier weiterentwickelte Recht wurde H. genannt. Leider liegen im Lande nur Bruchstücke von Quellenüberlieferungen dieses Rechtes vor, weil es bereits 1470 vom Landesherrn infolge des Aufstandes der →Kremper- und →Wilstermarsch für die betroffenen Gem. aufgehoben wurde. Es hat sich nur in der Herrschaft →Herzhorn bis nach 1867 erhalten, weil diese den Gff. von Holst.-→Pinneberg gehörte. Das H. hatte höchstwahrscheinlich in den Gem. und Ksp. →Wilster, Heiligenstedten, Wewelsfleth, Beidenfleth, →Krempe, Neuenbrook, Süderau und →Nygenstad Geltung und regelte sowohl die Gem.verfassung (es gibt hier als Gem.vorsteher den Schulzen, dem sieben Schöffen zur Seite stehen) und das →Deichrecht wie auch das Privatrecht. Aus südelbischer Überlieferung wissen wir, daß es v.a. hinsichtlich des Besitzrechtes sehr viel flexibler war als das sächsische (→Holsten)Recht. Insbesondere diente es der freien Verfügbarkeit von Grundbesitz ohne die nach sächsischem Recht starke Berücksichtigung der Verwandtschaft. Es war somit den Bedürfnissen des Grundstücksmarktes in den →Marschen angepaßt. Trotz seiner frühen Aufhebung hat es doch auf die Ausprägung spezieller Rechtssätze für die Marschen (Marschrecht) auch im Holstenrecht starken Einfluß gehabt (→Friesisches Recht).

Lit.: W.C. Kersting, Das H. im Nordseeraum, in: Jb. der Männer vom Morgenstern 34, 1953, 18-36; 35, 1954, 28-102. LS

Holstein Der heutige Landesteil H. trägt eine Bezeichnung, in der sich der Name eines Territoriums gegenüber den verschiedenen anderen, zu früheren Zeiten ebenso bedeutsamen, wenn nicht bedeutsameren Territorien durchgesetzt hat. Ursprünglich war H. wohl nur der →Gau der Holsaten, also des sächsischen Stammes, der im Mittelteil des heutigen H. (mit Kern um →Nms.) siedelte. Ihm benachbart lagen die Gaue der Thetmarsgoer (Dithmarscher) im Westen und der Sturmaren (Stormarner) im Osten. Zu Zeiten der sächsischen Hzz. aus dem Geschlecht der →Billunger dürften Gf. oder Vizegf. dieses Gebiet verwaltet haben. Im Osten schlossen sich die Gebiete der →Slawen (→Wagrier und →Polaben) an. Nördlich befand sich jenseits der →Eider die Grenzzone zu den Jüten. 1110/1111 belehnte der sächsische Hz. Lothar von Süpplingenburg Adolf I. von →Schauenburg mit der Gft. Holst. (-Stormarn); die Lehnshoheit über die Gft. hatte seit 1438 formell das Bt. →Lübeck. Durch die Unterwerfung des slawischen Gebietes 1138/39 wurde Wagrien Osth. einverleibt – allerdings mit Ausnahme des zunächst kleinen Stadtfeldes der 1161/1163 neu gegr. Stadt →Lübeck (seit 1226 Reichsstadt), deren Territorium sich im Spätma. und im 16. Jh. vergrößern sollte. Mehrfache Teilungen der Gft. H. unter den Schauenburgern waren 1390 mit Ausnahme der Gft. H.-→Pinneberg beendet. Die langfristige Landesteilung von 1544/1581 konnte erst 1761/1773 aufgehoben werden, allerdings unter Akzeptierung der territorialen Integrität des Fürstbt. später Fürstentums Lübeck, das zur Gft. →Oldenburg kam. Das sich seit 1180 erneut unter erzbf.-bremischer Herrschaft weitgehend selbständig entwickelnde →Dithm. wurde nach mehreren Anläufen erst 1559 erobert und in die – 1474 zum Hzt. erhobenen – Territorien eingegliedert. 1547 war die Reichsunmittelbarkeit H. festgestellt worden, das so Reichsstandschaft erlangte. 1640 gelang die Rückgewinnung der Gft. H.-Pinneberg; hingegen mußte 1648 die Ausgliederung →Hamburgs als Resultat des Westfälischen Friedens hingenommen werden (Anerkennung durch H. erst 1768). Eine Episode blieb die Errichtung der Reichsgft. →Rantzau im Gebiet des heutigen Kreises Pinneberg (1649-1726). Territorialer Zugewinn erfolgte in preußischer Zeit, da die Insel →Fehmarn von Schl. zu H. kam. Ebenso wurde die 1890 durch Tausch vom Dt. Reich erworbene Insel →Helgoland H. zugeschlagen. Hingegen trat →Preußen an das Großhzt. Oldenburg 1867 als Gegenleistung für den Verzicht auf die Erbfolge in den Hztt. das →Amt →Ahrensbök ab. Die Zusammenführung des Hzt. Lauenburg mit der →Provinz SH erweiterte das holst. Territorium, das durch den Gebietstausch im Rahmen des →Groß-Hamburg-Gesetzes (Verlust von →Altona und →Wandsbek, Gewinn von Lübeck und des oldenburgischen Landesteils Lübeck) eine Fläche von ca. 612km² hinzugewann. Bei dem Gebietstausch mit dem Land Mecklenburg 1945 (→Lyaschenko-Abkommen) verlor H. ca. 24km². Seither ist der territoriale Umfang H. wesentlich unverändert geblieben. LS

Holsteiner Pferd Ein schweres Pferd für die →Landwirtschaft und Kriegsführung wurde seit den 1820er Jahren in den →Elbmarschen gezüchtet (→Pferdezucht). Vor 1850 kam es dabei zum Import hochblütiger Yorkshire Coach-Pferde. Große Verdienste erwarb sich Georg Ahsbahs, Sommerland/→Krempermarsch (1851-1918), der 1883 den Zuchtverein Krempermarsch mitbegründete und 1886 das erstes dt. Stutbuch hg. 1891 wurde

Das Brandzeichen des Holsteiner Pferdes

der Verband der Pferdezuchtvereine in den holst. Marschen gegr., in dem auch das Zuchtziel bis etwa 1960 formuliert wurde: ein kräftiges Reit- und Wagenpferd mit starken Knochen und räumigen Gängen. Der heutige Brand wurde 1944 eingeführt. Ihren mengenmäßigen Höhepunkt fand die Zucht des H. 1948; dann erfolgte durch Technisierung der Landwirtschaft ein rascher Niedergang. Die Umstellung auf die Züchtung von Sport- und Freizeitpferden durch Zuführung engl. Vollbluts brachte dann eine neue Blüte der Züchtung des H. 1960 wurde das Landgestüt Traventhal aufgelöst und die Weiterzucht erfolgte durch den Verband und Privathalter. Unter den Nachkommen des anglo-normannischen Zuchthengstes Cor de la Bryère (seit 1971) waren sehr erfolgreiche Springpferde, ebenso bei Landgraf (1966-96).
Lit.: C. Schridde, Holst. Hengste, Friedberg 1992. WK

Holsteinische Schweiz nennt man einen Teil des →Hügellandes um den Plöner See, westlich von der Linie →Preetz – →Trappenkamp, östlich und nordöstlich vom →Bungsberg, südlich von der Linie Trappenkamp – Süsel und nördlich von der Probstei-Selenter-Seenplatte begrenzt. In ihr liegen die Städte →Eutin, →Malente und →Plön. Das Gebiet zeichnet sich durch idyllische Partien aus, die seit Mitte des 19. Jh. Anlaß für die Erschließung des Gebietes als Ausflugs-, Erholungs- und Kurregion boten (→Tourismus). Die Verbindung mit der →Eisenbahn 1866/1873 tat für den Ausflugstourismus ein übriges. Die Bezeichnung wurde geprägt von dem Hotel H. in Krummsee. LS

Holsteinisches Infanterie-Regiment Die Einheit wurde 1778 als Lollandisches Regiment errichtet und erhielt 1785 den Namen H. 1808 wurden ihm zwei Bataillons Landwehr attachiert. Als Garnisonsort diente →Rendsburg, wo es unter diesem Namen auch bis 1842 blieb. Es wurde dann zum 14. Linienbataillon umgeformt und blieb hier bis 1848, als es mit Ausnahme der meisten Offiziere in die sh Armee übertrat. LS

Holsteinisches Jägerkorps Im dän. Heer gab es seit 1789 in →Kiel ein H. Scharfschützen-Corps, das 1816 in H. umbenannt wurde. Nachdem das Hzt. →Lauenburg an DK gekommen war, erfolgte 1820 die Umbenennung in 5. Lauenburgisches J., das eine Friedensstärke von ca. 700 Mann besaß. Ein Detachement (Abteilung) lag in →Ratzeburg. Das H. gehörte zum X. Bundesarmeekorps, woraus sich Konflikte im Krieg 1848/49 ergaben. 1854 erfolgte eine Umstrukturierung zum 14. Dän. leichten Infanteriebataillon, 1866 zum Preußischen Jägerbataillon Nr. 9 (bis 1918).
Lit.: M. Busch: »Deserteure, Feiglinge, Refractairs«, in: Krieg und Frieden im Hzt. Lauenburg und in seinen Nachbarterritorien vom MA bis zum Ende des Kalten Krieges, hg. von E. Opitz, Bochum 2000, 233-260. MB

Holsteinisches Reuter-Regiment Die Einheit wurde 1705 aufgestellt und zunächst nach den Kommandeuren benannt, doch 1747 in Holst. Regiment, 1763 in Holst. Cuirassir-Regiment, 1767 in Holst. Dragoner-Regiment und 1772 in H. oder H. Regiment Cavallerie umbenannt. LS

Gremsmühlen am Dieksee in der Holsteinischen Schweiz, Lithographie von Wilhelm Heuer um 1860

Holsteinisches Scharfschützencorps

Holsteinisches Scharfschützencorps Die 1789 als 1. Bataillon leichter Infanterie in Holst. aufgestellte Einheit erhielt 1808 die Bezeichnung H.; es wurde 1808 um ein 2. Bataillon erweitert, das zuvor zur Landwehr gehörte. Das Kommando lag beim Chef des →Schl. Jägercorps. LS

Holsten Holsaten wurde erstmals bei Adam von Bremen Ende des 11. Jh. der sächsische Teilstamm genannt, der erst seinem Siedlungsgebiet (die Geestgebiete der heutigen Kreise Segeberg, Pinneberg, Steinburg und Rendsburg) und dann dem heutigen Landesteil →Holst.) seinen Namen gab. Der Name setzt sich aus den altsächsischen holt (Holz, Wald) und sat/setio (Bewohner) zusammen. OP

Holstenau Wie die →Gieselau den nördlichen Abschnitt, so bildete die nach Süden fließende und in die Burgerau mündende H. einen Großteil des südlichen Abschnitts der → Grenze zwischen →Dithm. und Holst., durch ihre sumpfige Niederung ebenso unüberwindbar wie jene. Erst Ende des 16. Jh. wurde bei Hohenhörn ein fester Übergang geschaffen und in dessen Gefolge eine Zollstelle des Gutes →Hanerau eingerichtet, die bis 1868 bestand. Heute ist die H. teilweise im Bett des Nord-Ostsee-→Kanals verschwunden. HWS

Holstenrecht Das H. ist das im MA am weitesten verbreitete Recht in Holst. und stellt im wesentlichen das im 13. Jh. im Sachsenspiegel kodifizierte Recht dar. Es wurde wie die anderen Rechte in SH (→Rechtsgebiete) im 16. Jh. mehr und mehr durch das Gemeine Recht hinterlagert, das ein Gemenge aus dem römischen, dem kanonischen und verschiedenen germ. Rechten darstellte. LS

Holtenau →Leuchtfeuer

Horn, C. G. →Emkendorf

Horst (IZ) Das Ksp. H. wurde 1351 von den Gff. von Holst. an das →Kloster →Uetersen verpfändet, in dessen Besitz es überging und später ein Patrimonialgut bildete. 1736 ließ sich hier eine →Herrnhuter Brüdergem. nieder, wurde jedoch nicht geduldet und zog 1737 nach →Oldesloe. 1768 wurde die jetzt noch bestehende Kirche erbaut und in schlichter Art ausgemalt. Der Ort entwickelte unter dem Einfluß der Verkehrsanbindung durch die Chaussee (→Wegewesen) und einen von der Ortslage etwa 2km entfernten Bahnhof v.a. Handelstätigkeit und behielt ein weitgehend agrarisches Gepräge. Nur eine Wollspinnerei bestand hier als Fabrik seit 1864 und produzierte bis in die 1960er Jahre.
Lit.: H. einst und jetzt, hg. von D. Juhl, H. 1931. LS

Gut Alt-Horst

Horst (RZ) Die Feldmark der heutigen Dörfer Alt- und Neu-H. umfaßt die früheren Gemarkungen der wüst gewordenen Dörfer Oldenburg und Klotesfelde. Klotesfelde gehörte zur ältesten Ausstattung des →Bt. Ratzeburg (1158). Das adelige Gut H. entstand 1573. Zusammen mit anderen ehemals bf. Gebieten, die nach dem Dreißigjährigen Krieg an →Mecklenburg kamen, bestand H. als mecklenburgische Enklave im Kreis Hzt. Lauenburg bis zum → Groß-Hamburg-Gesetz von 1937. CL

Hospital Das H. war im MA zunächst eine kirchliche Einrichtung und diente der Armenfürsorge und Krankenpflege, wurde dann aber auch von den Städten als Bürgerspital betrieben. Die Baulichkeiten lassen sich auf den St. Gallener Klosterplan (um 820) zurückführen. Es entstanden drei H.typen, die sich auch in SH bis ins MA zurückverfolgen lassen und ihre eigenen Statuten besaßen: 1. Das Pilgerh. (z. B. St. Gertrud in Flensburg) als Herberge für arme Pilger und Reisende. 2. Das Leprosenh. (z. B. St. Jürgen in Itzehoe), das wegen der Ansteckungsgefahr stets außerhalb der Städte lag und meist einen eigenen Friedhof besaß. 3. Das Bürgerh. (z. B. Heiligengeist in Lübeck mit

Das Lange Haus im Hl.-Geist-Hospital in Lübeck

Horst

Das Hl.-Geist-Hospital in Lübeck

dem »Langen Haus«), das der Versorgung Alter und Kranker diente. Alle H. besaßen eigene →Kapellen oder Kirchenräume. Nach der Reformation wurden die H. häufig Armenhäuser. Die Finanzierung beruhte in der Regel auf Stiftungsvermögen.

Lit.: S. Holtmann, H., Krankenhäuser und karitative Einrichtungen im Hzt. Schl., Kiel 1969; E.-A. Meinert, Die H. Holst. im MA, Nms. 1997. HS

Howaldt, Georg →Schiffbau

Hoyers, Anna Ovena

(geb. 1584 Koldebüttel, gest. 27.11.1655 bei Stockholm) war eine Dichterin, die auf →Hoyerswort freigebig Sektierer (→Minderheiten, religiöse) um sich versammelte. Nach Verkauf des Gutes zog sie mit ihrem Anhang nach →Husum, wo sie, angetrieben von Glaubenseifer und beflügelt von der Lust an Polemik, neben Spottgedichten auf die Inhaber der Amtskirche in nd. Versen den Einakter »De Denische Dörp-Pape« verfaßte – eine grobe Satire auf die weltliche Amtsführung heimischer Landgeistlicher.

Lit.: Lit. in SH 1, Kap. 16. HJF

Hoyer, Caspar →Hoyerswort

Hoyerswort

Das einzige →Gut in der →Landschaft →Eiderstedt; Hz. Adolf von Gottorf (1544-1586) hatte den Hof 1564 dem →Staller Caspar Hoyer (1540-1594) geschenkt; er wurde 1587 mit adligen Privilegien ausgestattet. Das heute noch genutzte →Herrenhaus hat Caspar Hoyer 1591-1594 im Renaissance-Stil errichten lassen. Seit 1771 ist es im Besitz der Familie Hamkens.

Lit.: H. von Rumohr, Schlösser im Hzt. Schl., Frankfurt/M. ²1979. MJK

Anna Ovena Hoyers

Herrenhaus Hoyerswort

Hügelland Die östlichste Landschaftszone SH wird H. genannt, weil hier die stärkste Landschaftsreliefierung anzutreffen ist. Diese Zone, die sich in breitem Streifen von der dän. Grenze bis in den Kreis Hzt. →Lauenburg hinzieht, enthält die Gebiete →Angeln, →Schwansen, →Dän. Wohld, →Hüttener Berge, →Probstei, →Bungsberg, →Wagrien, →Fehmarn, →Holst. Schweiz, den östlichen Teil des Kreises →Segeberg, den Kreis →Stormarn, das Lübecker Becken und die Ratzeburger Seenplatte. Seine Entstehung verdankt das Jungmoränengebiet (→Moräne) der letzten (Weichsel-) Eiszeit, insbesondere den stark oberflächenprägenden Vorgängen des Eisvorstoßes, des Oszillierens des Eisrandes und schließlich des Abschmelzens des Eises mit anschließender Entwässerung des H. Teilweise muß das Abschmelzen des Inlandeises so rasch vorangeschritten sein, daß in der Probstei, nördlich des →Oldenburger Grabens und auf Fehmarn keine starke Reliefierung erfolgte, sondern eine flache Grundmoränenlandschaft entstand. In den hügeligen Teilen ist eine teilweise starke Seenbildung anzutreffen. Die vorherrschende Bodenart im H. ist Geschiebemergel. Nicht auf die Bodenart, sondern auf historische Faktoren ist das Vorherrschen des adligen →Gutes im H. SH zurückzuführen.
Lit.: R. Stewig, Landeskunde SH, Kiel 1978. LS

Hünengrab →Megalithgrab

Hütten (Amt) Das →Amt H. wurde erst 1777 aus der Zusammenlegung der 1519 als Bargharde erwähnten und seit 1664 als besonderes Amt verwalteten H. →Harde sowie der bis dahin zum Amt →Gottorf gehörenden Hohner Harde gebildet. Es erhielt keinen eigenen →Amtmann, sondern wurde vom Amtmann zu →Gottorf mitverwaltet. 1853 kamen zu H. noch die bis dahin unter das holst. Amt →Rendsburg gehörenden Dörfer Nübbel, Fockbek, Alt- und Neu-→Büdelsdorf, Borgstedt und Lehmbek. Um 1850 hatte das Amt ca. 246km². H. wurde 1867 zum →Kreis Eckernförde gelegt. Der Name H. hat sich lange gehalten, was darauf zurückzuführen ist, daß der Kreis sonst nur adlige Güter (→Gut) umfaßte. LS

Hüttener Berge Die H. stellen einen Teil des östlichen →Hügellandes dar. Sie liegen südlich →Schl. und westlich →Eckernfördes und sind als besonders ausgeprägt Stauch-Endmoränen (→Moräne) anzusprechen. Wegen ihrer Höhe von bis zu 106m (Scheelsberg) ragen sie deutlich aus ihrer Umgebung heraus. Der Name des Höhenzuges kommt von dem Kirchdorf Hütten (RD), das bereits 1319 erwähnt wird und auf frühe Glasherstellung (Glashütte) hinweist. Die adligen Güter (→Gut) Hütten und Wittensee wurden um 1520 vom Hz., später Kg. Friedrich II. erworben und zu seinem →Amt →Gottorf gelegt. Nach 1956 hat hier die →Bundeswehr eine große Radarstation aufgebaut. LS

Hufe wurde die ganze bäuerliche Hofeinheit in Holst. und Stormarn, auch in den Kolonisationsgebieten Ostholst. genannt. Dem Besitzer der H., dem →Hufner, standen die Nutzung der Hofstelle, der im Sonderbesitz stehenden Feld- und Wiesengründe sowie anteilige Nutzungsrechte der unverteilten Gemarkung zu. Die H. stellte keine Maßeinheit dar. Ihre Größe konnte beträchtlich schwanken; selbst in den →Elbmarschen, wo der Kolonisationsprozeß im Kern in nur etwa 100 Jahren stattfand, sind ursprüngliche H.maße zwischen 16 und 24ha bekannt. LS

Hufner Der Teilhaber an der Dorfsgenossenschaft wurde in Holst. und →Stormarn als H. (hovener, Höfner) bezeichnet. Er hatte Mitspracherecht in den Gem.angelegenheiten und konnte die Gemeinheitsländereien gleich seinen Genossen nutzen. Als durch Hufen-(Hof-) teilungen immer mehr volle (ganze) Hufen zerschlagen wurden, kam es zu Teilhufen bis hinunter zur $1/64$ Hufe. Auch wenn die wirtschaftliche Grundlage einer solchen Landstelle unter der einer →Kate lag, so war der Teilh. doch immer noch für seinen Anteil genossenschaftsberechtigt. In einigen Gebieten Holst. sind im 18. Jh. die Kätner den $1/16$- oder $1/32$-H. gleichgestellt worden (Herrschaft →Pinneberg). Mit der Entstehung der preußischen Landgem. ist die Bedeutung der Hufenverfassung geschwunden. LS

Hunnius, Nicolaus (geb. 11.7.1585 Marburg, gest. 12.4.1643 Lübeck) 1600-1604 studierte H. lutherische Theologie in Wittenberg. Er wurde 1612 Pastor und Superintendent in Eilenburg/Sachsen, 1617 zum Dr. theol. promoviert, war ab 1617 Professor und schließlich Rektor der Universität Wittenberg. Seine dogmatischen Werke fanden in ganz Dt. Anerkennung. Seit 1623 war er Pastor an St. Marien in →Lübeck, wo er den Kampf gegen Schwärmer und Wiedertäufer (→Minderheiten, religiöse) aufnahm, sich für die Verbesserung des Schulwesens und die Wiedereinführung der Katechismusprüfungen einsetzte. H. hatte Auseinandersetzungen mit dem →Rat wegen der sittlichen Zustände in Lübeck.
Lit.: SHBL 6, 133-135. AG

Hunt →Maße

Husfeldt, Paul →Landtagspräsident

Husum (Stadt, NF) Die Siedlung an der Mündung der Mühlenau wird erstmals 1252 genannt, als der dän. Kg. →Abel im Verlauf eines Feldzuges gegen die →Friesen bei Husembro (Brücke bei den Häusern) erschlagen wurde. Der Ortsname H. wird 1431 erwähnt. Die Siedlung dürfte ihren Aufschwung der Zerstörung eines Teils der friesischen →Utlande im 13., insbesondere aber im 14. Jh. (→Rungholt) zu verdanken haben. Durch die Flutkatastrophen (→Sturmflut) entstand die Hever als ein bis an den Geestrand (→Geest) reichender Meeresarm, und damit gewann H. einen →Hafen. Der aus drei ehemals selbständigen Dörfern zusammengewachsene Hauptort der Südergoesharde blieb bis 1431 dem Ksp. Mildstedt zugehörig und erhielt dann eine eigene Marienkirche. Christian I. verlieh H. Fleckensrechte (→Flecken), womit es aus der →Harde ausschied. Nach dem Aufstand gegen den Kg. 1472 gingen in einem scharfen Strafgericht alle Rechte verloren. Hinfort mußte der Ort eine

Das Schloß vor Husum

Husum

Husum im 19. Jh.

Husum

Hafen und Rathaus von Husum

Rebellensteuer bezahlen, die erst 1878 aufhörte. Gleichwohl prosperierte H. weiter, was v.a. auf seinen Seehandel und seine Nordseehafenfunktion für →Flensburg zurückzuführen ist. 1494 wurde ein Franziskanerkloster gegr., 1495 erhielt die Kirche den mit 95m damals höchsten Turm Schl. Die →Reformation wurde – maßgeblich von dem →Vikar Harmen →Tast propagiert – bereits 1527 durchgesetzt; auf ihn geht auch die Umgestaltung der 1522 gegr. Lateinschule (→Gelehrtenschule) zurück (noch heute als Hermann-Tast-Gymnasium bestehend). Unter der Herrschaft →Gottorfs erblühte H. und erhielt 1582 das Marktmonopol für das Umland. 1576-1582 wurde das hzl. →Schloß auf dem Grund des ehemaligen Klosters vor H. erbaut. 1603 erhielt der Flecken →Stadtrecht. Im 17. und beginnenden 18. Jh. schädigten Kriegsläufe die Stadt, so 1627, 1657-1660, 1714. Der wirtschaftlichen Bedeutung H. und der Wohlhabenheit seiner →Bürger war zu verdanken, daß hier gelehrte Köpfe wirken konnten, unter ihnen der Kartograph und Mathematiker Johannes →Mejer (1609-1694) sowie der Arzt und Bürgermeister Caspar →Danckwerth (etwa 1600-1672), die beide eine Landesbeschreibung der Hztt. herausgaben. Im 18. und 19. Jh. wurde H. zu einer kleinen Provinzstadt. 1807 wurde die gotische Kirche abgebrochen und 1829 durch einen schlichten Neubau nach den Plänen des aus H. stammenden Baumeisters C. F. →Hansen er-

setzt. Hier wuchs der Apothekersohn Theodor →Storm auf, der für H. das Epitheton »graue Stadt am Meer« schuf. In der Zeit nach 1867 erlebte H. einen Aufschwung, der insbesondere durch Handel und Schiffsverkehr erreicht wurde; die bedeutenden Viehmärkte der Stadt erhielten um 1900 jährlich etwa 100.000 Stück Auftrieb. Heute lebt H. wesentlich vom →Tourismus und hat etwa 21.500 Einw.

Lit.: B.V. Riewerts, Die Stadt H. in Geschichte und Gegenwart, H. 1969. LS

Husum (Amt) Die alte Südergoesharde, die zuvor zum →Amt →Gottorf gehörte, wurde um 1639 zum Amt H. gemacht; dabei wurden ihm das →Birk →Hattstedt und die Überreste der zum alten →Nordstrand gehörenden Lundenbergharde beigelegt. 1702 kamen die →Vogteien →Schwabstedt und Rödemis vom Amt Schwabstedt, 1772 das Gut →Arlewatt, 1796 die im Amt wohnenden Untertanen des ehemaligen Gutes Lindewitt hinzu und 1855 bestand H. aus der Süder- oder Mildstedter →Harde, der Norder- oder Hattstedter Harde, den Vogteien Schwabstedt und Rödemis sowie dem Distrikt Simonsberg. Mittelpunkt des Amtes war das →Schloß vor →Husum, wo →Amtmann, →Amtsverwalter, →Hausvogt und →Landvogt fungierten. Um 1850 hatte das Amt ca. 300km^2. H. wurde 1867 zum Kern des neugebildeten Kreis H. LS

Idstedt (SL) Nach Abschluß des Berliner Friedensvertrags (→Erhebung) vom 2.7.1850, der die Autorität des dän. Kg. in den Hztt. wiederherstellte, begann die in Holst. amtierende Regierung der SH, die Statthalterschaft (→Reventlow, →Beseler), in Verkennung der polit. und militärischen Situation wieder den Krieg gegen DK. Die sh Armee erlitt am 25.7.1850 bei I., nördlich von Schl., ihre entscheidende Niederlage.

Lit.: M. Jessen-Klingenberg, Standpunkte zur neueren Geschichte SH, hg. von R. Hansen, J.P. Leppien, Malente 1998, 205-216. MJK

Idstedt-Löwe Zur Erinnerung an die dän. Gefallenen und den Sieg der Dän. in der Schlacht bei →Idstedt (25.7.1850) schuf der dän. Bildhauer H. W. Bissen im Auftrage nationalbewußter Dän. ein monumentales Löwen-→Denkmal aus Bronze, das am 25.7.1862 auf dem Flensburger Friedhof St. Marien (heute: Alter Friedhof) enthüllt wurde. Das von dt. Bewohnern als Provokation empfundene Denkmal wurde 1864 von seinem Sockel entfernt und nach der Einverleibung der Hztt. in den preußischen Staat 1867 als Kriegstrophäe nach Berlin geschafft. Dort stand es zunächst im Zeughausmuseum und ab 1878 auf dem Gelände der Hauptkadettenanstalt Lichterfelde. 1945 wurde das dän. Nationaldenkmal auf Initiative des dän. Journalisten H. V. Ringsted durch die amerikanische Besatzungsmacht nach Kopenhagen transportiert, wo es bis heute auf einem provisorischen Sockel im Hof des Zeughausmuseums steht. Über seine Rückkehr nach Flensburg findet eine anhaltende Debatte statt.

Lit.: Grenzfriedenshefte 1/1992; Der I., hg. von B. Poulsen, U. Schulte-Wülwer, Herning 1993; J.-P. Leppien, »Operation lion«, Flensburg 1995. JPL

Indigenat Durch das I.-Recht (Eingeborenenrecht) vom 15.1.1776 wurde im dän.-norwegisch-sh Gesamtstaat der Zugang zu allen Hof-, Kirchen-, Zivil- und Militärämtern allein den eingeborenen Landeskindern, sowie denen, die ihnen gleich geachtet wurden, vorbehalten. Als Begründung wurde angegeben, die Billigkeit wolle es, daß der Landesdienst die Kinder des Landes nähren und daß die Vorteile im Staate dessen →Bürgern zuteil werden sollten. Das I.-Recht war schon im MA bekannt gewesen (im Ripener Privileg wurde es erwähnt). Im 18. Jh., nach der Zeit Johann Friedrich →Struensees, hoffte man, durch seine Bestätigung dem Eindringen Fremder einen Riegel vorschieben zu können.

Lit.: N. Falck, Handbuch des sh Privatrechts, Bd. 4, Altona 1840, § 26. JB

Die Beseitigung des Idstedtlöwen am 28.2.1864

Die »Idstedter Räuberhöhle« ist ein Ganggrab aus dem Mittelneolithikum

Idstedt

Industrialisierung

Industrialisierung Im 18. und 19. Jh. vollzog sich in Europa ein Vorgang, den man Industrielle Revolution genannt hat. Ausgehend von England breitete sich dieser Vorgang nach Westeuropa aus und erfaßte seit Ende des 18. und in der ersten H. des 19. Jh. ganz Mitteleuropa. Unter I. versteht man im allgemeinen den Übergang von der handwerklich-kleingewerblichen Wirtschaft zu der von Technik und Maschinen bestimmten großbetrieblichen Industrie. Im einzelnen waren dabei folgende Vorgänge zu unterscheiden: 1. Neue Energiearten wurden erschlossen; an die Stelle des Wassers, des Windes, der Tier- und Menschenkraft trat die vom Dampf, später vom elektrischen Strom angetriebene Maschine. 2. Neue Werkstoffe wurden verwendet; statt Holz, Stein, Ton, Kupfer, Messing und Bronze nutzte man Eisen und Stahl, statt Leinen und Wolle zunehmend Baumwolle. 3. Mit der Herausbildung neuer Arbeitsorganisationen wurde die bisherige handwerklich ganzheitliche Arbeit durch arbeitsteilige Industriearbeit abgelöst. 4. Der Handwerksbetrieb wurde immer mehr durch den industriellen Großbetrieb ersetzt. Revolution wurde dieser Vorgang genannt, weil die agrarisch-kleingewerblichen Lebens- und Arbeitsverhältnisse, die über Jh. im wesentlichen unverändert fortbestanden hatten, innerhalb weniger Jahrzehnte eine grundlegende Umgestaltung erfuhren. Dabei unterschied man zwischen einer Frühi., in der die genannten Merkmale wenig ausgeprägt und nur in besonderen Gebieten zu beobachten waren, und einer Hochi., in der die genannten Merkmale zu bestimmenden Prinzipien der ganzen Wirtschaft wurden. Im einzelnen ist dieser Ablauf in den verschiedenen Regionen jedoch zeitlich und von der Intensität her unterschiedlich abgelaufen. SH gehörte zu Beginn des 19. Jh. zu den agrarisch bestimmten Gebieten, die für eine I. kaum geeignet erschienen. An Bodenschätzen gab es nur Ton- und Kalkvorkommen für die Ziegel- (→Ziegelei) und →Zementindustrie; es fehlten industriegerechte Rohstoffe wie Kohle und Erz. Die gewerbliche Produktion war eher handwerklich geprägt; das Wege- und Verkehrswesen (→Wegewesen) war unzureichend entwickelt. Zwar hatte SH eine →Brückenfunktion zwischen Skandinavien und Mitteleuropa, doch war die wirtschaftliche Bedeutung des Nordens gegenüber der Mitte und dem Westen des Kontinents zurückgegangen. SH lag etwas abseits der sich bildenden wirtschaftlichen Zentren und des Verbindungsnetzes des industriellen Austausches. V.a. aber war die →Landwirtschaft angesichts der allgemeinen Zunahme der →Bev. und der beginnenden wirtschaftlichen Differenzierung ein lohnender Beschäftigungszweig. So ist die Bereitschaft im Lande, sich industrieller Tätigkeit zuzuwenden, nicht sehr stark ausgeprägt gewesen. Gegner argumentierten, daß SH für die I. ungeeignet sei

Die Cattun-Fabrik von J.C.P. Lengercke in Wandsbek 1840, Lithographie von Otto Speckter

Industrialisierung

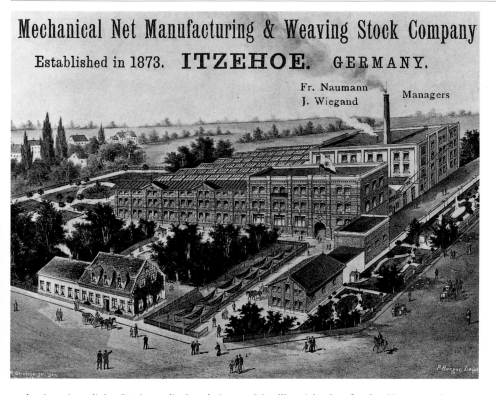

Werbung der Itzehoer Netzfabrik in Chicago

und seine eigentliche Stärke – die Landwirtschaft – weiterentwickeln müsse. Angesichts des überall sichtbaren industriellen Fortschritts und der auch im Lande immer mehr verwendeten Industriewaren gab es jedoch auch Befürworter, die die sich bietenden geschäftlichen Möglichkeiten nutzen wollten und in der agrarischen Ausrichtung kein Hindernis sahen. So änderte sich im Lande das industrielle Klima. Die Bereitschaft zum Aufbau neuer Industriezweige verstärkte sich. Doch das dazu notwendiges Kapital fehlte zunächst, zumal nach dem dän. Staatsbankrott von 1813. Der sonst übliche Weg, bei Banken Kapital zu leihen, war nicht möglich, da es in der ersten H. des 19. Jh. ein ausgebildetes →Bankwesen in SH noch nicht gab. Kapitalgeber fanden sich aber im Handels- und Gewerbebereich, wo auch die Bereitschaft vorhanden war, sich neuen Methoden und Produkten zu öffnen, Initiative zu zeigen und Wagnisse einzugehen, so daß die erste Gründung von Industriebetrieben meist aus diesen Kreisen kam. War die Kapitalfrage geregelt, so stellte sich die Frage nach der geeigneten Arbeiterschaft. Zwar gab es in SH alle Arten von Handwerkern im Holz-, Textil- und Metallbereich, aber für den Umgang mit neuen Technologien im Industriebetrieb waren Arbeitskräfte nötig, die, etwa im Metallbereich, die Vorgänge des Schmelzens, Gießens, Formens und Härtens beherrschten. Zunächst löste man dieses Problem durch die Anwerbung von ausländischen Facharbeitern. Zugleich begann man jedoch, Jugendliche für diese Berufe auszubilden. Auch die ersten Gewerbeschulen wurden errichtet, denn nur eine qualifizierte Ausbildung garantierte eine erfolgreiche Industrialisierung. Ungelernte Arbeiter, die in allen Industrien benötigt wurden, rekrutierten sich dagegen aus den städtischen und ländlichen Unterschichten. Während die eigentliche Facharbeiterschaft ihr wenn auch bescheidenes Auskommen hatte und ein eigenes Selbstbewußtsein als industrielle Fachkraft entwickelte, war der Verdienst der ungelernten Arbeiter oft unzureichend. Hier mußten die Familien – Frauen und Kinder – mitarbeiten, um den Lebensunterhalt zu sichern. Sozialeinrichtungen gab es nur vereinzelt in den Betrieben. Auch in SH zeigten sich die sozialen Probleme der I., doch waren sie nach Umfang und Intensität wohl weniger bedrückend als in an-

Industrialisierung

Die Belegschaft der Tuchfabrik C.F. Köster in Neumünster um 1890

deren Regionen. Aber nicht nur die Arbeiter, sondern auch die Unternehmer mußten sich mit neuen Techniken und neuen Arbeitsverhältnissen vertraut machen. Denn in der Regel waren die Unternehmer Kapitalgeber und verantwortliche Leiter in einer Person. Hatten sie vorher ein Handelsunternehmen geführt, so hatten sie sich nun völlig neu einzuarbeiten, was durch Reisen und Besichtigung fremder Werke, Bücher, den Nachbau von Konkurrenzerzeugnissen oder gar das Experiment geschah. Unternehmer, die zuvor Handwerker gewesen waren sowie altes Handwerk und neue Industrie in der Art der Arbeit und der Werkstoffe verbinden konnten, bewältigten den Übergang oft effizienter. So rekrutierten sich die ersten Eisengießer häufig aus vormaligen Goldschmieden, die mit dem Schmelzen und dem Verarbeiten von Metall vertraut waren. Bei Maschinenbauern fand man häufig Orgelbauer und Stellmacher. Selten rekrutierten sich Unternehmer aus nicht gewerblichen Berufen wie Lehrer oder Landwirte. Die Regel war der Einzelunternehmer, der von der Rohstoffbeschaffung über die Produktion bis zum Absatz alle Arbeitsabläufe in seiner Hand bündelte. Nur in wenigen Fällen taten sich zwei Unternehmer verschiedener Fachrichtungen zu einem gemeinsamen Betrieb zusammen. Auf der Grundlage der besonderen Verhältnisse in SH kamen die Unternehmer zum Großteil aus dem Lande selbst; Zuzug von außen gab es selten. DK und damit das ihm zugehörige SH befanden sich in den ersten Jahrzehnten des 19. Jh. wirtschaftspolit. in der

Übergangsphase von der merkantilistischen Staatswirtschaft zur frühliberalen Individualwirtschaft. Auf der einen Seite bestanden unzählige staatliche Regelungen für die Produktion, die Arbeitsordnung und den Absatz, auf der anderen Seite erkannten die staatlichen Stellen aber, daß die Freiheit, die Initiative und die Selbstständigkeit der sich bildenden Unternehmerschaft genutzt werden müsse, um das Land zu entwickeln. Die Folge war, daß weithin noch die zünftische Ordnung von Handwerk und Gewerbe beibehalten wurde, während für die neuen Industriebetriebe Sonderregelungen galten, was auf den Protest der Zünfte (→Amt) stieß. Zögernd und in der Konsequenz seiner Entscheidungen noch sehr unsicher, gab der Staat gewisse Rahmenbedingungen frei, doch blieb eine Fülle von Einzelbestimmungen weiterhin in Kraft. Nach den →Napoleonischen Kriegen dämpfte zunächst eine landwirtschaftliche Krise die Entwicklung in SH, die bis 1828 andauerte. Aber schon vorher gab es Anzeichen auf tiefgreifende Veränderungen. 1819 verkehrte das erste Dampfschiff, die »Caledonia«, zwischen Kopenhagen und →Kiel; 1824 setzte die Textilfabrik Renck in →Nms. die erste Dampfmaschine ein, 1827 wurde mit der Carlshütte in →Büdelsdorf bei →Rendsburg der erste industrielle Großbetrieb gegr. und, 1832 konnte die erste gepflasterte Straße in den Hztt. zwischen Kiel und →Altona fertiggestellt werden. Der Verkehr über See und zu Lande nahm zu. In den 1830er Jahren des 19. Jh. wurden die ersten Eisenbahnpläne erörtert und 1844 die Kiel-Altonaer →Eisenbahn (Christian VIII.-Ostseebahn) als erste Strecke im dän. Gesamtstaat eingeweiht. In den nächsten Jahren erfolgte der weitere Ausbau der Eisenbahn. Nach und nach begannen industriell gefertigte Waren die traditionellen Handwerksprodukte zu verdrängen. Artikel für den Bau, das Gewerbe, die Landwirtschaft und den Haushalt kamen aus der Carlshütte in Büdelsdorf, industriell gefertigtes Leder und Textilien wurden in Nms. hergestellt, und der erste industriell hergestellte Zucker wurde in →Itzehoe produziert. An vielen Orten des Landes entstanden Maschinenbauanstalten, die Dampfmaschinen für Gewerbe, Landwirtschaft und →Schiffahrt herstellten. Die erste I.phase, die sich auf die Zeit 1825

Innere Mission

1845 festlegen läßt, kennzeichnet sich dadurch, daß SH seine überwiegend landwirtschaftliche und kleingewerbliche Ausrichtung durch die ersten industriellen Standorte erweiterte. Während der folgenden Jahrzehnte wurde der Fortgang der I. durch die Revolution von 1848 und die kriegerischen Auseinandersetzungen behindert, ohne daß dies allerdings zu Rückschlägen führte. Nach der Eingliederung SH in Preußen 1867 und nach der Reichsgründung 1871 setzte ein weiterer I.schub ein. V.a. im → Schiffbau und in der Schiffszulieferindustrie (→Werft) wurden große Unternehmen errichtet, und auch bei der Nahrungsmittelherstellung wurden industrielle Formen entwickelt (→Mühlen, Fleisch- und Fischfabriken, Branntweinfabriken). Das flache Land blieb agrarisch-kleingewerblich geprägt. Lediglich im Hamburger Umland kam es wegen der Nähe der Großstadt zu einer industriellen Verdichtung. Insgesamt war SH vor dem 1.WK nur mäßig industrialisiert. Die industriellen Standorte befanden sich v.a. in den Städten des Landes. Hier konzentrierten sich Schiffbau, Schiffszulieferindustrie, Textil-, Leder- und Nahrungsmittelindustrie. Gerade diese Sparten aber sollten sich nach dem 2.WK als Problemindustrien erweisen.

Lit.: SH Weg ins Industriezeitalter, Hamburg 1986, hg. von U.J. Diederichs; Gewerbliche Entwicklung in SH, anderen norddt. Ländern und DK von der Mitte des 18. Jh. bis zum Übergang ins Kaiserreich, hg. von J. Brockstedt, Nms. 1989; P. Wulf, »Das Eisen ist es, was alles erklärt...«. Geschichte der I. im Norden, in: Geschichtsumschlungen. Sozial- und kulturgeschichtliches Lesebuch 1848-1948, hg. von U. Danker u.a., Bonn 1996, 58-63. PW

Innere Mission Der Begriff stammt aus der Mitte des 19. Jh. und wurde in Abgrenzung zur äußeren Heiden- und Judenmission geprägt. Gemeinhin versteht man darunter die Verbindung barmherzigen Wirkens (Diakonie) mit volksmissionarischer Tätigkeit auf Grundlage des evangelischen Glaubensbekenntnisses. Als Wegbereiter des inneren Missionsgedankens gilt der Hamburger Theologe Johann Hinrich Wichern (1808-1884). In SH wurde 1875 ein Landesverein für Innere Mission mit dem Ziel gegr., die Arbeit der bestehenden Fürsorgeeinrichtungen (u.a. Frauenheim →Altona, Martinsstift →Flensburg, Asyl Neuendeich) zu koordinieren. Die angestrebte Dachverbandsfunktion konnte der Verein nicht ausfüllen; er wurde aber zum Träger neuer Einrichtungen, deren Zentrum sich in Rickling (SE) herausbildete.

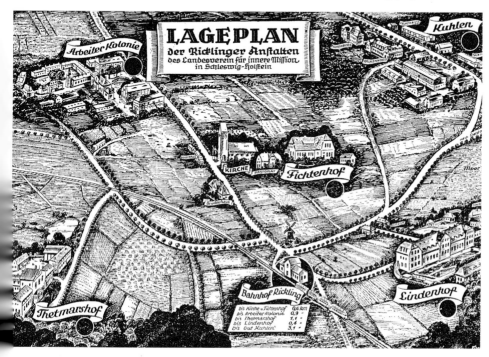

Lageplan der Ricklinger Anstalten

Innung

1883 entstand die Arbeiterkolonie Heidehof, wenige Jahre später die Trinkerheilanstalt Salem (1887) und schließlich ein Frauenheim (1900) in Innien. Weitere Betätigungsfelder lagen im Bereich der Kellner- und Seemannsmission. Einem erneuten Sammlungsversuch, der 1920 zur Bildung eines konfessionsübergreifenden Landesverbandes der Anstalten und Vereine der christlichen Liebestätigkeit in SH (33 Mitgliedsorganisationen) führte, war nur kurzes Wirken beschieden. Erst die mit polit. Druck vollzogenen Gleichschaltungsmaßnahmen der NS-Zeit ließen einen zentralistisch geführten Landesverband für I. (1934) entstehen. Die Einrichtung des Konzentrationslagers Kuhlen (Juli-Oktober 1933) auf dem Gelände des Landesvereins und Verlegungen von Patienten (1941), die mit dem Tod der Schutzbefohlenen endeten, zählen zu den traurigsten Kapiteln jener Jahre. Die organisatorische Neuordnung nach dem 2.WK führte auf Bundesebene die I. und das Hilfswerk der Evangelischen Kirche (gegr. 1945) zum Diakonischen Werk (1957) zusammen. In SH wurde dieser Zusammenschluß trotz engster Kooperation formaljuristisch nicht vollzogen. 1994 standen in den etwa 1.300 diakonischen Einrichtungen des Landes 55.000 Plätze, betreut von über 26.000 hauptamtlichen Mitarbeitern, zur Verfügung.
Lit.: H. Jenner, 60 Jahre Landesverband für I. in SH, Rendsburg 1994. SW

Innung Nach der Einführung der Gewerbefreiheit 1869 fielen die alte Organisation des städtischen und Fleckenshandwerks (→Amt) weg. An deren Stelle konnten sich auf freiwilliger Basis I. für die einzelnen Handwerke bilden, während 1897 die Möglichkeit zur Schafung von Zwangsi. eröffnet wurde. Seit dem 29.11.1933 gab es dann nur noch Zwangsi., die 1953 abgeschafft wurden und nun wieder freiwillige Zusammenschlüsse waren. In SH gibt es Landesi. des Steinmetz- und Steinbildhauer-, des Boots- und Schiffbauer-, des Buchdrucker-, des Bürotechnik/Büromaschinen-Mechaniker-, des Gebäudereiniger-, des Kälteanlagenbauer-Handwerks und der Karrosserie- und Fahrzeugbauer, der Orthopädie- und der Zahntechnik. Die anderen Handwerke haben Fachverbände. LS

Inste Im Zuge der Entwicklung der ländlichen →Bev. kam es im späten 17. und 18. Jh. zur Herausbildung einer Schicht von land- und hausbesitzlosen Bewohnern, die ihren Wohnraum mieten mußten (daher die Bezeichnung I. von mnd. insate – Einsasse, der im Haus mitwohnt). Die Miete konnte durch Geld- oder Arbeitsleistungen gegenüber dem Vermieter aufgebracht werden. Während auf der →Geest und in den Marschen (→Marsch) zumeist die monetäre Mietlösung gebräuchlich war, kam es in den Gutsgebieten (→Gut) Ostholst. nach den →Agrarreformen zur Beschäftigung von reinen Deputatarbeitern, die statt eines Geldlohnes Wohnung und Nahrungsmitteldeputate erhielten. Sie wurden hier ebenfalls I. genannt. Die I. stellten die dörfliche Unterschicht dar; hier findet man zumeist unvollständige Familien, oft verwitwete Frauen aus der Schicht der →Kätner mit ihren Kindern oder auch invalidisierte Landarbeiter und Landhandwerker (→Handwerk). Diese Schicht gehört vor allen anderen der dörflichen Gesellschaft zu den Nutznießern des ländlichen →Armenwesens. LS

Instenunruhen Im Gefolge der polit. Ereignisse des Frühjahrs 1848 und der Diskussion um Vereinigungs- und Versammlungsrecht sowie Meinungsfreiheit entwickelte sich unter den →Insten Ostholst., aber auch in der Landarbeiterbev. in Dithm. und Nordfriesland eine Bewegung, die auf eine Verbesserung der Lohn- und Wohnverhältnisse sowie eine Arbeitszeitverkürzung von zwölf auf elf Stunden täglich zielte. Demokratisch gesinnte Lehrer unterstützten die Forderungen, indem sie Volksbelehrungen in den Schulen durchführten. Die →Provisorische Regierung stellte sich aus Furcht vor einer proletarischen, »kommunistisch« ausgerichteten Revolution gegen diese in drei Wellen (Juni-August 1848, Februar-März 1849 und Mai 1850) anwachsende Bewegung und unterdrückte sie mit militärischen und strafjuristischen Mitteln. Eine Kommission zur Untersuchung der Lage der Insten wurde eingesetzt, beendete ihre Arbeit aber nicht. LS

Institut für Weltwirtschaft Das IWF in → Kiel gilt als bedeutendes Zentrum weltwirtschaftlicher Forschung und Dokumentation.

Institut für Zeit- und Regionalgeschichte SH

Die ausgelagerte Bibliothek des Instituts für Weltwirtschaft im Ratzeburger Dom um 1944

Die umfangreiche Fachbibliothek (2,4 Mio. Bde.), die auch außerhalb des Buchhandels erscheinende Lit. sammelt, und das Wirtschaftsarchiv (ca. 13 Mio. Zeitungsausschnitte) stehen Wissenschaft und interessierter Öffentlichkeit gleichermaßen zur Verfügung. Die Forschungsergebnisse des I., das insgesamt 300 Mitarbeiter beschäftigt, werden auch in verschiedenen hauseigenen Schriftenreihen publiziert. Seine Wurzeln hat das I. im 1899 eingerichteten Staatswissenschaftlichen Seminar der →Universität Kiel, bevor es von Bernhard Harms 1914 als Kgl. Institut für Seeverkehr und Weltwirtschaft gegr. wurde. Die noch heute gültige Benennung erfolgte im Jahre 1934. Der gegenwärtige Präsident, Horst Siebert, gehört zum Sachverständigenrat der Fünf Weisen, einem Gremium, das die jeweilige Bundesregierung in wirtschaftspolit. Fragen berät. Die Räumlichkeiten des I. am westlichen Ufer der Kieler →Förde wurden um die Jh.wende vom Großindustriellen Friedrich Krupp als exklusives Logierhaus für Gäste der →Kieler Woche errichtet, bevor er das Hotel- und Restaurantgebäude 1919 verkaufte. Von den Zerstörungen des →Bombenkrieges (Volltreffer im Juli 1944) blieb die wertvolle Bibliothek, die weltweit zu den größten ihres Fachgebietes zählt, durch rechtzeitige Auslagerung in den →Ratzeburger →Dom verschont..
Lit.: A. Zottmann, I. an der Universität Kiel 1914-1964, Kiel 1964. SW

Institut für Zeit- und Regionalgeschichte SH →Geschichtsschreibung

Intendant In seiner Funktion als Oberbeamter für die Herrschaft →Herzhorn führte der →Administrator der Gft. →Rantzau den Titel I. LS

Internierungslager 1945 richtete die britische →Militärregierung I. für NSDAP-Funktionäre und Beamte ein (→Entnazifizierung). Das Lager Nms.-Gadeland zählte über 10.000 Insassen; auch das ehemalige →Konzentrationslager Neuengamme diente als I. gegen etwa ¹/₃ der Internierten fanden vorläufige Strafverfahren vor eingerichteten Spruchgerichten statt. Die meisten der Internierten wurden nach Monaten entlassen, die Verurteilten 1948.
Lit.: H. Wember, Umerziehung im Lager. Internierung und Bestrafung von NS in der britischen Besatzungszone Dt., Essen 1991. UD

Irrenanstalt Während im MA und zu Beginn der Frühen Neuzeit die durch abweichendes Verhalten (meist »Raserei« oder »Tollheit«, aber auch »Melancholie«) auffällig gewordenen Geisteskranken (Tollen) ohne Unterscheidung von Häftlingen in den Gefängnissen untergebracht wurden, entwickelten sich im 18. Jh. in holst. Städten (→Stadt) und →Flecken Tollhäuser für bestimmte Gebiete. Schon vor 1732 bestand ein solches in →Oldenburg und vor 1739 in →Trittau. 1728 dürfte das vom →Zuchthaus getrennte Tollhaus in →Nms. errichtet worden sein. Zu diesem – wie auch den vorgenannten – leisteten mehrere Ämter Beiträge, konnten daher hier auch ihre Tollen verwahren lassen. Neben dem Zuchthaus in →Glückstadt wurde 1755 ein Irrenhaus erbaut. Diese Häuser waren reine Verwahranstalten, weil keinerlei therapeutische Bemühen stattfanden. Die be-schäftigten Chirurgen sollten nur körperliche Verletzungen behandeln. 1789 löste Glückstadt auch die I. in Nms. ab. Hier war Platz für 49 Insassen. Parallel wurden aber weiterhin Irre und Tolle in lokale

Isarnho

Zucht- und Werkhäuser, nur selten in Krankenhäuser eingewiesen. Auch →Flensburg besaß um 1800 eine mit dem Zuchthaus kombinierte I. Erst 1820 wurde mit der Einrichtung der I. in →Schl. für beide Hztt. eine damals mustergültige Einrichtung geschaffen, die 1867 von der →Provinz übernommen wurde. Ihr wurde 1893 eine Pflegeanstalt in →Neustadt für hilfsbedürftige Geisteskranke an die Seite gestellt. Nach 1918 wurden beide als Landesheilanstalten bezeichnet. In Schl. vollzog man die Trennung zwischen Erwachsenen und Jugendlichen (Landesheilanstalt für Jugendliche). Auch die sh Einrichtungen waren während der Zeit des NS von Euthanasie-Maßnahmen betroffen. Nach 1947 hießen sie Landeskrankenhäuser, wobei noch der Komplex in →Heiligenhafen hinzukam. Alle drei Anstalten haben bis in die Gegenwart Bestand. Heute besteht die Fachklinik Schl. aus der Klinik für Psychiatrie, Neurologie und Rehabilitation, der Klinik für Kinder- und Jugendpsychiatrie und dem Heilpädagogikum, während die Fachkliniken in Neustadt und Heiligenhafen nur in Abteilungen gliedert sind. Parallel zu den staatlichen Anstalten entwickelten sich auch Pri-vatkliniken wie das Asyl Hornheim in →Kiel (durch Willers Jessen begründet) und die Heilanstalt am Schellhorner Berg bei →Preetz (1896-1945). In Rickling betreibt seit 1950 die →Innere Mission psychiatrische Anstalten.

Lit.: Kirchhoff, Die frühere Irrenpflege in SH, in: ZSHG 20, 1890, 131-192; R. Schulte, Ausgrenzung und Vernichtung kranker und schwacher SH, in: DG 1, 1986, 317-337. LS

Isarnho →Dänischer Wohld

Istathesyssel Im →Erdbuch Waldemar II. von 1231 wurde der südliche Teil des Hzt. Schl. I. (nach dem Kirchdorf Idstedt) genannt. Er enthielt folgende Gebiete: Wiesharde, Huysbharde, Nieharde, Schliesharde, Struxdorfharde, Uggelharde, Nordergoesharde (das spätere →Amt →Bredstedt), Südergoesharde (das spätere Amt →Husum), Arensharde, Kroppharde, Hüttener Harde (das spätere Amt →Hütten), →Schwansen und Kampen (die spätere Hohner →Harde). LS

Itzehoe (IZ) liegt an der Grenze zwischen →Geest und →Marsch, wo die auch von Seeschiffen befahrbare →Stör in einer Schleife gute Hafenbedingungen bot. Zugleich trafen sich an dem Störübergang Handelswege aus →Dithm., →Jütland und Ostholst. Auf eine bereits bronzezeitliche Besiedlung deutet der mächtige (28m Durchmesser) Grabhügel Galgenberg hin, der nach Ausgrabungen 1937 restauriert und als NS-Kultstätte (»Germanengrab«) genutzt wurde. Unter dem sächsischen Hz. Magnus Billung wurde um 1000 in der schützenden Störschleife eine Burg als Stützpunkt gegen die Dän. und →Slawen errichtet. Am anderen Ufer entwickelte sich eine Handwerker- und Kaufleutesiedlung und vermutlich noch im 11. Jh. wurde die Laurentiikirche geweiht. Für Gf. Adolf II. (→Schauenburger) bildeten Burg und Siedlung einen wichtigen Stützpunkt zum Ausbau seiner Landesherrschaft in der Mitte des 12. Jh. Unter seinem Enkel Adolf IV. erhielt I. – wie viele andere

St. Laurentius und das Äbtissinnenhaus vom Klosterhof in Itzehoe

Itzehoe

Itzehoe um 1570, Kupferstich von Braun und Hogenberg

Städte in dieser Zeit – 1238 das →Lübische Recht, und auf der Störhalbinsel wurde die Neustadt, eine planmäßige Kaufleutesiedlung mit einer Nikolaikapelle, angelegt. Die gleichzeitige Befreiung vom Zoll und die Verleihung des Stapelrechts auf der Stör 1260 – das bis 1846 galt – führten zum Aufschwung der Stadt und machten sie in den folgenden Jh. zum Handelszentrum Westholst. Dabei mußte sich I. gegen die Konkurrenz aus →Krempe und dem 1617 gegr. →Glückstadt behaupten. Im ma. Stadtbild hoben sich die symmetrisch angelegte Neustadt mit dem Marktplatz in der Störschleife und die Altstadt am Geesthang mit der unregelmäßigen Besiedlung entlang der Ausfallstraßen, mit Märkten (Holz-, Ochsenmarkt), der Laurentiikirche und dem spätestens 1256 hierher verlegten einflußreichen →Kloster ab. Wichtig für Verwaltung und Recht in der Stadt waren die seit dem Ende des 14. Jh. bis 1861 bestehenden Gerichtsbereiche: der lübische, der landesherrliche (im Burgbezirk) und der klösterliche, zu denen im 16. Jh. als vierter noch der breitenburgische hinzukam. Beträchtlichen Einfluß erlangte dagegen seit dem 16. Jh. die auf dem benachbarten Gut →Breitenburg ansässige Familie →Rantzau in der Stadt, die in I. u.a. ein Palais besaß. Im 17. Jh. war I. wiederholt von den Ereignissen des Dreißigjährigen Krieges betroffen, wurde besetzt, geplündert und diente 1627 als Wallensteins Hauptquartier. Am folgenreichsten litt die Stadt jedoch im →Dän.-schwedischen Krieg, als sie während einer Belagerung durch die Truppen des schwedischen Kg. Karl X. Gustav in Brand geschossen wurde und am 7./8.8.1657 fast vollständig abbrannte. So ist es erklärlich, daß bis auf Reste des Klosterkreuzgangs keine Bauten aus dem MA mehr in I. existieren. Für das Rathaus wurde 1695 der Grundstein gelegt, die Laurentiikirche (mit Altar und Kanzel von 1661, Äbtissinenempore und Gruftgewölben der Rantzaus) 1716/18 in heutiger Gestalt erbaut. Die St. Jürgenkapelle, eine ma. Hospitalkapelle, wurde nach dem Brand erneuert und mit einer beeindruckenden barocken Ausstattung und Bemalung versehen. Während der →Kontinentalsperre litt I. 1807 bis 1813 unter dem Erliegen des Schiffsverkehrs, erlangte im 19. Jh. dann aber wieder durch seine Handelsverbindungen, v.a. aber die →Industrialisierung, die durch den Anschluß an die →Eisenbahn von Glückstadt 1857 und ihre Verlängerung bis nach Dithm. 1878 gefördert wurde, überregionale wirtschaftliche Bedeutung. I. wurde Standort für Nahrungsmittel-, Textil-, Seifen-, Papier-, Netz- und →Zementindustrie. Das wirtschaftliche Wachstum hatte einen Anstieg der Bev. zahl von 5.636 (1840) auf 20.091 (1914) zur Folge. Nicht unwichtig war auch die Funktion der Stadt als Garnisonsstandort seit dem 17. Jh., was in den 1880er Jahren den Bau von Kasernen zur Folge hatte. Als Sitz der holst. →Ständeversammlung von 1835 bis 1863 gewann I. polit. an Bedeutung. Das seit 1817 erscheinende »I. Wochenblatt« – seit 1857 »I. Nachrichten« (→Zeitungen) – trug überregional zur polit. Meinungsbildung bei. Unter preußischer Verwaltung wurde I. 1867 Sitz des Kreises Steinburg. Die 1920er Jahre waren durch städtebauliche Erweiterungen im Norden und Süden sowie Wirtschaftskrisen, die Nachkriegszeit durch den wirtschaftlichen Wiederaufbau, die Integration der zahlreichen Flüchtlinge und den Wohnungsbau gekennzeichnet (Siedlungen Tegelhörn, Sude-West, Wellenkamp). Schwere Schäden richtete ein Deichbruch der Stör während der →Sturmflut 1962 in der Stadt an. Städtebaulich wesentlich einschneidender waren die umstrittene Zuschüttung der Störschleife 1974/75, des alten Hafens von I., und der weitgehende Abriß sowie die Neubebauung der Neustadt, die das historische Stadtbild zerstörten. Auffälligster Neubau ist das 1993 eröffnete Mehrzwecktheater. Das Geschäftszentrum von I. verlagerte sich in die Altstadt. Das 1972 eröffnete Holst.-Center war das bis dahin größte Einkaufszentrum in SH. Seit den 1970er Jahren nahm das produzierende Gewerbe in I. trotz einiger Großbetriebe (Druck- und Verlagshaus Gruner und Jahr) auf ca. 32% der Beschäftigten ab. Die Stadt ist heute v.a. ein regionales Dienstleistungszentrum (Zentralkrankenhaus 1976) mit gut 34.000 Einw.

Lit.: I., Geschichte einer Stadt in SH, Bd. 1 und 2, hg. von J. Ibs, I. 1988 und 1991. OP

Itzehoe (Kloster) Vermutlich in den 1230er Jahren gründete Gf. Adolf IV. ein Zisterzienserinnenkloster (→Kloster) in →Ivenfleth, das dort aber durch Sturmfluten gefährdet war und um 1250 nach →I. verlegt wurde. Dort erhielt es 1256 das Patronatsrecht über die Laurentiikirche und 1286 die Kirche und deren Einkünfte zu eigen. Bereits 1277 waren einige I. Nonnen an der Gründung eines Klosters in Köslin/Pommern beteiligt. Die Zahl der Nonnen betrug im MA bis zu 50; sie entstammten fast alle dem holst. →Adel. Eine →Äbtissin und eine →Priorin leiteten das Kloster. Im 15. und 16. Jh. wird eine Klosterschule erwähnt. Das Kloster erwarb durch Schenkungen, Kauf und Tausch Grundbesitz und Rechte in West- und Mittelholst. bis an die Grenze von →Kiel und behielt diese über die →Reformation hinaus. Es gehörte zu den vier Frauenklöstern in SH, die nach der Reformation in Damenstifte zur Versorgung lediger adliger Töchter umgewandelt wurden. Im 17. und 18. Jh. gelang es der sh →Ritterschaft endgültig, die Aufsicht über das Kloster zu erlangen. Sie stellte auch den weltlichen Vertreter des Klosters, den →Verbitter. Bis ins 19. Jh. bezog das Kloster Einkünfte aus dem Gutsbetrieb und bildete innerhalb der Stadt einen eigenen Rechtsbezirk. Die Gemeinschaft löste sich seit dem 18. Jh. weitgehend auf, die heute dem Damenstift angehörenden Konventualinnen wohnen zumeist nicht in I.

Lit.: O. Pelc, Das Kloster I., in: I. Geschichte einer Stadt in SH 1, hg. von J. Ibs, I. 1988, 43-61. OP

Itzehoer Güterdistrikt Die Gesamtheit der adligen Güter (→Gut) Holst. wurde 1713 in vier →Güterdistrikte geteilt, von denen einer der I. war. Zum I. gehörten 37 Güter im westlichen, südlichen und mittleren Holst., also außerhalb der eigentlichen Güterlandschaft Ostholst. Gemeinsam mit den →Wildnissen und dem Patrimonialgut →Horst wurden 15 hier liegende Güter als adlige Marschgüter bezeichnet. Folgende Güter gehörten zum I. (Marschgüter sind mit *gekennzeichnet): Ahrensburg, *Bahrenfleth, *Bekmünde, *Bekhof, Blumendorf, Borstel, Bramstedt, →Breitenburg, Drage, Erfrade, Grabau, *Groß-Kampen, *Groß-Kollmar, *Haselau, *Haseldorf, *Heiligenstedten, *Hetlingen, Hohenholz, Hoisbüttel, Jersbek, Kaden, *Klein-Kampen, *Klein-Kollmar, Klinken, Krumbek, Krummendiek, Mehlbek, Mönkenbrook, *Neuendorf, Rade, Sarlhusen, Schulenburg, *Seestermühe, Stegen, Wandsbek (gfl.), Wandsbek (kgl.) und Wulksfelde. Der I. umfaßte um 1850 etwa 601km². LS

Ivenfleth (IZ) Der Ortsteil I. der Gem. Borsfleth war vor der Verlagerung Mitte des 13. Jh. nach →Itzehoe Ort eines Zisterzienserinnen-→Klosters. Ziegelreste der Mauern wurden noch bis in das 20. Jh. im Außendeich auf der sog. Klosterwurt gefunden. LS

Jacht Der einmastige Segelschiffstyp des 18. und 19. Jh. war in der westlichen →Ostsee verbreitet und wurde zur Unterscheidung von der pommerschen J. auch sh J. genannt. Diese kleinen Küstenfrachter waren 10-20m lang und hatten recht großen Tiefgang. Typisch waren das Spiegelheck mit meist herzförmigem Spiegel und die über das Heck hinausragende Aufhängung für das Beiboot. In der 2. H. des 19. Jh. wurden die J. zunehmend von den in der Rumpfform gleichen aber größeren Jachtgaleassen (→Gelasse) und Jachtschonern abgelöst.
Lit.: H. Szymanski, Dt. Segelschiffe, Berlin 1934. PDC

Jacobi, Friedrich Heinrich →Literatur

Jacobsen, Christian Johannes (geb. 1.5.1854 Hadersleben/Haderslev, gest. 19.2.1919 Eckardtsheim) Als Pastor der Kirche in Scherrebek/Skarbæk organisierte J. eine Reihe von Maßnahmen zur Stärkung des Dt.tums in →Nordschl., u.a. die Schaffung der Ferienkolonie Lakolk auf Röm/Rømø und die Gründung der berühmten Schule für Bildteppiche in seinem Kirchort. 1890 wurde auf seine Initiative der »Dt. Verein für das nördliche Schl.« gegr. Trotz der Unterstützung seitens der preußischen Verwaltung gerieten seine Unternehmungen in Konkurs und J. verließ 1904 Nordschl. HSH

Jagd Als in der Eiszeit die Rentierjäger den Herden durch SH folgten, sollte die J. die Ernährung sicherstellen, nach der Einführung der Landwirtschaft wurde sie zu einem Luxus. Bereits im 11. Jh. war die J. an den Besitz von Grund und Boden gebunden. Durch die Erweiterung der adligen und kirchlichen Besitzungen sowie der herrschaftlichen Bannforste wurde die freie J. in den folgenden Jh. weiter eingeschränkt. Zugleich reservierte sich die Obrigkeit die J. auf die Hochwildarten. Bereits das →Jyske Lov (1241) weist die J. als herrschaftliches →Regal aus. Abgeschlossen war die Entwicklung zum landesherrlichen Regal, als Christian I. 1461 das Schl. Domkapitel von allen Jagdlasten befreite. Auf Wilderei standen drakonische Strafen. Christian III. ließ Krupschützen am nächsten Baum aufhängen. Der Landesherr dehnte auch die →Abgaben- und Dienstpflicht der Untertanen auf die J. aus. Die Untertanen wurden für die Anlegung von Wildreservaten, zur Erstellung von Wildzäunen, zu Hand- und Spanndiensten, zum Aufhängen der Tücher und Lappen, zum Treiben, Hundeführen usw. herangezogen oder mußten sich gegen die Zahlung von Jagdgeld davon freikaufen. Oft blieben sie den Aufforderungen einfach fern, so daß die herrschaftliche J. ein ständiger Konfliktpunkt wurde. Bei der J. ging es v.a. um das Prestige. Zwar wurde die Ritterschaft 1614 und 1623 privilegiert, auf ihren Besitzungen zu jagen, doch kam es immer wieder zu Konflikten zwischen Landesherr und →Adel um das Jagdrecht auf städtischem und geistlichem Besitz sowie in den Mangjagdbezirken (Bezirke, in denen es mehrere Grundherren mit J.recht gab). Die Verrechtlichung der J. und der Ausbau des frühmodernen Staates spiegeln sich in der steigenden Anzahl von J.verordnungen und J.personal seit dem ausgehenden 16. Jh. 1737 wurde in den Hztt. eine allgemeine J.- und Forstverordnung erlassen, die 1784 durch eine neue, umfassendere ersetzt wurde. Die J. hatte erheblichen Einfluß auf die Tierwelt in SH. Großwild gab es schon in den ersten Jh. n.Chr. in SH kaum noch. Nur Ur und Bär kamen vereinzelt bis ins 10. bzw. 13. Jh. vor. Gejagt wurden

Die kaiserliche Jacht »Meteor« 1896, Ölgemälde von Hans Bohrdt

Jagel

nicht nur Hirsche, Wildschweine, Hasen und →Seehunde, sondern auch Gänse, Enten, Schnepfen, Tauben und Kleinvögel. »Schädliche« Tiere wurden systematisch ausgerottet. So wurden bereits im 17. Jh. Prämien für jeden abgelieferten Wolf oder Greifvogel gezahlt. 1690 erging eine Verordnung zur Vertilgung der Raubvögel. Besonders betroffen waren Adler, Falken, Habichte, Weihen, Uhus, Eulen, Reiher, Raben und Krähen. Bis Ende des 19. Jh. wurden auf diese Weise die Uhus in SH vollständig ausgerottet. 1712 wurden allein im gottorfischen Anteil der Hztt. mindestens 95 Seeadler getötet. Der Abbau der Biotope beschleunigte ihren dramatischen Rückgang bis ins 20. Jh. Auch die Wölfe wurden zuerst in die abgelegenen →Moor- und →Waldgebiete Nordschl. zurückgedrängt, dann bis 1780 völlig ausgerottet. Später finden wir nur noch selten einzelne streunende Tiere, die aus den Nachbarregionen überwechselten und schnell erlegt wurden. Der bequemeren J., der Versorgung der adligen Küchen, im 18. Jh. aber auch der Erhaltung in der freien Wildbahn zurückgehender Hochwildarten dienten die Tiergärten. Bereits 1231 waren vornehmlich kleinere Inseln als Tiergärten ausgewiesen worden; besonders im 16. und 17. Jh. folgten die Gutsherren dem landesherrlichen Beispiel und richteten Wildkoppeln ein. Der Ahrensböker Tiergarten hatte eine Länge von 7,5km und eine Breite von 3,7km. Weitere bedeutende Tiergärten gab es in →Drage, →Eutin, →Gottorf, →Reinfeld, →Glücksburg usw. Vorherrschend war in ihnen das Damwild, in größeren Gärten wurden aber auch Rotwild und Rehe gehalten. Daneben gab es Fasanen- und Kaninchengärten; beide Arten kamen in SH erst über diese Gärten in die freie Wildbahn. Die Haltung exotischerer Arten erwies sich meist als Fiasko. Im 19. Jh. wurden die meisten Tiergärten aufgelöst. Mit der →Verkoppelung lösten sich die alten Jagdgerechtigkeiten allmählich auf; auch Bürgerliche konnten jetzt die J. pachten. Die →Provisorische Regierung hob 1848 die bestehenden J.gesetze auf. Jeder konnte nun auf seinem Grund und Boden jagen, und in der Folge wurde etwa das Rotwild in SH fast völlig ausgerottet. Zwar wurden 1851 die alten Verhältnisse wiederhergestellt, doch sind bis 1869 die J.gerechtigkeiten praktisch abgelöst und 1873 auch formal die J.rechte des Staates beseitigt worden. Dem Raubbau am Wild traten um 1900 die örtlich und überörtlich gegr. J.vereine entgegen, indem sie Satzungen zur Mehrung des Wildbestandes erließen. Das J.recht wurde durch Reichs- bzw. Bundesgesetze geregelt, die Umsetzung durch Landesgesetze. Trotz seit 1929 bestehender Tier- und Pflanzenschutzverordnungen hat sich im ausgehenden 20. Jh. der Konflikt zwischen Jägern und Umweltschützern verschärft..

Lit.: H. Jessen, J.geschichte SH, Rendsburg 1958; H. Jessen, Wild und J. in SH, Rendsburg 1988; H. Hiller, Untertanen und obrigkeitliche J., Nms. 1992. MR

Jagel

Jagel (SL) Südlich von →Schl. an der alten Straße von →Jütland nach →Holst. gelegen, war J. wiederholt Schauplatz kriegerischer Begegnungen, z.B. 1132, als der dän. Kg.sohn Magnus mit seinen Kriegern hier ein holst. Aufgebot unter Gf. Adolf II. in die Flucht schlug, oder 1864, als sich österreichische und preußische Truppen erstmals ein Gefecht mit dän. Truppen lieferten. In J. ist heute auch ein Flugplatz der Bundesmarine. Der Ort hat heute knapp 850 Einw. OP

Jahrscher Balken Im Osten des Dorfes Jahrsdorf (RD) südlich von →Hohenwestedt erhebt sich nahe der Kreuzung zweier alter Überlandwege ein heute bewaldeter, mit etlichen Grabhügeln bedeckter Höhenrücken, der J. Hier, im Herzen des alten Holstengaus, tagte vom 14. bis ins 17. Jh. unter freiem Himmel das holst. Gaugericht (→Goding) unter dem Vorsitz des Overboden (→Bode), zuletzt des Amtmanns (→Amtmann) von →Rendsburg. Im 12. Jh. war das holst. Goding in →Lockstedt, später bei →Kellinghusen und im 13. Jh. wohl auch bei der landesherrlichen Burg Wapelfeld nahe Hohenwestedt abgehalten worden, ehe man es zum benachbarten J., der in den Quellen auch Jarschenberg oder »de Jarschen berge« heißt, verlegte. Das Goding an den genannten Orten war wohl oftmals mit einer holst. Landesversammlung unter Anwesenheit des Gf. identisch gewesen.

Lit.: H.H. Hennings, Zur Geschichte des Godings auf dem J., in: ZSHG 87, 1962, 91-124. HWS

Jahrsdorf → Jahrscher Balken

Jansen, Günther →Sozialdemokratie

Jarl Die skandinavische Bezeichnung verweist auf einen unter dem Kg. stehenden Verwalter bzw. kgl. Statthalter einer Grenzregion oder eines in dieser Region gelegenen Ortes etwa im Range eines Markgf. oder Hz. Gleichwohl blieb die dem J. anvertraute Region dem kgl. Einfluß weiterhin offen, und der J. konnte auch über deren Grenzen hinaus als Vertreter des Kg. eingesetzt werden. So unterstanden das spätere Hzt. Schl. und v.a. der gleichnamige Bf.sitz selbst seit dem 11. Jh. einem J. Als solcher erlangte →Knud Laward zwischen 1111 und 1122 herausragende Bedeutung.
Lit.: Geschichte SH, 4/1. DK

Jarnwith →Dänischer Wohld

Jastorfkultur →Eisenzeit, vorrömische

Jazz Baltica →Musik

Jenner, Gustav (geb. 3.12.1865 Keitum, gest. 29.8.1920 Marburg) Bereits während seiner Gymnasialzeit in →Kiel erhielt J. eine grundlegende musikalische Ausbildung. Unterstützt wurde er dabei von Klaus →Groth, der auch den Kontakt zu Johannes Brahms herstellte. 1888 übersiedelte J. nach Wien, 1895 wurde er Akademischer Musikdirektor in Marburg. Sein teilweise noch ungedrucktes kompositorisches Œuvre umfaßt Lieder, Chöre und Kammermusik; als einziges Orchesterwerk entstand 1912 eine fünfsätzige Serenade. Beachtung fand J. Buch »Johannes Brahms als Mensch, Lehrer und Künstler« (Marburg 1905).
Lit.: H. Heussner, J. (1865-1920), Marburg 1985. MKu

Jensen, Christian Albrecht (geb. 26.6.1792 Bredstedt, gest. 13.7.1870 Kopenhagen) Der an der Kopenhagener Kunstakademie ausgebildete Maler schlug sich nach Aufenthalten in Dresden und Rom seit den 1820er Jahren als Portraitist durch. Bis in die 1840er Jahre war er der führende Vertreter dieses Genres im dän.-dt. Gesamtstaat. HSH

Jensen, Peter →Landwirtschaftskammer

Jensen, Wilhelm (geb. 15.2.1837 Heiligenhafen, gest. 24.11.1911 München) studierte 1856-1869 Medizin, dann Philosophie und Lit. 1869-72 war er Redakteur in →Flensburg, dann als freier Schriftsteller in →Kiel, ab 1876 in Freiburg/Br., ab 1888 in München bzw. Prien/Chiemsee tätig. J. schrieb zahlreiche, seinerzeit viel gelesene historische Romane, die in SH und dem nordeuropäischen MA angesiedelt sind; in ihrer Qualität haben sie stark schwankendes Niveau. Seine lyrischen und dramatischen Werke blieben erfolglos. J. war mit Wilhelm Raabe befreundet.
Lit.: G.A. Erdmann, J., Leipzig 1907. KD

Wilhelm Jensen

Jersbek Die erste Hofanlage des →Gutes J. entstand 1588, 1650 das im Kern immer noch vorhandene Herrenhaus. 1726 erbte der damalige Direktor der Hamburger Oper am Gänsemarkt, der kunstsinnige Bendix von →Ahlefeldt (1679-1757), J. und ließ nach dem Vorbild von Versailles einen barocken →Park mit heute nicht mehr vorhandenem Lustschloß anlegen. Der Dichter Friedrich von Hagedorn pries die Anlage in der 1752 verfaßten »Ode auf J.«. Doch trieben die Kosten Ahlefeldt zwei Jahre später in den Ruin. Von den Veränderungen späterer Besitzer (u.a. Paschen von Cossel, Carl Ludwig Thierry, Theodor Gf. von →Reventlow) fallen besonders Solitärbäume als Zeugnisse einer versuchten Umwandlung in einen Landschaftsgarten auf. Das Gut befindet sich seit 1960 im Besitz von Nachkommen des

Jersbek

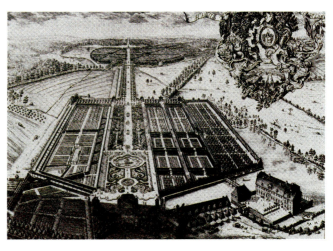
Der Park in Jersbek 1747

Jessen, Carl Ludwig

Reichskanzlers Theobald von Bethmann-Hollweg (zugleich Nachfahren der →Reventlows); der Park ist zugänglich.
Lit.: B. von Hennigs, Der J. Garten im Spiegel von Stichen und Zeichnungen aus dem 18. Jh., Nms. 1985. KUS

Jessen, Carl Ludwig →Malerei

Jevenstedt

Jevenstedt (RD) Dem Ortsnamen nach in den ersten Jh. n.Chr. entstanden, erhielt J. bereits im 12. Jh. eine Kirche (St. Jürgen). Das Ksp. J. gehört damit zu den vermutlich sechs alten Großksp. des Holstengaus. 1148 wird der legatus provincie (→Bode) Rothmar genannt, der auf dem Hof Hennstedt bei J. saß und für das nördliche Gauviertel Holst. zuständig war. Das Ksp. J. mit seinen großenteils südlich des Kirchortes, teilweise im Rendsburger Wald gelegenen Dörfern gehörte schon früh zum Bezirk der →Burg →Rendsburg, die Ksp.vogtei J. war seit dem 15. Jh. mit fünf anderen Teil des →Amtes Rendsburg. Kurioserweise gehörte das Kirchdorf nicht zur gleichnamigen Ksp.vogtei, sondern zu Raumort. Heute, nach der Eingemeindung der Dörfer Altenkattbek, Nienkattbek und Schwabe, hat die Gem. J. ca. 3.000 Einw. HWS

Johann →Oldenburger

Johann Adolf →Gottorfer

Johannsen, Otto →Landwirtschaftskammer

Johanssen, Adolf-Harald →Regierungspräsident

Jordt →Zementindustrie

Joris, David →Minderheiten, religiöse

Jütland (dän. Jylland) war zu Beginn der historischen Zeit die Bezeichnung für die Halbinsel, die sich zwischen der →Eider im Süden und Skagen im Norden, zwischen der Nordsee im Westen und dem Kleinen Belt/Kattegat im Osten erstreckt. Seit ca. 1200 wurde das Gebiet nördlich der →Königsau/Kongeå als Nordj., südlich davon als →Südj./Sønderjylland bzw. →Schl. bezeichnet. Später benutzte man die Bezeichnung J. vornehmlich für den nördlichen Teil; bis weit in das 19. Jh. hinein fühlten sich die Schl. als auf einer höheren ökonomischen und sozialen Stufe stehend als die Jüten. Seit 1920 ist die dt.-dän. →Grenze die Südgrenze J. J. war im MA ein »Land« im dän. Kgr. mit einem eigenen Landsting in Viborg und eigenem Recht (Jütisches Recht, dän. →Jyske Lov) von 1241. Die Einführung des Absolutismus in DK 1660 und die Zentralisierung der dän. Staatsmacht hoben jedoch alle jütischen Selbständigkeiten auf. So wurde das Jütische Recht 1683 durch das Dän. Recht (Danske Lov) abgelöst. In der Endphase des Absolutismus hatte Nordj. immerhin seine eigene Ständeversammlung (1834-1848). In naturgeographischer Hinsicht teilt man J. in Westj. auf der einen Seite und Ost-, Nord- und Nordwestj. auf der anderen Seite. Westj. wird von den Landesteilen westlich der Linie Krusau/Kruså – Viborg und südlich der Linie Viborg – Lemvig gebildet und ist landschaftlich gekennzeichnet durch Sanderflächen und hügeligen Inseln, entlang der Nordseeküste von →Dünen und z.T. →Marsch. Ost-, Nord- und Nordwestj. bestehen hingegen wie die dän. Inseln überwiegend aus Moränenlandschaften (→Moräne), jedoch mit Dünenbildung im äußersten Westen und einem marinen Vorland im Norden (Vendsyssel). Die Besiedlung Westj. war über lange Zeit von Einzelhöfen und nur sehr wenigen Städten geprägt, während in den übrigen Teilen J. geschlossene Dörfer und mehr und größere Städte wie Vejle, Århus, Randers und Ålborg anzutreffen sind. Entsprechend gab es nur wenige Güter (→Gut) in Westj., das infolgedessen weniger vom Gutssystem bestimmt war. Während das agrarische Schwergewicht auf den lehmigen Böden Ostj. auf Getreidebau lag, gab man in Westj. der Ochsenzucht mit extensiver Ausnutzung der großen Heideflächen, Gräserwirtschaft und Heugewinnung auf den Wiesen und bescheidenem Getreidebau auf den Äckern den Vorzug. Die Ochsen verkaufte man als Magervieh zur Fettgräsung in die schl. Marsch. Viele westjütische Dienstboten suchten im Sommer Arbeit in Schl. Im 18. Jh. begann man mit der Urbarmachung der →Heide in Westj. unter Beteiligung dt. Kolonisten, die wegen der neuartigen Ackerfrucht »Kartoffeldt.« (kartoffeltyskere) genannt wurden. Doch erst Ende des 19. Jh. kam die →Heidekolonisation richtig in Gang und erst in den 1950er Jahren zu ihrem Abschluß. Die gewonnenen Wiesen und Äcker wurden mit →Knicks umgeben und die magersten Böden mit Nadelbäumen bepflanzt. Die →Landwirtschaft intensivierte sich durch das Aufkommen von →Meiereien; die erste Genossenschaftsmeierei wurde 1882 in Hjedding bei Varde errichtet. Heute ist Westj. die Hochburg des Viehs in DK, während Ostj. von Getreidebau und Schweineproduktion geprägt wird. Das Wachstum der jütischen Städte wurde bis in die Mitte des 19. Jh. von der Handelsdominanz →Hamburgs gehemmt, doch nahm der Handel aufgrund der Intensivierung der Landwirtschaft und steigenden Wohlstands danach zu. Seit den 1870er Jahren wurde die →Industrialisierung auch in J. bemerkbar. Ihre Anfänge nahm sie in Århus, das sich nun zur Hauptstadt J. entwickelte und seit den 1920er Jahren auch eine Universität hat. Die Industrialisierung prägte dann auch die Städte Randers und Ålborg sowie das Dreieck zwischen Vejle, Fredericia und Kolding. Seit den 1960er Jahren verlagerte sich der industrielle Schwerpunkt nach Westen und schuf hier schnellwachsende Städte wie Herning und Ikast. Die stärkste Urbanisierung erfuhr jedoch Esbjerg, das bis in die 1860er Jahre aus nur wenigen Höfen bestand und durch die Anlage des Nordseehafens seit 1868 sowie durch Eisenbahnverbindungen zur »boomtown« amerikanischen Stils wurde. In den letzten Jahrzehnten nahm der Sommertourismus (→Tourismus) an die Westküste J. stark zu und stellt heute einen wichtigen Wirtschaftsfaktor der Region dar. HSH

Juden Erste jüdische Ansiedlungen und Gem. in SH sind seit Ende des 16. Jh. nachweisbar. 1584 wurde den J. das Recht eingeräumt, in →Altona und →Ottensen zu wohnen; fast gleichzeitig ließen sie sich in →Wandsbek nieder. 1630 erhielten J. das Recht der Ansiedlung in →Glückstadt, seit etwa 1650 sind sie in →Friedrichstadt nachweisbar. Ab 1656 durften sie in Lübeck-→Moisling und 1692 in →Rendsburg-Neuwerk wohnen. Einzelne Familien erhielten in anderen Orten ebenfalls Wohnzulassungen. Für die J. in SH

Die Synagoge in Lübeck vor 1938

bestanden zu dieser Zeit vielfältige Beschränkungen in der Berufs- und Beschäftigungsfreiheit. Sie konnten nicht den Handwerkerämtern (→Amt) und Kaufmannsgilden beitreten, womit ihnen jede ständisch konzessionierte Arbeit verwehrt wurde. Die Übernahme öffentlicher Ämter und die Tätigkeit im Staatsdienst waren für J. unmöglich; der Schul- und Universitätsbesuch wurde ihnen ebenfalls nicht gestattet. Diesen weitreichenden Einschränkungen des Lebens der J. standen einige Sonderrechte gegenüber. In Altona, Glückstadt und Friedrichstadt durften sie ihre Religion öffentlich ausüben, während sie an den anderen Orten zwar Religionsfreiheit besaßen, diese aber nur privat praktizieren durften. Zugestanden war ihnen auch die niedere Gerichtsbarkeit in allen weltlichen und religiösen Angelegenheiten am jüdischen Gericht in Altona. Insgesamt hatten die J. in SH bis zu Beginn des 19. Jh. den Status einer diskriminierten Minderheit mit Sonderregelungen. Die Einstellung gegenüber den J. änderte sich mit der Französischen Revolution. Es wurde die Forderung erhoben, jede Diskriminierung gegen J. aufzuheben und sie gleichberechtigt zu behandeln. So wurden in einer ganzen Reihe von dt. und europäischen Staaten Emanzipationsgesetze erlassen.

Im März 1814 erfolgte dieser Schritt auch in DK, nicht aber in Schl. und Holst. In den Hztt., wo 1840 3.970 J. lebten, wurde in beiden Ständeversammlungen während der 1830er Jahre zwar kontrovers über die Emanzipation diskutiert, doch erst 1854 in Schl. und 1863 in Holst. die völlige Gleichstellung der J. mit der übrigen Bev. durchgesetzt. Dies führte zu Veränderungen in der jüdischen Glaubensgemeinschaft. Die orthodoxen J. plädierten vehement für die Bewahrung des überkommenen J.tums, während liberale J. der Assimilation und Versöhnung mit der Kultur der Zeit den Vorrang gaben. Mit der Eingliederung in →Preußen 1867 und mit der Gründung des Dt. Reiches 1871 erhielten die J. in SH – 1880 wurden 3.522 J. gezählt – die volle bürgerliche Gleichberechtigung. Gleichwohl gab es alsbald zahlreiche indirekte Diskriminierungsmethoden in vielen Lebensbereichen, durch die der jüdischen Bev.teil ausgegrenzt wurde. In bürgerlichen und bäuerlichen Kreisen SH bildete sich ein auf rassischen Vorurteilen beruhender →Antisemitismus, der vielfach nur aus Annahmen und Verdächtigungen bestand. Auch äußerte sich dieser Antisemitismus nicht laut und öffentlich, sondern nur indirekt und in sozial gedämpften Formen. Gleichwohl war dieser Antisemitismus wirksam und beeinflusste die Entwicklung in SH während der Zeit des Kaiserreichs und in der Weimarer Republik. 1925 lebten in SH 4.152 J. Mit dem NS setzten ab 1933 verstärkt Diskriminierung, Entrechtung und Verfolgung der J. ein. Durch gesetzliche Regelungen (u.a. Nurnberger Gesetze von 1935) wurden die Lebensmöglichkeiten der j. Bev. immer weiter eingeschränkt. Von den 3.117 J. im Jahre 1933 wohnten 1939 noch 596 in SH. Sie wurden 1941/42 nach Osteuropa transportiert und in Vernichtungslagern umgebracht. Nach 1945 kam nur langsam und mit vielen Vorbehalten das jüdische Gem.leben wieder in Gang.

Lit.: Ausgegrenzt – Verachtet – Vernichtet. Zur Geschichte der J. in SH, hg. von der Landeszentrale für polit. Bildung, Kiel 1994; Menora und Hakenkreuz. Zur Geschichte der J. in und aus SH, Lübeck und Altona 1918-1998, hg. von G. Paul, M. Gillis Carlebach, Nms. 1998. PW

Juel, Jens →Malerei

Jungdeutscher Orden →Völkische Bewegung

Jungmoräme →Moräne

Jungsteinzeit →Neolithikum

Jurisdiktion ist die Rechtsprechung, die in SH vor 1867 vielfältig aufgespalten war. Die Gerichtsherrschaft (→Gerichtswesen) war entsprechend der in MA und Früher Neuzeit entstandenen territorialen Zersplitterung ebenfalls stark zersplittert. Es konnte – wie in →Itzehoe – geschehen, daß Bewohner einer →Stadt vier verschiedenen J. unterstanden. Insbesondere die Bewohner der Streubesitzungen von Grund- bzw. Gutsherren waren der Rechtsprechung ihres Gerichtsherren unterworfen und mußten z.T. entsprechend weite Wege auf sich nehmen, um zu ihrem Recht zu kommen. So waren etwa die Bewohner von Sachsenbande (IZ) in der →Wilstermarsch dem →Stift, später →Amt →Bordesholm unterworfen. LS

Jyske Lov (Jütisches Recht) Das 1241 geschaffene Landschaftsrecht des dan. Kg. Waldemar II. galt auch für Südjütland, das Hzt. Schl. Für die nicht dän.sprachigen Gebiete wurde im 15. Jh. eine mnd. Version geschaffen. Mit dem von Christian V. 1683 eingeführten Dän. Recht (Danske Lov) wurde das J. in Nordjütland außer Kraft gesetzt, doch blieb es in weiten Teilen Schl. bis zur Einführung des Bürgerlichen Gesetzbuches am 1.1.1900 wirksam. HSH

Kämmerei Die städtische Geldverwaltung wurde in MA und Früher Neuzeit von der K. wahrgenommen, die unter der Aufsicht der →Kämmerer standen. Alle Geldflüsse der städtischen Verwaltung (Einnahmen aus Steuern, Pachten, Mieten, Strafgeldern u.a.) sollten durch die K. laufen und hier in den K.rechnungen registriert werden. Das städtische immobile und mobile Vermögen wurde hier verwaltet. In nahezu allen Städten SH kam es im 16. Jh. zu einer Bürgerbeteiligung bei der K.aufsicht durch sog. K.bürger. In preußischer Zeit wurde der Begriff wiederbelebt und in den Städten für die nun parlamentarischer Kontrolle unterliegende Kassenführung benutzt. LS

Kämmerer 1. Im MA wurden die →Kämmereien der Städte von ein oder zwei →Ratmannen verwaltet, denen in größeren Städten Schreiber zugeordnet waren, die die eigentlichen Kassengeschäfte und die damit verbundene Schriftlichkeit (Kämmereirechnungen) abwickelten. 2. Auf →Fehmarn wurden die Vorsitzenden der Ksp.versammlungen K. genannt, da sie gemeinschaftlich die Landschaftskasse führten. 3. In preußischer Zeit bezeichnete man den städtischen Beamten, der die Kassengeschäfte führte, als K.; diese Bezeichnung hat sich z.T. bis heute in den Städten gehalten. LS

Kätner Die hochma. Dörfer setzten sich aus den →Hufnern oder →Bonden mit unterschiedlichen Nutzungsrechten an den Gemeinschaftsländereien zusammen. In dieser Gesellschaft entstand bereits eine Schicht von nicht an der Genossenschaft des Dorfes beteiligten Nachsiedlern, wohl meist abgeteilten Bauernkindern, wozu paßt, daß viele Katen zunächst als zu einer →Hufe gehörig bezeichnet wurden. Die Nachsiedler wurden Wurt- oder Kotsassen (wurtsetting, kotsatere, coteners) genannt und traten bereits im 13. Jh. auf (Genin 1283, Hansfelde 1296). Das Anwachsen dieser Schicht wurde durch die Pestumzüge seit Mitte des 14. Jh. verlangsamt, weil durch den Bev.rückgang auch volle Bauernstellen frei wurden, die gar nicht alle wiederbesetzt werden konnten (→Wüstung). Doch bereits im 15. Jh. ist allenthalben ein Zuwachs der K.bev. festzustellen und im 16. Jh. sind sie überall zu finden. Ihre Stellen konnten dicht bei den Hofgebäuden liegen, ja oftmals von Hofbesitzern für Altenteilszwecke oder zur Unterbringung von Arbeitskräften errichtet worden sein; sie konnten auch auf dem Brink, also dem Gemeinschaftsland in unmittelbarer Nähe des Dorfes oder im Dorf liegen (→Brinksitzer). Auch Kirchenland konnte der Ansiedlung der K. dienen, in den →Marschen griff man gern auf Deicherde zurück, also das Land, auf dem die →Deiche standen und aus dem das Erdreich zur Deichreparatur entnommen wurde. Schon im 17. Jh. gab es Dörfer, in denen die K. den Bev.anteil der Dorfsgenossen überwogen. Parallel zur immer stärkeren Teilung der Hufen (bis hin zu $1/48$-Hufen) wuchs ihre Zahl kontinuierlich. Im →Amt →Rendsburg gab es 1825 von 1709 Landstellen nur noch 241 Vollhufen, hingegen 838 Teilhufen und 630 Katenstellen mit und ohne Land, wobei eine geringe Landausstattung nur bei den älteren Katenstellen anzutreffen war, während die jüngeren durchweg nahezu landlos blieben. Unter dem Druck ihrer Forderungen wurden die K. in unterschiedlichem Maße an den Rechten der Genossenschaft beteiligt (Nutzung der Genossenschaftsressourcen wie Holz, Torf, Heu, Laub, Lehm, Weiderechte); in einigen Gebieten Holst. kam es zu einer regelrechten Beteiligung der K. an den Dorfsgenossenschaften, so in der Herrschaft →Pinneberg, wo Ende des 18. Jh. alle K. mit Land-besitz als $1/16$-, alle ohne Landbesitz als $1/48$-Hufner eingestuft wurden. Gleichwohl sind die K. die Hauptverlierer der →Verkoppelung, weil hier die Interessen der Genossen (also der Voll- und Teilhufner) dominierten. Andererseits eröffnete sie die Mög-

Landstellendifferenzierung im Amt Rendsburg 1825		
Landstelle	Anzahl	Anteil
Vollhufen	241	14,1%
$1/2$- bis unter Vollhufen	310	13,2%
Unter $1/4$-Hufen	302	17,7%
Kätner	630	36,9%
Summe	1709	100%

Kaaksburg

lichkeit des Bodenmarktes, auf dem sich unternehmende K. mit Land versorgen konnten, um so ihre Katenstellen aufzuwerten.

Lit.: M. Sering, Erbrecht und Agrarverfassung in SH auf geschichtlicher Grundlage, Berlin 1908; K.-J. Lorenzen-Schmidt, Hufner und K., in: AfA 8, 1986, 33-67. LS

Kaaksburg

Kaaksburg Die K. gehört zu den sächsischen Ringwällen des Holstengaus. An einem Straßenübergang über die Bekau, einem Nebenfluß der →Stör, im heutigen Kreis Steinburg zwischen →Itzehoe und →Schenefeld gelegen, wurde sie auf einem Geestsporn angelegt, der an drei Seiten von Flußniederungen umgeben ist. Die Anlage besteht aus der ringförmigen Hauptburg (→ Burg) mit vorgelagertem Graben und einem Vorburggelände, das durch einen Abschnittswall mit Graben geschützt wurde. Im Innenraum der Hauptburg kamen zahlreiche Spuren von Bauten zum Vorschein, die sich jedoch nicht zu eindeutigen Hausgrundrissen rekonstruieren ließen. Nur im Vorburggelände wurde ein in den Boden eingetieftes Grubenhaus entdeckt. Die Siedlungskeramik datiert in das 8./9. und frühe 10. Jh. Im inneren der Hauptburg wurde 1931 bei archäologischen Grabungen eine Schmuckkette mit vergoldeten Silberperlen, geschliffenen Perlen aus Bergkristall, Bernstein und Karneol sowie zwei in Silberdrähte gefaßte arabische Münzen aus der ersten H. des 10. Jh. gefunden.

Lit.: A. Bantelmann, K.-H. Dittmann, Ergebnisse einer Rettungsgrabung auf der K., in: Neue Ausgrabungen und Forschungen Niedersachsen 7, 1972, 203-210; R. Wiechmann, Edelmetalldepots der Wikingerzeit in SH, Nms. 1996, 129, Kat.-Nr. 15. RW

Kadettenanstalt Kg. Wilhelm I. von →Preußen bestimmte das Plöner →Schloß 1867 zur K. (Ausbildungsstätte für den Offiziersnachwuchs). Am 1.5.1868 rückten die ersten Zöglinge ein. →Plön war eine K.voranstalt. Die etwa 150 Sextaner bis Tertianer wurden nach Lehrplänen unterwiesen, die den Vorschriften für Realgymnasien (→Schule) angeglichen waren. Der Abschluß der Schulausbildung erfolgte in der Hauptkadettenanstalt Groß Lichterfelde bei Berlin. Das Plöner Institut wurde im Frühjahr 1920 aufgelöst. Von 1896 bis 1910 bestand im Schloßgarten eine (nicht der Kadettenanstalt angegliederte) Prinzenschule, in der die Kaisersöhne unterrichtet wurden.

Lit.: Hundert Jahre Erziehung der Jugend auf Schloß Plön 1868-1968, hg. von E. Schmidt, H. Kasdorff, Plön 1968. JB

Kahlke, Max →Malerei

Kaiserlicher Krieg Im Frühsommer 1625 griff Kg. Christian IV. auf Seiten der protestantischen Fürsten aktiv in den Dreißigjährigen Krieg ein. Neben dem Schutz des evangelischen Glaubens ging es ihm v.a. um seine territorialen Interessen in Norddt., insbesondere in den säkularisierten geistlichen Fürstentümern, durch deren Beherrschung er eine hegemoniale Stellung südlich der →Elbe gegen die Konkurrenz des Kg. von Schweden zu erlangen hoffte. Als Reichsfürst (für Holst.) und mächtigstes Mitglied des Niedersächsischen Reichskreises hatte er sich im Frühjahr 1625 zum Kreisoberst (→Oberst) wählen lassen und so den Oberbefehl über das militärische Aufgebot des Kreises erlangt. Schon bald sah der Kg. sich unerwartet zwei gegnerischen Heeren gegenüber, dem der Liga unter Tilly und dem des Kaisers unter Wallenstein. Bereits die erste Schlacht bei Lutter am Barenberge im Harzvorland am 17.8.1626 entschied den Krieg: Christian IV. Heer wurde von Tilly vernichtend geschlagen. Die verfehlte Politik des Kg. zog in der Folge den Dreißigjährigen Krieg zum ersten Mal in die Hztt. Ende August 1627 überschritten die Feinde die holst. Grenze bei →Trittau. →Pinneberg, →Itzehoe und die →

Die Kaaksburg

Kaiser-Wilhelm-Kanal

Kriegsgeschehen um Krempe und Glückstadt 1628

Breitenburg fielen nach kurzer Belagerung durch Wallenstein, →Rendsburg nach zwei Wochen. Schnell waren ganz Holst., Schl. und →Jütland in der Hand der Kaiserlichen, nur die Festungen →Krempe und →Glückstadt hielten sich. Hz. Friedrich III. von →Gottorf hatte seine Neutralität erklärt, was seinen Untertanen aber nicht viel half. Die Bewohner der gesamten Hztt. hatten furchtbar zu leiden unter Einquartierungen, Plünderungen, Brand, Mord und Vergewaltigung. Etliche Bauernhöfe verödeten und konnten nicht wieder besetzt werden. Der Wohlstand des im 16. Jh. zu einem blühenden Land gewordenen SH war für lange Zeit dahin, obwohl sich die Hztt. bis zum Ausbruch des Ersten →Schwedischen Krieges 1643 noch einmal erholten. Der K. in SH fand mit dem Frieden zu Lübeck am 26.5.1629 seinen Abschluß. Wallenstein begnügte sich mit dem Status quo ante für Christian IV., weil er die Hände frei haben wollte für die bevorstehende Auseinandersetzung mit dem gefährlicheren Schwedenkg. Gustav Adolf.

Lit.: H.W. Schwarz, Der K. 1627-1629 im Amt Bordesholm, in: Rendsburger Jb. 1991, 141-154; Geschichte SH, hg. von U. Lange, Nms. 1996, 230-236.

IWS

Kaiser-Wilhelm-Kanal →Kanal

Kaiserzeit, römische Die ersten schriftlichen Aufzeichnungen über das Gebiet nördlich der Elbe stammen von Tacitus, der für das 1. Jh. v.Chr. verschiedene germ. Stämme für diesen Raum nennt. Regionale Unterschiede lassen sich auch im archäologischen Material erfassen. Das kulturelle Milieu fügt sich ohne Bruch an das der vorrömischen → Eisenzeit an. Zwischen den weiten →Moor-, →Heide- und Eichenmischwaldflächen (→ Wald) lagen die Siedlungen, die sich v.a. in Süd-, West- und Mittelholst. konzentrierten. Während des kontinuierlichen Siedlungsausbaus wurde auch begonnen, die →Marsch zu erschließen. Dies war möglich, weil der mittlere Wasserpegel während der frühen K. etwas unter dem heutigen lag. Ein Anstieg des Meeresspiegels im 2. und 3. Jh. führte nicht nur zu einer Verengung der Wirtschaftsflächen, sondern zu einer Siedlungsverdichtung und der Anlage von →Warften. Verschiedene agrartechnische Innovationen, so die Einführung des Streichpflugs, der die Erde nicht nur einritzte, sondern sie auch umbrach und der Einsatz verschiedener Düngeverfahren, ermöglichten eine stetig wachsende Platzkonstanz der Siedlungen. Das hauptsächlich angebaute Getreide war Gerste; Hafer nur in geringem Umfang. Nachgewiesen sind ferner Erbse, Bohne, Hirse sowie Kernobst, Beeren und

Kaland

Wurzeln. Als Haustiere wurden Pferde, Rinder, Schafe und Ziegen gehalten; Schweine nur dann, wenn die Möglichkeit der Waldweide gegeben war. Zudem sind Hühner, Enten und Hauskatzen belegt. Herrschte während der jüngeren Eisenzeit die Brandbestattung vor, waren seit dem 2. Jh. n.Chr. auch Körperbestattungen möglich. Neu ist die Anlage von großen zentralen Gräberfeldern, die mehrere 1.000 Bestattungen umfassen konnten. Die schon seit der jüngeren Eisenzeit zu bemerkende Unterscheidung in Frauen- und Männerfriedhöfe setzte sich weiter fort. Die Zahl der beigabenlosen Gräber war dabei recht hoch. Bedeutend sind zentrale Opferplätze, wie →Thorsberg und das im heutigen DK gelegene →Nydam, die kultische Gemeinsamkeiten eines Stammesverbands vermuten lassen. Neben diesen wenigen großen Opferstätten sind auch Individualopfer bekannt. In der Mitte des 1. Jh. v.Chr. wurden die Kelten von den Römern als Impulsgeber und Warenimporteure abgelöst. Zwar wurde das Gebiet des freien Germanien selten von römischen Händlern besucht, trotzdem gelangte eine Reihe von römischen Importwaren durch den innergerm. Zwischenhandel oder durch germ. Söldner in römischen Diensten in den Norden. Römische Waffen, Münzen, Trachtbestandteile, Schmuck, selten Glas und Gegenstände des gehobenen Bedarfs konzentrieren sich im südöstlichen Holst. und Ostschl. Diese Importgüter wirkten sich auch auf das heimische Handwerk aus und gaben ihm neue Impulse. In der hohen K. bahnten sich große Umwälzungen an. Kleinere Stammeseinheiten fügten sich zu größeren Verbänden zusammen. So werden seit der Mitte des 2. Jh. n.Chr. zwischen Elbe und Schlei die →Sachsen erwähnt. Insgesamt trat eine Klimaverschlechterung ein, die sich siedlungsungünstig auswirkte. Ein Anstieg des Meeresspiegels und des Grundwasserpegels kam verstärkend hinzu.

Lit.: Geschichte SH, hg. von U. Lange, Nms. 1996, 34-40. RW

Kaland Der Zusammenschluß der Priester eines Ortes oder einer Region wurde in vorreformatorischer Zeit als Kalendenbruderschaft oder als K. bezeichnet, weil er sich in den Kalenden eines jeden Monats zu Gemeinschaftsmahl und Andacht traf. Am bekanntesten sind der Kieler Priesterk., dessen Statuten und Mitgliederliste erhalten sind, der Mohrkirchener K. und der Münsterdorfer K., der sich um die cella →Welanao gebildet hatte. Die K. wurden nach der →Reformation aufgegeben.

Lit.: M. Schröder, Geschichte des Münsterdorfischen K., Itzehoe 1858; G. Kraack, Der K. von Mohrkirchen, in: Jb. Angeln 40, 1976, 17-23. LS

Kalk ist wesentlicher Baustoff des MA und der Neuzeit. Er gehört zu den wenigen Bodenschätzen, die in SH vorkommen und tritt zusammen mit Rotliegendem und Zechstein in den bis an die Erdoberfläche emporreichenden Kappen von Salzstöcken in →Segeberg, →Rotenlehm in Lieth bei →Elmshorn (→Liether Kalkgrube), →Lägerdorf und →Helgoland auf. An allen diesen Stellen wurde in historischer Zeit K. abgebaut, am längsten am Segeberger K.berg, dessen K. überall in Holst., insbesondere auch in →Hamburg und →Lübeck Verwendung für die Herstellung von Mörtel im Ziegelbau (→Backstein) fand. K. wurde im Tagebau abgebaut und mußte gebrannt werden, um zusammen mit Sand oder Kies und Wasser zu fest aushärtendem Mörtel verarbeitet zu werden. K.öfen, sog. Rüsen, gab es an den Abbaustellen selbst oder auch an den Lagerplätzen für den Rohkalk (etwa den städtischen Bauhöfen). K. ist insbesondere für die Herstellung von Zement (→Zementindustrie) wichtig, findet aber auch als Schlemmkreide und für die Herstellung von Schreibkreiden Verwendung. Neben dem anstehenden K. wurden auch Muschelschalen zur Herstellung von Brandk. gefischt. Der sog. Muschelk. fand insbesondere an der Westküste und im Unterelbebereich weitreichende Verwendung; hier gab es zahl-

Kalkbrennerei bei Neumühlen an der Elbe 1865, Lithographie von Wilhelm Heuer

reiche Brennöfen in den Hafenorten. Insbesondere die an der Westküste SH im 18. und frühen 19. Jh. übliche Wohnraumausschmückung mit nl. Motivfliesen erforderte eine Verwendung fast reinen K.mörtels, aus dem sie sich selbst heute kaum lösen lassen. K. spielt heute bei der Mörtelherstellung immer noch eine Rolle, auch wenn der Zement ihm eindeutig den Rang abgelaufen hat. LS

Kalmarer Union Die Vereinigung der drei Kgr. DK, Norwegen und →Schweden unter Kg. Erich in Kalmar 1397 wird als K. bezeichnet. Nach der Absetzung Erichs 1439 infolge von inneren Konflikten konnte Schweden nie mehr für längere Zeit in die Union gezwungen werden. Unter Kg. Karl Knutsson (1464) kam es zur de facto-Unabhängigkeit Schwedens, die de jure 1523 von Gustav Wasa durchgesetzt wurde. Als Zusammenschluß gegen die →Hanse war die K. erfolgreich; veränderte ökonomische Bedingungen ließen Schweden zusehends Eigeninteressen verfolgen.
Lit.: A.E. Christensen, Kalmarunionen og nordisk politik 1319-1439, Kopenhagen 1980. WK

Kaltenkirchen (SE) liegt ca. 30km nördlich von →Hamburg und gehörte im 14. Jh. zum →Gut Kaden, das Hans Breyde 1449 zusammen mit K. dem Lübecker →Domkapitel verpfändete. Die Kirche wird 1301 erwähnt, stammt aber wohl aus der Zeit um 1200. Nachdem sie 1878 abgebrannt war, wurde sie als neugotischer Ziegelbau wiedererrichtet. Ihr ma. Rundturm aus Feldsteinen wurde mehrmals mit Ziegeln ummantelt und blieb erhalten. 1973 erhielt K. →Stadtrecht. In den 1960er Jahren wurde geplant, bei K. einen Großflughafen zu errichten, um den innenstadtnahen und kaum ausbaufähigen Flughafen Hamburg-Fuhlsbüttel zu entlasten. An der Planungsgesellschaft Flughafen Hamburg GmbH waren Hamburg (64%), SH (10%) und der Bund (26%) beteiligt. Bis 1983, als das Projekt aufgegeben wurde, flossen rund 100 Mio. DM in vorbereitende Maßnahmen. Der Ort hat heute knapp 17.000 Einw. OP

Kameralistik Die K. erstrebte im Sinne der →Aufklärung eine wirtschaftsfördernde Tätigkeit des Staates, um die landesherrlichen Einkünfte zu steigern, trat daher für bürgerliche Freiheiten ein und förderte u.a. →Agrarreformen und Bauernbefreiung. Als Polizeiwissenschaft befaßte sie sich mit innerstaatlichen Ordnungstätigkeiten. Die Spätk. wurde an der Kieler →Universität von J. Chr. Fabricius 1775-1808 und von A. Chr. H. Niemann 1785-1832 vertreten.
Lit.: B. Pusback, Kameralwissenschaft und liberale Reformbestrebungen, in: ZSHG 101, 1976, 259-283. KDS

Kanal Künstlich angelegte Wasserwege zur Ent- und Bewässerung sind in den →Marschen (Sielzüge, Wettern) und Moorgebieten (→Moor) zahlreich vorhanden; sie wurden vor dem Bau fester Straßen auch von der lokalen Boots- und Kleinschiffahrt benutzt. Einige wurden für den Warenverkehr ausgebaut (Bootfahrten in Eiderstedt, Bütteler-/Burg-Kudenseer-K. und Breitenburger K. in Westholst.). Eigens für die →Schiffahrt wurden bereits früh sog. Watervardten (Wasserfahrten) für den Transithandel zwischen →Elbe und →Trave angelegt. Der älteste K. war der 1398 zum Transport des Lüneburger →Salzes (→Salzstraße) angelegte, 1,5m tiefe Stecknitz-K. zwischen der Elbe bei Lauenburg und Lübeck. Unter Benutzung vorhandener Flüsse mußte dieser den Mittelrücken mit der Wasserscheide überwinden, was den Bau von 13 (später 17)

Kaltenkirchen

Die Donnerschleuse am Stecknitzkanal

Kanalisation

Der Eiderkanal bei Knoop

→Schleusen erforderte. Nach Ausbau und Vertiefung im 18. Jh. ging dieser K. größtenteils in der Trasse des 1900 eröffneten, für Binnenschiffe befahrbaren, 59km langen Elbe-Trave-K. auf. Nur zwei Jahrzehnte bestand dagegen aufgrund von Wassermangel auf der Scheitelstrecke der 1529 fertiggestellte K. zwischen →Alster und →Beste/Trave. Größer und wirtschaftlich bedeutender sind jedoch die K.-verbindungen zwischen Nord-und Ostsee: Der 1784 eröffnete Eiderk. (auch SH-K. genannt) war der seinerzeit bedeutendste Seeschiffs-K. der Welt und SH bedeutendste Binnenwasserstraße. Der 43km lange Kanal führte von →Rendsburg unter teilweiser Benutzung des Obereiderlaufs (→Eider) zur Kieler →Förde bei Holtenau. Er besaß 6 Kammerschleusen und bei einer Tiefe von 3,5m eine Wasserspiegelbreite von 29m und eine Sohlenbreite von 7,8m. Der Eiderk. war der Vorläufer des 1887-95 erbauten Nord-Ostsee-K. (Kaiser-Wilhelm-K.). Diese 99km lange, mehrfach ausgebaute Wasserstraße ist mit je 4 Seeschleusen an den Enden ausgestattet. Ihre Tiefe beträgt 11m bei 162m Wasserspiegel- und 90m Sohlenbreite.
Lit.: Atlas zur Verkehrsgeschichte SH im 19. Jh., hg. von W. Asmus u.a., Nms. 1995. WA

Kanalisation Nachdem man sich über lange Zeit nicht einig wurde, wie die Beseitigung der Abwässer und Fäkalien insbesondere der städtischen Siedlungen erfolgen sollte, setzte sich Ende der 1880er Jahre die Vorstellung der Schwemmk. durch, mit der feste und flüssige Abfallstoffe der Haushalte mittels Wasser durch ein geschlossenes Kanalsystem geführt wurden, um dann geklärt oder ungeklärt in ein Gewässer geleitet zu werden. Die Folgen der ungeklärten Einleitung führten langsam zur Anlage von Klärwerken, die die festen Bestandteile der Abwässer ausfilterten und z.T. durch Fäulnisprozesse unschädlich machten, bevor eine Einleitung des Restschmutzwassers in Gewässer erfolgte. Die Feststoffe wurden zu Beginn des 20. Jh. kompostiert und der Landwirtschaft zugeführt, später dann v.a. gesammelt und auf offener See verklappt. Die Verunreinigung der Flüsse des Landes durch hauswirtschaftliche, insbesondere aber durch industrielle Abwässer hatte noch um 1950 verheerende Ausmaße. Erst seit den 1970er Jahren kann man von einer Wende sprechen, da nun immer stärkere Klärungsvorschriften griffen. Doch hat auch der wirtschaftsstrukturelle Wandel (z.B. Niedergang der die K. stark belastenden Lederindustrie) zur Entspannung der Lage beigetragen.
Lit.: U. Lange, Schwemmk. Städtetechnik um 1900, in: Dünger und Dynamit, hg. von M. Jakubowski-Tiessen, K.-J. Lorenzen-Schmidt, Nms. 1999, 245-254. LS

Kanne →Maße

Kanzlei →Deutsche Kanzlei, →Glückstädter Kanzlei

Kanzleigut Eine Anzahl holst. adliger Güter (→Gut) gehörte oft aus polit. Gründen nicht unter das adlige Landgericht als nächsthöhere Instanz, sondern unter das Obergericht in →Glückstadt, das personell mit der dortigen kgl. Regierungskanzlei (→Regierung) identisch war. Sie waren dadurch der Einflußnahme des Hz. von →Gottorf entzogen. Von der Kanzlei hatten sie ihre Bezeichnung K., die allerdings erst im 19. Jh. offiziell wurde. Die K. waren: →Hanerau, Tangstedt, Bekdorf, Kuhlen, Flottbek, Wellingsbüttel (Privatbesitz), Wellingsbüttel (kgl. Anteil). HWS

Kapelle ist eine Kirche ohne zugehörige Gem. Es kann ein selbständiges Gebäude oder ein an eine Kirche angebauter Raum sein. Man unterscheidet vier Arten von K.: 1. Kollegialk., die zu einer bestimmten Gem. gehören (etwa eine →Bruderschaft) und während der Gottesdienste allgemein offen stehen; hier können alle geistlichen Handlungen vollzogen werden. 2. Nicht allgemein zugängliche K. wie etwa Anstaltsk., Privatk. von hohen Geistlichen und K. in Klöstern (→Kloster). 3. Reine Privatk. wie Hausk. (etwa auf →Burgen und in Gutshöfen). 4. Feldweg- und Landk. In SH haben sich manche Kirchen aus K. entwickelt. An zahlreiche Kirchen wurden im Spätma. aber auch K. angebaut bzw. Seitenschiffe durch Trennwände in K. zerlegt. Viele der vorreformatorischen K. sind nach der →Reformation ihrer geistlichen Funktion beraubt worden, weil die darin bestehenden Nebenaltäre (→Vikar) mit den dazugehörigen Gottesdiensten abgeschafft wurden. Adelsk. haben sich aber in zu Gütern (→Gut) gehörigen Kirchen erhalten; sie werden nicht für gottesdienstliche Zwecke gebraucht, sondern dienen als Grabk. LS

Kapitulation Die im 2.WK von den Alliierten geforderte bedingungslose militärische und staatlich-polit. Gesamtk. des Dt. Reiches fand seit Anf. Mai 1945 schrittweise durch militärische Teilk., die Gesamtk. des Oberkommandos der Dt. →Wehrmacht (OKW) und die »Erklärung der Regierungen der vier Besatzungsmächte in Anbetracht der Niederlage Dt. und der Übernahme der obersten Regierungsgewalt« am 5.6.1945 statt. Das Kriegsende in SH wurde von dt. Seite durch die in Mürwik residierende →Reichsregierung Dönitz mitbeeinflußt. Dönitz wollte den Krieg im Westen sofort beenden und an der Ostfront nur noch so lange fortsetzen, bis die Restarmeen und die Flüchtlingstrecks hinter die angloamerikanischen Linien gelangt und die Evakuierungen der Kriegsmarine (→Marine) über die Ostsee beendet gewesen wären. Der britische Feldmarschall Montgomery ließ sich hierauf ein und vereinbarte mit dem OKW für den 5. Mai die Teilk. in Nordwestdt., den Nl. und DK. Der oberste alliierte Befehlshaber an der Westfront, General Eisenhower, zwang das OKW indes zur Gesamtk., die am 8.5.1945 in Kraft trat.
Lit.: R. Hansen, Das Ende des Dritten Reiches, Stuttgart 1966; H. Piening, Als die Waffen schwiegen, Heide 1995. RH

Kappelerharde Justiz- und Verwaltungsbezirk, der durch Patent vom 3.6.1853 aus dem geschlossenen Teil des 1. Angler (→Angeln) Güterdistrikts und dem Flecken →Kappeln gebildet wurde (→Eckernförderharde). Der geschlossene Teil des Güterdistrikts umfaßte 14 zwischen →Schlei und Geltinger Bucht »an der Spitze Angelns« gelegene Güter. Die K. hatte wenig mehr als 11.500 Einw. Hardesvogt und Gerichtsschreiber wohnten in Kappeln. Der →Hardesvogt hatte die Justizverwaltung inne; der Gerichtsschreiber führte auch das →Schuld- und Pfandprotokoll; die Gutsbesitzer handhabten das Polizei- und Hebungswesen. Die Trennung von Justiz und Administration (Gewaltenteilung) erfolgte erst in preußischer Zeit (1867).
Lit.: E.J. Fürsen, Der Hardesvogt im Hzt. Schl., Kiel 1973. JB

Kappeln (SL) Der Ort an der →Schlei wird 1357 zuerst erwähnt. Er trägt seinen Namen nach der →Kapelle St. Nikolai, um die sich erst später eine Siedlung bildete. Um 1406 gelangten Gotteshaus und Ort an das →Domkapitel →Schl. 1533 verkaufte der Schl. Domherr und Struktuar Hinrick Pogwisch, zugleich Kirchherr in K., →Dorf und →Flecken K. an den Gutsherren (→Gut) Henneke Rumohr auf Roest. Der Versuch der Gutsherren, die Einw. K. zu Leibeigenen zu machen (→Leibeigen-

Kappeln

Kapp-Putsch

Kappeln 1855, Zeichnung von Adalbert von Löwenstern

schaft), führte 1667 zur Auswanderung von 62 Haushalten, die in der Nähe den Ort →Arnis gründeten, jedoch als Freie unter → Gutsherrschaft blieben. Die →Stadt lebte im 18. und frühen 19. Jh. von →Schiffahrt und →Fischerei; an letzteres erinnert noch heute eine Hame (Heringszaun). 1789-1793 wurde die Kirche neu erbaut; sie zählt zu den schönsten spätbarocken Kirchenbauten in SH. 1870 bekam K. →Stadtrecht. Heute hat K. fast 10.300 Einw. LS

Die Schlei bei Kappeln

Kapp-Putsch Als am 13.3.1920 reaktionäre Gegner der Weimarer Republik unter General von Lüttwitz und Generallandschaftsdirektor Kapp mit Freikorps und Einheiten der Reichswehr putschten und die Regierung aus Berlin floh, ergriff die Unruhe auch SH. In der Marine- und Arbeiterstadt →Kiel, dem Ausgangspunkt der Novemberrevolution 15 Monate zuvor, war der Konflikt klar angelegt: Der Militärbefehlshaber von Levetzow bekannte sich zu den Putschisten und die Arbeiter organisierten – wie überall in Dt. – den Generalstreik. Es kam zu Schießereien, Vertreter der Arbeiterbewegung, unter ihnen der angesehene Juraprofessor Gustav →Radbruch, wurden verhaftet, und die Lage spitzte sich zu. Erst nach der Aufgabe der Putschisten in Berlin begannen am 18.3.1920 in Kiel Straßenkämpfe, bei denen 68 Menschen starben. In weiteren Orten der →Provinz kam es zu Kämpfen, etwa in →Eckernförde und → Schl., wo Arbeiter die im Schloß →Gottorf verschanzten Militärs zur Aufgabe brachten. Einige Landräte und Militärs mußten sich rechtfertigen, vor Strafe rettet sie alle, selbst Levetzow, eine Generalamnestie.
Lit.: R. Rocca, Der Kapp-Lüttwitz-Putsch in Kiel, in: DG 3, 1988, 285-306. UD

Karl-May-Spiele werden seit 1952 in der Freilichtarena am Kalkberg in Bad →Segeberg (zuvor in Rathen/Sachsen) durch eine eigens zu diesem Zweck gegr. Gesellschaft durchgeführt. Zur Aufführung kommen dramatisch umgesetzte Abenteuerromane um Old Shatterhand und Winnetou, die Karl May (1842-1912) seit 1892 publizierte. LS

Karlsburg (RD) ist ein ehemaliges Gut (Gem. Winnemark). Landgf. Carl von →Hessen, →Statthalter in den Hztt., kaufte 1785 das adlige Gut Gereby und nannte es (spätestens seit 1826) K. Er hob die →Leibeigenschaft auf und ließ die Fläche parzellieren (1790). Seit 1855 ist es Eigentum des Hz. Carl zu SH-Son-

derburg-→Glücksburg und seiner Nachkommen. Ihnen verblieb nach der Bodenreform in den späten 1940er Jahren u.a. das →Schloß, in dem von 1951 bis 1989 die Juniorenschule des Landerziehungsheims Stiftung Louisenlund untergebracht war.
Lit.: H. von Rumohr, Schlösser und Herrenhäuser im Hzt. Schl., Frankfurt/M. o.J. JB

Kartoffeln kamen um die Mitte des 18. Jh. nach SH. Sie werden zunächst 1750 in →Schwansen erwähnt und haben sich – auch propagiert durch Propst →Lüders (→Ackerakademie) – rasch verbreitet. Als Nahrungsmittel standen sie in Konkurrenz zu →Getreide (insbesondere Hafer) und Buchweizen; sie konnten als Ersatzlebensmittel bei teilweise starken Steigerungen der Getreide- und Leguminosenpreise insbesondere für die ärmere Bev. nutzbar gemacht werden. Die Bedeutung der K. nahm bis um 1840 so stark zu, daß das erste Auftreten der K.fäule 1843 auch in den Hztt. zur letzten großen Hungerkrise alten Typs führte. Die Bedeutung der K. für die Ernährung kann für die Zeit von der →Industrialisierung bis 1960 kaum überschätzt werden. In SH wurden K. v.a. auf der →Geest (Spätk.) und in kleinen Bereichen der →Elbmarschen (Frühk.) angebaut, wobei letztere stets nur einen kleinen Teil der Gesamtanbaumenge ausmachten. Seit der Kaiserzeit nahm der K.bau zu (1878: 2,7% der Ackerfläche), gewann in der Zwischenkriegszeit v.a. durch Verwendung der Futterk. als Ersatz für Getreideimporte bei der Schweinemast nach 1933 an Bedeutung (1923: 4,4% – 1938: 5,5% der Ackerfläche). K. dienten nach dem 2.WK wiederum als Ersatz für andere Nahrungsmittel (1948: 12.9% der Ackerfläche), um dann aber an Bedeutung für die heimische Landwirtschaft zu verlieren (1965: 2,7% der Ackerfläche). Heute werden nur noch etwa 1% des Ackerlandes in SH mit K. bestellt. Die meisten in SH verzehrten K. kommen aus anderen Bundesländern bzw. aus den Nl. LS

Kartographie Eine Karte ist das maßstäblich verkleinerte, verebnete Abbild der Erdoberfläche oder eines Teiles von ihr. Karten kleinerer Maßstäbe (kleiner als ca. 1:500.000) werden als Übersichtskarten bezeichnet, Karten größerer Maßstäbe (z.B. 1:100.000) als topographische Karten. Bei Karten sehr großer Maßstäbe (z. B. 1:2.000) spricht man auch von Plänen (z.B. Katasterpläne). Die besten k. Grundlagen bieten die amtlichen Kartenwerke. Den größten Maßstab weist die Dt. Grundkarte auf (1:5.000). Es folgen die Topographische Karte 1:25.000 (Meßtischblatt), die topographische Karte 1:50.000 und die topographischen Karten 1:100.000 sowie 1:200.000, die vom Landesvermessungsamt →Kiel vertrieben werden. Frei von Blattschnittproblemen sind die Kreiskarten, die als Zusammendrucke der Karten 1:100.000 oder im speziellen Maßstab 1:75.000 herausgegeben werden. Für landeskundliche Forschungen ist der Maßstab 1:25.000 besonders beliebt. In diesem Maßstab gibt es auch eine Reihe von topographischen Sonderkarten, die Wander- und Radwanderwege enthalten und v.a. die touristischen Gebiete abdecken. Für größerflächige Areale wurde bei den Sonderkarten der Maßstab 1:50.000 gewählt. Im Gegensatz zu den amtlichen topographischen Kartenwerken, die das gesamte polit. Gebiet SH abbilden, handelt es sich bei den in Buchform erscheinenden und vom Buchhandel vertriebenen topographischen Atlanten um Sammlungen von Kartenausschnitten verschiedenen Maßstabs, die jeweils auf der gegenüberliegenden Seite kommentiert werden. Hier hat SH Impulse für das gesamte Bundesgebiet geliefert. In der K. SH lassen sich sechs Phasen unterscheiden: 1. Die Phase der Vor- und Frühformen von Karten, z. B. Routenkarten (Pilgerkarten), einfache Prozeß- und Verwaltungskarten, primitive Seekarten, Segelanweisungen usw. bis zum 16. Jh. 2. Die Phase der Kartenerstellung mit fortgeschrittenen Meßgeräten seit dem 16. Jh., in die die Erstellung der »Newen Landesbeschreibung der zwey Hertzogthümer Schleswich und Holstein« mit den Karten von Johannes →Mejer aus →Husum (erschienen 1652) fällt. Er führte die Kartierungen von 1638 bis 1648 bereits mit einem Gerät zur Polhöhenbestimmung durch (wichtig für die Messung der geographischen Breite), ferner mit dem Kompaß und verschiedenen Entfernungsmeßverfahren bis herunter zum einfachen Schrittmaß. Vorhandenes Kartenmaterial wußte er geschickt in sein Gesamtwerk zu integrieren (z.B. →Nordstrand). Dabei

Kartographie

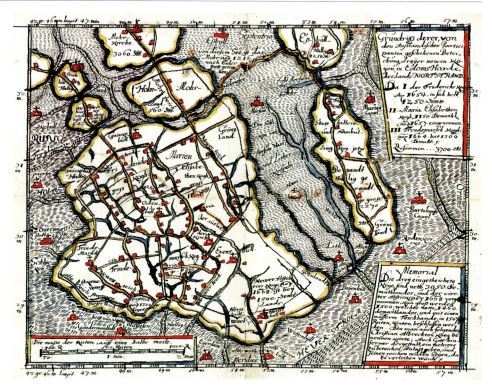

Nordstrand auf einer Karte um 1670

unterliefen ihm gelegentlich Maßstabsfehler, wie etwa beim mehrfach zu groß geratenen Lister Hafen in seiner Karte der Insel →Sylt. Trotz einer Reihe von Dreieckswinkelmessungen verfügte Mejer noch nicht über ein flächendeckendes Triangulationsnetz, so daß Fehler in der Größenordnung von 2km vorkommen konnten (im allgemeinen sind es Fehler von einigen 100m). Oft wurde versucht, Mejers Karten für die Berechnung des langfristigen Küstenrückgangs heranzuziehen. Da aber die Fehlergröße diejenige des Küstenabtrags innerhalb von drei Jh. im allgemeinen übersteigt, sind sie für derartige Zwecke völlig ungeeignet. Auch die k. Rekonstruktionen von Gebieten aus früherer Zeit, z.B. →Nordfriesland »bis an das Jahr 1240« sind mit Vorsicht zu behandeln, wenngleich es sich hier nicht, wie früher oft behauptet wurde, um reine Phantasiekarten handelt. Letztere Bezeichnung trifft schon deshalb nicht zu, weil man sich auch hier des gleichen geographischen Gradnetzes bediente, wie es auch die damals modernen Karten erhielten. Richtig ist, daß viele Ortsnamen, Ortslagen und auch einige Landmassen als frei erfunden angesehen werden müssen. Zahlreiche Karten dieser Zeit sind noch Unikate, zumeist Handzeichnungen. Die Reproduktion der Karten von Mejer erfolgte in der Form des Kupferstiches. 3. Die Phase der ersten relativ genauen Kartenwerke auf der Basis von flächendeckenden Triangulationsnetzen ab Mitte des 18. Jh. Exakte Arbeiten im Gelände durch die Kgl. Gesellschaft der Wissenschaften zu Kopenhagen wurden insbesondere vorangetrieben in Hinblick auf die militärisch-topographische Nutzung. Für das Hzt. Holst. und angrenzende Gebiete entstand das von Major G. A. von Varendorf 1789-1797 erstellte und nach ihm benannte Kartenwerk in einem Maßstab von der Größenordnung des Meßtischblattes. Für das Hzt. Schl. erfolgte die Aufnahme wenig später (1804/05) unter der Leitung des Premierleutnants Johann Heinrich Christian du Plat in einem nur etwa halb so großen Maßstab. Die Karten waren kolorierte Handzeichnungen. Das du Platsche Kartenwerk wurde erstmals 1982 in Kiel durch das Landesvermessungsamt verkleinert auf 1:100.000 gedruckt. Bald folgte das Varendorfsche Kartenwerk im Maßstab 1:25.000. Die Höhendarstellung ist noch unbefriedigend. Immerhin geben die Böschungsschraffen eine gewisse Vorstellung vom Relief. Eine große Stärke dieser Karten sind die Bodenbedeckungsfarben: Waldgebiete können von Marsch-, Acker- und Heideflächen getrennt werden. Die Eintragungen sind in den Dörfern hausgenau. Mit diesen Kartenwerken steht der landeskundlichen Forschung eine neue Quelle von unschätzbarem Wert zur Verfügung. Diese Karten sind bereits so exakt (Fehler im allgemeinen einige m bis zehner m), daß sie auch für Küstenrückgangsabschätzungen herangezogen werden können. Weitere Karten von landesgeschichtlicher Bedeutung sind die inselhaft angelegten großmaßstäblichen Flurkarten aus der Zeit der →Verkoppelung. 4. Die Kgl.-Preußische Landesaufnahme setzte v.a. in der Höhendarstellung neue Maßstäbe. In den 1870er Jahren entstand das vielseitige Kartenwerk der topographischen Karte 1:25.000. Sie wurde unmittelbar im Gelände mit Hilfe eines stativunterstützten Meßtisches aufgenommen (Meßtischblatt), erschien im Schwarzweiß-Druck und enthielt erstmals Isohypsen (Höhenlinien), kombiniert mit Böschungsschraffen für steile Reliefbereiche (z.B. →Dünen). Darüber hinaus wurden einzelne auffällige Geländehöhen als Höhenkoten (Höhenpunkte) mit Meterangaben eingetragen. Voraussetzung für ihre große Genauigkeit waren ein gutes Höhennivellement, v.a. aber ein Triangulationsnetz in mehrfacher Verdichtung, das die Einhängung der Lokaldaten in das Gesamtsystem erlaubte. Die Präzision ist im allgemeinen so groß, daß Fehler nur noch aufgrund der jeweiligen Zeichengenauigkeit entstehen (Generalisierungsproblematik). 5. Die Phase nach dem Gesetz zur Neuordnung des Vermessungswesens seit dem 3.7.1934: Die topographische Karte 1:25.000 erschien jetzt im Farbdruck. Bei der Höhendarstellung wurde nun von Böschungsschraffen zugunsten einer Isohypsendarstellung völlig abgesehen. Die Höhenkoten wurden beibehalten. Das Kartenwerk erhielt das anwendungsbezogene quadratische Gauß-Krüger-Gitter in einer Maschenweite von 4cm, entsprechend 1km. Nach Anfängen in den 1920er Jahren entstand in einem langen Prozeß die Dt. Grundkarte 1:5000, ein hervorragendes Kartenwerk für großmaßstäbliches Arbeiten. 6. Mit der digitalen K. und der Satellitenvermessung hat sich die Abbildungsgenauigkeit weiter verbessert, wozu für das Printprodukt auch die Verbesserungen der Druckverfahren hinzukommt. Größere Bedeutung gewinnt für die Praxis nunmehr die Topographische Karte 1:50.000, da sie auch als CD veröffentlicht ist. Sie erlaubt Änderungen durch den Anwender auf elektronischem Wege, freie Wahl des Blattschnitts und Veränderung der Eintragungen. Schließlich gestattet sie die unmittelbare Positionsbestimmung in Gradnetzangaben (Potsdam-Datum) sowie in Gauß-Krüger-Koordinanten und dem militärischen Universal Transversal Mercatorprojection(UTM)-Gitter. Damit wird die Verständigung über die Raumlage von Objekten in der Praxis entscheidend vereinfacht. Von der Möglichkeit der einfachen Verortung im Grad- bzw. Gitternetz sollte in Zukunft bei landeskundlichen Forschungen vermehrt Gebrauch gemacht werden, um Mißverständnisse im Bereich der Raumzuordnung zu vermeiden.

Lit.: C. Degn, U. Muuß, Topographischer Atlas SH und Hamburg, Nms. ^{4}1979; J. Newig, K. Reumann, Das Hzt. Schl. 1804/05. Kartenwerk von Johann Heinrich Christian du Plat, Kiel 1983. JN

Kastens, Lambert Daniel →Schnitger, Arp

Kataster wird ein Verzeichnis des steuerpflichtigen Grund und Bodens genannt. Die Bezeichnung ist erst in preußischer Zeit in SH eingeführt worden, als in den 1870er Jahren der preußische Urk. aufgenommen wurde: eine exakte Landvermessung (→Kartographie) mit gleichzeitiger Aufnahme aller Grundeigentümer. Das war wegen der Besteuerung nach dem Grundsteuerreinertrag nötig, denn für die →Landwirtschaft gab es keine Ertragsbesteuerung. Die K.ämter halten dieses Material auch heute noch auf dem laufenden und stellen amtlich den Umfang des jeweiligen Grundeigentums fest. Vorläufer der K. sind die allerdings viel ungenaueren Matrikel (→Landesmatrikel). LS

Kate Der Begriff, fälschlicherweise oft undifferenziert für kleine, im traditionellen Stil errichtete Häuser auf dem Land verwendet, bezieht sich auf die rechtliche und soziale Stellung der Bewohner, z.B. Handwerker-, Ta-

Katharinenheerd

gelöhner-, Armenk. (→Kätner). In Größe, Ausstattung und Besitzform zeigen sich deutliche Unterschiede als Ein- oder Mehrfamilienk. mit oder ohne Land, als Eigenk. der Bewohner, Teil einer Bauernstelle oder eines Gutsbetriebes.

Lit.: K. Bedal, Hallenhäuser und Längsscheunen des 18. und 19. Jh. im östlichen Holst. Nms. 1980, 91-151. NH

Katharinenheerd (NF) Die kleine Gem. hatte bereits um 1113 eine →Kapelle, die durch die um 1500 erbaute heutige Kirche ersetzt wurde. Bis 1625 fanden bei dem →Hof Hemminghörn die Landesversammlungen von →Eiderstedt statt; sie wurden dann nach →Tönning verlegt. K. hat heute gut 180 Einw. LS

Katholiken Nach der Durchsetzung der →Reformation verschwinden die K. aus der religiösen Landschaft SH, bis zu Beginn des 17. Jh. ein Umdenken seitens des Landesherrn stattfindet und religiöse →Toleranz, wenn auch in engen Grenzen, Freistätten zuläßt. Dem kam auf Seite der K. entgegen, daß 1622 mit Ernennung eines Apostolischen Vikars für den Norden der Versuch der Gegenreformation eingeleitet werden sollte und Jesuiten (1541 gegr.) für die Mission zur Verfügung standen. Der erste Apostolische Vikar war Valerio Maccioni (1669-1677), dem Niels Steensen folgte. Es gelang allerdings nur sehr vereinzelt, Menschen zum Religionswechsel zu bewegen. Von etwa 1597-1612, dann wieder 1623 und dauerhaft seit 1658 in eigener Kirche wurden in →Altona katholische Gottesdienste abgehalten. In →Glückstadt gab es wegen der Garnison seit 1662/1668 eine katholische Gem., die bis 1800 für ganz Holst. zuständig war. In diesem Jahr wurde verfügt, daß sich einer der beiden Geistlichen in →Kiel aufhalten sollte. In →Friedrichstadt wurde den K. 1625 die freie Religionsausübung erlaubt; eine eigene Kirche erhielten sie erst 1854. Auch auf →Nordstrand wurde 1652 den eingewanderten nl. K. Religionsfreiheit gewährt. Die Zahl der K. blieb aber bis zur preußischen →Annexion sehr niedrig (1840-1860: 0,2% der Bev.), erst danach stieg sie durch Zuwanderung aus dem Dt. Reich langsam an und erreichte 1910 3,3%. Es entstanden in der Zeit des Kaiserreiches auch mehrere katholische Kirchen in den größeren Städten. Erst der Zustrom von Flüchtlingen aus den Ostgebieten des Dt. Reiches brachte 1946 einen Zuwachs auf 6,7%. Heute sind es etwa 6,3%. Seit 1868 war das Apostolische Vikariat des Nordens in eine Apostolische Präfektur unter Amtsaufsicht des Bf. von Osnabrück umgewandelt worden; 1993 erfolgte die Bildung eines katholischen Erzb. →Hamburg, zu dessen Sprengel auch SH gehört (→Minderheiten, religiöse). LS

Die katholische Kirche in Friedrichstadt

Keller (RD) Häusergruppe am alten Landweg von →Itzehoe über →Grünental nach →Dithm., die ihren Namen nach den Resten eines befestigten Platzes trägt. Ursprünglich wohl eine von den →Schauenburgern im 14. Jh. angelegte Grenzfeste gegen Dithm., als Ergänzung zur nahen →Burg →Hanerau, blieb die Burg K. auch nach dem Verkauf Haneraus 1525 bei dem neuen Lehngut Hanerau. In der 2. H. des 16. Jh. bauten die Hanerauer →Rantzaus hier ein →Herrenhaus mit dem Namen Lindhorst, das als Witwensitz diente und Zentrum eines gleichnamigen kleinen Gutes war. 1614-1620 wurde das Haus abgebrochen. K. war seit Mitte des 15. Jh. Zollstelle (→Zoll) und blieb es bis 1868.

Lit.: H.W. Schwarz, Amt und Gut Hanerau von den Anfängen bis 1664, Nms. 1977. HWS

Kellinghusen (IZ) liegt an der heute noch bis hierhin schiffbaren →Stör. Die erste Erwähnung des Ortsnamen (Kerleggehusen) erscheint in einem Personennamen 1148. Der er-

Kellinghusen

Kellinghusen im 19. Jh., Lithographie von Ed. Ritter

ste Priester der dortigen Kirche wird 1196 genannt, die Kirche selbst dürfte aus dem 13. Jh. stammen. Der Ort – Mittelpunkt eines großen Geestksp. – war lange Zeit ohne größere Bedeutung. Er erhielt 1740 die Gerechtigkeit eines →Fleckens. Erst die zwischen Mitte des 18. und Mitte des 19. Jh. hier produzierende Fayencenfabrik machte K. bekannter; auch die Wirksamkeit des Landeshistorikers Christian Kuß (1809-1839 →Diakon in K.) ließ auf K. aufmerksam werden. In der Kaiserzeit erfuhr K. einen bescheidenen industriellen Aufschwung, insbesondere seit dem Anschluß der →Eisenbahn 1889, durch Leder-, und Tuchfabrik, Dampffärberei und -wäscherei. Auch der →Hafen entwickelte sich beachtlich. Heute ist K. ein Unterzentrum mit etwa 8.100 Einw.

Lit.: O. Postel, 850 Jahre K. an der Stör, K. 1998. LS

Kettenschiffahrt wird die →Schiffahrt mittels einer auf der Sohle der Oberelbe oberhalb →Lauenburgs bis Dresden verlegten Kette, die über eine auf dem Schiff befindliche und durch eine Dampfmaschine angetriebene Trommelwinde lief und hinter dem Schiff wieder ins Wasser hinab gelassen wurde, genannt. Der Schleppdampfer zog sich also an der Kette entlang und konnte mehrere Lastkähne schleppen. Die K. wurde nur zur Bergfahrt betrieben und war sehr störanfällig. Sie wurde in der 2. H. des 19. Jh eingesetzt.

Lit.: W. Hinsch, K. auf der Elbe, in: Jahresheft des Heimatkundlichen Arbeitskreises Lüchow-Dannenberg 3, 1971/72, 157-161. PDC

Ketzer Der Begriff (mhd. Ketter von Katharer) bezeichnet als Sammelname der Amtskirche alle getauften Gläubigen, die bewußt oder nicht bewußt katholische Lehrmeinungen ablehnten. Gegen vermeintliche K. richtete sich ab 1184 die Inquisition, die seit 1252 Folter einsetzen ließ. Kaiser Friedrich II. übernahm 1232 die K.gesetzgebung samt Verbrennungsstrafe für das Reich, damit auch für die Gft. Holst. und die reichsunmittelbare Stadt →Lübeck. Hier wie im gesamten norddt. Raum war die Verfolgungsaktivität allerdings gering. 1349 erschienen sog. Geißler oder Flagellanten – vom Papst im selben Jahr als K. eingestuft – vor Lübeck und versuchten gegen Widerstand des →Rates und des →Bf. ohne größeren Erfolg in die Stadt einzudringen. Die Geißler deuteten die Pestepidemien (→Pest) wegen der Lasterhaftigkeit der Christenheit als Strafmaßnahme Gottes und schlugen sich in einem öffentlichen Ritual in masochistischer Selbstbestrafung zur Sühne mit Nagelpeitschen. 1402 ließ der päpstliche Inquisitor Schoneveld einen sog. Begarden in Lübeck verhaften und als K. verbrennen. Begarden vertraten ein Armutsideal und strebten eine mystische Vereinigung mit Gott an (→Beginenkonvent). Der lutherische Prediger Heinrich von Zütphen wurde 1524 in → Heide unter der Beteiligung der führenden Geschlechter in → Dithm. als K. hingerichtet.

Lit.: R. Schulte, »Da, wo der Geist des Herrn ist, ist Freiheit.« K.verfolgung im ma. Lübeck, in: Demokratische Geschichte 11, 1998, 9-18. RS

Kiel Die heutige Landeshauptstadt K. ist zwischen 1238 und 1242 auf einem nahezu idealen Platz an der Kieler →Förde auf einer etwa 17ha

Kiel

Kiel um 1825, Miniatur nach C.F. Bünsow

großen Halbinsel, gut geschützt durch Förde und Kleinen Kiel, angelegt worden und hat 1242 vom Gf. Adolf IV. →Stadtrecht erhalten. Sie ist mit ihrem planmäßigen Grundriß und ihrer Nähe zu der landesherrlichen →Burg eine typische Gründungsstadt des 13. Jh. 1301 war die Stadt befestigt und seit 1329 mit einem Mauergürtel umgeben. Die Burg wurde um 1250 eine der Hauptresidenzen der Gff. von Holst. In das von Adolf IV. gestiftete Franziskaner-→Kloster trat er selbst und starb hier 1261. Im Spätma. gehörte die Stadt der →Hanse an (Ausschluß 1518) – ein Hinweis auf die Bedeutung, die sie als Handelsstadt hatte. Münzrecht erhielt K. 1318. Gegen die Konkurrenz →Lübecks, in dessen Pfandherrschaft sie sich 1469-1496 befand, konnte sie sich nicht behaupten; auch machte sich der Eigenhandel der die Stadt umgebenden adligen Güter (→Gut) stark bemerkbar und verringerte den K. Handel. Im Reigen der Landesstädte war K. um 1500 in einer Spitzenposition, wenn →Hamburg außer Acht gelassen wird. Es wurde der Tagungsort des holst. →Vierstädtegerichts. Im 15. Jh. entwickelte sich K. zum Geldumschlagsplatz des sh Adels; der sog. →Kieler Umschlag (in der Woche nach dem Dreikönigstag 6.1.) blieb bis weit in die Neuzeit hinein ein bedeutender Termin für die Abwicklung von adligen Kreditgeschäften. Nach der Landesteilung von 1544, als die Stadt dem Hz. von Holst.-→Gottorf zugeschlagen wurde, ist sie wieder für den Adel, der sich hier zahlreiche Stadtpalais errichtete (1631 gab es 77 adlige Hausbesitzer) interessant geworden. Die Burg wurde in den 1580er Jahren zu einem Renaissanceschloß umgebaut. Unter gottorfischer Herrschaft wurden verschiedene Versuche gemacht, K. in einen geplanten weitgespannten Ost-West-Handel einzubeziehen; hierfür wurden den 1635 die Persianischen Packhäuser am Markt errichtet. Diese Pläne zerschlugen sich. 1665 kam es zur Gründung der →Universität im ehemaligen Franziskaner-Kloster und dem damit vereinigten Heiligen-Geist-Hospital. Nach Verlust der schl. Besitzungen des Hauses Holst.-Gottorf wurde K. 1721 Hauptresidenz der Hzz., verfiel jedoch, nachdem Karl Peter

Das Kieler Rathaus

Ulrich 1742 als russischer Thronfolger (später: Peter III.) nach St. Petersburg verzog. Schloß und Universität wurden durch →Sonnin ab 1762 um- und neugebaut. K. blieb fortan Verwaltungszentrum mit relativ geringer Wirtschaftskraft; auch die Eröffnung des Eiderkanals (→Kanal) hatte wenig belebende Wirkung. Erst die →Eisenbahn-Verbindung mit →Altona 1844 belebte Handel und Gewerbe. Recht rasch entfaltete sich hier die Frühindustrialisierung (→Industrialisierung), die auf die Kleinstadt insbesondere seit 1867 großen Einfluß nahm. Denn nun wurde K. auch preußische Flottenstation und später Sitz des Ostseekommandos der Reichsmarine (→Marine), was der Stadt neben einem wirtschaftlichen Aufschwung auch segelsportliches Flair verlieh (→Kieler Woche). Zahlreiche Werften entstanden und besetzten die Nachbargem. am Ostufer (Gaarden, Ellerbek), so daß die Stadt ein industrielles Gepräge bekam. Die Bev.zahl wuchs rasant von 1840: 12.300 über 1871: 31.000, 1890: 70.000 auf 1910: 212.000. Danach verlangsamte sich die Bev.zunahme, v.a. durch die schwere wirtschaftliche Krise des →Schiffbaus und ihrer Zulieferindustrie nach dem 1.WK. Mit der Bev.zunahme verbunden waren zahlreiche Eingemeindungen (Brunswik, Wik, Gaarden, Hassee, Hasseldieksdamm, Ellerbek, Wellingdorf, Holtenau, Pries, Kronsburg, Neumühlen-Dietrichsdorf, Elmschenhagen, Suchsdorf, Schilksee, Russee, Meimersdorf, Moorsee, Rönne, Wellsee und Mettenhof). Der von zahlreichen sozialen und infrastrukturellen Problemen begleitete Aufschwung K. ließ es als Hauptstadt der Provinz angemessen erscheinen. Jedoch residierte der →Oberpräsident nur 1867-1879 und wieder ab 1917 hier. Aufgrund seiner Stellung als Kriegsmarinehafen und Standort der Rüstungsindustrie erlitt die Stadt im 2.WK schwerste Angriffe, die den größten Teil der Innenstadt, aber auch die Industriegebiete und deren Wohnanlagen zerstörten. Bei der Gründung des Landes SH wurde K. 1949 Landeshauptstadt, obwohl Lübeck 1946 bev.stärker war. Die Stadt wurde schon bald wieder aufgebaut, wobei die Auffassung, daß es »im großen und ganzen schöner und landschaftsgebundener« geschehen sei als das planlose Wachstum in der Urbanisierungsphase wohl nicht unwidersprochen bleiben kann. Der Ausbau der Landes-

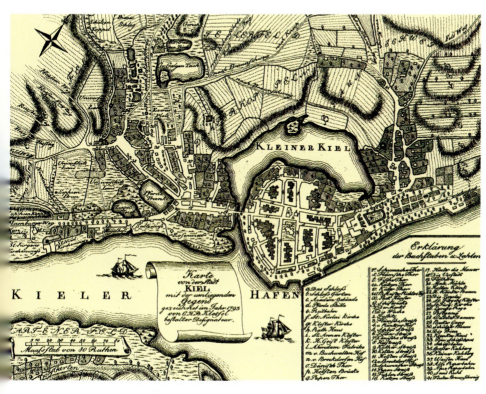

Kiel 1793, Stahlstich von L. Mertens

Kiel

hauptstadt ging einher mit der Schaffung großangelegter Einkaufsmöglichkeiten, das K. heute zu einem Einkaufszentrum mit weitem Einzugsbereich macht. Neben dem Sportboothafen Düsternbrook gibt es die neugeschaffenen Einrichtungen zu den Olympiaden 1936 und 1972. Die Stadt beherbergt zahlreiche bedeutende Landes- und Bundesbehörden und ist Sitz von Geld- und Kreditinstituten sowie Kammern. Seit 1958 entstand im Vorort Rammsee das Freilichtmuseum (→Museen) Molfsee, das sich anhaltender Beliebtheit erfreut und die touristische Angebotspalette neben dem Stadt- und dem Schiffahrtsmuseum sowie den Schausammlungen der Universitätsinstitute erweitert. Die wirtschaftlichen Grundlagen der Stadt bilden →Hafen und →Handwerk. Der Wirtschaftsstandort wird durch Werften und Zulieferunternehmen der Schiffbauindustrie, Maschinenbau, elektro- und elektromechanische, feinmechanische sowie Nahrungsmittelindustrie bestimmt. In Verbindung mit den Skandinavienfähren ist auch der Einkaufstourismus ein wichtiger Faktor im Wirtschaftsleben der Stadt geworden. Neue, nicht immer unproblematische Wohnviertel (Mettenhof) entstanden in den 1970er Jahren. Die Aufgabe eines Teils der Werftbetriebe führt heute zu einer Neubewertung und -bebauung von Teilen des Ostufers der Förde und einer Schwerpunktsetzung an der Hörn mit architektonisch reizvollen Bauten. K. ist heute eines der vier wirtschaftlich bedeutsamen Oberzentren SH und hat knapp 244.000 Einw.

Lit.: Geschichte der Stadt K., hg. von J. Jensen, P. Wulf, Kiel 1992. LS

Kiel (Amt) Das Amt K. war ein Überrest der alten Vogtei des Kieler Schlosses. Es bestand um die Mitte des 19. Jh. aus drei voneinander getrennten Teilen: 1. einem schmalen Streifen, der sich in nord-südlicher Richtung von Düvelsbek/Düsternbrook über Boksee und Moorsee bis zum Bothkamper See erstreckte; 2. einem zu beiden Seiten der unteren Schwentine gelegenen Distrikt (Wellingdorf, Dietrichs-

Das Amt Kiel 1793, Kupferstich von C.H.B. Klessel

dorf, Neumühlen, Mönkeberg, Schönkirchen) und 3. der Brunswik, dem →Schloß sowie dem Schloßgarten. Das Amt wurde bei der Landesteilung von 1544 dem →Gottorfschen (später Großfürstlichen) Anteil zugeschlagen; seit 1773 war es mit dem kgl. Anteil verbunden. Die Ämter K., →Kronshagen und →Bordesholm hatten den →Amtmann gemeinsam; dieser war gleichzeitig Oberdirektor der Stadt Kiel und Kurator der →Universität. Sein Sitz war in Bordesholm. Im Jahre 1867 wurde aus den Ämtern Kiel, Kronshagen, Bordesholm und →Nms. der →Kreis Kiel gebildet.

Lit.: Grundriß zur dt. Verwaltungsgeschichte 1815-1945. Reihe A: Preußen, Bd. 9: SH, hg. von W. Hubatsch, Marburg 1977. JB

Kieler Anzug Kronprinz Edward, der 5jährige Sohn der engl. Kgin. Victoria, wurde 1846 im Matrosenanzug porträtiert und fungierte damit als Trendsetter für die weltweite weißblaue Kinderuniform, die – ab 1885 auch in der weiblichen Version – in den verschiedensten Materialien von Kindern aller Schichten getragen wurde. Der klassische Kieler Schnitt – dunkelblauer viereckiger Exerzierkragen mit drei weißen Streifen und Schlips, dazu Hose oder Rock – wurde vielfältig variiert. Vom marinebegeisterten Kaiser Wilhelm II. als patriotisches Kleidungsstück propagiert, konnte der Matrosenanzug ab 1890 von dem Großkonfektionär Wilhelm Bleyle zum statusfreien Klassiker befördert werden. 1957 lief das letzte Modell »Harold« aus. Die Comicfigur Donald Duck trägt nach wie vor die »Kieler Bluse«.

Lit.: R. Kuhn, B. Kreutz, Der Matrosenanzug, Dortmund 1989. MH

Kieler Blätter 1815 begann eine Gruppe von Kieler Universitätsprofessoren ein Organ mit dem Namen K. herauszugeben, in dem sie u.a. Verfassungsprobleme unter nationalem Blickwinkel diskutierte. Zu der Gruppe gehörten Karl Theodor Welcker, Franz Hermann Hegewisch, Christoph Heinrich Pfaff und insbesondere Nicolaus →Falck. Die K. wurden nach den Karlsbader Beschlüssen vom 20.9.1817 eingestellt und unter dem Namen »Kieler Beiträge« in den nächsten zwei Jahren bis zu ihrer Einstellung in Schl. verlegt. LS

Kieler Erklärung Die sh →Landesregierung erklärte am 26.9.1949 unter Zustimmung des →Landtages, daß die dän. und friesischen Bev.teile im Landesteil Schl. alle demokratischen Bürgerrechte ohne jede Diskriminierung nutzen dürften. Die K. hob hervor, daß das Bekenntnis der dän. Gesinnung frei sei und von der Obrigkeit weder angezweifelt noch überprüft werden dürfte (→Bonn-Kopenhagener Erklärung.).

Lit.: M. Höffken, die »K.« vom 26. September 1949 und die »Bonn-Kopenhagener Erklärungen« vom 29. März 1955 im Spiegel dt. und dän. Zeitungen, Frankfurt/M. 1994. HSH

Kieler Frieden Friedensvertrag vom 14.1.1814 zwischen DK einerseits und Schweden und England andererseits. DK, das seit 1807 mit Frankreich verbündet war und mit ihm die Niederlage in den →Napoleonischen Kriegen zu teilen hatte, mußte auf Norwegen zugunsten →Schwedens verzichten; England behielt das schon von ihm besetzte →Helgoland.

Lit.: O. Feldbaek, Denmark and the Treaty of Kiel, in: Scandinavian Journal of History, 15, 1990, 259-268. MJK

Kieler Güterdistrikt Die Gesamtheit der adligen Güter (→Gut) Holst. wurde 1713 in vier →Güterdistrikte geteilt, von denen einer der K. war. Zum K. gehörten die nachstehenden 34 Güter, die sich an beiden Seiten der Kieler →Förde erstreckten: Annenhof, Blockshagen, Bossee, Bredeneek, →Dt.-Nienhof, →Doberstorf, →Emkendorf, Georgenthal, Groß-Nordsee, Hagen, Hohenschulen, Klein-

Kieler Anzüge

Königsförde, Klein-Nordsee, Kluvensiek, Kronsburg, Lammershagen, Marutendorf, Neu-Nordsee, Oppendorf, Osterrade, Pohlsee, Projensdorf, Quarnbek, Rastorf, →Rethwisch, Salzau, Schädtbek, →Schierensee, Schönhorst, Schrevenborn, Schwartenbek, Steinwehr, →Westensee und Wittenberg. Die Größe des K. machte um 1850 etwa 362km² aus. LS

Kieler Sprotten Der Sprott (lat. culpea sprattus) ist ein Verwandter des Herings und zwischen Biskaya und →Ostsee beheimatet. Namentlich in →Kiel-Ellerbek und →Eckernförde wurde der bis zu 15cm große Schwarmfisch seit Ende des 19. Jh. massenhaft angelandet und verarbeitet. Der Name K. taucht nachweislich um 1790 auf und hat sich dann offenbar als Qualitätsbegriff für alle im westlichen Ostseeraum gefangenen Kontingente eingebürgert. Zur Blütezeit der holst. Sprottenfischerei in gut 60 Räuchereien (1914) konserviert und weltweit exportiert, wird die goldbraune Spezialität heute nur noch in wenigen Betrieben hergestellt.
Lit.: K. Szadkowski, Die K. Kulturgeschichte eines kleinen Fisches, Norderstedt 1999. SW

Kieler Sprotten

Kieler Umschlag Der K. wird erstmals 1469 als jährlicher Hochzeits- und Geschäftstermin des holst. →Adels erwähnt, läßt sich aber auf Grund der stereotypen Zahlungstermine der Schuldverschreibungen bis weit in die 1. H. des 15. Jh. zurückverfolgen. Er fand zunächst in der St. Martinsoktave (11.-18.11.), seit 1473 auch, und nach einer mehrjährigen Übergangszeit nur noch in der Dreikönigsoktave (6.-13./14.1.) in →Kiel statt. Im Verlauf der Agrarkonjunktur des 16. Jh. und der damit verbundenen überregionalen Geldgeschäfte des →Adels, der Landesherrschaft und der benachbarten Hansestädte →Lübeck und →Hamburg wandelte er sich vom holst. Geldmarkt zur internationalen Kapitalmesse Nordwestdt. und DK. Mit dem Rückgang der Agrarkonjunktur und der Gründung der Hamburger Bank (→Bankwesen) 1619 schrumpfte seine Bedeutung im Verlauf der 1. H. des 17. Jh. auf die Landesgrenzen der beiden Hztt. zusammen. 1912 hatte er sich schließlich überlebt und wurde eingestellt. Da er an die einjährige agrarische Produktionsperiode, die Barzahlung in Silbergeld und den persönlichen Arrest (Einlager) bei Zahlungsunfähigkeit gebunden blieb, war sein Bedeutungsverlust auch Folge seiner vormodernen Rückständigkeit. An den Geldmarkt schloß sich ein Kram- und Vergnügungsjahrmarkt (→Markt) an. Diese Tradition ist 1975 in zeitgemäßer Form erneuert worden. Der K. wird seither am letzten Wochenende des Februar als modernes öffentliches Fest veranstaltet.
Lit.: R. Hansen, Der K. Entstehung, Konjunktur und Funktionswandel eines internationalen Geldmarktes vom Ausgang des MA bis zum Anbruch der Moderne, in: ZSHG 117, 1992, 101-133. RH

Kieler Woche Der Ursprung der K. liegt in Segelregatten, die der Norddt. Regatta-Verein ab 1882 in der →Förde vor →Kiel veranstaltete. Obwohl das Segeln mit den noch großen Lustjachten (→Jacht) ein sehr teurer Luxussport war und mit ihm lediglich oberste gesellschaftliche Schichten – ab 1885 auch der Bruder Kaiser Wilhelm II., Prinz Heinrich – das gesellschaftliche Ereignis prägten, galten die Regatten zugleich als Publikumserfolge. 1892 segelten über 100 Jachten, mehrere europäische Staaten waren vertreten, und Mitveranstalter war inzwischen der aus dem Marine-Regatta-Verein hervorgegangene Kaiserliche Yacht-Club. 1894 nahm Kaiser Wilhelm II. erstmalig an dem Ereignis teil. Auch der Name K. wurde im selben Jahr geprägt. Die Festwoche besaß jetzt ihre klassische Form: Ergänzend zu den Regatten prägte gesellschaftlicher Glanz ihr Gesicht. Hofberichterstattung, Marineleben, auch die feierliche Konzentration des Kaisers auf die Flottenrüstung zählten dazu.

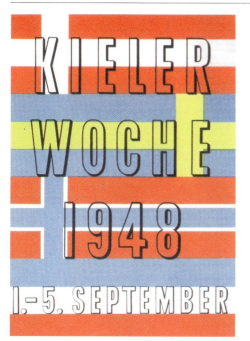

Schließlich war das Fest durch die Anwesenheit hoher europäischer Repräsentanten diplomatisch wichtig. Bis 1914 wuchs die Bedeutung der K. ständig an. Während des 1.WK fanden nur Kriegsregatten statt, und nach der vom Kieler →Matrosenaufstand ausgelösten →Revolution begann der demokratische Neubeginn. 1919 initiierte die Stadt eine allgemeine Sportwoche. Die Integration scheiterte nicht nur daran, daß der Kieler Yacht Club Regatten wegen der parallelen Unterzeichnung des Versailler Vertrages absagte. Sportveranstaltungen fanden organisatorisch und gesellschaftlich getrennt statt. Die →Arbeiterbewegung übersah die Regatten, aber Kiels Bev. schaute den verkleinerten im Wind liegenden Jachten weiterhin zu. Insgesamt büßte die K. an Bedeutung ein. Seit 1920 veranstaltete die Stadt ihre jährlichen Herbstwochen für Kunst und Wissenschaft mit einem breiten, demokratischen Ansatz, deren Gewicht von Bildungsbürgern sowie Kunst- und Kulturschaffenden unterstrichen wurde. Mit der Machtübernahme der NS bekam die K. ab 1934 wieder Aufwind. Die Entwicklung war begleitet von Anbiederung an die neuen Machthaber, von einer Politisierung der Festwoche, die auch ihre diplomatische Rolle zurückgewann, weil die NS die Funktion als internationales Parkett schätzen:

Sie diente ihnen dazu, Salonfähigkeit zu erlangen. Nach der Unterbrechung im 2.WK und zwei internen »Kiel-Weeks« der britischen Besatzungsmacht (→Militärregierung) 1945/46 veranstaltet die Stadt Kiel 1947 ihre erste »Septemberwoche« unter dem Motto »Kiel im Aufbau«. Treibende Kraft und Vater der an die Weimarer Herbstwochen anknüpfenden Konzeption war Oberbürgermeister Andreas → Gayk. 1948 fanden erklärtermaßen zwei K. statt, jene Regattawoche der tragenden und jetzt Kieler Yacht-Club heißenden Seglervereinigung sowie in der zweiten Septemberwoche. 1949 gelang Gayk, was in der Weimarer Republik scheiterte: die Integration. Die neue K. ist seither eine international hoch angesehene Wettkampfwoche des Segelsports (→Sport), zugleich aber auch eine Veranstaltung mit breitem, anspruchsvollem Kulturprogramm, mit einer relevanten inhaltlichen Thematik sowie mit starkem Volksfestcharakter. Seit 1950 wird die K. in der Regel vom Bundespräsidenten besucht. Bundesmarine und Flottenbesuche wurden schnell in das Programm integriert, womit ein weiteres, aus der frühesten Tradition stammendes Element wieder aufgenommen worden ist.

Lit.: J. Jensen, Stationen der K., in: J. Jensen, R. Jürgens, Kiel in Geschichte und Malerei, Nms. 1982, 26-53; J. Danker, K. im Wandel, Kiel 1990. UD

Plakat der Kieler Woche 1948

Kielmansegg (Familie) Der aus →Itzehoe stammende Johann Adolf Kielman (1612-1676) stieg im Dienst der Hzz. von →Gottorf bis zum →Regierungspräsidenten auf, wurde vom Kaiser geadelt und 1662 in den sh →Adel rezipiert. Bei der Gründung der →Universität →Kiel spielte er die zentrale Rolle. Seine Nachkommen wurden zu Baronen, später zu Gff. erhoben und gingen in dän. und hannoversche Dienste.

Lit.: E. von K., Familien-Chronik der Herren, Freiherren und Gff. von K., Wien/Leipzig ²1910. KGr

Kies ist grobkörniger Sand, der insbesondere in den Sanderflächen der →Geest ansteht und für die Herstellung von Mörtel und Beton verwendet wird. Sein Abbau erfolgt im Tagebau und hinterläßt K.gruben, die früher sich selbst überlassen wurden, heute aber meistens durch Auftrag von Mutterboden und Bepflanzung

J.A. Kielmann von Kielmannsegg, Ölgemälde von Jürgen Ovens

Kirche

wieder renaturiert werden müssen. Kreisförmige Baggerlöcher, die sich durch Grund- und Oberflächenwasser teilweise füllten, werden an zahlreichen Orten als relativ naturnahe Badeseen genutzt. LS

Kirche →Bischof, →Bistum, →Christianisierung, →Dekan, →Diakon, →Diözese, →Domkapitel, →Erzbistum., →Friedhof, →Generalsuperintendent, →Herrnhuter Brüdergemeine, →Innere Mission, →Katholiken, →Ketzer, →Klerus, →Kloster, →Kollegiatstift, →Kommende, →Konvent, →Minderheiten, religiöse, Nordelbische Evangelisch Lutherische K., →Orden, →Patron, →Patrozinium, →Prälat, →Priörin, →Probst, →Propst, →Propstei, →Reformation, →Sendgericht, →Stift, →Superintendent, →Synode, →Vikar, →Wallfahrt, →Wiedertäufer.

Kirchenbau Der frühe K. dürfte auf Anregungen aus dem Harzvorland (→Dom zu →Ratzeburg, Ostanlage des Lübecker Doms), der Oberweserregion (Stiftskirche →Segeberg, Langhaus des Lübecker Doms) und des Rheinlandes (Dom zu →Schl.) zurückzuführen sein, wobei hier die Hausteintechnik in Backsteintechnik (→Backstein) umgesetzt wurde. Im Schl. Dom findet sich eine ursprünglich starke Verwendung von Granit- und Tuffsteinquadern, die auch in den Pfarrkirchenbauten →Angelns (z.B. Sörup) vorkommt. In Ostholst. wurden frühe K. aus Feldsteinen errichtet, wobei das mit Gips vergossene Mauerwerk eine glatte äußere Putzhaut aufwies, die Quadermauerwerk vortäuschte. Im Laufe des 13. Jh. setzte sich in beiden Landesteilen der Backstein im K. durch. Während die großen Kirchen dreischiffige Anlagen waren, stellten die kleinen Landkirchen durchweg einschiffige Bauten dar, die in Chorraum (bisweilen mit Apsis) und breitere Gem.kirche geteilt sind. Zahlreiche Kirchen erhielten im Spätma. Kapellenanbauten (→Kapelle). Die Großkirchen insbesondere in den Städten Holst. wiesen Türme, bisweilen sogar Doppeltürme (→Lübeck) auf, während die meisten Kirchen auf dem Lande keine Türme besaßen und diese erst seit dem 16. Jh. erhielten. Zumeist hatten die Kirchen Dachreiter mit kleiner Stundenglocke, während die eigentlichen Glockenstühle in separaten, oft hölzernen Bauten untergebracht waren. Der Bestand an Kirchen, der z.Z. der →Reformation um 1540 erhalten war, veränderte sich – mit Ausnahme der Aufgabe und Niederlegung bzw. Umwidmung der Klosterkirchen – kaum. Neue Kirchen kamen im 17. Jh. (→Glückstadt, →Friedrichstadt, →Altona) und im 18. Jh. (→Hörnerkirchen) hinzu. Im 18. Jh. kam es dann unter Vorzei-

Gutskapelle Breitenburg

Die Kirche in Morsum auf Sylt

chen gestiegenen Wohlstandes zu vermehrter Umgestaltung der Kirchen in barocker Manier und zum Neubau abgängiger Kirchen im Stile des Barock (z.B. →Uetersen, →Wilster, Altona, Rellingen). Während in der 1. H. des 19. Jh. besonders die klassizistischen Kirchenneubauten von C. F. →Hansen und F. C. Heylmann (z.B. →Husum, →Krempe, →Nms.) auffallen, kam es nach 1880 – erneut unter Vorzeichen günstiger Wirtschaftslage – zu einer heftigen Umgestaltungs- und Neubauwelle, die im Zeichen neuromanischer, -gotischer und -barocker Formensprache stand. Jetzt wurden zahlreiche Landkirchen mit Türmen versehen; auch der Schl. Dom erhielt erst 1888-1894 seinen Turm. Insbesondere in den stark wachsenden größeren Städten mußten neue Kirchen errichtet werden, wobei es in Ausnahmefällen beachtliche architektonische Lösungen (Lübeck, →Kiel, Nms.) gab. Neue Landkirchen wurden durch Teilungen der alten Großksp. gegr. (z.B. Wacken). Die Zerstörungen des 2.WK haben dann in Verbindung mit dem stark gestiegenen Wohlstand der Nachkriegszeit und den Bedürfnissen der zugenommenen katholischen Bev. noch einmal den K. beflügelt, der nun ganz überwiegend eine eigene Formensprache, die sich von historischen Vorbildern löst, entwickelte. LS

Kirchenkreis ist die seit 1977 bestehende Bezeichnung der alten →Propstei bzw. (im Falle von →Lauenburg) Superintendentur (→Superintendent). Die Nordelbische Evangelische Kirche ist z.Z. in 27 K. eingeteilt, von denen 23 in SH liegen bzw. auch das sh Gebiet berühren. Ihnen steht jeweils ein →Propst vor. LS

Kirchenordnung Die K. wurde nach dem Wegfall der katholischen Lehre und geistlichen Ordnung durch die →Reformation zur Regelung der Gottesverehrung und des Lebenswandels der Geistlichen nötig. Christian III. erließ 1537 eine von →Bugenhagen verfaßte lutherische K. für DK, Norwegen und die Hztt. Diese fand keine Zustimmung der sh Ritterschaft, so daß es nötig war, eine eigene K. für die Hztt. durch Bugenhagen zu formulieren. Sie wurde 1542 auf dem die Reformation definitiv einführenden →Landtag in →Rendsburg angenommen und legte den Charakter der lutherischen Kirche als eine Fürstenkirche fest. JT

Kirchherr (lat. rector ecclesiae) ist vor der →Reformation eine der Bezeichnungen für den Pfarrgeistlichen an einer Ksp.kirche (lat. ecclesia parrochialis); andere Bezeichnungen sind Leutpriester (lat. plebanus), aber nicht immer waren K. und Leutpriester identisch. Dem K. wurde die Kirche vom Inhaber des →Patronatsrechtes verliehen. Er mußte zum Priester (lat. presbyter) geweiht sein, konnte aber für Ortsabwesenheit dispensiert werden. Seine Vertretung übernahm der vicerector. LS

Kirchner, Ernst Ludwig →Malerei

Kirchnüchel (PLÖ) Im MA hieß der Ort noch Wendisch-Nüchel, im Gegensatz zum nahe gelegenen Dt.- oder Klein-Nüchel, was die unterschiedliche ethnische Zuordnung nach der dt. Besiedlung um 1200 andeutet. Das Dorf wurde um 1600 niedergelegt und daraus das →Gut Grünhaus geschaffen. Nur die einschiffige Feldsteinkirche aus dem 13. Jh. blieb erhalten und zog wegen einer heilkräftigen Quelle und einem wundertätigen Marienbild bis nach der →Reformation Wallfahrer an. Die Grabkapelle des Gf. Cai Lorenz von →Brockdorff wurde um 1709 errichtet. K. hat heute gut 200 Einw. OP

Kirchnüchel

Kirchspiel Schon seit der →Christianisierung waren die K. in →Dithm., Holst. und →Stormarn mehr als nur Pfarrsprengel, nämlich auch Verwaltungs-, Steuer- und Gerichtsbezirk sowie Bezirk für das militärische Aufgebot. In Holst. und Stormarn wurde eine Burgvogtei (→Vogtei), später →Amt, aus mehreren K. bzw. K.vogteien gebildet, deren Grenzen sich schon bald mit denen der geistlichen K. nicht mehr ganz deckten. In Dithm. erlangten die K. des MA große, z.T. außenpolit. Selbständigkeit, so daß für diese Zeit geradezu von einer Republik der K. gesprochen wird. Die Institution des K. dürfte vielfach, zumal bei den alten Großk., auf vorkirchliche und vorchristliche Organisationsformen zurückgehen, denen sich die Kirche später nur anpaßte. Organe des K. als Selbstverwaltungs-

Kirchspielslandgemeinde

körperschaft waren in Holst. die K.versammlungen, das K.gericht (Ding und Recht), die K.gevollmächtigten, in Dithm. außerdem vor 1559 die Schlüter und Geschworenen (Gerichtsleute), nach 1559 die K.gevollmächtigten und das K.vorsteherkollegium. Zeichen der Selbständigkeit war das K.siegel, mit dem die dithm. und holst. K.organe ihre Urkunden versahen. Landesherrlicher Beamter auf der Ebene des K. war in Holst. wie in Dithm. (nach 1559) der →K.vogt, in Dithm. außerdem der K.schreiber. Nach 1867 wurde für die beiden preußischen Kreise Dithm. das Institut der K.landgem. geschaffen auf der Basis der alten K. und mit einem K.schreiber an der Spitze. Die →K. bestanden hier also als preußische Landgem. weiter, deren Unterabteilungen die einzelnen Bauerschaften bildeten. HWS

Kirchspielslandgemeinde Die Ksp. bildeten in der Bauernrepublik →Dithm. weitgehend selbständige Verwaltungsbezirke. Eingeschränkt blieben sie es auch nach der Eroberung 1559 (Organe: →Ksp.vogt und Ksp.vorsteherkollegium). Nach der preußischen Verordnung von 1867 fielen den Ksp. unter Berücksichtigung der traditionellen Bezeichnung als K. die Aufgaben der Landgem. zu. 1888 wurden die Kreise in Ämter untergliedert, in Dithm. →Amt K. genannt.
Lit.: G. Elsner, Die Verwaltungsform der Dithm. K. in ihrer Entwicklung bis zur Gegenwart, Kiel 1966.
WK

Kirchspielvogt Den K. scheint es in Holst. seit dem 15. Jh. zu geben. Als landesherrliche Beamte standen die K. dem (weltlichen) →Ksp. vor, in welche die landesherrlichen Ämter (→Amt) eingeteilt waren. Für den Bezirk des K., das Ksp., bürgerte sich allmählich der Name K. ein, desgleichen für den Sitz des K. im Kirchdorf. Das Amt des K. war vielfach erblich, da es mit der K.hufe verbunden war und in der Regel vom Landesherrn an einen Sohn des vorigen K. vergeben wurde. Daher gab es in Holst. an manchen Orten regelrechte K.-Dynastien. Die K. in den holst. Ämtern waren Polizeibeamte im weitesten Sinne, aber sie waren auch an der allgemeinen Verwaltung und am Hebungswesen beteiligt, außerdem führten sie Vorsitz und Protokoll in den Ksp. versammlungen. K. in Schl. waren nur Hilfsbeamte und führten die untere Polizeiaufsicht. In →Dithm. gab es K. seit der fürstlichen Eroberung 1559. Aufgrund des den Dithm. zugestandenen →Indigenats mußten sie im Ksp. geboren sein und wurden von unterschiedlichen lokalen Gremien gewählt. Als landesherrliche Beamte mußten sie Aufgaben nach Weisung des →Landvogts durchführen und für Sicherheit und Ordnung im Ksp. sorgen, aber sie nahmen auch die Interessen ihrer Ksp.eingesessenen wahr, insbesondere in Steuerfragen. 1867 legte die preußische Verwaltung in ganz Holst. einschließlich Dithm. jeweils mehrere K. bzw. Ksp. zu sog. K.eidistrikten zusammen, an deren Spitze gleichfalls K. standen, jedoch mit deutlich erweiterten Kompetenzen.
HWS

Kirsch, Sarah →Literatur

Klapmeyer, Johann Werner →Schnitger, Arp

Kleien ist die Bezeichnung für das jährlich, aber abschnittsweise in siebenjährigem Turnus stattfindende Reinigen von Gräben und Wettern in der →Marsch von Bewuchs und Sedimenten zur Sicherstellung der →Entwässerung. Das Ausschaufeln des Wassers und das Entfernen von Schlamm und Kraut wurde von Tagelöhnern (Grabenkleiern) im Herbst nach Abschluß der Erntearbeiten mit mehreren Spezialgeräten im Auftrag der Landbesitzer bzw. der Schleusen- und Sielverbände durchgeführt. Heute werden die meisten Arbeiten mit Hilfe von Maschinen und nicht mehr jährlich ausgeführt. Überdies sind zahlreiche kleine Gräben (Grüppen) durch Drainagen ersetzt worden. PDC

Klein Grönau (HL) 8km südlich von →Lübeck an der Straße nach →Ratzeburg und an der Grenze zu →Lauenburg stifteten Lübecker Bürger in den 1280er Jahren ein Aussätzigen-→Hospital. Das noch stehende Siechenhaus für zwölf Kranke wurde 1479/80 aus dem Nachlaß des Bürgermeisters Andreas Geverdes errichtet. Zu der malerischen

Klein Grönau

Häusergruppe gehörten auch das Verwalterhaus und die 1409 erbaute →Kapelle mit ummauerten →Friedhof. OP

Klerus Bis zur →Reformation bildete der K. einen besonderen Stand, der in geistlicher und rechtlicher Hinsicht von den Laien scharf geschieden war. Dies fand Ausdruck in den abgestuften Weihegraden bis hin zur Priester- und Bf.weihe. Nur der Inhaber dieser höheren Weihen konnte die Sakramente spenden, die Messe feiern und Seelsorge ausüben. Zu den besonderen Standesprivilegien gehörte der kirchliche Gerichtsstand der Geistlichen. Im K. sind verschiedene Gruppen zu unterscheiden: die Ordensgeistlichkeit der →Klöster und →Stifte war durch Gelübde (Profeß) verpflichtet, nach den Regeln und Gewohnheiten ihres →Ordens in Gemeinschaft und ohne persönlichen Besitz zu leben; die Priesterweihe hatten sie vielfach nicht (nur die Bettelorden waren in der Seelsorge aktiv). Bei der Weltgeistlichkeit ist ein höherer K. (Bff., →Prälaten, Kanoniker der →Domkapitel und →Kollegiatstifte) zu unterscheiden vom niederen K. Hierzu gehörten als zahlenmäßig stärkste Schicht die Pfarrer und →Vikare, die eigentlichen Träger der Seelsorge. Die Stellung dieser Weltgeistlichen war ganz wesentlich von ihrer wirtschaftlichen Lage abhängig. Die Pfründeneinkünfte der Pfarreien, →Ksp., →Kapellen und Vikarien waren örtlich sehr unterschiedlich, weshalb viele Geistliche versuchten, mehrere Pfründen in einer Hand zu vereinigen. In den Städten war die Zahl der Weltgeistlichen in der Regel hoch (in →Lübeck gab es um 1500 z.B. 200 Vikare). Das Verhältnis von Stadt und Kirche war einerseits konfliktbelastet, da der K. keine →Abgaben und →Steuern entrichten mußte; andererseits gab es auch eine enge Symbiose, weil ein erheblicher Teil der Geistlichen aus dem lokalen Bürgertum stammte. Auch durch →Bruderschaften (→Kaland) gab es vielfältige Berührungspunkte mit der Laienwelt. Die Bildungsverhältnisse des K. waren sehr unterschiedlich, weil keine einheitlichen Normen der Priesterausbildung existierten, doch ist eine Besserung der Ausbildungsverhältnisse (Universitätsbesuch) schon vor der →Reformation festzustellen. In vorreformatorischer Zeit kam es zweifellos zu Verletzungen der klerikalen Amts- und Standespflichten (z.B. Zölibat), doch sind viele Vorwürfe auch vor dem Hintergrund reformatorischer Polemik zu sehen. Die lokalen Verhältnisse in Stadt und Land bedürfen differenzierter Betrachtung, die für SH erst ansatzweise geleistet wurde.

Lit.: K.-J. Lorenzen-Schmidt, Die Geistlichen der sh Städte vor der Reformation und ihre Stellung in den Stadtgem., in: Stadt und Kirche im 16. Jh., hg. von B. Moeller, Gütersloh 1978, S. 125-127; W. Prange, Magd – Köchin – Haushälterin, in: »Der Stand der Frauen, wahrlich, ist ein harter Stand«, hg. von E. Imberger, Schl. 1994, 9-26. EB

Kliff Ein K. ist der Abfall einer Steilküste zum Meer hin. Es wird v.a. durch die Brandungswirkung (marine Abrasion) gestaltet, darüber hinaus auch durch die auswaschende Tätigkeit der Niederschläge (Erosion und Denudation). Nicht mehr vom Meer angegriffene Steilküsten, wie z.B. diejenigen in →Dithm., heißen totes K. Sie zeichnen sich durch Pflanzenbewuchs aus, der sie vor rascher weiterer Abtragung schützt. Für die Küsten SH ist der Wechsel von Steil- und Flachküsten typisch, da die Hügel der →Moränen-Ablagerungen von Mulden unterbrochen werden, die z.T. in Meeresspiegelhöhe liegen. An der Ostseeküste (→Ostsee) gibt es aufgrund des lebhaften Reliefs und des Fehlens einer schützenden Wattküste (→Watt) mehr K.bildungen als an der Nordseeküste (→Nordsee), wo glazial- und tertiärzeitliche K. v.a. auf der Insel →Sylt vorkommen. Neben den vorherrschenden Lockergesteinsk. aus lehmigem, tonigem oder sandigem

Siechenhaus und Kapelle Klein Grönau

Kloster

Material (Dünenk.) gibt es auch das Felsk., dessen Typus in →Helgoland vorzufinden ist. Die Abbruchraten von Lockergesteinsk. betragen in SH jährlich einige Dezim. bis m; bei stabilen Felsk. sind es mm bis cm pro Jahr. JN

Kloster Als K. (lat. claustrum) werden Gemeinschaften von Mönchen und Nonnen bezeichnet, die nach ordensspezifischen Regeln (z.B. Regula Benedicti) und Gewohnheiten (lat. consuetudines) unter geistlicher Leitung (→Abt/Äbtissin, →Prior/Priörin) zusammenleben. Verfassung und Lebensweise unterscheiden diese monastischen Gemeinschaften von →Kollegiatstiften und →Stiften. Neben dem aus Einzelklöstern bestehenden Benediktinertum, das erst im Spätma. zum Ordensverband wurde (z.B. →Cismar, St. Michael in →Schl.), und dem daraus Ende des 11. Jh. hervorgegangenen Zisterzienserorden (u.a. →Reinfeld) entstand seit dem 12. Jh. eine Reihe neuer geistlicher Gemeinschaften und Orden. Außer den weiblichen Zweigen der alten Orden (Benediktinerinnen in →Preetz, St. Johannes in →Schl.; Zisterzienserinnen in →Itzehoe, →Reinbek, →Uetersen) waren in SH die Kartäuser (→Ahrensbök), Wilhelmiten (Kuddewörde), Antoniter (→Mohrkirch) und Birgitten (Marienwohlde) vertreten. Mit dem Aufblühen des Städtewesens verbreiteten sich auch die Bettelorden der Franziskaner (→Flensburg, →Hamburg, →Husum, →Kiel, →Lübeck, →Schl.), Dominikaner (Hamburg, Lübeck, Schl.) und Augustiner-Eremiten (Nonnen in →Nms., →Neustadt, →Plön). Die bäuerlichen Nordseemarschen waren arm an K. In →Dithm. wurde das Dominikanerk. in →Meldorf nach dem Sieg 1319 errichtet; ein zweites K. in →Hemmingstedt wurde nach der dortigen Schlacht 1502 gestiftet und 1517 als Franziskanerk. nach →Lunden verlegt. Niederlassungen der Ritterorden fehlten in SH völlig. Die K. waren nicht nur Orte geistigen Lebens, gemeinsamen Gebets (Memoria für die Stifter), frommer Kontemplation und künstlerischen Schaffens (z.B. Handschriftenproduktion), sondern sie verfügten, abgesehen von den Bettelorden, über umfangreichen Landbesitz, der als →Grundherrschaft organisiert war und dessen Überschüsse wirtschaftlich genutzt wurden. Der Anteil der K. am Landesausbau, wie er besonders den Zisterziensern von der älteren Forschung zugeschrieben worden ist, sollte aber nicht überschätzt werden. Die Ausstattung, vielfach im Zuge von Schenkungen, hing auch mit der Funktion der K. als Versorgungsinstitutionen für Töchter des →Adels zusammen. Mit der →Reformation 1542 wurden die K. in SH aufgehoben und z.T. in landesherrliche Ämter umorganisiert. Die adeligen K. Itze-

Das Burgkloster in Lübeck um 1400

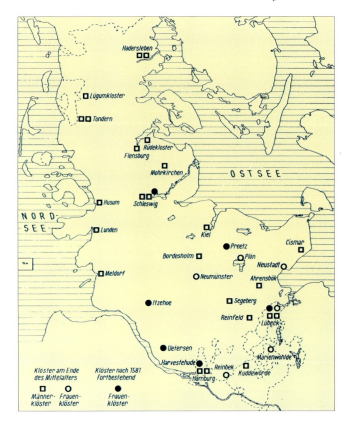

Die mittelalterlichen Klöster in SH (Entwurf Wolfgang Prange, Zeichnung E. Raeth)

St. Johanniskloster in Schleswig

hoe, Preetz, Uetersen und St. Johannes in Schl. bestehen aber als Damenstifte bis heute unter der Aufsicht der sh Ritterschaft und dienen aufgrund des ritterschaftlichen K.rechts, das schon im MA begründet wurde, zur Versorgung unverheirateter adeliger Töchter. Das gemeinsame Chorgebet, seit dem MA eine der wichtigsten Aufgaben dieser K., wurde erst 1777 endgültig aufgegeben.

Lit.: Die Männer- und Frauenk. der Zisterzienser in Niedersachsen, SH und Hamburg, hg. von U. Faust, St. Ottilien 1994; R. Hansen, Die K. des Landes Dithm., in: Vita Religiosa im MA, hg. von F.J. Felten u.a., Berlin 1999, 563-579. EB

Klüver, Wilhelm →Geschichtsschreibung

Knappe (lat. armiger, mnd. wapener) ist die Bezeichnung für einen männlichen Niederadligen (→Adel), der kriegsfähig ist, aber noch keinen Ritterschlag erhalten hat. Während im Hochma. der Ritterschlag, der dann die Bezeichnung →Ritter (lat. miles, mnd. ridder) nach sich zog, häufig angestrebt wurde, verzichteten im Spätma. viele Niederadlige auf die kostenträchtige Zeremonie und blieben dann K. LS

Knick wird eine auf beiden Seiten durch Gräben begrenzte Wallhecke genannt, die mehr oder weniger regelmäßig geknickt, d.h. beschnitten oder ausgedünnt wird. K. gehören heute zum Landschaftsbild SH. Sie sind aber relativ jungen Datums, weil sie ihrer größten Zahl nach erst im Zuge der →Verkoppelung im Rahmen der →Agrarreformen des 18. Jh. angelegt wurden. Sie waren als lebende Zäune (Hecken) das Mittel zur Abgrenzung der verkoppelten (zusammengelegten) Acker- und Wiesenflächen jeweils eines Eigentümers, um diese einmal gegen Viehtritt zu schützen aber auch, um Winderosion zu verhindern. Aufgebaut wurden sie aus Steinen, Baumstubben und Erde, bepflanzt vielfach mit Haselsträuchern. Einzelne Eichen oder Buchen wurden nicht geknickt, sondern blieben als sog. Überhälter für eine Nutzung in ausgewachsenem Zustand stehen. Im Zuge der Rationalisierung und Mechanisierung der →Landwirtschaft sind die K. als störendes Element angesehen, in erheblichem Umfang gerodet und abgetragen worden. Erst seit den 1970er Jahren setzte sich die Auffassung durch, daß K. schützenswert sind, weil sie in ihrer Gesamtheit nicht nur ein bedeutendes Kulturdenkmal darstellen, sondern auch als zahlreiche Tier- und Pflanzenarten bergende Kleinbiotope anzusehen sind. LS

Die Anlage von Knicks 1767

Kniepsand →Amrum, →Düne

Knochenhaueraufstände In →Lübeck kam es nach 1374 zu Auseinandersetzungen zwischen dem von Kaufleuten dominierten →Rat und den in Ämtern (→Amt) organisierten Handwerkern, die sich an erhöhten Steuerleistungen entzündeten. 1380 traten die Handwerker unter Führung der zahlenmäßig starken und auch vermögenden Knochenhauer (Vieh- und Fleischhändler) abermals gegen den Rat an, um eine Stärkung ihrer gewerberechtlichen Stellung und zugleich die Mitwirkung an der Stadtregierung zu erreichen. Es kam zu bewaffneten Zusammenkünften der Parteien (Ämter gegen Kaufleute), aber nicht zu Kampfhandlungen. Die engeren Forderungen der Knochenhauer wurden akzeptiert, dies jedoch nicht beurkundet. 1384 nutzte der Kaufmann Hinrik Paternostermaker die noch bestehende Unruhe unter den Knochenhauern und schmiedete zusammen mit einem Teil der Meister 1384 einen Staatsstreichplan, der allerdings verraten wurde. Die Folge war, daß der Rat das Amt der Knochenhauer stark beschnitt und insgesamt gestärkt aus den Auseinandersetzungen hervorging. Beide Auseinandersetzungen werden als K. bezeichnet.
Lit.: A. von Brandt, Die Lübecker K. von 1380/84 und ihre Voraussetzungen, in: ZLGA 39, 1959, 123-202. LS

Knud Laward Sohn des dän. Kg. Erik Eiegod (1095-1103) wurde am Hof Hz. Lothar von Sachsen erzogen, kehrte 1104 nach DK zurück und bekam um 1115 von seinem Onkel, Kg. Nils (1104-1134), als →Jarl die Grenzmark im südlichen →Schl. übertragen. Nach dem Tod des slawischen Fürsten →Heinrich wurde K. 1127 vom dt. Kg. Lothar von Süpplingenburg mit dem abotritischen (→Slawen) Kg.titel belehnt und 1131 auf Veranlassung seines Vetters ermordet. Damit wurde für die →Schauenburger schließlich der Weg zur Eroberung des slawischen Ostholst. frei. LS

Knurrhahn →Musik

Köllerpolitik Unter K. ist das repressive Verhalten eines Staates gegenüber seinen ethnischen Minderheiten zu verstehen. Benannt ist sie nach dem preußischen →Oberpräsidenten in SH, Ernst Matthias von Köller (1841-1928), der auf Geheiß Kaiser Wilhelm II. 1898 in der Gravensteiner Konferenz bestimmte, daß ansässige (Optanten) und als Dienstboten zugewanderte dän. Staatsangehörige auszuweisen seien, sofern sie sich an Demonstrationen zur Förderung dän.freundlicher Gesinnung beteiligt hatten. Dadurch verloren auch dt.gesinnte Landwirte Personal. V.a. wollte man die Agitation preußischer Staatsbürger für DK durch die Ausweisung ihres dän. Dienstpersonals unterbinden. Auch wurde Eltern gedroht, wenn sie ihre Kinder nicht von dän. Schulen nähmen, würden dän. Staatsbürger aus ihrem Dorf ausgewiesen. Die Zwangsmaßnahmen, die im Oktober 1898 mit Massenausweisungen begannen und bis 1899 gegen 373 Personen durchgeführt wurden, führten jedoch zu keinem nennenswerten Erfolg. Sie stießen zwar bei den Rechtsparteien im Reich auf begei-

sterste Zustimmung, aber im Ausland und in der freisinnigen und linksgerichteten dt. Presse (→Zeitungen) auf scharfe Ablehnung.
Lit.: K.D. Sievers, Die K. und ihr Echo in der dt. Presse, Nms. 1964. KDS

Köster, Johann Adolfi →Neocorus

Kogge heißt im engeren Sinn der ma. Schiffstyp, der den wirtschaftlichen Erfolg der →Hanse im Nord- und Ostseeraum vom 12. bis 14. Jh. beschleunigte. Die K. war ca. 12-25m lang und 5-8m breit, hatte geklinkerte hochbordige Seitenwände, einen Mast und Rahsegel, ein drehbares Heckruder, ein Heckkastell und eventuell auch ein Bugkastell sowie eine Tragfähigkeit von ca. 200t. Sie geht allerdings auf weitaus ältere Schiffbautraditionen, dem Einbaum mit flachem Boden, steilen Seitenwänden sowie spitz zulaufendem Bug und Heck zurück. Bereits friesische Schiffe des Frühma. hatten diese Grundform, sie findet sich auf Münzen (→Münzwesen) aus →Haithabu im 9. Jh. Das lübische (→Lübeck) Stadtsiegel von 1224 und das →Kieler Siegel von 1365 zeigen eine K. Im 15. Jh. wurde die K. von dem größeren Holk verdrängt. 1991 erfolgte in Kiel der seetüchtige Nachbau einer Bremer K. von 1380. OP

Kograben ist ein Teil des →Danewerkes, der aus einem Wall mit davorliegendem Graben bestand und als Landwehr zwischen dem dän. beherrschten Norden und der Ödmark zwischen Holst. und Schl. diente. Der sog. kurze K. zieht sich nur 400m westlich des Laufs der Rheider Au entlang. Der eigentliche K., 300m nördlich des kurzen K., hat eine Länge von fast 7km, ist östlich an das Selker →Noor angelehnt und erstreckt sich völlig gerade nach Westen. Auch er bestand aus einer Wall-Graben-Kombination, wobei der Wall nach Süden durch eine Holzplankenwand befestigt war. Die Anlage geht vermutlich auf den dän. Kg. Göttrik zurück, der sie etwa 808 errichten ließ.
Lit.: H. Jankuhn, Haithabu und Danewerk, Nms. 1962. LS

Kohl Der seit dem MA verbreitete K. (brassica oleracea) oder cappes bezeichnet v.a. den Kopfk., also Weiß- und Rotk., aber auch Grünk., Wirsing, Blumenk., Rosenk. und K.rabi. Der Wesselburer (→Wesselburen) Gärtner Eduard Laß begann 1889 in großem Stil mit dem Anbau des traditionellen, Vitamin C- und ballaststoffreichen Winter- und Kellergemüses. Auswärtige Saisonarbeiter und industrielle Gemüseverarbeitungsbetriebe in →Meldorf, →Marne und Wesselburen trugen in Folge dazu bei, daß →Dithm. zum größten geschlossenen K.anbaugebiet Europas avancierte. 1998 stellten 3.189ha Anbaufläche 35% des dt. Kopfk. Seit 1990 beherrschen Hybridsorten mit hoher Ertragsleistung, gleichmäßigem Wuchs und guten Lagereigenschaften den Markt. Mit Schweinebacke, Kochmettwurst und süßen Bratkartoffeln zubereitet, ist der Grünk. ein sh Nationalgericht, getreu der Inschrift an einem alten Dithm. Bauernhaus: »Gott schuf den Winter – und den Grünk. als Mittel dagegen«.

Eine Kogge auf dem Siegel von Kiel 1365

Kohlanbau bei Wöhrden

Kokoschka, Oskar

Lit.: K. Gille, K.geschichte(n), Heide 1991; Agrarreport SH 1999, Teil 2, hg. vom Ministerium für ländliche Räume. MH

Kokoschka, Oskar →Gotsch, Friedrich Karl

Kolberger Heide Auf modernen Karten wird das küstennahe Gewässer vor den Probsteier Salzwiesen als K. bezeichnet. Der Name K. für den Küstenstrich zwischen Stein und Wisch und das Wasser davor ist wohl von Koldenhof (bei Barsbek) abzuleiten. Der Karthograph Johannes →Mejer (Mitte des 17. Jh) nannte dagegen das gesamte Gewässer zwischen der Kieler Außenförde (→Förde) und der Insel →Fehmarn »Colberger Heyde«. In der Seeschlacht auf der K. (am 1.7.1644) zwischen einer dän. und einer schwedischen Flotte wurde Kg. Christian IV. so schwer am Kopf verletzt, daß er rechts erblindete (Historiengemälde im Dom zu Roskilde). Von dem Ereignis handelt der Text des früheren dän. Nationalliedes: »Kong Christian stod ved højen Mast« (Kg. Christian stand am hohen Mast).
Lit.: C. Bruun, Slaget paa Kolberger Heide den 1. Juli 1644, Kopnenhagen 1879. JB

Koldenbüttel

Koldenbüttel (NF) hat eine Kirche aus dem 12. Jh., die um 1400 erweitert wurde. Die Lage des Kirchortes und der Gem. hat für den Zugang nach →Eiderstedt eine Schlüsselstellung und ist entsprechend häufig von Kriegszügen betroffen gewesen. Der Chronist Peter →Sax (1597-1662) war Pastor in K.; hier lebte auch die Dichterin und religiöse Schwärmerin Anna Ovena →Hoyers (ca. 1584-1655). K. hat heute fast 800 Einw.
Lit.: E. Bruhn, Chronik von K., Friedrichstadt 1928. LS

Kollegiatstift, auch Chorherren- oder Säkularkanonikerstifte genannt, war eine Gemeinschaften von Weltgeistlichen (→Klerus), dem ein →Propst oder →Dekan als Leiter vorstand. Seine vorrangige Aufgabe war das tägliche Chorgebet, während andere Formen des gemeinsamen Lebens im Gegensatz zu den →Klöstern nur eine geringe Rolle spielten. Vielfach dienten die Kanoniker, denen Privatbesitz erlaubt war und die oft eine Universität besucht hatten, den Bff. und weltlichen Landesherren als Kanzleimitarbeiter und Räte. Funktion und Verfassung der K. sind mit den →Domkapiteln vergleichbar. Im Bt. →Schl. gab es ein K. in Hadersleben (gegr. vor 1273), im Bt. Lübeck in →Eutin (gegr. 1309), was mit der Funktion des Ortes als Residenz der Bf. von Lübeck zusammenhängt. In →Hamburg (Süllberg) und in →Alt Lübeck haben wohl auch K. bestanden, die aber beim Slawenaufstand 1066 (→Slawen) wieder untergegangen sind.
Lit.: A. Wendehorst, S. Benz, Verzeichnis der Säkularkanonikerstifte der Reichskirche, Neustadt/Aisch ²1997. EB

Kolonisation werden verschiedene Vorgänge in der Siedlungsgeschichte SH genannt. Zunächst ist es die K. im Rahmen der durch Bev.druck ausgelösten dt. Ostk., mit der – beginnend mit der Belehnung der Gff. von →Schauenburg mit Holst. und →Stormarn – das Siedlungsgebiet der →Slawen in Ostholst. (parallel durch die Hzz. von Sachsen-→Lauenburg der →Polaben) militärisch erobert und durch sächsische, friesische, westfälische und flämische Einwanderer intensiver besiedelt wurde. Die →Slawen wurden marginalisiert, vertrieben oder assimiliert. Dabei spielte die →Christianisierung eine wichtige Rolle. Auch die Besiedlung und Inwertsetzung der →Elbmarschen gehört in diesen Zusammenhang, während die →Marsch →Dithm. schon zuvor von der → Geest aus flächig besiedelt wurde. Nachdem die Bev.entwicklung durch die ersten Pestumzüge (ab 1350) schwer dezimiert wurde, stockte die Expansionsbewegung. Ab etwa 1450 finden sich erneute K.vorstöße, die nun – ähnlich wie die Marschenk. – marginale Siedlungsböden (Marsch, →Heide, →Moor) der menschlichen Nutzung zuführten. Insbesondere an der Westküste setzte nun eine Rückgewinnung der im Spätma. erlittenen Landverluste durch Köge (→Koog) ein. Zahlreiche Moor- und Heidesiedlungen entstanden. Systematisch wurde die sog. Binnenk. erst in der 2.H. des 18. Jh. betrieben (→Heidek.), um dann im 19. Jh. unter enorm gewachsenem Bev.druck und zunehmender Pauperisierung stetig intensiviert zu werden. Die relativ geringe Bodenqualität machte allerdings die Erfolge der K. und Melioration fragwürdig, sobald Weltmarktbedingungen für die hier be-

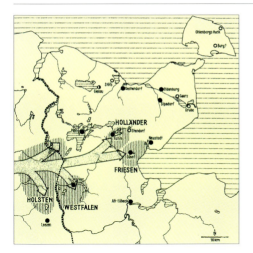

Der Beginn der deutschen Ostsiedlung in Wagrien 1143

triebene Agrarproduktion (→Landwirtschaft) eintraten. Während die frühen K.gebiete bis heute als erfolgreiche Agrarzonen überlebt haben, sind die Binnenk.siedlungen meistens keine ertragreichen Landwirtschaftsregionen mehr. LS

Kommende (lat. commenda) war zunächst die Übertragung eines Kirchenamtes samt Einkünften an einen Verweser bei Verhinderung oder Tod des Amtsinhabers. Sie wurde im Spätma. die übertragene Kirchenstellung ohne Amtsausübung, also zur Vermehrung der persönlichen Einkünfte, auf Lebenszeit des Empfängers. K. wurden auch zur Unterstützung von Geistlichen (ohne Gottesdienstverpflichtung) gestiftet. K. finden sich vor der →Reformation in sehr vielen Kirchen. Um 1540 gab es im Bereich der Hamburger Dompropstei K. in →Rendsburg (2), Bovenau (1), →Flemhude (2), →Brunsbüttel (1), →Wöhrden (3), →Wesselburen (1), →Krempe (1). LS

Kommüne (oder Commüne) war die Bezeichnung der ländlichen →Gem., wobei es sich nicht um die Territorialgem. der preußischen Zeit handelt, die in der Regel ein geschlossenes Gebiet umfaßt, sondern auch ein territorialer Zusammenschluß mehrerer Landgem. sein kann. So wurden in den →Elbmarschen sowohl die Entwässerungs- wie auch die Deich- und Wegegenossenschaften als K. bezeichnet und es gab hier die →Krempermarsch- und die →Wilstermarsch-K. als eine Art landschaftlicher Verbände (→Landschaft). LS

Kommunale Selbstverwaltung Die K. als Möglichkeit der →Gem., ihre eigenen Angelegenheiten selbst zu regeln, hat in SH eine lange Tradition. Eingriffe in die K. der Gem. konnten wohl vom Landesherren ausgehen, doch kamen über lange Zeit nur vereinzelte Maßregelungen der Gem. vor. Dabei hatte die Stadtgem. (→Stadt) aufgrund ihrer Sonderstellung eine besonders geschützte Stellung. Gleichwohl war es dem Landesherren seit dem 16. Jh. in steigendem Maße um Regulierungen und Eingriffe in die K. zu tun; die meistens gegebene Erklärung dafür waren mißbräuchliche Nutzungen. Nicht einmal vor den Städten machte dieser Drang halt. Für die Landgem. kennt man erste Verfügungen über einzelne Gebiete der K. aus dem Anf. des 18. Jh. (1708). Die obrigkeitlichen Regulierungen wurden dann intensiver und bezogen sich v.a. auf die Inhalte der Dorfverfassungen, der sog. →Beliebungen, aber auch auf Fragen der gemeinen Rechnungsführung. Zumeist wurden im ländlichen Bereich die Organe der K., also die Repräsentanten der Gem., von der Obrigkeit eingesetzt, nur in wenigen Fällen (insbesondere in den Marschdistrikten der Westküste) von der Versammlung der Dorfsgenossen für eine bestimmte Zeit gewählt. Sie führten die Geschäfte der Gem. und holten sich nur für besondere Vorgänge (z.B. Rechtsstreitigkeiten) Spezialvollmachten von der Gem.versammlung. Da in allen Dörfern die Zahl der von der Dorfgenossenschaft ausgeschlossenen kleinen Leute zunahm, zu Repräsentanten der Gem. aber durchweg Mitglieder der besitzbäuerlichen Schicht ernannt wurden, stellte die Repräsentanz des Dorfes tatsächlich nur eine Repräsentanz der dörflichen Besitz-Oberschicht dar. Dasselbe galt für die Repräsentationen in den →Landschaften. In den Städten gab es ohnehin die Lebenszeitwahl in den →Rat. In den Gutsgebieten hatte die Durchsetzung der Gutsherrschaft eine funktionierende K. zerschlagen, so daß diese Gem. nahezu völlig herrschaftlich geprägt waren. Die Mängel der hochdifferenzierten K. führten 1835 zu einer Erhebung über den Zustand der K. Die Kritik am Bestehenden führte schließlich 1851 zu einem Entwurf für ein einheitliches Gem.-Gesetz für die Hztt., der allerdings aufgrund der polit. Verhältnisse nicht mehr umgesetzt wer-

den konnte. Gleichwohl wurde 1854 für Holst. eine Städteordnung eingeführt. Erst am 22.9.1867 trat die Verordnung über die Landgem.-Verfassungen in Kraft und am 14.4.1869 das Gesetz über die Verwaltung und Verfassung der Städte und →Flecken. Beide gingen von einer Vermögensbegrenzung bei der Mitsprache in der K. (aktives und passives Wahlrecht) aus, so daß faktisch nur die Besitzenden die Geschicke der Gem. bestimmten. Dies ist durch Verfassungsänderungen am Anf. der Weimarer Republik beseitigt worden, da nunmehr allgemeines und gleiches Wahlrecht herrschte. In der Zeit des NS wurde die K. dadurch ausgehöhlt, daß die Mitwirkung der Gem.vertreter reduziert wurde (Dt. Gem.ordnung vom 30.1.1935). Nach dem 2.WK kam es zunächst zu einer Einführung von britischen Elementen der K., bis 1950 eine sh Gem.ordnung eingeführt wurde, die – mit z.T. beträchtlichen Änderungen 1998 – bis heute Bestand hat und die K. unter bedarfsweise regelndem Eingriff der bei den Kreisverwaltungen angesiedelten, für das Innenministerium tätigen Kommunalaufsicht garantiert.
Lit.: G. Baare-Schmidt, Der Entwurf zu einem Gem.-Gesetz für die Hztt. Schl. und Holst. aus dem Jahre 1851, Husum 1980; Geschichte SH, 8/1. LS

Kommunismus Schon bevor das »Kommunistische Manifest« von Karl Marx und Friedrich Engels im Februar 1848 erschien, wurde in den Hztt. angesichts früher sozialistischer Regungen von K. gesprochen – insbesondere von Seiten der Besitzenden, die Furcht vor einer die Besitzverhältnisse verändernden Revolution hatten. Gemeint war damit die Vorstellung einer Gesellschaft, in der die Besitzunterschiede nivelliert sein sollten und Armut nicht mehr existierte. Nach der Etablierung der Kommunistischen Partei Dt. (KPD, gegr. 30.12.1918) ging ein Teil der Unabhängigen Sozialdemokratischen Partei (USPD) zu den Kommunisten über. Ziel der KPD war die revolutionäre Herstellung einer auf gesellschaftlichem Eigentum an den Produktionsmitteln basierenden Gesellschaftsordnung. Die Partei, die sich eng an der Kommunistischen Partei der Sowjetunion (KPdSU) orientierte, hatte es schwer, sich in der Arbeiterbev. SH als Sachwalter ihrer Interessen zu profilieren. Ihre Stärke lag in der direkten Aktion bei Streiks und Demonstrationen. Die explizite Feindschaft gegenüber der SPD spaltete die Arbeiterbewegung. Ihre Organisationsschwerpunkte lagen in den industriell geprägten Städten; auf dem Lande konnte sie kaum Fuß fassen. Als Ausnahme gilt das Kätnerdorf Kremperheide bei →Itzehoe. Ihre Stimmanteile bei den Reichstagswahlen lagen in der Zeit der Weimarer Republik zwischen sechs und 13%. Darüber hinaus war die KPD in mehreren städtischen Kommunalparlamenten vertreten. In der Zeit des NS gehörten die Kommunisten zu den am heftigsten und blutigsten verfolgten polit. Gegnern, die aufgrund ihres Idealismus am wenigsten konzessionsbereit waren. Der Wiederaufbau der KPD ab 1945 erfolgte nach dem Scheitern der Einheitsbewegung (SPD + KPD=SED) womöglich in noch engeren konspirativen Strukturen als während der Weimarer Republik. Im Zuge des Kalten Krieges wurde die Partei 1956 als verfassungsfeindlich verboten. 1968 bildete sich auf der Grundlage der alten Kader und mit massiver Unterstützung aus der DDR die Dt. Kommunistische Partei (DKP), die bei Bundestags- und Landtagswahlen stets weit unter der Marke von 5% blieb und nur in →Barmstedt kommunalpolit. Einfluß gewann. Seit dem Ende der DDR führt die DKP aufgrund von Mitgliederschwund und Kappung der Finanzmittel nur noch ein Schattendasein. LS

König Erst nachdem 1460 der dän. K. Christian I. in Ripen/Ribe zum Landesherren von Schl. und Holst. gewählt wurde, traten beide Territorien in ein engeres Verhältnis zum K. Die genaue Scheidung zwischen der Stellung als K. und als Hz. von Schl. und Gf., seit 1474 Hz. von Holst. wurde aber von den Zeitgenossen während des ausgehenden MA und der Frühen Neuzeit nicht getroffen. Insbesondere in den Zeiten der →Landesteilungen wurde das dem K. als Landesherren unterworfene Gebiet kurzerhand als kgl. bezeichnet. Nach der Wiedervereinigung der Hztt. hatte sich diese Bezeichnung allgemein durchgesetzt und wurde erst im Aufbrechen der →nationalen Frage von sh Seite problematisiert. 1867 wurde der K. von Preußen, der seit 1871 die dt. Kaiserkrone trug, der Landesherr über die in eine →Provinz umgewandelten und bald durch →Lauenburg erweiterten Hztt. Nun waren alle Behörden kgl. und blieben es bis zur Revolution 1918. Für das abgetretene →Nordschl. wurde 1920 wieder der dän. K. Staatsoberhaupt. LS

Königsau (dän. Kongeåen) Die Grenzflüsse K. und Koldingau/Kolding å bildeten die → Grenze zwischen dem Hzt. Schl. und dem Kgr. DK. Die K. entspringt südöstlich von Vamdrup und mündet nordwestlich von Ripen/Ribe in die →Nordsee. Zwischen der 2. H. des 16. Jh. und 1850 war die K. die Zollgrenze zwischen DK und den Hztt. und von 1864 bis 1920 auf einer längeren Strecke die Staatsgrenze zwischen DK und →Preußen bzw. dem Dt. Reich. HSH

Kondominium →Österreich

Konsistorium ist das Kirchengericht der nachreformatorischen Zeit, das sich insbesondere mit Ehefragen (Scheidungen, Nichtig-Erklärungen) befaßte. Man unterschied das Oberk. für den Amtsbereich eines →Generalsuperintendenten (soweit er Ämter, Landschaften und Städte umfaßte), das als Appellations- und Supplikationsinstanz für das Unterk. galt. Es setzte sich zusammen aus den Mitgliedern des Obergerichts und drei geistlichen Mitgliedern, darunter der Generalsuperintendent. Das Unterk. war für jeweils eine →Propstei zuständig (mit Ausnahme der Städte →Kiel und →Neustadt, die ein Stadtk. hatten) und bestand aus dem →Propst, dem →Amtmann und allen bzw. den ältesten Pastoren der Ksp. der Propstei. Neben dem Oberk. gab es noch das Land-Oberk. für die Mitglieder der Ritterschaft und die Gutsbesitzer; es bestand aus den Mitgliedern des Landgerichts und den erwähnten drei geistlichen Mitgliedern. In →Lauenburg wirkte seit 1585 das K., das aus zwei gelehrten Räten, zwei oder drei Theologen, darunter der →Superintendent, aus zwei Vertretern der →Ritterschaft und zwei vom →Rat der →Stadt, in dem das K. tagte, bestand. LS

Konsul ist der diplomatische Vertreter eines fremden Landes, der sich um Handels-, Verkehrs- und allgemeine Wirtschaftsinteressen kümmert, daneben einige Verwaltungsaufgaben für die an seiner Wirkungsstätte oder deren Umland befindlichen Angehörigen der von ihm vertretenen Nation wahrnimmt, aber keine polit. Aufgaben wie etwa der Gesandte oder Botschafter hat. Im 18. und 19. Jh. war der K. oft ein Honorark. In SH wirkten z.B. 1827: ein bayerischer Generalk. in →Altona, ein frz. Vizek. für →Kiel und →Flensburg, ein großbritannischer Generalk. in Altona, ein Vizek. in Kiel sowie ein Vizek. für →Tönning, →Husum und →Friedrichstadt, ein oldenburgischer und ein hannoverscher K. in Tönning, ein nl. und ein mecklenburg-schwerinischer K. in → Rendsburg, ein preußischer Generalk. in Altona sowie ein K. für Rendsburg und Kiel und ein K. für Tönning und Friedrichstadt, je ein russischer Vizek. in Kiel und Flensburg, schließlich ein schwedischer K. in Kiel und je ein Vizek. in →Holtenau, Flensburg und Tönning/Friedrichstadt. Heute haben konsularische Vertretungen in SH: Belgien, Chile, Estland, Großbritannien, Paraguay (Kiel), Island (→Lübeck), DK (Flensburg, Kiel, Lübeck), Niederlande (Schacht-Audorf), Norwegen, Österreich, Schweden (Kiel, Lübeck), Panama (Raisdorf) (→Ratmann). LS

Kontinentalsperre Durch Dekret vom 21.11.1806 verhängte Napoleon I. eine Blokkade über Großbritannien. →Handel und jeder Verkehr zwischen dem europäischen Festland und den britischen Inseln sollten unterbunden werden. Großbritannien reagierte 1807 mit einer Blockade der →Elbe. Dessen ungeachtet entfaltete sich eine rege Schmuggeltätigkeit v.a. mit Kolonialwaren vom engl. →Helgoland an die Westküste der Hztt. Insbesondere →Tönning erlebte in dieser Zeit eine kurze Blüte, doch wurde der Schmuggelhandel zunehmend streng geahndet. Die Blockade fügte →Altona und →Hamburg schweren wirtschaftlichen Schaden zu und brachte nicht den erwünschten Erfolg; sie wurde für die Hztt. mit dem →Kieler Frieden im Januar 1814 beendet. LS

Konvent ist eine andere Bezeichnung für →Kloster. In SH wurden die vier der →Ritterschaft überwiesenen Frauen-Feldklöster St. Johannis vor →Schl., →Preetz, →Itzehoe und → Uetersen im 18. und 19. Jh. als adelige K. bezeichnet. LS

Konventualin

Konventualin (oder Fräulein) nannte man im 18. und 19. Jh. die Bewohnerinnen der adeligen Klöster (→Kloster) oder →Konvente. LS

Konzentrationslager Bald nach der Machtübernahme richteten NS auch in SH K. zur gewaltsamen Disziplinierung ihrer polit. Gegner ein. 1934 wurden diese »wilden«, von SA und örtlichen Behörden spontan organisierten K. geschlossen und das System der K. in der Hand der SS auf große Lager konzentriert. Aus polit. und zunehmend auch aus rassistischen Gründen verfolgte Personen aus SH wurden nun in K. außerhalb des Landes verbracht. Nach Kriegsbeginn gewann die Zwangsarbeit der jetzt überwiegend ausländischen K.-Häftlinge erheblich an Bedeutung. 1944 wurde in Kiel-Russee das →Arbeitserziehungslager Nordmark zur Disziplinierung von »Fremdarbeitern« errichtet. 600 Menschen starben hier gewaltsam. Ebenfalls 1944 entstanden in SH wie im gesamten norddt. Raum Außenlager des 1938/40 errichteten K. Neuengamme (1938/40). Die Häftlinge wurden unter unmenschlichen Bedingungen v.a. beim Bau militärischer Anlagen wie dem →Friesenwall eingesetzt. Allein in den »Todeslagern« Schwesing und Ladelund wurden innerhalb weniger Wochen mindestens 600 Menschen, im K. Kaltenkirchen beim Bau eines Militärflugplatzes 470 Menschen ums Leben gebracht. Im April 1945 erreichten tausende Häftlinge aus den aufgelösten K.-Hauptlagern, von ihren Bewachern getrieben, auf dem Seewege oder nach Todesmärschen das noch unbesetzte SH. In sog. Ausweichlagern und andernorts starben etliche noch kurz vor der Befreiung. Über 7.000 aus dem K. Neuengamme »evakuierte« Häftlinge ertranken am 3.5.1945 in der Neustädter Bucht, als die Royal Air Force irrtümlich zwei mit Häftlingen vollbesetzte Schiffe bombardierte (→Cap Arkona). Die juristische Verfolgung der in den sh. K. begangenen Verbrechen gegen die Menschlichkeit kam über Ansätze nicht hinaus. Die historische Aufarbeitung begann erst Ende der 1970er Jahre. Die früheste K.-Gedenkstätte wurde 1950 in Ladelund errichtet, wo seit 1990 auch eine Dauerausstellung exemplarisch über die K. informiert. Inzwischen sind an weiteren Orten im Lande K.-Gedenkstätten und Dokumentationen verwirklicht oder in Planung.
Lit.: D. Korte, Die sh. K., in: SH unter dem Hakenkreuz, Bad Segeberg 1985, 121-134; H. Kaienburg, Das K. Neuengamme 1938-1945, Bonn 1997. JPL

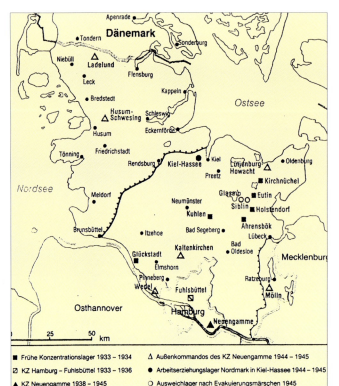

Konzentrationslager in Schleswig-Holstein

- ■ Frühe Konzentrationslager 1933 - 1934
- ⊘ KZ Hamburg – Fuhlsbüttel 1933 - 1936
- ▲ KZ Neuengamme 1938 - 1945
- △ Außenkommandos des KZ Neuengamme 1944 - 1945
- ● Arbeitserziehungslager Nordmark in Kiel-Hassee 1944 - 1945
- ○ Ausweichlager nach Evakuierungsmärschen 1945

Koog Ein K., auch als Groden, Heller oder Polder bezeichnet, ist eingedeichtes Marschland. In den strömungsgeschützten Buchten der Nordsee kommt es im Laufe von Jahren zu natürlichen Schlickablagerungen im →Watt, die durch das Anlegen von Lahnungen zusätzlich gefördert werden können. Ist das Vorland schließlich hoch genug gewachsen und hat damit seine Deichreife erreicht, so daß die Trockenlegung des Landes für eine anschließende landwirtschaftliche Nutzung erfolgversprechend erscheint, kann durch Errichtung eines →Deiches ein neuer K. gewonnen werden. Das neue Kulturland ist nun zwar dem Meereseinfluß entzogen, doch gilt es jetzt, die Probleme bei der Beseitigung des Binnenwassers zu lösen (Vorfluter, Siele, Schöpfwerke). An der sh. Westküste wurden im Lauf von Jh. über 230 K. gewonnen. Die ältesten stammen etwa aus dem 11. Jh. und liegen in →Eiderstedt. Sie entstanden aus dem naheliegenden Schutzbedürfnis der in den →Utlanden siedelnden Menschen. Ab dem 16. Jh. gingen die Landesherren als Eigentümer des Vorlandes gezielt an die Neulandgewinnung heran. Doch ließen mangelnde Fachkenntnisse und hochtrabende Pläne zunächst viele Projekte, wie das Bredstedter Werk (Versuch einer Durchdeichung der rund 13km langen Bredstedter Bucht in einem Zuge im 17. Jh.) oder das Bottschlotter Werk (Verbindung der damaligen Halligen Fahretoft, Dagebüll und Galmsbüll mit einem ca. 17km langen Deich zur Gewinnung von rund 8.000ha Kulturland im 16./17. Jh.) scheitern. Nach solch schlechten Erfahrungen gingen die Herrscher zur Erteilung von Oktrois über, und es entstanden die »oktroyierten Köge«. Ein Oktroi war ein Abkommen mit Deichbauinteressenten, die auf eigene Rechnung K. schufen und als Gegenleistung zeitlich begrenzte Steuerbefreiungen und andere oft sehr weitreichende Vorrechte für das neue Gebiet erhielten. Im allgemeinen ging es um Vorteile wie eigene Verwaltung und eigene Gerichtsbarkeit in bürgerlichen und strafrechtlichen Angelegenheiten, Steuer-, Zoll- und Lastenfreiheit für meist mehr als zehn Jahre, bei Deichbruch Verlängerung der Freijahre bis zur Wiederherstellung des Deiches, Befreiung von allen Auflagen in Kriegs- und Friedenszeiten (Einquartierung, Lieferung von Naturalien), Eigentumsrechten am Anwachs vor dem neuen Deich, Organisation von Kirchen- und Schulwesen nach eigenem Ermessen, Erlaubnis zum Betrieb von Wirtschaften, Brauereien und Windmühlen (→Mühle) und um die Fischerei- und Jagdhoheit. Die Versammlung der Interessenten bildete ihre eigene Regierung mit einem →Deichgf. an der Spitze, ein Koogsinspektor war das ausführende Organ. Mit der Eindeichung des Friedrich-Wilhelm-Lübke-K. 1954 ging die Ära der reinen Landgewinnung im Wattenmeer zu Ende. Gründe dafür waren die Überproduktion in der →Landwirtschaft und später die sich stärker durchsetzenden Aspekte des →Naturschutzes. Die wenigen danach noch erfolgten Bedeichungen verstanden sich als Küstenschutz- oder Wasserlösungsmaßnahmen (Speicherbecken) und waren – oft erst nach heftigen Auseinandersetzungen – mehr oder weniger in Naturschutzmaßnahmen integriert. Die jüngsten K. entstanden 1988 und 1991 vor Fahretoft bzw. Ockholm in Nordfriesland zu Zwecken der Begradigung der Seedeichlinie. Das Land in einem K. ist in seiner physikalischen Struktur nicht einheitlich. Man unterscheidet Westerland, die zuerst abgelagerten gröberen und schwereren Teile mit stärkerer Sandbeimengung und das feiner strukturierte, daher oft wasserundurchlässige Osterland, das sich meist nur als Weideland eignet. Ist es allerdings drainierbar, kann man das Wasser also mit einem Entwässerungssystem in den Boden ableiten, erhält man Kulturland von allerhöchstem Wert. HK

Kordon, Klaus →Literatur

Korner, Hermann →Literatur

Kosel (RD) Westlich und östlich des heutigen Dorfes lagen Siedlungen des 4.-5. und 9.-12. Jh. aus Gruben- und Langhäusern mit Hinweisen auf Eigenwirtschaft (Keramik, Textil, Eisenverarbeitung) und qualitätvollen Importgütern, die wohl überwiegend aus →Haithabu kamen. Unterschiedliche Grabanlagen und -ausstattung weisen auf soziale Differenzierung der Bev. hin.
Lit.: D. Meier, Siedlungen – Gräberfeld – Kirche. Das Beispiel K. bei Hedeby/Haithabu, in: Rom und Byzanz im Norden. Mission und Glaubenswechsel im Ostseeraum während des 8.-14. Jh., hg. von M. Müller-Wille, Bd. 1, Mainz 1997, 201-219. CR

Kosel

Die Kirche in Kosel

Krabbe K. oder Porre sind umgangssprachliche Bezeichnungen für Garnelen, eine höhere Krebsart, die im Sommer das erwärmte →Wattenmeer aufsucht, wo sie alle Bedingungen für Wachstum und Fortpflanzung vorfindet. Mit der Flut wandern die 5-8cm großen Tiere auf die Wattflächen, bei Niedrigwasser bevölkern sie die →Priele. Sie sind nachtaktiv und halten sich tagsüber im Boden eingegraben verborgen. In der Nahrungskette vertilgen die Allesfresser sogar schalentragende Tiere (kleine Schnecken, Jungmuscheln), andererseits sind sie selbst beliebte Beutetiere. So ist der Wegfraß durch Fische vermutlich zwei- bis viermal so hoch wie die Fangmenge der Garnelenfischerei, deren Erträge bei ca. 9-12.000t. Speisegarnelen pro Jahr an der dt. Nordseeküste liegen. Diese konzentrierte Nutzung ist möglich, weil K. eine beachtliche Vermehrungsrate aufweisen. Im Sommerhalbjahr laichen sie zweimal und legen dabei jedes Mal zwischen 2.000 und 12.000 Eier ab. Im Winter, wenn sich die Schwärme in der tieferen →Nordsee aufhalten, findet eine weitere Eiablage statt. Die Krabbenfischerei erledigen →Krabbenkutter, die mit jeweils zwei Schleppnetzen (Kurren) ausgestattet sind. Die aussortierten Speisekrabben müssen noch an Bord gekocht werden, da sie sonst ungenießbar werden. In früherer Zeit wurden die K. nur mit Handkurren gefangen. Nach dem Entfernen der Schalen (Krabbenpulen) sind sie zum Verzehr geeignet. HK

Krabbenkutter Ab ca. 1890 an der sh Westküste übliches kleines Fischereifahrzeug von 8-15m Länge für den Garnelenfang (→Krabbe). K. waren im Gegensatz zu den größeren →Fischkuttern bzw. Hochseekuttern einmastig getakelt und unterscheiden sich auch durch das spezielle Fanggeschirr. Die Büsumer Krabbenfischer benutzten ursprünglich eine kleinere Form des Grundschleppnetzes, die Krabbenkurre, das etwa 9m lang war und dessen vordere Öffnung 7m maß. Beim Schleppen des Netzes über den Meeresgrund wurde die Netzöffnung durch die Art des Geschirrs stets offen gehalten. 1898 gab es in Büsum 14 Boote, 1906 waren es bereits 55 K., die auch bald mit Motoren nachgerüstet wurden.
Lit.: H. Szymanski, Dt. Segelschiffe, Berlin 1934. PDC

Krankenhaus →Gesundheitswesen, →Struensee, Johann Friedrich, →Weber, Georg Heinrich.

Krantz, Albert →Geschichtsschreibung

Kratt ist ein Eichenniederwald, der auf nährstoffarmen, ausgewaschenen Böden unter starkem Kultureinfluß (insbesondere Waldmast und Borkschälerei) entsteht. Er ist meist licht und von Heideflächen durchsetzt. Heute stehen einige erhaltene K. unter Naturschutz wie etwa das K. in den Gem. Reher (IZ) oder Böxlund (SL). LS

Kreisentwicklungsplan →Raumplanung

Kreisgericht →Gerichtswesen

Kreis Durch Verordnung vom 22.9.1867 wurde die nunmehr preußische →Provinz SH in 19 Landk. und 1 Stadtk. (→Altona) eingeteilt. An der Spitze eines jeden Landkreises (40.000-60.000 Einw.) stand fortan nach altpreußischem Vorbild ein vom Kg. ernannter →Landrat. Die Gliederung von 1867 wurde mehrfach geändert: Der K. Hzt. →Lauenburg wurde in die →Provinz einverleibt (1876); es wurden weitere k.freie Städte gebildet (→Kiel, →Flensburg, →Nms., →Wandsbek); →Nordschl. fiel nach dem 1. →WK an DK (1920); der K. →Bordesholm wurde aufgelöst (1932), und durch das →Groß-Hamburg-Gesetz (1937) erfolgten zusätzliche Verschiebungen. Das heutige Kartenbild entstand durch die Gebietsreform vom April 1970.
Lit.: Geschichte SH, 8; 100 Jahre K. in SH, hg. vom SH Landkreistag, Nms. 1967. JB

Kreisreform Im Zuge der K. 1969-1970 wurden die Zahl der Kreise in SH durch Zusammenlegungen von 17 auf 11 reduziert. Aus den Kreisen Südtondern, Husum und Eiderstedt wurde der Kreis Nordfriesland, aus Norder- und Süderdithm. der Kreis Dithm., aus Oldenburg und Eutin der Kreis Ostholst. Die ebenfalls zusammengelegten Kreise Rendsburg und Eckernförde (RD) sowie Schl. und Flensburg-Land (SL) erhielten Doppelnamen. NF

Krempe

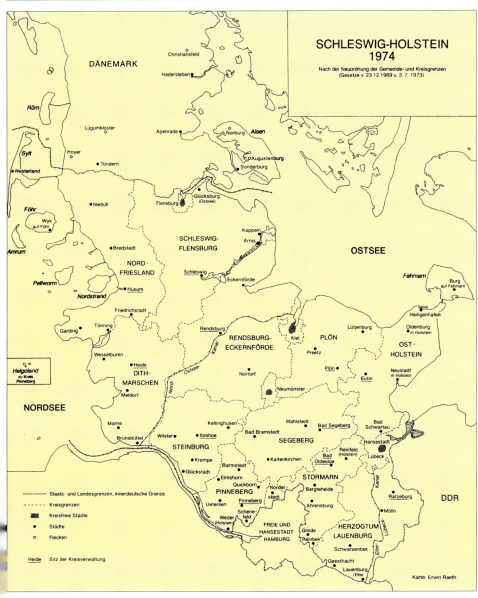

Die Neuordnung der Gemeinde- und Kreisgrenzen 1974 (Zeichnung E. Raeth)

Krempe (IZ) Die Siedlung K. an beiden Ufern der Kremperau erhielt um 1290 →Stadtrecht und bildet seither den Mittelpunktort der →Krempermarsch. Erst im 15. Jh. entwickelte sich die →Stadt wirtschaftlich zum Konkurrenten von Itzehoe, insbesondere durch ihren Getreidehandel und Exportbrauerei. Ihre Prosperität veranlaßte 1533 den Kg.-Hz. Christian III. zu der Entscheidung, K. zur Landesfestung auszubauen. Das Renaissance-Rathaus von 1570 ist als deutlich sichtbares Zeichen des Wohlstandes dieser Zeit erhalten geblieben. Nach der Anlage von →Glückstadt 1617 und der Belagerung 1627/28 mit starken Schäden ging die Bedeutung K. zurück. Die Festungswerke wurden zu Beginn des 18. Jh. geschleift. K. darbte als kleine Landstadt, die Rückgabe des Stadtrechtes wurde erwogen. Erst der →Eisenbahnanschluß 1857, eine bescheidene →Industrialisierung und die Agrarkonjunktur ließen den Ort zwischen 1880 und 1914 eine zweite Blüte erleben. Danach hatte die Stadt mit Gewerbesterben und Abwanderung zu kämpfen – eine Entwicklung, die durch

Krempe

Kremper Marsch

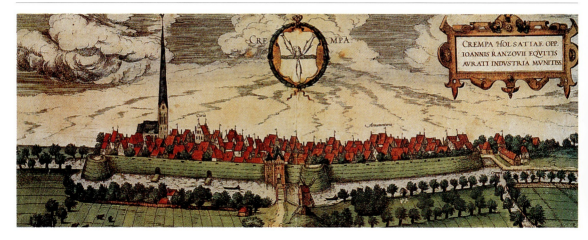

Krempe um 1588, Kupferstich von Braun und Hogenberg

den Zustrom von Flüchtlingen 1945/46 kurzfristig umgekehrt werden konnte. Heute ist K. amtsangehöriger ländlicher Zentralort mit gut 2.200 Einw.

Lit.: H. Ruhe, Chronik der Stadt K., Glückstadt u.a. 1938. LS

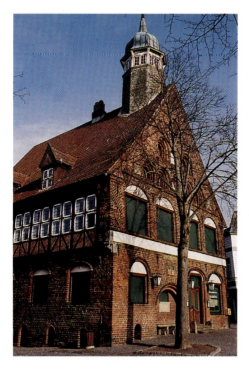

Das Rathaus in Krempe

Kremper Marsch Die K. stellt den östlich der →Stör liegenden Teil des Amtes →Steinburg dar. Zu ihm gehörten nicht nur die Marschksp.vogteien Neuenbrook, Süderau, Elskop, Krempdorf, Borsfleth und Kg.moor (mit Kamerland), sondern auch die Geestksp.vogtei Hohenfelde.

Die K. hatte seit dem Spätma. einen eigenen Kommunalverband, die sog. K.-Commüne, die sich um übergreifende Entwässerungs-, Deichbau- und Wegesachen kümmerte sowie die gemeinschaftlichen Interessen der K.-Gem. gegenüber dem →Amtmann und dem Landesherren vertrat. Sie ging nach 1867 durch Funktionsverlust ein. LS

Kremperau Die K. entspringt bei Westerhorn (Ksp. Hörnerkirchen) und fließt in südwestlicher Richtung durch die →Krempermarsch und →Krempe bis in den Borsflether Außendeich, wo sie in die →Stör fällt, gegen deren Wasser sie durch eine →Schleuse gesichert ist. Diese Schleuse wurde 1635 am Springhirsch (bei Krempdorf) erbaut und 1762 nach Borsfleth verlegt. 1875 wurde der Umlaufkanal um Krempe gebaut, um das Wasser rascher aus dem Gebiet am Oberlauf des Flusses anzuführen. Dadurch verschlickte der Stadtlauf und wurde schließlich 1963/64 verrohrt. Bis →Steinburg war die K. einst schiffbar, dann nur noch bis Krempe; nach dem 2.WK gab es noch Schiffsverkehr bis zur Borsflether Mühle. Heute ist die K. keine Wasserstraße mehr (→Altenkrempe). LS

Krempermarsch Der größte Teil der holst. →Elbmarschen ist die K., das Marschgebiet zwischen →Elbe, →Stör, →Krückau und Geestrand (→Geest). Das Gebiet umfaßt etwa 292km^2 und ist heute in die polit. Gem. Altenmoor, Bahrenfleth, Blomesche Wildnis, Borsfleth, Elskop, Engelbrechtsche Wildnis, Glückstadt, Grevenkop, Grönland, Heiligen stedten (z.T.), Herzhorn, Kiebitzreihe, Kollmar, Krempdorf, Krempe, Krempermoor, Neuenbrook, Neuendorf, Raa-Besenbek, Rethwisch, Sommerland, Süderau geteilt, die in den Ämtern (→Amtsbezirk) →Elmshorn-Land, →Herzhorn, →Horst, →Itzehoe-Land und →Kremper Marsch zusammengefaßt sind. Das Gebiet hat überwiegend fruchtbaren Marschenboden, nur an seinen Rändern finden sich ehemalige Randmoore (Krempermoor, Rethwisch z.T., Schönmoor und Moordiek) und in seinem Inneren das ehemalige Kg.moor (heute Gem. Altenmoor, Kiebitzreihe (z.T.), Sommerland (z.T.)). Die polit.-administrative Geschichte der K. ist bunt. Bis in preußische Zeit gab es hier die adligen Marschgüter (→Itzehoer Güterdistrikt), das Gebiet des ehemaligen Amtes →Steinburg, die Herrschaft →Herzhorn, Teile der Klöster →Uetersen und →Itzehoe, die →Wildnisse sowie die Städte. Heute gehört die K. überwiegend zum Kreis →Steinburg; nur Raa-Besenbek gehört zum Kreis →Pinneberg. LS

Kressel, Dieter →Malerei

Kriegervereine Nach der Reichsgründung 1871 entstanden in SH Kampfgenossenschaften ehemaliger Soldaten. Aus dieser Bewegung entwickelten sich die K., die bis zum Ausbruch des 1.WK zur größten Massenorganisation der →Provinz heranwuchsen. 1910 gab es 615 Vereine mit über 61.000 Mitgliedern. Die K. waren Motoren für den Prozess der Nationalisierung und Militarisierung breiter Bev.schichten im Kaiserreich. Sie richteten sich v.a. gegen die →Sozialdemokratie im Inneren und gegen Frankreich nach Außen.
Lit.: H.-P. Zimmermann, »Der feste Wall gegen die rothe Flut«. K. in SH 1864-1914, Nms. 1989. WB

Kriegskommissar →Generalkriegskommissar

Krinkberg Der K. (Gem. Pöschendorf, IZ) liegt westlich der Landstraße Itzehoe-Schenefeld. Den Kern der Anlage bildet ein großer Grabhügel der älteren →Bronzezeit, der bis zum Ende des 19. Jh. annähernd konzentrisch mit Wall und äußerem Graben umgeben war. In dem Hügel fanden sich Sekundärbestattungen der römischen Eisenzeit und des beginnenden 8. Jh. Die Bestattungen der ersten H. des 8. Jh. dokumentieren einerseits den um 700 erfolgten Ausbau der sächsischen Siedlungen im Gebiet des späteren Holstengaus (→Sachsen) und →Dithm., andererseits kann durch die reichen Beigaben (Schwert, Lanzen, Äxte, Steigbügel, Sceattas) der hohe soziale Status der ansässigen, sächsischen Bev. erschlossen werden. Der K. ist in die Numismatik eingegangen durch einen karolingischen Münzschatz, der 1885 auf dem Hügel und dem Wall in Streulage entdeckt wurde. Eingerechnet einiger Nachträge, die Nachuntersuchungen 1983 erbrachten, beinhaltet der Depotfund 95 karolingische Denare, 17 Silberobjekte (ein Fingerring; ein Barren; verzierte Silberbleche, möglicherweise von einem Trinkhornbeschlag; Fragmente eines Armringes) und drei Bruchstücke von versilberten Eisendrähten. Als Deponierungsbehälter diente ein Keramikgefäß. Die Masse des Depotfundes besteht aus Denaren der Prägeperiode Karls des Großen vor der Münzreform 793/94. Große Bedeutung hat der Fund, weil er neben den original-friesischen Denaren vom CAROLUS/DORSTAT-Typ einige nordische Nachprägungen enthielt, die als unmittelbare Vorläufer der Münzprägung in →Haithabu angesehen werden. Nachdem die →Franken über die →Elbe in das sächsische Siedlungsgebiet eingedrungen waren, ist der K. abermals aufgesucht worden. Es entstand ein Wachturm, der mit Wall und Graben umgeben war. Inwieweit der den Hügel umgebende Wall zeitgleich mit dem Turm als Teil der fränkischen Befestigung angelegt wurde oder schon als Umfassung des älteren Gräberfeldes bestanden hat, kann nicht festgestellt werden. Die Befestigungsanlage diente mit großer Wahrscheinlichkeit als nach Norden vorgeschobener Stützpunkt und sicherte, mit der alten ehemals sächsischen →Kaaksburg im Rücken, den von der →Stör (→Esesfeld) nach Nordwesten zur →Eidermündung verlaufenden Weg, der sich vor dem K. gabelte und nach Dithm. sowie in Richtung →Schenefeld weiterführte. Der Ausbau dieser Befestigung ist wahrscheinlich erst nach 810 erfolgt, denn in dieser Zeit wurde auf Anordnung Karls des Großen durch den Gf. Egbert im Gebiet von →Itzehoe, am Übergang über die Stör, die karolingische Burg Esesfeld erbaut. Diese sollte als Hauptstützpunkt des im Entstehen begriffenen Holstengaus dienen. In den 1980er Jahren wurden Grabhügel und Wall restauriert und durch ein Informationssystem touristisch erschlossen.

Lit.: R. Wiechmann, Edelmetalldepots der Wikingerzeit in SH, Nms. 1996, 103, Kat.-Nr. 31. RW

Timm Kröger

Kröger, Timm (geb. 29.11.1844 Haale, gest. 29.3.1918 Kiel) Der Sohn eines Großbauern studierte 1865-1868 Jura und war in verschiedenen Regionen Dt. als Assessor, Kreisrichter und Staatsanwaltsgehilfe tätig. 1879-1892 war er Anwalt in →Flensburg bzw. in →Elmshorn, 1892-1903 Justizrat in →Kiel, dann freier Schriftsteller. K. schuf ein umfangreiches Novellenwerk (Buchpublikationen ab 1891). In seinen literarisch hochwertigen Texten beschrieb er die dörflichen Lebensverhältnisse seiner Herkunftsregion mit positiv-harmonischer Grundtendenz. 1914 erfolgte eine Gesamtausgabe seiner Werke. K. gilt als frühester und ausdauerndster Vertreter der Heimatkunstbewegung.

Lit.: W. Hauer, K. Bekenntnisdichtung »Dem unbekannten Gott«. Urach 1930. KD

Kronshagen Im späten MA befand sich K. (als Stadtdorf) im Eigentum des →Kieler Heiliggeisthospitals (→Hospital); Ende des 16. Jh. legte der Hz. von →Gottorf die Dörfer K. und Kopperpahl nieder, um ihre Feldmark von einem Meierhof aus bewirtschaften lassen zu können. 1768 erfolgt die Parzellierung der Hofländereien, die Aufhebung der →Leibeigenschaft und Umwandlung des Gutes in ein →Amt, das der →Amtmann von →Bordesholm in Personalunion verwaltete. Um 1850 hatte das Amt ca. 28km². In preußischer Zeit bestand K. als Amtsbezirk im Landkreis Kiel, seit 1907 im →Kreis Bordesholm und nach dessen Auflösung 1932 im Kreis →Rendsburg. Heute ist K. amtsfreie Gem. im Kreis Rendsburg-Eckernförde.

Lit.: A. Gloy, Das alte Amt K., Kiel 1914, (Reprint 1998); K., hg. von der Gem. K., K. 1971. JB

Kropp (SL) ist der Kirchort des größten Ksp. im Hzt. →Schl., dessen Kirche 1319 erstmals erwähnt wird, aber bereits um 1200 erbaut ist. Hier trafen der westliche →Heerweg (Ripen-Schwesing-Hollingstedt) und der östliche (Kolding-Schl.-Wedel/Zollspieker) zusammen, was zur Anlage mehrere großer Krüge (Mielberg, K. Busch und Landscheide) führte. Im 16. und 17. Jh. gab es hier drei große Schäfereien auf den weiten Heideflächen (→Heide), auf denen ab 1761 auch die Heidekolonien Friedrichswiese, Friedrichsanbau und Friedrichsheide (→Heidekolonisation) gegr. wurden. 1879 gründete Pastor Johannes Paulsen hier die K. Anstalten, eine Kombination aus einer Heilanstalt für Epileptiker, einem Predigerseminar für den Pastorenbedarf evangelischer Ausgewanderter in aller Welt und einem Diakonissenmutterhaus Bethanien. K. hat heute gut 5.700 Einw.

Lit.: H. Krause, Geschichte des Ksp. K., Rendsburg 1938. LS

Krückau Die K. entspringt südlich von →Kaltenkirchen und verläuft über →Barmstedt und →Elmshorn zur →Elbe. Unterhalb von Elmshorn bildet sie die Grenze zwischen den Kreisen Pinneberg und Steinburg. Alte Namen für den Unterlauf sind Seesterau und Elmshorner Aue; von Barmstedt bis Elmshorn wurde sie Barmstedter Au genannt. Oberhalb des Elmshorner Mühlenwehrs heißt sie im Volksmund Oberau. Schiffbarkeit der K. ist bis Elmshorn gegeben, wenn auch wegen vieler Windungen, Gezeitenabhängigkeit (Normaltidenhub 2,40m) und immerwährender Verschlickung problematisch. Zahlreiche Begradigungen fanden seit Mitte des 19. Jh. statt. An der Mündung besteht seit 1969 ein Sperrwerk. Die K. ist bis zum Elmshorner Hafen Bundeswasserstraße. PDC

Die Krückau bei Spiekerhörn um 1930 (Foto Max Stehn)

Kropp

Krüger, Adalbert →Sternwarte

Krümmel (RZ) →Atomkraftwerk, →Sprengstoffindustrie

Krüss, James →Literatur

Krummendiek (IZ) Das an der Bekau gelegene adlige Marschgut (→Gut) K. war im MA im Besitz der Ritter von K. Die dortige Kirche wird zuerst 1281 erwähnt. 1657 wurde die →Burg zerstört und nahe dem Dorf Rahde auf einem Geestvorsprung 1660 als Herrenhof wieder aufgebaut. Die Kirche blieb an altem Platze und wurde 1699 in barockem Stil neu gebaut. Das Gut hatte beim Übergang an einen bürgerlichen Besitzer 1898 noch 226ha Eigenfläche. LS

Krummesse (HL/RZ) wurde nach dem im Dorf ansässigen, wohlhabenden Rittergeschlecht bekannt. In der 2. H. des 14. Jh. gingen Teilstücke an Lübecker Bürger über, damit auch der wichtige Stecknitzübergang der Straße Lübeck-Hamburg. 1747 wurde das Lübecker Hoheitsrecht über diese Teile des Dorfes anerkannt. Seitdem bietet K. mit der durch Haus, Höfe und Gärten verlaufenden Kreisgrenze eine bis heute tradierte Form der ma. Dorf- und Flurteilung. AG

Kruse, Hinrich →Literatur

Kruse, Wibeke/Wiebke (gest. 28.4.1648 Kopenhagen) war seit 1630 die offizielle Geliebte Kg. Christian IV., nachdem er sich von seiner morganatischen Ehefrau Kirstine Munk getrennt hatte. Ihr wird in Holst. eine Herkunft aus Föhrden-Barl (SE) nachgesagt. Diese Herkunftslegende, die möglicherweise auf die spätere Schenkung des Gutes →Bramstedt an sie zurückgeht, ist durch einen Roman von J. →Mestorff, »Wiebeke K., eine holst. Bauerntochter« (Hamburg 1866), vertieft worden. Einen Nachweis dafür gibt es nicht. K., von dem am Hofe den Ton angebenden Hochadel verachtet, gebar dem Kg. zwei Kinder, Sophie Elisabeth und Ulrich Güldenlöwe, wurde aber sofort nach dem Tod des Kg. aus →Schloß Rosenborg exmittiert und nach ihrem Tode auf Geheiß von Corfitz Ulfeldt bei Nacht auf dem Kirchhof der neuen Kirche vor der Nørreport beerdigt. LS

Kürbis, Heinrich →Oberpräsident, →Sozialdemokratie

Küstenmiliz →Landeswehr

Küstenschutz Die Sicherung der →Deiche, Strände (→Nordstrand), Vorländer und →Dünen an beiden Meeresküsten und →Elbmarschen, an den Inseln und →Halligen wird als K. verstanden. Abbruchkanten der →Geest an Dünenküsten sowie Sandstrände beider Meere werden von Brandung, Strömung und Fluten gefährdet. Wellenbrechende, senkrecht in die See gebaute Dämme (Buhnen) sollen Landverluste verzögern. Insbesondere an →Sylts Westküste reduzieren aus ineinandergelegten vierarmigen Betongüssen bestehenede Tetrapodenwälle die Wucht der Wellen. Die Bepflanzung von Dünen verfestigt deren Oberfläche und reduziert so das Wandern der aus Sandverwehungen bestehenden natürlichen Küstenlinien. Schließlich unternimmt man vor Sylt auch Vorspülungen aus dem Meeresboden. Die →Marschen im Westen sind Anwachsland, das sein Entstehen Sinkstoffen wie Algenresten, gelösten Nährstoffen, Sand-, Ton- und Kalkteilen verdankt, die nach Überflutungen verblieben. Weil nicht mehr ständig, sondern nur noch im Gezeitenwechsel überflutet, bildeten sich →Watten, später mit dem Ausbleiben auch dieser regelmäßigen Salzwasserflutung Marschen. Ursprünglich natürliche Prozesse, die ab etwa 3000 v.Chr. einsetzten und um Christi Geburt zum Abschluß kamen, wurden sie seit dem 11. Jh. von Menschenhand beeinflußt. Teile der Marsch liegen nach dem leichten Ansteigen des Meeresspiegels unter dem mittleren Hochwasserspiegel. Ohne systematischen Bau von →Deichen, ohne weiträumige →Entwässerung und ohne Landgewinnung wären die fruchtbaren Marschen →Sturmfluten, zum Opfer gefallen. Die naturräumlichen Grenzen des Landes sind Produkte menschlichen Arbeitseinsatzes. Seit 1000 Jahren läßt sich Deichbau nachweisen, der stetig verbessert wurde: Andere Baumaterialien, festere Oberflächen, Verflachung der Deichprofile, Steigerung der Deichhöhe von ehemals 2,5m auf 8,5m. Während bis um 1500 Landverluste verzeichnet wurden, gelang es seither, im Wattenmeer Land zurückzugewinnen. Landgewinnung beginnt mit Gräben und Lahnungen, Dämmen oder mit Buschzeug gefüllten Doppelreihen aus Pfählen, die die Fließge-

Krummendiek

Krummesse

schwindigkeit des Wassers während der Gezeiten absenken. Über Jahre füllt sich der Boden mit Sinkstoffen auf, bis ihn erste salzverträgliche Pionierpflanzen mit ihrem Wurzelwerk festigen: Queller, dann Andel, Seewermut und Salzbinsen. Das auf 30-50cm angehobene Vorland wird immer seltener überflutet, nach 20-30 Jahren Entwicklung ist das erhöhte Gelände dauerhaft grün. Jetzt gilt es als deichreif. Mit der Eindeichung entsteht der →Koog, dessen Boden schnell seinen Salzgehalt verliert. Allerdings muß die Entwässerung der flachen Gebiete gesichert werden, denn ein natürlicher Abfluß funktioniert in der Regel nicht, weil die Dauer der Ebbe, zweimal drei Stunden am Tag, für eine Entwässerung in regennasser Zeit nicht hinreicht. Schöpfwerke, Speicherbecken und Sperrwerke sind daher immer Teil des K. Seit 1436 entstanden insgesamt knapp 90 Köge an der Westküste. Das 20. Jh. brachte den während der NS-Zeit ideologisch aufgeladenen Höhepunkt und schließlich das Ende der Landgewinnung: Naturschutzaspekte und die Bewahrung der weltweit einzigartigen ökologischen Bedingungen im Wattenmeer, haben den Siedlungsgedanken abgelöst. Die Nordseeküste gilt, trotz bleibender Restrisiken, heute als vorerst sicher: Mit der Vollendung des Generalplans Küstenschutz, ist die Gesamtlänge der See- und Inselaußendeiche von 560km auf 350km verkürzt worden. Prognosen kündigen jedoch für das 21. Jh. einen Anstieg des Meeresspiegels um 50cm an. Neuen Schutz wird nur eine zweite Deichlinie bieten können.

Lit.: R. Stadelmann, Meer – Deiche – Land. K. und Landgewinnung an der dt. Nordseeküste, Nms. 1981; J. Kramer, H. Rohde, Historischer K. Deichbau, Inselschutz und Binnenentwässerung an Nord- und Ostsee, Stuttgart 1992. UD

Kuddewörde →Kloster

Kulturstiftung Die K. des Landes SH wurde am 4. Juli 1984 gegr., um Kulturgüter und Kunstgegenstände von besonderer Bedeutung für das Land (z.B. durch Ankauf) zu bewahren, Veranstaltungen von besonderem Interesse für Kultur, Kunst oder Geschichte zu fördern und neue Formen und Entwicklungen auf den Gebieten von Kultur und Kunst anzuregen. Mit Erträgen aus der Lotterie fördert sie Vorhaben aus den Bereichen Musik, bildende Kunst, Kunsthandwerk, Theater, Lit., Geschichte, Denkmalpflege, Sprachkultur, Jugendarbeit und Erwachsenenbildung. Die K. ist eine Stiftung bürgerlichen Rechts mit Sitz in →Kiel; Organe der K. sind das Kuratorium und der Vorstand, der vom Kultusminister bestellt wird und aus den Staatssekretären des Kultusministeriums und des Finanzministeriums besteht. OP

Kunert, Günter →Literatur

Kunzen, Ludwig Aemilius →Musik

Kunzen, Paul →Musik

Kupfermühle Wassergetriebenes Hammerwerk, z.T. auch mit Schmelzöfen verbunden, zur Verarbeitung von Garkupfer, einem der wichtigsten Grundstoffe des späten MA und der Frühen Neuzeit. Im Gebiet zwischen den hansischen Seehäfen →Hamburg und →Lübeck wurden seit dem 15. Jh. mehrere K. betrieben, die z.T. von oberdt. Großkaufleuten (Mulich aus Nürnberg, Fugger aus Augsburg) finanziert wurden. Verarbeitet wurde Kupfer aus Ungarn, Schweden und Mitteldt. Am bekanntesten ist die Rohlfshagener K. bei →Oldesloe, in der noch um 1900 Dachplatten für die Lübecker Marienkirche geschlagen wurden.

Lit.: G. Paape, Kupferhämmer und Mühlenwerke in Stormarn, in: Stormarn, hg. von C. Bock von Wülfingen u.a., Hamburg 1938, 386-395. EB

Kuß, Christian →Kellinghusen

Lägerdorf

Lägerdorf

Lägerdorf (IZ) war lange ein kleines unbedeutendes Bauerndorf auf der Münsterdorfer Geestinsel, bis 1830 begonnen wurde, die hier anstehende und bereits seit dem 18. Jh. in kleinen Mengen abgebaute Kreide (→Kalk) in größerem Umfang zu fördern und als Schlemmkreide und Düngemittel insbesondere nach →Hamburg und →Altona zu verkaufen. 1837 gab es schon sechs kleine Betriebe, der größte hatte 1845 14 Arbeiter. 1862 gründeten Edward Fewer und William Aspdin – letzterer der Sohn des Erfinders des Portland-Zements – eine Zementfabrik (→Zementindustrie), der noch im selben Jahr die Fabrik von Otto Friedrich Alsen in →Itzehoe folgte, zu der die Rohstoffe mit dem Fuhrwagen, später mit der →Eisenbahn gebracht wurden. 1873 wurde eine weitere Fabrik gegr. 1884 wurde sowohl die Breitenburger Portland-Zementfabrik als AG gegr. wie auch die Alsensche Fabrik in L. eingerichtet, die 1889 die erste Fabrik aufkaufte. Der für die Zementproduktion benötigte Ton kam zunächst aus der Nähe →Kellinghusens und Itzehoes, wurde dann aber über eine Drahtseilbahn aus dem 12km entfernten Wakken herangeholt. Der Zement fand überwiegend im stark expandierenden Hamburg und in Altona Verwendung, wohin er mit einer eigenen Flotte verschifft wurde. Der 1874/1878 ausgebaute Breitenburger Schiffahrtskanal (→Kanal) stellte eine Verbindung zur →Stör her.

Die Kreide- und Zementproduktion ist für L. bestimmend geblieben. Das Dorf hat unter dem Einfluß der Industrie seinen Charakter völlig verändert und dehnte sich aufgrund des Zuzugs von Zementarbeitern stark aus (Bev.: 1845: 435, 1885: 1.308, 1890: 2.543, 1900: 3.797). Die sozialdemokratische, später auch die kommunistische →Arbeiterbewegung hatte hier einen ihrer stärksten Stützpunkte in Südwestholst. Nach dem 2.WK wurde der Verkehr von den Fabriken fast ganz auf die Straße verlagert; 1985 erhielt L. eine eigene Abfahrt an der Autobahn 23 und eine Kreisstraßenanbindung. Heute produzieren durch Fusionierung der Unternehmen 1972 nur noch die »Alsen-Breitenburg Zement- und Kalkwerke« mit modernster Technik, u.a. in der Verminderung der Industriestäube, die L. früher zu einem grauen Ort machten. Die große Kreidegrube Saturn (zwischen L. und →Breitenburg) ist 110m tief. L. hat heute etwas mehr als 3.000 Einw.

Lit.: R. Wentorp, L. Chronik, L. ²1986. LS

Laboe

Laboe 1927-1936 erbautes Ehrenmal an der Kieler →Förde zur Erinnerung an die während des 1.WK auf See gebliebenen Angehörigen der Kaiserlichen Marine. Das Ehrenmal, bestehend aus Turm, Krypta und Ehrenhof mit Historischer Halle, wurde nach dem 2.WK von den Alliierten beschlagnahmt

Das Marine-Ehrenmal Laboe

und 1954 dem Dt. Marinebund übergeben. Heute ist es »Gedenkstätte für die auf See Gebliebenen aller Nationen«. JH

Lackmann, Adam Heinrich →Geschichtsschreibung

Ladelund →Konzentrationslager

Lage Seit 1737 wurde der →Landausschuß für das stehende Heer aus den männlichen Bewohnern SH ausgehoben und zwar bis 1800 nach Pflugzahl (auf $3^3/4$ Pflüge ein Mann), danach nach der Bev.zahl der Landbev. Die so gebildeten Bezirke wurden L. genannt. Der L.mann führte die L.rolle für seine L. Die allgemeine Wehrpflicht wurde in Schl. und Holst. erst 1849 durch die →Provisorische Regierung eingeführt. Gleichwohl gab es mit dem Stellvertretersystem Möglichkeiten, einen Berufssoldaten für sich dienen zu lassen. LS

Landausschuß 1737 wurde als eine milizartige Truppe der L. ins Leben gerufen. Ihm sollten die männlichen Einw. der Hztt. zwischen dem 16. und 36. Lebensjahr angehören, wobei jeweils von $3^3/4$ Pflügen der →Landesmatrikel ein Mann zu stellen war. Die Ausgehobenen bildeten zwei National-Infanterie-Regimenter und dienten jeweils sechs Jahre, allerdings nur in Form sonntäglichen, zweistündigen Exerzierdienstes. Bei der Einführung kam es 1740 in →Dithm. zu schweren Unruhen. Der L. umfaßte 1767 knapp 1.400 Mann. LS

Landdrost →Drost

Landesbank 1. Als Gegenstück zur dän. Nationalbankfiliale in →Flensburg gründete der Landinspektor Heinrich Tiedemann in Johannisberg im Meggerkoog 1843 einen Verein zur Errichtung einer sh L. Eine Werbekampagne 1843-1844 zur Zeichnung von Bankanteilen brachte reichlichen Zuspruch aus Südschl. und Holst., doch lehnte der dän. Kg. 1846 die benötigte Konzession zur Gründung der L. ab.
2. 1914 wurde die Gründung einer Provinzialhilfskasse als Zweckunternehmen der Provinz SH zur Kreditbeschaffung für Kommunen und Meliorationsverbände beschlossen, die 1917 in die L. überführt wurde. 1915 gründeten die →Sparkassen den Sparkassen-Giroverband SH, der nach dem 1.WK als Sparkassen-Gironzentrale seinen Geschäftsbetrieb nach →Kiel verlagerte. Sie gründete Zweigstellen in →Hamburg (1920) und →Lübeck (1921) und fusionierte 1922 mit der →Dithm. Kommunalbank in →Heide. Sparkassen- und Girozentrale sowie L. wurden 1940 zusammengeschlossen. Nach dem 2.WK führte sie die Geschäfte unter der Firma L. und Girozentrale SH mit einer Hauptstelle in Kiel und Zweigstellen in Lübeck, Heide und →Elmshorn fort – letztere wurden inzwischen geschlossen. Die Landesbausparkasse nahm 1949 als Abteilung der L. ihre Tätigkeit auf. Heute ist die L. als Sparkassenzentralbank und als Staats- und Kommunalbank sowie als Geschäftsbank in der norddt. Region und im Ostseegebiet tätig.
Lit.: K. Gutowski, 50 Jahre L. und Girozentrale SH, Kiel 1967. HSH/LS

Landesbauernkammer →Landwirtschaftskammer

Landesdirektorium →Provinz

Landesfahne Die sh Bewegung führte zu Beginn der 1840er Jahre eine Fahne mit den vereinten Wappen der Hztt. Schl. und Holst. auf rotem Tuch. Beim Sängerfest in →Schl. im Juli 1844 wurde zum ersten Mal die blau-weiß-rote L. gezeigt, die sogleich große Verbreitung fand. Als sie 1845 durch die dän. Regierung verboten wurde, steigerte das nur ihre Popularität. 1848-1851 stand die L. jedoch weitgehend im Schatten der schwarz-rot-goldenen dt. Revolutionsfahne. Während der augustenburgischen Agitation (→Augustenburger) 1863-1865 und im Abstimmungskampf 1919-1920 (→Volksabstimmung) wurde die L. jedoch massiv eingesetzt. Sie galt als Fahne der →Provinz SH, wenngleich ohne gesetzliche Grundlage. Bei Gründung des Bundeslandes SH wurde die L. die Fahne SH, erlangte den Status eines gesetzlichen Symbols jedoch erst 1957.
Lit.: SH Lied und Farben im Wandel der Zeiten, Schl. 1995. HSH

Landesfarben →Landesfahne

Landeshauptmann →Provinz

Landeshaus Am 3.5.1950 fand die erste Sitzung des sh →Landtages im L. genannten Gebäude der 1888 eröffneten →Marineschule und Marineakademie an der Düsternbrooker Straße in →Kiel statt, das 1919-1945 als Sitz des kommandierenden Admirals der →Marinestation der Ostsee gedient hatte. In dem reparierten Gebäude fand die räumliche Odyssee des Parlaments im Nachkriegs-Kiel sein Ende. In dem Haus waren zunächst noch mehrere Abteilungen verschiedener Landesministerien und die Landes-, später: Staatskanzlei, untergebracht. Heute befindet sich der Sitz des →Ministerpräsidenten mit der Staatskanzlei und dem Landtag noch in demselben Gebäude – eine Art des Zusammenlebens, wie man es sonst nur aus den Stadtstaaten Dt. kennt.
Lit.: K. Volquartz, 100 Jahre Haus an der Förde. Von der Marineakademie zum L., Kiel 1988. LS

Landesmatrikel In der L., einer Art Grundsteuerkataster, wurde die Pflugzahl der fürstlichen Ämter (→Amt) und der adligen Güter (→Gut) festgesetzt, also die Zahl der Einheiten, von denen Steuern zu entrichten waren. Die früheste annähernd vollständig erhaltene L. stammt von 1543. Bei der Revision der L. 1652 wurde die Kontributionspflicht an die Güter selbst gebunden, unabhängig von den Besitzverhältnissen. So konnte die Grundlage der Steuererhebung stabilisiert werden. KGr

Landesmuseum →Museen

Landesmusikschule →Musik

Landespartei →Liberalismus

Landesplanung →Regionalplanung

Landesplanungsrat →Raumplanung

Landesregierung Die →Landessatzung legt die Aufgaben der L. fest. Sie ist im Bereich der Exekutive oberstes Leitungs-, Entscheidungs- und Vollzugsorgan, dessen polit. Richtlinien vom →Ministerpräsidenten bzw. der Ministerpräsidentin bestimmt werden. In ihrem Geschäftsbereich tragen die Landesminister die Alleinverantwortung. Die Grundsätze der Zusammenarbeit in der L. sind durch ihre Geschäfts-

Das heutige Landeshaus ist die ehemalige Marineakademie von 1888 (Zeichnung von Fritz Stoltenberg)

ordnung geregelt. Die L. kann Landesbehörden einrichten. Menge und Zuschnitt der Ressorts der Landesministerien unterliegen Wandlungen. Unverändert gibt es seit 1946 nur das Innenministerium, während alle anderen Ministerien Veränderungen erlebten. Finanzminister: seit 1993 auch Energie; Minister für Wirtschaft und Verkehr: seit 1988 auch für Technik (seit 1996 Technologie); Minister für Ernährung, Landwirtschaft und Forsten: seit 1988 auch für Fischerei, seit 1996 für ländliche Räume, Landwirtschaft, Ernährung und →Tourismus; Justizminister: seit 1996 Minister für Justiz-, Bundes- und Europaangelegenheiten; Minister für Arbeit, Soziales und Vertriebene, seit 1971 Sozialminister, seit 1988 Minister für Soziales, Gesundheit und Energie, seit 1992 für Arbeit und Soziales, Jugend, Gesundheit und Energie, seit 1993 für Arbeit, Soziales, Jugend und Gesundheit, seit 1996 für Arbeit, Gesundheit und Soziales; Kultusminister: seit 1988 Minister für Bildung, Wissenschaft, Kultur und Sport, seit 1992 für Bildung, Wissenschaft, Kultur und Sport, seit 1993 für Wissenschaft, Forschung und Kultur, seit 1996 für Bildung, Wissenschaft, Forschung und Kultur. Vorübergehend gab es: Minister für Gesundheitswesen (1946-1949); Minister für Volkswohlfahrt (1946-1949). Neu hinzugekommen sind: Ministerin für Frauen (1988), seit 1993 für Frauen, Bildung, Weiterbildung und Sport, seit 1996 für Frauen, Jugend, Wohnungs- und Städtebau; Minister für Bundesangelegenheiten (1979), seit 1992 für Bundes- und Europaangelegenheiten (1996 zum Justizressort); Minister für Natur, Umwelt und Landesentwicklung (1988), seit 1993 für Natur und Umwelt, seit 1996 für Umwelt, Natur und Forsten. LS

Landessatzung In der ersten Legislaturperiode erarbeitete der →Landtag parallel zu den Grundgesetzberatungen eine Landesverfassung, deren föderalistische Zurückhaltung und vorläufiger Charakter durch den Namen L. betont werden sollte. Die christdemokratische Opposition beteiligte sich nicht an Beratungen und Beschlüssen, weil die Landessatzung mit einfacher Landtagsmehrheit beschlossen, aber nur mit Zweidrittelmehrheit geändert werden konnte. Im Dezember 1949 angenommen, trat die L. am 12.1.1950 in Kraft. Sie ist vergleichsweise knapp gehalten, kennt kein Landesverfassungsgericht, sichert einen starken →Ministerpräsidenten, der bis zum Rücktritt oder einer vom Landtag vorgenommenen Alternativwahl im Amt ist. Nach dem bürgerlichen Wahlsieg 1950 beschloß die nötige Zweidrittelmehrheit die Herausnahme der Artikel 6 und 8, der sechsjährigen Grundschule und der Bodenreform. In dieser Fassung blieb die Landessatzung bis 1990 in Kraft und bildete die Grundlage für die aus Anlaß der →Barschel-Affäre reformierten Landesverfassung 1990.
Lit.: K. Jürgensen, Die Gründung des Landes SH, Nms.²1998; A. von Mutius u.a., Kommentar zur Landesverfassung SH, Kiel 1995. UD

Landesschulze In der Herrschaft →Herzhorn, die durch die Aufhebung des →Hollischen Rechtes 1470 nicht betroffen war, erhielten sich die hollische Gem.- und Gerichtsverfassung mit →Schulze und →Schöffen. Der L. nahm für das Gebiet die Funktionen eines Ksp.vogten wahr. LS

Landessportverband →Sport

Landesteilung Die Landesherrschaft der →Schauenburger über die Gft. Holst. und der →Oldenburger über die Hztt. Schl. und Holst. ist wiederholt nach dynastischem Erbrecht geteilt worden. Aus den Teilungen Holst. seit 1273 sind bis zum Ende des 13. Jh. fünf Linien des Schauenburger Hauses hervorgegangen, von denen sich in der ersten H. des 14. Jh. drei (die Rendsburger, die Plöner und die Pinneberger) behaupten und als Territorialherrschaften konsolidieren konnten. Nach dem Erlöschen der Plöner Linie 1390 wurde ihre Herrschaft unter maßgeblicher Mitwirkung des holst. →Adels mit der der Rendsburger vereinigt. 1397 erreichte der Adel der Gft., daß eine erneute Teilung der Rendsburger Linie sich nur auf die Ämter (→Amt) und Vogteien (→Vogtei) bezog, und 1460 setzte seine einflußreichste Gruppierung, der in Schl. ansässige Großadel der holst. →Ritterschaft, nach dem Aussterben der Rendsburger Linie – entgegen den Ansprüchen der Pinneberger – die Wahl des dän. Kg. Christian I. zum Gf. von Holst. und Hz. von Schl. durch. Dieser verbriefte im →Ripener

Landeswappen

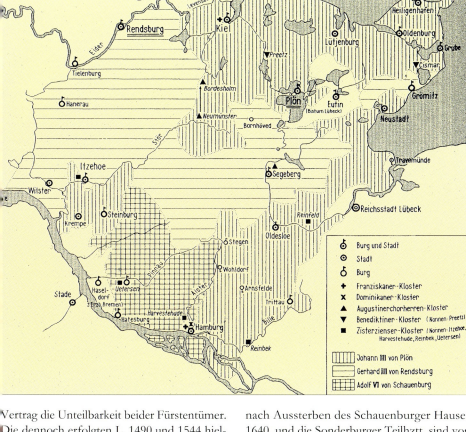

Die Landesteilung der Rendsburger, Plöner und Pinneberger Linie der Gf. von Schauenburg um 1326

Vertrag die Unteilbarkeit beider Fürstentümer. Die dennoch erfolgten L. 1490 und 1544 hielten an einer gemeinsamen Landesherrschaft fest, konnten aber nicht die Ausbildung rivalisierender Teilherrschaften verhindern. 1544 entstanden neben dem kgl. der Gottorfer (→Gottorf) und der Haderslebener Anteil. Letzterer wurde durch Todfall 1581 unter den ersten beiden aufgeteilt. 1564 trat durch Subdivision des kgl. Anteils die lediglich abgeteilte, nicht an der Landesherrschaft beteiligte Sonderburger Linie hinzu, aus der vier Teilhzt. hervorgingen (→Abgeteilte Herren). Zwischen beiden regierenden Herren entwickelte sich trotz gemeinschaftlicher →Regierung im jährlichen Turnus ein tiefer polit. Gegensatz, der erst mit der dauerhaften Überwindung der L. durch Inkorporation der Gottorfer Gebiete im Hzt. Schl. nach Okkupation im →Nordischen Krieg und im Hzt. Holst. durch Austausch im Vertrag von →Zarskoje Selo 1773) beendet wurde. Die Herrschaft →Pinneberg ist nach Aussterben des Schauenburger Hauses 1640, und die Sonderburger Teilhztt. sind von 1667 bis 1779 durch Einzug oder Erbfall wieder eingegliedert worden.

Lit.: Geschichte SH, 4-6. RH

Landeswappen Das L. ist zweigeteilt. Die beiden Löwen nehmen die linke H. ein, das holst. →Nesselblatt die rechte. So zeigt das Gesamtw. die Grundformen der vereinigten Wappen von Schl. und Holst. Die Mittellinie entspricht gleichsam dem senkrecht gestellten Bindestrich von SH. Die beiden Löwen sind die Wappentiere Schl. Sie erscheinen blau auf goldenem Grund und mit erhobener rotbewehrter linker Pranke. Das dreifache Löwensymbol zeigt auch das Wappen der Kgg. von DK. Um die gebotene Untertänigkeit zu demonstrieren, begnügte man sich in SH mit einem geminderten Wappen und beschränkte sich auf zwei Löwen. Hz. Abel, der 1231 mit Schl. belehnt worden war, hat es vermutlich

Landeswehr

Das schleswig-holsteinische Landeswappen

erstmals verwendet. In seiner heutigen Form stammt das L. aus der Weimarer Zeit. Damals wurde das inzwischen teilweise recht aufgeblähte Wappen wieder auf seine beiden Grundelemente zurückgeführt. Es gibt zwei Ausführungen des Wappens. Die aufwendigere erste ist das Staatswappen, das den höchsten Staatsvertretern vorbehalten ist, dem →Ministerpräsidenten und den Ministern sowie dem Landtagspräsidenten und dem →Präsidenten des Landesrechnungshofes. Beim Staatswappen zeigen die Löwenpranken jeweils vier rote Krallen. Das für die Verwendung durch den einfachen Bürger bestimmte Wappen zeigt hingegen nur drei Krallen. Ferner ist in der Amtsfassung der Löwenschweif gespalten, in der einfachen hingegen geschlossen, und schließlich ist der Wappenrand beim Amtswappen auffälliger gestaltet. Im Gesetz über die Hoheitszeichen des Landes SH vom 18.1.1957 werden sehr genaue Benutzungsvorschriften erlassen. Nur Ministerpräsident und Landtagspräsident dürfen an ihren Dienstwagen zu besonderen Anlässen einen Stander von 30x30cm führen, den Ministern steht nur eine Fläche von 25x25cm zur Verfügung.

Lit.: W. Stephan, Das holst. Nesselblatt, seine Herkunft und Bedeutung, in: ZSHG 61, 1933, 1-15; H.F. Schmidt, Bemerkungen zu Wappen, Fahnen und Flaggen in SH, in: Mare Balticum, Siegmaringen 1995, 195-202. JN

Landeswehr Am 29.8.1807 wurde vornehmlich zum besseren Schutz der Küste vor engl. Landungsversuchen eine L. (Küstenmiliz) ins Leben gerufen, die aus ehemals gedienten Soldaten der Nationalregimenter bestehen sollte. Die Aufstellung der lokalen Verbände war Sache der Oberbeamten. In vielen Fällen kam es aber gar nicht zu Musterungen, weil die Dienstpflichtigen ausblieben (so in →Stapelholm), bzw. zu Tumulten (etwa in →Elmshorn), u.a. weil die Termine in der Erntezeit lagen. Schon 1808 wurde die L. wieder abgeschafft. LS

Landgericht →Gerichtswesen

Landgericht, adliges Zur Entlastung des →Landtages von Gerichtsaufgaben wurde mit der Landgerichtsordnung von 1573, überarbeitet 1636, ein Gericht geschaffen, das sich aus dem Landkanzler sowie dazu abgeordneten adligen und gelehrten Räten (→Rat) der Landesherren zusammensetzte. Für →Adel und →Prälaten war das L. die erste Instanz. Die Verfahren wurden in den Hztt. unterschiedlich geführt (→Jyske lov in Schl., →Sachsen- bzw. Holstenrecht in Holst.). Das L. wurde in Schl. 1852, in Holst. 1863/67 aufgehoben.

Lit.: H. Kochendörffer: Das L. in SH, in: Nordelbingen 3, 1924, 325-340. KGr

Landgestüt Traventhal →Holsteiner Pferd, →Pferdezucht

Landkommission Nachdem 1766 im Hzt. →Gottorf ein General-Land- und Ökonomie-Verbesserungs-Direktorium zu arbeiten begonnen hatte und 1767 für das Kgr. und ein General-Landwesens-Kollegium mit der Aufgabe der Verbesserung der Landwirtschaft und der Erleichterung der Lage der Bauern eingerichtet worden war, kam es 1768 zur Einsetzung der sh. L., die dieselbe Aufgabe für das Gebiet der Hztt. kgl. Anteils erfüllen sollte. Im Einzelnen waren ihre Aufgabenfelder: Niederlegung der →Domänen, Abgabensetzung für die von den Untertanen eigenmächtig genutzten Wald- und Moorflächen, →Verkoppelung, Umwandlung der Pacht in Eigentum, Aufhebung von →Leibeigenschaft und Frondiensten. Sie unterstand der →Rentekammer und wirkte bis 1823.

Lit.: W. Prange, Die Anfänge der großen Agrarreformen in SH bis um 1771, Nms. 1971, 534-590. LS

Landmarschall Im Hzt. Sachsen-→Lauenburg gab es in der Frühen Neuzeit eine landständische Vertretung, an deren Spitze als ritter- und landschaftlicher Repräsentant der L. stand. Er berief den →Landtag ein und war sein →Präsident. LS

Landrat 1. Die ritterschaftlichen Mitglieder der sh →Regierung, die zugleich als Richter im Landgericht fungierten, wurden L. genannt. 2. Die Repräsentanten der →Ständeversammlung im Hzt. Sachsen-Lauenburg, die sich im fortwährenden engeren Ausschuß versammelten, trugen die Bezeichnung L. 3. Mit der Einführung der →Kreise 1867 wurde das preußische Modell der Kreisverwaltung in modifizierter Form in SH eingeführt. An der Spitze des Landkreises stand der vom Kg. ernannte L., der gleichzeitig Leiter der Verwaltung und →Präsident des Kreistages war. Erst durch die Kreisordnung von 1888 wurde das Vorschlagsrecht des Kreisausschusses für den L. posten festgelegt. Nach 1919 wurde der L. vom Kreistag gewählt, und so blieb es bis zur Gem.ordnungsreform von 1997/1998: Nun wird der L. von der wahlberechtigten Kreisbev. direkt gewählt. Nach wie vor ist er der leitende Beamte der Kreisverwaltung.
Lit.: N. Boese, Die Bildung der kommunalen Vertretungen auf Gem.- und Kreisebene in der preußischen Provinz von 1867 bis zum Beginn des 20. Jh. Kiel 1968; Geschichte SH, 8/1. LS

Landrecht Entsprechend der Entwicklung einzelner Regionen SH zu →Landschaften mit eigener Verwaltung bildeten diese auch eigene Rechtsgebräuche aus, die z.T. als L. bezeichnet wurden. Es waren dies: das Dithm. L., das zuerst 1447 aufgezeichnet wurde und nach der Redaktion durch Adam Tratziger ab 1567 benutzt wurde; das Land- und Marschrecht, das auf sächsische Ursprünge zurückging und in der →Wilster- und →Kremper Marsch in Gebrauch war (eine kodifizierte Form fehlt); das Eiderstedter L., ursprünglich als »Krone der rechten Wahrheit« 1426 niedergeschrieben, erhielt ebenfalls eine Redaktion durch Adam Tratziger (1572), wurde 1591 revidiert und blieb mit wenigen Änderungen bis 1900 auch in einer Reihe von Kögen (→Koog) sowie in den 1590 zu Städten (→Stadt) erhobenen →Flecken →Tönning und →Garding in Kraft; das Nordstrander L. (Friesisches Recht) wurde 1426 als Siebenhardenbeliebung kodifiziert, 1572 revidiert und hatte Geltung in der Landschaft →Nordstrand, den Marschharden des Amtes Tondern und im Gotteskoog; das Fehmarnsche Recht oder L. stammte von 1326 und wurde 1558 in revidierter Form publiziert. Beim Fehmarnschen Recht wirkte das →Jyske lov subsidiär, bei allen anderen das Gemeine Recht, das ein Gemenge aus dem römischen, dem kanonischen und verschiedenen germ. Rechten darstellte.
Lit.: O. Kähler, SH Landesrecht, Glückstadt ²1923. LS

Landschaft ist die verfassungsrechtliche Bezeichnung für einen bestimmten Typ kommunaler Selbstverwaltung, der in den Hztt. auf →Dithm. (seit 1581 Norder- und Süderdithm.), →Eiderstedt, →Fehmarn, →Helgoland, →Nordstrand, →Pellworm, →Osterland Föhr, →Stapelholm und →Sylt angewendet wurde. Die L. stand im landesherrlichen Regiment neben den Ämtern (→Amt) und Städten (→Stadt). Sie hatten ihre Verfassung durch landesherrliche Privilegierungen erreicht. Ihre Organisation geschah – mit Ausnahme Helgolands – auf drei Ebenen: →Dorf, →Ksp. und L. Die Repräsentanten wurden unterschiedlich bezeichnet (Dithm.: Landesgevollmächtigte, Eiderstedt: Rat- und Lehnsmänner, Fehmarn: Kämmerer, Richter, Hauptleute und Gemeinsmänner). Die L. standen unter der Aufsicht eines landesherrlichen Vertreters, der in Norderdithm. und auf Helgoland →Landvogt, in Süderdithm. →Gouverneur, in Eiderstedt →Staller (seit 1736 Oberstaller) hieß. Im 18. Jh. waren diese Positionen mit der Funktion des →Amtmannes benachbarten Ämter (→Amt) verbunden. Die L. regelten ihre kommunalen Angelegenheiten selbst und hoben auch die landesherrlichen →Steuern selbst ein. Sie konnten in unterschiedlichem Maße Forderungen des Landesherren durch Geldzahlungen abwehren und damit ihre Privilegierung aufrechterhalten. Die Sonderstellung wurde

Landschaftssekretär

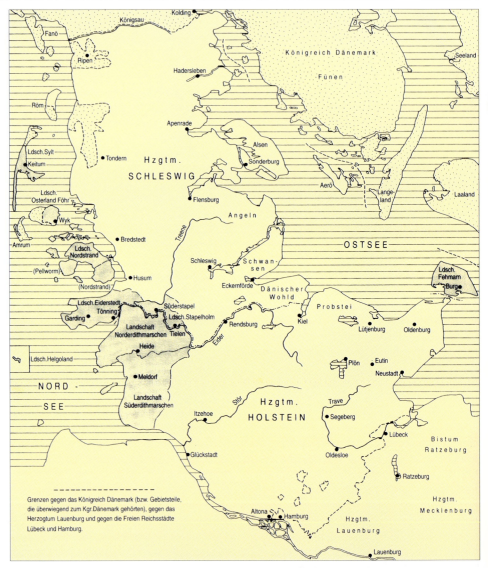

Landschaften in Schleswig und Holstein zu Beginn des 17. Jh. (Entwurf: Kersten Krüger, Zeichnung: Erwin Raeth)

1867 bei der Kreisverfassung berücksichtigt: An der Westküste blieben die Repräsentativorgane der L. als Kreisausschüsse bis 1888 bestehen.
Lit.: K. Krüger, Die landschaftliche Verfassung Nordelbiens in der Frühen Neuzeit, in: Civitatum Communitas, hg. von H. Jäger u.a., Köln/Wien 1984, Teil 2, 458-487. LS

Landschaftssekretär war der juristisch ausgebildete Verwalter der Kasse der Ritter- und →Landschaft im Hzt. Sachsen-→Lauenburg. LS

Landschreiber hießen (später leitende) Beamte 1. bei einigen Landschaften (Norder- und Süderdithm., →Eiderstedt, →Stapelholm, →Fehmarn), die hier Protokolle aufzunehmen hatten. Sie waren in →Dithm. und Fehmarn mit dem →Amtsverwalter vergleichbar; 2. notarielle Beamte, die die →Schuld- und Pfandprotokolle führten und Bücher öffentlichen Glaubens für die freiwillige Gerichtsbarkeit führten (→Amt →Steinburg). LS

Landsyndicus war der Rechtsbevollmächtigte der Landstände im Hzt. Sachsen-→Lauenburg. LS

Landtag Allgemein als Versammlung und Vertretung des Landes zu verstehen, durchlief der Begriff Landtag einen historischen Bedeutungswandel. Zwischen 1462 und 1675 tagte der trotz komplizierter Herrschaftsaufteilung der Hztt. gemeinsame L. als Institution ständischer Partizipation insgesamt 181 mal. Zunächst handelte es sich um eine Vertretung von →Prälaten, →Ritterschaft und Städten (→ Stadt), die sich in dieser Zeit zum gemeinschaftlichen Organ der schl. und holst. Ritterschaft wandelte. Das Ringen zwischen Fürsten und →Ständen ging während des 17. Jh. im Zeichen des Absolutismus zugunsten der Fürsten aus. An einer letzten Zusammenkunft 1711/12 nahmen die Städte nicht mehr teil. Im 19. Jh. legten bürgerliche Partizipationsforderungen den Grund für die Parlamentarisierung. Nach der vom dän. Kg. 1831 gewährten landständischen Verfassung traten 1835/36 in →Itzehoe und →Schl. getrennte, nur mit Beratungsrechten versehene →Ständeversammlungen zusammen, die zuvor von knapp 3% der Bev. gewählt worden waren. Während der Revolution 1848 entwarf ein allgemein und gleich gewähltes gemeinsames Parlament ein Staatsgrundgesetz. Nach dem Scheitern der Revolution konnte während der Restauration von polit. Partizipation nicht mehr die Rede sein. In der preußischen Zeit agierte zwischen 1868 und 1933 ein →Provinziallandtag, der zum 1.1.1934 aufgelöst wurde. Volle Demokratisierung und Parlamentarisierung kam mit der britischen →Militärregierung: 1946 arbeitete auf der Basis einer vorläufigen, am 12.6.1946 verabschiedeten Verfassung der erste und der nach dem Ergebnis von Kommunalwahlen zusammengesetzte zweite ernannte L. Im April 1947 fand die erste freie Wahl zum sh L. statt. In der ersten Legislaturperiode verabschiedete der L. die → Landessatzung, eine Landesverfassung, die erst im Gefolge der →Barschel-Affäre novelliert wurde. Am 30.5.1990 vom L. beschlossen, ist die neue Landesverfassung seit 1.8.1990 in Kraft.

Lit.: L. in SH, hg. von R. Titzck, Husum 1987.
UD

Landtagsmarschall →Provinziallandtag

Landtagspräsident Der L. leitet die Sitzungen des →Landtages. Er wird auf Vorschlag der stärksten Fraktion vom Plenum der Abge-

Der erste gewählte Landtag (1947/50) während einer Sitzung in der Pädagogischen Akademie

Landvogt

ordneten gewählt. L. waren und sind:

Dr. Paul Husfeldt (CDU)	11.4.1946-8.5.1947
Karl Ratz (SPD)	8.5.1947-31.5.1950
Dr. Walther Böttcher (CDU)	11.10.1954-29.9.1959
Claus Joachim von Heydebreck (CDU)	29.9.1959-6.4.1964
Dr. Paul Rohloff (CDU)	7.4.1964-24.5.1971
Dr. Helmut Lemke (CDU)	24.5.1971-12.4.1983
Rudolf Titzck (CDU)	12.4.1983-2.10.1987
Lianne Paulina-Mürl (SPD)	2.10.1987-5.5.1992
Ute Erdsiek-Rave (SPD)	5.5.1992-22.5.1996
Heinz-Werner Arens (SPD)	22.5.1996-

LS

Landvogt war ein zunächst vom Landesherren eingesetzter Repräsentant, der – vergleichbar dem →Amtmann in den Ämtern (→Amt) – die Aufsicht über eine →Landschaft führen sollte. So gab es ihn in Norder- und Süderdithm., in →Stapelholm, auf →Fehmarn, →Sylt und →Helgoland sowie in Osterland →Föhr. In →Dithm. gelang es, für den L. das →Indigenat durchzusetzen. Der L. stand zumeist unter der Oberaufsicht durch einen benachbarten Amtmann (Süderdithm.: Amtmann von →Steinburg, Stapelholm: Amtmann von →Gottorf, Fehmarn: Amtmann von →Cismar). Mit der Einführung der preußischen Kreise verschwand der L. LS

Landvolkbewegung Die L. war eine Protestbewegung in den ländlichen Gebieten SH in den Jahren 1928 bis Mitte 1930. Getragen wurde sie von den →Bauern sowie den Handwerkern und Gewerbetreibenden des flachen Landes und der kleinen Städte. Ursache dieser Bewegung waren krisenhafte wirtschaftliche, soziale und polit. Entwicklungen, die sich v.a. mit der Weltwirtschaftskrise massiv zuspitzten und zu drastischen Einkommensverlusten führten. Den bestehenden bäuerlichen Verbänden und den Parteien gelang es nicht, diese Proteste zu binden und zu artikulieren, sondern die ländliche Bev. löste sich aus den bestehenden Bindungen und ging zu spontanem Handeln über. Im Januar 1928 fanden Massenversammlungen statt, auf denen die Forderungen des Landvolks vorgetragen und eigene Lösungen angekündigt wurden. Als die geforderten Hilfsmaßnahmen nach Ansicht der Bauern ausblieben, radikalisierte sich die Bewegung. Charismatische Führer traten auf (Wilhelm Hamkens und Claus Heim), die zu Demonstrationen aufriefen. Ein kleiner Teil der Bewegung ging zu Widerstand und Gewalt über: →Steuern wurden verweigert, Pfändungen verhindert, Sprengstoffattentate verübt. Als das Landvolk Mitte 1930 feststellte, daß die eigenen Aktionen aussichtslos waren, schlossen sich weite Teile der NSDAP an.

Lit.: P. Wulf, »Die Not hat uns zusammengeschmiedet«. Die L. Ende der 20er Jahre, in: Geschichtsumschlungen, hg. von U. Danker u.a., Bonn 1996, 192-199. PW

Titelblatt der Zeitung „Das Landvolk" vom 4.4.1931

Landwehr werden die ma. Befestigungen genannt, die meist aus Graben und mit Hecken bewachsenem Wall bestanden und vor den eigentlichen Stadtmauern lagen. Wenn Straßen durch sie hindurchführten erlaubten Schlagbäume, Türme oder Tore die Kontrolle des Verkehrs und die Sicherung des Stadtgebietes gegen Übergriffe. Die z.T. noch erhaltene L. z.B. →Lübecks zog sich, auch Bäche und Niederungen nutzend, in weitem Bogen um die Stadt, von Schwartau über Roggenhorst,

Genin und Vorrade bis nach →Schlutup. Sie wurde seit 1303 angelegt und bis ins 15. Jh. ausgebaut, verlor dann aber aufgrund der veränderten Waffentechnik und der neuen starken Befestigung der Stadt an Bedeutung. In Flurnamen und Ortsbezeichnungen – z.B. L. in Hamburg – finden sich heute noch Hinweise auf diese Befestigungsart. OP

Landwirtschaft Seßhaftwerdung von Menschen und Beginn von L. in Form beschränkten Ackerbaus sind in SH erst in der Jungsteinzeit (um etwa 4500 v.Chr.) festzustellen. Die Veränderung der Lebensweise von der Jäger- und Sammlertätigkeit hin zu seßhaftem Ackerbau scheint von Süden beeinflußt worden zu sein. Mit einfachen Hakenpflügen wurden leichte Böden bearbeitet und vornehmlich Emmer, eine Vorform des Weizens, angebaut. Fett- und Eiweißbedarf mußten über Tierprodukte und Wildfrüchte gedeckt werden. Jagd und Fischfang spielten eine wichtige Rolle in der Wirtschaft. Die Siedlungen dürften aus leichtgebauten Hütten bestanden haben. Die Abkühlung des Klimas seit 3000 v.Chr. führte nicht zu einem Rückgang der L., sondern zu ihrer Ausweitung auf gerodete Flächen, wobei Gerstenbau neben den Emmer tritt; daneben wurden Hirse und Pferdebohnen geerntet. Mit der →Bronzezeit (seit etwa 2000 v.Chr.) trat als technische Neuerung vereinzelt die metallene Sichel als Erntegerät auf. Erste Anzeichen der Stallhaltung von Vieh sind festzustellen. In der →Eisenzeit (seit etwa 500 v.Chr.) kam es zu starkem Holzverbrauch aufgrund der Verhüttung von heimischem Raseneisenerz. Die Waldbestände wurden partiell gelichtet, Rodungsflächen ackerbaulich genutzt. Der Getreidebau wurde intensiviert; neben Weizen, Hirse und Hafer trat Gerste als wichtigste Feldfrucht. Die Erschöpfung des Bodens führte zur Mobilität der Siedlungen. Durch Plaggendüngung versuchte man, die Bodenfruchtbarkeit zu erhalten. →Jagd, →Fischerei und Muschelsammeln ergänzten die Nahrungspalette. Die Häuser der vorrömischen Eisenzeit waren bereits als dreischiffige Hallen mit Trennung von Wohnwirtschafts- und Stallräumen zu erkennen. Einzelhöfe und dorfartige Gehöftsgruppen kamen ebenfalls vor. Die bevorzugte Siedlungslage waren Niederungsränder. Die Siedlungsräume dehnten sich aus – in →Dithm. wurde der Geestrand (→Geest) erreicht und die junge →Marsch als Gräsungsland genutzt. In der römischen Kaiserzeit (seit Chr. Geburt) kam es zur Marschenbesiedlung mit Einzelgehöften und Gehöftgruppen auf den erhöhten Strandwällen von Prielen (→Priel), zunächst als Flachsiedlungen. In agrartechnischer Hinsicht wurde der Streichbrettpflug bedeutungsvoll, der den Boden nicht nur aufriß, sondern Schollen wendete. Auch Egge, Spaten, Sense, Sichel, Dreschflegel, Darre und Handmühle wurden nun Teil des bäuerlichen Inventars. Als neue Ackerfrüchte kamen Roggen und Hafer hinzu. Die Düngung der Ackerflächen ermöglichte größere örtliche Stabilität. Der Anstieg des Meeresspiegels machte in den Marschen Wurtenbau nötig (→Wurt). Auf der Geest gab es noch wandernde Siedlungen; sie bestanden aus Gehöftgruppen mit Nebengebäuden (Speicher, Grubenhäuser). Die jüngere Eisenzeit (ab 450 n.Chr.) sah zunächst eine Abwanderung (Völkerwanderung) und daher ein Nachlassen der landwirtschaftlichen Nutzung. Relativ stabil blieben die Verhältnisse in Schl., wo nur ein Teil der →Angeln abwanderte. Im 8. Jh. kam es zur sächsischen Rekolonisation in Holst.; die Dithm. schoben ihre Siedlungen definitiv in die Marsch vor; an der Küste Schl. kam es zur Einwanderung von Friesen; Ostholst. wurde seit dem 7. Jh. von westslawischen Abotriten (→Wagrier und → Polaben; →Slawen) besiedelt. Insbesondere an der Westküste wurde Viehwirtschaft zum

Beim Korndreschen um 1930 (Foto W. Schlick)

Landwirtschaft

Rückgrat der bäuerlichen Betriebe. Im Frühma. (hier seit etwa 900 n.Chr.) kam es zu technischen Innovationen, wie der Einführung von Räderpflug, eisernen Pflugscharen, Steigbügel und Kummet. Seit dem 10. Jh. wurde auch der Roggen winterfest. Die Siedlungen schlossen sich zu Dorfsverbänden zusammen, wobei es eine starke Besitzdifferenzierung gab. Die Rodungstätigkeit nahm zu. Mit dem Hochma. (um 1100-1300) setzte eine starke Expansion der L. wie insgesamt der Siedlungstätigkeit (u.a. durch Stadtgründungen) ein. Insbesondere wurden die Marschen flächig kolonisiert und das slawische Siedelgebiet jenseits des Limes Saxoniae militärisch unterworfen und holst.-westfälisch-friesisch-holländisch übersiedelt. Eine starke Rodungstätigkeit schaffte hier Platz für umfänglichen Ackerbau. In agrartechnischer Hinsicht gab es kaum Neuerungen. Die bäuerliche Wirtschaft wurde von (hoch- und niederadeligen sowie kirchlichen) Grundherren mitbestimmt, da diese →Abgaben und Dienste einfordern konnten, wofür sie Schutz und Schirm gewährten. Während an der Westküste in einiger Entfernung zu den Grundherren weitgehend freie bäuerliche Gem.verbände (bis hin zur →Landschaft) zu entstehen begannen, war die Nähe zu ihnen auf dem Mittelrücken (Geest) und im östlichen Kolonisationsgebiet groß; sie nahmen entsprechend Einfluß. In den Marschen gab es von Anbeginn eine starke Marktorientierung, da hier erhebliche Agrarüberschüsse produziert wurden, während es auf der Geest oft nur um Substistenz und Leistung der Abgaben ging. Im Spätma. (1300-1550) kam es v.a. zu einer hochgradigen Differenzierung der bäuerlichen Besitzgrößen. In Gebieten der West- und Ostküste wurde das Schwergewicht auf Viehwirtschaft gelegt, während man auf dem Mittelrücken und im Osten überwiegend Ackerbau betrieb. Vorherrschende Getreidearten waren auf der Geest der Roggen, im fruchtbaren Osten Gerste und Weizen. →Wald wurde raubbaumäßig für Bauten und die Brennstoffversorgung ausgebeutet und als Viehweide genutzt. Den Bauern gelang es, ihre Naturalabgaben zu erheblichem Teil durch Geldabgaben abzulösen – ein Zeichen für die stärkere Marktanbindung der L. Der vermutlich starke Bev.rückgang im 14. Jh. (ausgelöst durch Mißernten und die seit 1349 einsetzenden Pestepidemien, →Pest) führte zu einem erheblichen Rückgang der Siedlungen (Wüstungsperiode, →Wüstung), teilweise von bis zu 50% (Ostholst., →Lauenburg), insbesondere auf marginalen Böden. Die Regeneration fand jedoch schon bald wieder statt, auch wenn Dorflagen wüst und ehemaliges Ackerland außer Kultur blieben. Das Anziehen der Getreidepreise im 15. Jh. machte es für Grundherren attraktiv, sich in den Markt einzuschalten. Das konnten sie im östlichen →Hügelland, wo sie gegenüber den Bauern eine starke Position hatten, durchsetzen. Es begannen sich Ansätze zur Gutswirtschaft zu zeigen, die im 16. Jh. zur vollen Entfaltung kamen und schließlich →Leibeigenschaft, →Schollenband und adlige Gutswirtschaft (→Gut) hervorbrachten. In den freien, grundherrlich bestimmten Gebieten der Geest und der holst. und schl. Marschen entwickelte sich durch die spätma. Agrarkrise eine hochgradige Differenzierung der bäuerlichen Bev. Der zunehmende Bev.druck schaffte eine wachsende Schicht landarmer bzw. landloser →Kätner. Agrartechnisch gab es keine wesentlichen Neuerungen. Hingegen sind Bauern auf eigene Rechnung am Fernhandel beteiligt gewesen: Von der Westküste fuhren sie mit Vieh, Fleisch und Getreide nach Westeuropa, wo ihre Waren guten Absatz fanden. Die frühneuzeitliche Periode (1550-1805) sah zunächst aufgrund der gesteigerten Lebensmittelnachfrage in Westeuropa einen Aufschwung des Getreidebaus, insbesondere in den Marschen der Westküste und im Gutsgebiet des Ostens, wobei die Vermarktung nur z.T. in der Hand von Städtern lag und Bauern wie Gutsbesitzer selbst auf dem Markt agierten. Auch die Viehfettgräsung wurde nun ein immer bedeutsamerer Wirtschaftszweig: Jütisches Magervieh wurde auf fetten Weiden gemästet und dann als Fettvieh nach Süden und Westen exportiert. Neue Produkte kamen in das Land: Rüben und →Kohl fanden Ende des 16. Jh. als Garten- und Ackerfrucht Eingang, Gemüse wurde in den →Wildnissen vor →Glückstadt angebaut. Der Ausbau eines relativ dichten →Mühlennetzes war ein Zeichen für wachsende heimische Nachfrage, aber auch für die steigende Bedeutung von Fertigprodukten im Export (Bier, Gebäck). Die nl. Einwanderung des

Landwirtschaft

16. Jh. ließ im 17. Jh. an der Westküste (→Eiderstedt, →Wilstermarsch) die Milchwirtschaft mit Käseproduktion bedeutsam werden. Auch auf den Gütern wurde diese Komponente (Einsatz von Holländern als Milchbetriebswirten) bedeutsam, wobei man hier v.a. Butter für den Export gewann. Ein neues Agrarprodukt des 17. Jh. war der Buchweizen, der – zu Grütze verarbeitet – Grundlage für die heimische Nahrung wurde. Den gesteigerten Bedürfnissen nach individueller Produktion für den Markt kamen die frühen →Verkoppelungen, v.a. in Ostschl. (→Angeln, Sundewitt) entgegen. Die Entwicklung der L. wurde allerdings durch die mehrfachen kriegerischen Einbrüche, die z.T. beträchtliche Schädigungen verursachten (1627-29, 1643-45, 1657-60, 1700/01, 1713), beeinträchtigt. Gleichwohl machte die ansonsten hohe Nachfrage nach Agrarprodukten rasche Erholungen (bis auf die Waldschäden) möglich. Die Gutswirtschaft geriet gegen Ende des 17. Jh. bereits in eine Krise, die dann auch das 18. Jh. bestimmen sollte. Hier war zunächst die 1. H. mit relativ niedrigen Agrarpreisen problematisch bis seit etwa 1750 die europäische Nachfrage nach l. Erzeugnissen aufgrund zahlreicher Kriege stark anwuchs und die zum neutralen Gesamtstaat gehörenden Hztt. davon sehr profitierten. Die Zeit von etwa 1760 bis 1805 bildete die erste Blütezeit der L. in SH. Nicht zufällig spielten zahlreiche Verbesserungen der L. hier eine große Rolle: die →Aufklärung beschäftigte sich zu einem erheblichen Teil mit der Reform der L. von der →Heidekolonisation und dem Anbau von →Kartoffel und →Raps bis hin zur →Verkoppelung und Aufhebung der →Leibeigenschaft. Die Zeit war allerdings auch gekennzeichnet durch das erste Auftreten ausgebreiteter Viehseuchen, die z.T. die Bestände erheblich dezimierten. Das 19. Jh. (1805-1918) begann mit Höchstpreisen für Agrarprodukte und eine dadurch hervorgerufene ausgezeichnete Ertragslage, die durch die →Napoleonischen Kriege eher noch angeheizt wurde. Doch 1819-1829 kam es in SH zu einer Überproduktionskrise, in der die Erzeugerpreise teilweise um 75% zurückgingen. Insbesondere die spekulativ wirtschaftenden Landwirte in den Marschen waren davon betroffen, während auf der Geest noch traditionell gewirtschaftet wurde und die Gutsbesitzer von den Ablösungssummen der Agrarreform zehren konnten. In den 1830er Jahren fand eine Erholung und zugleich ein starker Innovationsschub in der L. statt, der sich in den 1840er Jahren beschleunigte. →Industrialisierung und Urbanisierung – nicht nur in SH – wirkte hier. Zahlreiche neue Geräte und Maschinen (davon viele nach engl. Vorbild) kamen auf; Düngemittel wurden eingesetzt und führten zu Ertragssteigerungen; Drainage sorgte für Gewinnung l. Flächen; Heide- und Moorkolonisation wurden erfolgreich fortgesetzt. Der jh.lange Waldrückgang konnte durch Waldschutz und Aufforstungen gestoppt werden. Vieh- und →Pferdezucht kamen – getragen durch zahlreiche →l. Vereine – erheblich voran. Die Entwicklung intensivierte sich nach der preußischen →Annexion, da schon bald das große dt. Hinterland mit seinen Industriezentren als Abnehmer zur Verfügung stand. Die Ausbildung und Beratung der Landwirte wurde immer wichtiger, weshalb das Landwirtschaftsschulwesen und ein Netz von Versuchsstationen entstanden, die die →Landwirtschaftskammer übernahm. Neue Marktprodukte dieser Zeit wurden Zuckerrübe (→Zuckerindustrie), →Kohl und Äpfel. Das expandierende Eisenbahnnetz machte eine Frischproduktversorgung der Städte (z.B. mit Trinkmilch) möglich, wodurch die Milchviehhaltung starke Anreize erhielt. Die leichte Verringerung der Schutzzölle durch die Reichsregierung Caprivi führte zu nur geringen Einkommeneinbußen, ließ aber l. Interessenvertretungen wie den Bund der Landwirte auch in SH Fuß fassen. Die starke Nachfrage nach Fleisch führte zu Beginn des 20. Jh. zur rasanten Steigerung der Schweineproduktion. Die Zeit zwischen 1867 und 1914 kann als zweite Blüteperiode der sh L. bezeichnet werden. Der 1.WK brachte erhebliche Verluste an Menschen und Pferden sowie einen Investitionsrückstau trotz steigender Erlöse wegen des Mangels an Waren. Das 20. Jh. (1919-2000) war von Krisen der L. geprägt, weil zunächst die Gewißheiten der Zeit des Kaiserreichs (1871-1918) zerbrachen, die Schutzzölle weitgehend wegfielen und der Konkurrenzdruck auf dem nationalen Markt zunahm, die industrielle Produktion mehrfach Überproduktionskrisen ausgesetzt war und Kon-

Landwirtschaft

Vierspännig in der Wilstermarsch 1932

sumgewohnheiten sich änderten. Die Regeneration der L. nach dem Investitionsmangel der Kriegszeit (1914-1918) erforderte hohe Kapitalgaben, die weitgehend fremdfinanziert werden mußten. Die Inflation mit dem Zusammenbruch der alten Währung (1922/1923) entschuldete zwar viele Betriebe, ließ jedoch auch aufgehäuftes Barkapital wertlos werden. Schwankende Preise führten zu schwankenden Erlösen, so daß eine ungewohnt große Zahl bäuerlicher Betriebe in Konkurs ging. Die Antwort der L. war die →Landvolkbewegung, die keine durchgreifende Änderung der Lage schuf, wohl aber das Agrarprogramm der NS-Zeit beeinflußte (1933-1945). Mit der starken Betonung der gesellschaftlichen Bedeutung der L. gewann die NSDAP das Gros der L. und der ländlichen Bev. Einige Schutzmaßnahmen garantierten den Bestand an l. Betrieben; die Reichserbhofgesetzgebung stabilisierte die Lage zusätzlich auf relativ niedrigem Niveau. Das Festpreissystem regulierte den Markt. Die Landesbauernschaft bot ein festes organisatorisches Korsett für die L. und konnte bis tief hinein in die l. Produktion eingreifen. »Erzeugungsschlachten« sollten den Kampf um die agrarische Autarkie des Dt. Reiches sichern, was jedoch nur ansatzweise gelang. Die Mechanisierung und Motorisierung der L. stockte aufgrund von Rüstungsprioritäten der Industrie. Im Gefolge der Kriegswirtschaft wurde die L. völlig reguliert; ihr kriegseinsatzbedingter Mangel an männlichen Arbeitskräften schon 1939 durch Kriegsgefangene, später durch Zwangsarbeiter auszugleichen versucht. Der Strom von Flüchtlingen und Heimatvertriebenen, der sich 1944/45 v.a. in die Landgem. ergoß, schuf ein Überangebot von Arbeitskräften und brachte auch Ausgleich für die vielen eingezogenen Zugpferde, so daß schon bald wieder eine ausreichende Agrarproduktion sichergestellt werden konnte. Obwohl die Zwangsbewirtschaftung der Lebensmittel weit über Kriegsende aufrechterhalten wurde, brachte erst die Währungsreform eine gewisse Normalisierung des Lebensmittelmarktes. Langsam konnte die L. ihre Investitionsrückstände in Angriff nehmen, sah sich jedoch auch einem hohen Modernisierungsdruck ausgesetzt (durchgreifende Motorisierung seit 1955). Eine grundlegende →Bodenreform unter Zerschlagung des Großgrundbesitzes zur Versorgung der zahlreichen aus den östlichen Reichsteilen geflüchteten Bauern unterblieb. Nur relativ wenige neue Mittelbauernstellen wurden geschaffen, während zahlreiche nicht zukunftsfähige Kleinbauernstellen entstanden. Die bereits seit 80 Jahren anhaltende Landflucht griff wieder und zwang zu vermehrter Mechanisierung. Das →Programm Nord sollte insbesondere den ländlichen Raum zukunftsfähig machen und brachte wichtige infrastrukturelle Neuerungen, u.a. eine weitgreifende Flurbereinigung. Die ständig zunehmende Intensivierung der L. und Spezialisierung der l. Betriebe schuf seit den 1960er Jahren erhebliche Probleme: Monokulturen (Weizen, Mais, Raps) statt Fruchtwechselwirtschaft, Auslaugung und Verdichtung der Ackerböden, Überdüngung und Grundwasserbelastung durch Verwertung von Gülle und Festmist aus Intensivhaltung von Vieh, Zunahme von Viehkrankheiten und -anfälligkeiten, Überproduktion aufgrund von staatlichen Abnahmegarantien u.a. Regulierungen der Europäischen Wirtschaftsgemeinschaft (EWG, später: Europäischen Union – EU) haben etwa die Milchproduktion nach oben begrenzt, so daß heute Überproduktion durch Einkommensabzüge bestraft wird. Auch andere Regulierungen greifen und machen die Lage der L. in der Konkurrenz anderer europäischer Agrarregionen schwierig. Da in den letzten 50 Jahren die Erzeugererlöse für Agrarprodukte relativ zur volkswirtschaftlichen Einkommensentwicklung immer weiter fielen, gab es immer wieder ausbrechende, jedoch tendenziell schwächer werdende Proteste der Landwirte gegen die Verschlechterung ihrer Einkommenssituation. Eine aufgrund gewachsener struktureller Probleme der L. zunehmende Neigung zur Aufgabe l. Betriebe (→Höfesterben) ist seit längerem festzustellen. Die l. genutzte Fläche (1998: 1.043.000ha) wird zu 57% als Acker-, zu 43% als Grünland genutzt. Bei den Ackerfrüchten dominiert der Weizen (17%), gefolgt von Raps (9%), Gerste (8%) und Mais (7%). Gemessen an der Zahl der Beschäftigten hat SH den Status als Agrarland bereits um 1870 verlassen, als nur noch unter 50% aller Erwerbstätigen in der L. tätig waren. 1925 waren es noch 23%, 1960 11% und 1998 nur noch 3%. Auch wenn sich das Land in seiner touristischen Außenwerbung (und im Selbstverständnis eines erheblichen Teiles seiner Bewohner) noch als agrarisch geprägt darstellt, so sprechen die Zahlen eine andere Sprache. Auch am Bruttoinlandprodukt und der Bruttowertschöpfung in SH war die L. 1998 nur noch zu 2,4% beteiligt.

Lit.: T. Thyssen, Bauer und Standesvertretung, Nms. 1958; Beiträge zur historischen Statistik SH, hg. vom Statistischen Landesamt, Kiel 1967; Geschichte SH, hg. von U. Lange, Nms. 1996, 368-425. LS

Landwirtschaftliche Vereine Die →Aufklärung ergriff gerade unter merkantilistischen und kameralistischen Vorzeichen auch die →Landwirtschaft, in der führende Denker versuchten, Reformideen einer rationalistischen Wirtschaftsführung mit größtmöglichem Nutzen für Landwirt und Staat zu verbreiten. Neben Einzelpersonen (→Lüders, von →Voght und Lucas Andreas Staudinger) waren es insbesondere L. und Gesellschaften, die durch Vorträge, Verbreitung von Lesestoff u.a. Einfluß nahmen. Der erste L. war die Oeconomische Lesegesellschaft im Amte →Cismar (1798), der erst in den 1820er Jahren weitere regionale L. folgten. Aus vier L. wurde 1834 der Landwirtschaftliche Generalverein gebildet, der 1896 den Grundstock für die →Landwirtschaftskammer bildete. Hauptanliegen war die Bildung und Beratung der Landwirte. Ein eigenständiges Publikationsorgan wurde nach Anfängen um 1830 mit dem »Landwirtschaftlichen Wochenblatt« (1850-1933) geschaffen. Zahlreiche Bildungseinrichtungen (angefangen von den Wanderlehrern bis hin zu den Landwirtschaftsschulen) gehen auf die L. zurück. Der Landwirtschaftliche Generalverein hatte bei seiner Auflösung 1896 151 Mitgliedsvereine mit etwa 20.000 Mitgliedern. Bei ständig gestiegenen Anforderungen an die Aus- und Weiterbildung der Landwirte, aber auch angesichts des Bedarfs an wirksamer Interessenvertretung einzelnen Zweige der Landwirtschaft haben sich die L. trotz heute rückläufiger Tendenzen bei den Betrieben halten und festigen können.

Lit.: P. Vollrath, Landwirtschaftliches Beratungs- und Bildungswesen in SH in der Zeit von 1750 bis 1850, Nms. 1957; T. Thyssen, Bauer und Standesvertretung, Nms. 1958. LS

Landwirtschaftskammer Durch Gesetz von 1894 und Verordnung von 1895 wurde die L. für SH geschaffen und konstituierte sich 1896. Sie sollte die Gesamtinteressen der Land- und Forstwirtschaft wahrnehmen, den Verwaltungsbehörden sachverständig bei allen einschlägigen Fragen Hilfe geben, den technischen Fortschritt durch geeignete Einrichtun-

gen fördern, an Verwaltung und Preisnotierung der Produktenbörsen sowie Viehmärkte mitwirken. Die L. trat damit die Nachfolge des Landwirtschaftlichen Generalvereins (→Landwirtschaftliche Vereine) an. Hinfort nahmen 80 von den 20 Kreistagen der Provinz gewählte Mitglieder die Kammeraufgaben wahr. Sie bestimmten den Vorstand aus acht Mitgliedern, den der Vorsitzende leitete. Eine Verwaltung aus hauptamtlichen Mitarbeitern unter der Leitung des Kammerdirektors gliederte sich in die Hauptstelle und zwölf Geschäftsstellen für die verschiedenen Aufgaben. Verschiedene Versuchsstationen und die Landwirtschaftsschulen im Lande unterstanden der L. Nach dem 1. WK wurde die Wahl zur L. demokratisiert, indem die Landwirte selbst wählen konnten. Die Lage der L. wurde durch die schwierige Lage der →Landwirtschaft bestimmt. Große Finanzaufwendungen waren zu bewältigen, so der Neubau des Verwaltungsgebäudes in Kiel 1926/27 und die Ausrichtung der Großen Landwirtschaftlichen Provinzialausstellung (GROLA) in Hamburg 1929. Sie führten zu Feindschaft zwischen L. und Landwirten, die dem Vordringen des →NS Vorschub leisteten. Die L. wurde im Herbst 1933 in den neugeschaffenen Reichsnährstand eingegliedert und nach der Kapitulation erst 1947 durch die Landesbauernkammer abgelöst. 1953 erfolgte die Neugründung der L., die jetzt eine auf fünf Jahre gewählte Hauptversammlung aus 113 (später nur noch 77) Mitgliedern sowie einen neunköpfigen Kammervorstand, Fach- und Landwirtschaftliche Ausschüsse, die Zentraldienststelle und einzelne Institute in Kiel und im Lande sowie 25 Landwirtschaftsschulen besaß. In der Zeit des Rückgangs der landwirtschaftlichen Betriebe (→Höfesterben) und der Verknappung der Mittel für landwirtschaftliche Bildung sowie Beratung geriet die L. erneut in den 1990er Jahren in eine starke Krise. Mit einem radikalen Abbau von Einrichtungen wie Mitarbeitern mußte den Gegebenheiten Rechnung getragen werden. Die L. wird angesichts des weiteren Bedeutungsverlustes der →Landwirtschaft weitere Anpassungsleistungen erbringen müssen.
Lit.: T. Thyssen, Bauer und Standesvertretung, Nms. 1958; K. Zühlke und V. Petersen, Die Geschichte der L., Kiel 1997.

Kammerpräsidenten	Amtsdauer
Christian Gf. zu Rantzau, Rastorf	1896-1914
Hans Caspar Gf. zu Rantzau, Breitenburg	1914-1929, 1931-1933
Otto Johannsen	1929-1931
Peter Jensen, Ausacker	1947-1967
Günter Flessner	1968-1975
Johann Gf. zu Rantzau	1975-1995
Carsten Mumm	1995-1999
Hermann Früchtenicht	seit 1999
Kammerdirektoren	Amtszeit
Dr. Breyholz	1896-1919
Dr. Dr. Walter Asmis	1919-1927
Dr. Thyge Thyssen	1927-1933
Dr. Alex Gloy	1945-1963
Dr. Kurt Zühlke	1963-1984
Dr. Peter Otzen	1984-1998
Dr. Marquard Gregersen	seit 1999

LS

Julius Langbehn

Langbehn, August Julius (geb. 26.3.1851 Hadersleben/Haderslev, gest. 30.4.1907 Rosenheim) Nach einem Studium in Kiel und München sowie Reisen in Italien wurde L. 1880 in Klassischer Archäologie promoviert. Mit seinem 1890 zunächst anonym erschienen Hauptwerk »Rembrandt als Erzieher. Von einem Deutschen.« (bis 1936 85 Auflagen) wollte L. dem dt. Volk mit einer »praktischen Philosophie« dienen. L. propagierte eine schlichte Lebensweise, die mit Vornehmheit, Edelsinn und Aufrichtigkeit des Charakters verbunden sein sollte. Rembrandt diente ihm hierfür als Beispiel. Ziel seiner Bemühungen war eine neue »bessere«, großdt.-katholische Gesellschaft. Ob er mit seinen Werken zur Grundlegung des NS beitrug ist umstritten.
Lit.: SHBL 8, 200-204. OM

Lange, Werner →Malerei

Lanste (abgeleitet aus landsate – Landsasse

Laß, Eduard

wurde im Gegensatz zum Bauern (→Bauer), dem die von ihm genutzten Immobilien und Mobilien gehörten, der Bauer genannt, der den von ihm bewirtschafteten Grund und Boden nur auf Lebenszeit vom Grundherren verliehen bekommen hatte, während ihm eigentümlich Gebäude und Beschlag gehörten. In der Frühen Neuzeit setzt sich der Begriff des Erbpächters, selten die römisch-rechtliche Bezeichnung Superfiziar dafür durch; den rechtlichen Hintergrund für letzteres bildet im Bereich der →Elbmarschen das Meyerstättische Recht (ius em-phyteusis). LS

Laß, Eduard →Kohl

Last →Gewichte, →Maße

Late ist allgemein ein →Höriger, insbesondere im slawischen Kolonisationsgebiet (→Kolonisation). Im Bereich der →Gutsherrschaft wird auch der dienst- und abgabepflichtige Bauer L. (in Ostelbien: Lassit) genannt. LS

Lateinschule →Gelehrtenschule, →Schule

Lauenburg (RZ) Die Siedlung entstand entlang der Elbe im 13. Jh. im Schutze der auf dem Geesthang 1181/82 erbauten L. Bis zum Schloßbrand 1618 war L. Residenzstadt der askanischen Hzz. (→Askanier). Die Entwicklung des bereits im MA mit →Stadtrecht versehenen Ortes hing eng mit der →Schiffahrt zusammen. Wegen ihrer schönen Lage und malerischer Unterstadt ist L. heute ein beliebter Ausflugsort, der ca. 11.900 Einw. hat.
Lit.: Magistrat der Stadt L., Chronik der Stadt L./Elbe, L. 1993. WB

Lauenburg

Lauenburg (Hzt.) gehörte z.Z. des Heiligen Römischen Reiches Dt. Nation als eines der kleinsten Hzt. zum Niedersächsischen Reichskreis. Das Kernland – hauptsächlich bestehend aus dem jetzigen Kreisgebiet – grenzte im Süden an die Elbe und im Norden an →Lübeck. Außerdem zählten das →Amt →Bergedorf, die Südelbische Marschvogtei Artlenburg, das Amt Neuhaus elbeaufwärts, die Vierlande und das Land Hadeln an der Niederelbe dazu. Das Territorium gliederte sich in fürstlichen Domanialbesitz (die Ämter) und die Ländereien der Rittergutsbesitzer (→Gut). Zudem befanden sich verstreut auch Enklaven anderer Landesherrn in L., so etwa der Hansestädte →Hamburg und Lübeck oder des Hzt. →Mecklenburg wie auch geistlicher Landesherren. Zu Lasten des Territorialbestandes L. gingen v.a. die geistlichen Besitzungen im MA, wie das Bt. →Ratzeburg, das Birgittenkloster Marienwohlde,

Lauenburg

Lauenburg

Das Herzogtum Lauenburg 1720 auf einer Karte von Hermann Moll, Ausschnitt

das Augustinermönchskloster Kuddewörde und das Kloster →Reinbek. Seit dem 16. Jh. teilte sich der Domanialbesitz des Hz. in die fünf Ämter Ratzeburg, →L., → Schwarzenbek, →Steinhorst (1574-1739 an Holst.-→Gottorf verpfändet) und Neuhaus auf. Daneben bestanden die drei Städte Ratzeburg, L. und →Mölln. Ehe →Heinrich der Löwe das spätere H. zu einem Teil →Sachsens machte, wurde es vom wendischen Stamm der →Polaben (→Slawen) bewohnt. Auf dem Reichstag zu Goslar 1154 erhielt Heinrich der Löwe von Kaiser Friedrich I. das Recht der Bf.investitur, u.a. in den Btt. Ratzeburg und Mecklenburg (Schwerin). 1180 verlor Heinrich der Löwe die Hztt. Sachsen und Bayern. Der Sohn des Markgf. der Nordmark, Albrecht der Bär, – Begründer des askanischen Herrscherhauses – Bernhard von Anhalt erhielt die sächsische Hz.würde. 1296 entstanden die Gebietsteile Sachsen-Lauenburg und Sachsen-Wittenberg aufgrund von Gebietsteilungen durch die →Askanier. 1356 wurde die Kurwürde ausschließlich an Sachsen-Wittenberg verliehen und ging nach dem Aussterben dieser Linie später nicht auf L.,

sondern auf das Haus der Wettiner über, ein Ausdruck für das Sinken des polit. Einflusses L. Nach Aufteilung der Sachsen-L. Linie in eine Ratzeburg-Lauenburgische und eine Bergedorf-Möllner 1305, gelang es Hamburg und Lübeck, verschiedene Ländereien durch Verpfändung oder Kauf an sich zu bringen. Die 1401 ausgestorbene Linie Bergedorf-Mölln mußte aufgrund hoher Verschuldung die Stadt und Vogtei Mölln 1359 an Lübeck verpfänden, ebenso gingen im Perleberger Frieden 1420 Bergedorf und die Vierlande sowie →Geesthacht an Hamburg verloren und konnten auch später nicht mehr zurückgewonnen werden. Die Schuldenpolitik wurde durch die Hzz. Magnus I., Franz I. und Magnus II. fortgesetzt. Erst Hz. Franz II. (1581-1619) schaffte es, L. wieder etwas Stabilität zu verleihen. Er veranlaßte die Bildung staatlicher Organe, wie eine ständige →Regierung, das →Konsistorium und das →Hofgericht im Jahr 1578. Entscheidend für die weitere Entwicklung des H. wurde der 1585 begründete Vertrag der »Ewigen Union mit der Ritter- und Landschaft«. Während des Dreißigjährigen Krieges bewahrte der Sohn Franz II., August, die Stabilität L. Später gewann Julius Heinrich noch Ländereien in Böhmen und dem Erzgebirge hinzu, was zur Belebung der l. Wirtschaft beitrug. Die böhmische Residenz Schlackenwerth wurde Hauptsitz L. Julius Franz gelang es 1683, die Möllner Besitzungen wieder einzulösen. Seine beiden Töchter konnten keine Ansprüche auf die Regierungsgewalt durchsetzen, da L. kein eigenständiges Hzt. war, sondern lediglich den Rang eines Reichslehens inne hatte. Mehrere Territorien meldeten nach dem Tod des letzten askanischen Hz. am 16.09.1689 Erbansprüche an. Georg Wilhelm, Hz. von Lüneburg-Celle, schuf Fakten, indem er L. mit seinen Truppen besetzte, was zu militärischen Auseinandersetzungen mit DK führte. In ihrem Verlauf wurde Ratzeburg 1693 durch dän. Truppen zerstört. Den Welfen gelang es, nach einem Waffenstillstand zwischen den kriegsführenden Parteien ihren Einfluß so zu verstärken, daß 1705, nach dem Tod Georg Wilhelms von Lüneburg-Celle, L. dem Welfenhaus in Hannover angegliedert wurde. Hz. und Kurfürst Georg Ludwig von Hannover wurde 1714 in Personalunion als Georg I. engl. Kg. Nach den Befreiungskriegen kam das Hzt. kurzzeitig nochmals an Hannover, bis es infolge der Bestimmungen des Wiener Kongresses 1815 an →Preußen fiel. Die preußische Regierung tauschte jedoch das Gebiet mit DK gegen das ehemalige Schwedisch-Vorpommern ein. Bis 1865 war nun der dän. Kg. gleichzeitig Hz. von L. Während der kriegerischen Auseinandersetzung mit DK 1848 erhielt das Hzt. auf eigenen Wunsch einen Kommissar des Dt. Bundes, welcher eine Administrationskommission einsetzte. 1851 wurde das Gebiet von österreichischen Truppen besetzt und wieder an den dän. Kg. zurückgegeben, während im Zuge der Restauration das liberale Staatsgrundgesetz des H. von 1849 wieder aufgehoben wurde. Nach dem 2. →Schleswigschen Krieg trat DK das H. im Vertrag von Gastein (14.08.1865) an Preußen ab, das zunächst in Personalunion mit ihm vereinigt wurde. In der Folgezeit kam es zu zahlreichen Neuerungen, wie der Einführung der Einkommensteuer und der Trennung von Rechtspflege und Verwaltung sowie der Aufhebung der Privatgerichtsbarkeit der Gutsherren. Vom Domanialbesitz erhielt der preußische Kg. ein Drittel des →Sachsenwaldes im Amt Schwarzenbek als Eigentum, das er später seinem Minister für Lauenburgische Angelegenheiten Fürst Otto von →Bismarck schenkte. Erst am 23.06.1876 konnte Preußen durch das Gesetz »betreffend die Vereinigung des Hzt. L. mit der preußischen Monarchie« das Ende der polit. Selbständigkeit L. durchsetzen, indem es aufgrund einer neuen Verfassung als gleichnamiger Kreis der preußischen →Provinz SH eingegliedert wurde. Die Erhaltung der relativen Selbständigkeit eines so kleinen Hzt. über einen recht langen Zeitraum erklärt sich v.a. aus der räumlichen Entfernung der jeweiligen Landesherrn nach 1689, in Hannover, London, Kopenhagen und Berlin, wobei von den Zentralbehörden lediglich die obersten Entscheidungen bezüglich der Verwaltung und der Rechtsprechung getroffen, die innere Verwaltung jedoch den Ständen vor Ort überlassen wurde. Die Auseinandersetzung zwischen Fürst und Ständen war im 16. Jh. v.a. durch die Probleme der gewaltig angewachsenen Schulden und einer strittigen Erbfolge, verbunden mit Familienstreitigkeiten, geprägt. Vor dem Hintergrund von Finanzkrisen und Unsicherheiten bezüglich der Thronfolge wußten die Stände ihren polit. Einfluß zu erweitern und zu festigen. So kam es 1585 zur Ewigen Union mit der Ritter- und Landschaft, in der die Stände einerseits die Herrschaft und Erbfolge Franz II. und die Unteilbarkeit des Hzt. anerkannten, der Hz. andererseits aber die Privilegien der Stände bestätigte: Überwachung der Einhaltung des Rechts, Selbstversammlungsrecht und Mitwirkung auf den →Landtagen bei im Erlaß von Gesetzen und Steuererhebungen. Der Vertrag von 1585 wurde die Grundlage für ein ständisches Mitwirken bei Verfassungs- und Verwaltungsfragen bis zum Ende des 19. Jh. Der Landtag als wichtigstes ständisches Organ setzte sich anfangs neben jeweils einem Vertreter der Städte v.a. aus den landtagsfähigen adeligen Gutsbesitzern zusammen. Es gab einen ständigen landschaftlichen Ausschuß unter Vorsitz des Erblandmarschalls, dessen Amt an das Gut Gudow gebunden war und von der Familie von Bülow wahrgenommen wurde. Der →Adel verlor nach den Ereignissen von 1848/49 durch Patent des dän. Kg.

vom 20.12.1853 endgültig das Übergewicht in der →Ständeversammlung; die 15 Abgeordneten setzten sich nun aus je fünf Vertretern der Städte, der Bauern und der landtagsfähigen Güter zusammen. Der Erblandmarschall behielt seinen Vorsitz beim Landtag und dem Landratskollegium als ständigen Ausschuß, in den nun zwei Landräte auf Lebenszeit hineingewählt und von einem →Landsyndikus und einem →Landschaftssekretär ergänzt wurden. Neben dem grundlegenden Vertrag von 1585 enthielt der Landesrezeß von 1702, die Versicherungsakte von 1815 und das Patent von 1865 vom jeweils wechselnden Landesherrn eine Bestätigung der Rechte und Privilegien der Ritter- und Landschaft. Landesherrliche Behörden: Auf Staatsebene richtete man Ende des 16. Jh. zunächst eine →Kanzlei ein, die 1702 zur Regierung mit Sitz in Ratzeburg wurde. Ihr stand der Landdrost als Präsident vor, unterstützt von zwei Regierungsräten. Die Regierung unterstand stets der jeweiligen Zentralbehörde in Hannover, später in Kopenhagen bzw. Berlin. Sie fungierte auch als Gericht 1. Instanz für die Kanzleisässigen und als Appellationsinstanz für die herrschaftlichen Niedergerichte. Auf der Ebene der fünf l. Ämter →Ratzeburg, →L., →Schwarzenbek, →Steinhorst und Neuhaus (bis 1816) übten die Amtmänner seit Ende des 16. Jh. die hzl. Gewalt auf der unteren Ebene aus, unmittelbar vorgesetzte Behörde war die Regierung. Das Amt nahm die landesherrlichen Rechte wahr und fungierte als Gerichtsbezirk für die Untergerichte. Zusammen mit der Regierung wurden die Ämter zum 1.1.1873 aufgehoben und ihre Befugnisse gingen auf preußische Beamte über. Dem Hz. standen im Bereich der adeligen Gerichte keine Befugnisse zu, der Gutsbesitzer war Eigentümer des gesamten Gerichtsbezirks, mit dem Recht der Polizeigewalt, Patrimonialgerichtsbarkeit und Verwaltungshoheit. Hinzu kamen Aufsicht über Schulen und Kirchen, als auch die Vergabe von gewerblichen Konzessionen. Die Gutsuntertanen besaßen ihr Land als erbliche Grundleihe. Die Gerichtsbarkeit verteilte sich auf verschiedene Institutionen, die zum Teil nebeneinander in erster Instanz Recht sprachen. Zum einen zählten dazu die Ämter, das Konsistorium und das Hofgericht, zum anderen die Regierung, die Stadt- und die Patrimonialgerichte der Ritterschaft. 1578 wurde das Hofgericht als höchstes Landesgericht eingerichtet und setzte sich aus einem Hofrichter, zwei Regierungsräten, zwei Landräten und zwei Assessoren als Beisitzern zusammen. Es tagte lediglich acht mal im Jahr. Darüber hinaus lag die Gerichtsbarkeit bei der Regierung. Nach 1851 wurde das Hofgericht zum ständigen Gerichtshof; ihm gehörten nur noch ein Hofrichter und zwei Regierungsräte an. Es wurde erste Instanz für Angehörige der Ritter- und Landschaft, Gem. und Städte und Appellationsinstanz für Untertanen aus den adeligen Gerichten. Am 4.12.1869 wurde das Hofgericht per Gesetz aufgehoben, ebenso die Patrimonialgerichtsbarkeit in den adeligen Gutsbezirken. Ihm folgten seit 1.4.1870 ein Kreisgericht in Ratzeburg und fünf Amtsgerichte in Ratzeburg, Steinhorst, Mölln, Schwarzenbek und L. Am 25.3.1585 wurde das Konsistorium durch eine von den Ständen bewilligte Kirchenordnung eingerichtet; es hatte bis zum 1.7.1876 Bestand und fungierte als Behörde für alle Kirchen- und Schulsachen sowie als geistliches Gericht für Eherecht und die Rechtsprechung über Pastoren. Es setzte sich ab 1702 unter einem Landdrosten als Vorsitzenden, einem Assessor der Ritter- und Landschaft, einem Hofrat, einem Superintendenten, einem weiteren Geistlichen und einem städtischen Assessor zusammen.

Lit.: P. von Kobbe, Geschichte und Landesbeschreibung des Hzt. L., Altona 1836; J. Meyn, Vom spätma. Gebietshzt. zum frühneuzeitlichen »Territorialstaat«. Das askanische Hzt. Sachsen 1180-1543, Hamburg 1995. CB

Lauenburg (Amt) Im Spätma. faßten die askanischen Hzz. (→Askanier) die ihnen direkt unterstehenden Dörfer in ihrem südlichen Herrschaftsgebiet zur Vogtei L. zusammen. Daraus entstand im 16. Jh. das →Amt L. mit Sitz im lauenburgischen Schloß. Das Amt war zugleich Verwaltungs- und Justizbehörde und umfaßte 26 Dörfer bzw. Dorfteile. Es wurde 1873 aufgehoben. WB

Lawätz, Johann Daniel →Patriotische Gesellschaft, →Norderstedt

Leber, Julius (geb. 16.11.1891 Biesheim/Elsaß, gest. 5.1.1945 Berlin) Der promovierte Volkswirt L. war als Redakteur, Bürgerschaftsmitglied und Reichstagsabgeordneter wichtigster, reformistischer SPD-Repräsentant →Lübecks. Am 23.3.1933 vor dem Reichstag verhaftet, kam er 1937 nach Gefängnishaft und KZ wieder frei. L. gehörte ab 1943 zum Kreis der Verschwörer des 20. Juli. Schon vorher abermals verhaftet, wurde er vom Volksgerichtshof verurteilt und am 5.1.1945 hingerichtet.
Lit.: D. Beck, L. Sozialdemokrat zwischen Reform und Widerstand, Berlin 1983. UD

Lecker Au ist ein kleiner Fluß, der südlich von Medelby (SL) entspringt, mehrere Bäche (Horsbek, Lanewatt, Brebek) aufnimmt, südlich Leck passiert und längs den Kohldammer- und Störtewerkerkoog (kanalisiert) durchfließt, um sich kurz vor der Mündung mit der →Soholmer Au zu vereinigen. LS

Ledingspfennig war eine Steuer im frühen Hzt. Schl., die dem Hz. von allen Haushalten in den Jahren zu entrichten war, in denen kein Kriegszug stattfand. Das Leding war im frühen MA die Regelung der Kriegsdienstpflicht zur See, wozu die Küstenlandschaften in Schiffsbezirke geteilt waren, die jeweils ein Schiff und eine Besatzung zu stellen hatten. LS

Legien, Carl →Sozialdemokratie

Lehmann, Wilhelm (geb. 4.5.1882 Puerto Cabello, gest. 17.11.1968 Eckernförde) Der Schriftsteller L. verbrachte seine Kindheit und Schulzeit in →Wandsbek. Nach dem Abitur 1900 studierte er Dt. und Englisch in Tübingen, Straßburg, Berlin und →Kiel und wurde 1905 promoviert. Anschließend war er als Lehrer, zuletzt als Studienrat in →Eckernförde, tätig, wo er 1947 pensioniert wurde. Freundschaften verbanden ihn mit Moritz Heimann, Oskar Loerke und Ernst Wilhelm Nay. 1923 erhielt L. zusammen mit Robert Musil durch Alfred Döblin für seinen Roman »Weingott« (1921) und die vorangegangenen Werke den Kleistpreis. L. wurde nach 1945 einer der einflußreichsten dt.sprachigen Lyriker.
Lit.: U. Doster, J. Meyer, L., Kat. Marbach/Neckar 1982. KUS

Lehnsmann wurde bis 1888 der Kommunalrepräsentant des Ksp. in der →Landschaft (seit 1867 →Kreis) →Eiderstedt genannt. LS

Lehrerseminar Zur Ausbildung von Lehrkräften der Land- und Volksschulen wurde 1781 das erste L. in Kiel eingerichtet. Unter dem Leiter Heinrich Müller innovativ, wurde es vom reaktionären Nachfolger ruiniert und 1823 geschlossen. 1787 erfolgte die Gründung des Seminars Tondern/Tønder, 1839 folgte Segeberg, 1858 Eckernförde. Nachdem SH 1867 preußische Provinz geworden war, folgte die Vereinheitlichung; schließlich existierten sechs L. und vier Lehrerinnenseminare, deren dreijähriger Besuch die Abschlußprüfung an einer →Präparande voraussetzte. Den L., die der stofflichen Vertiefung und der Grundbildung in den Fächern Pädagogik und Psychologie dienten, war je eine einklassige, alle Jahrgänge umfassende Übungsschule zugeordnet, an der eine wirklichkeitsnahe Berufsvorbereitung der sehr jungen Seminaristen stattfand. Präparande und L. bildeten eine der raren Aufstiegschancen für begabte Volksschüler und -schülerinnen aus einfachen Verhältnissen. Lehrende an Seminaren mußten die Mittelschullehrer- oder Rektorenprüfung absolviert haben. Mit der Akademisierung der Lehrerausbildung an pädagogischen Akademien (→Hochschule) in der Zeit der Weimarer Republik kam das Ende der L.
Lit.: K. Knoop, Zur Geschichte der Lehrerbildung in SH, Husum 1984. UD

Leibeigenschaft Mit der Entwicklung der →Gutsherrschaft ging auch die Entstehung der L. einher. Auf diese Weise sicherten sich die Gutsherren die nötigen Arbeitskräfte für ihre Eigenwirtschaft. L. bedeutete persönliche Unfreiheit in Abhängigkeit vom Gutsherren, Besitzlosigkeit an Hof und Land, ungemessene Dienstpflicht auf den Herrenländereien und fast immer →Schollenband. Sie konnte unterschiedliche Ausprägungen haben; in schärfster Form waren tägliche →Hofdienste gefordert. Hatten bereits um 1500 zahlreiche gutsuntertänige Bauern einen der L. nahekommenden Status, so wurde durch das Privileg vom 6.5.1524 der Ritterschaft von Friedrich I. die Hals- und Handgerichtsbarkeit über

Julius Leber auf einer Briefmarke von 1991

Leibregiment der Königin zu Fuß

ihre Untertanen zugesprochen, die sich in der Folge als wichtigstes Zwangsmittel zur Schaffung von Leibeigenen erweisen sollte. Die L. drang in Holst. Ende des 16. Jh. allmählich auf allen Gütern, den landesherrlichen Domänen und einem Teil der Klosterbesitzungen (mit Ausnahme der Marschgüter) durch. In Schl. ist sie früh im →Dän. Wohld und →Schwansen nachgewiesen, während sie im Südosten →Angelns erst im 17. Jh. Eingang fand. Mit dem Erstarken der Stellung des Landesherren am Ende des 17. und zu Beginn des 18. Jh. kam die weitere Verbreitung der L. zum Stillstand. Im Zuge der Aufklärung wurde die L. mehr und mehr als menschenunwürdig betrachtet und schließlich im Rahmen der →Agrarreformen zum 1.1.1805 aufgehoben.
Lit.: W. Prange, Die Anfänge der großen Agrarreformen in SH bis um 1771, Nms. 1971. LS

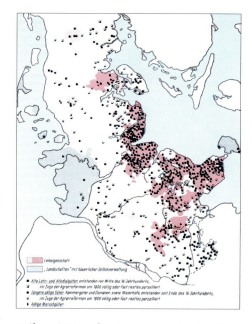

Regionen mit Leibeigenschaft in SH um 1730

Leibregiment der Königin zu Fuß (Glückstadt) Das L. wurde 1657 als Infanterieeinheit aufgestellt und bekam am 2.11.1679 → Glückstadt als Garnisonsort, wo es bis 1842, also auch nach der Entfestung 1814/15 blieb. 1773 wurde ihm das Zweite SH nationale Bataillon angegliedert. 1841 erhielt es nach dem neuen Heeresgesetz die neue Bezeichnung 17. Linien-Infanteriebataillon. Als solches ging es 1848 mit Ausnahme der Offiziere zur sh Armee über. Nach der Niederlage im Ersten → Schl. Krieg wurde es 1851 aufgelöst, 1852 neu gebildet und nach Kopenhagen verlegt. Später kam es nach Roskilde. Zunächst war es – wie alle Einheiten des frühen stehenden Heeres – mit Ausnahme des Offizierkorps eine nahezu reine Geworbeneneinheit, die nur im Kriegsfall mit Einheimischen aufgefüllt wurde; seit 1737/1764 wurde es zum eigentlichen Landesregiment Holst., weil zahlreiche Holst. hier dienten. Am 13.2.1803 befanden sich etwa 780 Angehörige des L. in Glückstadt.
Lit.: E.-A. Meinert, Chronologische Übersicht über die Glückstädter Garnisonsgeschichte, in: J. Steinburg 38, 1993, 162-170. LS

Leibregiment leichter Dragoner Das 1714 aufgerichtete Leibregiment Dragoner wurde 1721 dem Garnisonsort →Itzehoe zugewiesen, wo es auch bis zu seiner Auflösung 1852 verblieb. Es hieß ab 1772 Norwegisches Leibregiment Reuter, ab 1785 wieder Leibregiment Dragoner und wurde 1791 zu einem leichten Dragoner-Regiment, bis es 1796 als L. bezeichnet wurde. Es trat 1848 zur sh Armee über. Aus dem aufgelösten L. wurde das 6. Dragoner-Regiment gebildet, das bis 1863 in Itzehoe blieb. LS

Lemke, Helmut →Landtagspräsident, →Ministerpräsident,

Lenz, Siegfried →Literatur

Lessing, Gotthold Ephraim →Theater

Letzte Fehde ist die Bezeichnung für den Kriegszug des Kg. von DK und seiner holst. Alliierten, der 1559 zur Eroberung →Dithm. führte. LS

Leuchtfeuer Als Navigationshilfen für die →Schiffahrt wurden landfeste (Leuchttürme) oder schwimmende (Feuerschiffe) leuchtende Seezeichen an den Küsten und Ufern der großen Ströme eingesetzt. Die ersten L. in SH entstanden um 1220 bei →Travemünde, dann um 1630 auf Helgoland (offene Blüse für den Winterbetrieb, 1811 durch einen Leuchtturm ersetzt). Besonders früh wurde der Schiffahrtsweg auf der Unterelbe (→Elbe) mit Feuern

gesichert (Blüse in Neuwerk um 1650, Leuchttürme in Cuxhaven 1805, Neuwerk 1814, Feuerschiffe »Elbe« 1816, »Schulau« 1839, »Lühe« 1844). 1805 wurde der Leuchtturm auf dem →Bülker Huk errichtet, 1807/1815 kam das L. in →Friedrichsort hinzu; ebenfalls 1807 wurde eines in →Tönning (Lotsenkutter »Eider«) eingerichtet. Die große Zahl der Leuchttürme und wesentlich kleinere Zahl der Feuerschiffe entstand erst in preußischer Zeit, um den tiefgehenden Dampfschiffen die gefährlichen Passagen der Westküste, aber auch das Ansteuern der Ostküstenhäfen zu erleichtern. Die bekanntesten sh Leuchttürme der Westküste sind die von →Amrum (1875) und Westerhever (1906/1907), an der Ostküste der von Holtenau (1894/1895). Mehrere Feuerschiffe waren insbesondere in der →Ostsee eingesetzt: »Kalkgrund« (1876-1963) in der Flensburger →Förde und »Kiel« in der Kieler Bucht (1966 durch einen Leuchtturm ersetzt). Heute gibt es an der Westküste 13, an der Ostküste 19 Leuchttürme, davon allein sechs auf →Fehmarn. Die Unterelbe ist mit drei Leuchttürmen und 22 Richtfeuern auf 38 Türmen gesichert.
Lit.: F.-K. Zemke, Dt. Leuchttürme einst und jetzt, Hamburg 1992; F.-K. Zemke, Feuerschiffe der Welt, Hamburg 1995. PDC/LS

Der Steindeicher Leuchtturm bei Groß Kollmar an der Elbe um 1900

Levensau Die L. war ein kleiner, westlich in die Kieler →Förde mündender Wasserlauf, der zusammen mit der →Eider und der zwischen beiden bis zum Flemhuder See durch Wall und Graben errichteten Landscheide die Grenze zwischen Schl. und Holst., DK und dem Alten Reich bildete. Sie ist im SH- oder Eiderkanal (→Kanal) und schließlich im Nord-Ostsee-Kanal aufgegangen. RH

Der Leuchtturm Westerhever

Lex Regia Die L. von 1665 war sowohl Verfassungsurkunde als auch Hausgesetz des dän. Absolutismus. Sie bestätigte die 1660/61 erreichte Alleinherrschaft des Kg. ohne ständische Mitwirkung und legte gleichzeitig die Erbfolge in der neu errichteten Erbmonarchie DK fest. Für den Fall des Aussterbens der männlichen Linie galt die weibliche Erbfolge. Als Verfassung wurde die L. 1849 vom neuen dän. Grundgesetz (Grundlov) abgelöst. Die Frage der Gültigkeit der Erbfolgeregeln für das Hzt. Schl. war im 19. Jh. einer der Streitpunkte zwischen den nationalen Bewegungen in DK und SH.
Lit.: K. Krüger, Absolutismus in DK – ein Modell für Begriffsbildung und Typologie, in: ZSHG 104, 1979, 171-206. KGr

Liberalismus Die Abkehr von den Prinzipien des aufgeklärten Absolutismus, nach denen der Kg. und seine Behörden sich allein um das Wohlergehen der Untertanen kümmern sollten, vertraten die Liberalen der 1. H. des 19. Jh. in DK, indem sie Öffentlichkeit der →Ständeversammlungen, Steuerbewilligungsrecht, Einblick in und Einflußnahme auf die Finanzverwaltung, allgemeine Wehrpflicht und kommunale Mitbestimmung, darüberhinaus Beschlußfassungskompetenz für die Ständeversammlungen und Redefreiheit forderten. Sie artikulierten sich in den Ständeversammlungen; herausragende Liberale der Zeit von 1836-1848 waren der Hadersleber Peter H. →Lorenzen (1791-1845), der Kieler Theodor Olshausen (1802-1869) und der Itzehoer Georg Löck (1782-1858). Allerdings geriet der L. in den Hztt. schnell in nationales Fahrwasser, indem liberale Forderungen mit nationalen verbunden wurden (Nationall. 1839-1842). Die gemäßigten Liberalen gründeten auf der Grundlage rechtshistorischer Argumentation die »Landespartei« unter Führung von Wilhelm →Beseler mit dem Ziel der Lösung von DK, während die schl. Liberalen ihr Heil in einer stärkeren Bindung an DK suchten. Nach dem Intermezzo des Bürgerkrieges, als in der →Provisorischen Regierung Liberale und Demokraten die Mehrheit hatten, kam es aufgrund des dän. Drucks zu keiner nennenswerten Weiterentwicklung. Führende Liberale wanderten aus. Nach der →Annexion durch →Preußen kam es zu einer allmählichen Anpassung der Liberalen an das sich entwickelnde Parteienspektrum des Kgr. und schließlich des Dt. Reichs. Die sh Liberalen, die zunächst gegen die Annexion waren, näherten sich den Linksliberalen und bildeten unter Albert →Hänel (1833-1918) die »SH Liberale Partei«; sie schloß sich dem preußischen »Fortschritt« an und agierte unter allmählicher Anerkennung der polit. Machtverhältnisse an dessen rechtem Rand. Mehrere Spaltungen gingen der schließlichen Vereinigung zur »Fortschrittlichen Volkspartei« (1910) voraus. Die Linksliberalen hatten sich dabei zu einer profillosen Mittelpartei mit einer Klientel aus selbständigen Handwerkern, kleinen Kaufleuten und kleinen bis mittelgroßen Landbesitzern zusammengeschlossen. Hingegen hatten die Nationalliberalen ihren Rückhalt in der Beamtenschaft, der wohlhabenden Kaufmannschaft, bei den freiberuflichen Akademikern und den großen Landbesitzern. Sie unterstützten die preußisch-nationale bzw. kaiserdt. Linie der Politik. Beide liberalen Parteien hatten in der Kaiserzeit stets Anteile von 35-53% der Stimmen bei Reichstagswahlen. In der Weimarer Republik gingen die sh Strömungen in das allgemeine Parteienspektrum ein. Die »Dt. Demokratische Partei« nahm die linksliberale Tradition auf, während die »Dt. Volkspartei« eher nationalliberale Positionen vertrat. Bei den Wahlen standen beide liberale Parteien nach 1919 deutlich hinter den konservativen Gruppierungen zurück und verloren ab 1928 massiv an den aufsteigenden →NS. Nach dem 2.WK formierten sich die Liberalen auch in SH als »Freie Demokratische Partei« neu und errangen bei den Landtags- und Bundestagswahlen meistens zwischen 5 und 10% der Stimmen. Nur bei den Landtagswahlen 1971, 1983 und 1988 verfehlten sie die 5%-Marke. LS

Licenten →Zoll

Liedertafel Im engeren Sinne ist als L. während des 19. und frühen 20. Jh. ein Männerchor zu verstehen, dessen Mitglieder nicht nur das gesellige Singen und die gemeinsame Pflege volkstümlichen Liedguts, sondern auch eine national-patriotische Grundhaltung verband. Während Carl Friedrich Zelter aus dem exklusiven Zirkel der Sing-Akademie heraus 1809 die erste Berliner Liedertafel unter kgl. Patronat gründete (Mitglieder waren Dichter, Sänger oder Komponisten), geht die von Hans Georg Nägeli 1810 ins Leben gerufene Züricher Liedertafel auf ein pädagogisch-philantropisches Interesse zurück; in seiner Gesangbildungslehre beschreibt Nägeli zudem den demokratischen Charakter des Chorgesangs. An das zunächst im schweizerisch-süddt. Raum verbreitete Modell eines Liederkranzes, der allen Bev.schichten offen stand, lehnten sich auch die ersten in SH gegr. Vereine an: 1823 →Altona, 1832 →Lübeck (1842 Neugründung), 1835 →Kellinghusen, 1839 →Schl., 1840 →Uetersen und →Glückstadt, 1841 → Kiel und →Itzehoe. Oftmals täuschen die späten Daten jedoch darüber hinweg, daß – wie im Falle des Schl. Gesangvereins oder der Kieler L. – am Ort bereits zuvor andere Chöre bestanden, die sich dann zusammenschlossen. Gleich anderen Vereinen gaben sich die L. ein strenges Reglement. Identitätsstiftend wirkten ein Banner oder eine Fahne, die zu den →Sängerfesten mitgeführt wurden.

Lit.: J. Benz, 150 Jahre Itzehoer L. 1841-1991, Glückstadt 1991. MKu

Liespfund →Gewichte

Liether Kalkgrube Ein rund 16ha großes Naturschutzgebiet in der Gem. Klein Nordende (PI) heißt L. Sie entstand durch den Abbau von Kalk, Ton, Sand und anderen Gesteinen in einem Zeitraum von ca. 140 Jahren seit 1844. Dabei wurden geologische Formationen freigelegt, die bis in die Zeit vor 200-270 Mio. Jahre zurück reichen. Diese sind in SH einmalig und auch überregional von Bedeutung. Aufgrund der extremen Standortverhältnisse siedelten sich im Laufe der Zeit hoch spezialisierte und z.T. anderswo stark gefährdete Lebensgemeinschaften in der Grube an.

Lit.: Informationsblatt Naturschutzgebiet L., hg. vom Kreis Pinneberg, Fachdienst Umwelt, Pinneberg 1997. PDC

Liliencron, Friedrich Adolf Axel Freiherr von (Pseudonym Detlev, geb. 3.6.1844 Kiel, gest. 22.6.1909 Alt-Rahlstedt) Nach Tätigkeiten im preußischen Militär (bis Sept. 1876) und Verwaltungsdienst (1882/83 →Hardesvogt auf →Pellworm, 1883/85 →Ksp.vogt in →Kellinghusen) lebte L. als freier Schriftsteller. Bekannt war er v.a. durch seine Lyrik, mit Dramen hatte er wenig Erfolg. Das gesamte Werk erweist sich heute als stark zeitgebunden. L. vitaler, natürlich-derber Stil rückt ihn in die Nähe des Naturalismus. MB

Detlev von Liliencron mit seiner Familie

Limes saxoniae Der L., im 2. Buch, Kapitel 18, der Hamburgischen Kirchengeschichte des Geschichtsschreibers Adam von Bremen (um 1070 verfaßt) beschrieben, stellt eine Grenzlinie zwischen den →Sachsen und den östlich von ihnen wohnenden slawischen Abotriten (→Slawen) dar. Den L. hat man sich als lineare Grenze vorzustellen, die natürlichen Geländeeinschnitten wie Flußtälern und sumpfigen Niederungen folgte, teilweise war er durch Burgen gesichert. Die bei Adam genannten Örtlichkeiten und Geländeabschnitte lassen

Tagebau mit Schaufel und Lore in der Liether Kalkgrube um 1930 (Foto Max Stehn)

Linau

sich größtenteils lokalisieren. Seinen Ausgang nahm der L. am nordöstlichen Ufer der →Elbe, in dem Gebiet zwischen Boizenburg und Blekede. Die Linienführung folgte vermutlich dem Flußbett der Delvenau bis zum Hornbeker Mühlenbach, dann über die Billequelle zur Barnitz und weiter zur Sumpfbeste, die bei Bad →Oldesloe in die →Trave mündet. In nördlicher Richtung ging es längs der Trave weiter. Der letzte Abschnitt wird durch die sog. Alte →Schwentine bis zu deren Einmündung in die Kieler →Förde markiert.

Lit.: K. Kersten, Vorgeschichte des Kreises Lauenburg, Nms. 1951, 115-126. RW

Das Turmfundament der Burg Linau

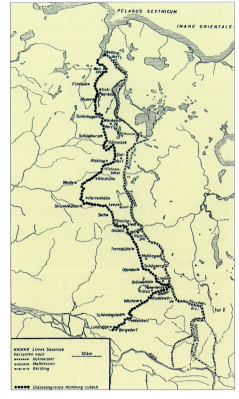

Der Limes saxoniae

Linau

Linau (RZ) Im 13. und 14. Jh. war die Burg L. Sitz der Ritter von Scharpenberg, die von hier aus Fehden gegen →Hamburg und →Lübeck führten und deren Landverkehrswege störten. In einem Landfriedensbündnis zwischen den zwei Städten, den holst. Gff. und den Hzz. von →Lauenburg wurde die →Burg drei Wochen lang belagert und am 29.9.1350 erobert und zerstört. Von der auf drei Hügeln mit umgebenen Wassergräben gelegenen Burg am Nordwestrand des Dorfes L. ist noch das Feldsteinfundament des Bergfrieds mit ca. 3m dicken Mauern erhalten. L. ist damit die einzige ma. Burgruine in SH. OP

Linekoget, Johann Christoph →Hexe

Linie →Maße

Linieninfanterie 1842 wurde aufgrund der dän. Heeresneuorganisation eine Teilung der Infanterieeinheiten in 17 Bataillons L., fünf Jägercorps, ein Leibjägercorps und die Leibgarde zu Fuß vorgenommen; daneben gab es drei Kavalleriebrigaden, eine Artilleriebrigade, eine Gardehusarendivision und die Leibgarde zu Pferde. Das stehende Heer schied sich in Linie und Reserve. Bei der L. war die Dienstzeit vier Jahre, wovon nur zwei Jahre in der Garnison verbracht wurden, die übrigen zwei Jahre bei nur jährlichen Manövern. In SH lagen bis 1848 das 14., 15. und 16. Bataillon L. (→Rendsburg) sowie das 17. Bataillon L. (→Glückstadt). Nach der Neuaufstellung im Gefolge des Ersten →Schl. Krieges waren folgende L.-Bataillons in SH garnisoniert: 1. (Rendsburg), 2. (→Eckernförde), 3. (→Altona), 5. (Rendsburg), 6. (→Schl.), 8. (→Kiel), 9. (Altona), 14. (→Ratzeburg) Später kam das 4. L.-Bataillon nach Eckernförde, während das 5. nach Odense verlegt wurde; dafür rückte das 9. nach Rendsburg ein 1863 waren zusätzlich das 20. L.-Bataillon in Altona und das 21. In →Flensburg stationiert. LS

Linnemann, Willy-August →Literatur

Lister Tief Die tief in das nordfriesische Watt einschneidende Fahrrinne entlang der Staatsgrenze zwischen Dt. nördlichster Insel Sylt und der dän. Nachbarinsel Röm/Rømø in der →Nordsee heißt L. Wegen seiner Tiefe eignet sich das Seegat (Tor) hervorragend als Wasserfahrstraße von der offenen See zu den Häfen im Wattenmeer. Der dän. Abzweiger, das Rømø Dyb, führt in nordöstlicher Richtung zum Fährhafen Havneby auf Rømø, das dt. Tief zum Hafen nach List und weiter als Wattstrom Lister Ley und Pandertief auf der Ostseite Sylts nach Süden zum Hafen Munkmarsch. Die Wattströme enden schließlich als flache →Priele im Sylter →Watt. Während einer Tide strömen über 500 Mio. m³ Wasser mit einer Geschwindigkeit bis zu einem m pro Sekunde zwischen Sylter Watt und Nordsee hin und her. Im L. kam es 1644 zu einem Seegefecht zwischen der dän. Flotte unter dem Kommando Christian IV. und der unter einem nl. Admiral agierenden schwedischen Flotte. HK

Literatur MA und Frühe Neuzeit: Die Anfänge der L. in SH standen im Zeichen der →Geschichtsschreibung. In der Sprache der Kirche schrieb →Helmold von Bosau im 12. Jh. seine »Chronica Slavorum« (1168/71) von den Kämpfen mit den →Slawen und ihrer Bekehrung. Daß sein Fortsetzer →Arnold von Lübeck sich veranlasst sah, Hartmann von Aues Gregorius ins Lat. zu übersetzen (»Gesta Gregorii peccatoris« 1213) erhellt die Abgrenzung des Nordens von der großen mittelhochdt. Dichtung. Schriftsprache wurde hier neben dem L. das →Mnd. In dieser Sprache der Hanse berichteten Lübecker →Chronisten wie Detmar (1385/95) und Hermann Korner (1420/35) anschaulich von dem, was sich in und außerhalb der Mauern der Hansestadt an Merkwürdigem zutrug. Hiervon angeregt, griffen später an der Westküste unter anderen der Pfarrer →Neocorus und der Bauer Peter →Sax ebenfalls zur Feder, um die Geschichte ihrer Landschaft in Krieg, Hungersnot und immer wiederkehrenden Sturmfluten (→Sturmflut) aufzuzeichnen. Vielleicht nicht zufällig entstammten dieser Küstenlandschaft noch im 19. Jh. bedeutende Historiker wie Barthold Heinrich Niebuhr und Theodor →Mommsen, der erste dt. Nobelpreisträger für L. Dokumente ma. Frömmigkeit sind die grelle Jenseits-Vision des Bauern →Gottschalk (»Visio Godeschalci« 1190) und die alljährlich in der →Bordesholmer Klosterkirche aufgeführte →Bordesholmer Marienklage (1476). Schon bald nach Gutenbergs Erfindung etablierten sich in Lübeck talentierte Buchdrucker (→Druckerei), die die Hansestadt zum ersten Druckort im Norden und für Skandinavien machten. Unter der Menge der von hier ausgegangenen Erbauungsschriften und Bücher zur Natur- und Weltkunde ragen die prächtig ausgestattete niederdt. Lübecker Bibel (1494) des Stephan Arndes sowie das vielgelesene Volksbuch »Reinke de Vos« (1498) heraus. Gleichfalls aus einer Lübecker Presse kam das Jedermann-Spiel »De Düdesche Schlömer« (1584) des streitbaren Pastors Johannes Stricker. – Barock: Siegte auch widerstandslos die von der Obrigkeit eingeführte →Reformation, so regte sich gegen eine bald erstarrte lutherische Orthodoxie doch mancherorts Widerstand. Die Satire wurde einer ihre Waffen, so bei der Eiderstedterin Anna Ovena →Hoyers, die in ihren Spottgedichten und Spiel vom »Dörp-Papen« (1630) der anmaßenden Geistlichkeit schonungslos den Spiegel vorhielt. Führender Geist der dt. Barockdichtung im Norden war als Gründer des →Elbschwanenordens, der Wedeler Pastor Johannes →Rist mit seinen Tragödien, weltlichen Gedichten und zahlreichen geistlichen Liedern (1642). Das neue Dichtungsideal vermittelte er seinem dän. Freund Søren Terkelsen in →Glückstadt, dessen Übertragungen (»Astree Siunge-Choer« von 1648) der dän. L. und Dichtersprache im 17. Jh. wichtige Impulse gaben. Erstmals genauere Kunde über die Lebensverhältnisse im tiefen Rußland und von der Kultur der Perser vermittelte seinen Zeitgenossen der in gottorfischen Diensten stehende Adam →Olearius mit seiner »Beschreibung der orientalischen Reise« (1647/56). – 18. Jh.: Eine neue Blüte erfuhr die L. des Landes im Zeitalter des dän. Gesamtstaats. Deren Stern war Klopstock, der von Kg. Friedrich V. geförderte Sänger des »Messias« (1748/73) und jener Oden (1771), die eine neue Dichtersprache begründeten. L.-Zentren

Literatur

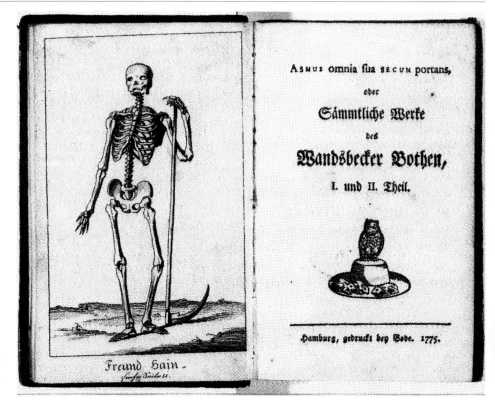

Titelseite des Wandsbeker Boten von Matthias Claudius

im Süden des Gesamtstaats wurden →Altona, dank der hier geltenden Zensurfreiheit ein Ausfallstor für die Schriften der →Aufklärung in die dt. Lande südlich der →Elbe, und das nahe →Wandsbek, berühmt durch den »Wandsbecker Bothe« (1771-1775) Matthias' →Claudius. Wie Klopstock war auch er ein gern gesehener Gast der →Reventlows auf →Emkendorf, neben →Tremsbüttel und Knoop dem durch Kunst und L. glänzendsten Herrensitz im Lande. In →Eutin wirkten neben Friedrich Heinrich Jacobi der Lyriker Friedrich Leopold Gf. →Stolberg und der Idylliker und Homer-Übersetzer Johann Heinrich →Voß, beide l. hervorgegangen aus dem Göttinger Hainbund des Flensburgers Johann Christian →Boie, dessen später von ihm in →Meldorf herausgegebene L.zeitschrift »Dt. Museum« (1776-1791) durch Vorabdruck viele neue Autoren dem dt. Publikum bekannt gemacht hat. – 19. Jh.: Armut verdüsterte die Jugend des in →Wesselburen geborenen Dramatikers Friedrich Hebbel. Um so inniger malte sein Landsmann Klaus →Groth in seinem »Quickborn« (1852) nicht nur sein »Jungsparadies«, sondern in einer Folge von Liedern, Balladen und Reimen die Vielfalt des Dithm. Volkslebens in der Mundart seiner Menschen und wurde so zum Begründer der neuen niederdt. Dichtung. Ein früher Förderer Groths war der gleichfalls aus Dithm. stammende Germanist Karl →Müllenhoff, der nach dem Vorbild der Brüder Grimm begann, »Märchen, Sagen und Lieder aus SH« (1845) zu sammeln. Die baumlose Weite der Marsch, die einsame Heide der Geest, die alten Giebelhäuser mit ihren Zeichen der Erinnerung bilden den Hintergrund jener Gedichte (1852) und »Novellen« (1850/88) Theodor →Storms, die seitdem auch ferne Leser angesprochen und ihre Vorstellung von dieser Landschaft und Lebenswelt geprägt haben. Das sich mit der Erhebung von 1848 auch in Storms Lyrik spiegelnde polit. Schicksal SH bildete den Hintergrund für den Roman »Maren« (1907), dem Spätwerk des großen niederdt. Erzählers dörflicher Lebenswelt Hinrich →Fehrs. Gegen Ende des 19. Jh. zwischen Naturalismus und Impressionismus stehend, jeder Stilrichtung zugerechnet und doch keiner recht zugehörend, wurde Detlev von →Liliencron mit seinen sensiblen, oft nur hingetupften Natur- und Augenblicksbildern zu einem Wegbereiter der modernen Dichtung. Der zeitlebens wirtschaftlich Bedrängte suchte seinen »Froschfrieden« und gestaltete ihn als Phantasiegebilde in seinem kunterbunten Epos »Poggfred« (1896), das noch heute den Leser zu Entdeckungsreisen einlädt. Richard Dehmel, dem dieses »göttliche Feuilleton« (Thomas Mann) gewidmet war, bewunderte solche den Lebenszwängen abgetrotzte Leichtigkeit. Seine eigene Lyrik (»Erlösungen« 1891), von der jungen Generation emphatisch begrüßt, kreiste um die Macht des Eros und erhöhte, im Konflikt mit bürgerlichen Moralvorstellungen, die Geschlechterliebe pathetisch zum Religionsersatz. – 20. Jh.: Die Wende vom 19. zum 20. Jh. brachte eine lit. Gegenbewegung zur industriellen Expansion und der ihr einhergehenden Urbanisierung mit der Hinwendung zu naturgegebenen Landschaften und der Lebenswelt in traditionell ländlichen Räumen. Sie fand ihren Niederschlag in der damals europaweit aufkommenden Heimatdichtung. Die besondere Wirkung sh Autoren war, daß sie das Bild ihres Landes und die Lebensweise seiner Bewohner einer breiten dt.sprachigen Leserschaft nahe brachten. An erster Stelle ist hier Timm →Kröger zu nennen, dessen Erzählungen, wie »Der Schulmeister von Handewitt« (1893) die heimatliche Landschaft und die Wesenart ihrer Menschen mit ihren Konflikten schildern. Bestseller kurz nach der Jh.wende waren die Romane »Jörn Uhl« (1901) und »Hilligenlei« (1905) des Dithm. Pastors Gustav → Frenssen. Zu erwähnen ist aber auch der durch seinen Roman »Die Dithm.« (1898) bekannt gewordene Adolf Bartels, wurde er doch durch seine völkisch-rassisistische Betrachtungsweise, etwa in der »Geschichte der dt. L.« (1901) verhängnisvoll zu einem Wegbereiter der ns. L.politik. Die eigentümliche Welt der nordfriesischen Inseln und einsamen Halligen machte Wilhelm Lobsien mit seinem Roman »Der Halligpastor« (1914) und den folgenden Erzählungen einer großen Leserschaft bekannt und erschloß so eine seitdem beliebte L.landschaft. Vorangegangen waren ihm darin zwei Frauen: die aus →Föhr stammende Naturlyrikern Stine Andresen (»Gedichte« 1896, 1903) und die Eiderstedterin Ingeborg Andresen mit ihren Erzählungen »Hinter Deich und Dünen« (1907). Historische Lebensbilder dieser Landschaft zeichnen die Romane von Margarete Boie, wie »Der Sylter Hahn« (1925). Sozialkritische Bilder vom Elend arbeitender Frauen zeigten schon vor dem 1.WK die viel gelesenen Romane der Husumerin Margarete →Böhme, z.B. in »Tagebuch einer Verlorenen« (1905). Anschauliche Skizzen vom Leben der Mägde und Knechte, der Tagelöhner und armen Häusler gab in ihrem Buch »Schleswig-Holsteinische Landleute« (1900) Helene Voigt-Diederichs. Schon früh verließ das lit. bedeutendste Brüderpaar →Mann →Lübeck, doch die Erinnerung an die Herkunft hat ihr Werk mit geprägt: so bei Heinrich Mann den Roman »Professor Unrat« (1905) und am bekanntesten die »Buddenbrooks« (1901), die Thomas Mann vorübergehend zum Fremden in seiner Heimatstadt werden ließen, wie es in seiner von Jugenderinnerungen bestimmten Novelle der Besuch »Tonio Krögers« (1903) sinnfällig machte. Noch in die Wedeler Zeit reichen Ernst →Barlachs frühe Dramen und der Fragment gebliebene autobiographische Roman »Seespeck« (1920) zurück. Genaue Wiedergabe der gesellschaftlichen Wirklichkeit in »Bauern, Bonzen und Bomben« (1931) ließ Hans Fallada zum Vertreter der Neuen Sachlichkeit werden. Schon früh für seine Romane, wie »Der Weingott« (1921) ausgezeichnet, wandte sich Wilhelm →Lehmann später v.a. der Naturlyrik, so in »Antwort des Schweigens« (1935), zu. Nach 1945 wurde das Flüchtlingsland SH auch vielen Autoren zur neuen Heimat; seit den 1960er Jahren bieten abgelegene Ortschaften geschätzte Stätten für lit. Schaffen. Zu nennen sind v.a. die beiden aus Ostpreußen stammenden großen Erzähler Günter Grass, dem Nobelpreisträger 1999, u.a. »Die Blechtrommel« (1959), und Siegfried Lenz, u.a. »Deutschstunde« (1968), dessen Romane vorzugsweise im nördlichen Landstil lokalisierbar sind. Bemerkenswert hoch ist der Anteil moderner Lyriker und experimentierender Kurzprosaisten: Helmut Heißenbüttel »Textbücher« (1960/85), Günter Kunert »Erinnerung an einen Planeten« (1963), »Tagträume« (1964), Hans-Jürgen Heise »Der Phantasie Segel setzen« (1983), Sarah Kirsch »Katzenleben« (1984), Resi Chromik »Stachelblüte« (1990) und Doris Runge

»wintergrün« (1991). Eine herausragende Stellung unter den dän. schreibenden Autoren des Landes nimmt Willy-August Linnemann ein, der in einer Reihe von Romanen »Fabrikanten« (1968 ff.) das Schicksal einer Schl. Familie zeichnete. Erfreulich ist auch die Belebung der neueren niederdt. L. (→Plattdt.) im Roman bei Friedrich Ernst Peters »Baasdörper Krönk« (1975), mit Kurzgeschichten aktueller Problematik bei Hinrich Kruse »Weg un Ümweg« (1958) und mit Dramen bei Hans Heitmann »Kruut gegen Dood« (1952) und Ivo Braak »Driewsand« (1953). Das Entsprechende gilt von der durch die Sprachgemeinschaft allerdings wesentlich begrenzteren friesischen L., die zu Beginn des 19. Jh. von Jap Peter Hansen begründet wurde »Di Gitshalts« (1809) und in Jens Mungard »Ströntistel en dünemruusen« (1995) und Ellin Nickelsen »Faan stian an weeder« (1995) ihre neueren Dichter fand. Seit Waldemar →Bonsels weltberühmt gewordener »Biene Maja« (1912) haben Autoren des Landes schließlich auch zu der Kinder- und Jugendl. erfolgreiche Beiträge geleistet, so James Krüss »Der Leuchtturm auf den Hummerklippen« (1956), Klaus Kordon »Ein Trümmersommer« (1982) und Kirsten Boie »Nicht Chicago. Nicht hier« (1999).

Lit.: G. Eckert, SH L. entdecken und erleben, Husum 1983; Lebendige L. in SH, hg. von G. Eckert, F. Mülder, Husum 1987; D. Albrecht, L.reisen SH, Stuttgart 1993; K. Dohnke, SH literarisch. Orte und Landschaften in der L., Heide 1996; L. in SH, 2 Bde., 1995/1998. HJF

Lockstedter Lager

Grußkarte vom Schießplatz Lockstedter Lager 1903

Löck, Georg →Liberalismus

Löwenstadt Nach der Gründung →Lübecks durch Gf. Adolf II. von Holst. 1143 nahm die Stadt eine so günstige Entwicklung, daß Hz. →Heinrich der Löwe versuchte, sie in seinen Besitz zu bringen, was der Gf. verweigerte. Nach einem Stadtbrand 1157 bot der Hz. den Kaufleuten ein Gelände an der →Wakenitz zur Neusiedlung, die L. (Lewenstad) genannt wurde. Diese Neugründung mißlang. Die Verständigung zwischen Hz. und Gf. ermöglichte die Wiedergründung Lübecks 1158/1159 am alten Platz. Archäologische Reste der L. sind bis heute nicht gefunden worden. LS

Locke, John →Toleranz

Lockstedter Lager/Hohenlockstedt Als preußisches Lager bei L. begann die Existenz der heutigen Großgem. L. Die ausgedehnte Heidefläche zwischen →Kellinghusen und →Itzehoe diente als Truppenübungsplatz für Einheiten der Infanterie und Artillerie des IX. Armeecorps, das nach der Einverleibung durch →Preußen (1866/67) aufgestellt worden war. Die Zeltbehausungen der ersten Jahre wurden sukzessive durch den Aufbau massiver Unterkünfte nebst Versorgungseinrichtungen ersetzt. Die Durchführung infrastruktureller Maßnahmen (Straßenbau, Gleisanschluß an die Bahnlinie Wrist-Itzehoe, Poststation) und lokale Gewerbeansiedlungen ließen eine autarke Soldatenstadt entstehen. 1898 bean-

spruchte der Truppenübungsplatz eine Fläche von 60km². Nahezu jeder männliche Bewohner der →Provinz hatte im Rahmen seines Wehrdienstes einmal Station im »Lola«, so das volksmündliche Kürzel, gemacht. Auch das dt. Kontingent des europäischen Expeditionskorps zur Niederschlagung des chinesischen Boxer-Aufstandes 1900 wurde hier zusammengestellt. 15 Jahre später erhielten die Finnischen Jäger, eine 2.000 Mann starke Truppe, unter der Führung dt. Offiziere ihren militärischen Schliff für den Freiheitskampf gegen Rußland. Während des 1.WK steigerten sich die Übungsfrequenzen auf ca. 115.000 Soldaten pro Jahr. 1927 kam es zur Gründung der Landgem. Lockstedter Lager (Ortsteile L., Springhoe, Bücken, Hungriger Wolf, Ridders, Hohenfiert), wobei ein Großteil des Übungsplatzes in landwirtschaftliche Siedlungskolonate aufgeteilt wurde, bevor das Militär erneut Präsenz zeigte. Ab 1935 wurden die Heeresmunitionsanstalt Lola Nord und der Fliegerhorst Hungriger Wolf eingerichtet. Nach 1945 konnte sich unter Integration zahlreicher Flüchtlinge nunmehr das zivile Gemeinwesen entfalten. Bedenklichkeiten in Teilen der Einw.schaft gegenüber der negativen Assoziation des Wortes Lager führten 1956 zur Umbenennung der Gem. in Hohenlockstedt; sie hat heute knapp 6.000 Einw. Seit 1959 nutzt die Bundeswehr den Flugplatz Hungriger Wolf.
Lit.: H.A. Glismann, Die Geschichte des Truppenübungsplatzes L. und seine Entwicklung zum Industrieort Hohenlockstedt, Itzehoe 1962. SW

Lobsien, Wilhelm →Literatur

Loewe, Carl →Musik

Logger Speziell für den Heringsfang mit Treibnetzen gebautes und als Anderthalb- oder Zweimaster getakeltes 20-30m langes Fischereifahrzeug, auf dem der Fang sofort zu Salzhering verarbeitet und in Fässer verpackt wurde. L. kamen ab 1872 aus Vlaardingen in den Nl. nach Emden und später auch nach →Glückstadt. Ab 1890 wurden in Dt. eiserne L. gebaut, nach der Jh.wende auch Dampfl. und ab 1925 Motorl. Die Segell. verschwanden allmählich. Glückstadt besaß seit 1894 eine L.flotte, die zeitweise 21 auf Glückstädter, Wewelsflether und Elmshorner Werften gebaute Schiffe umfasste (→Schiffbau). 1976 kam das Ende der Glückstädter L.fischerei, da dieser Schiffstyp gegen die moderneren Fischdampfer nicht bestehen konnte.
Lit.: H. Szymanski, Dt. Segelschiffe, Berlin 1934. PDC

Lohheide ist die alte Bezeichnung für einen Teil des alten Grenzwaldes zwischen →Eider und →Danewerk.; sie lag westlich der alten Heerstraße (→Heerweg) Kolding-Schl.-Rendsburg-Wedel/Zollnspieker bei →Kropp. Auf der L. fanden zwei Entscheidungsschlachten im Kampf der Gf. von Holst. um das Hzt. Schl. statt: 1261 wurde hier das Aufgebot der dän. Kg. Margaretha von der Streitmacht der verbündeten Gff. von Holst. und Hz. von Schl. (Hz. Erich, dem die Kg. die erbliche Belehnung versagte) geschlagen. 1331 besiegte Gf. Gerhard III. von Holst. hier den dän. Kg. Christoph II. Die erbliche Belehnung der Gff. von Holst. mit dem Hzt. Schl. erfolgte 1386. LS

Lohse, Wilhelm Oswald →Sternwarte

Lohse, Heinrich (geb. 2.9.1896 Mühlenbarbek, gest. 25.2.1964 Mühlenbarbek) Nach kaufmännischer Ausbildung trat L. 1923 in die

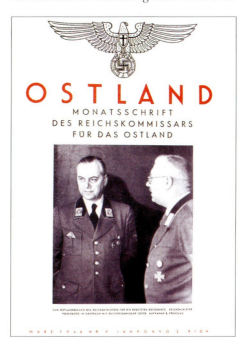

Reichskommissar Hinrich Lohse und Reichsminister Alfred Rosenberg im März 1944

NSDAP ein und stieg 1925 zum →Gauleiter der Partei in SH auf. Seit 1928 Mitglied des preußischen Landtages, wurde er 1933 gleichzeitig →Oberpräsident der →Provinz und Mitglied des Reichstages. 1941-1944 war er als Reichskommissar Ostland Leiter der dt. Zivilverwaltung im Baltikum und Weißruthenien und als solcher verantwortlich für die wirtschaftliche Ausbeutung des Gebietes und zahlreiche Greueltaten. 1948 zu einer zehnjährigen Gefängnisstrafe verurteilt, wurde er bereits 1951 aufgrund dauernder Haftunfähigkeit entlassen und mit einer Pension des Landes SH versehen, die ihm jedoch aufgrund öffentlichen Drucks entzogen wurde.
Lit.: U. Danker. L., in: Jb. Steinburg 44, 2000, 280-290. HSH

Lokator werden die adligen, geistlichen oder bürgerlichen Siedlungsunternehmer während der hochma. dt. Ostsiedlung genannt, die im Auftrag eines Landes- oder Grundherrn die Anlage von Dörfern oder auch Städten planten und durchführten und dafür mit Rechten und Ämtern entlohnt wurden. Für SH ist ein einziger Lokatorenvertrag von 1216 überliefert, in dem der Ritter Marquard von Stenwer von Gf. →Albrecht von Orlamünde mit den Salzwiesen und dem angrenzenden Wald in der →Probstei zur Urbarmachung belehnt wurde und dafür die niedere sowie Erträge aus der höheren Gerichtsbarkeit erhielt. OP

Londoner Protokolle Die Wiederherstellung des dän.-dt. Gesamtstaates 1850-1852 beruhte auf mehreren internationalen Absprachen. Am 2.8.1850 unterzeichneten Großbritannien, Frankreich, Rußland, Schweden-Norwegen und später →Österreich das erste der L. zur Wiederherstellung des Gesamtstaates unter dem dän. Kg. Zum Jahreswechsel 1851/52 verzichtete DK in Noten an →Preußen und Österreich auf die Einverleibung Schl. in das Kgr. Mit einer Erklärung vom 28.1.1852 legte die dän. Regierung eine Dreiteilung der Monarchie in DK, Schl. und Holst. fest. Im zweiten der L. vom 8.5.1852 erkannten Großbritannien, Frankreich, Rußland, Schweden-Norwegen, Österreich und Preußen das Thronerbrecht des Prinzen Christian von →Glücksburg (des späteren Kg. Christian IX.), seiner Gattin, Prinzessin Louise von Hessen, und deren Nachkommen für DK, Schl. und Holst. an. Mit der Novemberverfassung von 1863 für DK und Schl. brach DK die Abkommen von 1851-1852, was den preußischen Ministerpräsidenten Otto von →Bismarck dazu veranlaßte, 1864 den Krieg gegen DK zu beginnen, der die preußische →Annexion der Hztt. zur Folge hatte. HSH

Lorck, Melchior →Malerei

Lorenzen, Peter Hjort (geb. 24.1.1791 Hadersleben/Haderslev, gest. 17.3.1845 Hadersleben/Haderslev) Sohn einer angesehenen Haderslebener Kaufmannsfamilie wurde L. selbst Kaufmann und seit den 1830er Jahren ein führender Kopf der liberalen Bewegung in Schl. Seit 1836 war er in der schl. →Ständeversammlung. 1840 schloß er sich dem dän. →Liberalismus und der →Dän. Bewegung an. Seine Rede in dän. Sprache vor der schl. Ständeversammlung 1842 löste einen Eklat aus und verschärfte die nationalen Spannungen in Schl. erheblich. HSH

Lornsen, Uwe Jens (geb. 18.11.1793 Keitum, gest. 11./12.2.1838 Bellerive bei Genf) war 1816-1819 Student der Rechte sowie Burschenschafter in Kiel und Jena, 1822 Beamter in der SH-Lauenburgischen →Kanzlei in Ko-

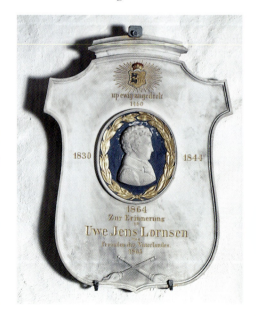

Erinnerungstafel an Uwe Jens Lornsen in Keitum/Sylt

penhagen, 1826 Kontorchef und Kanzleirat und wurde 1830 zum →Landvogt auf seiner Heimatinsel →Sylt ernannt. Von der Julirevolution des Jahres ermutigt, gab er vor seinem Amtsantritt auf Sylt eine Flugschrift in 9.000 Exemplaren heraus: »Ueber das Verfassungswerk in Schl. und Holst.«. Hierin forderte er eine Schl. und Holst. verbindende Verfassung und die Verwaltungstrennung von DK; Außenpolitik, das Militär und das Staatsoberhaupt sollten SH und DK gemeinsam haben. Daraufhin wurde L. zu einjähriger Festungshaft und Amtsenthebung verurteilt. Die von ihm 1830 ausgelöste Unruhe bewirkte eine Reihe von Reformen wie die beratenden Provinzialstände (→Ständeversammlung), die sh →Regierung und das Oberappellationsgericht in →Kiel.

Lit.: J. Jensen, Zwei »Sylter Riesen« im 19. Jh., Bredstedt 1998. MJK

Lot →Gewichte

Lotding hieß die unterste Gerichtsinstanz in Holst., der später als zweite Instanz das →Goding übergeordnet war. Das L. ist seit dem 12. Jh. als Ksp.gericht belegt und wurde von Fall zu Fall einberufen (geboten). Zum Besuch des L., zuständig bei Blut- und Eigentumsdelikten, waren die männlichen Ksp.leute (alle framen Holsten) verpflichtet, die im Freien unter Vorsitz eines bäuerlichen Dingvogts tagten und das Urteil nach →Sachsen- bzw. Holstenrecht fanden. Diese altertümliche und umständliche holst. Gerichtsverfassung bestand bis weit in die Neuzeit, das L. von Nms. z.B. bis 1867. Die Nms. Ksp.bräuche, die erst im 18. Jh. aufgezeichnet wurden, sind eine der wichtigsten Quellen altholst. Gerichtsbarkeit (→Gerichtswesen).

Lit.: Geschichte SH, 4/1. EB

Lotsenwesen Lotsen (mnd. loedsage – das Lot/Senkblei Führender) sind gewässerkundige Berater des Schiffsführers, die die Gefahren des Schiffahrtsweges kennen und das Schiff sicher führen können. Die Tätigkeit der Lotsen war naturgemäß im Wattenmeer (→Watt) der →Nordsee lange Zeit bedeutender als an der Ostseeküste, denn hier gab es zahlreiche, sich verändernde Sände und Untiefen. Die Unterelbe (→Elbe) und ihr Mündungstrichter waren wegen der großen Bedeutung →Hamburgs als Schiffahrts- und Handelsplatz das erste Lotsenrevier, auf dem vermutlich Helgoländer Schiffer bereits im 16. Jh. ihre Dienste anboten. 1575 errichtete Hamburg zwei Lotsenhäuser auf Neuwerk. 1656 entstand eine Elblotsenordnung auf Veranlassung der hamburgischen Admiralität. 1745 wurde die Övelgönner Lotsenvereinigung gegr.; ihr folgte 1750 die Vereinigung der Böschlotsen, die ihre Station auf einer Wurt im Bütteler Außendeich (Gem. St. Margarethen, IZ) hatten. 1785 erfolgte die Einführung der Patentlotsen für die Unterelbe. Ende der 1850er Jahre wurden in Hamburg Speziallotsen für die sich erweiternden Hafenanlagen, die sog. Hafenlotsen, notwendig. 1891

Die Lotsenstation auf der Bösch bei Brunsbüttelkoog um 1900

schlossen sich die Elblotsen zum Verein Hamburger Elblotsen zusammen. Heute gibt es unter Aufsicht der Wasser- und Schifffahrtsdirektion zwei Elblotsenvereinigungen: die Lotsenbrüderschaft Elbe mit fast 300 Lotsen für die beiden Ringe →Helgoland-→Brunsbüttel und Brunsbüttel-Hamburg sowie die Hafenlotsenbrüderschaft Hamburg mit 65 Lotsen. Auch die Eidermündung benötigte Lotsen, insbesondere nach Errichtung des SH →Kanals (1784). Die Aufsicht über die Tönninger Lotsen führte hier der Lotsinspektor. Nach Errichtung des Nord-Ostsee-Kanals gab es eine Lotsenpflicht für alle größeren Schiffe. Lotsenstationen befanden sich in Holtenau, an der Nübbeler Fähre und in Brunsbüttelkoog. Bei Seeunfällen im Bereich der Hauptwasserwege nach →Kiel und →Lübeck wird heute regelmäßig die Forderung erhoben, auch eine Lotsenpflicht in der →Ostsee zu schaffen.

Lit.: J. Jacobsen, Die Bösch und die Böschlotsen, in: Jb. Steinburg 15, 1971, 139-145; H. Staeglich, Über Lotsen und Schiffahrtszeichen auf der Eider, in: MTStG 2, 1982, 30-64. LS

Louisenlund Die Domäne Tegelhave wurde 1770 von Kg. Christian VII. seiner Schwester Louise, der Gattin des →Statthalters Landgf. Carl von →Hessen, geschenkt. Der Landgf. ließ hier vom Baumeister J. H. von Motz nach 1772 einen Sommersitz in Form eines →Schlosses errichten, der nach seiner Gattin L. benannt wurde. Im Park wurden ein Freimaurerturm und eine imaginierte Einsiedelei mit Irrgarten errichtet. Zwei bei Haddeby gefundene Runensteine zierten den Park (heute Archäologisches Landesmuseum). Das bis 1945 noch im ursprünglichen Einrichtungszustand befindliche Schloß, das im Erbgang an die Hzz. von →Glücksburg gekommen war, wurde dann aber seiner Schmuckstücke beraubt und diente nach dem 2.WK als Landeserziehungsheim, bevor es 1949 zu einem Internat-Gymnasium umgewandelt wurde. LS

Lübeck (HL) ist eine kreisfreie Stadt mit 215.327 Einw. (31.12.1999), wovon 1987 9,1% ausländische Mitbewohner waren (Konfession: evangelisch 73,3%, katholisch 8,7%, islamisch 2,9%). Die Industrie-, Handels- und Hafenstadt L., die eine Gesamtfläche von 21.440ha hat (wovon 3.833ha bebaut sind), weist eine historisch bedeutende Altstadt (UNESCO-Weltkulturerbe 1987), eine Medizinische Universität sowie eine Fachhochschule (→Hochschule) auf. Hier befindet sich auch die Musikhochschule des Landes SH. L. ist die einzige Stadt des Landes SH mit überregionaler, sogar internationaler historischer Bedeutung. Als »Haupt der Hanse« griff L. über 400 Jahre lang (ca. 1250-ca. 1700) in die Politik des nördlichen Europa von Flandern, später Spanien, bis Rußland mit ein, war über Jh. Umschlagplatz und zentrale Informationsbörse des Ost-West-Handels und beeinflußte als sog. Mutterstadt der Städte mit →Lübischem Recht die städtische Rechtsentwicklung von Tondern/Tønder bis Reval/Tallinn. Die Marienkirche ist der Hauptbau der norddt. Backsteinarchitektur (→Backstein) und war Vorbild für die großen →Kirchenbauten im Ostseeraum; bei ihr wurde erstmals die Formensprache der westeuropäischen Kathedralkirchen in Backstein übersetzt. Einmalig ist noch heute die geschlossene vorindustrielle Bebauung von ³/₄ der Altstadt mit ihren fünf Pfarrkirchen, dem profanen Baubestand mit lückenlos aneinander gereihten Giebel- und Traufenhäusern, drei teilweise erhaltenen Klöstern, dem Rathaus und Teilen der Befestigungsanlagen (Holstentor, Burgtor). – Entstehung: Bereits das 7km flussabwärts gelegene, 819 errichtete und 1138 zerstörte slawische Liubice (→Alt Lübeck) – seit Ende des 11. Jh. Hauptort des slawischen Abotritenreiches (→Slawen) – scheint in den

Schloß Louisenlund

Lübeck

Handelsbeziehungen des Ostseeraums mit Mittel- und Westeuropa eine bedeutende Rolle gehabt zu haben. Nach der Eroberung →Wagriens durch die →Holsten bewidmete Gf. Adolf II. von Holst. 1143 in seinem neuen Herrschaftsgebiet eine wohl bereits bestehende Niederlassung dt. Kaufleute auf der von →Trave und Wakenitz umflossenen Halbinsel mit →Stadtrecht; sie erhielt nach dem slawischen Liubice den Namen Lubeke. Die neue Stadt entwickelte sich rasch, weshalb →Heinrich der Löwe, Hz. von Sachsen, ihre Übergabe an ihn erzwang. 1159 ließ er die zwischenzeitig abgebrannte Stadt wieder aufbauen. 1160 verfügte er die Verlegung des Bf.sitzes des Missionsbt. →Oldenburg auf den südlichen Teil der Halbinsel, wo 1163 der erste →Dom geweiht wurde und die Grundsteinlegung der steinernen Domkirche 1173/1174 erfolgte. Bereits am Ende des 13. Jh. war die 113ha umfassende Halbinsel vollständig aufgesiedelt und L. bekam 1291 durch die dritte Aufstauung der Wakenitz seine bis ins 19. Jh. hinein gültige Begrenzung. Als einzige ma. Großstadt des Reichs entwickelte L. bis in die zweite H. des 19. Jh. hinein keine Vorstädte. Neben dem Dom, der auch die Pfarrkirche St. Nikolai beherbergte, entstanden weitere vier Pfarrkirchen, wohl alle noch im 12. Jh.: forensis ecclesia – St. Marien (?) 1163, St. Petri 1163/70, St. Aegidien und St. Jakobi (beide 1227 erstmals erwähnt). Der Innenausbau der Stadt mit Kapellen (Johannis-Kapelle 1175), Klöstern (Benediktiner-Kloster St. Johannis um 1177, Franziskaner-Kloster St. Katharinen 1125, Dominikaner-Kloster St. Maria-Magdalena – Burgkloster 1229, →Kloster), dem Heiligen-Geist-→Hospital (erste Gründung 1227, Verlegung an den Koberg nach 1260) und dem Rathaus/ Gewandhaus (1230/40) wurde durch zwei Stadtbrände 1251 und 1276 nicht nachhaltig gestört und war um 1300 im wesentlichen abgeschlossen.; das Straßennetz blieb vom 12./ 13. Jh. bis heute nahezu unverändert. Vorherrschende Haustypen waren seit dem letzten Drittel des 13. Jh. in den Hauptstraßen das giebelständige Dielenhaus, in den nachgeordneten Straßen das kleinere traufständige Haus, oft mehrere Häuser unter einem Dach, und die in den Innenhöfen gelegenen Budenreihen, den nach ihrem Zugang durch das Vorderhaus sog. Gängen. Die Einw.zahl betrug um 1300 ca. 20.000; Ende des Dreißigjährigen Krieges waren es rund 30.000, deren Zahl wieder auf etwa 20.000 in der Mitte des 18. Jh. absank. – Verfassungsgeschichte: Unter Heinrich dem Löwen waren Burg und Stadt L. ein Zentrum der Landesherrschaft des Sachsenhz. Nach dessen Absetzung unterwarfen sich die L. 1181 Kaiser Friedrich I.; L. wurde kaiserliche Stadt. Von 1201-1225 war der dän. Kg. Stadtherr von L., das sich endgültig in der Schlacht von →Bornhöved (1227) aus dessen Herrschaft löste. Der polit. Aufstieg begann 1226 mit dem sog. Reichsfreiheitsprivileg Friedrich II. Bis zum Ende des Alten Reichs im Jahre 1806 war L. als civitas imperialis, als Reichsstadt, nur dem römisch-dt. Kaiser untertan und hatte die gleiche verfassungsrechtliche Stellung wie die Landesfürsten. Die 1531 durchgesetzte →Reformation änderte an dem verfassungsrechtlichen Verhältnis zum katholisch gebliebenen Kaiser nichts. L. konnte, abgesehen von der kurzen Zeit der Zugehörigkeit zum frz. Kaiserreich (1811-1813), seine staatliche Selbständigkeit bis zum 1.4.1937 wahren, als es durch das →Groß-Hamburg-Gesetz in die Provinz SH eingegliedert wurde. Der →Rat entstand als Leitungsgremium der Bürgergem. noch im 12. Jh. (1201 erwähnt). Konflikte zwischen Rat und (Teilen) der Gem. brachen mehrfach aus (1380/84, 1408-1416, 1528-1535, 1599, 1665, 1669). 1669 ist die Kollegienverfassung im sog. Bürgerrezeß zum erstenmal schriftlich niedergelegt worden. Sie blieb bis 1848 in Kraft, als eine von den Bürgern nach gleichem Wahlrecht gewählte →Bürgerschaft eingerichtet wurde.

Der Hafen von Lübeck

Lübeck

Lübeck um 1930

1851 erfolgte die Trennung von Verwaltung und Justiz (bis dahin beim Rat/Senat), ein allgemeines, gleiches, geheimes und direktes → Wahlrecht für Männer und Frauen gibt es seit 1918. – Handel, Wirtschaft, Hanse: L. war eine Fernhandelsstadt, Umschlags- und Transithafen für die Güter des Ost-West- und Süd-Nord-Handels; außerdem wurden hier Produkte des agrarischen Um- und Hinterlandes (SH, Hzt. →Lauenburg, →Mecklenburg) weiterverarbeitet und in den Handel gebracht (Getreide zu Mehl, Brot, →Bier, Stärke) sowie über den Fernhandel eingeführte Waren veredelt (Gerberei, Kürschnerei, Metallgewerbe) und der lokale, regionale und überregionale → Markt damit versorgt, was zur Entstehung einer differenzierten Gewerbelandschaft führte. L. zentrale Rolle im Handelssystem des nördlichen Europa beruhte auf seiner verkehrsgeographischen Lage, aufgrund derer fast der gesamte Handel mit Luxuswaren (Pelze und Wachs gegen Tuche und Metall) und Massengütern (→Getreide, Flachs, Hanf, Holz und Waldbauprodukte, Produkte des Viehwirtschaft) zwischen Skandinavien und Nordosteuropa einerseits und West- und Mitteleuropa andererseits für die rund 150 Jahre zwischen 1220 und 1350/1400 über diese Stadt laufen mußte sowie auf ihrer beherrschenden Rolle im Handel mit Hering (Rügen und Schonen) und →Salz (Lüneburg). Wegen seiner weitverzweigten Handelsinteressen und der polit. Handlungsfreiheit als Reichsstadt fern im Norden wurde L. seit Mitte des 13. Jh. von den anderen niederdt. Handelsstädten immer öfter mit der Interessenvertretung aller betraut. Die so entstandene Hanse beruhte auf einem System gemeinschaftlich von verschiedenen Kaufleutegruppen und Städten errungener Handelsprivilegien im Ausland (Russland, Schweden, DK, Norwegen, England, Flandern) und auf einem innerhansischen System gegenseitig gewährter Vorteile, die beide bis ins 15. Jh. hinein bestehen blieben, v.a. aufgrund der auf Konsens zwischen den verschiedenen innerhansischen Städtegruppen ausgerichteten

Politik L. Die meisten Tagfahrten (Hansetage), auf denen die Ratssendeboten der Hansestädte die anstehenden Probleme berieten und die Ergebnisse in Rezessen (→Abschieden) festhielten, fanden im L. Rathaus statt, der letzte 1669. Mit Beginn der Frühen Neuzeit wurde L. von den großen internationalen Handelsströmen abgekoppelt, zum einen wegen des direkten Seeverkehrs zwischen Nord- und Ostsee (v.a. der Holländer), zum zweiten, weil das Hinterland der Stadt nicht die Warenmengen, v.a. an Getreide und an Waldbauprodukten, liefern konnte, die das westliche Europa benötigte, und zum dritten, weil Silber und Kupfer als die am meisten gefragten Waren des neuen atlantischen Handelssystems von oberdt. und italienischen, aber nicht von hansischen Kaufleuten geliefert werden konnten. Die Rolle als Verteilungszentrum west-, süd- und mitteleuropäischer Waren in der Region und im Ostseeraum sowie die Vermittlung wertvoller Ostseewaren in Gegenrichtung behielt die Stadt bis ins 19. Jh. hinein. – Neuzeit: Der wirtschaftliche Aufschwung in der zweiten H. des 18. Jh. wurde im seit 1806 von frz. Truppen besetzten L. durch die →Kontinentalsperre abrupt beendet. Auf dem Wiener Kongreß 1814 konnte L. seine staatliche Eigenständigkeit wahren, hatte aber erst nach der Jh.mitte die finanziellen Folgen der frz. Besetzung und der Kriege überwunden. Die Verfassungsreformen von 1848 und 1851 und die Befreiung überholter rechtlicher Beschränkungen des Handels und Gewerbes schufen die polit. und rechtlichen, die Einbindung in den großen dt. Binnenmarkt ab 1871 schließlich die großräumigen wirtschaftlichen Voraussetzungen für ein Anwachsen von Handel und Produktion. Die Zahl der Industriebetriebe, v.a. in der Lebensmittelbranche (Fisch- und Gemüsekonserven) und im Schiff- und Maschinenbau, stieg. Nach Aufhebung der Torsperre 1864 wuchsen die Vorstädte St. Lorenz und St. Gertrud rasch an. Seit 1875 wurden Betriebe nicht mehr in der Altstadt, sondern nur noch außerhalb angelegt. Seit der Wende vom 19. zum 20. Jh. wandelte sich L. zu einer Handels- und Industriestadt, die von ihrer Lage an See- und Binnenwasserwegen profitierte, auf denen die Rohstoffe für die industrielle Produktion billig eingeführt und die industriellen Fertigprodukte günstig ausgeführt werden konnten. Während der Eisenbahnverkehr (1851 L.-Büchen, →Eisenbahn) für L. zunächst Vorteile brachte, da in L. umgeschlagene Güter gegenüber dem direkten Schiffstransport zwischen Ost- und Nordsee wieder konkurrenzfähig wurden, werteten das Dampfschiff mit Schiffschraube und schließlich seit 1895 der Nord-Ostsee-→Kanal die bislang immer noch günstige verkehrsgeographische Lage im Ost- Westhandel ab und drängten den Hafen der Stadt ins Abseits. Daran konnte auch der als Antwort auf den Nord-Ostsee-Kanal gebaute Elbe-Trave-Kanal (seit 1921 Elbe-L.-Kanal) nichts ändern. Die Einw.zahl wuchs im 19. Jh. von 29.000 um 1840 auf 116.000 im Jahr 1910. Die genannten Grundbedingungen blieben bis zum Ende des 2.WK in Kraft. Während der NS-Zeit unterschied sich L. nicht von anderen Kommunen. Hervorzuheben ist allerdings die »Ökumene im Widerstand«: drei katholische Kapläne, Prassek, Lange und Müller, und der protestantische Pastor Stellbrink wurden 1943 hingerichtet. 28./29.3.1942 wurde die Altstadt vom ersten alliierten Luftangriff, der die Wohngebiete einer dt. Stadt traf, zu 25% zerstört. Da L. und Göteborg 1944 als Austauschhäfen für Gaben an Kriegsgefangene bestimmt wurden, blieb die Stadt danach von weiteren Angriffen verschont. Die Teilung Dt. nach 1945 hatte den Verlust des traditionellen Hinterlands der Stadt zur Folge; die Randlage an der innerdt. Grenze hemmte die wirtschaftliche Entwicklung. Herausragende Leistungen der Nachkriegs-

Das Holstentor in Lübeck

Lübeck

Rathaus und Börse in Lübeck im 19. Jh., Lithographie von J. Rameè

zeit waren die Integration der Heimatvertriebenen (Einw. 1933: 136.000; 1946: 236.000) samt der Bereitstellung der dazu notwendigen Infrastruktur (Wohnungen, Schulen), der Ausbau der L. Häfen, durch den der Anschluß an die technologische Revolution im Schiffsverkehr gehalten werden konnte, und der Wiederaufbau der drei stark zerstörten Innenstadtkirchen Dom, St. Petri und St. Marien, den Identifikationssymbolen L. Selbstverständnisses. Seit den 1970er Jahren mußten im Zuge des damals einsetzenden Strukturwandels der Wirtschaft zur sog. Dienstleistungsgesellschaft zahlreiche industrielle Großbetriebe (→Werften, Hochofenwerk Herrenwyk) den Betrieb einstellen. Die Grenzöffnung 1989 beendete die Randlage, die erhofften positiven Impulse auf die Wirtschaft der Stadt blieben bislang jedoch aus. 1997 dominierte der tertiäre Sektor (Handel, Verkehr und Dienstleistungen) mit einem Bruttowertschöpfungsanteil von rund 70%. Die gewerbliche Produktion ist mit 111 Betrieben aber nach wie vor ein wesentlicher Sektor; die führenden Branchen sind die Medizin-, Meß-, Steuer- und Regelungstechnik, Optik, aber auch das traditionelle Ernährungsgewerbe und der Maschinenbau; bedeutendster Konzern ist die Possehl-Gruppe. Über den größten dt. Ostseehafen (zudem größter Fährhafen Europas), der über den Elbe-Lübeck-Kanal Anschluss an das Binnenschiffahrtsnetz besitzt, wird der Großteil des Güterumschlags mit den skandinavischen und nordosteuropäischen Ländern, insbesondere mit Finnland (Papier, Zellstoff), durchgeführt. 19 Fährschifflinien (1998) verbinden L. mit Skandinavien und Nordosteuropa (Eckpunkte: Göteborg, Oulu am Bottnischen Meerbusen, Kotka, Klaipeda). Der Anteil an der Bruttowertschöpfung in SH betrug 1994 9,2%. – Kultur: Neben seiner Qualität als Weltkulturerbe, das die Kirchen und deren Ausstattung, die Befestigungswerke (Holstentor, Burgtor) ebenso wie die profane Architektur mit dem europaweit größten erhaltenen Bestand an Wand- und Deckenmalereien der vorindustriellen Zeit mitumfasst, hat L. auf kulturellem Gebiet die international anerkannten Einrichtungen Musikhochschule, die Intendanz des →SH-Musik-Festivals, das Brahms-Institut, das Thomas und Heinrich Mann-Zentrum, die →Nordischen Filmfestspiele u.a. vorzuweisen. Unter den →Museen ist das St. Annen-Museum mit seiner Sammlung ma. Kunst hervorzuheben. Die Stadtbibliothek (ehem. Staatsbibliothek) besitzt umfangreiche Altbestände und Wiegendrucke aus der Wende vom 15. zum 16. Jh., als L. das Zentrum des Buchdrucks (→Druckerei) im nördlichen Europa war.

Lit.: L. Geschichte, hg. von A. Graßmann, Lübeck ³1997. RHK

Lübeck (Bt. und Fürstentum) Das Bt. L. ist zwischen 968 und 972 von Kaiser Otto I. als Suffragan des →Erzbt. →Hamburg-→Bremen in →Oldenburg/Starigard, der Hauptburg der slawischen →Wagrier, gegr. worden. Es umfaßte ursprünglich das gesamte Stammesgebiet der Abotriten zwischen Kieler Förde, Elbe, Elde und Peene. Nach dem Liutizenaufstand 983 lebten die Bff. bis 1018 in →Mecklenburg. →Oldenburg wurde um 1060 neu gegr., aber um die Diözesen →Ratzeburg und Mecklenburg-Schwerin verkleinert. Die westliche Grenze des Bt. L. folgte von jeher etwa dem →Limes saxoniae. Nach dem Slawenaufstand von 1066 wurde das Bt. erst mit Förderung →Heinrich des Löwen von Bf. →Vicelin (1149-1154) reorganisiert und 1160 nach L. verlegt. Seit Ende des 13. Jh. entwickelte sich →Eutin zur bevorzugten bf. Residenz. Die Pfarrorganisation wurde im Laufe des 13. Jh. im wesentlichen vollendet. Die Diözese, eine der kleinster der Reichskirche, umfaßte am Ende des MA 5? Pfarreien. Die Bff. waren seit 1561 evangelisch

Der Lübecker Dom

und gehörten seit 1586 dem Hause SH-→Gottorf an. Durch die Säkularisation 1803 wurde aus dem Hochstift das Fürstentum L., das damals etwa 22.000 Einw. umfaßte. Der letzte (evangelische) Bf. von L. war Hz. (später Großhz.) von Oldenburg. 1843 wurden mit Holst. einige Enklaven ausgetauscht; 1867 kam als Entschädigung für die sh Erbansprüche des Großhz. das →Amt →Ahrensbök hinzu. Die Zugehörigkeit zum Land Oldenburg endete erst 1937, als der seit 1919 sog. Landesteil L. durch das →Groß-Hamburg-Gesetz an SH fiel.
Lit.: W. Weimar, Der Aufbau der Pfarrorganisation im Bt. L. während des MA, in: ZSHG 74/75, 1951, 95-243; W. Prange, Der Landesteil L., in: Geschichte des Landes Oldenburg, hg. von A. Eckhardt, Oldenburg ³1988, 549-590. EB

Lübecker Frieden Nach der Niederlage des dän. Kg. Christian IV. bei Lutter am Barenberge 1626 drangen die feindlichen Truppen Tillys und Wallensteins in die Hztt. ein und setzten ihrem Goldenen Zeitalter ein Ende. Der am 12./22. 5.1629 zwischen DK, dem Kaiser und der katholischen Liga in Lübeck geschlossene Friede beendete den →Kaiserlichen Krieg, beließ dem Kg. aber seinen Besitzstand nördlich der Elbe.

Lit.: E.K.H. Wilmanns, Der L. 1629, Bonn 1904. AG

Lübisches Recht ist das von Bürgerschaft und Rat der Stadt L. geschaffene Gewohnheitsrecht, das in weiteren rund 100 mit L. bewidmeten Städten im Ostseeraum galt. Auf Anfrage wurde es durch lübeckische Ratsdekrete und Rechtsweisungen ergänzt und verändert. Wesentliche Merkmale des L. waren die starke Stellung des →Rates gegenüber der →Bürgerschaft (oberste Gerichtsgewalt, strenge Friedensgerichtsbarkeit); Rechtsgeschäfte erhielten durch Vornahme vor dem und Bezeugung durch den Rat unanfechtbare Beweiskraft; das Privat- und Erbrecht sowie das Konkurs- und Vergleichsrecht, die so verfeinert wurden, daß das L. ein Kaufmanns- und Handelsrecht par excellence wurde. Mit L. waren alle holst. Städte bewidmet, sowie Tondern/Tønder in Schl., →Mölln und →Bergedorf im Hzt. →Lauenburg. →Hamburg, das als erste Stadt Teile des L. übernommen hatte, entwickelte im 13. Jh. ein eigenes Recht. Der Rechtszug nach Lübeck endetete für die holst. Städte 1496 durch Einrichtung des holst. →Vierstädtegerichts. Abgesehen von Teilen, die durch nachma. Landes- und Reichsgesetz-

Lübke, Friedrich Wilhelm

gebung herausgebrochen wurden, blieb das L. bis zur Einführung des BGB im Jahre 1900 in Geltung (→Stadtrecht).
Lit.: W. Ebel, L. 1, Lübeck 1971. RHK

Lübke, Friedrich Wilhelm →Ministerpräsident, →Programm Nord

Lübsche Güter In der Nähe des Lübecker Stadtgebietes lag im Hzt. Holst. eine Zahl von Gütern (→Gut), die im Verlauf des Spätma. und der Frühen Neuzeit von Lübecker Familien erworben wurden und auf die →Lübeck bis 1802 territorialen Anspruch erhob. Es handelte sich um die Güter Trenthorst, →Stokkelsdorf, Ekhorst, Groß-Steinrade, Dunkelsdorf und Mori. Diese Güter gehörten nicht zum →Gemeinschaftlichen Anteil (also dem vom Kg.-Hz. und den Hz. von →Gottorf gemeinschaftlich verwalteten Bezirk), sondern rechneten zum kgl. Anteil und hatten daher als Oberbehörde die →Glückstädter Kanzlei. Die L. sind 1843 durch einen Vertrag zwischen dem Großhzt →Oldenburg, das seit 1773 das Fürstbt. →Lübeck (Bt. und Fürstentum) in Besitz hatte und dem Hzt. Holst. zu ersterem gekommen. An SH kamen sie erst 1937 durch das →Groß-Hamburg-Gesetz zurück. LS

Lübsche Stadtstiftsdörfer sind Dörfer, die im Spätma. von Lübecker Kirchen und milden Stiftungen erworben wurden. Ihre Zahl hatte sich durch Verträge zwischen →Lübeck und Holst. 1802 sowie dem Fürstentum →Lübeck 1803 reduziert. Die jeweiligen Vorstände übten hier die Patrimonialgerichtsbarkeit aus. Die L. standen unter holst. Landesherrschaft. Es waren folgende: a) unter dem St. Johanniskloster: Bentfeld, Böbs mit Schwinkenrade, Dazendorf, Heringsdorf, Kaköhl, Kembs, Klötzin, Schwochel, Sulsdorf und ein Teil von Rellin; b) unter dem St. Clemens-→Kaland: Bliesdorf, Marxdorf, Merkendorf und Klein-Schlamin; c) unter dem Heiligen-Geist-→Hospital: Barkhorst, Giddendorf und Pölitz; d) unter der St. Marien-Kirche: das →Gut Frauenholz; e) unter der Westerauer Stiftung: Westerau. Diese Dörfer verloren nach der Ablösung der Reallasten ab 1878 ihre Verbindung zu Lübeck. LS

Lübsche Trade Der Lübecker Handelsweg verband seit dem Spätma. Dithm. mit →Lübeck und verlief von →Heide und →Meldorf über die mittelholst. Geest, →Nms. und →Segeberg. Auf der L. wurden →Getreide und Käse zum Haupthandelsplatz Lübeck versand. Mit Lübecks Niedergang verfiel der Regionalhandelsweg seit dem 16. Jh.
Lit.: G. Schrecker, Das spätma. Straßennetz in Holst. und Lauenburg, in: ZSHG 61, 1933, 16-109 und 63, 1935, 104-161. WA

Lüders, Philipp Ernst (geb. 6.10.1702 Freienwillen, gest. 20.12.1786 Glücksburg) L. wurde als Sohn eines Gutsbesitzers geboren, studierte in Wittenberg und Jena und übernahm

Philipp Ernst Lüders

1728 eine Hilfspredigerstelle in Munkbrarup, wo er 1729 die Tochter des dortigen Pastors, Elsabe Margaretha Vette, heiratete. 1730 wurde er Hofprediger in →Glücksburg und 1755 →Propst der dortigen →Propstei. Hier entfaltete er eine reiche schriftliche Produktion zu Verbesserungen der praktischen →Landwirtschaft und zu ihren grundlegenden Reformen, insbesondere im Rahmen der von ihm begründeten Dän. →Ackerakademie.
Lit.: P. Vollrath, Landwirtschaftliches Beratungs- und Bildungswesen in SH in der Zeit von 1750 bis 1850, Nms. 1957, 127-156. LS

Lüdemann, Hermann →Ministerpräsident

Lürschauer Heide ist ein ehemaliges Waldgebiet in der Gem. Lürschau (SL) in dessen Nähe 1043 eine Schlacht zwischen abotritischen (→Slawen) und dän. Heeren stattfand. Die Slawen wurden auf der Rückkehr von einem Zug nach Ripen/Ribe hier abgefaßt und so schwer geschlagen, daß sie auf längere Zeit außer Stande waren, Heerzüge nach Norden zu unternehmen. LS

Lütjenburg (PLÖ) Ohne Anknüpfung an den burglichen Mittelpunkt einer slawischen Siedlungskammer, den die Quellen »Lutilinburg« oder »Liutcha« nennen, entstand L. als Folge des Kirchenbaus, den Gf. Adolf II. von Holst. und Bf. Gerold von →Oldenburg 1156 an dem Übergang der von →Plön nach →Oldenburg führenden Straße über die Kossau veranlaßten und der die Missionierung der Slawen vorantreiben sollte. Nahe bei der Kirche entwickelte sich bald auch ein Markt und ein landesherrlicher Stützpunkt. Obwohl manches für eine Stadtgründung (→Stadt) vor 1239 spricht, finden sich urkundliche Zeugnisse, die L. städtischen Charakter belegen, erst 1271 und dann 1275 mit der erstmaligen Bestätigung des →Lübischen Rechtes und der Verleihung der Jahrmarktrechte. L. entwickelte sich in der Folge nur überaus mühsam, so daß bereits 1308 und wiederholt bis ins 18. Jh. hinein die Verlegung der Stadt an die 7km entfernte Howachter Bucht erwogen wurde. 150 Jahre lang (1497/1498-1642) war L. an adlige Gutsherrenverpfändet – ein einmaliger Vorgang für eine mit →Lübischem Recht bewidmete holst. Stadt. War schon das Handelsaufkommen gering, so erwuchs auch dem städtischen Handwerk durch Gutshandwerker starke Konkurrenz, so daß Stagnation das Leben in L. prägte. Erst seit dem Ende des 18. Jh. erlebte L. einen gewissen Aufschwung durch Ansiedlung von Branntweinbrennereien und den Anschluß an die →Eisenbahn 1891, der Stadterweiterungen nach sich zog. Heute hat L. etwa 5.700 Einw.
Lit.: H. Willert, Umrisse der frühen Entwicklung L., in: ZSHG 117, 1992, 73-99. HFR

Lütjenburg um 1847, Lithographie von Wilhelm Heuer

erhielt sie um 1730, nachdem Friedrich Ludwig von Dehn das Gut erworben hatte, das sich zuvor im Besitz der Sehstedts, →Rantzaus, →Ahlefelds, →Kilemannseggs u.a. befunden hatte. Dehn gab dem Haus 1768 auch den heutigen Namen. L. birgt im Inneren einen besonderen Schatz: die Bunte Kammer. Sie ist in den Jahren 1672-1676 geschaffen worden, als Friedrich Christian von Kilemannsegg Besitzer war, die ihren Standort mehrfach gewechselt hat, befindet sich heute im Erdgeschoß und besteht aus 145 kleinen Bildern, die in fünf Reihen übereinander angeordnet sind. Die Bilder sind mit literarischen Emblemen in sieben Sprachen verbunden. Die künstlerische Qualität ist außerordentlich. Vergleichbares gibt es in SH nur noch im ostholst. Herrenhaus Gaarz.
Lit.: W. Harms, H. Freytag, Außerlit. Wirkungen barocker Emblembücher. Emblematik in L., Gaarz und Pommerfelden, München 1975. EO

Lütjenburg

Ludwigsburg Die im 17. und 18. Jh. entstandene schloßartige Anlage ist aus der seit 1400 beurkundeten Curia Kohöved, einer ma. Wasserburg, hervorgegangen; seine barocke Form

Luftkrieg →Bombenkrieg

Luftwaffe Die 1935 als Teilstreitkraft der →Wehrmacht mit eigenem Oberkommando etablierte L. schuf im Zuge der Aufrüstung der NS auch in SH zahlreiche Einrichtungen, insbesondere Fliegerhorste und Luftabwehrstellungen. In Kiel befand sich das Luftkreiskommando VI, dem auch die Flugabwehr-Stützpunkte entlang der gesamten Nordseeküste unterstellt waren. Neu waren die jetzt erbauten Flugplätze (Fliegerhorste) in Büchen, Burg/Fehmarn, Eggebek, Flensburg-Weiche, Gahlendorf, Glambeck, Groß-Wittensee, Großenbrode, Grove-Ost, Gülzow, Heiligenhafen, Helgoland, Hohenaspe, Hohn, Hörnum, Husum-Narrenthal und -Schwesing, Jagel, Kal-

Lunden

tenkirchen, Katharinenhof, Kiel-Holtenau, Klein-Kummerfeld, Lägerdorf, Leck, List, Lübeck-Blankensee und -Travemünde, Lütjenholm, Marienleuchte, Nms., Neustadt, Owschlag, Puttgarden, Rantum, Stabendorf, Uetersen, Westerland und Wyk. Während des 2.WK verstärkte sich die Präsenz der L., da bald insbesondere die Luftverteidigung an der Westküste und um die großen Städte ausgebaut wurden. In den Dienst der L. traten seit Februar 1943 auch Oberschüler ab 15 J. als L.- und Flakhelfer zum Einsatz bei der Luftabwehr, wobei sie klassenweise mit ihren Lehrern nahe ihren Wohnorten eingesetzt wurden. Zahlreiche L.einrichtungen wurden nach dem 2.WK zivilen Nutzungen (Wohnungen, Gewerbebetriebe) zugeführt, aber seit 1956 in beträchtlichem Umfang für die Bundeswehr reaktiviert. LS

Lunden

Die Kirche in Lunden

Lunden (HEI) ist eine 1140 zuerst als Kirchort erwähnte Siedlung auf dem nördlichen Ende der dithm. Binnennehrung, die sich von Stelle-Wittenwurth bis Lehe hinzieht, von der bereits im 14. Jh.Tochterksp. abgelegt wurden. 1516 entstand im Nordosten des Ortes ein Franziskanerkloster, das 1539 abgebrochen wurde. 1529 erhielt L. →Stadtrecht, das ihm aber schon 1559 wieder entzogen wurde. Nach der Teilung →Dithm. war L. Hauptort des Norderteils. Rund um die im 12. Jh. erbaute und etwa 1500 erweiterte Kirche finden sich prächtige Grabplatten und Stelen des 16. und 17. Jh., die von Reichtum und Selbstbewußtsein der Dithm. zeugen. Die Bezeichnung Geschlechterfriedhof (→Friedhof) bezieht sich hier auf Familienverbände, nicht die alten → Geschlechter des Landes. In L. wurde die erste Heimvolkshochschule (→Volkshochschule) in SH gegr. Heute hat L. etwas über 1.900 Einw.
Lit.: Festschrift zum 850jährigen Bestehen des Ksp. L., redigiert von S. Sablotni, G. Koch-Facompré, L. 1990. LS

Lyaschenko-Abkommen Am 13.11.1945 vereinbarten der engl. Generalmajor Barber und der russische Generalmajor L. einen Gebietsaustausch im Grenzbereich zwischen → Mecklenburg und →Lauenburg, der am 27.11.1945 wirksam wurde. Die mecklenburgischen Gem. Ziethen, Mechow, Bäk und Römnitz, zusammen 2560ha, kamen zur britischen Besatzungszone; die lauenburgischen Gem. Dechow und Thurow sowie Lassahn und einige kleine Landgem., zusammen 4860ha, wurden der sowjetischen Besatzungszone zugeordnet. Die Initiative ging von den Briten aus, die für →Ratzeburg ein Hinterland schaffen und die Verkehrsprobleme für die Kontrolle der östlich des →Schaalsees gelegenen Gem. beheben wollten. Die Bev. des lauenburgischen Gebiets mit ihrem Hab und Gut (inklusive Vieh und Erntevorräten) wurde evakuiert, bevor russische Truppen die Dörfer besetzten. Der Einigungsvertrag vom 31.8.1990 hat die durch das Militärabkommen geschaffene neue Grenze festgeschrieben.
Lit.: K. Jürgensen, Der Gebietsaustausch zwischen Mecklenburg und Lauenburg auf der Grundlage des Barber-L., in: Die Grenz- und Territorialentwicklung im Raum Lauenburg-Mecklenburg-Lübeck, hg. von K. Jürgensen, Nms. 1992, 119-143. EO

Maccioni, Valerio →Katholiken

Mager, Friedrich →Heide

Magistrat Im späten 18. und im 19. Jh. wurde der →Rat einer →Stadt auch in den Hztt. in zunehmendem Maße M. genannt. Diese Bezeichnung setzte sich mit Einführung der preußischen Städteordnung durch; das Spitzengremium der Stadtverwaltung hieß seitdem M. Es setzte sich aus dem (Ober-)→Bürgermeister sowie den haupt- und ehrenamtlichen Stadträten zusammen, die jeweils die Ressorts der hauptamtlichen Verwaltung leiteten. Durch die Reform der Gem.ordnung 1997/1998 wurde der M. abgeschafft. Als direktes Kontrollgremium des Bürgermeisters fungiert nun der Hauptausschuß. LS

Magnussen, Christian Carl →Malerei

maiores provincie →Volksadel

Malaria Das endemische Auftreten der hierzulande auch als Marschen-, Stoppel- oder Wechselfieber bezeichneten Krankheit ist für die Hztt. seit 1735 bezeugt. In der Folge kam es aber auch immer wieder zu epidemischen Verläufen, wobei es sich wohl nur um die weniger lebensbedrohliche Form der M. tertiana gehandelt haben dürfte. Für die Jahre 1826 und 1872 ist ein besonders hoher Infizierungsgrad in beiden Landesteilen überliefert. Erst Ende des 19. Jh. wurde der M.-Erreger entdeckt und die Anopheles-Stechmücke als dessen Überträger identifiziert. Für einen fast vollständigen Rückgang der Seuche im Lande bis 1900 sorgten die zunehmende Verabreichung von Chinin, Meloriationsmaßnahmen und veränderte Wohnverhältnisse (Trennung der Schlafräume von den Stallungen). Aber unter den extremen Nachkriegsbedingungen der Jahre 1945-1948 war die Krankheit erneut in SH virulent.
Lit.: O. Vollstedt, Annerdaags- und Drüddendaagsfewer. Zur Geschichte der M. in SH, in: SH 10, 1996, 12-14. SW

Malente (OH) ist heute zusammen mit Gremsmühlen ein Kurort und Ausflugsziel zwischen Kellersee und Dieksee. Es besitzt eine wohl um 1230 begonnene Feldsteinkirche mit neuromanischem Turm von 1893 sowie mehrere Fachwerkhäuser des 17. bis 19. Jh. Die Gem. hat heute knapp 10.700 Einw. OP

Malerei Vom der M. des MA haben sich nur sehr wenige Spuren erhalten, die zudem kaum in ihrer ursprünglichen Form auf uns gekommen sind. Insbesondere gilt das für die Ausmalungen der ma. Kirchen, denen das feuchte Klima und die Übermalungen nach der →Reformation schwere Schäden zufügten. Dasselbe gilt für die Tafelm. dieser Zeit, obwohl übermalte Altäre (→Cismar um 1330) noch Überraschungen bieten können. Aus dem frühen 15. Jh. sind bemalte Altarflügel aus →Neustadt erhalten, die höchstwahrscheinlich in →Lübeck hergestellt wurden. Um 1450 hatte sich hier der nl. Einfluß ganz durchgesetzt, wie aus dem Werk des Meisters Hermen Rode (gest. 1504) deutlich wird. Die Werkstatt des Bernt →Notke (ca. 1440-1509) produzierte Gemälde und Skulpturen weit über die Grenzen der Stadt hinaus. Im 16. Jh. gab es kaum bedeutende Werke der M. in den Hztt., wenn man einmal von dem Flensburger Melchior Lorck (ca. 1527-ca.1583) absieht, der allerdings überwiegend außerhalb des Landes (Wien, Istanbul, Kopenhagen) und in →Hamburg wirkte. Bedeutende Vertreter der M. hat dann im 17. Jh. der repräsentationsfreudige Hof von →Gottorf an sich gezogen. Von diesen ist an erster Stelle Jürgen →Ovens (1623-1678) aus →Tönning zu nennen, der stark von den Nl. (Rembrandt und van Dyck) beeinflußt war, aber selbst ein hervorragender Portraitist und Allegoriker war. Seine Bilder fanden weite Verbreitung bis England und in die Nl. Mit dem Niedergang des Gottorfer Hzt. verringerten sich auch die Möglichkeiten für die höfische M. Andererseits wurden sowohl vom →Adel wie von den vermögenden →Bürgern der Städte im Spätbarock und Rokoko Künstler von auswärts herangezogen, um die Wünsche nach Bildschmuck zu erfüllen. Zu diesen zählten der aus Italien nach Lübeck gelangende Stefano Torelli (1712-1784) oder der aus Kassel stammende und vorübergehend für das Hzt. →Plön arbeitende ältere Johann Heinrich Tischbein (1722-1789). Andere Maler, wie der Lübecker Gottfried Kneller (1646-1723) verließen das Land, um woanders Ruhm zu ge-

Malente

Malerei

Die Gemäldegalerie auf Schloß Breitenburg

winnen – dieser als Sir Godfrey Kniller am Londoner Hof. Gegen Ende des Rokoko, im Übergang zum Klassizismus wirkte der Dän. Jens Juel (1745-1802) in den Hztt. Der Förderung des kunstsinnigen Fürstbf. Peter Friedrich Ludwig in →Eutin ist zu verdanken, daß neben Literaten auch bedeutende Maler das »Weimar des Nordens« bevölkerten: Johann Heinrich Wilhelm →Tischbein (1751-1829) und dessen Vetter Ludwig Philipp Strack (1761-1836) wirkten hier. Die neugegr. Kopenhagener Akademie förderte dän. wie sh Talente und beeinflußte die M. in den Hztt. von 1780 bis 1850 außerordentlich stark. Am Eutiner Hof spielte das Figurenbild immer noch eine herausragende Rolle, als deren Meister Tischbein und der Holst. Friedrich Carl →Gröger (1766-1838) zu gelten haben. Aber um 1800 setzt sich auch die Landschaftsm. durch, die – angeregt von der idyllischen Landschaft der →Holst. Schweiz – Bilder eines zeitlos schönen Arkadien (vergleichbar der italienischen Landschaftsm.) schuf. Sie mußte sich auch gegen die Ende des 18. Jh. vorherrschende mythologische Darstellung durchsetzen, deren bedeutendster Vertreter der in Schl. geborene Asmus Jakob Carstens (1754-1798) war – einer der ersten Maler, der nicht mehr im Auftrag malte, sondern nur sich selbst verpflichtet blieb, was ihm zwar Achtung, aber geringen Verdienst bescherte. Aus den Hztt. stammte der die Kopenhagener Akademie stark beeinflussende Christoffer Eckersberg (1783-1853), der den Weg vom Klassizismus zum Realismus beschritt; seine Schüler stammten nicht selten aus den Hztt. – so der beste Porträtist der »Goldenen Epoche« DK, der gebürtige Bredstedter Christian Albrecht →Jensen (1792-1870) – und schufen einen einheitlichen Stil, der den Charakter der dän. M. des 19. Jh. prägte. Diese Phase ist auch geprägt von dem Durchbruch des bürgerlichen Kunstinteresses, in dessen Rahmen etwa erste öffentliche Kunstausstellungen (1830 in Schl.) stattfanden, nachdem zuvor bereits 1819 einer der ersten Kunstvereine im dt.sprachigen Raum entstanden war (1843: SH Kunstverein in Kiel). In den Umkreis der »Goldenen Epoche« gehört auch der Altonaer Louis Gurlitt (1812-1897), dem der Durchbruch in Dt. nach der preußischen →Annexion der Hztt. gelang. Sein riesiges Œuvre mit Landschaftsbildern hat bis heute in der dt. wie dän. Kunstgeschichte einen festen Platz. Anderen seines Alters gelang dieser Durchbruch nicht. So wurde etwa Carl Ludwig Jessen (1833-1917) zu einem Vertreter der spätromantisch-naturalistischen Heimatm. Es machte sich jetzt neben einer zunehmenden Orientierung auf diese Heimatm. auch eine international geprägte Ausrichtung bemerkbar. Dazu trugen die Impulse der preußischen Kunstschulen in Düsseldorf und Berlin bei, obwohl es auch zuvor den Blick nach außen gegeben hatte. So studierte der wichtigste Porträtmaler der ersten preußischen Jahrzehnte der Hztt., der Schl. Christian Carl Magnussen (1821-1896) in Paris und wirkte über seinen Tod hinaus auf die norddt. M. Nun wurde auch die nordfriesische Landschaft von der M. entdeckt – insbesondere die Küste und die ihr vorgelagerten Inseln, die ihre Maler in Hans Peter Feddersen (1849-1941) und Joachim Hinrich Wrage (1843-1912) fanden, deren spätrealistische und impressionistische Werke der Freilichtm. herausragende Bedeutung für die Entwicklung der sh M. haben. Auch der fortschrittliche Hans Olde (1855-1917) wirkte mit seiner pointillistisch inspirierten M. weit. Insbesondere Feddersen und Wrage

gaben den Anstoß für die expressionistische M. von Emil →Nolde (1867-1956), dessen Bilder als Ausdruck einer norddt. M. schlechthin galten. Noldes Kontakte zum Künstlerkreis »Brücke« brachte dann auch weitere dem Expressionismus verpflichtete Maler nach SH – so seinen Freund Christian Rohlfs (1849-1938), Ernst Ludwig Kirchner (1880-1938), Erich Heckel (1883-1970) und Karl Schmidt-Rottluff (1884-1976). Auch andere Künstler gaben als Gäste im Lande Impulse: Wenzel →Hablik (1881-1934) ließ sich mäzenatisch gestützt in →Itzehoe nieder und versuchte, in symbolistisch-expressiven Bildern Naturkräfte sichtbar zu machen. Der Berliner Georg Tappert (1880-1957) war besonders eng mit dem Kieler Revolutions-Expressionismus (Expressionistische Arbeitsgemeinschaft Kiel 1919) verbunden, der von Friedrich Peter Drömmer, Werner Lange und Karl Peter Röhl mit Arbeiten kubofuturistischer bis abstrakter M. mitbestimmt wurde. In der Folge kam es zu einem nordisch-niederdt. Expressionismus mit dem Dithm. Hans Groß (1892-1981), dem nordische Mythologie behandelnden Klaus Wrage (geb. 1891) und Max Kahlke (1892-1928). Von expressionistischen Arbeiten kam auch Wilhelm Petersen (1900-1987) her, der sich aber mit Gespür für das polit. Opportune schon bald nach 1933 zum Maler des germ. Nordens wandelte und sich damit dem NS, dessen Kunstauffassung jede Abstraktion und jeden expressionistischen Ausdruck als »entartet« ablehnte, entschieden andiente. Auch andere sh Maler fanden in der rückwärtsgewandten NS-Kunst ein trautes Heim, verschwanden aber nach 1945 in der Versenkung. Die Kunstszene belebte sich nach 1945 neu, doch brachte SH nur wenige auch überregional bedeutende Werke der Malerei hervor. Festzustellen bleibt, daß Künstler aus SH auch Anteil an der Entwicklung der Moderne hatten, doch ist der Beitrag realistische Darstellungsformen vertretender Maler – etwa Harald Duwe (1926-1984), Peter Nagel (geb. 1941), Dieter Kressel (geb. 1925) oder Nikolaus Störtenbecker (geb. 1941) – hier relativ hoch.

Lit.: L. Martius, Die sh M. im 19. Jh., Nms. 1956; Kunstwende. Der Kieler Impuls des Expressionismus 1915-1922, Nms. 1992; KuNSt ohne Museum. Beiträge zur Kunst in SH 1933-1945, hg. von B. Manitz, T.A. Greifeld, Heide 1993; H. Spielmann, M. abseits der Zentren, in: Das große SH-Buch, Hamburg 1996, 396-403. LS

Die Eltern von F.C.Gröger, gezeichnet von Gröger um 1790

Malmöer Waffenstillstand Am 26.8.1848 schlossen DK und →Preußen in Malmö einen Waffenstillstand auf sieben Monate. Die Hztt. sollten in dieser Periode von dän. und dt. Truppen geräumt und von einer gemeinsamen Regierung aus fünf Mitgliedern verwaltet werden. Der M. enthielt auch die Bestimmung zum Rücktritt der →Provisorischen Regierung und löste großen Unfrieden zwischen den SH und Debatten in der Nationalversammlung in Frankfurt aus.

Lit.: V. Weimar, Der M. von 1848, Nms. 1959. HSH

Friedrich Wilhelm IV. und Friedrich VII. in einer Karikatur auf den Malmöer Waffenstillstand 1850

Mandat ist ein landesherrlicher Erlaß der Obrigkeit an die Untertanen mit verschiedensten Inhalten. Im 17. Jh. stieg die Anzahl gedruckter obrigkeitlicher M., die, einfach gestaltet und kleinformatig, zumeist unter Einschaltung der Pastoren von der Kanzel verbreitet wurden. Der Tonfall reichte je nach Belang von höflicher Bitte bis zum strikten Befehl mit Strafandrohung. BSt

Mandel →Maße

Mandränke →Sturmflut

Mann (Familie) ist eine aus →Mecklenburg nach →Lübeck eingewanderte Kaufmannsfamilie, der mit dem Brüderpaar Heinrich (1871-1950) und Thomas Mann (1875-1955) zwei der bedeutendsten Schriftsteller des 20. Jh. entstammen. Der Stoff ihrer Romanerstlinge »In einer Familie« (1894) und »Buddenbrooks. Verfall einer Familie« (1901) zeigt, wie sehr sie anfangs auf das merkantil-großbürgerliche Umfeld der Eltern bezogen waren. Dort zunächst als gescheiterte Existenzen angesehen, kamen sie später zu höchsten Ehren: Der linksdemokratisch ausgerichtete Heinrich (»Professor Unrat« 1905, »Der Untertan« 1914) wurde 1931 zum Sektionsleiter für Dichtkunst der Preußischen Akademie der Künste berufen; der ursprünglich eher konservativ eingestellte Thomas (»Betrachtungen eines Unpolitischen« 1918, »Der Zauberberg« 1924) erhielt 1929 den Nobelpreis für Lit. »Lübeck als geistige Lebensform« (Vortrag von Thomas M. 1926) blieb den vor den NS geflohenen Brüdern stets der Hintergrund ihrer Existenz. In seiner Dankesrede für die Ehrenbürgerwürde der Stadt wünschte sich Thomas M. 1955, daß sein Vater noch hätte »sehen können, daß ich mich eben doch, gegen alles Erwarten, auf meine Art als sein Sohn, sein echter erweisen konnte«. Die aus seiner Ehe mit Katia Pringsheim hervorgegangenen Kinder Erika M. (1905-1969), Klaus M. (1906-1949), Golo M. (eigentlich Gottfried M. 1909-1994), Monika M. (1910-1992), Elisabeth M. (geb. 1918) und Michael M. (1919-1977) waren bzw. sind selbst lit.-publizistisch tätig; von Enkel Frido M. (geb. 1940, Sohn von Michael) erschien 1985 der autobiographische Roman »Professor Parsifal« und 1992 »Der Infant«. Seit 1993 besteht im Lübecker Buddenbrookhaus in der Mengstraße das Heinrich-und Thomas-M.-Zentrum.
Lit.: V. Mann, Wir waren fünf. Bildnis der Familie M., Frankfurt/M. 1976; H. Wißkirchen, Die Familie M., Reinbek 1999. KUS

Mannhardt, Johann Wilhelm →Hanerau

Manufaktur ist im Gegensatz zum Handwerksbetrieb ein größerer gewerblicher Betrieb, in dem die Produktion bereits stärker arbeitsteilig organisiert sein kann. Als M. wurde im späten 17. und 18. Jh. auch der gewerbliche Betrieb bezeichnet, der sich in das herkömmliche System der handwerklichen Gliederung nicht einpassen wollte und gewisse übergreifende Fertigkeiten erforderte oder aber eine Produktion hatte, die durch das seit dem Spätma. entwickelte System der Ämter (→Amt) nicht abgedeckt wurde. Typisch sind Tabakm. (im 19. Jh. oft als Fabriken bezeichnet, auch wenn sie extrem kleine Belegschaften hatten), in denen der Rohtabak zu Rauch- und Kautabak verarbeitet wurde; ebenso wurden – gegen den Widerstand der Tischler – Möbelm. errichtet, wohingegen Spiegelm. sich stets (unter landesherrlicher Konzession) frei betätigen konnten. Nur wenige M. eigneten sich für den modernen Fabrikproduktionsprozeß. Deshalb stellen die M. auch keine direkte Vorstufe zur Industrie dar. Sie zersetzten allerdings auf ihre Weise die relativ erstarrte Regelwelt der Handwerksämter insbesondere in den Städten (→Stadt) und →Flecken, denn auf dem Lande gab es sie kaum, wenn man einmal von den Fayencem. (→Fayencen) absieht. LS

Marienburg →Dellbrück

Marienwohlde →Kloster

Marine Nach der Reichsgründung 1871 fanden durch einen stetig steigenden Bedarf an Material und Personal die Hztt. Schl. und Holst. aufgrund ihrer geostrategischen Lage vermehrtes Interesse bei der Reichsm.führung. Nachdem sich bereits die Preußische M. an →Ost- und →Nordsee mit Kriegshäfen eingerichtet hatte (→Marinestation der Ostsee), wurde der auf M.interessen gerichtete Ausbau

Marine

Die Rückkehr der kaiserlichen Mittelmeerflotte

in Schl. und Holst. ab den 1880er Jahren vorangetrieben. →Flensburg wurde zunächst Ausbildungsstätte für das Torpedowesen, später wurde hier zusätzlich die Schiffsjungenausbildung durchgeführt; 1910 die M.schule Mürwik als Ausbildungsstätte für den Offiziernachwuchs hierher verlegt (→M.schule Mürwik). Unter Wilhelm II. und Großadmiral von Tirpitz als Staatssekretär des Reichsm.amtes wurde die Kaiserliche M. schiffbautechnisch auf den Nordseeeinsatz ausgerichtet, so daß die Bedeutung der Ostseehäfen abnahm, wohingegen die Bedeutung Wilhelmshavens stieg. Bedeutung erlangten →Kiel, List/→Sylt (ab 1914) und Flensburg (ab 1916) als Seefliegerhorste. In den letzten Tagen des 1.WK rückte Kiel in den Mittelpunkt der Betrachtungen, da von hier der →Matrosenaufstand ausging, der die Novemberrevolution auslöste und den Zusammenbruch des Kaiserreiches beschleunigte. Durch den Versailler Friedensvertrag und die Selbstversenkung der Dt. Flotte in Scapa Flow wurde die ehemals mächtige M. auf ein quantitatives Minimum reduziert und konzentrierte sich nach 1919 zunächst ausschließlich auf die Ostsee, um die Seeverbindung zu Ostpreußen zu gewährleisten. Seit 1926 forcierte die Reichsm.führung ihre Bemühungen, durch Auslandsreisen wieder auf den Weltmeeren Präsenz zu zeigen, was die Nordseehäfen förderte. Spätestens ab 1935 bemühte sich die M.führung unter Admiral Erich Raeder erneut um die Hochseefähigkeit der Flotte. Das dt.-britische Flottenabkommen begünstigte diese Absichten. Mit der Verabschiedung des »Z-Plans« (Aufrüstung der Kriegsm. bis 1948 in unfangreichem Ausmaß zur Seemacht) wurden die Hochseeflottenpläne der Zeit der Kaiserlichen M. neu belebt und die Enttäuschungen der Zeit der Reichsm. kompensiert. Bei Ausbruch des 2.WK war der Ausbau der Kriegsm. personell und materiell nicht abgeschlossen. Dennoch gelang es der M.führung, ihren Auftrag, im Nordatlantik Handelskrieg zu führen, zunächst erfolgreich zu erfüllen. Die Ostseehäfen wurden in diesem Zusammenhang – da weit vom Kriegsgebiet entfernt – als Abstütz- und Instandsetzungshäfen genutzt. Nach 1943 begann sich das Kriegsgebiet zunächst in die Nordsee, dann schließlich in die Ostsee zu verlagern. Seit Januar 1945 unternahmen Handels- und Kriegsschiffe alle Versuche, Truppen und Zivilisten aus den Ostgebieten (Operation »Rettung«) nach SH und DK zu evakuieren. Der testamentarisch zum Nachfolger Hitlers benannte Großadmiral Karl Dönitz mußte Anfang Mai 1945 bis an die M.sportschule nach Flensburg-Mürwik ausweichen, veranlaßte von dort die Einleitung der bedingungslosen →Kapitulation und verblieb bis zu seiner Verhaftung durch die Briten am 23.5.1945 in Mürwik (→Reichsregierung Dönitz). Bis zur Gründung der Bundesmarine im Januar 1956 gab es keine M. auf dt. Boden, wenngleich m.typische Aufgaben (Minenräumen, Freilegen der Hafenzuwege) von ehemaligen Angehörigen der Kriegsm. unter alliiertem Befehl wahrgenommen werden mußten. Im Rahmen des NATO-Auftrages übernahm die Bundesm. v.a. in SH Bündnisaufgaben zur Sicherung der Ostseezugänge. Die Ostsee selbst wurde zum Haupteinsatzgebiet der zunächst im Schwerpunkt als Bootsm. konzipierten westdt. Seestreitkräfte. Fast zwei Drittel der gesamten fahrenden Flotte und die gesamte fliegende Flotte (Ausnahme: Nordholz) sowie Großteile der Versorgungs- und Ausbildungseinrichtungen der M. waren bis 1990 in SH stationiert. Hervorzuheben ist das Flottenkommando in →Glücksburg-Meierwik als nationale wie internationale Befehlszentrale. Die durch einen erweiterten Auftrag notwendig gewordene Reduktion und Dislozierung der Streitkräfte nach der dt. Vereinigung 1990 hat für SH weitreichende Folgen (→Schleswig-Holsteinische Flotte, →See-Etat).

Die Marineschule Mürwick

Lit.: G. Schulze-Wegener, Dt. zur See. 150 Jahre dt. M.geschichte, Hamburg u.a. 1998; J. Duppler, Germania auf dem Meere, Hamburg 1998. JH

Marineschule Mürwik Marineoffizierschule der Dt. Marine im gleichnamigen Stadtteil →Flensburgs, an welcher seit 1910 Offizieranwärter ausgebildet werden. Nach dem 2.WK war die Schule zeitweilig Sitz der Zollschule (→Schule) und der Pädagogischen →Hochschule. Heute vereinigt das Gesamtgelände Sporthallen und Schulflügel, Bootshafen, Wasserturm und die Kommandeursvilla, in welcher seit 1991 das Wehrgeschichtliche Ausbildungszentrum mit einer auch der Öffentlichkeit zugänglichen Lehrsammlung zu 150 Jahren dt. Marinegeschichte untergebracht ist. Die Gebäude der 1937 erbauten Sportschule (→Reichsregierung Dönitz) befinden sich auf dem Gelände der M. Das Segelschulschiff →Gorch Fock gehört zur M.
Lit.: M., hg. vom Dt. Marineinstitut, Herford ²1989; S. Bölke, Die M., Frankfurt/M. u.a. 1998. JH

Marinestation der Ostsee Im Mai 1854 in Danzig auf der Grundlage der preußischen Kabinettsordre vom 21.12.1853 eingerichtet, wurde die M. mit ihren zugehörigen Komponenten (Stützpunkt, Verwaltung und Instandsetzung) am 24.3.1865 nach →Kiel verlegt, wo sie bis 1945 verblieb. Grund für die Verlegung waren die natürlichen geographischen Gegebenheiten des Hafens, da hier Liegeplätze für die gesamte Preußische Flotte vorhanden waren. Der ursprüngliche Zuständigkeitsbereich weitete sich während des 2.WK erheblich aus. In der Bundesmarine (seit 1956) wurde in Kiel das Marineabschnittskommando Ost neu aufgestellt. Im Rahmen der Strukturmaßnahmen nach der Wiedervereinigung wurde das Kommando umbenannt in Marineabschnittskommando Nord. Ihm unterstehen infrastrukturell und organisatorisch alle Depots, Lager und Stützpunkte der Dt. Marine in SH und →Hamburg. JH

Mark Als Öd- oder Grenzm. wurden die siedlungsleeren Zonen zwischen den frühma. Siedlungsgebieten der verschiedenen Völker oder

Stämme bezeichnet, die zur Abwehr von Angriffen zumeist als Wälder erhalten wurden und erst im Spätma. und der Frühen Neuzeit durch klarer beschriebene Grenzen ersetzt wurden. In SH gab es M. zwischen den Siedlungsgebieten der →Sachsen und der Jüten (die dünn besiedelte M. zwischen →Eider und →Danewerk, zu der Isarnho (→Dän. Wohld) und →Lohheide gehören) und denen der Sachsen sowie der →Slawen (die waldreiche Zone im Streifen zwischen Kiel und dem →Sachsenwald, zu dem auch die →Hahnheide gehört). LS

Mark →Gewichte

Markt ist zunächst der begrenzte, öffentliche Ort, in dem Waren angeboten werden, Interessenten unter dem Angebotenen auswählen und von den Anbietern kaufen bzw. gegen eigene Waren tauschen können (→Handel). Die Entstehung von M. setzt eine Überschußproduktion einerseits und eine Nachfrage aufgrund von Unterproduktion voraus. In einem erweiterten Sinne (als Einrichtung des Warenaustausches) dürften M. in SH bereits in der jüngeren Steinzeit (3500 bis 1800 v.Chr.) entstanden sein, weil verarbeitbarer →Flintstein (ein wichtiges Rohprodukt für die damalige Herstellung von schneidenden Geräten) nicht überall im Lande vorkam. Ein M. für Fernhandelswaren (etwa Metall in roher oder verarbeiteter Form) muß bereits in der Bronzezeit (1800-800 v.Chr.) bestanden haben, weil Kupfer und Zinn zur Herstellung von Bronze in SH nicht vorkommen. Die Eisenzeit (800 v.Chr. bis 800 n.Chr.) kannte zwar schon die Produktion einheimischen Eisens (Raseneisenerz), war aber

Der Altstädter Wochenmarkt in Rendsburg 1887

zur Verteilung im Raum auf Handel und M. angewiesen. In dieser Zeit kamen relativ viele Importgüter aus dem südelbischen Raum nach SH, so daß sich die M.lage erheblich verbesserte. Der steigende Bedarf an Handel und M. war schließlich ursächlich für die Entstehung von Städten: →Haithabu ist als stadtähnliche Siedlung ohne M. nicht vorstellbar. Mit den hoch- und spätma. Städtegründungen ist immer die M.gerechtigkeit verbunden. Dies war wichtig für deren Lebensmittelversorgung, auch wenn die meisten Städte einen hohen Anteil von Ackerbürgern hatten, und verweist auf die frühe M.einbindung der Bauern. Diese M. waren tägliche oder Wochenm. Dazu im Gegensatz standen die oft mehrmals jährlich stattfindenden Spezialm. für Vieh und gewerbliche Produkte – hierher rührt die Bezeichnung Jahrm. In den Städten stellte der M. tatsächlich eine etwas erweiterte Straßenfläche dar, wo die Waren präsentiert werden konnten (Straßenm.); oftmals wurden auch freie Plätze für den M. von Bebauung freigehalten, um als M.fläche zu dienen (M.platz). Die M.plätze lagen meistens in enger Verbindung zum →Rathaus und dienten auch als Versammlungsplatz der Bürgergem. Während in kleinen Städten ein M. für die Bedürfnisse ausreichte, gab es in großen Städten differenzierte M.; z.B. finden sich in →Lübeck noch heute M.bezeichnungen:

Der Marktplatz in Lübeck um 1860, Kupferstich von W. Gury

Marling, Charles

Marne

zunächst der bis heute bestehende M. beim Rathaus, dann der Kohl(en)m. und der Pferdem. – im Spätma. und in der Frühen Neuzeit gab es hier weitere Spezialm. Auch die zunächst mobilen, dann ortsfest gebauten zentralisierten Verkaufsstände der Lebensmittelhandwerker (Bäcker, Schlachter), die als Schrangen bezeichnet wurden (Lübeck, →Flensburg) lassen sich als M. charakterisieren. Sie stellten die Frühform von Ladengeschäften dar. Mit dem Aufkommen von →Flecken, die oft die M.gerechtigkeit erhielten, nahm die Zahl der Wochen- aber auch der Jahrm. zu. Es entstand eine Situation in der die Jahrm. in einem zyklischen System zunächst die Westküste nach Norden wanderten und dann die Ostküste zurückwanderten, so daß die Händler in jeder Saison eine recht festgelegte Tour machten. M.hallen, wie sie v.a. im 19. Jh. aufkamen, hat es in SH nicht gegeben. Die Hamburger M.hallen waren Großm.hallen. Heute gibt es in fast allen Städten und größeren Orten des Landes Wochenm., die insbesondere der Versorgung mit Frischgemüse, Obst, Käse, Fleisch- und Wurstwaren, aber auch Textilien und Lederwaren dienen. Der größte M.platz SH befindet sich in →Heide. Dieser Platz war seit 1434 der Versammlungplatz der nördlichen Ksp. →Dithm. und wurde später mit Häusern umbaut. LS

Marling, Charles →CIS

Marne (HEI) Die ma. Wurtsiedlung im flachen →Marschland, die als Myrne zuerst 1140 Erwähnung findet, erhielt im 13. Jh. ihre Maria-Magdalenen-Kirche (Neubau 1904-1906). Der Marschflecken erfuhr einen langdauernden Aufschwung zum Handelszentrum durch die Eindeichungen in seinem Westen: Kronprinzenkoog (1785-1787 unter der Regentschaft des Kronprinzen Friedrich), Friedrichskoog (1853/54), mit Hafen an der Entwässerungsschleuse (Krabbenfischerei seit 1883), Kaiser-Wilhelm-Koog (1873), Auguste-Viktoria-Koog (1899/1900), der Neufelderkoog (1924) und der Adolf-Hitler-Koog (1933-35, seit 1945 Dieksander-Koog). 1859 wurde hier die erste Freiwillige Feuerwehr SH gegr. 1880 Anschluß an die →Eisenbahn (Marschbahn) Elmshorn-Tondern/Tønder, die 1884 bis in den Friedrichskoog (Zuckerrübentransport von dort zur Fabrik in St. Michaelisdonn) fortgeführt wurde. 1891 erhielt der Ort →Stadtrecht. Heute gibt es fischverarbeitende Betriebe, eine Brauerei und Dienstleistungsunternehmen. Auf dem Marktplatz fand bis in die 1930er Jahre ein →Menschenmarkt statt, d.h. öffentliches Anheuern von Tagelöhnern und Saisonkräften. Das sehr große Rathaus von 1914 steht unter Denkmalschutz. Heute hat M. gut 6.000 Einw. Der Germanist Karl Viktor →Müllenhoff stammt aus einer bedeutenden M. Familie.

Lit.: C. Tracz, Chronik der Stadt M., Heide 1991. WK

Marne im 19. Jh.

Marsch ist eine der drei großen Landschaftszonen SH neben dem (östlichen) →Hügelland und der →Geest; sie zieht sich in einem mehr oder minder breiten Streifen entlang der Nordseeküste und des holst. Elbufers. Im Gegensatz zu den letzteren ist sie nicht eiszeitlichen Ursprungs, sondern erst weit nach den →Eiszeiten durch Sinkstoffablagerungen aus Meeresüberflutungen entstanden. M. kann nur bei Vorhandensein eines Gezeitenmeeres (→Gezeiten) und einer Flachküste entstehen. Diese Bedingungen waren in SH um 8000 v.Chr. gegeben, als durch Abschmelzen des Inlandeises ein Anstieg des Meeresspiegels um 80 bis 100m erfolgt war und das Wasser der entstehenden Nordsee bis an den heutigen westlichen Geestrand vordrang. Zwischen 8000 und 3000 v.Chr. (Flandrische Transgression) fand aber noch keine M.bildung statt. Vielmehr bildeten sich in →Dithm. →Kliffs und Nehrungen. In der anschließenden Phase (3000 bis 1800 v.Chr.) kam es zur Bildung der alten M. in →Nordfriesland über Basistorfen, die sich zuvor als →Moore gebildet hatten. Das auflaufende Wasser transportiert Sinkstoffe mit, die sich beim Kentern des Flutstromes und dem dabei auftretenden Wasserstillstand absetzen. In Dithm. kam es jetzt erst zur Herausbildung einer Flachküste. In der 3. Phase (1800 bis 800 v.Chr.) bildete sich bei relativ stabilem Meeresspiegel in Nordfriesland über der alten M. ein großes Hochmoorgebiet (zwischen →Eiderstedt und →Sylt) aus, während in Dithm. die alte M. entstand. In der bis heute anhaltenden 4. Phase (von um Chr. Geburt bis in die Gegenwart) führte ein erneuter Meeresspiegelanstieg (Dünkirchen-Transgression) zur Bildung der jungen M. entlang der Nordseeküste, die sich in Nordfriesland über das zuvor gebildete Hochmoor und in Dithm. vor die alte M. legte, so daß hier M.sietland (niedriges Land in der östlichen M.) neben M.hochland (junge M. im Westen) entstand. Diese jungen M.böden nahmen die ma. Siedler teils insular, teils flächig hinter Deichschutz (→Deich) in Kultur. Während in Dithm. bis heute ein wechselhafter Kampf gegen den immer noch steigenden Meeresspiegel stattfindet, der insgesamt eine positive Landgewinnungsbilanz aufweist, kam es in Nordfriesland durch Abgraben von Salztorf und dessen Verarbeitung zu Friesensalz (→Salz) zu Gefährdungen der Siedelfläche, die schließlich bei den Fluten von 1362 und 1634 zum Verlust weiter Teile der jungen M. führten. Hieraus entstand die Insel- und Halligwelt (→Hallig) der Gegenwart. Nur langsam kann hier erneut Landgewinnung erfolgreich betrieben werden. Sie steht heute überdies im Spannungsfeld von →Küstenschutz und →Naturschutz. Die →Elbmarschen haben im Schutz der dithm. Altmoränen ähnliche Naturprozesse wie Nordfriesland durchgemacht.

Lit.: R. Stewig, Landeskunde SH, Kiel 1978. LS

Marschall (lat. marescalcus) war ursprünglich derjenige der Knechte im Haushalt, der sich um die Pferde kümmerte und zum Stallmeister aufstieg. Im Hochma. entwickelte sich diese Funktion zum Anführer des Ritterheeres, woraus später die Leitung der Landstände (so im Hzt. Sachsen-→Lauenburg) entstand (→ Landm., → Provinziallandtag). Im späten 17. und 18. Jh. wurde der M.-Titel im Militär verwendet und bezeichnete den Oberkommandierenden, der stets den Rang eines Generals einnahm. LS

Marx, Karl →Harring, Harro Paul Kasimir, →Kommunismus

Marzipan war ursprünglich ein orientalisches Konfekt aus Mandeln und Zucker. Mautaban galt als Bezeichnung für den thronenden Christus auf byzantinischen Münzen um 1000 in Italien und wurde auf die hierfür käuflichen Schachteln übertragen. Von diesen ging der Name auf deren Inhalt (Mazapane) über. Seit dem MA war M. in →Lübeck als Heilmittel, exklusive Leckerei und Fürstengeschenk bekannt und wurde in der →Apotheke verkauft. Die Herstellung erfolgte seit Ende des 18. Jh. durch Zuckerbäcker, deren bekanntester in Lübeck seit 1806 Johann Georg Niederegger aus Ulm (1777-1856) wurde. Die Formbarkeit des M. gibt der Phantasie Raum: Früchte, Tiere, Figuren, Brote; Torten zeigen →Wappen, Lübeck-Ansichten usw. Für Model und Verpackung entstand ein eigener Wirtschaftszweig. Obwohl M. in Fabrikation und Ausformungen (z.B. auch Königsberger M.) weltweit verbreitet ist, verbindet sich die Vorstellung von M. heute mit Lübeck, dem dabei seine historische Tradition zugute kommt.

Maße

Lit.: C. Pieske, M. aus Lübeck – der süße Gruß einer alten Hansestadt, Lübeck 1977. AG

Maße Das alte Maßsystem SH zeichnete sich durch erhebliche kleinregionale Unterschiede aus, die seit dem 18. Jh. ansatzweise vereinheitlicht wurden. Der Erfolg war gering, da viele tradierte M. in Gebrauch blieben. Ein recht großer Unterschied bestand insbesondere zwischen Schl. und Holst., da im Norden der dän., im Süden der dt. Einfluß größer war. Man kann aber übergreifend erkennen, daß das alte System der M. wesentlich duo- und sedezimal aufgebaut war. Die dezimalischen M. wurden erst in den 1870er Jahren eingeführt und haben sich vollständig durchgesetzt. Nur noch sehr vereinzelt werden alte M. in der →Landwirtschaft (Rute, Hunt, Scheffel) und im →Handwerk (Zoll) gebraucht. Bei allen Längenangaben ist in älterer Zeit auf die spezifizierenden Angaben zu achten. Die Unterschiede können beträchtlich sein:

a) Längenm.: Grundm. war der Fuß, der in 14 verschiedenen landschaftlichen Längen vorkam (0,285-0,314m). Er teilte sich in zwölf Zoll und 144 Linien. Zwei Fuß bildeten eine Elle, sechs Fuß ein Faden. Eine Rute hatte landschaftlich unterschiedlich 16-18 Fuß. Eine Meile hatte 24.000 dän. oder rheinländische Fuß; sie umfaßte nach 1768 7,533km, davor 8,804km.

b) Flächenm.: Alle Längenm. konnten auch als Flächenm. verwendet werden. Hinzu kamen spezifische Landm.: Demat v.a. an der Westküste – um 0,5ha, nur auf den Halligen – fast 1ha; Drömtsaat auf →Fehmarn; etwa 0,9ha Heidscheffel in Schl.; 0,3ha Himpten in →Pinneberg und →Rantzau – um 0,2ha; Morgen überwiegend in den →Marschen; zwischen 0,26 und 1,35ha (in den →Elbmarschen viergeteilt in Hunt); Saat an der Westküste Schl.; 0,08ha; Scheffel auf der →Geest SH – je nach Größe der verwendeten Rute (zwischen 40 und 256 Quadratruten); Schippsaat in Schl. – je nach Größe der verwendeten Rute (zwischen 24 und 36 Quadratruten); Tonne auf der Geest und im östlichen →Hügelland SH – zwischen 0,30 und 0,76ha.

c.) Raumm.: Alle Längenm. bis auf die Meile konnten auch als Raumm. verwendet werden. Daneben gab es spezielle Hohlm. für Getreide: 1 Tonne zu 3 Scheffel; 9 Schipp bzw. zu 4 Himpten–16 Spint; sie konnte auch 8 Scheffel (16 Spint) 64 Kannen bzw. 3 Scheffel (6 Himpten) oder 12 Spint enthalten. Der Inhalt einer Tonne schwankte zwischen 118 und 153 Liter; je nach Getreidesorte waren die Gewichtsunterschiede stark: am wenigsten wog Hafer, am meisten Weizen (und Erbsen). Übergeordnete Größen waren der Wispel zu 9 bzw. 12 Tonnen und die Last zu 24 bis 27 Tonnen. Flüssigkeitsm. waren: die Tonne zu 32 Stübchen (=64 Kannen, 128 Quartier, 256 Oeßel oder Planken). Ebenso gab es hier starke Schwankungen zwischen 108 und 174 Liter. Auch das Oxhoft zu 6 Anker (=30 Viertel, 60 Stübchen, 240 Quartier, 480 Oeßel oder Planken) bzw. das Ahm zu 4 Anker (=5 Eimer, 20 Viertel, 40 Stübchen, 80 Kannen, 160 Quartier, 32 Oeßel oder Planken) oder 640 Ort war in Gebrauch, wobei ersteres etwa 217 Liter, letzeres 145 Liter enthielt. Die größere Einheit war das Fuder zu 6 Ahm. Bei Erdarbeiten kam der Pott zu 1.024 Kubikfuß (24m^3) zum Einsatz. d.) Zählm.: 1 Wurf=4 Stück, 1 Decher=10 Stück, 1 Dutzend=12 Stück, 1 Mandel=15 Stück, 1 Stieg/1 Snese=20 Stück, 1 Zimmer=40 Stück, 1 Schock=60 Stück, 1 Wall=80 Stück, 1 Zahl=110 Stück, 1 Großhundert=120 Stück, 1 Gros=144 Stück, 1 Tausend=1.000 Stück, 1 Großtausend=1.200 Stück

Lit.: Kleines Lexikon alter sh Gewichte, M. und Währungseinheiten, bearb. von K.-J. Lorenzen-Schmidt, Nms. 1990. LS

Matjes Der junge weibliche Hering, der vor dem ersten Laichen in der →Nordsee und im Atlantik gefangen, auf See geschlachtet und eingesalzen wird, kommt unter der Bezeichnung M. (von nl. meisje – Mädchen) in den Handel. Er wird heute zumeist in filetierter Form angeboten und stammt aus nl. Fangaktivitäten. Man unterscheidet holländischen und Glückstädter M., wobei letzterer durch eine etwas andere Fermentation unterschieden ist. Der früh gefangene M. stellte für den Speiseplan des Bürgerhaushaltes am Ende des 18. Jh. eine Delikatesse dar; deshalb wurde die Ankunft der ersten Herings-Jager in →Altona auch stets in der Zeitung gemeldet. In → Glückstadt wurde 1893 eine AG zur Heringsfischerei mit Dampfloggern gegr., die bis 1976

Hering anlandete und dann aufgab. Die hier verarbeiteten M. wurden als Glückstädter M. gehandelt; später übernahmen nl. Heringsfischer dieses Geschäft. In Glückstadt werden seit 1967 die M.-Wochen alljährlich im Juni festlich begangen.
Lit.: G. Köhn, Seegekehlt & Seegesalzen, Soest 1994. LS

Matrosenaufstand Als Matrosen der Reichsmarine, sich einem »ehrenvollen Untergang« der Flotte verweigernd, im Oktober 1918 meutern, reagierte die Marineführung mit der Verlegung von 5.000 Marinesoldaten nach →Kiel. Nach der Verhaftung von 47 Kameraden am 31.10.1918 begann die Meuterei in Kiel: Landgänger demonstrieren in wachsender Zahl und fanden Kontakt zur örtlichen →Arbeiterbewegung, insbesondere der USPD. Im Zusammengehen nahmen die Proteste revolutionären Gehalt an. Die Forderungen nach Abdankung des Kaisers und nach der »freien Volksrepublik« ließen den M. bereits am 4. und 5.11.1918 in die Novemberrevolution (→Revolution) münden, als mit der Bildung des Soldatenrates und Arbeiterrates (→Arbeiter- und Soldatenrat) die Macht kurzzeitig in die Hände der Protestierenden überging. Der Kieler Arbeiterrat erklärte sich am 7.11.1918 in Anlehnung an 1848 zur »Provisorischen Regierung von SH« und wurde von den Revolutionären der →Provinz als Spitze anerkannt. Ausgehend vom Signal in Kiel breitete sich die revolutionäre Bewegung im ganzen Reich aus, bewirkte den Zusammenbruch des Kaiserreiches und führte, kanalisiert von der gemäßigten Sozialdemokratie, zur Ausrufung der Republik am 9.11.1918 in Berlin.
Lit.: D. Dähnhardt, Revolution in Kiel, Nms. 1978. UD

Mecklenburg stellt das heutige Nachbarterritorium von SH im Osten dar und hatte auf die sh Geschichte relativ geringen Einfluß. Zeitweilige Verbindungen existierten während des Hochma., als das slawische Ostholst. in enger Verbindung mit dem abotritischen (→Slawen) Herrschaftsgebiet in M. stand, insbesondere in der 1. H. des 12. Jh. (Pribislav und Niklot, der Begründer des Schweriner Fürstenhauses). In der 1. H. des 13. Jh. war es insbesondere →Albrecht von Orlamünde, Gf. von Holst. und →Stormarn, der sich kriegerisch mit den Gf. von Schwerin auseinandersetzte. 1554 überließ der letzte Bf. von →Ratzeburg das säkularisierte Bt. dem Hz. von M., der es durch Administratoren verwalten ließ. Als Enklave M. im Hzt. Sachsen-→Lauenburg blieb der Ratzeburger Domhof, der am 1.10.1937 im Zuge des →Groß-Hamburg-Gesetzes zu SH kam. Nach 1945 wurden Gebietsteile zwischen M. und SH ausgetauscht (→Lyaschenko-Abkommen). Im 18. Jh. waren mehrere bedeutende Beamte in den bzw. für die Hztt. tätig, die unmittelbar oder mittelbar aus dem m. Adel stammten: Henning Friedrich von Bassewitz und Ernst Joachim von Westphalen im Gottorfer Geheimen Regierungsconseil und Johann Hartwig →Bernstorff als dän. Staatsminister. LS

Medizin- und Pharmaziehistorische Sammlung Kiel Im Schinkel-Bau der alten Kieler Universitätsbibliothek (→Universität) konnte am 20.4.1997 die M. eröffnet werden. Die für Norddt. einzigartige museale Institution gibt mit über 1.000 Exponaten – Instrumenten und Gerätschaften, kompletten Apothekeneinrichtungen, Röntgenanlagen und vielen anderen Zeugnissen der Entwicklung von Diagnostik und Therapie – in 16 Räumen über drei Etagen einen Einblick in die Geschichte der Heilkunde und des Apothekenwesens mit Akzent auf dem 18.-20. Jh. (→Museen). MH

Medizinalkollegium →Gesundheitswesen

Medizinische Hochschule →Hochschule

Megalithgrab (griech. megas – groß, lithos – Stein) ist eine aus unbearbeiteten Steinblöcken auf der Erde errichtete Grabanlage, die zumeist Kollektivbestattungen diente. Das M. war fast immer von einem Erd- oder Steinhügel bedeckt, dessen Grabkammer durch aufrecht stehende Wandsteine sowie flache Decksteine oder falsche Gewölbe gebildet wurde. M. haben verschiedene Formen, wobei in Dolmen, Hünenbett, Gang-

Mehlbeutel

Der Tipkenhoog bei Keitum auf Sylt

gräber und – bedingt – Galeriegräber (Steinkisten) differenziert wird. Sie sind seit der Steinzeit (→Neolithikum) im eurasischen und afrikanischen Raum verbreitet. In SH treten M. seit dem 3. Jahrtausend auf.
Lit.: E. Sprockhoff, Atlas der M. Dt., Teil 1-3, Bonn 1966-1975. OM

Mehlbeutel Als Vorbild des v.a. in →Dithm. seit dem 18. Jh. als Ernte- und Festmahlzeit geschätzten Gerichts gilt der sog. Serviettenkloß der engl. Küche. Notwendige Zutaten für den M. (auch Dithm. M.) sind Mehl, Milch, etwas Salz und Eier. Der daraus verfertigte Kloß wird in ein Leinentuch geschlagen, in Wasser gegart und mit geschmolzener Butter, Fruchtsauce und Schweinebacke serviert. Varianten sind der bunte M. (mit Rosinen) oder der schwarze M. (mit Schweineblut).
Lit.: G. Wiegelmann, Alltags- und Festspeisen, Marburg 1967. KG

Meierei Butter- und Käseproduktion sowohl für den Eigen- als auch für den Fremdbedarf gab es in SH bereits im MA. Im 17. Jh. erfuhr die Milchverarbeitung durch erfahrene Holländer, häufig Glaubensflüchtlinge, einen Aufschwung; sie pachteten auf großen Höfen und auf Gütern (→Gut) die Kuhherden, um Butter und Käse für den Export nach West- und Nordeuropa zu produzieren. Die von ihnen geleiteten M. wurden Holländereien genannt; für die Betreiber wurde Holländer als Berufsbezeichnung geläufig. Im 18. und im frühen 19. Jh. gelangte die Mehrzahl der milchverarbeitenden Betriebe dann aber in die Hände einheimischer »Holländer« oder »Meierinnen«. Die Holländereien waren Bütten- oder Sattenm., in denen die Milch in Holzgefäßen (Bütten, Satten) abgestellt und der Rahm von Hand abgeschöpft wurde. Butter von kleineren oder mittleren Bauernhöfen wurde von Händlern aufgekauft und in oder bei Hamburg (auch für den Export) in große Holzfässer geschlagen. Der Ruf der holst. Butter beruhte darauf, daß gesunde, gut gefütterte Kühe die Milch lieferten und daß im M.betrieb auf Sauberkeit geachtet wurde. Seit den 1870er Jahren wurde die Rahmgewinnung durch den Einsatz erster Dampfzentrifugen erleichtert. Die Milchverarbeitung in bäuerlichen Haushalten wurde nach und nach aufgegeben. Um konkurrenzfähig zu sein, schloß man sich zu M.genossenschaften zusammen und verbesserte die Qualität der Produkte. Das preußische SH übernahm eine Vorreiterrolle: Im Jahre 1890 lagen von 700 im Dt. Reich eingetragenen M.genossenschaften 350 in dieser Provinz.

Im Jahre 1927 gab es in SH 802 M.; davon waren 529 Genossenschafts-, 239 Privat- und 34 Gutsbetriebe. Sie verarbeiteten knapp 800.000t Kuhmilch und produzierten 25.000t Butter sowie 2.500t Weich- und Schnittkäse. Seither ist die Entwicklung durch fortschreitende Konzentration und Spezialisierung der Milchverwertung in immer größeren M. gekennzeichnet. Sie wird, v.a. seit den 1960er Jahren, durch die europäische M.strukturpolitik gefördert. Nachdem 1960 im Lande noch 485 M.betriebe meldepflichtig gewesen waren, reduzierte sich die Zahl bis 1996 auf 31 Unternehmen, die nunmehr den Jahresmilchanfall von 2,58Mio.t verarbeiteten.

Lit.: D. Hill, Milch- und M.wirtschaft in SH im Wandel der Zeit, in: ZSHG 108, 207-223; J. Timmermann, Molkereistruktur in SH 1966-1990, Hamburg/Berlin 1983; Ministerium für ländliche Räume, Landwirtschaft, Ernährung und Tourismus des Landes SH, Statistik der Milchwirtschaft SH 1997, Kiel 1997. JB

Meiger, Samuel →Hexe

Meile →Maße

Mejer, Johannes (geb. 12.10.1606 Husum, begraben 10.6.1674 Husum) Der aus einer schl. Pastorenfamilie stammende M. hörte an der Universität Kopenhagen bei dem Astronomen Longomontanus und dem Mathematiker Thomas Fincke. Darüber hinaus lernte er das Werk Tycho Brahes kennen. 1630 kehrte er nach →Husum zurück und war seit 1635 als Kartograph in gottorfischen Diensten (→Gottorf) tätig. Nach verschiedenen Projekten (1639/41 Karte des Amtes Apenrade, 1641 Karte der Schlei) wurde er 1645 Hofmathematiker und erhielt 1647 den Auftrag zu einer Landesaufnahme. 1652 wurden die Karten der Hztt. in der Landesbeschreibung von Caspar →Danckwerth gedruckt. M. stand mit seiner →Kartographie auf der Höhe der Zeit. Keine andere Region war so gut und vollständig kartiert wie DK und die Hztt.

Lit.: SHBL 4, 147-150. DK

Meldorf (HEI) Im MA war M. zentraler Ort →Dithm., dann Hauptort und schließlich Kreisstadt Süderdithm., wurde 1265 erstmals als →Stadt erwähnt und ist vermutlich aus einer Siedlung hervorgegangen, deren Mittelpunkt eine etwa um 820 errichtete Kirche war. Die heutige Johanniskirche, oft →Dom genannt, auch wenn sie nie Bf.sitz war, bildet zusammen mit dem Marktplatz nach wie vor das Zentrum der Stadt und einen markanten, weithin sichtbaren Blickfang. Obwohl M. mit dem Verlust der polit. Selbständigkeit Dithm. 1559 das →Stadtrecht verlor und erst 1869 wieder erhielt, blieben wichtige Funktionen als Verwaltungs- und Gerichtssitz, kirchliches und schulisches Zentrum (→Gelehrtenschule von 1540), Markt- und Mühlenort sowie mit dem benachbarten M. →Hafen als Umschlagplatz für die Versorgung des Umlandes bis ins 20. Jh. hinein erhalten. Die →Industrialisierung brachte einen bescheidenen Aufschwung, als Wirtschaftsstandort war die Stadt aber wegen ihrer Randlage eher unattraktiv. Heute hat M. rund 7.700 Einw. und profiliert sich u.a. mit dem gut ausgebauten Schulsystem, dem Dithm. Landesmuseum und dem Landwirtschaftsmuseum (→Museen) als Bildungs- und Kulturzentrum Dithm.

Lit.: K. Gille u.a., M., Heide 1995. NH

Meldorf

Das Stadtsiegel von Meldorf

Die Johanniskirche in Meldorf

Mennoniten →Fresenburg, →Hamberge, →Minderheiten, religiöse

Menschenmarkt In den →Marschen Holst. und →Dithm. und in Ostholst. wurde ein Teil der →Gesindeanwerbung, aber auch die Anstellung von Tage- und Wochenlöhnern für die →Landwirtschaft während des 19. und zu Beginn des 20. Jh. auf dem M. bewerkstelligt. Zu den Dienstantrittsterminen (Cathedra Petri für die sieben Sommermonate und Michaelis für die fünf Wintermonate, 17.2. und 29.9.) versammelten sich Sonntags nach dem Gottes-

Menschenmarkt in Wesselburen um 1900

dienst in zentralen Orten (→Krempe, →Wilster, →Marne, →Oldenburg) die Arbeitssuchenden. Die Bauern, die gewöhnlich nach dem Kirchenbesuch noch im Krug zusammensaßen, wählten entweder selbst die ihnen geeignet erscheinenden Knechte, Mägde und Tagelöhner aus, oder ließen das durch Gesindevermittler (»Seelenverkäufer«) arrangieren. Diese sorgten für die nötige Kommunikation zwischen Nachfragen und Anbieter (Erfahrung, Können, Lohn u.a.); sobald man sich einig war, wurde das Geschäft zwischen Arbeitgeber und Arbeitnehmer mit Handschlag und Zahlung des Gottespfennigs, in dieser Zeit meist eines Talers oder dann drei Mark, besiegelt. Das Gesinde begann am Dienstag nach dem Vertragsschluß seine Arbeit. Auch Gelegenheitsarbeiter (→Monarch) boten sich während der Arbeitsspitzenperioden auf diese Weise an. Der M. wurde 1933 verboten, weil diese Art der Arbeitsvermittlung mit der Würde des dt. Arbeiters unvereinbar schien.

Lit.: I. Kinze, Marner M., in: Heimat 49, 1939, 213-214; H. Dirks, M. in Olnborg, in: Heimat 63, 1956, 105-108; M.W. Schröder, Der Kremper M. um 1900, in: AfA 2, 1980, 79-83. LS

Ludwig Meyn

Mensching, Werner →Regierungspräsident

Messala, Horst →Theater

Mestorf, Johanna (geb. 15.4.1829 Bramstedt, gest. 20.7.1909 Kiel) Die Vor- und Frühgeschichtlerin wurde 1899 als eine der ersten Frauen im Dt. Reich zur Professorin ernannt. Zunächst als Kustodin (1873), dann als Direktorin (1891) im Kieler Museum für Vaterländische Alterthümer (→Museen) legte sie den Grundstock für die Erforschung der sh Frühgeschichte. Sie initiierte die Arbeiten an einem Fundkat. und begründete die Sammlung des Archäologischen Landesmuseums in →Schl. Ferner übersetzte sie die skandinavischen Hauptwerke der archäologischen Lit., schrieb volkskundliche Artikel und verfaßte einen Roman (»Wibecke →Kruse, eine holsteinische Bauerntochter«, 1866). Zahlreiche Auszeichnungen und die Ehrendoktorwürde der medizinischen Fakultät der Kieler Universität (1909) zollten ihrer wissenschaftlichen Leistung die gebührende Anerkennung. SW

Metallarbeiterstreik →Arbeiterbewegung

Meyn, Claus Christian Ludwig (geb. 1.10.1820 Pinneberg, gest. 4.11.1878 Hamburg) M. studierte in Berlin, →Kiel und Kopenhagen, wurde 1844 zum Dr. phil. in Kiel promoviert und lehrte seit 1846 am dortigen Gymnasium. Zugleich war er Privatdozent an der →Universität Kiel. 1849 wurde M. Obersalineninspektor in →Oldesloe und Bergkontrolleur in →Segeberg. Nach 1850 von der Universität verdrängt, erwarb er 1854 eine Kalkbrennerei mit Sägewerk und Papierfabrik in →Uetersen, die er zur ersten Kunstdüngerfabrik des Landes umbaute. 1856/57 beteiligte sich M. an der Erschließung der →Erdöllagerstätte bei →Hemmingstedt. M. war seit 1872 Hg. des sh Hauskalenders mit populärwissenschaftlichen und unterhaltenden Beiträgen.

Lit.: SHBL 2, 197-199. PDC

Michelsen, Andreas Ludwig Jakob →Geschichtsschreibung

Miele ist der Fluß, an dem →Meldorf liegt. Er bildet sich aus mehreren kleineren Zuflüssen von der dithm. Geest, nämlich der Dellbrücksau, die beim Eintritt in die →Marsch Süderm. heißt, und dem Landgraben (aus dem Süderhomer Moor) sowie dem Dehringstrom (aus der Gegend von Nordhastedt), die sich im ehemaligen Fieler See (heute trockengelegt) vereinigen und als Norderm. weiterfließen. Beide vereinen sich nordwestlich von →Meldorf zur M. und fließen dann durch Meldorferhafen und den alten Landesschutzdeich. Im Meldorfer →Koog nimmt die M. noch die Wasser aus dem Gebiet südlich von →Wesselburen auf und wird durch eine Seeschleuse in die →Nordsee geleitet. LS

Milde, Carl Julius (geb. 16.2.1803 Hamburg, gest. 19.11.1875 Lübeck) M. gehörte zum Kreis der Hamburger Nazarener um Erwin Speckter. Der Portraitmaler war jedoch bedeutender als erster Konservator und Restaurator ma. Denkmäler in →Lübeck (Dom, St. Marien, dortiger Totentanz von Bernt →Notke). Seine akribischen Zeichnungen sind häufig die einzige Überlieferung der historischen Objekte (z.B. Zeichnungen der Siegel an ma. Urkunden). M. belebte die Glasmalerei neu und schuf z.B. das Glasgemälde über dem Westportal des Kölner Doms.

Lit.: SHBL 7, 140-143. AG

Mildeburg war eine Burganlage, die im Kampf zwischen dem dän. Kg. Sven und dem Gegenkg. Knud 1151 genannt wird. Ihre Lage ist unsicher und wurde bisher nahe der Mündung des Flusses Milde in die →Treene westlich →Schwabstedt vermutet. LS

Militärwesen Auch wenn über die frühen Formen des M. bei den →Sachsen und Jüten nur wenige Quellen vorliegen, läßt sich doch sagen, daß sie eine Form der Wehrverfassung kannten. Bei den im heutigen Landesteil Holst. ansässigen →Holsten, →Stormarn und Dithm. dürfen wir wohl von einem die gesamte freie Mannschaft umfassenden Aufgebot ausgehen, das unter der Führung der Gaubefehlshaber (→Overbode) in vier Einheiten der Gauviertel, geführt von den Boden, kämpfte. Hier mag es bereits eine hervorgehobene, berittene und gepanzerte Kriegergruppe mit Leitungsfunktionen gegeben haben. In Schl. dürfte das Ledingswesen (→Ledingspfennig), also die Zuweisung der kriegsfähigen Mannschaft zu Bootsbesatzungen in bestimmten regionalen Einheiten, Geltung gehabt haben. Diese Form der Wehrverfassung wurde im Hochma. in Holst. ersetzt durch das Lehnskriegertum, bei dem zwar grundsätzlich das Aufgebot der gesamten wehrfähigen Mannschaft erhalten blieb, aber überwiegend Kampfverbände aus den berittenen Niederadligen und ihrem unmittelbaren Gefolge gebildet wurden. Gleichwohl blieb das Landesaufgebot erhalten und wurde auch bis in das 16. Jh. hinein aktiviert. Um 1300 kam es zum Einsatz von Söldnern, also für bestimmte militärische Aufgaben besoldete Krieger, die ab etwa 1350 unentbehrlich wurden. Diese Entwicklung ist auch in Schl. – zeitlich etwas verzögert – zu beobachten. Die Aufwertung des Niederadels (→Ritterschaft) durch landesherrliche Lehngüter und dessen Verbreitung machten seine Streitkräfte – neben den Söldnern – zum Kern des militärischen Aufgebotes. Die Wehrfähigkeit der Bürger nahm hingegen ab; hier war die Neigung, sich durch Söldnerstellung freizukaufen, besonders ausgeprägt. Im adelslosen Dithm. erhielt sich die altertümliche Wehrverfassung der sächsischen Zeit, auch wenn hier Söldnerdienste in Anspruch genommen wurden. Rückhalt der

Militärwesen

Der Satruper Reiter, eine spätromanische Ritterdarstellung

Verteidigung bildeten die seit dem 12. Jh. neu angelegten landesherrlichen Burgen (→Burg), aber auch die Adelsburgen. Im Spätma. wurden die Söldner ein immer wichtigerer Faktor des M. Bei der Schlacht von →Hemmingstedt 1500 standen etwa 6.000 Dithm. ein Heer von ca. 12.000 Mann (davon 2.000 Ritter mit Gefolge, 4.000 Söldner und 6.000 Mann des Landesaufgebots) gegenüber. Die Entwicklung hin zum Söldnerheer setzte sich fort. Die →Gff.fehde Lübecks gegen DK 1533-1536 ist nach den Söldnerführern Gf. Christoph von →Oldenburg und Johann von Hoya genannt. Im 16. und 17. Jh. wurden die großen Festungen (→Krempe, →Rendsburg, →Glückstadt, →Tönning) als Stützpunkte geschaffen; sie hatten außer sehr kleinen Stammbesatzungen keine dauernden Garnisonen. Hauptsächlich mit Söldnern führte auch Christian IV. seinen Kampf im →Kaiserlichen Krieg (1625-1629), obgleich er sich auch auf ein Landesaufgebot aus Holst. stützen konnte. In seine Regierungszeit fällt zudem der Aufbau einer Kriegsflotte mit speziell gebauten und ausgerüsteten Kriegsschiffen, deren Nordseestation bis in das 18. Jh. hinein der →See-Etat in Glückstadt war. Die Erfahrungen der drei Kriege des 17. Jh. führten zum Aufbau eines stehenden Heeres, das zwar auch aus Söldnern bestand, aber nun auch in Friedenszeiten – jedenfalls mit den Kerneinheiten (Friedensfuß) – gehalten wurde. Die finanziellen Aufwendungen dafür waren beträchtlich, auch wenn der Sold gering war. Das dän.-sh Heer bestand im 18. Jh. überwiegend aus dt. Soldaten (ca. $^2/_3$); bis 1772 war die Kommandosprache dt. Allerdings wurden den geworbenen Truppen seit Beginn des 18. Jh. nationale Regimenter aus ausgehobenen Landessöhnen an die Seite gestellt. Erst ab 1801 erfolgte die Einstellung der Werbung Landesfremder und die Einführung der Wehrpflicht, die allerdings nur die Landbewohner betraf, hier eine sehr eingeschränkte war und insbesondere durch die Stellung von Stellvertretern umgangen werden konnte. Das Heer bestand in SH 1774 aus zwei Kavallerie- und vier Infanterie-Regimentern sowie drei sh National-Bataillons. Diese Einheiten lagen in Rendsburg, dem größten Militärstützpunkt, in Glückstadt, →Itzehoe, →Plön und →Schl., wobei Bürgerquartiere bis 1864 die übliche Unterbringungsform waren. 1817 garnisonierten in SH zwei Kavallerie- und drei Infanterieregimenter sowie zwei →Jägerkorps in Rendsburg, Glückstadt, Schl., →Eckernförde und →Kiel. Die Heeresreform von 1842 schuf anstelle der alten Regimenter durchgezählte Infanteriebataillone, von den 4 (das 14.-17.) in Rendsburg und Glückstadt lagen, während das 4. und 5. Jägerkorps in Schl. und Kiel garnisonierten; das 1. und 2. Regiment Dragoner hatte seine Standorte in Schl., Itzehoe, Kiel und Plön. Von den Truppen in SH gingen die Mannschaften und Unteroffiziere 1848 auf die Seite der →Provisorischen Regierung über, während die Offiziere (hier hatte sich das dän. Element durchgesetzt) durchweg ihrem Fahneneid treu blieben. Vor dem 2. →Schl. Krieg garnisonierten in SH zwei Dragoner-Regimenter (Schl. und Itzehoe), neun Linieninfanteriebataillons (Flensburg, Schl., Eckernförde, Rendsburg, Kiel, →Altona, →Ratzeburg) sowie zwei Jägerkorps (→Flensburg und Glückstadt). Nach Beendigung des Krieges 1866 stellte →Preußen für die neu erworbenen Provinzen und die mit ihm durch Militärkonventionen verbundenen norddt.

Staaten drei neue Armeekorps auf. SH bildete einen Teil des IX. Armeekorps; die ihm unterstellte 18. Division wurde von SH gestellt. Eine große Anzahl neuer Truppenkörper wurde gebildet: Infanterieregimenter 84, 85 und 86, Jägerbataillon 9 (Lauenburgisches), Dragonerregiment 13, Husarenregiment 16, Ulanenregiment 15, Feldartillerieregiment 9, Pionier- und Trainbataillon 9. Zahlreiche Städte der →Provinz wurden mit Garnisonen belegt. Als Übungsgelände wurde das Areal um das →Lockstedter Lager (IZ) in den Gemarkungen niedergelegter Dörfer gebildet. Als Reserveeinheiten fungierten die Reserve und die Landwehr, die aus denjenigen Männern gebildet wurden, die ihre aktive Wehrpflicht beendet hatten. Die →Marine (seit 1871 Reichsmarine) fand ihre Flottenstation in Kiel, wo sie starken Ausbau betrieb und das Gepräge der Stadt wesentlich bestimmte. In Eckernförde entstand die →Torpedoversuchsanstalt. Nach dem 1.WK wurde die neue Reichswehr auf drastisch reduziertem Fuß aufgebaut. Altona, Nms., →Wandsbek und →Heide verloren ihre Garnisonen; die Garnisonsorte Flensburg, Schl., Rendsburg, Itzehoe, Ratzeburg und Eutin beherbergten nun stark reduzierte Kontingente. Am stärksten wurde Kiel durch die Reduzierung der Reichsmarine getroffen. Die Aufrüstung nach 1933 führte dann, insbesondere nach Wiedereinführung der Wehrpflicht 1935, abermals zu zahlreichen Neuaufstellungen von Einheiten, die zu einem erheblichen Teil in Kasernenneubauten v.a. an den Garnisonsorten der Zeit vor 1918 untergebracht wurden (z.B. Glückstadt, Heide, Rendsburg, Nms., Schl.). Nur die →Luftwaffe schuf eine Reihe neuer Standorte an neu angelegten Flugplätzen. Nach dem 2.WK hatte Dt. bis 1956 keine militärischen Verbände. Mit der Schaffung der →Bundeswehr und der Wiedereinführung der Wehrpflicht kam auch SH wieder zu zahlreichen Garnisonen und militärischen Einrichtungen, was insbesondere seiner →Brückenfunktion zu den skandinavischen NATO-Partnern und seiner Nähe zur Grenze mit den Warschauer-Pakt-Staaten geschuldet war. Nach der Wiedervereinigung Dt. und der Reduzierung der Streitkräfte wurden auch in SH zahlreiche Standorte reduziert oder aufgegeben. Im Jahre 2000 gab es noch 31 Bundeswehrstandorte (größter: Kiel mit 3.100 Soldaten) mit insgesamt gut 30.000 Soldaten sowie 12.000 Zivilbeschäftigten.

Lit.: F.C. Rode, Kriegsgeschichte SH, Nms. 1935; U. March, Die Wehrverfassung der Gft. Holst., Nms 1970. LS

Milton, John →Toleranz

Minderheit, dänische →Dänische Minderheit

Minderheit, deutsche →Deutsche Minderheit

Mingotti →Theater

Minderheiten, religiöse M. hat es in SH seit dem Beginn des 17. Jh. immer gegeben. Allerdings wurde ihnen in der Regel ein Aufenthaltsrecht und die Ausübung ihrer Religion nur in den religiösen Freistätten zugebilligt, in →Altona und in den neugegr. Orten →Glückstadt und →Friedrichstadt, später auch in →Rendsburg-Neuwerk. In diesen Orten ließen sich neben →Juden sowohl →Katholiken und Reformierte als auch Anhänger anderer, reichsrechtlich nicht anerkannter religiöser Gemeinschaften nieder wie Mennoniten und Remonstranten; letztere waren auch Stadtgründer Friedrichstadts. Einer der einflußreichsten Führer der Täuferbewegung (→Wiedertäufer), Menno Simons (gest. 1561),

Die remonstrantisch-reformierte Kirche in Friedrichstadt

Das Bethaus der Mennoniten in Friedrichstadt

Ministerpräsident

Der Begräbnisplatz der Mennoniten in Altona

hatte im Alter in dem zum Gut →Fresenburg gehörenden Dorf Wüstenfelde bei →Oldesloe Zuflucht gefunden. Seine nach ihm benannten Anhänger, die Mennoniten, ließen sich schon im 16. Jh. in einigen holst. Orten und in →Eiderstedt nieder, wo sie immer wieder obrigkeitlichen Verfolgungen ausgesetzt waren. In Eiderstedt lebten auch Anhänger des visionären Täufers, David Joris. Der sog. Davidjoriten-Prozeß von 1642 führte zu zahlreichen Hinrichtungen. Eine katholische und eine altkatholische Gem. entstanden außerdem auf der Insel →Nordstrand, die nach der Sturmflut von 1634 katholischen Deichbauunternehmern aus den Nl. als Eigentum übergeben worden war. Die abwertende Bezeichnung für religiöse Sondergruppen als Sekten, die sich von den Mehrheitsreligionen unterscheiden, wird heute nur noch für wenige Gruppierungen verwendet, während die meisten früheren Sekten heute als eigenständige kirchliche Gruppierungen anerkannt sind. In SH gibt es gegenwärtig: Kirche Jesu Christi der Heiligen der letzten Tage (mit dem Pfahl →Nms., zu dem neun Einheiten in SH gehören), Neuapostolische Kirche (mit 85 Gem.), Remonstrantisch-reformierte Gem. (nur in Friedrichstadt), Evangelisch-reformierte Kirche (in →Lübeck), Mennonitengem. (nur in Friedrichstadt), Alt-Katholische Pfarrgem. Nordstrand, Evangelisch-methodistische Kirche (fünf Gem.bezirke), Bund Evangelisch-Freikirchlicher Gem. (46 Gem.), Gemeinschaft der Siebenten-Tags-Adventisten (15 Gem.); auch die Zeugen Jehovas haben zahlreiche Gem. in SH. Andere, quasi-religiöse Gruppierungen spielen heute keine besondere Rolle mehr. Gleichwohl hat die Landesregierung eine Informations- und Dokumentationsstelle Sekten und ähnliche Vereinigungen bei der Staatskanzlei eingerichtet, v.a. um auf die Gefahren persönlichkeitsverändernder Einflüsse bei Jugendreligionen hinzuweisen.

Lit.: Sh Kirchengeschichte 3, 351-366 und 4, 233-267. MJT/LS

Ministerpräsident Durch die →Verordnung Nr. 46 wurde der →Oberpräsident der Provinz SH 1946 mit dem Titel M. belegt; nach der →Landessatzung wird folglich der oberste Repräsentant SH M. genannt. Er bestimmt die Richtlinien der Politik, vertritt das Land, übt das Ernennungs- und Entlassungsrecht sowie das Begnadigungsrecht aus und steht der Landesregierung vor. Der M. kann den Landtag bei Verweigerung des beantragten Vertrauens auflösen. Der Landtag hingegen kann dem M. das Mißtrauen nur durch die Wahl eines Nachfolgers aussprechen. M. waren:

Ministerpräsident	Amtsdauer
Theodor Steltzer (CDU)	23.11.1946–29.4.1947
Hermann Lüdemann (SPD)	29.4.1947–28.8.1949
Bruno Diekmann (SPD)	29.8.1949–5.9.1950
Dr. Walter Bartram (CDU)	5.9.1950–25.6.1951
Friedrich-Wilhelm Lübke (CDU)	25.6.1951–11.10.1954
Kai-Uwe von Hassel (CDU)	11.10.1954–7.1.1963
Dr. Helmut Lemke (CDU)	7.1.1963–24.5.1971
Dr. Gerhard Stoltenberg (CDU)	24.5.1971–14.10.1982
Dr. Dr. Uwe Barschel (CDU)	14.10.1982–2.10.1987
Dr. Henning Schwarz (CDU)	2.10.1987–31.5.1988 (geschäftsführend)
Björn Engholm (SPD)	31.5.1988–4.5.1993
Heide Simonis (SPD)	4.5.1993–19.5.1993; (geschäftsführend) seit 19.5.1993

LS

Mission →Christianisierung →Innere Mission

Missunde (RD) →Dorf an der alten Landstraße Eckernförde-Flensburg (durch →Angeln) und gehört heute zur Gem. Kosel. Die etwa 120m breite Schleiübergangsstelle (→Schlei) war wiederholt umkämpft: Zu Beginn des 1. Schl. Krieges fanden hier Vorposten-

Missunde

Mittelniederdeutsch

Die Schiffbrücke über die Schlei bei Missunde 1864

fechte zwischen preußischen und dän. Streitkräften statt. In der Schlußphase des Krieges (am 12.9.1850) gelang es den SH nicht, in den Besitz des Brückenkopfes M. zu gelangen. Ebensowenig erfolgreich waren die Preußen am 2.2.1864; Gedenkstätte bei einem →Megalithgrab am Ortseingang, Soldatengräber auf den Friedhöfen in Kosel und in Brodersby.
JB

Mittelniederdeutsch ist die allgemeine, umfassende und übergreifende Bezeichnung für die mittlere Epoche der nd. Sprachgeschichte. Sie unterscheidet ihren Gegenstand systematisch vom lautverschobenen Hochdt. und grenzt ihn historisch gegen das Altnd. oder Altsächsische wie das Neund. oder →Plattdt.(m. Mundarten) ab. Zeitlich erstreckte sich das M. vom 13. bis zur ersten H. des 17. Jh. Räumlich umfaßte es ein erheblich größeres Areal als das Altsächsische, da es sich mit der dt. Siedlung östlich von →Elbe und Saale gegenüber dem Westslawischen, aber auch nördlich der →Eider gegenüber dem Nordfriesischen und Jütischen ausbreiten und schließlich als Hansesprache in Nordmitteleuropa allgemeine Geltung verschaffen konnte. Einbußen erfuhr es an der südwestlichen und südöstlichen Sprachgrenze gegenüber dem Hochdt. Das M. gliedert sich in verschiedene Dialekte. Das nördlich der Elbe gesprochene M. gehört der mundartlichen Region des Nordnd. an. Die m. Schriftlichkeit entstand auf der Grundlage der Dialekte im Übergang von der lat. zur nd. Rechts- und Geschäftssprache, Chronographie und Prosa. Frühe Zeugnisse sind Eike von Repgows »Sachsenspiegel« (1220-25) und die »Sächsische Weltchronik« (1260-75), die in elbostfälischem M. verfaßt sind und überregionale Bedeutung – insbesondere auch in Holst. – erreicht haben. Die im gesamten Hanseraum verbreitete m. Schriftsprache stimmt im wesentlichen mit den nordnd. Mundarten überein. Sie ist aus der lübischen Ausgleichssprache hervorgegangen, die mit der dt. Siedlung östlich des →Limes saxoniae auf nordnd. Grundlage unter allmählicher Assimilation und Integration spezifischer mundartlicher Einflüsse der Zuwanderer, insbesondere einer ostfälischen, v.a. aber einer westlichen (westfälischen, nl. und niederrheinischen) Strömung, entstanden ist. Singuläre Eigenarten sind dabei zugunsten übergreifender Gemeinsamkeiten in Lautform und Schreibgewohnheit, Grammatik und Wortschatz zurückgedrängt worden. Neben dieser sprachlichen Voraussetzung für eine überregionale Ausbreitung war der wirtschaftliche und polit. Umstand der unbestrittenen Vorrangstellung →Lübecks als Haupt der →Hanse und »Oberhof« der Städte lübischen Rechts von maßgeblicher Bedeutung. Beide zusammen haben die nachhaltige Durchsetzung der lübischen Ausgleichssprache als weitgehend normierter m. Schriftsprache seit der Mitte des 14. Jh. in Norddt. und darüber hinaus im Verkehrs- und Kommunikationsnetz der Hanse ermöglicht. Sie war überregionale Geschäfts-, Rechts- und Kanzleisprache, aber auch Kultur- und Lit.sprache. Hiervon zeugen v.a. die zahlreichen einschlägigen Urkunden, Akten und chronikalischen Überlieferungen wie der frühe Lübecker Buchdruck →(Druckerei). Mit dem Niedergang der Hanse und dem gegenläufigen Aufstieg ihrer nl. und engl. Konkurrenz sowie dem Erstarken der frühmodernen Monarchien und Territorialstaaten an Nord- und Ostsee während der ersten H. des 16. Jh. wurde der m. Schriftsprache die wirtschaftliche und polit. Grundlage entzogen. Sie wurde zunehmend durch die hochdt. Schriftsprache ostmitteldt. Provenienz verdrängt und schließlich ersetzt. Hierbei gingen die fürstlichen Hofkanzleien voran, ihnen folgten die städtischen Ratskanzleien, die adligen, patrizischen und gebildeten Oberschichten, die Kirchen, Universitäten und Schulen. Die über zwei Jh. offiziell verwandte Hansesprache war zu Ende des 16. Jh. weitgehend erloschen. Zuletzt verschwand sie aus dem öffentlichen Leben der Städte in der nordnd. Mundartregion während der ersten Jahrzehnte des 17. Jh. Der Zeitraum zwischen der ersten frühneuhochdt.

Mölln

Mölln

und der letzten m. Urkunde war in Hamburg um 1555-1600, in Lübeck 1530-1615, in Flensburg 1567-1626, in Husum 1585-1608, in Kiel fand der Wandel um 1570, in Schl. um 1600, in den fürstlichen Kanzleien der Hzt. um 1560 statt. Träger des historischen Sprachwandels waren die Oberschichten in den Städten und Territorien. Sie hatten die m. einst gegen die lat. Schriftsprache durchgesetzt und paßten sich nun unter dem Druck der veränderten Verhältnisse dem allgemeinen Trend ihrer Verdrängung durch das Hochdt. an. Am längsten hielt sie sich im Verkehr der Ratskanzleien mit den breiten nd. sprechenden Schichten der Stadtbev. So ging der Rat von Lübeck erst 1634, gut ein Jh., nachdem die erste hochdt., und knapp zwei Jahrzehnte, nachdem die letzte nd. Urkunde ausgestellt worden war, dazu über, die Bursprachen hochdt. zu verkünden. In diese übergeordneten Zusammenhänge ist die Geschichte des M. in Holst. und Schl. eingebettet. Im späten Hochma. war das Areal der nd. Sprache von Holst. und →Stormarn nach Osten in Wagrien und Polabien, aber auch nach Norden zwischen Eider und →Schlei ausgedehnt worden. Mit der faktischen Teil- und schließlich der erblehnrechtlichen Landesherrschaft der Rendsburger Linie des →Schauenburger Hauses setzte sich im Verlauf des 14. Jh. von der Gft. Holst. aus die m. Schriftsprache auch im Hzt. Schl. als Rechts- und Amtssprache durch. Die Kirchen- und Schulsprache des Hzt. Schl. war in den Ksp. der Btt. Ripen (westliches Nordschl.) und Odense (die Inseln Ärro/Ærø und Alsen/Als ohne Sonderburg/Sønderborg und Kejnæs) sowie unter dem Kollegiatkapitel Hadersleben/Haderlev im Bt. Schl. dän., im übrigen Bt. Schl. und in der Haderslebener Stadtkirche m. Mit der Reformation setzte sich auch im restlichen Nordschl. bis zu einer Linie Flensburg-Tondern/Tønder die dän. Kirchen- und Schulsprache durch. In den vier nordschl. Städten blieb der vom Propst oder Hauptpastor gehaltene Gottesdienst m., der der Diakone wurde dän. Im übrigen wurde in beiden Hztt. im Zuge der allgemeinen sprachgeschichtlichen Entwicklung bis zur Mitte des 17. Jh. die nd. durch die hochdt. Kirchen- und Schulsprache abgelöst. Mit der Verdrängung der m. Schriftsprache legte sich über die nordnd. Mundarten des Hzt. Holst.

Die Mühlenstraße in Mölln 1888, Bleistiftzeichnung von Theodor Riefesell

und des südlichen wie über die südjütischen und nordfriesischen Mundarten des übrigen Hzt. Schl. die fremde hochdt. Kanzlei-, Amts-, Rechts- und – mit Ausnahme Nordschl. – auch Kirchen- und Schulsprache.

Lit.: M. Handwörterbuch, Nms. 1928 ff.; A. Lasch, M. Grammatik, Tübingen ²1974; D. Stellmacher, Nd. Sprache, Berlin ²2000. RH

Mölln (RZ) Der 1188 zuerst erwähnte Ort erhielt zu Beginn des 13. Jh. →Stadtrecht; der Baubeginn der St. Nikolai-Kirche fällt in diese Zeit. M. profitierte von seiner günstigen Lage am Schnittpunkt wichtiger Handelswege, besonders an der Transportroute für Lüneburger →Salz. Von 1359 bis 1683 waren Stadt und Vogtei M. an →Lübeck verpfändet. Das gotische Rathaus (1373) und der Stadthauptmannshof (15./16. Jh.) wurden in dieser Epoche errichtet. →Handel, →Handwerk und Gewerbe spielten besonders für die Versorgung des Umlandes eine wichtige Rolle. Seit Ende des 19. Jh. entwickelte sich M. zum Kur- und Erholungsort; 1970 wurde M. Kneippkurort. Nach dem Bau der Eisenbahnlinie Lübeck-Büchen 1851 wuchs M. über seine ma. Grenzen hinaus. Mit dem Zustrom von Evakuierten, →Flüchtlingen und Vertriebenen am Ende des 2.WK verdoppelte sich die Bev.zahl der im übrigen von den Kriegsereignissen unberührten Stadt auf ca. 14.000 Einw. Neue Stadtteile entstanden v.a. im Süden M., das seit 1974 als Mittelzentrum eingestuft ist. 1999 wohnten ca. 18.500 Einw. in M.

Lit.: H. Zimmermann, M., Büchen 1977. CL

Mönkloh (SE) Das Dorf gehörte bis 1649 zum →Stift, später →Amt →Bordesholm und ging dann in den Besitz der Herrschaft →Breitenburg über. Am 25.8.1578 wurde hier der M. Vertrag zwischen dem Hz. von Holst. und den Gf. von Holst.-→Pinneberg über streitige Fragen, insbesondere die Grenzziehung und die Stellung des →Klosters →Uetersen geschlossen. M. hat heute etwa 230 Einw. LS

Möweninsel Die vor →Schl. in der →Schlei liegende Insel, die seit Jh. eine Lachmöwenkolonie beherbergt und daher ihren heutigen Namen trägt, war Standort einer Burg der Hzz. von Schl., bevor sie 1268 aufgegeben wurde. Die Hzz. übernahmen dann die Bf.burg →Gottorf in einem Noor am Ende der Schlei. 1250 wurde der dän. Kg. Erik von seinem Bruder Hz. Knud wahrscheinlich in der Burg auf der M. gefangengenommen und in der Schlei ertränkt. LS

Mohrkirch war bis 1391 ein Edelhof im Ksp. Böel (SL), der dann an den Antoniter-Ordens-Konvent in Tempsin (Mecklenburg) verkauft wurde, um hier ein →Kloster zu gründen. Das Kloster erwarb in der Folge reichlichen Grundbesitz und erwirkte die Inkorporation der Kirche zu Böel. 1544 wurde das Kloster zum →Gottorfer Anteil gelegt, säkularisiert und in ein →Amt M. umgewandelt. Seit 1600 fungierte hier ein eigener →Amtsschreiber unter dem →Amtmann des Amtes →Gottorf; zum Amt wurden noch Satrupholm mit Dollrott und die Vogteien Langstedt und Karlswraa gelegt. Seitens der Hzz. von Holst.-Gottorf war das Amt mehrfach verpfändet. Nach 1721 wurde es als kgl. Domäne angesehen, 1778 parzelliert und den zuständigen Ämtern einverleibt. Heute hat M. etwas über 1.000 Einw.
Lit.: J. Callsen, Der Hof M., Freienwill 1983. LS

Moisling (HL) Dorf und Adelshof M. südwestlich von →Lübeck wurden in der zweiten H. des 14. Jh. von Lübecker Bürgern erworben. 1646 im Besitz von Gotthard von Höveln (1603-71), versuchte dieser, durch die Ansiedlung von Händlern und Handwerkern den wirtschaftlichen Ertrag des →Gutes zu steigern. Seit 1656 lebten auch einige jüdische Familien in M., aschkenasische Flüchtlinge aus Polen. Auseinandersetzungen mit dem Lübecker Rat und den Ämtern veranlaßten von Höveln, sich 1667 unter den Schutz des dän. Kg. zu stellen. Anf. des 18. Jh. gründeten die →Juden eine Gem., die sich zum Zentrum des jüdischen Lebens in der Region entwickelte. Wiederholt gab es Streit um die wirtschaftliche Betätigung und die Ansiedlung der Juden in Lübeck, das deren Rechte in M. – seit 1762 wieder in lübeckischem Besitz – zunehmend einschränkte. Mit der rechtlichen Gleichstellung der Juden 1848/52 (1845: 453 Personen) zog der Großteil nach Lübeck, so daß die jüdische Schule in M. 1871 geschlossen und die Synagoge 1873 abgebrochen wurde. Auf dem eindrucksvollen jüdischen Friedhof stammt der älteste Grabstein aus dem Jahr 1724.
Lit.: P. Guttkuhn, Die Geschichte der Juden in M. und Lübeck, Lübeck 1999. OP

Moller, Olaus Henrich →Geschichtsschreibung

Moltke, Friedrich von →Oberpräsident

Morgen →Maße

Mommsen, Theodor (geb. 30.11.1817 Garding, gest. 1.11.1903 Charlottenburg), Sohn eines Pastors, engagierte sich als Rendsburger Journalist in der Erhebung von 1848/49, ging dann als Professor für Römisches Recht nach Leipzig und wurde nach Universitätsstellen in Zürich und Breslau 1861 Professor

Mönkloh

Mohrkirch

Moisling

Die Einweihung des Denkmals für Theodor Mommsen in Berlin

für Römische Altertumskunde in Berlin. Als bürgerlicher Linker im preußischen Abgeordnetenhaus (1863-66, 1873-79) und im Reichstag (1881-1884) war er Gegner →Bismarcks. Für seine »Römische Geschichte« (Bd. I-III 1854-1856, Bd. V 1885) erhielt er 1902 als erster Dt. den Lit.-Nobelpreis. M. hat mit der Sammlung lat. Inschriften, dem »Corpus Inscriptionum Latinarum« und v.a. dem »Römischen Staatsrecht« (1871-1888) sowie dem Römischen Strafrecht (1899) für die Wissenschaft Grundlegendes geleistet.
Lit.: L. Wickert, M. Eine Biographie, 4 Bde. Frankfurt/M. 1959-1980. OM

Monarch Landwirtschaftliche Wanderarbeiter, zumeist entwurzelte Existenzen aus städtischem Milieu, die sich als Landstreicher durch das Leben schlugen, fanden sich während der Kaiserzeit und auch noch in den 1920er Jahren in den Erntespitzenzeiten bei den landwirtschaftlichen Betrieben ein und versuchten, durch Aushilfsarbeiten Geld zu verdienen. Mit dem Aufkommen der →Döschdamper verdingten sie sich auch für Hilfsarbeiten bei den Lohnunternehmern und wurden dann Damperm. genannt. Die Bezeichnung M. stellt vermutlich eine ironische Formel für den Landstreicher als Kg. der Landstraße dar. Es wurde auch gemutmaßt, daß die Bezeichnung daher rührt, daß sie aus aller Herren Ländern (Monarchien) kamen. Der NS hat dieser Form von unstetem Leben und Arbeiten ein Ende bereitet.
Lit.: P. Wiepert, Die »M.« auf der Insel Fehmarn, in: Beiträge zur dt. Volks- und Altertumskunde 5, 1960/61, 43-56; Menschen, M., Maschinen, hg. von N.R. Nissen, Heide 1988. LS

Moor ist ein mit 20-30cm →Torf bedecktes, oft unzugängliches Gelände mit beständigen Pflanzengesellschaften, das entsteht, wo mehr Wasser auftritt als abfließt, versickert oder verdunstet und wo bei Abschluß der Luft durch Wasser Tierreste und abgestorbene Pflanzen sich nur unvollkommen zersetzen, also zu Torf werden. Zu unterscheiden sind Niederungsm. (Grünland- oder Flachm.) und Hochm. (Torf-, Moos- oder Heidem.), in denen Torfmoose vorherrschen, in stetigem Wachstum die Oberfläche aufwölben und aus ihren abgestorbenen Teilen Torflager bilden. Letztere sind in SH oft in vormals waldigen Gegenden entstanden und enthalten daher Einschlüsse von Baumstämmen und -wurzeln, besonders von Eichen (M.eichen). Sie wurden bis zu 12m mächtig und kamen v.a. auf der →Geest vor. Die größten M. SH waren: Appener, Wedeler, Esinger und Himmelm. (PI); Glasm. (SE), Dosenm. bei →Bordesholm und Wildes M. zwischen Wehrau und Jevenau, Reitm., Königsm. und Bocklunder M. (RD), Vaalerm. (IZ) sowie Frösleer und Jardelunder M. (SL). Schon im 16. Jh. begann die Aufsiedlung von M. (z.B. Königsmeer nordwestlich von Elmshorn seit dem Vertrag von →Mönkloh 1578), doch eine M.kolonisation setzte erst im Rahmen der →Heidekolonisation Mitte des 18. Jh., insbesondere an der unteren →Eider, ein. Seit 1870 kam es dann zu großflächigen Umwandlungen von M. in Nutzland, so daß die Fläche der M. in der Provinz SH um 1900 etwa 800km^2 umfaßte; zu diesem Zeitpunkt waren bereits 3.000km^2 M.flächen zu Wiesen umgewandelt worden, was 16% der gesamten Bodenfläche ausmachte. Der stete Rückgang der M. hat sie in den Blickpunkt des →Naturschutzes gerückt, so daß die heute noch bestehenden M.flächen zu erheblichem Teil unter Schutz gestellt sind.
Lit.: I. Gooss, Die M.kolonien im Eidergebiet, Kiel 1940. LS

Moorkaten (SE) Dieser Teil der früheren Kaltenkirchener →Heide war 1938-1945 der östliche Teil des Militärflugplatzes →Kaltenkirchen und gleichzeitig Standort der Sanitätsausbildungsabteilung des Luftgaues XI. In einer Gräberstätte befinden sich hier ein Mas-sengrab für sowjetische Kriegsgefangene aus →Heidkaten und die Gräber von 184 Toten des Konzentrationslager-Außenkommandos (→Konzentrationslager) Kaltenkirchen in →Springhirsch.
Lit.: G. Hoch, Hauptort der Verbannung, Segeberg ^{3}1983 GH

Moorleiche In mehreren Mooren SH fanden sich – zumeist bei Torfabgrabungen (→Torf) – M. Eine besondere Häufung ist westlich von →Eckernförde festzustellen, wo in den drei Nachbargem. Windeby, Osterby und Damendorf acht M. entdeckt wurden. Man hat dort eine zentrale Gerichtsstätte vermutet, denn unter Berufung auf eine Erwähnung in der Germania des Tacitus und andere Schriftquellen liegt es nahe, die M. als Körper von Hingerichteten zu interpretieren.

Lit.: K.W. Struve, Die M. von Dätgen. Ein Diskussionsbeitrag zur Strafopferthese, in: Offa 24, 1967, 33-83; K. Raddatz, Zur Scheibenkopfnadel aus dem Thorsberger Moor, in: Offa 53, 1996, 227-235. RW

Moräne wird der von Gletschern verfrachtete Gesteinsschutt genannt. SH, dessen Oberflächengestalt besonders von der letzten Vereisung (→Eiszeit) beeinflußt worden ist, weist im östlichen →Hügelland zwei Formen von M. auf: Am Westende des Gletschervorstoßes (Linie →Flensburg–→Rendsburg – östlich von →Nms. – südlich von Nms. vorspringend und fast den Elberaum erreichend – bei →Mölln nach Osten zurückspringend) wurden die aufgeschobenen lockeren Materialien als Endm. unterschiedlicher Höhen abgelagert. Einzelne Eiszungenvorstöße haben dann im →Hügelland weitere Endm.züge herausgearbeitet. Grundm. bildeten sich unter den Gletscherzungen und waren zum Teil kuppig, zum Teil flach ausgebildet. Letztere haben das Landschaftsbild auf →Fehmarn, in einem Teil →Wagriens und der →Probstei geprägt. In SH unterscheidet man die Jungm.landschaft des östlichen Hügellandes, die im Rahmen der letzten Eiszeit entstanden ist, von der Altm.landschaft am Westrand der →Geest, die ihre Entstehung der vorletzten Vereisung verdankt.

Lit.: Geschichte SH, 1. LS

Mühle Solange Getreide angebaut und geerntet wird, gibt es M. in SH. Die ersten M. waren Reibem., in denen zwischen Bodenstein und Läuferstein die Getreidekörner im Handbetrieb grob zermahlen wurden, um dann in Mörsern zu Mehl verarbeitet zu werden. Später wurde

Die Grander Mühle (Foto Hans Müsse)

Mühle

Die Mühle von Nebel/Amrum

die Drehm. entwickelt, deren etwas ausgehöhlter Läufer sich um eine Achse auf dem leicht buckelförmigen Bodenstein drehte. Das Getreide wurde durch eine Öffnung von oben durch den Läufer eingeführt und beim Mahlvorgang über den Bodenstein geführt, um seitlich als Schrot oder Mehl auszutreten. Diese M. wurden Quern genannt. Das Drehen erfolgte mit der Hand. Dieser Typ M. stand dann im 12. Jh. Pate für die Wasserm., bei der →Wasserkraft für das Drehen des Läufers sorgte. Damit waren M. zu zentralen Einrichtungen für mehrere Haushalte geworden, und es bildete sich der Beruf des Müllers heraus, dem Wartung der technischen Anlage und Beaufsichtigung des Mahlvorganges oblagen. Ebenfalls im 12. Jh. wurden die ersten Windm. erwähnt (Bt. → Ratzeburg 1158), die über Flügel Windkraft auf den Läufer lenkten. Sie waren im Flachland nützlich, wo es nur wenig verfügbare Wasserkraft gab. Solche Großeinrichtungen waren teuer und unterhaltungsintensiv, deshalb wurden die Müller mit einem Teil des Mahlgutes (der sog. Matte von etwa $1/16$) belohnt. Zahlreiche Bauern verwendeten ihre Handquernen und Roßm. (bei denen Pferde den Kraftantrieb leisteten) weiter. Im 16. Jh. nahm das Interesse des Landesherrn an den M. zu. Da er gelernt hatte, wie man solche Einrichtungen nutz- und gewinnbringend einsetzte (der Gutsbesitzer Heinrich →Rantzau ließ 39 neue Windm. bauen), brachte er zahlreiche M. an sich, verpachtete sie und zog daraus Einnahmen. Die alten Windm. waren Bockwindm., bei denen sich der gesamte Mahlvorgang in einem Haus abspielte, das auf einen Hausbaum gestellt war und insgesamt in den Wind gedreht wurde. Um 1750 begann in den Hztt. der Siegeszug der sog. Holländischen Windm., bei der der M.bau feststand und nur die bewegliche Kappe mit der Rutenwelle in den Wind gedreht werden mußte. Es gab Erd- und Galerieholländerm. Um den Betrieb tatsächlich nutzbringend zu machen, verpflichtete der Landesherr die Untertanen in seinem Herrschaftsbereich seit der Mitte des 16. Jh., nur seine M. aufzusuchen. Es entstand der M.zwang, der erst im 19. Jh. aufgehoben wurde. Im 19. Jh. wurden die landesherrlichen M. dann auch verkauft, so daß die Müller Eigentümer wurden. Nach Einführung der Gewerbefreiheit entstanden zahlreiche private Windm. Doch konnten nun auch Dampfm. eingesetzt werden, die die Mahlkraft aus Dampfmaschinen erhielten. Sie waren nicht mehr vom Wasserstau oder dem Wind abhängig, sondern konnten bei Tag und Nacht das ganze Jahr über produzieren, solange Brennstoff vorhanden war. Nun entstanden industrielle M.werke, die an vielen Orten SH heute noch in Betrieb sind oder als Überreste erhalten blieben (→Friedrichstadt, →Elmshorn, →Uetersen, →Lübeck, →Kiel-Neumühlen, →Flensburg, →Plön, →Nms., →Oldesloe, →Reinfeld). Auch die alte Technik wurde durch den Einsatz von Walzen- und Schlagm. weitgehend verändert. Nur die M., die den Prozeß der Motorisierung (Dampfmaschinen wurden durch Diesel- und elektrische Motoren ersetzt) mitgemacht hatten, konnten das große Mühlensterben des 19. und 20. Jh. überleben. Dabei mußten sie sich von der Mehl- und Schrotproduktion weitgehend auf Kraftfutterherstellung umstellen. Von den einst zahllosen Windm. im Lande sind nur noch sehr wenige erhalten; die meisten sind abgängig. Neben den Getreidem. entwickelten sich im Spätma. auch andere gewerbliche M.nutzungen. So kam es zur Anlage von →Kupferm. zur Bearbeitung von Kupfer in Stormarn, aus denen später bisweilen Drahtm. wurden, um Eisendraht zu ziehen; Walkm. wurden insbesondere von Tuchmachern betrieben, um das körperlich schwere Tuchwalken zu mechanisieren; Stampfm. verwandten die Gerber für die Herstellung von Wild- und Sämischledern; mit Lohm. wurde ebenfalls von den Gerbern und den Schuhmachern die Gerberlohe aus abgeschälter Eichenborke verwendungsfähig gemahlen; in Papierm. wurden Textilien zu Rostoffen für die Papierherstellung gemahlen. Alle diese M. wurden im Verlauf des 19. Jh. durch dampfgetriebene Maschinen ersetzt, so daß die alten M.gebäude überflüssig wurden und verfielen. In der →Marsch an der Westküste wurden kleine Bockwindm. als Wasserschöpfm. (zunächst mit Becherschöpfung, dann mit archimedischen Schrauben) verwendet. Voran ging hier die →Wilstermarsch, in der seit Mitte des 16. Jh. Holländer diese neue und effiziente Entwässerungstechnik einsetzten; sie fand Nachahmer, bevor die dampfgetriebene Pumpenentwässerung sich seit 1884 rasch durchsetzte. Seitdem durch die Debatte um die Atomenergie (→Atomkraftwerk) der Blick auch auf alternative Energien gerichtet wurde, gab es Ansätze zur Elektrizitätsgewinnung aus →Windenergie. Die ersten Windm. dieser Art kamen 1978/1979 auf Einzelhöfen in der →Wilster- und →Krempermarsch – damals von zahlreichen Bauern belächelt – zum Einsatz. Nach dem Wahlsieg der SPD 1988 wurde die Windenergiegewinnung massiv gefördert, so daß heute zahlreiche Windm. als alternative Stromerzeuger entstanden sind.

Lit.: F. Drube, M. in SH, Hamburg 1935; J. Stüdtje, M. in SH, Heide 1982; Glück zu! M. in SH, hg. von N.R. Nissen, Heide 1981. LS

Mühsam, Erich (geb. 6.4.1874 Berlin, gest. 10./11.7.1934 Oranienburg) In bürgerlichen Verhältnissen Lübecks aufgewachsen wurde M. einer der radikalsten polit. Schriftsteller seiner Zeit. Er setzte sich gegen Unrecht, restriktive Sexualmoral, Unterdrückung der Frau und für eine offene Gesellschaft ohne staatliche Beschränkungen ein. V.a. in seinen ab 1898 publizierten Gedichten finden sich immer wieder soziales Engagement, Spott auf Bürger- und Philistertum, Utopie vom neuen Menschen u.a. M. benutzte v.a. konventionelle Versformen; Ausnahmen bilden etwa die Balladen »Seenot« oder das Versepos vom schiffbrüchigen »Dampfer Dt.«. M. wurde im Konzentrationslager Oranienburg ermordet.

Lit: M. Gesamtausgabe 4 Bde., hg. von G. Emig, Berlin 1977-1983; SHBL 11, 266-271. OM

Müllenhoff, Karl Viktor (geb. 8.9.1818 Marne, gest. 19.2.1884 Berlin) machte sein Abitur an der Meldorfer →Gelehrtenschule, studierte in →Kiel, Leipzig sowie Berlin und kehrte an die Kieler Universitätsbibliothek zurück, wo er mit der Sammlung der sh Märchen, Sagen und Lieder begann (zunächst gemeinsam mit Theodor →Mommsen und Theodor →Storm), die er 1845 edierte. Nach altgerm. Arbeiten (»Kudrun« 1845) erhielt er eine Professur in Kiel, trat dann jedoch die Nachfolge Jacob Grimms an der Preußischen Akademie der Wissenschaften in Berlin an, wo er an einer »Dt. Altertumskunde« arbeitete. Sein Einfluß auf die Germanistik war erheblich. LS

Karl Müllenhoff

Müller, Heinrich →Lehrerseminar

Müthel, Johann Gottfried →Musik

Müller, Johann Gottwerth (geb. 17.5.1743 Hamburg, gest. 23.6.1828 Itzehoe) gen. Müller von Itzehoe. Er lebte seit 1773, zumeist als freier Schriftsteller, in →Itzehoe und schrieb zahlreiche humoristische Romane im Sinne der

Münsterdorf

→Aufklärung, die im Milieu von Landadel und gehobenem Bürgertum spielen und als soziales Ideal die Annäherung dieser beiden Gruppen propagieren. Von ihnen hatte die Krautjunker-Satire »Siegfried von Lindenberg« (1779) den größten Erfolg.
Lit.: D. Lohmeier, K. Dohnke, Bibliographie M., in: Jb. Steinburg 1982, 309-336. DL

Münsterdorf

Münsterdorf (IZ) ist als Kirchort aus der einstigen Zelle →Welanao hervorgegangen und wird zuerst 1189 unter seinem heutigen Namen genannt. Hier wurde ein wunderbarer Brunnen verehrt, der Erzbf. →Ansgar Wein anstelle von Wasser gespendet haben soll. Der →Kaland (fraternitas kalendarum in Welna) wird zuerst 1304 erwähnt. Er blieb bis über die Reformation hinaus bestehen und schuf die Tradition der →Propstei (heute Kirchenkreis) M. Auf dem Kirchhof liegt Johann Gottwerth →Müller begraben. Der Ort selbst blieb ein landwirtschaftlich geprägtes →Dorf und ist heute auch Wohnort im Grünen für Itzehoer. Er hat gegenwärtig gut 2.000 Einw.
Lit.: E. Krohn, M. Chronik, M. 1966. LS

Münzwesen Bis zum frühen 8. Jh. wurde der – sicherlich zunächst geringe – Bedarf an monetären Zahlungsmitteln ausschließlich durch importierte Münzen gedeckt. Dies dokumentieren Funde von römischen und merowingerzeitlichen Münzen. Die zuerst stark durch den Tauschhandel dominierte Wirtschaft erfuhr mit der Entstehung der frühen Handelsplätze eine tiefgreifende Veränderung. Im Frühma. gehörte SH zum Gebiet der Gewichtsgeldwirtschaft, in der das importierte Silber mit Hilfe kleiner Waagen nach Gewicht verrechnet wurde. Einhergehend mit der fortschreitenden Differenzierung und Intensivierung des →Handels traten aber offenbar die Vorzüge gemünzten Silbers immer stärker hervor. Die frühesten Münzen in SH – und zugleich die frühesten Münzen des nordeuropäischen Raumes – wurden in →Haithabu hergestellt. Schon für das zweite Viertel des 9. Jh. muß mit dem Vorhandensein einer ortsansässigen Münzwerkstatt gerechnet werden. Die dort produzierten schweren Denare lehnten sich in ihren Vorbildern an westeuropäische Prägungen, v.a. an Münzen aus dem friesischen Dorestad an. Nach einem Hiatus am Ende des 9. Jh. ist v.a. für das 10. Jh. eine intensive Prägetätigkeit nachgewiesen, die in den 980er Jahren ihren Abschluß fand und mit dem wirtschaftlichen Niedergang der Stadt einherging. Die Prägungen des 9. und 10. Jh. sind anonym, der Münzherr somit nicht bekannt. Mutmaßlich wird es eine kgl. Münzprägestätte gewesen sein, als Initiatoren werden jedoch auch die am Ort ansässigen Kaufleute diskutiert. Erst im 11. Jh. kam es zu einer erneuten Münzprägung in Haithabu innerhalb des Kgr. DK, die an dieser Stelle jedoch von nicht so großer Bedeutung war, nur wenige Jahrzehnte andauerte und bereits in der zweiten H. des 11. Jh. eingestellt wurde. Dagegen hat es eine eigene Münzprägung in Ostholst. nicht gegeben. Für den Anf. des 12. Jh. wird allerdings auf dem frühma. abotritischen (→Slawen) Staatsgebilde unter Kg. →Heinrich (1093-1127) in →Alt Lübeck eine Münze angenommen. Im Landesteil Schl. war Schl. Münzstätte des dän. Kg. In geringem Maße unter Kg. Svend Grathe (1146-1154, 1157), unter seinen Nachfolgern aber in wachsenden Größenordnungen, wurden hier zweiseitige Pfennige geprägt. Zur Ausprägung von →Brakteaten kam es hier nicht. Die Unterschiede in den Landesteilen Schl. (bis zur →Eider, infolge der Verpfändung des Gebietes zwischen Eider und →Schlei an die →Schauenburger Gff.) und Holst. sind in den folgenden Jh. sehr deutlich im M. abzulesen. Die Neugründung →Lübecks 1159/60 durch →Heinrich den Löwen und das Erstarken des Ostseehandels führten zur Gründung einer Münze an diesem Ort. Zunächst wurden hier Brakteaten geprägt. Nach dem Sturz Heinrichs des Löwen 1181 und der Konsolidierung der schauenburgischen Machtposition wurde in →Hamburg begonnen, ebenfalls Brakteaten auszumünzen. Die geläufige Kaiserdarstellung wandelte man zu einem torartigen Münzbild ab, das ab 1250 das Wappen der Schauenburger – das Nesselblatt – trug. Bis 1568 zeigten die Hamburger Silbermünzen, die Goldmünzen sogar bis 1617, das holst. Nesselblatt als Zeichen dafür, daß sie holst. Münzen waren. Mit dem Beginn des hansischen Fernhandels (→Hanse) reichte der Pfennig für den Geldverkehr nicht mehr aus. Um dem wach-

Münzwesen

senden Bedarf gerecht zu werden, entstand anfangs der in Lübeck geprägte Doppelpfennig (→Blaffert). Zudem wurden in →Kiel, →Flensburg, →Itzehoe, →Nigenstadt →Oldesloe, →Rendsburg sog. →Witten (4-Pfennig-Stücke) geschlagen. Alle diese kleinstädtischen Münzstätten waren nur kurzfristig tätig, 1460 war keine mehr davon in Betrieb. Nicht nur die mit den Landesteilungen von 1544 und 1581 hervorgerufene herrschaftliche Gliederung der Hztt. in die vom Kg. und den Hzz. regierten Anteile des Landes schlug sich auf die Münzprägung nieder. Auch in den folgenden Jh. hatte die wechselhafte Geschichte SH direkten Einfluß auf das M. Im kgl. Anteil der Hztt. traten unter Kg. Friedrich I. (1523-1533) für SH neue Münzsorten auf. Es wurden Sechslinge (6 Pfennige), Schillinge (12 Pfennige), Doppelschillinge (24 Pfennige), Markstücke zu 16 Schillinge (192 Pfennige) und Taler zu 24 Schillingen (288 Pfennige) geprägt. Der erste Taler in SH wurde von Friedrich I. von DK (noch als Hz. von Schl. und Holst.) 1522 in →Husum geschlagen. Er war dem kurz zuvor in Dt. aufgekommenen Joachimstaler gleichwertig. Aufgrund des stetig schlechter werdenden Silbergehalts der Kleinmünzen mußte der Taler auch bald auf 32 Schilling berechnet werden. Im folgenden machte er verschiedene Wandlungen durch. So wurde er in den Jahren 1614-15 auf 37 Schillinge festgesetzt (entsprechend wurden die gottorfschen Doppelschillinge mit der Wertangabe 1/18 1/2 Taler geprägt), 1618 galt er 42 Schillinge, 1618 wurde er bereits auf 40 Schillinge fixiert. Hatte die Masse der Kleinmünzen den Taler auf 54 Schillinge gesteigert, einigte man sich 1622 auf einen Talerkurs von 48 Schillingen oder 3 Mark, wie ihn Lübeck schon vorher eingeführt hatte. Der Taler blieb auf 48 Schillinge stehen und galt noch bis ins 19. Jh. als Rechnungsmünze. Den um 1670 eingeführten 2/3-Taler nannte man auch Gulden, doppelte Markstücke später Zweidrittel. Die dän. Kgg. prägten in Flensburg (1532-1571), in →Glückstadt (1618-1718), in Rendsburg (1716-20), Rethwisch bei Oldesloe (1768-1771) und in →Altona (1771-1863 mit Zweigprägeanstalt Poppenbüttel seit 1768). Hergestellt wurden Dukaten, Speziestaler (Doppeltaler), Stückelungen des Speziestaler sowie weitere Kleinsilbermünzen. Vom Beginn des 16. Jh., v.a. aber vom Ende des Jh. an, prägten die verschiedenen Linien des sh Hz.hauses wieder Münzen. Münzstätten der hz. gottorfschen Linie waren Schl. (spätestens 1596 bis 1682), Steinbek (1598-1628, vielleicht länger), →Burg/Fehmarn (1617-1620), Kiel (1622-1627, 1722-1727, vielleicht länger) und →Tönning (1689-1713). Zur Ausprägung kamen Taler, 1/2 Taler, 2/3 Taler, 1/4 Taler, 1/8 Taler, Doppelschillinge

Haithabu, Halbbrakteat, um 960

Kieler Witten, 1370-1379

Friedrich I., Doppelschilling, 1527

Lübecker Goldgulden, 1340

Lübecker Couranttaler, 1752

Christian von SH-Sonderburg, Taler, 1657

Münzwesen

(18^1/$_2$ Stück auf 1 Taler), ^{1}/$_{24}$ Taler (Groschen), ^{1}/$_{48}$ Taler, ^{1}/$_{64}$ Taler, ^{1}/$_{96}$ Taler, ^{1}/$_{128}$ Taler, ^{1}/$_{192}$ Taler, dazu Mark- und 2-Markstücke sowie 6 Schilling-Stücke. Als Bff. von Lübeck ließen eine Reihe von Hzz. von SH-Gottorf ebenfalls Münzen schlagen. So in Burg/Fehmarn (1612-1616), →Eutin, →Lübeck und Kaltenhof bei Schwartau. Auch den Hzz. von SH-Sonderburg wurde, obwohl sie an der Regierung der Hztt. keinen Anteil hatten, das Münzrecht zugestanden. Dies haben sie zeitweise auch ausgeübt, v.a. während der sog. Kipper- und Wipperzeit am Anf. des 17. Jh., als mit der Ausprägung minderwertiger Münzen große Gewinne zu machen waren. Als Münzstätten dienten Sonderburg/Sønderborg (1604-1608, 1624-1626?), →Reinfeld (1618-1626), →Plön (1673-1677), Glückstadt (1690 in der dortigen kgl. Münze) und Rethwisch bei Oldesloe (1761). Die schauenburgischen Gff. in Holst.-→Pinneberg prägten ebenfalls Münzen. Von diesen nehmen die Gepräge von Ernst III., regierender Gf. von Holst.-→Schauenburg und Sternberg, Herr zu Gehmen 1601-1622, Reichsfürst seit 1620, den größten Raum ein. Als Münzstätte fungierte →Altona, wo zwischen 1547 und 1639 Taler, Talerteilstücke, aber auch Pfennige und minderwertige sog. »Schreckensberger« (4 Groschen) entstanden. Nach der Bildung der reichsunmittelbaren Gft. →Rantzau und der damit verbundenen Verleihung des Münzrechts durch Kaiser Ferdinand III. an Gf. Christian Rantzau (1614-1663), haben auch er und sein Sohn Detlef (1644-1697) vom Recht der Münzprägung Gebrauch gemacht. Während Gf. Christian vorschriftsmäßig Dukaten und Taler herstellen ließ, wurde im Namen seines Nachfolgers v.a. geringhaltiges Geld geschlagen, um es hauptsächlich außerhalb Holst. in Verkehr zu bringen. Nach einigen Versuchen im späten MA kam es in Sachsen-→Lauenburg in den Jahren 1609-1673, 1678-1689 zu einer selbständigen Münztätigkeit. Während der Regierungszeit des askanischen Hz.hauses (→Askanier) gehörte das Hzt. zum Niedersächsischen Kreis. Nachdem es 1705 an das Kurfürstentum Braunschweig-Lüneburg gegangen war, erfolgte 1736-1740 eine Münzprägung in Clausthal. Die Ausprägung war bescheiden, orientierte sich aber deutlich an den zeitgleichen Hamburger und Lübecker Geprägen.

Als Lauenburg unter dän. Herrschaft geriet, wurde die letzte lauenburgische Münze, ein unter Kg. Friedrich VI. von DK 1830 geschlagener Gulden, in Altona ausgebracht. Eher als in den Hztt. führte man den preußischen Taler bereits 1848 gesetzlich ein. Auch unter der dän. Herrschaft blieb er gesetzliches Zahlungsmittel. Neben den Silbermünzen wurden in SH auch Goldmünzen geschlagen. Als erste dt. Stadt hatte Lübeck 1340 von Kaiser Ludwig dem Bayern das Recht der Goldprägung erhalten. Das entsprechende Gold wurde in Brügge gekauft und von angestellten italienischen Münzmeistern nach Florentiner Vorbild verprägt. Mit einer Emission von über 30.000 Gulden im Jahr erreichte man zwar längst nicht die Prägemengen von Gent oder Florenz, für Norddt. bedeutete dies jedoch für zwei Jahrzehnte ein unvergleichlich hohes Niveau. Andere sh Landesgoldmünzen gab es bis zum 16. Jh. nicht. Repräsentative Goldprägungen waren die sog. Portugaleser (von den portugiesischen 10-Cruzado-Stücken), die aber eher Medaillencharakter hatten. So blieb bis 1871 der Dukat die Reichsgoldmünze. Auch die Goldmünzen der Hzz. und der Hansestädte waren ganze, halbe und viertel Dukaten. Der letzte Dukat aus Lübeck trug die Jahreszahl 1801. Obwohl in DK bis zur Einführung der Dezimalwährung 1875 Dukaten die gebräuchliche Währung darstellten, kam es zur Ausmünzung anderer Einheiten. So wurden neben den Goldkronen des 16. Jh., nach dem Vorbild des frz. Louisd'or nach der Währungsreform von 1813 der dän. Frederiks- oder Christians-d'or geschlagen. In Lübeck existierte seit dem MA eine Münzstätte bis 1801, anfangs unter dem Bf. von Lübeck und dem Kaiser, später als Münze der Freien und Hansestadt. Die führende Rolle, die Lübeck im Wirtschaftsleben der benachbarten Münzstände spielte, wird durch die Bezeichnung lübische Währung deutlich. Die Bestrebungen, die Lübische Mark, seit 1502 ausgeprägt, als ganze, ^{2}/$_3$-, ^{1}/$_2$-,^{1}/$_3$-, ^{1}/$_4$-Markstücke als überregionale Währungseinheit zu etablieren, scheiterten und wurden zugunsten des Talers aufgegeben. Die erste talerartige Prägung aus Lübeck ist ein Silbergulden von 1528 mit dem Jugendbild Karl V. Um 1550 hatte sich der Taler als Leitwährung in allen Gebieten Norddt. durchgesetzt. Seit der

Münzwesen

Beendigung der Kipperzeit 1622 wurde der Reichstaler zu 48 Schilling gerechnet, der Schilling zu 12 Pfennig. Erst 1727 einigten sich die Städte Lübeck und Hamburg auf eine neue Münzausprägung. Seitdem wurden geprägt: Kuranttaler (zu 48 Schilling), Doppelmark (zu 32 Schilling), Einmarkstück (zu 16 Schilling), Acht-, Vier-, und Zwei-Schilling Münzen sowie Schillinge, Sechslinge und Dreilinge. Eine Besonderheit der Lübecker Münzen besteht in der Darstellung des Wappens der dem Münzwesen vorstehenden Bürgermeisters. Nachdem in der zweiten H. des 18. Jh. die regierenden Seitenlinien des →Oldenburger Fürstenhauses bis auf die kgl. Linie ausstarben und ein dän. Gesamtstaat bis zur Elblinie entstanden war, blieb dies auch für das sh Geldwesen nicht ohne Folgen. Durch eine Verordnung von 1788 wurde für SH eine eigene Silberwährung eingeführt (SH Courant) und der Speciestaler in 60 Schillinge zu je 12 Pfennig eingeteilt. Zwar wurde somit eine fast völlige Angleichung an die lübische Währung erreicht, die Stückelung des sh Geldes wich jedoch sehr von der der hansestädtischen Gepräge ab, so daß eine Auszahlung von Summen in lübischer Währung oftmals recht kompliziert war. Die sh Speciesbank in Altona gab seit 1788 Specieszettel über 8, 20, 40 und 80 Speciestaler heraus. Diese und auch alle anderen sh Papiergeldausgaben behielten ihren Wert bis 1813. Als es nach der Einstellung der Einlösung zu einem Mangel an Kleingeld kam, erfolgte eine Ermächtigung zur Ausgabe von Papiergeld. Von dieser Erlaubnis haben offensichtlich die Städte Flensburg, Hadersleben/Haderslev, Heiligenhafen, Kiel, Schl., Sonderburg/Sønderborg und Tondern/Tønder Gebrauch gemacht. 1813 wurde durch Kg. Friedrich VI. (1808-1839) das bankrotte dän. Geldwesen reformiert. Als Münzeinheit wurde der Rigsbankdaler, gleich $\frac{1}{2}$ Speciestaler oder 30 Schillinge eingeführt, und in 96 Riksbankskilinge unterteilt. Um die Bev. der Hztt. an das Reichsbankgeld und die neue Berechnung zu gewöhnen, wurden die kleinen Münzsorten zum Teil in Altona mit dt. Inschrift geprägt. Da sich die Umrechnung von der in den Hansestädten üblichen Schilling Kurant in Reichsbankschilling als sehr umständlich erwies (60 Schilling Kurant = 192 Reichsbankschilling, also 1 Schilling Kurant = $3\frac{1}{5}$ Reichsbankschilling; 1 Reichsbankschilling = $\frac{5}{16}$ Schilling Kurant), erhielten die größeren Nominale unter Christian VIII. zwischen 1841-1851 zudem eine dt. Angabe ihres Wertes. Das Reichsbankgeld wurde unter Friedrich VII. (1848-1863) mit seinem offiziellen Namen Rigsmønt versehen, die älteren Münzen wurden außer Kurs gesetzt. In der Bev. herrschte Mißstimmung über die dän. Reichsbankwährung. Deshalb setzte früh die Diskussion über die Einführung des preußischen Münzsystems ein. Die →Provisorische Regierung befaßte sich zwar mit dem Münzproblem, aber obwohl die Rechnung nach dän. Reichsbankmünze 1848 aufgehoben und 1849 die nach sh. Mark zu 16 Schilling eingeführt

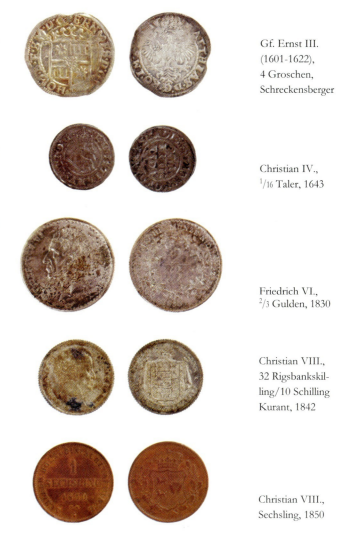

Gf. Ernst III. (1601-1622), 4 Groschen, Schreckensberger

Christian IV., $\frac{1}{16}$ Taler, 1643

Friedrich VI., $\frac{2}{3}$ Gulden, 1830

Christian VIII., 32 Rigsbankskilling/10 Schilling Kurant, 1842

Christian VIII., Sechsling, 1850

wurde, kam es dazu erst nach der Besetzung der Hztt. durch →Preußen und →Österreich 1864. Danach erfolgte 1868 die Einführung der Vereinsmünze der dt. Staaten nach dem Wiener Münzvertrag. Bis Ende 1867 waren die älteren Münzen im Umlauf noch zugelassen, wurden aber 1875 für ungültig erklärt und durch die Währung des Dt. Reiches ersetzt. Eine eigene Münzprägung erfolgte in SH nicht mehr.

Lit.: C. Lange, Sammlung sh Münzen und Medaillen, 2 Bde., Berlin 1908/1912; W. Pfeiffer, Geschichte des Geldes in SH, Heide 1977; R. Wiechmann, Edelmetalldepots der Wikingerzeit in SH, Nms. 1996. RW

Mungard, Jens →Literatur

Munkbrarup (SL) ist ein Kirchort im nördlichen →Angeln, der an einem alten Tingplatz angelegt wurde (Reste des alten Tingplatzes südlich des Ortes). Die Granitsteinquaderkirche dürfte um 1200 erbaut sein; 1209 wird sie erstmals erwähnt. Sie geriet in den Besitz des Rüdeklosters (→Glücksburg, →Kloster), dessen Mönche hier auch Pfarrer waren. 1565 zerstörte ein Brand die Kirche; sie wurde 1582 auf Veranlassung des Hz. von Sonderburg/Sønderborg als Landesherrn wieder aufgebaut und gilt heute als eine der bedeutendsten romanischen Dorfkirchen Schl. M. hat heute knapp 1.000 Einw. LS

Munkbrarup

Das Museum der Stadt Geesthacht, Krügersches Haus

Die Kirche von Munkbrarup

Mumm, Carsten →Landwirtschaftskammer

Museen In SH gibt es rund 150 M., deren Zahl sich kontinuierlich vermehrt und deren thematisches Spektrum vom Landesm. über zahlreiche stadtgeschichtliche M., Freilichtm. und Kunstm. bis zu Spezialm. und Gedenkstätten reicht. In der Mitte des 17. Jh. legte Hz. Friedrich III. auf Schloß →Gottorf eine Kunstkammer an, die auf die 1651 angekaufte Sammlung des weitgereisten nl. Arztes Paludanus zurückging. Friedrich III. und sein Hofgelehrter Adam →Olearius erweiterten diese Sammlung von Kuriositäten aus aller Welt, Münzen und Glas u.a. um Gemälde, Waffen,

Mineralien und astronomische Instrumente (→Gottorfer Globus) und schufen somit das erste M. in SH. Erhalten ist aber nur noch ein Teil dieser Sammlung, deren wertvollste Stücke im 18. Jh. nach Kopenhagen überführt wurden. In die Räume dieser Kunstkammer in Schloß Gottorf zog 1948 das SH Landesm., dessen Gebäude in →Kiel im 2.WK zerstört worden war. Einige heutige M. im Land gehen auf Naturaliensammlungen und Kunstkabinette gelehrter Bürger des 18. Jh. zurück, so das Zoologische M. in Kiel und das M. für Kunst und Kulturgeschichte sowie das Naturhistorische M. in →Lübeck. 1834/35 wurde in Kiel das M. Vaterländischer Altertümer gegr. aus dem das Archäologische Landesm. im Schloß Gottorf wurde; zugleich mit dem SH Kunstverein wurde 1843 in Kiel als Abgußsammlung antiker Skulpturen die Antikensammlung der →Universität angelegt. Dieses zunehmende kulturhistorische Interesse im 19. Jh. hatte insbesondere im Dt. Kaiserreich bis 1914 die Gründung von 33 weiteren M. durch Kunst- und Geschichtsvereine oder Privatpersonen zur Folge. Sie zählen heute in der Regel zu den bedeutendsten M. und Sammlungen in SH. Einige tragen heute noch die Namen ihrer Gründer, so das Detlefsen-M. in →Glückstadt (1894) oder das Dr.-Carl-Haeberlin-M. in →Wyk (1902). Zwischen 1914 und 1945 entstanden weitere ca. 20 M. v.a. mit speziellen Sammelgebieten (u.a. Textilm. Nms. 1914/26, Behnhaus Lübeck 1923, Nissenhaus-Nordfriesisches M. Husum 1937, Schloß Ahrensburg 1938). Nachdem einige M. den 2.WK nicht überstanden (u.a. Gettorf, Städtisches M. Plön), ihre Gebäude zerstört oder die Sammlungen durch Auslagerungen verloren waren, begann in den 1950er Jahren eine Phase der Wiederbelebung der M. Zerstörte Häuser wurden neu erbaut (u.a. Altonaer M. von 1863, Kunsthalle zu Kiel von 1857). Zahlreiche M. – u.a. die Landesm. – zogen in andere Gebäude oder erhielten Neubauten, und weit über die H. der heute existierenden M. in SH wurde seitdem neu gegr. Nur etwa ein Viertel der heutigen M. befindet sich in eigens für ihre Zwecke geschaffenen Häusern (u.a. Dithm. Landesm. Meldorf 1896, Städtisches M. Flensburg 1901, Naturhistorisches M. Lübeck 1960, Wikinger M. Haithabu 1985), die überwiegende Zahl wurde in historischen, oft denkmalgeschützten Gebäuden eingerichtet, zu denen Herrenhäuser und Schlösser (Gottorf 1948, Ahrensburg, Eutin, Glücksburg 1925, Warleberger Hof Kiel, Prinzeßhof Itzehoe 1934), Kirchen (Cismar 1987, St.-Annen-M. Lübeck 1912), zahlreiche Bauern- und Bürgerhäuser, Fabrikbauten, Schulen, Stadttore (Holstentor Lübeck 1933, Kremper Tor Neustadt 1908) und Mühlen gehören. Die meisten M. in SH besitzen historisch gewachsene Sammlungen zu vielen Themenbereichen der Natur-, Kunst- und Kulturgeschichte; auch wenn sie lokale oder regionale Sammlungsschwerpunkte haben, ist die Zahl der Spezialm. im Land überschaubar. Ausgesprochen naturwissenschaftliche M. gibt es nur in Flensburg und Lübeck sowie die Instituts-M. der Universität Kiel. Besonders die M. an der Westküste haben erdgeschichtliche und naturkundliche Abteilungen. In vielen M. finden sich Sammlungen zur Vor- und Frühgeschichte, zum Kunsthandwerk, zur Volkskunst sowie Militaria, Zunft- und Gildegerät. Die bisher genannten M. besitzen auch z.T. umfangreiche Ge-

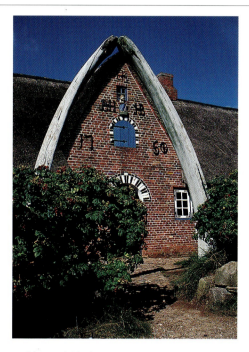

Lorens-Petersende-Hahn-Haus, Freilichtmuseum Molfsee

mälde- und Skulpturensammlungen mit regionalem Bezug, einige auch bedeutende Sammlungen kirchlicher Kunst (SH Landesm., Städtisches M. Flensburg 1876, Dithm. Landesm. Meldorf 1872, St.-Annen-M. mit St. Katharinen Lübeck). Die vier größten Porträtsammlungen finden sich im Schloß Eutin, in der Landesgeschichtlichen Sammlung Kiel (1896), im SH Landesm. und im Herrenhaus Altenhof (1954). Ausgesprochene Personalm. befinden sich – über Nachlässe einzelner Personen in vielen M. hinaus – in Seebüll (Nolde-M. 1956), Ratzeburg (A.-Paul-Weber-Haus 1873), Segeberg (Kunsthalle Otto Flath 1948), Wedel (Ernst-Barlach-M. 1987), Itzehoe (Wenzel-Hablik-M. 1995), Heide (Klaus-Groth-M. 1914), Wesselburen (Friedrich-Hebbel-M. 1911), Lübeck (H. und T. Mann: Buddenbrookhaus 1990), Husum (Theodor-Storm-Haus 1972) und Friedrichsruh (Bismarck-M. 1927). Die beiden völkerkundlichen M. in Kiel und Lübeck verloren im 2.WK ihre Gebäude und sind seitdem provisorisch untergebracht. In über 70 Gebäuden aus allen Teilen SH wird im SH Freilichtm. Kiel-Molfsee (1965) ländliches Wohnen und Wirtschaften dargestellt. Weitere Freilichtm. gibt es u.a. in Meldorf (Dithm. Bauernhausm. 1907), Husum (Ostenfelder Bauernhaus 1899) und als Gesamtensemble das Dorf

Musik

Im Dithmarscher Landesmuseum

wird die Industrialisierung der sh Landwirtschaft veranschaulicht. Das in den 1980er Jahren geplante Kieler M. für Industrie- und Alltagskultur wurde jedoch nicht verwirklicht. Trotz der Vielfalt der sh M.landschaft gibt es weitere private und staatliche M.neugründungen, die Einrichtung eines zentralen landesgeschichtlichen M. wird diskutiert und neue Betriebsformen sollen die M. v.a. kostengünstiger machen (Stiftung SH Landesmuseen 1998). Darüber hinaus müssen die bestehenden M. ihre Sammlungen ständig erweitern und in zeitgemäßer Form präsentieren, um den sich wandelnden Wünschen der jährlich über 3 Mio. Besucher in einer Welt vielfältiger Unterhaltungs- und Bildungsmedien gerecht zu werden. Der Beratung der M. dient seit 1996 ein dem Kultusministerium zugeordnetes M.amt, die meisten sh M. sind zum gegenseitigen Informationsaustausch seit 1995 im M.verband zusammengeschlossen.

Unewatt in Angeln (1987). Eine der größten landwirtschaftlichen Gerätesammlungen in Schl. auf dem Hesterberg wird Mittelpunkt der neuen volkskundlichen Abteilung des SH Landesm. Schiffahrt und Fischfang spielen in allen an der Küste, auf den Inseln oder an Flüssen und Kanälen gelegenen M. eine wichtige Rolle. Besondere Schwerpunkte finden sich im Schiffahrtsm. Flensburg (1984), im Schiffahrtsm. Nordfriesland in Husum (1987), im Kieler Schiffahrtsm.(1978), im Altonaer M. und im Elbschiffahrtsm. in Lauenburg (1927). Gedenkstätten mit Informationen zur NS-Zeit sind relativ selten in SH (KZ-Gedenkstätten Schwesing und Ladelund 1990, M. Cap Arcona Neustadt 1990); das Jüdische M. in Rendsburg (1990) zeigt v.a. Wechselausstellungen. Eine ältere, nicht unumstrittene Tradition haben die national- und militärgeschichtlich ausgerichtete Idstedt-Halle (1931) und das Marine-Ehrenmal Laboe (1936). Seit den 1970er Jahren wurde über eine museale Präsentation des Industriezeitalters und der industriellen Arbeit in SH diskutiert. Im Textilm. Nms. wird dieses für die dortige Stadtgeschichte wichtige Thema gezeigt. In Elmshorn gelang es, in einem alten Fabrikgebäude das Industriem. (1990) einzurichten ebenso wie im ehemaligen Hochofenwerk Herrenwyk in Lübeck (1986) und im Landwirtschaftsm. in Meldorf (1986)

Lit.: SH M. und Sammlungen, hg. von A. Lühning, H. Sydow, Nms. 1986; W. Henkel, M. Landt, Die M. in SH und Hamburg, Hamburg 1994. OP

Musik Im Vergleich mit anderen historischen M.landschaften (etwa Thüringen und Böhmen) mutet das M.leben SH historisch betrachtet nicht besonders reich an. Es würde jedoch zu kurz greifen, dies allein auf den bekannten Aphorismus »Holsatia non cantat« zurückzuführen, dem Klaus →Groth anläßlich des ersten SH Musikfestes voller Stolz ein »Holstein kann dat« entgegenzusetzen versuchte. Zwar läßt sich keine ausgeprägte Tradition eines spezifischen (niederdt.) Volksliedgutes nachweisen, und außerordentliche musikalische Begabungen blieben über die Jh. die Ausnahme. Es darf jedoch nicht vergessen werden, daß SH seit alters her eine ausgesprochen ländliche Sozialstruktur mit geringer Bev.dichte aufweist und sich im Land weder eine höfische M.kultur noch ein städtisches Zentrum kontinuierlich entwickelten. Allein in →Lübeck festigte sich schon früh ein institutionalisiertes M.leben mit einer geregelten, auf hohem Niveau stehender Ratsm. – Ur- und frühzeitliches Musizieren belegen archäologische Funde. Auf Lurenklänge weisen etwa die beiden 1639 in Gallehus bei Tondern/Tønder entdeckten Goldhörner aus dem 4. oder 5. Jh. hin; eine Anzahl von Flöteninstrumenten stammt aus dem frühen MA. Das Manuskript der →Bordesholmer Marienklage von 1475 gilt als herausragendes Beispiel liturgischer M. in Nordeuropa. Bereits Ende des 14. Jh. sind für die Lübecker Hauptkirchen (Dom, St. Marien- und St. Jakobi-Kirche) größere Orgeln belegt. Sie geben nicht nur Zeugnis von der dahinterstehenden Finanzkraft der Einw., sondern bilden auch das Fundament, auf dem sich die Stadt unter Franz Tunder (1614-1667) und Dietrich →Buxtehude als kirchenm.alisches Zentrum des gesamten Ostseeraums etablierte. Ohnehin weist ganz SH eine reiche Orgellandschaft auf. Zahlreiche Instrumente sind über die Jh. weitgehend im Originalzustand verblieben, wie etwa die →Schnitger-Orgel der Alten Kirche auf →Pellworm. Überregional wirkten die in Lübeck seit dem 17. Jh. vom Marien-Organisten organisierten geistlichen →Abendm., die 1810 letztmalig gegeben wurden; mit den polit. und gesellschaftlichen Umbrüchen am Beginn des 19. Jh. verlor die Kirchenm. zusehends an Bedeutung. Zu der einzigen Blüte einer höfischen, zugleich auch spezifisch sh M.kultur kam es während des 17. Jh auf Schloß →Gottorf. V.a. unter Hz. Friedrich III. (1616-1659) entwickelte sich eine veritable, von M.ern überregionalen Ranges getragene Hofm. Der zwischen 1622 und 1625 als Hofkapellmeister fungierende Engländer William Brade (1560-1630), der schon zuvor einmal in Gottorf wirkte, etablierte ein Violenconsort, das wiederum den in →Itzehoe geborenen Johann Steffens (1560-1616) und den späteren Gottorfer Kapellmeister Johann Sommer (gest. um 1627) zu eigenen Kompositionen anregte. Zu den während des Dreißigjährigen Krieges zu mehr Ansehen gelangenden Hoftrompetern und -paukern zählt Gabriel Voigtländer (1596-1643, zwischen 1633 und 1635 in Gottorf), der auch als Dichter, Komponist und Sänger neuartiger Oden hervortrat. Unter Hz. Christian Albrecht (1659-1694) erreichte die Gottorfer Hofm. schließlich internationales Format. Im Mittelpunkt seines m. Interesses stand neben der großformatigen Ensemblemusik v.a. die Oper. Dokumentiert ist dies durch die von Augustin Pfleger anläßlich der Einweihung der Kieler Universität komponierten sechs »Odae concertantes« und die durch das Wirken Johann Theiles (1646-1724) belegte Nähe zur Oper am Gänsemarkt während der Exiljahre des Hz. in →Hamburg. Dem 1690 zum Kapellmeister berufenen Georg Österreich (1644-1735) folgten zahlreiche Musiker nach, »fürnehmlich aus der Capelle zu Dresden und Wolfenbüttel, und gerieht die Capelle in grosse renomée, so lange der Hz. lebete« (Johann Gottfried Walther, Musicalisches Lexicon, Leipzig 1732, 450). Unter Hz. Friedrich IV. (1694-1702) erreichte die Hofkapelle ihren höchsten Personalstand, wurde aber nach dessen Tod binnen 20 Jahren schubweise aufgelöst. Regionale Akzente setzten in der Folgezeit verschiedene Adelsfamilien in ihrem m.alischen Salon, etwa auf den Gütern →Damp, →Emkendorf und →Hasselburg sowie → Schloß Salzau. Auf dem →Eutiner Schloß unterhielt man gelegentlich gar eine kleine Operntruppe. Informationen über das nichtinstitutionalisierte M.leben sind hauptsächlich Reisebeschreibungen zu entnehmen, wie etwa der »Chronik des Landes Dithm.« von Johann Adolf Köster (1598; Johannes →Neocorus). Aber auch das Repertoire eines Lieder- und Lautenbuches (1608) von Petrus Fabricius oder die Darstellung häuslichen Musizierens auf dem Frontispiz einer Sammlung geistlicher Lieder des Wedeler Pastors Johann →Rist (1654) geben weitere Auskünfte. Daß sich eine ausgeprägte M.kultur im städtischen, aber auch dörflichen Bereich erst seit dem 19. Jh. entwickelte, liegt nicht zuletzt an einer Reihe administrativer Vorgaben, die die M.ausübung bis in den privaten Bereich regulierten. Nur derjenige, der in einer →Stadt, einem →Amt, → Flecken, →Ksp. oder →Gut eigens dazu legitimiert war, durfte bei öffentlichen Anlässen sowie Tanz- und Hochzeitsm. aufspielen. Dieses auf das ma. Zunftsystem der Stadtpfeifer und Spielleute zurückgehende »Privileg zur alleinigen Aufwartung mit M.«, das offiziell noch bis zur Eingliederung SH in den preußischen Staat (1867) Gültigkeit hatte, ließ ein belebendes Konkurrieren nicht zu. Es bestimmte nicht nur nachhaltig Art und Qualität des Musizierens, sondern behinderte auch die frühzeitige Entfaltung öffentlicher Aktivitäten von M.liebhabern; ihr öffentliches oder halböffentliches Auftreten konnte allenfalls geduldet werden. Zudem galt seit 1776 das →Indignatrecht, nach dem Konzessionen nur

Musik

Tafelmusik 1665 im alten Kieler Schloß anläßlich der Universitätsgründung. Kupferstich von August John

an Landeskinder vergeben werden konnten – ein produktiver künstlerischer Austausch über die Grenzen SH hinaus war damit von vornherein ausgeschlossen. Charakteristisch für die Situation ist auch der Umstand, daß die meisten der in SH geborenen Komponisten schon früh – familiär bedingt oder zur weiteren Ausbildung – das Land verließen. Dies betraf im 18. Jh. Johann Gottfried Müthel (1728-1788), Friedrich Ludwig Aemilius Kunzen (1761-1817) und Christoph Ernst Friedrich Weyse (1774-1842), später dann Carl Maria von →Weber, Carl →Reinecke und Gustav →Jenner. Der Lieder- und Balladenkomponist Carl Loewe verbrachte in →Kiel nur seinen Lebensabend. Johannes Brahms, der gerne für die sh M.geschichte vereinnahmt wird, wurde in →Hamburg geboren; allein seine Vorfahren stammen aus →Heide. Zugleich fanden nur wenige M.er und Komponisten den Weg nach SH. Sie mußten, wie im Fall von Georg Christian Apel (1775-1841) erst angeworben werden, gaben dann aber der sich gerade etablierenden bürgerlichen M.kultur zahlreiche neue Impulse. Daß Apel in →Kiel binnen weniger Jahre nicht nur als Organist und Kantor, sondern auch als M.alienhändler, Konzertveranstalter, Betreiber einer ansehnlichen Leihbibliothek und Schöpfer eines neuen Choralmelodienbuches hervortrat, zeigt anschaulich, wieviel m.alische Freiräume zu besetzen waren. In ähnlicher Weise wurde Gottfried Hermann (1808-1878) in Lübeck tätig. Als Marien-Organist und Städtischer M.direktor organisierte er 1839 das 1. Norddt. M.fest, in dem sich das aufblühende Gesangvereinswesen mit zahlreichen →Liedertafeln widerspiegelt. Dieses wie auch zahlreiche andere Feste der Zeit waren geprägt von der angespannten polit. Situation und nationalem Gedankengut. In das Umfeld des 1844 in Schl. abgehaltenen →Sängerfests fällt schließlich die Entstehung des →SH-Liedes. Diese Zusammenkünfte fanden eine Fortsetzung in den in Kiel ab 1875 unregelmäßig abgehaltenen sh M.festen. Anfänge eines öffentlichen Konzertlebens lassen sich in Lübeck bereits für 1733 nachweisen (durch den Marien-Organisten Johann Paul Kunzen). V.a. gestärkt durch reisende Virtuosen findet sich zu Beginn des 19. Jh. diese Form des bürgerlichen M.lebens ferner in →Flensburg, →Schl., Kiel und →Altona. Zur Bildung von stehenden Orchestern kam es allerdings erst an der Wende zum 20. Jh. Sie wurden in Lübeck und Kiel jeweils durch einen Verein der Musikfreunde finanziell unterstützt. Auf die Initiative einzelner Privatpersonen geht zunächst auch der Bau von →Theatern zurück (1783 Altona, 1799 Lübeck, 1841 Kiel), die anschließend verpachtet wurden. Darüber hinaus etablierte sich in der Mitte des 19. Jh. in Kiel eine ansehnliche Militärm. Im 20. Jh. unterlag die M.kultur SH weitgehend den allgemeinen Tendenzen und Entwicklungen. Als herausragende Ereignisse sind allerdings das 18. Dt. Bach-Fest in Kiel (1930) und das Buxtehude-Fest in Lübeck (1937) zu nennen. Für die Laienm.bewegung stellte der von Edgar Rabsch (1892-1964) auf dem als Internat genutzten Plöner Schloß organisierte und von Paul Hindemith (1895-1963) komponierte Plöner Musiktag (1932) einen nicht mehr erreichten Höhepunkt dar. Während in Kiel Fritz Stein 1923 das M.wissenschaftliche Institut gründete, das v.a. unter Friedrich Blume zu großem Ansehen gelangte (die über Jahrzehnte bestehende Landeskundliche Abteilung, vormals Landesinstitut für M.forschung, wurde 1998 geschlossen), vereinte man in Lübeck das Konservatorium mit der Singakademie und der Lübeckischen Singschule 1933 zur Landesm.schule. Sie wurde 1950 als sh M.akademie und Norddt. Orgelschule reorganisiert und 1973 in den Rang einer M.hochschule erhoben, der 1990 das von Kurt und Renate Hofmann initiierte Brahms-Institut angegliedert wurde. Nach dem 2.WK entwickelte sich rasch wieder ein vielfältiges M.leben, das sich etwa in der jährlichen Veranstaltung »Kiel singt und spielt« für Kiel dokumentiert. Seit 1951 finden die Eutiner Sommerspiele auch mit Aufführungen von Webers »Freischütz« statt. Über ein festes Opernensemble und ein Philharmonisches Orchester verfügen Kiel und Lübeck sowie das Landestheater Flensburg. Hinzu kommen zahlreiche (Kirchen-)Chöre, Laienorchester und Ensembles, aber auch eine ausgeprägte Szene von Pop- und Rockbands sowie Tanzkapellen. Zu den wenigen landestypischen Ensembles gehört der traditionsreiche Kiel-Holtenauer Lotsenchor »Knurrhahn«. Für eine überregionale Aufwertung der M. sorgte das 1986 gegr. →SH M.-Festival, auch wenn seine Wirkung auf die im Land gewachsenen, von privaten und kommerziellen Veranstaltern oder Kirchengem. getragenen Konzertreihen umstritten ist. Mit »JazzBaltica« kam 1991 eine weitere Veranstaltung internationalen Formats hinzu. Großes Ansehen genießen die auf dem →Husumer →Schloß beheimateten »Raritäten der Klaviermusik«.

Lit.: W. Salmen, M.geschichte SH von der Frühzeit bis zur Reformation, Nms. 1972; K. Bartels, G. Zschacke, Variationen. 100 Jahre Orchester in der Hansestadt Lübeck 1897-1997, Lübeck 1997. MKu

Musikhochschule →Hochschule

Musterung In der Zeit vor der Aufstellung eines stehenden Heeres (1500-1660) gehörte es zum Programm eines Besuchs des Landesherrn in Regionen seiner Herrschaft, eine M. der waffenfähigen Mannschaft abzuhalten. Dies geschah an einem bestimmten Ort (z.B. wurden die →Kremper- und →Wilstermarsch zusammen mit den Aufgeboten der Städte →Itzehoe, →Krempe und →Wilster stets auf der Heide bei Nordoe südl. von Itzehoe gemustert). Diese M. trug auch die Bezeichnung Harnischschau, weil dabei die vorhandene Bewaffnung überprüft werden konnte. Auch in Kriegszeiten geworbene Söldnerverbände hielten M. durch den Landesherren. Christian IV. musterte seine geworbenen Truppen und das Landesaufgebot vor dem niedersächsischen Feldzug 1625 bei →Steinburg und in Süderdithm. Der heutige Begriff M. für die Feststellung der Wehrdienstfähigkeit ist erst mit der Einführung der allgemeinen Wehrpflicht nach der →Annexion durch →Preußen in SH eingeführt worden. LS

Muthesius-Hochschule →Hochschule

Nagel, Peter →Malerei

Nakoniden →Gottschalk

Napoleonische Kriege ist die Sammelbezeichnung für die von dem frz. Kaiser Napoleon I., in Fortsetzung der Französischen Revolutionskriege, ab 1803 geführten Kriege, in die die Hztt. im Oktober 1807 verwickelt wurden. DK schloß sich nach der Beschießung Kopenhagens und der Wegnahme der dän. Flotte den Franzosen an. In die Hztt. rückten zur Überwachung der →Kontinentalsperre gegen England spanische und frz. Truppen ein. Aus diesem Grunde wurde die →Landeswehr aufgestellt. Einzelne dän. Kontingente kämpften auf frz. Seite. Erst 1813 erreichten die N. die Hztt., als die alliierte Nordarmee (Schweden, Russen, Preußen) die Grenze überschritt. Die Gefechte bei →Bornhöved (7.12.1813) und Sehestedt (10.12.1813), die Einschließung und Belagerung →Glückstadts und →Rendsburgs im Dezember 1813/Januar 1814 erzwangen den Frieden von Kiel (14.1.1814), mit dem DK sich auf die Seite der Alliierten stellen und Truppen gegen Frankreich entsenden mußte. Erst später kam es zum Friedensschluß mit Preußen und Rußland (8.2.1815). LS

Nationaldemokratische Partei Deutschlands →Parteien

Nationale Frage Im Gefolge der →Napoleonischen Kriege erhielt der dän. →Gesamtstaat 1814/1815 durch Verlust Norwegens und Erwerb →Lauenburgs ein neues Gepräge. Holst. wurde Mitglied des Dt. Bundes und sollte ab 1816 eine Verfassung erhalten. Die →Ritterschaft forderte, auch Schl. in die Verfassungsberatungen einzubeziehen, um damit der Untrennbarkeit der Hztt. Ausdruck zu geben. In ihrem Umkreis agitierten Friedrich Christoph →Dahlmann und andere Kieler Professoren für eine an Dt. orientierte Zukunft der Hztt. Den Weg dafür hatten die im 1. Jahrzehnt des 19. Jh. einsetzenden Bemühungen der dän. Krone, den Gesamtstaat zu einem Einheitsstaat zu machen, der Staatsbankrott von 1813, der weitgehend zu Lasten der Hztt. abgewickelt wurde und der verlorene Krieg 1814 bereitet. Erst 1830 formulierte Uwe Jens →Lornsen in seiner Flugschrift »Über das Verfassungswerk in Schleswigholstein« den Wunsch nach einer sh Repräsentativverfassung. Sein Anliegen scheiterte. Doch kam es zur Einrichtung der →Ständeversammlungen für Schl. und Holst., zur Bildung einer sh → Regierung in Schl. und zur Errichtung eines Oberappellationsgerichtes für die Hztt. in → Kiel. Parallel entwickelte sich in →Nordschl. eine nationaldän. Bewegung. Der Zwist um die N., also die Frage, ob die Hztt. ungetrennt und untrennbar vereint bleiben oder ob Schl. bis zur →Eider DK inkorporiert werden sollte, wurde insbesondere in den Ständeversammlungen ausgetragen und publizistisch aufbereitet. Dadurch wurde die N. in relativer Breite in der Bev. diskutiert. Durch Volksfeste fanden nationale Ansichten weitere Verbreitung. An der Frage der Erbfolge der im Mannesstamm erlöschenden →Oldenburger, die seit 1448 den dän. Thron innehatten, entzündete sich eine weitere Debatte. Von sh Seite wurde in Abrede gestellt, daß das dän. Kg.gesetz von 1665 (→Lex Regia) auch in den Hztt. Geltung hätte. Mit dem »→Offenen Brief« vom 8.7.1846 kam es zum Bruch über diese Frage, indem Kg. Christian VIII. die gleiche Erbfolge für DK und die Hztt. festlegte. Die Vorlage einer Gesamtstaatsverfassung durch Kg. Friedrich VII. 1848 führte zur sh →Erhebung, der Sezession der Hztt. vom Gesamtstaat, der allerdings kein Erfolg beschieden war (1. →Schleswigscher Krieg). Nach dem Sieg DK blieb die N. trotz formeller Nichtantastung des Status quo in den Hztt. stark virulent. Von dän. Seite wurde nationalpolit. stark auf Schl. eingewirkt, um die Verschmelzung mit DK vorzubereiten. Nachdem Kg. Christian IX. 1863 die eiderdän. Verfassung unterzeichnet hatte, kam es zur militärischen Intervention →Österreichs und →Preußens, die zur Abtrennung der Hztt. von DK führte. Die N. war damit noch nicht geklärt, da große Teile der schl. Bev. sich als Dän. fühlten und sich in der Folge nationalpolit. Repressionen seitens der preußischen Staatsmacht ausgesetzt sahen. Die nach der dt. Kriegsniederlage 1918 durchgeführte → Volksabstimmung über die nationale Zugehörigkeit erbrachte zwar eine Teilung Schl., aber keine Klärung der N., da auf beiden Seiten der neuen Grenze nationale Minderheiten verblieben. Erst nach 1950 ist es gelungen, eine zufriedenstellende Lösung der N. zu finden. (→Dän. Minderheit) LS

Nationalpolitische Erziehungsanstalt
→Bildungswesen, →Schule

Nationalsozialismus Die regionale ns Bewegung griff auf völkische Vorläufer zurück. Ihre Ansichten speisten sich aus →Antisemitismus, Nationalismus und Rassismus, aus der Ablehnung von Republik und Demokratie sowie aus Ängsten vor der Moderne. Auf der anderen Seite wurden nationale Stärke und Dt.tum, Führung und Ordnung, bäuerliche Scholle und Volksgemeinschaft propagiert, die in den agrarisch geprägten Landesteilen früh zu rückwärtsgewandten Idealisierungen führen. Bereits 1923 ein Gefolgsmann Hitlers, baute ab 1925 →Gauleiter Hinrich →Lohse, selbst aus kleinbäuerlichem Milieu stammend, eine erfolgreiche Regionalorganisation der NSDAP auf, die bald als »Mustergau« galt. Frühe Verankerung erreichte die NSDAP in verängstigten Mittelschichten, bei →Bauern, in →Handwerk und →Handel, geographisch in →Dithm. und in den Geestkreisen Rendsburg und Steinburg. 1928 erzielte die NSDAP in der Provinz 4,1%, in Dithm. 18% Wählerstimmen. Sie verstärkte den Parteiaufbau und die Landagitation, beerbte die →Landvolkbewegung und lag fortan bei Wahlen deutlich über dem Reichsdurchschnitt: 1930: 27% (auf Reichsebene 18,3%), Sommer 1932: 51,1%, (auf Reichsebene 37,3%). Bereits die Machtübernahme durch den NS war von Terror gekennzeichnet: KPD (→Kommunismus), SPD (→Sozialdemokratie) sowie Gewerkschaften wurden verboten und verfolgt; in »wilden Konzentrationslagern« quälten SA-Leute polit. Gegner. Namhafte Funktionäre wurden ermordet. Radikalisierender Verfolgung ausgesetzt waren die Zeugen Jehovas und v.a. die mit etwa 3.000 Angehörigen kleine jüdische Bev. (→Minderheiten, religiöse, →Juden). In der Reichspogromnacht am 9.11.1938 brannten die Synagogen in der ganzen →Provinz; Juden wurden verschleppt. Schließlich folgten →Deportation und Ermordung jener, die nicht emigrierten. Verwaltung, Polizei und Justiz gingen generell gegen Minderheiten und Andersdenkende vor; über 3.000 Hauptverfahren eröffnete allein das Sondergericht. »Asoziale« und Patienten der Psychiatrie wurden entwürdigt und ermordet. Während des 2.WK setzte man etwa 200.000 Verschleppte und Kriegsgefangene in →Landwirtschaft, Industrie und Mittelstand als Zwangsarbeitende ein. Schließlich errichtete der NS-Staat in Kiel, Schwesing, Kaltenkirchen und Ladelund Konzentrationslager, in denen jeweils mehrere hundert Insassen gewaltsam starben. Der organisierte Widerstand der →Arbeiterbewegung wurde in den ersten Herrschaftsjahren des N. gebrochen, weiterer Widerstand ist jedoch dokumentiert. 1943 verurteilte der Volksgerichtshof einen protestantischen und drei katholische Geistliche aus →Lübeck zum Tode. Gauleiter und →Oberpräsident Lohse wurde 1941 auch Reichskommissar im aus den besetzten baltischen Staaten sowie Weißrussland gebildeten Reichskommissariat Ostland. Zusammen mit zahlreichen Partei- und Verwaltungsangehörigen aus dem Heimatgau ist er dort in den Holocaust verstrickt gewesen. Die Kehrseite der Gewalt wurde von

Schleswiger Ehrenbürgerurkunde für Hitler

Naturschutz

Hitler am Grab des SA-Mannes J.H. Schmidt am 7.3.1929 in St. Annen

der etablierten, mehrheitlich getragenen ns Volksgemeinschaft repräsentiert: Nach Selbstgleichschaltung von Gesellschaft, Verbänden und Institutionen fanden in →Bildungswesen, Wirtschaft, Kultur und Gesellschaft »harmonische« Erfahrungen von Aufstieg und Gemeinsamkeit statt, die, insbesondere bei Jugendlichen, prägende Wirkung hinterließen. Erst in der Endphase des 2.WK setzte die Erosion der starken Zustimmung zum Regime ein. In einer letzten Phase von Willkür, Gewalt und Fluchtbewegung endete die Herrschaft des N. im Mai 1945, während die →Reichsregierung Dönitz in →Flensburg-Mürwik ihrer »Tätigkeit« nachging. Zur Bilanz der N.-Zeit gehören neben der in vielerlei Hinsicht zerstörten Heimat auch Hypotheken wie der Bev.anstieg durch →Flüchtlinge, das Nachwirken in mißglückter →Entnazifizierung und N.-Skandalen (→Heyde-Sawade-Affäre).

Lit.: R. Rietzler, »Kampf in der Nordmark«, Das Aufkommen des N. in SH (1919-1928), Nms. 1982; U. Danker, Stand der historischen Forschung zum N. in SH. Forschungsüberblick, in: Informationen zur sh Zeitgeschichte 27, 1995, 55-67. UD

Naturschutz umfaßt die Gesamtheit der Maßnahmen zum Schutz, zur Pflege und zur Entwicklung der Natur als Lebensgrundlage für den Menschen. Sein Ziel ist eine ökologisch vertretbare Nutzung der Naturgüter Pflanzen, Tiere, Boden, Wasser, Luft, Energie und Landschaft. Seit dem Ende des 19. Jh. diskutiert, wurde der N. in der Verfassung der Weimarer Republik verankert. Das Bundesn.gesetz von 1987 setzt den Rahmen für den N. in den Bundesländern; in SH gilt seit 1993 das Landesn.gesetz. Neben dem Landesamt für Natur und Umwelt des Landes SH sind Forschungsinstitutionen, zahlreiche N.verbände und private Initiativen für den N. tätig. Aber auch ihrer Aufsicht und Kontrolle gelang es nicht, die durch intensivere Bodennutzung, zunehmende Siedlungs- und Verkehrsflächen, →Tourismus, Jagd und Angelsport steigende Naturentwertung zu bremsen. Gegen den N. und zugunsten einer landwirtschaftlichen Nutzung wirken Flurbereinigung, Melioration und Wasserwirtschaft; so sind in manchen Regionen SH bereits 50% der Fließgewässer verrohrt. Vorhandene Biotope werden durch Nährstoffüberschwemmungen bedroht. Ursprünglich lebende Hochmoore gibt es so gut wie nicht mehr. Die Länge der →Knicks wurde in der zweiten H. des 20. Jh. von 75.000 auf 45.000km verringert und damit ca. 600.000 Vogelpaaren die Brutmöglichkeit genommen. Dennoch hat die Unterschutzstellung von Gebieten in SH von 1982 bis 1997 um 400% auf 2,4% der Landesfläche zugenommen. SH liegt damit über dem Bundesdurchschnitt von 1,9% (1997). In SH gab es 1996 172 N.gebiete, von denen 80 zwischen 5 und 100ha sowie 74 zwischen 100 und 1.000ha groß waren. Sieben von ihnen liegen im Nationalpark SH Wattenmeer, der 1990 von der UNESCO als Biosphärenschutzgebiet anerkannt wurde. Unter Landschaftsschutz stehen 22% der Landesfläche, da dies aber nur eine Einschränkung der Bautätigkeit bedeutet, sind sie latent bedroht. Darüber hinaus sind einzelne Naturdenkmäler – z.B. Bäume – unter Schutz gestellt. Naturparks, von denen es fünf in SH gibt (1959 Lauenburgische Seen, 1969 Westensee, 1970 Hüttener Berge-Wittensee, 1970 Aukrug, 1986 Holst. Schweiz) sind keine N.gebiete im engen Sinn, sie dienen v.a. der Erholung. In Rote Listen werden bedrohte Pflanzen- und Tierarten registriert. Der naturromantische, auf reine Konservierung ausgerichtete N. ist heute einem auf naturwissenschaftliche Grundlagen beruhenden, gestaltenden N. gewichen, der besonders auf das Gleichgewicht der Ökosysteme achtet.

20 verschiedene Verbände betreuen in SH 116 N.gebiete, weitere 30 werden von der öffentlichen Hand beaufsichtigt; unentbehrlich sind dabei die ehrenamtlichen Helfer in fast 70% der N.gebiete.
Lit.: B. Heydemann, Neuer biologischer Atlas, Nms. 1997. OP

Navigationsschule Bis in das 18. Jh. erlangten Seefahrer ihr nautisches Wissen v.a. durch die praktische Arbeit an Bord der Schiffe. Privater Navigationsunterricht ist für die Insel →Föhr bereits für den Beginn des 17. Jh. nachgewiesen, und wurde in den folgenden Jh. in zahlreichen Orten v.a. der West-, aber auch der Ostküste von erfahrenen Seeleuten erteilt. Neue Erkenntnisse in den Naturwissenschaften, die Ausweitung des Seehandels und gestiegene Anforderungen an die Sicherheit der Schiffe machten eine solide theoretische Ausbildung der Seeleute immer nötiger, so daß in →Hamburg bereits 1749 eine N. durch die Admiralität gegr. wurde. 1795 richtete der spätere Lotsenkommandeur H. Brarens in →Wyk auf →Föhr eine N. ein und verlegte sie 1799 nach →Tönning. 1802 wurde die Steuermannsprüfung für die Hzt. obligatorisch und – mit Unterbrechungen – bis um 1850 in Tönning abgenommen. Anschließend übernahm die private N. in →Flensburg diese Aufgabe, bis der Norddt. Bund 1870 verbindliche Vorschriften für die Ausbildung von Schiffern und Steuerleuten erließ und daraufhin staatliche N. in →Altona, Flensburg und Apenrade/Aabenraa eingerichtet wurden. Durch die Initiative der Gemeinützigen Gesellschaft wurde 1808 in →Lübeck eine private N. gegr. und 1825 von der Stadt übernommen. Sie bestand, wie die anderen Schulen ständig den neuen Unterrichtsanforderungen angepaßt, als Seefahrtschule bis 1993, als der gesamte Schiffahrtsunterricht in SH aufgrund der rückläufigen dt. Handelsschiffahrt in Flensburg konzentriert wurde.
Lit.: SHBL 6, 36-38; 9, 327-329. OP

NDR →Rundfunk

Neffning (lat. nominatus) waren die acht für jede →Harde ernannten Urteilsfinder, die über Raub und Diebstahl zu befinden hatten. Die Stock- oder Hardesn. urteilten im Hardesgericht über die anderen Fälle, während die Sandmänner (→Sandmann) nur schwere Gewalttaten zu beurteilen hatten. LS

Neocorus, Johannes (geb. ca. 1555-1560 Dithm., gest. nach 6.12.1630 Büsum) Der Sohn eines Wöhrdener →Diakons studierte in Helmstedt und wurde Rektor der Schule in →Büsum, bevor er 1590 dort zum Diakon erwählt wurde. Sein Verhältnis zur Gem. war nicht spannungsfrei, weshalb er bei Vakanz des Pastorats auch nicht aufrückte. Seit 1598 schrieb er eine große Geschichte →Dithm. mit stark patriotischen Zügen. Die Geschichtsschreiber Dithm. des 17. (→Heimreich) und 18. Jh. basieren auf seinem erst 1828 von F. C. →Dahlmann edierten Werk.
Lit.: SHBL 5, 169-172. LS

Neolithikum Während des N., der Jungsteinzeit, vollzog sich der Übergang zu dauerhafter Ansiedlung, der mit der schrittweisen Durchsetzung von Ackerbau und Viehzucht verbunden war. Über verschiedene Kulturgruppen mit einem bereits differenzierten Keramikspektrum und einer Häufung von Getreidepollen, die schlaglichtartig die neue Bedeutung des Getreides verdeutlichen (Ertebølle-Kultur zwischen 4200-3600 v.Chr.; Rosenhof-Gruppe zwischen 3500-3100 v.Chr.) erfolgte der Entwicklungsprozeß zur ersten eigentlichen Bauernzivilisation im Land, der Trichterbecherkultur. Während über die Siedlungsweise und den Hausbau recht wenig bekannt ist, hinterließ die Trichterbecherkultur mit ihren →Megalithgräbern die früheste Steinarchitektur. Sie finden sich besonders im Jungmoränenbereich des östlichen Landesteils, auf den nordfriesischen Inseln und in →Dithm. Diese steinernen Kammern hatten neben ihrer Funktion als Beinhaus hohen symbolischen Wert. Der dafür notwendige Aufwand an planerischem Geschick, technischem Können und Arbeitskraft lassen auf eine komplexe ökonomische und soziale Struktur schließen. Obwohl →Flint der wichtigste Rohstoff dieser Zeit war – das geschliffene Beil spielte dabei eine herausragende Rolle als Werkzeug, Waffe und Tauschmittel – waren die ersten Importe von Kupfer, vereinzelt auch Gold, durchaus bekannt. Bald nach Beginn des 3. Jahrtausends

Nesselblatt

v.Chr. erfolgte eine Wende im kulturellen Bereich, die sich im archäologischen Material als Einzelgrab- und Glockenbecherkultur zeigt. Typische Erscheinungen sind Erdgräber unter flachen Hügeln, in denen die Verstorbenen in Hockerlage bestattet wurden. Parallel dazu erfolgten bedeutende Veränderungen in der Agrarproduktion. In dieser Zeit wurde auch die Schafhaltung eingeführt. Weitreichende Folgen hatte die Domestizierung des Pferdes. Nahezu zeitgleich waren Impulse von der aus dem Südwesten kommenden Glockenbecherkultur, die allerdings nur spärlich in die Gebiete nördlich der →Elbe ausstrahlten. Ihr Einfluß auf Dekor und Form der Grabkeramik der Einzelgrabkultur ist allerdings bemerkenswert. Das Zusammentreffen der drei mitteln. Kulturen markiert den Übergang zum Spätn. Da am Ende des 3. Jahrtausends die Axt als Repräsentationsabzeichen des Mannes durch den Flintdolch abgelöst wurde, wird das Spätn. auch als Dolchzeit bezeichnet. Der Übergang zur nachfolgenden →Bronzezeit vollzog sich in den ersten Jh. des 2. Jahrtausends bruchlos.
Lit.: Geschichte SH, hg. von U. Lange, Nms. 1996, 11-23. RW

Nesselblatt Das N. wird gedeutet als ein Schildbeschlag zur Stabilisierung der Holzbretter des Schildes oder auch als ein gezackter Schildrand. Die beiden auffälligen Eckzacken oben sowie die mittlere unten stellten nach einer von mehreren Deutungen ursprünglich Nägel dar und waren als solche auch vom übrigen Blatt unterschieden. Später hat man sie in das Schildblatt einbezogen. Die Nägel sollen einer Sage zufolge die Nägel vom Kreuz Christi bedeutet haben. Das N. wird mit dem Herrschergeschlecht der →Schauenburger in Verbindung gebracht. Adolf IV. benutzte es 1229, zwei Jahre nach der siegreichen Schlacht von →Bornhöved, als Nebenwappen. Im Gegensatz zum →Landeswappen von SH, wo das N. die rechte H. einnimmt, wird das Stadtwappen von →Kiel ganz und gar vom N. ausgefüllt, das in seiner Mitte durch ein Boot geziert wird als Ausdruck des Wunsches, daß der Ort eine florierende Hafenstadt sein sollte.
Lit.: W. Stephan, Das N. als Nebenwappen Gf. Adolf IV. von Holst.-Schauenburg, in: ZSHG 63, 1935, 343-346. JN

Das Nesselblatt auf einem Siegel der Gff. Johann I. und Gerhard I. 1242

Nessler, J. G. →Entbindungs-Lehranstalt

Neuber, August Wilhelm →Up ewig ungedeelt

Neuber, Gustav Adolf (geb. 24.6.1850 Tondern/Tønder, gest. 14.4.1932 Kiel) Der Privatdozent für Chirurgie an der Kieler →Universität und vormalige Assistent Friedrich von →Esmarchs gilt als Begründer der methodischen Aseptik (Keimfreiheit). 1885 gründete er »Dr. Neuber's chirurgische Privatheilanstalt« am Kieler Königsweg, deren fünf in Metall und Glas eingerichtete Operationsräume mittels strömenden heißen Wasserdampfs desinfiziert wurden. N. wurde damit weltweit richtungweisend für die Durchführung der aseptischen Operationstechnik und Wundbehandlung, die die hohe Mortalität bei chirurgischen Eingriffen entscheidend senken konnte.
Lit.: G.E. Konjetzny, E. Heits, N. und die Asepsis, Stuttgart 1950. MH

Neuengamme →Konzentrationslager

Neukirchen (SL) Das Dorf N. wurde zwischen 1620 und 1622 von Hz. Johann dem Jüngeren von Sonderburg gegr., nachdem er hier bereits 1618 eine Fährverbindung über die Flensburger →Förde zum Sundewitt eingerichtet hatte. N. sollte als Handelsort dem kgl.-hzl. →Flensburg Konkurrenz machen. Die Flensburger erreichten, daß ein Drittel des Ortes niedergelegt werden mußte. Der Rest blieb unter dem Namen Nieby bestehen und zeigt in seiner Anlage noch die Planmäßigkeit der Gründung. 1779 kam N. zur Munkbrarupharde. N. gehört heute zur Gem. Quern. LS

Neumünster (NMS) geht auf die Anlage eines Augustiner-Chorherrenstiftes an der Ksp.kirche des Falderagauviertels in Wippendorf durch →Vicelin nach 1127 zurück. Ende des 12. Jh. entstand hier die Niederschrift der Vision des Bauern →Gottschalk (lat. visio Godescalci). Das Stift verlegte seinen Sitz um 1332 nach →Bordesholm. Die alte Stiftskirche im Kleinflecken riß man zu Beginn des 19. Jh. ab und ersetzte sie 1828-1834 durch einen Neubau nach Entwürfen von C. F. →Hansen, der heute Vizelinkirche genannt wird. Schon

Neumünster

Briefkopf der Tuchfabrik C.F. Köster in Neumünster 1909

im Spätma. ist N. als →Flecken angesehen worden. 1498 kam es auf der von der →Schwale gebildeten sog. Klosterinsel zur Gründung eines Augustiner-Nonnenklosters, das 1570 aufgehoben wurde. N. hatte eine für den Landverkehr günstige Lage, weil es am Knotenpunkt verschiedener Landstraßen lag. Das ließ das Fuhrgewerbe erblühen. Seit Anf. des 17. Jh. wurde die Tuchmacherei unter Verwendung der Wolle der landesherrlichen Schäfereien in der Umgebung bedeutsam und bildete die wesentliche Grundlage für die industrielle Entwicklung N., die mit dem Eisenbahnanschluß 1844 einen wichtigen Impuls erhielt. Das Schwalewasser machte dann auch die Anlage von großgewerblichen Gerbereien möglich, so daß der Ort bald als das »Manchester Holst.« galt. Eine rasante Bev.entwicklung (1835: 3.772, 1875: 10.108, 1895: 22.489, 1905: 31.439, 1933: 40.332 Einw.) und die völlige Umgestaltung des Ortsbildes waren die Folge. 1870 erhielt N. →Stadtrecht und wurde bereits 1901 Kreisstadt. Zur Industrie gesellte sich seit 1872 die Garnison (2. Bataillon des holst. Infanterie-Regiments Nr. 85 und die Reitende Abteilung des Feldartillerie-Regiments Nr. 9 – später Infanterie-Regiment Nr. 163). Unter der Krise der Lederindustrie in den 1920er Jahren hatte N. stark zu leiden, doch konnten unter dem Zeichen der Wiederaufrüstung ab 1934 beide Leitindustrien wieder gewinnbringend arbeiten. Der →Bombenkrieg 1941-1945 traf N. schwer. Nach dem 2.WK wurde N. rasch wieder aufgebaut, was angesichts des Bev. wachstum um erneut fast 50% notwendig war. N. erfuhr in den Jahren 1960-1990 einen massiven wirtschaftlichen Strukturwandel, der mit dem Verschwinden der alten Leitindustrien (Tuch- und Lederproduktion) einherging. Gleichwohl hat es seinen Rang als Industriestadt gewahrt und die günstige Lage zum Ausbau als Gewerbe- und Dienstleistungszentrum Mittelholsteins genutzt. N. hat heute fast 82.000 Einw.
Lit.: E. Busche, Flecken und Ksp. Nms., Nms. 1968; Industriekultur in Nms., hg. von A. Heggen, K. Tidow, Nms. 1988; R. Ullemeyer, Nms., Nms. 1999.
LS

Neumünster (Amt) Das Ksp. N. wurde schon seit dem MA als ein besonderer Landesteil betrachtet und fiel 1544 an →Gottorf. Erst zu Beginn des 18. Jh. wurde es als →Amt bezeichnet und kam 1773 zum kgl. Anteil Holst. Im Verlauf seiner Geschichte hat es Teile verloren, aber auch Zuwachs erlebt, etwa durch die Einverleibung der im Amt liegenden Bordesholmer Klostergüter oder der Güter Gadeland und Brammer. Der →Amtmann von N. hatte seinen Amtssitz im →Flecken N. Die Rechtsprechung im Amt stützte sich auf die sog. N. Ksp.gebräuche, die seit 1743 als Landrecht anerkannt waren. Um 1850 hatte das Amt ca. 239km^2; es kam 1867 gemeinsam mit den Ämtern →Kronshagen und →Bordesholm zum →Kreis →Kiel. LS

Neusiedelland wird das im 12. Jh. teils durch die Bedeichung und Entwässerung der Marschen, teils durch die kriegerische Eroberung des nordwestslawischen Siedlungsgebietes Ostholst. und Lauenburg gewonnene Ko-

Neustadt

lonisationsland genannt, in dem neben den nordelbischen →Sachsen auch →Holländer, Westfalen und →Friesen neu siedelten. LS

Neustadt

Neustadt (OH) Im Zuge der durch Gf. Adolf IV. betriebenen Städtegründungspolitik wurde N. planmäßig angelegt und 1244 mit dem →Lübischen Recht versehen. Frühe Zeugnisse im heutigen Stadtbild sind die um 1244 errichtete Stadtkirche, das 1344 geweihte →Hospital zum Heiligen Geist und das Kremper Tor, das einzige ma. Stadttor in SH außerhalb Lübecks. Auch mit seiner verkehrsgünstigen Lage blieb N. ein kleiner Hafenort, dessen Hauptgewerbe – neben Ackerbau und Fischerei – im Vieh-, Holz-, Getreide- und später Brennstoffhandel sowie im →Schiffbau lag. Die Jahre 1729-1739, als Hz. Karl Friedrich sich öfter hier aufhielt und fürstlichen Glanz mit sich brachte, bedeuteten nur eine kurze Blütezeit ebenso wie der wirtschaftliche Aufschwung in Folge der napoleonischen →Kontinentalsperre zu Anf. des 19. Jh. 1866 erhielt N. Eisenbahnanschluß. 1893 wurde die Provinzial-Pflegeanstalt, die heutige Fachklinik für Psychiatrie, Neurologie und Rehabilitation, erbaut. Mit dem zunehmenden Strand- und Badebetrieb (→Tourismus) im 20. Jh. und dem Ausbau zur Marinegarnison vor und nach dem 2.WK gewann N. an Wirtschaftskraft und Einw.zahl. Der →Cap Arkona-Friedhof am Neustädter Strand erinnert an die durch einen Bombenangriff am 3.5.1945 über 7.000 umgekommenen Häftlinge aus Konzentrationslagern. N. hat heute etwa 16.000 Einw.

Lit.: 750 Jahre N. in Holst., N. 1994. HFR

Neutralität ist die Stellung eines Staates, der sich an einem Krieg nicht beteiligt. Sie soll vor kriegsbedingten Schädigungen schützen und muß nicht eigens erklärt werden. Insbesondere kleine Territorien haben in der Frühen Neuzeit trotz ihrer N. unter dem Einmarsch von Truppen kriegführender Mächte zu leiden gehabt. So wurde etwa die N. der Gft. Holst.-→Pinneberg durch Christian IV. mehrfach verletzt. Die dän. N.politik von 1721-1807 hat den Hztt. im konfliktreichen 18. Jh. einen blühenden →Handel (»Ruhe des Nordens«) beschert. LS

Nickelsen, Ellin →Literatur

Nicolaus, Bruhns (geb. Advent 1665 Schwabstedt, gest. 29.3.1697 Husum) zählt zu den hervorragendsten norddt. Komponisten des ausgehenden 17. Jh. Aus einer Musikerfamilie stammend, erhielt er mit 16 Jahren in →Lübeck Unterricht bei →Buxtehude und wandte sich auf dessen Empfehlung hin nach Kopenhagen. 1689 wurde B. zum Organisten an der →Husumer Stadtkirche berufen. Von seinem vermutlich viel umfangreicheren Schaffen haben sich lediglich zwölf Vokalwerke und fünf Kompositionen für die Orgel erhalten. Sie zeichnen sich durch eine für die Zeit ungewöhnliche Expressivität aus.

Lit.: M. Geck, B. Leben und Werk, Köln 1968. MKu

Niebuhr, Carsten (geb. 17.3.1733 Lüdingworth-Westerende, gest. 26.4.1815 Meldorf) überlebte als einziger Teilnehmer die dän. Expedition nach Arabien 1761-1767 und sicherte ihren reichen Ertrag, an dem er als Geodät maßgeblichen Anteil hatte. Er gilt als erster moderner Forschungsreisender. Von 1778 bis zu seinem Tode wirkte er als →Landschreiber der →Landschaft Süderdithm. Er ist der Vater des Historikers und Staatsmanns Barthold Georg N.

Lit.: N., Reisebeschreibung nach Arabien und andern umliegenden Ländern, Zürich 1992; N. und die Arabische Reise 1761-1767. Kat. Heide 1987. RH

Der Kornspeicher in Neustadt

Carsten Niebuhr

Das Kremper Tor in Neustadt

Niederegger, Johann Georg →Marzipan

Niedersachsen ist ein relativ junger Begriff, der sich gegen den seit 1422/1423 gebildeten Begriff Obersachsen durchsetzte. Dies hing mit der Verlagerung des am neuen sächsischen Hz.haus der →Askanier hängenden Kurfürstentitels zusammen. Das Hzt. Sachsen-Wittenberg erhielt 1356 in der Goldenen Bulle die sächsische Kurwürde. Als die askanische Linie hier erbenlos ausstarb, wurde den wettinischen Markgff. von Meißen als Lohn für ihre Hilfe in den Hussitenkriegen der sächsische Hz.titel und die damit verbundene Kurwürde verliehen. Damit wurde der Name Sachsen auf die wettinischen Gebiete (Meißen, Lausitz, Thüringen) übertragen. Jetzt mußten die einstigen Gebiete des alten Sachsen (Nordelbien, Westfalen, Engern und Ostfalen) zur Unterscheidung N. genannt werden, wie es etwa bei der Bildung der Reichskreise (1512/1521) geschah. Auf diese alte Bezeichnung wurde bei der Bildung des Landes N. 1946 zurückgegriffen, da hier mehrere ältere Territorien zusammengefaßt werden sollten (Hannover, Braunschweig, →Oldenburg und Schaumburg-Lippe). In historischer Zeit gab es eine Reihe von Verbindungen zwischen dem heutigen N. und SH, insbesondere durch den Besitz →Dithm., der Stader Gff. und durch die Herkunft der →Schauenburger aus ihren Stammlanden an der Weser. Diese Beziehungen haben bis 1640 Bedeutung gehabt. Schließlich gehörte auch die Vogtei →Haseldorf zum Besitz des Erzbf. von Bremen, dessen Territorium heute den nordwestlichen Teil des Landes N. bildet. Personelle Beziehungen zu N. sind auf der Ebene der höheren Beamten und Staatsmänner häufig (z.B. →Bernstorff). Die →Elbe hatte im 17. bis 19. Jh. noch keine so trennende Funktion wie heute, so daß eine rege Arbeitskräftemigration aus dem Gebiet zwischen Weser und Elbe in die Hochlohnregionen →Elbmarschen und →Dithm. existierte. LS

Niedersächsischer Kreis Die am 15.12.1520 erneuerten Reichskreise hatten v.a. die Aufgabe, den Landfrieden zu wahren und zu diesem Zweck auch militärische Funktionen zu übernehmen. Sie zogen zudem die bewilligten Reichssteuern ein. Der N., zu dem Holst. gehörte, war anfangs vorwiegend aus mittelgroßen Territorien zusammengesetzt. Mit dem Eindringen Brandenburgs und Schwedens in den Kreis sowie dem Aufstieg der Welfen wurde die Ausführung der Aufgaben erschwert, da divergierende Interessen polit. dominierten. Ab 1682 fanden keine Kreistage mehr statt.
Lit.: W. Dotzauer, Die dt. Reichskreise (1383-1806), Stuttgart 1998. KGr

Niemann, August Christian Heinrich (geb. 30.1.1761 Altona, gest. 21.5.1832 Kiel) Als langjähriger Prof. für Kameralwissenschaften (→Kameralistik) an der →Universität →Kiel prägte N. nachhaltig die Entwicklung der Landeskunde in SH. Bis zu seinem Tode leitete er das →Forstlehrinstitut in Kiel. Der engagierte Anhänger der →Aufklärung betrieb die Gründung der →Patriotischen Gesellschaft, gab die →Provinzialberichte heraus und setzte sich für Reformen im →Armenwesen ein.
Lit.: SHBL 1, 208-210. KG

Nigenstad bi de Elve Nachdem 1354 im Nygenlande (südlich von →Glückstadt) eine St. Bartholomäus geweihte Kirche erbaut war, erhielt der Kirchort höchstwahrscheinlich bald darauf →Stadtrecht. Er wurde Grevenkroch oder N. genannt. 1377 und 1381 werden →Bürgermeister und ein →Ratmann genannt, 1381 auch ein Stadttor (sluzedor); in der Folge gibt es mehrere urkundliche Erwähnungen. Doch 1402 wurde die dortige Kirche auf Abbruch an die Eingesessenen des Ksp. Billwerder verkauft und aus dem Erlös eine Vikarie in der Kirche zu →Krempe gestiftet. Damit scheint das Schicksal dieser Marschenstadt besiegelt gewesen zu sein. Sie dürfte wegen des Abbruchs am Nordufer der →Elbe aufgegeben worden sein. Wiederentdeckt wurde diese einzige Stadtwüstung SH 1962 und 1965. Eine archäologische Sondage 1976 ergab reiches Fundmaterial, u.a. vom ehemaligen Kirchhof. Das Gelände wurde in der Folge mit Sand aus der Fahrrinnenvertiefung der →Elbe aufgehöht. Heute geht der neu angelegte Elbdeich über die Wüstung.
Lit.: D. Meyn, Wurde die Wüstung der ma. Stadt N. gefunden?, in: ZSHG 91, 1966, 93-119; J. Reichstein, N. Vorläufiger Bericht über archäologische Sondagen 1976, in: Jb. Steinburg 21, 1977, 69-74. LS

Nissen, Sönke (geb. 27.12.1870 Klockries/Lindholm, gest. 4.10.1923 Glinde/Reinbek) Der Sohn eines Zimmermanns lernte denselben Beruf und arbeitete nach dem Besuch der Bauschule in Hamburg am Eisenbahnbau in den dt. Afrikakolonien: 1903 an der Usambarabahn im heutigen Tansania, 1906-1908 an der Bahnstrecke Lüderitzbucht-Keetmanshoop im heutigen Namibia. Dabei fand er Diamantenvorkommen, die er als Teilhaber einer Schürfgesellschaft ausbeuten konnte. Die Gewinne investierte er in der Kolonie Dt.-Südwestafrika, aber auch in Dt. Nach dem 1.WK versuchte N., die Not u.a. in Klockries und Umgebung zu lindern. Insbesondere trat er als Geldgeber für die Bedeichung des Vorlandes zwischen Ockholm und dem Cecilienkoog in →Nordfriesland auf und ermöglichte so die letzte auf genossenschaftlicher Basis durchgeführte Koogbildung; der →Koog wurde 1926 nach ihm benannt. LS

Nissenhaus →Museen

Nobel, Alfred →Geesthacht, →Sprengstoffindustrie

Noer (RD) Das →Gut N. ist zusammen mit Grönwohld aus zehn niedergelegten Hufen entstanden. Nach verschiedenen adligen Besitzern übernahmen es 1832 die →Augustenburger. 1838 erhielt es Prinz Friedrich August Emil (Prinz zu Noer), ein Neffe des dän. Kg. Friedrich VI. Der Prinz war →Statthalter von SH, schloß sich der →Provisorischen Regierung an und gewann durch Handstreich die Festung →Rendsburg. Nach der →Erhebung mußte er die Hztt. verlassen und starb 1865 in Beirut. Das im 18. Jh. erbaute Herrenhaus brannte 1933 aus und wurde in alter Form wieder aufgebaut. Das Gut wurde 1957 verkauft und ist seitdem parzelliert. Die Gem. N. hat heute gut 800 Einw. LS

Nolde, Emil (eigentlich Emil Hansen, geb. 7.8.1867 Nolde, gest. 15.4.1956 Seebüll) Nach einer Lehre als Möbelzeichner und Schnitzer wirkte N. seit 1898 als freier Maler. 1902 nahm er den Namen seines Heimatortes an, das Bekenntnis zu einer Landschaft, die sein gesamtes malerisches Schaffen prägte. 1906/07 war er Mitglied der Künstlergruppe »Brücke«. Eine ausgedehnte Reise führte ihn 1913/14 über China und Japan bis nach Neuguinea. Sein von Grund auf expressionistischer Stil zeichnet sich durch kräftige, kontrastreiche Farben und pastosen Auftrag aus. 1926 übersiedelte er nach Seebüll; sein Haus beherbergt heute das N.-Museum.
Lit.: N., Mein Leben, hg. von M. Urban, Köln 1976; M. Urban, N. Werkverzeichnis der Gemälde, 2 Bde., München 1987-1990. MKu

Noor ist eine kleine Meeresbucht, die durch eine Enge mit einer größeren →Förde verbunden ist. Das Wort kommt an der →Schlei (Haddebyer und Selker N.) und an der Eckerförder Bucht (Windebyer N.) vor. LS

Nordakademie →Hochschule

Nordelbingen war ursprünglich eine Personengruppenbezeichnung für alle nördlich der Elbe in →Stormarn, Altholst. und →Dithm. Wohnenden, die wohl spätestens nach der Festlegung der fränkischen Grenze an der Elbe um 800 entstand. Die Bezeichnung ist erstmals aus dem 9. Jh. (Vita Anskarii) schriftlich belegt und wurde dann für die Region (auch: Nordalbingien) übernommen. 1923 wurde die noch heute bestehende gleichnamige Zeitschrift für Kunst- und Kulturgeschichte gegr. OP

Nordelbische Evangelisch-Lutherische Kirche ist ein seit dem 1.1.1977 bestehender Zusammenschluß der ehemaligen Landeskirchen Eutins, Hamburgs, Lübecks, SH und des →Kirchenkreises Harburg; ihr Gebiet ist nahezu deckungsgleich mit den Bundesländern SH und Hamburg. Sie gliedert sich in 27 Kirchenkreise und zwei Kirchenkreisverbände, die wiederum 676 Kirchengem. und 14 Kirchengem.verbände umfassen. Die Nordschl. Gem. ist der N. angeschlossen, die Domkirchengem. →Ratzeburg ihr zugeordnet. Die N. wird von drei Bff. und zehn von der Synode aus ihrer Mitte gewählten Vertretern geleitet. Die drei Sprengel umfassen: Hamburg mit den Kirchenkreisen Alt-Hamburg, Altona, Blankenese, Harburg, Niendorf und Stormarn; Holst.-Lübeck mit den Kirchenkreise Eutin, Kiel, Lauenburg, Lübeck, Münsterdorf, Nms., Oldenburg, Pinneberg, Plön, Rantzau und Segeberg; Schl. mit den Kirchenkreisen Angeln, Eckernförde, Eiderstedt, Flensburg, Husum-Bredstedt, Norderdithm., Rendsburg, Süderdithm. und Südtondern. Das Nordelbische Kirchenamt in Kiel ist die Verwaltungsbehörde der N., die →Synode ihr Parlament. LS

Norderhever ist der Wattstrom, der durch die Zerstörung des alten →Nordstrand entstand und heute zwischen →Pellworm und Nordstrand liegt. Im Norden hat er Verbindung zur Süderaue und dem Schlütt; Zustrom erhält er von den Wattströmen Rummelloch, Butterloch, Holmer Fähre und Fuhle Schlot. Zwischen →Eiderstedt und Pellworm, nördlich des Westerheversandels vereinigt er sich mit dem Heverstrom, der Fahrrinne zum → Hafen von →Husum. LS

Norderstedt (SE) ist eine der jüngsten Städte SH. Sie wurde zum 1.1.1970 aus den Gem. Friedrichsgabe, Garstedt, Glashütte und Harksheide gebildet und – gegen den Widerstand der Kreise →Pinneberg und →Storman – dem Keis Steinburg zugeschlagen. Von den Vorgängergem. hat Friedrichsgabe als Neugründung eine besondere Geschichte: Als Armenkolonie auf Initiative des Altonaer Kaufmannes Johann Daniel Lawaetz 1821 auf landesherrlichem Grund entstanden, stand die Kolonie mit 20 Siedlerfamilien schon bald vor erheblichen Schwierigkeiten, die bis zum Ende der Kolonie 1873 nicht abrissen. Die ortsnamengebende Glashütte wurde 1740 von dem Tangstedter Gutsherren Cyril von Wich angelegt. Für die Glasproduktion bediente man sich des Torfs aus dem Witt- und Glasmoor. Die Glasarbeiter stammten z.T. aus dem Amt Wismar in Mecklenburg. Die Bildung der neuen Stadt war die Konsequenz aus dem weitgehend unregulierten Wachstum der vier Vorgängergem., die alle nach dem 2.WK einen beachtlichen Aufschwung durchgemacht hatten. Dieser war v.a. dem Mangel an Gewerbefläche in →Hamburg geschuldet. Die Bildung N. erforderte den Bau eines neuen Stadtzentrums und zahlreicher Infrastruktureinrichtungen. In N. gibt es über 3.000 v.a. mittelständische Gewerbebetriebe in den Branchen Chemie, Pharmazie, Lebens- und Genußmittel, Textil, Fahrzeug- und Maschinenbau, Stahlbau, Kunststoffe sowie Papier- und Papierverarbeitung. Hingegen ist ein massiver Rückgang der vor der Stadtgründung noch beachtlichen Landwirtschaft zu verzeichnen. N. hat heute etwas über 70.000 Einw.
Lit.: M. von Essen, M. von Xylander, N., 2 Bde., N. 1995. LS

Nordfriisk Instituut, 1964 gegr., hat seit 1990 in Bredstedt seinen Sitz und ist die wichtigste wissenschaftliche Einrichtung in → Nordfriesland für die Erforschung, Förderung sowie Pflege der friesischen Sprache (→Friesisch). Das N. besitzt eine Fachbibliothek mit Archiv, publiziert Bücher und Zeitschriften und wird vom 1948/49 gegr. Verein Nordfriesisches Institut getragen.
Lit.: N. Information, Bredstedt ^{2}1992. OM

Nordfriesland Durch Einwanderung von → Friesen aus dem altfriesischen Gebiet in den nördlichen Nl. und dem angrenzenden niedersächsischen Ostfriesland in die Küstenregion zwischen →Eider und Wiedau/Vidå vom 7. bis 10. Jh. entstand ein zusammenhängendes friesisches Siedelgebiet auf dem Festland und den Inseln. Bis um 1250 waren die Friesen der → Utlande, wie N. damals genannt wurde, dem dän. Kg. untertan. Sie hatten aber eigenes Recht. Im 12. Jh. kam es zur Missionierung und dem Bau erster Kirchen. Parallel begannen Bedeichungen von →Marschen. Wirtschaftliche Grundlage waren →Landwirtschaft und →Handel, wobei die Gewinnung und der Absatz von →Salz aus Salztorf hervorzuheben sind. Nach 1250 erfolgte eine polit. Annäherung der Friesen an die Hzz. von Schl. und – bedingt durch die Handelsausrichtung nach Süden und Südwesten – die Gff. von Holst.; sie wurden im 14. Jh. in die Auseinandersetzungen um die Herrschaft in Schl. hineingezogen. 1344 unterwarfen sich die Böking- und Pellwormharde dem dän. Kg.; wenig später wurden Westerland-→Föhr und →Amrum reichsdän. Exklaven (bis 1864). Die positive wirtschaftliche Entwicklung wurde durch den ersten Pestumzug 1350 und die katastrophale Sturmflut von 1362 (erste Mandränke mit dem Verlust des Hafenplatzes →Rungholt) beendet. N. wandte sich jetzt vom Fernhandel (mit Ausnahme des Hollandhandels mit Getreide

Nordfriesland

und Vieh vom aufblühenden Hafenplatz →Husum aus) ab und stärker dem Hzt. Schl. wie auch der Gft. Holst. zu. Die Bökingharde huldigte 1377 den Gf. von Holst. – ein Hinweis unter anderen auf die innere Zerrissenheit der Utlande. Zwar konnten sie ihre eigenen →Landrechte (→Siebenhardenbeliebung und Eiderstedter »Krone der rechten Wahrheit« 1426) behalten, doch wurden sie 1435 im Frieden von Vordingborg mit Ausnahme der reichsdän. Exklaven Westerland-Föhr, Amrum und Listland auf →Sylt dem Hzt. Schl. zugeschlagen, dem →Helgoland bereits angehörte. Hingegen schlossen sich die Eiderstedter dem Gf. von Holst. an, um hier Unterstützung gegen →Dithm. zu erhalten, mit dem sie schon lange in Fehde lagen. Der Aufstand gegen Kg. Christian I. als Hz. von Schl. 1472 wurde wesentlich durch die Bedrohung des lebenswichtigen Hollandhandels der nordfriesischen Bauern-Schiffer ausgelöst und führte zu einem blutigen Strafgericht des siegreichen Kg., in dem auch Husum seine stadtähnliche Position für 130 Jahre einbüßte. Gleichwohl stellt die 2. H. des 15. Jh. eine Phase der Landgewinnung dar: 1489 wurde Eiderstedt landfest gemacht und von hier aus der Geestrand südöstlich Husums besiedelt. Bis etwa 1500 hatten sich die inneren Verhältnisse N. gefestigt, wozu insbesondere die Landgewinnung, die Intensivierung der Landwirtschaft, die Entwicklung von Großgrundbesitz in den Marschen und Ansätze zur Herausbildung eines Häuptlingsstandes beitrugen. Für die Geestinseln und das westliche Eiderstedt wurde der Heringsfang bei Helgoland wirtschaftlich wichtig. Die →Reformation erreichte N. über Husum früh (1522). Von Bedeutung für die Rechts- und Verwaltungsentwicklung wurde dann die Landesteilung von 1544, mit der fast ganz N. (mit Ausnahme der Nordergoesharde und der dän. Exklaven) an das Hzt. SH-→Gottorf kam. Jetzt fanden Rechtskodifizierungen statt (1557 Deichrecht, 1559 Gerichtsordnung, 1572 Nordstrander und Eiderstedter Landrecht). Die Zuwanderung von Nl. in den letzten Jahrzehnten des 16. Jh. brachte eine veränderte Wirtschaftsform (Milchwirtschaft mit Käseproduktion) und die Haubarge (→Bauernhaus) nach Eiderstedt, wo die Orte →Tönning und →Garding 1590 →Stadtrecht erhielten. Husum folgte 1603 und 1621 wurde von nl. Kolonisten →Friedrichstadt gegr. Der →Kaiserliche Krieg (1627-1629) brachte schwere Schädigungen durch Einquartierung der kaiserlichen und ligistischen Truppen. Kurz darauf zerstörte die Sturmflut vom 10./11.10.1634 (zweite Mandränke) Alt-→Nordstrand bis auf geringe Reste. In der Folgezeit konnte Pellworm aus eigener Kraft sein Deichband erneuern, während erst 1652 die Wiederbedeichung Nordstrands durch nl. Unternehmer erfolgten, die dann auch große Teile des Marschlandes hier übernahmen. Am Festland setzte der Bau octroyierter Köge (→Koog) ein. Das Ende des Heringsfanges stürzte die Geestinselfriesen in tiefe Armut, da hier →Landwirtschaft höchstens auf Subsistenzbasis getrieben werden konnte. Doch eröffnete die Grönlandfahrt (→Walfang) der Nl. (seit 1612) und von Hamburg aus (seit 1643) Möglichkeiten qualifizierter Saisonarbeit (z.T. bis Anf. des 19. Jh.). In diese Zeit fällt der Beginn der nordfriesischen →Geschichtsschreibung (1636 Peter →Sax, 1666 Anton →Heimreich). Nach wirtschaftlich schweren Zeiten zu Beginn des 18. Jh. folgte 1721 die Vereinigung des Hzt. Schl. mit einer langanhaltenden Friedensperiode, in der Landwirtschaft und Handelsschiffahrt erblühten. 1735 wurden die Nordfriesen vom Militärdienst freigestellt, um ungehindert der Schiffahrt nachgehen zu können. Ende des 18. Jh. machten sich Anfänge der friesischen Lit. bemerkbar. Die positive wirtschaftliche Entwicklung wurde durch die →Napoleonischen Kriege unterbrochen; bemerkbar machte sich insbesondere der starke Rückgang der Handelsschiffahrt, obwohl Tönning für kurze Zeit als Ausweichhafen für das von der Elbblockade betroffene →Hamburg fungierte. Helgoland, das 1807 von den Engländern erobert worden war, erlebte eine Blüte als Schmuggelort zur Umgehung der →Kontinentalsperre. Nach dem Friedensschluß setzte bald die große Agrarkrise ein, die auch N. schwer betraf und um 1830 zu einem wirtschaftlichen Tiefstand führte. 1825 wurde N. von einer Sturmflut schwer getroffen. In dieser Zeit gingen von N. starke Impulse zur Verfassungsdebatte in den Hztt. aus, in denen die alten friesischen Gem.verfassungen als vorbildlich für eine Verfassung der Hztt. dargestellt wurden. Vor diesem Hintergrund schuf Uwe Jens →Lornsen seinen Entwurf einer Unionsverfassung für die Hztt. und DK. Parallel entwickelte sich eine starke friesische Bewegung in N., die allerdings von der sh Bewegung überlagert wurde und deshalb keinen Durchbruch erzielte. Nach der →Annexion der Hztt. durch →Preußen wurden 1867 die drei →Kreise Tondern/Tønder, Husum und Eiderstedt geschaffen. Zahlreiche Nordfriesen wanderten in der Folgezeit in die USA aus – insbesondere bei den Inselfriesen ein Symptom für die Umstellung der Bev. von der Schiffahrt auf die Landwirtschaft. Ein Erwerbszweig mit großen Wachstumschancen lag im beginnenden Bade-→Tourismus (→Wyk auf Föhr seit 1819, →Westerland/Sylt seit 1859), der ebenso wie die Landwirtschaft und Fischerei vom Bau der →Eisenbahn Heide–Hvidding 1887 profitierte. Die friesische Sprache und Kultur wurden seit 1879 in einer wachsenden Zahl von Vereinen gepflegt, die 1902 mit dem Nordfriesischen Verein für Heimatkunde und Heimatliebe ihren Dachverband schufen. Nach der Teilung Schl. durch die →Volksabstimmung 1920 blieb der größte Teil N. bei Dt. Der Kreis Tondern wurde geteilt; bei Dt. blieb der Kreis Südtondern mit der Kreisstadt Niebüll. Die nationale Stellung der Nordfriesen wurde in dieser Zeit heftig diskutiert; in den →Bohmstedter Richtlinien bekannte sich 1926 der größere Teil der Nordfriesen zu Dt. Die Zeit zwischen 1923 und 1933 sah einige infrastrukturelle Fortschritte. So wurde etwa der →Hindenburgdamm (Eisenbahnlinie Niebüll-Westerland) 1927 eingeweiht. In polit. Hinsicht war in N. der Einbruch der Weltwirtschaftskrise (→Landvolkbewegung) zu spüren, indem bereits bei der Reichstagswahl 1930 die NSDAP etwa $1/3$ der Stimmen errang und 1932 schon fast $2/3$. Der NS brachte in N. einen wirtschaftlichen Aufschwung. Vermehrt wurde wieder Landgewinnung betrieben: Bis 1939 waren es acht Köge mit einer Gesamtfläche von über 4.000ha. Nordstrand wurde 1935 durch einen Damm mit dem Festland verbunden. Die »Kraft-durch-Freude«-Reisen der Dt. Arbeitsfront sorgten für hohe Ausbuchungszahlen in den Seebädern. Im 2.WK kam es – mit Ausnahme von Helgoland – nicht zu schweren Zerstörungen, wohl auch, weil die an der Küste errichteten Bunkerlinien des Atlantikwalles für die Westalliierten ohne Belang waren und rüstungswichtige Industrien in N. nicht existierten. Für den Bau des nutzlosen →Friesenwalles wurden Zwangsarbeiter und Häftlinge der Nebenlager Schwesing und Ladelund des →Konzentrationslagers Neuengamme eingesetzt. Nach dem 2.WK wurde durch das →Programm Nord ein starker Schub für die Infrastruktur N. ausgelöst, der insbesondere der Landwirtschaft und den Landgem. zugute kam. Die Stationierung von Bundeswehreinheiten bot Arbeit und Verdienstmöglichkeiten. Der Fremdenverkehr hat sich im Zeichen der Wohlstandsgesellschaft stark ausgeweitet. Der Deichschutz wurde weiter verbessert, insbesondere nach den schlimmen Erfahrungen der Sturmflut von 1962. In den Jahren 1967-1973 wurde die Eiderabdämmung (→Eidersperrwerk) zwischen Vollerwiek und Hundeknöll geschaffen. Landgewinnung spielt dabei eine geringe Rolle, es dreht sich heute v.a. um →Küstenschutz; diesem dienten etwa der 1979-1982 gebaute dt.-dän. Gemeinschaftsdeich nördlich des Hindenburgdammes und die große Eindeichung der Nordstrander Bucht (1987). Die Schaffung des Nationalpark Wattenmeer vor der nordfriesischen Küste 1985 war und bleibt umstritten, weil hier wirtschaftliche Interessen mit dem →Naturschutz kollidieren. In administrativer Hinsicht hat die Kreisreform von 1970 die Hauptwohngebiete der Nordfriesen zum Kreis N. zusammengefaßt – nur Helgoland blieb beim Kreis →Pinneberg.

Lit.: Geschichte N., hg. vom Nordfriisk Instituut, Heide 1995. LS

Nordische Filmtage Auf den seit 1956 jährlich in →Lübeck veranstalteten N. wird das Filmschaffen Skandinaviens in allen Sparten durch Spielfilme, Kurzfilme, thematische Schwerpunkte und Werkschauen vorgestellt. OP

Nordischer Krieg Sammelbezeichnung für eine Serie von Auseinandersetzungen um die Vorherrschaft im Ostseeraum, zunächst zwischen Schweden und DK, später zwischen Schweden und Rußland. In diese Auseinandersetzungen waren auch Schl. und Holst. verstrickt, wobei die Hzz. von SH-→Gottorf sich polit. und dynastisch zunächst an Schweden und später eng an Rußland banden. 1. Erster N., Siebenjähriger K. oder Dreikronenkrieg, (1563-1570): Krieg zwischen DK (im Bündnis mit Polen und Lübeck) und Schweden. Anlaß war ein Streit um das dän. Staatswappen. Der Krieg verlief im Grunde ergebnislos und wurde im Frieden von Stettin ohne territoriale Veränderungen und ohne die Zurücknahme der strittigen Wappenänderung wieder beendet. Er wies bereits voraus auf die säkularen Auseinandersetzungen, in die die Hztt. als Verbündete bzw. Gegner von Schweden und DK in den folgenden Jh. verschiedentlich hineingezogen werden sollten. 2. Zweiter N. oder → Schwedisch-Polnischer K. (1655-1660): 3. Dritter N. oder Großer Nordischer Krieg (1700-1721): In mehreren Phasen zeitlich wie auch der Sache nach parallel zum spanischen Erbfolgekrieg geführte Auseinandersetzungen. Von seiten DK stand das Ziel im Vordergrund, die →Gottorfer Frage nun endgültig zu eigenen Gunsten zu entscheiden. Um die Vormachtstellung der mit dem Hause Gottorf verbündeten Schweden zu brechen, hatten sich 1699 DK, Sachsen-Polen und Rußland verbündet. An der Spitze der beiden Koalitionen standen sich Karl XII. von Schweden und Zar Peter I. gegenüber. Der Krieg in den Hztt. endete zunächst schnell: Nach der vergeblichen dän. Belagerung und Beschießung der gottorfischen Festung →Tönning und dem beherzten Eingreifen Schwedens auf Seeland wurde in →Traventhal (unweit Segeberg) am 18.8.1700 Frieden geschlossen. Nachdem sich das Kriegsgeschehen in den darauf folgenden Jahren auf den osteuropäischen und v.a. auf den litauisch-ukrainischen Schauplatz verlagert und der Siegeszug Karl XII. durch die Niederlage bei Poltawa ein jähes Ende gefunden hatte (8.7.1709), kehrte der Krieg 1712 zurück in die Hztt. Als DK im Dezember 1712 eine empfindliche Niederlage bei Gadebusch erlitten hatte, fiel der schwedische General Stenbock in Holst. ein, brannte fast ganz →Altona nieder und erpreßte auf seinem anschließenden Marsch über →Itzehoe durch →Dithm. und →Eiderstedt bis nach →Flensburg große Kriegskontributionen. Erst das Eingreifen Peters I. mit einem russisch-sächsischen Heer brachte die Wende: Stenbock mußte sich nach →Eiderstedt zurückziehen, konnte sich aber in der gottorfischen Festung Tönning verschanzen. Während sich die Schweden bereits am 16.5.1713 ergaben, hielt die gottorfische Besatzung unter Generalmajor Zacharias Wolff der Belagerung trotz des Okkupationspatents des dän. Kg. Friedrich IV. vom 13.3.1713 noch bis zum 7.2.1714 stand. Am Ende des Krieges, der sich auch über den Tod Karl XII. vor den Toren von Friedrichshald am 11.12.1718 noch bis 1720/21 hinziehen sollte, stand für die Hztt. Schl. und Holst. der 1720 in Frederiksborg unterzeichnete dän.-schwedische Frieden. Damit wurde der bis dahin nur okkupierte hz. Anteil an Schl. dem kgl.-dän. Teil inkorporiert. Von dort aus war es nur noch ein kleiner Schritt bis zu dem 1773 im russischen →Zarskoje Selo geschlossenen Tauschvertrag, durch den die gesamtstaatliche Epoche eingeläutet wurde (→ Schwedischer Krieg).

Lit.: Geschichte SH, 5. DK

Nordmark-Sportfeld 1906 beschlossen die Kieler Stadtkollegien (→Kiel) den Bau eines 24ha großen Platzes zur Betätigung von Leibesübungen aller Art. Die 1907 eingeweihte Anlage, zu der Laufbahnen, Rasenfelder, eine Gras- und Sandbahn für Pferderennen, Tribüne und Totalisator, ein Reitsprunggarten sowie ein Musikpavillon nebst Gastwirtschaft gehörten, hatte Modellcharakter für ganz Dt. Über die zugedachte Form der sportlich-spielerischen Betätigung hinaus dienten die Grünflächen auch anderen Zwecken. So wurde im Juni 1908 der 1. Dt. Flugtag veranstaltet, und die Nutzung des Platzes als Start- und Landebahn in der Folgezeit noch intensiviert. 1910 entstand neben den Zuschauertribünen eine riesige Luftschiffhalle. Während der NS-Zeit versammelte sich hier die SA zu ihren N.treffen, was zu einer Umbenennung des Städtischen Sport- und Spielplatzes in N. führte. Nach dem 2.WK requirierten britische Besatzungseinheiten der Kiel Brigade das Areal (1945-1947), bevor auch die Dt. v.a. mit Pferde- und Motorradsportveranstaltungen wieder zum Zuge kamen. Seit jüngster Zeit wird das Sportfeld gelegentlich auch für Pop-Konzerte genutzt. SW

Nord-Ostsee-Kanal →Kanal

Nordstaat →Programm Nord

Nordschleswig (dän. Nordslesvig) Insbesondere nach der Abtretung Schl. an →Österreich 1864 wurde die Bezeichnung N. für den nördlichen Teil des Hzt. Schl. (→Südjütland), in dem die Mehrheit der Bev. dän.sprachig und -gesinnt war und in dem – gemäß →Artikel V des →Prager Friedens von 1866 – eine Volksabstimmung über die nationale →Grenze stattfinden sollte, gebraucht. Die dän.gesinnte Bev. in N. hielt trotz der preußischen →Annexion am Wunsch nach der Vereinigung mit DK fest. Zunächst versuchte die preußische Obrigkeit, sie mit einer gemäßigten Nationalitätenpolitik zu integrieren. Seit den 1880er Jahren verschärfte sie allerdings die Gangart, indem 1878 die dt. Schulsprache zur H., seit 1888 ganz eingeführt wurde. Seit den 1890er Jahren wurde durch Ansetzung dt. Kolonisten auf dem Lande und Umwidmung von Großgrundbesitz zu staatlichen Domänen versucht, dem großen sozialen Einfluß der dän.gesinnten Hofbesitzer das Wasser abzugraben. Polit. Verfolgungen hatten ihren Höhepunkt im Verbot vieler dän. Vereine und Massenausweisungen Dän.gesinnter unter dem →Oberpräsidenten E. M. von Köller in den Jahren 1898-1901 (→Köllerpolitik). Die preußische Assimilationspolitik schwächte das Dän.tum numerisch, führte jedoch zu einer durchgreifenden Organisierung in zahlreichen nationalen Vereinen und einer Neuorientierung der dän.gesinnten Kreise an der Reichsdän. Volksbewegung. Nach der Niederlage Dt. im 1.WK wurde die Grenzfrage auf der Grundlage der Prinzipien des Selbstbestimmungsrechtes der Völker mit →Volksabstimmungen gelöst, wobei in N. eine dän., in Mittelschl. eine dt. Mehrheit festzustellen war. Nach der Vereinigung mit DK wurde N. zunächst offiziell als »die südjütischen Landesteile« (De sønderjydske Landsdele) bezeichnet. Es wurde jedoch bald üblich, den Namen Südjütland (Sønderjylland) zu gebrauchen. Bei der Verwaltungsreform von 1970 wurde deshalb das neugeschaffene Großamt Sønderjylland Amt genannt. Diese Namengebung spiegelte die vollständige Integration N. in DK nach 1920: Die verwaltungsmäßige Integration, die Anpassung an die dän. Wirtschaft trotz der Krisen der Zwischenkriegszeit und die Orientierung auf das dän. Parteiensystem trotz des Entstehens von Protestparteien in den 1920er und 1930er Jahren. Das Dt.tum in N., dessen Wurzeln bis in die 1840er Jahre zurückgehen, bildet seit 1920 eine nationale Minderheit (→Dt. Minderheit) mit eigenem Schulwesen, eigener Kirche, eigener Partei und eigenen kulturellen Organisationen. Bis 1945 verlangte diese Minderheit eine Grenzverschiebung nach Norden, insbesondere nach dem Sieg des NS in Dt. und in der dt. Minderheit 1933. Während der dt. Besetzung DK 1940-1945 unterstützte die Minderheit die dt. Kriegsführung. DK betrieb nach 1945 die rechtliche Verfolgung dieser Aktivitäten (dän. retsopgør), was für zahlreiche Minderheitsmitglieder mit Gefängnisstrafen endete. Die geschwächte Minderheit erklärte nunmehr ihre Loyalität gegenüber dem dän. Staat sowie seinen Grenzen und organisierte sich auf demokratischer Grundlage im Bund dt. Nordschl. als kultureller Hauptorganisation, der Slesvigsk Parti (Schl. Partei) als polit. Arm und der Zeitung »Der Nordschl.« als dessen Sprachrohr. Seit der →Bonn-Kopenhagener Erklärung von 1955 hat sich das Verhältnis zwischen Mehr- und Minderheit stetig verbessert.
Lit.: Geschichte SH, 8/2. HSH

Nordsee Die N. ist ein Randmeer des Atlantischen Ozeans zwischen Großbritannien im Westen, den Nl. und Niedersachsen im Süden sowie SH, DK und Südnorwegen im Osten. Sie wird durch die Linie von den Shetland Inseln nach Stadland (Norwegen) gegen das Europäische Nordmeer und bei Dover gegen den Englischen Kanal begrenzt. Die N. ist ein Schelfmeer mit einer mittleren Tiefe von 95m. Ihre größte Tiefe befindet sich mit 705m in der Norwegischen Rinne, die niedrigste mit 13m über der Doggerbank. Die Gesamtfläche beträgt 575.000km^2. Der sh Teil mit der Insel →Helgoland gehört zur Dt. Bucht im Südwesten. Im Süden wird SH vom Elbeästuar begrenzt. Das Gebiet der heutigen N. war bereits vor mehr als 180 Mio. Jahren von einem Flachmeer bedeckt, dessen Umfang sich wiederholt änderte. Nach der letzten →Eiszeit bestand eine breite Landbrücke zwischen Südengland und Kontinentaleuropa. Die Küstenlinie verlief nördlich der Doggerbank. Vor 8.000 bis

Nordstrand

Nordstrand

7.000 Jahren kam es durch Landsenkung zu einer Überflutung, so daß die Doggerbank zunächst zur Insel wurde und schließlich ganz unter der See verschwand, die etwa die heutige Küstenlinie erreichte. Aus dem damaligen Watt entstand die →Marsch, die um Christi Geburt besiedelt wurde. Später ging das Meer wieder etwas zurück und begann vor 2.700 Jahren in Etappen wieder anzusteigen. Ein Teil der Marschen ging verloren, nur die höchsten Bereiche blieben als Halligen erhalten. Ab etwa 1100 werden →Deiche gebaut. Durch schwere →Sturmfluten (1362, 1634) kam es zu großen Verlusten an Land und Menschen. Die sh Küsten bestehen großenteils aus Marsch und vorgelagertem →Watt. Auf den Inseln →Sylt, →Amrum und der Helgoländer Düne finden sich ausgedehnte →Dünen. Am Geestkern von →Sylt gibt es bis 30m hohe Steilufer (Rotes Kliff). Die Küstenlänge beträgt 500km. Der Salzgehalt der N. entspricht mit 35g/l etwa dem der Ozeane. Nur im Küstenbereich liegt er durch den Süßwassereintrag der Flüsse niedriger. Die N. hat ausgeprägte →Gezeiten, die mit starken Gezeitenströmen einhergehen. Der Tidenhub beträgt an der sh Küste 1,5-3m. Im Winter ist das Wasser ungeschichtet. Im Sommer besteht eine Schichtung mit einer Sprungschicht in 25-30m Tiefe. Die Temperatur beträgt dann in der Deckschicht etwa 14-16°C und darunter 5-6°C. In den flachen Bereichen mit starken Gezeitenströmen gibt es auch im Sommer keine Schichtung. Das Klima ist weitgehend von westlichen Winden bestimmt. Es ist feucht und gemäßigt. Im Winter treten häufig Stürme auf. In 35% der Zeit beträgt die Windstärke 6 und mehr. Nicht selten gibt es Sturmfluten. Die offene N. bleibt in der Regel eisfrei. Nur in der Dt. Bucht und den Küstenbereichen kann es zu stärkerer Eisbildung kommen. Die Pflanzen- und Tierwelt steht weitgehend mit dem Nordmeer in Zusammenhang, während der Einfluß des Englischen Kanals relativ gering ist. Die Artenzahl geht in der Dt. Bucht zur Küste hin infolge der Abnahme des Salzgehaltes durch den Einstrom der Flüsse zurück. Die Individuenzahl kann jedoch sehr groß sein, da der Nährstoffgehalt hier besonders hoch ist. So entwickeln sich im Wattenmeer riesige Mengen von Garnelen (→Krabben), die ebenso wie die Miesmuscheln von wirtschaftlicher Bedeutung sind. Wichtige Nutzfische in der N. sind Hering, Makrele, Kabeljau, Plattfische und Aal (→Fischerei). Im Süden der N. verläuft der stark befahrene Schiffahrtsweg über die Elbemündung zum →Nord-Ostsee-Kanal sowie nach →Hamburg. Durch den Seeverkehr gibt es immer wieder Schiffsunfälle, die z.T. mit verheerenden Ölverschmutzungen einhergehen. Eine große Belastung der Dt. Bucht mit Pflanzennährstoffen (Eutrophierung), Schwermetallen und organischen Giftstoffen erfolgt durch →Elbe und Weser. Seit den 1990er Jahren ist eine Verringerung der Schadstoffkonzentrationen festzustellen.

Lit.: U. Muuß, M. Petersen, Die Küsten SH, Nms. 1971. GR

Nordstrand (NF) Durch die →Sturmflut von 1362 (Grote Mandränke), in welcher der Handelsort →Rungholt unterging, erhielt die nordfriesische Insel Alt-N. jene Hufeisenform, wie wir sie von Karten des 17. Jh. kennen. Nach der verheerenden Sturmflut vom 11.10.1634 blieben von der Insel Alt-N. nur →Pellworm, Nordstrandischmoor, die Hamburger Hallig und der größte Teil der Edomsharde, die von nun an den Namen N. trug, übrig. 6.035 Einw. Alt-Nordstrands ertranken (ca. 70%). Da es den überlebenden Bewohnern N. nicht gelang, ihr Land neu zu bedeichen, holte Hz. Friedrich III. aus Brabant stammende Nl. ins Land, die 1652 als sog. Partizipanten mit großzügigen Privilegien ausgestattet wurden. Die Einw. mußten ihren Landbesitz gemäß altem →Deichrecht an die Partizipanten abtreten. Den Nl. gelang es, N. bis zum Ende des 17. Jh. wieder einzudeichen. Im 18. und 19. Jh. wurden durch Bedeichung des östlichen Vorlandes weitere drei Köge hinzugewonnen. Ein bereits bestehender Damm von N. nach Wobbenbüll wurde 1935 zur Verkehrsstraße ausgebaut. 1987 wurde nördlich des Dammes die Beltringharder Bucht eingedeicht und N. dadurch zur Halbinsel. N. hat eine Größe von 24km².

Lit.: K. Kuenz, N. nach 1634, Konstanz 1978. MJT

NORLA Nachdem die →Landwirtschaftskammer mit der Großen Landwirtschaftlicher Ausstellung (GROLA) 1929 auf dem Heiligengeistfeld in →Hamburg zwar einen beträchtlichen Publikumserfolg erzielte, der allerding

Normannen

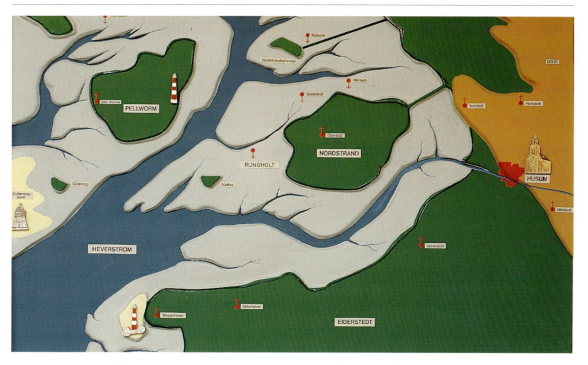

mit sehr hohen Schulden verbunden war, hat sie sich nicht mehr als Ausstellungsveranstalter betätigt. Die Tradition der Landwirtschaftsausstellung nahm der SH Bauernverband mit Sitz in →Rendsburg mit der Norddt. Landwirtschaftsausstellung (kurz N.) in den 1950er Jahren wieder auf. Die N., als mittlerweile größte landwirtschaftliche Fachausstellung wurde und wird in Rendsburg durchgeführt – nachdem Nordmarkhalle und -platz dafür nicht mehr ausreichen – auf dem 18ha großen, südlich der Stadt gelegenen Messegelände. LS

Normannen ist ein anderer Ausdruck für →Wikinger, deren Raubzüge vom Ende des 8. bis in das 11. Jh. Westeuropa in Atem hielten. Sie kamen aus Südskandinavien (DK, Schweden, Norwegen) und wirkten auch als Eroberer und Staatengründer (Normandie, von dort aus England, Unteritalien und Sizilien; Nowgorod). Eine Reihe von Stadtgründungen im Ostseebereich kennzeichnet die N. nicht nur als Bauern, sondern auch als fernhandeltreibende Kaufleute, die über leistungsfähige Handels- und Kriegsschiffe verfügten. Für SH ist die N.-Siedlung → Haithabu von Bedeutung. Unter den Raubzügen hatte insbesondere →Hamburg zu Beginn des 9. Jh. zu leiden. LS

Noske, Gustav →Arbeiter- und Soldatenrat, →Revolution

Nortorf (RD) Nach siedlungsgeschichtlichen Kriterien ist N. zwischen 500 und 800 n.Chr. entstanden. Die Kirche (St. Martin) muß schon um die Mitte des 12. Jh. vorhanden gewesen sein. N. gehört damit zu den vermutlich sechs alten Großksp. des Holstengaus; schon früh war es ein Bestandteil des Bezirks der Rendsburger →Burg. Die zum →Amt →Rendsburg gehörige Ksp.vogtei N. des 15.-19. Jh. deckte sich nicht mit dem großen geistlichen Ksp. N., das auch Teile anderer →Jurisdiktion umfaßte. In N. selbst gab es neben der Gerichtsbarkeit des Amtes Rendsburg diejenige des →Klosters →Itzehoe, das auch seit 1440 das Patronat über die N. Kirche besaß. N. entwickelte sich schnell zu einem großen, typisch holst. Kirchdorf mit →Schule, →Markt, Wirtshäusern und Handwerkern. Zu den vielen im Laufe der Zeit entstandenen Gewerbebetrieben kam um 1900 eine bedeutende Lederindustrie, die um 1950 durch ein großes Schallplattenwerk abgelöst wurde. 1861 wurde N. →Flecken und 1909

Nordstrand

Nortorf

Notar

Stadt, 1938 wurde das Nachbardorf Thienbüttel eingem. Heute ist N. mit ca. 6.500 Einw. die viertgrößte Stadt des Kreises Rendsburg. HWS

Nütschau

Notar (lat. notarius) waren seit dem Hochma. auftretende Geistliche, die im Dienst von Feudalherren standen und im wesentlichen den bei ihnen anfallenden Schriftverkehr besorgten. In diesem Sinne war der N. wie ein Sekretär (lat. secretarius) tätig und oft werden beide Begriffe synonym verwendet. Im Spätma. beurkundete der N. Rechtsgeschäfte (Kaufverträge, Testamente) und stellte Beglaubigungen aus. Er war zu diesem Zweck durch kaiserliches oder päpstliches Privileg bevollmächtigt und verfügte über ein unverkennbares Signet (Zeichen). In der Regel waren in der Frühen Neuzeit die N. rechtskundige, wenn nicht rechtsgelehrte Personen. In SH hat sich die Verbindung von Rechtsanwalt und N. durchgesetzt. Die Zahl der N. ist kontingentiert; Zulassungen erfolgen durch das Justizministerium, das auch die Aufsicht über die Tätigkeit der N. führt. LS

Das Nydamboot

Notke, Bernt (geb. um 1435 Lassan/Pommern, gest. 1508/09 Lübeck) gilt als überragender Maler und Bildschnitzer der norddt. Spätgotik. In Frankreich (Tournai) ausgebildet, wurde ihm schon frühzeitig die Ausführung wichtigster Kunstwerke übertragen. So schuf er den etwa 26m langen Totentanzfries (1463 oder 1466 vollendet) mit fast 50 lebensgroßen Figuren für die Beichtkapelle der Lübecker Marienkirche. Eine Reihe von Großaufträgen konnte der vielbeschäftigte N. nur mit Hilfe einer großen Werkstatt ausführen: für Lübeck u.a. die Triumphkreuzanlage – 1477 geweiht – mit fünf überlebensgroßen und 50 kleineren Figuren; Heiligenfiguren am Lettner, beide im Dom; für Århus den Hochaltar des Domes, 1479 vollendet; für Reval/Tallin den Hochaltar für die Heilig-Geist-Kirche, 1483 vollendet und für Stockholm die St. Jürgen-Gruppe in der Storkyrka, 1489 geweiht.

Lit.: SHBL 7, 143-145. OM

Nütschau (OD) Am Südwestufer der →Trave liegt ein von einem tiefen Graben umgebener Ringwall von 80m Durchmesser, der mindestens zwei Tore besaß, von denen das westliche durch einen Brand zerstört wurde. Durch Scherbenfunde kann die N. Schanze in das 9./10. Jh. datiert werden. Sie wurde eventuell als sächsischer Schutz für den Traveübergang im Rahmen des →Limes saxoniae errichtet und diente vielleicht als Gegenburg zum →Fresenburger Wallberg auf dem anderen Traveufer. Das →Herrenhaus N. war ursprünglich eine Wasserburg (→Burg) und 1259 in Besitz der Gff. von Holst. Heinrich →Rantzau wurde 1573 mit N. belehnt, ließ die Burg abbrechen und aus drei Giebelhäusern 1577/78 das schlichte Herrenhaus errichten. 1646 wurde N. von der Familie →Ahlefeldt erworben, 1750 von den Lübeckern Brömbsen und war von 1811 bis 1853 im Besitz der Moltkes. 1951 gründeten Benediktinermönche aus dem Kloster Gerleve in Westfalen im ehemaligen →Schloß ein Exerzitienhaus, 1975 wurde es von Gerleve unabhängig und damit das erste selbständige Mönchskloster (→Kloster) in SH seit der →Reformation. OP

Nydam Das im heutigen →Nordschl. (Amt Sonderburg/Sønderborg) liegende N. →Moor ist ähnlich wie das →Thorsberger Moor ein Opferplatz. Eine Reihe wichtiger Objekte von diesem Ort hat ihren Platz im Archäologischen Landesmuseum (→Museen) in Schl. gefunden. Allen voran ist hier das berühmte N.boot zu nennen, ein aus Eichenholz gebautes Ruderfahrzeug für etwa 40 Mann Besatzung. Hinzu kommen verschiedene Waffen, Ausrüstungsgegenstände sowie Schmuckstücke, die im Moor als Opfergaben in der →Kaiser- und →Völkerwanderungszeit niedergelegt wurden.

Lit.: G. und J. Bemmann, Der Opferplatz von N., 2 Bde., Nms. 1998. RW

Österreich Das 1804 als Kaiserreich bezeichnete Ö. gehörte zu den europäischen Großmächten und gab im 1815 gebildeten Dt. Bund den Ton an. In der Restaurationszeit ab 1817 gingen von ihm stark konservative Impulse aus, weil es sich in der Epoche des erwachenden Nationalbewußtseins darauf konzentrieren mußte, seinen Vielvölkerstaat zusammenzuhalten. Gegenüber dem erstarkenden →Preußen kam es zu Rivalitäten, die im Rahmen des Dt. Bundes jedoch zunächst unterdrückt wurden. Die mit Preußen 1864 gegen DK erfochtene Inbesitznahme der Hztt. (2. →Schleswigscher Krieg) führte ab 5.12.1864 zu einem Kondominium der beiden Mächte, die jeweils einen Zivilkommissar für die von ihnen verwalteten Gebiete (Hzt. Schl. bei Preußen, Hzt. Holst bei Ö.) einsetzten und unter einer obersten Zivilbehörde auf →Gottorf agierten. Der Statthalter Ö. war der Feldmarschalleutnant Ludwig von Gablenz. Das Verhältnis zwischen Preußen und Ö. blieb nicht spannungsfrei, zumal sich weiterhin augustenburgische Agitation (→Augustenburger) mit dem Ziel der Verselbständigung der Hztt. fühlbar machte; mit der →Gasteiner Konvention (14.8.1865) wurde noch einmal versucht, den Weg friedlicher Verständigung zu gehen, doch erfolgte am 1.6.1866 der Bruch über die Frage der Zukunft der Hztt. Preußen forderte die Mitbestimmung über die holst. Verwaltung und rückte am 7.6.1866 militärisch in Holst. ein. Die ö. Truppen und die Verwaltung zogen sich nach →Altona zurück, um am 12.6.1866 das Land nach Süden zu verlassen. Damit war die österreichische Episode der Hztt. beendet. LS

Österreich, Georg →Musik

Oberamtsgericht →Gerwichtswesen

Oberappellationsgericht →Gerichtswesen

Obercriminalgericht war die beim →Obergericht angesiedelte Appellations- und Revisionsinstanz für strafgerichtliche Urteile der 1. Instanz. Es hatte seit 1649 seinen Sitz in →Glückstadt für SH, seit 1713 in Glückstadt für Holst. und →Schl. für Schl., wo sie bis 1867 bestanden. LS

Oberdirektor war der gottorfische landesherrliche Aufsichtsbeamte über die Städte, vergleichbar mit dem →Stadtpräsidenten der kgl.-hzl. Städte. Er war →Bürgermeister und →Rat vorgesetzt. Es gab ihn für →Kiel und gemeinschaftlich für die Städte →Husum, →Tönning und →Garding. LS

Obergericht Die 1649 eingerichtete Regierungskanzlei für den kgl. Anteil SH in →Glückstadt war Verwaltungsbehörde und O. zugleich. Die Befugnisse in der Rechtsprechung erweiterten sich durch Übernahme fast aller O. des kgl. Anteils, seit 1713 nur noch Holst. Es entstand in diesem Jahr ein O. für das Hzt. Schl. Nach 1761 (Erwerb des Hzt. Plön) und 1773 (Erwerb des Großfürstentums Kiel) dehnte sich der Zuständigkeitsbereich des holst. O. auf ganz Holst. aus, 1816 kam noch (Sachsen-)→Lauenburg hinzu. In 1. Instanz waren die O. zuständig für alle Zivilbeamten und sonstige mit dem O.stand privilegierte Personen sowie die Städte, Ämter, Landschaften und Kanzleigüter (die daher so hießen, weil sie bei der Regierungskanzlei und nicht bei dem adligen Landgericht ihre Gerichtsinstanz hatten). In 2. Instanz waren sie zuständig für alle aus den Ämtern und Städten dahin gelangenden Sachen. Sie fungierten auch als →Obercriminalgericht. Teile der Gerichtspersonale fungierten auch in den Ober- bzw. Landesoberkonsistorien (→Konsistorium) sowie in den →Landgerichten und wurden 1867 aufgelöst. LS

Oberlandesgericht →Gerichtswesen

Oberrealschule →Schule

Oberselk (SL) Bei O. fand am 3.2.1864 ein Gefecht zwischen dän. und österreichischen Truppen statt: Im Vorfeld der →Danewerk-Stellung besetzte eine von Brekendorf anrückende österreichische Brigade Niederselk und O. und erstürmte den aus dem Gelände herausragenden (42m hohen), von einer dän. Abteilung verteidigten Kg.hügel am Weg nach Wedelspang. Ein Denkmal erinnert an die Gefallenen. JB

Oberpräsident Das seit der Reformära höchste staatliche Amt in preußischen →Provinzen wurde nie präzise definiert. Insbesondere das Verhältnis zur eigentlichen Mittelinstanz →Regierungspräsident blieb umstritten: In der zweiten H. des 19. Jh. ausgebaut, besaß der O. die Aufsicht über Regierungspräsidenten – allerdings kein Weisungsrecht. In der 1867 errichteten Provinz SH mit nur einem Regierungsbezirk residierte der Regierungspräsident in Schl., der O. überwiegend im Kieler Schloß (endgültig ab 1917). Während sich das Aufgabengebiet des Regierungspräsidenten auf alle Verwaltungsfragen, die regional zu beschränken waren, erstreckte, umfaßte der Geschäftsbereich des O. nur die Wasserstraßenverwaltung, die Seeämter, den Wasserbeirat, das höhere Schulwesen (→Schule) sowie die Handwerks-, Industrie- und Handelskammern. Hinzu kamen die Oberaufsicht über den Regierungspräsidenten und die provinzielle Selbstverwaltung, die dritte Säule der preußischen Provinzialverwaltung. O. waren:

Oberpräsident	Amtsdauer
Carl Baron von Scheel-Plessen	1866-1879
Karl Heinrich von Boetticher	1879-1880
Georg von Steinmann	1880-1897
Ernst Matthias von →Köller	1897-1901
Kurt Freiherr von Wilmowski	1901-1906
Kurt von Dewitz	1906-1907
Detlev von Bülow	1907-1914
Friedrich von Moltke	1914-1919
Heinrich Kürbis	1919-1932
Dr. Heinrich Thon	1932-1933
Heinrich →Lohse	1933-1945
Dr. Otto Hoevemann	1945
Theodor Stelzer	1945-1946

Lit.: Die preußischen O. 1815-1945, hg. von K. Schwalbe, Boppard/Rhein 1981. UD

Obersachwalter →Sachwalter

Oberst (Obrist) hat im militärischen Bereich verschiedene Bedeutungen: 1. O. ist im 16. Jh. die Bezeichnung für den Oberbefehlshaber, dann Befehlshaber einer Waffengattung (z.B. der Infanterie), wobei sich dies im 17. Jh. auf ein Regiment verengte; diese Bedeutung behielt der Begriff auch im 18. Jh. – unabhängig vom tatsächlichen militärischen Rang des O. 2. Bei den zur Reichsverteidigung und Landfriedenswahrung 1512/1521 eingerichteten Reichskreisen war O. die Bezeichnung für den Oberbefehlshaber der Kreistruppen. Als O. des Niedersächsischen Reichskreises zog Christian IV. in den →Kaiserlichen Krieg. LS

Ochsenweg, auch →Heerweg und Kg.weg wurden die von Nordjütland kommenden, auf dem Mittelrücken der Geest zur →Elbe führenden Handelsstraßen wegen der zahlreichen Ochsenherden genannt, die seit dem Spätma. von dort zu den Märkten in SH (→Husum, →Itzehoe, →Wedel, →Hamburg) und südlich der Elbe getrieben wurden. Die Hauptachsen bildeten der alte Heerweg und ein auf dem westlichen Geestrand über Husum führender Weg, die sich bei →Rendsburg wieder vereinigten. Südlich der →Eider verzweigte sich der O. in einen westlichen Ast über Itzehoe in Richtung →Wedel und einen östlichen über Nms. und →Bramstedt Richtung Wedel und Hamburg. Die O. verliefen abseits größerer Orte über Ödlandflächen. Rastplätze der mehrere Wochen dauernden Driften waren die zahlreichen Ochsenkrüge. Der Auftrieb auf den O. wuchs seit dem 16. Jh. mit Schwankungen von 10.000 auf über 50.000 Tiere an. Mit dem Aufkommen des Eisenbahntransportes in der 2. H. des 19. Jh. verloren die O. rasch ihre Bedeutung. Überreste sind anhand verschiedener Wegnamen und den bis zu 100m breiten Traden (z.T. rekonstruiert) noch im Landschaftsbild erkennbar.
Lit.: J. Pieplow, Von Jütland an die Elbe, Nms. 1983. WA

Odense (Bt.) wird zuerst 988 als Bf.sitz genannt. Das Bt., das heute Stift Fünen (Fyns Stift) genannt wird, bestand zu Beginn der Reformation aus Fünen, Lolland und Falster, Langeland, Aerö/Ærø, Alsen/Als und Fehmarn. Letztere kam nach Reformation und Landesteilung 1544 an Holst.-Gottorf und bildete eine der Propsteien des Hzt. JT

Oeßel →Maße

Oevelgönne

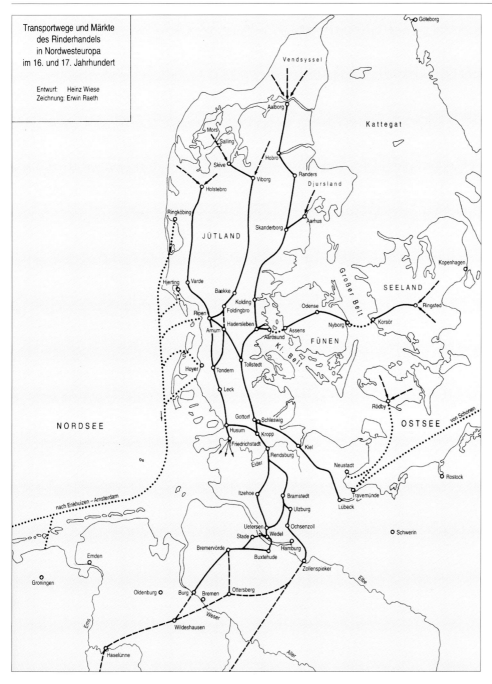

Rinderhandel in Nordwesteuropa im 16. und 17. Jh. (Entwurf: Heinz Wiese, Karte: Erwin Raeth)

Oevelgönne 1. (IZ) Der nd. Ortsname O. bezeichnet ein umstrittenes Gebiet (hochdt.: Mißgunst). Gegen seine aufsässigen Untertanen ließ der Besitzer des Gutes (→Gut) Groß-Kollmar, Balthasar von →Ahlefeldt, 1586/87 das →Schloß O. (am Strohdeich in der Gem. Kollmar, IZ) errichten, auf dessen Torflügeln er den Reim: »Wer Collmer unnd Niendörp nicht up der crütze gahn, so hedde de Ovelgunne hir nicht stahn« anbringen ließ. (Der Kreuzweg in Kollmar war die Versammlungsstätte der Bauern aus Neuendorf und Kollmar, wo die widerständigen Beschlüsse gefaßt worden waren.) Das Schloß wurde 1814 abgebrochen.

Oeversee

Lit.: P.F.C. Matthiessen, Die Holst. adlichen Marschüter Seestermühe, Groß- und Klein-Collmar, Itzehoe 1836. LS

2. O. war ein adliges →Gut (heute Gem. Sierksdorf OH), das zuerst 1607 unter diesem Namen erwähnt wird, jedoch viel älter ist. In seinem Gebiet lag im Süseler See auf einer Insel eine Burganlage, die 1486 als »borchstede« erwähnt wird. Das Gut kam 1928 an die Gem. Roge, die 1938 nach Sierksdorf eingem. wurde. LS

Ein Grab von 1864 bei Översee

Oeversee (SL) Am 24.2.1848 kam es zu einem Nachhutgefecht dän. Einheiten mit preußischen, hannoverschen und mecklenburgischen Vortruppts östlich und westlich der Chaussee nach →Flensburg (heute Bundesstraße 76). Auf demselben Gefechtsfeld stießen am 6.2.1864 Dän. und Österreicher zusammen. Die dän. Armee, die das →Danewerk geräumt hatte, versuchte die österreichischen Verfolger zwischen O. und dem Sankelmarker See sowie auf der Linie Bilschau-Munkwolstrup aufzuhalten. Soldatengräber und Gedenkstätten befinden sich nahe der Bundesstraße 76. Noch heute findet in jedem Jahr am 6.2. ein O.-Marsch von Flensburg über Bilschau zum Sankelmarker See statt. An Gräbern und Denkmälern werden Kränze niedergelegt. JB

Offa war ein sagenhafter Kg. der →Angeln im Frühma., der bis zu seinem 30. Lebensjahr stumm gewesen sein soll. Erst als ein Sachsenherrscher (→Sachsen) unrechtmäßig den Thron seines alten Vaters beanspruchte, erlangte er die Sprache wieder, erschlug mit einem magischen Schwert den Sohn des Herausforderers auf einer Insel in der →Eider und rettete damit die Unabhängigkeit DK. Nach einer anderen Version war O. der Sohn eines angelsächsischen (→Angelsachsen) Kg. in England. Seit 1936 erscheint die archäologische Zeitschrift O. OP

Offener Brief Nach 1842 verband sich der Anspruch der sh Bewegung nach enger Zusammengehörigkeit und staatlicher Selbständigkeit der Hztt. mit dem Anspruch des augustenburgischen Hz.geschlecht auf männliche Erbfolge sowohl für Holst. wie auch für Schl. (→Augustenburger). Insbesondere nach der Formulierung der drei »Fundamentalsätze des Landesrechtes« durch die holst. Ständeversammlung 1844, die diese drei Forderungen zusammenfaßte, wurde die Sache der Augustenburger populär. Deshalb kam es zu Unruhen, als Kg. Christian VIII. am 8.7.1846 mit seinem O. die Erbansprüche der Augustenburger zurückwies und erklärte, am dän.-sh Gesamtstaat festhalten zu

Das Gefecht der Österreicher am 6.2.1864 bei Översee

Oktroi

Volksversammlung in Neumünster 1846 wegen des Offenen Briefes

wollen. In Nordschl. und Flensburg herrschte hingegen Zufriedenheit bei der dän.gesinnten Bev. und den Anhängern des Gesamtstaates.

Lit.: H.P. Clausen, J. Paulsen, Augustenborgerner, Sønderborg 1981. HSH

Oktroi →Koog

Olde, Hans →Malerei

Oldenburg (OH) erlebte bereits im 10. und 11. Jh. seine Blütezeit, nachdem es sich seit der 2. H. des 7. Jh. zur Hauptburg des abotritischen Teilstammes der →Wagrier (→Slawen) und zum polit. und religiösen Mittelpunkt des slawischen Ostholst. entwickelt hatte (slawisch Starigrad – alte Burg). Noch heute zeugt der imposante, z. T. rekonstruierte Doppelringwall von der früheren Bedeutung des Ortes. 968 wurde O. Sitz eines Bf. Kurze Zeiten christlicher Religionsausübung und längere Perioden heidnischer Reaktion wechselten einander ab, bis 1148/49 der Ort durch einen dän. Überfall zerstört und das Ende der slawischen Herrschaft eingeleitet wurde. An der Stelle der 1150 von Bf. →Vicelin auf dem der Burg vorgelagerten Markt errichteten Kapelle aus Holz begann sechs Jahre später Bf. Gerold mit dem Bau der mächtigen Backsteinkirche. O. wurde so Zentrum der Slawenmission (→Christianisierung). Dennoch und trotz der gleichzeitigen Ansiedlung sächsischer Kolonisten verlegte Gerold 1160 seinen Sitz in das günstiger gelegene und sichere →Lübeck. Die dt. Siedlung, deren Kern der nach Osten verlagerte Markt bildete, erhielt um 1233 das →Lübische Recht. Die ebenfalls am Anf. des 13. Jh. als landesherrliche Festung und Sitz des gfl. Vogts wiederaufgebaute Burg wurde 1261 zerstört. O. blieb bis in die Neuzeit Mittelpunkt des Oldenburger Landes, doch über seine Funktion als lokaler Markt für das Umland kam es nicht hinaus. Erst in neuester Zeit – durch den Eisenbahnanschluß 1881, den Bau der Umgehungsstraße nach Puttgarden 1963 und den Autobahnanschluß 1980 –

Oldenburg

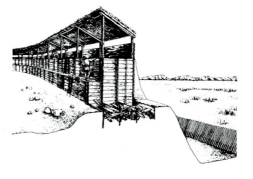

Rekonstruktion der Befestigung von Starigard/Oldenburg

Oldenburg

Burgwallgrabung in Oldenburg 1986

verbesserte sich seine Verkehrsanbindung. O. war 1867-1970 Kreisstadt des →Kreises O. und hat heute ca. 10.000 Einw.
Lit.: Starigard/O., hg. von M. Müller-Wille, Nms. 1991. HFR

Oldenburg (Gft.) wird um 1100 zuerst erwähnt. Sie lag im Stammeshzt. Sachsen und erweiterte sich im Kampf gegen die Friesen und die Stedinger Bauern; die 1247/1259 gegr. Gft. Delmenhorst blieb trotz Erbteilungen und Verpfändungen bei O. Aus der Ehe des Gf. Dietrich mit Hedwig von Holst. entsprossen Christian und Gerhard, von denen der ältere 1448 zum Kg. von DK gewählt wurde und die →Oldenburger Dynastie begründete. Er erreichte 1460 seine Wahl zum Hz. von Schl. und Gf. von Holst., während der jüngere die Gft. behielt. Die Gft. errang territorialen Zugewinn, mußte aber auch (zeitweilig) auf Gebiete verzichten. 1531 wurde O. geringeres Reichslehen. 1667 kam die zum westfälischen Reichsgff.kollegium zählende Gft. durch Tod von Anton Günther nach dem Erbvertrag von 1649 an DK (bis 1676 auch an Holst.-Gottorf, dann wurde dies mit dem →Amt →Traventhal abgefunden), doch fielen die 1575 erworbene Herrschaft Jever an Anhalt-Zerbst und über Katharina II. 1793 an Rußland sowie Delmenhorst, Varel und die Herrschaft Kniphausen als Fideikommiß an den Sohn Anton Günthers. 1773/1777 kam O. im Zuge des Vertrages von →Zarskoje Selo an Holst.-Gottorf und innerhalb dieses Hauses an die jüngere Linie, die das Fürstbt. →Lübeck besaß. 1774 wurde die Gft. zum Hzt. erhoben, 1815 zum Großhzt. Es bestand seither nach manchen territorialen Rückgewinnungen aus drei Teilen: dem Kerngebiet um O. und Delmenhorst, dem Landesteil Birkenfeld (an der Nahe) und dem Landesteil Lübeck. 1866 verzichtete O. unter Abtretung des Amtes Ahrensbök und Zahlung von 1 Mio. Taler durch →Preußen auf seine Erbansprüche in Holst., 1867 auf die in den Hztt. insgesamt. 1918 wurde O. Freistaat. 1937 erhielt im Rahmen des →Groß-Hamburg-Gesetzes Preußen die Landesteile Lübeck (zur Provinz SH) und Birkenfeld (zur Rheinprovinz). 1946 ging O. als Regierungsbezirk in dem neugebildeten Land →Niedersachsen auf.
Lit.: Geschichte des Landes O., hg. von A. Eckhardt, H. Schmidt, O. ³1988. LS

Oldenburger (Familie) Das Oldenburgische Kg.haus entstand, als der dän. Reichsrat den Gf. Christian von Oldenburg 1448 zum Kg. von DK wählte und dieser 1450 auch als Kg. von Norwegen gekrönt wurde. Die Wahl Christian I. (1426-1481) auch zum Hz. von Schl. und Gf. von Holst. 1460 begründete die Personalunion zwischen DK und SH, die im →Ripener Vertrag ihre Rechtsgrundlage erhielt und Bestand hatte, bis die O. 1863 im Mannesstamm ausstarben. Unter Berufung auf ein angebliches Erbrecht an den Hztt. nahm 1490 der Sohn Christian I., Kg. Hans (1455-1513), eine →Landesteilung mit seinem jüngeren Bruder Friedrich (1471-1533) vor, in deren Gefolge →Schloß →Gottorf, der Sitz Hz. Friedrichs, für gut 200 Jahre zur fürstlichen Residenz wurde. 1523 setzte der dän. Reichsrat den Sohn von Hans, Christian II. (1481-1559), ab und wählte Hz. Friedrich zum Kg. Nachdem dessen Sohn, Christian III. (1503-1559), als energischer Förderer der →Reformation angefeindet, in der →Gff.fehde bis 1536 seine Thronfolge im Kgr. durchgesetzt hatte, nahm er 1544 mit seinen jüngeren Halbbrüdern, Hans d.Ä. (1521-1580) und Adolf (1526-1586), eine erneute Landesteilung der Hztt. vor, die die Landesgeschichte bis 1773 bestimmte, da Adolf der Stammvater der Hzz. von Gottorf wurde. Daß Christians Sohn, Kg. Friedrich II. (1534-1588), seinen Anteil an den Hztt. 1564 noch einmal mit seinem Bruder Hans d.J. (1545-1622) teilte und dieser eine weitere Teilung unter seinen sechs Söhnen verfügte, machte die Landkarte der Hztt. zwar noch buntscheckiger, hatte aber außerhalb der betroffenen Ämter (→Amt) lange keine erheblichen Folgen, da Hans d.J. und seine Nachkommen als →Abgeteilte Herren nicht an der Gemeinschaftlichen →Regierung beteiligt wurden. Geprägt wurde die Landesgeschichte hingegen durch das Nebeneinander der Kgg. und der Gottorfer Hzz., da es immer mehr zum Konfliktherd wurde, seit der Sohn Friedrich II., Kg. Christian IV. (1577-1648), mit →Schweden um die Vorherrschaft im Ostseeraum und um Einfluß in Norddt. rivalisierte. Unter seinen Nachfolgern, Friedrich III. (1609-1670), Christian V. (1646-1699) und Friedrich IV. (1671-1730), steigerten sich diese Spannungen bis zum →Schwedisch-Polnischer Krieg und zum Großen →Nordischen Krieg, in dem der Kg. 1713 den Gottorfer Anteil am Hzt. Schl. als verwirktes Lehen einzog. In der anschließenden langen Friedenszeit entspannte sich das Verhältnis kaum, bis unter dem Urenkel Friedrich IV., Christian VII. (1749-1808), der Tauschvertrag von →Zarskoje Selo 1773 den Ausgleich brachte, nun auch Holst. (mit Ausnahme des Fürstbt. →Lübeck, Fürstentum) wieder ganz in der Hand des Kg. vereinigte und die »Ruhe des Nordens« sicherte. Da Christian VII. geisteskrank war, übernahm sein Sohn Friedrich VI. (1768-1839) schon 1784 das Regiment. Seine Regierungszeit war zunächst durch Reformen und wirtschaftliche Blüte gekennzeichnet, doch wurde der Gesamtstaat bald nach 1800 in die →Napoleonischen Kriege hineingezogen; beim Wiener Kongreß mußte der Kg. dann Norwegen an Schweden abtreten und erhielt dafür das Hzt. →Lauenburg. Unter Christian VIII. (1786-1848), der seinem Vetter auf dem Thron folgte, begann eine öffentliche Diskussion über die Erbfolge, die sowohl in den Hztt. als auch im Kgr. mit nationalliberalen Bestrebungen verquickt war. Jetzt spielte auch die Nebenlinie der Hzz. von →SH-Sonderburg polit. eine Rolle, da die →Augustenburger die Thronfolge in den Hztt. beanspruchten, indem sie sich auf die in Dt. allein gültige männliche Erbfolge beriefen, während in DK 1665 in der →Lex regia auch die Möglichkeit der weiblichen Erbfolge eingeführt worden war. Christian VIII. versuchte mit dem →Offenen Brief, diese Spannungen zu entschärfen, erreichte in den Hztt. aber das Gegenteil. In der labilen Lage nach seinem Tod im Januar 1848 brach der Konflikt unter dem Einfluß der Pariser Februarrevolution mit der sh →Erhebung offen aus. Nach deren Scheitern regierte Christians Sohn Friedrich VII. (1808-1863), der letzte O. auf dem dän. Thron, einen Gesamtstaat, dem der innere Zusammenhalt fehlte und der nach seinem Tod 1864 endgültig zerbrach. DL

Oldenburger Graben Die heute noch wasserreiche Grube-Wesseker Niederung (OH) stellte in frühgeschichtlicher Zeit einen →Sund dar, der seither durch Strandversetzungen und Aufbau von Strandwällen mit Dünenaufwehungen bei Weißenhaus und Dahme vom Meer abgetrennt wurde. Es entstand der O. 1868-1876 wurden →Deiche mit →Schleusen zum Schutz der Niederung gebaut; 1934-1939 wurden die Meliorationsarbeiten fortgesetzt. Der O. wurde begradigt, der Gruber See trockengelegt und als Grünland genutzt. Auf den See verweist noch der Ortsname Gruber Fähre an der Straße nach Heringsdorf. Der letzte See des O., der Wesseker See, steht heute unter →Naturschutz. LS

Oldenburger Güterdistrikt Die Gesamtheit der adligen Güter (→Gut) Holst. wurde 1713 in vier →Güterdistrikte geteilt, von denen einer der O. ist. Zum O. gehörten die nachstehend bezeichneten 43 Güter, die alle auf der Halbinsel Wagrien lagen: Augustenhof, Bankendorf, Brodau, Bürau, Ehlerstorf, Farve,

Gutshaus Sierhagen

Oldenburgisches Infanterie-Regiment

→Futterkamp, Gaarz, Goddersdorf, Görtz, Großenbrode, Grünhaus, Güldenstein, Hasselburg, Helmstorf, Hohenfelde, Johannistal, Klamp, Klaustorf, Klethkamp, Kniphagen, Löhrstorf, Mannhagen, Meischensdorf, Neudorf, Neuhaus, →Övelgönne (2.), Panker, Petersdorf, Putlos, Rosenhof, Satjewitz, Schmoel, Schwelbek, Segalendorf, Sierhagen, Siggen, Süssau, Testorf, Wahrendorf, Waterneverstorf, Weißenhaus, Wintershagen. Um 1850 hatte der O. ca. 496km². LS

Oldesloe

Oldenburgisches Infanterie-Regiment

Die Einheit wurde 1747 unter dem Namen Moensches Regiment errichtet und erhielt den Namen O. 1785, nachdem ihm bereits 1773 das 1. SH Nationale Bataillon attachiert wurde. 1808 kamen zwei Bataillons Landwehr hinzu. Das Regiment garnisonierte in der Festung →Rendsburg, wo es unter diesem Namen bis 1842 blieb. Es wurde dann in das 15. Linienbataillon umgewandelt und ging 1848 mit Ausnahme der Offiziere zur sh Armee über. LS

Oldenswort (NF) ist ein Kirchort in →Eiderstedt, der bis 1800 als zeitweiliger Wohn- und Amtssitz der →Staller →Flecken war. Der Kirchenbau stammt aus dem 2. Viertel des 13. Jh. 1252 wurde hier der dän. Kg. Abel mit seinem Heer von den Nordfriesen geschlagen, der Kg. selbst auf dem Milderdamm (Lage unsicher) getötet. Bei Überfällen der Dithm. wurde O. 1417 niedergebrannt. O. hat heute knapp 1.300 Einw. LS

Oldesloe (OD) Der Ort, 1163 erstmals urkundlich genannt (Tadeslo), entwickelte sich im dt.-slawischen Grenzgebiet durch Förderung der Gff. von Holst. Die Nennung des O. Zolls 1175 unterstreicht die verkehrsgünstige Lage an einem →Traveübergang, der im späten MA wichtigen Transitstraße →Hamburg-→Lübeck. Solehaltige Quellen ermöglichten den Gff. Salzgewinnung (→Salz), die von →Heinrich dem Löwen 1152 zeitweilig unterbunden wurde (die Produktion wurde nach einem starken Einbruch im 15. Jh. aber erst 1865 endgültig eingestellt). Beide Faktoren förderten die städtische Entwicklung, die zur Gründung einer Neustadt und zur Stadtrechtsverleihung wahrscheinlich durch Gf. Adolf IV. 1238 (?) führte. Die Stadt lebte nach →Lübischem Recht und bildete seit 1496 mit →Kiel, →Rendsburg und →Itzehoe das kgl. →Vierstädtegericht. 1286 wurden Ratmänner (consules) genannt, 1345 ist erstmals das Stadtsiegel belegt. Die Pfarrei St. Peter und Paul, 1163 zuerst genannt, geht möglicherweise auf →Vicelin zurück (Neubau des 18. Jh.) und blieb bis zur →Reformation ein Großksp. mit 28 Orten. Schon 1525 wurde dort lutherisch gepredigt. Das →Hospital St. Jürgen (heute Altenheim) ist im 13. Jh. entstanden. 1737-1741 gab es eine →Herrnhuter Brüdergem. in O. (Pilgerruh), die überwiegend nach Amerika (Pennsylvania) auswanderte. Aufgrund des Transithandels und der Gewerbestruktur (Gerber, Schuhmacher und besonders Bierbrauer, mehrere →Kupfermühlen in der Umgebung) gehörte O. in Spätma. und Früher Neuzeit zu den bedeutenderen holst. Landstädten. 1374 wird eine →Schule erwähnt. Zeitweilig war die Stadt auch Münzstätte. 1798 brannte O. weitgehend nieder. Als Heilbad erlebte der Ort 1813-1830 eine Blütezeit und war zeitweilig Treffpunkt des holst., dän. und mecklenburgischen Adels sowie des Großbürgertums aus Hamburg und Lübeck. Mehrfach, doch ohne nachhaltigen Erfolg, wurde im 19. und frühen 20. Jh. ver-

Oldenswort

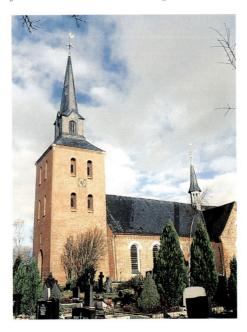
Die Kirche von Oldenswort

sucht, den Kurbetrieb wiederzubeleben. Seit 1910 lautet der offizielle Ortsname Bad O. Im April 1945 verursachte ein Bombenangriff schwere Schäden (700 Tote). Die Einw.zahl lag in der Frühen Neuzeit wohl knapp über 1.000, im 17. Jh. bei ca. 2.000. Seit dem 19. Jh. ist ein stetiges Wachstum zu verzeichnen, das 1928 besonders durch Eingemeindungen (Blumendorf, Alt- und Neufresenburg, Schadehorn, Wolkenwehe, Seefeld, Poggensee) gefördert wurde. 1998 hatte die Stadt 23.800 Einw. O. ist seit 1949 Verwaltungssitz des → Kreises →Stormarn.

Lit.: F. Bangert, Geschichte der Stadt und des Ksp. O., Bad O. 1925 (Nachdruck Hamburg 1976); H. Willert, Anfänge und frühe Entwicklung der Städte Kiel, O. und Plön, Nms. 1990, 180-273. EB

Oldesloe auf einem Gesellenbrief von 1862

Olearius, Adam (getauft 16.8.1603 Aschersleben, gest. 22.2.1671 Gottorf) Der spätere gottorfische Hofgelehrte studierte in Leipzig und wurde 1630-1633 Konrektor der dortigen Nikolaischule. 1633 nahm O. (lat. aus dt. Oehlschlegel) als Sekretär an der Gesandtschaft Hz. Friedrichs III. von Holst.-→Gottorf nach Persien teil. Seine 1647 erstmals veröffentlichte Beschreibung der muskowitischen und persischen Reise gilt als erste wissenschaftliche Reisebeschreibung in dt. Sprache. Als hzl. →Rat, Hofmathematiker und Bibliothekar stand O. im Zentrum der kulturellen Blüte des Gottorfer Hofes im 17. Jh.

Lit.: SHBL 1, 211-213; Vermehrte muskowitische und Persische Reise, hg. von D. Lohmeier, Tübingen 1971 (Neudruck der Ausgabe von 1656). DK

Olshausen, Theodor →Erhebung, →Liberalismus, →Provisorische Regierung

Orden 1. Die von der Kirche gebilligten geistlichen O. waren Zusammenschlüsse von durch Gelübde an die O.regel gebundenen Personen. Sie lebten in Klöstern (→Kloster) zusammen, damit ihnen ein Leben in christlicher Vollkommenheit ermöglicht wurde. Am bekanntesten sind Benediktiner-, Zisterzienser-, Franziskaner- und Dominikanero., doch kam es im Hoch- und Spätma. zu zahlreichen weiteren O.gründungen. In SH waren neben den genannten auch andere O. (Antoniter, Augustiner, Prämonstratenser, Karthäuser und Brigitten) tätig. Die von den O. abgeleiteten geistlichen Rittero. spielten in SH keine Rolle. 2. Als weltliche Variante der O. bildeten sich um Fürsten exklusive Gruppen von Adligen, meist durch ein gemeinsames Symbol bezeichnet (beginnend mit dem engl. Hosenband-O.). In der Neuzeit wurden die O. ausgeweitet und in äußerer Form als Verdienstzeichen verliehen. In den Hztt. waren insbesondere die dän. Orden von Belang: Der → Danebrogo. und der Elephanten-O. (gestiftet Anf. des 15. Jh.). In preußischer Zeit wurden die brandenburgisch-preußischen O. (insbesondere der Schwarze- und Rote-Adler-O.) wichtig und begehrt. Das Land SH vergibt keine O., sondern nur →Ehrenzeichen. LS

Frontispiz der ‚Muskowitische Reise' von Adam Olearius

Ostersturm wird die unmittelbar nach der Machtübernahme der NS im Januar 1933 von ns Kreisen südlich der dt.-dän. Grenze entfachte Diskussion um die Revision der Grenzziehung aufgrund der →Volksabstimmung von 1920 bezeichnet. Diese Kampagne zur Rückgewinnung Nordschl. für die Provinz SH wurde aufgrund übergeordneter Interessen auf der Rendsburger Grenzlandkundgebung am 18.6.1933 aufgegeben. Auch nach der Besetzung DK durch die dt. Wehrmacht kam es zu keiner Grenzrevision.
Lit.: O./Påskeblæsten 1933, bearbeitet von P. Hopp, C. Mogensen, Flensburg 1983. LS

Orgelschule →Musik

originarii →Adel

Ort →Gewichte, →Maße

Ostsee Die O., ein Nebenmeer des Atlantischen Ozeans, ist ein Schelfgebiet mit der relativ geringen mittleren Wassertiefe von 52m. Die größte Tiefe liegt mit 459m im Landsorttief vor der schwedischen Ostküste. Die Gesamtfläche einschließlich Kattegat beträgt 415.000km^2, das Wasservolumen 21.700km^3. Der sh Bereich besteht aus der südlichen H. der Kieler Bucht und der Lübecker Bucht. Förden (→Förde) dringen weit ins Inland vor, die Schlei 43km. Über die Kieler Bucht erfolgt durch die Belte (→Belt) mit 73% der größte Teil des Wasseraustauschs mit der →Nordsee. Der Abfluß ist durch zahlreiche Flüsse im mittleren und östlichen Teil der O. mit jährlich 480km^3 sehr hoch. Die Bodengestalt zeigt eine Folge von Becken und Schwellen. Erdgeschichtlich ist die O. ein recht junges Meer, das erst nach der letzten →Eiszeit vor etwa 12.000 Jahren als süßwasserführender baltischer Eissee entstand. Durch unterschiedliche, mehr oder weniger breite Öffnungen zur Nordsee drang Meerwasser ein, und es änderte sich mehrmals der Salzgehalt. Heute ist die O. eines der größten Brackwassergebiete der Erde mit Salzgehalten zwischen 2g/l im äußersten Nordosten und bis zu 25g/l im Westen. Ihre Ufer sind weitgehend von der Eiszeit geprägt. Die skandinavischen Felsküsten mit ausgedehnten Schärengebieten wurden vom Eis abgeschliffen. Aus dem Boden der →Moränen im Süden der O. werden ständig mit dem Eis verfrachtete Steine (Granit, Porphyr, Flint, Kreide) freigespült. Die nacheiszeitliche Hebung des Meeresspiegels hat zu einer Ausgleichsküste geführt. Die exponierten Uferbereiche werden von der See abgetragen und Ton, Schluff, Sand sowie kleinere Steine an geeignete Stellen verfrachtet und abgelagert. Der Sand bewegt sich parallel zur Küste, bildet Sandbänke und dort, wo Buchten vorhanden sind, auch Haken oder Nehrungen (z.B. →Heiligenhafen, →Fehmarn). Bei 530km Küstenlänge einschließlich der Förden gibt es 120km Steilküste bis zu 30m Höhe. Charakteristisch für die O. sind stabile Schichtungen des Wassers. Eine salzarme Deckschicht von 10-30m liegt über salzreicherem Tiefenwasser, was u.a. eine Folge der kaum vorhandenen Gezeitenströme (→Gezeiten) ist. Der Tidenhub beträgt nur einige cm. Größere Wasserstandsschwankungen sind windbedingt. In den Grenzzonen der verschiedenen Wasserkörper sowie von Wasser und Sediment erfolgen intensive Stoffumsetzungen durch Mikroorganismen, die besonders in den tieferen Becken zu starker Sauerstoffzehrung und der Bildung des giftigen Schwefelwasserstoffs führen. Bei den meisten Pflanzen und Tieren der O. handelt es sich um marine Arten. Deren Zahl nimmt mit dem Salzgehalt von Westen nach Osten und Norden ab. Das wird jedoch durch die Individuenzahl ausgeglichen, und es kann zur Massenentwicklung z.B. von Blaualgen oder Quallen kommen. Die wichtigsten von der →Fischerei genutzten Fische sind Hering, Sprotte, Dorsch, Flunder, Scholle, Hornhecht, Lachs und Aal. Im Frühling wandern zahlreiche Heringe zum Laichen in die Förden. Das Klima ist im westlichen Teil der O. gemäßigt und feucht. Die Winter sind mild, wobei es nur selten zu starker Eisbildung kommt. Der Ost- und Nordteil steht unter kontinentalem Einfluß. Hier bildet sich regelmäßig für mehrere Monate eine feste Eisdecke, so daß die →Schiffahrt nur mit Hilfe von Eisbrechern aufrecht erhalten werden kann. Dem Seetransport von Gütern durch Fracht- und Containerschiffe sowie von Personen und Autos mit →Fähren (z. B. →Vogelfluglinie) kommt trotz eines Rückgangs in den letzten Jahren große wirtschaftliche Bedeutung

Die Steilküste von Schwedeneck (RD) an der Ostsee

zu. Mit der →Industrialisierung hat die Bev. im Ostseeraum seit dem 19. Jh. auf über 70 Mio. Menschen zugenommen. Das hatte vielfältige Eingriffe in die Uferregion zur Folge z.B. durch →Hafen- und →Küstenschutzbauten, Tourismuseinrichtungen (→Tourismus) sowie eine erhebliche Belastung durch Abwässer und Abfälle. So wurden die Abwässer der Stadt →Kiel bis 1972 ungeklärt in die O. eingeleitet. Seit den 1960er Jahren versuchen die Ostseeländer dieser Entwicklung entgegenzuwirken. Eine wichtige Rolle spielt dabei die Helsinki-Konvention zum Schutz der marinen Umwelt der O. Diese trat am 3.5.1985 in Kraft; 1992 wurde eine Erweiterung beschlossen.

Lit.: Meereskunde der O., hg. von G. Reinheimer, Berlin/Heidelberg 1996. GR

Ostseekutter Als man um 1900 an der sh und dän. Ostseeküste begann, moderne Fischereifahrzeuge von 10-15m Länge zu bauen, die schon bald mit Hilfsmotoren ausgerüstet wurden, nannte man diese Kutter, obwohl sie mit dem an der Nordsee verbreiteten Kutter vom Typ Smack wenig zu tun hatten. O. waren kleiner, breiter und runder und hatten gebogene Vorsteven und Achtersteven.

Lit.: H. Szymanski, Dt. Segelschiffe, Berlin 1934. PDC

Otte (Familie) Die aus →Eckernförde stammende und seit ca. 1600 nachweisbare Familie spielte durch Reichtum (Handel) und eheliche Verbindungen mit bedeutenden Familien (u.a. Bruyn, Mecklenburg, Ryberg) gerade im 18. Jh. eine große Rolle. Durch das Verwandtschafts- und Beziehungsnetz blieben eine Reihe von Ämtern in der Familie. Die Grundlage für den Aufstieg legte Christian O. (1674-1747) mit dem Aufbau einer Reederei. Der Sohn Georg Christian O. (1702-1778) war Ober- und Landgerichtsadvokat sowie Erster →Bürgermeister (1735-1761) in →Schl.; sein Neffe, Johann Bruyn (1739-1799) folgte ihm im Amt bis er 1781 Nachfolger seines Onkels Johann Nikolaus O. (1714-1780) als Oberlandinspektor der Hztt. wurde. Friedrich Wilhelm O. (1763-1850) wiederum wurde Nachfolger seines Cousins als Oberlandinspektor.

Lit.: SHBL 9, 257-259. OM

Ottensen

Jürgen Ovens und seine Frau Maria auf ihrem Epitaph in Tönning

Die Kirche in Ottensen um 1830, Farblithographie von Peter Suhr

Ottensen (HH) 1310 erstmals urkundlich erwähnt, war O. ab 1548 selbständiges Ksp., das bis 1650 auch →Altona umfaßte. 1738 kam es zum Bau der heutigen Christianskirche. 1866 wurde O. mit rund 7.000 Einw. größtes Dorf →Preußens, ab 1868 →Flecken und verfügte von 1871 bis zur Vereinigung mit Altona 1889 über →Stadtrechte. Die Bev.entwicklung war v.a. im 19. Jh. enorm: 86 Hausbesitzer im Jahre 1590, 2406 Einw. 1845, 12.352 im Jahre 1875, 18.635 im Jahre 1885. Nach dem Zollanschluß 1888 wuchs O. rasch weiter, insbesondere durch Ansiedlung zahlreicher Industriebetriebe. So wurde es zur Hochburg der sozialdemokratischen →Arbeiterbewegung. In den 1970er Jahren wurde hier das Pilotprojekt »Behutsame Stadterneuerung« gestartet. Bekannte O. waren: der Pfarrer und Barockdichter Johann →Rist, der Bankier Salomon Heine (Onkel des Dichters und Besitzer eines Landhauses an der Elbchaussee), die Schriftsteller Otto Ernst und Charlotte Niese, der Fabrikant Alfred Zeise, die SPD-Politiker Max Brauer und Louise Schroeder. Auf dem Friedhof der Christianskirche sind u.a. Carl Wilhelm Ferdinand von Braunschweig, Otto von Guericke und Friedrich Gottfried Klopstock begraben.
Lit.: O. Zur Geschichte eines Stadtteils, Kat. Hamburg 1982; O.-Chronik, Hamburg 1994. KUS

Otzen, Peter →Landwirtschaftskammer

Ovens, Jürgen (geb. 1623 Tönning, gest. 9.12.1678 Friedrichstadt) wurde bereits frühzeitig von seinem Vater in die Nl. zur Malerausbildung geschickt, wo er wahrscheinlich Schüler Rembrandts war. In Amsterdam konnte er sich bald als Portraitmaler durchsetzen. Seit 1651 lebte O. mit Unterbrechungen (1657-1663 in Amsterdam) wieder in SH, wo er für die Hzz. Friedrich III. und Christian Albrecht von Holst.-→Gottorf tätig war. Für diese malte er eine Vielzahl von Portraits der hzl. Familie. O. stand schnell in höchstem Ansehen. So erhielt er u.a. einen Auftrag für das neue Rathaus in Amsterdam und wurde 1663 Gottorfer Hofmaler. Als solcher war er äußerst vielseitig tätig; u.a. malte er eine Reihe von allegorischen Wandgemälden für das Schloß Frederiksborg. O., der bis zu seinem Tod in →Friedrichstadt lebte, gilt als bedeutendster norddt. Maler des 17. Jh.
Lit.: SHBL 4, 177-180. OM

Overbeck, Johann Friedrich (geb. 3.7.1789 Lübeck, gest. 12.11.1869 Rom) Der Sohn des Lübecker Bürgermeisters Christian Adolph O. war Maler, ging nach Abbruch der Ausbildung in Wien nach Rom und bildete

dort mit Freunden die Gruppe der sog. Nazarener, die an Dürer und Raffael anknüpften. O. konvertierte zum Katholizismus, zu dem er sich in Wort und Bild bekannte. In seinen Bildern drängte er die akademische Gelehrsamkeit zurück und reduzierte bewußt die künstlerischen Mittel. O. erhielt Aufträge aus Italien, Dt., Polen, und Kroatien (Slawonien). Die Rezeption seines Werkes polarisierte sowohl seine Anhänger wie Gegner. Bereits zu Lebzeiten war O. ein gefeierter Künstler. Für →Lübeck schuf er »Christi Einzug in Jerusalem«.

Lit.: B. Heise, O. Das künstlerische Werk und seine literarischen und autobiographischen Quellen, Köln u.a. 1999. AG

Overbode An der Spitze der nordelbischen Gaue Holst. und →Stormarn (ursprünglich vielleicht auch →Dithm.) stand bis ins 12. Jh. der O. Dieses archaische, in die vorschauenburgische Zeit zurückreichende Amt vereinigte »die polit. führende Stellung mit militärischer Gewalt und richterlicher Qualität« (Lammers). Der hoverbodo, wie sein zeitgenössischer mnd. Name lautet, wird seinen Kompetenzen entsprechend in den lat. Quellen als prefectus, signifer provincie, iudex und senior terrae bezeichnet. Der O., eine Verfassungseigentümlichkeit Nordelbiens, stellt eine ältere Stufe holst. Verfassungsentwicklung vor der Überschichtung und Durchdringung des →Gaues und der Führungsschicht des →Volksadels mit den moderneren Formen des Lehenswesens dar, das die →Schauenburger Gff. im 12. Jh. ins Land brachten. Unter ihnen wurde der O., wie der Chronist →Helmold von Bosau berichtet, »zweiter nach dem Gf.« Über die Ursprünge des Amtes ist nichts bekannt, doch könnte sich der O. aus dem altsächsischen Gauvorsteher entwickelt und durch die Grenzsicherung gegenüber den →Slawen seit dem 8. Jh. neue (militärische) Aufgaben erlangt haben. In Holst. befand sich dieses Amt im 12. Jh. in der Hand der Ammoniden, von denen namentlich Marcrad I. (belegt 1127-1170) und Marcrad II. (belegt 1170-1181/82) bekannt sind. Ihr Besitz lag im dt.-slawischen Grenzraum um →Nms. Der O. wurde im Spätma. auf seine Funktion als Leiter des Gaugerichts (→Goding) beschränkt.

Lit.: E. Hoffmann, Beiträge zum Problem des »Volksadels« in Nordelbingen und DK, in: ZSHG 100, 1975, 25-81; Geschichte SH, 4/1. EB

Oxhoft →Maße

Johann Friedrich Overbeck

Pädagogische Akademie

Pädagogische Akademie →Hochschule, →Lehrerseminar, →Schule

Paludanus, Berhard →Museen

Papiermühle Mit dem Aufkommen des Schreibpapiers aus Textilien (zumeist Leinen) in Dt. seit dem 14. Jh. wurde es interessant, den teuren Beschreibstoff im Lande herzustellen. Dafür war eine →Mühle Voraussetzung, die die Gewebe unter Zusatz von Wasser zermahlt, d.h. in ihre Fasern auflöst und den gewonnenen Brei zu dünnen Blättern ausformen läßt. Da durchweg Wasserkraft zum Antrieb verwendet wurde, findet man die P. v.a. im östlichen →Hügelland. Die älteste P. in SH produzierte seit 1420 in Mannhagen (RZ). Weitere P. wurden im 16. Jh. gegr. (z.B. Farchau 1586, Höltenkirchen 1593), doch stammen die meisten Gründungen aus dem 17. Jh. (z.B. Hammer 1630, Ascheffel 1633, Rastorf 1635, Kasseedorf 1640, Steinfurt 1665); oft waren Gutsbesitzer die treibenden Kräfte. Erst das Aufkommen der industriellen Papierfertigung auf der Basis des Holzschliffverfahrens (seit 1843) machte die P. unzeitgemäß. LS

Die Rastorfer Papiermühle 1830, Stich von L. Hansen

Pappe, Heinrich →Schimmelreiter

Park Der P. als vergrößerter Ziergarten hat seinen Ursprung in den Wildgehegen der Frühen Neuzeit, als jagdbares Hochwild seltener geworden war und deshalb in großräumig eingezäunten Gebieten für die herrschaftliche Jagd gehalten wurde, sowie in den zunächst in Italien angelegten Renaissance-Ziergärten. Die Gehege machten im 19. Jh. einen Wandel zu landesherrlichem Forstbesitz durch. Um 1850 existierten z.B. in den holst. Ämtern →Plön noch 17, in →Ahrensbök 23, in →Traventhal 10, in →Reinfeld 12, in →Segeberg 16, in →Reinbek 14 und in →Trittau 21 Gehege. Die Gärten bei den Schlössern (→Schloß) der Landesherren und den Herrenhäuser (→Herrenhaus) der Güter waren noch im 17. Jh. bescheiden. Eine Ausnahme stellt der ab 1640 geschaffene Gottorfer Garten auf dem Neuwerk nördlich des Schlosses dar (→Gottorf). Doch machte sich unter frz. Einfluß, insbesondere seit der Zeit Ludwig XIV. (1643-1715) beim →Adel eine völlige Umorientierung bemerkbar, die auch im Zusammenhang mit der Neugestaltung der Schlösser und Herrenhäuser

stand. Es wurden nun auch in den Hztt. nach frz. Vorbild große Gärten mit geometrisch-axialen Prospekten in strenger Trennung von der umgebenden Natur- und Kulturlandschaft geschaffen. Das Schloß bzw. Herrenhaus war der Bezugspunkt. Fernsichten wurden durch Alleen und Wassergräbern perspektivisch erweitert. Einzelne Gestaltungselemente waren streng beschnittene Bäume und Hecken (bisweilen als Labyrinthe), Rasenflächen, Kieswege, Steinornamente, Brunnenanlagen (Kaskaden, Grotten), Statuen. Hinzu kamen symmetrisch angelegte Gebäude (etwa die Orangerie als Gewächshaus für Apfelsinen oder Gartenhäuser/Pavillons). Bedeutende Barockgärten befanden sich am Eutiner Schloß (1716-1726) und am Plöner Schloß (ab 1730) sowie im Gut →Jersbek. Nur wenige adlige Gutsherren konnten so aufwendige Gartenanlagen realisieren. Immerhin haben nahezu alle Gutsbesitzer dieser Zeit die frz. oder heimischen Vorbilder zur Gestaltung ihrer Gärten genommen, wovon noch die zahlreichen Lindenalleen in Ostholst. zeugen. Schon im letzten Drittel des 18. Jh. kam es zur Umgestaltung der Barockgärten zu P., die einem neuen Landschaftsideal entsprachen und in denen natürliche, irreguläre Formen bevorzugt wurden. Dieses P.ideal ist maßgeblich vom aufklärerischen England beeinflußt worden und führte zu Landschaftp. wie auf Salzau, in →Louisenlund, auf dem Heeschenberg bei Schierensee u.a., bei denen durch Alleen, Blickpunkte, Ausholzungen und künstlichen Ruinen die Grenze zwischen P. und umgebender Natur- bzw. Kulturlandschaft aufgehoben werden sollte. Naturreligiöse Vorstellungen spielten hierbei eine Rolle. Der Gartentheoretiker Christian Cay Lorenz →Hirschfeld (1742-1792) war maßgeblich an der Umgestaltung des Eutiner Schloßparks (1786-1803) beteiligt,

Im Park des Gutes Gelting

der heute den besterhaltenen Landschaftsp. dieses Typs darstellt. Unter diesem Einfluß wurde auch das Düsternbrooker Gehölz (→Kiel) zu einem zu Spaziergängen einladenden P. gestaltet. Die Niederlegung der Wallanlagen →Glückstadts führte auch hier zur Gestaltung sog. Anlagen als P. für die Bürger. Damit hatte sich der Garten oder P. aus seiner herrschaftlichen Abgeschlossenheit befreit und wurde nun ein öffentlicher Raum. Im 19. und 20. Jh. wurden die P.ideen in eklektizistischer Weise weiterverwendet, ohne daß es zu bedeutenden neuen Entwicklungen gekommen wäre. Jedoch kam es im Zuge der Demokratisierung nach 1918 zur Anlage von Volksp., die auch der Arbeiterbev. den Genuß gestalteter Natur ermöglichen sollten. Heute legt jede Stadt und jeder größere Ort Wert auf das Vorhandensein und die Pflege eines P.

Lit.: Historische Gärten in SH, hg. von A.v. Buttlar, M.M. Meyer, Heide ²1998. LS

Parlament Der Begriff des P., der eine Form der Kontrolle des Landesherren und eine gewisse Mitbestimmung in den polit. Angelegenheiten des Landes durch Teile oder die Gesamtheit der Bev. des Landes beschreibt, ist für SH an keiner Stelle festgeschrieben. Kann man die →Landtage als ständische P. bezeichnen, auch wenn sie nur einen sehr kleinen Bruchteil der Landesbev. repräsentierten, so stellen die seit 1834 geschaffenen →Ständeversammlungen ein ebenso wenig repräsentierendes P. dar, da das aktive →Wahlrecht sehr stark eingeschränkt war. Erst mit der Gründung des Dt. Reiches 1871 gab es mit dem Reichstag ein P.,

Die Grotte von 1748/65 im Park von Traventhal

das tatsächlich diese Bezeichnung im Sinne der neueren Wortbedeutung (Volksvertretung, seit der Französischen Revolution) verdient. Über die Rechte des P. ist damit noch nichts gesagt. Hingegen blieben die preußischen parlamentarischen Organe (Landtag, Gem.vertretungen) bis 1918 an das Drei-Klassen-Wahlrecht gebunden, während andere Organe, die dem Namen nach als P. anzusehen wären (→Provinziallandtag, Kreistag) aus ernannten, nicht gewählten Vertretern bestanden. Erst mit der Verfassung von 1919 wurde die allgemeine, gleiche, freie Wahl zu allen parlamentarischen Vertretungen (Reichs-, Landes-, Provinzial- und Kommunalebene) durchgesetzt. Sie wurde auch in der NS-Zeit nicht angetastet, allerdings stark ausgehöhlt. Das P. für das Land SH heißt seit 1947 Landtag, nachdem die britische Besatzungsmacht im Februar 1946 einen Provinzialen Beirat und im Dezember 1946 einen ernannten Landtag eingesetzt hatte. LS

Parteien Bildungsprozeß und Geschichte der Parteien im 19. Jh. wurden stark beeinflußt vom Problem SH: In den 1830er Jahren standen sich Konservative als Verteidiger überlieferter Standesprivilegien und Liberale, die Verfassung, Freiheiten und Öffentlichkeit propagierten, gegenüber. Adressat der Forderungen war noch der spätabsolutistische dän. Gesamtstaat. Zusammengehörigkeit und relative Selbständigkeit der Hztt. bildeten zunächst den Konsens. Mit der Frage ihrer nationalen Zugehörigkeit kam es, je nach Prioritätensetzung und nationaler Ausrichtung, zu Spaltungen der Liberalen. Die Revolution 1848 und die sh Erhebung brachten keine Lösungen. Nach der Eingliederung in den preußischen Staat 1867 gelang es kaum, mit der Fortschrittlichen P. eine stabile linksliberale P. zu etablieren. Bis weit ins 20. Jh. hinein kam es in der Provinz zu erfolglosen partikularistischen P. gründungen mit »Land« oder »SH« im Namen. Nationalliberale, konservative und freikonservative P. fußten auf den gleichen Schichten wie im Reich. Weder Struktur noch →Wahlen spiegeln ein stabiles P.system. Lediglich die →Sozialdemokratie erfuhr einen kontinuierlichen Aufstieg auf stabile 40% um 1900. Die zweitstärkste Wählergruppe repräsentierten linksliberale Parteien. Für kurze Dauer erlangte Ende des 19. Jh. die antisemitische Dt.-soziale Reformpartei (→Antisemitismus) Bedeutung. Nach der Novemberrevolution 1918 etablierte sich in der →Provinz das übliche Weimarer P.spektrum: Die aus Krieg und Revolution resultierenden Linksparteien KPD (→ Kommunismus) und USPD, die SPD, die linksliberale Dt. Demokratische Partei (DDP), die rechtsliberale Dt. Volkspartei (DVP) und die aus den Konservativen hervorgehende, weit rechts stehende Dt.-Nationale Volkspartei (DNVP). Das katholische Zentrum spielte im protestantisch geprägten SH keine Rolle. Nach scheinbarer Wählerkontinuität erlangten 1921 die republikfernen Rechtsp. den überwiegenden Anteil bürgerlicher Stimmen. Markant sind frühe Gründung, P.aufbau und Aufstieg des →NS bei →Wahlen. Die weit überdurchschnittlichen Wahlergebnisse basierten auf bäuerlichen und mittelständischen Schichten. 1933 erfolgten Verbote der Linksp., die bürgerlichen P. lösten sich auf. Noch 1945 ließ die britische Militärregierung auf Kreisebene P.gründungen zu. Die bereits rekonstruierten KPD und SPD knüpften an ihre Traditionen an, während im bürgerlichen Spektrum Neugründungen erfolgten. Mit Wurzeln im Konservativismus und im konfessionellen Zentrum erwies sich, nach anfangs erheblichen Problemen, die Christlich-Demokratische Union (CDU) als die bürgerliche Integrationskraft, die mit Ausnahme der liberalen Freien Demokratischen Partei (FDP) sämtliche Konkurrenten aus dem Mitte-Rechts-Spektrum band. Nur kurze Bedeutung erlangte die rechtsradikale Dt. P. Der 1950 gegr., im selben Jahr bei Landtagswahlen mit 23% äußerst erfolgreiche Bund der Heimatvertriebenen und Entrechteten (BHE), verlor im Laufe der 1950er Jahre mit der Integration der →Flüchtlinge seine Bedeutung und wurde nach Friktionen von der CDU beerbt. Die dän. Minderheit vertritt der Südschl. Wählerverband (SSW). Die »neudän.« Bewegung in der ersten Nachkriegszeit bescherte zunächst beachtliche Wahlerfolge, seit 1955 ist die P. von der 5%-Klausel befreit und hat sich als Regionalpartei etabliert. Die Volksp. CDU regierte ununterbrochen von 1950 bis 1988, dem Jahr nach der →Barschel-Affäre, während die SPD nach kurzer Regierungszeit zwischen 1947 und 1950 auf die Oppositionsbank verwiesen war. 1988 kehrte sich die Lage um, und seit 1996 sind die 1979 gegr. Grünen Koalitionspartner der SPD in der Regierung. Trotz Auftretens rechtsextremer Parteien – 1967 erzielt die Nationaldemokratische Partei Dt. (NPD) Landtagsmandate und 1992 die Dt. Volks-Union (DVU) – ist seit Ende der 1950er Jahre ein sehr kontinuierliches Wählerverhalten und stabiles P.spektrum zu beobachten. Die polit. Kultur des Landes wird von den beiden Volksp. majorisiert.

Lit.: R. Heberle, Landbev. und NS. Eine soziologische Untersuchung der polit. Willensbildung in SH 1918-1932, Stuttgart 1963; H.J. Varain, P. und Verbände. Eine Studie über ihren Aufbau, ihre Verflechtung und ihr Wirken in SH 1945-1958, Köln/Opladen 1964. UD

Patrimonialgerichtsbarkeit ist die dem Grundherren zustehende öffentlich-rechtliche Gerichtsbarkeit über alle Insassen der →Grundherrschaft ohne Rücksicht auf ihren Stand, so daß Gerichts- und Grundherrschaft sich decken. Als P. wurde in SH in älterer Zeit z.B. die Gerichtsherrschaft des →Rates einer →Stadt über die Bürger und Einw. bezeichnet. Das →Kloster →Uetersen übte über sein Patrimonialgut →Horst die P. aus. LS

Patriotische Gesellschaft Zuerst von A. →Niemann 1786 in →Kiel, dann 1812 von J. D. Lawätz neugegr. gemeinnützige, aufgeklärt-bürgerliche Vereinigung, die im Sinne einer allgemeinen Landeskunde wirtschaftliche und sozialpolit. Probleme v.a. in den sh →Provinzialberichten diskutierte. Wichtige Fragen bezogen sich auf die Effektivität der →Landwirtschaft und die Hilfe der Armen zur Selbsthilfe.

Lit.: K.D. Sievers, Patriotische Gesellschaften in SH zwischen 1786 und 1829, in: Dt. patriotische und gemeinnützige Gesellschaften, hg. von R. Vierhaus, München, 1980 119-141. KDS

Patrizier werden in den Städten (→Stadt) des MA und der Frühen Neuzeit die Mitglieder der ratsfähigen Familien genannt, die zumeist im Handel tätig und später mit Landbesitz begütert sowie mit starkem Standesbewußtsein ausgestattet waren. Das Patriziat neigte zu ständischer Abschließung und löste so Proteste der anderen →Bürger (Handwerker) aus. In den Städten SH hat es ein abgeschlossenes Patriziat ebensowenig wie in Hamburg gegeben, auch wenn in →Lübeck mit der Zirkelgesellschaft im Spätma. ein exklusiver Kreis von führenden Mitgliedern der Kaufmannschaft entstand. Der Begriff P. wird aber für die alten, einflußreichen bürgerlichen Familien verwendet. LS

Patron →Patronatsrecht

Patronatsrecht Das P. regelt die Besetzung kirchlicher Benefizien (Pfarrkirchen, →Kapellen oder Vikarien) und ist im 11./12. Jh. aus dem germ. Eigenkirchenrecht entstanden, welches dem Stifter einer Kirche weitgehende Nutzungsrechte sicherte. Der Patronat berechtigte hingegen nur zur Besetzung der Stelle. Patronatsherr einer Kirche (nicht zu verwechseln mit dem Schutzpatron, also dem Heiligen, dem sie geweiht ist: →Patrozinium) konnten außer geistlichen und weltlichen Herrschaftsträgern (u.a. Städte und Landgem.) auch natürliche Personen bzw. Familien sein. Das P. leitet sich aus der Kirchenstiftung her und findet seinen Ausdruck bis heute in hervorgehobenen Sitzplätzen der Patronatsinhaber. Gegen Ende des MA gab es in Schl. und Holst. etwa 400 Pfarrkirchen, deren Besetzung recht unterschiedlich geregelt war: Im Bt. Schl. konnte der Bf. nur 30 von 250 Pfarreien vergeben; im holst. →Altsiedelland (→Bremen, Erzbt.) hingegen konnte der zuständige Erzbf. die meisten Pfarreien besetzen; im ostholst. Kolonisationsgebiet (→ Bt.

Patronatsstuhl der Familie Rumohr in Esgrus

Lübeck) hatten der Gf. von Holst. und der →Adel die Mehrzahl der Pfarrpatronate inne. Der landesherrliche Anteil war mit 70 Pfarrpatronaten in ganz SH relativ hoch. Die →Reformation hat die Patronatsverhältnisse nicht beseitigt, aber tiefgreifend umgestaltet, indem die geistlichen Institutionen wegfielen. Heute gibt es im Bereich der Nordelbischen Landeskirche noch etwa 100 private P., die größtenteils mit dem Besitz von Gütern verbunden sind. Bei Vakanz wird alternierend zweimal ein neuer Pastor dem Kirchenvorstand, dann einmal dem zuständigen Bf. präsentiert (Pfarrstellengesetz der →Nordelbischen Kirche).

Lit.: W. Prange, Die landesherrlichen Kirchenpatronate in SH um 1520, in: ZSHG 90, 1965, 29-40; J. Sieglerschmidt, Territorialstaat und Kirchenregiment. Das P. nach der Lauenburger Kirchenordnung von 1585, in: Festgabe für E.W. Zeeden, hg. von H. Rabe u.a., Münster 1976, 327-354. EB

Patrozinium ist der Weihetitel eines Gotteshauses (→Kloster, →Stift, Pfarrkirche, →Kapelle) oder Altars. Die Weihe erfolgte stets auf den Namen eines oder mehrerer Heiliger (lat. patronus), von denen Reliquien im Altar deponiert wurden. Allgemein sehr beliebt waren Maria, Laurentius und Petrus. Häufig ist auch das Nikolaus-P., das aber keineswegs immer ein Zeichen für frühe Kaufmannssiedlungen ist. Im Früh- und Hochma. ist die P.wahl vielfach Zeugnis einer herrschaftlich getragenen Kultpolitik (z.B. St. Knut in →Schl., St. Ägidien in →Lübeck), doch macht sich auch der Einfluß großer →Wallfahrtsorte bemerkbar (Santiago de Compostela: Jakobskult). Im späten MA spiegeln die Weihenamen in ihrer Vielfalt zunehmend die individuelle Frömmigkeit der Kirchen- und Altarstifter wieder (z.B. Annenkult), wobei spezielle Heilige für bestimmte Anliegen angerufen wurden (etwa St. Rochus als Pestpatron). Außerdem konnten Heilige auch als Stadt- oder Landespatron fungieren, wie die Muttergottes in →Dithm. Seit der →Reformation sind viele ma. P. mit dem Ende der Heiligenverehrung in Vergessenheit geraten. Die evangelisch-lutherische Kirche hat die vorreformatorischen Kirchenp. nicht abgeschafft, bevorzugt aber christozentrische (Erlöserkirche) oder an Glaubenswahrheiten (Trinitatiskirche) orientierte Kirchennamen.

Pellworm

Lit.: R. Haupt, Beitrag aus der Nordmark zur P.forschung, in: SSHKG, 8, 1927, 305-343; R. Hansen, Marienland Dithm., in: Geschichte und Museum, hg. von S. Göttsch u.a., Kiel 1995, 23-43. EB

Pauli, Heinrich →Regierungspräsident

Paulina-Mürl, Liane →Landtagspräsident

Paulsen, Christian (geb. 10.1.1798 Flensburg, gest. 28.12.1854 Flensburg) Als Reaktion auf die Vorschläge von Uwe Jens →Lornsen unterstrich P., der Rechtsprofessor an der →Universität Kiel war, 1832 die Verbindung →Schl. mit →DK und schlug vor, dän. als Rechts- und Verwaltungssprache im sonst dän. sprachigen →Nordschl. einzuführen. Damit formulierte er, der später als Richter in →Flensburg tätig war, das Programm für die →Dän. Bewegung der 1840er Jahre. HSH

Paulsen, Johannes →Kropp

Pellworm (NF) Die alte Insel Strand oder →Nordstrand war in fünf →Harden eingeteilt: Wiriks-, Beltring-, Lundenberg-, Edoms- und P.harde. Die große Sturmflut von 1362 zerschlug die Insel und schuf mehrere Inseln, darunter auch Nordstrand mit nunmehr drei Harden (Lundenberg- und Wiriksharde waren verloren). Die Insel hatte 22 Ksp. Die zweite Katastrophenflut von 1634 traf das Gebiet schwer, zerbrach die hufeisenförmige Insel und trennte P. von Nordstrand. Im Gegensatz zu den Nordstrandern schafften die Einw. von P. die Wiederbedeichung aus eigener Kraft; um den Großen →Koog im Zentrum liegen zehn weitere Köge. Dennoch wurde die Insel noch 1792 und 1825 von schweren Sturmfluten getroffen, und die wirtschaftliche Lage der Bewohner hat sich erst nach der Mitte des 19. Jh. gebessert. P. ist in zwei Ksp. (altes und neues) geteilt: Die Alte Kirche (St. Salvator) mit im Kern romanischem Mauerwerk aus dem Ende des 12. Jh. hat westlich vorgelagert den monumentalen Rest eines gotischen Turmes, der seit 1611 nur noch Ruine ist; die Neue Kirche entstand aus einer Privatkapelle und ist 1622 erbaut. Im neuen Ksp. liegt auch Seegard, ein früher adliger Hof. Das ehemals Edlef Knudsen gehörende →Gut im Großen Koog wurde

1828 von der Landschaft P. aufgekauft und ging später in Privatbesitz über (66ha). P. hat keine Dorfslagen, sondern Streusiedlungen; die →Landwirtschaft ist bis heute vorherrschend. LS

Pesel ist der Festraum im →Bauernhaus Westschl. und →Dithm. Im P. soll in älteren Zeiten zunächst gekocht, hauswirtschaftliche Arbeit verrichtet, Vorrat gespeichert und sogar Kleinvieh gehalten worden sein. Wohl gegen Ende des MA verlor der P. diese Allzweckfunktion und wurde zum unbeheizbaren Festraum und Gastzimmer mit Alkoven, Brautkisten und Schränken. Dem P. entsprachen auf →Fehmarn der Saal, in den →Elbmarschen die Sommerstube, in der →Probstei die Kistenkammer, in →Angeln die Bestestuuf.
Lit.: H.E. Schlee, Über das Wohnen, in: Kunst in SH, 1958, 9-25. KDS

Pest Die P. hat seit ihrem ersten Auftreten in SH 1350 wiederholt größere und kleinere Teile des Landes betroffen und dabei zu mehr oder minder großen Bev.verlusten geführt. Allein bis Mitte des 16. Jh. wurden 19 P.epidemien gezählt. Die Bev.verluste waren z.T. beträchtlich und erreichten 50%. Die wirtschaftlichen und sozialen Folgen der Epidemien waren anfangs beträchtlicher als später, da man sich eher gegen die Krankheit zu schützen verstand und sie insbesondere stärker isolieren konnte. Im 14. Jh. wurden wegen der P. viele Bauernstellen und in einigen Regionen ganze Dörfer wüst, d.h. für immer oder zeitweilig aus der Produktion genommen. In den Städten führte die P. zur Kapitalakkumulation in den Händen der Erben von Gestorbenen, schichtete jedoch die sozialen Verhältnisse nicht um. Die P. trat bis 1713 in den Hztt. auf, hatte jedoch durchweg nur noch lokale Bedeutung.
Lit.: J.H. Ibs, Die P. in SH von 1350 bis 1547/48, Frankfurt/M. u.a. 1994. LS

Peter Friedrich Ludwig →Gottorfer

Peters, Friedrich Ernst →Literatur

Petersen, Georg Peter →Provinzialberichte

Petersen, Wilhelm →Malerei

Petition Bittschrift, Eingabe, Gesuch. Um die Wende vom 18. zum 19. Jh. setzte sich die Bezeichnung P. gegenüber dem früher vorherrschenden Terminus Supplik durch. In den Hztt. Schl. und Holst. hatten die Untertanen ein wiederholt bestätigtes Recht, sich einzeln oder in Gemeinschaft an den Landesherrn, die →Regierung oder eine Behörde zu wenden. Dabei waren bestimmte Vorschriften zu beachten, z.B. der Gebrauch von →Stempelpapier und die Einhaltung des Instanzenweges. Seit den 1830er Jahren wurden Massenpetitionen als Kampfmittel in der nationalen Auseinandersetzung benutzt. JB

Petreus, Johannes →Geschichtsschreibung

Pfaff, Christopf Heinrich →Kieler Blätter

Pfarrei →Kirchspiel

Pfennig →Münzwesen, →Gewichte

Pfennigmeister waren Amtsträger in →Landschaften: Norder- und Süderdithm. (→Dithm.), →Eiderstedt, →Stapelholm (nur im 17. Jh.), zeitweise →Friedrichstadt. Aufgabe der P. war es, die landschaftlichen Steuern und Abgaben einzuziehen, die Finanzen zu verwalten, Geld- und Kreditgeschäfte zu tätigen und über alles Rechenschaft abzulegen. In Eiderstedt waren die beiden P. zugleich die ersten Repräsentanten der Landschaft, die auch die Landesver-

Der Swinsche Pesel von 1568 im Dithmarscher Landesmuseum

Pferdezucht

sammlung einberiefen und leiteten. Sie führten ebenfalls Verhandlungen namens der Landschaft.
Lit.: M. Jessen-Klingenberg, Eiderstedt 1713-1864, Nms. 1967. MJK

Pferdezucht Die in der älteren Lit. vertretene Auffassung, als habe es in SH bereits im 16. Jh. eine qualifizierte P. gegeben, die auch internationalen Ruhm genoß, muß korrigiert werden. Die eigentliche P. begann hier erst um 1820, als man anfing, engl. Hengste zu Zuchtzwecken mit einem bestimmten Zuchtziel einzuführen und sie mit den einheimischen Pferden zu kreuzen. Daß allerdings überall, wo in der →Landwirtschaft Pferde als Reit- und Zugtiere Verwendung fanden, eine Nachzucht stattfand, schon um den eigenen Bedarf zu decken und Pferde vermarkten zu können, liegt auf der Hand. Bunt und vielfältig waren deshalb die Pferde, die in SH auf den →Markt kamen. Doch machte der steigende Militärbedarf (Remonten) und die Nachfrage nach Luxuspferden die Orientierung an Schönheits- und Tauglichkeitsidealen der Nachfrager nötig. 1830 bildete sich der Itzehoer Verein zur Verbesserung der P., der Prämierungen und Rennen durchführte. Der Hz. von Augustenburg unterhielt um 1835 ein Vollblutgestüt. In den 1850er und 1860er Jahren wurde der Ruf nach Verbesserung der Zucht lauter. 1867 begann die Geschichte des preußischen Landgestüts Traventhal (seit 1874 dort), das Beschäler für die →Provinz bereitstellen sollte und hauptsächlich Hannoveraner ankaufte. Erst 1872 kam es für das Gebiet der Provinz SH zur Bildung eines P.vereins, der dann auch maßgeblich die Hengstkörungen (Auswahl besonders geeigneter Zuchthengste) beeinflußte. Dabei wurden zwei Zuchtrichtungen angegeben: der Kaltblutschlag (oder schwerer Ackerschlag) und der Warmblutschlag. Insbesondere die Züchtung des holst. Warmblutpferdes hat bis heute Tradition. Hier stand die Wiege in der →Krempermarsch, wo 1883 ein P.verein gegr. wurde, der sich 1887 mit dem 1885 gegr. Nachbarverein in der Seestermüher-Haseldorfer Marsch zum Veband der P.vereine in den holst. →Marschen zusammentat. Unter Vereinigung mit den Vereinen in →Dithm. und der →Wilstermarsch kam es 1891 zum Verband der P.vereine in den holst. Marschen. Als Zuchtziel wurde festgeschrieben: »ein edles, kräftiges Wagenpferd mit starken Knochen und hohen räumenden Gängen, welches gleichzeitig möglichst die Eigenschaften eines schweren Reitpferdes besitzt.« (→Holst. Pferd). Im gleichen Jahr wurde in →Flensburg der Verband Schl. P.vereine aus der Taufe gehoben, bald darauf der Warmblutverband der →Geest, der sich auf das Traventhaler Hengstmaterial stützte. Am Ende des 2.WK kamen ostdt. Pferde (u.a. Trakehner, →Rantzau (PLÖ)) nach SH, deren Zucht hier fortgesetzt wurde. Mit dem Rückgang der Pferdehaltung aufgrund der landwirtschaftlichen Motorisierung und Mechanisierung seit Ende des 1950er Jahre hat sich die P. stark verändert, da mehr und mehr Sport- und Luxuspferde gezüchtet wurden, wofür sich nur der Holst. eignete. Und die Resultate der Zucht haben dann auch für große sportliche Erfolge der dt. Springreiter (Fritz →Thiedemann, Hans-J. Winkler) gesorgt. Noch heute spielt die P. in SH eine besondere Rolle, und der Verband der Züchter des holst. Pferdes stellt ein durchaus zielorientiertes genossenschaftliches Unternehmen dar, das seine Produkte gut zu vermarkten versteht. LS

Pfingsten, Georg Wilhelm →Hamberge, →Taubstummeninstitut

Pfleger, Augustin →Musik

Pfund →Gewichte

Philipp →Gottorfer

Physicus 1757 wurden im kgl. Anteil der Hztt. zehn amtsärztliche sog. Physikats-Bezirke eingerichtet, die jeweils von einem P. betreut wurden. Der P. war zumeist niedergelassener Arzt und hatte sich um das öffentliche Gesundheitswohl und Medizinalwesen zu kümmern, aber auch Untersuchungen bei Unglücks- und Kriminalfällen (wie Selbstmorden und Kindstötungen) anzustellen. LS

Pinnau Die P. entspringt südlich von Henstedt-Ulzburg (SE). Die Bezeichnung P. taucht erst um die Mitte des 17. Jh. auf und stellt wohl eine sog. Klammerform zum Ortsnamen →Pinneberg dar. Die alte Bezeichnung war »Aue to Uterst«, dann bis in die 2. H. des 18. Jh. Uetersener Au. Die P. ist heute noch bis →Uetersen schiffbar. Der Nebenfluß Mühlenau oder Rellau mündet in Pinneberg in die P. An der Mündung in die →Elbe wurde bis 1969 ein Sperrwerk errichtet. PDC

Pinneberg (PI, Burg) Die nahe der Einmündung der Mühlenau in die →Pinnau gelegene →Burg P. war einer der drei festen Plätze, welche die →Schauenburger in ihrer Anf. des 14. Jh. abgesonderten Gft. Holst.-P. unterhielten. Über Gründung, Lage und Gestalt der ersten Burg ist nichts bekannt. Residenz und Verwaltungssitz war P. wohl erst seit ca. 1380. Nur die Gff. Otto I. (1370-1404) und Otto III. (1485-1510) scheinen P. als Residenz genutzt zu haben. 1472 erfolgte der Abbruch und Neubau der Burg unter Gf. Otto II. Sie diente als Wohn- und Amtssitz des →Drosten (Verwalter der Gft.). Zur Festung ausgebaut, wurde sie während des →Kaiserlichen Krieges belagert und eingenommen. Mit dem Aussterben der Schauenburger 1640 fielen Schloß und Gft. an den dän. Kg. Das →Schloß diente bis zu seiner Zerstörung durch schwedische Truppen 1657 weiterhin als Wohnung der Landdroste.
Lit.: W. Ehlers, Vom »alten« und »neuen« Schloß in P., in: Heimat 35, 1925, 154. PDC

Pinneberg (PI) Die Ursprünge des Ortes liegen in der 1472 errichteten →Burg P., die 1568 an die Stelle der Hatzburg als Residenz der gemeinhin in ihren Stammlanden an der Weser residierenden Gf. von Holst.-P. trat. Ihre Zerstörung 1657 führte zu Wohnraummangel und förderte die Ansiedlung außerhalb des Schloßbezirkes bei dem Gerichtsort (Dingstätte). Die lange Zeit übliche Ortsbezeichnung »freie Dingstätte P.« war durch dieses Gericht bedingt und deutete auf die Sonderstellung des Ortes und seiner Bewohner hin. In der 2. H. des 18. Jh. entwickelte sich P., das von zwei Postwegen durchquert wurde, durch Verkauf der Schloßländereien sowie der Einrichtung von mehreren Brauereien und Brennereien. 1905 kam es zur Eingemeindung des älteren P. Dorfes nördlich der →Pinnau, das zuerst 1370 erwähnt wurde und sich unabhängig von der Dingstätte entwickelt hatte. P. blieb auch im 19. und 20. Jh. Verwaltungsmittelpunkt (Sitz der Drostei – →Drost, 1826 →Flecken). 1844 erhielt der Ort Anschluß an die →Eisenbahn, wobei der Bahnhof südlich der Siedlung im fiskalischen Gehölz Fahlt angelegt wurde. Der Flecken wurde rasch industrialisiert und erlebte erheblichen Einw.zuwachs. 1867 wurde P. Mittelpunkt des neu geschaffenen Kreises P. und erhielt 1875 →Stadtrecht. Heute hat die Stadt etwa 39.300 Einw.
Lit.: G. Pape, P., P. 1975. PDC

Pinneberg (Gft., Herrschaft, Kreis) Die nach ihrem zentralen Burgplatz genannte Holst. Teilgft. P. entstand durch die Teilungen der Gft. Holst. seit 1273/74 und konsolidierte sich bis gegen Ende des 14. Jh. Sie erstreckte sich auf der →Geest westlich der Altstadt von →Hamburg im wesentlichen in den Grenzen des heutigen Kreises P.; dazu kamen noch Besitzungen auf den Inseln im Stromspaltungsgebiet der →Elbe und in den oberelbischen →Marschen (Spadenland, Reitbrook, Ochsenwerder) sowie das Nigenland (→Herzhorn) und die Dörfer Sommerland und Grönland. Neben der P. Burg gab es noch fünf weitere feste Häuser: die Burgen in Wohldorf, Ahrensfelde, Hatzburg nahe →Wedel, →Uetersen und →Barmstedt, denen →Vogteibezirke zugeordnet waren. Erst Ende des 15. Jh. wird als Oberbeamter und Vertreter des Landesherren der →Drost (später Landdrost) zu P. genannt, dem die drei Amtmänner (später Drosten) von Hatzburg, Barmstedt und P. unterstanden. Mit dem Aussterben der P. Linie 1640 fiel die Gft. Holst.-P. an die holst. Landesherren, die sie teilten: $^2/_5$ erhielt der Hz. von Holst.-→Gottorf (→Rantzau), $^3/_5$ fielen an den Kg. als Hz. von Holst. Der kgl.-hzl. Anteil wurde als Herrschaft P. von einem Oberbeamten (Landdrost) verwaltet. Die Herrschaft zerfiel in fünf Vogteien: Haus- und Waldvogtei (mit den Ksp. Rellingen, Quickborn und Niendorf), Vogtei Ottensen (Ksp. Ottensen sowie Eidelstedt und Stellingen), Ksp.vogtei Hatzburg (südlicher Teil der Herrschaft), Amtsvogtei →Uetersen (Gebiet zwischen Uetersen und →Elmshorn) und Klostervogtei Uetersen (Besitzungen des →Klosters Uetersen). Um 1850 hatte die Herrschaft P. ca. 386km².

Pinneberg

Der 1867 gebildete Kreis P. setzte sich aus der Herrschaft P., die das Gros des Territoriums bildete, der Administratur Rantzau, Teilen des Besitzes des Klosters Uetersen und den Marschgütern →Haseldorf, Hetlingen, Haselau und Seestermühe zusammen. Ort der Kreisverwaltung ist seit Gründung P.
Lit.: W. Ehlers, Geschichte und Volkskunde des Kreises P., Elmshorn 1922; H.G. Risch, Die Gft. Holst.-P. von ihren Anfängen bis zum Jahr 1640, Hamburg 1986. LS

Max Planck

Planck, Max (geb. 23.4.1858 Kiel, gest. 4.10.1947 Göttingen) Der Naturwissenschaftler zählt als Begründer der Quantentheorie zu den bedeutendsten Physikern des 20. Jh. Von 1885-1889 hatte er eine außerordentliche Professur an der →Universität seiner Heimatstadt →Kiel inne, bevor er in Berlin einen Lehrstuhl für theoretische Physik übernahm. P. erhielt zahlreiche Auszeichnungen für seine wissenschaftliche Arbeit, darunter 1918 den Nobelpreis für Physik. Von 1930 bis 1937 wirkte er als Präsident der Kaiser-Wilhelm-Gesellschaft, die 1949 zu seinen Ehren in Max-Planck-Gesellschaft umbenannt wurde. P. polit. Einsichten entsprachen denen der bürgerlich-konservativen Eliten des Kaiserreichs. Während der NS-Zeit verhielt er sich eher abwartend, organisierte aber 1935 trotz offizieller Verbote eine Gedenkfeier für seinen im Exil verstorbenen jüdischen Kollegen Fritz Haber. Im Zusammenhang mit dem Stauffenberg-Attentat auf Hitler wurde P. Sohn Erwin, der zum konservativen Widerstand um Carl Friedrich Goerdeler gehörte, verhaftet und hingerichtet. Ein Gedenkstein in Kiel am Standort seines Geburtshauses mit der universellen Naturkonstante, die als P.sches Wirkungsquantum bekannt ist, erinnert an den wohl größten Sohn der Stadt.
Lit.: J. Heilbron, P. Ein Leben für die Wissenschaft 1858-1947, Stuttgart 1988. SW

Plön

Planke →Maße

Plat, Heinrich du →Kartographie

Plattdänisch (dän. sønderjysk, südjütisch) ist ein dän. Dialekt, der abgesehen von →Nordfriesland bis zu einer Linie zwischen →Schlei, →Danewerk und →Husum gesprochen wurde, heute aber nur noch im allernördlichsten Grenzgebiet zu DK verwendet wird. Hingegen blieb der Dialekt in Nordschl. bestehen. Wie das Westjütische ist das P. durch den Gebrauch des vorgestellten bestimmten Artikels »æ« charakterisiert, z.B. »æ hus« anstelle des Reichsdän. huset (das Haus). HSH

Plattdeutsch ist eine allgemeine Bezeichnung: 1. im älteren und weiteren Verständnis für alle historischen und regionalen Ausprägungen der nd. Sprache; 2. im engeren und vorherrschenden Verständnis für die Vielfalt der neund. Mundarten (Dialekte). In SH bilden das in →Eiderstedt, →Angeln, →Schwansen, der Probstei, Ost- und Mittelholst., →Stormarn und →Dithm. gesprochene P. eigene Mundarten. Die ersten beiden werden als schl., die übrigen als holst. zusammengefaßt.
Lit.: SH Wörterbuch (Volksausgabe), hg. von O. Mensing, 5 Bde., Nms. 1925-1935; W. Sanders, Sachsensprache, Hansesprache, Plattdt. Sprachgeschichtliche Grundzüge des Nd., Göttingen 1983; D. Stellmacher, Nd. Sprache. Eine Einführung, Berlin ²2000. RH

Plett, Peter →Vaccinationsinstitut

Plinke Die →Katen im Gebiet des Klosters →Uetersen wurden P. genannt. Man findet sie in →Horst und sie tauchen auch im Elmshorner Gebiet auf (Plinkstraße). LS

Plön (PLÖ) Ähnlich wie →Eutin war P. in seiner Geschichte durch die Funktion als Residenz bestimmt. In spätslawischer Zeit war die auf der Insel Olsborg im Großen Plöner See gelegene →Burg Plunie oder Plune Vorort des Bezirks gleichen Namens, bis ein Holstenaufgebot sie 1139 zerstörte. 1158 von Gf. Adolf II. an gleicher Stelle wieder aufgebaut, bot sie dem zur selben Zeit angelegten Markt- und Kirchort Schutz, gerade auch nachdem sie 1173 auf den heutigen Schloßberg verlegt worden war, und wurde zu einem Eckpfeiler des gfl. Landesausbaus sowie zur Residenz der Plöner Linie des →Schauenburger Hauses (1290-1390). 1236 erhielt der Ort das →Lübische Recht. Seine wirtschaftliche Bedeutung lag weiterhin v.a. in seiner Funktion als Nah-

Ansicht von Plön um 1830, Kupferstich von L. Hansen

markt. 1623 wurde P. Hauptstadt des kleinen Hzt. →SH-Sonderburg-Plön, das 1761 an den dän. Kg. fiel. Jene Epoche sah den Neubau des Schlosses 1633-36, das in seiner äußeren Form bis heute fast unverändert geblieben ist und Stadt und Land weithin sichtbar überragt, sowie den mißglückten Versuch, Glaubensflüchtlingen in der 1685 angelegten Neustadt einen Anreiz zur Niederlassung zu bieten, um so die Wirtschaftskraft zu stärken. 1863/64 war P. für einige Monate Sitz der →Regierung für Holst., bevor es 1867 preußische Kreisstadt wurde. Das Schloß beherbergte eine →Kadettenanstalt, der 1896-1910 die Prinzenschule für die Söhne Kaiser Wilhelm II. angegliedert war. P. hat heute ca. 13.000 Einw.
Lit.: H. Willert, Anfänge und frühe Entwicklung der Städte Kiel, Oldesloe und P., Nms. 1990. HFR

Plön (Amt) Das →Amt P. ist aus der alten →Vogtei der →Burg P. entstanden, die jedoch im Verlauf des MA durch adlige Käufe und Erwerb des →Bt. Lübeck stark dezimiert wurde und infolgedessen klein war. Es fiel 1582 bei der Erbteilung zwischen Kg. Friedrich II. und seinen Brüdern an Hz. Johann den Jüngeren, der es durch Hausvögte verwalten ließ. Im 17. Jh. wurde es durch Aufkauf adliger Güter vergrößert, kam 1761 an den kgl.-hzl. Teil und hatte fortan mit dem Amt →Ahrensbök einen gemeinsamen →Amtmann, Actuar und →Amtsverwalter. 1847 wurden Teile des Amtes an die Stadt →Plön abgetreten. Um 1850 hatte das Amt ca. 48km² und bildete 1867 den territorialen Kern für den Kreis Plön. LS

Polaben Spätestens im 7. Jh. wanderten →Slawen aus dem Osten in das von der germ. Vorbev. weitgehend verlassene Land zwischen →Trave und →Elbe ein und ließen sich in dem waldreichen Gebiet bevorzugt an Seen und Flüssen nieder. Die im späteren →Lauenburg siedelnden P. waren wohl schon im 8. Jh. ein Teilstamm der Abotriten, die sich aus den →Wagriern in Ostholst. sowie den Warnowern und den Abotriten im engeren Sinn im westlichen →Mecklenburg zusammensetzten. Vom Frankenreich (→Franken) im Westen waren die P. seit Beginn des 9. Jh. durch den →Limes saxoniae getrennt. Ihre Dörfer gruppierten sich um →Burgen herum. Aus verschiedenen Zeiten sind Burganlagen der P. bei Duvensee, Neuhorst (die gut erhaltene Oldenburg), Klempau, Kasseburg, Hammer, Farchau, Sierksfelde und spätestens seit Beginn des 11. Jh. die Hauptburg →Ratzeburg bekannt. Letzterer hat vermutlich der einzige bekannte Fürst der P., Ratibor, der 1043 im Kampf gegen Dän. getötet wurde, den Namen gegeben. Die P. gehörten seit 1043 zum Abotritenreich des Fürsten →Gottschalk, der das Christentum (→Christianisierung) stark förderte. Unter seiner Herrschaft wurden das Benediktinerkloster St. Georg bei Ratzeburg (→Ansveruskreuz) und das Bt. Ratzeburg gegr., die beide im Slawenaufstand von 1066, einer Reaktion gegen den Einfluß des Hzt. →Sachsen und des Christentums, untergingen. Als Gottschalks Sohn →Heinrich versuchte, die Macht im Abotritenreich wiederzuerlangen, sammelte sich die slawische Opposition gegen ihn und es kam 1093 bei Schmilau in der Nähe von Ratzeburg zu einer Schlacht, aus der Heinrich zusammen mit dem sächsischen Hz. und den Nordelbiern siegreich hervorging. Von seiner neuen Residenz →Alt Lübeck aus herrschte Heinrich bis 1127 über die Abotriten und damit auch die P. Unter dem 1142 als Gf. eingesetzten →Heinrich von Badwide, der sich bis 1149 noch »comes Polaborum« und erst seit 1156 Gf. von Ratzeburg nannte, wurde das Land seit den 1160er Jahren von dt. Siedlern (→Kolonisation) erschlossen und die slawische Bev. allmählich assimiliert.

Lit.: H.-G. Kaack, H. Wurms, Slawen und Dt. im Lande Lauenburg, Ratzeburg 1983. OP

Aufgang zur Oldenburg bei Neuhorst

Polackenkrieg Der 1658/59 in SH und Jütland ausgetragene Teil des →Schwedisch-Polnischen Krieges (1655-1660) wird als P. bezeichnet, weil an ihm ein polnisches Kontingent unter Feldmarschall Stefan Czarniecki beteiligt war. Eine im dt.-dän. Grenzgebiet während des Winterlagers ausgebrochene Seuche forderte zahlreiche Opfer. Auch das Verhalten der polnischen Truppen prägte sich so sehr im Gedächtnis der Bev. ein, daß dahinter die übrigen Kriegsgreuel verblaßten (→Schwedisch-Polnischer Krieg). EO

Polizei bezeichnete während der Frühen Neuzeit die gesamten Belange der öffentlichen Sicherheit und inneren Verwaltung in einem Staat und war zunächst nicht auf die Sicherheitsorgane eingeschränkt. So werden umfassende obrigkeitliche Verhaltensregelungen P.ordnungen genannt. In ihnen wurde der Kleideraufwand ebenso geregelt wie Festlichkeiten, das Verhalten an Festtagen ebenso wie der Kirchgang u.a. Lange Zeit wurde jede Form der obrigkeitlichen Aufsicht über öffentlich wirksame Angelegenheiten auch von Spezial-P. (Baup., Gewerbep., Ausländerp. u.a.) ausgeübt. Erst im 18. Jh. verengte sich der Begriff von der P. immer mehr auf die mit Zwangsgewalt ausgestatteten Organe der Obrigkeit bzw. des Staates. In SH kommt die Bezeichnung jedoch erst um 1850 auf und hat sich als Fremdwort im nd. auch nicht durchsetzen können (Pullisai, Polletie). Schon im 16. Jh. kommen »thojegers« als Exekutivkräfte des →Amtmannes von →Steinburg vor; sie wird es unter unterschiedlichen Bezeichnungen auch später gegeben haben, wobei oftmals Benennungen in der Zusammensetzung mit »-vogt« gewählt wurden. In den Städten gab es die enge Verbindung mit dem Büttel (→Scharfrichter) und seinen Knechten in dieser Funktion. Hinzu kamen Aufsichtsführende für Gassen und Märkte, über Bettler und Nicht-Seßhafte (Gassenvogt, Bettelvogt) und die Nachtwächter. In den Landgem. finden sich solche Gem.angestellte auch – zumeist als Bettel- oder Armenvögte. Wurde im 18. Jh. eine stärkere Ordnungsmacht benötigt, konnte auf das Militär zurückgegriffen werden. Erst 1839/1851 wurden Gendarmeriekorps als P.truppen für beide Hztt. eingerichtet. Im Hzt. Schl. bestanden sie aus einem Kommandeur, dem drei Distriktsoffiziere unterstanden, unter denen sechs Wachtmeister zu Pferde, vier zu Fuß und 52 Sergeanten zu Pferde sowie 68 zu Fuß dienten. Sie waren ebenso wie die 280 Unteroffiziere und Gemeine des holst. Korps über das Landgebiet verteilt. In →Lübeck besorgte die P.geschäfte ein Bruchvogt mit bis zu 17 P.dienern, während in seinem Landgebiet P.vögte für die

Dörfer tätig waren. Hier gab es seit 1857 Landjäger. In der Stadt und den Vorstädten dienten 1889 ca. 100 Polizisten, 1914 bereits gut 180. Der oldenburgische Landesteil Lübeck verfügte vor 1904 über Landreuter, die dann in das oldenburgische Gendarmeriekorps eingegliedert wurden. In preußischer Zeit bestand die Staatspolizei in der Provinz aus der 9. Brigade der Gendarmerie unter dem Kommando des Brigadiers; in ihr dienten vier Distriktsoffiziere, 13 Oberwachtmeister und 69 berittene sowie 64 Fußgendarmen, die auf alle Kreise verteilt waren. In den Städten gab es kommunale Polizisten und Nachtwächter, die hier für Ruhe und Ordnung sorgten. Allerdings war in Kiel die P. bereits 1898 verstaatlicht worden. Kriminalp. entstand in →Kiel 1885, in →Flensburg 1895. Die Wasserschutzp. hat ihre Ursprünge in Kiel (1898), wurde 1919 durch den Reichswasserschutz abgelöst und 1930 durch die preußische Wasserschutzp. Nach 1918 gab es die im ganzen Land eingesetzten Landjäger und die 1920 gebildete Sicherheitsp., die schon bald Schutzp. hieß, als staatliche P. neben den weiter bestehenden kommunalen P. Die Schutzp. stellte kasernierte Einheiten in einer Stärke von 2.100 Mann dar. Die P.präsidien in Kiel und →Altona-→Wandsbek hatten jeweils Kriminal- und Schutzp.-Abteilungen. Während des NS gab es wieder Gendarmen, die in die Gendarmeriedistriktsbereiche Schl. und Wandsbek gegliedert ähnlich im Raum verteilt waren wie zuvor. Für die großen Städte waren Polizeipräsidien (Flensburg, Kiel, Altona-Wandsbek) eingerichtet, die Schutz-, Wasserschutz- und Kriminalp.abteilungen hatten. Parallel gab es die Stellen der Geheimen Staatsp., die allerdings eine Reichsp. darstellte und 1936 mit der Kriminalp. zusammengelegt wurde. Die Vereinheitlichung der P. unter Führung des »Reichsführers SS« und Chef der Dt. P. Heinrich Himmler ab 1936 ließ auch in SH alle P.dienststellen zu willfährigen Organen des NS-Staates werden. Die kommunale P. wurde als Schutzp. der Gem. vereinnahmt. Mit der neuen sh Landespolizei, die nach dem P. gesetz von 1949 aufgebaut wurde, entstanden 5 P.gruppen (Nord, Süd, Kiel, Lübeck und Wasserschutzp.), in denen die einzelnen Revierwachen und Posten zusammengefaßt waren. Zentral gab es das Landeskriminalp.amt und die P.schule in →Eckernförde. Später kam es zu mehreren Umgestaltungen. Die Gruppen wurden zu P.direktionen (Kiel, Lübeck, Flensburg, →Nms.), denen je eine P.inspektion pro Kreis unterstellt war, geordnet; diese war in Abteilungen und Postengruppen bzw. Einzelposten gegliedert. Die 1920 in Kiel gegr. P.schule und die 1951 gebildete Bereitschaftsp. wurden nach →Eutin verlagert. Heute bestehen die Direktionen: Mitte (Inspektionen Kiel, →Rendsburg, Nms., Bad →Segeberg, →Plön), Nord (Inspektionen Flensburg, Husum, Schl.), West (Inspektionen →Itzehoe, →Heide, →Pinneberg), Süd (Inspektionen Lübeck, Eutin, Bad →Oldesloe, →Ratzeburg), Verkehrsp. (Nms.), Wasserschutzp. (Kiel), Aus- und Fortbildung und Bereitschaftsp. (Eutin). Den Direktionen sind Bezirkskriminalinspektionen angegliedert. Parallel dazu besteht das Landeskriminalamt (Kiel).

Lit.: G. Stolz, Geschichte der P. in SH, Heide 1978.

LS

Popp, Lothar →Arbeiter- und Soldatenrat

Poppostein Der sog. P. bei Stenderup (SL) ist ein →Megalithgrab mit sechs Tragesteinen, an dem nach einer Legende →Bf. Poppo im Jahr 966 viele Heiden, darunter Kg. Harald

Der Poppostein

Possehl, Emil P.

Blauzahn, getauft haben soll. Als Gottesprobe soll Poppo ohne Schaden zu nehmen glühende Eisen um den Deckstein getragen haben. Der an Archäologie interessierte Kg. Friedrich VII. ließ den P. 1859 durch sechs Grenzsteine mit Kg.monogramm als Denkmal fassen. OP

Possehl, Emil P. (geb. 13.2.1850 Lübeck, gest. 4.2.1919 Lübeck) Ausgehend von der Eisen-, Blech- und Kohlenhandlung seines Vaters, erkannte P. bald die Wichtigkeit hochwertiger Eisen- und Stahlerzeugnisse für die →Industrialisierung Dt. und beschloß die Ausweitung des Unternehmens nach Rußland und ins Baltikum. Zudem beteiligte er sich an der Erzgewinnung in Schweden. P. gehörte zu den wirtschaftlichen Förderern →Lübecks (Elbe-Trave-→Kanal, →Vogelfluglinie, Hafenausbau). Er setzte 1915 die P.-Stiftung als Alleinerbin des Unternehmens ein, die bis heute v.a. das Bild der Stadt pflegt, Wissenschaft und Kunst sowie die Belange der Jugend fördert.
Lit.: J.J. Fast, Vom Handwerker zum Unternehmer. Die Familie P., Lübeck 2000. AG

Briefträger der königlich dän. Post

Post Ein geregeltes öffentliches Transport- und Zustellungswesen für Briefe, Pakete und Wertsendungen entstand zuerst in den Städten (→Stadt), wo durch die Kaufmannschaft und die auswärtigen Beziehungen des →Rates der Bedarf gegeben war. In →Hamburg wurde das Botenwesen 1517 unter die Aufsicht der Kaufleutekorporationen gestellt und danach mehr und mehr geregelt. Zuvor waren Sendungen dieser Art durch privat beauftragte Boten erledigt worden. Diesen Transportweg bevorzugte insbesondere der →Adel noch lange Zeit. Ein öffentliches Briefp.wesen entstand in den Hztt. in der 1. H. des 17. Jh. (P.verordnung 1624, erweitert 1653) doch brauchte es recht lange, bis ein dichtes Netz von P.linien und -verbindungen hergestellt war. So fand in →Lütjenburg der Übergang vom Botendienst zum P.wesen erst nach 1758 statt. 1692 entstand die gottorfische P. (→Gottorf), die die Städte →Schl., →Kiel, →Tönning und →Friedrichstadt bediente und bis 1773/1775 bestand. 1711 wurde das gesamte P.wesen der Hztt. kgl. Anteils unter dän. Staatsverwaltung (seit 1735 unter das General-Zollkammer- und Kommerz-Kollegium) gestellt. Parallel zur Brief- und Paketp. wurde die Personenp. durch Kutschen aufgebaut. Die Kutschen und Paketwagen dienten auch dem Transport der Briefp., sofern letztere nicht von reitenden P.boten befördert wurde. Die P.haltereien bzw. -meistereien waren gehalten, Austauschpferde für die Kutschen, Wagen und P.reiter bereitzuhalten. Sie nahmen auch die P.sendungen entgegen und verkauften die Fahrscheine für die Kutschen, während sie andererseits für die Zustellung von Sendungen sorgten. Die Vermehrung der Korrespondenzen durch Einbeziehung immer weiterer Regionen in die Weltwirtschaft und positive Wirtschaftskonjunkturen machte eine erhebliche Ausweitung des Briefp.wesens in der 1. H. des 19. Jh. nötig; jetzt wurden auch kleine Orte angeschlossen. Mit der Eröffnung der →Eisenbahn von →Altona nach →Kiel 1844 und bald weiterer Strecken erhielten die Personenp. ebenso wie das Personen- und Frachtfuhrwesen eine starke Konkurrenz; die Brief- und Paketp. konnte jetzt auch als Eisenbahnp. aufgegeben werden, blieb aber in der Kontrolle der amtlichen P. Während der Zeit des Bürgerkrieges (→Schleswigscher Krieg) schuf die →Provisorische Regierung ein eigenständiges sh. P.wesen, dem W. →Ahlmann vorstand, der die erste Briefmarkenemission für die Hztt. veranlaßte. 1859 bestand bereits ein Telegrafenanschluß zwischen Kiel und Altona/Hamburg. Der Übergang an →Preußen drohte zunächst die gewachsenen P.verbindungen nach dem Norden zu unterbrechen, doch wurde bereits 1866 von Seiten der preußischen und der dän. P. eine regelmäßige P.schiffsverbindung zwischen Kiel und Korsør eingerichtet. In preußischer Zeit wurde die P. bald vereinheitlicht und als Reichsp. ausgebaut. 1867 wurde die Oberp.direktion Kiel errichtet. Die in der Zeit der →Industrialisierung und der entwickelten industriellen Gesellschaft enorm gewachsenen Kommunikationsbedürfnisse wurden durch ein nun hochdifferenziertes, personalstarkes und sehr leistungsfähiges P.wesen befriedigt. P.zustellungen erfolgten auch auf den Dörfern zweimal täglich, was nur mit einem sehr engmaschigen Netz von P.ämtern und -agenturen zu bewältigen war. Die Erfindung des Telefons schuf ganz neue Möglichkeiten der Kommunikation; es breitete sich zwischen 1883 und

Post

Karte der Postverbindungen in SH 1825

1900 in der gesamten Provinz (zuerst in den Städten, doch auch bald auf dem Lande) aus. Eine besondere Herausforderung stellte die P.verbindung zu den Inseln und →Halligen – insbesondere im Winter – dar; ein Telegraf war bereits 1888 auf Hallig Hooge installiert. Mit der Entwicklung der Kraftfahrzeuge entstand 1928 die Landkraftpost, die nun den Personen- und Paketverkehr der Reichsp. beschleunigte und zu dem noch bis in die 1970er Jahre bestehenden P.busnetz führte. Nach dem 2.WK war die Bundesp. durch die technischen Entwicklungen starken Herausforderungen ausgesetzt. Es erfolgte eine weitgehende Motorisierung des Zustellwesens, während in den städtischen Zustellbezirken das Dienstfahrrad verbreitet Einzug hielt. Das Telefonnetz hatte steigende Bedeutung. Im internationalen Telekommunikationswesen wurde die große Sendefunkstelle bei →Elmshorn aufgebaut. Die weitergehende technische Entwicklung und Tendenzen zur Marktliberalisierung haben die Brief-, Paket- und Fernmeldep.monopole aufgelöst. Heute kämpft die Dt. P., die neben der P.bank und der Dt. Telekom einer der drei Nachfolger der alten Bundesp. ist, um die Erhaltung ihres ein-

stigen Betätigungsfeldes, da in der Brief- und Paketzustellung zahlreiche Konkurrenten um die Gunst des Kunden buhlen.
Lit.: G.H. Sieveking, Die Entstehung und Entwicklung des nordischen P.wesens 1600-1800, Hamburg 1933; J. Petersen, 500 Jahre P. in Dt. – 125 Jahre Dt. P. in SH, in: PFGNO 30, 1990, 2-28. LS

Pott →Maße

Präbende 1. Die Einkünfte, die ein Domherr (canonicus) in dieser Funktion (neben seinem Privatvermögen) bezog, werden P. genannt. Man unterscheidet größere und kleinere P. (praebende majores et minores). Die P. der sh →Domkapitel gehen auf Stiftungen zurück. 2. Die Einkünfte aus einer mildtätigen Stiftung, die einzelne Personen bezogen, wurden ebenfalls P. genannt. Deshalb heißt das ursprünglich gfl. rantzauische Armenhaus in →Elmshorn →P.stift. LS

Präbendenstift Aus religiös motivierter Mildtätigkeit stifteten wohlhabende →Bürger aber auch Adlige Versorgungsanstalten mit kostenlosem Wohnraum und finanziellen Zuwendungen für Bedürftige (Präbendisten). V.a. in →Lübeck entstanden zu diesem Zweck seit dem ausgehenden MA Höfe, Konvente, Kalande, Armenhäuser, Armengänge und Armenbuden (→Armenwesen). In SH entstanden P. in den Städten (z.B. das Präsidentenkloster in → Schl.), →Flecken (z.B. →Elmshorn) und Kirchdörfern (z.B. →Lunden), z.T. auch auf Gütern (z.B. →Ahrensburg und → Damp) P.
Lit.: K.D. Sievers, Leben in Armut, Heide 1991. KDS

Preetz

Prälat wurden Mitglieder des hohen Klerus vor der Reformation genannt. P. waren: die Bff. von Lübeck und Schl. und ihre →Domkapitel, das Hamburger Domkapitel, die Äbte und anderen Vorsteher der Klöster sowie die Vertreter der Frauenklöster. Nach der Reformation reduzierte sich die Gruppe der P. auf die →Pröpste und →Verbitter der adligen Konvente. Sie besaßen Landstandschaft, d.h. nahmen an den →Landtagen teil. LS

Präparande Die unmittelbar an den eigenen Schulbesuch der zukünftigen Lehrkräfte anschließende P. oder Preußisch-Kgl. P.anstalt stellte in der preußischen →Lehrerbildung, für SH also ab 1867, bis zur Akademisierung in den 1920er Jahren die dreijährige Vorbereitung auf den Besuch eines →Lehrerseminars dar und diente der stofflichen Grundvermittlung, das Seminar dagegen der Vertiefung. UD

Prager Frieden Der P. wurde am 26.8.1866 nach dem Krieg zwischen →Preußen und →Österreich geschlossen. Im →Artikel V trat der Kaiser von Österreich seine Rechte auf die Hztt. Holst. und Schl. an den Kg. von Preußen ab, »mit der Maßgabe, daß die Bev. der nördlichen Distrikte von Schl., wenn sie durch freie Abstimmung den Wunsch zu erkennen geben, mit DK vereinigt zu werden, an DK abgetreten werden sollen«. Der zitierte Zusatz wird als die Nordschl.-Klausel des Artikel V bezeichnet. Am 13.4.1878 wurde diese Klausel, nicht der ganze Artikel V, durch Vertrag zwischen Preußen und Österreich aufgehoben. – In der dän. Lit. herrscht die Bezeichnung Paragraph 5 vor.
Lit.: F. Hähnsen, Ursprung und Geschichte des Artikels V des P., 2 Bde., Breslau 1929. MJK

Preetz (PLÖ) wird bereits Ende des 12. Jh. als Kirchort genannt und wurde 1226 dem 1211 gestifteten Benediktiner-Nonnenkloster geschenkt, das 1260 seinen Sitz hierher verlegte. Das →Kloster erwarb im Verlauf des Spätma. mehr als 40 Dörfer zwischen Lanker See und Kieler →Förde (die sog. Walddörfer) sowie in der →Probstei um Schönberg. Es erfreute sich der Gunst des holst. →Adels und der Lübecker Bürger, aus deren Reihen seine bis zu 70 Konventualinnen kamen. In der →Reformation kam es als adliges Fräuleinkloster für 40 Konventualinnen an die →Ritterschaft und wurde von einer →Priörin geleitet, während die Außenvertretung der →Propst wahrnahm. Um 1850 hatte das Kloster P. einen Besitz von 167km². Das heutige Klostergelände besteht aus der im 13. und 14. Jh. erbauten hochgotischen Kirche und an der Stelle des 1848 abgebrochenen Klosters der hier erbauten Häuser der adligen Klosterfräulein, die heute keine Residenzpflicht mehr haben. Die Siedlung hat sich in der Frühen Neuzeit zu einem →Flecken

Kloster Preetz im 19. Jh., Lithographie von Ad. Bornemann

entwickelt. Die Stadtkirche wurde vor 1638 erbaut. In P. gaben im 19. Jh. die Schuhmacher als größtes Handwerk (160 Meister) den Ton an. Daneben gab es eine Textilfabrik und zahlreiche weitere gewerbliche Betriebe. 1866 wurde der Ort an das Eisenbahnnetz angeschlossen und erhielt 1870 →Stadtrecht. Nach dem 2.WK entwickelte sich P. zu einem Stadtrandkern Kiels und hat heute über 15.200 Einw.

Lit.: W. Stoelting, P., P. 1970. LS

Preetzer Güterdistrikt Die Gesamtheit der adligen Güter (→Gut) Holst. wurde 1713 in vier →Güterdistrikte geteilt, von denen einer der P. ist. Zum P. gehörten die nachstehend bezeichneten 30 Güter, die sich in einem Bogen nördlich, westlich und südlich des Plöner Sees anordneten; weiter entfernt lagen drei Güter in der Nähe →Oldesloes und ein Teil des Gutes Rohlstorf: Ascheberg, Bockhorn, →Bothkamp, Bundhorst, Depenau, Fresenburg, Freudenholm, Glasau, Hornstorf, Kühren, Lehmkuhlen, Margarethenhof, Müssen, Muggesfelde, Nehmten, Nütschau, Perdöl, Prohnstorf, →Rantzau, Rixdorf, Rohlstorf, Schönböken, Schönweide, Seedorf, Sophienhof, Tralau, Travenort, Wahlstorf, Wensin und Wittmold. Der P. hatte um 1850 ca. 540km². LS

prefectus →Overbode

Preußen Markgft. und späteres Kurfürstentum (1413) Brandenburg machten in der Frühen Neuzeit ein enormes territoriales Wachstum durch, wobei 1618/1619 auch der erbliche Anfall des nicht zum Dt. Reich gehörenden Hzt. P. eintrat. Kurfürst Friedrich III. krönte sich selbst 1701 als Kg. in P. Seither wurde der Name P. auch auf die anderen brandenburgischen Territorien übertragen, deren Vermehrung im 18. Jh. und – nach den kurzfristigen Änderungen der Napoleonischen Ära (1807-1814) – 19. Jh. erfolgte. Als europäische Großmacht engagierte sich P. im Rahmen des Dt. Bundes auch im 1. →Schleswigschen Krieg, zog jedoch zum Leidwesen der SH 1849 seine Kontingente und Offiziere aus großmachtpolit. Kalkül zurück. Gleichwohl blieb der Erwerb der Hztt. auf dem außenpolit. Plan, insbesondere nachdem Otto von →Bismarck 1862 →Ministerpräsident geworden war. 1864 errang P. gemeinsam mit →Österreich im 2. Schleswigschen Krieg gegen DK die Hztt., wobei Österreich Holst. und P. Schl. unter Kontrolle nahm. Im Konflikt um diese Verwaltung kam es zur Exekution des Dt. Bundes gegen P., was zum Krieg von 1866 führte, den P. siegreich unter Gewinn großer Territorien (Hannover, Hessen-Kassel, Nassau, Frankfurt und SH) beendete. 1865 hatte P. bereits das Hzt. →Lauenburg in Personalunion an sich binden können, wofür Österreich eine Entschädigung von 2,5 Mio dän. Talern erhielt. Die Hztt. wurden nach dem preußischen Annexionsgesetz vom 24.12.1866 am 12.1.1867 durch das Besitzergreifungspatent Kg. Wilhelm I. in eine →Provinz P. umgewandelt und 1919 ihres feudalen Status entkleidet. Die Provinz blieb bis zur Umwandlung der Provinzen in Länder durch die →britische Militärregierung am 23.8.1946 bestehen. LS

Die Grenze zur DDR und zu Mecklenburg auf dem Priwall

Preußen, Barbara von →Hemmelmark

Preußen, Heinrich von →Hemmelmark

Preußen, Irene von →Hemmelmark

Priel ist eine flache Wasserrinne im sh →Wattenmeer. Sie bilden die Hauptwege für die während der →Gezeiten aus- und einströmende See und können selbst bei Ebbe noch Wasser führen. Zum Zeitpunkt maximaler Strömungsgeschwindigkeiten (bis zu 8m pro Sekunde) ist das Durchqueren eines P. für Wattwanderer sehr gefährlich. Mit zunehmender Entfernung von der Küste führen die P. mehr Wasser und werden schiffbar. Man nennt sie nun Wattstrom. Als Tief führen sie schließlich jeweils durch ein Seegat (Tor) zwischen den Inseln und →Halligen hindurch in die offene →Nordsee. Während der Überflutungszeit ist ein P. an seinen Begrenzungsmarkierungen, den Pricken, zu erkennen. HK

Prinzeßhof →Museen

Priörin oder Priorin (lat. priorissa) hieß die Vorsteherin der Nonnenklöster; nur im →Kloster →Itzehoe stand vor der P. eine Äbtissin. Bei den adligen →Konventen in →Uetersen, →Schl. und →Preetz haben sich diese Bezeichnungen erhalten. LS

Priwall

Priwall wird eine etwa 240ha große sandige Landzunge gegenüber von →Travemünde, zu dem er heute gehört, genannt, die 1226 durch Kaiser Friedrich II. →Lübeck zugesprochen wurde, dessen Eigentumsanspruch allerdings während des 13. und 15. Jh. gegenüber den →Schauenburger Gff. umstritten war. Bis 1508 gab es auch mit →Mecklenburg um den Besitz des P. Streitigkeiten. Im Reichsdeputationshauptschluß 1803 wurde der Besitz bestätigt, so daß die Flankensicherung des lebenswichtigen Seezuganges für Lübeck auch noch während des Bestehens der dt.-dt. Grenze bis 1989 (→Demarkationslinie) gegeben war. Seit 1927 befand sich dort ein heute nicht mehr vorhandener Land- und Seeflughafen.

Lit.: A. Graßmann, Lübecks P., in: Lübeck 1226. Reichsfreiheit und frühe Stadt Lübeck, Lübeck 1976. AG

Probst (lat. prepositus) ist eine ältere Form des Wortes →Propst. Im 18. und 19. Jh. ist diese Bezeichnung z.B. für die weltlichen Vorsteher der Klöster →Preetz (daher die Bezeichnung →Probstei) und →Uetersen zu finden. Auch der in Elmshorn residierende P. der Propstei →Rantzau führte diese Bezeichnung; zu seinem Hauptpastorat gehörte auch ein großes Areal, das deshalb →P.enfeld heißt. LS

Probstei heißt die Grundmoränenlandschaft an der Küste östlich der Kieler →Förde, da sie zum größten Teil seit 1226 in Besitz des Klosters →Preetz war und durch dessen →Propst verwaltet wurde. 1216 gab Gf. →Albrecht von Orlamünde dem Marquard von Stenwer die dortigen Salzwiesen und den Wald zu Lehen, in dieser Zeit begann wohl die dt. Besiedlung der P., in der vorher nur wenige slawische (→Wagrier) Dörfer lagen. Gf. Adolf IV. überließ dann dem →Kloster →Preetz einen großen Teil der P., das bis ins 14. Jh. weitere Dörfer hinzuerwarb und die P. bis 1888 besaß. Kirchorte der P. waren P.erhagen und Schönberg. Die abgelegene Lage der P. und – im Gegensatz zum adligen Umland – die freiheitlichen Verhältnisse mit erblichem Besitzrecht führten zu bäuerlichem Wohlstand und förderten eine Landschaft mit ausgeprägter Eigenart. OP

Probstenfeld Die heutige kleine Parkanlage im Zentrum →Elmshorns, die einstmals in größerer Ausdehnung zur Ausstattung des Elmshorner Hauptpastors und →Propsten der Propstei →Rantzau gehörte, war Schauplatz der sogen. Landesversammlung am 27.12.1863. Nach dem Tode Friedrich VII. am 15.11.1863 und der Amtsübernahme durch Christian IX. wollte der Ausschuß des Landeskomitees aus den Hztt. ein souveränes Großhzt. unter dem zumindest in Holst. erbberechtigten Hz. Friedrich von Augustenburg (→Augustenburger) schaffen und heizte dadurch die nationale bzw. antidän. Stimmung weiter an. Höhepunkt der Demonstration mit über 20.000 Teilnehmern war die Huldigung des Augustenburgers und seine Ausrufung zum »rechtmäßigen Landesherrn« in SH.

Lit.: Beiträge zur Elmshorner Geschichte 2, 1988, 65-72. PDC

Programm Nord SH ist durch seine verkehrliche Randlage bezogen auf →Landwirtschaft und produzierendes Gewerbe als strukturschwaches Land anzusehen. Ein Hauptthema der Landespolitik der Nachkriegsjahrzehnte bildete die Finanzschwäche und die Frage, ob das Land überhaupt lebensfähig sei. SH wurde ein Nehmerland im Rahmen des Finanzausgleichs der Länder. →Ministerpräsident Lüdemann (SPD) war 1948 schon im Vorfeld der Grundgesetzberatungen bei seinen Kollegen der anderen Länder mit dem Plan eines Bundeslandes »Unterelbe« mit → Hamburg und dem nördlichen →Niedersachsen gescheitert. Die Länderneuordnung mit der Idee des Nordstaates tritt jedoch bis in die Gegenwart immer wieder auf die Tagesordnung. Auch innerhalb SH gibt es Strukturunterschiede und ein Wohlstandsgefälle zwischen Nord und Süd. 1953 wurde auf Initiative des Ministerpräsidenten Lübke das P. aufgelegt, ein umfängliches Meliorationsprogramm, das zunächst für besonders rückständige Regionen in den Kreisen Südtondern, Flensburg und Husum, also den schl. Grenzraum, galt und damit auch als begleitende wirtschaftliche Maßnahme der kulturellen Offensive gegen die neudän. Bewegung, die den Anschluß an DK propagiert, zu verstehen war. 1960 wurde das P. auf das Gebiet der gesamten Westküste erweitert und bezog ab 1972 auch Gebiete an der Ostküste ein. Das milliardenschwere, überwiegend vom Bund, jedoch auch vom Land finanzierte Förderungsprogramm strebte drei Ziele an: Höhere Arbeitserträge der landwirtschaftlichen Betriebe, Modernisierung der Infrastruktur und Gestaltung einer gesunden Kulturlandschaft. Diese Generalbereinigung beinhaltete Landstraßen- und Wirtschaftswegebau, bessere Wasserversorgung und Abwasserentsorgung, Drainage landwirtschaftlicher Flächen, Baumaßnahmen auf den Höfen sowie Flurbereinigung. →Gem. für Gem. hoben Flurbereinigungsverfahren durch Tausch und Zusammenlegungen die unwirtschaftliche Zersplitterung von Flurstücken auf. Betriebe hatten ihr Grundeigentum in das Verfahren einzubringen und erhielten teilweise neue Flächen zurück. Insgesamt ein sehr erfolgreiches Unterfangen, das bis 1975 der Landschaft auf 600.000ha ein neues Gesicht gab und 10.000 neue Siedlerstellen schuf. Bis 1978 betrugen die Kosten 1,6 Mrd. DM. Davon profitiert die ländliche Wirtschaft insgesamt. Dörfer mit zentralörtlicher Funktion sollen eine mittelständische Struktur aufweisen, um ortsnahe Konsummöglichkeiten wie Arbeitsplätze zu bieten. Und auch die Veredelungswirtschaft wurde modernisiert, um sich auf dem gemeinsamen Markt Europas trotz Marktferne behaupten zu können. Positive Effekte stellen modernisierte Verkehrsstraßen dar, auch ein Teil der Maßnahmen zum →Küstenschutz wurde aus dem P. gefördert. Probleme der wirtschaftlichen Struktur blieben, aber die Wachstumsraten waren in den 1950er Jahren in der Regel höher als im Bundesdurchschnitt. 1960 war die Zahl der Arbeitslosen in einem Jahrzehnt von knapp 190.000 auf 12.000 gesunken, so daß in ganz SH Vollbeschäftigung herrschte. Der Anteil der →Landwirtschaft an der Gesamtproduktion des Landes nahm parallel von knapp 20 auf 12% ab, der des produzierenden Gewerbes und der Dienstleistungen von 38 auf 45% zu; Zeichen der Modernisierung, die sich weiter fortsetzt: 1996 betrug der Anteil der Landwirtschaft an der Wirtschaftsleistung des Landes schon weniger als 2%. Die Gegenwart gehört den Dienstleistungen und den High-Tech Investitionen. Aktuelle Förderprogramme unterscheiden sich daher vom bodenständigen P. UD

Propst (lat. prepositus – Vorgesetzter) ist die Bezeichnung für einen einer Gemeinschaft von Welt- oder Ordensgeistlichen vorgesetzten Geistlichen. Der Begriff kommt in SH vor: 1. bei den →Stiften und Klöstern (→Kloster) bis auf die Franziskaner-Klöster, wo die Funktion Gardian heißt, 2. bei den →Domkapiteln, 3. in nachreformatorischer Zeit bei den mehrere Kirchen (zumeist eines Amtsbezirkes oder einer Landschaft) umfassenden P.eien, die seit 1977 →Kirchenkreise heißen, 4. in nachreformatorischer Zeit bei den adligen Klöstern St. Johannis in →Schl. (Klosterp.), →Preetz und →Uetersen (als weltliche Verwalter der Ritterschaft); nur in →Itzehoe wird diese Funktion →Verbitter genannt. LS

Prove →Slawen

Provinz In →Preußen wurde seit 1815 das gesamte Staatsgebiet in P. aufgeteilt, denen jeweils ein →Oberpräsident vorstand. Sie kannten als landständische Vertretung die P.ialstände und waren in Regierungsbezirke aufgeteilt, denen jeweils ein →Regierungspräsident vorstand. Nach der →Annexion der Hztt. Schl. und Holst. wurden die Normen der preußischen Verwaltung möglichst rasch hierher übertragen. Allerdings wurde von der Bildung zweier Regierungsbezirke für die jeweiligen Hztt. abgesehen und nur ein Regierungsbezirk Schl. geschaffen, der bis 1889 vom Vizepräsidenten der P. verwaltet wurde. 1876 erfolgte die Vereinigung des Hzt. Lauenburg mit der P. Die P.ialordnung von 1875 sah die Einrichtung eines →P.iallandtages vor, wurde in SH aber erst 1889 eingeführt. Die P. konnte mittels des P.iallandtages und des →P.ialausschusses ihre P.ialverbandsangelegenheiten selbst regeln, unterstand aber der Aufsicht des Oberpräsidenten. Als Verwaltung fungierte das Landesdirektorium (Landeshauptmann, acht höhere Beamte). 1889 wurde das Gesetz über die allgemeine Landesverwaltung wirksam, das die Stellung des Regierungspräsidenten stärkte. Es sah auch die Einrichtung eines P.ialrates am Sitz des Ober- und eines Bezirksausschusses am Sitz des Regierungspräsidenten vor, die an den Geschäften der allgemeinen Landesverwaltung mitwirken sollten. Bestrebungen, die P. in zwei Regierungsbezirke aufzuteilen, scheiterten. Sitz des Oberpräsidenten war 1867-1879 Kiel, danach bis 1917 Schl. und schließlich wieder Kiel. Auf der Ebene der kommunalen Selbstverwaltung wurden gesetzliche Regelungen wie folgt getroffen: 1867 und 1892 Landgem.ordnung, 1867 und 1888 Kreisordnung, 1869 Städteordnung. Nach 1918 wurde die Selbstverwaltung der P. gestärkt. Wesentliche Einschnitte waren die Abtretung →Nordschl. 1920, die Aufhebung der →Gutsbezirke und ihre Eingliederung in die Landgem.struktur 1927/1928 und die Veränderung von Kreisgebieten 1932. In der Zeit des NS fielen die Selbstverwaltungskörperschaften weg und die P. wurde durch den Oberpräsidenten als ständigem Vertreter der Reichsregierung verwaltet. Zahlreiche Behörden wurden dem Reich unterstellt. Einschneidend waren die territorialen Veränderungen im Gefolge des →Groß-Hamburg-Gesetzes. Am 23.8.1946 wurden die P. durch die →britische Militärregierung in Länder umgewandelt. Damit endete die Stellung SH als P. und seine Geschichte als selbständiges Land (wenig später im Rahmen der Bundesrepublik Dt.) begann.
Lit.: Geschichte SH, 8/1. LS

Provinzialausschuß Seit 1889 bestand als Nachfolger des ständischen Ausschusses (→Provinziallandtag) der vom Provinziallandtag zu wählende P. aus neun Mitgliedern des Provinziallandtages, zu dem dessen Vorsitzender, der Landesdirektor und ein Vertreter des Kreises Hzt. Lauenburg kam. Der P. hatte die Verwaltung des Provinzialverbandes zu lenken. LS

Provinzialberichte Als zeittypische aufklärerische, von der Kameralistik beeinflußte Zeitschrift zur Förderung der Landeskunde enthielten die P. topographische Darstellungen und befaßten sich in Artikeln und Rezensionen mit agrar-, währungs-, handels-, sozialpolit. und volkserzieherischen Fragen. Sie wurden 1787 von A. →Niemann gegr. und von G. P. Petersen 1817-1834 fortgeführt. Mitarbeiter waren v.a. Beamte, Geistliche, Ärzte und Lehrer.
Lit.: K.D. Sievers, Volkskultur und Aufklärung im Spiegel der sh Provinzialberichte, Nms. 1970. KDS

Provinziallandtag Am 11.10.1868 trat erstmals der Vereinigte sh P. zusammen, der sich zunächst aus je 19 Vertretern des Großgrundbesitzes, der Städte und der Landgem. zusammensetzte, also landständischen Charakter hatte und auf dessen Zusammensetzung nur wenige Wähler Einfluß hatten nehmen können. Er setzte 1871 einen ständischen Ausschuß als Verwaltungsorgan ein. Ab 1875 wurden Mitglieder des P. von den Kreistagen und den Stadtverordnetenversammlungen gewählt. Die Sitzungen fanden zunächst in →Rendsburg und →Schl. statt, seit 1905 in →Kiel. An der Spitze des P. stand der zunächst vom Kg. ernannte Landtagsmarschall (bis 1890), dann wurde der Vorsitzende vom P. gewählt. Der P. nahm v.a. Selbstverwaltungsaufgaben der Provinz SH wahr (Wegebau, Volksfürsorge, Versicherungs- und Medizinalwesen, Kunst- und Wissenschaftspflege). Nach 1918 wurden die Mitglieder des P. in geheimen, freien und gleichen Wahlen von der wahlberechtigten Bev. SH gewählt. Nach 1933 verlor er seine Funktion und wurde unter britischer Besatzungsmacht nicht wieder ins Leben gerufen (→Landtag). LS

Provisorische Regierung Als erster Schritt der sh →Erhebung wurde in der Nacht vom 23. zum 24.3.1848 eine P. für die Hztt. in →Kiel gebildet. Rechtsanwalt Wilhelm →Beseler aus Schl. war Führer der nationalliberalen Zentrumsgruppe und wurde Präsident der P. sowie Minister für Innere Angelegenheiten. Klosterpropst Friedrich →Reventlow-Preetz wurde als Angehöriger der →Ritterschaft und damit des konservativen Flügels Minister der auswärtigen Angelegenheiten. Der erzkonservative Prinz Friedrich von →Noer (→Augustenburger) wurde Kriegsminister und kommandierender General der sh Truppen. Jürgen →Bremer aus Flensburg, der ebenfalls dem nationalliberalen Zentrum angehörte, wurde das Justizministerium übertragen. Dem linken (demokratischen) Flügel gehörten der Kaufmann M. T. →Schmidt aus Kiel, der das Finanzministerium übernahm, und besonders der Redakteur Theodor Olshausen aus Kiel an, der Polizei und Soziales übernahm. Neben dem Krieg gegen DK leitete die P. eine beträchtliche Demokratisierung der Hztt. ein, wobei insbesondere das Staatsgrundgesetz vom 15.9.1848 herausragt; daneben wurden soziale Reformen begonnen, die jedoch die Unruhe der Unterschichten nicht ausschalten konnten. In der Folge des Malmöer Waffenstillstandes trat die P. am 22.10.1848 zurück.

Lit.: H.-G. Skambraks, Die Entstehung des Staatsgrundgesetzes für die Hztt. SH vom 15. September 1848, in: ZSHG 84, 1960, 121-208 und 85/86, 1961, 131-242. HSH

Die provisorische Regierung vom März 1848

Punktation ist eine in einzelne Punkte gefaßte Abrede in schriftlicher Form oder ein vorläufiger (Staats-)Vertrag. Für SH ist besonders die Olmützer P. zwischen →Österreich und →Preußen vom 29.11.1850 bedeutsam geworden, in der Preußen auf seine Pläne zur Einung Dt. Verzicht leisten mußte. Durch diesen Vertrag sollten die Hztt. nötigenfalls durch gemeinsame Waffengewalt zur Unterwerfung gezwungen werden. Das war das Ende der Erhebung SH, da Preußen die Exekution des Dt. Bundes in Holst. nicht nur zuließ, sondern auch auch aktiv an ihr teilnahm. LS

Qualen (Familie) Die zu den sh Uradelsgeschlechtern (→Adel) zählende Familie Q. entstammt vermutlich slawischen Ursprüngen und dürfte aus dem Dorf Quaal bei →Segeberg stammen, von wo sie den Namen mit nach Wagrien brachte. Ihr erster Vertreter ist der 1226 genannte Dietrich. 400 Jahre besaß sie das →Gut Koselau, danach weitere 100 Jahre das Gut Siggen. In Holst. ist die Familie seit 1890 im Mannesstamm erloschen.
Lit.: H. von Rumohr, Über den holst. Uradel, in: Dat se bliven ewich tosamende ungedelt, hg. von H. von Rumohr, Nms. 1960, 101-152. LS

Quarantäne →Gesundheitswesen

Quartier →Maße

Quentin →Gewichte

Quickborner Heide →Sprengstoffindustrie

Wappen der Familie Qualen

Rabsch, Edgar →Musik

Radbruch, Gustav (geb. 21.11.1878 Lübeck, gest. 23.11.1949 Heidelberg) Der als Sohn eines Kaufmanns geborene Rechtsgelehrte gehörte zu den wenigen Juristen von Rang, die sich für die Weimarer Republik einsetzten und der als Mitglied der SPD (seit 1918) für die Demokratie in Dt. eintrat. 1922/23 war er Reichsjustizminister, danach Professor in Heidelberg. 1933 wurde er als erster Professor in Dt. amtsenthoben. 1945 wieder eingesetzt, trat er bis zu seinem Tod besonders als Rechtsphilosoph hervor. EO

Gustav Radbruch

Rahlstedt (HH) Das Ksp. R. wird 1248 erstmals erwähnt und gehört zu der Schicht der ältesten stormarnschen Kirchengründungen. Neben dem später Alt-R. genannten Kirchort gab es etwas weiter nordöstlich das bereits 1288 erwähnte Neu-R. Mit dem Anschluß an die Lübeck-Hamburger Eisenbahnlinie begann der zunächst zögernde, seit etwa 1900 rasche Wandel vom Bauerndorf zum Villenvorort (→Gartenstadt). 1927 wurden die Landgem. Alt- und Neur., Meiendorf und Oldenfelde zur Großgem. R. zusammengefaßt, die 1937 nach →Hamburg eingem. wurde. 1936 und 1938 entstanden hier zwei Kasernenkomplexe und der Truppenübungsplatz Höltigbaum, der auch von der →Bundeswehr als Brigadestandort genutzt wurde. Die rege Bautätigkeit seit den 1960er Jahren ließ die Reste der landwirtschaftlich genutzten Flächen verschwinden und eine Großstadt in der Großstadt entstehen. LS

Raiffeisenbanken →Volksbanken

Rantzau (Familie) Die R. gehörten zum sh Uradels (→Adel) und spielten in der Landesgeschichte eine bedeutende Rolle; die beiden Familienzweige trennten sich im 14. Jh. 1. Die Herrschaft →Breitenburg, gegr. von Johann R. (1462-1565), der als Feldherr 1523-1525 Kg. Friedrich I. und 1534-1536 in der →Gff.fehde Kg. Christian III. die Herrschaft in DK sicherte, vererbte sich auf seinen Sohn, den kgl. →Statthalter, als Bauherr, Büchersammler und Förderer von Lit. und Kunst berühmten Heinrich R. (1526-1598), seinen Enkel, den Statthalter Gert R. (1558-1627) und seinen Urenkel, Christian R. (1614-1663), der auch das →Amt →Barmstedt erwarb und es 1650 zur Reichsgft. R. erhöhen ließ; diese wurde jedoch 1726 vom Kg. eingezogen, nachdem Christian R. Enkel,

Johann und Heinrich Rantzau, Lithographien nach älteren Vorlagen

Das Rantzau-Gestühl in St. Nikolai in Eckernförde

Christian Detlev R. (1670-1721), einem Mord zum Opfer gefallen war, als dessen Anstifter sein Bruder Wilhelm Adolph R. (1688-1634) galt. Ein Großneffe Heinrich R. war der Maréchal de France Josias R. (1609-1650) auf →Bothkamp. Söhne des Amtmanns Gosche R. (1501-1564) auf →Dt.-Nienhof waren der Feldherr Daniel R. (1529-1569) und der →Amtmann Peter R. (1535-1602), der Erbauer der Herrenhäuser Troyburg/Trøjborg und →Ahrensburg. 2. Christian R. (1683-1729) auf Rastorf, 1727 vom Kaiser in den Gff.stand erhoben, wurde der Stammvater der gfl. Linie auf Rastorf, die 1939 im Mannesstamm ausstarb. Gf. wurde 1728 auch Christian R. Bruder, der Agrarreformer Hans R. (1693-1769) auf Ascheberg, der Vater des v.a. aus der Geschichte →Struensees bekannten Schack Carl R. (1717-1789). Aus einer anderen, auf Schack R. (gest. 1445) zurückgehenden Linie, stammten der Landmarschall Melchior R. (um 1496-1539), der durch Verhandlungen wesentlich zur Sicherung der Herrschaft Kg. Christian III. beitrug, sein Bruder Balthasar R. (um 1497-1547), der 1536 zum Bf. von Lübeck gewählt wurde, und ihr Großneffe Christoph R. (1623-1696) auf Schmoel, der durch seine Konversion und die von ihm veranstalteten →Hexenprozesse Aufsehen erregte. Ein Nachkomme Schack R. war auch Detlev R. (1689-1746) auf Ahrensburg, der 1728 in den Gff.stand erhoben und der Stammvater einer gfl. Linie wurde, die durch Heirat 1761 in den Besitz von Breitenburg und 1939 auch in den Besitz von Rastorf kam. Ihr gehörte Conrad R.-Breitenburg (1773-1845) an, der letzte dän. Staatsminister aus der sh Ritterschaft.
Lit.: Danmarks Adels Aarbog, Teil 2, 7-175, 1930. DL

Rantzau (Gft.) Das gfl.-schauenburgische → Amt →Barmstedt mit den Ksp. Barmstedt und →Elmshorn wurde nach dem Aussterben der →Schauenburger 1640 als gottorfischer Anteil des an die Landesherrschaft heimgefallenen Lehens behandelt. Ein →Drost führte die Geschäfte eines Oberbeamten. 1649 erwarb der →Statthalter Christian R. dieses Gebiet im Tausch gegen seine Güter (→Gut) Koxbüll bei →Husum und R. in Wagrien unter Zahlung von 101.000 Rtl. Im November 1650 wurde R. anläßlich einer Mission beim kaiserlichen Hof in Wien in den Reichsgf.stand erhoben. Hinfort wurde das von ihm besessene Gebiet Reichsgft. R. genannt. Der zweite Reichsgf., Detlef R., errichtete 1669 ein Testament, nach dem der →Hz. von Holst. dieses Territorium erben sollte, falls männliche Nachkommen der Reichsgf. ausblieben. 1705 versuchten die → Gottorfer, sich wieder in den Besitz des Gebietes zu bringen. Die Auseinandersetzungen zwischen Hz. und Reichsgf. einerseits und den Gottorfern andererseits hielten bis 1709 an. Nachdem der Reichsgf. Christian Detlef R. 1715 bei einem Besuch Berlins wegen »Skandals und schändlicher Lebensweise« arretiert worden war, verwaltete sein Bruder die Gft. Kurz nach der Rückkehr aus Berlin wurde der regierende Gf. 1721 im Voßlocher Gehölz (bei Barmstedt) erschossen. Unter dem Verdacht, der Anstifter des Mordes an seinem Bruder gewesen zu sein, wurde Reichsgf. Wilhelm Adolf 1722 festgenommen und 1726 zu lebenslanger Haft verurteilt. Als Gft. R. vom Hz. von Holst. eingezogen, wurde das Territorium gemäß Testament von 1669 als selbständiger Landesteil verwaltet. Seit 1726 wirkte hier ein →Administrator als Oberbeamter. Zu dem Gebiet gehörte seit 1806 auch die →Herrschaft Herzhorn, die der Administrator als →Intendant beaufsichtigte. Um 1850 hatte R. ca. 95km².
Lit.: M.H.T. Rauert, Die Gft. R., Altona 1840. LS

Rantzau 1. (PLÖ) Der Adelshof R. ist wahrscheinlich der namengebende Herkunftsort der →R. (Familie), der 1226 als Rantzow erwähnt wird. 1550 erwarb ihn Heinrich R., der hier 1592 einen Prachtbau mit Wandelhallen, Prunkgemächern, Statuen, Gemälden und anderem Wandschmuck, umgeben von einem Garten, beides in italienischer Mode ausgeführt, errichten ließ. Später kam R. in den Besitz des Fürstbf. von Lübeck (1740-1751). Seit 1760 gehört es den Gff. Baudissin-Zinzendorf. Nach dem 2.WK wurde hier ein Trakehner-Gestüt (→Pferdezucht) gegr.
2. (PI) Im 12. und 13. Jh. war R. Standort einer Burg der Ritter von Barmstede auf einer inselartigen Erhebung in den sumpfigen Krückauwiesen. Nach dem Aussterben der R. diente die Burg als Sitz des →Amtes →Barmstedt und Gerichtsort der Gf. von Holst. – Haus Barm-

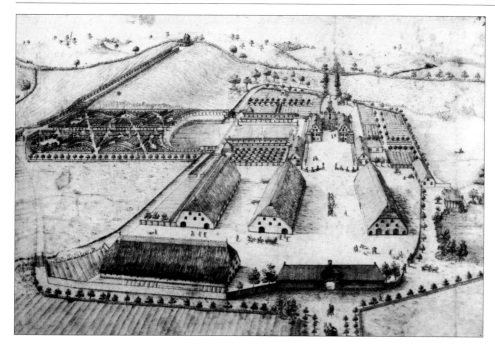

Gut Rantzau im 18. Jh.

stede genannt. 1649-1726 war R. zeitweilige Residenz der Reichsgff. von R., wobei es nach deren Familiennamen Haus R hieß. Danach war R. bis 1864 Sitz des kgl. dän. →Administrators der Gft. R., nach 1879 des Amtsgerichts R. Heute stellt die Gebäudegruppe ein denkmalgeschütztes Ensemble (u.a. mit →Herrenhaus) dar.
3. (Ort) Der heutige Ortsteil von Barmstedt (PI) war zunächst Amtssitz, Gerichtsort und Verwaltungsmittelpunkt der →Schauenburger Gff. und wurde Haus Barmstede genannt, dann nach dem Familiennamen der Gff. Rantzau Haus R., was sich vom Ortsnamen R. (PLÖ) herleitet. Im 12. und 13. Jh. war R. Standort einer Burg der →Ritter von Barmstede auf einer inselartigen Erhebung in den sumpfigen Krückauwiesen. 1649-1726 war das →Schloß zeitweilig Residenz der Reichsgff. von R., dann bis 1864 Sitz des →Administrators der Gft. R. und nach 1866 Sitz des Amtsgerichts R. Heute besteht das denkmalgeschützte Gebäudeensemble (u.a. Herrenhaus) auf drei ehemaligen Inseln in landschaftlich reizvoller Lage am 1934-1937 durch den →Reichsarbeitsdienst durch Aufstauung der →Krückau geschaffenen Rantzauer See.
Lit.: M.H.T. Rauert, Die Gft. R., Altona 1840 (Nachdruck: Elmshorn 1983); H. Dössel, Stadt und Ksp. Barmstedt, Barmstedt 1936-1938. PDC

Rantzau, Breda →Statthalter

Rantzau, Christian →Statthalter

Rantzau, Christian Graf zu →Landwirtschaftskammer

Rantzau, Detlef →Statthalter

Rantzau, Gert →Statthalter

Rantzau, Hans Caspar Graf zu →Landwirtschaftskammer

Rantzau, Heinrich →Statthalter

Rantzau, Johann →Statthalter

Rantzau, Johann Graf zu →Landwirtschaftskammer

Raps Heute ist man geneigt, den R. als landestypische Ackerfrucht SH zu betrachten, weil die starke Zunahme des Anbaus dieser Frucht insbesondere im Mai jeden Jahres durch das leuchtende Gelb der Blüten zu dem als schön empfundenes Farbbild der Agrarlandschaft beiträgt. R. kam aber – abgesehen von einigen Versuchen des Steinburger Amt-

Rat

Rapsanbau

Ratekau

Die Kirche von Ratekau

mannes Detlev →Rantzau vor 1620 und deren Aufnahme im Amt Steinburg am Ende des 17. Jh. – erst am Ende des 18. Jh. in Gebrauch. Noch 1820 schrieb A. von Lengerke: »Weil der Rapsbau bei uns nicht lange im Gange ist ..., so ist man hier auch noch nicht recht mit sich darüber einverstanden: ob die jetzt in SH fast allgemein gebräuchliche Methode die zweckmäßgste Art des Einerntens sey oder nicht?« Der R.anbau hat sich dann besonders im 20. Jh. immer mehr ausgebreitet und insbesondere nach 1970 stark zugenommen: Betrug die Ernte noch 1937/42 durchschnittlich 12.000t pro Jahr, so waren es 1960/65 schon 54.000t, 1975/80 174.000t und 1998 305.760t. LS

Rat 1. Seit der zweiten H. des 14. Jh. bildete sich bei den Landesherren das nicht fest institutionalisierte R.gremium heraus, dem bedeutende Vertreter der →Ritterschaft angehörten, die dann auch als R. bezeichnet wurden. Erst im 16. Jh. traten zu den adligen Räten auch bürgerliche, die juristisch ausgebildet waren. Im 17. Jh. wurde der R. fest und seine Mitglieder trugen den Titel Landr. Aus dem R. bildete sich der ratgebende, schließlich in landesherrlichem Namen agierende (geheime) Conseil, von dem der Titel Geheimr. abgeleitet ist.
2. Die mit lübischem Recht (→Stadtrecht) begabten Städte (→Stadt) wurden durch ein zunächst wohl vom Landesherren eingesetztes, dann sich aber selbst ergänzendes Kollegium, den R., regiert. Auch in den Städten Schl. gab es den R. Dem R. gehörten je nach Größe der Stadt sechs bis 24 Ratmannen (→Ratmann) auf Lebenszeit an, aus deren Mitte ebenfalls auf Lebenszeit zwei (in →Lübeck und →Hamburg vier) →Bürgermeister gewählt wurden. Der R. agierte kollektiv als Stadtregierung, aber auch als die Stadt repräsentierendes Gremium, wobei es durchaus zu einer Differenzierung der Ämter kommen konnte. In der Regel wurden wenigstens zwei R.mannen auf zwei Jahre als →Kämmerer bestimmt. Der R. nahm im 16., v.a. im 17. Jh. gern die Bezeichnung →Senat an. Im 19. Jh. setzte sich die Bezeichnung →Magistrat für den R. durch, die dann in preußischer Zeit vorgeschrieben wurde. Nun war der R. von den wahlberechtigten Bürgern zu wählen. LS

Ratekau (OH) wird bereits im 12. Jh. als Vorort eines →Gaues der →Wagrier erwähnt. Um 1156 wurde die Kirche gegr., deren Feldsteinbau aus der Zeit um 1200 heute zu den beindruckendsten in SH zählt. 1366 verkauften die →Ritter von Buchwald das Dorf an den Lübecker →Bf. Bertram Cremon. Das Kirchenpatronat blieb aber beim Gf., was zu jh.langem Streit führte. Am 7.11.1806 kapitulierte der preußische General von Blücher in R. vor den frz. Truppen. R. hat heute knapp 14.700 Einw. OP

Ratibor →Polaben, →Slawen

Ratmann 1. Die Angehörigen des Rates (→Rat) in den Städten der Hztt. in MA und Früher Neuzeit bezeichneten sich bis weit in das 16. Jh. hinein als R. (mnd. radmanne). Erst dann nahmen sie Bezeichnungen wie Ratsherr, Senator oder Konsul, später auch →Ratsverwandter an. 2. Die Gem.repräsentanten in →Nordfriesland wurden während des MA und der Frühen Neuzeit als R. bezeichnet. In →Eiderstedt nannte man die Urteiler im Gericht R. LS

Ratsverwandter ist die frühneuzeitliche Bezeichnung für die Mitglieder des städtischen Rates (→Rat). LS

Ratz, Karl →Landtagspräsident

Ratzeburg (RZ) ist Kreisstadt des Kreises Hzt. →Lauenburg. Der Ursprung R. war eine 1062 erstmals erwähnte slawische Burganlage. Durch die Gründung der Gft. und des →Bt. Ratzeburg unter →Heinrich dem Löwen entwickelte sich die durch ihre Insellage gekennzeichnete Siedlung zum weltlichen und geistlichen Mittelpunkt der Region. Zwischen 1165 und 1220 entstand als romanischer Backsteinbau der Dom, das bedeutendste Bauwerk R. Im abseits der wichtigen Handelswege erbauten Stadt erlangte nur die Brauerei (→Bier) größere wirtschaftliche Bedeutung. Nach dem Aussterben der askanischen (→Askanier) Herrscher des Hzt. Sachsen-Lauenburg (1689), die 1619 ihren Regierungssitz nach R. verlegt hatten, wurden unter Georg-Wilhelm von Lüneburg-Celle das →Schloß abgebrochen und die Befestigungsanlagen der Stadt erheblich ausgebaut. Christian V. von DK ließ daraufhin 1693 R. belagern. Der Neuaufbau der durch die Beschießung fast völlig zerstörten Stadt erfolgte schachbrettartig nach barockem Muster. Im 19. Jh dehnte sich R. auf das Ost- und Westufer des R. Sees aus. Durch den Zustrom von Evakuierten, →Flüchtlingen und Vertriebenen verdoppelte sich die Bev.zahl der im 2.WK unzerstörten Stadt auf etwa 13.000 Einw. Die Lage in unmittelbarer Nähe der →Zonengrenze (1945-1989) brachte erhebliche stukturelle Probleme mit sich. R. hatte 1999 ca. 13.100 Einw.

Lit.: H.-G. Kaack, R. Geschichte einer Inselstadt, Nms. 1987. CL

Ratzeburg (Bt.) Infolge der Teilung der Diözese →Oldenburg wurde das B. 1154 von →Heinrich dem Löwen zur Festigung des

Ratzeburg

Ratzeburg um 1588, Kupferstich von Gerdt Hane

Christentums in Nordelbien gestiftet, nachdem er im gleichen Jahr von Kaiser Friedrich das Kg.recht der Bf.investitur erhalten hatte. Erster Bf. des Bt. wurde der Prämonstratenser Evermod, der in seiner Amtszeit bereits

Ratzeburg

den Dombau in R. initiierte. Das B. umfaßte im Wesentlichen das Kernland Boitin und die Länder R., Wittenburg, Gadebusch, Dassow, Wehningen, Sadelbande und Boizenburg. 1158 wurden die Rechte und Besitzungen des B. durch den Papst in einem Privileg bestätigt. 1554 überließ der damalige Bf. das B. dem Hz. von Mecklenburg, welcher die Reformation einführte. Infolge des Westfälischen Friedens 1648 wurde das B. säkularisiert und kam als weltliches Reichsfürstentum R. an das Hzt. Mecklenburg. 1701 gelangte es infolge des Hamburger Vertrages an Mecklenburg-Strelitz. Erst das →Groß-Hamburg-Gesetz 1937 veranlaßte die territoriale Eingliederung der Domhalbinsel R. in das lauenburgische Kreisgebiet.
Lit.: G.M.C. Masch, Geschichte des Bt. R., Lübeck 1835. CB

Ratzeburg (Amt) Im 18. Jh. mit etwa 270km² größtes der fünf lauenburgischen Ämter im Nordosten des →Hzt. Lauenburg gelegen. Das A. war in die Amtsvogteien Mölln und R. gegliedert. Nach dem Übergang der Hztt. an →Preußen wurden die Ä. zum 1.1.1873 aufgehoben und in Landvogteien umgebildet, die allerdings nur bis zur Kreisreform von 1889 Bestand hatten. CL

Raumplanung SH gehört zu jenen Bundesländern, in denen nach dem 2.WK relativ früh Raumplanung betrieben wurde. 1946 kam es zur Einrichtung eines Landesplanungsamtes. Die Landesplanung wurde der Landes- bzw. Staatskanzlei und damit dem →Ministerpräsidenten direkt zugeordnet. 1961 erhielt SH ein eigenes Landesplanungsgesetz, der Landesplanungsrat wurde konstituiert. Den ersten Raumordnungsbericht legte die Landesregierung 1965 vor; den ersten Raumordnungsplan 1969. Weiter ausdifferenziert wurde die R. durch das zweite Landesplanungsgesetz 1971, ergänzt um das Landesentwicklungsgrundsätze-Gesetz. Ein frühzeitiger Schwerpunkt der Raumplanung wurde – neben anderen städtischen Ballungsräumen und strukturschwachen Regionen (→Programm Nord) – das →Hamburger Umland. Hier kam es mit →Hamburg ab 1955 (Gründung des Gemeinsamen Landesplanungsrates) zu einer länderübergreifenden R. Verfeinert wurde das planerische Instrumentarium durch Regionalpläne (zunächst sechs, später fünf) und die in den 1970er Jahren eingeführten Kreisentwicklungspläne. NF

Realschule →Schule

recepti →Adel

Rechensmann Die Gem.vorsteher der östlichen →Harden des →Amtes →Gottorf wurden R. genannt. LS

Rechtsgebiet SH zeichnete sich bis zur reichsweiten Vereinheitlichung des Rechts (1879-1900) durch eine ungewöhnlich große Zahl unterschiedlicher R. aus. Sie wurden im 16. Jh. mehr und mehr durch das Gemeine Recht hinterlagert, das ein Gemenge aus dem römischen, dem kanonischen und verschiedenen germ. Rechten darstellte. In Holst. galt in der Regel das →Sachsenrecht, wie es im 13. Jh. im Sachsenspiegel niedergelegt war. Ausnahmen bildeten die Städte (→Stadt), in denen →Lübisches Recht galt, →Dithm. mit Dithm. →Landrecht und die ehem. Gft. →Pinneberg, in der Gemeines Recht wirksam war. In den →Elbmarschen hatte sich in Teilen das Land- und Marschrecht erhalten, während in den Ämtern →Nms. und →Bordesholm noch die Nms. Ksp.- und Bordesholmischen Amtsgebräuche angewendet wurden. In Holst. als Territorium des alten Dt. Reiches galten auch die Reichsgesetze und sonstigen Reichsrechte (z.B. die Peinliche Halsgerichtsordnung Karl V., die Carolina, von 1532). Dabei stand das Gemeine Recht stets subsidiär hinter den Partikularrechten. In Schl. gab es v.a. das große R. des →Jyske Lov (Jütisches Gesetz), das als subsidiäres Recht auch hinter folgenden Spezialrechten stand: Lübisches Recht für Tondern/Tønder und →Burg/Fehmarn, Stadtrechte für →Schl., →Flensburg und →Eckernförde, Fehmarnsches Recht und Stapelholmer Konstitution. Daneben bildete das Friesische Recht (Nordstrander Landrecht) ein eigenständiges R., dem weder das Jyske lov noch das Gemeine Recht subsidiär waren. Schließlich gab es noch die Rechte mit subsidiärer Wirkung des Gemeinen Rechtes: das Eiderstedter Landrecht und die Stadtrechte von →Husum und →Friedrichstadt.

Lit.: O. Kähler, SH Landesrecht, Glückstadt ²1923. LS

Reet ist getrocknetes, gebündeltes Schilfrohr, das in SH häufig zum Dachdecken benutzt wird. Man gewinnt es heute v.a. in süd- und osteuropäischen Seen (Österreich, Polen, Türkei, Ungarn). Nach dem Schneiden und Trocknen erfolgt eine Imprägnierung und Bündelung der Halme. R. ist ein gutes Isoliermittel.

Mit Draht und zwei etwa fingerdicken Nadeln werden die R.bündel aufeinander genäht, bis eine rund 40cm dicke Schicht die Sparren des Dachgerüsts bedeckt. Ein geübter Arbeiter schafft dabei rund 1m² in der Stunde. Ein fachgerecht gedecktes Dach aus gutem Material hält je nach Wetter-/Windseite 20 bis 100 Jahre.

Lit.: W. Schattke, Das Reetdach, Schl. 1981. HK

Reformation Zu Beginn der 1520er Jahre erreichte die seit 1517 virulente r. Bewegung, die ihren Ausdruck in der offensiv vorgetragenen Kirchenkritik Martin Luthers fand, auch die Hztt. Die Reichsacht über Luther und seine Anhänger von 1521 konnte das Vordringen der neuen Auffassung von der Vergebung der Sünden und dem Verhältnis des Individuums zu Gott nicht hemmen. Zunächst wurden die Städte von der neuen Lehre erfaßt: 1521 →Hamburg, 1522 →Lübeck und →Husum, →Oldesloe 1525, 1526 →Flensburg, 1527 →Wilster, →Krempe, →Itzehoe und →Kiel; danach die anderen Städte. Die lutherischen Prediger fanden Unterstützung im Hz. von Schl. und Holst. Christian, dem späteren Kg. Christian III. Doch auch in →Dithm. kam es nach dem gewaltsamen Tod des lutherisch beeinflußten Predigers Heinrich von Zütphen 1524 zu stärker werdender reformatorischer Predigt, schließlich 1533 zur Durchsetzung der R. Um 1530 hatte sich die R. in den Städten durchgesetzt (Hamburg 1529, Lübeck 1530/31). Die kirchlichen Institutionen wurden 1526 erstmals massiv zu →Steuern herangezogen; auf den →Landtagen kam es zu kritischen Äußerungen über den Reichtum und die Pfründenpraxis des Klerus. Einige Adlige – wie Johann →Rantzau – standen der R. aufgeschlossen gegenüber, andere lehnten sie strikt ab. Die Reformmaßnahmen, die Hz. Christian in Schl. massiv vorantrieb (→Haderslebener Artikel), schufen auch auf dem Lande den Durchbruch der R. Schon in den 1530er Jahren waren die Bettelklöster aufgehoben worden, ab 1541 ging es an die Abwicklung der Feldklöster. Doch erst nach dem Tode des einflußreichen Bf. von Schl., Gottschalk von →Ahlefeldt, 1541 wurde auf dem Landtag zu →Rendsburg 1542 die neue, von →Bugenhagen formulierte →Kirchenordnung angenommen und damit

Titelseite der sh Kirchenordnung von 1524

Dachdecken mit Reet

Heinrich von Zütphen, Ölgemälde des 16. Jh.

die R. durchgesetzt. Nur die Territorien Holst.-→Pinneberg und Sachsen-→Lauenburg blieben noch längere Zeit altgläubig. In Pinneberg wurde erst 1561 die mecklenburgische Kirchenordnung angenommen; in Sachsen-Lauenburg kam es erst 1585 zur Annahme der evangelischen Kirchenordnung. Eine Folge der R. war die Zerschlagung des kirchlichen Gutes, insbesondere des Grundbesitzes, den sich v.a. die Landesherren aneigneten, nur zu einem wesentlich kleineren Teil der Niederadel.
Lit.: Sh Kirchengeschichte 3, 1982; W. Prange, Landesherrschaft, Adel und Kirche ... 1523 und 1581, in: ZSHG 108, 1983, 51-90. LS

Regalien (lat. iura regalia) sind die dem Kg. vorbehaltenen Rechte. Für SH von besonderer Bedeutung waren das Stromregal für die →Elbe, das von →Hamburg im Spätma. beansprucht wurde und erst 1628 durch kaiserliche Privilegierung tatsächlich Hamburgs Herrschaft auf dem Strom brachte, und das kgl. Recht auf die Anwachslande an der Westküste (→Marsch). Auch die Nutzung der Bodenschätze und der Forsten gehörte zu den R. Der Zerfall der Macht des Kg. im spätma. Dt. führte zum Übergang zahlreicher R. auf die Landesherren. LS

Regent nannten sich seit 1510 die Mitglieder des Kollegiums der 48 Ratgeber, die im Auftrag der Landesversammlung →Dithm. quasi eine Regierung bildeten. Diese Institution endete mit der Niederlage von 1559. LS

Regierung 1564, bei Abtretung eines Drittels des kgl. Anteils der Hztt. an Hz. Johann den Jüngeren, wurde für den Bereich der Güter und Klöster sowie für die Städte eine →Gemeinschaftliche R. der Hztt. eingerichtet, die jahrweise von einem der Landesherren geführt wurde, bis 1585 ein Landkanzler die Geschäfte im Dienste der beiden Hzz. wahrnahm. Die R.- und Justizkanzlei für beide Hztt. seines Anteils ließ Friedrich III. 1648 in →Flensburg errichten und 1649 nach →Glückstadt verlegen. Bei der Verwobenheit von Verwaltung und Rechtspflege, die in SH erst ab 1834 aufgehoben wurde, war sie sowohl die Mittelinstanz der Landesverwaltung wie auch das Obergericht für die Hztt. kgl. Anteils. 1713 wurde das schl. Obergericht in →Gottorf eingerichtet, so daß die Glückstädter Behörde nur für Holst. zuständig blieb. In den gemeinschaftlichen Angelegenheiten (also die Gutsbezirke betreffend) mußte sie sich bis 1773 mit der Holst.-Gottorfischen R.-Kanzlei in →Kiel abstimmen. Dann gingen die Befugnisse der letzteren auf die Glückstädter Behörde über, die jetzt Holst. Landesr. hieß. 1834 verloren die Obergerichte ihre R.funktion und wurden zu reinen Justizbehörden zweiter Instanz, während die Verwaltung auf die kgl. sh R. in Gottorf überging. Diese mußte 1848-1850 ihre Tätigkeit unterbrechen, als die →Provisorische R. die Verwaltung der Hztt. an sich zog. Mit der Ausgliederung Holst. und →Lauenburgs aus dem Rumpf-Gesamtstaat 1863 erhielt für kurze Zeit die holst. R. in →Plön (eingerichtet 12.11.1862) Bedeutung. Die von den Kommissaren des Dt. Bundes 1863 in Kiel errichtete »Hzl. Landesr.« wurde von den Siegern des 2. →Schleswigschen Krieges mit Beginn des Jahres 1865 aufgelöst und durch eine Oberste Zivilbehörde ersetzt. In der Zeit als →Provinz gab es einen R.bezirk Schl. mit einem R.präsidenten (seit 1889), der der R. in →Schl., später →Kiel vorstand. Erst nach Ende des 2.WK wurde im November 1946 eine →Landesr. von der britischen Besatzungsmacht ernannt, die nach den ersten Landtagswahlen am 20.4.1947 durch eine Landesr. auf parlamentarischer Grundlage ersetzt wurde. LS

Regierungspräsident 1867 wurde die preußische Provinzialverwaltung in der neuen Provinz SH gültig: Neben dem →Oberpräsidenten sowie der provinziellen Selbstverwaltung arbeitete fortan die →Regierung mit dem R. seit 1889 an der Spitze. Sitz war →Schl. Als Entgegenkommen gegenüber den einheitsbetonenden SH gab es nur einen R.bezirk. R. als eigentliche preußische Mittelinstanz verkehrten unmittelbar mit den preußischen Ministerien. Ihr Aufgabengebiet erstreckte sich auf alle Verwaltungsfragen, die regional zu beschränken und nicht gesonderten Behörden zugeordnet waren. Vereinfacht dargestellt: Der R. verfügte neben der allgemeinen über Abteilungen für Kirchen und Schulen sowie eine Landwirtschaftsabteilung. Ihm nachgeordnet waren u.a. die →Landräte, Oberbürgermeister (→Bürgermeister), Polizeibehörden (→Polizei), Schulräte, die staatlichen Bauämter, Gewerbeaufsicht und Deichverbände. Das Amt des R. war das höchste der preußischen Verwaltungskarriere. Es blieb in SH auch nach der Revolution 1918 und eingeschränkt nach der NS-Machtübernahme 1933 eine Bastion der nationalkonservativen Karrierebeamten. Es waren:

Regierungspräsident	Amtsdauer
Gustav Zimmermann	1889-1901
Oskar von Dolega-Koszierowski	1901-1909
Hans Ukert	1909-1915
Gustav Schneider	1915-1919
Heinrich Pauli	1919-1920
Dr. Adolf-Harald Johanssen	1920-1928
Dr. Waldemar Abegg	1928-1933
Anton Walltorh	1933-1937
Wilhelm Hamkens	1938-1944
Waldemar Vöge	1944-1945
Werner Mensching	1945

Lit.: K. Friedland, K. Jürgensen, Grundriß zur dt. Verwaltungsgeschichte 1815-1945, Bd. 9, SH, Marburg 1977. UD

Regionalplan →Raumplanung

Register (lat. registrum) wurde seit dem späten 15. Jh. die Steuerliste genannt, sei es die von den Ämtern (→Amt) geführte →Bede (→Bede), sei es die städtische Schoßliste (→Steuer). Später engte sich der Begriff auf die Einnahmelisten der Ämter, u.a. die Brüchliste (→Brüche) ein. »Zu Register bringen« war der im 18. und 19. Jh. übliche Ausdruck für »eine amtliche Einnahme verzeichnen«. LS

Rehbein, Franz August Ferdinand (geb. 5.3.1867 Neustettin, gest. 14.3.1909 Berlin) war Sohn eines Flickschusters und einer Waschfrau. 1881 kam er als Sachsengänger (Saisonarbeiter) nach SH und arbeitete als Hütejunge, Knecht sowie als Tagelöhner. R. schloß sich der →Arbeiterbewegung an, wurde Lokalberichterstatter des »Vorwärts« in Berlin und 1907 Hilfsarbeiter bei der Generalkommission der Gewerkschaften Dt. R. verfaßte eine viel beachtete Autobiographie.
Lit.: F. Rehbein, Das Leben eines Landarbeiters, hg. und mit einem Nachwort von U.J. Diederichs, H. Rüdel, Hamburg ²1987. JB

Reichsarbeitsdienst (RAD) Der am Ende der Weimarer Republik geschaffene freiwillige Arbeitsdienst (FAD) wurde durch Gesetz ab 1935 für die männliche, ab 1939 für die weibliche Jugend Pflicht. Mit dem R. sollten für die Allgemeinheit erwünschte Arbeitsaufgaben kostengünstig gelöst werden. In der ns Ideologie erzog der R. »die dt. Jugend ... zur wahren Arbeitsauffassung, v.a. zur gebührenden Achtung vor der Handarbeit«. SH gehörte mit →Hamburg zum Arbeitsgau VII, in dem die R.-Gruppen 70 bis 75 mit jeweils 6 bis 9 Abteilungen in 37 Lagern über das Land verteilt tätig waren. Das R.-Hauptmeldeamt für den Bezirk befand sich in →Altona, Meldeämter in →Nms., →Rendsburg und →Schl. Eine Bezirksschule lag in →Rendsburg. Der Frauenarbeitsdienst, der sich parallel zum Mädel-Landjahr entwickelte und in Konkurrenz mit ihm stand, gehörte dem Bezirk 3 (Nordmark) mit Sitz in Schwerin an; zu ihm gehörten neben SH auch Mecklenburg, Hamburg, Harburg, das Land Hadeln, Stade und Cuxhaven. 1936 gab es hier 33 Frauenarbeitsdienstlager, von denen 6 in SH lagen. Während der weibliche R. v.a. Unterstützung der bäuerlichen Bev. in der Hauswirtschaft und soziale Dienste in den Städten bot, war der männliche durchweg mit Erd- und Bauarbeiten beschäftigt. So sind etwa der kleine See in →Barmstedt oder ein Teil der Anlagen im Stadtpark von →Elmshorn (Butterberg) auf den Arbeitseinsatz des RAD zurückzuführen.
Lit.: A. und J.-P. Leppien, Mädel-Landjahr in SH, Nms. 1989. LS

Reichspostreuter →Altona, →Zeitungen

Reichsregierung Dönitz Großadmiral Karl Dönitz (1891-1980) wurde am 30.4.1945 von Hitler zu seinem Nachfolger als Reichspräsident und Oberbefehlshaber ernannt. Vor den vorrückenden alliierten Truppen wich D. nach →Flensburg-Mürwik aus. In seinem Auftrag bildete der frühere Reichsfinanzminister Schwerin

Reinbek

Die Verhaftung der Regierung Dönitz

Das Schloß Reinbek

von Krosigk eine geschäftsführende Reichsregierung. Angesichts der aussichtslosen militärischen Lage vollzog die R. am 4.5.1945 eine Teilkapitulation im Nordraum und am 8.5.1945 die Gesamtkapitulation. Am 23.5.1945 wurden D., die verbliebenen Militärs und das Kabinett in Flensburg verhaftet.

Lit.: H. Kraus, Karl Dönitz und das Ende des Dritten Reiches, in: Ende des Dritten Reiches – Ende des 2.WK. Eine perspektivische Rückschau, hg. von H.-E. Volkmann, München 1995, 1-23. PW

Reinbek (Amt) Das Amt R. ist im wesentlichen aus dem Gebiet des ehemaligen →Klosters R. gebildet worden, das 1528 vom Konvent an den Kg. verkauft worden war. 1544 zu →Gottorf gekommen, gelangte es 1773 wieder in kgl. Besitz. Es verkleinerte sich seit 1544 durch Verkäufe an →Hamburg, →Lauenburg und →Wandsbek, vergrößerte sich allerdings durch ehemaligen hamburgischen Domkapitelsbesitz. Das Amtsgebiet war arrondiert bis auf das Kirchdorf Siek, das eine Exklave bildete. Der Sitz des Amtes war das →Schloß R. Das Amt wurde gemeinsam mit den Ämtern →Trittau und →Tremsbüttel von einem →Amtmann verwaltet und hatte um 1850 ca. 115km². 1867 wurde das Amt R. einer der Hauptbestandteile des →Kreises →Stormarn. LS

Reinbek (Kloster) 1226 wurde in Hoibeke (Mühlenbek) an der Bille ein Zisterzienserinnenkloster gegr. – der Initiator ist unbekannt –, das bald nach Köthel und um 1250 endgültig nach Hinschendorf, dem späteren R., verlegt worden ist. Es war wohl als Versorgungsstätte für Töchter aus dem Hamburger Bürgertum sowie des lauenburgischen Adels vorgesehen. Um 1336 lebten hier 60 Nonnen. Das Kloster erwarb Besitz in →Holst., →Lauenburg und →Mecklenburg und unterhielt enge Beziehungen zur Stadt →Hamburg und zum Hamburger →Domkapitel. Im Zuge der →Reformation wurde es bereits 1529 von den Nonnen verlassen. 1534 brannten die Klostergebäude ab; an fast derselben Stelle entstand um 1585 das landesherrliche Schloß.

Lit.: H. Heuer, Das Kloster R., Nms. 1986. OP

Reinecke, Carl Heinrich Carsten (geb. 23.6.1824 Altona, gest. 10.3.1910 Leipzig) Bereits im Alter von elf Jahren debütierte R. als Pianist. 1846 wurde er in Kopenhagen zum Hofpianisten Christian VIII. ernannt. Konzertreisen führten ihn sein Leben lang durch ganz Europa. Nach wechselnden Anstellungen übernahm er 1860 in Leipzig die Leitung der Gewandhauskonzerte. Am Konservatorium bildete R., hochgeachtet und einflußreich, eine ganze Generation von Pianisten und Komponisten aus. Sein umfangreiches Œuvre steht stilistisch zwischen dem von Robert Schumann und Johannes Brahms. R. betätigte sich auch als Musikschriftsteller.

Lit.: K. Seidel, R. und das Leipziger Gewandhaus, Hamburg 1998. MKu

Reinfeld (Amt) Das →Amt R. ist im wesentlichen aus dem Gebiet des ehemaligen →Klosters R. gebildet worden, das 1582 säkularisiert wurde und in diesem Jahr an Hz. Johann den Jüngeren von Sonderburg fiel; es wurde nun als Amt bezeichnet und durch das 1599 angekaufte →Gut Wulfsfelde vergrößert. 1671 wurden drei Dörfer an das Amt →Rethwisch abgegeben. 1761 fiel R. nach Aussterben der Plöner Linie an den Kg. zurück. Seither hatte es zusammen mit den Ämtern →Traventhal und →Rethwisch einen →Amtmann, der allerdings in Traventhal wohnte. Der →Amtsverwalter wohnte hingegen in R. Zum Amt gehörten 26 Dörfer; 1855 hatte es eine Fläche von etwa 125 km^2 und stellte 1867 bei der Bildung des →Kreises →Stormarn einen der territorialen Kerne dar. LS

Reinfeld (Kloster) wurde von Zisterziensermönchen aus Loccum auf Initiative Gf. Adolf III. (→Schauenburger) 1186/89 in der Heilsauniederung zwischen Herren- und Schulsee gegr. und blieb bis 1419 dem Bf. von Lübeck, ab 1517 dem Bf. von Schl. unterstellt. Durch Schenkungen, Kauf und Tausch erwarb das Kloster umfangreichen Besitz in →Holst., →Lauenburg, →Mecklenburg und Pommern sowie wertvolle Salinenanteile in Lüneburg. Seine engen Beziehungen zu →Lübeck sowie seine Fischzucht, Land- und Waldwirtschaft vergrößerten die Wirtschaftskraft des Klosters, die nicht zuletzt durch die geschickte Leitung einzelner Äbte gefördert wurde. R. wurde damit zum bedeutendsten Kloster dieses Ordens in SH. Der Konvent umfaßte mehr als 60 Mönche. Trotz seines Reichtums und polit. Einflusses konnte das Kloster den Einzug seines Besitzes durch die Landesherren und den Rückgang seiner Konventsmitglieder nicht verhindern und wurde 1582 durch Kg. Friedrich II. in ein →Amt umgewandelt. Die Klosterkirche aus Backstein wurde 1236 geweiht und 1636 zusammen mit dem Rest der bereits im Zuge der Säkularisierung abgebrochenen Klostergebäude bei einem Bruch des Herrenseedamms zerstört.
Lit.: K. Reumann, R., in: Germania Benediktina 12, St. Ottilien 1994, 586-603. OP

Reinkingk, Dietrich →Glückstädter Kanzlei

Rekognition war eine geringe Abgabe, die nur als Anerkennung eines bestehenden Rechtsverhältnisses gewertet wurde. LS

Relations-Courier →Altona

Rellingen (PI) gehörte zu den sog. Urksp. (→Christianisierung) in →Holst.; eine erste Feldsteinkirche wird 1255 erwähnt. Ihren runden Turm verband der Baumeister Cai Dose aus Schl. 1754/56 mit einem achteckigen Zentralbau aus Backstein und einem Walmdach, das durch eine Laterne einen kuppelartigen Charakter erhielt. Das Bauwerk gilt als außergewöhnliche Leistung des spätbarocken →Kirchenbaus in →Nordelbingen. OP

Die Kirche in Rellingen

Rendsburg (RD) geht zurück auf eine Burganlage auf einer Insel am Eiderübergang (→Eider) im Verlauf des nord-südlichen →Heerweges durch SH, die bereits Ende des 11. Jh. von Dän. errichtet wurde. Dieser ältere Vorgänger diente dem Gf. Adolf II. von Holst. zur Anlage einer Grenzburg (ca. 1150), die mit dem dt. Adligen Reinhold besetzt wurde. 1199 wird sie als »castrum Reinholdesburch antiquum« erwähnt. 1200-1255 in dän. Hand, kam sie dauerhaft an die Gf. von Holst., die die Stadtsiedlung im Schatten der Burg förderten. Eine Kirche war bereits vor 1245 auf dem höchsten Platz der Insel angelegt worden; 1253 zuerst als Stadt bezeichnet, dürfte die Siedlung kurz zuvor mit →Lübischem Recht bewidmet worden sein.

Rendsburg

Rendsburg

Paradeplatz in Rendsburg

Rendsburg um 1580, Stich von Braun und Hogenberg

R. blieb in der Folgezeit Hauptstützpunkt der Gf. von Holst. im Kampf um den Einfluß auf Schl. und entwickelte einen nicht unbeträchtlichen Transithandel zwischen →Ost- und →Nordsee unter Stützung auf →Kiel. Unter Gf. Heinrich I. (1258-1304) wurde R. Herrschaftsschwerpunkt der sog. Rendsburger Linie der →Schauenburger, aus der auch Gerhard III. (ca. 1293-1340) hervorging, der R. 1339 das Stadtrecht bestätigte und das Stadtfeld beträchtlich vergrößerte. Die Burg verlor Bedeutung, als Gf. Gerhard VI. 1386 mit dem Hzt. Schl. belehnt wurde und →Gottorf wichtiger wurde; sie blieb aber Sitz des →Vogtes (später →Amtmannes) über das →Amt R. Im 16. Jh. war R. aufgrund seines Handwerksbesatzes und seiner Kaufmannschaft bedeutend genug, um als Landesfestung nach den neuesten fortifikatorischen Gesichtspunkten ausgebaut zu werden (1536-1541). Dabei wurde auf dem nördlichen Eiderufer der Vorort Findeshir (später Vinzier) in der Nachbarschaft des alten Kirchorts Kampen angelegt. Die Bedeutung der Stadt zur damaligen Zeit wird auch dadurch unterstrichen, daß sie mehrfach Landtagsort war – so 1542, als die lutherische Kirchenordnung angenommen wurde. Als Festung war R. weniger glücklich und wurde 1627 von Wallensteins Truppen, 1644 von den Schweden eingenommen. Der Ausbau zu einer modernisierten starken Festung erfolgte erst 1669-1673, wobei am Nordufer der Eider die beiden Orte Vinzier und Kampen niedergelegt wurden, um dem Kronwerk Platz zu machen. Auf dem Südufer wurde um 1700 das Neuwerk als polygonale, radiale Anlage mit vom Paradeplatz sternförmig abgehenden Straßen und mehreren militärischen Großgebäuden (z.B. Arsenal) errichtet. Der Stadtteil erhielt eine eigene Garnisonskirche, die Christkirche (1695-1700). 1718 wurde die alte Burg im Norden der Altstadt abgerissen und durch Kasernen ersetzt. Der Eiderkanal (→Kanal), für den in R. ein Packhaus errichtet wurde, brachte ab 1784 wirtschaftlichen Aufschwung für die im 17. und zu Beginn des 18. Jh. wenig florierende Stadtwirtschaft. R. blieb nach dem Kieler Frieden 1814 Festungsstadt; sie wurde am 24.3.1848 handstreichartig von 330 Mann unter Führung des Prinzen von →Noer erobert und diente der →Provisorischen Regierung als Sitz. 1852-1859 wurden die Festungswerke niedergelegt. R. machte eine bescheidene industriellen Entwicklung durch, während in der Nachbargem. →Büdelsdorf der erste großgewerbliche Metallbetrieb der Hztt. entstand und erfolgreich produzierte. Bei Bildung des →Krei-

ses R. wurde R. Kreisstadt. Der Bau des Nord-Ostsee-→Kanals 1887-1895 ließ dann Werften, Reedereien und Handel erblühen, veränderte allerdings durch Senkung des Wasserspiegels um 2m den städtebaulichen Charakter der Stadt, indem die Eiderläufe und Gräben der ehem. Festung verschwanden. Die Erweiterung des Nord-Ostsee-Kanals 1908-1915 brachte der Stadt dann die Eisenbahnhochbrücke und eine Straßen-Drehbrücke, die nach dem Bau des Kanaltunnels (eröffnet 1961) demontiert wurde. Heute hat R. als Mittelzentrum und Garnisonsort knapp 30.800 Einw.
Lit.: F. Schröder, R. als Festung, Nms. 1939; E. Hoop, R., Geschichte der Stadt R., R. 1989. LS

Rendsburg (Amt) Zum Bezirk der →Burg R., aus dem später das Amt R. entstand, gehörten anfangs nur die Ksp. →Rendsburg, →Jevenstedt, →Nortorf und →Hohenwestedt. 1433 kamen die Ksp. →Schenefeld (bis dahin bei →Hanerau), →Kellinghusen und →Nms. hinzu, als Adolf VIII. anläßlich der Hochzeit seiner Gemahlin die um diese drei Ksp. vergrößerte Vogtei R. als Leibgedinge überschrieb. Bei der Landesteilung von 1490 wurde das Ksp. Nms. wieder abgetrennt. Zu dieser Zeit hatte der neue Begriff →Amt die alte Bezeichnung →Vogtei bereits ersetzt. Bei der großen Landesteilung von 1544 fiel das Amt R. dem Hz. Johann von Hadersleben zu. Nach dessen Tod 1580 kam es an den kgl. Anteil, bei dem es fortan blieb und mit den →Ämtern →Segeberg und →Steinburg sowie der Landschaft Süderdithm. zu den vier großen Verwaltungsbezirken des Kg. in Holst. gehörte. Der Amtmann war Vertreter des Landesherrn nicht nur gegenüber den Amtsuntertanen, sondern noch im 16. Jh. auch gegenüber den Eximierten (→Adel und Geistlichkeit). Die adligen Güter (→Gut) wurden, was Roßdienst u.ä. anging, den einzelnen Ämtern zugeordnet. Zu diesem weiteren Amt R. gehörten laut Landregister 1543 die Güter →Hanerau, →Deutsch-Nienhof, →Westensee, →Emkendorf, Bossee, Klein Nordsee, Groß Nordsee, Kluvensiek, Deutsch-Lindau, Königsförde und damit die Ksp. →Hademarschen, →Westensee und Bovenau. Die sechs landesherrlichen Ksp.vogteien Raumort (→Rendsburg), Jevenstedt, Nortorf, Hohenwestedt, Schenefeld und Kellinghusen unterschieden sich in Größe und Grenzziehung teilweise erheblich von den gleichnamigen geistlichen Ksp. Das große zusammenhängende landesherrliche Waldgebiet im Zentrum des Amtes, das in Teilen noch heute vorhanden ist, hieß nach dem Amt R. Wald. Um 1850 hatte das Amt ca. 519km^2. Bei der Bildung des Landkreises R. 1867 hielt sich die preußische Verwaltung im wesentlichen an die hergebrachten Grenzen des eigentlichen und des weiteren Amtes. Nur die Ksp.vogtei Kellinghusen wurde dem Kreis →Steinburg zugeschlagen.
Lit.: G. Reimer, Vom Amt R. 1540-1800, in: ZSHG 78, 1954, 139-205. HWS

Rente 1. Einkommen, das nicht aus Arbeit erzielt wird, sondern aus Grund und Boden durch Abgabepflicht der Landnehmer. In diesem Sinne sind →Grundherrschaften R.güter. 2. Da es im MA das kanonische Zinsverbot gab, wurden Kredite nicht an Personen, sondern auf Sachen, zumeist →Erben, gewährt. Der jährliche zu zahlende Zins wurde R. (lat. redditus) genannt; die Geschäfte in den Städten wurden zumeist in R.bücher als Bücher öffentlichen Glaubens eingetragen. Auf dem Lande herrschten Einzelurkunden vor (→Schuld- und Pfandprotokoll). R.geschäfte blieben trotz Wegfall des Zinsverbotes in der →Reformation von großer Bedeutung und wurden erst im späten 17. Jh. durch Hypothekenkredite abgelöst. Die R.bücher können als Vorläufer der Grundbücher gelten. LS

Rentekammer In den Jahren 1559-1599 hatte ein Rentmeister in Kopenhagen die Aufsicht über die gesamten staatlichen Einnahmen und Ausgaben. 1660 wurde seine Aufgabe mit der des Reichsschatzmeisters zusammengelegt und ein Schatzkammer-Kollegium gebildet, das ab 1680 R. hieß. Ihr stand seit 1691 ein Präsident vor, der in der Zeit des Kg. Friedrich IV. durch ein Kollegium aus drei Deputierten abgelöst wurde, von denen einer für DK, einer für Norwegen und einer für die Hztt. zuständig war. Im Laufe der Zeit kamen das Matrikelwesen (→Landesmatrikel) und das General-Landes-Ökonomie- und Kommerz-Kollegium (1768) hinzu; 1781 wurden ihr auch die isländischen, grönländischen und faröischen Sachen

Reskript

unterstellt. 1840 hatte die R. drei Sektionen, von denen die 3. – geleitet von zwei Deputierten – sich aller fiskalischen Fragen der Hztt. annahm. Die R. war die vorgesetzte Behörde des →Amtmanns und der vergleichbaren Oberbeamten. Nur die Rechnungskontrolle wurde von einem der zwei Revisionschefs (oder General-Decisoren) in Kopenhagen durchgeführt. Die Aufgaben der R. gingen 1848 weitgehend auf das neugebildete Finanzministerium über. Für die Hztt. traten 1854 die Ministerien für Schl. und für Holst.-Lauenburg an ihre Stelle. LS

Reskript war in der Zeit des Absolutismus ein Befehl, eine Verfügung, oder ein amtlicher Bescheid des Monarchen, das an eine Einzelperson oder eine Behörde gerichtet wurde. Da die Gesetzgebungskompetenz im absolut regierten Staat beim Herrscher lag und dieser nicht an bestimmte Verfahren gebunden war, konnte er auch Gesetze als R. ergehen lassen. Der Empfänger hatte u.U. für die Bekanntgabe zu sorgen. In modernen parlamentarisch regierten Rechtsstaaten können Reskripte allenfalls als Verwaltungsvorschriften erlassen werden. JB

Rethwisch (Amt) Das →Amt R. war ein → Gut, bevor es 1616 an Hz. Johann den Jüngeren von →SH-Sonderburg verkauft wurde, der ihm die Dörfer Bentstaven, Meddewade und Klein-Wesenberg vom Amt →Reinfeld zulegte und es 1671 zu einem Amt machte. 1761 fiel es nach dem Aussterben der Plöner Linie wieder an den Kg. 1842 wurde es durch die Dörfer Groß- und Klein-Barnitz (vom Fürstentum →Lübeck) vergrößert. Das Amt hatte seit 1761 gemeinsam mit den Ämtern Reinfeld und →Traventhal einen →Amtmann, der in Traventhal wohnte. Der →Amtsverwalter wohnte auf dem R. Vorwerk. R. hatte 1855 eine Größe von etwa 31km^2 und kam 1867 zum →Kreis →Storman. LS

Reventlow (Familie) gehört zum sh Uradel und ist in der holst. Linie im 18. Jh. ausgestorben. Für die Landesgeschichte bedeutend sind durch Nachkommen des aus →Mecklenburg stammenden, in Kopenhagen im kgl. Dienst tätigen Kanzlers Detlev R. (1600-1664), v.a. sein Urenkel, der Oberkammerherr Detlev R. (1712-1783, seit 1767 Gf.), dessen Söhne Cay (1753-1834) auf Altenhof und Fritz (1755-1828) auf →Emkendorf und Enkel, die Brüder Eugen (1798-1855) auf Altenhof und Theodor (1801-1873) auf →Jersbek sowie Friedrich R.- →Preetz (1797-1878) und Ernst (1799-1873) auf Farve.
Lit.: W. Klüver, Die R. in der Geschichte SH, in: Nordelbingen 26, 1958, 210-217; SHBL 7, 190-252. DL

Reventlow, Franziska (Fanny) Gräfin zu (geb. 18.5.1871 Husum, gest. 25.7.1918 Muralto bei Locarno), Tochter eines preußischen Landrats, verbrachte ihre Jugend in →Husum. Seit 1889 wurde sie auf einem Lehrerinnenseminar in →Lübeck ausgebildet. 1893 ging sie nach München und studierte Malerei. R. verkehrte viel in den Kreisen der Münchner Bohème unter Künstlern und Schriftstellern. 1903 erschien der autobiografische Roman »Ellen Olestjerne« über den Ausbruch aus dem bürgerlichen Leben. 1910 zog sie nach Ascona um, wo sie weiter lit. tätig war. R. heitere Romane und Novellen schildern die Münchner Gesellschaft aus oft satirischer Perspektive. Sie hinterließ ein umfangreiches Tagebuch- und Briefwerk.
Lit.: B. Kubitschek, R., München/Wien 1998. KD

Franziska zu Reventlow

Reventlow-Preetz, Friedrich Graf (geb. 16.7.1797 Schleswig, gest. 24.4.1878 Starzeddel/Niederlausitz) wirkte als Großgrundbesitzer, Klosterpropst in →Preetz und seit 1836 als Ständedeputierter der →Ritterschaft. Er sprach sich bei der Versammlung am 18.3.1848 in Rendsburg für ein gütliches Übereinkommen mit DK aus, beteiligte sich dann aber doch als Verantwortlicher für die Außenpolitik an der →Provisorischen Regierung. Zwischen dem 26.3.1849 und dem 1.2.1851 war er für die dt. Zentralmacht gemeinsam mit Wilhelm →Beseler →Statthalter der Hztt. Danach wurde er des Landes verwiesen. HSH

Revolution Ende Oktober 1918 war nicht nur die militärische Lage Dt. im 1.WK verzweifelt, sondern auch der innere Friede durch zunehmende Kriegsmüdigkeit der Bev. und Streikaktionen der Industriearbeiter unterminiert. Eine große Seeschlacht sollte die Kriegswende bringen. Die Marineleitung zog die Flotteneinheiten auseinander und verlegte 5.000 Marinesoldaten nach →Kiel. Noch auf der Fahrt im Nord-Ostsee-→Kanal wurden 47 Matrosen des Schiffes »Markgraf« wegen ihrer defaitistischen Haltung verhaftet und in Kieler Arrestanstalten eingeliefert. Am Abend des 1.11.1918 versammelten sich 250 Matrosen im Kieler Gewerkschaftshaus und forderten die Freilassung ihrer Kameraden. Am Abend des 2.11. versammelten sich 600 Marinesoldaten auf dem Exerzierplatz im Vieburger Gehölz bei Kiel und schlossen sich mit der örtlichen Gruppe der Unabhängigen SPD (USPD) zusammen. Flugblätter wurden gedruckt: »Kameraden, schießt nicht auf Eure Brüder!« Am Morgen des 3.11. wurden weitere 57 Marinesoldaten verhaftet, am Abend versammelten sich 5.000 Menschen auf dem Exerzierplatz und zogen in einer spontanen Demonstration zum Arresthaus in der Feldstraße, gerieten aber in eine Sackgasse. An deren Ende eröffnete eine Ausbildungskompanie das Feuer auf die Demonstranten: sieben Tote, 39 Verletzte. Am 4.11. solidarisierten sich die Belegschaften der großen Werften und örtliche Marineabteilungen. Gefordert wurde: Abdankung des Hauses Hohenzollern, Aufhebung des Belagerungszustandes, Freilassung der arretierten Matrosen und Einführung des allgemeinen, gleichen und geheimen Wahlrechtes für beide Geschlechter. Die Niederschlagung des Aufstandes mit militärischen Mitteln war nicht mehr möglich. Am Abend traf der SPD-Reichstagsabgeordnete Gustav Noske ein, der als Repräsentant der neuen Reichsregierung unter Max von Baden galt. Es gründete sich der Kieler Soldatenrat. Am 5.11. kam es noch zu unkontrollierten Schießereien, doch auf den Schiffen wurden die Reichskriegsflaggen niedergeholt und durch rote Fahnen ersetzt. Der Generalstreik wurde ausgerufen und weitestgehend befolgt. Der Kieler Arbeiterrat bildete sich. Die Macht in der Stadt lag bei beiden Räten. Noske hatte sich selbst an die Spitze der revolutionären Soldaten gesetzt und handelte v.a. ordnungspolit. Am Abend des 6.11. war auch in Berlin klar, was geschah. Abgeordnete der Aufständischen waren in alle größeren Städte Norddt. gereist und hatten den Aufstand verbreitet. In einige größere Städte SH wurden kleine bewaffnete Trupps gesandt; überall bildeten sich →Arbeiter- und Soldatenräte. Am frühen Nachmittag des 9.11.1918 wurde in Berlin die Republik ausgerufen. Kaiser Wilhelm II. dankte ab. Eine neue Ära begann unter extrem schwierigen außen- und innenpolit. Verhältnissen.

Lit.: D. Dähnhardt, R. in Kiel, Nms. 1978. LS

Eine zeitgenössische Schrift über die Revolution in Kiel

Rezipierte

Rezipierte →Adel

Richter waren im MA oft auch Vertreter der →Harde bei Beratungen und Verhandlungen. Jede Harde →Eiderstedts hatte ursprünglich zwölf R. Seit dem Erlaß des →Landrechts von 1572 trat der R. als Urteilsfinder in den Landgerichten, im Vitigericht, der Teilungsbehörde, als Konkursr. und Vormundschaftsbehörde auf.
Lit.: Geschichte Nordfrieslands, Heide ²1996, 122-131. MJK

Richter, Johann Adam →Schierensee

Ringreiten Ein reiterliches Wettspiel, bei dem der Reiter mit einer etwa 2m langen Lanze einen kleinen Messingring aufspießen muß, der an einer Vorrichtung zwischen zwei Pfählen hängt. Das Pferd muß vor und nach dem Stechen mindestens drei Galoppsprünge machen. Austragungszeiten, Regeln und Zählweise sind örtlich verschieden, meistens finden die Spiele jedoch um Pfingsten statt. Höhepunkt ist jeweils das Kg.stechen mit etwas kleineren Ringen. Der treffsicherste Reiter erhält für ein Jahr die Kg.würde. Seinen Ursprung hat das Ringreiten in ma. Turnierspielen, die später als reiterliche Geschicklichkeitsübungen fortlebten. Seit Ende des 18. Jh. schlossen sich zunehmend Reiter zu Ringreitergilden zusammen und gaben sich Satzungen. HK

Ripener Vertrag Als Hz. Adolf VIII., der 1440 mit Schl. erblich belehnt worden war und somit das Hzt. Schl. wie die Gft. Holst. unter seiner Herrschaft vereint hatte, 1459 starb, gab es keinen erbberechtigten Nachfolger für beide Fürstentümer, und die Trennung des staatsrechtlich zu DK gehörenden Schl. vom dt. Lehen Holst. schien bevorzustehen. Dies widersprach den polit. wie wirtschaftlichen Interessen der sh →Ritterschaft, deren Mitglieder sowohl in Holst. als auch in Schl. begütert waren. Daher einigten sie sich darauf, nur einen Herren zu wählen – ein bis dahin nicht erhobener Anspruch. Als verschiedene Sondierungen ohne Erfolg blieben, griff Kg. Christian I. von DK (1448-1481) ein und zog die Verhandlungen an sich, die schließlich in Ripen stattfanden. Am 2.3.1460 wählte der →Rat des Landes, ein Ausschuß der Ritterschaft, den dän. Kg. zum Hz. von Schl. und Gf. von Holst. Die Gegengabe des Gewählten bestand in der Bestätigung alter und der Gewährung neuer Standes-

Der Ripener Vertrag

und Landesrechte, die in der Ripener Urkunde vom 5.3.1460 fixiert wurden. Ihr Grundgedanke ist der der Eigenständigkeit und der Autonomie SH. Christian sei, so heißt es, nicht als ein Kg. von DK gewählt worden, »vielmehr um der Gunst willen, die die Einw. dieser Lande für unsere Person hegen«. Es sollte demnach keine Realunion der beiden Landesteile mit DK begründet werden, sondern eine Personalunion. Der Kg. sicherte zu, daß keine Pflicht zur Heeresfolge außerhalb der Landesgrenzen bestehe; Kriege durften der Kg. oder Hz. und Gf. nur mit Zustimmung der Räte beginnen. Die Unabhängigkeit des →Gerichtswesens sollte bestehen bleiben. Für alle Ämter galt das →Indigenatsrecht, d.h. sie durften nur mit Einheimischen (→Adel) besetzt werden. Auch gestand der Gewählte den Landen das Steuerbewilligungsrecht zu sowie das Recht, nach seinem Tode einen seiner Söhne zum Nachfolger zu wählen. Es handelte sich also nicht um ein völlig freies, sondern um ein dynastisch gebundenen Wahlrecht. Durch die Privilegierung von Ripen wurde der verfassungsmäßige Grund gelegt für den sh Ständestaat. Die Stände konnten in Ripen noch nicht dabei sein, wie gelegentlich zu lesen ist; sie konstituierten sich erst zwei Jahre später. Am bekanntesten und im 19. Jh. zu einem polit. Schlagwort verkürzt und zugleich in seiner Bedeutung verfälscht ist der Nebensatz aus der Urkunde: »dat se bliven ewich tosamende ungedelt«. Es handelt sich hier um eine stark betonende Dopplung (tosamende ungedelt), daß die Lande nicht nach fürstlichem Erbrecht geteilt werden dürfen. Die Urkunde von Ripen ist ihrem Typus nach eine Wahlkapitulation bzw. Wahlhandfeste. Überliefert ist die Urkunde in zweifacher Ausfertigung, jeweils gesiegelt von den dän. Räten, die in Ripen mitverhandelten, und den sh Räten (Landesarchiv SH, Reichsarchiv Kopenhagen). Durch die Verhandlungen und die Wahl von Ripen wurde die mehr als 400 Jahre währende Verbindung SH mit DK eingeleitet.
Lit.: Dat se bliven ewich tosamende ungedelt, hg. von H. von Rumohr, Nms. 1960. MJK

Rist, Johannes (geb. 8.3.1607 Ottensen, gest. 31.8.1667 Wedel) Der als Sohn eines Pastors geborene R. studierte in Rostock und Rinteln neben Theologie auch Naturwissenschaften. Seit 1635 war er als Pastor in →Wedel tätig. R. gilt als bedeutendster norddt. Vertreter der Schule von Martin Opitz. Zu ihrer Förderung gründete er den →Elbschwanenorden. Er selbst verfaßte weltliche und geistliche Lieder sowie Schauspiele (u.a. »Das Friedewünschende Teutschland« 1647). Seine »Monatsgespräche« ab 1663 geben wichtige Einblicke in die Kultur der Zeit.
Lit.: L.H. Steinhagen, Dt. Dichter des 17. Jh., hg. von B. Wiese, Berlin 1984, 347-364; Lit. in SH, 1995, 330-387. MK

Johannes Rist, Kupferstich

Ritter (lat. miles) war ursprünglich der zu Pferd kämpfende, voll gerüstete adlige Krieger. Im 12. Jh. stiegen in Heiligen Römischen Reich auch Ministeriale, die zunächst unfreie Dienstleute waren, durch Ämterausübung in den R.stand auf und vermischen sich mit dem alten Geburtsadel. In Holst. und →Stormarn hat es insbesondere in der 1. H. des 13. Jh. einen starken Schub in Richtung auf das Lehnswesen gegeben, so daß viele, aber nicht alle holst. und stormarnsche Volksadlige (→Volksadel) zu R. und Lehnsmännern des Landesherrn (Gf. von Holst. und Stormarn) wurden. Ein ähnlicher Prozeß vollzog sich zeitlich versetzt in Schl.;

Johann Rantzau in Ritterrüstung

Ritterschaft

hier hielten sich die Traditionen des ritterähnlichen Niederadels (→Ritterschaft) bis zum Ende des MA. R. wurde man durch den R.schlag, eine aufwendige und kostspielige Zeremonie, die sich manche Niederadlige nicht leisten konnten; sie blieben →Knappe (→ Adel). LS

Ritterschaft Die Entstehung einer korporationsähnlichen gemeinsamen Organisation des schl. und holst. →Adels geht auf das Eindringen holst. →Ritter in den schl. Grundbesitz v.a. im 14. Jh. zurück. 1397 wandte sich die R. erstmals gegen die Folgen der Herrschaftsteilungen der →Schauenburger. Doch erst 1422 erhielten die schl. und holst. Ritter korporativ erste Privilegien, indem ihre Heerfolgepflicht geregelt und ihre Bedefreiheit (→Bede) bestätigt wurde. Bei den Verhandlungen, die zum →Ripener Vertrag 1460 führten, standen sich dän. Reichsrat und R. erstmals gegenüber. In den Auseinandersetzungen zwischen Kg. Christian I. und seinem Bruder Gf. Gerhard von →Oldenburg verbanden sich am 2.5.1469 143 Adlige in Kiel mit einem Bundesbrief zu gemeinsamem Handeln; zweimal jährlich sollte hinfort eine Versammlung am Volradsbek südlich →Kiel stattfinden, um sich zu besprechen. Wenigstens dies könnte man als Geburtsstunde der R. ansehen. In der Folge wurde um 1500 eine Privilegienlade hergestellt, die 1504 mit den Wappen von 24 der 60 zur R. gezählten Familien verziert wurde (heute im sh Landesmuseum). Nach der Stärkung des Adels im 16. Jh., insbesondere durch die Privilegienbestätigung durch Kg. Friedrich I. 1524, die den Rittern Gerichtsbarkeit über ihre Untertanen, Zollfreiheit, Steuerbewilligungsrecht und das →Indigenat für die →Amtmannsstellen verschaffte sowie die →Landtage in →Flensburg und →Kiel einrichtete, gewann er beträchtlichen Einfluß auf die Geschicke der Hztt. In der Frage der Reformation war sie gespalten, konnte aber aus der Säkularisierungsmasse der Klöster (→Kloster) die vier Häuser vor →Schl., in →Preetz, →Itzehoe und →Uetersen zur Versorgung der unverheirateten Töchter sichern. Die →Landesteilung 1544 bekämpfte die R. Insgesamt setzte sich die R. zur Wahrung ihres Einflusses für die Einheit der Hztt. ein. Im 17. Jh. sah sich die Korporation starken Landesherren gegenüber, die die ständischen Rechte stetig beschnitten. Mit dem Aufhören der Landtage 1675 (letzter Rumpflandtag 1711) wurden die polit. Mitwirkungsrechte der R. erheblich eingeschränkt. 1641 reklamierte die R. aber, daß nur Sprosse alteingesessener adliger Familien zu ihr gehörten; doch schmolzen die alten Adelsfamilien im 17. und 18. Jh. dahin, was seit etwa 1635 zu Rezeptionen von nicht dem Uradel angehörigen Geschlechtern führte (zuerst: →Baudissin ca. 1635, →Kielmannsegg ca. 1650, Dernath vor 1689, Wedderkop 1695). 1775 kam es auf Ersuchen der R. zur Bildung der →Fortwährenden Deputation der Prälaten und R., einer Art geschäftsführendem Ausschuß. Die R. kämpfte am Ende des 18. und in der 1. H. des 19. Jh. um die

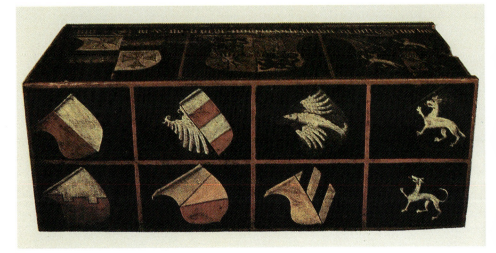

Die Privilegienlade der sh Ritterschaft

»alten Landesrechte«, also v.a. um ihre Vorrangstellung in der ständischen Gesellschaft und ihren Einfluß in der Politik, damit aber auch um die Sonderstellung der Hztt. im →Gesamtstaat. Um 1800 gab es 40 adlige Familien in den Hztt., von denen 30 rezipiert waren, für welchen Vorgang 1809 eine kgl. Bestätigung erforderlich wurde. Nach der →Erhebung wurde der Einfluß der R. zurückgedrängt; in preußischer Zeit war sie ohne jede polit. Bedeutung. In →Lauenburg hatte die R.- und Landschaft im 16. Jh. ebenfalls große polit. Bedeutung und stellte in der Folgezeit das eigentlich kontinuierliche Element der Landesverfassung bis in die 1850er Jahre dar.
Lit.: L. Bobé, Die R. in Schl. und Holst., Kiel 1918.
LS

Röhl, Karl Peter →Malerei

Robbenschlag ist der zeitgenössischer Ausdruck für die von Schiffen aus geführte Jagd auf Robben im sog. Westeis, dem von Treibeis bedeckten Seegebiet zwischen Jan Mayen und der Nordostküste Grönlands. Bis ins 18. Jh. stand der R. weit hinter der wirtschaftlichen Bedeutung des →Walfangs zurück. Erst als die Walbestände so stark dezimiert waren, daß die Fangfahrten unwirtschaftlich zu werden drohten, kam der R. zu einiger wirtschaftlicher Bedeutung. Im 19. Jh. wurden Robbenspeck und Robbenfelle die Haupteinnahmequelle der sh Grönlandfahrt. Im Spätwinter werfen die Robbenweibchen auf treibenden Eisfeldern ihre Jungen, meist in größeren Kolonien. Die Jungen werden einige Wochen gesäugt, danach lösen sich die Kolonien wieder auf. Die Jagd mußte vor Beginn der Wanderschaft beendet sein, denn der Fang einzelner Tiere lohnte sich nicht. Die Robben wurden auf den Eisfeldern mit dem Robbenknüppel, einer mit einem eisernen Haken versehenen hölzernen Keule, erschlagen, nur vereinzelt erschossen und noch auf dem Eis enthäutet. Die Felle mit der darunter liegenden Fettschicht wurden vom Kadaver getrennt und zu den an der Eiskante liegenden Fangbooten geschleift. Die Kadaver ließ man auf dem Eis zurück. Erschlagen wurden meist Sattelrobben, vereinzelt auch sog. Klappmützen, eine etwas größere Robbenart. An Bord wurden die Felle mit dem Speck zunächst in den Laderaum geworfen, weil die Mannschaft weiterhin auf Jagd ging. Später auf der Heimreise trennte man den Speck von den Fellen und verpackte ihn in Fässer. Die Felle wurden eingesalzen, mit Sägespänen bestreut, in Säcken gelagert und an Kürschner verkauft. An Land wurde der Speck in Tranbrennereien »ausgebrannt« und das gewonnene Öl meist für Beleuchtungszwecke verwandt.
Lit.: W. Oesau, SH Grönlandfahrt auf Walfischfang und R. vom 17.-19. Jh., Glückstadt/Hamburg 1937.
PDC

Rode, Hermen →Malerei

Rodung ist der Vorgang der Urbarmachung von Waldregionen durch Abholzen bzw. Verbrennen der Bäume und Entfernen der Baumwurzeln. Seitdem Menschen in SH Ackerbau betrieben (ca. 4000 v.Chr.) rodeten sie auch Wald und schufen Ackerflächen. Der Zugriff auf den Wald nahm zu, sobald die Bev.zahl dauerhaft wuchs und Nachfrage nach Ackerland stieg. Besonders stark zeigte sich dies im 12. Jh., als eine Expansion der holst. und stormarnschen Siedlungen, z.T. unter Beteiligung von zugewanderten Siedlern aus Westfalen, Friesland und Holland, in das dünner besiedelte slawische Gebiet des heutigen Ostholst. und Lauenburg stattfand. Es kam zu umfänglichen R., was sich in zahlreichen Ortsnamen (mit den Endungen bzw. Bestandteilen rade, rode, rott u.a.) ausdrückt; aber auch im →Altsiedelland wurden R.siedlungen (u.a. mit den Ortsnamensbestandteilen holt, holz) angelegt.
LS

Rohlfs, Christian →Malerei

Rohloff, Paul →Landtagspräsident

Roland Die Bedeutung der R.säulen, die im MA und in der Frühen Neuzeit v.a. in norddt. Städten verbreitet waren, ist nicht eindeutig geklärt: Sie werden als Symbole für Stadt- und Marktrecht, Handels- und Zollprivilegien oder Blutgerichtsbarkeit angesehen. Sie gehen auf die Legende von R. zurück, dem gefallenen Mitstreiter Karls des Großen, der als Märtyrer und Heiliger ein Beschützer des Rechts sein sollte. Die R.figuren sollen das Recht eines Ortes auf Karl den Großen oder seine Nachfolger beziehen. Der R. in →Wedel ist eine 4,60m hohe Sandsteinfigur in Rüstung mit Reichsapfel, Krone und Schwert, wahrscheinlich von 1558. Der nur 2,80m hohe R. auf dem Marktplatz von Bad →Bramstedt stellt dagegen einen römischen Krieger mit erhobenem Schwert dar und stammt aus dem 17. Jh. OP

Der Roland in Wedel

Rolandreiten (Roland wahrscheinlich als Idealfigur eines ritterlichen Gegners) ist als Wettkampfspiel seit der Magdeburger Schöppenchronik (zwischen 1360 und 1372) in niederdt. Städten bekannt und seit 1650 in →Wesselburen nachweisbar. Es verbreitete sich in →Dithm., →Eiderstedt und in der →Wilstermarsch. Man ritt mit einem Holzknüppel (Stöter) nach einer drehbaren, hölzernen, vollplastischen Figur mit ausgebreiteten Armen und versuchte, sie in möglichst häufige Umdrehung zu versetzen. Sieger war der »König« und wer aus dem Sattel geworfen wurde »Sandkönig«. Historische Rolandfiguren befinden sich z.B. im Altonaer Museum und im Dithmarscher Landesmuseum in →Meldorf (→Museen).
Lit.: L. Kretzenbacher, Ringreiten, Rolandspiel und Kufenstechen, Klagenfurt 1966. KDS

Rosenberg, Hans →Sternwarte

Rotbunte Das r. Rind mit seinem weiß-rot gescheckten kennzeichnenden Fell ist ein Züchtungsresultat der Zeit zwischen 1870 und 1970 und wurde in dieser Zeit die typische Rinderrasse Holst. Während noch in der 1. H. des 19. Jh. alle möglichen Fellfarben angetroffen wurden, kümmerten sich die seit 1886 entstehenden Zuchtvereine um ein einheitliches Erscheinungsbild, wobei zwischen zwei Grundtypen (der Marschrasse und der Geestrasse, auch Breitenburger genannt) unterschieden wurde. 1907 wurden die Züchtervereine zum Rindviehzüchterverband R. Holst. zusammengeschlossen. Das Zuchtziel wurde so definiert: »Hohe Milchergiebigkeit mit schöner Körperform und entsprechender Mastfähigkeit.« Die R. waren aber auch in Schl., allerdings im Vergleich zu den →Schwarzbunten mit geringem Anteil, heimisch. Immerhin waren 1914 mehr als die H. aller in ein Herdbuch eingetragenen Rinder in SH R. Da die Anforderungen an die Rinder sich unter dem Einfluß des Drucks auf die Landwirtschaft veränderten, wurden in der jüngeren Vergangenheit auch andere Rinderrassen eingeführt, so daß heute die R. das Bild der Viehwirtschaft in SH nicht mehr so stark dominieren.
Lit.: R. Georgs, Das R. Holst. Rind, Hannover 1914. LS

Rotenlehm (PI) Beim Bau der Eisenbahnstrecke von →Altona nach →Kiel wurden 1844 am Rande des Liethers Moores in der heutigen Gem. Klein Nordende Erdschichten aus dem Erdaltertum (Perm) angeschnitten. Sie gehören zu den durch Salzstöcke emporgepreßten tieferen Erdschichten, denen man auch das Zutagetreten von →Kalk verdankt. Die gefundenen roten Tone aus dem Rotliegenden baute man in den folgenden Jahrzehnten für die Ziegelherstellung ab. Der Rote Lehm war sowohl für die 1847 gegr. und heute verfallene →Ziegelei als auch für den benachbarten Wohnplatz namensgebend.
Lit.: P. Danker-Carstensen, Ortsgeschichte Klein Nordende, Klein Nordende 1997. PDC

Rum, der Branntwein aus Melasse und Zuckerrohr mit Herkunft von den karibischen Inseln, erfreute sich seit dem 17. Jh. steigender Beliebtheit in Europa. Auch aus den dän. westindischen Kolonien St. Thomas und St. Creux wurde er im Rahmen des atlantischen →Dreieckshandels in das Mutterland zurückgebracht. →Flensburg als bedeutende Handelsstadt mit

Verbindungen zu den karibischen Inseln verarbeitete wenigstens seit 1755 importierten Rohrzucker zu Raffinadezucker und verschnitt den importierten Rum, um ihn für hiesige Verhältnisse absetzbar zu machen. Erst um 1850 galt Flensburg als R.metropole. Nun kam in steigendem Maße auch R. aus der britischen Kolonie Jamaika zum Einsatz. Nach 1885 wurde es aufgrund der Reichsmonopolgesetzgebung teuer, R. zu importieren, weshalb seitdem aromatisches Rumkonzentrat aus der Karibik eingeführt und mit billigem Inlandalkohol zu Rum-Verschnitt verarbeitet wurde. Noch heute ist Flensburg der bekannteste Herstellungsort für R.-Verschnitt. LS

Rumohr (Familie) Das holst. Uradelsgeschlecht R. führt dasselbe Wappen wie das Geschlecht der →Ahlefeldts, mit dem es vermutlich den Stammvater gemeinsam hat. Der erste mit Sicherheit feststehende Vertreter war der Ritter Scacco (Schack) de Rumore, der 1245 erwähnt wird. Die Mitglieder der Familie haben überwiegend als Gutsbesitzer und Beamte in den Hztt. gewirkt. Am bekanntesten wurde Dr. Carl Friedrich R. (1785-1843), der mehrere kunstgeschichtliche Werke herausgab. JT

Rundfunk 1924 wurde Dt. in neun R.bezirke eingeteilt, die regionale R.gesellschaft für Norddt. wurde die Nordische Rundfunk AG (NORAG) in Hamburg, privatrechtlich organisiert und staatlich beaufsichtigt. Um weitere Hörer zu gewinnen und einen besseren Empfang zu erzielen, wurden noch in den 1920er Jahren Nebensender in →Kiel und →Flensburg eingerichtet. Das Programm war auf Unterhaltung und Bildung ausgerichtet, eine polit. Berichterstattung gab es fast nicht. In der NS-Zeit dominierten seit 1933 Einheitsprogramme mit polit. Propaganda; der R. wurde vollkommen staatlich kontrolliert, die NORAG in Reichssender Hamburg umbenannt. 1945 wurden die im Krieg zerstörten Sender rasch wieder repariert und nach dem Vorbild der BBC als Nordwestdt. R. (NWDR) öffentlich-rechtlich reorganisiert. Sehr schnell entwickelte sich der R. zu einem der wichtigsten Kommunikationsmittel der Nachkriegszeit. Um sich mehr den Interessen der einzelnen Bundesländer anzupassen, wurde der NWDR 1955 in NDR, WDR und SFB aufgeteilt. Eine verbesserte Technik erlaubte neue Sendeplätze im UKW-Bereich und Fensterprogramme. Seit 1953 kam als neues und rasch an Bedeutung gewinnendes Medium das Fernsehen hinzu, das – wie der Hörfunk und mit ihm konkurrierend – seine Sendungen und die Berichterstattung seit den 1970er Jahren zunehmend auf regionale Themen ausrichtete. Neben dem Landesfunkhaus in Kiel gibt es Studios des NDR in Flensburg, →Heide, →Lübeck und →Norderstedt. Zur Änderung seiner Programmstruktur wurde der NDR durch die von den Tageszeitungsverlegern des Landes am 1.7.1986 gegr. private Konkurrenz Radio SH (RSH) gezwungen. Dieser Sender wendet sich ausschließlich an Hörer in SH und unterhält Lokalstudios in Flensburg, Hamburg, Heide, Kiel und Lübeck.

Lit.: Einschalten-Ausschalten. Aspekte des Hörfunks in Norddt. seit 1923, redigiert von B. Wetzel, Schl. 1989. OP

Das Wappen der Familie Rumohr

Runenstein R. sind Gedenksteine für Verstorbene und kommen in ganz Nordeuropa vor. In der Nähe von →Haithabu wurden vier solcher Steine aus dem 10. Jh. gefunden, die sich heute im dortigen Museum befinden. Deren Runeninschriften geben zwar kurze, aber wichtige Informationen über Ereignisse oder Personen der gehobenen sozialen Schicht der Häuptlinge und Kgg. Der große und der kleine Sigtrygg-Stein wurden von Kg. Asfrid zur Erinnerung an ihren Sohn Sigtrygg errichtet. Der Skarthi-Stein wurde von Kg. Sven für seinen Gefolgsmann Skarthi und der vierte Stein zum Gedenken an den angesehenen Krieger Erik gesetzt. OP

Der Skarthe-Stein bei Busdorf

Runge, Doris →Literatur

Rungholt lag auf der alten Insel Strand im heutigen Wattenmeer zwischen →Pellworm, →Nordstrand und Südfall und war Hauptort der Edomsharde (→Harde). 1345 erstmals erwähnt, ging die Siedlung wohl in der Flut von 1362 unter. Die über die angebliche Stadt entstehenden Sagen wurden im 19. Jh. durch Detlev von →Liliencrons populäres Gedicht »Trutz blanke Hans« ergänzt. OP

Rungholt

Rute →Maße

Saat

»Jagdzug der alten Sachsen« auf dem Festzug des 16. Dt. Bundesschießens 1909 in Hamburg, Gouache von H. de Bruyker

Saat →Maße

Sachsen Der Stamm der S. war ursprünglich nördlich der →Elbe seßhaft und breitete sich von dort im 3. und 4. Jh. über ganz Nordwestdt. mit Ausnahme Frieslands aus. Ein Teil der S. eroberte mit Angeln und Jüten im 4./5. Jh. England (→Angelsachsen). Das Stammesgebiet der S. gliederte sich in West- und Ostfalen, Engern und →Nordelbingen. In den S.kriegen (772-804) Karl des Großen wurden die S. dem →Frankenreich unterworfen, einverleibt und gewaltsam christianisiert (→Sachsendeportationen). Nach dessen Zerfall bildete sich im 9. Jh. das sächs. Stammeshzt. der Liudolfinger, die von 919 bis 1024 die dt. Kgg. stellten. Unter den Billungern beschränkte sich die sächs. Hz.macht auf die Grenzmark an der unteren Elbe, wurde dann aber im 12. Jh. unter Lothar von Süpplingenburg und →Heinrich dem Löwen wieder gestärkt. Nach Heinrichs Sturz 1180 ging die sächs. Hz.würde auf die →Askanier über, die aber nur noch in S.-Lauenburg (bis 1669) und in S.-Wittenberg, aus dem das spätere Land S. entstand, herrschten.
Lit.: Die Eingliederung der S. in das Frankenreich, hg. von W. Lammers, Darmstadt 1970; T. Capelle, Die S. des frühen MA, Darmstadt 1998. OP

Sachsendeportationen In langwierigen und blutigen Kämpfen hat Karl der Große 772-804 die →Sachsen in Westfalen, →Niedersachsen und →Nordalbingien unterworfen, christianisiert und in das Frankenreich integriert. In der letzten Phase des Krieges (792-804) leisteten die Sachsen beiderseits der →Elbe, die sog. Nordliudi, heftigen Widerstand, der nur durch Vermögenskonfiskationen und Massendeportationen gebrochen werden konnte. Karl der Große ließ die Sachsen gruppenweise in verschiedenen Reichsteilen wiederansiedeln, u.a. in Franken, wo sie noch im 12. Jh. Nordelbier (Northelbinga) genannt wurden.
Lit.: M. Last, Die Sachsenkriege Karls des Großen, in: Sachsen und Angelsachsen, Hamburg 1978, 111-116. EB

Sachsenrecht Nach dem fränkisch-abotritischen Sieg über die nordelbischen →Sachsen auf dem →Sventanafeld 798 folgte die Einführung rechtlicher und verwaltungsmäßiger Neuerungen durch Karl den Großen, zu denen 802 das S. (Lex Saxonum) gehörte, das zusammen mit dem Verbot heidnischer Kulthandlungen die volksrechtlichen Traditionen allmählich verdrängte. Die neue fränkische Gff.verfassung und →Gaugliederung orientierte sich allerdings an vorhandenen Strukturen. Unter einem Gf. als Beamten des fränkischen Kg., dem u.a. die höhere Gerichtsbarkeit und das Aufgebotsrecht oblag, gab es den →Overboden in gaurichterlicher Funktion sowie das →Lot- und →Goding für regionale Rechtsbeschlüsse. OP

Sachsenwald hat seinen Namen von den Hzz. von Sachsen-→Lauenburg. Seit etwa 10.000 Jahren besiedelt, wurde und wird er zur Holzgewinnung, Jagd, Erholung und als Weide genutzt. Heute ist der seit 1871 im Besitz der Familie →Bismarck befindliche S. mit fast 6.000ha, viel Schwarz- und Rotwild, seltenen Pflanzen- und Tierarten, dem »Naturschutzgebiet Billetal« und hunderten von vor- und früh-

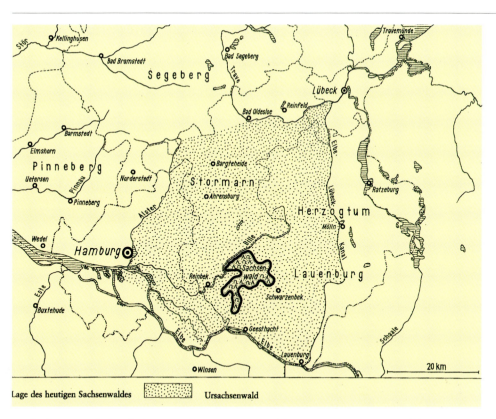

Der Sachsenwald

geschichtlichen Kulturdenkmälern der größte und vielleicht schönste Wald in SH.
Lit.: R. Hennig, Der S., Nms. 1983. NMW

Sachwalter waren advocati fisci, also diejenigen Advokaten, welche die Landesherrschaft zu ihren Anwälten ernannt hatte. Während die S.stellen seit dem 18. Jh. ausliefen, blieben die Obers.stellen (je eine für Schl. und Holst.) bis über das Ende der dän. Zeit hinaus bestehen. Zu den Obliegenheiten der Obers. gehörte die Vertretung der Regierungskollegien vor Gericht, die Eintreibung von Strafgeldern, die Vertretung der Anklage in fiskalischen Prozessen, die Rechtsberatung der Verwaltung sowie die Überwachung der Steuerbeamten.
Lit.: N. Falck, Handbuch des sh Privatrechts, Bd. 3/1, Altona 1835, § 18. JB

Saldern, Caspar von (geb. 11.7.1711 Apenrade/Aabenraa, gest. 31.10.1786 Gut Schierensee) Nach einem Jurastudium 1736-1748 war S. gottorfischer Beamter und 1761-1773 Staatsmann am russisch-gottorfischen Hof Peter III. und Katharina II. Er leitete die Verhandlungen zur Eingliederung Holst.-→ Gottorfs in den kgl. Anteil und bereitete den Vertrag von →Zarskoje Selo 1773 vor. Gleichzeitig war er russischer Gesandter in Polen, Reformer des gottorfischen Staatswesens und der Kieler →Universität.
Lit.: SHBL 9, 329-334. CJ

Caspar von Saldern

Salz

Salz gehört zu den Basislebensmitteln, die dem Körper zugeführt werden müssen, um ihn funktionsfähig zu halten, weil er es permanent ausscheidet. S. hat darüberhinaus große Bedeutung für die Konservierung organischer Substanzen, insbesondere von Gemüse und Fisch (durch Einlegen) sowie Fleisch (durch Pökeln). In SH gab es v.a. zwei Quellen, um den S.bedarf zu decken: die Gewinnung aus S.torf an der nordfriesischen Küste und aus s.haltigen Quellen (Sole), wie sie in →Oldesloe austreten. Die nordfriesische S.gewinnung basierte auf dem Vorhandensein vom salzigen Nordseewasser überwemmter Hochmoore (→Moor) mit Torfbildung zwischen →Eiderstedt und →Sylt. Der Torf wurde im Hoch- und Spätma. abgebaut, getrocknet und verbrannt, wonach die Asche aufgeschwemmt und dann das Wasser in Pfannen ausgesotten wurde. Das entstandene S. war rötlich-braun und wurde insbesondere in DK, Schweden und Norwegen, aber auch in den südbaltischen Ländern verbraucht. Das durch Sieden des s.haltigen Wassers aus Quellen gewonnene S. war weiß, erfreute sich größerer Beliebtheit und war deshalb stets teurer als das »Friesens.« Insbesondere nachdem die große Flut von 1356 die Möglichkeiten der Friesen zur S.gewinnung reduzierte, konnte das Lüneburger Salinens. seinen Siegeszug fortsetzen und den Markt beherrschen. Die Intervention →Heinrich des Löwen hatte die Oldesloer Saline bereits 1153 zum Versiegen gebracht. Im Spätma. wurde dann das billigere, durch Sonnentrocknung von Meerwasser gewonnene Bayens. aus der Bay von Bourgneuf in großem Umfang von hansischen Schiffern mitgebracht und vermarktet. Seit 1750 gab es in Oldesloe wieder eine Saline, die mit einem Gradierwerk (zur Konzentration des S.gehaltes im Wasser) arbeitete und im Jahr 1772 etwa 0,83m^3 reines S. herstellen konnte. Die Oldesloer Saline, die 1865 ihren Betrieb einstellte, ließ ab den 1820er Jahren auch eine Nutzung als Heilbad zu. Im 19. Jh. hatte die forcierte bergbaumäßige Erschließung von Steins.lagern zu einer Verdrängung des Salinens. geführt. S. wurde dadurch enorm verbilligt. LS

Salzstraße →Alte Salzstraße

Salzwiese nennt man das begrünte Deichvorland im →Watt. Die S. SH umfassen eine Fläche von rund 10.000ha. Sie sind mit verschiedenen salzverträglichen Pflanzen bewachsen, die je nach Höhenlage und dadurch bedingter Überflutungshäufigkeit ihre typischen Zonen besiedeln. In Wassernähe bei einer Überflutungshäufigkeit von etwa 700 mal im Jahr bildet sich die Quellerwiese (Queller,

Die Salzspeicher in Lübeck

Seegras), im Anschluß daran bei 100 bis 200 jährlichen Überflutungen die höher gelegene Andelwiese (Salzgras, Strandaster, Keilmelde u.a.) und in Deichnähe bei nur noch seltener Überflutung (10-70 mal jährlich) die Strandnelken- oder Rotschwingelwiese (Strandnelke, Meerstrandwegerich, Strandbinse u.a.). S. bieten etwa 2.000 Tierarten Lebensraum, darunter auch etwa 25 Brutvogelarten. Unbeweidet bilden sie eine wichtige Küstenschutzzone, die den anrollenden Wellen viel an Energie nimmt, bevor sie auf die →Deiche treffen. Dies schafft aber andererseits dort Probleme, wo das Vorland traditionell als Schafweide beansprucht wird.

Lit.: 10 Jahre Nationalpark SH Wattenmeer, Tönning 1995; Salzwiesen im Nationalpark, Tönning o. J. HK

Sandmann (lat. veridicus) Im Gesetzbuch Kg. Waldemar II. wurden vom kgl. Vogt jeweils 8 S. für jede Harde als Richter ernannt, denen Rechtsprechung bei Totschlag, Verstümmelung, Heerwerk, Notzucht, Verwundung, Freiheitsberaubung und Streitigkeiten um Feldscheiden zugebilligt war. Sie haben sich als Gerichtsbeisitzer im nördlichen Schl. bis weit in das 19. Jh. hinein erhalten. LS

Sanitätskollegium →Gesundheitswesen

Sängerfest Träger der S. waren →Liedertafeln, die in SH seit 1839 in den Städten von der gehobenen Bürgerschicht, in einigen Landgebieten von wohlhabenden Hofbesitzern gegr. wurden. Sie organisierten S., auf denen sie v.a. den nationalen Gedanken propagierten. Das berühmteste S. fand 1844 in →Schl. statt. Auf ihm wurden erstmals das →SH-Lied gesungen und die blau-weiß-rote →Landesfahne gezeigt.

Lit.: Geschichte SH, hg. von U. Lange, Nms. 1996, 437-438. KDS

Sarau (SE) Die Kirche von S. ist wohl eine Gründung Gf. Adolf III. im 12. Jh., sie wird um 1187 erstmals erwähnt und im 17. Jh. sowie 1865 umgebaut. Ihre Ausstattung stammt überwiegend aus dem 17. Jh. OP

Saturn →Slawen

Sax, Peter (geb. 6.9.1597 Evensbüll, gest. 23.4.1662 Koldenbüttel) studierte Jura und war seit 1621 Hofbesitzer in Koldenbüttel. S. wurde der wichtigste Gewährsmann für die ältere Geschichte →Eiderstedts, da er die ihm erreichbaren Chroniken, verstreuten Dokumente und Karten sammelte und – allerdings ohne Quellenkritik – zu einer weitgehend annalistischen Gesamtdarstellung verarbeitete, die auch auf das übrige →Nordfriesland und auf →Dithm. ausgriff. Sie ist in seiner Originalhandschrift überliefert.

Lit.: S., Werke zur Geschichte Nordfrieslands und Dithm., hg. von A. Panten, 7 Bde., St. Peter-Ording 1983-1989. DL

Ein Dithmarscher, Zeichnung von Peter Sax

Der Grabstein des Peter Sax

Schaalsee ist ein ca. 14km langer, stellenweise über 70m tiefer, buchtenreicher See an der Grenze zwischen SH und Mecklenburg-Vorpommern (→Lyaschenko-Abkommen von 1945). Am Südende sind die Kirche und einige Gebäude des säkularisierten Zisterzienser-Nonnenklosters Zarrentin erhalten geblieben. Auf einem Werder im Ksp. Lassahn lag das 1756-1760 von dem damaligen Gutseigentümer Johann Hartwig Ernst von →Bernstorff errichtete Herrenhaus Stintenburg (heute: Nachfolgebau aus dem 19. Jh.). Durch den S.-→Kanal wird seit 1925 das Kraftwerk

Schalenstein

am Küchensee (südlich von →Ratzeburg) mit Wasser versorgt. Das Amt für das Biosphärenreservat S. in Zarrentin organisiert seit Ende der 1990er Jahre als untere Naturschutzbehörde die Landschaftspflege, den Arten- und Biotopschutz und die Öffentlichkeitsarbeit in einem Großschutzgebiet von mehr als 16.000ha.

Lit.: H. Neuschäffer, Schlösser und Herrenhäuser im Hzt. Lauenburg, Würzburg 1987. JB

Schalenstein ist ein →Findling mit napfförmigen Vertiefungen, zwischen denen sich Rillen befinden können und die auch Hände, Füße, Sonnen oder andere Symbole darstellen (→Bunsoh). Die Bedeutung der S. ist unklar, sie werden kultischen Zwecken gedient haben, da sie auf Decksteinen von neolithischen →Megalithgräbern, bei bronzezeitlichen Gräbern aber auch in vorgeschichtlichen Ackerfluren (Stenderup) vorkommen, was auf einen Fruchtbarkeitskult hindeutet. OP

Der Schalenstein von Bunsoh

Schanze werden Befestigungen und Verteidigungsanlagen aus Erde und mit einem Graben genannt. Bereits früh- und hochma. Wallanlagen der →Sachsen und →Slawen (→Einfeld) erhielten seit der Frühen Neuzeit diese Bezeichnung, häufig anzutreffende Schwedens. müssen auf ihre tatsächliche Anlage im 17. Jh. überprüft werden. OP

Scharff, Alexander →Geschichtsschreibung

Scharfrichter Das Amt des S. entwickelte sich seit dem 13. Jh. aus dem Aufgabenbereich des Gerichtsboten (lat. praeco, mnd. vrone oder bodel) heraus, der die Gerichtsurteile zu vollstrecken hatte. Eine Spezialisierung wurde durch die Entwicklung des Inquisitionsprozesses und damit einhergehender Institutionalisierung der Folter nötig, weil der S. jetzt auch die peinliche Befragung technisch durchzuführen hatte. Rechtlich galten S. als unehrlich, was juristische Minderberechtigung und soziale Ausgrenzung bedeuten konnte; allerdings ist eine solche Marginalisierung im nordwestdt. Raum kaum auszumachen. Hier gelangten S. im 16. und 17. Jh. als landesherrliche Bedienstete auf Lebenszeit sogar zu Wohlstand und sozialem Ansehen. Für diesen Status war das ihnen verliehene Abdeckereiprivileg wichtig, denn obwohl sie die schmutzige Arbeit (Entfernung von Tierkadavern, Abtrittsäuberung, Beseitigung der Körper von Selbstmördern) nicht persönlich ausführten, verdienten sie am Geschäft mit und standen den Abdeckern (oder Wasenmeistern) vor. In SH oblag den S. die Gefängnisaufsicht, welche ihr Sozialprestige minderte, weshalb z.B. Mitte des 18. Jh. kein Nachfolger für das Amt in →Meldorf zu finden war, bis die entehrende Tätigkeit vom S.amt getrennt wurde. Neben dem Strafvollzug und der Folter bestand in der Chirurgie ein weiteres Tätigkeitsfeld vieler S. Die heilerischen Aktivitäten der S. wurden im 18. Jh. durch Medizinalordnungen jedoch zurückgedrängt (→Gesundheitswesen). In dieser Zeit sanken Einkommen, Ansehen und Qualifikation der S. herab. Letzeres führte 1779 dazu, daß in den Hztt. Schl. und Holst. ein Erlaß erging, nach dem Enthauptungen mit dem Beil statt mit dem schwieriger zu führenden Schwert zu vollziehen seien. In der Frühen Neuzeit bestand ein recht dichtes Netz von berufsmäßigen S. in SH, allerdings hatten nicht alle Städte zu allen Zeiten einen eigenen S.

Lit.: G. Wilbertz, S., Medizin und Strafvollzug in der Frühen Neuzeit, in: ZHF 26, 1999, 515-555. BSt

Scharpenberg (Familie) →Linau

Scharsdorf (PLÖ) Auf einer in den östlichen Teil des Scharsees vorspringenden Landzunge befinden sich Reste eines slawischen Ringwalles von ca. 70m Durchmesser, an die sich seeseitig 10 Reihen von dicken Pfählen im Seeboden anschließen. Zahlreiche Funde im Uferbereich aber auch östlich der →Burg weisen auf eine größere Siedlung in deren Schatten hin. LS

Schauenburg/Schaumburg Am Südhang der Weserbergkette östlich von Rinteln liegt die nach der guten Aussicht so genannte Schaumburg (Schauenburg), die namensgebend für das Adelsgeschlecht wurde, dessen Mitglied Adolf 1110 vom Hz. Lothar von Süpplingenburg mit den Gft. Holst. und → Stormarn belehnt wurde. In den nächsten 350 Jahren bis zum Aussterben der Hauptlinie der Gf. von Holst. blieb die dynastische Geschichte SH eng mit den Stammlanden an der Weser verbunden. Die Gft. S. wurde territorial ausgedehnt und gefestigt (Stadtgründungen Rinteln, Oldendorf, Stadthagen). Die Gft. Holst. wurde unter den verschiedenen Linien der S. zeitweilig aufgeteilt, aber bis auf →Pinneberg immer wieder vereint:

1. Kiel		
1.1 Kiel		(1261-1321)
1.2 Segeberg		(1263-1308)
2. Itzehoe		(1261-1290)
2.1 Plön		(1290-1390)
2.2 Rendsburg		(1290-1459)
2.3 Pinneberg		(1290-1640)

Die Rendsburger Linie, zu der auch Gerhard III. (ca.1291-1340) als wohl bedeutendster spätma. Landesherr gehörte, beerbte schließlich die anderen Zweige. Die Teilgft. Holst.-Pinneberg blieb in Verbindung mit den Stammlanden an der Weser, bis auch hier die S. im Mannesstamm ausstarben (1640); sie fiel dann an die Hzz. von Holst. zurück (Herrschaft Pinneberg, Gft. →Rantzau). Die Gft. S. ging in Teilen an die Landgf. von →Hessen und die Hz. von Calenberg; den größten Teil erhielt nach dem Vertrag von 1647 eine Nebenlinie des in Detmold regierenden Hauses Lippe, woher die Bezeichnung S.-Lippe rührt. LS

Scheel, Otto →Geschichtsschreibung

Scheel-Plessen, Carl Baron von →Oberpräsident

Scheffel →Maße

Scheersberg →Grenzverein

Schele, Johannes (geb. um 1375 Hannover, gest. 8.9.1439 Ungarn) stammte aus einer Bürgerfamilie in Hannover und studierte in Erfurt, Padua sowie Bologna. Zeitweilig war er an der päpstlichen Kurie tätig, weshalb er seit 1403 umfangreichen Pfründenbesitz ansammeln konnte, u.a. 1409 ein Domkanonikat in →Lübeck. 1420 vom →Domkapitel gewählt, war S. als →Bf. von Lübeck (1420-1439) sehr angesehen und diente sowohl den Päpsten als auch den Kaisern in verschiedenen diplomatischen Missionen. Eine wichtige Rolle spielte S. auf dem Basler Konzil, an dem er im Auftrag Kaiser Sigismunds teilnahm. Dort setzte sich S. für die Kirchenreform ein und trat in einer Schrift (1434) für das Konzil und gegen eine zu starke Stellung des Papstes ein. Als Konzilslegat ist er auf einer Reise in Ungarn 1439 an der Pest gestorben (Grab im Schottenkloster zu Wien). Von den Stiftungen S. ist u.a. ein Kelch im Lübecker Dom erhalten.
Lit.: SHBL 4, 201-202; B. Schwarz, Alle Wege führen über Rom, in: Hannoversche Geschichtsblätter NF 52, 1998, 5-87. EB

Schenefeld (IZ) In der Nähe des heutigen S. liegen zwei wichtige archäologische Plätze: die →Kaaksburg und der →Krinkberg. Erstere

Grabplatte Adolf IV. im ehemaligen Franziskanerkloster Kiel

Scherf

Schenefeld

war vom 8. bis zum 11. Jh. die zentrale →Burg des Holstengaus, letzterer die Grabstätte eines vornehmen Adelsgeschlechts (→Adel) aus dem 8. Jh. Diese und vielleicht andere Adlige saßen im Kriegsfall mit Familie und Gefolge auf der Kaaksburg, sonst wohl z.T. im benachbarten Pöschendorf. In diesem polit.-militärischen Zentrum des Holstengaus wurde um 825 die Missions- und Taufkirche für die Holsten errichtet, wohl auf Initiative des →Bf. Willerich von Bremen, vielleicht auch der hier tonangebenden Adligen, und zwar an einem bis dahin unbesiedelten Platz, der von der Pöschendorfer Flur abgeteilt wurde und den man Scanafeld nannte. Die S. Kirche (St. Bonifatius), anfangs zuständig für den gesamten Holstengau, blieb auch nach der Abtrennung der ersten Ksp. →Jevenstedt, →Nortorf, →Hohenwestedt, →Kellinghusen, →Nms. und später →Hademarschen noch Zentrum eines ausgedehnten Großksp., das von Haale bis Vaale reichte. Bis 1433 gehörte dieses zum Bezirk der Burg →Hanerau, seitdem als Ksp.vogtei zum →Amt →Rendsburg, wobei sich Ksp.vogtei und geistliches Ksp. keineswegs überall deckten. Das Dorf S., erst nach der Kirchgründung entstanden, blieb immer ein Katendorf mit kleiner Gemarkung und ohne größere Bauern, entwickelte sich aber dennoch zu einem bedeutenden polit. (Tagungsort des Ksp.gerichts und der Ksp.versammlung, Sitz des Ksp.vogts) und wirtschaftlichen Zentrum mit Jahrmarkt (→Markt), Wirtshäusern und Handwerkern, später auch →Schule, seit 1867 Amtsgericht, seit 1915 Kleinbahnanschluß. Ein kirchliches Zentrum war es als Ort der Mutterkirche der Holsten ohnehin. 1970 wurde das Amt S., bis dahin zum →Kreis →Rendsburg gehörig, dem Kreis →Steinburg einverleibt. Heute ist S. ein gewerbeorientierter Mittelpunktsort mit ca. 2.400 Einw.

Lit.: K.W. Struve, Probleme der Burgenforschung im frühgeschichtlichen Holstengau, in: S. Hefte 1, 1963, 9-72; H. Ramm, S. in Mittelholst. 1993. HWS

Scherf →Münzwesen

Das Herrenhaus Schierensee

Schierensee (RD) Das →Gut befand sich seit dem MA nacheinander in Händen verschiedener adliger Familien. Von 1751/52 bis zu seinem Tode (1786) war Caspar von →Saldern Eigentümer. Saldern, großfürstlicher Beamter, russischer Diplomat und dän. Lehnsgf. ließ das →Herrenhaus als schloßartige Dreiflügelanlage und auch den Wirtschaftshof neu erbauen (Architekt: Johann Adam Richter) und einen Landschaftsgarten nach engl. Vorbild (→Park) anlegen. Während der Jahre 1968-1985, als der Verleger Axel Springer Eigentümer war, wurden Herrenhaus, Wirtschaftsgebäude und Anlagen aufwendig renoviert. Heute gehört S. dem Unternehmer Günther Fielmann, der ebenfalls erheblich in den Erhalt des Gutes investiert. Die Fläche des Gutes betrug in den 1980er Jahren 538ha (vorwiegend Wald, Wiesen, Weiden und Wasser).

Lit.: C.-H. Seebach, S. – Geschichte eines Gutes in Holst., Nms. 1974; H. von Rumohr, Schlösser und Herrenhäuser im nördlichen und westlichen Holst., Frankfurt/M. 1981. JB

Schiffahrt beinhaltet die Handels-S. (Personen- und Fracht-S.) und die Kriegs-S. Regelmäßig befahrene Seewege werden als S.linien bezeichnet. Träger der S. sind Reedereien, die S.dienste ausführen. See S. umfasst die Große Fahrt (nach allen Weltmeeren), die Mittlere Fahrt (europäische und Mittelmeerküsten) sowie die Kleine Fahrt (→Ost- und →Nordsee, norwegische Westküste, Irland, Großbritannien). Küsten-S. ist die Fahrt in Nord- und Ostsee, Binnen-S. auf dem binnenländ. Fluß- und Kanalnetz (→Hafen, →Kanal). Aufgrund der naturräumlichen Lage spielte die S. in SH mit seinen Küsten, Buchten, Inseln und Binnenwasserwegen schon immer eine bedeutende Rolle. Die zunächst kriegerischen Eroberungs- und Beutezüge der →Wikinger seit

Schierensee

dem 7. Jh. dienten später mehr dem Warenaustausch, der im friesischen Salztorfhandel (→Salz, →Torf) und im Transithandel zwischen Nord- und Ostsee (→Haithabu) erste regelmäßig befahrene S.routen ausbildete. Im 11. Jh. entstand der Wirtschaftsbund der →Hanse mit seinen weitverzweigten auf die Hansestädte →Lübeck und →Hamburg und deren Ost-West-Transit ausgerichteten S.linien. Die technische Vervollkommnung des Verkehrsmittels Schiff, seiner Takelung und Besegelung sowie die Einführung des festen Steuerruders und nautischer Geräte bis zum Ende des Spätma. förderten die Ausdehnung der S. und ermöglichten durch Vergrößerung der Ladekapazitäten neuer Schiffstypen (→Schiffbau) den Übergang zur Hochsee-S. Die Verlagerung des Handels in den Atlantik und die vermehrte Umfahrung Skagens zog seit dem 15. Jh. Güterströme von den alten Hanserouten ab. Wachsende überregionale Wirtschaftsverflechtungen ließen im 16. Jh. entlang den Küsten und an den Flüssen SH in zahlreichen S.standorten Handelsflotten entstehen, die agrarische Exportgüter (Getreide, Käse, Fleisch) ins bev. reiche Westeuropa und nach Skandinavien transportierten, wodurch sich die Küsten-S. weiter intensivierte. Hamburg, das nach und nach die Vorherrschaft auf der Unterelbe errang und diese durch Kaperfahrten und Waffengewalt zu sichern wußte, wurde als überragende Fernhandelsstadt ein immer wichtigeres Ziel des regionalen Handels in SH. Bedeutende Seehandelsflotten besaßen Lübeck, →Flensburg und →Altona, alle anderen S.plätze verfügten über mittlere und kleine Schiffsflotten. Mittelgroße und große Schiffe maßen über 30 Commerzlast (→Gewichte). Sie wurden hauptsächlich zur Fahrt auf Nord- und Ostsee wie auch den west- und südeuropäischen Küsten eingesetzt. Einige größere (50 bis über 100 Commerzlast) fuhren von ihren Heimathäfen über den Atlantik bis nach Amerika und zunehmend auch losgelöst vom angestammten Standort auf Trampfahrt in Übersee. Den größten Anteil an der sh Handelsflotte hatten jedoch die kleinen Schiffe unter 10 Commerzlast. Ihr Fahrtgebiet beschränkte sich auf die Gewässer im Küsten- und Inselbereich sowie die binnenländischen Flußsysteme. Sie beförderten die regionalen Produkte zu den größeren Handelsplätzen und brachten von dort Rohstoffe und Waren zurück. Im 18. Jh. beteiligten sich einzelne S.standorte am →Walfang. Ab den 1840er Jahren profitierte die sh S. von den stark anwachsenden Agrarexporten (v.a. Schlachtrinder) nach England und dem Transport von Steinkohle auf dem Rückweg. →Tönning und →Husum waren die Hauptausfuhrhäfen. Importe von Energie-, Bau- und Rohstoffen für die zunehmende →Industrialisierung spielten in der 2. H. des 19. Jh. eine immer größere Rolle für die S. Eine große Bedeutung hatte die Kleins. für die Versorgung der Inseln und den Verkehr der ansonsten für den Landverkehr schwer zugänglichen Marsch- und Moorgebiete im westlichen SH. Auch die Kleins. wuchs kontinuierlich bis zum Beginn des 20. Jh., als →Eisenbahn und Straßenverkehr (→Wegewesen) eine immer größere Konkurrenz für die regionale S. darstellte. Dampfschiffe erhielten in der sh S. erst nach 1864 Bedeutung; vorher wurden sie vereinzelt als Personen- und Postschiffe oder im Schleppdienst eingesetzt. Das erste Dampfschiff verkehrte 1819 auf der Route Kiel-Kopenhagen. Bis zum Ende des Jh. stieg der Anteil der Dampfschiffe am Gesamtschiffsraum der sh Handelsflotte auf 84% an. Mit dem Übergang vom hölzernen Segler zum eisernen Dampfschiff wuchsen die Schiffsgrößen in der See- und Küsten-S.; sie ließen die kleinen Häfen und Wasserstraßen bedeutungslos werden. Bedeutendere Reedereien und Handelshäuser wanderten in die Großhäfen außerhalb SH ab. Lediglich Flensburg konnte bis zum 1.WK seine Bedeutung halten. Die Anlage des Nord-Ostsee-Kanals und des Elbe-Trave-Kanals (→Kanal) wie auch der Ausbau der größeren Flüsse schufen um 1900 die Voraussetzungen zum Bau größerer motorgetriebener Binnenschiffe. Die Zeit zwischen den WK war vom Strukturwandel gekennzeichnet. Die einstige Universaltransportbedeutung der Schiffahrt in der Region nahm erheblich ab. Dafür stieg die Nachfrage nach größeren, spezialisierten Transporteinheiten im Massen- und Stückgutverkehr erheblich. Nach Ablieferung eines Teils der Schiffsflotte nach dem 2.WK lohnten Schiffsneubau und -modernisierung wieder. Bis 1965 wuchs die Ladekapazität der sh Schiffsflotte in etwa auf das Sechsfache der

Schiffbau

Vorkriegszeit. Dabei waren Ladekapazität und Schiffsgrößen immer mehr angewachsen. Ab den 1980er Jahren ist die Zahl der in der Region beheimateten Seeschiffe wieder sehr zurückgegangen, wobei der Schiffsraum stärker rückläufig ist als die Schiffsanzahl. Im Gegensatz zur Sees. wuchsen Küsten- und Binnens. während der gesamten Nachkriegszeit in viel geringerem Maße und nahmen nach 1960 stark ab. Sie konnten der verschärften Konkurrenz des flexibleren Lkw-Transports nicht standhalten. Die deutliche Aufwärtsentwicklung der regionalen S. von 1949 bis in die 1980er Jahre ist v.a. auf den wirtschaftlichen Aufschwung Nachkriegsdt., den steigenden Anteil an Massengütern, v.a. aber auf den gewachsenen Stückgutverkehr mit Fährschiffen zurückzuführen. Die Einrichtung der internationalen Fährlinien von sh Ostseehäfen nach Nord- und Osteuropa mit jährlich über 12 Mio. Passagieren ist die augenfälligste Entwicklung der S. seit dem 2.WK (→Brückenfunktion). Regionale sowie lokale Fähr- und Ausflugs-S. haben im Zuge des →Tourismus an Nord- und Ostsee wie auf den Binnengewässern ebenso zugenommen wie die Sport- und Freizeit-S.

Lit.: Atlas zur Verkehrsgeschichte SH im 19. Jh., hg. von W. Asmus u.a., Nms. 1995; Die Entwicklung des Verkehrs in SH 1750-1918, hg. von W. Asmus, Nms. 1996. WA

Schiffbau Bis zur Mitte des 19. Jh. war S. in SH fast ausschließlich traditioneller Holzs. Holzschiffswerften gab es an zahlreichen sh Hafenorten. Bedeutende S.plätze der Segelschiffszeit waren an der Ostseeküste →Flensburg, →Kappeln, →Arnis, →Eckernförde, →Kiel, →Neustadt und →Lübeck. An der →Elbe, ihren Nebenflüssen und der Westküste SH gab es Holzschiffswerften in →Altona, →Blankenese, →Wedel-Schulau, Moorrege, →Uetersen, →Elmshorn, Spiekerhörn/Krückau, →Glückstadt, →Wewelsfleth, →Itzehoe, →Wilster, →Burg/Dithm., Nübbel, →Rendsburg, →Tönning, →Husum, →Friedrichstadt und →Wyk auf Föhr. Über die zögerlich einsetzende →Industrialisierung kam es zur Gründung von Eisengießereien und Maschinenfabriken, von denen einige sich auch im Eisens. versuchten. 1847 gründete die Carlshütte eine eigene Werft, auf der bis 1867 insgesamt fünf kleine Dampfer gebaut wurden. In Flensburg konzentrierte sich die schon 1872 als Aktiengesellschaft gegr. Flensburger S.-Gesellschaft (FSG), recht bald auf den Dampf- und Eisens. In wenigen Jahren gelangte die FSG in die Spitzengruppe dt. Werften und erwarb sich über die Stadt und Region hinaus einen guten Ruf bei dt. und ausländischen Reedern. 1903 nahm die Neue Werft der FSG im Norden Flensburgs ihren Betrieb auf, in der Schiffe bis zu einer Tragfähigkeit von 13.000t gebaut wurden. In der Alten Werft am Nordertor verblieben die Ausrüstungswerkstätten. 1913 wurde bei der FSG unter allen dt. Ostseewerften die größte Zahl reiner Frachtdampfer gebaut. Von der 1838 gegr. Eisengießerei und Maschinenfabrik Schweffel & Howaldt in Kiel wurde 1848-1850 ein erster Versuch mit einem U-Boot-ähnlichen Eisenschiff und ein Kanonenboot mit Schraubenantrieb unternommen. Im 1. →Schleswigschen Krieg entstand bei Schweffel & Howaldt 1851 der »→Brandtaucher«, das erste schwimmfähige U-Boot der Welt, das nach den technischen Prinzipien heutiger U-Boote konstruiert war. 1865 gründete Georg Howaldt in Gaarden bei Kiel eine moderne Schiffswerft, auf der bis 1867 vier Passagier-, Vieh- und Frachtdampfer, zwei Fährschiffe und ein Passagierdampfer entstanden. Howaldt mußte die Werft 1867 an die →Marine übergeben, die das Gelände für den Aufbau der Kaiserlichen Werft benötigte. Nur die Kieler Anfänge des Eisenschiffbaus fanden nach 1867 ihre Fortsetzung. Durch die Einrichtung der →Marinestation 1865-1871 und den Ausbau der Marinegarnison kam es in Kiel zu einer starken Konzentration der S.industrie. Zur Jh.wende fanden sich die größten Werftanlagen der Provinz an der Kieler Förde: Die 1882 aus der Fusion zweier bestehender Betriebe hervorgegangene Germania-Werft an der Hörn, dem inneren Ende der →Förde; daran anschließend die aus dem Marinedepot hervorgegangene Kaiserliche Werft und schließlich weiter nördlich am Ostufer der Förde die 1889 ebenfalls aus einer Fusion hervorgegangenen Howaldtswerke in Dietrichsdorf an der Mündung der →Schwentine. Diese Werft zählte um die Jh.wende zu den bedeutensten Unternehmen im dt. S. Nach der Jh.wende beteiligten sich auch die Howaldtswerke verstärkt am Kriegss.,

Schiffbau

Schiffswerft am Elbufer bei Flottbek 1860, Aquarell von Wilhelm Heuer

der durch die beiden Flottengesetze eine unerhörte Förderung erfuhr. Mit verschiedenen Eigentümern, unterschiedlichen Rechtsformen sowie Produktionsstätten in Kiel und →Hamburg überdauerte die Werft beide WK. Die Germania-Werft gehörte seit 1896 per Pachtvertrag und seit 1902 durch Ankauf zum Essener Krupp-Konzern, der als Panzerplattenhersteller auf diese Weise direkt am Kriegsschiffbau profitieren konnte. 1902 wurde die Germania-Werft erheblich erweitert, um den Anforderungen des modernen Kriegss. entsprechen zu können. Dies geschah zum Teil durch Geländetausch mit der Kaiserlichen Werft, einem reinen Staatsbetrieb für Kriegsmarinezwecke. Diese Werft dehnte sich bis 1904 immer mehr aus, so daß schließlich die gesamte ufernahe Bebauung in Ellerbek dem Expansionsstreben dieses Großbetriebes weichen mußte. Während des 1.WK nahm die schon in Friedenszeiten starke Ausrichtung der Kieler Industrie auf den militärischen Bedarf noch mehr zu. Um so stärker wurden die Rüstungsbetriebe – und damit v.a. die Werften – von der nach 1919 notwendigen Umstellung auf die Friedenswirtschaft und die Wirtschaftskrise von 1926 getroffen. Der S. verlor trotz des Wiederbeginns des Großkriegss. 1927 seine Bedeutung für Kiel, die er erst durch die Rüstungsprogramme der NS wieder erlangte. Der Preis für diese erneute Konjunktur der Werften im Vorfeld des 2.WK war allerdings hoch. Der Aufrüstung unter Ausnutzung aller Arbeitskräfte (einschließlich des Einsatzes ausländischer Zwangsarbeiter), dem →Bombenkrieg und der Zerstörung folgten die Demontage, der Verlust der Arbeitsplätze und schließlich die Umstellung auf die zivile Produktion. In →Lübeck begann der industrielle S. 1882 mit der Gründung der Schiffswerft von Henry Koch, einer der wichtigsten Neugründungen der 1880er Jahre. Diese Werft blieb über Jahrzehnte der größte Industriebetrieb der Stadt und rangierte 1900 an 10. Stelle unter den dt. Werften. Die Weltwirtschaftskrise 1929-1932 führte zu einem völligen Erliegen des Lübecker S. und zum Ende der Kochschen Schiffswerft. 1917 trat mit der Flender Werft, einem Zweigbetrieb der Brückenbau Flender AG Benrath am Rhein, ein weiterer Großbe-

trieb hinzu, in dem von etwa 1.500 Arbeitern Schwimmdocks und Handelsschiffe gefertigt wurden. Bis 1921 waren bereits 12 Dampfschiffe gebaut, sämtlich für die Dt. Levante Linie. 1926 wurde die Werft in eine selbständige Aktiengesellschaft umgewandelt. In den Jahren der Weltwirtschaftskrise ging die Zahl der Beschäftigten auf knapp 100 zurück, um sich dann in der zweiten H. der 30er Jahre kontinuierlich zu erhöhen und während des 2.WK auf einen Höchststand von ca. 3.500 Arbeitnehmern zu steigen. Über den höchsten Belegschaftsstand verfügte die Flender Werft in den 1950er und 60er Jahren mit über 4.000 Mitarbeitern. Als dritte Lübecker Werft wandte sich die 1873 gegr. Lübecker Maschinenbau-Gesellschaft (LMG), deren Belegschaft 1921 auf über 1.800 angewachsen war, dem Bau von Spezial-, Fracht- und Fährschiffen zu. Das Unternehmen hatte sich bereits mit dem Bau von Schwimm- und Trokkenbaggern einen guten Ruf erworben. Die LMG ging später im Unternehmen von Orenstein & Koppel AG (heute Krupp Fördertechnik) auf. Nach der Aufhebung des Verbotes des Sees. in Dt. Anf. der 1950er Jahre kam es zu einem jahrzehntelangen Aufschwung in der westdt. S.industrie. Auf den modernisierten sh Werften wurden Schiffe aller Größenordnungen für in- und ausländische Auftraggeber gefertigt. In Kiel und Lübeck entstanden industrielle Großbetriebe mit jeweils mehreren tausend Beschäftigten. Die Werftenkrise der 1970er und 80er Jahre traf auch sh Unternehmen und führte zu Betriebsschließungen sowie Unternehmenszusammenschlüssen. Der S. blieb aber ein bedeutender Wirtschaftsfaktor. Heute wird S. in SH in modernen Groß- und Mittelbetrieben durchgeführt: Howaldtswerke – Dt. Werft AG (Kiel), Flensburger Schiffbau-Gesellschaft (Flensburg), HDW-Nobiskrug GmbH (Rendsburg), Kröger-Werft GmbH (Schacht-Audorf), Flender Werft AG (Lübeck), Hugo Peters (Wewelsfleth), Husumer Schiffswerft – Gebr. Kröger (Husum, bis 1999).
Lit.: SH Weg ins Industriezeitalter, hg. von U.J. Diederichs, Hamburg 1986; Häfen und Schifffahrt, SH spezial, hg. von SH Heimatbund, Husum 1997. PDC

Schiffspfund →Gewichte

Schiffstypen →Bark, →Bojer, →Brigg, →Buttjolle, →Eidergaliot, →Eiderschnigge, →Ewer, →Fischkutter, →Galeasse, →Helgoländer Schnigge, →Jacht, →Krabbenkutter, →Logger, →Ostseekutter

Schilling →Münzwesen

Schimmelreiter Der S. ist eine Novelle von Theodor →Storm, die 1888 erstmals erschien. Die Anregung zu dieser fiktiven Geschichte um den Deichgf. Hauke Haien geht auf die von Heinrich Pappe (1768-1856) hg. Erzählung »Der gespenstige Reiter. Ein Reiseabenteuer« zurück. Um den Deichspuk in eine würdige Novelle zu verwandeln, bediente sich Storm die Ereignisse der Sturmflut von 1751, beschäftigte sich mit dem Leben des Landvermessers und Mechanikers Hans Mommsen (1735-1811) und ließ sich fachlich durch den Landesbaurat Christian Eckermann (1833-1904) beraten.
Lit.: W. Freund, Theodor Storm. Der S. Glanz und Elend des Bürgers, Paderborn 1984. MKu

Schimmelmann (Familie) →Ahrensburg, →Wandsbek

Schipp →Maße

Schippsaat →Maße

Schlei Die S. ist eine flußartig verengte →Förde an der Ostküste Schl. Sie hat eine Länge von 43km und ist 100 bis 4.000m breit sowie bis zu 14m tief. Die Wasserfläche beträgt 5.240ha. Der Verschluß zur Ostsee durch einen Nehrungshaken wird seit 1872 durch eine künstliche Rinne freigehalten. Im frühen MA war die S. eine bedeutende Wasserstraße für →Haithabu. Heute steht sie überwiegend unter Naturschutz und ist ein Wassersportgebiet (→Schleswig-Holstein-Lied). CJ

Schleswag Die 1929 gegr. S. AG ist das größte Energieversorgungsunternehmen SH. Über ein Versorgungsnetz von rund 47.000km beziehen knapp 700.000 Kunden (ca. 73% der Bev.) Strom. Seit 1973 ist die S. auch an der

Erdgasversorgung beteiligt. Sie betreibt sechs Wasserwerke für 22.000 Kunden und seit einigen Jahren auch Nahwärmeversorgung. Die Hauptverwaltung hat ihren Sitz in →Rendsburg, weitere Betriebe befinden sich in Schuby, →Preetz, Dägeling und →Ahrensburg. Hauptanteilseigner ist mit 65,3% die Preussen Elektra AG (Hannover), 34,7% halten die elf sh Landkreise. OP

Schleswig (SL) Im 11. Jh. trat S. auf dem Nordufer der →Schlei die Nachfolge des auf dem südlichen Gegenufer gelegenen →Haithabu an. Die Modalitäten der Siedlungsverlagerung sind unbekannt. Während die historische Kontinuität von Kg.- und Bf.sitz (ab 1026) sowie der Fernhandelsfunktion gesichert ist, beginnen archäologisch gesicherte Baudaten in S. erst um 1070. Der →Hafen (erste Brücke 1086) ist bis Mitte des 12. Jh. Hauptumschlagplatz im Fernhandel zwischen westlichem Kontinent und Ostseeraum. Die →Stadt besaß überregionale Zentralfunktionen, war Sitz eines Hz., hatte eine Kg.pfalz und neben dem →Dom St. Peter (Neubau in Stein ab ca. 1120) fünf Pfarrkirchen (1196) sowie das Benediktinerkloster St. Michael (→Kloster). Das →Stadtrecht, ältestes in Skandinavien (ca. 1150, ca. 1200 kodifiziert), nahm auf einheimischem Substrat vielfältige auswärtige Muster auf. Die →Bürgerschaft war als Kommune organisiert, danebengab es eine Knudsgilde der Fernhändler. Mit dem endgültigen Verlust der Fernhandelsfunktion an →Lübeck Anf. des 13. Jh. erhielt die Stadt durch Neuparzellierung, Anlage eines Marktplatzes, Planierung des Hafengeländes zugunsten eines Dominikanerklosters und Umbau der Pfalz in ein Franziskanerkloster einen neuen Grundriß. Danach stagnierte der Stadtausbau, der Hz. zog sich auf die →Burg →Gottorf zurück: S. fiel zu einer wirtschaftlich unbedeutenden Landesstadt ab und erlebte erst seit der Frühen Neuzeit als Residenzstadt der Hzz. und später des kgl. →Statthalters eine bescheidene Blüte. 1711 wurden die von der Gottorfer Residenz aus gebildeten Flankensiedlungen Lollfuß und Friedrichsberg mit der Altstadt zur kombinierten Stadt S. vereinigt. Als Tagungsort der →Stände im Hzt. war S. Mitte des 19. Jh. ein Zentrum der dt.-dän. Konflikte und nach dem preußisch-österreichischen Sieg über DK seit 1864 Sitz der preußischen Provinzialregierung (→Regierungspräsident). Mit deren Verlegung nach Kiel (nach 1945) wurde es Standort des Landesmuseums (→Museen) und anderer zentraler Institutionen und Behörden. Heute hat S. etwa 26.500 Einw. Lit.: C. Radtke, Die Entwicklung der Stadt S. Funktionen, Strukturen und die Anfänge der Gem.bildung, in: Die Stadt im westlichen Ostseeraum. Teil 1, hg. von E. Hoffmann, F. Lubowitz, Frankfurt/M. u.a. 1995, 47-92. CR

Schleswig

Schleswig

Schleswig

Schleswig (Hzt.) Das Territorium zwischen →Eider/→Levensau und →Königsau (Kongeå), das zunächst →Südjütland genannt wurde und erst später nach seinem Hauptort S. dessen Namen erhielt, gehörte seit der Wikingerzeit zum Kgr. DK. Es war um 1100 der Statthalterschaft dän. Kg.söhne unterstellt, die zunächst als →Jarl, dann (1193) aber auch als Hz. (lat. Prefectus oder dux) bezeichnet werden. Ihr Bestreben richtete sich auf Unabhängigkeit, was sie sowohl durch Ausbau ihrer Landesherrschaft wie durch Abtrennung des Fürstenlehens von DK zu erringen hofften. Um 1280 wurde S. nicht mehr als Teil DK aufgefaßt, wohl aber als Lehen des dän. Kg. 1326 erhielt der holst. Gf. Gerhard III. S. als erbliches Fahnenlehen ohne irgendwelche Verpflichtungen gegenüber dem dän. Kg., was als Etablierung S. als selbständiges Territorium gewertet wird. Dies blieb jedoch nicht unumstritten. 1386 setzte die dän. Kg. Margarete ihren Sohn Olaf als Nachfolger der Hzz. von S. ein und machte auch sonst deutlich, daß sie das Hzt. als dän. Lehen betrachtete. In Gerichtsverfahren 1413 und 1424 wurde die Oberhoheit der dän. Krone über S. wiederhergestellt, aber 1440 durch Kriegsglück der Gf. von Holst. an diesen verloren: Adolf VIII. erhielt von Kg. Erich von Pommern die Belehnung mit allen Rechten ohne Pflichten. 1448 ließ der Hz. seinen Neffen Christian von →Oldenburg vor seiner Wahl zum Kg. von DK das Versprechen ablegen, S. nicht in das dän. Reich einzuverleiben. Als 1460 Christian I. zum Hz. von S. und Gf. von Holst. gewählt wurde, trennte man auch in der Titulatur: Kg. von DK und Herr über S. und Holst. Damit hatte sich die holst. Auffassung durchgesetzt. S. blieb ein mit Holst. eng verbundenes Territorium; beide wurden nach der →Erhebung Holst. zum Hzt. 1474 als die Hztt. bezeichnet. Die Landesteilungen, insbesondere die von 1544/1581 ließen dann eine geteilte Landesherrschaft zwischen dem dän. Kg. als Hz. von S. und dem Hz. von SH-→Gottorf entstehen. Nachdem aufgrund der Intervention der Großmächte der Reunionsversuch von 1684 scheiterte, gelang 1713 die Okkupation, 1721 die Inkorporation des gottorfischen Anteils. Damit war S. wieder in einer Herrscherhand vereint. Der dän. Versuch, die traditionelle Bindung der beiden Hztt. zu durchtrennen, indem S. zu einem mit dem Kgr. DK unzertrennlich verbundenen Landesteil erklärt wurde (→Offener Brief vom 8.7.1846), führte bei gesteigertem nationalen Bewußtsein zur polit. Krise und schließlich zum 1. →Schleswigschen Krieg, in dessen Gefolge ein eigenes Ministerium für S. geschaffen wurde (1851). 1855 kam es zur Verabschiedung eines gesamtstaatlichen Verfassungsgesetzes, das allerdings 1858 für Holst. und →Lauenburg wieder aufgehoben wurde. 1862 forderten →Preußen und →Österreich auch

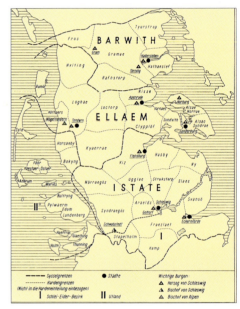

Das Herzogtum Schleswig (nach H. Windmann)

die Außerkraftsetzung des Gesetzes für S. Doch wurde 1863 ein für DK und S. gemeinsam geltendes Staatsgrundgesetz verabschiedet, das die Vereinigung S. mit DK bezweckte. Daraufhin kam es zum 2. Schleswigschen Krieg, mit dem Preußen und Österreich der 1851/1852 gegebene Zusage, den Sonderstatus von S. zu erhalten, zur Durchsetzung verhelfen wollten. S. ging gemeinsam mit Holst. der dän. Monarchie verloren und wurde preußisch besetzt; ein Zivilkommissar übernahm die Regierungsgewalt. Der Konflikt zwischen den beiden Siegermächten führte 1866 zum Abzug der Österreicher und schließlich zur →Annexion durch Preußen. Mit dieser kam es zu kleineren territorialen Veränderungen, indem frühere Enklaven des Kgr. bzw. →Exklaven S. ausgetauscht wurden. Die →Volksabstimmung von 1920 teilte dann S. in das dän. Sønderjylland (→Nords.) und das dt. Süds., den heutigen Landesteil S. des Bundeslandes SH. LS

Schleswig (Bt.) Nach ersten Missionsimpulsen Mitte des 9. Jh. unter Erzbf. →Ansgar wurde im Handels- und Handwerkszentrum →Haithabu/S. 948 ein Bt. gegr. Außer der gesicherten Folge der Bff. ist die frühe Phase des 10./11. Jh. nur archäologisch zu erschließen. Der Sprengel umfaßte ursprünglich die drei südlichen dän. →Syssel. Seit 1103/04 gehört S. dem neugegr. dän. Erzbt. Lund an. Die Bff. kamen im späteren MA überwiegend aus dem holst. →Adel. Nach der →Reformation 1542 wurde das Bt. S. 1586 endgültig aufgehoben. CR

Schleswig-Holstein Der Begriff S. taucht erstmals 1386 in dieser Zusammenstellung auf, als Gf. Gerhard VI. von Holst. das Hzt. →Schl. als erbliches Lehen von der dän. Kg. Margarete und deren Sohn Olaf erhielt. Der zunächst nur herrschaftlichen Zusammenbindung beider Territorien war eine Durchdringung des schl. Raumes seitens holst. Adliger, aber auch eine starke Zuwanderung in den schl. Städten von Kaufleuten und Handwerkern aus dem dt. Raum voraufgegangen. Die herrschaftliche Klammer zwischen Schl. und Holst. sollte diesen Prozeß verstärken, der bei der Wahl des Hz. von Schl. und Gf. von Holst. 1460 in Ripen/Ribe seitens des diese Position anstrebenden dän. Kg. Christian I. ausdrücklich mit den Worten »dat se tosamende bliven up ewich un-gedelt« (daß sie – Gft. und Hzt. – auf ewig ungeteilt zusammen bleiben sollten) bekräftigt wurde. 1474 wurde Holst. zum Hzt. erhoben. Spätere, dynastisch bedingte und 1773 größtenteils wieder beendete Landesteilungen ließen den über Jh. unbedeutenden Text der Ripener Urkunde vergessen. Auch der Erwerb von →Lauenburg 1815/1816, der mit der Frage der Zusammengehörigkeit von Schl. und Holst. in keinerlei Verbindung stand, tangierte die S.-Frage nicht. Erst im Zeichen des entstehenden Nationalismus wurde die Forderung nach einem ungeteilten SH (bisweilen auch Schleswigholstein geschrieben) ein wesentlicher Kampfbegriff der dt. Partei. Sie wollte unter allen Umständen verhindern, daß Schl. wie ein dän. Reichslehen behandelt und die nationale Grenze entlang der →Eider gezogen würde. In den →Schleswigschen Kriegen wurde schließlich durch Verordnung vom 22.9.1867 eine beide Territorien umschließende preußische →Provinz geschaffen, die nur geringfügige territoriale Korrekturen (→Enklaven, →Helgoland 1890) nötig machte. Lauenburg wurde erst 1876 als Kreis inkorporiert. Bis zum Ende der preußischen Zeit 1947 blieb als Ausdruck der Besonderheit dieses Territoriums im dreigeteilten (inoffiziellen) Provinzialwappen auch das lauenburgische Symbol repräsentiert. Die →Volksabstimmung von 1920 sorgte dann für den Verlust von →Nordschl. Abgerundet wurde die Provinz erst 1937 durch das →Groß-Hamburg-Gesetz, mit dem der oldenburgische Landesteil →Lübeck, die Stadt Lübeck mit ihrem Territorium und hamburgische Exklaven gegen Gebietsverlust allein an Hamburg (v.a. →Altona) hinzukamen (Gewinn ca. 612 km^2). Unmittelbar nach dem 2.WK kam es zwischen Lauenburg und →Mecklenburg zu Gebietskorrekturen (→Lyaschenko-Abkommen). Erst mit der Bildung des Landes S. ist das heutige Territorium entstanden. Deshalb muß man sich in historischer Dimension präzise ausdrücken, wenn von dem Gebiet gesprochen wird, das heute überwiegend zum Bundesland S. gehört: Gft. Holst., Hzt. Schl., Hztt., Provinz S., S. LS

Schleswig-Holstein Eine Reihe von Schiffen trug den Namen S. Am 17.12.1906 lief auf der Germania-Werft in →Kiel ein Linienschiff

Tympanon am Portal des Schleswiger Domes

von Stapel, das in der Kaiserlichen →Marine bereits als veraltet galt (Vor-Dreadnought-Schiff, im Volksmund aufgrund der Bauform »Bügeleisen« genannt), das in der Reichsmarine (1919-1935), weil außerhalb der Restriktionen des Versailler Vertrages stehend, zur See fuhr und als Artillerieschulschiff am 1.9.1939 die ersten Schüsse auf die Westerplatte bei Danzig abfeuerte. Am 18.12.1944 in Gdingen durch einen Bombentreffer versenkt, wurde es nach dem Krieg gehoben und in Tallin abgewrackt. Ein weiteres Schiff war der Zerstörer S. der Hamburg-Klasse (Z 101A-Klasse). Von Stapel lief er am 20.8.1960, die Indienststellung erfolgte am 12.10.1964, die Außerdienststellung am 15.12.1994; schließlich die Fregatte der Brandenburg-Klasse (F123-Klasse), die am 8.6.1994 von Stapel lief und am 24.11.1995 in Dienst gestellt wurde.

Lit.: S. Breyer, Linienschiffe S. und Schlesien. o.O. 1992. JH

Schleswig-Holstein-Lied In seinem historischen Kern stellt das S. ein radikales polit. Dokument dar. Die vom Berliner Kreisjustizrat Karl Friedrich Straß für das Schl. →Sängerfest von 1844 verfaßten, die Landesteile lediglich aufzählenden Strophen (»Schl., Holst., schöne Lande«) wurden aber schon bald wegen der zugespitzten polit. Lage nicht mehr als angemessen empfunden, so daß der Schl. Advokat Matthäus Friedrich →Chemnitz (1815-1870) den Text vollständig überarbeitete. Erstmals erklang das vom Kantor Carl Gottlieb Bellmann (1772-1861) in Noten gesetzte Lied am 24.7.1844 durch den Schl. Gesangverein von 1839 auf dem Festplatz bei der Hesterberger Schützenkoppel. Rasch fand das Lied in der vorrevolutionären, von nationalen Strömungen geprägten Zeit eine auch über die Landesgrenzen (bis in die Neue Welt) hinausreichende Verbreitung. Wiederholt wurde es auf dem 1845 in Würzburg abgehaltenen Sängerfest gesungen und mit stürmischem Applaus bedacht. In seiner direkten Nachfolge steht das auf dem Sängerfest in →Eckernförde 1845 präsentierte Schleilied mit dem Text »Sie sollen es nicht haben, das heil'ge Land der Schlei«. Für die frühe Popularität des S. spricht auch die 1848 gedruckte Parodie »SH wirst verschlungen feig durch Diplomatenmacht«.

Das Schleswig-Holstein-Lied

Nach dem 2.WK wurde das Lied nach der Errichtung des Bundeslandes SH zur offiziellen Landeshymne.

Lit.: H.W. Schwab, »Politisch Lied – ein garstig Lied«, in: SH Lied und Farben im Wandel der Zeiten, Schl. 1995, 13-26. MKu

Schleswig-Holstein Musik Festival Von Richard von Weizäcker einst als eine »gigantische musikalische Bürgerinitiative« beschrieben, hat sich das S. seit seiner ersten Spielzeit (1986) zu einem aus dem Musikleben des Landes nicht mehr wegzudenkenden, professionell geführten Unternehmen entwickelt. Die von seinem ersten langjährigen Intendanten Justus Frantz stammende Idee, klassische Musik und Weltstars in einem ländlichen Ambiente zu präsentieren, wurde vom damaligen →Ministerpräsidenten Uwe Barschel ungebremst gefördert. Der geradezu vorbildlichen äußeren Vermarktung, die letztlich auch dem Image des Landes zugute kam, stand freilich ein beträchtliches finanzielles Defizit gegenüber. Unter Franz Willnauer (1996-1998) trat eine deutliche Konsolidierungsphase ein, in der das S. allerdings den von Justus Frantz verkörperten Ethos und Schwung wie auch seine Medienpräsenz einbüßte. Seit 1999 leiten Christoph Eschenbach und Rolf Beck als Doppelspitze die Geschicke des S., das damit auch organisatorisch eng an seinen Medienpartner, den Norddt. Rundfunk, gerückt ist. Neben den jährlich über 100 Konzerten gaben die Orchesterakademie auf →Schloß Salzau, die Musikfeste auf dem Lande, die Meisterkurse in →Lübeck sowie der Plöner Hindemith-Preis dem S. rasch einen unverwechselbaren Charakter. SH Komponisten, Musiker, Chöre und Orchester

Konzert des Schleswig-Holstein Musik Festivals

sind jedoch bis jetzt (2000) kaum mit einbezogen worden.
Lit.: Sinfonien in Herrenhäusern und Scheunen. Das S., Hamburg 1988; S. Nordmann; Der Einfluß des S. auf die Musiklandschaft SH, Berlin 2000. MKu

Schleswig-Holstein-Norburg war das nach dem Tod Hz. Hans des Jüngeren 1622 errichtete Hzt., das den nördlichen Teil von Alsen/Als und Ballegard/Ballegård auf dem Sundewitt/Sundeved umfaßte. Der erste Hz. war der Sohn Johan Adolf. Das Hzt. ging 1669 in Konkurs und wurde aufgehoben, jedoch kurz darauf mit der Linie SH-Plön als Hzt. neu errichtet. 1729 erneut aufgehoben wurden die Besitzungen kgl. →Amt. HSH

Schleswig-Holstein-Sonderburg 1564 wurden Hans dem Jüngeren von seinem Bruder Kg. Friedrich II. in Schl. die Inseln Alsen/Als und Ärrö/Ærø mit dem Sundewitt/Sundeved, in Holst. die Ämter →Plön und →Ahrensbök überlassen. Dieses zum Hzt. erhobene Gebiet wurde durch Erbfall von →Glücksburg und →Reinfeld sowie durch Gutskäufe erweitert. Rationeller Gutsbetrieb stärkte die ökonomische Basis. Mit dem Tode Hz. Hans wurde das Hzt. in die Hztt. Ärrö/Ærø, Norburg/Nordborg, Glücksburg, Plön und Sonderburg/Sønderborg geteilt. Das letztere umfaßte den südlichen Teil von Alsen/Als sowie Sandbjerk und kam an den zweitältesten Sohn Alexander, der bereits erhebliche wirtschaftliche Schwierigkeiten hatte, die sich unter seinem Sohn Johan Christian verschärften. Das Hzt. ging unter dessen Nachfolger Christian Adolf in Konkurs und wurde 1668 von der Krone eingezogen. HSH

Schleswig-Holsteinische Flottille Im Rahmen der bürgerlichen Revolution begannen Schl. und Holst. im Dezember 1848 ihre Anstrengungen um den Aufbau eines eigenen →Marinebeitrages neben der preußischen Marine und der ersten Dt. Bundesflotte. Nach Ablauf des Waffenstillstands am 26.3.1849 nahm DK die Seeblockade wieder auf. Die sh Einheiten lieferten sich mehrere Gefechte, banden so dän. Seestreitkräfte und befreiten im Mai 1849 – nach Verlegung durch den Eiderkanal (→Kanal) mit fünf Kanonenbooten – die Inseln →Föhr und →Sylt. Auch nach 1850 (Waffenstillstand zwischen Preußen und DK) kämpften die Schl. und Holst. mit 16 Fahrzeugen, die insgesamt über 41 Kanonen verfügten, und ca. 800 Mann zur See weiter. Am 11.1.1851 gaben die Hztt., nach einem Beschluß des Dt. Bundestages, ihren Widerstand auf. Am 4.3.1851 wurden die Einheiten der S. an DK abgeliefert. Zu den Errungenschaften während dieser Zeit zählte der Stapellauf des →Brandtauchers von Wilhelm Bauer am 18.12.1850 bei Schweffel & Howaldt in →Kiel.
Lit.: G. Stolz, Die sh Marine 1848-1852, Heide 1978. JH

Schleswig-Holsteinischer Heimatbund Der S. wurde 1947 gegründet und ist ein Zusammenschluß von Vereinigungen und Mitgliedern, der sich gegenwärtig (Satzung 1994) folgende Aufgaben stellt: Entwicklung von Heimat- und Landesbewußtsein; Sicherung von Natur und Umwelt; Pflege deutscher Kultur sh Prägung; Förderung der nd. und der friesischen Sprache; Mitwirkung an Denkmalpflege (→Denkmäler) und Baugestaltung sowie an der Entwicklung des ländlichen Raumes und der Städte; Verbreitung von Kenntnis der Landesgeschichte; Unterstützung der →Dt. Minderheit in →Nordschl. JB

Schleswig-Holsteinischer Kanal →Kanal

Schleswigsche Kriege Der 1. S. 1848-1851 wurde ausgelöst durch die Verbindung nationaler und polit. Spannungen im dän.-dt. Gesamtstaat und dem Erbanspruch des augustenburgischen Fürstenhauses (→Augustenburger) auf SH. Die eiderdän. Bewegung in DK forderte eine freie Verfassung und die Vereinigung des Hzt. Schl. mit DK, während sich die SH der dt. Einheits- und Freiheitsbewegung anschlossen und die Aufnahme Schl. in den Dt. Bund forderten. Zum gleichen Zeitpunkt, als in Kopenhagen im März 1848 eine nationalliberale Regierung gebildet wurde, rief man in →Kiel eine →Provisorische Regierung aus und die →Festung →Rendsburg wurde im Handstreich unter der Führung des Prinzen zu →Noer eingenommen. Diese Entwicklung löste einen Bürgerkrieg in DK aus. Das Gefecht bei Bau/Bov am 9.4.1848 endete mit einem dän. Sieg, während in der Osterschlacht bei Schl. am 23.4.1848 das sh Heer, das von preußischen Einheiten und Freiwilligen des Dt. Bundes unterstützt wurde, siegte. Eine Vermittlungsaktion der europäischen Großmächte führte am 26.8.1848 zum →Malmöer Waffenstillstand. Im Frühjahr 1849 nahm DK den Krieg wieder auf. Eine dän. Flottenabteilung wurde im April 1849 vor →Eckernförde vernichtet. Nach einer längeren Belagerung unternahm das dän. Heer am 6.7.1849 einen erfolgreichen Ausfall aus der Festung Fredericia. Im Juli 1850 schlossen →Preußen und DK Frieden, aber das sh Heer führte den Bürgerkrieg weiter. Die Schlacht bei →Idstedt am 25.7.1850 wurde unter großen Verlusten auf beiden Seiten geführt und zum Wendepunkt des Krieges. Die SH zogen sich in die Festung Rendsburg zurück, von wo aus sie versuchten, das Kriegsglück durch Angriffe auf die dän. Stellungen bei Missunde und →Friedrichstadt zu wenden. Auf internationalen Druck hin streckten die SH im Januar 1851 die Waffen. Der Krieg endete mit einem bescheidenen dän. Sieg, aber die grundlegenden Probleme in der Monarchie blieben ungelöst. 1851/1852 traf DK mit den europäischen Großmächten Absprachen über die Wiedererrichtung des Gesamtstaates (→Londoner Protokolle); alle Landesteile sollten gleichgestellt sein, das Hzt. Schl. durfte aber nicht in das Kgr. DK inkorporiert werden. 1855 nahm die dän. Regierung eine zweisprachige Verfassung an, die von der holst. →Ständeversammlung verworfen und 1858 vom Bundestag in Frankfurt für ungültig erklärt wurde.

Die dt. Obstruktionspolitik führte dazu, daß die dän. Regierung die Eiderpolitik (→Eiderdän.) wieder aufnahm und 1863 die sog. Novemberverfassung erließ, eine gemeinsame Verfassung für das Kgr. und das Hzt. Schl., während dem Hzt. Holst. eine eigene Verfassung, ein Heer und eine eigene Verwaltung in Aussicht gestellt wurden. Dieser Bruch der Absprachen von 1851/52 brachte DK auf Kollisionskurs mit den Bürgern im südlichen Schl., in Holst. und in den Staaten des Dt. Bundes. Im Januar 1864 forderte der preußische Ministerpräsident Otto von →Bismarck ultimativ die Aufhebung der Novemberverfassung. Da DK dieser Forderung nicht nachkam, brach der 2. S. aus, der ein dt.-dän. Konflikt wurde. Am 1.2.1864 marschierte ein preußisch-österreichisches Heer in das Hzt. Schl. ein. Am 5.2.1864 räumte das dän. Heer die Danewerkstellung (→Danewerk) und zog sich in die Düppeler Schanzen (→Schanze) zurück, die unter starkem preußischen Artilleriebeschuß gehalten wurden, bis preußische Truppen am 18.4.1864 die Schanzen erstürmten. Ein Waffenstillstand und eine Vermittlungsaktion der Großmächte blieben ergebnislos. Als der Krieg im Juli wieder aufgenommen wurde, eroberten die Preußen die Insel Alsen/Als und die Österreicher ganz →Jütland, so daß schließlich die dän. Regierung ihre Niederlage eingestehen mußte. Im Wiener Frieden vom 30.10.1864 wurden die Hztt. Schl., Holst. und Lauenburg an →Preußen und →Österreich zur gemeinsamen Regierung abgetreten. Diese Entscheidung trug mit zur Einigung Dt. unter preußischer Vorherrschaft bei und ließ DK zu einem Nationalstaat werden.

Lit.: J. Nielsen, 1864 – da Europa gik af lave, Odense 1987; I. Adriansen, »...werden die Dän. stehen, werden sie aushalten?« in: Geschichtsumschlungen, hg. von U. Danker u.a., Bonn 1996. IA

Schleswigsches Infanterie-Regiment

Das S. wurde 1778 als Fühnensches Regiment aufgestellt und 1785 in S. umbenannt. Dem Regiment wurden 1808 zwei Bataillons Landwehr hinzugefügt. Es hatte seine Garnison in →Schl. 1842 wurde es in 14. Linieninfanterie-Bataillon umbenannt und garnisonierte nun in →Rendsburg. Es ging 1848 in die SH Armee über und wurde nach 1850 nicht wieder aufgestellt. LS

Schleswigsches Reuter-Regiment

Schleswigsches Reuter-Regiment Die Einheit hieß zunächst Holst. Regiment und wurde 1747 in S. Regiment, 1763 in S. Cuirassir-Regiment, 1767 in S. Dragoner-Regiment und 1772 in S. umbenannt. Als S. Cuirassir-Regiment garnisonierte es nach 1815 in Horsens. LS

Schleuse ist ein Bauwerk zum Stau bzw. zur Regulierung von Wasserständen. Entwässerungsschleusen schließen sich gegen eindringendes Hochwassers und öffnen sich bei Einsetzen des Ebbstroms. Solche auch als Siel, Sperrs. oder Sperrwerk bezeichnete S. befinden sich als Küstenschutzmaßnahmen mittlerweile in allen Mündungen der sh Nordsee- und Elbezuflüsse und deren Nebenflüsse, außerdem im Verlauf der →Eider. Einige von ihnen sind mit Schiffahrts. versehen. Staus. verhindern das Leerlaufen eines Gewässerabschnitts bei niedrigem Wasserstand. Schiffahrts. ermöglichen Schiffen die Fahrt über Wasserwege mit verschieden hohem Pegelstand. Sie sind meist als Kammers. konstruiert, in denen der Wasserstand gehoben bzw. gesenkt wird. S. wurden in SH seit dem Spätma. errichtet. Sie ermöglichten im Kanalbau (→Kanal) die Überwindung der Höhenunterschiede zwischen →Nord- und →Ostee. Als historische Kammers. ist die Palms. des alten Stecknitzkanals bei →Lauenburg von 1726 erhalten. Die größten S. sind die Doppelkammers. des Nord-Ostsee-Kanals in →Brunsbüttel und Holtenau. WA

Die Knooper Schleuse 1822, Lithographie von F. Thönning

Schlözer (Familie) Erstes bedeutendes Mitglied der Familie war der Göttinger Historiker August Ludwig von S. (1735-1809). Seine Tochter Dorothea (1770-1825), erster weiblicher Dr. phil., kam durch Heirat mit dem Kaufmann und Senator Matthäus Rodde 1792 nach

Die Palmschleuse des Stecknitzkanals

Schloß

→Lübeck, wo sich ihr Haus zum Treffpunkt zeitgenössischer Geistesgrößen (Klopstock, →Claudius, Jacobi, Reinhold usw.) entwickelte. Ihr Bruder Karl (1780-1859) war Lübecker Kaufmann und russischer Generalkonsul; seine in Lübeck geborenen Söhne 1) Nestor (1808-1899), russischer Konsul und Eigentümer des Gutes Rothensande am Kellersee (1862), das zum Mittelpunkt kultivierter Geselligkeit wurde; 2) Curd (1822-1894) wirkte im preußischen diplomatischen Dienst in Rom, Mexico, Washington und im Vatikan. Er wurde v.a. bekannt durch seine von seinen Neffen hg. geistvollen Briefe dieser diplomatischen Etappen.
Lit.: Lübecker Lebensläufe, hg. von A. Bruns, Nms. 1993, 327-331, 341-353. AG

Schloß (mnd. slot) ist im MA eine synonyme Bezeichnung für →Burg (mnd. borch), wobei die Übergänge von einem befestigten Herrenhof zu einem S. fließend sind. Nur wenige ältere S. haben an die im 16. Jh. aufkommende Festungstechnik durch massive Umbauten angepaßt werden können (→Breitenburg), weil diese zu teuer waren. Erst seit etwa 1650 wird bei Neubauten von →Herrenhäusern auf deren Verteidigungsfähigkeit nicht mehr geachtet. Es entstanden die meist symmetrisch angelegten, repräsentativen Gebäude, die im Ensemble der ebenfalls symmetrisch angeordneten Nebengebäude (Stall, Scheune, Gesindehaus) v.a. adlige Wohlhabenheit ausdrücken sollten. Im 18. und 19. Jh. fiel es auch den Zeitgenossen schwer, den Unterschied zwischen S. und Herrenhaus außer in den Dimensionierungen zu beschreiben, wobei landesherrliche Residenzen stets als S. bezeichnet wurden. Heute nennt man etwa die Herrenhäuser in →Haseldorf, Breitenburg und →Heiligenstedten S. LS

Schmilau

Schlutup

Schlutup (HL) liegt 8km nördlich von →Lübeck an der Untertrave. 1316 sind hier ein Krug und ein Schlagbaum an der Straße nach Wismar bezeugt, 1462 ein Turm, der die →Landwehr und →Grenze gegen →Mecklenburg sicherte. Die →Kapelle von 1425 wurde schon 1436 zur Pfarrkirche erhoben. 1406 wurde S. vollständig von den Truppen Hz. Heinrichs von Mecklenburg zerstört. Die Travefischerei (→Trave) bildete die wirtschaftliche Grundlage des Ortes, wurde 1585 in einem →Amt mit einer Fischereiordnung organisiert und in der zweiten H. des 19. Jh. zur Fischindustrie ausgebaut. OP

Schmidt, Martin Thorsen (geb. 13.3.1807 Flensburg, gest. 31.7.1883 Wandsbek) Der Kieler Kaufmann und Konsul, der auch Hauptmann der →Bürgerbewaffnung war, leitet die demokratische Abendversammlung am 23.3.1848 in →Kiel und wurde am 24.3.1848 in die →Provisorische Regierung berufen, wo er für das Finanz- und Postwesen zuständig war. Er zog sich aus der Politik zurück, als die Regierung am 22.10.1848 aufgelöst wurde. HSH

Schmidt-Rottluff, Karl →Malerei

Schmidt-Wodder, Johannes Carl (geb. 9.6.1869 Tondern/Tønder, gest. 13.11.1959 Törsbüll) Als Pastor in Wodder kritisierte er seit 1907 die preußische Germanisierungspolitik in →Nordschl. Vergeblich beteiligte er sich 1918-1920 am Kampf um den Erhalt des dt. Nordschl. und erhob nach 1920 die Forderung nach einer Grenzrevision. S. war der führende Kopf beim Aufbau der →Dt. Minderheit und wurde 1920-1939 deren Repräsentant im Folketing. Auch wenn S. kein Gegner des NS war, verlor er doch seit 1933 nach und nach seinen Einfluß bei der Dt. Minderheit. HSH

Schmilau Das Dorf S. (früher Smilowe) gehört zum →Amt →Ratzeburg. Seine Ersterwähnung erfolgt 1093, dem Jahr, in dem der sächsische Hz. Magnus und Kg. Heinrich die heidnischen →Slawen aus dem Osten in einer Schlacht bei S. besiegte. 1219 wird es in einem Zollerlass des Albert, Gf. von Ratzeburg, und 1230 im Ratzeburger Zehntregister genannt. Anf. des 14. Jh. schenkte Hz. Erich I. S. als Leibgedinge seiner Gemahlin. Eine Grenzfestlegung zwischen dem S. und dem →Möllner Feld erfolgt 1527. Die Eisenbahnlinie Ratzeburg-Zarrentin wurde 1897 mit einem Bahnhof in S. eröffnet, welcher bis 1962 existierte. S. hat heute gut 540 Einw.
Lit.: J. Urban, 900 Jahre S., S. 1993. CB

Schneider, Gustav →Regierungspräsident

Schnitger, Arp (geb. 2.7.1648 Schmalenfleth-Ovelgönne, begraben 28.7.1719 Neuenfelde bei Hamburg) S. entwickelte von seiner Werkstatt in →Hamburg aus seine Tätigkeit als bedeutendster Orgelbauer der Barockzeit in Nordeuropa. In SH schuf er neben Reparaturarbeiten neue, dem Typ des sog. Hamburger Werkprinzips verpflichtete Orgeln in St. Nikolai in →Elmshorn, in den Schloßkapellen von →Eutin und →Kiel, im Lübecker Dom, in Sandesneben, in Neuenkirchen und – als einzige bis heute erhaltene – die Orgel in der Alten Kirche von →Pellworm. 1702 erhielt er von Kg. Friedrich IV. das Orgelbauprivileg für SH. Seine Schüler Johann Dietrich Busch, Hans Hantelmann, Lambert Daniel Kastens und Johann Werner Klapmeyer setzten die Schnitger-Tradition in SH fort.

Lit.: G. Fock, S. und seine Schule, Kassel u.a. 1974. GJ

Schöffe In den Gebieten des →Hollischen Rechtes gab es die auf fränkische Wurzeln zurückgehende Gem.- und Gerichtsverfassung. Die Landgem. wurde nicht wie im sächsischen Recht üblich durch einen →Ältermann und vier →Geschworene, sondern durch einen →Schulten und sieben S. (lat. scabinus) repräsentiert. Im Bereich der Herrschaft →Herzhorn hat sich diese Gem.verfassung noch bis in preußische Zeit gehalten. LS

Schönweide (PLÖ) Zwischen dem Tesdorfer See und dem Rottensee liegt der mächtige, von einem tiefen Graben umgebene Burghügel Nienslag. Der Zugang zur ehemaligen →Burg führt durch eine feldsteinverstärkte enge Tordurchfahrt in einem Außenwall durch den Graben und über eine Rampe zur Nordseite des Burgplateaus. An der Südseite war die Burg durch Vorburgen mit drei gestaffelten halbmondförmigen Wällen geschützt. Die Burg könnte im 13. Jh. erbaut worden sein. S. ist seit dem Spätma. als Adelssitz bekannt. Das 500m entfernte →Herrenhaus wurde angeblich nach 1731 für den Freiherrn von Kurtzrock erbaut und 1857 stark verändert. OP

Schobüll (NF) hieß ursprünglich Skovby, was »Walddorf« heißt. Nur in S. reicht die →Geest der sh Westküste bis an die →Nordsee heran. Die Kirche ist ein frühgotischer Backsteinbau aus dem 13. Jh. mit reicher Ausstattung, u.a. einer Triumphkreuzgruppe aus dem späten 13. Jh., einem Schnitzaltar um 1470 und einer aufwendig geschnitzten Kanzel von 1735. Die Gem. hat heute 1.700 Einw. OP

Schobüll

Schock →Maße

Schoenaich-Carolath, Prinz Emil von (geb. 8.4.1852 Breslau, gest. 30.4.1908 Haseldorf) Der heute nahezu vergessene Lyriker und Novellist galt seinen Zeitgenossen, wie etwa Detlev von →Liliencron, Richard Dehmel oder Rainer Maria Rilke, als ausgewiesene Größe des dt. Lit.betriebes. Von Ferdinand Freiligrath beeinflußt, schrieb er Gedichte und Erzählungen im Stil der Neuromantik. Eine siebenbändige Werkausgabe wurde 1907 publiziert. Der frühere Kavallerieoffizier lebte von 1896 bis zu seinem Tode auf den im Familienbesitz befindlichen Herrenhäusern in →Haseldorf und Paalsgård in DK.

Lit.: C. Dürkob, Der Nichterfüllung schattenvoller Kranz, Paderborn 1997. SW

Scholarch war die Bezeichnung für den Ratmann, der für die Schulen einer Stadt zuständig war. Im 18. und 19. Jh. werden die über die Schulen eines Bezirks (meistens Städte, selten Ämter) aufsichtsführenden Lehrer (der geistlichen Schulinspektion nachgeordnet) als S. bezeichnet. LS

Schollenband Die Entwicklung der →Gutsherrschaft seit etwa 1450 war wesentlich mit dem S., dem Verbot der freien Mobilität für die Guts-

Prinz Emil von Schönaich-Carolath

Namenszug und Wappen Arp Schnitgers

Schoß

untertanen, verbunden. Damit sollte der Abwanderung in die Städte oder Regionen ohne Gutsherrschaft vorgebeugt werden. Zusammen mit der Hochgerichtsbarkeit war das S. wesentliches Zwangsrecht der Gutsherrschaft, das dann zur Leibherrschaft (→Leibeigenschaft) ausgebaut wurde. Das S. wurde 1805 aufgehoben. LS

Schoß →Steuern

Schott, Johannes →Wesselburen

Schrangen wurden die mobilen oder ortsfesten Verkaufsstände der Bäcker und Schlachter in den ma. und frühneuzeitlichen Städten genannt. In Lübeck erinnert die Straßenbezeichnung S. an den Ort, während in Flensburg der 1595 erbaute S. am Nordermarkt noch zu sehen ist. LS

Schülp

Schülp (HEI) Das Dorf im Amt →Wesselburen ist eine Marschgemeinde mit Getreide- und Hackfruchtbau, bis 1960 Ochsen-, dann Bullenmast und Milchviehhaltung. Erwähnenswert sind acht Handelsgärtnereien, die Kohlsamen und Blumenzwiebeln ziehen (Tulpen, Knollenbegonien). Der Getreideausfuhrhafen in Schülpersiel/→Eider wurde 1978 geschlossen und dient seither als Sportboothafen. Heute hat S. knapp 500 Einw.
Lit.: Chronik der Gem. S., S. 1998. WK

Schuby

Schuby (SL) Am östlichen Rand des heutigen Dorfes lag vom frühen bis späten MA eine aus Grubenhäusern (9.-11. Jh.) und Langhäusern (11.-14. Jh.) bestehende Siedlung mit Hinweisen auf intensive Textil- und Eisenproduktion. Ein um 1320 vergrabener Münzschatz signalisiert Aufgabe und Verlegung dieser Siedlung in die heutige Ortslage.
Lit.: H.-J. Kühn, Eine Siedlung des frühen und hohen MA bei S. (Kreis SL), in: Berichte der Römisch-Germ. Kommission 67, 1986, 479-489. CR

Schuld- und Pfandprotokoll Während in den Städten (→Stadt) die (hypothekarische) Belastung der Grundstücke (→Erbe) wie auch der Eigentumswechsel an ihnen schon früh in die sog. Stadtbücher (z.T. in spezielle Erbebücher wie in Lübeck, Hamburg oder Kiel) eingetragen wurde und damit öffentlichen Glauben

erlangte, blieb es in den Landgebieten lange Zeit bei Einzelbeurkundungen solcher Geschäfte. In den stark geldwirtschaftlichen Regionen der Westküste kam es schon im 16. Jh. zur landesherrlichen Bestellung von →Notaren (→Landschreiber), die solche Geschäfte beurkundeten. Seit Mitte des 17. Jh. wurden als Bücher öffentlichen Glaubens zu diesem Zweck die S. eingerichtet, die damit Vorläufer der heutigen Grundbücher sind. LS

Schule Bereits im MA gab es in den Städten (→Stadt) S., in denen Geistliche die männliche Jugend teils zur Vorbereitung auf den geistlichen Beruf (besonders in den Doms.), teils auch für weltliche Laufbahnen in Lesen und Schreiben sowie lat. Sprache unterrichteten. Daneben entstanden bei den Feldklöstern (→Kloster), so etwa beim →Stift →Bordesholm im 14.Jh., S. Auf diese älteren Schulen geht die Tradition der →Gelehrtenschulen (Lateinschulen) zurück, die allerdings erst nach der →Reformation von dem Zweck der Ausbildung von Priesternachwuchs abrückten und nun Bildungsgrundlagen für Kaufleute- und Handwerkersöhne vermittelten, die entweder eine akademische Ausbildung an einer der Universitäten außerhalb der Hztt. suchten oder einfach eine breite Bildung für ihre berufliche Praxis benötigten. In den Städten wurden z.T. die Klöster zu Lateins. umgewidmet (→Meldorf, →Flensburg). Auch das Stift in Bordesholm wurde 1566 in ein Pädagogicum umgewandelt, das an die ma. Doms. anknüpfte und die Keimzelle der →Universität in →Kiel wurde. Die Reformation selbst zielte deutlich auch auf die Verbesserung und Erweiterung der S.bildung; sie wollte auch erreichen, daß alle Jungen die S. besuchten. In der 1542 verabschiedeten →Kirchenordnung widmet sich ein ganzer Abschnitt der S. 1544 erließ Kg. Christian III. die erste Schulordnung für die Hztt. Dem Aufbau eines umfassenden S.wesens stand allerdings entgegen, daß es nicht genügend ausgebildetes Lehrpersonal gab und daß der Zeitraum der Jugend angesichts wirtschaftlicher Bedürfnisse nur knapp bemessen war. Kinder wurden früh in Arbeitsprozesse eingebunden und hatten keine Zeit, die S. zu besuchen. Besonders gravierend waren die Mängel auf dem Lande, wo

Schule

Schulkate Klein Zecher

zunächst nur an den Kirchorten qualifiziertes Lehrpersonal in der Person von Pastor und →Diakon, von Kantor und Küster zur Verfügung stand. So blieben zunächst die Lateins. und ihre Schüler aus →Adel und städtischem Bürgertum die Hauptnutznießer der Reformation. Das niedere S.wesen, also das, was später als Volkss. bezeichnet wurde, litt während der gesamten Frühen Neuzeit unter schlechter Ausstattung (Räume, Unterrichtsmaterial), unqualifiziertem, weil völlig unterbezahltem Personal, zu großen Klassen und unregelmäßigem S.besuch. Nur die wenigsten Lehrkräfte in den Ksp.- und Dorfs. hatten eine Ausbildung zum Unterricht; oftmals versahen sie andere Gem. dienste (Hirte, Armenvogt, →Vogt) mit und lebten bei freier Wohnung von dem geringen S.geld, das die Schüler meist gestaffelt nach Art des von ihnen besuchten Unterrichts (nur Lesen, Lesen und Schreiben, zusätzlich Rechnen) zu entrichten hatten. Der Wandeltisch, also das Umgehen des Lehrers im Dorf zur Verpflegung war nicht selten. Verschiedene S.ordnungen, die insbesondere auf den S.besuch zielten, erwiesen sich als wenig wirkungsvoll. Erst in der Zeit der →Aufklärung kam es zu wichtigen Reformimpulsen, als deren wesentliches Ergebnis die von dem →Generalsuperintendenten J. G. C. →Adler (1756-1834) erarbeitete und 1814 eingeführte Allgemeine Schulordnung zu gelten hat. Durch sie wurde auch die nach wie vor ganz unterschiedliche Lehrerbesoldung festgestellt und damit auch ein Anreiz für geeignetes Lehrpersonal geboten. Schon 1781 bzw. 1784 waren in Kiel und Tondern/Tønder →Lehrerseminare eingerichtet worden, in denen geeignete Anwärter eine gute, praktisch ausgerichtete Vorbereitung auf den S.dienst erhielten; doch waren die Absolventenzahlen angesichts der großen Zahl von S. verschwindend gering. Mit der Adlerschen Schulreform erhielt das niedere S.wesen in den Hztt. in der 1. H. des 19. Jh. einen starken Auftrieb. In Lübeck sah das S.wesen nicht sehr viel anders aus als in den mittleren und größeren Städten der Hztt. Neben dem Gymnasium, das nur eine sehr kleine Schülerzahl hatte, besuchte das Gros der Schüler Volks- und Elementars. Erst ab den 1840er Jahren nahm der Besuch der Reals. zu. Die Lehrerbildung wurde hier durch das 1807 gegr. Seminar verbessert; eine bestandene Fachprüfung war seit 1810 Voraussetzung für die Anstellung. Mit dem Übergang der Hztt. an →Preußen fand eine forcierte Modernisierung des gesamten Bildungswesens statt, von dem auch das Gelehrten- und Volkss.wesen profitieren sollte. 1867 gab es in den Hztt. 15 Gelehrtenschulen. Durch die Einführung einheitlicher Lehrpläne und der Reifeprüfung als Voraussetzung für den

Schule

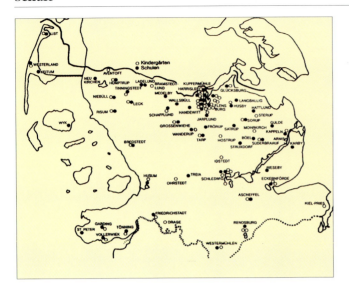

Dänische Schulen und Kindergärten in Südschleswig 1983

Hochs.besuch erhielten sie eine umfassende Neuordnung. Neue, zumeist altpreußische Direktoren förderten die Umstellung. Daneben entstanden mit den Real- und Oberreals. neue S.typen, in denen neben die klassische Bildung (altsprachliche, humanistische Ausrichtung) auch neue Sprachen und mathematisch-naturwissenschaftliche Fächer traten. Seit den 1890er Jahren wurden auch höhere Mädchens. gegründet. Parallel verlief die Neuordnung des Volkss.wesens. Mit den »Allgemeinen bestimmungen für das Volkss.-, Präparanden- und Seminarwesen« von 1872 wurde den Volkss. in Stadt und Land das gleiche Bildungsziel bei gleichen Lehrplänen gesteckt. Die Förderung der elementaren Durchschnittserziehung für alle S.pflichtigen sollte Unterschiede beseitigen und das Bildungsniveau heben. Die S.pflicht wurde nun polizeilich durchgesetzt; allerdings gab es auf dem Lande die Möglichkeit, im Sommerhalbjahr vom S.unterricht dispensiert zu werden, was v.a. die Landarbeiterjugend betraf und hier einen Bildungsrückstand bewirkte. Auch das Volkss.unterhaltungsgesetz von 1906 wirkte verbessernd. Ohnehin sahen sich die städtischen wie ländlichen Volkss. aufgrund der steigenden Schülerzahlen (Bev. wachstum) zu Neu- und Erweiterungsbauten genötigt, die dann dem modernen Stand der Technik entsprachen. Der Unterricht wurde in den Lands. noch immer in sehr großen Einheiten erteilt. Es war keine Seltenheit, daß alle acht Klassenstufen (bis zu 110 Schüler) in einem Raum unterrichtet wurden; bisweilen kamen eine Zweiteilung (1.-4. und 5.-8. S.jahr) vor, was beachtliche Differenzierungsmöglichkeiten der Lehrer erforderte, aber auch eine mit harschen Mitteln (körperliche Züchtigung) durchgesetzte Disziplin hervorrief. Der kirchliche Einfluß auf die S. blieb in der Zeit bis 1918 erhalten; der Pastor war der örtliche Schulinspektor, bis in den 1890er Jahren die pädagogisch gebildeten S.räte die eigentliche S.aufsicht übernahmen. In vielen ländlichen S. war der Kantor und Organist zugleich der Lehrer. Neu war die Entstehung eines Fortbildungss.systems für die Landwirtschaft, das zu einem flächendeckenden Netz ausgebaut wurde und in die Obhut der →Landwirtschaftskammer überging. Das S.system, so wie es zu Beginn der preußischen Zeit geschaffen wurde, hat sich nach 1918 kaum geändert, wenn man einmal von der Schaffung der Mittels. absieht, die nicht das Abitur, sondern die Mittlere Reife als Abschluß hatten und für Ausbildungen z.B. im Ingenieurwesen qualifizierten. Die Lehrerausbildung wurde 1926 mit der Pädagogischen Akademie in Kiel hochschulähnlich organisiert. Auch die Berufss. erfuhren nach Anfängen im Kaiserreich (Nms. 1875) weitere Ausbreitung. Hinsichtlich des S.baus kam es in vielen Städten zu modernen, richtungweisenden Neubauten (z.B. in →Altona, →Wandsbek, →Kiel, →Lübeck, →Elmshorn). In der Zeit des NS wurde der ideologische Zugriff auf die S. verstärkt und eine strikte Trennung von Kirche und S. herbeigeführt. Als spezielle S. kam die »Nationalpolit. Erziehungsanstalt« (Napola) in →Plön als ns Elites. zur weltanschaulichen Ausrichtung der Schüler hinzu. Gegen Ende des 2.WK wurden zahlreiche S. für den Unterricht geschlossen und als Lazarette bzw. für andere Wehrmachtsbedürfnisse verwendet. Der Einmarsch der britischen Truppen Anf. Mai 1945 brachte dann zunächst das Ende des Unterrichts, der erst Ende November 1945 wieder aufgenommen werden konnte. Nun hatte man angesichts der zahlreichen Flüchtlingskinder und des Raummangels mit zahlreichen Problemen (Schichtunterricht, Überfüllung, Heizungsprobleme) zu kämpfen. Die Situation normalisierte sich zu Beginn der 1950er Jahre, doch waren immer noch große Klassen mit vielen

Schülern in allen S.typen zu finden. Die Pädagogischen →Hochs. in Kiel (basierend auf der Pädagogischen Akademie) und Flensburg traten 1946 in Funktion. Lehrermangel trat in den 1960er Jahren auf, dem mit Ausbildung von Hausfrauen und Anwerbung ausländischer Lehrkräfte begegnet werden sollte. Mit dem Rückgang der Bev. entspannte sich die S.situation. Die Klassen wurden kleiner. Insbesondere im ländlichen Bereich kam es in den 1970er und 1980er Jahren zu S.zusammenlegungen, womit nicht nur überflüssige Kapazität abgebaut, sondern auch die Bildungsqualität (jenseits der »Zwergs.«) angehoben werden sollte. Die Dörfergemeinschaftss. wurde jetzt das vorherrschende Modell; es läßt sich nur durch den S.bustransport zahlreicher Kinder aufrechterhalten. Parallel liefen S.versuche mit integrierten und kooperativen Gesamts. an, mit denen die als zu starr empfundene Trennung der verschiedenen Bildungswege überwunden werden sollte. Die kooperative Gesamts. hat sich in SH bewährt und wird vielfältig angenommen. Weiterbildungsmöglichkeiten bestehen durch Abendreals. und Abendgymnasien. Neben den öffentlichen S. hat sich ein breites Angebot von Privats. entwickelt. Heute erreichen etwa 27.000 Schüler jährlich die Schulentlassung, davon haben 35% den Haupts.abschluß und 32% den Reals.abschluß; 20% erreichen die allgemeine Hochs.reife und 1% die Fachhochs.reife; immerhin bleiben 11% ohne Haupts.abschluß.
Lit.: E. Erichsen, H. Sellschopp, Die Allgemeine S.ordnung für die Hztt. Schl. und Holst. vom 24. August 1814, Kiel 1964; C.-H. Offen, S. in einer hanseatischen Bürgergesellschaft. Zur Sozialgeschichte des niederen S.wesens in Lübeck (1800-1866), Lübeck 1990; R. Patett, Das sh S.wesen z.Z. des Vormärz, Kiel 1993; N. Grube, Das niedere und mittlere S.wesen in den Propsteien Stormarn, Segeberg und Plön 1733 bis 1830, Frankfurt/M. u.a. 1999. LS

Schumacher, Heinrich Christian →Sternwarte

Schulte In den Gebieten des →Hollischen Rechtes gab es die auf fränkische Wurzeln zurückgehende Gem.- und Gerichtsverfassung. Die Landgem. wurde nicht wie im sächsischen Recht üblich durch einen →Ältermann und vier →Geschworene, sondern durch einen S. und sieben Schöffen (lat. scabinus) repräsentiert. Im Bereich der Herrschaft →Herzhorn hat sich diese Gem.verfassung (→Landesschulze) noch bis in preußische Zeit gehalten. LS

Schwabstedt (NF) gewann an Bedeutung, als der Bf. von →Schl. 1268 seine Residenz von →Gottorf hierher verlegte. Das bf. →Schloß lag an der →Treene und war mit dem →Dorf, dem →Markt und der Kirche von Wall und Graben umgeben. Das Siegel von S. deutet darauf hin, daß der Ort →Stadtrecht besaß. Das Schloß wechselte mehrfach den Besitzer, wurde nach dem Tod des letzten dort residierenden Bf., Hz. Ulrich, 1624 Sitz des →Amtmannes und schließlich nach der Vereinigung der Ämter S. und →Husum 1701 wegen Baufälligkeit 1705 abgerissen. Unter der bf. Marienkapelle aus der 2. H. des 13. Jh., die nach der →Reformation abgebrochen wurde, lag ein etwa 4000 Jahre altes Hockergrab. Die Kirche von S. ist ein Feldsteinbau aus der Zeit um 1200. Ihr Glockenturm steht auf einem →Megalithgrab. Zur bemerkenswerten Kirchenausstattung gehören ein Schnitzaltar von 1515 aus der abgebrochenen Marienkirche in Husum, ein Triumphkreuz (um 1500), eine Holztaufe von 1605, eine Spätrenaissancekanzel von 1606, das Chorgestühl aus dem 15. Jh. und die Flensburger Orgel von 1615.
Lit.: H. Meyer, S., Husum 1968. OP

Schwabstedt

Schwale Der Fluß, der bereits bei →Helmold von Bosau Ende des 12. Jh. erwähnt wird, entspringt bei Hollenbek östlich von →Nms., fließt durch Bönebüttel und in vielen Windungen durch Nms., wo er zum Teich aufgestaut wird, und mündet bei →Wittorf in die →Stör. OP

Schwansen Die →Landschaft S. bildet eine 258km² große Halbinsel zwischen der →Schlei und der Eckernförder Bucht. Wie →Angeln und das östliche →Hügelland wurde sie als Jungmoränenlandschaft durch die letzte →Eiszeit bis vor 10.000 Jahren geformt. Zahlreiche Funde zeigen, daß sie bereits in vorgeschichtlicher Zeit besiedelt war. Eine →Harde, der typische Verwaltungs- und Gerichtsbezirk im

Schwansener Güterdistrikt

Hzt. Schl. im MA, wird erst 1352 mit der Riesebyharde erwähnt. Bereits im 12. Jh. wurden die Kirchen in Sieseby, →Kosel und Borby gegr. im 13. Jh. folgten die Kirchenbauten in Rieseby und Karby. 1260 wurde S. an die Gff. von Holst. verpfändet und 1280 an sie abgetreten. Nun zogen holst. Bauern und Adlige in das Land. Neben deren Besitz waren auch der →Bf. von Schl. und das dortige →Domkapitel in S. begütert. 1539 verkaufte der letzte Bf. von Schl. seinen Besitz in S. (Stubbe und Gereby). Dem →Adel gelang es im 16. Jh. vermehrt, landesherrlichen Besitz durch Verpfändung in seine Hand zu bekommen und →Gutsherrschaften zu bilden, die durch Bauernlegen und →Leibeigenschaft geprägt waren. Bauliche Zeugnisse dieser adligen Gutswirtschaft sind die Herrenhäuser von →Damp, →Ludwigsburg, Karlsburg, Grünholz und Krieseby. Die Bauernbefreiung begann bereits im 18. Jh. durch die Zulassung von Erbpächtern und wurde allgemein ab 1805 durchgesetzt, wobei aus Leibeigenen Zeitpächter wurden. In dieser Zeit sind Meierhöfe aus Gutsbesitz abgeteilt worden, so Marienhof 1803 (→Herrenhaus, Scheune) auf vorher Bienebeker Grund und Siesebyer Pastoratsländereien, das 1808 unter die adligen Güter aufgenommen wurde. Diese waren zum →S. Güterdistrikt und seit 1853 zur →Eckernförder Harde zusammengeschlossen. Auch im 20. Jh. blieb S. weitgehend landwirtschaftlich geprägt, hat aber auch einen nicht unbeträchtlichen Anteil am Fremdenverkehr an der Ostseeküste zwischen →Eckernförde und → Kappeln (Schönhagen, Damp 2000).
Lit.: H. Unverhau, Untersuchungen zur historischen Entwicklung des Landes zwischen Schlei und Eider im MA, Nms. 1990. OP

Schwansener Güterdistrikt Die Gesamtheit der adligen Güter (→Gut) Schl. wurde 1713 in fünf →Güterdistrikte geteilt, von denen einer der S. war. Zum S. gehörten die nachstehend bezeichneten 27 Güter, die sich auf →Schwansen konzentrieren: Bienebeck, Büchenau, Büstorf, Carlsburg, Casmark, →Damp, Dörp, Eschelsmark, Espenis, Grünholz, →Hemmelmark, Hohenstein, Krieseby, Loitmark, Louisenlund, →Ludwigsburg, Maasleben, Marienhof, Möhlhorst, Mohrberg, Olpenitz, Ornum, Rögen, Saxdorf, Schönhagen, Staun und Stubbe. Der S. hatte um 1850 etwa 221km². 1853 wurde er aufgehoben und mit dem →Dän.wohlder Güterdistrikt zur →Eckernförder Harde gemacht, der ein kgl. Kommissar als Oberbeamter vorstand. LS

Schwartau (Amt) wurde 1843 aus dem vormaligen →Amt Kaltenhof, dem Rest des vormaligen Amtes Großvogtei, der nach dem Tauschvertrag von 1842 bei dem Fürstentum Lübeck (→Bt. Lübeck) geblieben waren, und aus den bei dieser Gelegenheit von Holst. eingetauschten Gebietsteilen gebildet. Verwaltungsort war der erst im 18. Jh. entstandene →Flecken (1720) S. Das Amt S. wurde 1879 zusammen mit den anderen Ämtern des Fürstentums aufgehoben und seine Befugnisse an die →Regierung in →Eutin übertragen. LS

Schwarz, Henning →Ministerpräsident

Schwarzbunte Bei der Provinzialtierschau 1886 trat zum erstenmal eine Kollektion Holländer Kreuzungsvieh des Mittelholst. Viehzuchtvereins (gegr. 1879) auf – die ersten S. des Landes, die auf einer Tierschau gezeigt wurden. Die S. waren im 19. Jh. weit verbreitet. Der Verband der S.-Züchter verbreitete sein Einzugsbereich von der holst. →Geest auf das östliche Hügelland, fand dann aber insbesondere Ausbreitung in Schl. Sein Ziel war es, die s. Rinder zu hoher Milchergiebigkeit und Mastfähigkeit heranzuzüchten; dazu wurden auch Kreuzungen mit Angler Rindern, Shorthorns, Jerseys und →Rotbunten durchgeführt. 1898 wurde der Verband der Viehzuchtvereine für die Zucht s. Holst. gebildet, der sich 1906 in Verband S. Holst. umbenannte. Heute gibt es in allen Kreisen Vereine des Verbands der Züchter SH, doch ist das S. Vieh v.a. auf der →Geest und im östlichen →Hügelland anzutreffen. LS

Schwarzenbek (RZ) 1291 erstmals urkundlich erwähnt, erlebte das ehemalige Bauerndorf einen rasanten Aufschwung im Zeichen der →Industrialisierung und erhielt 1953 →Stadtrecht. In der Landesraumplanung wird S. als Achsenendpunkt des Großraumes →Hamburg und Unterzentrum eingestuft. Es hat heute knapp 12.600 Einw.
Lit.: W. Boehart, S. 1870-1950, S. 1990. WB

Schwarzenbek

Schwarzenbek (Amt) Das →Amt S. entstand im 16. Jh., als Hz. Franz II. fünf ehemalige lauenburgische Klosterdörfer an der Grenze zu →Stormarn (bis zur →Reformation zum →Kloster →Reinbek gehörig) zusammen mit →S. und weiteren Dörfern im südwestlichen Teil des Hzt. zusammenlegte. Sitz des Amtes war der ehemalige Rittersitz in S. Das Amt war zugleich Verwaltungs- und Justizbehörde und umfasste 22 Dörfer bzw. Dorfteile. Es wurde 1873 aufgehoben.
Lit.: W. Boehart, Findbuch der Bestände I-V des Stadtarchivs S., Aachen 1984. WB

Schweden Das heutige Kgr. S. hat in der Geschichte SH insbesondere in der Frühen Neuzeit erheblichen Einfluß gehabt, was v.a. auf den dän.-schwedischen Dualismus des 16.-18. Jh. zurückgeht. Zu DK gehörte bis weit in das 17. Jh. hinein der südwestliche Teil des heutigen S., das erst dann vollständig zurückgewonnen werden konnte. Die generationenübergreifende Allianz zwischen den Hzz. von Holst.-→Gottorf und dem schwedischen Kg.haus, aber auch die Konflikte herbeiführenden Interessen DK und S. in Norddt. brachten bis 1720 zahlreiche kriegerische Auseinandersetzungen zwischen DK-SH und S. mit sich (→Nordischer Krieg, →Schwedischer Krieg). Zum letzten Waffengang zwischen den beiden nordischen Erbfeinden kam es im Zuge der →Napoleonischen Kriege bis 1814. Im Wiener Kongreß wurde S. Engagement auf der Siegerseite u.a. durch den Zuschlag Norwegens zu Lasten DK belohnt. Seither und insbesondere nach der Gewinnung der nationalen Selbständigkeit des Kgr. Norwegen 1907 haben sich die Beziehungen zwischen DK und S., aber auch zwischen den westskandinavischen Ländern insgesamt sehr stark verbessert. SH hat auch nach Trennung von DK 1864/1867 seine Brückenfunktion für diese Länder behalten und stellt heute die Basis von Fährlinien (→Fähren) nach S. dar. LS

Schwedischer Krieg, Erster Als S. werden in der sh Landesgeschichte oft die dritte und vierte Phase des Dreißigjährigen Krieges bezeichnet, die dem Niedersächsisch-Dän. (→Kaiserlichen) Krieg (1625-1629) folgten und deren Beginn durch das Eingreifen Gustav II. Adolf von Schweden in den »Teutschen Krieg« festgelegt ist. Über das Ende dieser Phase herrscht keine Einigkeit; die allgemeine dt. Geschichte setzt diesem Abschnitt des großen Krieges mit dem Prager Frieden ein Ende (1635). Die sh Landesgeschichte kennt andere Zäsuren: Die Hztt. wurden während der 1630er Jahre von den Kriegsereignissen kaum berührt und erst 1643/44 durch den sog. Torstensson-Krieg betroffen. Weil der Gottorfer Hz. (→Gottorf) sich auf die schwedische Seite gestellt hatte, wurden seine Anteile von den schwedischen Truppen weitgehend verschont, hingegen aber von den Verbündeten des dän. Kg. besonders heimgesucht, während die kgl. Anteile von den schwedischen Truppen in Mitleidenschaft gezogen wurden. Bei den Auseinandersetzungen der großen Mächte in der Schlußphase des Dreißigjährigen Krieges hatte der Hz. von SH-Gottorf bis zum Frieden von Brömsebro (1645) kaum eine Chance, seine Landesteile aus dem Krieg herauszuhalten.
Lit.: Geschichte SH, 5. EO

Schwedisch-Polnischer Krieg Der S. (1655-1660) wurde in der älteren Historiographie meist als Erster Nordischer Krieg bezeichnet. In der sh Landesgeschichte firmiert er sowohl als →Polackenkrieg wie auch als Zweiter Schwedischer Krieg. Es handelt sich insgesamt um jenes Geschehen, das während der Jahre 1655-1660 den Kampf um die Vormachtstellung im Ostseeraum zwischen Schweden, Polen und DK ausmachte, an dem u.a. auch Österreich und Brandenburg-→Preußen beteiligt waren. Im Frieden von Roskilde (1658) verlor DK seine südschwedischen Besitzungen. Die Friedensschlüsse von Kopenhagen und Oliva (beide 1660) bestätigten den

Das alte Amtshaus in Schwarzenbek, 1971 abgerissen

Schwentine

1648 im Friedensschluß von Münster und Osnabrück geschaffenen Status.
Lit.: E. Opitz, Österreich und Brandenburg im S., Boppard 1969. EO

Schwentine Die S. entspringt am Südwestabhang des →Bungsberges, fließt nach Süden durch den Stendorfer See und weiter nach Westen durch den Sibbersdorfer, das Nordwestende des Großen Eutiner und den Keller See, weiter durch den Dieksee, den Behler See, den Großen und Kleinen Plöner See und den Lanker See, bevor sie an →Preetz, Raisdorf und Klausdorf vorbei bei Neumühlen in die Kieler →Förde mündet. OP

Seehund

Schwertertanz Zunächst als Vorführung von Gesellen städtischer Zünfte der Waffen- und Messerschmiede (in Nürnberg seit 1490) bekannt, ist der S. für →Fehmarn und →Wilster aus dem 17. Jh. und für →Dithm. seit 1747 überliefert. 1920 nahm man ihn wieder auf und führte ihn 1921 auf dem ersten Dt. Bauerntag und 1950 erneuert auf dem Dt. Bauerntag vor.
Lit.: N. Hansen, Der Dithm. S., in: Kieler Blätter zur Volkskunde 18, 1986, 180-190. KDS

Schwesing →Konzentrationslager

Sechsling →Münzwesen

Seebüll Ada und Emil →Nolde (1867-1956) kauften 1926 eine leere →Warft und den dazugehörigen Bauernhof im damaligen →Amtsbezirk →Neukirchen. Sie nannten die Warft S. und ließen dort, nach Noldes eigenwilligem Entwurf, ein Wohn- und Atelierhaus bauen, in dem N. bis zu seinem Tode ansässig war. Heute werden in S. in jährlich wechselnden Ausstellungen Querschnitte durch Noldes Werk gezeigt. Es ist Sitz der Stiftung S. Ada und Emil Nolde, die den Nachlaß des Künstlers betreut.
Lit.: Emil Nolde, Mein Leben, Köln [10]1996. JB

See-Etat Im dän. →Gesamtstaat wurde die Kriegsmarine (→Marine) S. genannt. Er wurde zunächst von der 1660 gebildeten Admiralität geleitet, die 1784 zum Admiralitäts- und Commissariatscollegium umgewandelt wurde. Zu den Einrichtungen des S. gehörten u.a. die Kriegsschiffswerften in Kopenhagen, das 1701 gebildete Seekadettenhaus und das 1806 errichtete →Hospital. Der S. war auch für die See-Enrollierung, d.h. die Erfassung der zum Kriegsmarinedienst tauglichen Seefahrenden, zuständig und beaufsichtigte das →Lotsenwesen. Die Kriegsflotte lag zu einem wesentlichen Teil in und bei Kopenhagen; ein kleineres Detachement befand sich in →Glückstadt. Die See-Equipage war der Ausrüstungsbetrieb des S. LS

Seehund Die S. gehören zur Familie der Robben und sind in allen Weltmeeren verbreitet. Seit 1974 werden die Fischfresser in SH nicht mehr bejagt, da ihr Bestand durch Schadstoffe im Wasser, →Tourismus und Krankheiten bedroht ist. Im sh →Wattenmeer dienen ihnen v.a. die geschützten Sandbänke als Ruhezonen sowie zur Geburt und Aufzucht der Jungen. Seit 1985 erforscht die Seehundstation Friedrichskoog die S. und pflegt Heuler, mutterlos aufgefundene junge S. OP

Seeräuber Die bekanntesten S. des Spätma., die Vitalienbrüder unter der Führung Klaus Störtebekers, hatten trotz ihres Aktionsraumes Ost- und Nordsee keine nachweisbaren Beziehungen zu SH, sieht man vom Kampf der Hansestädte →Lübeck und →Hamburg gegen sie ab. In Sagen werden ihnen aber zahlreiche Schlupfwinkel zugeschrieben, so auch eine Schlucht bei Putlos. Unter den Ende des 14. Jh. erwähnten S. in der Ostsee taucht der Name → Rantzau mehrmals auf, einzelne dieser holst. Familie waren also in diesem Erwerbszweig tätig. Gelegentlicher Seeraub von Schiffern aus sh Städten im MA und früher Neuzeit ist nicht auszuschließen, muß aber von der zugelassenen Kaperei in kriegerischen Auseinandersetzungen unterschieden werden. Daß die → Kremper 1546 den →Itzehoer Hans Bunsingk mit seinem Schiff wegen angeblicher S. gegen holländische Kauffahrer aufbrachten, beruhte v.a. auf der Konkurrenzsituation der beiden Städte. Auch die Überfälle von →Dithm. auf Schiffe im vielbefahrenen Elbmündungsgebiet im 14. und 15. Jh. hatte eher etwas mit den andauernden Zollstreitigkeiten mit →Hamburg zu tun. Da ein beträchtlicher Teil der Bewohner SH in der Schiffahrt bis in die Karibik tätig war, kam

er wiederholt mit S. in unliebsamen Kontakt.
Lit.: K.-J. Lorenzen-Schmidt, Hans Bunsingk – ein S. aus Itzehoe, in: Jb. Steinburg 23, 1978, 187-198; A. Koerner, Piraterie vor der Nordseeküste, Heide 2000. OP

Seestermühe (PI) Der Ort wird zuerst 1141 genannt. Ortschaft, →Gut und Kirche lagen vor den Landverlusten des 14. Jh. (1379 als Wildnis bezeichnet) weiter westlich im Bereich der heutigen Pagensander Nebenelbe bzw. des Außendeichlandes. Das untergegangene Ksp. wurde nicht wieder eingerichtet; die Reste gingen an das Ksp. Seester. 1494 wurde die ganze →Haseldorfer Marsch von Hans von →Ahlefeldt erworben, das Gebiet später in sechs Güter geteilt, von denen eines S. war. Es verblieb bis 1752 im Besitz der Familie Ahlefeldt und gehörte seitdem dem Gf. von →Kielmansegg. Das Gut hatte v.a. Außendeichland, während die Bauern ihr Land erbeigentümlich besaßen. Heute ist S. eine Gem. im Amt Elmshorn-Land und hat knapp 900 Einw.
Lit.: O. Hintze, Geschichte der Bauernhöfe und Bauernsippen des Marschdorfes S., Hamburg 1941. PDC

Seezeichen sind technische Hilfsmittel, die der Schiffahrt eine sichere Navigation ermöglichen sollen. Man unterscheidet insbesondere zwischen festen (Baken, Stangen, Pricken, →Leucht- und Richtfeuer) und schwimmenden S. (Feuerschiffe, Tonnen). Daneben gibt es sog. landfeste Nebelschallzeichen (Sirenen) und funktechnische S. (Radar). In Dt., das zunächst der internationalen Entwicklung technisch nachhinkte, hatte bis ins 19. Jh. jeder Küstenstaat seine eigene Verwaltung des S.wesens. In den Hztt. Schl. und Holst. wurde die Bezeichnung der Schiffahrtswege durch DK geregelt, wo es bereits seit 1564 einen organisierten S.dienst gabt. Die im Zeitalter der →Industrialisierung aufkommende Dampfschiffahrt erforderte eine Neuorganisation des S.wesens, die – in Dt. im allgemeinen wie in SH im besonderen – durch die polit. Einheit (→Preußen, Dt. Reich) erleichtert wurde. So kam es bis zum 1.WK zu einer einheitlichen Betonnung der Schiffahrtswege (zur einheitlichen Verwaltung des S.wesens jedoch erst 1949). Ab 1977 wurde für die nordwesteuropäischen Gewässer ein gemeinsames internationales Betonnungssystem eingeführt.
Lit.: Das dt. S.wesen 1850-1990 zwischen Segel- und Container-Schiffsverkehr, hg. von G. Wiedemann, Hamburg 1998. NF

Segeberg (SE) Der heute noch 90m hohe Kalkberg in einer →Traveschleife hatte im MA eine strategisch günstige Lage im Grenzgebiet zu den →Slawen in Ostholst., so daß Kaiser Lothar III. 1134 auf Anraten →Vicelins auf ihm – damals Alberg genannt – eine →Burg anlegen und am Fuß des Berges ein →Stift für die →Mission gründen ließ. Die Burg Sigeberg gab dem Ort den Namen und spielte als eine der wichtigsten Wehranlagen in Holst. in den Machtkämpfen des 12. und 13. Jh. immer wieder eine Rolle. Das Augustiner-Chorherrenstift, dessen Kirche die heutige Pfarrkirche war, bestand bis in die Mitte des 16. Jh. Die romanischen Bauformen der dreischiffigen Basilika aus →Backstein reichen bis zum Anf. des 13. Jh. zurück. Von ihrer Ausstattung sind besonders der Schnitzaltar von 1515, die Kanzel von 1612 und mehrer Epitaphe des 16.-18. Jh. zu erwähnen. Die unterhalb der →Burg entstehende langgestreckte Marktsiedlung erhielt im 13. Jh. das →Lübische Recht. Durch die erste Landesteilung um 1273 kam S. an die Kieler Linie des →Schauenburger Gff.hauses, 1316 fiel es an die Rendsburger Linie und kam 1490 bei der Landesteilung zum kgl. Anteil. Als →Amtmann des →Amtes S. und kgl. →Statthalter ließ Heinrich →Rantzau (1554-1598) die Burg zum →Schloß ausbauen; Reste eines Obelisken und einer Pyramide erinnern an ihn. Das Schloß wurde 1644 durch schwedische Soldaten zerstört und noch im 17. Jh. abgebrochen; nur der Brunnen ist noch erhalten. Auch der seit dem MA und bis 1931 betriebene Gipsabbau, wich-

Seestermühe

Segeberg

Herrenhaus Seestermühe um 1930, Foto von Max Stehn

St. Marien in Segeberg

Segeberg

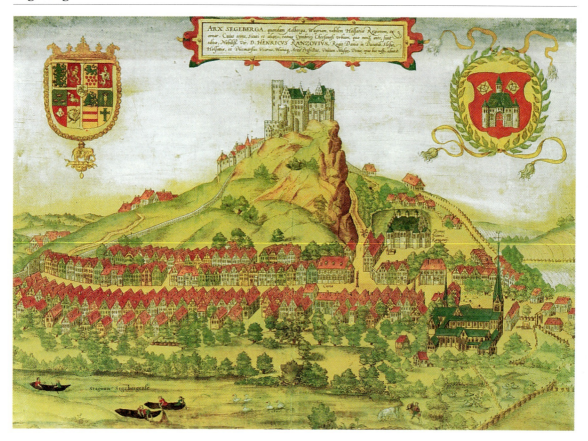

Segeberg Ende des 16. Jh., Kupferstich von Braun und Hogenberg

tiges Baumaterial und Einkommensquelle für die Stadt, veränderte den Berg, in dem 1913 Höhlen entdeckt wurden. Der im Westen S. gelegene Flecken Gieschenhagen erhielt 1670 →Stadtrecht und wurde 1820 mit S. vereinigt. 1867 wurde S. Sitz des →Kreises S. 1884 wurde hier ein Solbad angelegt, seit 1924 darf sich die Stadt Bad nennen. Wegen der erhofften, aber gescheiterten Steinsalzgewinnung erhielt die Stadt 1875 Eisenbahnanschluß nach →Oldesloe und →Nms. S. hat heute knapp 15.700 Einw. und ist durch die seit 1952 im Freilufttheater (errichtet 1934-37) stattfindenden →Karl-May-Festspiele bekannt.
Lit.: 850 Jahre Bad S., hg. von C.H. Wäser u.a., S. 1984; A. Erdmann-Degenhardt, Im Schatten des Kalkberges. Die Geschichte von Burg, Kloster und Stadt S., S. 1988. OP

Segeberg (Amt) ist aus der →Vogtei der 1134 erbauten →Burg S. im wesentlichen nach der Landesteilung von 1315 hervorgegangen. Amtssitz war eben diese Burg, die nach schweren Schädigungen 1644 bald abgebrochen wurde, woraufhin zeitweilig →Bramstedt Mittelpunkt des →Amtes wurde. S. wurde durch Abtrennung des Amtes →Traventhal 1671 verkleinert und bestand um 1850 aus den Ksp.vogteien Segeberg, Leezen, Bornhöved, Bramstedt und Kaltenkirchen. Es war nächst dem Amt →Rendsburg das zweitgrößte Amt Holst., das 1855 eine Fläche von etwa 455 km² hatte und 1867 bei Bildung des Kreises S. dessen territoriale Hauptmasse bildete. LS

Sehested/Sested (Familie) Das holst. Uradelsgeschlecht S. wurde nach seinem Stammhof S. (südlich von Eckernförde) benannt. Der älteste bekannte Vertreter ist der 1282 genannte Reymarus de S. Die Familie besaß zahlreiche Güter in beiden Hztt. und genoß in der →Ritterschaft hohes Ansehen. Seit etwa 1600 nahm ihre Bedeutung ab und die S. starben vermutlich 1767 aus. JT

Sekten →Minderheiten, religiöse

Seminar →Lehrerseminar

Senat →Rat

Sendefunkstelle Elmshorn →Post

Sendgericht Die geistliche Gerichtsbarkeit, die mit der →Reformation untergegangen ist, erstreckte sich nicht nur auf den →Klerus, sondern schloß auch die Laien ein, die durch den Pfarrzwang stets einem bestimmten →Ksp. angehörten. Das S. (lat. synodus) war eine Art Sittengericht auf Ksp.ebene und stand unter der Aufsicht vom Bf. beauftragter Archidiakone (für den größten Teil SH die Pröpste der →Domkapitel von Hamburg bzw. von Schl.). Als Vertrauensleute hatten die sog. Sendschöffen (sendvroger) Verstöße der Pfarreiangehörigen gegen kirchliche Vorschriften zur Anzeige zu bringen, die dann mit Geldbußen und mit Kirchenstrafen bis hin zur Exkommunikation belegt wurden. Die S. beaufsichtigten daneben auch den Zustand der Pfarrkirchen und ihrer Einkünfte. Im →Bt. Schl. hatte sich deshalb die S.barkeit im 15. Jh. offenbar schon ganz auf die Kontrolle der Kirchenrechnungen reduziert. Auch in den spätma. Städten scheint das S. keine große Rolle mehr gespielt zu haben.
Lit.: A. Boockmann, Geistliche und weltliche Gerichtsbarkeit im ma. Bt. Schl., Nms. 1967, 62-84. EB

Senior terrae →Overboden

Siebenhardenbeliebung Am 17.6.1426 trafen sich Vertreter von sieben nordfriesischen →Harden (Pellworm-, Beltring-, Wiriks-, Horsbüll-, Böking- und Föhrer Osterharde sowie Sylt) im Beisein von Männern aus der Edoms- und Lundenbergharde in der St. Nikolaikirche in Boldixum (→Föhr) und erklärten, daß sie bei ihrem alten Recht bleiben wollten. Bei dieser Gelegenheit legten sie einen 23 Artikel umfassenden Teil dieses Rechtes nieder, der hinfort als S. bezeichnet wurde.
Lit.: Geschichte Nordfrieslands, hg. vom Nordfriisk Instituut, Heide 1995. LS

Siedlung →Dorf, →Flecken, →Stadt

Sieverstedt (SL) Das zuerst 1196 genannte Dorf Stendorp erhielt nach der →Reformation den Namen S. Die Feldsteinkirche aus dem Anf. des 12. Jh. war ursprünglich die Zentralkirche der Uggelharde (→Harde). Im nahe liegenden Poppholz liegt an der Helligbek der sog. Taufstein oder →Poppostein, wo Bf. Poppo 966 den dän. Kg. Harald Blauzahn und weitere Dän. und Jüten getauft haben soll. S. hat heute gut 1.600 Einw. LS

Sieverstedt

Taufstein in Sieverstedt

Sillem →Zementindustrie

Simonis, Heide →Ministerpräsident, →Sozialdemokratie

Simons, Menno →Minderheiten, religiöse

Sinti und Roma erschienen zum erstenmal im Jahre 1417 in Lübeck. Sie wurden Tartern oder Zigeuner genannt und wegen ihrer abweichenden Lebensweise schnell mit Vorurteilen belegt. Bereits im 16. Jh. gab es in SH gebürtige S. Zwischen 1622 und 1759 ergingen allein in den gemeinschaftlich regierten Distrikten der Hztt. (→Gemeinschaftlicher Anteil) nicht weniger als elf Verordnungen gegen die Zigeuner. Zunächst versuchte man, sie aus dem Territorium fernzuhalten, dann ihre Identität zu zerstören. Die Strafanordnungen waren grausam. Im Hochstift →Lübeck wurde ihnen 1736 angedroht, sie bei Beitreten sofort an den Grenzen aufzuhängen. S. wurden in allen Territorien ohne Straftat zu →Zuchthaus oder Karrenarbeit verurteilt, bei Razzien verwundet

Sinti und Roma

Sinti und Roma bei Geesthacht 1902

oder erschossen. Bei →Preetz wurden 1727 sieben S., meist Frauen und Kinder getötet, vier schwer verletzt. Unter dem Druck der Verfolgung entwickelten die S. spezielle Überlebensstrategien. So verringerte sich die Größe der Gruppen, und im 18. Jh. beschränkten sich ihre Reisen weitgehend auf das Land. Rückzugsgebiete wurden die Gutsbezirke und die →Grenzgebiete zu anderen Territorien. In abgelegenen Distrikten, wie am Rande →Dithm., gelang ihnen seit Ende des 18. Jh., als der Druck der Verfolgung nachließ, die Ansiedlung. Im 19. Jh. führten sie ein teilmobiles Leben als Hausierer und Musiker. Nach 1870 verschärfte sich die Diskriminierung wieder, vorgeblich in Zusammenhang mit der neuen Zuwanderung von S. Man schied jetzt zwischen in- und ausländischen S. Die Durchsetzung der Schulpflicht stand in Widerspruch zur Lebensweise der S. In den sh Zeitungen wurden »Zigeunerplage« und »Zigeunerunwesen« angeprangert. Die Münchener Zigeunerzentrale erfaßte seit 1899 auch die sh S. Während des NS sollten die S. durch Zwangssterilisationen und Vernichtung durch Arbeit ausgelöscht werden. Im Mai 1940 sind mindestens 357 S. aus SH in die Vernichtungslager des Ostens deportiert worden; nach 1945 kehrten offenbar nur 23 der Deportierten zurück. In Wiedergutmachungsprozessen wurden die S. oft demütigend behandelt und bei der Entschädigung gegenüber anderen Gruppen benachteiligt. Wo sich die S. anzusiedeln versuchten, entstanden erhebliche Probleme durch die Ablehnung eines Großteils der Eingesessenen. Ständige Lager entstanden in →Altona, →Wandsbek, →Flensburg, →Kiel, →Lübeck, →Nms., →Geesthacht und →Heide. Mit der Ausweitung industrieller Flächen wurde das Kieler Lager immer weiter an die Peripherie gedrängt und schließlich aufgelöst. Das Sozialamt in Kiel verteilte die S. jetzt auf in der Stadt verstreute Wohnungen, was zu einer Zerstörung der sozialen Strukturen der S. führte. 1980 wurde in Kiel der Verein zur Durchsetzung der Rechte der Sinti in Kiel und SH gegr., 1990 der Verband Dt. S., Landesverband SH, der sich seitdem um Jugend-, Kultur- und Bildungsarbeit bemüht. Projekte zur Verbesserung der schulischen Situation von Kindern der S. in Geesthacht und Kiel versuchen in den letzten Jahren, die aus Zweisprachigkeit und verbreitetem Analphabetismus der Eltern hervorgehenden Probleme zu bekämpfen. Bemühungen des Landesverbandes der S., den Minderheitenstatus der S. in der Landesverfassung zu verankern, sind in den

1990er Jahren gescheitert. Mehr als 90% der heute mehr als 6.000 in SH lebenden S. gelten als seßhaft.
Lit.: M. Rheinheimer, Erbarmen, oder laß mich mit ihnen ziehn, in: Arme, Kranke, Außenseiter. Soziale Randgruppen in SH und Hamburg, hg. von O. Pelc, J. Ibs, Nms. 2000; R. Wurr, S. Träbing-Butzmann, Schattenkämpfe, Kiel 1998. MR

Sirksfelde (RZ) Westlich der Straße von S. nach Koberg liegt auf einem Geesthorst inmitten mooriger Niederungen ein von einem Graben umgebener Ringwall von etwa 100m Durchmesser. Die bisherige Annahme, daß es sich um eine sächsische Grenzbefestigung des 9. Jh. im Verlauf des →Limes saxoniae handelte, wird neuerdings zugunsten einer frühslawischen Anlage bezweifelt.
Lit.: K.W. Struve, Die Burgen in SH, Nms. 1981, 107-109. OP

Siva →Slawen

Skandinavismus Ähnlich den gleichzeitigen Nationalbewegungen beruhte der S. zu Beginn des 19. Jh. zunächst auf der Entdeckung einer gemeinsamen literarisch- kulturellen Tradition, v.a. der nordischen Mythologie. Diese Entdeckung löste v.a. in Akademiker-Kreisen eine Begeisterung für die skandinavischen Brudervölker aus, die sich in regen Kontakten und in Verbrüderungsfeiern äußerte, so z.B. in Wanderungen über den zugefrorenen Öresund 1838 oder bei der Mittsommerfeier in Kopenhagen 1845. Gleichzeitig wehrte man sich gegen die Vereinnahmung durch den Pangermanismus. Besonders in DK diente der S. der Abgrenzung gegen dt. Einfluß. Als polit. Kraft scheiterte der S. jedoch an den unterschiedlichen Interessen der skandinavischen Staaten. Unter dem publizistischen Einfluß der gebildeten nationalliberalen Trägerschichten des S. reflektierte die öffentliche Meinung eher hochfliegende Wunschbilder als die wirkliche polit. Bereitschaft zur gegenseitigen Unterstützung: DK hoffte vergeblich, bei Schweden-Norwegen polit. und militärische Unterstützung in der Auseinandersetzung um Schl. zu finden. Der S. trug aber zur Nationsbildung bei und schuf langfristig eine Basis für die Zusammenarbeit der skandinavischen Länder im 20. Jh.
Lit.: K. Krüger, Der S. im Lichte der Modernisierungstheorie, in: Nordeuropa-Studien 27, 1990, 95-107. KGr

Skrupel →Gewichte

Slawen Im Zuge der Völkerwanderung verließ der Großteil der germ. Bev. Ostholst. und →Lauenburgs spätestens im 5. Jh. seine Siedlungsgebiete. Seit dem 7. Jh. wanderten hier S. vermutlich aus Zentralrußland ein. Bis ins 11. Jh. entwickelten sich aus Großfamilien mehrere Kleinstämme mit Häuptlingen, einzelnen Herrscherfamilien und zentralen Herrschaftsorten. Seit dem 10. Jh. sind die →Wagrier mit dem Hauptort Starigard/→Oldenburg in Ostholst. und die →Polaben mit dem Hauptort →Ratzeburg (im 11. Jh.) in Lauenburg belegt. Sie gehörten zusammen mit den Abotriten im en-

Sirksfelde

Slawische Ortsnamen und slawisch-deutsche Mischnamen in Ostholstein, Lauenburg und Westmecklenburg

geren Sinn und den Warnowern im westlichen →Mecklenburg zum Stamm der Abotriten. In dem weitgehend bewaldeten und gewässerreichen Gebiet lebten die S. in Siedlungskammern, in denen sich mehrere Dörfer um eine →Burg gruppierten. Bisher sind knapp 50 s. Burgen aus dem 8. bis 12. Jh. in SH bekannt. →Helmold berichtet für das 12. Jh. von sechs Gauen (terrae, pagi) der Wagrier, →Plön, →Lütjenburg, →Oldenburg, →Eutin, →Süsel und Dargun (Warder/→Ahrensbök). Die S. lebten v.a. von der Landwirtschaft, aber auch von Jagd, Waldwirtschaft und Fischerei, hatten ein hochentwickeltes Handwerk, trieben Handel und an den Küsten Seefahrt. Sie verehrten mehrere Götter, die verschiedene Rangstufen und Funktionen hatten. In Oldenburg gab es vermutlich ein Heiligtum, in dem sich 967 eine aus Erz gegossenen Plastik des Gottes Saturn – wohl eines Fruchtbarkeitsgottes – befand. Andere Götter wurden in Hainen verehrt, so im 12. Jh. der Gott Prove bei Oldenburg. Die Polaben verehrten die Göttin Siva. Als Verbündete des nach Sachsen vorstoßenden Frankenreiches (→Franken) unter Karl dem Großen siegten die Abotriten 798 in der Schlacht auf dem →Sventanafeld bei →Bornhöved gegen die nordelbischen Sachsen und erhielten →Nordelbingen als Herrschaftsgebiet, was z.B. zu einer kurzen s. Besiedlung →Hamburgs führte. Da die S. den Angriffen der Dän. aus dem Norden nicht widerstehen konnten, errichteten die Franken seit 810 eigene Stützpunkte in Nordelbingen und sicherten ihr Herrschaftsgebiet gegen die S. durch den →Limes saxoniae. Im 10. Jh. gerieten die S. unter die Oberhoheit des Hz. von →Sachsen. Ihre Samtherrscher aus der Familie der Nakoniden waren mit den skandinavischen Herrscherhäusern verwandt und mit dem Christentum vertraut. Um 948 wurde in Oldenburg ein Missionsbt. gegr. das aber wie weitere Missionierungsversuche infolge des S.aufstands von 983, der v.a. von s. Priestern gegen die →Christianisierung und die Abhängigkeit von Sachsen ausgelöst wurde, einging. In den s. Eroberungszügen nach Nordelbingen wurde 983 u.a. Hamburg zerstört. Auch der Abotritenfürst →Gottschalk, dessen Herrschaftsgebiet von Ostholst. bis zur Peene reichte, förderte die Christianisierung im 11. Jh.; seine Ermordung 1066 während eines erneuten S.aufstandes machte jedoch die widerstreitenden Interessen innerhalb der s. Gesellschaft deutlich. Sein Sohn →Heinrich gewann mit dän. und sächsischer Hilfe in der Schlacht bei →Schmilau 1093 die Herrschaft über das Abotritenreich zurück, wählte →Alt Lübeck als Herrschaftszentrum und förderte das Christentum im S.land. Seine Ermordung 1127 und schließlich die sächsische Eroberung Wagriens 1138/39 beendeten die s. Herrschaft in Ostholst. und Lauenburg. Unter der Herrschaft Hz. →Heinrich des Löwen (ca. 1129-1195) wurde die Unterwerfung der S. fortgesetzt, dt. Siedler kamen in das Land und es wurden zahlreiche neue Dörfer sowie Städte gegr. (→Kolonisation). Die s. Bev. assimilierte sich im Laufe der Zeit, Reste der s. Sprache und Kultur sind bis in die Frühe Neuzeit feststellbar und in den Ortsnamen Ostholst. und Lauenburgs bis heute erkennbar.

Lit.: M. Gläser, Die S. in Ostholst., Hamburg 1983; K.-W. Struve, Die Burgen in SH 1, Nms. 1981. OP

Soholmer Au ist ein größerer Fluß, der als Meynau zwischen Frøslev und Harrislee (SL) entspringt und nach Aufnahme der Wallsbek den Namen Schafflunder Au annimmt, dann an Hörup vorbei weiterfließt und sich mit mehreren Nebengewässern (Hackstedterau, Spölbek, Linnau, Wiehebek und Goldebeker Mühlenstrom) vereinigt. Bei Soholm (NF) heißt der Fluß dann S. und wird durch den 1856 gebauten Bongsieler →Kanal (später: S.-Kanal) aufgenommen, hat aber noch einen nördlichen Nebenlauf unter alter Bezeichnung, den die →Leckerau aufnimmt, die sich bei Waygaard (NF) mit dem S.-Kanal vereint. Die Ausflußsituation hat sich durch Anlage des Blumenkoogs und der Hauke-Haien-→Koogs verändert. Der östliche Teil heißt nun Bongsieler Kanal, der westliche (durch den Hauke-Haien-Koog bis nach Schlüttsiel) nun Neuer Bongsieler Kanal. LS

Solmitz, Fritz (geb. 22.10.1893 Berlin, gest. 19.9.1933 Hamburg-Fuhlsbüttel) studierte Nationalökonomie, promovierte über Marx und wendete sich der SPD zu. Julius →Leber holte ihn 1924 als Redakteur zum »Lübecker Volksboten«. Bald auch in der →Bürgerschaft war S. bekannter NS-Gegner. Noch im Februar 1933

rief er zum Kampf gegen die NS-Herrschaft auf, wurde verhaftet und kam am 19.9.1933 im KZ Fuhlsbüttel ums Leben.
Lit.: C. Jürgens, S. Kommunalpolitiker, Journalist, Widerstandskämpfer und NS-Verfolgter aus Lübeck, Lübeck 1997. UD

Sommer, Johann →Musik

Sonnin, Ernst George (geb. 10.6.1713 Quitzow, gest. 8.7.1794 Hamburg) Der Sohn eines Pastors, wuchs in →Altona auf, studierte in Halle und Jena ohne Abschluß, kehrte 1737 nach →Hamburg zurück und existierte als Hauslehrer sowie Mechanikus. Er machte sich als Geometer und Geodät einen Namen, seit 1748 auch als Baumeister (Architekt). Neben zahlreichen Bauten in Hamburg arbeitete S. auch als Architekt und Gutachter in →Lübeck und →Kappeln, insbesondere an der →Pinneberger Drostei, dem Kieler →Schloß, den Kirchen von Selent, →Flemhude, →Wedel, →Wilster, →Nms., →Glückstadt und →Kappeln, dem →Dom zu Lübeck, sowie in Stade, Buxtehude und Lüneburg. S. gilt als einer der bedeutendsten norddt. Architekten des Spätbarock.
Lit.: H. Heckmann, S., Hamburg 1977. LS

Sozialdemokratie Ein Jahr nach Lassalles Gründung des Allgemeinen Dt. Arbeitervereins (ADAV) bildete sich 1864 in →Altona der örtliche ADAV-Ableger als parteipolit. Flügel der entstehenden →Arbeiterbewegung. Bis 1905 im gemeinsamen Agitationsbezirk mit →Hamburg wuchs die seit dem Einigungsparteitag 1875 in Gotha neu benannte S. in SH bis 1914 auf 55.000 Mitglieder in 133 Ortvereinen. 1874 wurden bereits zwei Wahlkreise gewonnen, ab 1890, nach dem Fall der Verfolgungen bringenden Sozialistengesetze, war die SPD stärkste Partei bei →Wahlen, um 1900 galt SH als rote Hochburg. In parteiinternen Theoriedebatten (Revisionismus, Massenstreik) galt der nördliche Bezirk als gemäßigt. Bedeutende Vertreter waren der Reichstagsabgeordnete und Gewerkschafter Carl Legien und der Journalist Eduard Adler, der in den Tagen der Entfesselung des 1.WK in der parteieigenen SH Volks-Zeitung die publizistische Wende vom pazifistischen Internationalismus der »vaterlandslosen Gesellen« zu »Verteidigern des Vaterlandes« leistete. Die durch Kriegskreditbewilligungen ausgelöste Spaltung in SPD und USPD erfolgte 1916. Beide Parteien wurden vom →Matrosenaufstand in →Kiel überrascht und Vertreter kanalisierten konkurrierend die →Revolution, wobei die SPD ihre Mehrheitsposition behauptete (Wahl 19.1.1919 in Kiel: SPD 50,2%, USPD 7,6%). Gemeinsam agierte man im März 1920 bei der Abwehr des →Kapp-Putsches, der (in Kiel und →Schl.) mehr Opfer forderte als die Revolution. 1922 fand die Wiedervereinigung statt; die Abspaltung der KPD 1919 (→Kommunismus) dagegen blieb endgültig. Nach kurzem Anstieg stabilisierten sich die Mitgliedszahlen bei etwa

Plakat der SPD von 1927/28

50.000. Die SPD stellte 1919 bis 1932 (→Altonaer Blutsonntag) mit Heinrich Kürbis als →Oberpräsidenten den höchsten staatlichen Repräsentanten in der →Provinz. Bezirksvorsitzender war von 1921 bis 1933 Willy Verdieck, der am 3.5.1945 als KZ-Häftling Opfer der →Cap-Arkona-Katastrophe wurde. Wichtigste Persönlichkeiten waren Otto →Eggerstedt, Polizeipräsident von Altona und Julius →Leber, Redakteur und Reichstagsabgeordneter aus →Lübeck. Eggerstedt wurde 1933 im Konzentrationslager ermordet, Leber 1945 in Berlin hingerichtet. Mit dem 1933 erfolgten Verbot der SPD und massiven Verfolgungsmaßnahmen gegen Funktionäre zog sich die Mehrheit der Parteimitglieder zurück. Eine Minderheit leistete Widerstand oder ging ins (v.a. skandinavische) Exil, einige Dutzend fanden in Konzentrationslagern, in Zuchthäusern und Hinrichtungsstätten den Tod. 1945 sofort wiedergegr., gewann die SPD 1947 die ersten freien Landtagswahlen und regierte bis 1950 allein. Markanteste Persönlichkeit der Aufbaujahre war Kiels Oberbürgermeister Andreas →Gayk. Mit dem Verlust der Mehrheit 1950 begannen 38 Jahre Opposition. Innerparteiliches Gewicht erlangte der SPD-Landesverband in den 1960er Jahren mit dem Vorsitzenden und Oppositionsführer Joachim →Steffen, der ihm ein linkes Profil verlieh, allerdings bei Wahlen scheiterte. Auch nach seinem Rückzug blieb der Landesverband debattierfreudig und nahm in den Fragen der Atomenergie und Sicherheitspolitik Wandlungen der Bundespartei vorweg. Die Mitgliedschaft der SPD bewegte sich seit den 1950er Jahren zwischen 30.000 und 40.000. 1988 erlangte die SPD in Folge der →Barschel-Affäre die absolute Mehrheit. →Ministerpräsident Björn Engholm sowie Sozialminister und Steffen-Nachfolger im Parteivorsitz Günther Jansen traten 1993 zurück, nachdem Unwahrheiten im Zusammenhang mit der Kenntnisnahme der illegalen Aktionen gegen Engholm offenbar wurden. Erste weibliche Ministerpräsidentin wurde darauf Heide Simonis – seit 1996 in einer rot-grünen Koalition.

Lit.: F. Osterroth, 100 Jahre S. in SH, Kiel 1963; DG 3, 1988. UD

Sozialgericht →Gerichtswesen

Sparkasse Die Gründung von S. in SH geht zurück auf die Ideen der →Aufklärung, daß unvermögenden Bev.schichten die Möglichkeit gegeben werden sollte, durch das Ansparen kleiner Summen für Notfälle vorzusorgen und so eine gewisse Sicherheit vor existentiellen Bedrohungen zu haben. So sollten Armut (→Armenwesen) verhindert und die Produktivität gesteigert werden, nicht zuletzt hatte der Spargedanke auch eine erzieherische Funktion. Den von Armut Bedrohten sollte durch das Sparen – einer bürgerlichen Tugend – Hilfe zur Selbsthilfe ermöglicht sowie zu Mündigkeit und Unabhängigkeit erzogen werden. Voraussetzung für die Gründung von S. in SH war die zunehmende Verarmung eines Teils der Bev., die geringe Wirksamkeit der traditionellen Armenversorgung und ein reformwilliges Bürgertum. In →Hamburg wurde 1778 durch die Patriotische Gesellschaft die erste S., die Ersparungs-Casse, gegr. und zum Vorbild für weitere S.gründungen zuerst in Norddt. und dann in der Schweiz. Die erste S. in SH entstand nicht in den Zentren der Aufklärung →Altona und →Kiel, sondern 1795 in Dobersdorf. Der Besitzer der Güter Hagen und Dobersdorf, Christoph von →Blome, ein Anhänger der Aufklärung, richtete sie für seine Gutsangehörigen ein. Eine weitere Gutss. wurde noch vor der Jh.wende auf dem Gut Knoop ebenfalls von einem Adligen, von Heinrich Friedrich Gf. →Baudissin und seiner Frau Caroline, sowie dem Lehrer Claus Rixen eingerichtet. Im »Wochenblatt zum Besten der Armen«, das die 1792/93 gegr. Gesellschaft freiwilliger Armenfreunde herausgab, regte der Kanzleirat Johann Carl Cirsovius 1796 an, eine Spar- und Leihkasse in Kiel zu gründen. Die Zielgruppe war relativ weit gefaßt: Alle, die von ihrem Lohn etwas zurücklegen wollten, konnten zwischen 5 Schillingen und 100 Mark einzahlen. Tatsächlich nahmen dieses Angebot v.a. Dienstboten, Arbeiter, kleine Handwerker und auch einige Institutionen wahr. In Altona schuf das 1799 gegr. Unterstützungs-Institut, dessen Mitglieder gut über die Kieler und Hamburger Institutionen informiert waren, 1801 eine S. für die gleichen Berufsgruppen. In →Lübeck gelang die Gründung einer S. nicht auf Anhieb. Erstmals wurde 1801 in der dortigen Gesellschaft zur Beförderung gemeinnütziger Tätigkeit der Vorschlag zur Einrichtung einer S. gemacht, nicht zuletzt die frz. Besetzung (→Napoleonische Kriege) verhinderte dies jedoch; erst 1817 wurde die S. gegr. und öffnete sich sofort allen Kreisen. Zu dieser Zeit gab es in SH bereits S. in Friedrichsberg b. →Schl. (1816), →Glücksburg (1817), Apenrade/Aabenraa (1818), →Flensburg, →Kappeln und →Tönning (1819). In den →Zeitungen der Hztt. wurde ausführlich über die S. und ihren Erfolg

berichtet, was seit den 1820er Jahren zu einer Welle neuer Gründungen v.a. durch private, von engagierten Bürgern getragene S.vereine führte. Bis 1864 entstanden in SH 163 S., denen in der Regel auch eine Leihkasse angeschlossen war, von der selbständige Gewerbetreibende, Handwerker und Bauern günstige Kredite erhalten konnten. Nur drei S. (→Mölln, →Meldorf, →Husum) waren zu diesem Zeitpunkt in kommunaler Verwaltung. Während es in DK keine S.gesetze gab, untersagte Preußen z.B. 1875 den Privats. die Annahme von Mündelgeldern, was zur Umwandlung vieler S. in öffentliche S. führte. Von den wenigen Privats. die nach 1900 noch in Dt. verblieben, gab es die meisten in SH. Seit den 1850er Jahren erhielten die S. in den ländlichen Gebieten Konkurrenz durch genossenschaftliche S.- und Darlehenskassen. Sie gaben deshalb in den 1870er Jahren ihre soziale Zielsetzung und ihren engen Geschäftsbereich auf, schlossen sich z.T. zu Kreis- und Zweckverbandss. zusammen und erhielten mit der Scheckfähigkeit und der Einführung des Giroverkehrs Anf. des 20. Jh. (1918 S.-Girozentrale SH) ähnliche Funktionen wie →Banken. 1898 schlossen sich die S. zum SH S.-Verband zusammen; mit dem 1912 gegründeten S.-Giroverband wurde dieser 1937 zum S.- und Giroverband für SH verschmolzen. 1949 wurde die Landesbaus. SH gegründet. Der S.- und Giroverband für SH ging 1970 einen Kooperationsvertrag mit den Provinzial Versicherungen ein und übernahm 1995 – zusammen mit den S. in Mecklenburg-Vorpommern – deren Trägerschaft. Mit der Landesbank SH Girozentrale besteht eine enge Verbundpartnerschaft. 1999 gab es in SH 25 öffentlich-rechtliche S. und vier S. privaten Rechts. Im Gegensatz zu den Anfängen der S. ist das Sparen heute nicht mehr auf eine bestimmte Bev.schicht und kleine Sparsummen beschränkt. Zwar haben die S. nicht mehr die gesellschaftspolitische Funktion wie in ihren Anfängen, durch 40 Stiftungen, die vor allem in den 1950er Jahren entstanden, sowie die 1995 gegründete S.stiftung SH engagieren sie sich aber weiterhin in sozialen und kulturellen Bereichen. Gegenüber den Banken haben die S. nach wie vor eine hohe Filialdichte (1999: 553 Geschäftsstellen mit über 10.000 Beschäftigten) und sind in ihren Leistungen weiterhin stark an den Kleinkunden orientiert, sie unterscheiden sich von ihnen aber kaum noch im Kredit- und Wertpapiergeschäft und stellen damit einen wichtigen Wirtschaftsfaktor auf dem Kapitalmarkt dar.
Lit.: M. Lippik, Die Entstehung des S.wesens in SH 1790-1864, Nms. 1987. OP

Speckdäne Das Schimpfwort wurde von den dt.gesinnten Schl. gegen solche Einw. verwendet, die nach der Kriegsniederlage 1918 und besonders 1945 eine dän. Gesinnung an den Tag legten. Dabei wurde diesen unterstellt, sie würden ihre Gesinnung nur wegen der Lebensmittelhilfen für die →dän. Minderheit in Mittel- und Südschl. zur Schau tragen. Allerdings ist diese Erklärung für das Anwachsen der dän.gesinnten Gruppe dieser Jahre unzulänglich. HSH

Sport Das sportliche Renommee SH ist mit dem Wasser verknüpft. Seit über 100 Jahren locken die Segelregatten der →Kieler und Travemünder Woche auch internationale Starter auf die →Ostsee. Die Olympischen Segelwettbewerbe, 1936 und 1972 in →Kiel(-Schilksee) ausgerichtet, krönen die maritime Veranstaltungsgeschichte. Der Verein mit der schillerndsten Tradition ist der Kieler Yacht-Club, dem einst Kaiser Wilhelm II. als Kommodore vorstand. Und auch der Ruders., 1836 erstmals in Dt. (→Hamburg) praktiziert, fand schon früh (1862) Anhänger an der →Förde. Der erfolgreichste S.ler des Landes, Springreiter Fritz →Thiedemann, hat seine Meriten jedoch nicht auf dem Wasser, sondern im Sattel erworben. Pferderennen zählten zu den frühesten sportlichen Ereignissen, die während der 1830er Jahre in Bad →Oldesloe, →Itzehoe, →Wandsbek und →Neustadt ausgetragen wurden. Zu diesem Zeitpunkt fanden die aus England vordringenden Spiel- und Bewegungsformen erst vereinzelt Nachahmer. In dt. Landen dominierten Turnen und Gymnastik. Nicht Leistung und Rekordstreben, sondern Disziplin und vaterländische Gesinnung standen dabei im Vordergrund. Der preußische Turnvater Friedrich Ludwig Jahn (1778-1852) setzte ab 1811 in seinen Turnanstalten die Akzente. Aufgrund ihrer nationalpolit. Ausrichtung wurden die Jahnschen Leibesübungen jedoch

Spint

Plakat des Elmshorner Männer-Turnvereins 1923

bald in →Preußen verboten (Turnsperre 1820-1842). Auch die Hztt. waren indirekt betroffen. In →Lübeck konnte der Turnbetrieb am besten gedeihen, dennoch erfolgte die erste Vereinsgründung 1844 in Kiel (Kieler Männer Turnverein). 1867 existierten 27 Turnvereine in SH. Die Ausgrenzung von Arbeitern in den bürgerlich geprägten Vereinen veranlaßt diese zur Gründung eigenständiger Körperkultur-Organisationen mit einem expliziten Bekenntnis zur →Sozialdemokratie. Die Arbeiter-Turnerschaft von 1892 in →Kellinghusen machte den Anf. Der bereits im Kaiserreich einsetzende Aufstieg zur Massenbewegung beschleunigte sich noch einmal nach dem 1.WK. Längst hatten sich Höchstleistungsbestrebungen und Professionalisierungstendenzen nach engl. Vorbild durchgesetzt. 1928 gehörten den 1.077 Turn-, S.- und Wandervereinen der Provinz 127.953 Mitglieder an. In der NS-Zeit wurden die Arbeiters.organisationen zerschlagen, die bürgerlichen Vereine ließen sich gehorsam im Dt. Reichsbund für Leibesübungen (DRL, 1934), später im NS Reichsbund für Leibesübungen (1939) gleichschalten. 1942 wurde SH zum selbständigen S.gau Nordmark erhoben. Nach 1945 ist auch der S. grundlegend neu organisiert worden: Neben der zentralen Selbstverwaltungsinstanz des Landess.verbandes (1947) entstanden sukzessive 50 Landesfachverbände (darunter u.a. auch für Schachspieler, Schützen und Sportfischer). Rund 884.000 Personen sind 1999 in 2.652 S.- und Turnvereinen organisiert. Traditionell großer Beliebtheit erfreut sich das Handballspiel, vom THW Kiel mit vielen nationalen Titeln dominiert. Dagegen verblaßt die SV Holstein Kiel, Dt. Fußballmeister des Jahres 1912, und bis Anf. der 1960er Jahre in der Oberliga-Nord noch erste Garnitur. Ebenso wie sich alte Spielformen (→Boßeln) erhalten haben, sind auch neue S.arten (z.B. Windsurfen, American Football, Triathlon oder die Jogging- und Aerobic-Welle) nicht spurlos am Land vorübergegangen.

Lit.: H. Ueberhorst, Geschichte der Leibesübungen, Bd. 3/2, Berlin 1982; S. Wendt, Kleine Schritte, große Sprünge, Nms. 1999. SW

Spint →Maße

Sprachreskripte Nach der sh Niederlage 1851 versuchte die dän. Regierung mit den S. von 1851 die Stellung der dän. Sprache in Mittelschl. zu verbessern, indem sie die dän. Schulsprache und die gemischte dän.-dt. Kirchensprache einführte. Aufgrund des Widerstandes der Bev. scheiterte dieser Versuch, und 1864 wurde die rein dt. Kirchen- und Schulsprache wieder eingeführt.

Lit.: J. Bracker, Die dän. Sprachpolitik 1850-1864 und die Bev. Mittelschl., in: ZSHG 97, 1972, 127-225 und 98, 1973, 87-213. HSH

Sprachverhältnisse Um 1000 kann, nach den Ortsnamen zu urteilen, folgende Sprachenverteilung in SH angenommen werden: In Holst., →Stormarn und →Dithm. wurde sächsisch (ein Vorläufer der nd. Sprache) gesprochen, im östlichen Teil des heutigen Holst. östlich der Linie →Kiel–→Lauenburg westslawisch, in Schl. bis zur Südgrenze zwischen →Eckernförde und →Husum dän., an der Westküste zwischen →Eider und Wiedau/Vidå und auf den Inseln davor friesisch. Die Zone zwischen →Danewerk und Eider war nahezu unbesiedelt. Die sprachliche Entwicklung in den folgenden Jh. ist geprägt durch das Vordringen der nd. Sprache. Die Etablierung der schauenburgischen Fürstenmacht (→Schauenburger) und die hochma. Siedlungsexpansion führten seit Mitte des 12. Jh. zur holst. →Kolonisation der slawischen Gebiete, wo die slawische Sprache im Verlauf der nächsten 200 Jahre vollständig von der nd. Sprache verdrängt wurde. Gleichzeitig wurde die Ödmarkenzone (→Mark) zwischen Eider und Danewerk ganz überwiegend von Süden her von nd. Bauern kolonisiert. Die nd. Sprache drang auch in den dän. Sprachraum in Schl. ein. Die Einwanderung des holst. →Adels führte dazu, daß sich nd. frühzeitig auf der güterreichen Halbinsel →Schwansen ausbreitete, wo das dän. vor 1800 verschwunden war, und von dort rasch die Güterzone im östlichen →Angeln erreichte. Die kräftige dt. Einwanderung in die hauptsächlich dän.sprachigen Städte → Schl. und →Flensburg schuf seit dem Spätma. die Grundlage für die Dominanz der nd. Sprache, von wo sie Eingang in die nordschl. Städte fand. In →Angeln führte die positive Vermögensentwicklung der Hofbesitzer seit etwa 1750 zu ihrer Verbürgerlichung und damit zum Sprachwandel vom dän.-südjütischen angeliter Dialekt zur nd. Sprache, was seit den 1840er Jahren durch die sh Bewegung weiter befördert wurde. 1864 sprachen nur noch ältere Menschen in Angeln dän. Hingegen ließ sich die dän. Sprache in den ökonomisch und sozial weniger entwickelten Heidegebieten (→Heide) Mittelschl. nur langsam verdrängen. In den nördlichsten Gegenden des Mittelrückens im Landesteil Schl. wurde der Sprachwandel erst in der 2. H. des 20. Jh. abgeschlossen, so daß heute Staats- und Sprachgrenze fast ganz zusammenfallen. Auch wenn die nd. Sprache erst spät Volkssprache in Mittelschl. wurde, war sie doch schon seit dem Spätma. Rechts-, Verwaltungs- und Kirchensprache. Auch in Nordschl. waren die Rechts- und Verwaltungssprache und in den Städten auch die Kirchensprache nd., doch blieb die Kirchensprache im ländlichen Gebiet dän. Die Kirchensprachgrenze Tondern/Tønder – Flensburg war seither auch die Grenze zwischen der dt. und der dän. Schulsprache. Überall in Schl. und Holst. wurde die nd. Schriftsprache seit 1600 durch die hochdt. ersetzt, die deshalb bald die Sprache der Gebildeten wurde. In den friesischen Gegenden wurde nd. Rechts-, Verwaltungs- und Kirchensprache. Im Verlauf des 17. Jh. wurde die nd. Volkssprache auch in →Eiderstedt, den Ksp. um →Husum, auf →Nordstrand und →Pellworm übernommen. Die friesische Sprache zog sich immer stärker zurück, so daß heute nur noch etwa 10.000 Menschen nordfriesisch in ihren verschiedenen Dialekten sprechen. Sie ist jedoch als Minderheitensprache anerkannt und wird aktiv gefördert. HSH

Sprengstoffindustrie Als Industriezweig im letzten Drittel des 19. Jh. in SH etabliert, boomte die Branche v.a. während der beiden WK und fiel nach 1945 auf die fast ausschließliche Produktion pyrotechnischer Artikel zurück. Charakteristisch für Explosivstoffe, zu denen u.a. Schwarzpulver, Dynamit, Trinitrotoluol (TNT) und Knallquecksilber zählen, ist ihre Eigenschaft, bei Erwärmung, Reibung oder Initialzündung spontan große Mengen heißer Gase zu bilden. Die industrielle Fertigung von Explosionsstoffen begann 1866 auf dem Krümmel bei →Geesthacht. Hier eröffnete der schwedische Chemiker Alfred Nobel ein Nitroglyzerinwerk, aus dem die erste Dynamitfabrik der Welt hervorging. Westlich von Geesthacht siedelte sich 1877 die Pulverfabrik Düneberg an, deren württembergische Betreiber ähnlich wie Nobel bald in einem Geflecht von Aktiengesellschaften weltweit operierten. Der Bau weiterer Anlagen am Unterlauf der →Elbe zwischen →Blankenese und Schulau scheiterte am Widerstand der Bev.; lediglich die Pulverfabrik Tinsdal (1877) wurde konzessioniert. Ein zweites Zentrum bildete sich erst nach 1900 auf der Quickborner Heide (vier Fabriken) heraus und erreichte während des 1. WK Hochkonjunktur. 1918 waren in den Quickborner und Geesthachter Werken zusammen fast 30.000 Personen beschäftigt. Nicht nur kriegsbedingt, sondern aus branchenspezifischen Gründen ereigneten sich immer wieder schwere Unglücksfälle mit zahlreichen Toten und Verletzten. Die Abrüstungsbestimmungen des Versailler Vertrages zwangen die Firmen dann in den Konkurs oder zur Umstellung auf zivile Erzeugnisse. 1934 wurde die militärische Produktion zunächst in Krümmel, später auch in Düneberg wieder angefahren und bis zum Kriegsende auf gewaltige Aus-

Springer, Axel

Explosion der Pulverfabrik Tinsdal 1878, Foto J.D. Möller

stoßraten gesteigert. Nach 1945 erfolgte der vollständige Kahlschlag des Industriezweiges; nur pyrotechnische Betriebe wurden von der →britischen Militärregierung wieder zugelassen. Heute produzieren landesweit noch zwei Betriebe in →Trittau und →Kiel-→Friedrichsort Silvesterartikel und Signalmunition.

Lit.: K. Schlottau, Militärische und industrielle Rüstungsaltlasten in SH, in: Dünger und Dynamit, hg. von M. Jakubowski-Tiessen, K.-J. Lorenzen-Schmidt, Nms. 1999, 297-323, S. Wendt, Zur Geschichte der Pulverfabrik Tinsdal (1877-1903), in: ebd. 213-244. SW

Springer, Axel →Schierensee

Springflut →Sturmflut

Springhirsch (SE) In dem westlich von →Kaltenkirchen gelegenen Teil der Nützener →Heide wurde durch Gutsbesitzer Ebert um 1930 begonnen, die Wald- und →Gartenstadt S. anzulegen. Der östliche Teil wurde ab 1938 mit Anlagen der →Luftwaffe und Kriegsmarine (→Marine) bebaut. Im Spätsommer 1944 wurde hier auf Veranlassung der Luftwaffe das →Konzentrationslager-Außenkommando Kaltenkirchen des Konzentrationslagers Neuengamme errichtet.

Lit.: G. Hoch, Hauptort der Verbannung, Segeberg ³1983. GH

Stände Im →Ripener Vertrag von 1460 wählte die polit. und wirtschaftlich führenden Gruppe des →Adels des Hzt. Schl. und der Gft. Holst. den →Oldenburger Christian I. (seit 1448 dän. Kg.), zu ihrem Landesherren, mit der Versicherung, er wolle »diese Lande in gutem Frieden erhalten und daß sie ewig zusammen und ungeteilt blieben«. Zusammen mit der →Tapferen Verbesserung des Vertrages vom 4.4.1460, die die Kompetenzen der Räte und die Beteiligung der gesamten Ritter und Mannschaft an Landesangelegenheiten verbesserte, legte der Ripener Vertrag die Grundlage für die Ausbildung einer sh Adelskorporation und eine einheitliche →S.versammlung. Beide bestätigten das Recht der Steuerbewilligung und

das (eingeschränkte) Wahlrecht, das →Indigenat und eine Mitentscheidung über Kriegführung. Trotz der in Ripen/Ribe abgegebenen Versicherung kam es in der Folgezeit zu Landesteilungen (1490, 1544, 1564). 1462 fand der erste gemeinsame →Landtag mit →Prälaten, →Ritterschaft und den →Städten statt. Bei Abwesenheit des Landesherrn sollte ein zwölfköpfiger Landesrat die zentralen Regierungsgeschäfte führen, ihm gehörten die Bff. von →Lübeck und →Schl. sowie jeweils fünf Adlige aus Schl. und Holst. an. Seine Bedeutung ging im 16. Jh. verloren. 1573 trat auf Betreiben der S. und im Zuge der Neuordnung der Rechtspflege die Landgerichtsordnung in Kraft und das →Landgericht wurde gegr. Im 17. Jh. wurden die wichtigsten s. Rechte eingeschränkt: Fürstenwahl (bis 1616) und Steuerbewilligung (endgültig beseitigt 1675). 1675 fand der letzte alte →Landtag in →Kiel statt, 1711/12 noch einmal ohne Beteiligung der Städte. Seit 1656 fanden Rittertage statt, Versammlungen der Prälaten und der Ritterschaft. Daran anknüpfend genehmigte der dän. Kg. 1775 die Einsetzung der →Fortwährenden Deputation (Vier Prälaten, sechs Ritter), einem ständigen Ausschuß, der zwischen landesherrlicher Zentralregierung und →Güterdistrikten vermittelte. 1815 sicherte der dän. Kg. Friedrich VI. eine Landständische Verfassung zu, doch kam es 1835 lediglich zur Einberufung der →S.versammlungen in Schl. und Itzehoe (bis 1863). Nachdem SH preußische →Provinz geworden war, trat am 22.9.1867 die Provinzialständische Verfassung in Kraft. Der →Provinziallandtag, der über Kommunalangelegenheiten der Provinz entscheiden konnte, tagte zum ersten Mal am 11.10.1868 in →Rendsburg. 1871 wurde ein ständischer Ausschuß für die Verwaltung der provinzials. Angelegenheiten eingeführt. Im Hzt. →Lauenburg blieb die Ritter- und Landschaft als s. Organ bis zur Inkorporation als →Kreis in die Provinz SH 1876 bestehen. Am 1.4.1889 wurde aufgrund der Provinzialordnung vom 27.5.1888 der Verband der S. durch einen provinziellen Gem.verband abgelöst.
Lit.: U. Lange, Die polit. Privilegien der sh S. 1588-1675, Nms. 1980. MB

Ständeversammlung in Itzehoe

Ständeversammlung Das »Allgemeine Gesetz wegen Anordnung von Provinzialständen in den Hztt. Schl. und Holst.« vom 28.5.1831 gelangte am 15.5.1834 durch die »Verordnung wegen näherer Regulierung der ständischen Verhältnisse« zur Ausführung. Sein wesentliches Merkmal war die Einrichtung zweier getrennter S. mit beratender Funktion, eine für Holst. mit Sitz in →Itzehoe und eine für Schl. mit Sitz in →Schl. Die →Ritterschaft und ihr Sekretär, Friedrich Christoph →Dahlmann, hatten seit langem nach einem gemeinsamen Organ gestrebt, so daß die getrennten S. eine Niederlage der →Stände bedeuteten. Die S. tagten mindestens jedes zweite Jahr und mußten vor dem Erlaß einer das Gem.recht betreffenden Verordnung diese billigen. Eigene Gesetzesvorlagen konnten sie nicht einbringen. Aus Protest wegen Nichtbeachtung einiger Petitionen der S. erfolgte 1846 die Selbstauflösung. Unter dem Namen Landesversammlung bestand die vereinigte S. 1848-1851. 1853-1863 tagten die getrennten S. wieder in Itzehoe und Schl. →Österreich ließ unter Bruch der →Gasteiner Konvention (14.8.1865) die Holst. Stände am 1.6.1866 zusammenkommen, die am 10.6.1866 durch Otto von →Bismarck endgültig aufgelöst wurden. SH wurde am 12.1.1867 zur preußischen →Provinz.
Lit.: Zum 150. Jahrestag der Schl. S. 11.4.1836-11.4.1986, hg. vom Präsidenten des sh Landtages, Husum 1986; Zum 150 Jahrestag der holst. S. 1.10.1836-1.10.1986, hg. vom Präsidenten des sh Landtages, Husum 1986. MB

Staatsbürgerliches Magazin ist die erste historisch-staatswissenschaftliche Zeitschrift der Hztt., die 1821-1828 von Nicolaus →Falck (1784-1850) herausgegeben wurde. Ihr folgte 1833-1839 das Neue S. LS

Staatsgrundgesetz →Erhebung

Stadt Die S. ist eine relativ junge Sonderform der Gem.bildung, die in SH auf keine antiken Wurzeln zurückgeht, sondern einen Import von Süden darstellt. Es ist heute noch nicht klar, ob die befestigte Siedlung →Haithabu eine S. war oder nur Elemente städtischer Siedlungen aufwies. Die erste S. im Lande ist →Schl. (im 11. Jh.), bald gefolgt von →Lübeck (1143) und →Hamburg (1188). Insbesondere die Zeit nach der Schlacht bei →Bornhöved (1227) ist die Zeit zahlreicher S.erhebungen in Holst. und Lauenburg: →Plön (1236), →Itzehoe und →Oldesloe (1238), →Kiel (1242), →Neustadt (1244), →Oldenburg (1. H. des 13. Jh.), →Lütjenburg, Segeberg und →Lauenburg (Mitte des 13. Jh.), →Rendsburg (vor 1253), →Eutin (1257), →Wilster (1282), →Ratzeburg (vor 1285), →Krempe (um 1390), →Mölln (im 13. Jh.). In →Dithm. wurde 1265 →Meldorf S. In Schl. war die Städtedichte sehr viel geringer: →Flensburg, Apenrade/Aabenraa, Hadersleben/Haderslev, Tondern/Tønder, →Burg/F. und →Eckernförde erhielten alle im 13. Jh. →Stadtrecht. Später folgten: →Garding und →Tönning (1590), →Husum (1603), →Glückstadt (1617), →Friedrichstadt (1619/20), Altona (1664) und Gieschenhagen (1670). Manche ma. Städte sind wieder zu Dörfern geworden, so →Zarpen (S. 1269 bis wenigstens 1476) und →Grube (1323 bis wenigstens 1446); Gründe dafür waren wirtschaftliche Schwäche und polit. Entscheidungen. Der Abbruch des Ufers der Elbe besiegelte das Schicksal von →Nygenstad (südlich von Glückstadt), das nur zwischen 1354 und 1402 Bestand hatte. In SH gab es bis 1648 nur eine Reichss. (Lübeck); erst in diesem Jahr war Hamburg mit seiner Politik der Lösung aus dem Hzt. Holst. erfolgreich und erhielt den Status einer Reichss. Das Regiment in der landesherrlichen S. führte der →Rat, an dessen Spitze meist zwei →Bürgermeister standen; er bildete Verwaltung und Gericht. →Bürger und Einw. waren die beiden rechtlichen Schichten der S.bev.; daneben gab es Geistliche und →Adel, wobei eine deutliche Tendenz zur Hinausdrängung des Adels mit Ausnahme des Landesherrn im 15./16. Jh. festzustellen ist (Verbot adligen Grundbesitzes). Der Landesherr übte Kontrolle über die S. durch einen →Vogten aus; dieser wurde aber schon im späten 14. Jh. durchweg städtischer Beamter. Gleichwohl behielt der S.herr die Herrschaft über die Landesstädte (Ausnahme: Hamburg). Zunächst waren die S. nicht stark befestigt, erhielten jedoch im 14. Jh. zumeist das Recht, sich mit Wall/Pallisaden/Mauer und Graben zu schützen. Die Bewohner brachten durch Steuern die für die Verwaltung benötigten Gelder auf; sie waren wachtpflichtig, um die S. zu schützen. In der S. ballte sich die gewerbliche Produktion (→Handwerk, Gewerbe); hier waren auch die Kaufleute ansässig, die die Landesprodukte ausführten und begehrte Importwaren wie →Salz, →Wein, Tuch und Gewürze einführten. Jede S. hatte ein S.feld, also ein landwirtschaftlich genutztes Umfeld, in dem das →S.recht galt. Das verweist darauf, daß alle S. auch einen erheblichen Anteil an Ackerbürgern beherbergten. Die S.gesellschaft war nach Vermögen und Sozialprestige stark differenziert, wobei die Reichen zumeist die polit. Macht hatten. Die S. blieb im MA mit Ausnahme Lübecks und Hamburgs klein. Kaum eine S. hatte über 2.000 Bewohner. In der Frühen Neuzeit veränderte sich die S. nur geringfügig; zwei S. wurden zu Landesfestungen ausgebaut, →Rendsburg und →Krempe; mit dem Aufkommen des stehenden Heeres erhielten mehrere Städte Garnisonen. Aus dem MA beherbergten einige S. noch Lateinschulen (→Gelehrtenschule), z.T. in bemerkenswert geringer Qualität; nur Kiel erhielt 1667 eine →Universität. Insbesondere durch Handel florierende S. konnten ein beachtliches Größenwachstum durchmachen (Flensburg, Altona); Altona war um 1800 nach Kopenhagen die zweitgrößte S. des dän. →Gesamtstaates. Mit der →Industrialisierung, die in SH als weitgehend städtisches Phänomen beschrieben werden kann, setzte die Teilung in jene S., die am wirtschaftlichen take-off direkt teilnahmen und jene, die nur sekundären Anteil an der Entwicklung nahmen, ein. Auch die s.ähnlichen →Flecken machten diese Entwicklung durch. Nach der Annexion durch Preußen 1867 behielten die zu Städten erhobenen Orte ihren Status. Bald wurden die meisten Flecken zu Städten erhoben und zwar: →Arnis (1934), →Barmstedt (1895), →Bramstedt (1910), →

Bredstedt (1900), →Elmshorn (1870), →Glücksburg (1900), →Heide (1869/95), →Kappeln (1870), →Kellinghusen (1877), Meldorf (1869), →Nms. (1870), →Pinneberg (1875), →Preetz (1870), →Reinfeld (1926), Uetersen (1870), →Wandsbek (1870), →Wedel (1875) und →Wesselburen (1899). Weitere neue Städte sind: →Ottensen (1871), Marne (1891), Nortorf (1907), Schwartau (1912), →Geesthacht (1924), →Reinfeld (1927), →Ahrensburg (1949), →Reinbek (1952), →Schwarzenbek (1953), Niebüll (1960), Wahlstedt (1967), →Brunsbüttel (1969), Bargteheide (1970), →Norderstedt (1970), →Schenefeld (PI, 1972), →Kaltenkirchen (1973), Quickborn (1974) und Büdelsdorf (2000). Einige Städte erlangten aufgrund ihres Gewerbe- und Bev.wachstums den Status der Kreisfreiheit und bildeten eigene Stadtkreise: Altona (1867), Nms. (1901), Kiel (1867), Wandsbek (1901) und Flensburg (1869), die mit Ausnahme von Altona und Wandsbek, die 1937 an →Hamburg kamen (→Groß-Hamburg-Gesetz), erhalten geblieben sind; hinzu trat hier der Stadtkreis →Lübeck (1937).

Lit.: Stadtlandschaften in SH, hg. von M.J. Müller, G. Rieken, Nms. 1990. LS

Stadtrecht Die Städte des Landes erhielten vom Landesherrn ein Sonderrecht, das sie aus dem gemeinen Recht des Landes heraushob und S. genannt wurde. Die Verleihung des S. war der wichtigste Schritt bei der Erhebung einer Siedlung zur →Stadt. Für Holst. wurde das S. von →Lübeck (→Lübisches Recht) musterhaft. Selbst eine späte Stadtgründung wie →Glückstadt wurde noch mit diesem Recht ausgestattet. In Schl. galt das Lübecker S. nur für Tondern/Tønder, während die anderen Städte ein aus dem Jütischen Recht (→Jyske Lov) abgeleitetes S. erhielten. Durch den Vorbildcharakter des Lübecker Recht hatte sich das Lübecker Obergericht im Spätma. zur Appellationsinstanz der holst. Städte entwickelt, was durch die Bildung des →Vierstädtegerichtes beendet wurde. Es gibt eine Reihe erhaltener Kodizierungen von S.; das Lübecker S. ist erst im 16. Jh. in Buchform gebracht worden, während das Hamburger S. bereits 1301 in einem Codex (Rotes Stadtbuch) niedergelegt wurde. LS

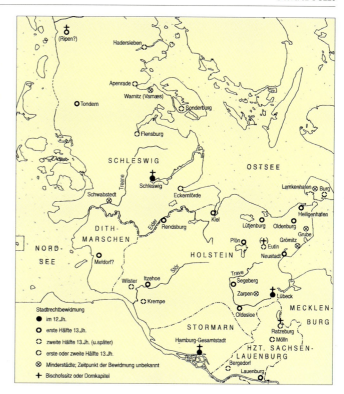

Stadtrechtsverleihungen in SH im 12. und 13. Jahrhundert (Entwurf: Rolf Hammel-Kiesow)

Stadtviertel Alle ma. Städte Schl. und Holst. waren im Spätma. und in der Frühen Neuzeit in S. geteilt. Diese S. dienten der Regulierung der Schoß- und Wachtpflicht der →Bürger und Einw. In den großen Städten (→Hamburg und →Lübeck) ist die Vierteilung nach Ksp. erfolgt (→Hamburg: St. Katharinen, St. Nikolai, St. Petri und St. Jakobi; →Lübeck: St. Marien, St. Petri, St. Jacobi, St. Ägidien), die hier auch Verwaltungseinheiten bildeten. In sozialtopographischer Hinsicht sind die S. insbesondere in den kleinen Landesstädten nicht immer klar voneinander zu scheiden, weil es viele Gemengelagen von armen und reichen Haushalten und Menschen gab. In der Urbanisierungsphase des 19./20. Jh. verlor der Begriff seine ursprüngliche Bedeutung und bezeichnete jetzt einzelne als relativ einheitlich strukturiert wahrgenommene topographische Einheiten (z.B. das Kieler Stinkviertel, die sog. Arbeiterviertel oder Vergnügungsviertel in verschiedenen Städten). LS

Staller war der Vertreter der Landesherrschaft in →Eiderstedt, →Nordstrand und →Pellworm. Der S. war anfangs zugleich Hebungsbeamter,

Stapelholm

bis ins 16. Jh. Er hielt Gericht, war in der Neuzeit Vorsitzender in den Volksgerichten, auch Einzelrichter in bestimmten Fällen; er übte die oberste Polizeigewalt aus, hatte leitende Funktionen in der allgemeinen und der Deichverwaltung.

Lit.: R. Kuschert, Nordfriesland unter der Herrschaft der Hzz. von Gottorf (1544-1713), in: Geschichte Nordfrieslands, Heide ²1996, 124-126. MJK

Stapelholm liegt zwischen →Eider, →Treene, Sorge und dem Börmerkoog. Die →Landschaft grenzt im Westen an →Eiderstedt, im Süden an →Dithm. S. besteht aus zwei von entwässerten Flußmarschen umgebenen Höhenketten. Die von Flüssen, →Mooren und Niederungen einerseits, scharf ansteigenden Geestrücken andererseits gekennzeichnete Landschaft machte S. zu einem Rückzugsgebiet von Störchen und Fischottern. In den Mooren überlebten Gagelstrauch und andere seltene Pflanzen. Die Binnendünen (→Düne) bei Norderstapel, ein ungewöhnliches Naturdenkmal, sind aus abgelagertem Sand der letzten Eiszeit aufgeweht. Der Name S. ist 1260 zum ersten Mal urkundlich belegt. Die Flußniederungen an Eider und Treene wurden zwischen Mitte des 15. und Mitte des 16. Jh. eingedeicht, und es entstanden in dieser Zeit in S. zehn Köge (→Koog). Abgelegenheit und und Unzugänglichkeit der Gegend führten zu einer relativ eigenständigen Entwicklung, die sich besonders in einem hohen Grad an Selbstverwaltung und einem eigenen Recht niederschlug. S. bildete eine eigene Landschaft, sie unterstand seit 1500 dem →Amt →Gottorf. 1623 erhielt S. ein eigenes →Landrecht, die S. Konstitution. 1711 wurde die Landschaft S. vom Amt Gottorf getrennt und kam dann 1777 zum Amt →Hütten. Sie bestand aus den Ksp. Süderstapel, Bergenhusen und →Erfde sowie einem Teil der Herrenhallig, die zum Ksp. →Koldenbüttel gehörte. S. wurde von einem eigenen →Landvogt verwaltet, dem →Polizei, Justiz und →Deiche unterstanden. Das Gericht hatte seinen Sitz in Süderstapel, wo auch Landvogt und →Landschreiber wohnten. Die Landschaftsversammlung bestand aus den Bauervögten und zwei größeren Landbesitzern aus jedem Dorf. 1621 wurde auf dem Gebiet Stapelholms am Zusammenfluß von Treene und Eider von Hz. Friedrich III. die Stadt →Friedrichstadt gegr. Um 1850 hatte die Landschaft ca. 84km². 1867 kam S. mit Friedrichstadt zum →Kreis Schl., mit der Kreisreform 1970 wurden Friedrichstadt, Seeth und →Drage zum neugegr. Landkreis Nordfriesland geschlagen; die übrigen Gem. verblieben beim Kreis Schl.-Flensburg. Die isolierte Lage bewirkte nicht nur eine hohen Grad von Selbstverwaltung und spezifische kulturelle Eigenheiten (→Bauernhäuser, Trachten, Bauernglocken), sondern auch eine besondere Identität, die sich bereits früh in eigenen Landesbeschreibungen und Chroniken niederschlug. So verfaßte Johann Adrian Bolten bereits 1777 eine Beschreibung von S.

Lit.: W. Jessen, Chronik der Landschaft S., Rendsburg 1950; S. Göttsch, S. Volkskultur, Nms. 1981. MR

Starigard →Oldenburg

Statthalter wurde der Stellvertreter des Kg.-Hz. in den Hztt. genannt, der während der Abwesenheit des Landesherrn die Regierungsgeschäfte zu führen hatte. Als erster S. wird gern der jüngere Bruder von Kg. Christian I., Gf. Gerhard von Oldenburg (1466-1470) bezeichnet, doch handelte es sich bei ihm noch nicht um jenen Funktionsträger, der seit etwa 1535 begegnet. Die S. waren:

Johann Rantzau ca.	1535-1545
Breda Rantzau	1545-1553
Bartram von Ahlefeldt	1553-1556
Heinrich Rantzau	1556-1598
Gert Rantzau	1600-1627
Christian Rantzau	1648-1663
Friedrich von Ahlefeldt	1663-1681
Detlef Rantzau	1681-1697
Friedrich von Ahlefeldt	1697-1708
Carl von Ahlefeldt	1708-1722
Friedrich Ernst von Brandenburg-Kulmbach	1730-1762
Friedrich Ludwig von Dehn	1762-1768
Carl von Hessen	1774-1836

Mit Einrichtung der →Regierung in →Gottorf wurde die S.schaft zum 15.5.1834 beendet und der letzte S. trat in die Funktion als Oberpräsident ein. LS

Staven war vornehmlich in →Nordfriesland und →Stapelholm, vereinzelt aber auch in benachbarten Gebieten die Bezeichnung für die zur Dorfgenossenschaft gehörige Bauernstelle (→Hufe in Holst.), deren Eigentümer alle Rechte und Pflichten der Genossen teilten. Die Bezeichnung dient der Unterscheidung von den Katen (→Kate). LS

Stecknitz Die S. kommt aus dem Königsmoor bei →Schmilau, durchfließt den Möllner See und mündet unterhalb der Grinaumündung in die →Trave. Sie wurde bereits im MA als Wasserstraße zwischen →Mölln und →Lübeck genutzt und bildete nach 1398 den nördlichen Teil der S.-Fahrt, der nassen Salzstraße (→Alte Salzstraße). Durch die Bauarbeiten für den Elbe-Lübeck-→Kanal ist das Flußbett weitgehend in dem neuen Kanal aufgegangen.
Lit.: W. Boehart u.a., Die Geschichte der S.-Fahrt 1398-1998, Schwarzenbek 1998. WB

Stecknitz-Kanal →Kanal

Steffen, Bruno und Franz (Bruno geb. 16.9.1891 Kiel-Gaarden, gest. 17.11.1973 Kronshagen; Franz geb. 20.2.1887 Kiel-Gaarden, gest. 26.6.1916 Döberitz) In Fachkreisen als die »Wrights SH« tituliert, zählt das Brüderpaar aus →Kronshagen zu den Pionieren der dt. Luftfahrt und des Flugzeugbaus. 1908 konstruierte und erprobte sie ihr erstes starres Luftschiff, bevor sie mit dem Bau eines Eindeckers begannen. Das zweisitzige Fluggerät »Falke« tauchte in den Jahren bis zum 1.WK bei zahlreichen Großveranstaltungen auf und hatte somit entscheidenden Anteil an der Verbreitung der Fliegerei innerhalb des Landes. 1913 eröffneten die Brüder, die sich auch als Ausbilder betätigten, in →Nms. eine Flugverkehrsgesellschaft mit Hangar nebst eigenem Start- und Landeplatz. Dort gelang mit der Konstruktion eines dreimotorigen Flugzeuges (6t) und 30m Spannweite der große Wurf. Das sog. Steffen-Riesenflugzeug, Typbezeichnung SSW R1, wurde ab 1914 bei den Berliner Siemens-Schuckert-Werken in Serie gebaut. Doch der Absturztod von Franz im Juni 1916 und der Ausgang des 1.WK beendeten die kurze Ära der sh Luftfahrtpioniere.
Lit.: G. Fölz, Luftfahrt zwischen Nord- und Ostsee, Nms. 1975. SW

Steffen, Joachim (geb. 19.9.1922 Kiel, gest. 27.9.1987 Kiel) studierte Potikwissenschaft, wurde Journalist in der SPD-Presse und Politiker; war ab 1958 Landtagsmitglied (bis 1977), 1965 SPD-Landesvorsitzender (bis 1975), 1966 Oppositionsführer (bis 1973). Der »rote Jochen« galt als bundesweit bekannter linker Theoretiker, der viel publizierte und die Landespartei prägte. Es folgten Enttäuschung und 1980 der SPD-Austritt.
Lit.: S., Personenbeschreibung, Biographische Skizzen eines streitbaren Sozialisten, hg. von J.P. Steffen, Kiel 1997. UD

Steffens, Johann →Musik

Stein, Fritz →Musik

Stein, Lorenz von (geb. 15.11.1815 Eckernförde, gest. 23.9.1890 Wien) studierte in →Kiel und Jena Jura. 1842 erschien sein epochemachendes Werk »Der Sozialismus und Kommunismus des heutigen Frankreich«, das bedeutenden Einfluß auf den werdenden Marxismus hatte. 1845 wurde er Professor an der Kieler →Universität. S. war einer der acht Verfasser des »Staats- und Erbrechts des Hzt. Schl.« 1855 erhielt S. eine Professur für polit. Ökonomie in Wien, wo er eine intensive publizistische Tätigkeit entfaltete. In seinen letzten Jahren beriet er die japanische Regierung. S., der 1868 in den erblichen Adelsstand erhoben wurde, gilt als Begründer der dt. Gesellschaftslehre.
Lit.: SHBL 1, 254-255. OM

Steinburg 1. Die 1307 zuerst erwähnte S. dürfte von Gf. Johannes II. von Holst. auf dem Ausläufer des Geestvorsprungs bei dem heutigen Ortsteil S. der Gem. Süderau (IZ) als Turmhügelburg mit steinernem Wohnturm errichtet worden sein. Sie stand zunächst neben der Burg von →Itzehoe und diente als Sitz des Vogten (→Vogt) für die →Kremper Marsch, nach Aufgabe der Itzehoer Burg auch die →Wilstermarsch. Die →Burg war mit einem Wassergraben umgeben. 1465-1485 hatte →Hamburg die Pfandherrschaft über die zur S. gehörende →Vogtei inne, die in dieser Zeit

Steinburg

Steinburger Vergleich

Der Burgplatz der Steinburg

Gut Steinhorst

auch schon als →Amt bezeichnet wurde. 1553-1580 befand sich die Amtsverwaltung wegen Baufälligkeit und Neubau (1576/77) der S. in →Krempe. Um 1600 wurde die alten Anlage mit Erdschanzen umgeben und spielte während des →Kaiserlichen Krieges eine Rolle im Steinburger Festungsviereck aus →Glückstadt, →Krempe, →Breitenburg und S. 1627 erstürmten kaiserliche Truppen die Schanze. 1640 ließ Christian IV. die S. abbrechen und schenkte das Baumaterial Christian →Rantzau, der damit auf dem Rethövel in →Glückstadt ein Palais, die sog. S., errichten ließ (1719 abgerissen). Die Amtsverwaltung wurde zunächst nach Glückstadt, später nach Itzehoe verlegt, wo sie bis zur preußischen Zeit blieb. Die S. selbst blieb als Schanze mit nur wenigen eingeschossigen Gebäuden bis 1748 in Funktion und wurde 1763 geschleift. Zur S. gehörten die Vorwerksländereien von etwa 250ha mit der S. Mühle und einem Gasthaus. Diese Ländereien wurden 1729 in Erbpacht vergeben. 2. Im wesentlichen aus dem →Amt S., das um 1850 ca. 182km² hatte, wurde 1867 der →Kreis S. neu gebildet. Zu ihm kamen die benachbarten Marschgüter (→Gut, →Itzehoer Güterdistrikt), Teile des Gebietes der Klöster (→Kloster) Itzehoe und →Uetersen, die →Wildnisse sowie die Städte Glückstadt, Itzehoe, Krempe und →Wilster. Sitz der Kreisverwaltung wurde Itzehoe.
Lit.: A.G.W. Halling, Schloß und Amt S. und seine Amtmänner, Glückstadt 1911. LS

Steinburger Vergleich →Hamburg

Steinhorst (Amt) S. entstand durch die Zusammenlegung adeliger Höfe und Dörfer, die im Laufe des 14. und 15. Jh. von den lauenburgischen Hzz. (Hzt. →Lauenburg) erworben wurden, u.a. von den Familien von Parkenthin, von Scharfenberg, von Zülen und von Ritzerau. 1524 erfolgt die Einsetzung des ersten Amtsvogts. Hz. Franz I. von Sachsen-Lauenburg verpfändete 1568 S. an Friedrich von →Brockdorff, 1575 erfolgte der Verkauf an Hz. Adolf von Holst.-Gottorf, 1691 der Weiterverkauf des nun holst. S. an Magnus von Wedderkopp. Der Vertrag von 1737 mit Kg. Georg II. von Großbritannien hatte den Vergleich 1739 zugunsten Lauenburgs zur Folge. Das Amtsgebiet wurde 1747 durch die bislang lübschen Teile Duvensees und Siebenbäumens und 1775 durch die Orte Schönberg und Franzdorf vom A. →Schwarzenbek ergänzt. S. umfaßte die zwei landesherrlichen →Vorwerke S. und Mühlenbrook und die beiden Ksp. Sandesneben und Siebenbäumen.
Lit.: H. Funck, Das ehemalige Amt S., Nms. 1985. CB

Steinmann, Georg von →Oberpräsident

Steinzeit →Duvenseer Moor, →Neolithikum

Stellau (IZ) Die Feldsteinkirche des Dorfes wurde in der ersten H. des 13. Jh. errichtet; von ihrer Ausstattung sind die von Heinrich →Rantzau gestiftete Sandsteintaufe von 1593, die schlichte Holzkanzel (um 1560) sowie eine geschnitzte Kreuzgruppe und zwei Bf.figuren vom Anf. des 16. Jh. erwähnenswert. 1201 besiegte Hz. Waldemar von Schl. bei S. Gf. Adolf III. von Holst.; dieses Ereignis wurde von Detlev von →Liliencron in seiner Novelle »Die Schlacht bei S. 1201« literarisch verarbeitet. OP

Stellerburg (HEI) Nordwestlich von →Weddingstedt, strategisch günstig am Rande der Marsch zur →Eider, liegt die S., die nördlichste Ringwallburg sächsischen Typs aus der Zeit von ca. 700-900 n.Chr. Ausgrabungen erfolgten in den Jahren 1930-1939 und zeigten eine unregelmäßig runde, aus Soden aufgebaute Wallanlage, in deren Innern ehemals vereinzelt kleine Gebäude standen. Die Funktion der →Burgen dieses Typs ist nicht eindeutig geklärt: Gauzentrum, Fluchtburg oder hier vielleicht Befestigung der sächsischen →Grenze zu →Jütland. WK

Steltzer, Theodor →Ministerpräsident, →Oberpräsident

Stempelpapier In den Nl. war zur Finanzierung von Staatsausgaben zu Beginn des 17. Jh. das Instrument des S. entwickelt worden. Es wurde vorgeschrieben, daß bestimmte Schriftsätze (Testamente, Verträge, Suppliken u.a.) nur auf durch Stempelung bezeichneten, von S.verwaltern zu kaufendem Papier, ausgefertigt werden durften. Der Ertrag aus dem Verkauf des S. kam zu kleinem Teil den Verwaltern, zu größerem der Staatskasse zugute. Das Verfahren wurde rasch verbreitet und 1657 für die gottorfischen (→Gottorf), 1660 für die kgl. Untertanen, 1670 für den →Adel verbindlich gemacht. Das S. hatte, je nach Art und Wert des im Schriftstück behandelten Geschäfts, unterschiedliche Wertklassen. Es wurde mit der →Annexion durch →Preußen abgeschafft. LS

Stensen, Niels →Katholiken

Sternwarte Die Geschichte der Stätten astronomischer Forschung in →Kiel, →Altona und auf Gut →Bothkamp ist eng miteinander verwoben. Bereits für das Gründungsjahr der Kieler →Universität (1665) sind astronomische Vorlesungen verbürgt, bevor im Jahre 1769 im Südturm des Kieler →Schlosses ein Observatorium eingeweiht wurde. Wegen Baufälligkeit des Turmes mußte der Beobachtungsbetrieb im Jahre 1820 eingestellt werden. Getragen vom Engagement des Astronomen und Geodäten Heinrich Christian Schumacher (1780-1850) konnte 1821 in Altona eine S. eröffnet werden, die den Tod seines Gründers jedoch nicht lange überdauerte. Noch vor der definitiven Auflösung im Jahre 1872 ließ man den Instrumentenbestand an die Universitäten Kiel und Kopenhagen überführen. In Kiel wurde im selben Jahr eine S. mit zwei Beobachtungstürmen auf einer kleinen Anhöhe im heutigen Stadtteil Düsternbrook errichtet. Nach seiner Berufung zum Direktor etablierte A. Krüger zur Verbesserung der weltweiten Kommunikation 1882 die »Zentralstelle für astronomische Telegramme«. Das internationale Renommee der sh Astronomie jener Jahre war jedoch noch mit einem dritten nicht staatlich finanzierten Standort verknüpft. Aus privatem Interesse ließ Kammerherr Friedrich Gustav von Bülow auf seinem Gut →Bothkamp 1870 eine S. erbauen. Der dort aufgestellte Refraktor (29,3cm Objektivdurchmesser, 4,9m Brennweite) galt eine Zeitlang als größtes Linsenfernrohr Dt. Der Geräteausstattung entsprechend beeindruckten auch die Arbeiten der Oberservatoren H. C. Vogel und Wilhelm Oswald Lohse, v.a. auf dem Gebiet der visuellen Spektroskopie. Nach dem 1.WK konnte die Familie von Bülow den Betrieb nicht mehr finanzieren, so daß sie den großen Refraktor und Teile der umfangreichen Bibliothek schließlich der S. in Kiel vermachte (1931). Doch auch die Tage des Kieler Instituts waren aufgrund der jüdischen Herkunft seines Direktors Hans Rosenberg gezählt. Rosenberg, der bei seinem Amtsantritt 1926 wertvolle eigene Instrumente aus Tübingen mitgebracht hatte, wurde nach dem Machtantritt der NS umgehend vom Dienst suspendiert, konnte jedoch 1934 emigrieren, leistete der schon länger diskutierten Auflösung der S. (1938 erfolgt) jedoch ungewollt Vorschub. Bombentreffer des Jahres 1942 machten eine mögliche Wiederinbetriebnahme zunichte.

Auf dem Wall der Stellerburg

Steuern

Die Kieler Sternwarte

Nur das Hauptgebäude überstand den Krieg und wird heute als Wohnhaus genutzt. In Bothkamp erinnern nur noch Fundamentreste an die einst weltweit bekannte Stätte astronomischer Forschung, und auch das Gebäude in Altona hat die Zeitläufe nicht überdauert.

Lit.: L. Brandt, Stätten astronomischer Forschung in SH, in: SH 2, 1982, 11-13; 3, 1982, 6-8; P. Janle, G. Kortum, Das adlige Gut Bothkamp und seine S., in: Schriften des Naturwissenschaftlichen Vereins für SH 57, 1987, 47-70. SW

Steuern Im Gegensatz zur →Abgabe entwickelte sich die S. aus besonderen Bedürfnissen der Herrschaft, die sich aus der Herrschaftsausübung ergaben. In SH sind die ersten S. die jährlichen oder häufiger gehobenen städtischen Schoßzahlungen, zu denen alle Haushalte (mit Ausnahme der der Mitglieder des →Rates) nach Maßgabe ihrer Vermögenslage beizutragen (zuzuschießen) hatten. Diese Zahlungen dienten der Aufbringung einer Geldmenge, um die allgemeinen Aufgaben der Stadträte zu finanzieren. Die S. für die Landesherrschaft hießen →Bede, weil ihre Leistung von allen zur Herrschaft gehörigen Haushalten (mit Ausnahme von →Adel und Klerus) bei den Landständen (→Stände) erbeten und von diesen bewilligt werden mußte. Sie wurde zumeist als ein Bruchteil des Vermögens veranschlagt (16., 20., 32. Pfennig) und über die Ämter (→Amt) eingezogen. Spätere unregelmäßige S. bestanden bis 1764 in dem Fräuleinschatz, die bei Eheschließung einer Prinzessin des landesherrlichen Hauses fällig war. Auch das Donativ, das bei Thronbesteigung des Kronprinzen fällig wurde, gehört als unregelmäßige S. hierher. Aufgrund der wachsenden Aufgaben des sich herausbildenden Staates wurden wiederkehrende, kalkulierbare Einnahmen nötig. Verstetigt wurden die S. schon im 16. Jh. durch regelmäßige Wiederkehr der Beden oder des Pflugschatzes, dann besonders in Form der Kontribution, also dem Beitrag des Landes zu den Kosten der Rüstung, insbesondere des stehenden Heeres seit etwa 1650, die im kgl. Anteil an die Stelle der Bede trat. In diesem Zusammenhang gehören auch die seit 1664 fälligen Magazinkorn-Lieferungen in die Fourage-Magazine der Festungen, die schon bald in Geld abgeleistet wurden. Dazu war die Festlegung der Pflugzahl in den Hztt. nötig, die 1620 in den →Elbmarschen vorkam, aber 1652 insgesamt in einer renovierten →Landesmatrikel festgelegt wurde, deren Vorläufer auf 1542 zurückgehen. Danach hatte jede Verwaltungseinheit eine bestimmte Pflugzahl, die Städte sog. Steinpflüge, nach der die S. erhoben wurden. Beispielsweise waren die →Kremper Marsch zu 203, die →Wilstermarsch zu 276, die Städte →Wilster und →Krempe zu 66^1/$_2$ und 60 Pflügen angesetzt, Zahlen, die oft aufgrund wirtschaftlicher Schwierigkeiten reduziert werden mußten. In der Gft. Holst.-→Pinneberg wurde die Bede als drei- und fünfjährige S. regelmäßig. Seit 1636 wurden Verbrauchs., die sog. Akzise und Lizenten von Luxus- und Verzehrgegenständen (z.B. →Bier, →Wein und →Salz) erhoben und erst 1803 wieder aufgehoben. Neu war die 1763 eingeführte Kopfs., die jeden über zwölfjährigen erfaßte. Der →Adel war von den S. weitgehend befreit, doch zahlten die Gutsuntertanen Kontribution, Land- und Hauss. Mit allen diesen S. waren Ausnahmen für bestimmte Personengruppen oder Gebiete verbunden, so daß von einer S.gleichheit oder -gerechtigkeit nicht die Rede sein kann; diese Idee kam in der Aufklärung zum Tragen, konnte sich aber erst im 19. Jh. durchsetzen. Mit dem Übergang an →Preußen 1867 wurden die S. vereinheitlicht. Nicht-Landwirte wurden zur Einkommenss. veranlagt, Landwirte nach dem Grunds.reinertrag besteuert, die Gewerbebetriebe durch die Gewerbes. Der Grunds.reinertrag war eine geschätzte Größe, die sich aus der Bodengüte und dem dort zu erwartenden Ertrag ergab, und orientierte sich nicht an den tatsächlichen Betriebsresultaten; dieses Verfahren wurde nach dem 2.WK durch die Einkommenss. ersetzt. Mit der Gründung des Dt. Reiches erhielt das Reich die Verbrauchss. und Zölle zur Deckung seiner Ausgaben, während die Länder die direkten S. behielten. Eine starke Vereinheitlichung begann, die sich im 20. Jh. fortgesetzt hat und heute durch enge Absprachen zwischen Bund und Ländern zur grundsätzlichen Gleichbesteuerung im ganzen Bundesgebiet führt. LS

Stieg →Maße

Stift Neben den →Kollegiatstiften gab es weitere S.stypen (Regularkanonikerstifte), deren Verfassung denen der →Klöster glich (Regel als Lebensnorm, vita communis, gemeinsamer Besitz). Augustiner-Chorherrens. bestanden in →Nms.-→Bordesholm (gegr. 1125) und →Segeberg (gegr. 1143). Beide S. waren für die Slawenmission (→Christianisierung, →Slawen) in Ostholst., die Anfangs der Leitung →Vicelins unterstanden und für die Livlandmission von großer Bedeutung. Im 15. Jh. wurden sie von der Reformbewegung der Windesheimer Kongregation erfaßt. In →Lübeck entstand 1502 ein Augustiner-Chorfrauens. (Annenkloster). Die Prämonstratenser waren nur im Domkapitel →Ratzeburg vertreten. Im weiteren Sinne bezeichnet S. (präziser: Hochstift) auch den weltlichen Herrschaftsbereich eines Bf. (z.B. →Lübeck, Fürstentum).
Lit.: H. Kochendörffer, SH Klosterbuch, in: SSHKG 2/7, 1923, 356-386. EB

Stöfs (OH) Die slawischen Höhenburgen (→Burg) von S. liegen ungefähr 2km nördlich von →Lütjenburg, am südlichen Ufer des Großen Binnensees, der einen Zufluß zur →Ostsee besitzt. Die erste Burg besteht aus einem doppelten Halbkreiswall (innerer Ring mit einem Durchmesser von 120m, äußerer Ring mit 210m), der sich mit seiner offenen Seite an einen Steilhang anlehnt. Suchschnitte erbrachten weder Funde noch den Nachweis einer Kulturschicht. Am südwestlichen Ende des Walles ist ein Grabhügelfeld aus 53 kleinen Hügeln, zum Teil mit quadratischen Steinblockeinfassungen, vorgelagert. Etwa 700m nordostwärts befindet sich eine Abschnittsburg. Historisch ist über beide Wehranlagen nichts bekannt. Aus geringer Entfernung stammen zwei Schatzfunde, die dem Ende des 10. bzw. dem beginnenden 12. Jh. angehören.
Lit.: K.-W. Struve, Die Burgen in SH. 1. Die slawischen Burgen, Nms. 1981. RW

Stör Die 88km lange S. entspringt aus mehreren Quellbächen von der westlichen Abdachung der Gönnebeker →Heide südwestlich von →Bornhöved. Sie nimmt die →Schwale, die Bramau, die →Wilsterau und die →Kremperau auf und besitzt einen windungsreichen, gezeitenbeeinflußten, bis →Kellinghusen schiffbaren Unterlauf, der bei →Glückstadt in die →Elbe mündet. Eingedeicht wurde die S. bereits im 12. Jh. Ein 1971-1975 erbautes Sturm-

Reste der ehemaligen Stiftskirche an der heutigen Pfarrkirche Segeberg

Störtenbecker, Nikolaus

Die Stör von der Amönenhöhe bei Itzehoe im 19. Jh.

Stockelsdorf

Theodor Storm

flutsperrwerk schützt das breite Unterlauftal vor Überflutung. OM

Störtenbecker, Nikolaus →Malerei

Stockelsdorf (OH) gehörte zu den sog. Lübschen Gütern. Hier wurde in der →Gff.fehde am 18.11.1534 der Frieden zwischen →Lübeck und Hz. Christian III. geschlossen. Von 1771 bis etwa 1788 bestand in S. eine →Fayencen-Manufaktur, die einen guten Ruf hatte, ihre Produkte bis nach DK exportierte und Vertreter in →Hamburg, Lüneburg und Rostock besaß.
Lit.: U. Pietsch, S. Fayencen, Lübeck 1979. OP

Stockneffning →Neffning

Stolberg (Familie) ist ein altes Gf.geschlecht aus dem Harz. Zwei Generationen aus dem Hause Stolberg-Stolberg spielten im dän. Gesamtstaat eine Rolle: Christian Günther S. (1714-1765) und seine Kinder: die zum →Emkendorfer Kreis gehörenden Schriftsteller und Beamten Christian (1748-1821) – verheiratet mit Luise geb. Reventlow (1746-1824) – und Friedrich Leopold (1750-1819) sowie Auguste (1753-1835), die Adressatin wichtiger Briefe Goethes und zweite Ehefrau des Staatsmannes Andreas Peter Bernstorff.
Lit.: SHBL 1, 257-265. DL

Stoltenberg, Gerhard →Atomkraftwerk, →Ministerpräsident

Storm, Theodor (geb. 14.9.1817 Husum, gest. 4.7.1888 Hademarschen) Als S. 1852 wegen seiner Haltung während der Erhebung seine kgl. Bestallung als Advokat kassiert wurde, ging er in den preußischen Justizdienst, bis er 1864 als gewählter →Landvogt des →Amts →Husum in seine Heimatstadt zurückkehren konnte. Nach der Trennung von Justiz und Verwaltung wurde er 1868 Amtsrichter, ließ sich 1880 vorzeitig pensionieren und zog nach →Hademarschen. Mit seinen Gedichten und den Novellen, die meist in seiner heimatlichen Umgebung spielen, gehört er zu den bedeutenden Vertretern des Poetischen Realismus. Er verzichtet als Erzähler darauf, die tragischen Schicksale seiner Gestalten zu analysieren und zu kommentieren, um nicht pessimistisch zu wirken, sondern den Leser in Nachdenklichkeit zu versetzen (→Schimmelreiter).
Lit.: S. Sämtliche Werke, hg. von K.E. Laage, D. Lohmeier, 4 Bde., Frankfurt/M. 1987/88; K.E. Laage, S. Biographie, Heide 1999. DL

Stormarn Als nordalbingische Landschaft zwischen Holst. und →Slawen war S. ursprünglich das Gebiet der zu den →Sachsen zählenden Sturmarii. Im späten MA wurde es von den →Schauenburger Gff. beherrscht und verlor schon jetzt im Verhältnis zu Holst. an Gewicht. Es gehörte im 16. bis 18. Jh. teilweise zum kgl., teilweise zum Gottorfer (→Gottorf) Anteil SH. Zeugnisse der frühneuzeitlichen Adelskultur (→Adel) sind →Schloß →Ahrensburg und der Jersbeker Barockgarten. Ahrensburg und →Jersbek sind zugleich Beispiele für die im 18. Jh. eingeleiteten →Agrarreformen, während →Wandsbek und →Tremsbüttel Zentren literarisch-gelehrter Gesellschaft bildeten (Matthias →Claudius' »Wandsbecker Bothe«, 1771-1775; Gff. Christian und Leopold zu →Stolberg). Im 19. Jh. verbesserten die 1843 fertiggestellte Hamburg-Lübecker Chaussee (→Wegewesen) und die 1865 eröffnete →Eisenbahn-Verbindung Hamburg-Lübeck die Verkehrsanbindungen. Durch die Eröffnung weiterer Eisenbahnlinien (u.a. →Oldesloe-→Schwarzenbek 1887) wurde Bad Oldesloe zum Bahnknoten; 1907 wurde eine kreiseigene Bahnlinie nach →Hamburg eingerichtet, die den süds. Raum erschloß (sog. Süds. Kreisbahn). Die →Industrialisierung hingegen verlief zögerlich. Nur wenige Orte wie →Wandsbek, Bad Oldesloe (das um 1820 und vor dem 1.WK auch eine kurze Ära als Badeort erlebte), Lohbrügge und Schiffbek verfügten über eine gewerblich-industrielle Tradition. 1867 wurde S. zum preußischen →Kreis. Als Sitz der Kreisverwaltung diente zunächst →Reinbek, ab 1873 Wandsbek. Letzteres wurde 1901 kreisfrei und bildete einen eigenen Stadtkreis. Einen bedeutsamen Einschnitt brachte das von den NS – die bei den Kommunalwahlen vom März 1933 in Stormarn 48% der Stimmen erhielten – oktroyierte →Groß-Hamburg-Gesetz 1937. Zwölf S. Gem., unter ihnen gewerblich-industriell und bev.mäßig bedeutende Gebiete wie die 1927 gebildete Großgem. Billstedt, fielen an Hamburg (während im Austausch die Hamburger Enklave Großhansdorf/Schmalenbeck zu S. kam). Insgesamt sank die Bev.zahl des Kreises dadurch vorübergehend um mehr als die H. von knapp 131.000 auf rund 60.300 Einw. In der NS-Zeit wurden darüber hinaus →Glinde und Ahrensburg zu Standorten der Rüstungsindustrie. Seit 1946 gehört der Landkreis S. zu SH, Kreisstadt ist seit 1949 Bad Oldesloe (das kurz vor Ende des 2.WK durch einen Bombenangriff schwer getroffen wurde). Erneute Gebiets- und Bev.verluste brachte 1970 die Gründung von →Norderstedt, das an den Kreis Segeberg fiel, durch die Eingem. der zuvor s. Harksheide und Glashütte. In den Jahrzehnten nach 1945 profitierte der Kreis von der von Hamburg ausgehenden Industriesuburbanisierung (verkehrstechnisch begünstigt durch die 1937 fertiggestellte Autobahn Hamburg-Lübeck), durchlief einen rasanten Strukturwandel und gehört seit den 1970er Jahren zu den gewerblich-industriell bedeutendsten Gebieten SH. Parallel dazu kam es ab 1943/45 zu einem raschen Bev. wachstum – beginnend mit dem Zustrom von Vertriebenen und Hamburger Bombenflüchtlingen sowie verstärkt durch die teilweise allerdings schon am Ende des 19. Jh. begonnene Bev.suburbanisierung. Dies führte zur Verstädterung einzelner Kommunen, wie Ahrensburg (→Stadtrecht 1949), Reinbek (1952) und Glinde (1979); Bargteheide erhielt 1970 Stadtrecht. Bis heute weitgehend ländlich-agrarisch geprägt geblieben ist der lübecknahe nordstormarnsche Raum um den ehemaligen Kloster- und Luftkurort →Reinfeld. NF

Strack, Johann Heinrich Wilhelm →Malerei

Strafjustiz Vergehen und Verbrechen, die gerichtlich (→Gerichtswesen) beklagt wurden, führten zu unterschiedlichen Strafen. Im Früh- und Hochma. gab es für viele Vergehen, z.B. auch für die Tötung eines Menschen (Wergeld), die Möglichkeit der naturalen oder geldlichen Buße, die den wirtschaftlichen Verlust ausgleichen sollte. Insbesondere nach Zurückdrängung der Bußgeldzahlungen im 12. und. 13. Jh. setzten dann vermehrt Leibes- und Todesstrafen ein, die in der Regel durch den →Scharfrichter vollstreckt wurden. Leibesstrafen bestanden in der Zufügung von Schmerzen (Auspeitschung, Stäupung), bisweilen unter Beibringung einer dauernd entehrenden Kennzeichnung (Brandmarkung, Abschneiden von Ohren oder der Nase), oder Entfernung von Gliedmaßen (Hand, Fuß). Bei Todesstrafen konnte die Hinrichtung unterschiedlich vollzogen werden. Am häufigsten waren Hängen und Enthaupten; für spezielle Verbrechen war auch Ertränken, Verbrennen, Sieden in Öl, lebendig Begraben, Zerbrechen der Langknochen durch Zerstoßen mit dem Rad (Rädern) u.a.m. vorgesehen. (Für Holst. kam seit 1532 die Peinliche Halsgerichtsordnung Kaiser Karl V., die sog. Carolina, zur Anwendung, erfuhr jedoch aufgrund der Zersplitterung der →Jurisdiktionen mannigfache lokale Variationen.) Die Vollstreckung dieser Strafen fand unter recht genau formalisierten Bedingungen statt – so mußte das Gericht anwesend sein und ein Kreis aus der Gerichtsgem. (der Umstand) dafür sorgen, daß die Vollstreckung ordnungsgemäß geschah sowie ihr Autorität verliehen. Im Verlauf der Frühen Neuzeit wurde die Bandbreite der Exekutionen reduziert. Es kamen – mit wenigen Ausnahmen – nur noch Hängen und Enthaupten (bis 1779 wahlweise mit dem Schwert oder mit dem Beil, wobei ersteres ehrenhafter als letzteres angesehen wurde, danach nur noch mit dem Beil) vor. Hinrichtungsplätze waren in den Landdistrikten meistens besondere Orte (häufig Hügel, z.B. ein bronzezeitlicher Grabhügel als Galgenberg in der Jurisdiktion des →Klosters →Itzehoe oder Wegekreuze). In den Städten lagen die Richtstätten dicht vor der Umwallung, Mauer oder Palisade. Nur die Galgen stellten feste Bauwerke (steinerne Säulen) dar, die zu einer Hinrichtung instand gesetzt wurden. Schaffotts (Gerüste zur Schaustellung der Hinrichtung) sind Produkte des 17. Jh. Vereinzelt bereits im 16., regelmäßig erst im 17. und 18. Jh. verlegte man in den Städten Hinrichtungen auf innerstädtische Plätze. Im 19. Jh. setzte sich erst mit der preußischen Annexion 1867 die Intramuranhinrichtung durch, die nur noch eine eng begrenzte Zuschauer- und Zeugengruppe zuließ. Die letzte öffentliche Enthauptung fand 1857 in →Schl. statt; die nächste, die des Timm Thode, 1868 im Innenhof des Glückstädter →Zuchthauses. Auf die ma. Acht geht die Strafe der Landesverweisung zurück, die entweder temporär oder lebenszeitlich ausgesprochen wurde. Für geringere Vergehen konnte die Strafe dahin lauten, für eine bestimmte Zeit am Pranger (meist an belebten Stellen) angekettet ausgestellt zu werden und dem Spott der Passanten ausgesetzt zu sein; allerdings konnte die Prangerstrafe mit der Stäupung verbunden werden. Erst im 17. Jh. kam die Freiheitsstrafe im →Gefängnis und Zuchthaus auf. Die Zuchthausstrafe war mit Arbeitszwang verbunden; die Züchtlinge, die »zur Karre« verurteilt wurden, kamen in die Rendsburger »Sklaverei«, wo sie v.a. für die Unterhaltung der Festungswerke gebraucht wurden (daher die Karre). Schließlich gab es als mildeste Form der Strafe die Geldstrafe (→Brüche). Nach der preußischen Annexion 1867 gab es nur noch Geld-, Freiheits- und Todesstrafe, wobei die Freiheitsstrafe als mildere Gefängnis- und entehrende Zuchthausstrafe (unter Verlust der bürgerlichen Ehrenrechte) verhängt wurde. Die Todesstrafen wurden einheitlich durch Enthaupten mit dem Beil vollzogen, bis 1933 strafverschärfend das Hängen wieder hinzukam. 1938 wurde als Richtinstrument die Guillotine angeordnet. Bis 1937/1938 wurden Hinrichtungen auch in Altona und Kiel vorgenommen, danach aus SH nur noch in Hamburg. Nach Gründung der Bundesrepublik war die Todesstrafe abgeschafft. Es gab nur noch Geld- und Freiheitsstrafen, seit 1969 nur noch die Gefängnisstrafe, da die Zuchthäuser abgeschafft wurden.

Lit.: W. Kröner, Freiheitsstrafe und Strafenzug in den Hztt. Schl., Holst. und Lauenburg von 1700 bis 1864, Frankfurt/M. 1988 u.a. LS

Strandburg ist eine zumeist mit Hilfe einer Strandschaufel hergestellter ca. 40-80cm hoher, kreisrunder Raum an sandigen Flachküsten. Dieser »Strandkorb des kleinen Mannes« erfreute sich insbesondere zwischen 1850 und 1950 großer Beliebtheit. In den meisten Seebädern (→Bäder) wurden Burgenwettbewerbe durchgeführt, die die schönsten sandigen Halbreliefs auf den Burgwällen belohnten. Ein wissenschaftlicher Nachweis einer Beeinträchtigung des →Küstenschutzes durch S. bei →Sturmfluten liegt nicht vor. JN

Strandkorb Die Idee zum Bau eines S. hatte 1882 eine Besucherin des Ostseebades Kühlungsborn, die an Rheuma litt. 1883 ging der S. beim Korbmacher Wilhelm Bartelsmann in Rostock in Serie. 1897 wurde er mit entscheidenden Verbesserungen zum »Zweisitzer als

Halbliege.« Heute stehen rund 50.000 Strandkörbe an der dt. Nord- und Ostseeküste. Gegenüber dem Rattangeflecht hat sich neuerdings das Kunststoffgeflecht als Außenverkleidung durchgesetzt. Der Hauptvorteil eines S. besteht – abgesehen vom Sitz- und Liegekomfort – in der Schaffung eines luftberuhigten Raumes, der den windbedingten starken Feuchtigkeitsentzug der Haut begrenzt und damit zu einem behaglichen Kleinklima beiträgt. JN

Strandrecht Seit dem 13. Jh. war das S. im allgemeinen ein landesherrliches Regal (→Regalien) und umfaßte bei angespültem Gut das Bergerecht. In schiffahrtstechnisch schwierigen Gebieten, etwa um die Inseln →Sylt und →Amrum, war die Strandräuberei ein traditionsreiches Gewerbe, und die behördliche Aufsicht vor Ort wurde gelegentlich locker gehandhabt. Auf der anderen Seite setzten sich immer wieder einzelne Persönlichkeiten gegen die Strandräuberei ein, zum Beispiel in der ersten H. des 18. Jh. der Sylter Strand- und Düneninspektor Lorens de Hahn. In der sh Strandungsordnung vom 30.12.1803 wurde das Aneignungsrecht des Landesherren aufgegeben, Bergungen nur noch mit Einwilligung des Schiffsführers gestattet. Mit der Dt. Strandungsordnung vom 17.5.1874 wurde erstmals eine einheitliche Regelung für alle dt. Küstenabschnitte geschaffen. Danach mußte jede Strandung unverzüglich dem Strandvogt oder der Gem.behörde gemeldet, das geborgene Gut abzüglich Bergekosten und -lohn dem Eigentümer ausgehändigt werden. NF

Streik →Arbeiterbewegubng

Strenglin (SE) 1km westlich des Dorfes S. (südwestlich von →Ahrensbök) liegen im Niederungsgebiet der Faulen →Trave ein slawischer (→Slawen) Ringwall und ein hochma. Burghügel nebeneinander. Mit bis zu 150m Durchmesser ist der Ringwall die größte slawische →Burg in Ostholst. Sie wurde in mittelslawischer Zeit, vielleicht schon im 8. Jh., errichtet. Nur wenige Kulturspuren weisen auf eine kurze Benutzungsdauer, Brandspuren auf ihr Ende hin. Die Turmhügelburg wird auf die Zeit Ende 13. bis 15. Jh. datiert, über ihre Erbauer und Bewohner ist nichts bekannt. Jedoch kann nicht ausgeschlossen werden, daß sie eine Vorgängeranlage des Gutes Pronstorf war.
Lit.: K.-W. Struve, Die Burgen in SH 1, Nms. 1981, 80-84. OP

Stricker, Johannes →Grube, →Literatur, →Theater

Stübchen →Maße

Struensee, Johann Friedrich (geb. 5.8.1737 Halle/S., gest. 28.4.1772 Kopenhagen) Der Sohn des Pastors und nachmaligen →Generalsuperintendenten Adam S. (1708-1791) studierte Medizin und wurde 1757 → Physikus in →Altona, der Herrschaft →Pinneberg und weiterer Gebiete; hier wirkte er reformorientiert und segensreich. 1769 wurde er Leibarzt des unheilbar geisteskranken Kg. Christian VII. (1766-1808) und hatte eine Liebesbeziehung zu der jungen Kg. Caroline Mathilde. Dadurch gelang ihm nach Verdrängung von Johannes Hartwig Ernst von →Bernstorff (1712-1772) der Aufstieg zum Geheimen Kabinettsminister (1770). Sogleich begann er im Geiste der →Aufklärung ein umfangreiches Reformwerk (u.a. Abschaffung von Folter und Zensur – insgesamt 1.800 Kabinettsordres), das allerdings überhastet und für seine Zeitgenossen wohl auch zu weitgehend war. 1772 wurde er gestürzt, zum Tode verurteilt und hingerichtet. Viele Reformansätze S. wurden später umgesetzt. LS

Johann Friedrich Struensee

Sturmflut Unter S. wird an den Meeresküsten ein Wasserstand verstanden, der mehr als 1m über dem mittleren Tidehochwasserstand (→Gezeiten), also über dem durchschnittlichen Höchstwasserstand während der Flut gemessen wird. Drei Faktoren spielen bei der Entstehung einer S. zusammen: Die Dauer und Richtung anhaltender Stürme, die Wassermassen, die in die →Nordsee oder innerhalb der →Ostsee in eine beständige Richtung drängen, die Windstärken, die Wellenhöhen und deren Wucht erzeugen, sowie schließlich die astronomischen Verhältnisse, die den Pendelausschlag der Gezeiten verursachen. Das regelmäßige Ab- und Zufließen des Meerwassers, Ebbe und Flut, wird bestimmt durch die

Anziehungskraft von Sonne und Mond. Bei Vollmond und bei Neumond stehen Sonne und Mond mit der Erde in einer Linie, so daß ihre Anziehungskraft einen besonderen Hub, die Springflut, auslöst, während im ersten und letzten Mondviertel das Gegenteil, eine Dämmung, eintritt. Je nach dem Zusammenspiel dieser drei Faktoren fällt die S. aus, die ab 2m über dem mittleren Tidehochwasserstand als schwer und oberhalb von 3m als sehr schwer gilt. S. stellen in der Geschichte SH immer wieder auftretende natürliche Katastrophen dar. V.a. zwei furchtbare Fluten, die »Marcellusflut« oder »Erste große Manndränke« im Januar 1362 und die »Zweite große Manndränke«, die »Burchardiflut« am 11.10.1634 veränderten die Küstenlinie des Landes erheblich: 1362 drang das Flutwasser bis zum Geestrand (→Geest) vor und zerstörte auf Dauer erhebliche Teile der nordfriesischen →Marsch, darunter das sagenumwobene →Rungholt und 34 Kirchen. Es war die Geburtsstunde der →Halligen. 1634 zerriß die Flut die Insel Strand in →Nordstrand und →Pellworm, allein in →Nordfriesland kamen 9.000 Menschen ums Leben. Als besonders schwere Jh.fluten gingen auch jene am 25.12.1717, am 4.2.1825, am 1.2.1953 und schließlich am 16./17.2.1962 in die Geschichte ein. Die Schadensbilanz der S. von 1962, als das Wasser 3,25m über dem durchschnittlichen Hochwasser anstieg, war enorm: Von den 560km See- und Flußdeichen (→Deich) im Westen des Landes wurden 70km zerstört, weitere 80km erheblich beschädigt und 120km reparaturbedürftig. Die Halligen wurden verwüstet, →Amrum litt sehr; auf →Sylt wurden 10m →Dünen abgetragen, bei Hörnum sogar 16m. Im unbewohnten Dockkoog vor →Husum und im besiedelten Uelvesbüller →Koog brachen die Deiche. Auch im Finkhaushalligkoog und im Adolfskoog stand das Salzwasser. Dünen vor St. Peter-Ording wurden abgetragen, die Deiche bei →Büsum ebenso schwer beschädigt wie die Außeneider- und Seedeiche in →Dithm. Die Elbdeiche (→Elbe) litten kaum; aufgrund des Hochwasserrückstaus jedoch die Deiche von →Stör, →Krückau und →Pinnau. Daher wurden →Itzehoe, →Elmshorn und →Uetersen überschwemmt. Im Gegensatz zu →Hamburg mit 315 Toten waren hier keine Menschen ums Leben gekommen. Aufgrund der »Hollandflut« 1953 hatte man bereits 280km Deiche verstärkt, die der S. standhielten. Der ehrgeizige, 1963 aufgelegte, 1977 sowie 1986 fortgeschriebene »Generalplan Deichverstärkung, Deichverkürzung und →Küstenschutz« enthält u.a. die Verkürzung der See- und Inselaußendeiche auf 350km Gesamtlänge. Am 3.1.1976 wurden 45cm höhere Wasserstände gemessen als 1962. 1984 wiesen die Pegel erneut noch nie erreichte Höchststände aus, fast so viel 1990. Schäden an Deichen waren jedoch gering, und sie hielten überall. Der Küstenschutz bewährte sich bisher. Absolute Sicherheit vor dem Meer gibt es aber nicht, und noch nie sind die drei Sturmflutfaktoren zusammen im jeweils ungünstigsten Fall aufgetreten.

Lit.: U. Sönnichsen, J. Moseberg, Wenn die Deiche brechen. S. und Küstenschutz an der sh Westküste und in Hamburg, Husum 1994. UD

Südjütland (dän. Sønderjylland) Der historische Name der Landesteile zwischen der →Königsau/Kongeån und Kolding im Norden sowie →Eider und →Levensau im Süden ist S. Der Name wurde nach 1920 durchweg zum Synonym für →Nords. Das dän. Siedlungsgebiet reichte um 800 bis zur Linie →Eckernförde-→Husum und wurde durch das →Danewerk geschützt. Von diesem Gebiet ausgenommen waren die friesisch besiedelten Gebiete (→Utlande) in den schl. Marschen (→Marsch) bis nach Tondern/Tønder und die nordfriesischen Inseln. Die Zone zwischen Danewerk und Eider war überwiegend unbesiedelt, wurde jedoch im Hochma. von holst. Bauern in Besitz genommen. Die ältesten Quellen unterscheiden Nord- und S. nicht. Die drei südlichsten jütischen →Syssel Idstedt, Ellum und Barved (Barwith) faßte man aber seit etwa 1200 als besonderes Hzt. zur Versorgung der jüngeren Kg.söhne zusammen. Der offizielle Titel des Hz. war in der 1. H. des 14. Jh. meistens Hz. von Jütland (dän. hertug af Jylland), wobei auch die Bezeichnung Hz. von S. (dän. hertug af Sønderjylland) vorkommt. Gleichwohl wurde der Hz. auch nach seiner Hauptresidenz →Schl., und bald das ganze Machtgebiet der Hz. ebenfalls Schl. genannt. Aus Abels Geschlecht (1232-1375) erlangte der Hzt. S. mit Unterstützung der Gff. von

Südschleswigscher Wählerverband

Holst. ständig größere Selbständigkeit von DK. Der holst. Einfluß wuchs zu Lasten der Macht des Kg. Die Gff. brachten das Gebiet zwischen Eider und Danewerk unter ihre Kontrolle, und die Einwanderung des Holst. →Adels begann. 1386-1459 waren die Gff. von Holst. zugleich Hzz. von S. Die Wahl Kg. Christian I. zum Hz. von Schl. und Gf. von Holst. 1460 brachte für die nächsten 400 Jahre eine enge Verbindung beider Länder mit der dän. Monarchie, bestärkte jedoch auch ihre Zusammengehörigkeit und ihre Selbständigkeit. Sprachlich führte die holst. Dominanz dazu, daß vom 14. Jh. an der offizielle Name des Hzt. Schl. wurde und die ältere Bezeichnung S. in den Hintergrund gedrängt. Die Rechts- und Verwaltungssprache wurde ohnehin dt., während die Kirchen- und Schulsprache in den Städten und südlich der Linie →Flensburg und südlich Tondern/Tønder auf dem Lande dt. war. Der Rückgang der dän. Volkssprache vollzog sich langsamer, beschleunigte sich jedoch im 19. Jh., namentlich in südlichen →Angeln. Als in den 1830er Jahren die nationale Bewegung entstand, wurde die Gleichstellung von dt. und dän. Sprache eine wichtige Frage (→Sprachverhältnisse). Die Bezeichnung S., die auf eine enge Zusammengehörigkeit mit Nordjütland (Nørrejylland) und damit DK ausdrückte, kam nun wieder in Gebrauch. Jedoch blieb es bis 1864 hauptsächlich bei der Bezeichnung Schl., die auch den ökonomischen und sozialen Vorsprung gegenüber Nordjütland und die relative Freiheit gegenüber der absolutistischen Staatsmacht ausdrücken sollte. Mit dem sh Aufstand im März 1848 (→Erhebung) und dem 1. →Schl. Krieg bis 1850 spaltete sich die Bev. in einen dt.- und einen dän.gesinnten Teil; die Grenze zwischen beiden verlief in etwa zwischen den südlichen Nachbargem. Flensburgs und nördlich von Tondern/Tønder. Trotz des Siegs der dän. Truppen über SH bei →Idstedt am 25.7.1850 ließen die Großmächte keine gemeinsame Verfassung zwischen DK und Schl. zu (→Londoner Protokolle). Das Hzt. behielt seine Selbständigkeit und seinen offiziellen Namen, unterschied sich in staatsrechtlicher Hinsicht aber von Holst. In Mittelschl. versuchte die Regierung mit den →Sprachreskripten die dän. Sprache zu stärken, teilweise wegen des Widerstandes in der Bev. jedoch vergeblich. Die Verfassungsprobleme spitzten sich 1863 zu und führten 1864 zum 2. →Schl. Krieg zwischen DK und →Preußen sowie →Österreich, den DK mit der Niederlage von →Düppel/Dybbøl am 18.4. und Alsen/Als am 29.6.1864 verlor. Der Frieden von Wien am 30.10.1864 sprach S. oder Schl. Preußen zu. Die Nationalitätenkonflikte blieben allerdings in →Nordschl. bestehen. In diesem Zusammenhang wurde die Bezeichnung S. 1895 von preußischen Gerichten verboten, erlangte damit aber nur eine gesteigerte Verbreitung in der dän.gesinnten Bev.

Lit.: T. Fink, Geschichte des schl. Grenzlandes, Kopenhagen 1958. HSH

Südschleswigscher Wählerverband →Dänische Minderheit, →Parteien

Süsel (OH) südwestlich von →Neustadt mit der →Burg S. Schanze war der Hauptort des slawischen →Gaues S. 1143 wurde die Gegend von →Friesen besiedelt, die sich in der Burg 1147 unter ihrem Priester Gerlav erfolgreich gegen einen slawischen Angriff wehrten. Erst Ende des 12. Jh. wurde die einschiffige Feldsteinkirche erbaut (Triumphkreuz um 1290/1300), deren →Patronat 1197 das Lübecker →Domkapitel erhielt. Das Dorf S. gelangte wohl im 14. Jh. in ritterlichen Besitz, 1454 verkaufte Volrad von →Buchwald es an das →Kloster →Ahrensbök. 1542 wurde S. als Krongut eingezogen und kam in den Besitz Hz. Johanns d. J. von Sonderburg. Das zum Teil aus dem Dorf gebildete →Vorwerk wurde 1774 aufgehoben. S. hat heute knapp 4.700 Einw. OP

Süsel

Die Süseler Schanze

Sund

Sund →Belt

Sundzoll wurde als handelspolit. Maßnahme unter Kg. Erich VII. seit etwa 1425 von allen den Öresund bei Helsingör passierenden Schiffen erhoben und später durch einen Wertzoll auf die Warenladung ergänzt. Er verschaffte DK über Jh. wichtige Staatseinnahmen. Erst nach Verhandlungen mit den am Ostseehandel beteiligten Staaten und gegen Leistung von Entschädigungszahlungen hob DK den S. mit dem Vertrag vom 14.3. 1857, in dem auch eine Senkung der Transitzölle in SH vereinbart wurde, auf. Die S.register sind für die Forschung wichtige Quellen über den Schiffsverkehr in die und aus der Ostsee. OP

Der Sühnestein Peter Svins in Lunden

Superintendent ist die frühere Bezeichnung für den evangelischen →Propst, dessen Amt sich seit Mitte des 16. Jh. entwickelte. Ihm stand zunächst allein die kirchliche Aufsicht über die Pastoren und Schulen seiner →Propstei zu. Erst 1636 wurden →Generalsuperintendenten eingeführt. Der Begriff S. wurde im späteren 17. Jh. durch die Bezeichnung Propst abgelöst. Im Hzt. →Plön hieß er bis 1761 und im Hzt. →Lauenburg noch bis 1922 S. LS

Sylt

Sventanafeld Im Verlauf der fränkischen Kriege gegen die →Sachsen seit 772 kam es gegen Ende des 8. Jh. zu einem Bündnis der →Franken mit den ostholst. →Slawen. In einer Schlacht bei S. nahe →Bornhöved siegten die Verbündeten 798 über die nordelbischen Sachsen. Für wenige Jahre wurde Nordelbien von den Slawen besetzt, langfristig kamen die hiesigen Sachsen jedoch unter fränkische Herrschaft, die gegenüber den Slawen durch den →Limes saxoniae gesichert wurde. OP

Svin (Swyn), Peter (geb. um 1480 Dithm., gest. 15.8.1537 bei Lunden) In seiner Jugend gewalttätig, war er später eloquenter und geschickter Unterhändler in Landesangelegenheiten und herausragender Vertreter der 48 Dithm. →Regenten. 1522 unternahm er eine Schiffswallfahrt nach Santiago de Compostela (→Wallfahrt) und war 1524 mitverantwortlich für die Hinrichtung des Reformators Heinrich von Zütphen; bei Auseinandersetzungen um die Beschneidung der →Geschlechtermacht wurde er 1537 ermordet, danach als pater patriae (Vater des Vaterlandes) hoch geehrt. Sein Grabmal befindet sich auf dem Kirchhof zu →Lunden.
Lit.: H. Stoob, Geschichte Dithm. im Regentenzeitalter, Heide 1959. WK

Sydow, Oscar von →CIS

Sylt (NF) ist mit 93,5km² die größte der nordfriesischen Inseln und seit 1927 durch den →Hindenburgdamm mit dem Festland verbunden. →Moränen und Sander bedecken einen

Am Strand von Wennigstedt/Sylt 20./21.11.1861, Bleistift- und Federzeichnung von Adolf Erich Beneke

tertiären Sockel, der als →Kliff bei Braderup (Weißes Kliff) sowie zwischen Wenning-stedt und Kampen (Rotes Kliff) an die Oberfläche tritt. Die 40km lange Insel liegt wie ein Wellenbrecher vor dem Wattenmeer und erfährt durch Wellen und Wind ständige Landverluste. Seit 1872 sollen Wellenbrecher (Buhnen) und seit 1972 Sandvorspülungen diesen Verlust aufhalten. Die →Harde S. gehörte im frühen MA zu den 13 Harden der nordfriesischen →Uthlande. Aus dem 12. Jh. stammen die Kirchen in Morsum und Keitum. Der Nordteil der Insel um List war bis 1864 dän. →Enklave. Wie auf den benachbarten nordfriesischen Inseln (→Amrum, →Föhr) lebten die Bewohner im 17. und 18. Jh. vorrangig von der →Schifffahrt. Seit →Westerland 1859 Seebad wurde ist der Fremdenverkehr der wichtigste Erwerbszweig der Insel. OP

Synode ist zunächst die unter Vorsitz des zuständigen geistlichen Leiters stattfindende Versammlung von Geistlichen, z.B. der →Bf. und →Domkapitel unter Leitung des vorgesetzten Erzbf. Das Hamburger →Domkapitel erstritt sich im 14. Jh. das Recht, nicht an S. südlich der Elbe teilnehmen zu müssen (→Sendgericht). Nach der →Reformation wurden die S. Versammlungen von Geistlichen und Laien eines Sprengels. In der →Nordelbischen Evangelisch-Lutherischen Kirche gibt es als Kirchenparlament die S. mit 140 Mitgliedern, die über alle Angelegenheiten der Kirche beraten und beschließen und aus ihren Reihen den größeren Teil der Kirchenleitung wählen. Auch die einzelnen →Kirchenkreise haben S. In der katholischen Kirche bestehen die S. nur aus Geistlichen. LS

Syssel wird der der →Harde übergeordnete ma. Verwaltungsbezirk in Schl., aber auch im übrigen Westskandinavien genannt. Im Gebiet des heutigen Landesteils Schl. lagen nach dem →Erdbuch Waldemar II. (1231) Teile des →Ellums. und das →Istathes. LS

Sylt, Strand bei Uthörn

Taler

Tellingstedt

Taler →Münzwesen

Tapfere Verbesserung Die am 4.4.1460 in →Kiel ausgestellte Urkunde Christians I. enthält Bekräftigungen, Ergänzungen und Präzisierungen zu den im →Ripener Vertrag des Jahres festgelegten Bestimmungen. So heißt es, das Land brauche für den Fall, daß der Kg. nur einen einzigen Sohn habe, diesen nur dann zu wählen, wenn er bereit sei, die von seinem Vorgänger gewährten Privilegien zu bestätigen. Die Zusage Christians, die adlige Mannschaft Schl. einmal im Jahr nach Urnehöved und die Holst. nach →Bornhöved einzuberufen, »um dann die Stücke zu entscheiden, die die Ritterschaft und Mannschaft vorzubringen« haben, ist ohne Folgen geblieben. Ab 1462 traten die →Stände, die →Landtage, zusammen. MJK

Tappert, Georg →Malerei

Tast, Harmen (geb. 1490 Husum gest. 11.5.1551 Husum) Nach dem theologischen Studium in Wittenberg wurde T. Priester in →Husum. Er war der erste, der in Schl. lutherisch predigte. Als ihm daraufhin die Husumer Kirche 1525 verschlossen wurde, setzte er seine Predigten unter steigendem Zulauf in einem Privathaus, dann auf dem Kirchhof fort. 1527 wurde er →Kirchherr in Husum, was als erster Sieg der →Reformation in Schl. betrachtet wird. HSH

Taubstummeninstitut Im März 1799 wurde in →Kiel das erste T. in den Hztt. gegr., das bis heute als Staatliche Internatsschule für Hörgeschädigte in →Schl. (1810 verlegt) besteht. Als erster europäischer Staat führte DK 1805 die Schulpflicht für alle gehörlosen Kinder ein. Leiter des T. war der Perückenmacher und nachmalige Organist Georg Wilhelm Pfingsten (1746-1827), der seit 1787 Privatunterricht für gehörlose Kinder gab und 1791 die Organistenstelle in →Hamberge erhielt, bevor er 1799 nach Kiel ging.
Lit.: J. Wichert, U. Jarchov, Staatliche Internatsschule für Hörgeschädigte Schl., Schl. 1980; O. Pelc, Zur Vorgeschichte des Taubstummeninstituts in Kiel, in: Rundbrief des Arbeitskreises für Wirtschafts- und Sozialgeschichte SH 77, 1999, 14-18. LS

Tellingstedt (HEI) wird bereits 1140 erwähnt (Ethelingstede, Tielenstede) und wurde 1559 im Krieg gegen →Dithm. zum großen Teil zerstört. In der Martinskirche aus dem 12. Jh. befindet sich die älteste Orgel SH von 1642. OP

Tenaillengeld Eine Tenaille ist im Festungsbau ein Zangenwerk, eine vorspringende Schanze, mit der weniger eine artilleristische Längsbestreichung des Festungswalles, sondern vielmehr eine Vorfeldbestreichung ermöglicht wurde. Die →Kremper und →Wilster →Marsch mußten das T. neben anderen Abgaben zur Unterhaltung der Festungen →Glückstadt und →Krempe aufbringen, um den Diensten für den Landesherrn zu entgehen. LS

Terkelsen, Søren →Literatur

Theater Die Entwicklung des T. als Spielstätte für Schauspiel, aber auch Oper, Operette und Balett ist in SH nicht in erster Linie mit dem →Adel verbunden, sondern geht auf bürgerliche Wurzeln zurück. Erste Aufführungen von religiös-pädagogisch motivierten Stücken erfolgten durch Schülertheater (1582 →Flensburg – Gymnasium, 1627 →Lübeck - Katharineum). Daß um diese Zeit T. gespielt wurde, zeigt auch das von Johannes Stricker, dem Pastor von →Grube, 1584 zum Druck gegebene Schauspiel »De düdesche Schlömer«. Auch Anna Ovena →Hoyers satirisches Stück »De Denische Dörp-Pape« von 1630 ist zur Aufführung geschrieben. Ob beide Stücke indes zu ihrer Zeit in SH aufgeführt wurden, wissen wir nicht. Denn das T. wurde im 17. Jh. von reisenden Truppen ganz unterschiedlicher Qualität bestritten, die ihre eigenen Inszenierungen mitbrachten. →Hamburg erhielt 1678 eine Oper am Gänsemarkt, die auch für Schauspielaufführungen verwendet wurde. Ein eigenes Ensemble gab es nicht. 1746 kam es zu einem Operngastspiel der Truppe der venezianischen Brüder Mingotti, die auch in Lübeck gastierten, wo 1752 ein T. für Reisetruppen an der Beckergrube errichtet wurde. In Hamburg wurde an der Stelle der Oper 1763 ein neues Sprechtheater begründet. 1767-1769 bestand hier das »Dt. Nationaltheater« mit G. E. Lessing als Dramaturg. Lessings »Hamburgische

Theater

Das Schauspielhaus in Altona, Lithographie von Gustav Frank (Ausschnitt)

Dramaturgie« beeinflußte die Hinwendung zum bürgerlichen Trauerspiel nach engl. Vorbild. →Statthalter Landgf. Carl von →Hessen zeigte sich hiervon stark beeinflußt und lud mehrfach die Hamburger Truppe nach Schl. auf seine Residenz →Gottorf ein, bevor 1787 sein eigenes Hoft. eine feste Grundlage erhielt. Von hier aus wurde auch →Flensburg bespielt, das zuvor auf reisende T.truppen angewiesen war, die im Rathaussaal aufführten. Das Hoftheater gastierte nun für 2-3 Monate jeden Jahres in der Fördestadt, was den Anlaß zum Bau eines hölzernen Komödienhauses hinter dem alten Rathaus bot. 1798 bildete sich eine Theatralische Gesellschaft, um selbst Aufführungen zu bewerkstelligen. 1799 wurde ein eigenes festes Nationaltheater eröffnet, was allerdings aufgrund der hohen Kosten nur Episode blieb. Lübeck sah 1775 die Hamburger Truppe im Gastspiel. Hier wurde an dritter Stelle (nach Berlin und Preßburg) Lessings »Nathan der Weise« aufgeführt (1788); im selben Jahr kam Schillers »Don Carlos« nach der Uraufführung in Hamburg hierher; 1793 Mozarts »Don Giovanni«. 1799 schritt man zur Anstellung eines ersten festen Ensembles. In →Kiel gab es alljährlich ein Jahrmarktstheater zum →Kieler Umschlag in dem in den 1760er Jahren dafür umgebauten Ballhaus an der Schuhmacherstraße durch reisende Truppen; das Ballhaus wurde 1841 abgebrochen und durch den Neubau des Stadttheaters ersetzt, das jetzt von einer AG betrieben wurde und Musikt. und Schauspiele bot. Es gab nun ein festes Ensemble. Daneben bestanden private T. In Lübeck wurde 1859 das neue Theater an der Beckergrube eingeweiht, das dann 1907/1908 durch den noch heute bestehenden Neubau ersetzt wurde. In Flensburg kam es 1894 nach dem Abbruch des alten Komödienhauses zur Eröffnung des neuen Stadtt., das mit eigenem Ensemble ein reges T.leben entfaltete und sich großen Zuspruchs erfreute. Kleinere Städte wie →Rendsburg leisteten sich den Bau einer Stadthalle (1901), die auch Musikaufführungen und Theaterdarbietungen diente. Auch in Kiel wurde 1907 ein T.neubau am Kleinen Kiel eingeweiht, was mit der Bildung eines Orchesters einher ging. Ein solches leistete sich Flensburg erst 1920 als Städtisches Orchester; es bestand bis 1950 und wurde danach als Nordmark-Symphonie-Orchester von den schl. Landkreisen getragen. Kiel kommunalisierte 1919 seine T. als »Vereinigte Städtische T. zu Kiel«. Hier zeigten sich wie überall in der Weimarer Republik Probleme der T.: Einerseits fehlten breiten Bev.schichten die Mittel, um die beabsichtigte Öffnung der T. für das Volk anzunehmen, andererseits gab es jetzt Kinos, Varietés sowie Musik- und Tanzsalons als Konkurrenten, was

Theile, Johann

Das Meteor-Denkmal in Kiel

zu geringer Auslastung und entsprechenden Defiziten führte. Dennoch ging das T. neue Wege: So wurden in Lübeck 1925 die Kammerspiele im Stadtt. für modernes Schauspiel eröffnet, wie insgesamt die T. in SH Experimentierfreude mit modernen Stücken zeigten. 1934 wurde auch das Flensburger Stadtt. kommunalisiert und – ähnlich wie die anderen großen T. – als »nationale Feierstätte« von den NS gefördert. Während des 2.WK als Unterhaltungsstätten gefördert, mußten die T. doch im Sommer 1944 schließen, weil die Ensemblemitglieder eingezogen wurden. Zuvor war unter z.T. äußerst schwierigen Bedingungen der T.betrieb aufrechterhalten worden, so in Kiel, wo das T. 1943 ausgebombt wurde. Nach 1945 erlebten die T. einen enormen Boom, weil es großen Hunger nach guter Unterhaltung gab. Die Hauptspielstätten waren zwar von den Briten beschlagnahmt, doch fanden sich Ausweichbühnen in großen Gaststätten. Die Häuser mit festem Ensemble sind seitdem immer stärker Zuschußbetriebe geworden. In Kiel wurden 1989 nur noch 14% der Gesamtkosten durch Eigenerträge gedeckt. Dennoch wurde 1974 in Rendsburg das SH Landest. aus den T. Schl., Flensburg und Rendsburgs begründet, das in eigenem Haus spielt, aber v.a. Gastspiele im Lande gibt – das damals neue Experiment wurde ein Erfolg, nicht zuletzt durch das Engagement des langjährigen Generalintendanten Horst Messala. Zahlreiche Städte des Landes haben sich nach den 1960er Jahren entschieden, T. für Gastaufführungen vorzuhalten bzw. neu zu bauen und bieten damit ein breites Programm, das allerdings auch ständig um Akzeptanz ringen muß und Zuschüsse der Kommunen erfordert. Seit den 1920er Jahren gibt es eine breite Bewegung nd. Volkst. (Speeldeel), die sich entweder fest etabliert haben (so in Ahrensburg, Elmshorn, Flensburg, Glückstadt, Husum, Itzehoe, Kiel, Lübeck, Nms., Nordangeln, Preetz, Rendsburg, Schl. und Westerland), oder gelegentlich aus Anlaß von Dorffesten und -feierlichkeiten auftreten. Heute gibt es in SH folgende T. mit festen Ensembles: Bühnen der Landeshauptstadt Kiel, Stadttheater Lübeck, SH Landest. und Sinfonieorchester Flensburg/Rendsburg/Schl., Tourneet. Ostholst. Bühne »Der Morgenstern«, Kammerspielkreis Lübeck, t. 46. (→Musik, →SH Musikfestival). LS

Theile, Johann →Musik

Thiedemann, Fritz (geb. 3.3.1918 Weddinghusen, gest. 8.1.2000 Heide) SH erfolgreichster Leistungssportler errang bei den Olympischen Spielen von Helsinki 1952 zwei Bronzemedaillen in der Dressur und im Springreiten. Als Mannschafts-Olympiasieger 1956 und 1960 kehrte er von den (Reiter-)Spielen in Stockholm und Rom zurück. Weitere große internationale Erfolge T., der 553 Siege im Sattel feierte, waren die Vizeweltmeisterschaft 1953 und der Europameistertitel 1958. T. bekanntestes Pferd »Meteor« (→Holsteiner Pferd, →Pferdezucht) steht als Bronzestatue, vom Bildhauer Hans Kock geschaffen, seit 1959 vor dem Landwirtschaftsministerium in → Kiel.
Lit.: T., Meine Pferde – mein Leben, Frankfurt/M. 1961. SW

Thode, Tim →Strafjustiz

Thon, Heinrich →Oberpräsident

Thorsberg (SL) Am Nordrand des Ortes Süderbrarup, ungefähr 20km nordöstlich von Schl., nordwestlich des T., lag das heute nahezu vollständig ausgegrabene Thorsmoor, der größte bekannte Weiheopferplatz SH. Die im 19. Jh. ausgeführten Grabungen erbrachten mannigfaltiges Opfergut wie Bekleidungsstücke (Mantel, Kittel, Hosen, Sandalen), Teile der Tracht und Dinge des täglichen Bedarfs (Fibeln, Gürtelteile, Schmuck), Waffen

Das Thorsberger Moor

(Schwerter, Scheiden, Helme, Kettenhemden, Holzschilde, Speere, Lanzen, Äxte, Bogen und Pfeile) und Teile des Reitzeugs und Pferdegeschirrs (Sporen, Trensen, Zügelbeschläge). Hinzu kommen an Hof- und Hausrat Harken, Holzkeulen, ein Joch, Rad- und Wagenteile, Ton- und Holzgefäße, Löffel, Messer, Pfrieme, Schleifsteine, Seile, Schnüre. Zu nennen sind außerdem römische Münzen und Bruchstücke von Armringen, die als Zahlungsmittel Verwendung fanden. Von herausragender kulturgeschichtlicher Bedeutung sind ein Silberhelm, der eine römische Gesichtsmaske enthält, sowie zwei Zierscheiben, Ordensauszeichnungen römischer Soldaten. Die geweihten Gaben umfassen einen Zeitraum von ca. 500 Jahren (etwa 100 v.Chr. bis Anf. 5. Jh. Ein Schwerpunkt liegt in der zweiten H. des 2. und im 3. Jh. Vermutlich erfolgte die Niederlegung von einem Steg aus eingerammten Pfählen mit querliegenden Balken und Ästen, der vom Südufer in den ehemaligen See hinausführte. Kennzeichnend für die gefundenen Objekte ist die Tatsache, daß sie vor der Opferung absichtlich zerrissen, aufgeschnitten, zerdrückt und zerschlagen worden sind. Sie wurden somit für das tägliche Leben unbrauchbar gemacht – ein deutlicher Nachweis für den Votivcharakter des gesamten Fundes.

Lit.: K. Raddatz, Der T. Moorfund, Nms. 1987. RW

Thyssen, Thyge →Landwirtschaftskammer

Tide →Gezeiten

Tiedje, Johannes (geb. 7.10.1879 Skrydstrup, gest. 11.5.1946 Flensburg) Der als Theologe ausgebildete T. kritisierte 1909 die Germanisierungspolitik der preußischen Verwaltung in →Nordschl. scharf. Als Ministerialbeamter schlug er 1920 eine nördliche Grenzlinie vor, die u.a. Hoyer/Højer, Tondern/Tønder und Tingleff/Tinglev für Dt. sichern sollte (Tiedjelinie). Seit 1936/1937 lehnte T. den NS ab. Er wurde 1945 von der britischen Besatzungsmacht zum kommissarischen Landrat des Landkreises Flensburg ernannt. HSH

Tielenburg (HEI) Die T. wurde in der 2. H. des 13. Jh. von den Schauenburger Gff. auf einer Eiderinsel (→Eider) als Grenzfeste gegen →Dithm. zum Schutz der Landschaft →Stapelholm und der Hohner →Harde errichtet. Nach der Schlacht bei →Hemmingstedt 1500 eroberten und zerstörten die Dithm. die T. und verbanden den Burgplatz durch Eindeichung (→Deich) mit ihrem Territorium, bei dem er auch verblieb. Die sog. Königsfähre (→Fähre) über die Eider bestand hier bis ins 20. Jh. HWS

Tiergarten →Jagd

Tinnum (NF) Nördlich des Dorfes auf der Insel →Sylt befand sich bis in die 1930er Jahre eine Gruppe von 18 mächtigen Grabhügeln der Stein- und →Bronzezeit, von denen nur noch zwei erhalten sind. Hier fanden damals die Thingversammlungen der Inselfriesen (→Friesen) statt. In der →Marsch westlich von T. liegt auf einem Geestkern die T.burg (→Burg), der am besten erhaltene der drei Sylter Ringwälle mit einem Durchmesser von 120x110m, der nach den Funden wohl im 9. und 10. Jh. als Fluchtburg für die friesische Bev. diente. OP

Die Tinnumburg

Tinsdal →Sprengstoffindustrie

Tischbein, Johann Heinrich →Malerei

Tischbein, Johann Heinrich Wilhelm (geb. 15.2.1751 Haina, gest. 26.2.1829 Eutin) Der in Kassel ausgebildete Maler wandte sich während seiner Italienaufenthalte (ab 1779) dem Klassizismus zu. Hier schloß er mit Goethe Freundschaft. Berühmt ist sein Gemälde »Goethe in der Campagna« 1786/87.

1789 wurde er Akademiedirektor in Neapel, 1808 kam der »Goethe-T.« als Hofmaler des Hz. von →Oldenburg nach →Eutin. T. schuf neben Portraits u.a. Idyllen, historische Bilder und Stilleben.
Lit.: SHBL 4, 225-229. OM

Titzck, Rudolf →Landtagspräsident

Toft war in Schl. das von der Feldgemeinschaft ausgenommene, eingefriedigte Stück Land, das dicht beim Haus lag und zum privaten Gebrauch des Besitzers bestimmt war. Es war meist mit Gras, Klee oder anderem Grünfutter bestanden und diente dann als Kälberweide, konnte aber auch als Obst- oder Gemüsegarten genutzt werden. LS

Tofting (NF) ist eine etwa 5ha große →Warft von mehr als 3m Höhe in der Gem. Oldenswort, die heute landwirtschaftlich genutzt wird. Bei Ausgrabungen wurde eine dorfartige Siedlung des 2. Jh. n.Chr. auf dem flachen Marschboden gefunden, die vom 2. bis 5. Jh. allmählich aufgehöht wurde. Es scheint sich um eine sächsische Siedlung gehandelt zu haben. Die Kontinuität bricht im 5. Jh. ab, was mit der Abwanderung der →Angeln und →Sachsen nach England zusammenhängen könnte. In der Zeit der →Wikinger ist der Platz wiederbesiedelt worden und hatte bis in das MA Bestand. LS

Toleranz Die Duldung abweichenden religiösen Verhaltens durch eine von der Idee einer einheitlichen Staatskirche geprägte Landesherrschaft wird T. genannt. In den Hztt. kam es nach →Reformation und Augsburger Religionsfrieden (1555) zur Herausbildung der Staatskirche, die Abweichungen nicht duldete. Diese Auffassung wurde in der →Aufklärung (nach Vorläufern im nl. Humanismus, John Milton und John Locke) bekämpft und führte schließlich zur Akzeptanz religiöser Abweichungen, die allerdings nur →Minderheiten darstellten. Als erste Akte religiöser T. werden die religiösen Freistätten →Glückstadt (ab 1617 für Mennoniten, Reformierte, →Juden, schließlich →Katholiken), →Friedrichstadt (ab 1620 für Remonstranten, 1623 Mennoniten, 1625 Katholiken, Socinianer, Quäker und 1675 Juden) und →Altona (ab 1601 für Reformierte, vor 1600 Mennoniten und vor 1640 Juden), aber auch die Zulassung der jüdischen Religion in den Landdistrikten der Hztt. angesehen. Für diese T. waren wirtschaftliche Gründe ausschlaggebend, denn es sollten mit den fremden Glaubensverwandten insbesondere deren gute wirtschaftliche Beziehungen in die Orte gebracht werden; so waren in Glückstadt arme dt. Juden nicht erwünscht, sondern nur die reichen (portugiesischen) Sepharden. Auch die Zulassung der Katholiken auf →Nordstrand 1652 hat wirtschaftliche Gründe, denn die nl. Koogsunternehmer, die die Insel wieder in Flor bringen sollten, waren Katholiken. 1690 wurde auch das Neuwerk in →Rendsburg für alle fremden Religionsverwandten (auch Juden) eröffnet, was aber vornehmlich mit der starken Garnison zusammenhing. Erst im Zeitalter der →Aufklärung fand religiöse T. eine etwas stärkere Verbreitung, wobei insbesondere die Gleichbehandlung der →Juden auf dem Programm stand. LS

Tonne →Maße

Tönnies, Ferdinand Julius (geb. 26.7.1855 »Op de Riep« bei Oldenswort, gest. 11.4.1936 Kiel) Nach jahrelanger Beschäftigung mit dem engl. Sozialphilosophen Thomas Hobbes wurde T. 1913 ordentlicher Professor für Wirtschaftliche Staatswissenschaften in Kiel. Bereits 1909 gründete er zusammen mit Max Weber, Georg Simmel u.a. die Dt. Gesellschaft für Soziologie, deren Präsident er von 1922-33 war. Als einer der Begründer einer eigenständigen Soziologie in Dt. erhielt er 1920 einen Lehrauftrag für Soziologie in Kiel. Beeinflusst von der Philosophie Kants und Schopenhauers und der Gesellschaftstheorie des 19. Jh. schuf T. für die Soziologie eine wissenschaftliche Gliederung und Systematik mit eigenständiger Begrifflichkeit. So unterschied er die reine Soziologie – einen Begriffsapparat zur theoretischen Konstruktion verschiedener Formen und Typen sozialer Wesenheiten, Werte und Normen – von der empirischen Soziologie, die mit induktiven und statistischen Methoden soziale Tatsachen erforschen sollte. Seine entschiedene Ablehnung des NS führte 1933 zur Entlassung aus dem Staatsdienst.

Tönning

Lit.: SHBL 6, 279-284; Die Ferdinand-Tönnies-Gesellschaft stellt sich vor, Kiel 1990. HK

Tönning (NF) entstand aus einer großen →Warft, die vermutlich bereits in den ersten nachchristlichen Jh. besiedelt war. Als Hauptort der T. →Harde besaß es Ende des 12. Jh. eine Kirche. Anf. des 13. Jh. wird der erste Seedeich (→Deich) bei T. erwähnt. Das 1581/83 von Hz. Johann Adolf von →Gottorf errichtete Renaissanceschloß besaß vier Ecktürme und diente dem →Eiderstedter →Staller Caspar Hoyer als Sitz; er erwirkte beim Hz. 1590 die Verleihung des →Stadtrechtes an T. Johann Adolf ließ auch 1613 den →Hafen von der →Eider bis an die Stadt herangraben, den Marktplatz erhöhen und pflastern sowie den erhaltenen Sandsteinbrunnen errichten. In der Laurentius-Kirche mit Bauteilen aus dem MA., von 1633 (Chor) und 1703 (Tonne, Westturm) befindet sich neben der reichen Ausstattung aus dem 17. Jh. (u.a. Schnitzaltar 1634, Abendmahlsbänke, Emporenlettner 1635) das Epitaph des in T. geborenen Malers Jürgen →Ovens von 1691. Aufgrund seiner strategischen Lage wurde T. im 17. Jh. wiederholt in kriegerische Auseinanderetzungen einbezogen. 1627 besetzten kaiserliche Truppen die Stadt. 1644 wurde T. durch fünf Bastionen mit drei Toren zur Festung ausgebaut, 1676 vom dän. Kg. geschleift, 1684/92 von Hz. Christian Albrecht von Gottorf aber wieder befestigt. Ein dän. Bombardement im →Nordischen Krieg zerstörte die Stadt 1700 weitgehend; ihr Wiederaufbau erfolgte bis 1706. 1713 besetzte der schwedische General Steenbock mit seinen Truppen T., die sich auch noch nach dessen Kapitulation bis in das folgende Jahr gegen die dän. Belagerung hielten. Erneut wurden die Festungsanlagen geschleift und 1735 auch das Schloß abgebrochen, von dem nur noch Gräben und der Park erhalten sind. An den wirtschaftlichen Aufschwung der Stadt durch den Bau des Eiderkanals (→Kanal) 1784 erinnert das große Packhaus aus Backstein am Hafen. Einen weiteren Aufschwung erfuhr T. 1803/06, als infolge der →Kontinentalsperre, ein Großteil der für →Hamburg bestimmten Schiffe hierher kam. Von 1840 bis um 1890 war T. ein wichtiger Exporthafen für Vieh nach England; von 1890 bis 1909 besaß es eine Werft. Für die Krabbenfischerei spielt der Hafen von T. weiterhin eine Rolle. Von 1867 bis 1970 war T. Kreisstadt des Kreises Eiderstedt. T. ist heute Sitz des Bundeswasserstraßenamtes, des Nationalparkamtes sowie Standort des Multimar-Wattenforums als Informationszentrum des Nationalpark Wattenmeer und hat 4.900 Einw.

Lit.: Mitteilungsblatt der Gesellschaft für T. Stadtgeschichte, Heft 1 ff., 1981 ff. OP

Tönning

Torelli, Stefano →Malerei

Torf entsteht bei unvollkommener Zersetzung abgestorbener pflanzlicher Substanzen unter Luftabschluß in Mooren (→Moor), wobei die Pflanzenstruktur z.T. erhalten bleibt.

Tönning um 1580, Stich von Braun und Hogenberg

Torpedoversuchsanstalt

Vesperpause der Torfbacker in den 1930er Jahren, Foto von Karl Hansen

Der Wassergehalt von T. beträgt von über 75% bis über 90%. Man unterscheidet bei Hochmoort. den oberen Weißt. vom tieferliegenden Schwarzt. In den T.mooren finden sich T.-schichten in Dicken zwischen 2-5m. Für das Wachstum einer 1m dicken T.schicht werden unter günstigen Bedingungen 1000 Jahre benötigt. T. wurde bei zunehmender Holzknappheit in SH als Brennstoffersatz an vielen Stellen bereits im 15. Jh. abgebaut (gestochen und an der Luft getrocknet) und ersetzte das teurer werdende Holz. Besonders die Marschen (→Marsch) waren auf T. als Brennstoff angewiesen, der allerdings v.a. in den ausgedehnten Mooren der →Geest abgebaut wurde. Insbesondere seit dem 16. Jh. wurde T. ein immer begehrterer Handelsartikel, so daß in einzelnen →Dorfordnungen die Nutzung der Moor-Gemeinheiten zur Handelsausbeute reguliert wurde. Die Marsch und die Städte waren im T.handel Hauptabnehmer. Bis zum Aufkommen der engl. Steinkohle für den Hausbrand (vereinzelt im 18. Jh., v.a. seit 1820) blieb T. wichtigster Brennstoff, der sogar in der gewerblichen Produktion (etwa in der →Ziegelei) Verwendung fand. Mit Abnahme der T.moore, von denen man noch in der 1. H. des 19. Jh. glaubte, sie würden von unten nachwachsen, wurde zunehmend auch Streicht. gewonnen, wobei keine Soden gestochen, sondern T. in flüssiger Form in Trockenformen gebracht wurde. Im letzten Drittel des 19. Jh. entwickelte sich wegen der Saugfähigkeit des getrockneten T. auch der Bedarf an T.streu für Viehhaltung und frühe Formen der Fäkalienbeseitigung. Der T.stich, bis auf die Fortsetzung in abgelegenen ländlichen Räumen für den Eigenbedarf bereits um 1910 beendet, erlebte in Mangelzeiten (1.WK, nach dem 2.WK) eine kurze Renaissance. Heute stehen die meisten T.moorreste unter Naturschutz. Nur an wenigen Stellen wird der Abbau für die Gewinnung von Gartent. noch betrieben (z.B. im Breitenburger Moor). Eine spezielle Variante des T. ist der Salzt., der sich in den durch Meeresanstieg überfluteten Hochmooren im Bereich der nordfriesischen Inseln gebildet hatte und im MA für die Gewinnung von →Salz abgebaut wurde.
Lit.: J. Carstensen, T., Osnabrück 1985. LS

Torpedoversuchsanstalt Seit 1910 bemühte sich die Kaiserliche Torpedowerkstatt in →Kiel-→Friedrichsort um einen Ausweichstandort für die Erprobung des zigarrenförmigen Unterwassergeschosses (Torpedo, lat.– Lähmung, Erstarrung), das die dt. Marine 1884 in ihr Waffenarsenal aufgenommen hatte. Die Wahl fiel auf →Eckernförde, wo 1913 der erste Probeschuß innerhalb der neu erbauten T. abgefeuert werden konnte. Einer starken Expansion während des 1.WK folgte nach 1918 ein erheblicher Personalabbau; dennoch wurde die Waffenentwicklung nicht gänzlich aufgegeben. In den Jahren 1937-39 entstanden zwei Außenstellen, die T.-Nord und ein Betrieb am Südufer der Eckernförder Bucht in Surendorf. Im Verlauf des 2.WK wurden weitere Stellen in Gotenhafen/Gdingen (1940) und Neubrandenburg (1942) eingerichtet. Der Aufbauprozeß der Marineanlagen prägte auch das Wirtschaftsleben und die Bev.zusammensetzung der Stadt Eckernförde. Im April 1945 sollen über 24.000 Personen – darunter viele Zwangsarbeiter und Kriegsgefangene – im Bereich der T. beschäftigt gewesen sein. Vom →Bombenkrieg blieben die Anlagen zwar verschont, doch gemäß alliierter Entmilitarisierungsauflagen (Direktive Nr. 22) wurden die meisten Baulichkeiten in den Jahren 1948-50 von den Briten gesprengt. Im Rahmen der bundesdt. Wiederaufrüstung etablierte sich 1957 an gleicher Stelle die Wehrtechnische Dienststelle für Schiffe und Marinewaffen (WTD 71), die

auch heute noch mit Entwicklungs- und Erprobungsaufgaben von Seekampfmitteln betraut ist.
Lit.: W. Nolle, 40 Jahre Torpedo-Versuchs-Anstalt Eckernförde, in: Jb. Eckernförde 1988, 58-65. SW

Tourismus Nach Anfängen im MA, z.B. in der Form des Pilgert. (→Wallfahrt) nahm der T. in SH, wie anderswo auch, mit dem Aufkommen der →Eisenbahn einen starken Aufschwung. In der Zeit der →Industrialisierung wuchs die Wertschätzung der durch Staub-, Rauch- und Lärmemissionen nicht belasteten natürlichen Landschaft. Im MA galt die See noch als ein dem Menschen im Prinzip feindliches Medium, was sicherlich durch die hohen Verluste an Menschenleben in der Segelschiffzeit mitbedingt war. Nord- und Ostseeküste wurden als abenteuerliche unheimliche Gegenden angesehen, die man besser mied. Einen nicht geringen Anteil an der Neubewertung der Küstenlandschaft hatten die Künstler, insbesondere die Romantiker. Mediziner propagierten die Vorteile der reinen Seeluft, die bis heute als Grund für einen Aufenthalt in SH eine große Rolle spielt. 1793 wurde das erste dt. Seebad in Heiligendamm (→Mecklenburg) eröffnet. An der →Nordsee folgte 1797 Norderney. SH Ostseeküste wurde bereits 1802 von →Travemünde aus erschlossen, dem Hausbad der Lübecker, die den Badeort per Tagestour mit der Pferdekutsche erreichen konnten. An der Nordseeküste SH wurde die erste Badelizenz 1818 für →Tönning vergeben, 1819 für →Wyk auf Föhr und 1826 für →Helgoland. Auf →Sylt begann der Badebetrieb erst nach der Verbesserung der Verkehrswege 1855 (Eisenbahnbenutzung von →Hamburg bis →Flensburg oder →Husum möglich). Der Tourist des 19. Jh. gehörte hauptsächlich den reicheren Schichten an. Die am zumeist städtischen Heimatort gepflegten Verhaltensweisen wurden auch in der Sommerfrische ausgeübt. Das Baden war noch verhältnismäßig wenig verbreitet gegenüber dem Promenieren und dem Sitzen (in vollständiger Bekleidung) am Strand. Die Ansprüche der Gäste diktierten auch die Ausprägung der t. Infrastruktur, z.B. die Einrichtung von großen Hotels mit luxuriösen Restaurants, aber auch von Konversationshäusern, wo u.a. täglich die neuesten Börsenblätter auslagen. Weit verbreitet waren Seebrücken und v.a. Strandpromenaden. Letztere erlaubten nicht nur das Genießen der frischen Seeluft, sondern hatten auch eine wichtige soziale Funktion. Sie ermöglichte die informelle Kontaktaufnahme zwischen den Vertretern von Adel und Wirtschaftsbürgertum. Diese gaben einigen Seebädern, wie →Westerland und Travemünde im 19. Jh. durch ihre europäische Internationalität ihr besonderes Flair, zu dem auch die Einrichtung großer Spielcasinos beitrug. Der Marktwert eines Gastes wurde seitens der Gastgeber nach der Zahl der Koffer taxiert, die die Dienstmänner der Hotels an den Häfen und den Bahnhöfen in Empfang zu nehmen hatten. V.a. die standesgemäße Garderobe benötigte viel Platz. Grundsätzlich wurde möglichst alles mitgebracht, was voraussichtlich im Urlaub gebraucht wurde. Dem Einzelhandel am Ort verblieb hauptsächlich das Marktsegment des täglichen Bedarfs, wie der Andenkenverkauf, aber auch die Nahrungsmittelversorgung, wozu v.a. die Bäcker, Schlachter, Getränkelieferanten und Blumengeschäfte gehörten. Das Freizeitverhaltensmuster hat sich seitdem grundlegend gewandelt. Heute existieren zahlreiche Geschäfte der hochwertigen Bedarfsstufe. Die Anreise geschieht mit relativ kleinem Gepäck. Ausgiebig wird von der Möglichkeit Gebrauch gemacht, in der Ruhe des Urlaubsortes vieles auszusuchen, wozu man zu Hause weniger Gelegenheit findet. Diese Waren werden häufig außerhalb des Reisegepäcks direkt an die Heimatanschrift gesandt. In Orten mit hohem Prestigewert, wie Kampen auf Sylt, lassen sich Boutiquen weltberühmter Mode-, Uhren- und Schmuckhäuser nieder. Der Niedergang des T. setzte schlagartig mit dem Ausbruch des 1.WK ein. Danach fehlte das internationale Publikum. Die Hotels und Pensionen hatten in den 1920er Jahren unter Besuchermangel, in den 1930er Jahren unter Finanzmangel zu leiden, denn die festgesetzten Preise für die staatlich geleiteten »Kraft durch Freude«-Reisen warfen nicht genügend Gewinne ab, so daß die Bausubstanz vielfach verfiel. Unter den Touristen der ersten Stunde nach dem 2.WK befanden sich nicht wenige Kriegsgewinnler, die hier ihren neuerworbenen Wohlstand zur Schau trugen. Im übrigen waren die ersten 20 Jahre nach

Tourismus

Badekarren in Dahme an der Ostsee

dem Kriege v.a. durch die Pensions- und Privatvermietung gekennzeichnet. Das änderte sich mit dem Ende der 1960er Jahre, als der Wunsch nach einem Standbein im Fremdenverkehrsort zur neuen Wohnform der Eigentumswohnung führte. Zahlenmäßig dominierten bald die Appartements in größeren Baukörpern, aber auch die Anzahl der privaten Eigentums-Ferienhäuser nahm rasch zu. So gibt es in Westerland, aber auch zahlreichen anderen Orten, heute mehr Wohnungen für Freizeitnutzung als für Wohnzwecke der Einheimischen. Das gemietete Appartement stellt heute die beliebteste Unterkunftsform in den Fremdenverkehrsorten SH dar, während die Hotelübernachtungen stagnieren und die private Zimmervermietung stark zurückgegangen ist. Mit den Ferienzentren der Ostseeküste existiert seit Anf. der 1970er Jahre eine neue Angebotsform. Durch ihre Vielgeschossigkeit und Massivität der Bauweise beherrschen sie ganze Küstenabschnitte. Einen starken Aufschwung hat auch das Campingwesen in SH, insbesondere in seiner Form als Dauercamping, genommen. Von den rund 11 Mio. Campingübernachtungen 1998 entfielen rund 9 Mio. auf das Dauercamping. Diese Übernachtungsart ist besondes beliebt an der Ostseeküste. Die Fremdenverkehrsorte in SH werden für statistische Zwecke unterschieden nach Heilbädern, Nordseebädern, Ostseebädern, Luftkurorten, Erholungsorten, übrigen Gem. und Großstädten. Davon zu unterscheiden ist die Prädikatisierung nach Heilbädern im engeren Sinne (Mineral- und Moorbäder: Bad →Bramstedt, Bad →Segeberg, Bad Schwartau), heilklimatischen Kurorten (→Eutin), Kneippkurorten (Gelting, →Malente, →Plön) sowie den zahlreichen Heilbädern, Bädern, Luftkurorten und Erholungsorten. Es gibt deutliche Unterschiede zwischen der Struktur und den Präferenzen der Nord- und Ostsee-Gäste. Unter den Nordseegästen sind die Selbständigen und die Angehörigen freier Berufe überproportional hoch vertreten. Ihr Anteil steigt von → Büsum im Süden über St. Peter-Ording bis Sylt. Unter den Ostseegästen gibt es insgesamt mehr Angehörige der unteren sozialen Schichten. Sie reisen häufiger als Familien an, schätzen die geringeren Windgeschwindigkeiten und das ruhigere Wasser. Auf das Binnenland entfallen weniger als ein Viertel der Übernachtungen der amtlichen Statistik. Ein großer Teil davon gehört zu den Kurgästen im eigentlichen Sinne, d.h. sie sind in Sanatorien und Kurheimen zur Wiederherstellung ihrer Gesundheit untergebracht. In Nordfriesland dominieren Westerland (1 Mio. + 1,5. Mio. Übernachtungen 1998) und St. Peter-Ording (1,2 Mio.), gelegen an der Außenküste und mit langen Sandsträn-

den versehen, sowie Wyk auf Föhr (0,6 Mio.) im Bereich der Zwischenküste. Das noch vor Wyk drittgrößte Nordseebad ist Büsum (0,9 Mio.). In der Lübecker Bucht führt Timmendorfer Strand (0,8 Mio.) die Rangliste an, gefolgt von →Grömitz (0,7 Mio.). Die Erschließung der Bereiche außerhalb der Lübecker Bucht geschah in der Regel später, zumeist erst im Zuge des Baus der Ferienzentren, weil weite Küstenstriche in Gutsbezirken lagen (→Damp). Von den insgesamt rund 20 Mio. Übernachtungen (ohne Camping) 1998 entfielen 15 Mio. allein auf die Nord- und Ostseebäder. In der offiziellen Statistik sind jedoch etwa 40% der Übernachtungen und 50% Prozent der Betten nicht enthalten, weil seit 1980 nur noch Quartiere mit neun und mehr Betten berücksichtigt werden. Unter den Freizeittrends hat sich in der letzten Zeit die Benutzung des Fahrrades im Umfeld des jeweils gewählten Fremdenverkehrsortes weiter verstärkt. Zunehmende Beachtung findet der die gesamte jütische Halbinsel von Nord nach Süd durchziehende alte →Ochsenweg als Wander- und Radweg. Zur Belebung des T. werden seitens der Arbeitsgemeinschaft Ochsenweg e. V. ständig neue Strecken kulturhistorisch erschlossen bzw. wiederhergestellt. Insgesamt sind die Übernachtungsziffern in SH in den vergangenen Jahren leicht zurückgegangen. Als Ursachen dafür werden u.a. der verstärkte Trend zum Kurzurlaub, die Zunahme der Auslandsaufenthalte und die Konkurrenz der Seebäder in Mecklenburg-Vorpommern gesehen (→Bäder).
Lit.: J. Newig, Große Seebäder in SH und ihre Strände, in: W. Hassenpflug u. a., An Nord- und Ostsee, Husum 1985; Statistisches Landesamt SH, Der Fremdenverkehr in den Gem. SH 1998, Kiel 1999. JN

Tran →Robbenschlag, →Walfang

Trappenkamp (SE) Die Gem. T. besticht durch ihre ungewöhnliche Entstehungsgeschichte. Als Keimzelle der seit 1956 selbständigen Kommune diente der Gebäudebestand eines ehemaligen Marinearsenals für Sperrwaffen (Minen, Wasserbomben, Sprenggeräte), das ab 1935 inmitten des Nms. Staatsforstes errichtet worden war. Nach dem 2.WK zogen sudetendt. →Flüchtlinge und Vertriebene, namentlich Schmuckwarenhersteller aus dem Gablonzer Raum, in die 119 oberirdischen Lagerhäuser ein. Bis 1949 währte die Zitterpartie um einen Erhalt der Arsenalbaulichkeiten, die nach alliierten Entmilitarisierungsplänen (Direktive Nr. 22) zunächst vollständig geschleift werden sollten, dann aber doch als Kern einer Wohnsiedlung bestehen blieben. Zu diesem Zeitpunkt hatte sich bereits eine Glasverarbeitungsindustrie Gablonzer Prägung etabliert, die bis in die 1960er Jahre hinein für den Ort charakteristisch war, dann aber sukzessive einem wirtschaftlichen Strukturwandel zum Opfer fiel. Heute existiert lediglich noch ein glasveredelnder Betrieb im Nebenerwerb. Die außergewöhnliche Siedlungsgeschichte des Gemeinwesens, das auf einer Fläche von nur 332ha gut 5.800 Einw. (1999) beherbergt, ist in einem Museums-Bunker zur Schau gestellt.
Lit.: S. Wendt, T., T. 1992. SW

Trave Die T. entspringt bei Gießelrade und ist 124km lang. 1188 verlieh Kaiser Barbarossa die Hoheitsrechte von →Oldesloe bis zur Mündung an die Reichsstadt →Lübeck. Staatsverträge von 1706, 1712 und 1842 beschnitten ihr Allein-Befahrungsrecht t.aufwärts, jedoch nicht t.abwärts, so daß die Staatsgrenze zur ehemaligen DDR nicht in der Mitte der T., sondern erst an der rechten Hochwassergrenze des Flusses verlief. Flußkorrektionen von 1850-1854, 1879, 1902-1908 begradigten und vertieften die T. von Lübeck bis zur Mündung. 1935 wurde die T. Reichswasserstraße.
Lit.: P. Rehder, Die bauliche und wirtschaftliche Ausgestaltung und Nutzbarmachung der lübeckischen Hauptschiffahrtsstraßen, Lübeck 1906. AG

Travemünde (HL) Nach Zerstörung einer Abotritenfestung (→Slawen) am Stülper Huk 1181 errichtete Gf. Adolf III. von Holst. einen Turm an der für das aufstrebende Lübeck wichtigen Travemündung, den ihm die Stadt 1320 abkaufte, dann abbrach und 1329 den Ort sowie die zwei wichtigen →Fähren über die Trave hinzuerwarb. Ein →Leuchtfeuer ist schon für 1226 belegt. Der heutige alte Leuchtturm stammt von 1827. 1802 wurde die Seebadeanstalt (→Tourismus) gegr. – das erste sh bür-

Travemünde

Traventhal

Travemünde im 19. Jh.

gerliche Seebad an der Ostsee. Nach 1945 begann der Ausbau zum heute größten dt. Ostseefährhafen.
Lit.: A. v. Brandt, Wie das Seebad T. entstand, in: Der Wagen 1952/1953, 107-118. AG

Herzogswappen aus Sandstein vom ehemaligen Schloß Traventhal

Traventhal (Amt) Das →Amt T. ist erst spät, nämlich als Gegenleistung der Hzz. von Plön auf die Erbfolge in der Gft. →Oldenburg und Delmenhorst in den Jahren 1671, 1681 und 1684 enstanden, und zwar aus einer Anzahl von Dörfern, die jährliche Einkünfte von 4.000 Rtl. erbrachten. Die Dörfer wurden dem Amt →Segeberg abgenommen und später teils durch Tausch verändert; auch der Segeberger Kalkberg (→Kalk) gehörte zu T. 1761 fiel T. an den Kg. zurück. T. wurde gemeinsam mit den Ämtern →Reinfeld und →Rethwisch von einem Amtmann mit Sitz in T. verwaltet; der Amtsverwalter wohnte am Segeberger Kalkberg. T. hatte um 1855 eine Fläche von etwa 66km². 1867 kam T. im wesentlichen zum Kreis Segeberg. LS

Trischen

Traziger, Adam →Landrecht

Treene Die T. entsteht nördöstlich von →Oeversee aus den Flüssen Bondenau und Kielstau, die in →Angeln entspringen, fließt eine lange Strecke nach Süden, wendet sich östlich von →Schwabstedt nach Westen und speist kurz vor ihrer Mündung in die →Eider das Grabensystem →Friedrichstadts. Der früh- und hochma. Fernhandel zwischen der Nord- und Ostsee verlief auf der Eider und die T. hinauf bis nach →Hollingstedt, von wo der Landweg bis nach →Haithabu und später nach →Schl. an der →Schlei nur wenige km beträgt. OP

Tremsbüttel (Amt) Das →Amt T. war ein →Gut, das 1475 von seinem Besitzer an den Hz. Johann von Sachsen(-Lauenburg) verkauft wurde. 1649 wurde es von Hz. Friedrich von Holst.-Gottorf erworben. 1661 wurde das Gut, das mit dem Meierhof (und späteren →Kanzleigut) Tangstedt und dem lauenburgischen Amt →Steinhorst verbunden war, als reichsunmittelbares Land an Friedrich von →Ahlefeldt verkauft; es ist aber nicht zur Bildung einer eigenen Herrschaft gekommen, denn in der Folge war T. wieder gottorfisches Amt, während Steinhorst 1739 an →Lauenburg abgetreten wurde. T. kam 1773 zum kgl. Anteil und blieb Amt. Es hatte gemeinsam mit den Ämtern →Trittau und →Reinbek einen Amtmann, der in Reinbek wohnte. Der Amtsschreiber war zugleich Hausvogt und amtierte in T. Das Amt hatte um 1855 eine Fläche von etwa 71km² und kam 1867 zum Kreis →Storman. LS

Trischen (HEI) Vor der Küste →Dithm. entstand durch die starken Tideströmungen (→Gezeiten) in der zweiten H. des 19. Jh. aus Sandbänken die Insel T. Das Weideland nutzte erstmals 1895 ein Schäfer. Deichbaumaßnahmen seit 1922 und eine vielfältige landwirtschaftliche Nutzung scheiterten endgültig nach Sturmfluten 1943, die Wohn- und Wirtschaftsgebäude, Acker- und Weideland vernichteten. Die seit 1908 unter Naturschutz stehende Insel ist seitdem wieder Brutgebiet und Durchgangsstation für Seevögel. OP

Allee im Park von Traventhal

Trittau (OD) gehörte im 13. Jh. zum →Kloster →Reinfeld und aus dieser Zeit stammt im Kern auch die Kirche. 1326 tauschte Gf. Johann das Dorf ein, um hier eine →Burg zu errichten, die mehrfach Schauplatz historischer Ereignisse war: Während der →Gff.fehde eroberten es 1534 die Lübecker, 1627 wohnten Wallenstein und Tilly hier, 1657 Kg. Karl Gustav X. von Schweden und 1659 der Große Kurfürst. 1775 wurde das →Schloß abgebrochen. Die Gem. hat heute knapp 7.300 Einw. OP

Trittau (Amt) Das →Amt T. entstand aus der 1326/27 unter dem →Schauenburger Gf. Johann III. von Plön errichteten →Vogtei mit einer →Burg in →T. Von 1544 bis 1773 gehörte das Amt zum Hzt. →Gottorf, anschließend bis 1864 zum dän. Gesamtstaat. Um 1850 umfaßte das Amt ca. 191km². 1867 bildete es mit den Ämtern →Reinbek und → Tremsbüttel den territorialen Kern des preußischen →Kreises →Stormarn. KG

Tunder, Franz →Musik

Trittau

Uetersen

Uetersen

Uetersen (PI) wird erstmals um 1235 erwähnt und als Dorf bezeichnet. Enge Verknüpfungen bestehen mit der Geschichte des →Klosters U. Im 12./13. Jh. erfolgte die Errichtung zweier →Burgen durch die Ritter von Barmstede. Eine dieser Burgen wurde mit der Stiftung des Klosters durch Heinrich von Barmstedte aufgegeben; der Standort der zweiten Burg ist am nördlichen Pinnaudeich westlich des Ortes lokalisiert worden. Die Lage der lang gestreckten Siedlung an der alten Heerstraße und dem ab hier vereinigten westlichen und östlichen →Ochsenweg, der die ab hier schiffbare →Pinnau querte, förderte das Wachstum des durch Handel und Gewerbe geprägten →Fleckens. 1870 erhielt U. →Stadtrecht. Im 19. Jh. erfolgte die →Industrialisierung durch Mühlenbetriebe, Leder- und Papierfabriken und Zunahme der →Schiffahrt. 1873 bekam U. Anschluß an die →Eisenbahn durch eine pferdegezogene Stichbahn nach Tornesch. Seit den 1960er Jahren erfolgt der Bau von neuen Wohn-Stadtteilen. U. hat gegenwärtig etwa 18.100 Einw.
Lit.: H.F. Bubbe, Versuch einer Chronik der Stadt und des Klosters U., 1.-3. Teil, U. 1932-1934. PDC

Hz. Christian Albrecht, Ölgemälde von Jürgen Ovens

Uetersen (Kloster) Um 1235 stiftete Ritter Heinrich von Barmstede ein Zisterzienser-Nonnenkloster, das wahrscheinlich der Aufsicht des Hamburger →Domkapitels unterstand. Durch spätere Stiftungen und Kauf erlangte das Kloster größeren Grundbesitz in der Umgebung (später Amts- und Klostervogtei U. als Teil der Herrschaft →Pinneberg) und der →Kremper Marsch. Im 15. Jh. wurden die Kirchen zu Seester und →Elmshorn inkorporiert. 1555 wurde die →Reformation durch persönliches Eingreifen des dän. Kg. eingeführt. Der Besitz und die Rechte blieben durch Bemühungen der →Ritterschaft garantiert und das Kloster erhielt den Charakter eines adligen →Konvents, den es noch heute hat. Die Stellung zum Landesherrn wurde zwischen dem Hz. von Holst. und dem Gf. von Holst.-Pinneberg im →Mönkloher Vertrag 1578 geregelt. Um 1850 hatte das K. einen Besitz von 38km².
Lit.: D. Jachomowski, U., in: Germania Benedictina, Bd. 12, St. Ottilien 1994, 664-677. PDC

Ukert, Hans →Regierungspräsident

Universität Erste Planungen für eine Akademie in SH gehen in die 1630er Jahre zurück. 1665 wurde schließlich – auf der Basis eines kaiserlichen Privilegs von 1652 – die Kieler Christian-Albrechts-U. gegr. Die finanzielle Ausstattung wurde von der Bordesholmer Fürstenschule auf die Neugründung übertragen, die auch die alte Stiftsbibliothek (→Bordesholm, Stift) aus Bordesholm übernahm. Juristisch bildete die U. bis weit ins 19. Jh. eine Korporation mit Steuerprivilegien für die Professoren und eigener Gerichtsbarkeit über ihre sämtlichen Angehörigen, einschließlich der Studenten – eine Tatsache, die oft zu Reibereien mit dem →Rat der →Stadt →Kiel führte. Die U. bestand aus einer theologischen, einer juristischen, einer medizinischen und einer philosophischen →Fakultät und war damit nach den Maßstäben der Zeit eine Vollu. Es wurde festgelegt, daß wer als Theologe oder Jurist in den Landesdienst treten wolle, eine bestimmte Zeit in Kiel studiert haben müsse (→Biennium). Diese Bestimmung und die gute Besetzung der Professuren führten schnell zu einer recht hohen Zahl von Einschreibungen, davon ein erheblicher Teil aus anderen Staaten Norddt. Der Große →Nordische Krieg machte dem vielversprechenden Anf. jedoch ein Ende, und das nach 1720 stark verkleinerte Holst.-→Gottorf war mit der U. finanziell überlastet. Die Studentenzahlen sanken drastisch, vakante Professuren konnten nicht neu besetzt werden. Erst nach der Eingliederung des Gottorfer Reststaats in den dän. Gesamtstaat 1773 begann ein erneuter Aufschwung.

Kloster Uetersen im 19. Jh.

Das Audimax der Christian-Albrechts-Universität zu Kiel

Unter dem Einfluß der →Aufklärung wandte sich ein Teil der Professoren stärker praktisch orientierten Fächern wie Statistik und →Kameralistik zu und engagierte sich maßgeblich in verschiedenen bürgerlichen Gesellschaften, deren Zweck die Bildung und Förderung der ärmeren Bev. war. Die Ideen der Französischen Revolution fanden dagegen nur vereinzelt Unterstützung. Anders verhielt es sich mit dem im frühen 19. Jh. aufkommenden Nationalismus: Historiker wie Friedrich Christoph →Dahlmann, Johann Gustav Droysen und Georg Waitz (→Geschichtsschreibung), Juristen wie Nikolaus →Falck und Albert →Hänel waren zentrale Figuren der sh Nationalbewegung, und ihr Wirken trug maßgeblich zur Verschärfung des Gegensatzes zwischen Dt. und Dän. in den Hztt. bei. Die Integration in den preußischen Staat nach 1867 stieß ebenso auf Widerspruch, doch fand man sich v.a. nach der Reichsgründung damit ab. Die durch die dt.-dän. Kriege stark in Mitleidenschaft gezogene U. wuchs bald kräftig, sowohl hinsichtlich der Studentenzahlen, die 1900 erstmals 1.000 überschritten, als auch durch entsprechende Vergrößerung und Differenzierung des Lehrkörpers. V.a. die philosophische Fakultät war nach innen so stark untergliedert, daß über eine Teilung nachgedacht wurde, doch kam es zunächst nur 1913 zu einer Zuordnung der Nationalökonomie zur juristischen Fakultät. Ab 1908 wurden auch Frauen zum Studium zugelassen. Der 1.WK bedeutete erneut einen tiefen Einschnitt, dessen Folgen durch die kurzen Jahre wirtschaftlicher Prosperität in der Weimarer Republik kaum behoben werden konnten. Seit den 1920er Jahren pflegte man verstärkt Kontakt zu U. der skandinavischen Nachbarländer. Doch war gleichzeitig eine nach rechts orientierte Radikalisierung der Studentenschaft zu beobachten. Nach 1933 wurden auch in Kiel Bücher verbrannt, wurden jüdische und polit. mißliebige Dozenten schikaniert und entlassen. Durch die Luftangriffe im 2.WK (→Bombenkrieg) erlitt die U. schwere Schäden – allein die U.bibliothek verlor etwa die H. ihres Bestandes –, und die meisten Gebäude wurden zerstört. So wurde die U. bei der Wiedereröffnung auf ein Firmengelände am damaligen Westrand der Stadt verlegt, wo sie heute ihren räumlichen Schwerpunkt hat.

Lit.: Geschichte der Christian-Albrechts-U. Kiel, 9 Bde., Nms. 1965. KGr

Unze →Gewichte

Up ewig ungedeelt Das Motto U. war und ist ein populäres sh Schlagwort, das in dieser Form von dem Arzt A. W. Neuber in Apenrade/Aabenraa in einem antidän. Gedicht von 1841 zuerst formuliert wurde. Abgeleitet war es aus dem von Christian I. bei dessen Wahl zum Hz. von Schl. und Gf. von Holst. 1460 in Ripen/Ribe unterzeichneten →Ripener Vertrag, wo es heißt: »Desse vorben[omeden] land laven wy na alle unseme vormoge holden an gudeme vrede, unde dat se bliven ewich tosamende ungedelt« (diese Lande geloben wir mit allen unseren Kräften in gutem Frieden zu erhalten und daß sie ewig zusammen (und) ungeteilt bleiben). Das Schlagwort folgte damit der historischen Argumentation der Zusammengehörigkeit und Unabhängigkeit der Hztt., die bereits 1815 von den Kieler Professoren F. C. →Dahlmann und N. →Falck vorgetragen worden war und für die sh Bewegung große Bedeutung erlangte. Es trat insbesondere beim →Sängerfest in →Eckernförde 1845 hervor und wurde danach in vielfältigen Zusammenhängen verwendet: auf Fahnen und Inschriften, als Romantitel, in Geschichtsbüchern, auf Plakaten, Pfeifenköpfen usw. Die dt. Agitation während der →Volksabstimmungen bediente sich des Mottos. HSH

Wappen am Garnisonsfriedhof Rendsburg

Uradel →Adel

Utlande ist die Bezeichnung für die 13 ma. Marsch- und Inselharden (→Harde) →Nordfrieslands (Böking-, Horsbüll-, Wiriks-, Beltrings-, Oster- und Wester-, Pellworm-, Edoms-, Lundenbergharde sowie Föhr, Sylt, Eiderstedt, Utholm und Everschop), die sich von den ebenfalls friesisch besiedelten Geestbezirken Karr-, Süder- und Nordergoesharde unterschieden. Während die Geestharden dem Hz. von Schl. unterstanden und jütisches Recht (→Jyske Lov) brauchten, waren die Bewohner der U. Kg.friesen, also dem Kg. von DK unterstellt, und hatten eigenes Recht behalten. LS

Vaccinationsinstitut Nach Einführung der Schutzimpfung gegen die Pocken (Blattern) durch den →Physicus Johann Christian Fabricius in Tondern/Tønder, den Lehrer Plett auf →Gut Wittenberg 1786 und den Professor Friedrich Adolph Heintze in →Kiel 1802 wurde 1805 das V. in →Altona zur Schutzimpfung eingerichtet. Es sollte auch Vorräte der benötigten Kuhpockenlymphe an alle Mediziner abgeben sowie den von den Physici unterrichteten »gebildeten Einw.« den Impfstoff mitteilen. 1811 wurde die Pockenschutzimpfung in den Hztt. obligatorisch; für die überstandene Kuhpockeninfektion wurde ein Vaccinations-Attest (Impfzeugnis) des Impfers ausgestellt. 1812 wurde ein zweites V. in Kiel eröffnet. Mit diesen Maßnahmen wurde die früher verbreitete Pockenerkrankung gänzlich zurückgedrängt. LS

Varendorf, Gustav Adolf von →Kartographie

Veckinghusen, Hildebrand (geb. um 1365/70 Westfalen?, gest. Juli 1426 Lübeck) Der Kaufmann baute ein über ganz Europa verzweigtes Handelsnetz auf, das v.a. durch familiäre Bande getragen wurde. Bereits 1393 und 1398 war er einer der beiden Älterleute des gotländisch-livländischen Drittels im Brügger Hansekontor. Um 1400 ließ er sich in →Lübeck nieder, wo er →Bürger wurde, leitete aber bis 1426 von Brügge – dem europäischen Handelszentrum der Zeit – aus seine Geschäfte, die ihm frühzeitig zu großen Erfolgen, 1422 jedoch in den Konkurs führten. Das einzigartige Wissen um die Aktivitäten V. ist seinen überlieferten Handelsbüchern und Briefen (Stadtarchiv Reval/Tallin) zu verdanken, die die polit. und wirtschaftlichen Entwicklungen der Zeit ebenso beleuchten wie die Gefühlswelt zwischen Eheleuten im Spätma.
Lit.: SHBL 9, 358-364. OM

Verbitter wird der von der Ritterschaft bestellte Verwalter des adligen →Klosters →Itzehoe genannt, der es nach außen vertritt. Vor der →Reformation hatten alle Frauenklöster einen solchen Vertreter; er wurde meistens →Propst genannt und konnte zugleich Beichtvater der Nonnen sein. LS

Verdieck, Willy →Sozialdemokratie

Verein für deutsche Friedensarbeit in der Nordmark →Friedensverein

Verein für Lübeckische Geschichte und Altertumskunde →Hach

Verfassungsgericht →Gerichtswesen

Verkoppelung Ein Teil der →Agrarreformen in SH bestand in der V., also der Privatisierung der genossenschaftlich genutzten Akker-, Weide- und Wiesenländereien der nichtgutsuntertänigen Dörfer im östlichen →Hügelland und auf der →Geest. Insbesondere die Ackerflächen wurden z.T. noch in Feldgemeinschaft bewirtschaftet, weil jedes →Gewann in schmale Streifen und unter allen Anteilsberechtigten geteilt war. Dazu war Flurzwang, d.h. die gemeinschaftlich gleiche Bewirtschaftung jeweils eines Gewanns, nötig (→Feldgemeinschaft). V. hatte es bereits seit dem Ende des 16. Jh. auf dem Sundewitt und in →Angeln (dort seit 1577 unter der Bezeichnung Vermagschiftung) gegeben, doch wurde das von der Herrschaft wegen befürchteter Steuerausfälle mißtrauisch betrachtet und bisweilen verboten. Die Bewegung ließ sich jedoch nicht aufhalten, da die Separierung der kollektiv bewirtschafteten Äcker erhebliche betriebswirtschaftliche Freiheit brachte und dem einzelnen Wirt Möglichkeiten zu individueller, möglicherweise gewinnbringender Bewirtschaftung gab. Erst 1766 entschloß sich die Regierung, eine V.verordnung für Schl. zu erlassen. Im selben Jahr wurde die sh →Landkommission als Aufsichts- und Durchführungsbehörde für die V. eingerichtet. 1770 folgte die entsprechende Verordnung für den kgl. Anteil Holst. Im hzl. Anteil war diese durch Caspar von →Saldern schon 1767 angestoßen worden. Oftmals war die V. ein schwieriger Prozeß, weil Gleichbehandlung aller Beteiligten hinsichtlich Parzellengröße und Bodengüte angestrebt war. Während der V. wurden nicht nur die urbaren Ländereien, sondern auch Teile der Gemeinheiten (Allmenden), bestehend aus Wald, Moor und Heide unter den Anteilsberechtigten (zumeist den Hofbesitzern) aufgeteilt; die Kätner kamen da-

Verordnung Nr. 46

bei ganz überwiegend zu kurz. Die Gemeinheitsteilungen wurden erst in der 2. H. des 19. Jh. abgeschlossen.
Lit.: H. Behrend, Die Aufhebung der Feldgemeinschaften. Die große Agrarreform im Hzt. Schl., Nms. 1964; I. Ast-Reimers, Landgem. und Territorialstaat, Nms. 1965. LS

Verordnung Nr. 46 Mit der V. der britischen Kontrollkommission wurde den ehemaligen preußischen →Provinzen mit Wirkung vom 23.8.1946 »vorläufig die staatsrechtliche Stellung von Ländern« zugesprochen und den →Oberpräsidenten die Amtsbezeichnung →Ministerpräsident verliehen. Das war die Geburtsstunde des Landes SH. LS

Verwaltungsgericht →Gerichtswesen

Vicelin (geb. um 1090 in oder bei Hameln, gest. 12.12.1154 Nms.) Der spätere Missionar und Bf. von →Oldenburg erhielt seine Ausbildung in Hameln und Paderborn. Seit 1118 war er Leiter der Bremer Domschule und ging wohl 1122/23 zum Studium nach Laon. Von Erzbf. Adalbert von Hamburg-Bremen wurde V. mit der Mission der →Wagrier beauftragt. Er gründete das Augustiner-Chorherrenstift →Nms. und wurde 1149 Bf. des wiederbegründeten Bt. Oldenburg. V., der unter z.T. schweren Rückschlägen als Prediger bei →Holsten und Wagriern wirkte, wurde nach seinem Tod in Nms. beigesetzt und dort bis zur →Reformation als Heiliger verehrt.
Lit.: Geschichte SH, 4/1. DK

Die Vicelinstatue in Bosau

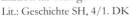

Ein Vierländer Paar in Tracht

Vierlande (HH) Als V. werden die vier Ksp. Altengamme, Neuengamme, Curslack und Kirchwerder, südöstlich →Hamburgs im Stromspaltungsgebiet der →Elbe gelegen, bezeichnet. Sie sind Ende des 12. Jh. bedeicht worden und wurden 1556 erstmals als V. bezeichnet. Durch die V. geht die vorreformatorische Diözesangrenze zwischen den Btt. Verden und →Ratzeburg, so daß Kirchwerder zur Mainzer Erzdiözese gehörte. 1420 eroberten Hamburg und →Lübeck im Kampf gegen die Hzz. von Sachsen-→Lauenburg die →Burg →Bergedorf und die im Ksp. Kirchwerder gelegenen Riepenburg (erbaut in der 2. H. des 13. Jh., 1506 abgebrochen). Die V. blieben bis 1868 in beiderstädtischem Besitz und kamen dann an Hamburg. Das fruchtbare →Marschland ließ eine intensive Landwirtschaft zu, die sich auf den Hamburger →Markt ausrichtete und insbesondere Gemüse und Obst, später auch Blumen erzeugte. Das bescherte der besitzbäuerlichen Schicht erheblichen Wohlstand, der sich in Hausbau, Möblierung und Kleidungspracht äußerte. Auch die vier Kirchen sind im 17. und 18. Jh. reich ausgestattet worden. In Neuengamme wurde 1938 das berüchtigte →Konzentrationslager eingerichtet, das mehrere Nebenlager in SH hatte. LS

Vierstädtegericht Da die Holst. Städte des MA sowie →Tondern/Tønder und →Burg/Fehmarn mit →Lübischem Recht (→Stadtrecht) begabt waren, hatte sich im Spätma. der Rechtszug an das Lübecker Obergericht (dem Lübischen Oberhof) herausgebildet, sofern es um Appellationen gegen obergerichtliche Entscheidungen der jeweiligen Stadträte ging. Um den Einfluß Lübecks auf die Rechtsprechung des Hzt. Holst. zu vermindern, richteten die Hzz. Johann und Friedrich 1496 das Holst. V. ein, das sich aus je zwei Ratsvertretern der Städte →Kiel, →Rendsburg, →Itzehoe und →

Oldesloe zusammensetzte und in Kiel, später in Kiel und Rendsburg tagte. Es geriet nach Veränderungen der Rechtsganges 1568 durch die Zunahme der Konflikte zwischen Holst. und Holst.-→Gottorf in Schwierigkeiten, so daß nach 1648 verschiedentlich die drei gottorfischen Städte (Kiel, Tondern/Tønder und →Burg/Fehmarn) für sich tagten, während die verbliebenen holst. in Itzehoe und →Rendsburg Gericht hielten. Die neue Vereinbarung zwischen den Städten von 1669 schuf keine definitive Abhilfe, zumal es nun auch Appellationen an die Landgerichte gab. Nachdem es geraume Zeit nicht mehr getagt hatte, wurde das V. 1737 definitiv aufgehoben und seine Kompetenz der →Glückstädter Kanzlei übertragen.
Lit.: Das älteste Urteilbuch des Holst. V. 1497-1574, hg. von F. Gundlach, Kiel 1925. LS

Viöl (NF) Das Kirchdorf, das 1386 zuerst erwähnt wird, aber wegen des aus dem frühen 13. Jh. stammenden →Kirchenbaus älter sein muß, liegt auf der schl. →Geest und stellte in der Neuzeit einen Mittelpunktsort mit zwei Jahrmärkten dar. 1900 entstand hier eine frühe Spar- und Darlehenskasse, der Chausseeanschluß erfolgte 1902. Heute hat V. ca. 1.450 Einw. LS

Vikar (lat. vicarius) ist im MA die allgemeine Bezeichnung für einen Stellvertreter, der zeitweilig oder ständig alle oder einen Teil der Vollmachten seines Auftraggebers ausführt. Deshalb wird der →Statthalter auch vicarius genannt. Im kirchlichen Bereich bezeichnet der Begriff den Gehilfen eines Geistlichen, insbesondere des Kirchherrn oder Gem.priesters (lat. parrochus), in Seelsorge und Chordienst. V.ienstiftungen des MA finden sich in vielen Kirchen – zumeist an eigens dafür errichteten Nebenaltären. Im Bereich der Hamburger Dompropstei gab es zur Reformationszeit zahlreiche V.: in Itzehoe 17, Rendsburg zwölf, Krempe elf, Meldorf zehn, Wesselburen sieben, Lunden sechs, Hohenaspe und Wilster je fünf, Heide, Hennstedt, Wöhrden je vier, Borsfleth, Delve und Tellingstedt je drei, Albersdorf, Büsum, Haseldorf, Hemme, Hemmingstedt, Hohenwestedt, Marne, Nordhastedt, Süderau und Weddingstedt je zwei, Barlt, Bramstedt, Brunsbüttel, Eddelak, Hademarschen, Heiligenstedten, Kellinghusen, Kollmar, Neuenbrook, Neuendorf, Nortorf, St. Margarethen, Süderhastedt und Uetersen je einen. In der Nordelbischen Kirche wird der Theologe, der nach dem ersten Amtsexamen einem Pastor zur praktischen Ausbildung zugewiesen wird, V. genannt. LS

Vöge, Waldemar →Regierungspräsident

Völkerwanderungszeit Die ungünstigen Siedlungsbedingungen am Ende der Kaiserzeit (um 400 n.Chr.), führten zu umfangreichen Bev.bewegungen. Das Abbrechen der Tradition vieler Gräberfelder im 5. Jh. bezeugt eine Auswanderungbewegung, die innerhalb weniger Jahrzehnte weite Teile SH erfaßte. In diesem Kontext ist auch der Anf. des 5. Jh. belegte Abzug der →Angeln und →Sachsen (→Angelsachsen) nach Britannien zu sehen. Die Rolle der Anführer Hengist und Horsa gehört dabei sicherlich in den Bereich der Sage. Die Auswirkung der Abwanderung ist deutlich am archäologischen Material abzulesen. Die Siedlungsdichte verringerte sich außerordentlich, viele Dörfer verfielen. Ein starker Rückgang der Getreidepollen läßt auf eine Verödung ehemaliger Äcker schließen. Noch ungefähr 300 Jahre später schreibt der angelsächsische Chronist Beda, daß die Landschaft Angeln nahezu völlig entvölkert sei. Tatsächlich ist eine Siedlungskontinuität nur an wenigen Stellen nachgewiesen, archäologische Funde des 6. bis 8. Jh. sind selten. Zu ihnen gehören die medaillenartigen Goldbrakteaten (→Brakteaten), die mit ihren religiösen Bildinhalten schlaglichtartig einen Einblick in die Glaubenswelt der damaligen Menschen vermitteln.
Lit.: Geschichte SH, hg. von U. Lange, Nms. 1996, 37-39. RW

Viöl

Völkisch-sozialer Block →Völkische Bewegung

Völkische Bewegung Der Begriff »völkisch« als Eindt. des Wortes »national« wurde seit Mitte der 1870er Jahre verwendet und dann insbesondere vom »Alldt. Verband« im Sinne eines auf Rassegedanken beruhenden Nationalismus, der strikt antisemitisch ausgerichtet war. Nach 1918 gab es eine Reihe von polit. Organisationen, die sich daran orientierten. Dazu gehörte der »Dt.völkische Schutz- und Trutzbund« mit Zentrale in →Hamburg, aber sich in SH ausbreitenden Ortsgruppen (1921 waren es 12, 1922 33), der enge Verbindungen zum protestantischen Dt.christentum unterhielt, aber 1923 aufgrund des Republikschutzgesetzes verboten wurde. Ebenfalls in SH aktiv war die »Dt.sozialistische Partei«, deren Kieler Ortsgruppe im Sommer 1919 gegr. wurde (April 1920: 44 Mitglieder) und die sich 1921 auch in Dithm. etablieren konnte. Sie gab ab März 1921 die Zeitung »Hohe Warte« heraus, in der kräftig für das Dt.christentum geworben wurde. Die Partei zerfiel im November 1921; die Kieler Gruppe schloß sich der Dt. Werkgemeinschaft an, mit der sie schließlich in der NSDAP aufging. Der Kieler »Volksbund Uwe-Jens-Lornsen«, eine Abspaltung der Dt.sozialisten, darf als Tarnorganisation der NSDAP angesehen werden. Auch andere Parteien dieser Couleur schufen Ortsgruppen – in Altona die »Großdt. Arbeiterpartei« (1923 verboten) und die »Dt. völkische Freiheitspartei«. Nach dem Münchener Putschversuch der NSDAP (8.11.1923) und dem Verbot der Partei kam es auch in SH zur Bildung des »Völkisch-sozialen Blocks«.

Auch die »Dt.nationale Volkspartei« bildete unter Leitung des wilsterschen Lehrers D. Klagges einen »Ausschuß zur Förderung des dt.-völkischen Grundgedankens«. Der V. zuzuordnen sind auch die paramilitärischen Organisationen wie »Wehrwolf« (1923 Rendsburg) und »Jungdt. Orden« (1923 Schl., Husum und Kiel; 1925: über 4.000 Mitglieder in SH). Auch der 1924 gegr. »Bund Artam« (Artamanen), der den schwärmerischen Idealismus der völkischen Jugendbewegung mit der Militanz der Jugendwehrverbände in einer an Landarbeit ausgerichteten Tätigkeit verbinden wollte, war in SH aktiv (1928: 23 Arbeitsstellen). Alle diese Gruppierungen der V. stellen Reservoire der NSDAP in SH dar und haben den Erfolg dieser Partei vorbereitet.

Lit.: R. Rietzler, Kampf in der Nordmark, Nms. 1982; G. Hoch, Artamanen in SH, in: Wir bauen das Reich, hg. von E. Hoffmann, P. Wulf, Nms. 1983, 137-148. LS

Vogel, Hermann Carl →Sternwarte

Vogelfluglinie Bereits im MA bestand eine, allerdings unbedeutende Fährverbindung über den Fehmarnbelt, in den 1860er Jahren wurde dann eine moderne →Eisenbahn-Verbindung

Die Fehmarnsundbrücke ist ein Teil der Vogelfluglinie

→Hamburg-→Fehmarn-Rødby-Kopenhagen diskutiert. Dieser Plan wurde erst 1910 wieder aufgenommen, nun unter dem Namen V., der sich an der Route der Zugvögel von und nach Skandinavien und Mitteleuropa orientierte. Bereits der Autobahnbau Hamburg-Lübeck in den 1930er Jahren berücksichtigte die V., doch erst in den 1950er Jahren wurden die Pläne konkreter, da der Auto- und Reiseverkehr stark zunahm und eine Alternative zu den nun in der DDR liegenden Fährhäfen Warnemünde und Saßnitz geschaffen werden sollte. 1951 wurde die Fährverbindung Großenbrode-Gedser eingerichtet, 1961/63 die Fehmarnsundbrücke sowie Häfen in Puttgarden und im dän. Rødbyhavn gebaut, über die in den folgenden Jahrzehnten ein Großteil des europäischen Skandinavienverkehrs lief. OP

Vogelkoje Die V. auf den nordfriesischen Inseln sind künstlich angelegte Fangstätten für Enten aller Art und wurden seit dem 18. bis ins 20. Jh. genutzt. Von einem mit Bäumen und Sträuchern umgebenen Teich gehen mehrere bis zu 30m lange, immer schmaler zulaufende Gräben (Pfeifen) ab, die mit Netzen überspannt sind. Gezähmte Lockenten verleiten von August bis zum Wintereinbruch vorbeiziehende Wildenten zur Rast und locken sie in die Pfeifen, wo sie gefangen und getötet (»geringelt«) werden. Der Anteil an einer V. war ein einträgliches Geschäft für die Inselbewohner, in den sechs Föhrer V. sollen pro Jahr bis zu 40.000 Enten gefangen worden sein. OP

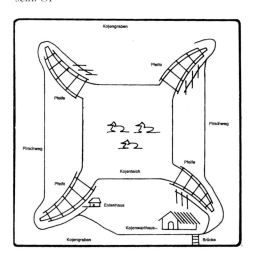

Vogt war der Vertreter (lat. advocatus) des Gf. oder Bf. in der Territorialverwaltung mit Sitz auf einer landesherrlichen/bf. →Burg. Auch in den Städten (→Stadt) war der V. zunächst der gfl. Repäsentant, wurde aber im Spätma. mehr und mehr städtischer Funktionsträger mit polizeilicher Gewalt. Aus dem V. der Landdistrikte entwickelte sich im 15./16. Jh. der → Amtmann. Auch auf der niedrigsten Ebene der landesherrlichen Verwaltung gab es den V. als →Ksp.v. (für die →Ksp. in Holst.) und als → Hardesv. (für die →Harden in Schl.). Der Gerichtsv. sorgte für das ordnungsgemäße Verhalten bei Gerichtsverhandlungen. In der Neuzeit stellt der V. in vielen Zusammenhängen den ausführenden, oft sozial niedrig eingestuften Funktionsträger dar – als Armenv., Brückenv., Gassenv., Marktv., Polizeiv. u.a. LS

Vogtei war ein Bezirk, der einer landesherrlichen/bf. →Burg zugeordnet war und in dem ein gfl./bf. Vogt die Stellvertretung des Gf. besorgte. In der Frühen Neuzeit teilten sich auch Adels- und Klostergrundherrschaften in V. als Verwaltungsuntereinheiten. So hatte das →Kloster →Itzehoe 15 V., die Herrschaft → Breitenburg neun V. LS

Voigt-Diederichs, Helene →Literatur

Volksabstimmungen Nach der dt. Niederlage im 1.WK forderten die dän.gesinnten Nordschl. und ihr Führer, der Reichstagsabgeordnete H. P. →Hanssen, daß die dt.-dän. → Grenze in Übereinstimmung mit dem Selbstbestimmungsrecht der Völker und dem Friedensprogramm des US-Präsidenten W. Wilson geändert werden solle. Dieser Forderung wurde durch den Artikel 109 des Versailler Friedensvertrag vom 28.6.1919 entsprochen, in dem festgelegt wurde, daß →Nordschl. (1. Zone) en bloc abstimmen solle, wobei der Landesteil an DK fallen sollte, wenn es dafür ein Mehrheit gäbe. In Mittelschl. mit →Flensburg (2. Zone) sollte gem.weise abgestimmt werden. Während der Abstimmung sollte das Gebiet von einer internationalen Kommission (→ CIS) verwaltet werden, die am 10.1.1920 in Funktion trat. Die Abstimmung in der 1. Zone fand am 10.2.1920 statt und erbrachte eine dän. Mehrheit von 75%. Dt. Mehrheiten gab es

Das Fangsystem einer Amrumer Vogelkoje

Volksadel

in Apenrade/Aabenraa, Sonderburg/Sønderborg, Tingleff/Tinglev und besonders in Tondern/Tønder, Hoyer/Højer und Uberg/Ubjerg. In der 2. Zone, in der am 14.3.1920 abgestimmt wurde, gab es eine dt. Mehrheit von 80% (in Flensburg 75%). Ein dt. Vorschlag für eine nach Norden verschobene Grenzlinie (→Tiedje-Linie) wurde zurückgewiesen und am 15.6.1920 wurde Nordschl. mit DK vereinigt. Am folgenden Tag endete die Tätigkeit der internationalen Kommission.
Lit.: B. Schwensen, I. Adriansen, Von der dt. Niederlage bis zur Teilung Schl., Flensburg 1995. HSH

Volksadel Die einheimische polit. Führungsschicht Holst. im 12. und frühen 13. Jh. wird als V. oder Stammesadel bezeichnet (maiores provincie), um sie von dem lehnsrechtlich gebundenen →Adel abzugrenzen, der mit den →Schauenburger Gff. ins Land kam. Der entscheidende Unterschied ist in der mangelnden rechtlichen Abgrenzung des V. und wohl auch in der weniger ausgeprägten Besitzdifferenzierung zu suchen. Man wird allerdings davon ausgehen können, daß der V. über größeren Besitz als die breite Masse der holst. Freien verfügte, weil dieser für die militärische Ausrüstung notwendig war. Unklar bleibt allerdings, ob sein Besitz in →Grundherrschaften organisiert war. Zum V. gehörte eine berittene Elitetruppe, die der Chronist →Helmold von Bosau als »virtus Holzatorum« bezeichnete, zur Sicherung Holst. gegen die →Slawen. Zahlreiche V. begegnen vor 1200 im Schenkerkreis des Stiftes →Nms. Aus dieser Schicht sind auch die →Overboden hervorgegangen. Der V. verdankte seine Stellung nicht gfl. Gewalt, sondern war ein »verfassungsgeschichtliches Relikt früherer Zeiten« (Hoffmann), das entsprechend von den Gff. Adolf II. und Adolf III. bekämpft wurde. Das spannungsgeladene Verhältnis zwischen Gf. und Lehnsmannschaft einerseits, dem einheimischen →Overboden und dem V. andererseits sowie die Rolle des sächsischen Hz. →Heinrich des Löwen als Integrationsfigur bestimmten maßgeblich die Geschichte Nordelbiens im hohen MA. Erst im Laufe des 13. Jh. ist der V. in die Mannschaft des Gf. eingetreten und hat – wie die meisten Adelsfamilien – seinen Besitzschwerpunkt in das Kolonisationsgebiet Ostholst. verlegt. Von den ältesten Familien der heutigen sh →Ritterschaft, den sog. →originarii, läßt sich keine sicher auf den V. zurückführen.
Lit.: E. Hoffmann, Beiträge zum Problem des V. in Nordelbingen und DK, in: ZSHG 100, 1975, 25-81; E. Bünz, Das älteste Güterver-zeichnis des Augustiner-Chorherrenstiftes Nms., in: ZSHG 112, 1987, 27-122. EB

Volksbanken und Raiffeisenbanken haben das SH-Lexikon unterstützt und stellen sich vor: Seit 1866 – und somit seit über 130 Jahren – sind die Volksbanken und Raiffeisenbanken ein wichtiger und gewichtiger Faktor im deutschen Kreditgewerbe und in der deutschen Wirtschaft. Eine Bankengruppe, die sich traditionell besonders dem Mittelstand in seiner ganzen Breite verpflichtet und verbunden fühlt. Die mittelständischen Mitglieder und Kunden optimal zu fördern und zu betreuen sowie aktiv in allen bankwirtschaftlichen Fragen zu unterstützen – diese Aufgaben bestimmen seit jeher die Geschäftspolitik der Volksbanken und Raiffeisenbanken. Mit dem Slogan »Wir machen den Weg frei« werden die Ortsverbundenheit und der persönliche Kontakt zu den Menschen in der Region als geschäftspolitische Stärke der Volksbanken und Raiffeisenbanken dokumentiert. Auch die neuen Informations- und Kommunikationstechniken werden den Konzentrationsprozess weiter forcieren. Die Volksbanken und Raiffeisenbanken nehmen aktiv an dieser Entwicklung teil. Ihre Mitglieder und Kunden profitieren überall von den neuen elektronischen Bankdienstleistungen, seien es der Geldausgabeautomat, der Kontoauszugdrucker, der automatische Kassentresor oder die schnellen und be-

quemen »maßgeschneiderten« elektronischen Beratungssysteme einschließlich des Telefon Banking. Die Volksbanken und Raiffeisenbanken sind für den europäischen Binnenmarkt und den Euro gut gerüstet. Sie beraten ihre Mitglieder umfassend über mögliche Konsequenzen aus dem freien und ungehinderten Verkehr von Personen, Waren, Dienstleistungen und Kapital. Mit dem Slogan »Wir machen den Weg frei« in Verbindung mit dem Schlüsselbild des freien Weges verfügen die Volksbanken und Raiffeisenbanken über ein eigenständiges Profil, indem sie Erlebnisse von persönlicher Unabhängigkeit vermitteln.

Volksbewaffnung Die liberale Forderung nach der Bewaffnung der männlich erwachsenen Bev. zur Verteidigung gegen äußere Feinde und Sicherung der inneren Ruhe und Ordnung wurde erneut laut, als sich mit der →Provisorischen Regierung eine Selbstverwaltung der Hztt. etabliert hatte. Jetzt richtete sich die Abwehr des äußeren Feindes v.a. gegen DK. In den Städten konnte die V. auf die →Bürgerbewaffnung (Sicherheitswachen, →Bürgerwehren) zurückgreifen, die sich v.a. gegen soziale Unruhen wenden sollten; auf dem Lande fand die Idee v.a. in den östlichen Teilen zwischen →Cismar und →Angeln Gehör, wobei die Güter unberührt blieben. Zu einer regulären V. ist es nicht gekommen – vielleicht mit Ausnahme der Freikorps, die z.T. in die reguläre sh Armee überführt wurden, deren Mitgliedschaft aber zu erheblichem Teil nicht aus SH stammte.
Lit.: E. Schwalm, V. 1848-1850 in SH, Nms. 1961. LS

Volksbund Uwe-Jens-Lornsen →Völkische Bewegung

Volkshochschule Die V. sind im 19. Jh. aus der Idee heraus entstanden, Erwachsenen neben ihrem Beruf eine Weiterbildung zu bieten. In Abendkursen und Wochenendseminaren – heute auch im Rahmen des Bildungsurlaubs sowie auf Studienfahrten und -reisen – wird allen Bürgern oder auch bestimmten Zielgruppen (Arbeitslose, Ausländer, Analphabeten, Senioren, Behinderte, Frauen) die Möglichkeit gegeben, sich allgemein in Sprachen, Musik, handwerklichen Fähigkeiten, EDV, Gesundheit, Kultur, Politik u.a. fortzubilden oder qualifizierte Schulabschlüsse zu erlangen. Die erste V. in SH wurde 1906 in →Albersdorf gegr. Seitdem entstanden V. in 163 (1999) Orten des Landes. Eine Besonderheit ist die dän. Tradition der Heimv., deren erste 1921 in →Rendsburg gegr. wurde und von denen heute weitere in Leck, auf dem Koppelsberg bei →Plön und im Klappholttal auf →Sylt existieren. Nach einem Aufruf der britischen Militärbehörden und des →Oberpräsidenten der →Provinz SH Ende 1945, die Erwachsenenbildung wieder aufzunehmen, entstanden bis zum Februar 1946 bereits 30 V., da das Bedürfnis nach geistiger Orientierung und Fortbildung groß war. 1947 wurde dann ein Landesverband der V. in SH gegr. Von den 1999 bestehenden V. wurden 43, also nur etwa ein Viertel, hauptamtlich geleitet. 8.762 Kursleiter, die meisten Frauen, erteilten in 24.658 Kursen 288.483 Teilnehmern (ca. 75% Frauen) 660.149 Unterrichtsstunden. Darüber hinaus veranstalteten die V. 1999 139 Ausstellungen. Die Mehrzahl der V. (87) hat als Rechtsträger einen Verein, 76 sind in kommunaler Trägerschaft. Die Finanzierung der V. (1999: 64,48 Mio. DM) erfolgt zu 41,4% aus Teilnehmergebühren, 6% Landesmitteln, 30,5% Gem.- und 2,3% Kreiszuschüssen sowie 19,8% aus anderen Einnahmen.
Lit.: A. Henningsen, Beiträge zur Geschichte der Erwachsenenbildung in SH, Nms. 1962; 50 Jahre Landesverband der V. SH, redigiert von W. Behrsing, Kiel 1998. OP

Volkskalender wie der 1741 entstandene »Eutiner Klenner« gehörten zu den populären Lesestoffen mit Angaben über Stand der Ge-

Vollmacht

»Eutiner Klenner«

stirne, Wetterprognosen, Postgebühren, Marktzeiten, landwirtschaftlich bedeutsame Termine (Trächtigkeit des Viehs, Brüten der Hühner), mit Spruchweisheiten, Gedichten und unterhaltsamen Geschichten in hoch- und nd. Sprache und dienten v.a. bei wachsender Lesefähigkeit dem Informationsbedürfnis der ländlichen Bev.

Lit.: A. Schulz, Der Eutiner Kalender als populärer Lesestoff 1748-1864, Magisterarbeit Kiel 1983. KDS

Vollmacht war die Bezeichnung des von den Dorfschaften gewählten Vertreters im Kollegium der Landesgevollmächtigten in →Dithm. LS

Johann Heinrich Voß

Vorort bezeichnet in älterer Zeit den durch Bedeutung hervorgehobenen Ort einer Region oder einer größeren Gruppe von Orten (Städten). In der →Hanse, deren Mitgliedsstädte in →Viertel aufgeteilt waren, stellte →Lübeck nicht nur den V. des wendischen Viertels, sondern im 15./16. Jh. des Bundes insgesamt dar. Unter den holst. Städten war die Rangfolge durchaus nicht klar; aber man kann etwa an der Bildung des →Vierstädtegerichts 1496 erkennen, daß →Kiel, →Rendsburg, →Oldesloe und →Itzehoe als V. des Landes gerechnet wurden. In der Urbanisierungsphase des 19./20. Jh. erhielt der Begriff eine neue Bedeutung, indem er nun die in unmittelbarer Nähe einer Stadt liegenden kleineren Orte bezeichnete. LS

Vorwerk war im MA und in der Frühen Neuzeit der Wirtschaftshof einer →Burg, den man meistens zur Erreichung derselben durchqueren mußte. Da die Burganlage selbst zur Erhöhung der Verteidigungsfähigkeit eine kleine Grundfläche haben mußte, waren hier Ställe, Scheunen und Lagerräume nicht unterzubringen. Später wurde generell ein von einem Gutshof (→Gut) wirtschaftlich unabhängiger, aber besitzrechtlich hinzugehöriger Hof als V. bezeichnet. LS

Vos, Charles de →Wesselburen, →Zuckerindustrie

Voß, Johann Heinrich (geb. 20.2.1751 Sommerstorf, gest. 29.3.1826 Heidelberg) V. gründete mit seinem späteren Schwager Heinrich Christian →Boie den Göttinger Dichterbund Hain und setzte erfolgreich dessen Musenalmanach fort. Als Rektor in →Eutin schuf er die in dortiger Landschaft lokalisierte, vorbildlich (u.a. auf Goethe) wirkende Versidylle (»Der siebzigste Geburtstag«, »Luise«). Sein Hauptverdienst bilden die nachdichtenden Übertragungen griechischer und römischer Autoren, insbesondere der »Ilias« und »Odyssee«, mit denen er einer breiteren Leserschaft in Dt. die Werke der Antike erschloss.

Lit.: Lit. in SH 2, Kap. 13. HJF

Wählergemeinschaft Seit Ende der 1970er Jahre entstanden in SH auf kommunaler Ebene W., die sich bei Kommunalwahlen um die Gewinnung von Mandaten bewarben. Ihre Entstehung ist zum einen auf die Einsicht zurückzuführen, daß die Programme der Parteien meist angesichts sehr konkreter und kleinteiliger Probleme keine Hilfe bei der Lösung anbieten, daß also keine der →Parteien tatsächlich die Kompetenz für die konkrete Kommunalpolitik hatte. Auf der anderen Seite war man vielerorts der Meinung, daß die Auseinandersetzungen der Parteien um die »große Politik« mit der »kleinen«, kommunalen nichts zu tun hätten und nur störten. Schließlich gab es durch mangelnde Integration etwa von Neubürgern in die (oft partei-)polit. geprägten Zirkel der Kommunalpolitik Bedürfnisse zur Formierung eigener Interessenorganisationen. Unzufriedenheit in den Städten mit der Politik der Parteien führte auch hier zur Formierung von Protestw. So haben sich v.a. in den 1980er Jahren W. etabliert, die z.T. eine beträchtliche Lebensdauer beweisen. W. erhielten bei der Kommunalwahl 1982 2,4%, 1986 1,7% der abgegebenen Stimmen. LS

Wachholtz Verlag →Druckerei

Wagrier Das Gebiet zwischen der Kieler →Förde, der →Schwentine und der →Trave wird als Wagrien bezeichnet. Der Name leitet sich ab von dem hier seit der Mitte des 10. Jh. überlieferten slawischen Stammes der W. (→Slawen). Slawische Stämme sind seit der Zeit um 700 in Ostholst. belegt. Bereits unmittelbar nach der Einwanderung haben sich aus nebeneinander existierenden Großfamilien zahlreiche Kleinstämme mit einer Häuptlingsschicht herausgebildet. Im 10. und 11. Jh. kam es zur Entwicklung einzelner Herrschaftsorte und Herrschaftsgeschlechter bis zur Entstehung einer Samtherrschaft durch das abotritische Geschlecht der Nakoniden. Als Teil des abotritischen Gesamtstaates erscheinen neben den →Polaben südlich der Trave, den Warnowern und anderer auch die W. In Ostholst. entstand ein tiefgestaffeltes Burgensystem (→Burg). Diesen zentralen Burgen waren jeweils mehrere offene Siedlungen zugeordnet. →Oldenburg (slawisch Starigard) entwickelte sich zur wichtigsten und bedeutendsten Burg der W. und wurde 968 zum Bt. erhoben. Innerhalb des abotritischen Machtbereiches gelang es den w. Fürsten, eine gewisse Selbständigkeit bis in die spätslawische Zeit zu bewahren. Dies wird besonders deutlich, als der Abotritenfürst →Gottschalk von 1043 ab den Versuch unternahm, einen großräumigen Abotritenstaat zu errichten, dem auch die Teilstämme eingegliedert werden sollten. W. Fürsten ließen Gottschalk 1066 daraufhin ermorden und vereitelten nicht nur die Einverleibung in den Gesamtstaat, sondern machten zugleich für mehr als ein Jh. alle Versuche einer →Christianisierung in den drei slawischen Stammesgebieten zunichte. Gottschalks Sohn →Heinrich unterwarf 1093 mit dt. und dän. Hilfe W. und Abotriten und verlegte seine Residenz nach →Alt Lübeck. Die letzte Phase der w. Geschichte begann mit dem Tod Heinrichs (1127) sowie dem Untergang Alt Lübecks (1138) und endete mit der Errichtung der dt. Landesherrschaft. 1143 wurde der holst. Gf. Adolf II. Landesherr in Wagrien.
Lit.: M. Gläser, Die Slawen in Ostholst., Hamburg 1983. RW

Wahlen Wahlmöglichkeiten zu parlamentarischen Gremien gab es für die meisten erwachsenen Einw. SH erst mit dem Übergang an →Preußen 1867 und insbesondere nach Gründung des Dt. Reiches 1871. Zu allen davorliegenden W. – etwa zu den →Ständeversammlungen oder zu den kommunalen Gremien – war nur eine extrem kleine Gruppe von Besitzenden überhaupt zur Stimmabgabe berechtigt. Das preußische Zensuswahlrecht (Dreiklassenwahlrecht) bevorteilte auf der Ebene des Abgeordnetenhauses und der Kommunen ebenfalls in erheblicher Weise die Besitzenden, während das Gros der Bev. nur geringe Einflußmöglichkeiten hatte. Hingegen waren die Reichstagswahlen allgemeine gleiche W., in denen jede Stimme gleichviel zählte. Wandlungen in den Grundhaltungen der Wähler lassen sich wahrscheinlich nur durch den Vergleich der Reichstags-, nach 1946 der Bundestags- und Landtagsw. erkennen, wobei sich die Schwierigkeit ergibt, daß die →Parteien sich bei jedem grundlegenden polit. Umschwung veränderten und also kein Vergleich etwa zwischen den

Wahlen

	Bürgerliche	Sozialisten	Dänen	andere	Wahlbeteiligung
1871 R	56,1	12,2	19,8	11,9	43,0
1874 R	53,7	31,8	14,0	0.5	63,2
1877 R	49,4	29,0	11,5	0,1	65,0
1881 R	77,1	11,2	11,4	0,2	54,0
1887 R	71,8	21,5	6,7	0,1	76,3
1893 R	52,9	37,8	7,2	2,1	72,5
1898 R	53,3	39,0	7,3	0,4	72,0
1903 R	48,9	44,3	6,0	0,7	76,2
1912 R	53,6	40,4	5,5	0,5	85,2
1919 V	50,8	49,1	–	0,0	
1921 R	52,8	46,5	–	0,7	77,9
1924 R	60,4	36,1	–	3,5	77,2
1928 R	52,9	43,1	–	4,0	76,8
1930 R	50,2	40,3	–	9,5	82,5
1932 I R	60,7	37,9	–	1,4	87,6
1932 II R	60,6	37,9	–	1,5	84,8
1933 R	67,4	31,9	–	0,7	89,5
1947 L	38,9	43,8	9,3	7,9	69,8
1949 B	50,2	29,6	5,4	14,8	82,7
1950 L	59,9	27,7	5,5	7,3	78,2
1953 B	70,2	26,5	3,3	3,0	88,5
1954 L	58,8	33,2	3,5	4,4	78,6
1957 B	65,8	30,8	2,5	0,9	88,7
1958 L	59,5	35,9	2,8	1,8	78,7
1961 B	59,5	36,4	1,9	2,3	88,0
1962 L	57,1	35,9	2,3	1,3	70,1
1965 B	57,6	38,8	0,0	3,6	85,9
1967 L	51,9	39,4	1,9	6,8	74,1
1969 B	51,5	43,5	0,0	5,0	86,0
1971 L	55,7	41,0	1,4	1,9	79,2
1972 B	50,6	48,6	0,0	0,8	90,5
1975 L	57,5	40,1	1,4	1,0	82,3
1976 B	52,9	46,4	0,0	0,7	90,6
1979 L	56,6	41,7	1,4	0,4	83,3
1980 B	53,0	46,7	0,0	0,4	89.0
1983 B	58,0	41,7	0,0	0,3	89,2
1983 L	54,9	43,7	1,3	0,2	84,3
1987 B	59,3	39,8	0,0	0,8	84,4
1987 L	51,7	45,2	1,5	1,5	76,6
1988 L	40,6	54,8	1,7	3,0	77,4
1990 B	58,9	38,5	0,0	2,6	78,6
1992 L	44,4	46,2	1,9	7,5	71,7
1994 B	57,2	39,6	0,0	3,2	80,9
1996 L	51,0	39,8	2,5	6,6	71,8
1998 B	49,8	45,4	0,0	4,8	82,4
2000 L	48,8	43,3	4,1	3,8	71,7

Wahlergebnisse für Reichstags- (R), Bundestags- (B) und Landtagswahlen (L) sowie der Wahl zur Verfassunggebenden Versammlung (V)

Links- und Nationalliberalen der Kaiserzeit mit den heutigen Liberalen (Freie Demokratische Partei) möglich ist. Deshalb lassen sich nur grobe Zuordnungen geben, die hier das Spektrum unterteilen sollen: Bürgerliche (darunter Links- und Nationalliberale, Konservative und NS, später auch Parteien der Heimatvertriebenen und Grüne), Sozialisten (Sozialdemokraten und Kommunisten) und – als regionale Besonderheit – Dän. Zu bedenken ist, daß bis 1918 nur etwa $1/5$ der Bev. wahlberechtigt war, während es nach 1919 stets etwa $2/3$ sind. Die Wahlbeteiligung lag in der Zeit von 1871 bis 1903 zwischen 54 und 76% (nur 1871 43%), danach bei 85%, sank ab 1921 auf um 78% und stieg in der Zeit des NS fast bis an 100%; nach 1947 blieb sie zunächst über 80%, stieg Anf. der 1970er Jahre auf über 90%, ließ dann aber wieder nach und stand zuletzt bei 82%. LS

Wahlrecht Von einem W. im Sinne moderner parlamentarischer Gepflogenheiten kann man in SH erst seit der Einführung der →Ständeversammlungen für Schl. und Holst. (1834) sprechen. Die zu wählenden Vertreter in den Ständeversammlungen wurden allerdings nur von 2% der Bev. gewählt, weil alle anderen kein aktives W. genossen. In den Kommunen gab es ein W. nur für die Besitzenden, wobei sich in den Landgem. ein hochgradig verfestigter Turnus der zu Wählenden herausgebildet hatte, während in den Städten (→Stadt) und →Flecken noch immer Kooptation bzw. kgl. Einsetzung der polit. Repräsentanten praktiziert wurde. In preußischer Zeit galt für die Wahlen zu den Kommunalparlamenten und dem preußischen →Landtag das Drei-Klassen-W., das Stimmenanteile nach Vermögen differenzierte und so den Besitzenden stets das Übergewicht verschaffte. Insbesondere mit dem Erstarken der →Sozialdemokratie wurde das W. kritisiert, da für den Reichstag das allgemeine und gleiche W., allerdings nur für erwachsene Männer, galt. Mit der Verfassung von 1919 wurde das allgemeine, gleiche und beide Geschlechter einbeziehende W. auf allen polit. Ebenen geschaffen, das sich bis heute erhalten hat. Das passive W. unterschied sich vom aktiven stets nur durch eine höhere Altersgrenze und – in der Zeit vor 1918 – durch die Notwendigkeit eines größeren Besitzes. LS

Waitz, Georg →Geschichtsschreibung

Wald SH war noch im Hochma. zu erheblichen Teilen waldbedeckt. Große zusammenhängende Wälder trennten Schl. und Holst. sowie den sächsischen vom slawischen Siedlungsraum. Reste dieser alten W. (etwa Isarnho/Jarnwith – →Dän. Wohld) sind der →Sachsenw., →Hahnheide, Kisdorfer Wohld und Aukrug. Auch die Hauptsiedelgebiete waren stark mit W. bedeckt. Die unterschiedlichen Landschaftszonen wiesen dabei eine von den Böden abhängige unterschiedliche Hauptvegetation auf: Im östlichen →Hügelland dominierte Buchenbestand, auf der →Geest Eichenmischw. und in den Marschen (→Marsch) Eschen-, Erlen- und Ulmenbruchw. →Heide entsteht in dieser Klimazone nicht von allein; sie ist hier immer von menschlicher Rodungstätigkeit abhängig. Der W.-rückgang ist auf folgende sieben Faktoren zurückzuführen: →Rodung zur Gewinnung von Ackerland, Entnahme von Bau- und Brennholz durch Landesbewohner, W.mast, Landesausbau (insbesondere Stackdeiche, →Schleusen etc. in den Marschen), Holzbedarf der Städte, gewerbliche Nutzung (wie Borkschälerei zur Gewinnung von Gerberlohe und Köhlerei) sowie Holzexport. Der W.rückgang zwang die Einw., bereits im 16. Jh. vermehrt auf →Torf als Brennstoff zurückzugreifen. Mangel an Bauholz führte in den extrem holzarmen Marschen zur Verwendung von Massivmauerwerk aus →Backstein. Im 18. Jh. setzten Schutz- und Aufforstungsmaßnahmen ein, die allerdings nur eingeschränkten Erfolg hatten. Die forcierte Aufforstung in preußischer Zeit führte zu monokulturellen Nutzw.forsten; Forstnutzung stand dabei in Konkurrenz zu anderen landwirtschaftlichen Nutzungen. Erst relativ spät reifte die Erkenntnis, daß W.regenerationsmaßnahmen auf Artenvielfalt setzen muß, um forstlichen Fehlentwicklungen zu begegnen. Heute gehört SH mit einem Anteil von 8,7% W. an der Gesamtfläche nach Bremen zu den waldärmsten Alt-Bundesländern.

Lit.: W. Hase, Abriß der W.- und Forstgeschichte SH im letzten Jahrtausend, in: Schriften des Naturwissenschaftlichen Vereins für SH 53, 1983, 83-124; K.-J. Lorenzen-Schmidt, W.verlust und W.aufbau in SH vom MA bis 1914, in: Dünger und Dynamit, hg. von M. Jakubowski-Tiessen, K.-J. Lorenzen-Schmidt, Nms. 1999, 41-64. LS

Walltorh, Anton →Regierungspräsident

Wahlhandfeste →Handfeste

Wahlkapitulation →Handfeste

Waldemarsmauer wird ein etwa 4 km langer Abschnitt des →Danewerk-Hauptwalls bezeichnet, mit dessen Bau zur Zeit Kg. Waldemar I. (1157-82) begonnen wurde. Sie ist eine Schalen-Konstruktion (innen und außen gebrannter →Backstein, dazwischen Feldstein-Brocken), errichtet auf einem Findlingsfundament. Die W. gehört zu den ältesten Ziegel-Bauwerken DK. Sie war im 12. Jh. eine moderne Befestigungsanlage (ca. 7m hoch, abgesichert durch Stützpfeiler; ein hölzerner Wehrgang zur Feindseite bildete den oberen Abschluß). Heute sind nur noch kleine Reste erhalten, die aber eine Rekonstruktion der Mauer zulassen.
Lit.: H.H. Andersen, Zur Wehr des ganzen Reiches, Nms. 1996. JB

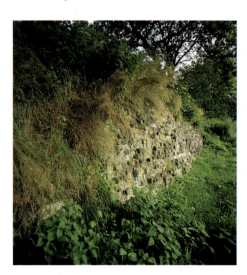

Die Waldemarsmauer

Walfang Die Jagdbeute des historischen arktischen W. waren in erster Linie der Grönlandwal (Balaena mysticetus), aber auch der Nordkaper (Eubalaena glacialis). Diese Bartenwale sind langsame Schwimmer und ihre Speckschicht ist so dick (25-40cm), daß die Kadaver der erlegten Tiere auf dem Wasser treiben. Der W. des 17. Jh., die sog. See- und Eisfischerei, war dadurch gekennzeichnet, daß die von den Fangbooten aus erlegten Wale zum Schiff geschleppt, das möglichst an einem Eisfeld festgemacht hatte, und dort abgespeckt wurden. Die Speckstreifen wurden mittels der Takelage des Schiffes an Bord gehievt, dort in Stücke geschnitten und in Fässer verpackt um dann in den jeweiligen Heimathäfen in den hierfür errichteten Trankochereien ausgebrannt zu werden. Ein mittelgroßer Grönlandwal erbrachte nach dem Ausbrennen des Specks etwa 170 Hektoliter Tran. Die Ära des dt. W. begann 1644, als Kg. Christian IV. einem aus Holland stammenden Kaufmann und Reeder in →Hamburg das Recht verlieh, eine Societas Groenlandiae zu gründen und W. in den Gewässern um Spitzbergen zu betreiben. Diese Grönlandgesellschaft war sehr erfolgreich und die Hamburger Fangflotte wuchs bis 1675 auf 83 Schiffe an. Die kommerziellen Erfolge der Hamburger Reeder führten auch in →Altona (1685) und →Glückstadt (1671) zur Gründung solcher Grönlandfahrt-Unternehmungen, die während des 17. Jh. aber mit sehr wechselhaften Erfolg betrieben wurden. Außer Altona hatte in SH Glückstadt den weitaus größten Anteil am W. Fast zwei Jh. hindurch, von 1671 bis 1872, beteiligte sich die Stadt mit sehr unterschiedlichen Erfolg an der Jagd im Eismeer. Gegenüber Altona und Glückstadt sind die vorübergehend betriebenen W.-Reedereien anderer Orte in SH wie →Beidenfleth, →Brunsbüttel, →Elmshorn, →Flensburg, →Friedrichstadt, →Itzehoe und →Uetersen nie zu größerer Bedeutung gelangt. Ab 1770 kam es – auch durch dän. Privilegien und Prämien – zu einer relativen Blüte dieser Unternehmungen. Durch die dän. Herrschaft in den Hztt. hatte der Altonaer W. weniger als der Hamburger unter den diversen Blockadeschwierigkeiten zu leiden. Nach der Verwicklung DK in die →Napoleonischen Kriege zu Beginn des 19. Jh. ging auch SH Grönlandfahrt stark zurück, lebte nach dem Friedensschluß 1814 – zunehmend als →Robbenschlag – wieder etwas auf und endete für Al-

Walfänger im Eismeer um 1750, Kupferstich von Georg Balthasar Prost

tona 1836, für Glückstadt und Flensburg 1863, für Elmshorn aber erst 1872.
Lit.: W. Oesau, SH Grönlandfahrt auf Walfischfang und Robbenschlag vom 17.-19. Jh., Glückstadt/Hamburg 1937; J. Münzing, Die Jagd auf den Wal, Heide 1978. PDC

Wall →Maße

Wallfahrt Die bedeutendsten W.orte des MA – Jerusalem, Rom und Santiago de Compostela in Spanien – wurden bereits im 12. Jh. von Pilgern aus SH aufgesucht. Neben diesen Fernw. gab es solche mittleren Ranges, in Dt. z.B. Aachen oder Wilsnack (Altmark), wohin im 15. Jh. auch Wallfahrer aus Nordelbien und Skandinavien reisten. Im 14. und 15. Jh. entstanden außerdem in SH zahlreiche Lokalw., die mit Ablässen begünstigt wurden, etwa in →Cismar (reicher Reliquienbesitz), →Burg in Dithm. (angebliches Haupt des hl. Petrus), Büchen (Marienw.) und Kliplev (Sunte Helper – Salvator). Die Heiligen der W.orte wurden als Fürsprecher bei Gott in Leibes- und Seelennöten angerufen. Ein Wunderbericht aus St. Gilles du Gard in Südfrankreich bezeugt schon im frühen 12. Jh. die Heilung eines Gelähmten aus →Schl. am Grab des hl. Ägidius. Daneben wurden auch gerichtlich auferlegte Sühnew. und freiwillige Bußw. unternommen. Als Zeichen der W. heftete man sich Pilgerzeichen an die Kleidung, wie sie in großer Zahl bei Ausgrabungen in der Altstadt von Schl. gefunden worden sind.
Lit.: M. Fischer-Hübner, W.orte in Lauenburg, in: Die Heimat 59, 1952, 167-169; E. Assmann, Schl.-Haithabu und Südosteuropa, in: ZSHG 78, 1954, 284-288. EB

Walter, Hellmuth (geb. 26.8.1900 Wedel, gest. 16.12.1980 Upper Montclair, New Jersey USA) Der Ingenieur und Rüstungsfabrikant arbeitete seit 1930 für die Reichsmarine, seit 1933 an einem neuartigen Antriebsverfahren, das in U-Booten, Torpedos und dem Raketenflugzeug ME 163 zum Einsatz kam. Das nach ihm benannte W.-Verfahren basiert auf der Energiegewinnung aus hochkonzentriertem Wasserstoffperoxid und verlor erst mit Etablierung der Nukleartechnologie zu Beginn der 1950er Jahre an Bedeutung. Dem NSDAP-Mitglied (1931) und späterer Wehr-Wirtschaftsführer, der 1935 in →Kiel eine eigene Firma gründete (W.-Werk), wurden für seine kriegswichtigen Verdienste hohe militärische Orden und der Professorentitel (1944) verlie-

Wandsbek

hen. Größere Zweigwerke des Kieler Stammhauses entstanden in →Ahrensburg, Eberswalde (bei Berlin) und Beerberg (Schlesien). Außerdem existierten Erprobungsstellen in →Kappeln, →Eckernförde, →Plön und →Bosau. Nach dem 2.WK konnte W. seine Forschungen nahtlos im Auftrag der britischen Royal Navy in England fortsetzen, bevor er 1949 in die USA übersiedelte und dort vornehmlich an zivilen Projekten arbeitete.

Lit.: E. Kruska, E. Rössler, W.-U-Boote, München 1969. SW

Wandsbek

Wandsbek Bei dem 1296 zuerst genannten →Dorf, das an der damals wasserreichen Wandse lag, entwickelte sich Ende des MA ein →Gut, das 1564 Heinrich →Rantzau erwarb. Er ließ hier die Wandesburg errichten, von deren Turm 1597/98 Tycho Brahe astronomische Beobachtungen durchführte. Nach 1614 gab es mehrere Besitzer, die u.a. 1637 die Ansiedlung einer jüdischen Gem. (→Juden) gestatteten (der Friedhof ist noch vorhanden), bis 1762 Heinrich Carl von Schimmelmann das Gut erwarb und 1773 das Renaissanceschloß durch eine aufwendige barocke Schloßanlage ersetzen ließ. Er sorgte für Anreize zur Ansiedlung von →Manufakturen (Kattundruckereien und -färbereien) unter Ausnutzung der Wasserkraft der Wandse und machte den Ort zu einem belebten →Flecken. 1770 wurde Matthias →Claudius hierher gerufen und gab bis 1815 seinen »Wandsbecker Bothen« heraus. Durch die Expansion →Hamburgs geriet W. stärker in den Einfluß Hamburger Interessen. Nachdem die Schimmelmanns 1857 ihren Grundbesitz verkauft hatten, wurde 1861 das Schloß abgebrochen und ein erheblicher Teil der Liegenschaften zu Baugrundstücken parzelliert. Der Flecken erwarb einen Teil des Schloßparks und erhielt ihn als Parkanlage. 1867 kam W. zum →Kreis →Stormarn. Die →Industrialisierung des Ortes führte zu rascher Bev.zunahme, so daß W. 1870 →Stadtrecht erhielt. Eingemeindungen (1878 Marienthal, 1900 Hinschenfelde) ließen W. kräftig wachsen, und es wurde 1901 als Stadtkreis aus dem Kreis Stormarn ausgegliedert – vom Status einer Großstadt war W. 1908 mit knapp 34.000 Einw. aber noch weit entfernt. 1937 wurde W. aufgrund des →Groß-Hamburg-Gesetzes nach Hamburg eingem. Starke Zerstörungen im 2. WK sind Ursache für das uneinheitliche Erscheinungsbild des Stadtteils. Seit 1949 bildet W. mit umgebenden Ortsteilen den hamburgischen Bezirk gleichen Namens. LS

Wandständerhaus →Bauernhaus

Der Wandsbeker Marktplatz um 1845, Aquarell von Wilhelm Heuer

Wappen Das Unterscheidungszeichen der im Hochma. gepanzerten und mit das Gesicht verdeckenden Helmen ausgerüsteten berittenen Krieger war das W., das meist ein einfaches auf den Schild gemaltes Symbol war. Aus diesen Zeichen entwickelten sich die W., wobei die älteren W. zumeist einfache Formen und Farben aufweisen und sich erst im Verlauf der Differenzierung des →Adels komplizieren. In SH finden sich W. in der ältesten Überlieferung zumeist in Form von Siegelabdrücken, die beurkundende Personen an Urkunden anbringen ließen. Die Darstellung in Form von W.schilden kommt dabei vor, ist aber nicht die Regel. Zumeist tragen Siegel auch noch eine näher bezeichnende Umschrift (meistens in lat. Sprache), die bei den W. fehlt. Finden sich die ältesten W. beim Adel (vom Kg. bis zum Niederadligen), so gibt es im Spätma. auch die Städtew., die zumeist Bezug auf die W. der die Stadtrechte verleihenden Herren und deren W. nehmen (in →Lübeck der Reichsadler, in Schl. die Leoparden/Löwen, in Holst. das schauenburgische →Nesselblatt). Ob Bauern im Spätma. W. geführt haben, ist nicht bekannt. Die bäuerlichen Siegelüberlieferungen aus den →Elbmarschen zeigen im 14. und 15. Jh. Hausmarken. Hingegen führten die →Landgem. und →Ksp. und deren Zusammenschlüsse (→Landschaft) W., die zumeist von kirchlicher Symbolik (Heiligenfiguren) abgeleitet waren (z.B. → Dithm., anders die →Kremper Marsch, die einen schreitenden Schwan im Schilde führte). Erst im 15. und 16. Jh. begannen führende städtische Familien (→Patriziat), sich mit W. auszustatten; sie strebten eine adelsgleiche Stellung an und brachten das mit den W. zum Ausdruck. Im 17. und 18. Jh. kamen mehr und mehr bürgerliche W. auf, die Nachahmung auch bei Bauernfamilien fanden. Es sind zumeist sprechende W., deren Bilder direkten Bezug auf den Familiennamen nahmen (z.B. Familie Mohr: ein Mohrenkopf; Familie Krey: eine Krähe). Nur die Verleihung eines W. im Rahmen einer Adelserhebung war normiert und wurde von den landesherrlich-kgl. Behörden registriert. Hierfür galten die Regeln der im 17. Jh. aufblühenden W.kunde (Heraldik), die insbesondere hinsichtlich der Figuren eine große Vielfalt zuließ (z.B. das Stadtwappen von →Glückstadt). Seit 1918 gibt es keine Kontrolle mehr über die W.führung, nur die →Landesw. sind gegen mißbräuchliche Nutzung geschützt. Seit den 1970er Jahren möchte eine steigende Zahl von Gem. in Anlehnung an ma. Vorbilder sich ein W. zulegen. Die Genehmigung zur Führung eines Gem.w. erteilt der Innenminister, nachdem das Landesarchiv eine heraldische Unbedenklichkeitserklärung abgegeben hat. LS

Warder (SE) nordöstlich von →Segeberg besaß auf einer über eine Brücke zugänglichen, bereits in frühgeschichtlicher Zeit besiedelten Insel im W. See eine slawische Befestigung des 9. bis 12. Jh. mit umfangreichen Siedlungsspuren. In W. lag 975/80 der Herrenhof Nezenna des →Oldenburger Bf. Wago. Der Chronist →Helmold will hier noch im 12. H. die Reste eines christlichen Oratoriums gesehen haben, zu der Zeit, als die einschiffige Feldsteinkirche durch das Segeberger →Kloster gegr. wurde. OP

Warder

Warft Die künstlich aufgeworfenen Wohn-, Schutz- und Zufluchtstätten im Gebiet der Nordseemarschen und auf den →Halligen werden regional verschieden auch Warf, Werf, Werft, Wurt, Wierde, Wührde oder Terp genannt. Sie sind heutzutage ähnlich aufgebaut wie ein Landesschutzdeich. Auf einem Sandkern liegt eine Schicht schwerer Kleierde, die wiederum mit Grasboden belegt ist. Die Höhe einer W. richtete sich nach den Erfahrungen mit den →Sturmfluten und

Die Kirchwarft auf Hallig Hooge

Warleberger Hof

mußte von Zeit zu Zeit angepaßt werden. So beträgt nach zweimaliger Aufstockung in den letzten Jahrzehnten die Höhe der W. auf der Hallig Oland heute 6m über NN bzw. gut 4m über dem mittleren Hochwasser (→Wurt).
Lit.: K. Lüders, G. Luck, Kleines Küstenlexikon, Hildesheim 1976; J. Wergin, Halligleben im Wandel der Zeiten, Hamburg 1997. HK

Warleberger Hof →Museen

Wasserkraft konnte in SH nur dort ausgenutzt werden, wo sich durch stärkere Höhenunterschiede im Gelände Gefälle ergaben bzw. hergestellt werden konnten. Das war fast nur im östlichen →Hügelland und auch hier nur in den kuppigen Gebieten der Fall. Deshalb kamen Wassermühlen, sei es zur Getreide-, sei es zur Metallbe- und -verarbeitung, ganz überwiegend hier vor. Am bekanntesten sind die Kupferhämmer (→Kupfermühle) und Drahtmühlen in →Stormarn, die bereits im 16. Jh. das investorische Interesse Lübecker und Hamburger Kaufleute auf sich zogen. Aber auch auf der →Geest kamen Wassermühlen an Mühlenstaus (Mühlenteichen) vor, die meistens im 18. Jh. im Verlauf von Bächen und Auen angelegt wurden (z.B. die schon im 14. Jh. genannte Wassermühle an der →Krückau oberhalb →Elmshorns). LS

Watt Das W. besteht aus Sedimentflächen im Gezeitenbereich, die bei Ebbe trockenfallen. Sie erstrecken sich in 15-30km Breite entlang der Nordseeküsten von Esbjerg in DK bis Den Helder in den Nl. Der sh Anteil beträgt 2.500km^2. Davon sind $^1/_3$ W.ströme und Priele (→Priel), die das W. in einem stark verästelten System durchziehen. Der überwiegende Teil ist Sandw. (mehr als 85% Sand). Das Mischw. besteht zu 50-85% aus Sand, Schlickw. aus mehr als 50% Ton und enthält 5-10 % organisches Material, das von Mikroorganismen unter starker Sauerstoffzehrung abgebaut wird. Dabei kommt es zur Bildung von Schwefelwasserstoff und schwarzem Schwefeleisen. Der Schlick stammt zu einem beträchtlichen Teil von fossilen Kulturböden der bei den →Sturmfluten von 1362 und 1634 untergegangenen Siedlungen →Nordfrieslands. Vom 18. bis 20. Jh. erfolgte eine umfangreiche Landgewinnung. Um →Helgoland befindet sich Felsw., auf dem sich eine vielfältige Algenvegetation entwickelt. Das übrige W. wird als extremer Lebensraum von relativ wenigen Pflanzen- und Tierarten besiedelt, die aber sehr große Individuenzahlen hervorbringen können. Es handelt sich v.a. um Würmer, Muscheln, Schnecken und Krebse (→Krabbe), die zahlreichen Fischen und Vögeln als Nahrung dienen. Für die Zugvögel ist das W. ein wichtiges Rast- und Ernährungsgebiet. Zum Schutz des W. wurde mit dem Gesetz vom 22.7.1985 der Nationalpark sh Wattenmeer errichtet.
Lit.: U. Muuß, M. Petersen, Die Küsten SH, Nms. 1971; Nationalpark sh Wattenmeer, hg. von Ministerium für Ernährung, Landwirtschaft und Forsten SH, Kiel 1985. GR

Weber, Andreas Paul (geb. 1.11.1893 Arnstadt, gest. 30.11.1980 Ratzeburg) Der Autodidakt begann nach seiner Teilnahme als Soldat im 1.WK seit den 1920er Jahren besonders zu polit. Themen mit zeitkritischer und satirischer Absicht zu zeichnen. Seine virtuosen und phantasievollen Bildreihen, die insbesondere nach dem 2.WK entstanden, haben ihn be-

Watt bei List auf Sylt

Das Pumpspeicherkraftwerk Geesthacht

rühmt gemacht. Seit 1973 gibt es in →Ratzeburg ein W.-Haus (→Museen). LS

Weber, Carl Maria von (geb. 18.(?)11.1786 Eutin, gest. 5.6.1826 London) Durch die elterliche Theatertruppe lernte W. schon früh das ganze Opernrepertoire seiner Zeit kennen. Nach Wanderjahren, deren einzelne Stationen (Breslau, Carlsruhe/Schlesien, Stuttgart, Darmstadt, Prag) wesentliche Impulse für sein Denken und Komponieren gaben, übernahm W. 1816 den Posten des Musikdirektors an der neu gegr. Dt. Oper in Dresden. Der anhaltende Erfolg seines »Freischütz« (1821), der andere wichtige Werke in den Hintergrund drängte, verstellt noch heute den Blick auf W. beträchtlichen Einfluß auf die Ausbildung einer charakteristischen romantischen Musiksprache und -anschauung.
Lit.: Sämtliche Schriften von W., hg. von G. Kaiser, Berlin/Leipzig 1908; W. Jenseits des »Freischütz«. Referate des Eutiner Symposions 1986, hg. von F. Krummacher, H.W. Schwab, Kassel 1989. MKu

Weber, Georg Heinrich (geb. 27.7.1752 Göttingen, gest. 25.7.1828 Kiel) Der Arzt war als Professor der Medizin und Botanik in →Kiel Begründer des ersten Krankenhauses neuzeitlicher Prägung in SH. In seinem »Clinischen Institut zum Besten der Armen« – einer Frühform der Poliklinik – behandelte er ab 1785 arme Kranke unentgeltlich und führte gleichzeitig die systematische Unterweisung der Medizinstudenten in Untersuchung und Behandlung der Patienten ein. Ab 1788 konnte ein Krankenhaus mit angeschlossenem botanischen Garten in der Kieler Vorstadt (In der Prüne) eingerichtet werden, in dem 1791 bereits 23 Patienten stationär behandelt wurden, ab 1793 auch chirurgisch durch J. L. Fischer.

1802 ging die Klinik als erste medizinische Universitätsklinik in die Verwaltung der Kieler →Universität über.
Lit.: W., Kurze Geschichte der hiesigen Krankenanstalt, in: SH Provinzialberichte 1804. MH

Weddingstedt (HEI) Der Hauptort im Amt W., der im Norden der Heider Geesthalbinsel gelegen ist, wird 1140 zuerst erwähnt. Die St. Andreas geweihte Kirche war ursprünglich ein romanischer Feldsteinbau. 1559 legte ein Brand das Dorf in Schutt und Asche. Durch den Rückgang der →Landwirtschaft erfolgt ein Wandel zur Wohngem. am Rande der Kreisstadt →Heide. Der Ort hat heute gut 3.000 Einw.
Lit.: Chronik der Kirchengem. und der St. Andreas-Kirche W., Lunden 1990. WK

Wedel (PI) Die im Nordwesten →Hamburgs gelegene Stadt an der →Elbe wird urkundlich erstmals 1212 als Fährplatz der Herren von Wedele erwähnt. Ein Jh. später dürfte die Hatzburg als Sitz der Gff. von Holst. entstanden sein, deren mögliches Aussehen in einer archäologischen Grabung (1987-1989) ansatzweise geklärt werden konnte. Größere Bedeutung erlangte W. seit 1450 als Durchgangsstation im Rahmen des Ochsenhandels (→Ochsenweg). Bis ins 18. Jh. wurde der Ort zum Lagerplatz gewaltiger Viehtriften, die über die Elbfähren bei W. und →Blankenese weitertransportiert wurden. Die Kaufverträge schloß man unter der steinernen Rolandsäule (→Roland), deren Existenz seit 1558 verbürgt ist. 1875 wurde der →Flecken (seit 1786) zur →Stadt W. erhoben. Durch die Eingemeindung des bereits stärker industrialisierten Nachbarortes Schulau (1909) nahm der Ort einen wirtschaftlichen Aufschwung. Der stärkste Wandel vollzog sich jedoch durch die Umwälzungen des 2.WK. Die Einw.zahl von 1939 verdoppelte sich innerhalb eines Jahrzehnts auf 15.762 (1949) und der vormals eher dörfliche Charakter verschwand zusehends. Die Bev.zunahme führte zum Konzept der »→Gartenstadt Elbhochufer«, einem Bauprogramm von 1.200 Geschoßwohnungen und über 500 Reiheneigenheimen, das ab 1955 begonnen wurde. Gegenwärtig zählt die Stadt 31.800 Einw. Über die Landesgrenzen hinaus bekannt ist W. auf-

Carl Maria von Weber

Weddingstedt

Wedel

Das Geburtshaus Karl Maria von Webers in Eutin, Stahlstich

Georg Heinrich Weber

Wegewesen

Der Marktplatz von Wedel um 1835, Aquarell von Peter Suhr

grund des Jacht-→Hafens, der Schiffsbegrüßungsanlage in Schulau und seiner berühmtesten Einw. Johann →Rist, Ernst →Barlach und Hellmuth →Walter.

Lit.: F. Eggers, 50 Jahrfeier der Stadt W. in Holst., W. 1925; Beiträge zur W. Stadtgeschichte, 3 Bde., Wedel 1997-1998. SW

Wegewesen Den Bedürfnisse des ma. und frühneuzeitlichen Landverkehrs genügten einfachste Wege und Straßen, die ihre Funktion ohne besonderen Ausbau erfüllten. Die Verläufe der Hauptstraßen SH war eng an die naturräumlichen Verhältnisse angelehnt. Die Hauptachse bildete der von Norden nach Süden über den Mittelrücken verlaufende alte →Heerweg. Handelswege, die auf bedeutendere Handelszentren zuführten, waren z.B. die nach →Lübeck führende →Alte Salzstraße und die →Lübsche Trade, nach dem Niedergang →Lübecks die auf →Hamburg ausgerichteten Landstraßen sowie die verschiedenen Routen der →Ochsenwege. Da der Fernhandel zu Lande in SH allenfalls im Transit von Bedeutung war, diente der überörtliche Straßenverkehr bis ins 19. Jh. meist als Ergänzung zur →Schiffahrt. Die meisten Teilräume SH wiesen kaum überörtliche Landverkehrsverflechtungen auf. Der Ausbauzustand des Wegenetzes war bis in die Zeit um 1840 uneinheitlich und durchweg schlecht. Die meisten Straßen waren nur ausgefahrene Wagenspuren im Gelände. Ihre Oberflächen bestanden aus dem anstehenden Bodenmaterial; lediglich einzelne Streckenabschnitte waren »gebessert«, also mit Sand aufgefahren. Da gewöhnliche Landwege in Feuchtgebieten während des größten Teils des Jahres nicht zu befahren waren, existierten in den →Marschen künstlich angelegte »Steindämme«, z.T. wurden →Deiche befahren. In Moorgegenden legte man Knüppeldämme oder Bohlwege an. In der höchsten Landstraßenkategorie, den Poststraßen (→Post), wurden wenigstens regelmäßig Schäden behoben. Im 18. Jh. wurde zwar die behördliche Aufsicht über das W. vereinheitlicht. Die Unterhaltung oblag aber den anliegenden Dorfschaften, die jedoch in der Regel kein Interesse an einer Standardverbesserung hatten. In Westeuropa wurde bereits Ende des 18. Jh. begonnen, Chausseen, auch Kunststraßen genannt, zu bauen. Das waren in ihrem Verlauf begradigte Landstraßen von gleichmäßiger Breite, einem mehrschichtigen Unterbau sowie einer glattgewalzte Oberfläche aus Grand oder in Kies gebetteten Steinen (Makadamisierung). Erst 1832 wurde die erste größere Chaussee SH zwischen →Altona und →Kiel eröffnet, der zunächst wenige Ausbauten folgten. Erst mit dem Inkrafttreten der Wegeverordnung für die Hztt. Schl. und Holst. von 1842 wurde die koordinierte Schaffung eines regionalen Chaussee-

Wegewesen

Die Hamburger Chaussee bei Wandsbek um 1835, Lithographie von J.C.C. Meyn

netzes eingeleitet, das aus vom Staat ausgebauten Hauptlandstraßen und kommunal bzw. privat realisierten Nebenlandstraßen bestand und bis 1865 1.239km umfaßte sowie unter preußischer Herrschaft weiter vorangetrieben wurde. Das Wegegesetz für die →Provinz SH von 1879 gab den Anstoß zum flächenhaften Straßenausbau, indem staatliche und kommunale Pflichten neu verteilt wurden. Haupt- und Nebenlandstraßen wurden unter der Bezeichnung Provinzialstraßen vom Staat unterhalten, der ebenfalls zu den unter den kommunal getragenen Nebenwegen Ausbaubeihilfen gewährte, so daß bis zum 1.WK v.a. die Chaussierung des Lokalwegenetzes vorangetrieben wurde, das 1912 eine Länge von 5.892km aufwies. Das Straßennetz war in den Gebieten der →Marsch an der Westküste am dichtesten und wurde nach Osten zu deutlich weitmaschiger. Das Chausseenetz bestand noch zum größten Teil aus unbefestigten Oberflächen. Gepflastert waren davon 1924 gerade 5%, v.a. in der Nähe der größeren Städte und in den Marschen, wo sich Klinkerbelag bewährt hatte. Der ab Mitte der 1920er Jahre kontinuierlich ansteigende Kraftfahrzeug-Bestand (1925: knapp 9.000, 1929: ca 68.000, 1939: 80.000) machte aber die Befestigung, Fahrbahnverstärkung, Verbreiterung und auch teilweise Begradigung des Straßennetzes notwendig. Ab 1934 gingen die überregionalen Provinzialstraßen als Reichsstraßen (heute: Bundesstraßen) in Obhut des Reiches über, die übrigen überörtlichen Straßen wurden als Landstraßen I. Ordnung von der Provinz (heute Landesstraßen) bzw. Landstraßen II. Ordnung von den Kreisen übernommen (heute Kreisstraßen). Bis 1939 hatte das überörtliche Straßennetz eine Länge von 6.103km und wies zu 55% eine feste Oberfläche auf. Außerdem existierten 64km →Autobahn zwischen Hamburg und Lübeck. Der mit dem wirtschaftlichen Aufschwung einhergehende, in der Fläche dynamisch ansteigende Kraftfahrzeugbestand ist v.a. auf den Individualverkehr zurückzuführen. Kamen 1949 weniger als 10 Kraftfahrzeuge auf 1.000 Einw., so waren es 1995 550. Im öffentlichen Verkehr entstand ein dichtes lokales Buslininennetz, das auf die zentralen Orte und Bahnstationen ausgerichtet ist. Der Entwicklung der Massenmotorisierung (1965: 440.000 Kraftfahrzeuge) wurde mit dem Ausbau des Straßennetzes bis 1965 Rechnung getragen. Seitdem ist es für den weiter wachsenden Bedarf laufend angepaßt und erweitert worden. Dabei wurde die Differenzierung in regionale und überregionale Straßen zunehmend wichtig, so daß ab 1965 auch der Bau von Ortsumgehungen, neuen Autobahnstrecken und kreuzungsfreien Schnellstraßen verstärkt wurde, die innerhalb des Straßennetzes ein eigenes, stark nach Süden auf Hamburg ausgerichtetes System darstellen. 1998 bestanden in SH insgesamt 9.527,9km Straßen des überörtlichen Verkehrs, wovon 447km auf Autobahnen, 1.742km auf Bundesstraßen und 4.082km auf Kreisstraßen entfielen. Die bis Ende der 1980er Jahre uneingeschränkte Förderung des Straßenverkehrs durch die Verkehrspolitik von Bund und Land hatte eine kontinuierliche Verminderung der Bedeutung und Wettbewerbsfähigkeit von →Eisenbahn und regionaler → Schiffahrt zur Folge.

Lit.: J. Gätjens, Die sh Provinzialstraßen, Kiel 1927; Atlas zur Verkehrsgeschichte SH im 19. Jh., hg. von W. Asmus u.a., Nms. 1995; W. Asmus, Grundzüge und Auswirkungen der Motorisierungsentwicklung in einer Region: Beispiel SH, in: Entwicklung und Motorisierung im Dt. Reich und dessen Nachfolgestaaten, hg. von H. Niemann, A. Hermann, Stuttgart 1995. WA

Wehrmacht Die Wiederaufrüstung Dt. ab 1933 und die Bildung der Dt. W. aus dem Stamm der Reichswehr bescherte auch SH zahlreiche Stäbe, Garnisonen und Einrichtungen. Nahezu alle bereits in der Kaiserzeit bestehenden Garnisonsorte wurden reaktiviert und oft mit modernen Kasernenbauten ausgestattet. Daneben entstanden neue Garnisonsorte, insbesondere der Kriegsmarine (→Marine) und der →Luftwaffe. Seitens des Heeres lag das Oberkommando über SH beim Generalkommando des X. Armeekorps, das ebenso wie das Kommando der 20. Division in → Hamburg angesiedelt war. Hingegen befand sich das Luftkreiskommando VI, dem auch die Flugabwehr-Stützpunkte entlang der gesamten Nordseeküste unterstellt waren, ebenso wie das Flottenkommando der Seestreitkräfte in → Kiel, wo auch der Befehlshaber der Aufklärungsstreitkräfte und der Befehlshaber der U-Boote beheimatet war. Neben den Garnisonen der Teilstreitkräfte gab es auch zahlreiche Munitionsanstalten und -lager in SH (wie →Lokstedter Lager, heute Hohenlokstedt, →Trappenkamp). Neu waren auch die Flugplätze (Fliegerhorste) in Büchen, Burg/Fehmarn, Eggebek, Flensburg-Weiche, Gahlendorf, Glambeck, Groß-Wittensee, Großenbrode, Grove-Ost, Gülzow, Heiligenhafen, Helgoland, Hohenaspe, Hohn, Hörnum, Husum-Narrenthal und -Schwesing, Jagel, Kaltenkirchen, Katharinenhof, Kiel-Holtenau, Klein-Kummerfeld, Lägerdorf, Leck, List, Lübeck-Blankensee und -Travemünde, Lütjenholm, Marienleuchte, Nms., Neustadt, Owschlag, Puttgarden, Rantum, Stabendorf, Uetersen, Westerland und Wyk. Während des 2.WK verstärkte sich die Präsenz der W., da bald insbesondere die Luft- und die Küstenverteidigung ausgebaut werden mußten. Zahlreiche W.einrichtungen, die nicht von den Briten zerstört wurden, sind nach dem 2.WK zivilen Nutzungen (Wohnungen, Gewerbebetriebe) zugeführt, aber seit 1956 in beträchtlichem Umfang für die Bundeswehr reaktiviert worden. LS

Wehrtechnische Dienststelle für Schiffe und Marinewaffen →Torpedoversuchsanstalt

Wehrwolf →Völkische Bewegung

Weichbild Neben dem inneren Stadtgebiet, in dem – mit Ausnahme weniger Grundstücke – →Stadtrecht galt, war der Stadtrechtsbezirk im MA und der Frühen Neuzeit auch auf das Stadtfeld ausgedehnt. In diesem Gebiet galt das W.recht (von wicbelde – Stadtrecht), oder kurz W. Bei manchen Städten verweisen noch heutige Bezeichnungen auf das W., so bei →Itzehoe der Lübsche Kamp oder bei →Glückstadt Im Lübschen Recht, weil die Holst. Städte durchweg →Lübisches Recht besaßen. LS

Weide 1. Die W. (lat. salix) ist das dominierende Baumgewächs in allen Marschen (→ Marsch) SH. Während in früheren Jh. die Marschen keinen Baumbewuchs kannten, weil der Schattenwurf der Bäume das Austrocknen von Wegen und Ackerstücken behinderte, wurde es in der 2. H. des 19. Jh. aufgrund der Verbesserung der Wegeverhältnisse üblich, W. entlang den Wegen zu pflanzen. Ihr regelmäßiger Beschnitt sorgte für ihre spezielle Erscheinungsform als Kopfw. Das Holz wurde zur Feuerung verwendet. In einigen Bereichen der südlichen →Elbmarschen gab es regelrechte W.kulturen, die den →Bandreißern ihr Material lieferten. Heute gelten die Kopfw. als landschaftstypisch. 2. Als W. wird dasjenige Land bezeichnet, das dem ausgetriebenen Vieh als Gräsungsfläche dient. Während es sich heute um eine Grasw. handelt, die im Rahmen der Fruchtwechselwirtschaft nach Ackernutzungen speziell für mehrere Jahre angelegt wird, gab es bis in das 19. Jh. zahlreiche andere W. oder bei Grünland betrieben als Dauerw. besteht, etwa in den unurbaren Ländereien (→Wald, →Heide, →Moor), die als extensive W. genutzt wurden. LS

Weidensee, Eberhard →Haderslebener Artikel

Wein wurde als Getränk in SH seit dem MA von den wohlhabenderen Schichten konsumiert und als wichtiges Handelsgut über →Lübeck in den Ostseeraum verschifft. Ratsw.keller, die das Privileg für den W.handel und -ausschank besaßen, sind ein Hinweis auf die Bedeutung diese Getränks in den Städten. Obwohl die Nordgrenze für wirtschaftlich ertragreichen W.bau weit südlich von SH verläuft, wurde wiederholt versucht, W. anzubauen. Die →Klöster könnten sich darin als erste versucht haben, um Meßw. zu gewinnen; Hinweise darauf gibt es für →Preetz und →Nms. Städtischer W.bau ist für Lübeck im 14. Jh. nachgewiesen. Auch die Landesherren versuchten sich im Zuge der Anlage von Gärten sowie aus dem Bedürfnis nach Repräsentation im W.bau, so in →Lauenburg im 17. Jh.; einzelne Adlige folgten ihnen darin. Der seit dem 19. Jh. gepflegte private Anbau von Rebstöcken mit z.T. erstaunlichen Erfolgen hat nur Liebhabercharakter.
Lit.: Lübecker W.handel, hg. von E. Spies-Hankammer, Lübeck 1985; E. Opitz, W.bau und W.handel im Hzt. Lauenburg, in: Geschichtliche Beiträge zu Gewerbe, Handel und Verkehr im Hzt. Lauenburg, hg. von K. Jürgensen, Mölln 1997, 111-127. OP

Weinkauf (nd. winkop) war der von der Verköstigung der Zeugen abgeleitete Begriff für einen abgeschlossenen Kauf. Den Zeugen wurde →Wein, später auch →Bier (noch später Grog) und ein Zubrot geboten. Bei Rentenkäufen (→Rente) auf dem Lande wurde im Spätma. und im 16. Jh. oft vereinbart, daß der Gläubiger im Falle des Zahlungsverzuges mit den Zeugen (W.sleuten) in einen »feilen Krug« gehen und solange gemeinsam mit ihnen zechen durfte, bis die fällige Summe zur Hand war. LS

Weistum ist die schriftliche Fixierung mündlich überlieferter Gewohnheitsrechte in Form von Rechts- und Urteilssprüchen, die von Wissenden – meist erfahrenen, älteren Männern – erfragt wurden. Sie wiesen mit ihren Aussagen das gültige Recht. Aus SH sind kaum ma. W. erhalten geblieben. Das Elmshorner W. von 1368, das überdies als Hinweis auf →friesisches Recht gedeutet wurde, ist eine solche Rechtsquelle.
Lit.: O. Mensing, Zum Elmshorner W., in: ZSHG 66, 1938, 311-316. LS

Welanao Der Träger der christlichen Mission im westlichen Holst., Ebo von Reims, schuf im heutigen →Münsterdorf (IZ) eine klosterähnliche Anlage, die cella W., die dem späteren Kirchort Münsterdorf den Namen (von lat. monasterium – Kloster) gab. Der alte Name W. ist in der Bezeichnung der Münsterdorfer Geestinsel als Welle, up der Wellen erhalten geblieben; noch heute heißt ein Itzehoer Stadtteil danach Wellenkamp. Auf die cella geht höchstwahrscheinlich auch der Münsterdorfer →Kaland zurück, dessen Nachfolge in gewisser Weise das Münsterdorfer →Konsistorium bildete. LS

Welcker, Karl Theodor →Kieler Blätter

Weltkrieg (1. und 2.) Als am 1.8.1914, maßgeblich von dt. Diplomatie provoziert, der 1.W. begann, dominierten der aufgestachelte Nationalismus, Annexionismus und Hurra-Patriotismus. Junge Soldaten zogen mit Marschmusik und Freude ins Feld; sie glaubten, bald siegreich heimzukehren. Schulen wurden requiriert, in verbleibenden Gebäuden begann der Schichtunterricht und auf siegreiche Schlachten folgte »siegfrei«. Die dän.gesinnten Nordschl. mußten gegen ihr Zugehörigkeitsgefühl in den Krieg ziehen. Jedermann zeichnete Kriegsanleihen, für die bis zum bitteren Ende geworben wurde und die schließlich die Währung ruinierten. Obwohl die Front in der Ferne lag, setzte mit Versorgungsproblemen an der Heimatfront bald Ernüchterung ein. Schließlich fielen 58.000 Männer aus SH. Allein 15.000 Bauern

Weltkrieg

Kameraden!

Ihr wißt, daß in der Heimat Lebensmittel, Kohle und andere Bedürfnisse knapp sind und den einzelnen Einwohnern nur in bestimmten kleinen Mengen zugeteilt sind. Eure Quartierwirte können Euch nicht verpflegen. Ihr seid daher auf die Truppenverpflegung angewiesen.

Auch eine besondere Zuteilung von Kohlen an die Quartiergeber läßt sich nicht ermöglichen. Für Eure Verpflegung, Erwärmung kann daher in den meisten Fällen nur dann gesorgt werden, wenn Ihr in Massenquartieren untergebracht werdet. Empfindet diese Maßnahme nicht als eine Unfreundlichkeit der Heimat Euch gegenüber; sie erfolgt nur unter dem Zwange der Verhältnisse.

Seid überzeugt, daß die Heimat alles tun wird, um Euch nach besten Kräften unterzubringen.

Soldatenrat   Stellv.
Hamburg-Altona   Generalkommando
Siebener-Kommission.   IX. A.-K.

Altona, den 2. Dezember 1918.

Aufruf des Soldatenrats von Altona vom 2.12.1918

waren 1917 Soldaten. Sie fehlten auf dem Hof ebenso wie 4.000 Landarbeiter. Frauen mußten einspringen. Sie übernahmen die Betriebe in →Handwerk, →Handel und →Landwirtschaft, arbeiteten in ehemaligen Männerdomänen wie schwerindustriellen (Rüstungs-)Fabriken oder in Verkehrsbetrieben. Schritt für Schritt wurde die Versorgung reglementiert, erhielt man Lebensmittel nur noch nach Zuteilungsrationen oder auf dem Schwarzmarkt. Die vorgegebene Brotqualität nahm beständig ab, Rüben oder Kartoffeln bildeten das Ausgangsprodukt. Schließlich machte die Bev. im kartoffellosen Rübenwinter 1916/17 Hungererfahrung. Es kam zu ersten Demonstrationen sowie Arbeitsniederlegungen in →Flensburg und →Kiel, bald auch anderswo. In Kiel folgten ab 1917 Massenstreiks; ab 1918 wurden Forderungen nach einem schnellen und annexionslosen Friedensschluß laut. Den geforderten Frieden fand die Bev. erst nach einer sinnlosen, verlustreichen Schlußoffensive und der vom Kieler →Matrosenaufstand ausgelösten Novemberrevolution (→Revolution) Ende 1918. – Vieles war anders bei der Entfesselung des 2.W. am 1.9.1939: Seit dem frühen Morgen schoß vor Danzig das alte Linienschiff →»Schleswig-Holstein« Breitseiten gegen die Westerplatte bei Danzig. Hurra-Patriotismus kam nicht auf. Dafür stieg diesmal zunächst die Stimmung:

Erfolge der →Wehrmacht berauschten viele und verbanden sie mit der NS-Führung. Zu Hause schien der Kriegsalltag diesmal erträglicher: die Versorgung funktionierte bis zum Ende; Hunger erlebte man erst danach. Die NS-Führung sicherte den Rahmen für den rassistischen Vernichtungskampf im Osten und Durchhaltewillen an der Heimatfront. Wieder mußten Frauen kämpfende Männer ersetzen, ebenso wie über 200.000 Zwangsarbeiter aus dem Ausland, schließlich auch KZ-Häftlinge in Husum-Schwesing, Ladelund (→Konzentrationslager) und im Kieler →Arbeitserziehungslager Nordmark. Mit dem →Bombenkrieg begannen ab 1940 die Kämpfe in Dt.: →Lübeck erlebte im März 1942 ein Inferno, →Kiel wurde fast vollständig zerstört; hier starben allein 2.900 Menschen. Das Ende von Krieg und NS-Herrschaft im Land trug – neben der extremen Radikalisierung von NS-Gewalt und Unrecht – absurde Züge: Als Oberbefehlshaber des Nordraumes kam Großadmiral Karl Dönitz nach →Plön, Reichsminister folgten. Vor seinem Selbstmord am 30.4.1945 bestimmte Hitler Dönitz zu seinem Nachfolger. Dönitz wich vor britischen Truppen nach →Flensburg aus, und besiegelte die Teil- bzw. bedingungslose Gesamtkapitulation zum 8./9.5.1945. Doch die →Reichsregierung Dönitz »arbeitete« bis zur Verhaftung am 23.5.1945 einfach weiter. Unterdessen kamen noch immer Menschen ins Land: →Flüchtlinge, dt. Kriegsgefangene, NS-Funktionäre. Ihre Probleme dominieren die Nachkriegszeit.

Lit.: B. Nicolai-Kolb, »Der Kampf an der Heimatfront.« Leben und Überleben im 1.WK, in: Geschichtsumschlungen, hg. von U. Danker u.a., Bonn 1996, 117-123; Ministerin für Wissenschaft, Forschung und Kultur des Landes, Ende und Anf. im Mai 1945. Das Journal zur (Landes-)Ausstellung, Kiel 1995. UD

Gefangene Belgier und Franzosen in Itzehoe im 2. WK

Wenth, Johannes →Haderslebener Artikel

Wesselburen (HEI) Die 1281 zuerst genannte Siedlung auf einer Doppelwurt im →Marschland im Nordwesten des Kreises →Dithm. erhielt 1899 →Stadtrecht und ist Sitz des Amts W. Die Stadt ist zentraler Ort der landwirtschaftlich geprägten Marschlandschaft an →Nordsee und →Eider mit Getreide-, →Kohl- und Hackfruchtanbau. Bis 1934 fand hier der →Menschenmarkt statt, auf dem die Bauern Norderdithm. Saisonarbeiter anheuerten. 1869-1909 produzierte hier die erste Dithm. Zuckerfabrik von Charles de Vos; nach Schließung der Sauerkohlfabrik (1995) besteht noch nennenswert der große Landhandels- und Getreidelagerbetrieb von J. Stöven. Seit 1891 gab es hier Versuche mit feldmäßigem Kohlanbau, danach erfolgte die Entwicklung zum Zentrum dieses Betriebszweiges. Beim großen Brand 1736 verlor der Ort 127 Gebäude und die Kirche. Deren Wiederaufbau (1736-1738) durch Johann Georg Schott zeigt ein originelles Zeltdach mit Zwiebelturm als Dachreiter. In der ehemaligen Ksp.vogtei diente der spätere Dramatiker Christian Friedrich →Hebbel (1813-1863) als Schreiber; heute befindet sich hier das Hebbel-Museum, dessen Träger die Stadt W. ist. Sie vergibt auch das dreijährige Hebbel-Stipendium für Lit.wissenschaft. Die Stadt hat heute gut 3.300 Einw.
Lit.: R. Erdmann, Kleine Geschichte der Stadt W., Heide 1998. WK

Westensee (RD) Im Jahr 1253 wird ein Emeko von W. genannt und auch die Feldsteinkirche stammt aus der Mitte des 13. Jh. Zahlreiche Grüfte und drei Sandsteingrabplatten gehören u.a. zu den adligen Familien →Ahlefeldt, →Qualen und →Reventlow. An den Feldherrn Daniel →Rantzau (gest. 1569) erinnern die Reste eines Grabmals in der Kirche, die im MA auch als →Wallfahrtsstätte diente.
Lit.: W. Ricker, W. – Chronik eines adeligen Kirchdorfs, W. 1994. OP

Westerhever →Leuchtfeuer

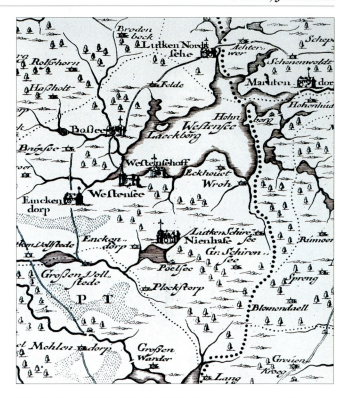

Westerland/Sylt (NF) Seit 1905 die einzige Stadt der Insel →Sylt, wurde sie 1436 von den Überlebenden des in einer →Sturmflut zerstörten Kirchdorfs Eidum gegr. Mit seiner Empfehlung als Seebad 1855 begann der Aufstieg zum mondänen Weltbad mit heute rund 9.200 Einw. Der Bau des →Hindenburgdamms (1927) und die Anerkennung als Nordsee-Heilbad (1948) lassen jährlich rund 200.000 Gäste einströmen. Betonburgen dominieren das Stadtbild, doch konnten sich auch einige Gebäude der ersten Blütezeit behaupten: Hotel Stadt Hamburg (1869), Inselapotheke (1892), Alte Post (1892), Kurhaus, später Rathaus (1898), Jugendstil-Hotel Miramar (1903). HK

Westphalen, Ernst Joachim von →Geschichtsschreibung

Wewelsfleth (IZ) Der 1238 zuerst erwähnte Ort W. hat sich aus der Siedlung um die 1337 zuerst erwähnte Kirche gebildet. Sie lag allerdings bis um 1500 ca. 2km weiter südwestlich im heutigen Flußbett der →Elbe und wurde wegen des Abbruchs des Elbufers aufgegeben

Karte des Westensees im 18. Jh.

Westensee

Wesselburen

Die Kirche in Wesselburen

Wewelsflether Gespräche

Wewelsfleth

und zurückverlegt. In der Frühen Neuzeit entwickelte sich der Ort zu einem →Schiffahrts- und →Schiffbauort, was auf den Baubestand entlang des alten Deiches Auswirkungen hatte. Hier mußten die Häuser bei extremen Hochwässern selbst den Deichschutz übernehmen, indem die Lücken zwischen den Häusern in solchen Fällen mit Schotts verschlossen wurden. 1956/57 wurde ein neuer Schutzdeich gegen →Elbe und →Stör vor dem Dorf errichtet. Bis in die Gegenwart hat sich die Schiffswerft von W. (Peters-Werft) als leistungsfähiger Betrieb erhalten. Der Ort hat knapp 1.400 Einw.
Lit.: M.O. Niendorf, W., W. 1988. LS

Wewelsflether Gespräche Nachdem der Schriftsteller und Nobelpreisträger Günter Grass 1970 die alte Ksp.vogtei im Kirchort →Wewelsfleth erworben und renoviert hatte, brachte er seit 1978 hier Literaten, Journalisten und Politiker zusammen, um jährlich über gesellschaftsrelevante Themen zu diskutieren. Die Gespräche wurden nach der Verlagerung des Lebensschwerpunktes von Grass und der Übergabe des Hauses als Alfred-Döblin-Haus an die gleichnamige Stiftung 1987 zum letzten Mal am 5.2.1988 durchgeführt. LS

Weyse, Christoph Ernst Friedrich → Musik

Wiedertäufer (Anabaptisten, Täufer) Bezeichnung für verschiedene während der →Reformation von Zürich ausgehend sich entwickelnde religiöse Gruppen, die die Erwachsenentaufe vollziehen. Für SH sind die Mennoniten (→Minderheiten, religiöse) hervorzuheben, benannt nach Menno Simons (1496-1561), die zu einer gemäßigten Richtung gehören (stille Täufer) im Gegensatz zu den münsteranischen Täufern. Die Mennonitenkolonie Wüstenfelde gilt als die erste freikirchliche Gem. auf sh Boden (1543). Die Hauptmerkmale der Mennoniten sind neben der Freiwilligentaufe die Eidesverweigerung und die Ablehnung öffentlicher Ämter sowie des Kriegsdienstes.
Lit.: R. Dollinger, Geschichte der Mennoniten in SH, Hamburg u.a. 1928. ML

Wik Das kleine Dorf am Westufer der Kieler →Förde, 1286 erstmals urkundlich erwähnt, erhielt nach seiner Eingemeindung in die Provinzmetropole →Kiel (1893) ein neues Gesicht. Die Bauernstellen wurden mit gewaltigen Kasernenanlagen des Reichskriegshafens (1904 mit 16 Gebäuden für je 300 Soldaten) überbaut. Während der revolutionären Ereignisse (→Revolution) im November 1918 rückte W. für einen Moment in den Brennpunkt der nationalen Politik, nahm die zweite dt. Revolution als →Matrosenaufstand doch

Reichspräsident Hindenburg besucht am 30.5.1927 Wik

von hier aus ihren Anf. Trotz großflächiger Zerstörungen durch die alliierten Bombardements des 2.WK (→Bombenkrieg) wurde W. mit Aufstellung der →Bundeswehr erneut zum Marinestandort. Erst seit der dt. Wiedervereinigung und dem tatsächlichen Ende des Ost-West-Konfliktes zieht sich die Marine sukzessive aus den W. Kasernenanlagen zurück und macht die Flächen für neue Ansiedlungspläne frei.
Lit.: N. Sönnichsen, Revolutionäre Matrosen und ein würdiges Gotteshaus, in: Kiel zu Fuß, hg. von M. Lang u.a., Hamburg 1989, 73-87. SW

Wikinger Im strengen Sinne der zeitgenössischen Überlieferung gelten W. als gefolgschaftlich organisierte Gruppen von Skandinaviern, die sich aus ihren bisherigen sozialen Bindungen gelöst haben, um Raubzüge durchzuführen. Wie angelsächsische Glossen des 8.-11. Jh. setzte noch Adam von Bremen (um 1070) »piratae« mit »Wichingos« gleich. In der skandinavischen Historiographie wird die Epoche der historisch bekannten W.einfälle als W.zeit bezeichnet, beginnend mit dem Überfall auf das →Kloster Lindisfarne 793 und endend um 1050. Aus dem Gebiet des früheren Hzt. Schl. (zwischen →Eider und →Königsau) sind von etwa 350 w.zeitlichen Fundstellen etwa 90 Siedlungen, 100 Gräberfelder und 22 Hortfunde bekannt. Besiedlungsschwerpunkte liegen auf den nordfriesischen Inseln, Alsen/Als und dem Sundewitt/Sundeved sowie im Umkreis der frühstädtischen Zentralorte Ripen/Ribe und →Haithabu.
Lit.: H. Zettel, W.einfälle – Motive und Ergebnisse, in: Offa 41, 1984, 7-11; W. – Waräger – Normannen. Die Skandinavier und Europa 800-1200, Kat. Berlin 1992. CR

Wildkoppel →Jagd

Wildnisse (IZ) Durch eine gemeinsame Bedeichung des etwa 1410 untergegangenen Ksp. Bole seitens der Untertanen des Hz. von Holst. und des Gf. von Holst.-→Pinneberg wurde 1615 ein →Koog von etwa 2.300ha Größe geschaffen, der nach Anteil der Bedeichungsleistung in einen nördlichen, den sog. hzl. (kgl.), und einen südlichen, den sog. gfl. Anteil zerfiel. Der Name W., der auf mnd. wiltenisse – Wildnis, ausgedeichtes Land zurückgeht, blieb für beide Anteile erhalten, auch als sich deren Besitzer änderten. So kam die kgl. Wildnis 1667 an Friedrich von →Ahlefeldt und wurde Ahlefeldtsche Wildnis genannt. 1732 erwarb sie der Geheimrat von Plessen, nach dem sie bis 1790 Plessensche Wildnis hieß. In diesem Jahr kaufte die Geheimrätin von Blome auf Heiligenstedten das Gebiet, das fortan Blomesche Wildnis hieß; diesen Namen übernahm dann auch die Landgem. Die Abgaben der Untertanen bestanden in einem Kanon, der 1873 abgelöst wurde. Die Gutsherrschaft über das Gebiet wurde 1889 aufgehoben. Die gfl. Wildnis fiel 1640 an den Hz. von Holst. und wurde Herzhorner Wildnis genannt. Sie war 1671-1704 im Besitz des Gf. von Gyldenløv und Laurvig. 1704 erhielt sie der Adoptivsohn des Gf., Gf. Ferdinand Anton von Danneskiold-Laurvig, in dessen Familienbesitz sie bis 1783 als Laurwigsche Wildnis blieb, um dann über seine Tochter in den Besitz des Freiherrn Friedrich Ludwig Ernst von Bülow zu gelangen; sie hieß fortan Bülowsche Wildnis. 1861 erwarb der Herzhorner Bauer Johannes Engelbrecht die gesamte Wildnis und prägte damit den Namen, den die preußische Landgem. erhielt und die heutige Landgem. führt. Auch hier wurden der Kanon 1873 und die Gutsherrschaft 1889 aufgehoben. Da die den →Deich bauenden Untertanen jeweils mit einem zwei Morgen großen Stück Land in dem neuen Koog belohnt wurden, viele entfernt Wohnende dies aber gar nicht nutzen konnten, verkauften sie diese Parzellen. So entstand hier eine überwiegend kleinstellige Besiedlung, die zu intensivem Gemüsebau anregte. Die W. haben noch heute überwiegend gärtnerischen Charakter und produzieren →Kohl, Porree, Sellerie und Frühkartoffeln für den Hamburger Gemüsegroßmarkt.
Lit.: W. Ehlers, Herzhorn, Glückstadt 1964. LS

Wilhelm →Gottorfer

Willehad →Christianisierung

Willenscharen (IZ) In unmittelbarer Nähe des Übergangs des ehemaligen östlichen →Ochsenweges über die →Stör bei dem Dorf W. liegt der sog. Wallberg, eine sächsische Ringwallanlage. Die auf drei Seiten von Niede-

Wikingerschmuck

rungen umgebene Anlage weist noch heute einen 6-7m hohen Wall, der im Norden und Süden teilweise abgetragen ist, auf. LS

Willkür ist ein Rechtsbegriff, der sich bereits in ma. →Stadtrechten findet. Berühmt ist z. B. die olde Willkoer der Stadt →Flensburg aus dem Jahr 1380. Der Terminus wurde auch für die Statuten von Zünften (→Amt) und →Gilden verwendet und ist in der Frühen Neuzeit die häufigste Bezeichnung für die schl. →Dorfordnungen. Die Grundbedeutung des Wortes war ursprünglich »freie Wahl« oder »Entschließung«, im Gegensatz zu Not und Zwang. Die W. bezeichnet damit eine selbstgesetzte und nicht von der Obrigkeit oktroyierte Satzung. MR

Willnauer, Franz →Schleswig-Holsteinisches Musik-Festival

Wilmowski, Kurt Freiherr von →Oberpräsident

Wilster

Am Markt in Wilster um 1910

Wilster (IZ) Die Siedlung W. an beiden Ufern der hier gespaltenen →Wilsterau erhielt 1282 →Stadtrecht und bildet seither den Mittelpunktort der →Wilstermarsch. Erst im 16. Jh. entwickelt sich die Stadt wirtschaftlich zum Konkurrenten von →Itzehoe und →Krempe, insbesondere durch seinen Getreide- und Holzhandel, wobei letzteres mit der Schiffahrtsverbindung zum östlichen Teil des südlichen →Dithm. zusammenhing. Um 1540 reichten die Handelsverbindungen bis Schottland und Spanien. Das Renaissance-Rathaus von 1585 ist als deutlich sichtbares Zeichen des Wohlstandes dieser Zeit erhalten geblieben (Altes Rathaus). W. darbte nach dem Niedergang im 17. Jh. als kleine Landstadt, erholte sich jedoch im 18. Jh., wofür der Neubau der Kirche 1775-1780 durch →Sonnin ein Ausdruck ist. Auch das heutige Neue Rathaus, eine Schenkung der Etaträtin Doos an die Stadt von 1829, stammt aus dieser Zeit. Erst der →Eisenbahn-Anschluß 1878 führte zu einer bescheidenen →Industrialisierung, und die Agrarkonjunktur ließ den Ort zwischen 1880 und 1914 eine zweite Blüte erleben. Danach hatte W. mit Gewerbesterben und Abwanderung zu kämpfen, auch wenn die Offenhaltung der Wilsterau für die Schiffahrt durch Neubau der Kasenorter →Schleuse 1925/26 gewährleistet werden konnte. Heute ist W. Unterzentrum mit knapp 4.500 Einw.
Lit.: J. Kürtz, 1282-1982. 700 Jahre Stadt W., W. 1982. LS

Wilsterau Die W. entspringt bei →Hademarschen und fließt zunächst als →Holstenau in südlicher Richtung vorbei an →Burg/Dithm.,

wo die Burger Au in sie fällt. Mit Erreichen der Grenze der →Wilstermarsch heißt sie W., fließt in zwei Armen, von denen einer 1953 verrohrt wurde, durch →Wilster und erreicht bei Kasenort die →Stör, gegen deren Wasser sie durch eine →Schleuse gesichert ist. Der Oberlauf der W. (Holstenau) wurde durch den Nord-Ostsee-→Kanal mehrfach gekreuzt. Bis →Wilster ist die W. schiffbar.
LS

Wilstermarsch Der zweitgrößte Teil der Holst. →Elbmarschen ist die W., das Marschgebiet zwischen →Elbe, →Stör, Holstengraben (Grenze zu →Dithm.) und Geestrand (→Geest). Das Gebiet umfaßt etwa 217km^2 und ist heute in die polit. Gem. Äbtissinwisch, →Beidenfleth, Bekdorf, Bekmünde, →Brokdorf, Büttel, Dammfleth, Ecklak, →Heiligenstedten (z.T.), →Krummendiek, Kudensee, Landrecht, Landscheide, Moorhusen, Neuendorf bei Wilster, Nortorf, Sachsenbande, St. Margarethen, Stördorf, →Wewelsfleth und →Wilster geteilt, die in den Ämtern →Itzehoe-Land und W. zusammengefaßt sind. Das Gebiet hat im Bereich der erhöhten Uferwälle von →Elbe und →Stör überwiegend fruchtbaren Marschenboden, sein nordwestlicher Teil und das Innere ist teils stark moorig, teils so niedrig, daß es nur als Grünland zur Gräsung und Heubergung zu gebrauchen ist. Diese Lage haben die in der 2. H. des 16. Jh. eingewanderten Nl. (→Holländer), die auch die →Entwässerung mit Windmühlen revolutionierten, erfolgreich genutzt, indem sie im Inneren der →Marsch reine Milchviehhaltung zur Käseproduktion einführten. Der heute noch beliebte W.käse hat seinen Ursprung hier. Die polit.-administrative Geschichte der W. wird ganz überwiegend von der Zugehörigkeit zum →Amt →Steinburg bestimmt. Sein Gebiet zerfiel in die Ksp.vogteien Wilster Alte Seite, Wilster Neue Seite, Beidenfleth, Wewelsfleth, →Brokdorf und St. Margarethen. Dieser, früher ausschließlich W. genannte Anteil des Amtes Steinburg hatte seit dem Spätma. einen eigenen Kommunalverband, die sog. W.-Commüne, die sich um übergreifende Entwässerungs-, Deichbau- und Wegesachen kümmerte sowie die gemeinschaftlichen Interessen der W.-Gem. gegenüber dem →Amtmann und dem Landesherren vertrat. Sie ging nach 1867 durch Funktionsverlust ein. Bis in preußische Zeit gab es hier die adligen Marschgüter (→Itzehoer Güterdistrikt) am nordöstlichen Rand der W.: Krummendiek, Bekdorf, Bekhof, Bekmünde, Heiligenstedten, Groß- und Klein-Kampen. Sachsenbande gehörte zum Amt →Bordesholm, Äbtissinwisch zum →Kloster Itzehoe. Heute gehört die W. zum →Kreis Steinburg.
LS

Windbergen (HEI) In dem Geestdorf südöstlich von →Meldorf wurde Ende des 15. Jh. ein wundertätiges Kruzifix (vielleicht 11. Jh.) gefunden, so daß sich hierher eine →Wallfahrt entwickelte, die 1495 zum Bau einer steinernen Kapelle anstelle einer älteren aus Holz führte. Das Ende der Wallfahrt kam mit der →Reformation 1533. Durch den Rückgang der Landwirtschaft ist W. heute überwiegend Wohngem. mit gut 800 Einw.
Lit.: H. Beeck, Die Chronik von W., Rendsburg 1956. WK

Windenergie D. Halladay (USA) erfand 1854 die Windturbine zum Wasserpumpen, die den ersten Anlagen zur Stromerzeugung (DK 1903) glich. In SH produzierten nach dem 1.WK z.B. die Firmen Köster in →Heide oder Claussen in →Kappeln derartige Apparate. 1983 entstand die erste moderne Windkraftanlage (WKA) im Cäcilienkoog, →Nordfriesland, im selben Jahr die Growian (Groß-Windanlage) im Kaiser-Wilhelm-→Koog, die nur Forschungszwecken diente und 1988 abgebaut wurde; ihre Nennleistung war drei Megawatt. Mit dem Einspeisegesetz vom Dezember 1991 wurde die Stromerzeugung aus W. subventioniert; dies und das erklärte Ziel der sh →Landesregierung, im Jahr 2010 Strom zu 25% (1.400 Megawatt) aus W. zu erzeugen, lösten einen Bauboom aus, vorzugsweise in den Westküstenkreisen Nordfriesland und →Dithm. 1997 gab es 380 Windkraftanlagen, 1999 627 in Dithm. und 536 in Nordfriesland. Die installierte Leistung stieg landesweit von 650 Megawatt 1998 auf 1000 Megawatt im Juni 2000, d.h. die angestrebte Leistung von 1.400 MW wird deutlich vor 2010 erreicht. Nicht zu übersehen ist jedoch u.a. die massive Beschädigung des Landschaftsbildes in den betroffenen Küstenstreifen.

Windjammer

Windkraftanlagen bei Wöhrden/Dithm.

Sophie Wörishöffer

Wöhrden

Herrenhaus Wotersen

Lit.: E. Hau, Windkraftanlagen, Berlin u.a. ²1996; N. Hennig, Windige Heimat, in: Typisch SH, hg. von H. Mehl, Heide 1997, 189-201. WK

Windjammer ist ein volkstümlicher Ausdruck für große Segelschiffe, weil der Wind in der Takelage heult und so jammernde Geräusche macht. Das Wort kam erst im 20. Jh. aus dem engl. windjammer – Windpresser in die Seemannssprache. Heute wird der Begriff gern auf die rar gewordenen Großsegler verengt, die zu verschiedenen Anlässen (→Kieler Woche, Hamburger Hafengeburtstag, Hanse-Sail in Rostock) zur Freude der Schaulustigen vorgeführt werden (W.-Parade). LS

Wispel →Maße

Witten →Münzwesen

Wittorf (NMS) Dem Ringwall am Zusammenfluß von →Schwale und →Stör ist eine Vorburg mit zwei Abschnittswällen vorgelagert. Die Scherben aus dem 10./11. Jh. lassen eine sächsische Grenzbefestigung am Hauptweg nach Ostholst. vermuten. In einer ausgedehnten sächsischen Siedlung gegenüber der →Burg wurden Hausgrundrisse, Scherben und zahlreiche Gebrauchsgegenstände gefunden.
Lit.: H. Hingst, Die W. Burg, in: Offa 10, 1952, 54. OP

Wöhrden (HEI) besaß einst einen eigenen → Hafen und erhielt 1373 das Marktrecht. Die um 1300 erbaute Backsteinkirche des wohlhabenden Wurtdorfes wurde 1786/88 durch einen Neubau ersetzt. Mehrmals spielte der Ort in der Geschichte →Dithm. eine wichtige Rolle, so schlugen die Bauern hier 1319 die Truppen Gf. Gerhard III. und im Jahr 1500 war hier wohl das Hauptquartier der Dithm. im Krieg gegen Kg. Johann von DK. Heute hat W. knapp 1.300 Einw. OP

Wörishöffer, Sophie (geb. 6.10.1838 Pinneberg, gest. 18.11.1890 Altona) Die Tochter eines Advokaten kam 1857 mit Mutter und Schwestern nach →Altona. W. literarische Tätigkeit begann mit der Produktion von unterhaltsamen, oft kitschig-trivialen Novellen für ein weibliches Publikum, die unter verschiedenen Pseudonymen in Tages- und Lit.zeitungen erschienen. Mit der Bearbeitung des Jugendbuches »Robert, des Schiffsjungen Abenteuer und Fahrten« (1877) begann W. eine sehr erfolgreiche Reihe spannender und zugleich lehrreicher Jugendbücher. Um den Absatz der umfangreichen und reich illustrierten, auf die »reifere Knabenwelt« abzielenden Bücher nicht zu gefährden, erschienen sie stets mit abgekürztem Vornamen S. – das tatsächliche Geschlecht der Verfasserin blieb ein Geheimnis. W. lebte zurückgezogen und hat Norddt. nie verlassen. Ihre in aller Welt spielenden Geschichten basierten auf angelesenem Wissen. Sie wurden bis weit ins 20. Jh. immer wieder neu aufgelegt oder in bearbeiteten und gekürzten Versionen herausgebracht; ihr übriges Werk geriet in Vergessenheit. KD

Wotersen (RZ) Das alte lauenburgische adlige Gericht W. ist in jüngerer Zeit als Kulisse für eine Fernsehserie bekannt geworden. W.

war 1717-1996 im Besitz der Gff. von →Bernstorff. Das →Herrenhaus wurde durch J. P. Heumann als Dreiflügelanlage 1736 vollendet und imponiert heute gleicherweise als Ensemble mit den Wirtschaftsgebäuden oder als schloßähnliche Barockanlage. EO

Wrage, Joachim Hinrich →Malerei

Wrage, Klaus →Malerei

Wüstung wird eine ganz oder teilweise aufgegebene Siedlung oder Agrarfläche (totale oder partielle Orts- bzw. Flurw.) genannt; kommt es nach Unterbrechung zu einer Neubenutzung, spricht man von temporärer W. In SH hat man das Auftreten von W. noch nicht flächendeckend untersucht, doch gibt es mikroregionale Ergebnisse der W.forschung. Die erste Nachricht von W. stammt aus →Stormarn (1320); 1361 gab es Klagen in Ostholst. über den Mangel an Bauern wegen →Pest und Krieg, so daß Dörfer und Äcker wüst lagen; 1433 verzeichnet das Lübecker Zehntregister 34 wüste Dörfer. In →Lauenburg wurden bis 1515 53 von 213 Dörfern wüst, in einigen Gebieten Ostholst. 6-13%, in →Angeln verschwanden 46 Dörfer und im Gebiet zwischen →Eider und →Schlei 16 von 58 Dörfern. Die W. gehen sowohl auf die Agrarkrise des Spätma. wie auch auf →Pestumzüge zurück. Die Übernahme von wüstgefallenen Ackerländereien dürfte ein Ausgangspunkt für die Bildung von Hoffeld im Prozeß der Entstehung früher Güter (→Gut) gewesen sein.
Lit.: H.J. Kuhlmann, Besiedlung und Ksp.organisation der Landschaft Angeln im MA, Nms. 1958; W. Prange, W. in Holst. und Lauenburg, in: Det nordiske ødegårdsprosjekt 1, Kopenhagen 1972, 83-109; K.-H. Looft, Die ma. W. zwischen Eider und Schwentine, in: ZSHG 99, 1974, 197-254. OP

Wullenwever, Jürgen (geb. um 1492 Hamburg, gest. 29.9.1537 Wolfenbüttel) war zunächst Fernhändler in →Hamburg. Um 1526 siedelte er nach →Lübeck über und hatte durch Heirat Zugang zur lübischen Oberschicht, die seinen gesellschaftlichen Aufstieg forcierte. Er engagierte sich bei der polit. Umsetzung der →Reformation und hatte ab 1531 steigenden Einfluß durch seine rethorische Begabung. 1533 wurde er →Bürgermeister und führte Lübeck in die →Gff.fehde, die 1535 zu seinem Rücktritt führte. Zwei Jahre später wurde er in einem polit.-religiös motivierten Schauprozeß auf Veranlassung des Hz. von Braunschweig-Wolfenbüttel mit Billigung Kg. Christian III. von DK und der Lübecker Bürgermeister hingerichtet.
Lit.: G. Fink, Die geschichtliche Gestalt W., in: Der Wagen 1938, 27-41. CJ

Spott-Porträt Jürgen Wullenwevers von 1537

Wurf →Maße

Wurt Im altertümlichen Sinne bezeichnet W. (lat. area) den Platz um das bzw. vor dem Haus. Später wurde der Begiff für den Hausgarten (Kohlhof) und andere dicht beim Haus liegende Ländereien verwandt. Mit dem Beginn der Besiedlung der Marschen im 3. und 4. Jh. bezeichnet W. den meist künstlich erhöhten Wohnplatz. Zahlreiche Ortsnamen der Marschen enthalten dieses Grundwort (-wort, -wurt, auch als -wöhrden). Im Spätma. und in der Frühen Neuzeit findet sich der Begriff auch hier auf die Ländereien in unmittelbarer Nähe des Hauses angewendet (→Warft). LS

Wurtsasse In Ostholst. und →Lauenburg wurden die Nachsiedler teilweise nicht als Kätner, sondern als W. (mnd. wurtsete, wortsete, später auch Wurtseddel) bezeichnet. Diese Benennung rührt von der Lage der Kleinhäuser auf der →Wurt (von mnd. wurth – Platz vor dem, um das Haus) her. LS

Wyk

Wyk auf Föhr in der Mitte des 19. Jh., Lithographie

Wyk

Wyk (NF) wurde Anf. des 17. Jh. gegr. und wuchs durch die Zuwanderung von Halligbewohnern (→Halligen) nach der →Sturmflut von 1634. Im Jahr 1706 wurde W. →Flecken und 1819 das erste Seebad in SH, das sich im 19. Jh. des Besuchs zahlreicher Prominenter erfreute. Alt-W. ist bereits fast mit Südstrand und Boldixum, in dem sich die Kirche des Ortes aus dem 13. Jh. befindet (Holzkanzel um 1630, Schnitzaltar von 1643, zahlr. Grabsteine des 16. bis 19. Jh.) zusammengewachsen. In den letzten Jahrzehnten hat der Ort mit seinen idyllischen Gassen, der Promenade, dem Friesenmuseum (→Museen) und dem Meerwasserschwimmbad sein Image als Kur- und Kinderheimort zugunsten eines Familienbades verändert. Über den Hafen von W., in dem noch einige Fisch- und Krabbenkutter beheimatet sind, ist die Insel durch die Wyker-Dampfschiffahrts-Reederei mit dem Festland (Dagebüll) und der Nachbarinsel →Amrum (Wittdün) verbunden. W. ist mit 4.500 Einw. der größte Ort auf der nordfriesischen Insel →Föhr. OP

Zahl →Maße

Zarpen (OD) Das ursprünglich slawische Dorf westlich von →Lübeck wird 1189 als Besitz des →Klosters →Reinfeld erstmals erwähnt und erhielt zu unbekannter Zeit das →Lübische Recht. Das Kloster ließ in Z. nach 1221 eine Pfarrkirche errichten, da der Ort den Äbten aber zu selbständig wurde, entzogen sie ihm 1473 das →Stadtrecht wieder. Die Gem. hat heute knapp 1.500 Einw. OP

Zarskoje Selo Um den Frieden im Ostseeraum zu sichern und die ungelöste →Gottorfer Frage zu klären, wurde zwischen DK und Rußland im Kopenhagener Vertrag von 1767 ein Gebietsaustausch vereinbart. Als Großfürst Paul von Russland, der Gottorfer Erbe, mündig wurde, konnte im russischen Z. nahe St. Petersburg am 1.6.1773 ein Vertrag geschlossen werden. Danach trat der Großfürst Holst. an DK ab und dieses überließ der jüngeren Gottorfer Linie die Gftt. Oldenburg und Delmenhorst. Mit dem Vertrag von Z. waren die Landesteilungen beendet, die kgl., gemeinschaftlich regierten und hzl.-großfürstlichen Landesteile waren nun im dän. Gesamtstaat vereinigt. OP

Zehnt (mnd. tegen) ist eine →Abgabe von ursprünglich $1/10$ des landwirtschaftlichen Ertrages einer Stelle, die einerseits an die Kirche, andererseits (in Holst.) an den →Gf. zu entrichten war. Man unterschied Groß- und Kleinz., wobei ersterer von den Feldfrüchten und letzterer von Vieh und Viehprodukten zu leisten war; beide wurden im Spätma. ganz überwiegend durch Geldzahlungen ersetzt. In den Quellen kommt Z. oft in der Verbindung »schatt unde tegen«, also Schatzung, Schoß, →Steuer und Z. vor. Die Rechte zum Bezug von Z. waren im Spätma. Gegenstand zahlreicher Übertragungen und Erwerbungen seitens der Grundherren. LS

Zeitungen sind die Nachfolger einer Flugblattpublizistik, die im 16. und 17. Jh. die Zeitgenossen über wichtige Vorkommnisse informierte und zugleich polit. zu beeinflussen suchte. Im Gegensatz zu den gelegentlich hergestellten und zufällig verteilten Flugblättern stellen Z. ein regelmäßiges Informationsmedium mit einem festen Kreis von Erstbeziehern bzw. -lesern dar. Sie treten zuerst 1609 in Straßburg auf. In den Hztt. entstanden die ersten Z. am Ende des 17. Jh. in →Altona, wo seit 1694 der »Altonaische Mercurius«, seit 1696 der »Relations-Courier« (später: »Reichspostreuter«) hg. wurde. Es folgten die »Glückstädter Fortuna« 1740, die »Lübeckischen Anzeigen« 1751 und dann eine Reihe weiterer Z. in den größeren Städten des Landes (Flensburg 1788, Kiel 1793, Husum 1799, Eutin 1802, Ekkernförde 1814, Itzehoe 1817). Alle Z. konnten nur nach landesherrlicher Genehmigung erscheinen und waren (mit kurzer Ausnahme in der Zeit Johann Friedrich →Struensees) der Zensur unterworfen. Die Erscheinungsweise war zunächst wöchentlich, später häufiger. Eine deutliche Zunahme der Z. ist mit dem Übergang der Hztt. an →Preußen zu verzeichnen (1864 »Flensburger Nachrichten« und »Kieler Zeitung«, 1869 »Flensborg Avis«, 1870 Heide und Wyk, 1874 Marne, 1877 »SH Volks-Zeitung« in Kiel, 1878 Niebüll, 1885 Westerland, 1888 Brunsbüttel, 1890 Burg/Dithm., 1892 Leck, 1899 Büsum). 1872 wurde die Rotationspresse und 1884 die Setzmaschine erfunden und damit wesentliche technische Voraussetzungen für den Siegeszug der großen Z. geschaffen. Allerdings blieben die meisten Druckereien in den kleinen Orten beim Handsatz. Bis 1918 gab es eine starke obrigkeitliche Kontrolle der Z.; insbesondere die Redakteure der dän. und der sozialdemokratischen Z. litten unter Strafen für gesetzwidrige Veröffentlichungen. Nach 1918 liberalisierte sich das Z.wesen. 1920 gab es 75 Z. in SH. 1925 hatten die erzkonservativ-nationalistischen »Kieler Neuesten Nachrichten« eine Auflage von 65.000 Exemplaren; das rechts orientierte »Rendsburger Tageblatt«, der liberale »Nordische Kurier« in Itzehoe sowie die sozialdemokratische »Volkszeitung« standen etwa gleichstark bei 24.000 Exemplaren. Während die Lokalberichterstattung vor Ort geschah, bezog die rechtsgerichtete Presse weite Teile ihrer allgemeinen Berichterstattung und ihrer Kommentare vom Medienkonzern Alfred Hugenbergs und Presseagenturen außerhalb des Landes. 1929 gründete die NSDAP in Itzehoe die »SH Tageszeitung«, doch propagierten

Zementindustrie

auch die rechtsgerichteten Z. in SH die Wahl der extremen Rechten. Im NS wurden die Z. rigide gleichgeschaltet und staatlicher Aufsicht unterstellt. Ein Teil der großen Z. wurde nach und nach von der NSDAP aufgekauft bzw. übernommen. Nach dem 2.WK wurde das Erscheinen dt. Z. verboten; es erschienen seitens der britischen Militärverwaltung Nachrichtenblätter in Hamburg, Lübeck, Kiel und Flensburg. Doch schon 1946 wurden die ersten Presselizenzen seitens der Briten vergeben. Sieben Z. (zwei in Lübeck und Flensburg, drei in Kiel) wurden zugelassen. Das kommunistische »Norddt. Echo« bestand nur bis zu seinem Verbot 1956; die sozialdemokratische »Volkszeitung« mußte Ende 1968 aufgeben; die »Kieler Nachrichten« haben als heute auflagenstärkste Einzelzeitung des Landes überlebt. »Flensborg Avis« profitierte in der Nachkriegszeit von der neudän. Bewegung. 1949 fiel das Lizensierungssystem und zahlreiche lokale Z. entstanden neu auf alter Basis (Ende 1949: 38).

Doch führte Konkurrenz zur Existenzbedrohung vieler Z., die zu Ende der 1960er Jahren $^2/_3$ ihrer Einnahmen aus Anzeigen bestreiten müssen. Konzerne wie der Axel-Springer-Verlag kauften sich zu Beginn der 1970er Jahre am Hamburger Rand in Z. ein; er erwarb Anteile an den »Lübecker Nachrichten« und den »Kieler Nachrichten«. Als 1970 der Itzehoer Rundschau-Verlag vom Bauer-Konzern übernommen wurde, verpflichtete sich die Mehrheit der sh Verleger, im Verkaufsfall ihre Geschäfte zunächst Kollegen oder sh Gesellschaften anzubieten. So entstand der sh Z.verlag (sh:z-Verlag), der 1970 die »Husumer Nachrichten« und 1986 die »Landeszeitung« in Rendsburg übernahm und heute mit 14 eigenen Titeln und einer Gesamtauflage von 180.000 das größte Z.unternehmen in SH (40 Z.titel) ist.

Lit.: R. Bülck, Das sh Z.wesen von den Anfängen bis zum Jahre 1789, Nms. 1928; U. Danker, Die sh Z.landschaft im 20. Jh., in: U. Danker, Die Jh.-Story, Bd. 3, Flensburg 1999, 228-247. LS

Zementindustrie Seit den 1820er Jahren wurde in England ein Gemisch aus Ton und Kreide entwickelt, der sog. Portlandzement, der als preiswertes und zuverlässiges Baumaterial gegenüber den herkömmlichen Natur- und Ziegelsteinen bei den zahlreichen Bauvorhaben im beginnenden Zeitalter der →Industrialisierung vielfältig verwendbar war. Zement begann, als Industriebaustoff die traditionellen landschaftsgebundenen Bauformen völlig zu verändern. In Dt. entwickelten sich – abhängig von →Kalk- und Tonvorkommen sowie den Transportmöglichkeiten – acht Regionen der Z. In →Rendsburg und →Kiel stellten seit Beginn der 1840er Jahre zwei Kalkbrennereien in geringem Umfang auch Zement her. Seit 1842 gab es in Buxtehude bei →Hamburg und in →Uetersen je eine Zementfabrik, die um 1850 mit der Herstellung von Portlandzement begannen. 1859 gründete der Hamburger Kaufmann Sillem zusammen mit dem Engländer Brancker in Pahlhude/Dithm. eine Zementfabrik, die Kalk aus dem Ausland bezog (Zementproduktion bis 1901), 1862 der Ire Edward Fewer eine Fabrik in →Lägerdorf. Dort wurde von Bauern und Kleinbetrieben schon vor 1800 Kreide abgebaut, zu Düngemittel

Titelblatt des Altonaischen Mercurius vom 11.1.1793

verarbeitet und nach Hamburg sowie →Altona verschifft. 1862 erwarb der Architekt Gustav Ludwig Alsen in Lägerdorf Kreideland und die Konzession, in →Itzehoe eine Zementfabrik zu betreiben. Mit den dortigen Tongruben, dem Bahnanschluß und der schiffbaren →Stör war dieser Standort ausgesprochen günstig. 1863 übernahm Alsens Vater Otto Friedrich (1805-1872), der als eigentlicher Gründer gilt, die Fabrik; ihm folgten seine anderen Söhne und Enkel in der Betriebsführung. Der Absatz von Zement war zwar stark konjunkturabhängig, im allgmeinen stieg er durch die zunehmende Bautätigkeit bis zum 1.WK aber stark an, führte zur Gründung weiterer Firmen und seit den 1880er Jahren zu einem Konzentrationsprozeß in der Z. zugunsten von Groß-

betrieben. Die Nähe der im Unterelberaum gelegenen Zementfabriken zum Seetransport ermöglichte ihnen den günstigen Export ihres Produktes v.a. in die USA, wo Alsen von 1902 bis 1919 sogar eine eigene Fabrik betrieb. 1876 wurde die Lägerdorfer Portland-Cementfabrik und 1884 die Breitenburger Portland-Cement-Fabrik, der größte Konkurrent für die Alsen'sche Portland-Cement-Fabrik, gegr. 1879 errichtete Alsen ein Zweitwerk in Lägerdorf und kaufte dort 1889 die Fewersche Fabrik; 1884 übernahm er die Fabrik von Ehlers in Uetersen und wandelte seine Firma in eine Aktiengesellschaft mit Sitz in Hamburg um. Ende der 1880er Jahre mußte die →Flensburger Portlandzementfabrik von Jordt (in den 1860er Jahren gegr.) ihren Betrieb aufgeben, und auch die 1898 gegr. Fabrik Saturn in →Brunsbüttel schloß 1916 wegen mangelnder Rentabilität. Zu dieser Zeit hatte sich die Z. in SH also auf die Produzenten Alsen und Breitenburger AG reduziert, die durch die Weltkriege und die Wirtschaftskonjunkturen im 20. Jh. mit wechselndem Erfolg Zement produzierten und ihre Produktionstechniken sowie Transportkapazitäten (eigene Schiffe, Kanäle, Hafenanlagen) ständig modernisieren mußten. 1972 vereinigten sie sich schließlich zur Alsen-Breitenburg Zement- und Kalkwerke GmbH, die nur noch in Lägerdorf produzieren und die das Stadtbild von Itzehoe prägenden Werksanlagen 1982 aufgaben. Im rohstoffarmen SH stellt die Gewinnung und Verarbeitung von Kreide und Ton durch die Z. eine Besonderheit dar.

Lit.: S. Jebens-Ibs, Die Alsen'sche Portland-Cement-Fabrik in Itzehoe 1863-1918, in: Itzehoe, Geschichte einer Stadt in SH, Bd. 2, hg. von J. Ibs, Itzehoe 1992, 194-238. OP

Ziegelei Das Baumaterial, das die ma. Backsteinarchitektur (Backsteinromanik, Backsteingotik, →Backstein) benötigte, wurde in der Nähe der Baustellen im Feldz.- oder im Erdbrandverfahren gewonnen. In Feldz. stellte man luftgetrocknete Formlinge meilerartig auf, bewarf sie mit Lehm und entzündete in offengelassenen Räumen das Feuer. Im Erdbrandverfahren setzte man 2.000 bis 8.000 Formlinge in Gruben auf, deren Wände mit Feldsteinen oder Ziegeln ausgekleidet waren, und brachte den Inhalt von Feuerungskammern aus in Glut. Nach etwa einwöchigem Brand und tagelangem Abkühlen konnte die Grube ausgeräumt werden. Das Erdbrandverfahren wurde noch bis ins späte 19. Jh. (z.B. auf →Fehmarn) angewendet; schließlich waren die Betriebe aber nicht mehr konkurrenzfähig, weil zu viele Steine als schwach gebranntes, billiges Material fürs Hintermauerwerk verkauft werden mußten. Die Backsteinerzeugung ge-

Briefkopf der Firma Alsen

Ziegelei mit Ringofen auf dem Lehmbrook bei Farmsen 1875

Ziegelei

Ziegeltransporte im Hafen von Kollmar an der Elbe um 1900

wann im 18./19. JH. an Bedeutung, als der Mangel an wertvollem Holz größere Sparsamkeit nahelegte und den Massivbau begünstigte. Nunmehr wurden zunehmend häufig leistungsfähigere Kammeröfen (Dt. Öfen) gebaut, ca. 5m hohe, quadratische oder rechteckige und oben offene Schächte mit ca. 1,5m starken Wänden und hohem Dach, von denen die größeren etwa 60.000 Normalsteine zu fassen vermochten. Vor dem Anbrand wurde die obere Ziegellage mit Lehm abgedeckt. Der Ofen wurde durch Luken an den Seiten mit Holz und Torf beheizt (zwei bis drei Soden pro Mauerstein), wobei man Temperaturen von 800-1.200 Grad Celsius erreichte. Jeder Kammerofen leistete in der Saison, von Ostern bis Michaelis, zwei bis zehn Brände. Die Ziegelproduktion war durch Vergrößerung der Öfen nur begrenzt zu steigern; Kammeröfen mit einem Fassungsvermögen von 100.000 und mehr Steinen lieferten so viel minderwertige Ware, daß sie nicht rentabel betrieben werden konnten. Die Arbeit in den Z. erfolgte in vier Schritten: 1. Materialaufbereitung, 2. Formung der Steine (Ziegelstreichen), 3. Lufttrocknung und 4. Brand. Zu 1: Zieglerei war Saisonarbeit. Im Spätsommer wurde der Lehm fürs nächste Jahr im Tagebau gegraben und auf Haufen verteilt, damit die Sonnenhitze ihn »durchkochen« und die Winterkälte ihn geschmeidig machen konnte. Im Frühjahr wurde das Material in Sumpfgruben mit Wasser versetzt und von den Arbeitern mit bloßen Beinen durcheinander getreten und geknetet. Im 18./19. Jh. erreichte man eine kräftesparende und gesundheitsschonende Mechanisierung: In runden flachen Sumpfgruben in denen schwere Karren von Pferden oder Ochsen im Kreis gezogen wurden, zerkleinerten und homogenisierten deren Räder den Lehmbrei. Zu 2: Die so gewonnene Masse wurde auf einem Streichtisch in Holzrahmen, gewöhnlich in Doppelrahmen, geschlagen und mit einem Rundholz abgestrichen (Handstrichziegel). Ein Ziegelstreicher formte 3.000 bis 5.000 Normalsteine am Tag; Spitzenleute leisteten mehr. Zu 3: Die noch weichen »Frischlinge« wurden zum Trocknen weggelegt und nach einigen Tagen hochkant gestellt. Standen Trockenschauer (Trockenscheunen) zur Verfügung, wurden sie darin, vor Regen geschützt, nachgetrocknet. Zu 4: Vier bis acht Wochen später konnten die Ziegel gebrannt werden. Die erste Ware des Jahres stand um die Pfingstzeit zur Auslieferung bereit. Die Anzahl der Beschäftigten in einer Z. schwankte; sie war saisonbedingt und hing von der Größe der Öfen ab. Ende des 18. Jh. hieß es, wenn zwei Streicher engagiert seien, pflege man mit zehn Arbeitern zu rechnen, bei drei Streichern rechne man mit 13. In einem kleineren Betrieb arbeiteten sechs Mann: Vier bereiteten das Material vor und zwei bedienten den Ofen. Ziegler war nie ein Lehrberuf; man wurde Ziegler durch Anlernen und durch Übung vor Ort. Es bestand eine Hierarchie: Former und Brenner, die über gründlichere Kenntnis verfügen mußten, wurden besser bezahlt als Handlanger. Gleichwohl gab es Fachkräfte; dazu gehörten die lippischen Ziegler, Wanderarbeiter, die im 18. und in größerer Anzahl im 19. Jh. auch in den Hztt. gefragt waren. Z. gab es überall, wo abbaufähiges Rohmaterial zur Verfügung stand. Besonders zahlreich lagen sie an der Flensburger Außenförde (bei Egernsund, am Nybøl Nor und bei Iller auf der Halbinsel Broagerland). Dort hatten sich am Ende der letzten →Eiszeit in Schmelzwasserseen mächtige steinfreie Sedimente gebildet, die bis in die Gegenwart abgebaut werden. Die küstennahe Lage der Z. erleichterte die Zufuhr der Brennmaterialien und den Abtransport der Erzeugnisse. Etwa 40 Z.standorte sind in dieser Region bekannt. Mit dem in den 1850er Jahren von dem Baumeister Friedrich Hoffmann erfundenen Hoffmannschen Ringofen brach ein neues Zeitalter an. Jetzt wurden 12 bis 16 (und mehr) Brennkammern ringförmig um einen Schornstein angeordnet. Das Feuer wanderte, von außen reguliert, von Kammer zu Kammer. Die zugeleitete Frischluft erwärmte sich an den gebrannten Steinen, und die heiße Abluft trocknete das noch feuchte Material. Man rechnete mit einer Brennstoffersparnis von 60-70%. Die Ringofenz. konnten daher preisgünstiger liefern als die Firmen, die mit älteren Systemen ziegelten, bis sie um die Mitte des 20. Jh. von den noch leistungsfähigeren (und Arbeitskräfte sparenden) Tunnelofen-Z. vom Markt verdrängt wurden.

Lit.: I. Adriansen u.a., Teglværker ved Flensborg Fjord, Gråsten 1984; M. Pries, Die Entwicklung der Z. in SH, Hamburg 1989. JB

Zimmermann, Gustav →Regierungspräsident

Zimmer →Maße

Zirkelgesellschaft →Patrizier

Zoll Seit dem frühen MA wird mit Z. eine Abgabe beim Transport von Waren und Gegenständen bezeichnet. Früheste Aufzeichnungen finden sich im Stadtrecht →Schl. (um 1200) und →Hamburgs (Schauenburger Z. 1188). Anfangs existierte ein kombinierter Z. auf Waren und Transportmittel. Jedoch gab es zahlreiche Ausnahmen für einzelne Personen, Städte sowie →Adel und →Klerus. Seit dem MA bildete sich ein Passagez.system aus. Es wurden mehrere Z.stellen mit geringen Abgaben an einer Route eingerichtet; seit 1636 erhob man zusätzlich Licenten (Luxusabgaben). Die Errichtung von Z.stätten konzentrierte sich an den Hauptverkehrswegen, an der Grenze zu DK (→Königsau/Kongeå) und zum Heiligen Römischen Reich (→Rendsburg, 1261). Bedeutende Z.stätten waren v.a. am →Ochsenweg, Königsau, →Gottorf, →Rendsburg, →Nms., →Bramstedt und Ulzburg. 1633-1645 existierte ein Elbzoll in →Glückstadt. Mit der Erweiterung Schl. durch die holst. Gff. kam es zur fiskalischen Trennung Schl., Holst. und DK. Nach der →Landesteilung wurden die Z.stellen gemeinschaftlich verwaltet. Seit 1721 erfolgten Versuche zur Vereinheitlichung des

Das Zollamt in Altona um 1850, Lithographie von Gustav Frank (Ausschnitt)

Zoll

Z.systems in den Hztt. und in DK. 1768 wurden Z.- und Licentwesen zusammengefaßt; 1773 die Z.vereinigung des Hzt. Holst. begründet. 1778 erfolgte die Neuordnung des Z.wesens nach der Landeseinigung, 1799-1803 die Angleichung des Z.systemes in den Hztt. und DK. 1803 wurden schließlich die Nebenz. im Lande abgeschafft und 1838 konnte eine grundlegende Reform des Z.wesens durchgeführt werden. Nach dem Übergang der Hztt. an →Preußen 1866/1867 wurden die Außengrenzen SH gleichzeitig Z.grenzen. Mit dem Eintritt Preußens in den Norddt. Bund wurde SH Teil des Z.gebietes nach Abt. VI, Art. 33, der Verfassung des Norddt. Bundes. Das Vereinsgesetz vom 1.7.1869 brachte die Einführung der Z.freiheit innerhalb des Bundesgebietes, die Z.stellen an den inneren Bundesgrenzen wurden aufgehoben. Nunmehr erfolgte die Konzentration auf die äußeren Z. grenzen durch Einrichtung von Z.grenzgebieten an den Häfen und den Außengrenzen. Die Gründung des Dt. Reiches brachte den Übergang der Z.verwaltung auf die Zentralverwaltung des Reiches. Damit ging eine schrittweise Vereinheitlichung des Z.wesens einher. 1888 erfolgten der Z.anschluß →Hamburgs und die Aufhebung der Z.grenzen zu Preußen. Mit der Verschiebung der Landesgrenze nach der Abstimmung von 1920 wurde die Z.grenze an die heutige Landesgrenze verschoben. Die Weiterentwicklung der Europäischen Union wird zur schrittweisen Aufhebung der Z.stellen und zur Abschaffung der Z. zwischen den Mitgliedstaaten der Union führen (→Sunzoll).
Lit.: Dansk Toldhistorie, 3 Bde., hg. von M. Venge u.a., Kopenhagen 1987-1989; G. Nørregård, Das Z.gesetz von 1838 in den Hztt., in: ZSHG 90, 1965, 101-110. CJ

Grenzpfahl an der Zonengrenze

Zoll →Maße

Zonengrenze Mit der Aufteilung Dt. in Besatzungszonen nach dem Ende des 2.WK schufen die Siegermächte wohl ungewollt die Grundlage für eine innerdt. Konfliktfläche, die bis zum Zerfall des →Kommunismus Ende der 1980er Jahre zeitweise die weltpolit. Lage prägen sollte. Ein wesentlicher Teil der Grenze zwischen den britischen und sowjetischen Besatzungszonen verlief entlang der historischen Grenze zwischen →Mecklenburg und dem Kreis Hzt. Lauenburg sowie an Lübeck vorbei bis in die Ostsee hinein – insgesamt über 120km (einschließlich Wassergrenze). Diese ursprünglich als →Demarkationslinie bezeichnete Grenze entwickelte sich im Laufe der Jahre zur fast undurchdringlichen Grenzbefestigung zwischen Ost und West, zum Bestandteil des Eisernen Vorhanges. Dadurch wurde SH zum östlichen Wachposten in der Auseinandersetzung zwischen den polit. Systemen. Im grenznahen Bereich entstanden Bundeswehreinheiten (→Bundeswehr) und Bundesgrenzschutz-Standorte. Es gab auch Todesfälle. Der spektakulärste Fall war der des Michael Gartenschlägers, der 1976 beim Abbau einer Selbstschussanlage am Grenzabschnitt bei der Gem. Bröthen von DDR-Grenzsoldaten erschossen wurde.
Lit.: Lauenburgische Heimat 153, 1999 (Sonderheft zur Grenzöffnung 1989). WB

Zühlke, Kurt →Landwirtschaftskammer

Zütphen, Heinrich von →Dithmarschen, →Reformation

Zuchthaus Z. wurden zuerst im 16. Jh. in England gegr. In ihnen sollten Bettler, »liederliche Weiber« und Arbeitsscheue durch Arbeitszwang und ein festes Reglement zur Arbeit erzogen werden. In Dt. wurden die ersten

Zuckerindustrie

Z. in den Hansestädten eingerichtet, so in →Lübeck (1613) und →Hamburg (1614/22). Im großfürstlichen Teil Holst. (→Gottorf) kam es 1729 in Nms. zur Etablierung eines ersten Z.- und Werkhauses. Die kgl. Anteile erhielten mit dem Bau eines Z. in →Glückstadt (1736-39) eine eigene Anstalt. Kleinere städtische Z. gab es in →Altona, Tondern/Tønder, →Flensburg und →Husum. In den Z. vermischten sich ursprünglich Elemente der Fürsorge und der zwangsweisen Umerziehung durch Arbeit. Oft fanden sich Z., Armen-, Waisen- und Irrenhaus (→Irrenanstalt) unter einem Dach. Auch in Glückstadt existierte neben dem Z. ein Tollhaus, in dem Irre untergebracht waren. Erst allmählich entwickelten sich die Z. durch die Aufnahme von Straftätern zu reinen Strafanstalten. Daneben wurde in SH im 18. und v.a. im 19. Jh. eine große Zahl von Armenarbeitsanstalten eingerichtet, die der Umerziehung und Abschreckung von Bettlern und Armen dienten. Bis Mitte des 19. Jh. wurden die übrigen Z. in SH aufgelöst und die Insassen nach Glückstadt transportiert. Im 18. Jh. waren dort durchschnittlich 130 Häftlinge, im 19. Jh. bis zu 700 interniert, die zeitlich begrenzte, zeitlich unbestimmte oder lebenslängliche Strafen absaßen.

Lit.: A. Kuhlmann, Das Z.- und Tollhaus in Glückstadt im 18. Jh., Hamburg 1936; W. Kröner, Freiheitsstrafe und Strafvollzug in den Hztt. Schl., Holst und Lauenburg von 1700 bis 1864, Frankfurt/M. u.a. 1988. MR

Zuckerindustrie Bis zum Beginn des 19. Jh. war Zucker eine Luxusware, die aus den überseeischen Zuckerrohranbaugebieten eingeführt werden mußte. Weniger Betuchte deckten ihren Süßstoffbedarf mit Honig. Für die Hztt. spielte →Flensburg eine zentrale Rolle bei Import und Verarbeitung des transatlantischen Rohzuckers. Zwischen 1762 und 1820 existierten in der Fördestadt zeitweilig 13 Siedereien. 1798 gelang Franz Carl Achard in Berlin die Zuckergewinnung aus Runkelrüben, und kurz nach der Jh.wende setzte die Massenproduktion ein. Die →Kontinentalsperre, die Europa vom Kolonialzucker abschnitt, und spätere Zollgesetze begünstigten bis 1914 den Aufbau einer weltbeherrschenden dt. Rübenzuckerindustrie. In SH begründete der Itzehoer Charles de Vos mit einer Fabrik in →Wesselburen (1869) diesen Industriezweig. Damit verbunden war eine provinzweite, wenn auch umstrittene Neuorientierung auf die Anpflanzung von Zuckerrüben. In einer Art Aufbruchstimmung

Das ehemalige Zuchthaus in Glückstadt

Der Zuckerfabrikant Charles de Vos, Itzehoe

Zwangsarbeit

entstanden innerhalb weniger Jahre (1880-1883) weitere Großbetriebe, namentlich in →Dithm. und Ostholst. Doch die Gründungen erfolgten in einer Phase der gigantischen Überproduktion, welche zu einem rapiden Preisverfall auf dem Weltmarkt führte und die meisten Fabriken des Landes schon bald in den Konkurs trieb. Lediglich die beiden Raffinerien in →Wedel/Schulau (gegr. 1890) und St. Michaelisdonn (gegr. 1880) überstanden den 1.WK. Das Schulauer Werk schloß 1932 seine Pforten, während St. Michaelisdonn 1995 seinen Betrieb einstellte. Heute werden Zuckerrüben nur noch in einer Schl. Fabrik (gegr. 1953) verarbeitet, die im Verbund der Nordzucker AG besteht.

Lit.: A. Lüthje, Anfänge des Zuckerrübenanbaus und der Verarbeitung in SH, 1870-1900, Bordesholm 1980. SW

Zwangsarbeit Z. stellt in Bezug auf den Einsatz ausländischer Arbeitskräfte in der dt. Wirtschaft während des →NS keinen Quellenbegriff dar. Die NS-Machthaber sprachen von Dienstverpflichteten. Die Bezeichnung Z. wird dennoch allgemein und in der Forschung benutzt, um den Kern der NS-Beschäftigungspolitik zu charakterisieren. Diese Politik setzte in verschiedenen Abstufungen Pressionen und in Mio. Fällen nackte Gewalt ein, um Arbeitskräfte aus den von der →Wehrmacht besetzten Gebieten für die dt. Kriegswirtschaft anzuwerben bzw. zu verpflichten. Sichtbarer Ausdruck der Z. war das umfangreiche Lagersystem, das für die NS-Gewaltherrschaft im ganzen bezeichnend war. Insbesondere die Zwangsarbeiter aus der Sowjetunion bekamen die Folgen der NS-Rassenideologie zu spüren. In SH sind Zwangsarbeiter im großen Umfang eingesetzt und ausgebeutet worden; in der →Landwirtschaft, in der Industrie, in Handwerksbetrieben und in privaten Haushalten.

Lit.: Verschleppt zur Sklavenarbeit. Kriegsgefangene und Zwangsarbeiter in SH, hg. von G. Hoch, R. Schwarz, Alveslohe und Nützen 1985. WB

Die Zuckerraffinerie in Wedel-Schulau

Autorenverzeichnis

In Klammern steht die Anzahl der Artikel für das Schleswig-Holstein Lexikon.

AB – Angela Behrens, geb. 1964, M.A., Doktorandin am Institut für Sozial- und Wirtschaftsgeschichte der Universität Hamburg, Stadtarchivarin in Ahrensburg/Ammersbek; Veröffentlichungen zur Sozial- und Wirtschaftsgeschichte. (1)

AG – Antjekathrin Graßmann, geb. 1940, Dr. phil., Honorarprof. an der Christian-Albrechts-Universität zu Kiel, Archivdirektorin am Archiv der Hansestadt Lübeck; Veröffentlichungen zur Sozial- und Wirtschafts- sowie zur Stadtgeschichte Lübecks von 1450-1900. (16)

BS – Broder Schwensen, geb. 1959, Dr. phil., Archivdirektor am Stadtarchiv Flensburg, Geschäftsführer der Gesellschaft für Flensburger Stadtgeschichte; Veröffentlichungen zur Regionalgeschichte des deutsch-dänischen Grenzraumes sowie zur Stadtgeschichte Flensburgs. (2)

BSt – Brigitte Stelter, geb. 1973, M.A., z.Zt. wissenschaftliche Mitarbeit am Lehrstuhl für Neuere Geschichte an der Universität der Bundeswehr Hamburg; Veröffentlichung zur Sozialdisziplinierung im frühneuzeitlichen Hamburg. (2)

CB – Cordula Bornefeld, geb. 1957, Archivamtsfrau und Leiterin des Kreisarchivs Herzogtum Lauenburg in Ratzeburg; Veröffentlichungen zur lauenburgischen Geschichte. (5)

CJ – Carsten Jahnke, geb. 1968, Dr. phil., Wirtschafts- und Sozialhistoriker, z.Zt. Forschungsstipendiat der Deutschen Forschungsgemeinschaft; Veröffentlichungen zur Wirtschafts-, Fischerei- und Sozialgeschichte des Mittelalters und der Frühen Neuzeit. (8)

CL – Christian Lopau, geb. 1962, M.A., Historiker und Germanist, Leiter der Archivgemeinschaft der Städte Mölln und Ratzeburg; Veröffentlichungen zur Geschichte des Kreises Herzogtum Lauenburg. (4)

CPR – Carsten Porskrog Rasmussen, Ph.D., Lektor am Historischen Institut der Universität Århus; Veröffentlichungen zur Guts-, Adels-, Landwirtschafts-, Lokal- und modernen Wirtschaftsgeschichte. (5)

CR – Christian Radtke, geb. 1941, M.A., wissenschaftlicher Mitarbeiter im Archäologischen Landesmuseum der Stiftung Schleswig-Holsteinische Landesmuseen Schloß Gottorf in Schleswig, wissenschaftliche Redaktion, Museumsausstellungen; Veröffentlichung zur Geschichte von Haithabu und Schleswig sowie zur Burgenforschung. (9)

DK – Detlev Kraack, geb. 1967, Dr. phil., wissenschaftlicher Assistent im Fachgebiet Mittelalterliche Geschichte am Institut für Geschichte und Kunstgeschichte der Technischen Universität Berlin; Veröffentlichungen zur Geschichte des Mittelalters und der Frühen Neuzeit. (16)

DL – Dieter Lohmeier, geb. 1940, Dr. phil. und apl. Prof. für Literaturwissenschaft an der Christian-Albrechts-Universität Kiel, Direktor der Schleswig-Holsteinischen Landesbibliothek; zahlreiche Veröffentlichungen zur Literatur- und Kulturgeschichte Schleswig-Holsteins und Dänemarks (13)

EB – Enno Bünz, geb. 1961, Dr. phil., Privatdozent am Historischen Institut der Friedrich-Schiller-Universität Jena; Veröffentlichungen zur Geschichte des Mittelalters und der Reformationszeit sowie zur deutschen Landesgeschichte. (20)

EO – Eckardt Opitz, geb. 1938, Dr. phil., Prof. für Neuere Geschichte an der Universität der Bundeswehr Hamburg, Tutor der Lauenburgischen Akademie für Wissenschaft und Kultur; Veröffentlichungen zur schleswig-holsteinischen Landesgeschichte. (16)

GH – Gerhard Hoch, geb. 1923, Diplombibliothekar i.R.; Veröffentlichungen zum Nationalsozialismus in Schleswig-Holstein. (3)

GJ – Gisela Jaacks, geb. 1944, Prof. Dr. phil., stellvertretende Direktorin des Museums für

Autorenverzeichnis

Hamburgische Geschichte, Leiterin der Abteilung Bürgerliche Kunst und Kultur, Geistesgeschichte, Volkskunde; Veröffentlichungen u.a. zur norddeutschen Musikgeschichte und -theorie, Porträt- und Kostümgeschichte. (1)

GR – Gerhard Rheinheimer, geb. 1927, Prof. Dr. rer. nat., bis 1992 Direktor der Abteilung Marine Mikrobiologie am Institut für Meereskunde an der Christian-Albrechts-Universität Kiel; Veröffentlichungen zur Gewässermikrobiologie und Meereskunde. (3)

HJF – Horst Joachim Frank, geb. 1928, Dr. phil., Universitätsprof. em. (Universität Flensburg); Veröffentlichungen zur Barockliteratur, Geschichte des Deutschunterrichts, Formen der Lyrik, Interpretationsmethodik und Geschichte der Literatur in Schleswig-Holstein. (4)

HK – Harry Kunz, geb. 1953, Diplom-Soziologe, beschäftigt am Nordfriisk Instituut in Bredstedt mit dem Projekt »Wegweiser zu den Quellen der Landwirtschaftsgeschichte Schleswig-Holsteins«; Veröffentlichungen zur Landeskunde und Landwirtschaft Nordfrieslands sowie Anleitungen und Quellensammlungen zur Haus- und Höfegeschichte Schleswig-Holsteins. (14)

HFR – Hans-Friedrich Rothert, geb. 1936, Dr. phil., Bibliothekar an der Schleswig-Holsteinischen Landesbibliothek Kiel. (11)

HS – Hannelore Sievers, geb. 1941, Studium der Kunstgeschichte, Germanistik und Literaturgeschichte; Beschäftigung vor allem mit dem Hospitalwesen und der Architekturgeschichte. (1)

HSH – Hans Schultz Hansen, geb. 1960, Ph.D., Landesarchivdirektor am Landsarkivet for Sønderjylland/Landesarchiv für Nordschleswig in Aabenraa/Apenrade; Veröffentlichungen vor allem zur Agrargeschichte Schleswigs und Geschichte der deutsch-dänisch nationalen Gegensätze im 19. und 20. Jahrhundert. (49)

HWS – Hans Wilhelm Schwarz, geb. 1935, Dr. phil., Oberarchivrat a.D. am Landesarchiv Schleswig-Holstein; Veröffentlichungen zur schleswig-holsteinischen Regionalgeschichte. (21)

IA – Inge Adriansen, geb. 1944, Ph.D., Kustodin im Museet paa Sønderborg Slot; Veröffentlichungen zur dänischen und schleswigschen Geschichte, Kulturgeschichte sowie Volkskunde. (2)

JB – Jochen Bracker, geb. 1927, Dr. phil., bis 1992 Prof. an der Pädagogischen Hochschule Kiel; Veröffentlichungen zur schleswig-holsteinischen Landesgeschichte sowie zum Sach- und Geschichtsunterricht. (35)

JH – Jörg Hillmann, geb. 1963, Dr. phil., Marineoffizier, z.Zt. Lehrstabsoffizier für Wehrgeschichte an der Marineschule Mürwik, Leiter des Wehrgeschichtlichen Ausbildungszentrums der Marine; Veröffentlichungen zur norddeutschen Landesgeschichte mit Schwerpunkt Lauenburg und zur Marinegeschichte. (7)

JN – Jürgen Newig, Dr. rer. nat., Prof. und geschäftsführendes Vorstandsmitglied am Institut für Kulturwissenschaften, Erziehungswissenschaftliche Fakultät der Christian-Albrechts-Universität zu Kiel; Veröffentlichungen zur Landeskunde Schleswig-Holsteins sowie zur Geographie der Kulturerdteile. (8)

JPL – Jörn-Peter Leppien, geb. 1943, Dr. phil., Oberstudienrat an der Auguste-Viktoria-Schule Flensburg mit den Fächern Geschichte, Wirtschaft-Politik und Philosophie; Veröffentlichungen zur Geschichte der deutsch-dänischen Beziehungen, der Mädchenbildung, des Nationalsozialismus sowie zur Didaktik der Geschichte. (5)

JT – Jesper Thomassen, geb. 1967, Ph.D., Archivar am Landsarkivet for Sønderjylland in Aabenraa/Apenrade, Schriftleiter von Danmarks Adels Aarbog; Veröffentlichungen vor allem zur Kirchen- und Adelsgeschichte Nordschleswigs und Dänemarks 1500-1750. (6)

KD – Kay Dohnke, geb. 1957, Literaturwissenschaftler, tätig als freier Journalist in Hamburg; Veröffentlichungen zu Literatur und Kultur Norddeutschlands. (7)

Autorenverzeichnis

KDS – Kai Detlev Sievers, geb. 1934, Prof. Dr. phil., 1972-1996 am Seminar für Volkskunde der Christian-Albrechts-Universität Kiel; Veröffentlichungen vor allem zur Sozial- und Alltagsgeschichte des 19. Jahrhunderts und zur Wissenschaftsgeschichte der Volkskunde. (14)

KG – Klaus Gille, geb. 1955, Historiker; Veröffentlichungen zur Sozial- und Kulturgeschichte des 18. und 19. Jahrhunderts mit Schwerpunkt Schleawig-Holstein. (4)

KGr – Katrin Grunwaldt, geb. 1968, M.A., wissenschaftliche Mitarbeiterin mit geschäftsführender Funktion im Kultur- und Geschichtskontor Bergedorf/Hamburg; Veröffentlichungen zur Geschichte Norddeutschlands. (15)

KUS – Kai-Uwe Scholz, geb. 1961, Dr. phil., Literaturwissenschaftler und Redakteur in Hamburg; Ausstellungen und Veröffentlichungen zu Architektur, Design, Kunst und Literatur des 20. Jahrhunderts. (11)

LS – Klaus-Joachim Lorenzen-Schmidt, geb. 1948, Dr. phil., M.A., Oberarchivrat am Staatsarchiv Hamburg, Lehrbeauftragter am Historischen Seminar der Universität Hamburg; Veröffentlichungen zur Wirtschafts- und Sozialgeschichte, Stadtgeschichte des Mittelalters und der Frühen Neuzeit sowie zur Agrargeschichte Schleswig-Holsteins. (515)

MB – Michael Busch, geb. 1961, Dr. phil., M.A., Assistent an der Professur für Neuere Geschichte, Universität der Bundeswehr Hamburg; Veröffentlichungen zur Militärgeschichte sowie zur schwedischen und lauenburgischen Geschichte. (5)

MH – Marita Häuser, geb. 1952, M.A., arbeitet als Angestellte im Kieler Gesundheitsamt; Veröffentlichungen zur Medizingeschichte. (10)

MJK – Manfred Jessen-Klingenberg, geb. 1933, Prof. Dr. phil., Erziehungswissenschaftliche Fakultät der Christian-Albrechts-Universität Kiel, Abteilung Geschichte und ihre Didaktik; Veröffentlichungen zur Verfassungsgeschichte, zum Nationalitätenproblem, zur Kanal- und zur Universitätsgeschichte Schleswig-Holsteins. (19)

MJT – Manfred Jakubowski-Tiessen, geb. 1948, Prof. Dr. phil., Max-Planck-Institut für Geschichte in Göttingen; Veröffentlichungen zur Sozial-, Mentalitäten- und Kirchengeschichte der Frühen Neuzeit. (6)

MK – Martin Knauer, geb. 1962, Dr. phil., Lehrbeauftragter am Historischen Seminar der Universität Hamburg und an der Universität der Bundeswehr Hamburg; Forschungsschwerpunkte Militär- und Sozialgeschichte der Frühen Neuzeit sowie Politische Ikonographie. (2)

MKu – Michael Kube, geb. 1968, Dr. phil., Musikwissenschaftler, Wissenschaftlicher Mitarbeiter an der Editionsleitung der Neuen Schubert-Ausgabe (Tübingen), Lehraufträge an den Universitäten Karlsruhe und Tübingen; Veröffentlichungen vor allem zu Bach, Reger und Hindemith sowie zur Kammermusik und nordeuropäischen Musikgeschichte. (12)

ML – Maren Limbacher, geb. 1965, M.A., z.Zt. wissenschaftliche Mitarbeit an der Professur für Neuere Geschichte an der Universität der Bundeswehr Hamburg; Dissertationsprojekt zur mittelalterlichen Frauenmystik. (3)

MR – Martin Rheinheimer, geb. 1960, Dr. habil., Associate Prof. für Regionalgeschichte an der Syddansk Universitet in Esbjerg; Veröffentlichungen zur Wirtschafts- und Sozialgeschichte Schleswig-Holsteins, zur Historischen Anthropologie der Frühen Neuzeit sowie zur Geschichte der Kreuzfahrerstaaten. (18)

NF – Norbert Fischer, geb. 1957, Dr. phil., Sozial- und Kulturhistoriker, Lehrbeauftragter der Universität Hamburg; z.Zt. Forschungsprojekt zu Sturmflut und Deichbau in den südlichen Elbmarschen; Publikationen zur Regionalgeschichte Stormarns und des Hamburger Umlandes sowie zur Sozialgeschichte des Todes und der Friedhöfe. (8)

NH – Nils Hansen, geb. 1957, Dr. phil., M.A., wissenschaftlicher Angestellter am Seminar für

Autorenverzeichnis

Volkskunde der Christian-Albrechts-Universität Kiel; Veröffentlichungen zur Volks- und Alltagskultur in Schleswig-Holstein. (7)

NMW – Nikolaj Müller-Wusterwitz, geb. 1955, Diplom-Pädagoge, Kustos des Bismarck-Museums Friedrichsruh; Veröffentlichungen zur Geschichte von Wirtschaftsunternehmen sowie zur lauenburgischen Regionalgeschichte. (4)

OM – Olaf Matthes, geb. 1965, Dr. phil., wissenschaftlicher Assistent am Museum für Hamburgische Geschichte; Veröffentlichungen zur Museums-, Vereins- und Wissenschaftsgeschichte, zum Mäzenatentum sowie zur deutsch-jüdischen Geschichte. (25)

OP – Ortwin Pelc, geb. 1953, Dr. phil., Oberkustos im Museum für Hamburgische Geschichte, Leiter der Abteilung 19./20. Jahrhundert und Judaica, Lehrbeauftragter am Historischen Seminar der Universität Hamburg; Veröffentlichungen zur schleswig-holsteinischen und norddeutschen Sozial- und Wirtschafts- sowie Kirchen- und Stadtgeschichte. (125)

PDC – Peter Danker-Carstensen, geb. 1952, Diplom-Soziologe, Leiter des Schiffahrtsmuseum Rostock; Veröffentlichungen zur schleswig-holsteinischen Schiffahrts- und Fischereigeschichte sowie zur Wirtschaftsgeschichte Elmshorns. (35)

PW – Peter Wulf, geb. 1938, Dr. phil., Prof. für Geschichte an der Universität Flensburg; Veröffentlichungen zur deutschen Geschichte, zur Wirtschafts- und Sozialgeschichte sowie zur Landesgeschichte Schleswig-Holsteins. (7)

RG – Rolf Gehrmann, geb. 1953, Dr. phil., Privatdozent für Neuere Geschichte an der Europa-Universität Viadrina Frankfurt/Oder; Veröffentlichungen zur historischen Bevölkerungsforschung. (3)

RH – Reimer Hansen, geb. 1937, Dr. phil., Prof. für Neuere Geschichte am Friedrich-Meinecke-Institut der Freien Universität Berlin, Vorsitzender der Historischen Gesellschaft zu Berlin; Hauptarbeitsgebiete: Das Reich und Europa im Konfessionellen Zeitalter, dt. Zeitgeschichte, Landesgeschichte Schleswig-Holsteins, Geschichte und Theorie der Geschichtswissenschaft; Veröffentlichungen siehe Kürschners Deutscher Gelehrten-Kalender 1996. (10)

RHK – Rolf Hammel-Kiesow, geb. 1949, Dr. phil., Leiter der Forschungsstelle für die Geschichte der Hanse und des Ostseeraumes in Lübeck, Lehrbeauftragter am Historischen Seminar der Christian-Albrechts-Universität Kiel; Veröffentlichungen zur Städte- und Handelsgeschichte der vorindustriellen Zeit und zur Geschichte der Hanse. (2)

RS – Rolf Schulte, geb. 1950, Dr. phil., Oberstudienrat an einem Gymnasium in Schleswig-Holstein, Lehrbeauftragter am Institut für Kulturwissenschaften an der Christian-Albrechts-Universität Kiel; Veröffentlichungen zur norddeutschen Regionalgeschichte und zur Hexenverfolgung in der Frühen Neuzeit im Deutschen Reich. (2)

RW – Ralf Wiechmann, geb. 1961, Dr. phil., Archäologe und Numismatiker, Leiter des Münzkabinetts und der Abteilung Mittelalter im Museum für Hamburgische Geschichte; Veröffentlichungen zur Numismatik und mittelalterlichen Geschichte. (21)

SW – Stefan Wendt, geb. 1957, M.A., arbeitet als Technischer Redakteur in einem Kieler Software-Unternehmen; Veröffentlichungen zur schleswig-holsteinischen Orts-, Industrie- und Sportgeschichte. (28)

UD – Uwe Danker, geb. 1956, Prof. Dr. phil., Hochschuldozent an der Universität Flensburg, Direktor am Institut für schleswig-holsteinische Zeit- und Regionalgeschichte (IZRG) in Schleswig; arbeitet zur Zeit an einer wissenschaftlichen Biographie des schleswig-holsteinischen NSDAP-Gauleiters und Oberpräsidenten Hinrich Lohse; Veröffentlichungen zur Geschichte der frühen Neuzeit und zur regionalen Zeitgeschichte Schleswig-Holsteins. (36)

WA – Walter Asmus, geb. 1950, Geograph, Oberstudienrat an der Theodor-Storm-Schule

Autorenverzeichnis

Husum; Veröffentlichungen zur Wirtschafts- und Sozialgeschichte sowie zur historischen Geographie mit dem Schwerpunkt Verkehrsgeschichte Schleswig-Holsteins. (17)

WB – William Boehart, geb. 1947, Dr. phil., Historiker und Stadtarchivar, Leiter der Archivgemeinschaft Schwarzenbek, Lehrbeauftragter am Historischen Seminar der Universität Hamburg; Veröffentlichungen zur deutschen Aufklärung und zur Regionalgeschichte des Kreises Herzogtum Lauenburg. (11)

WK – Wolf Könenkamp, geb. 1946, Dr. phil., Direktor des Dithmarscher Landesmuseums und des Schleswig-Holsteinischen Landwirtschaftsmuseums; Veröffentlichungen zur Kulturgeschichte und zum Museumswesen. (22)

Bildnachweis

Herausgeber und Verlag danken allen Fotografen und Leihgebern. Trotz sorgfältiger Recherchen konnten nicht alle Inhaber der Bildrechte zweifelsfrei ermittelt werden. – Wir bitten gegebenenfalls um Mitteilung.

Altonaer Museum, Hamburg
124, 354, 508

Peter Danker-Carstensen, Elmshorn
128, 292 rechts, 319 links, 471 links

Dansk Centralbibliotek for Sydslesvig, Flensburg
421

Deutsches Schiffahrtsmuseum, Bremerhaven
249

Dithmarscher Landesmuseum, Meldorf
429 unten

Flensburger Brauerei Emil Petersen GmbH & Co KG, Flensburg
54

Gelehrtenschule Ratzeburg, Ratzeburg
164 rechts

Gemeinsames Archiv des Kreises Steinburg und der Stadt Itzehoe, Itzehoe
31, 483, 536 rechts, 547 links, 551 unten

Marita Häuser, Kiel
271, 272

Reimer Hansen, Berlin
187

Werner Hinzmann
366 rechts

Jüdisches Museum Rendsburg, Rendsburg
253

Kieler Stadt- und Schiffahrtsmuseum, Kiel
268 oben, 273 links

Wolf Könenkamp, Meldorf
232

Melitta Kolberg, Hamburg
113 unten, 147, 182 unten, 202, 203, 317 unten, 367

Kunsthalle zu Kiel, Kiel
59 links, 273 rechts, 512 oben

Landesamt für Denkmalpflege Schleswig-Holstein, Kiel
425

Landesamt für Vor- und Frühgeschichte für Schleswig-Holstein, Schleswig
82 links oben

Landesarchiv Schleswig-Holstein, Schleswig
303, 438

Landesbauamt Lübeck
278 rechts

Klaus-Joachim Lorenzen-Schmidt, Glückstadt
376, 377

Marineschule Mürwick, Flensburg
341, 432 links

Nikolaj Müller-Wusterwitz, Friedrichsruh
94 oben

Museum für Dithmarscher Vorgeschichte und Heider Heimatmuseum, Heide
374

Museum für Hamburgische Geschichte, Hamburg
13, 20, 23, 24, 30 rechts, 32 rechts, 39, 40 rechts, 42, 44 rechts, 45, 50, 55, 56, 58 rechts, 69 unten, 72 rechts, 75, 77, 101 oben und unten, 102, 116 unten, 118, 121, 126, 135 rechts oben, 136, 137, 138 oben, 141, 144, 146, 151, 152, 158 links, 163 rechts, 179, 180, 189 rechts, 201, 204, 206, 207, 208, 211, 216 unten, 217 unten, 220 oben, 222, 233, 237 unten, 239 rechts, 240, 241, 247, 251 unten, 258, 264, 267, 269, 270, 297, 305, 308, 317 oben, 319 rechts, 322, 324, 327, 330, 332, 335, 339, 343, 355, 356, 357, 359, 363, 365, 397 oben, 400 unten, 402, 411, 414, 415, 417, 427 oben, 434, 439, 444, 453, 463 links, 474, 477, 480, 482, 492 oben, 498 unten, 501, 505 unten, 506, 516 rechts, 527, 528, 531 links, 532, 533, 536 links, 540, 544, 546, 547 rechts, 548, 549

Museum für Kunst und Kulturgeschichte, Lübeck
164 oben, 543

Bildnachweis

Nissenhaus, Nordfriesisches Museum, Husum
58 links, 387

Uwe Paulsen, Neumünster
226 rechts, 238, 268, 426, 459

Ortwin Pelc, Hamburg
19, 21, 26 Mitte, 32 links, 33 rechts, 35 rechts, 40 links, 64 rechts oben, 69 oben, 81 oben, 83, 88, 97, 116 oben, 120, 132, 134, 140, 142, 150 rechts und unten, 155 rechts, 158 rechts, 160, 178, 200 unten, 219, 223 links, 234 links, 237 oben, 246, 256, 262 unten, 274, 279, 281 rechts, 287, 290 unten, 333, 338, 348, 349 unten, 360, 392 oben, 394, 396, 403, 412, 418, 446, 470, 471 rechts, 488 links, 489, 491, 497, 503, 511, 529, 530 oben, 537 unten, 542 oben, 551 oben

Privatbesitz
16, 18, 59 rechts unten, 84, 182 oben, 312, 423 Mitte, 458, 495, 512 unten, 542 links unten

Privatbesitz Fürst Bismarck, Friedrichsruh
445 oben

Gerhard Rheinheimer, Kiel
399

Sammlung Kay Dohnke, Hamburg
66 links, 143, 164 links unten, 229, 251 oben

Sammlung Urs J. Diederichs
29 rechts, 153, 242

Reinhard Scheiblich, Hamburg
26 oben, 28, 33 links, 35 links, 46 oben, 64 links, 65, 70, 71, 74, 81 unten, 82 oben, 85 rechts, 86, 96, 101 Mitte, 114, 115, 119, 129, 135 rechts unten, 139, 145 rechts, 155 links, 156, 157, 172, 177, 192, 198 unten, 214 unten, 215 links und rechts oben, 216 oben, 220 unten, 221, 223 rechts oben, 224, 234 rechts, 235 oben und unten, 239 links, 259, 266, 277, 311, 320 rechts, 326, 328, 329, 331, 336, 342, 352, 353, 366 links, 368, 378 unten rechts und oben, 388, 395, 400 oben, 405, 407, 413, 423 unten, 426 rechts, 427 unten, 429 links, 432 rechts, 433, 442, 443 unten, 448, 449, 455, 457, 461 unten, 473, 488 rechts, 498 links, 502 rechts, 510 Mitte, 513, 514, 516 links, 518, 526, 530 unten, 542 rechts, 550

Schleswig-Holsteinische Landesbibliothek, Kiel
106, 154, 174, 214 oben, 228 oben, 257, 262 oben, 280, 292 links, 304, 325, 350 unten, 393 oben, 397 unten, 531 rechts unten

Schloß vor Husum, Husum
183

Friedhelm Schneider, Schönkirchen
499

Stadtarchiv Friedrichstadt, Friedrichstadt
29 links

Stadtarchiv Kiel, Kiel
62, 198 oben, 490, 538

Stadtarchiv Lauenburg, Lauenburg
189 unten

Stadtarchiv Meldorf, Meldorf
350

Stadtarchiv Schwarzenbeck, Schwarzenbeck
469

Stadtarchiv Wedel, Wedel
161

Stiftung Schleswig-Holsteinische Landesmuseen Schloß Gottorf, Schleswig
82 unten, 183 oben, 199, 200 oben, 440, 539

Universität der Bundeswehr Hamburg, Eckardt Opitz/Reinhard Scheiblich, Hamburg
14 unten und links oben, 37, 38, 51, 53, 59 rechts oben, 63, 73, 79, 80, 94 unten, 109, 113 oben, 135 links, 138 unten, 150 links, 170, 181, 191, 196 oben, 213, 215 rechts unten, 217 oben, 223 rechts unten, 226 links, 231, 235 Marginalie, 260, 290 oben, 295, 310, 334, 344, 361, 373, 378 unten links, 401, 410, 422, 423 oben, 426 rechts, 429 rechts oben, 436, 437, 443 oben, 445 unten, 447, 461 oben, 463 rechts, 465, 472, 492 unten, 510 oben, 522, 531 rechts oben, 537 oben

Universitätsbibliothek Bremen, Bremen
64 rechts unten

Volksbanken und Raiffeisenbanken, Kiel
520, 521

Bildnachweis

Wachholtz Verlag, Neumünster
15, 320 links, 522

Stefan Wendt, Kiel
117, 145 links, 243, 502 links, 552

Wenzel-Hablik-Museum, Itzehoe
196

Aus Büchern:
Das große Schleswig-Holstein Buch, Hamburg 1996, 47.- Christian Degn, Schleswig-Holstein. Eine Landesgeschichte, Neumünster 1995, 27, 67, 68, 103, 163 links, 316.- Rudolf Irmisch, 100 Jahre Eisenbahn Glückstadt-Itzehoe, in: ZSHG 83, 1959, 122.- Jürgen Jensen, Karl Rickers (Hg.), Andreas Gayk und seine Zeit, Neumünster 1974, 162.- Alfred Kamphausen, Meldorf, Heide 1959, 349 oben.- Alfred Kamphausen, Das schleswig-holsteinische Freilichtmuseum, Neumünster 1989, 48.- Katalog Ladelund 1982, 286.- Klaus-Peter Kiedel, Uwe Schnall, Die Hanse-Kogge von 1380, Bremerhafen 1982, 281 links.- Hans Joachim Kuhlmann, Besiedlung und Kirchspielorganisation der Landschaft Angeln im Mittelalter, Neumünster 1958, 26 unten.- Ulrich Lange (Hg.), Geschichte Schleswig-Holsteins, Neumünster 1996, 7, 28 links, 44 links, 123, 194, 209, 278 links, 283, 289, 299, 302, 391, 393, 456, 466, 470, 485.- R. Meiborg, Das Bauernhaus im Herzogtum Schleswig, Neudruck Kiel 1977, 46 unten.- Michael Müller-Wille (Hg.), Starigard/Oldenburg, Neumünster 1991, 475.- Manfred Otto Niendorf, Heimatbuch der Gemeinde Dammfleth, Dammfleth 1990, 131.- Erwin Nöbbe, Goldbrakteaten in Schleswig-Holstein und Norddeutschland, in: Nordelbingen 8 (1930/31), 66 rechts.- Georg Quedens, Amrum, Breklum 1985, 519.- Schleswig-Holsteins Geschichte und Leben in Karten und Bildern. Ein Nordmark-Atlas, Kiel 1928, 14 rechts, 95.- Heinrich W. Schwab, Walter Salmen, Musikgeschichte Schleswig-Holsteins in Bildern, Neumünster 1971, 370.- Carl-Heinrich Seebach, Schierensee, Neumünster 1974, 450.- A. Zottmann, Institut für Weltwirtschaft an der Universität Kiel 1914-1964, Kiel 1964, 245.